NOMOSKOMMENTAR

Prof. Dr. Alexander Roßnagel [Hrsg.]

Hessisches Datenschutz- und InformationsfreiheitsG

HDSIG

Handkommentar

Antonia Buchmann, Referentin, Landesbeauftragter für den Datenschutz und die Informationsfreiheit Rheinland-Pfalz, Mainz | **Dr. Christian L. Geminn**, Mag. iur., Wissenschaftlicher Mitarbeiter, Universität Kassel | **Prof. Dr. Armin Herb**, Rundfunkbeauftragter für den Datenschutz, Südwestrundfunk | **Prof. Dr. Gerrit Hornung**, LL.M., Universitätsprofessor, Universität Kassel | **Paul C. Johannes**, LL.M., Rechtsanwalt, Kassel | **Lena Isabell Löber**, Wissenschaftliche Mitarbeiterin, Universität Kassel | **Dr. Natalie Maier-Reinhardt**, LL.M., Wissenschaftliche Mitarbeiterin, Universität Kassel | **Nadine Miedzianowski**, LL.M., Wissenschaftliche Mitarbeiterin, Universität Kassel | **Dr. Maxi Nebel**, Wissenschaftliche Mitarbeiterin, Universität Kassel | **Dr. Philipp Richter**, Referent, Landesbeauftragter für den Datenschutz und die Informationsfreiheit Rheinland-Pfalz, Mainz | **Prof. Dr. Michael Ronellenfitsch**, Hessischer Beauftragter für Datenschutz und Informationsfreiheit a.D., Wiesbaden | **Prof. Dr. Alexander Roßnagel**, Hessischer Beauftragter für Datenschutz und Informationsfreiheit, Seniorprofessor, Universität Kassel | **Maria Christina Rost**, Stabsstellenleiterin, Hessischer Beauftragter für Datenschutz und Informationsfreiheit, Wiesbaden | **Prof. Dr. Indra Spiecker gen. Döhmann**, LL.M., Universitätsprofessorin, Universität Frankfurt a.M. | **Tanja Verdezki**, Referatsleiterin, Hessischer Beauftragter für Datenschutz und Informationsfreiheit, Wiesbaden | **Robert Weinhold**, Rechtsanwalt, Düsseldorf | **Prof. Dr. Thomas Wilmer**, Hochschule Darmstadt

Zitiervorschlag: *Bearbeiter* in Roßnagel HK-HDSIG § ... Rn. ...

Die Deutsche Nationalbibliothek verzeichnet diese Publikation in der Deutschen Nationalbibliografie; detaillierte bibliografische Daten sind im Internet über http://dnb.d-nb.de abrufbar.

ISBN 978-3-8487-6808-0

1. Auflage 2021

Vorwort

Hessen ist die Wiege der Datenschutzgesetzgebung. Das Hessische Datenschutzgesetz vom 7. Oktober 1970 war das erste Datenschutzgesetz weltweit. Seit dem 13. Oktober 1970, also seit über 50 Jahren, regelt das Landesdatenschutzgesetz den Datenschutz in Hessen. Seitdem spiegelt sich in ihm auch die Entwicklung des Datenschutzrechts in Deutschland und Europa. Das Gesetz wurde nach den wichtigsten Marksteinen dieser Rechtsentwicklung jeweils – meist als erstes der Landesdatenschutzgesetze – neu gefasst. Das Zweite Hessische Datenschutzgesetz folgte der Verabschiedung des Bundesdatenschutzgesetzes am 27. Januar 1977. Das Dritte Hessische Datenschutzgesetz reagierte auf das Volkszählungsurteil des Bundesverfassungsgerichts vom 15. Dezember 1983 und wurde nach der Verabschiedung der europäischen Datenschutz-Richtlinie 95/46/EG am 24. Oktober 1995 an die Vorgaben der Europäischen Gemeinschaft angepasst. Das Vierte Hessische Datenschutzgesetz zog die Konsequenzen aus dem Urteil des Europäischen Gerichtshofs vom 9. März 2010 und etablierte die oder den Hessischen Datenschutzbeauftragten als oberste Landesbehörde mit völliger Unabhängigkeit.

Das Hessische Datenschutz- und Informationsfreiheitsgesetz (HDSIG) vom 3. Mai 2018 ist das fünfte Landesdatenschutzgesetz. Es passt das allgemeine Datenschutzrecht in Hessen an die Reform des europäischen Datenschutzrechts an und gestaltet es völlig neu. Es ergänzt die Datenschutz-Grundverordnung (EU) 2016/679 (DS-GVO) und setzt die Richtlinie (EU) 2016/680 zum Schutz natürlicher Personen bei der Verarbeitung personenbezogener Daten durch die zuständigen Behörden zum Zwecke der Verhütung, Ermittlung, Aufdeckung oder Verfolgung von Straftaten oder der Strafvollstreckung sowie zum freien Datenverkehr (JI-Richtlinie) um. Es orientiert sich dabei am Bundesdatenschutzgesetz (BDSG) vom 30. Juni 2017. Außerdem wurden erstmals Regelungen zur Informationsfreiheit in das Gesetz aufgenommen.

Die DS-GVO will ein gleichmäßiges und hohes Datenschutzniveau gewährleisten (ErwG 10 DS-GVO). Ihr Charakter als Grundverordnung, der hohe Abstraktionsgrad und die Unvollständigkeit ihrer Regelungen lassen jedoch Raum für Ergänzungen, Präzisierungen und Konkretisierungen durch die Gesetzgeber der Mitgliedstaaten. Da sie in vielen Öffnungsklauseln den nationalen Gesetzgebern Regelungsspielräume vorbehalten hat, die bewährten Systeme ihrer Datenschutzregelungen beizubehalten und fortzuentwickeln, ist durch die Ko-Regulierung durch Union und Mitgliedstaaten inzwischen ein Datenschutzrecht in der Union entstanden, das durch ein Mehrebenensystem von Datenschutzregelungen geprägt ist. Dieses bildet zwar einen tauglichen Kompromiss zwischen unionseinheitlichen Grundregelungen und mitgliedstaatlicher Besonderheiten, verursacht aber zusätzliche Probleme, das jeweils geltende Datenschutzrecht zu finden und anzuwenden.

Da die DS-GVO Anwendungsvorrang hat und für sie ein Normwiederholungsverbot gilt, enthält das HDSIG keine Vollregelung des allgemeinen Datenschutzrechts, sondern im Ersten und insbesondere im Zweiten Teil nur Ergänzungen oder Präzisierungen zu den Regelungen in der DS-GVO. Grundsätzliche Regelungen sowohl für den öffentlichen wie für den nicht öffentlichen Bereich sind daher vorrangig in der DS-GVO zu finden. Aufgrund ihrer Ergänzungsfähigkeit haben aber auch das BDSG und das HDSIG jeweils eigenständige Regelungsgehalte. Das HDSIG gilt für die Verarbeitung personenbezogener Daten durch öffentliche Stellen in Hessen. Die Datenverarbeitung nicht öffentlicher Stellen wird durch das BDSG geregelt. Beide Gesetze sind allerdings subsidiär. Ihnen gehen die bereichsspezifischen Datenschutzregelungen in anderen Gesetzen vor.

Im Gegensatz zur DS-GVO war die JI-Richtlinie in Form einer Vollregelung umzusetzen. Dies ist in allgemeiner Form im Ersten Teil und speziell für Polizei und Justiz im Dritten Teil des Gesetzes erfolgt. In diesen Teilen sind die Vorschriften aus sich heraus verständlich. Sie sind jedoch grundlegender und allgemeiner Natur und daher gegenüber bereichsspezifischen Datenschutzregelungen des Polizeirechts und des Rechts der Strafverfolgung, der Strafvollstreckung und der spezifischen Gefahrenabwehr subsidiär.

Neu sind die Regelungen zur Informationsfreiheit im Vierten Teil des Gesetzes. Hessen hat mit ihnen relativ spät Regelungen für einen allgemeinen und voraussetzungslosen Aktenzugang geschaffen. Da dieser aber mit dem Datenschutz der jeweils betroffenen Personen in Einklang zu bringen ist, bot es sich an, diese Regelungen in das HDSIG aufzunehmen.

In diesem Geflecht aus sich gegenseitig ergänzenden, beschränkenden und beeinflussenden Regelungen versucht der Kommentar, ein möglichst vollständiges Bild des für Hessen geltenden Datenschutzrechts zu vermitteln, und zu helfen, die jeweils geltenden Vorgaben und Anforderungen zu finden. Er erläutert daher nicht nur die inhaltlichen Regelungen der einzelnen Vorschriften des Gesetzes, sondern stellt auch Bezüge zu den relevanten Unionsvorgaben her, gibt Hinweise auf vergleichbare oder korrespondierende Regelungen des BDSG und verweist auf einschlägige bereichsspezifische Regelungen, die für spezielle Fragen dem Gesetz vorgehen.

Um diesen Zielsetzungen gerecht zu werden, ordnet die Einleitung das HDSIG in das Datenschutzrecht der Union und des Bundes ein, erläutert die Zusammenhänge der Vorschriften untereinander und gibt eine Übersicht über die 91 Vorschriften des Gesetzes. Deren Kommentierung folgt jeweils einem einheitlichen Aufbau, der die Orientierung erleichtert: Unter (A) wird zunächst die Bedeutung der Vorschrift für die Zielsetzung des Gesetzes skizziert (I.) und ihre Entstehungsgeschichte beschrieben (II.). Sodann werden ihre unionsrechtlichen Bezüge behandelt (III.) und ihr Verhältnis zu anderen Vorschriften dargestellt (IV.). Der jeweils zentrale Abschnitt (B) erläutert den Inhalt der Vorschrift. Die Darstellung ihres sachlichen Gehalts orientiert sich sowohl an ihrem Wortlaut und ihrer Systematik als auch an ihrer Anwendbarkeit in der Verwaltungspraxis. Dabei werden neben den Gesetzesmaterialien vor allem die noch wenigen Entscheidungen aus der Rechtsprechung und die inzwischen ansehnliche Literatur berücksichtigt. Der abschließende Abschnitt (C) unterwirft die erläuterte Vorschrift einer kritischen Bewertung bezogen auf die Zielsetzung des Gesetzes und entwickelt aus festgestellten Regelungsdefiziten konstruktive rechtspolitische Vorschläge.

Die Bearbeitung des Kommentars entspricht dem Stand vom Januar 2021.

Ein herzlicher Dank gilt allen Kommentatorinnen und Kommentatoren, die die Aufgabe angenommen haben, das Gesetz mit der beschriebenen Zielsetzung zu erläutern. Besonderer Dank gebührt dem Nomos-Verlag, der das Erscheinen des Kommentars vielfältig unterstützt hat. Insbesondere ist Herrn Dr. Ganzhorn für die kompetente und komplikationslose verlegerische Betreuung zu danken.

Der Kommentar bleibt als Versuch, die schwierige Materie des Rechts des Datenschutzes und der Informationsfreiheit in Hessen systematisch mit den notwendigen vielfältigen Bezügen zu durchdringen, ebenso verbesserungsbedürftig wie das Recht des Datenschutzes und der Informationsfreiheit selbst. Die Kommentatorinnen und Kommentatoren wie auch der Herausgeber sind daher für Verbesserungsvorschläge aufgeschlossen und dankbar.

Kassel im März 2021   *Alexander Roßnagel*

Bearbeiterverzeichnis

Antonia Buchmann §§ 43, 78
Referentin beim Landesbeauftragten für den Daten-
schutz und die Informationsfreiheit Rheinland-Pfalz,
Mainz

Dr. Christian L. Geminn, Mag. iur. §§ 24, 28 a, 28 b,
Wissenschaftlicher Mitarbeiter im Wissenschaftli- 45, 80–89
chen Zentrum für Informationstechnikgestaltung
(ITeG) der Universität Kassel, Geschäftsführer
der Projektgruppe verfassungsverträgliche Technikgestaltung (provet)

Prof. Dr. Armin Herb § 28
Rundfunkbeauftragter für den Datenschutz beim
Südwestrundfunk

Prof. Dr. Gerrit Hornung, LL.M. § 20
Universitätsprofessor für Öffentliches Recht, IT-
Recht und Umweltrecht, Direktor des Wissenschaftlichen Zentrums für Informationstechnikgestaltung
der Universität Kassel, Leiter der Projektgruppe verfassungsverträgliche Technikgestaltung (provet)

Paul C. Johannes, LL.M. §§ 25, 39, 40,
Wissenschaftlicher Mitarbeiter im Wissenschaftli- 45–48, 58, 59,
chen Zentrum für Informationstechnikgestaltung 62–72, 77
(ITeG) der Universität Kassel, stellv. Geschäftsführer
der Projektgruppe verfassungsverträgliche Technikgestaltung (provet), Rechtsanwalt, Kassel

Lena Isabell Löber §§ 49–51
Wissenschaftliche Mitarbeiterin im Wissenschaftlichen Zentrum für Informationstechnikgestaltung
(ITeG) der Universität Kassel, Projektgruppe verfassungsverträgliche Technikgestaltung (provet)

Dr. Natalie Maier-Reinhardt, LL.M. §§ 23, 33, 34,
Wissenschaftliche Mitarbeiterin im Wissenschaftli- 52, 53
chen Zentrum für Informationstechnikgestaltung
(ITeG) der Universität Kassel, Projektgruppe verfassungsverträgliche Technikgestaltung (provet)

Nadine Miedzianowski, LL.M. §§ 31, 32, 35
Wissenschaftliche Mitarbeiterin im Wissenschaftlichen Zentrum für Informationstechnikgestaltung
(ITeG) der Universität Kassel, Projektgruppe verfassungsverträgliche Technikgestaltung (provet)

Dr. Maxi Nebel   §§ 19, 54–56
Wissenschaftliche Mitarbeiterin im Wissenschaftlichen Zentrum für Informationstechnikgestaltung (ITeG) der Universität Kassel, Projektgruppe verfassungsverträgliche Technikgestaltung (provet)

Dr. Philipp Richter   §§ 21, 22, 44
Referent beim Landesbeauftragten für den Datenschutz und die Informationsfreiheit Rheinland-Pfalz, Mainz

Prof. Dr. Michael Ronellenfitsch   § 27
Hessischer Beauftragter für Datenschutz und Informationsfreiheit a.D., Wiesbaden

Prof. Dr. Alexander Roßnagel   Einl., §§ 1–3, 8–12,
Hessischer Beauftragter für Datenschutz und Informationsfreiheit, Seniorprofessor für Öffentliches Recht, Recht der Technik und des Umweltschutzes, Direktor des Wissenschaftlichen Zentrums für Informationstechnikgestaltung der Universität Kassel, Leiter der Projektgruppe verfassungsverträgliche Technikgestaltung (provet)   15–18, 26, 29, 30, 41, 42, 90, 91

Maria Christina Rost   §§ 36–38, 79
Stabsstellenleiterin beim Hessischen Beauftragten für Datenschutz und Informationsfreiheit, Wiesbaden

Prof. Dr. Indra Spiecker gen. Döhmann, LL.M.   § 4
Lehrstuhl für Öffentliches Recht, Informationsrecht, Umweltrecht und Verwaltungswissenschaft, Direktorin der Forschungsstelle Datenschutz sowie Direktorin des Instituts für Europäische Gesundheitspolitik und Sozialrecht (ineges), Goethe-Universität Frankfurt a.M.

Tanja Verdezki   §§ 13, 14
Referatsleiterin beim Hessischen Beauftragten für Datenschutz und Informationsfreiheit, Wiesbaden

Robert Weinhold   §§ 57, 60, 61,
Rechtsanwalt bei Orrick, Herrington & Sutcliffe LLP, Mitglied der Data Privacy and Technology Company Gruppe in Deutschland, Düsseldorf   73–76

Prof. Dr. Thomas Wilmer   §§ 5–7
Professor für Informationsrecht und geschäftsführender Direktor des Instituts für Informationsrecht (i2r) der Hochschule Darmstadt, Datenschutzbeauftragter der Hochschule Darmstadt

Inhaltsverzeichnis

Hessisches Datenschutz- und Informationsfreiheitsgesetz (HDSIG)

Erster Teil
Gemeinsame Bestimmungen

Erster Abschnitt: Anwendungsbereich und Begriffsbestimmungen

Zweiter Abschnitt: Rechtsgrundlagen für die Verarbeitung personenbezogener Daten

Dritter Abschnitt: Datenschutzbeauftragte öffentlicher Stellen

Vierter Abschnitt: Die oder der Hessische Datenschutzbeauftragte

Fünfter Abschnitt: Rechtsbehelfe

Zweiter Teil
Durchführungsbestimmungen für Verarbeitungen zu Zwecken nach Artikel 2 der Verordnung (EU) Nr. 2016/679

Erster Abschnitt: Rechtsgrundlagen der Verarbeitung personenbezogener Daten

Erster Titel: Verarbeitung personenbezogener Daten und Verarbeitung zu anderen Zwecken

Zweiter Titel: Besondere Verarbeitungssituationen

Dritter Titel: Rechte des Landtags und der kommunalen Vertretungsorgane

Zweiter Abschnitt: Rechte der betroffenen Person

Allgemeines Literaturverzeichnis

Albrecht, Jan Philipp/Jotzo, Florian, Das neue Datenschutzrecht der EU. Grundlagen, Gesetzgebungsverfahren, Synopse, 2016 (zitiert: *Albrecht/Jotzo* DatenschutzR)

Auernhammer, hrsg. von Eßer, Martin/Kramer, Philipp/v. Lewinski, Kai, DS-GVO/BDSG, Datenschutz-Grundverordnung/Bundesdatenschutzgesetz und Nebengesetze, 7. Aufl. 2020 (zitiert: *Bearbeiter* in Auernhammer)

Auer-Reinsdorff, Astrid/Conrad, Isabell (Hrsg.), Handbuch IT- und Datenschutzrecht, 2019 (zitiert: *Bearbeiter* in Auer-Reinsdorff/Conrad IT-R-HdB)

Bader, Johann/Ronellenfitsch, Michael (Hrsg.), Verwaltungsverfahrensgesetz mit Verwaltungs-Vollstreckungsgesetz und Verwaltungszustellungsgesetz, 2. Aufl. 2016 (zitiert: *Bearbeiter* in BeckOK VwVfG)

Bauer, Rainer/Heckmann, Dirk/Ruge, Kay/Schallbruch, Martin/Schulz, Sönke (Hrsg.), Verwaltungsverfahrensgesetz und E-Government, 2. Aufl. 2014 (zitiert: *Bearbeiter* in Bauer ua)

Bergmann, Lutz/Möhrle, Roland/Herb, Armin, Datenschutzrecht. Kommentar zur DSGVO, zum Bundesdatenschutzgesetz, den Datenschutzgesetzen der Länder und zum bereichsspezifischen Datenschutz, Loseblatt, Stand August 2020 (zitiert: *Bergmann/Möhrle/Herb*)

Brink, Stefan/Polenz, Sven/Blatt, Henning, Informationsfreiheitsgesetz, Kommentar, 2017 (zitiert: *Bearbeiter* in Brink/Polenz/Blatt)

Calliess, Christian/Ruffert, Matthias (Hrsg.), EUV/AEUV mit Europäischer Grundrechtecharta, Kommentar, 5. Aufl. 2016 (zitiert: *Bearbeiter* in Calliess/Ruffert)

Däubler, Wolfgang/Wedde, Peter/Weichert, Thilo/Sommer, Imke (Hrsg.), EU-Datenschutz-Grundverordnung und BDSG. Kompaktkommentar, 2. Aufl. 2020 (zitiert: *Bearbeiter* in Däubler ua)

Dierks, Christian/Roßnagel, Alexander (Hrsg.), Sekundärnutzung von Sozial- und Gesundheitsdaten, Rechtliche Rahmenbedingungen, 2020 (zitiert: *Bearbeiter* in Dierks/Roßnagel)

Dreier, Horst (Hrsg.), Grundgesetz, Kommentar, 3 Bände, 3. Aufl. 2018 (zitiert: *Bearbeiter* in Dreier)

Dreier, Thomas/Schulze, Gernot (Hrsg.), UrhG, Urheberrechtsgesetz, Verwertungsgesellschaftengesetz, Kunsturhebergesetz, Kommentar, 6. Aufl. 2018 (zitiert: *Bearbeiter* in Dreier/Schulze)

Ehmann, Eugen/Selmayr, Martin (Hrsg.), Datenschutz-Grundverordnung, Kommentar, 2. Aufl. 2018 (zitiert: *Bearbeiter* in Ehmann/Selmayr)

Epping, Volker/Hillgruber, Christian (Hrsg.), Beck'scher Online-Kommentar Grundgesetz, 45. Ed. 2020 (zitiert: *Bearbeiter* in BeckOK GG)

Fuhlrott, Michael/Hiéramente, Mayeul (Hrsg.), Beck'scher Online-Kommentar GeschGehG, 6. Ed. 2020 (zitiert: *Bearbeiter* in BeckOK GeschGehG)

Führ, Martin (Hrsg.), GK-BImSchG. Gemeinschaftskommentar zum Bundes-Immissionsschutzgesetz, Kommentar, 2. Aufl. 2019 (zitiert: *Bearbeiter* in GK-BImSchG)

Gersdorf, Hubertus/Paal, Boris P. (Hrsg.), Beck'scher Online-Kommentar Informations- und Medienrecht, 30. Ed. 2020 (zitiert: *Bearbeiter* in BeckOK InfoMedienR)

Gierschmann, Sibylle/Schlender, Katharina/Stentzel, Rainer/Veil, Winfried (Hrsg.), Kommentar Datenschutz-Grundverordnung, 2018 (zitiert: *Bearbeiter* in Gierschmann ua)

Gola, Peter (Hrsg.), DS-GVO. Datenschutz-Grundverordnung – VO (EU) 2016/679, Kommentar, 2. Aufl. 2018 (zitiert: *Bearbeiter* in Gola)

Gola, Peter/Heckmann, Dirk (Hrsg.), BDSG. Bundesdatenschutzgesetz. Kommentar, 13. Aufl. 2019 (zitiert: *Bearbeiter* in Gola/Heckmann)

Graf, Jürgen P. (Hrsg.), BeckOK StPO mit RiStBV und MiStra, 38. Ed. 2020 (zitiert *Bearbeiter* in BeckOK StPO)

von der Groeben, Hans/Schwarze, Jürgen/Hatje, Armin (Hrsg.), Europäisches Unionsrecht. Vertrag über die Europäische Union. Vertrag über die Arbeitsweise der Europäischen Union. Charta der Grundrechte der Europäischen Union, 4 Bände, 7. Aufl. 2015 (zitiert: *Bearbeiter* in von der Groeben/Schwarze/Hatje)

v. Heintschel-Heinegg, Bernd (Hrsg.), Beck'scher Online-Kommentar StGB, 46. Ed. 2020 (zitiert: *Bearbeiter* in BeckOK StGB)

Hill, Hermann/Kugelmann, Dieter/Martini, Mario (Hrsg.), Perspektiven digitaler Lebenswelt, 2017 (zitiert: *Hill/Kugelmann/Martini*)

Jandt, Silke/Steidle, Roland (Hrsg.), Datenschutz im Internet, Rechtshandbuch zu DSGVO und BDSG, 2018 (zitiert: *Bearbeiter* in Jandt/Steidle Datenschutz-HdB)

Jarass, Hans D., Charta der Grundrechte der Europäischen Union. Kommentar, 4. Aufl. 2021

Jarass, Hans D./Pieroth Bodo, Grundgesetz für die Bundesrepublik Deutschland. Kommentar, 16. Aufl. 2020

Joecks, Wolfgang/Miebach, Klaus (Hrsg.), Münchener Kommentar zum StGB, Bd. 4, 3. Aufl. 2017 (zitiert: *Bearbeiter* in MüKoStGB Bd. 4)

Johannes, Paul C./Weinhold, Robert, Das neue Datenschutzrecht bei Polizei und Justiz, 2018 (zitiert: *Johannes/Weinhold* Neues DatenschutzR)

Kindhäuser, Urs/Neumann, Ulfried/Paeffgen, Hans U. (Hrsg.), Strafgesetzbuch, Kommentar, 3 Bände, 5. Aufl. 2017 (zitiert: *Bearbeiter* in NK-StGB)

Knyrim, Rainer (Hrsg.), DS-GVO – Datenschutz-Grundverordnung – Das neue Datenschutzrecht in Österreich und der EU, 2016 (zitiert: *Bearbeiter* in Knyrim)

Koreng, Ansgar/Lachenmann, Matthias (Hrsg.), Formularbuch Datenschutzrecht, 2. Aufl. 2018 (zitiert: *Bearbeiter* in Koreng/Lachenmann DatenschutzR-FormHdB)

Kühling, Jürgen/Buchner, Benedikt (Hrsg.), Datenschutzgrundverordnung, Bundesdatenschutzgesetz. Kommentar, 3. Aufl. 2020 (zitiert: *Bearbeiter* in Kühling/Buchner)

Kühling, Jürgen/Klar, Manuel/Sackmann, Florian, Datenschutzrecht, 4. Aufl. 2018

Kühling, Jürgen/Martini, Mario u.a., Die Datenschutz-Grundverordnung und das nationale Recht. Erste Überlegungen zum innerstaatlichen Regelungsbedarf, 2016

Kugelmann, Dieter (Hrsg.), Landesdatenschutzgesetz Rheinland-Pfalz – Handkommentar, 2020 (zitiert: *Bearbeiter* in HK-LDSG RhPf)

Lachmayer, Konrad/von Lewinski, Kai (Hrsg.), Datenschutz im Rechtsvergleich. Deutschland – Österreich, 2019 (zitiert: *Bearbeiter* in Lachmayer/von Lewinski)

Lackner, Karl/Kühl, Kristian (Hrsg.), StGB, Strafgesetzbuch, Kommentar, 29. Aufl. 2018 (zitiert: *Bearbeiter* in Lackner/Kühl)

Laue, Philip/Kremer, Sascha, Das neue Datenschutzrecht in der betrieblichen Praxis, 2. Aufl. 2019 (zitiert: *Laue/Kremer* Neues DatenschutzR)

Lisken, Hans/Denninger, Erhard (Hrsg.), Handbuch des Polizeirechts. Gefahrenabwehr, Strafverfolgung, Rechtsschutz, 6. Aufl. 2018 (zitiert: *Bearbeiter* in Lisken/Denninger PolR-HdB)

Matt, Holger/Renzikowski, Joachim (Hrsg.), StGB, Kommentar, 2. Aufl. 2020 (zitiert: *Bearbeiter* in Matt/Renzikowski)

Maunz, Theodor/Dürig, Günter, Grundgesetz-Kommentar, 92. EL Aug. 2020 (zitiert: *Bearbeiter* in Maunz/Dürig)

Meyer, Jürgen/Hölscheidt, Sven (Hrsg.), Charta der Grundrechte der Europäischen Union, Kommentar, 5. Aufl. 2019 (zitiert: *Bearbeiter* in NK-EuGrCh)

Meyer-Ladewig, Jens/Nettesheim, Martin/von Raumer, Stefan von (Hrsg.), EMRK – Europäische Menschenrechtskonvention – Handkommentar, 4. Aufl. 2017 (zitiert: *Bearbeiter* in HK-EMRK)

Möstl, Markus/Bäuerle, Michael (Hrsg.), Beck'scher Online-Kommentar Polizei- und Ordnungsrecht Hessen, 17. Edition, Stand 2020 (zitiert: *Bearbeiter* in BeckOK PolR Hessen)

Nungesser, Jochen, Hessisches Datenschutzgesetz, 2. Aufl. 2001

Paal, Boris P./Pauly, Daniel A. (Hrsg.), Datenschutz-Grundverordnung/Bundesdatenschutzgesetz, 3. Aufl. 2021 (zitiert: *Bearbeiter* in Paal/Pauly)

PdK – Praxis der Kommunalverwaltung, Landesaugabe Hessen, Loseblatt, Stand November 2020 (zitiert: *Bearbeiter* in PdK Hessen)

Plath, Kai-Uwe (Hrsg.), Kommentar zu DS-GVO, BDSG und den Datenschutzbestimmungen des TMG und TKG, 3. Aufl. 2018 (zitiert: *Bearbeiter* in Plath)

Reimer, Philipp, Verwaltungsdatenschutzrecht – Das neue Recht für die behördliche Praxis, 2019

Ronellenfitsch, Michael/Dembowski, Barbara/Gaebel, Nils/Piendl, Robert/ Rost, Maria Christina/Topp, Cornelia, Hessisches Datenschutz- und Informationsfreiheitsgesetz (HDSIG), 17. Aktualisierung 2020 (zitiert: *Bearbeiter* in Ronellenfitsch ua)

Roßnagel, Alexander (Hrsg.), Handbuch Datenschutzrecht. Die neuen Grundlagen für Wirtschaft und Verwaltung, 2003 (zitiert: *Bearbeiter* in Roßnagel DatenschutzR-HdB)

Roßnagel, Alexander (Hrsg.), Beck'scher Kommentar zum Recht der Telemediendienste, 2013 (zitiert: *Bearbeiter* in Beck TMD)

Roßnagel, Alexander (Hrsg.), Europäische Datenschutzgrundverordnung. Vorrang des Unionsrechts – Anwendbarkeit des nationalen Rechts, 2017 (zitiert: *Bearbeiter* in Roßnagel DS-GVO)

Roßnagel, Alexander (Hrsg.), Das neue Datenschutzrecht. Europäische Datenschutz-Grundverordnung und deutsche Datenschutzgesetze, 2018 (zitiert: *Bearbeiter* in Roßnagel Das neue DSR)

Roßnagel, Alexander/Hornung, Gerrit/Geminn, Christian L./Johannes, Paul. C. (Hrsg.), Rechtsverträgliche Technikgestaltung und technikadäquate Rechtsentwicklung, 2018

Sachs, Michael (Hrsg.), Grundgesetz, Kommentar, 8. Aufl. 2018 (zitiert: *Bearbeiter* in Sachs)

Säcker, Jürgen/Rixecker, Roland/Oetker, Hartmut/Limperg, Bettina (Hrsg.), Münchener Kommentar zum Bürgerlichen Gesetzbuch: BGB, Kommentar, 13 Bände, 8. Aufl. 2018 ff. (zitiert: *Bearbeiter* in MüKoBGB)

Schantz, Peter/Wolff, Heinrich A. (Hrsg.), Das neue Datenschutzrecht. Datenschutzgrundverordnung und Bundesdatenschutzgesetz in der Praxis, 2017 (zitiert: *Bearbeiter* in Schantz/Wolff Neues DatenschutzR)

Schild, Hans-Hermann/Ronellenfitsch, Michael/Arlt, Ute/Dembowski, Barbara/Wellbrock, Rita/Müller, Ulrike/Piendl, Robert/Topp, Cornelia/Wehrmann, Rüdiger, Hessisches Datenschutzgesetz (HDSG), Loseblattwerk, 16. Aktualisierung 2016 (zitiert: *Bearbeiter* in Schild ua)

Saenger, Ingo (Hrsg.) Zivilprozessordnung. Familienverfahren, Gerichtsverfassung, Europäisches Verfahrensrecht, Handkommentar, 8 Aufl. 2019 (zitiert: *Bearbeiter* in HK-ZPO)

Schoch, Friedrich, Informationsfreiheitsgesetz, 2. Aufl. 2016 (zitiert: *Schoch*)

Schoch, Friedrich/Schneider, Jens-Peter/Bier, Wolfgang (Hrsg.), Verwaltungsgerichtsordnung, Band I, Kommentar, 39. EL 2020 (zitiert: *Bearbeiter* in Schoch/Schneider/Bier)

Schönke, Adolf/Schröder, Horst (Hrsg.), Strafgesetzbuch, Kommentar, 30. Aufl. 2019 (zitiert: *Bearbeiter* in Schönke/Schröder)

Schulze, Reiner/Zuleeg, André/Kadelbach, Stefan (Hrsg.), Europarecht, 4. Aufl. 2015 (zitiert: *Bearbeiter* in HdB-EuropaR)

Schwartmann, Rolf/Jaspers, Andreas/Thüsing, Gregor/Kugelmann, Dieter (Hrsg.), DS-GVO/BDSG. Datenschutz-Grundverordnung mit Bundesdatenschutzgesetz, 2018 (zitiert: *Bearbeiter* in Schwartmann ua)

Schwartmann, Rolf/Pabst, Heinz-Joachim (Hrsg.), Landesdatenschutzgesetz Nordrhein-Westfalen, Handkommentar, 2. Aufl. 2020 (zitiert: *Bearbeiter* in HK-DSG NRW)

Schwarze, Jürgen/Becker, Ulrich/Hatje, Armin/Schoo, Johann (Hrsg.), EU-Kommentar, 4. Aufl. 2019 (zitiert: *Bearbeiter* in Schwarze ua)

Seckelmann, Margrit (Hrsg.), Digitalisierte Verwaltung – Vernetztes E-Government, 2. Aufl. 2019 (zitiert: *Bearbeiter* in Seckelmann)

Simitis, Spiros (Hrsg.), Bundesdatenschutzgesetz, Kommentar, 8. Aufl. 2014 (zitiert: *Bearbeiter* in Simitis)

Simitis, Spiros/Hornung, Gerrit/Spiecker gen. Döhmann, Indra (Hrsg.), Datenschutzrecht. DS-GVO mit BDSG, Kommentar, 2019 (zitiert: *Bearbeiter* in Simitis/Hornung/Spiecker gen. Döhmann)

Sodan, Helge/Ziekow, Jan (Hrsg.), Verwaltungsgerichtsordnung, Großkommentar, 5. Aufl. 2018 (zitiert: *Bearbeiter* in Sodan/Ziekow)

Specht, Louisa/Mantz, Reto (Hrsg.), Handbuch Europäisches und deutsches Datenschutzrecht, 2019 (zitiert: *Bearbeiter* in DatenschutzR-HdB)

Stelkens, Paul/Bonk, Heinz J./Sachs, Michael (Hrsg.), Verwaltungsverfahrensgesetz des Bundes, 9. Aufl. 2018 (zitiert: *Bearbeiter* in Stelkens/Bonk/Sachs)

Streinz, Rudolf (Hrsg.), EUV/AEUV. Vertrag über die Europäische Union, Vertrag über die Arbeitsweise der Europäischen Union, Charta der Grundrechte der Europäische Union, 3. Aufl. 2018 (zitiert: *Bearbeiter* in Streinz)

Sydow, Gernot (Hrsg.), Bundesdatenschutzgesetz. Handkommentar, 2019 (zitiert: *Bearbeiter* in HK-BDSG)

Sydow, Gernot (Hrsg.), Europäische Datenschutzgrundverordnung. Handkommentar, 2. Aufl. 2018 (zitiert: *Bearbeiter* in HK-DS-GVO)

Taeger, Jürgen/Gabel, Detlev (Hrsg.), DS-GVO und BDSG, 3. Aufl. 2018 (zitiert: *Bearbeiter* in Taeger/Gabel)

Vedder, Christoph/Heintschel von Heinegg, Bernd (Hrsg.), Europäisches Unionsrecht, 2. Aufl. 2018 (zitiert: *Bearbeiter* in HK-UnionsR)

Wolff, Heinrich A./Brink, Stefan (Hrsg.), BeckOK Datenschutzrecht in Bund und Ländern, 34. Edition 2020
(zitiert: *Bearbeiter* in BeckOK DatenschutzR)

Wybitul, Tim (Hrsg.), Handbuch EU-Datenschutz-Grundverordnung, 2017

Zöller, Mark/Esser, Robert (Hrsg.), Justizielle Medienarbeit im Strafverfahren. Entwurf des Arbeitskreises Strafprozessrecht und Polizeirecht (ASP) für eine die Pressefreiheit und das Persönlichkeitsrecht schützende Auskunftserteilung im Strafverfahren, 2019
(zitiert: *Bearbeiter* in Zöller/Esser)

Abkürzungsverzeichnis

aA	andere Ansicht
aaO	am angegebenen Ort
ABl.	Amtsblatt der Europäischen Union
abl.	ablehnend
Abs.	Absatz
Abschn.	Abschnitt
abw.	abweichend
aE	am Ende
AEUV	Vertrag über die Arbeitsweise der Europäischen Union
aF	alte Fassung
AfP	Archiv für Presserecht (Zeitschrift)
AG	Amtsgericht
AGB	Allgemeine Geschäftsbedingungen
AKIF	Arbeitskreis Informationsfreiheit des Bundes und der Länder
allg.	allgemein
allgA	allgemeine Ansicht
allgM	allgemeine Meinung
AllgVwKostO	Allgemeine Verwaltungskostenordnung
Alt.	Alternative
aM	anderer Meinung
Anh.	Anhang
Anm.	Anmerkung
AO	Abgabenordnung
ArbGG	Arbeitsgerichtsgesetz
ArbSchG	Arbeitsschutzgesetz
Art.	Artikel
ASiG	Arbeitssicherheitsgesetz
ASOG	Allgemeines Sicherheits- und Ordnungsgesetz
AsylVfG	Asylverfahrensgesetz
Aufl.	Auflage
ausdr.	ausdrücklich
ausf.	ausführlich
AuslG	Ausländergesetz
Az.	Aktenzeichen
BArchG	Bundesarchivgesetz
BayDSG	Bayerisches Datenschutzgesetz
BayVBl	Bayerische Verwaltungsblätter (Zeitschrift)
BBG	Bundesbeamtengesetz
BbgAIG	Brandenburgisches Akteneinsichts- und Informationszugangsgesetz
BbgDSG	Brandenburgisches Datenschutzgesetz
BbgPJMDSG	Brandenburgisches Polizei-, Justizvollzugs- und Maßregelvollzugsdatenschutzgesetz
Bd.	Band
BDSG	Bundesdatenschutzgesetz

BeamtStG	Beamtenstatusgesetz
BEGovG	E-Government-Gesetz des Bundes
BeckOK Daten-schutzR	*Wolff, Heinrich A./Brink, Stefan* (Hrsg.), BeckOK Datenschutzrecht in Bund und Ländern, 34. Edition 2020
BeckOK Gesch-GehG	*Fuhlrott, Michael/Hiéramente, Mayeul* (Hrsg.), Beck'scher Online-Kommentar GeschGehG, 6. Ed. 2020
BeckOK GG	*Epping, Volker/Hillgruber, Christian* (Hrsg.), Beck'scher Online-Kommentar Grundgesetz, 45. Ed. 2020
BeckOK Info-MedienR	*Gersdorf, Hubertus/Paal, Boris P.* (Hrsg.), Beck'scher Online-Kommentar Informations- und Medienrecht, 30. Ed. 2020
BeckOK PolR Hessen	*Möstl, Markus/Bäuerle, Michael* (Hrsg.), Beck'scher Online-Kommentar Polizei- und Ordnungsrecht Hessen, 17. Edition, Stand 2020
BeckOK StGB	*v. Heintschel-Heinegg, Bernd* (Hrsg.), Beck'scher Online-Kommentar StGB, 46. Ed. 2020
BeckOK StPO	*Graf, Jürgen P.* (Hrsg.), BeckOK StPO mit RiStBV und MiStra, 38. Ed. 2020
BeckOK VwVfG	*Bader, Johann/Ronellenfitsch, Michael* (Hrsg.), Verwaltungsverfahrensgesetz, 2. Aufl. 2016
Beck TMD	*Roßnagel, Alexander* (Hrsg.), Beck'scher Kommentar zum Recht der Telemediendienste, 2013
Begr.	Begründung
Bek.	Bekanntmachung
ber.	berichtigt
bes.	besonders
Beschl.	Beschluss
BfDI	Bundesbeauftragte für Datenschutz und die Informationsfreiheit
BGB	Bürgerliches Gesetzbuch
BGBl.	Bundesgesetzblatt
BGebG	Bundesgebührengesetz
BGH	Bundesgerichtshof
BImSchG	Bundes-Immissionsschutzgesetz
BITV HE	Hessische Verordnung über barrierefreie Informationstechnik
BKA	Bundeskriminalamt
BKADV	BKA-Daten-Verordnung
BKAG	Gesetz zur Errichtung des Bundeskriminalamts
BlnIFG	Berliner Informationsfreiheitsgesetz
BlnDSG	Berliner Datenschutzgesetz
BND	Bundesnachrichtendienst
BNDG	Gesetz über den Bundesnachrichtendienst
BNotO	Bundesnotarordnung
BORA	Berufsordnung für Rechtsanwälte
BPolG	Bundespolizeigesetz
BRAO	Bundesrechtsanwaltsordnung

BRD	Bundesrepublik Deutschland
BR-Drs.	Bundesrats-Drucksache
BremIFG	Bremer Informationsfreiheitsgesetz
BSI	Gesetz zur Errichtung des Bundesamts für Sicherheit in der Informationstechnik
bspw.	beispielsweise
BT	Bundestag
BT-Drs.	Bundestags-Drucksache
BVerfG	Bundesverfassungsgericht
BVerfGE	Entscheidungen des Bundesverfassungsgerichts
BVerwG	Bundesverwaltungsgericht
BVerwGE	Entscheidungen des Bundesverwaltungsgerichts
BW	Baden-Württemberg
bzgl.	bezüglich
BZRG	Bundeszentralregistergesetz
bzw.	beziehungsweise
CDU	Christlich Demokratische Union
CNIL	Commison Nationale de l'Informatique et des Libertés
CR	Computer und Recht (Zeitschrift)
dh	das heißt
Dok.	Dokument
DÖV	Die öffentliche Verwaltung (Zeitschrift)
DRiG	Deutsches Richtergesetz
Drs.	Drucksache
DSAnpUG	Datenschutz-Anpassungs- und -Umsetzungsgesetz
DSB	Datenschutzbeauftragte
DSG-EKD	Kirchengesetz über den Datenschutz der Evangelischen Kirche in Deutschland
DSFA	Datenschutz-Folgenabschätzung
DS-GVO	Datenschutz-Grundverordnung
DSG LSA	Gesetz zum Schutz personenbezogener Daten der Bürger Sachsen-Anhalt
DSG MV	Gesetz zum Schutz des Bürgers bei der Verarbeitung seiner Daten Mecklenburg-Vorpommern
DSG NRW	Datenschutzgesetz Nordrhein-Westfalen
DSK	Konferenz der unabhängigen Datenschutzaufsichtsbehörden des Bundes und der Länder
DSRL	Datenschutz-Richtlinie 95/46/EG
DuD	Datenschutz und Datensicherheit (Zeitschrift)
DVBl	Deutsches Verwaltungsblatt (Zeitschrift)
DV-VerbundG	Datenverarbeitungsverbundgesetz
DWG	Deutsche-Welle-Gesetz
E	Entwurf
ebd.	Ebenda
ECLI	European Case Law Identifier
Ed.	Edition, Editor
EDSA	Europäischer Datenschutzausschuss

EG	Europäische Gemeinschaft; Erwägungsgrund
EGGVG	Einführungsgesetz zum Gerichtsverfassungsgesetz
EGMR	Europäischer Gerichtshof für Menschenrechte
EGovG	E-Government-Gesetz
EGV	Vertrag über die Europäische Gemeinschaft
Einf.	Einführung
eingetr.	eingetragen
Einl.	Einleitung
einschl.	einschließlich
einschr.	einschränkend
EL	Ergänzungslieferung
EMA	Einwohnermeldeamt
EMRK	Europäische Menschenrechtskonvention
Entsch.	Entscheidung
entspr.	entsprechend
ePrivacy-VO	Verordnung über den Schutz der Privatsphäre in der elektronischen Kommunikation
Erkl.	Erklärung
Erl.	Erlass; Erläuterung
ErwG	Erwägungsgrund
ESVGH	Entscheidungssammlung des Hessischen Verwaltungsgerichtshofs
etc	et cetera
EU	Europäische Union
EuGH	Europäischer Gerichtshof
EUR	Euro (bei Geldbeträgen)
EUV	Vertrag über die Europäische Union
eur.	europäisch
eV	eingetragener Verein
evtl.	eventuell
EWG	Europäische Wirtschaftsgemeinschaft
EWR	Europäischer Wirtschaftsraum
f., ff.	folgende, fortfolgende
Fn.	Fußnote
FS	Festschrift
gcänd.	geändert
gem.	gemäß
GenDG	Gendiagnostikgesetz
GeschGehG	Gesetz zum Schutz von Geschäftsgeheimnissen
GewA	Zeitschrift für Gewerbe- und Wirtschaftsverwaltungsrecht (Zeitschrift)
GewO	Gewerbeordnung
GG	Grundgesetz
ggf.	gegebenenfalls
GK-BImSchG	Gemeinschaftskommentar zum Bundes-Immissionsschutzgesetz
GO-HLT	Geschäftsordnung des Hessischen Landtags

GRCh	Charta der Grundrechte und Grundfreiheiten der Europäischen Union
grds.	grundsätzlich
GRUR	Gewerblicher Rechtsschutz und Urheberrecht (Zeitschrift)
GSZ	Zeitschrift für das Gesamte Sicherheitsrecht (Zeitschrift)
GVBl.	Gesetz- und Verordnungsblatt
GVG	Gerichtsverfassungsgesetz
hA	herrschende Auffassung
HAGVwGO	Hessisches Ausführungsgesetz zur Verwaltungsgerichtsordnung
HArchivG	Hessisches Archivgesetz
HBDI	Hessische/r Beauftragte/r für Datenschutz und Informationsfreiheit
HBG	Hessisches Beamtengesetz
HBI	Hessische/r Informationsfreiheitsbeauftragte/r
HdB	Handbuch
HDSB	Hessischer Datenschutzbeauftragter
HDSG	Hessisches Datenschutzgesetz
HDSIG	Hessisches Datenschutz- und Informationsfreiheitsgesetz
HDZ	Hessische Zentrale für Datenverarbeitung
HEGovG	Hessisches E-Government-Gesetz
HessVerf	Hessische Verfassung
HGnO	Hessische Gnadenordnung
HGO	Hessische Gemeindeordnung
HGöGD	Hessisches Gesetz über den öffentlichen Gesundheitsdienst
HJAVollzG	Hessisches Jugendarrestvollzugsgesetz
HJStVollzG	Hessisches Jugendstrafvollzugsgesetz (zitiert: Bearbeiter in HK-DSG NRW
HK-BDSG	Sydow, Gernot (Hrsg.), Bundesdatenschutzgesetz. Handkommentar, 2019
HK-DSG NRW	Schwartmann, Rolf/Pabst, Heinz-Joachim (Hrsg.), Landesdatenschutzgesetz Nordrhein-Westfalen, Handkommentar, 2. Aufl. 2020
HK-DS-GVO	Sydow, Gernot (Hrsg.), Europäische Datenschutzgrundverordnung. Handkommentar, 2. Aufl. 2018
HK-LDSG RhPf	Kugelmann, Dieter (Hrsg.), Landesdatenschutzgesetz Rheinland-Pfalz – Handkommentar, 2020
HK-EMRK	Meyer-Ladewig, Jens/Nettesheim, Martin/von Raumer, Stefan von (Hrsg.), EMRK – Europäische Menschenrechtskonvention – Handkommentar, 4. Aufl. 2017
HK-ZPO	Saenger, Ingo (Hrsg.) Zivilprozessordnung. Familienverfahren, Gerichtsverfassung, Europäisches Verfahrensrecht, Handkommentar, 8. Aufl. 2019
HKHG	Hessisches Krankenhausgesetz
HKO	Hessische Landkreisordnung
HKRG	Hessisches Krebsregistergesetz

hL	herrschende Lehre
HLKA	Hessisches Landeskriminalamt
HLStatG	Hessisches Landesstatistikgesetz
hM	herrschende Meinung
HmbDSG	Hamburgisches Datenschutzgesetz
HmbTG	Hamburgisches Transparenzgesetz
HMdIS	Hessisches Ministerium des Innern und für Sport
HMG	Hessisches Meldegesetz
HMWEVW	Hessisches Ministerium für Wirtschaft, Energie, Verkehr und Landesentwicklung
HPressG	Hessisches Pressegesetz
HPrRfG	Hessisches Gesetz für den Privaten Rundfunk
HPVG	Hessisches Personalvertretungsgesetz
HRG	Gesetz über den Hessischen Rundfunk
Hrsg.	Herausgeber
Hs.	Halbsatz
HSchulG	Hessisches Schulgesetz
HSOG	Hessisches Gesetz über die öffentliche Sicherheit und Ordnung
HSOG-DVO	Verordnung zur Durchführung des HSOG
HStrafVG	Hessisches Strafvollstreckungsgesetz
HSÜG	Hessisches Sicherheitsüberprüfungsgesetz
HSVVollzG	Hessisches Sicherungsverwahrungsvollzugsgesetz
HUIG	Hessisches Umweltinformationsgesetz
HUVollzG	Hessisches Untersuchungshaftvollzugsgesetz
HV	Hessische Verfassung
HVerfSchG	Hessisches Verfassungsschutzgesetz
HVSG	Hessisches Verfassungsschutzgesetz
HVwKostG	Hessisches Verwaltungskostengesetz
HVwVfG	Hessisches Verwaltungsverfahrensgesetz
iA	im Auftrag
idF	in der Fassung
idR	in der Regel
idS	in diesem Sinne
iE	im Ergebnis, im Erscheinen
ieS	im engeren Sinne
IFG	Informationsfreiheitsgesetz
IFGGebV	Informationsgebührenverordnung
IFG M-V	Informationsfreiheitsgesetz Mecklenburg-Vorpommern
IFG NRW	Informationsfreiheitsgesetz Nordrhein-Westfalen
IFK	Konferenz der Informationsfreiheitsbeauftragten
iHv	in Höhe von
InfSchG	Infektionsschutzgesetz
inkl.	inklusive
insbes.	insbesondere
insg.	insgesamt
IP	Internet-Protokoll
iS	im Sinne

iSd	im Sinne des/der
iSe	im Sinne eines
lnA Drs.	Ausschuss für Inneres und Heimat – Deutscher Bundestag Drucksache
ISO	Internationale Organisation für Normung
iSv	im Sinne von
iÜ	im Übrigen
iVm	in Verbindung mit
IWG	Informationsweiterverwendungsgesetz
iwS	im weiteren Sinne
IZG LSA	Informationszugangsgesetz Sachsen-Anhalt
IZG LSA Kost-VO	Verordnung über die Kosten nach dem Informationszugangsgesetz Sachsen-Anhalt
IZG SH	Informationszugangsgesetz Schleswig-Holstein
JGG	Jugendgerichtsgesetz
JI-RL	Richtlinie 2016/680 für Justiz und Inneres
JZ	Juristen Zeitung (Zeitschrift)
Kap.	Kapitel
KDO	Anordnung über den kirchlichen Datenschutz der katholischen Kirche
KDG	Kirchliches Datenschutzgesetz der katholischen Kirche
KGG	Gesetz über kommunale Gemeinschaftsarbeit
KGRZ	Kommunales Gebietsrechenzentrum
KdöR	Körperschaft des öffentlichen Rechts
KriPoZ	Kriminalpolitische Zeitschrift
K&R	Kommunikation und Recht (Zeitschrift)
krit.	kritisch
LDSG BW	Landesdatenschutzgesetz Baden-Württemberg
LDSG RP	Landesdatenschutzgesetz Rheinland-Pfalz
LDSG SH	Landesdatenschutzgesetz Schleswig-Holstein
LFGB	Lebensmittel- und Futtermittelgesetzbuch
LG	Landgericht
LHO	Landeshaushaltsordnung
LIFG BW	Landesinformationsfreiheitsgesetz Baden-Württemberg
lit.	litera (Buchstabe)
Lit.	Literatur
LKA	Landeskriminalamt
LKRZ	Zeitschrift für Landes- und Kommunalrecht Hessen – Rheinland-Pfalz – Saarland (Zeitschrift)
LKV	Landes- und Kommunalverwaltung (Zeitschrift)
Ls.	Leitsatz
LT	Landtag
LT-Drs.	Landtags-Drucksache
LTranspG RP	Landestransparenzgesetz Rheinland-Pfalz
MADG	Gesetz über den Militärischen Abschirmdienst
MBO	Musterberufsordnung für Ärztinnen und Ärzte

mE	meines Erachtens
mind.	mindestens
Mitt.	Mitteilung(en)
MMR	Multimedia und Recht (Zeitschrift)
mN	mit Nachweisen
MRRG	Melderechtsrahmengesetz
MschrKrim	Monatsschrift für Kriminologie und Strafrechtsreform
MStV	Medienstaatsvertrag
mwN	mit weiteren Nachweisen
MüKoBGB	Säcker, Jürgen/Rixecker, Roland/Oetker, Hartmut/Limperg, Bettina (Hrsg.), Münchener Kommentar zum Bürgerlichen Gesetzbuch: BGB, Kommentar, 13 Bände, 8. Aufl. 2018 ff.
MüKoStGB	Joecks, Wolfgang/Miebach, Klaus (Hrsg.), Münchener Kommentar zum StGB, Bd. 4, 3. Aufl. 2017
mzN	mit zahlreichen Nachweisen
Nachw.	Nachweise
nF	neue Fassung
NJW	Neue Juristische Wochenschrift (Zeitschrift)
NK-EuGRCh	Meyer, Jürgen/Hölscheidt, Sven (Hrsg.), Charta der Grundrechte der Europäischen Union, Kommentar, 5. Aufl. 2019
NK-StGB	*Kindhäuser, Urs/Neumann, Ulfried/Paeffgen, Hans U.* (Hrsg.), Strafgesetzbuch, Kommentar, 3 Bände, 5. Aufl. 2017
NordÖR	Zeitschrift für öffentliches Recht in Norddeutschland (Zeitschrift)
Nov.	Novelle
Nr.	Nummer
nrkr.	nicht rechtskräftig
NRW	Nordrhein-Westfalen
nv.	nicht veröffentlicht
NVwZ	Neue Zeitschrift für Verwaltungsrecht (Zeitschrift)
NZI	Neue Zeitschrift für Insolvenz- und Sanierungsrecht (Zeitschrift)
o.a.	oben angegeben, angeführt
o.	oben, oder
oÄ	oder Ähnliches
og.	oben genannt
OLG	Oberlandesgericht
OVG	Oberverwaltungsgericht
OWiG	Gesetz über Ordnungswidrigkeiten
PAG	Polizeiaufgabengesetz PdK – Praxis der Kommunalverwaltung
PdK	Praxis der Kommunalverwaltung
PinG	Privacy in Germany (Zeitschrift)
PKS	polizeiliche Kriminalstatistik

PostG	Postgesetz
PrOVG	Preußisches Oberverwaltungsgericht
PrOVGE	Entscheidungen des Preußischen Obersten Verwaltungs-gerichts
RdErl.	Runderlass
RDV	Recht der Datenverarbeitung (Zeitschrift)
RegKH	Regulierungskammer Hessen
resp.	Respektive
Rh-Pf	Rheinland-Pfalz
RL	Richtlinie
RP	Rheinland-Pfalz
Rn.	Randnummer
Rspr.	Rechtsprechung
S.	Seite
s.	siehe
s.o.	siehe oben
s.u.	siehe unten
SächsDSG	Sächsisches Datenschutzgesetz
SächsVBl	Sächsische Verwaltungsblätter (Zeitschrift)
SDM	Standard-Datenschutzmodell
SGB	Sozialgesetzbuch
SGG	Sozialgerichtsgesetz
SIFG	Saarländisches Informationsfreiheitsgesetz
sog.	sogenannt/so genannt
SPD	Sozialdemokratische Partei Deutschlands
st. Rspr.	ständige Rechtsprechung
StBerG	Steuerberatungsgesetz
StGB	Strafgesetzbuch
StPO	Strafprozessordnung
StV	Der Strafverteidiger (Zeitschrift)
StVG	Straßenverkehrsgesetz
SÜG	Sicherheitsüberprüfungsgesetz
TB	Tätigkeitsbericht
ThürDSG	Thüringer Datenschutzgesetz
ThürIFG	Thüringer Informationsfreiheitsgesetz
TKG	Telekommunikationsgesetz
TMG	Telemediengesetz
TOM	technische und organisatorische Maßnahme(n)
TPG	Transplantationsgesetz
ua	und andere
uä	und ähnlich
uÄ	und Ähnliches
UAbs.	Unterabsatz
UIG	Umweltinformationsgesetz
umstr.	umstritten
unstr.	unstreitig

Urt.	Urteil
usw.	und so weiter
uU	unter Umständen
uVm.	und Vieles mehr
v.	von/vom
va.	vor allem
VerwArch	Verwaltungsarchiv (Zeitschrift)
VG	Verwaltungsgericht
VGH	Verwaltungsgerichtshof
vgl.	vergleiche
VIG	Verbraucherinformationsgesetz
VO	Verordnung
vorl.	vorläufig
VR	Verwaltungsrundschau (Zeitschrift)
VVDStRL	Veröffentlichungen der Vereinigung deutscher Staatsrechtslehrerinnen und -lehrer
VwGO	Verwaltungsgerichtsordnung
VwVfG	Verwaltungsverfahrensgesetz
wN	weitere Nachweise
WP	Working Paper
WPO	Ordnung für Wirtschaftsprüfer
WV	Weimarer Verfassung
zB	zum Beispiel
ZD	Zeitschrift für Datenschutz
ZevKR	Zeitschrift für evangelisches Kirchenrecht
ZG	Zeitschrift für Gesetzgebung
Ziff.	Ziffer
ZIS	Zeitschrift für Internationale Strafrechtsdogmatik
zit.	zitiert
ZLVR	Zeitschrift für Landesverfassungsrecht und Landesverwaltungsrecht
ZPO	Zivilprozessordnung
zT	zum Teil
ZUM	Zeitschrift für Urheber- und Medienrecht
ZUR	Zeitschrift für Umweltrecht
zust.	zustimmend
zutr.	zutreffend
zw.	zweifelhaft
zzgl.	zuzüglich

Hessisches Datenschutz- und Informationsfreiheitsgesetz (HDSIG)

Vom 3. Mai 2018 (GVBl. S. 82)
(FFN 300-47)
zuletzt geändert durch Art. 5 G zur Förderung der elektronischen
Verwaltung und zur Änd. verwaltungsverfahrens- und
verwaltungsvollstreckungsrechtl. sowie datenschutzrechtl. Vorschriften
und glücksspielrechtl. Zuständigkeiten vom 12. September 2018
(GVBl. S. 570)

Einleitung

Literatur:

Bäcker/Hornung, EU-Richtlinie für die Datenverarbeitung bei Polizei und Justiz in Europa, ZD 2012, 147; *Bull*, Die „völlig unabhängige" Aufsichtsbehörde – Zum Urteil des EuGH vom 9.3.2010 in Sachen Datenschutzaufsicht, EuZW 2010, 488; *Burkholz*, Müssen Abgeordnete alles wissen dürfen? – Parlamentarische Fragebefugnisse und informationelle Selbstbestimmung, VerwArch. 1993, 203; *Dammann*, Zur politischen Kontrolle von Planungsinformationssystemen, in: Krauch, Erfassungsschutz. Der Bürger in der Datenbank: Zwischen Planung und Manipulation, 1975, 105; *DSK*, Standard-Datenschutzmodell, Version 2.0 b, 2020; *Fuckner*, Das neue Hessische Datenschutzgesetz, CR 1988, 144; *Geminn/Roßnagel*, „Privatheit" und „Privatsphäre" aus der Perspektive des Rechts – ein Überblick, JZ 2015, 703; *Giesen*, Euphorie ist kein Prinzip des Rechtsstaats, in: Stiftung Datenschutz, Zukunft der informationelle Selbstbestimmung, 2016, 23; *Gundling*, Zur Verfassungsreform in Hessen 2018, ZLVR 2019, 33; *Greve*, Das neue Bundesdatenschutzgesetz, NVwZ 2017, 743; *Hammer/Pordesch/Roßnagel*, KORA, in: Roßnagel/Hornung/Geminn/Johannes, Rechtsverträgliche Technikgestaltung und technikadäquate Rechtsentwicklung, 2018, 83; *Herrmann*, Anmerkung zur Reform des europäischen Datenschutzrechts, ZD 2014, 439; *Kugelmann*, Datenschutz bei Polizei und Justiz – Der Richtlinienvorschlag der Kommission, DuD 2012, 581; *Lennartz*, Neues Datenschutzrecht in Hessen, RDV 1987, 74; *Maier*, Der Beschäftigtendatenschutz nach der Datenschutz-Grundverordnung, DuD 2017, 169; *Richter*, Datenschutz zwecklos? – Das Prinzip der Zweckbindung im Ratsentwurf des DS-GVO, DuD 2015, 735; *Ronellenfitsch*, Rechtsgutachten zur Neugestaltung der Datenschutzkontrolle und zur Verfassungsmäßigkeit einer Zusammenlegung des privaten und öffentlichen Bereichs der Datenschutzkontrolle in Hessen, 13.4.2010. LT-Drs. 18/37; *Ronellenfitsch*, Fortentwicklung des Datenschutzes – Die Pläne der Europäischen Kommission, DuD 2012, 561; *Roßnagel*, Sicherheit für Freiheit? Grundlagen und Fragen, in: Roßnagel, Sicherheit für Freiheit?, 2003, S. 17; *Roßnagel*, Die Zukunft informationelle Selbstbestimmung: Datenschutz ins Grundgesetz und Modernisierung des Datenschutzkonzepts, in: Kritische Justiz, Verfassungsrecht und gesellschaftliche Realität, Beiheft 1/2009, 99; *Roßnagel*, Konflikte zwischen Informationsfreiheit und Datenschutz?, MMR 2007, 16; *Roßnagel*, Was bringt das neue europäische Datenschutzrecht für die Verbraucher?, VuR 2015, 361; *Roßnagel*, Datenschutzgesetzgebung für öffentliche Interessen und den Beschäftigungskontext – Chancen für risikoadäquate Datenschutzregelungen?, DuD 2017, 290; *Roßnagel*, Aktuelles Stichwort: E-Privacy-Verordnung der Europäischen Union, MedienWirtschaft 2018, 32; *Roßnagel*, Datenschutzgrundsätze – unverbindliches Programm oder verbindliches Recht? Bedeutung der Grundsätze für die datenschutzrechtliche Praxis, ZD 2018, 339; *Roßnagel*, Kein „Verbotsprinzip" und kein „Verbot mit Erlaubnisvorbehalt" im Datenschutzrecht – Zur Dogmatik der Datenverarbeitung als Grundrechtseingriff, NJW 2019, 1; *Roßnagel/Kroschwald*, Was wird aus der Datenschutzgrundverordnung? Die Entschließung des Europäischen Parlaments über ein Verhandlungsdokument, ZD 2014, 495; *Roßnagel/Nebel/Richter*, Was bleibt vom Europäischen Datenschutzrecht? Überlegungen zum Ratsentwurf der DS-GVO, ZD 2015, 455; *Schild*, Die Flucht ins Privatrecht – Zur Anwendung des Hessischen Datenschutzgesetzes auf juristische Personen des privaten

Rechts, NVwZ 1990, 339; *Schild*, Das neue Hessische Datenschutzgesetz, RDV 1999, 52; *Schild*, Die völlige Unabhängigkeit der Aufsichtsbehörden aus europarechtlicher Sicht, DuD 2010, 549; *Schindler*, Biometrische Videoüberwachung, 2020; *Simitis/Walz*, Das neue Hessische Datenschutzgesetz, RDV 1987, 157; *Tinnefeld*, Der neue Datenschutz, DuD 2015, 817; *Wettlaufer*, Die Hessische Landesverfassung und ihre Reformen, NVwZ 2019, 355.

A. Entwicklung des Hessischen Datenschutzgesetzes

Das „Hessische Datenschutz- und Informationsfreiheitsgesetz (HDSIG)" 1
wurde am 26.4.2018 vom Landtag beschlossen und trat am 25.5.2018 in
Kraft. Es ist das fünfte hessische Datenschutzgesetz, das das **allgemeine
hessische Datenschutzrecht** regelt. Das Gesetz setzt die Datenschutzreform
der EU von 2016 in Hessen um. Es ist aber nicht nur eine Reaktion auf die
jüngsten Rechtsänderungen in der Union, sondern auch von der 50jährigen
Geschichte des Datenschutzrechts[1] beeinflusst. Daher gibt die Einleitung
einen kurzen Abriss der wichtigsten Stationen der Entwicklung des Gesetzes in diesem Zeitraum (→ Rn. 1 ff.), bevor sie in die verfassungsrechtlichen (→ Rn. 13 ff.) und unionsrechtlichen Grundlagen (→ Rn. 36 ff.) ein-
führt, die Grundsätze kurz schildert und einen Überblick über das Gesetz
gibt.

I. Erstes Hessisches Datenschutzgesetz

In den 1960er Jahren trieb Hessen nach amerikanischem Vorbild den Ein- 2
satz der **elektronischen Datenverarbeitung in der öffentlichen Verwaltung**
voran. Diese Entwicklung stieß – ebenfalls in Folge der amerikanischen
Diskussion – auf Besorgnisse, dass durch sie die Privatsphäre der Bürger
gefährdet und ihre Daten unberechtigten Zugriffen ausgesetzt werden
könnten. Auch wurde befürchtet, dass dadurch das Machtgleichgewicht
zwischen Exekutive und Legislative gestört und die Exekutive mit einem
immer größeren Informationsvorsprung ausgestattet werden könnte.[2] Das
Gesetz zur Einführung der elektronischen Datenverarbeitung durch die
Hessische Zentrale für Datenverarbeitung (HZD) und der Kommunalen
Gebietsrechenzentren (KGRZ) vom 16.12.1969 war dann der unmittelbare Anlass für die Gesetzesinitiative der Hessischen Landesregierung vom
25.6.1970.[3]

Das **Hessische Datenschutzgesetz** wurde am 7.10.1970 erlassen[4] und trat 3
am 13.10.1970 in Kraft. Es war das erste Datenschutzgesetz weltweit.[5] Es
war als Ausgleich für die Einführung der Verwaltungsautomation gedacht.[6] Es galt nur für die automatisierte Datenverarbeitung im Bereich der
öffentlichen Verwaltung. Sein Ziel war zum einen, die einzelnen Bürger vor
den Risiken der Datenverarbeitung zu schützen und zum anderen „den
Parlamenten auf allen Ebenen, dem Landtag, den Kreistagen und Gemeindevertretungen, Zugang zu den gespeicherten Informationen zu gewähren"
(→ § 29 Rn. 8 ff.).[7] Um die Einhaltung der datenschutzrechtlichen Regeln
kontrollieren zu können, führte das HDSG die Institution des Hessischen
Datenschutzbeauftragten (HDSB) ein. Diesem sollte auch die Aufgabe zukommen, Verschiebungen in der Gewaltenteilung zwischen den Verfas-

---

1 S. zB *Abel* in Roßnagel DatenschutzR-HdB Kap. 2.7.
2 LT-Drs. 6/3065, 7; *Ronellenfitsch* in Ronellenfitsch ua Einf. Rn. 12 ff.
3 LT-Drs. 6/3065; *Nungesser* 1988, XIII; *Ronellenfitsch* in Ronellenfitsch ua Einf.
  Rn. 12; *Arlt* in Schild ua Einf. Rn. 1.
4 GVBl. I, 625.
5 Für *Simitis* in Simitis Einl. Rn. 1 beginnt damit die Geschichte der Datenschutzgesetzgebung.
6 *Abel* in Roßnagel DatenschutzR-HdB Kap. 2.7 Rn. 1.
7 LT-Drs. 6/3065, 7; dies sah *Dammann* in Krauch 114 als Vorbild an.

sungsorganen zu untersuchen (→ § 15 Rn. 13 ff.).[8] Das Gesetz erlaubte allerdings auch die Verarbeitung personenbezogener Daten Dritter ohne Rechtsgrundlage oder Einwilligung. Die Verwaltungsbehörden durften Daten selbst dann erheben, wenn dies für ihre Aufgabenerfüllung nicht zwingend erforderlich war. Die Daten unterlagen noch keiner Zweckbindung.[9] Dennoch beeinflusste das Gesetz die weitere Diskussion zur rechtlichen Regelung des Datenschutzes beträchtlich.

II. Zweites Hessisches Datenschutzgesetz

4   Nach der **Verabschiedung des BDSG** vom 27.1.1977[10] brachte die Landesregierung am 13.9.1977 einen Gesetzentwurf in den Landtag, der das Landesrecht an die neuen Regelungen im Bund anpassen sollte, um in Bund und Ländern ein einheitliches Datenschutzrecht zu erreichen.[11] Das „Zweite Hessische Datenschutzgesetz" vom 31.1.1978[12] beschränkte sich aber keineswegs darauf, die bundesgesetzlichen Vorschriften zu übernehmen, sondern versuchte zugleich, den Datenschutz in Hessen zu verbessern: Es dehnte den Anwendungsbereich des Gesetzes aus, indem es nicht nur die automatisierte Datenverarbeitung, sondern jede Form der Datenverarbeitung, die in Dateien stattfindet, einbezog. Es übernahm die Zweckbindung aus dem BDSG und verschärfte sie für die hessische Verwaltung. Das Gesetz erweiterte den Aufgabenbereich des HDSB, führte eine Verpflichtung zum Schadensersatz auf der Grundlage einer Gefährdungshaftung ein und traf eine Sonderregelung für die Verarbeitung personenbezogener Daten im Rahmen der wissenschaftlichen Forschung.[13]

III. Drittes Hessisches Datenschutzgesetz

5   Am 15.12.1983 erließ das **BVerfG** sein Urteil zur **Volkszählung**,[14] in dem es als Konkretisierung des Persönlichkeitsrechts in Art. 2 Abs. 1 GG iVm der Menschenwürde in Art. 1 Abs. 1 GG ein **Grundrecht auf informationelle Selbstbestimmung** anerkannte und aus diesem wesentliche Anforderungen an die Beschränkung durch gesetzliche Erlaubnisse zur Datenverarbeitung ableitete. In der Folgezeit überarbeiteten der Bund und die Länder ihre Datenschutzgesetze, um den neu erkannten verfassungsrechtlichen Anforderungen gerecht zu werden. Als erstes Land reagierte Hessen[15] durch Erlass des „Dritten Hessischen Datenschutzgesetzes" vom 11.11.1986,[16] das am 1.1.1987 in Kraft trat.[17] In diesem berücksichtigte es nicht nur die

---

8   S. hierzu auch *Dammann* in Krauch 114; *Abel* in Roßnagel DatenschutzR-HdB Kap. 2.7 Rn. 7.
9   *Ronellenfitsch* in Ronellenfitsch ua Einf. Rn. 14.
10 BGBl. I, 201.
11 LT-Drs. 8/4745.
12 GVBl. I, 96.
13 S. hierzu auch *Arlt* in Schild ua Einf. Rn. 10; *Ronellenfitsch* in Ronellenfitsch ua Einf. Rn. 19.
14 BVerfGE 65, 1.
15 Entwurf der Landesregierung, LT-Drs. 11/4749. Starke Änderungen erfolgten durch den Landtag- s. LT-Drs. 11/6803 bis 6807 und 6819.
16 GVBl. I, 309.
17 S. zur Entstehungsgeschichte genauer *Lennartz* RDV 1987, 74 ff.; *Fuckner* CR 1988, 144 ff.; *Nungesser* 1988 XIV.

Vorgaben des BVerfG, sondern veränderte und präzisierte das Gesetz mit Rücksicht auf die sich ständig weiterentwickelnde Informationstechnologie. Ziel des Gesetzes war nun, das Recht des Einzelnen zu schützen, selbst über die Preisgabe seiner Daten zu bestimmen, soweit keine Ausnahmen durch Gesetz zugelassen waren. Der Begriff der Verarbeitung wurde auf jede Form des Umgangs mit personenbezogenen Daten erweitert. Unterschiede in der Datenverarbeitung in Akten und Dateien wurde aufgehoben. Neu war auch eine Pflicht, den Betroffenen bei der ersten Speicherung seiner Daten schriftlich zu benachrichtigen. Außerdem wurde die Pflicht, einen behördlichen Datenschutzbeauftragten zu bestellen, eingeführt.[18] Zu diesem Gesetz wurden in den folgenden Jahren **zwei Änderungsgesetze** erlassen.

Das **Gesetz zur Änderung des HDSG** vom 21.12.1988,[19] das am 31.12.1988 in Kraft trat, basierte auf einem Entwurf der Fraktionen der CDU und der FDP.[20] Es diente dazu, für die Daten, die nicht nach den Transparenzanforderungen des BVerfG gespeichert worden waren, eine geeignete Übergangsregelung zu schaffen.[21]

6

Das **Zweite Gesetz zur Änderung des HDSG** beruhte auf einem Entwurf aller Fraktionen des Landtags[22] und führte mit § 39 a HDSG eine spezielle Regelung ein, die Datenverarbeitungen durch den Landtag und die kommunalen Vertretungsorgane betraf. Durch sie sollte der verfassungsrechtlichen Stellung dieser Vertretungsorgane Rechnung getragen und eine Datenschutzordnung des Landtags ermöglicht werden (→ § 30 Rn. 14).[23] Das Gesetz wurde 21.12.1994 erlassen[24] und trat am 29.12.1994 in Kraft.

7

IV. Viertes Hessisches Datenschutzgesetz

Mit dem Dritten Änderungsgesetz des HDSG vom 5.11.1998,[25] das am 10.11.1998 in Kraft trat, setzte Hessen – wiederum als Erster in Deutschland – die **DSRL** vom 24.10.1995 fristgemäß innerhalb der dreijährigen Umsetzungsfrist um. Das Gesetz wurde als „Viertes Hessisches Datenschutzgesetz" am 7.1.1999 neu bekannt gemacht.[26] Die Landesregierung wollte die Gelegenheit nicht für eine umfassende Modernisierung des Datenschutzrechts nutzen, sondern setzte in ihrem Entwurf nur punktuell die notwendigsten Änderungen um, um einen Verstoß gegen die Richtlinie zu vermeiden.[27] Neu waren ua eine Pflicht zur Vorabkontrolle, eine Regelung

8

---

18 S. hierzu auch *Lennartz* RDV 1987, 74; *Fuckner* CR 1988, 144; *Simitis/Walz* RDV 1987, 157; *Simitis* in Simitis Einl. Rn. 50; *Arlt* in Schild ua Einf. Rn. 17 ff.; *Ronellenfitsch* in Ronellenfitsch ua Einf. Rn. 23.
19 GVBl. I, 245.
20 LT-Drs. 12/324.
21 S. hierzu auch *Arlt* in Schild ua Einf. Rn. 19; *Ronellenfitsch* in Ronellenfitsch ua Einf. Rn. 27.
22 LT-Drs. 13/6236.
23 S. hierzu auch *Arlt* in Schild ua Einf. Rn. 20; *Ronellenfitsch* in Ronellenfitsch ua Einf. Rn. 29; kritisch Burkholz VerwArch. 1993, 203 ff.
24 GVBl. I, 817.
25 GVBl. I, 421; Regierungsentwurf LT-Drs. 14/3830; Änderungsantrag LT-Drs. 14/4200.
26 GVBl. I, 98.
27 *Arlt* in Schild ua Einf. Rn. 46.

zu besonderen Kategorien personenbezogener Daten, zu gemeinsamen Verfahren, zur Datenübertragung in Drittstaaten sowie ein Widerspruchsrecht des Betroffenen. Außerdem sollten wenige Änderungen das Datenschutzrecht an bestimmte technologische Entwicklungen anpassen wie Chipkarten, Videoaufzeichnungen und automatisierte Einzelentscheidungen.[28]

9 Mit Urteil vom 9.3.2010 stellte der **EuGH** fest, dass die Bundesrepublik Deutschland gegen ihre Verpflichtung aus Art. 28 DSRL verstoßen hat, nach der für die Wahrnehmung ihrer Aufgaben den Datenschutzaufsichtsbehörden „völlige Unabhängigkeit" zu gewährleisten war.[29] Dies betraf insbesondere die Aufsichtsbehörden für den nicht öffentlichen Bereich (→ § 8 Rn. 18 ff.). Das Urteil führte im Bund und in allen Ländern zu entsprechenden Gesetzesänderungen. Da die Landesregierung verfassungsrechtliche Bedenken gegen eine ministerialfreie Verwaltungsbehörde hatte, legte die Fraktion der SPD einen Gesetzentwurf vor.[30] Dieser wurde auf der Grundlage eines Gutachtens des HDSB[31] von einer interfraktionellen Arbeitsgruppe überarbeitet[32] und schließlich von allen Fraktionen einstimmig beschlossen.[33] Das **„Gesetz zur Neuordnung des Datenschutzes und Wahrung der Unabhängigkeit des Datenschutzbeauftragten"** vom 20.5.2011[34] trat am 1.7.2011 in Kraft. Es etablierte den HDSB als oberste Landesbehörde, gewährleistete ihm in der Aufgabenerfüllung „völlige Unabhängigkeit", übertrug ihm die Aufgabe der Datenschutzaufsichtsbehörde für den nicht öffentlichen Bereich und gestaltete sein Amt nach Ablauf der Wahlperiode des Stelleninhabers als Hauptamt aus (→ § 8 Rn. 15; → § 11 Rn. 13).[35]

V. Hessisches Datenschutz- und Informationsfreiheitsgesetz

10 In Anpassung an die **DS-GVO**[36] und in Umsetzung der **JI-RL**[37] hat das „Hessische Gesetz zur Anpassung des Hessischen Datenschutzrechts an die Verordnung (EU) Nr. 2016/679 und zur Umsetzung der Richtlinie (EU) Nr. 2016/680 und zur Informationsfreiheit vom 3.5.2018"[38] in Art. 1 das „Hessische Datenschutz- und Informationsfreiheitsgesetz (HDSIG)" eingeführt und damit das Datenschutzgesetz in Hessen ein fünftes Mal neu gefasst. Das Gesetz geht auf einen Gesetzesentwurf der Fraktionen der CDU und BÜNDNIS 90/DIE GRÜNEN zurück.[39] Er erfuhr im Gesetzgebungsprozess nur wenige Änderungen durch Anträge der Fraktionen der CDU

---

28 S. näher *Schild* RDV 1999, 52; *Arlt* in Schild ua Einf. Rn. 53 ff.
29 EuGH ECLI:EU:C:2010:125; Anmerkungen *Roßnagel* EuZW 2010, 296. *Schild* DuD 2010, 549; *Bull* EuZW 2010, 488.
30 LT-Drs. 18/375.
31 *Ronellenfitsch* Rechtsgutachten.
32 LT-Drs. 18/4006.
33 *Ronellenfitsch* in Ronellenfitsch ua Einf. Rn. 52.
34 GVBl. I, 208.
35 S. auch *Arlt* in Schild ua Einf. Rn. 84.
36 S. zu deren Entstehungsgeschichte *Roßnagel* in Roßnagel Das neue DSR § 1 Rn. 15 ff.
37 S. zu deren Entstehung *Johannes/Weinhold* Neues DatenschutzR S. 29 f.
38 GVBl. I, 82.
39 LT-Drs. 19/5728.

und von BÜNDNIS90/DIE GRÜNEN.[40] Der Landtag beschloss das Gesetz am 26.4.2018. Es trat am 25.5.2018 in Kraft – zusammen mit dem Geltungsbeginn der DS-GVO in Deutschland und nur wenige Tage nach Ablauf der Umsetzungsfrist für die JI-RL. Durch das Artikelgesetz wurden außerdem 28 Fachgesetze der DS-GVO angepasst oder in ihnen die JI-RL umgesetzt.

Das HDSIG gestaltet das **allgemeine Datenschutzrecht in Hessen völlig neu.** Da die DS-GVO Anwendungsvorrang hat (→ Rn. 40) und für sie ein Normwiederholungsverbot gilt (→ Rn. 42), enthält das HDSIG keine Vollregelung des allgemeinen Datenschutzrechts, sondern im Ersten und insbesondere im Zweiten Teil nur Ergänzungen oder Präzisierungen zu den Regelungen in der **DS-GVO.** Für das allgemeine Datenschutzrecht in Hessen besteht damit eine Ko-Regulierung zwischen DS-GVO und HDSIG (→ Rn. 49). Im Ersten und insbesondere im Dritten Teil setzt das Gesetz die **JI-RL** um. Schließlich enthält das Gesetz zu ersten Mal in seinem Vierten Teil Regelungen zur **Informationsfreiheit.** 11

Das HDSIG wurde durch Art. 5 des Gesetzes zur Förderung der elektronischen Verwaltung und zur **Änderung** verwaltungsverfahrens- und verwaltungsvollstreckungsrechtlicher sowie datenschutzrechtlicher Vorschriften und glücksspielrechtlicher Zuständigkeiten vom 12.9.2018[41] um die Regelungen in §§ 28 a und 28 b ergänzt, um für die Datenverarbeitung bei öffentlichen Auszeichnungen und Ehrungen und in Gnadenverfahren eine gesetzliche Erlaubnis zur Verarbeitung personenbezogener Daten herzustellen. 12

B. Verfassungsrechtliche Grundlagen

Verfassungsrecht bestimmt den **inhaltlichen und kompetenzrechtlichen Rahmen** des Datenschutzrechts und damit auch des Gesetzes. Datenschutzrecht dient zum einen dem Schutz der Grundrechte wie sie sich aus der GRCh, dem GG und der HV ergeben. Datenschutzrecht soll zum anderen aber auch die Datenverarbeitung für legitime und gesetzlich vorgesehene Zwecke ermöglichen. Diese sind in abstrakter Weise ebenfalls durch Verfassungsrecht vorgegeben. Aufgabe des Gesetzgebers ist, eine Abstimmung zwischen beiden Zielen zu finden, die eine grundrechtsverträgliche Zweckverfolgung durch Datenverarbeitung ermöglicht und so beiden Zielen gerecht wird. Aufgabe der Aufsichtsbehörden ist es, die gefundenen Lösungen in der Praxis durchzusetzen. Welche Gesetzgeber und welche Vollzugsbehörden diese Aufgaben zu erfüllen haben, ergibt sich ebenfalls aus verfassungsrechtlichen Vorgaben. 13

I. Grundrechte

Das Gesetz dient nicht nur dem **Datenschutz,** sondern auch der Gewährleistung von **Informationsfreiheit.** Zwischen beiden Zielsetzungen besteht ein Spannungsverhältnis, zugleich aber bilden beide die Grundlage für eine freiheitliche Informationsordnung. Sowohl informationellen Selbstbestim- 14

---

40 LT-Drs. 19/6300 und Empfehlung des Innenausschusses LT-Drs. 19/6328.
41 GVBl. 2018, 570.

mung als auch Informationsfreiheit zielen objektivrechtlich zur Stärkung der Demokratie auf die gleiche Informations- und Kommunikationsordnung. Sie wollen das bürgerschaftliche Engagement befördern, auf die ein republikanischer und demokratischer Staat angewiesen ist. Genauer wollen sie ein informatorisches Gleichgewicht zwischen Bürger und Verwaltung herstellen – indem die informationelle Selbstbestimmung das Sammeln personenbezogener Daten durch die Verwaltung auf das für die jeweilige Zweckerreichung Erforderliche beschränkt und die Informationsfreiheit die Information der Verwaltung im Rahmen des – unter Berücksichtigung entgegenstehender Interessen – Möglichen auf den Bürger erweitert.[42]

1. Grundrechtecharta

15 Die 2009 in Kraft getretene GRCh der EU hat das grundlegende Verständnis des grundrechtlichen Datenschutzes der Mitgliedstaaten, insbesondere von Deutschland, übernommen und präziser ausgestaltet.[43] Es findet in Art. 7 und 8 GRCh seinen Ausdruck. **Art. 7 GRCh** enthält vier Gewährleistungen, nämlich des Privatlebens, des Familienlebens, der Wohnung und der Kommunikation. Die Gewährleistungen des **Privatlebens** und der **Kommunikation** schützen die Entwicklung und Identität jeder Person sowie das Recht, Beziehungen zu anderen Personen und der Außenwelt einzugehen oder sie zu meiden. Art. 7 GRCh ist jedoch kein Auffanggrundrecht vergleichbar mit Art. 2 Abs. 1 GG, der die allgemeine Handlungsfreiheit schützt. Art. 7 GRCh schützt aber wesentlichen Aspekte der Selbstbestimmung über das eigene Verhalten und die Beobachtung dieses durch Dritte.[44]

16 **Art. 8 GRCh** schützt speziell die Entscheidungsbefugnis der betroffenen Person über ihre personenbezogenen Daten.[45] Nach Abs. 1 hat jede Person das Recht auf Schutz der sie betreffenden personenbezogenen Daten. Soweit private Daten verarbeitet werden, erstreckt sich auch die Achtung des Privatlebens nach Art. 7 GRCh auf diesen Schutz. Da der Datenschutz allerdings weiter reicht als die Achtung des Privatlebens,[46] wurde dafür ein eigenständiges Grundrecht begründet. Jede Verarbeitung personenbezogener Daten durch Dritte ist ein Eingriff in die von Art. 7 und 8 GRCh geschützten Grundrechte.[47] Daher dürfen nach Art. 8 Abs. 2 Satz 1 personen-

---

42 *Roßnagel* MMR 2007, 16 ff.
43 S. zum Folgenden näher *Roßnagel* NJW 2019, 1 (1 f.).
44 S. zB *Bernsdorff* in NK-EuGRCh Art. 7 Rn. 15 und 20 und Art. 8 Rn. 13; *Johannes* in Roßnagel Das neue DSR § 2 Rn. 60.
45 EuGH ECLI:EU:C:2013:670 Rn. 24 ff., 55 – Schwarz; EuGH ECLI:EU:C:2014: 238 Rn. 34 ff., 47, 55 – Digital Rights Ireland; EuGH ECLI:EU:C:2015:650 Rn. 38 ff., 47, 55 – Schrems; s. zB auch *Kingreen* in Calliess/Ruffert GRCh Art. 8 Rn. 1, 9.
46 S. hierzu *Geminn/Roßnagel* JZ 2015, 703 ff.
47 EuGH ECLI:EU:C:2003:294 Rn. 74 – Österreichischer Rundfunk; EuGH ECLI: EU:C:2010:662 Rn. 60 – Schecke und Eifert; EuGH ECLI:EU:C:2013:670 Rn. 24 ff. – Schwarz; EuGH ECLI:EU:C:2011:279 Rn. 53 – Deutsche Telekom; EuGH ECLI:EU:C:2014:317 Rn. 80 – Google Spain; EuGH ECLI:EU:C:2014:238 Rn. 36 – Digital Rights Ireland; EuGH ECLI:EU:C:2015:638 Rn. 30 — Bara; EuGH ECLI:EU:C:2020:559 Rn. 170 ff.– Schrems II; EuGH ECLI:EU:C:2020:791 Rn. 115 ff. – La Quadrature du Net; *Jarass* GRCh Art. 8 Rn. 8; *Kingreen* in Calliess/Ruffert GRCh Art. 8 Rn. 12.

bezogene Daten nur nach Treu und Glauben für festgelegte Zwecke und mit Einwilligung der betroffenen Person oder auf einer sonstigen gesetzlich geregelten legitimen Grundlage verarbeitet werden.[48] Nach Abs. 2 Satz 2 hat jede Person hat das Recht, Auskunft über die sie betreffenden erhobenen Daten zu erhalten und die Berichtigung der Daten zu erwirken. Abs. 3 bestimmt, dass eine unabhängige Stelle den Datenschutz zu überwachen hat.

Zwischen **Art. 7 und Art. 8 GRCh** besteht eine Idealkonkurrenz.[49] Bei personenbezogenen Daten mit Bezug zum Privatleben kommen beide Grundrechte nebeneinander zur Anwendung und verstärken sich gegenseitig.[50] Der Schutz personenbezogener Daten kann als Instrument zum Schutz des Privatlebens angesehen werden. Bei Daten ohne Bezug zum Privatleben bietet Art. 8 GRCh allein Grundrechtsschutz.[51] Was Privatheit ist, kann nicht objektiv bestimmt werden, sondern wird individuell von der betroffenen Person festgelegt. Somit ist der eigentliche Schutzgehalt der Art. 7 und 8 GRCh das Recht, selbst darüber bestimmen zu können, was die betroffene Person als ihre Privatheit versteht.[52] Bezogen auf die Datenverarbeitung wird das **Bestimmungsrecht** des einzelnen geschützt, über die Verarbeitung seiner personenbezogenen Daten bestimmen zu können.[53]   17

Die GRCh enthält nicht nur Grundrechte für den Datenschutz, sondern gewährleistet in Art. 11 Abs. 1 GRCh auch eine **Informationsfreiheit**, „Informationen und Ideen ohne behördliche Eingriffe und ohne Rücksicht auf Staatsgrenzen zu empfangen und weiterzugeben". Zugang zu Dokumenten der Organe, Einrichtungen und sonstigen Stellen der Union gewährt Art. 42 GRCh. Das Recht besteht unabhängig von der Form der für diese Dokumente verwendeten Träger und steht jedem Unionsbürger sowie jeder natürlichen oder juristischen Person mit Sitz in einem Mitgliedstaat zu. Ein Recht auf Zugang zu Dokumenten der Union enthält auch Art. 15 Abs. 3 AEUV. Verpflichtungen der Mitgliedstaaten sind mit diesen Freiheiten jedoch nicht verbunden.   18

2. Grundgesetz

In seiner Entscheidung zur Volkszählung 1983 konkretisierte das BVerfG die Grundrechte auf Persönlichkeitsschutz nach Art. 2 Abs. 1 GG und auf Menschenwürde nach Art. 1 Abs. 1 GG angesichts der elektronischen Datenverarbeitung zum **Grundrecht auf informationelle Selbstbestimmung**.[54] Dieses gewährt jeder Person die Befugnis, selbst darüber zu bestimmen,   19

---

48 Zu den Anforderungen an Gesetze, die Datenverarbeitung erlauben, s. *Roßnagel* NJW 2019, 1 (4).
49 EuGH ECLI:EU:C:2011:777 Rn. 41 f. – ASNEF; EuGH ECLI:EU:C:2013:670 Rn. 26 – Schwarz.
50 EuGH ECLI:EU:C:2013:670 Rn. 53 – Schwarz; EuGH ECLI:EU:C:2014:238 Rn. 32 ff. – Digital Rights Ireland; EuGH ECLI:EU:C:2008:54 Rn. 61 ff. – Promusicae.
51 EuGH ECLI:EU:C:2003:294 Rn. 75 – Österreichischer Rundfunk; Streinz in Streinz GRCh Art. 8 Rn. 7.
52 S. zB *Bernsdorff* in NK-EuGRCh Art. 7 Rn. 20 und Art. 8 Rn. 13.
53 S. zB *Kingreen* in Calliess/Ruffert GRCh Art. 8 Rn. 9; *Bernsdorff* in NK-EuGRCh Art. 8 Rn. 13 f. mwN.
54 BVerfGE 65, 1 (42 ff.); 67, 100 (142); 77, 1 (46) – st. Rspr.

wer welche sie betreffenden Daten zu welchem Zweck verarbeiten darf. Sie hat das Recht, „selbst zu entscheiden, wann und innerhalb welcher Grenzen persönliche Lebenssachverhalte offenbart werden".[55] In jeder fremdbestimmten Erhebung, Verarbeitung oder Nutzung personenbezogener Daten liegt ein Eingriff in dieses Grundrecht.[56] Beschränkungen der informationellen Selbstbestimmung bedürfen einer „(verfassungsmäßigen) gesetzlichen Grundlage, aus der sich die Voraussetzungen und der Umfang der Beschränkungen klar und für den Bürger erkennbar ergeben und die damit dem rechtsstaatlichen Gebot der Normenklarheit entspricht".[57]

20   Der grundrechtliche Datenschutz in Art. 7 und 8 GRCh und der grundrechtliche Datenschutz nach Art. 2 Abs. 1 und Art. 1 Abs. 1 GG haben im Wesentlichen den gleichen Schutzgehalt, nämlich die **freie Selbstbestimmung** der jeweils betroffenen Person über den Umgang mit den sie betreffenden Daten zu schützen.[58] Jede Datenverarbeitung, die diese Selbstbestimmung ignoriert, greift in die genannten Grundrechte ein.[59] Für die Bestimmung des Eingriffs kommt es nicht auf die Person an, die den Eingriff vornimmt – auch nicht auf deren Charakterisierung als privat oder staatlich.[60]

21   Das **Recht** eines allgemeinen und voraussetzungslosen **Zugangs zu Akten** der öffentlichen Verwaltung ist – im Gegensatz zur informationellen Selbstbestimmung – kein Grundrecht. Das Informationsfreiheitsrecht des Art. 5 Abs. 1 Satz 1 GG enthält kein Grundrecht auf individuellen Zugang zu Behördenakten. Vielmehr wird der Zugang nur zu „allgemein zugänglichen" Informationen gewährt. Zu welchen Informationen der Zugang allgemein besteht, bestimmt der Gesetzgeber und, soweit er nichts bestimmt, entscheidet die Verwaltung nach Maßgabe der Gesetze.[61] Wenn und soweit der Gesetzgeber einen Zugang zu Behördenakten geschaffen hat, fällt dieser unter den Schutz des Art. 5 Abs. 1 Satz 1 GG.[62] Er wird aber nicht durch dieses Grundrecht erzwungen.[63]

3. Hessische Verfassung

22   Das **Grundrecht auf informationelle Selbstbestimmung** ist bisher zwar in der Rechtsprechung des BVerfG anerkannt, nicht aber trotz vielfacher For-

---

55 BVerfGE 65, 1 (42); 103, 23 (33); 113, 29 (46); *Dreier* in Dreier GG Art. 2 I Rn. 79.
56 BVerfGE 100, 313 (366).
57 BVerfGE 65, 1 (44). S. hierzu *Roßnagel* NJW 2019, 1 ff.
58 S. zB *Kingreen* in Calliess/Ruffert GRCh Art. 7 Rn. 4 und 10, GRCh Art. 8 Rn. 9; *Bernsdorff* in Meyer/Hölscheidt Art. 8 Rn. 13 f. mwN; *Johannes* in Roßnagel Das neue DSR § 2 Rn. 68 ff.
59 S. näher *Roßnagel* NJW 2019, 1 (2 f.).
60 EuGH ECLI:EU:C:2003:596 Rn. 86 – Lindquist; EuGH ECLI:EU:C:2014:317 Rn. 68 – Google Spain; EuGH ECLI:EU:C:2015:650 Rn. 93 – Schrems; BVerfGE 84, 192 (195); 117, 202 (229); *Roßnagel/Pfitzmann/Garstka*, 48 ff.
61 S. ablehnend zu Behördenakten BVerfGE 27, 71 (83); 27, 104 (108); 33, 52 (65); 66, 116 (137); 90, 27 (32); 103, 44 (59 ff.) und BVerwGE 47, 247 (252); 61, 15 (22).
62 S. hierzu zB BVerfGE 103, 44 (61).
63 *Roßnagel* MMR 2007, 16 mwN.

derungen[64] explizit im GG verankert. Die HV hat dagegen nach einem Beschluss des Landtags am 24.5.2018 und einer Volksabstimmung am 28.10.2018 mit einer Mehrheit von 90,9 % in einem neuen Art. 12 a HV ausdrücklich die beiden Grundrechte übernommen, zu denen das BVerfG mit Blick auf die Entwicklung der Informationstechnik die Grundrechte auf Persönlichkeitsschutz des Art. 2 Abs. 1 GG und auf Menschenwürde des Art. 1 Abs. 1 GG konkretisiert hat.[65] Satz 1 bestimmt, dass jeder Mensch berechtigt ist, über die Preisgabe und Verwendung seiner personenbezogenen Daten selbst zu bestimmen, und übernimmt damit das Grundrecht aus informationelle Selbstbestimmung. Satz 2 anerkennt das Grundrecht auf Gewährleistung der Vertraulichkeit und Integrität informationstechnischer Systeme. Nach Satz 3 bedürfen Einschränkungen dieser Rechte eines Gesetzes. Ein Grundrecht auf **Informationsfreiheit** kennt die HV **nicht**.

II. Verarbeitungsaufgaben

Jede Verarbeitung personenbezogener Daten ohne Einwilligung der betroffenen Person ist ein Eingriff in die Grundrechte auf Datenschutz und informationelle Selbstbestimmung. Dieser Eingriff ist nach dem Prinzip der Verhältnismäßigkeit nur zulässig, wenn er als Mittel geeignet, erforderlich und angemessen ist, um einen legitimen und gesetzlich vorgesehenen Zweck zu erreichen. Für öffentliche Stellen muss dieser Zweck im öffentlichen Interesse liegen. Dieses ist verfassungsrechtlich verankert und muss von Gesetzgeber konkretisiert werden. Dabei hat der Gesetzgeber eine Abstimmung zwischen dem Ziel des Grundrechtsschutzes und dem Ziel, das öffentlichen Interesse zu verwirklichen, zu finden, die eine **grundrechtsverträgliche Zweckverfolgung** durch Datenverarbeitung ermöglicht und so beiden Zielen gerecht wird.[66]

1. Aufgaben öffentlicher Stellen

Die Aufgabe der öffentlichen Stellen liegt überwiegend im Vollzug der Gesetze. Diese sind in demokratischen Verfahren zustande gekommen und konkretisieren für ihren Anwendungsbereich das öffentliche Interesse. Die **Verwaltungsaufgaben** sind im Laufe der Jahre immer umfangreicher und aufwändiger geworden. Zugleich ist die Zahl der Bediensteten in der öffentlichen Verwaltung nicht im gleichen Maß gestiegen, in vielen Bereichen sogar gekürzt worden. Viele Verwaltungsaufgaben wurden inzwischen auch so gefasst, dass sie umfassende und komplizierte Datenverarbeitungen erfordern, um sie mit der geforderten Gerechtigkeit, Effizienz und Effektivität zu erfüllen. Viele Gesetze wie das E-Government-Gesetz[67] und das Online-Zugangs-Gesetz[68] erfordern, eine elektronische Kommunikation mit dem Bürger. Alle diese Aufgaben sind nicht mehr zu erfüllen, ohne dass die öffentlichen Stellen in umfangreichem Ausmaß personenbezogene

23

24

---

64 S. zB *Roßnagel* KJ Beiheft 1/2009, 99 ff.
65 GVBl 741. S. näher *Gundling* ZLVR 2019, 33 ff.; *Wettlaufer* NVwZ 2019, 355 ff.
66 ErwG 4 JI-RL; s. zB auch *Roßnagel* in Roßnagel, Sicherheit für Freiheit, S. 17 ff.
67 BEGovG vom 25.7.2013, BGBl. I 2749; HEGovG vom 12.9.2018, GVBl 570.
68 OZG vom 14.8.2017, BGBl. I 3122, 3138.

Daten verarbeiten. Diese Datenverarbeitung dient als Mittel grundsätzlich verfassungsgemäßen und legitimen Zielen.

2. Strafverfolgung und Gefahrenabwehr

25   Eine spezifische verfassungsrechtliche und gesetzliche Aufgabe besteht in der Gewährleistung **öffentlicher Sicherheit** durch die Verhütung, Ermittlung, Aufdeckung oder Verfolgung von Straftaten und der Strafvollstreckung, einschließlich des Schutzes vor und der Abwehr von Gefahren für die Grundrechte einzelner Personen oder die öffentliche Ordnung durch Straftaten. Auch die speziell dafür zuständigen Behörden müssen in großem Umfang die Verarbeitung personenbezogener Daten als Mittel einsetzen, um dieses Ziel effektiv und effizient zu erreichen. Zudem werden immer mehr Straftaten unter Einsatz von Informationstechnik und insbesondere im Internet begangen, so dass Gerichte, Staatsanwaltschaften, Polizei- und sonstige Gefahrenabwehrbehörden daraus angewiesen sind, zur Verhütung, Ermittlung, Aufdeckung oder Verfolgung dieser Straftaten ebenfalls Informationstechnik einzusetzen. Auch in diesem Zusammenhang erfolgt die Verarbeitung personenbezogener Daten als grundsätzlich geeignetes Mittel zur Verfolgung legitimer Ziele im öffentlichen Interesse.[69]

3. Informationszugang

26   Die Begründung des Gesetzentwurfs begründet den Vierten Teil des Gesetzes wie folgt: „Das Verwaltungshandeln soll zukünftig offener und transparenter gestaltet werden. Im Vierten Teil … werden deshalb erstmals Regelungen für ein **Recht auf Informationszugang** gegenüber den öffentlichen Stellen in Hessen geschaffen. Bürgerinnen und Bürger erhalten damit die Möglichkeit, unmittelbar Einblick in Vorgänge der öffentlichen Verwaltung zu nehmen. Entscheidungen der Verwaltung werden damit nachvollziehbar, deren Akzeptanz wird erhöht. Die Schaffung eines Anspruchs auf Informationszugang hat so eine wichtige demokratische und rechtstaatliche Funktion, denn der freie Zugang zu bei öffentlichen Stellen vorhandenen Informationen ist wesentlicher Bestandteil öffentlicher Partizipation und der Kontrolle staatlichen Handelns. Er fördert die demokratische Meinungs- und Willensbildung. Der effektive Schutz personenbezogener Daten bleibt dabei gewährleistet, entgegenstehende berechtigte öffentliche und private Interessen werden angemessen berücksichtigt."[70]

III. Gesetzgebungskompetenzen

27   Das Verfassungsrecht der Union und das Verfassungsrecht Deutschlands bestimmen auch, wer Regelungen zum Datenschutzrecht für welchen Anwendungsbereich erlassen darf. Diese Kompetenzordnungen entscheiden auch darüber, welches Datenschutzrecht für welche Adressaten und welche Bereiche der Datenverarbeitung einschlägig und zu beachten ist. Die Aufteilung der Gesetzgebungskompetenzen in Deutschland und der Union

---

69 S. zB *Roßnagel* in Roßnagel, Sicherheit für Freiheit, S. 17 ff.
70 Begründung des Gesetzentwurfs, LT-Drs. 19/5728, 97; s. zur verfassungspolitischen Gebotenheit auch *Roßnagel* MMR 2007, 16 (17 f.).

bewirkt, dass das Datenschutzrecht in einem **Mehrebenensystem** zur Anwendung kommt.

1. Gesetzgebungskompetenzen der Europäischen Union

Die Kompetenz der Union zum Erlass von Verordnungen und Richtlinien im Datenschutzrecht folgt aus **Art. 16 AEUV**.[71] Die **DS-GVO** ist auf die Kompetenz zum Erlass von Vorschriften über den Schutz natürlicher Personen bei der Verarbeitung personenbezogener Daten in Art. 16 Abs. 2 Satz 1 AEUV gestützt.[72] Dabei kann sich diese Gesetzgebungskompetenz auf zwei Anwendungsbereiche beziehen, einerseits auf die Datenverarbeitung „durch die Mitgliedstaaten im Rahmen der Ausübung von Tätigkeiten, die in den Anwendungsbereich des Unionsrechts fallen", und andererseits auf „den freien Datenverkehr" im Binnenmarkt.[73] Ebenso gilt für die JI-RL, dass die Rechtsetzungszuständigkeit der Union nach Art. 16 Abs. 2 Satz 1 AUEV auch die justizielle und polizeiliche Zusammenarbeit umfasst, wie sie nach Art. 81 ff. und Art. 87 ff. AEUV näher bestimmt ist. Auch nach Art. 87 AEUV hat die Union die Kompetenz, die polizeiliche Zusammenarbeit zwischen allen zuständigen Behörden der Mitgliedstaaten durch Gesetzgebungsmaßnahmen zu fördern. Hierzu kann sie auch Regelungen zum Einholen, Speichern, Verarbeiten, Analysieren und Austauschen sachdienlicher Informationen treffen.[74]

28

Eine auf Art. 16 Abs. 2 Satz 1 AEUV gestützte Verordnung kann sich nur auf die Datenverarbeitungen beziehen, die „im Rahmen der Ausübung von Tätigkeiten (erfolgen), die in den Anwendungsbereich des Unionsrechts fallen". Die DS-GVO gilt daher nicht für Datenverarbeitungen in nicht unionsrechtlich geregelten Bereichen. Soweit sie „den freien Datenverkehr" erfasst, ist sie auf den grenzüberschreitenden Austausch personenbezogener Daten im Binnenmarkt beschränkt. **Rein innerstaatliche Sachverhalte**, die keinen grenzüberschreitenden Datenaustausch betreffen, kann sie somit nicht erfassen.[75] Beispiele hierfür sind die Datenverarbeitung deutscher Behörden, die nur Sachverhalte betreffen, die allein und ausschließlich in Deutschland stattfinden und nur die inneren Angelegenheiten in Deutschland betreffen – wie etwa die Datenverarbeitung in Einwohnermeldeämtern, Standesämtern, Grundbuchämtern oder Ämtern für Verfassungsschutz sowie die Datenverarbeitung für Infrastrukturleistungen deutscher Kommunen (zB Müllabfuhr), soweit nicht ausnahmsweise grenzüberschreitende Übermittlungen personenbezogener Daten vorgesehen sind.[76]

29

---

71 S. näher *Roßnagel* in Roßnagel Das neue DSR § 2 Rn. 33 ff.; *Sydow* in HK-BDSG Einl. Rn. 22 ff.

72 ErwG 12 DS-GVO.

73 S. zur Kompetenz der Union kritisch zB *Ronellenfitsch* DuD 2012, 561 ff.; *Giesen* in Stiftung Datenschutz, S. 23 (43 ff.).

74 Zum Rechtsstreit, ob diese Regelungen auch rein innerstaatliche Angelegenheiten mitregeln dürfen, s. zB *Johannes/Weinhold* Neues DatenschutzR 32; *Kugelmann* DuD 2012, 581; *Sydow* in HK-BDSG Einl. Rn. 23; *Wolff* in BeckOK DatenschutzR BDSG § 45 Rn. 214; *Schindler*, S. 131 ff.

75 *Roßnagel* in Roßnagel Das neue DSR § 2 Rn. 35.

76 Diese Ausnahme gilt aber nur für diese Übermittlungen, nicht für alle – auch rein innerstaatlichen – Datenverarbeitungen nach dem jeweiligen Gesetz – s. *Roßnagel* in Simitis/Hornung/Spiecker gen. Döhmann DS-GVO Art. 2 Rn. 20 f.

2. Gesetzgebungskompetenzen des Bundes

30   Der Bund hat für den Datenschutz keine ausdrücklich zugewiesene Gesetzgebungskompetenz. Es ist jedoch anerkannt, dass ihm für die Regelung des
Datenschutzes die Gesetzgebungskompetenz aus der jeweiligen Sachkompetenz nach Art. 73 und 74 GG zusteht.[77] Diese **Annexkompetenz** gilt nach
Art. 73 GG für die ausschließliche Sachkompetenz zB in den Bereichen des
Pass-, Melde- und Ausweiswesens (Nr. 3), der Telekommunikation (Nr. 7)
und des Verfassungsschutzes (Nr. 10). Nach Art. 74 GG gilt sie als konkurrierende Kompetenz zB für die Rechtsmaterien des Zivil-, Straf- und Pro-
zessrechts (Nr. 1), des Wirtschafts- (Nr. 11), Arbeits- und Sozialversiche-
rungsrechts (Nr. 12). In diesem Fall muss die Datenschutzregelung nach
Art. 72 Abs. 2 GG zur Herstellung gleichwertiger Lebensverhältnisse im
Bundesgebiet oder zur Wahrung der Rechts- oder Wirtschaftseinheit im ge-
samtstaatlichen Interesse eine bundesgesetzliche Regelung erfordern.[78]

31   Für die **allgemeine Regelung des Datenschutzrechts** bedeutet dies, dass sich
der Bund für den öffentlichen Bereich auf seine Annexkompetenz für das
Verwaltungsverfahren für die Bundesverwaltung nach Art. 87 GG berufen
kann. Für den nicht öffentlichen Bereich kann er allgemeine Datenschutzregelungen auf eine konkurrierende Annexkompetenz für den Bereich der
Wirtschaft nach Art. 74 Nr. 11 GG stützen.[79]

3. Gesetzgebungskompetenzen des Landes

32   Soweit der Bund sich nicht auf eine Gesetzgebungskompetenz nach Art. 73
oder 74 GG berufen kann, besteht nach **Art. 70 GG** eine Gesetzgebungskompetenz des Landes. Dies gilt zB für den Verwaltungsvollzug hessischer
Gesetze, die Schulen und Universitäten, die Gesundheitsversorgung sowie
die Presse und den Rundfunk in Hessen. Dies gilt im Anwendungsbereich
der JI-RL vor allem für die Abwehr und Verhütung von Straftaten und für
den Strafvollzug. Hessen hat außerdem nach **Art. 84 Abs. 1 Satz 1 GG** die
Kompetenz, das Verwaltungsverfahren und die Einrichtung der Behörden
für den Vollzug von Bundesrecht als eigene Angelegenheit zu regeln, soweit
nicht Bundesgesetze mit Zustimmung des Bundesrats anderes bestimmen.[80]
Da § 1 Abs. 1 Nr. 2 BDSG für öffentliche Stellen einen Vorrang dieses Gesetzes vorsieht, greift die genannte Ausnahme nicht. Hessen kann für seine
öffentlichen Stellen den Datenschutz selbst regeln, auch soweit es um den
Vollzug von Bundesrecht geht.[81] Daher kann es auch den rechtlichen Rahmen für die Datenschutzaufsicht für alle diese Bereiche festlegen.[82]

33   Die Gesetzgebungskompetenz, um den freien **Zugang zu Information** in
der hessischen Verwaltung zu regeln, ergibt sich als eigenständige Landes-
aufgabe aus Art. 70 GG.

---

77 Amtliche Begründung zum BDSG, BT-Drs. 7/1027; s. hierzu zB auch *Schild* NVwZ
1990, 339 (340).
78 S. hierzu auch *Tinnefeld* in Roßnagel DatenschutzR-HdB Kap. 2.6 Rn. 11 ff.
79 S. zB Amtliche Begründung zum BDSG, BT-Drs. 18/11325, 71 ff.; s. hierzu auch
Sydow in HK-BDSG Einl. Rn. 31 ff.
80 S. zB *Jarass* GG Art. 84 Rn. 9.
81 S. zB *Böken* in HK-BDSG § 1 Rn. 9.
82 S. zB *Sydow* in HK-BDSG Einl. Rn. 33.

IV. Vollzugskompetenzen

Der Vollzug des Datenschutzrechts erfolgt über die Aufsichtsbehörden, die nach Art. 51 DS-GVO und Art. 41 JI-RL die Einhaltung der Regelungen des Datenschutzes beaufsichtigen und durchsetzen müssen. Keine Vollzugskompetenzen hat die EU. Der Vollzug des Datenschutzrechts kann daher nur Aufgabe des **Bundes oder** eines **Landes** sein.

34

Verfassungsrechtlich haben die Länder die Vollzugskompetenz für alle Bereiche, in denen ihnen die Gesetzgebungskompetenz zusteht. Daher hat das Gesetz die Aufsichtskompetenz über alle öffentlichen Stellen des Landes nach § 1 Abs. 1 iVm § 13 der oder dem **HDSB** übertragen. Außerdem haben die Länder nach Art. 83 GG grundsätzlich die Verwaltungskompetenz zum Vollzug der Bundesgesetze und damit auch die Aufsicht über den Datenschutz. Daher hat die oder der HDSB die Aufsicht über alle nicht öffentlichen Verantwortlichen, soweit sie eine Niederlassung in Hessen haben oder soweit die betroffene Person in Hessen wohnt. Eine Ausnahme besteht für die Bereiche, für die Bundesrecht ausdrücklich den **BfDI** für zuständig erklärt hat. Eine solche Zuständigkeit ergibt sich aus § 9 Satz 1 BDSG für die öffentlichen Stellen des Bundes einschließlich der öffentlich-rechtlichen Wettbewerbsunternehmen sowie ebenfalls aus § 9 Satz 1 BDSG und § 115 Abs. 4 TKG für Telekommunikationsunternehmen, aus § 49 Abs. 3 PostG für Unternehmen, die Postdienstleistungen erbringen, aus § 32 h AO für die Finanzverwaltungen, aus § 50 Abs. 4 Satz 3 SGB II für die Jobcenter, aus §§ 15 b und 15 c TPG für die Transplantationsregisterstelle und die Vertrauensstelle sowie aus § 65 Abs. 1 DWG für die Deutsche Welle.[83]

35

C. Unionsrechtliche Grundlagen

Die Neufassung des hessischen Datenschutzrechts und insbesondere der Erlass des Gesetzes 2018 geht zurück auf die die Reform des Datenschutzrechts in der EU 2016. Die neuen Datenschutzregelungen der Union sind die **DS-GVO** und die **JI-RL.** Sie sollen ergänzt werden durch eine **ePrivacy-VO,** die den Datenschutz in der elektronischen Kommunikation regeln soll. Sie liegt als Entwurf der EU-Kommission vom 10.1.2017[84] vor, zu der das EU-Parlament am 23.10.2017[85] eine Stellungnahme abgegeben hat. Seitdem konnte sich aber der Rat auf keine gemeinsame Stellungnahme einigen, so dass die Gesetzgebung ins Stocken geraten ist.[86] Die DS-GVO gilt seit dem 25.5.2018 unmittelbar in allen Mitgliedstaaten mit einem Anwendungsvorrang vor allen nationalen Datenschutzregelungen. Sie bestimmt auch in Hessen vorrangig das Datenschutzrecht. Daher enthält das Gesetz im Ersten und Zweiten Teil nur ergänzende Regelungen zur DS-GVO. Sie gilt jedoch nach Art. 2 Abs. 2 lit. d DS-GVO nicht im Anwendungsbereich der JI-RL. Diese war als Richtlinie im Dritten Teil des Gesetzes umzusetzen. Für die allein geltenden Regelungen des Dritten Teils dient die JI-RL als Orientierung und als Leitlinie für die Auslegung.

36

---

83 Soweit nicht der Datenschutzbeauftragte der Deutschen Welle zuständig ist.
84 EU-Kommission, KOM (2017) 10 endg.
85 EU-Parlament, A8–0324/2017.
86 S. hierzu *Roßnagel* MedienWirtschaft 2018, 32 ff. mwN.

I. Datenschutz-Grundverordnung

37 Am 25.5.2016 ist die Verordnung (EU) Nr. 2016/679 des Europäischen Parlaments und des Rates vom 27.4.2016 zum Schutz natürlicher Personen bei der Verarbeitung personenbezogener Daten, zum freien Datenverkehr und zur Aufhebung der Richtlinie 95/46/EG (Datenschutz-Grundverordnung)[87] in Kraft getreten. Nach mehrjährigen Vorbereitungen hatte die **EU-Kommission** am 25.1.2012 ihren Entwurf einer DS-GVO[88] zusammen mit einem Entwurf einer JI-RL (→ Rn. 50) vorgelegt. In diesem schlug sie eine sehr radikale Lösung für die Regulierung des Datenschutzrechts in der EU vor: Durch die Wahl einer Verordnung wollte sie die Mitgliedstaaten von der weiteren Gesetzgebung im Bereich des Datenschutzes ausschließen, durch viele unbestimmte und ausfüllungsbedürftige Vorgaben sowie inhaltsleere Generalklauseln mit Ankündigungen, Absichten und Vorsätzen wichtige Datenschutzregelungen offen halten und innerhalb der Union sich selbst durch 49 Ermächtigungen die Kompetenz vorbehalten, sie auszufüllen und fortzuentwickeln.[89] Nach mehr als zwei Jahren Diskussion hat das **Parlament** am 12.3.2014 seine Stellungnahme vorgelegt.[90] Im Machtkampf zwischen Union und Mitgliedstaaten hielt das Parlament am Rechtsinstrument einer Verordnung fest, gab jedoch der Kritik insofern nach, als es eine Öffnung für nationale Regelungen vorsah. Es beließ der Kommission nur elf Ermächtigungen und versuchte, die normative Inhaltsleere des Kommissionsentwurfs mit Präzisierungen und Erweiterungen auszugleichen.[91] Nach mehr als drei Jahren hatte der **Rat** am 11.6.2015 seine Stellungnahme[92] beschlossen. Er akzeptierte die Regelungsform der Verordnung, nicht aber die Machtkonzentration bei der Kommission. Er beließ die vielen unbestimmt gefassten Regelungen, strich aber nahezu alle Ermächtigungen der Kommission und ersetzte sie durch Öffnungsklauseln für die Mitgliedstaaten, bestehende Regelungen beizubehalten oder neue zu erlassen.[93] Im zweiten Halbjahr 2015 haben sich dann Vertreter des Rats und des Parlaments unter Vermittlung der Kommission im sogenannten „Trilog" auf eine gemeinsame Fassung geeinigt, die die drei Entwürfe zum endgültigen Text der Verordnung zusammenführte.[94] Für die Kommission blieben nur neun Ermächtigungen übrig. In Verhältnis der Union zu den Mitgliedstaaten konnte der Rat seine Ziele uneingeschränkt durchsetzen. Die Unterkomplexität der Verordnungsregelungen wird in sehr vielen Fällen durch Öffnungsklauseln für die Mitgliedstaaten ausgeglichen.[95]

---

87 ABl. EU L 119, 1 und L 314, 72.
88 KOM (2012) 11 endg.; s. hierzu *Roßnagel* in Roßnagel Das neue DSR § 1 Rn. 17 mwN.
89 Kritisch hierzu zB *Hornung* ZD 2012, 105; *Ronellenfitsch* DuD 2012, 562 f.
90 EU-Parlament, P7_TA-PROV(2014)0212; s. kritisch *Roßnagel/Kroschwald* ZD 2014, 495; *Herrmann* ZD 2014, 439.
91 S. näher *Roßnagel* in Roßnagel Das neue DSR § 1 Rn. 20 f. mwN.
92 Rat der Europäischen Union, 9565/15; s. zB *Roßnagel/Nebel/Richter* ZD 2015, 455; *Roßnagel* VuR 2015, 361; *Richter* DuD 2015, 735; *Tinnefeld* DuD 2015, 817.
93 S. näher *Roßnagel* in Roßnagel Das neue DSR § 1 Rn. 22 f. mwN.
94 Ratsdokument – Trilog-Ergebnis dt., 28.1.2016, 5455/16.
95 S. näher *Roßnagel* in Roßnagel Das neue DSR § 1 Rn. 24 ff. mwN.

1. Übersicht über die Regelungen

Die DS-GVO regelt das von ihr erfasste Datenschutzrecht in elf Kapiteln 38
mit 99 Artikeln. Kapitel I enthält in den Art. 1 bis 4 allgemeine Bestimmungen zu Zielen, Anwendungsbereich und Definitionen. Kapitel II nennt in Art. 5 bis 10 die allgemeinen Grundsätze des Datenschutzrechts und bestimmt die Voraussetzungen für die Zulässigkeit der Verarbeitung personenbezogener Daten. Kapitel III regelt in den Art. 11 bis 22 die Rechte der betroffenen Person und in Art. 23 die Möglichkeiten ihrer Einschränkung. Kapitel IV bestimmt in Art. 24 bis 43 die Pflichten und Handlungsmöglichkeiten des Verantwortlichen und des Auftragsverarbeiters. Geregelt sind ua die Pflichten zur datenschutzgerechten Systemgestaltung und zu datenschutzfreundlichen Voreinstellungen in Art. 25, bei gemeinsamer Verantwortung in Art. 26, bei einer Auftragsverarbeitung in Art. 28, zur Sicherheitsgewährleistung in Art. 32 zur Benachrichtigung bei Datenschutzverstößen in Art. 33 und 34, zur Durchführung einer Datenschutz-Folgenabschätzung in Art. 35 und 36 sowie zur Benennung einer oder eines Datenschutzbeauftragten in Art. 37 bis 39. Schließlich ermöglichen Art. 40 und 41 selbstgesetzte Verhaltensregeln und Art. 42 und 43 eine Datenschutzzertifizierung. Kapitel V beschreibt in Art. 44 bis 50 die Vorgaben zur Übermittlung personenbezogener Daten in Drittländer oder an internationale Organisationen. Nimmt man zu diesen Vorschriften noch die Regelung zur Haftung der Datenverarbeiter in Art. 82 hinzu, so regelt die DS-GVO das **materielle Datenschutzrecht** für alle Gesellschaftsbereiche in allen 27 Mitgliedstaaten in nur 51 Artikeln.

Die verbleibenden 48 Artikel beantworten überwiegend institutionelle, or- 39
ganisatorische und verfahrensmäßige Fragen der Datenschutzaufsicht und der Regelungskompetenzen und betreffen weitere formelle Themen der **Datenschutz-Governance**. In Kapitel VI regelt die Verordnung in den Art. 51 bis 59 die Aufgaben und Befugnisse der unabhängigen Aufsichtsbehörden. Kapitel VII enthält in Art. 60 bis 67 Vorgaben zur Zusammenarbeit und zur Kohärenz der Entscheidungen der Aufsichtsbehörden und etabliert in Art. 68 bis 76 den Europäischen Datenschutzausschuss. Kapitel VIII regelt in Art. 77 bis 84 Rechtsbehelfe und Sanktionen. Kapitel IX enthält in Art. 85 bis 91 Vorschriften für besondere Datenverarbeitungssituationen, Kapitel X gibt in Art. 92 und 93 Vorgaben für delegierte Rechtsakte und Durchführungsrechtsakte und Kapitel X enthält in Art. 94 bis 99 Schlussbestimmungen.

2. Anwendungsvorrang

Nach Art. 288 Abs. 2 AEUV haben Verordnungen allgemeine Geltung, 40
sind ohne nationalen Umsetzungsakt in allen ihren Teilen verbindlich[96]
und gelten unmittelbar in jedem Mitgliedstaat als Teil seiner Rechtsordnung.[97] Sie sind nicht nur wie eine Richtlinie hinsichtlich ihrer Zielsetzung verbindlich, sondern auch hinsichtlich der zu ergreifenden Formen und

---

96 EuGH ECLI:EU:C:1971:122 Rn. 9 – Politi; EuGH ECLI:EU:C:1973:101 Rn. 10 – Variola; EuGH ECLI:EU:C:1978:49 Rn. 14 – Simmenthal II.
97 EuGH ECLI:EU:C:1964:66 Rn. 3 – Costa/ENEL; EuGH ECLI:EU:C:1978:49, Rn. 17/18 – Simmenthal II.

Mittel. Gegenüber nationalen Gesetzen haben sie zwar keinen Geltungsvorrang,[98] aber einen **Anwendungsvorrang**.[99] Die konfligierende – weiterhin geltende – nationale Vorschrift darf nicht angewendet werden – gleichgültig, ob sie früher oder später als die Unionsnorm ergangen ist.[100]

41 Trotz des Anwendungsvorrangs können mitgliedstaatliche Regelungen aus drei Gründen weiterhin erlassen werden und anwendbar sein:[101] Erstens ist ihre Anwendbarkeit nur insoweit eingeschränkt, als sie den Regelungen der Unionsverordnung widersprechen. Dies ist zum einen bei den Handlungsbereichen der Fall, die nicht unter das EU-Recht fallen (→ Rn. 29). Zum anderen ist die mitgliedstaatliche Regelung anwendbar, soweit kein Widerspruch vorliegt, sondern nur eine **Präzisierung** unbestimmter Rechtsbegriffe, eine **Konkretisierung** ausfüllungsbedürftiger Vorgaben, die **Ergänzung** unvollständiger Regelungen oder die Schließung von Regelungslücken, ohne das Regelungsziel der Verordnung zu verletzten, auch wenn ihr Wortlaut sich von dem der Verordnung unterscheidet. Ob ein solcher Widerspruch besteht, ist für die Anwendung einer bestimmten Vorschrift der Unionsverordnung im Einzelfall zu prüfen. Zweitens kann die mitgliedstaatliche Regelung anwendbar sein, wenn die Verordnung **explizite Spielräume** für nationale Regelungen lässt. Dies ist durch die Öffnungsklauseln der DS-GVO geschehen (→ Rn. 44 ff.). Drittens kann eine von der Verordnung abweichende mitgliedstaatliche Regelung anwendbar sein, wenn sie einen **impliziten Spielraum** ausfüllt. Vollendet erst die mitgliedstaatliche Regelung eine unvollständige Vorschrift der Verordnung in der erforderlichen Bestimmtheit, ermöglicht erst sie den Vollzug der Verordnung durch die nationalen Behörden oder Gerichte, unterstützt sie die Umsetzung der Verordnung durch einen im nationalen Recht notwendigen Rechtsrahmen oder passt sie die Vorschrift der Verordnung in die Systematik und den Sprachgebrauch des nationalen Rechts ein, besteht kein Widerspruch zur Unionsverordnung, der ihren Anwendungsvorrang aktiviert und die Nichtanwendbarkeit der nationalen Regelung zur Folge hat.

42 Soweit Regelungen das nationale Recht an eine Unionsverordnung anpassen, würde es sich anbieten, diese mit Regelungen der Verordnung in einem Regelwerk zusammenzufassen. Dies wäre für alle Beteiligten übersichtlicher und rechtssicherer als getrennte, sich ergänzende Regelwerke. Allerdings besteht für mitgliedstaatliche Regelungen, die Unionsverordnungen unterstützen, ein **Normwiederholungsverbot**.[102] Da Verordnungen unmittelbar gelten, sind sie auch unmittelbar Bestandteil der Rechtsordnung

---

98 S. hierzu *Roßnagel* in Roßnagel Das neue DSR § 1 Rn. 31.

99 EuGH ECLI:EU:C:1964:66 Rn. 3 – Costa/ENEL; EuGH ECLI:EU:C:1970:114 Rn. 3 – Internationale Handelsgesellschaft; EuGH ECLI:EU:C:1978:49 Rn. 17 f. – Simmenthal II; EuGH, ECLI:EU:C:1978:17 Rn. 22, 27 – Zerbone; BVerfGE 31, 145 (173 ff.); 73, 223 (244); EuGH ECLI:EU:C:2020:791 Rn. 214 ff. – La Quadrature du Net; *Ruffert* in Calliess/Ruffert AEUV Art. 288 Rn. 20.

100 EuGH ECLI:EU:C:1978:49 Rn. 21/23 – Simmenthal II; EuGH ECLI:EU:C: 2020:791 Rn. 215 – La Quadrature du Net; zum Anwendungsvorrang s. näher *Roßnagel* in Roßnagel Das neue DSR § 2 Rn. 6 ff.

101 S. näher *Roßnagel* in Roßnagel Das neue DSR § 1 Rn. 32 ff. und § 2 Rn. 17 ff. mwN.

102 S. näher *Roßnagel* in Roßnagel Das neue DSR § 2 Rn. 30 f. mwN; *Sydow* in HK-BDSG Einl. Rn. 13 ff.

jedes Mitgliedstaats. Für ihre Geltung bedarf es keiner Umwandlung in nationales Recht.[103] Würde das nationale Gesetz den Verordnungstext wiederholen, wäre es der jeweiligen Regelung nicht mehr anzusehen, welchen Ursprung sie hat und welcher Maßstab (GRCh oder GG) für sie entscheidend ist und welche Entscheidungsinstanz (EuGH oder BVerfG) diesen Maßstab anwendet. Eine Normwiederholung könnte so das Auslegungsmonopol des EuGH aushöhlen.[104]

Das Normwiederholungsverbot schließt jedoch nicht aus, dass mitgliedstaatliche Bestimmungen **einzelne Passagen des Wortlauts** der Unionsverordnung wiederholen, um den inneren Zusammenhang zwischen Unionsregelung und mitgliedstaatlicher Regelung zu verdeutlichen und ihren gemeinsamen Inhalt für die Adressaten verständlich zu machen. Kann ein bestimmtes „**System**" von **Regelungen** nur durch „das Zusammentreffen einer ganze Reihe unionsrechtlicher, einzelstaatlicher und regionaler Vorschriften" verwirklicht werden, darf der nationale Gesetzgeber eine zersplitterte Rechtslage, ausnahmsweise durch den Erlass eines zusammenhängenden Gesetzeswerks bereinigen, auch wenn dadurch punktuelle Normwiederholungen nötig sind.[105] Diese Ausnahme greift ErwG 8 DS-GVO auf und weist darauf hin, dass die Mitgliedstaaten „Bestandteile der Verordnung in ihre jeweiligen nationalen Rechtsvorschriften aufnehmen (können), soweit dies erforderlich ist, um die Kohärenz zu wahren und die nationalen Rechtsvorschriften für die Personen, für die sie gelten, verständlicher zu machen". Kein Verstoß gegen das Normwiederholungsverbot gilt für Richtlinien. Deren Text soll ja in nationales Recht transformiert werden. Soweit die DS-GVO und die JI-RL den gleichen Text enthalten, verstößt eine Regelung nicht gegen das Normwiederholungsverbot, wenn sie den Text wiederholt und – wie zB der Erste Teil des Gesetzes – nicht nur für den Anwendungsbereich der DS-GVO gilt, sondern auch für den der JI-RL. 43

3. Öffnungsklauseln und Ko-Regulierung

Die wichtigsten **Regelungsspielräume** für den hessischen Gesetzgeber ergeben sich durch die Öffnungsklauseln, die die DS-GVO in ihrem Text ausdrücklich vorsieht. Entsprechend ihrem Charakter als Grundverordnung enthält sie eine „sachadäquate Anzahl von Öffnungsklauseln" sowie konkrete Regelungsaufträge für die nationalen Gesetzgeber. Sie berücksichtigt dadurch, dass Vollharmonisierung nicht in „Gleichmacherei ausarten" darf. Gerade bei abstrakt-generellen Regelungen muss eine Verordnung sachlichen und regionalen Besonderheiten Rechnung tragen.[106] Daraus ergibt sich ein gesetzlicher Anpassungs- und Ausgestaltungsbedarf, aber auch Gestaltungsspielraum im nationalen Landesdatenschutzrecht. 44

In etwa **70 Öffnungsklauseln** überträgt die DS-GVO den Mitgliedstaaten explizit Regelungskompetenzen – zT für ganze Regelungsbereiche. Zum 45

---

103 EuGH ECLI:EU:C:1978:17, Rn. 22, 27 – Zerbone.
104 EuGH ECLI:EU:C:1985:147 – Italien; EuGH ECLI:EU:C:1973:101, Rn. 9 ff. – Variola.
105 EuGH ECLI:EU:C:1985:147, Rn. 27 – Kommission/Italien.
106 *Ronellenfitsch* in Ronellenfitsch ua Einl. Rn. 70.

einen enthalten diese Öffnungsklauseln **Regelungsaufträge** an die Mitgliedstaaten. Beispiele hierfür sind Art. 84 DS-GVO zu Sanktionen und Art. 85 DS-GVO zum Ausgleich zwischen Datenschutz und Meinungsfreiheit. Zum anderen werden **Regelungsoptionen** eröffnet. Diese können den Mitgliedstaaten einen eigenen Regelungsbereich ohne Vorgaben der Verordnung eröffnen – wie in Art. 88 DS-GVO für den Beschäftigtendatenschutz.[107] Sie können einen Spielraum zur Konkretisierung bieten, in dem die Verordnung als eine Art Mindeststandard wirkt – wie in Art. 89 DS-GVO für den Datenschutz in der Forschung. Schließlich werden die Mitgliedstaaten ermächtigt, präzisierend „spezifische Anforderungen für die Verarbeitung sowie sonstige Maßnahmen präziser" zu bestimmen. Hierzu erläutert ErwG 10 DS-GVO den Spielraum des nationalen Datenschutzrechts selbst:

46 *„Hinsichtlich der Verarbeitung personenbezogener Daten zur Erfüllung einer rechtlichen Verpflichtung oder zur Wahrnehmung einer Aufgabe, die im öffentlichen Interesse liegt oder in Ausübung öffentlicher Gewalt erfolgt, die dem für die Verarbeitung Verantwortlichen übertragen wurde, sollten die Mitgliedstaaten die Möglichkeit haben, **nationale Bestimmungen**, mit denen die Anwendung der Vorschriften dieser Verordnung genauer festgelegt wird, **beizubehalten oder einzuführen**. In Verbindung mit den allgemeinen und horizontalen Rechtsvorschriften über den Datenschutz zur Umsetzung der Richtlinie 95/46/EG gibt es in den Mitgliedstaaten mehrere sektorspezifische Rechtsvorschriften in Bereichen, die spezifische Bestimmungen erfordern. Diese Verordnung bietet den Mitgliedstaaten darüber hinaus einen gewissen Spielraum für die Spezifizierung ihrer Vorschriften, auch für die Verarbeitung sensibler Daten. Diesbezüglich schließt diese Verordnung Rechtsvorschriften der Mitgliedstaaten nicht aus, in denen die Umstände spezifischer Verarbeitungssituationen festgelegt werden, einschließlich einer genaueren Bestimmung der Voraussetzungen, unter denen die Verarbeitung personenbezogener Daten rechtmäßig ist."*

47 Die umfangreichsten Ermächtigungen dieser Art sind in Art. 6 Abs. 2 und 3 DS-GVO zu finden.[108] Danach hat jeder Mitgliedstaat für den gesamten Bereich der Datenverarbeitung in öffentlichen und in nicht öffentlichen Stellen, die gemäß Art. 6 Abs. 1 UAbs. 1 lit. c und e DS-GVO zur Datenverarbeitung verpflichtet werden oder diese im öffentlichen Interesse vornehmen, eigene Regeln zu erlassen oder beizubehalten.[109] Die **Öffnungsklausel in Art. 6 Abs. 3 DS-GVO** fordert die Mitgliedstaaten auf, die erforderlichen Erlaubnistatbestände festzulegen. Diese können ua Bestimmungen zu allgemeinen Bedingungen der Rechtmäßigkeit der Verarbeitung, zu Arten von Daten, zu betroffenen Personen, zu Offenlegungen personenbezogener Daten, zu ihrer Zweckbindung, zur Speicherdauer, zu zulässigen Verarbeitungsvorgängen und -verfahren sowie zu besonderen Ver-

---

107 S. zB *Maier* DuD 2017, 169; *Roßnagel* DuD 2017, 290 (292).
108 *Roßnagel* DuD 2017, 291 ff.
109 S. hierzu *Roßnagel* in Simitis/Hornung/Spiecker gen. Döhmann DS-GVO Art. 6 Abs. 1 Rn. 48 ff. und 70 mwN.

arbeitungsgarantien enthalten. Dies ermöglicht, ein in sich kohärentes bereichsspezifisches Regelungssystem beizubehalten oder einzuführen.[110]

Noch weiter geht die **Öffnungsklausel in Art. 6 Abs. 2 DS-GVO**. Sie ist nicht – wie die speziellere Öffnungsklausel des Abs. 3 – auf Regelungen beschränkt, die mit der Zulässigkeit der Datenverarbeitung im Zusammenhang stehen. Vielmehr ermöglicht sie dem Mitgliedstaat, bezogen auf alle Vorschriften der Verordnung „spezifische Anforderungen für die Verarbeitung sowie sonstige Maßnahmen präziser (zu) bestimmen" – soweit spezifische Angelegenheiten des Mitgliedstaats betroffen sind.[111] Diese Öffnungsklausel ermöglicht dem Mitgliedstaat, für die jeweilige konkrete Datenverarbeitungssituation eine kohärente Gesamtregelung zu treffen. Hierzu gehören auch Regelungen zu Definitionen, Schutzvorkehrungen, Berechtigungen und Anforderungen, Rechten betroffener Personen und Pflichten von Verantwortlichen und Auftragsverarbeitern, soweit diese mit den Zielen der Verordnung vereinbar sind.[112]   48

Auch wenn der Entwurf der EU-Kommission darauf zielte, ein einheitliches Datenschutzrecht in der Union zu etablieren, das die Mitgliedstaaten von unterschiedlichen Regelungen ausschloss, ist dies gerade nicht in der DS-GVO geregelt worden. Vielmehr setzte sich eine Konzeption durch, die auf einer **Ko-Regulierung** zwischen Union und Mitgliedstaaten aufbaut. Daher hatte der hessische Gesetzgeber die Möglichkeit, gerade für den Datenschutz im öffentlichen Bereich seine Vorstellungen eines Landesdatenschutzrechts umzusetzen. Dies führt zwar nicht zu einer unionsweiten Vereinheitlichung von Datenschutz, entspricht aber dem, was der Unionsgesetzgeber gewollt und in der Verordnung geregelt hat. Es ermöglicht jedenfalls ein abgestimmtes Ineinandergreifen unionaler und mitgliedstaatlicher Regelungen des Datenschutzes. Für den Rechtsanwender bedeutet dies aber, dass er im **Mehrebenensystem** des europäischen Datenschutzrechts immer sowohl die Datenschutz-Grundverordnung als auch das Gesetz befragen muss. Erst das komplizierte Zusammenwirken von Unionsrecht und hessischem Datenschutzrecht bewirkt das anwendbare Datenschutzrecht.   49

II. JI-Richtlinie

Zeitgleich mit der DS-GVO erließ der Unionsgesetzgeber am 27.4.2016 die Richtlinie (EU) Nr. 2016/680 des Europäischen Parlaments und des Rates zum Schutz natürlicher Personen bei der Verarbeitung personenbezogener Daten durch die zuständigen Behörden zum Zweck der Verhütung, Ermittlung, Aufdeckung oder Verfolgung von Straftaten oder der Strafvollstreckung sowie zum freien Datenverkehr und zur Aufhebung des Rahmenbeschlusses 2008/977/JI[113] des Rates. Die sogenannte **JI-Richtlinie** (JI-RL) ist von erheblicher Bedeutung für die Datenverarbeitung vor allem bei Polizei-   50

---

110 S. hierzu *Roßnagel* in Simitis/Hornung/Spiecker gen. Döhmann DS-GVO Art. 6 Abs. 3 Rn. 19 ff. mwN.
111 *Roßnagel* DuD 2017, 292; *Greve* NVwZ 2017, 743.
112 S. hierzu *Roßnagel* in Simitis/Hornung/Spiecker gen. Döhmann DS-GVO Art. 6 Abs. 2 Rn. 22 ff. mwN.
113 Rahmenbeschluss 2008/977/JI des Rates vom 27.11.2008 über den Schutz personenbezogener Daten, die im Rahmen der polizeilichen und justiziellen Zusammenarbeit in Strafsachen verarbeitet werden, EU ABl. L 350, 60.

und Strafverfolgungsbehörden Sie wurde am 4.5.2016 im Amtsblatt der EU verkündet[114] und trat am 5.5.2016 in Kraft.

51 Nach mehrjährigen Vorbereitungen hat die EU-Kommission am 25.1.2012 ihren Entwurf der JI-RL[115] zusammen mit dem Entwurf der DS-GVO[116] vorgelegt. Beide Entwürfe waren aufeinander abgestimmt. Das Parlament bestand von Anfang an darauf, die JI-RL gemeinsam mit der DS-GVO zu verhandeln, um einen einheitlichen und kohärenten Rechtsrahmen auch im Bereich der Polizei und Justiz gewährleisten zu können. Dieser ließ sich politisch nur in Form einer Richtlinie und nur in Form der **Mindestharmonisierung** durchsetzen.[117] Sowohl Rat als auch Parlament respektierten, dass die Regelung der interstaatlichen Datenverarbeitung durch Polizei und Strafjustiz eine Kernzuständigkeit der Mitgliedstaaten ist.[118]

1. Übersicht über die Regelungen

52 JI-RL und DS-GVO haben viele Gemeinsamkeiten und sind in vielen Fragen aufeinander abgestimmt. Entsprechend ihres Anwendungsbereichs und ihrer Adressaten weist die JI-RL jedoch auch spezifische Unterschiede auf. **Gemeinsamkeiten** zeigen etwa die Begriffsbestimmungen, die allgemeinen Grundsätze, die Regelungen zur Rechtmäßigkeit der Verarbeitung personenbezogener Daten und besonderer Kategorien von Daten und zu vielen Pflichten des Verantwortlichen. **Unterschiede** zeigen sich nicht nur in der Wahl des Rechtsinstruments, sondern auch bezogen auf die Inhalte. So sind vor allem die Anwendungsbereiche gegeneinander abgegrenzt und die umfangreichen organisatorischen Vorkehrungen zu einem einheitlichen Vollzug fehlen in der JI-RL. Auch enthält sie eigenständige Regelungen, die kein Vorbild und keine Entsprechung in der DS-GVO finden, wie zB zu den besonderen Verarbeitungsbedingungen in Art. 9, zur Ausübung von Rechten der betroffenen Personen in Art. 17 und 18, zur Protokollierung in Art. 25 und zur Datenübermittlung in Art. 39 und 40.

53 Die JI RL enthält **65 Artikel in zehn Kapiteln**.[119] Das erste Kapitel zu allgemeinen Bestimmungen regelt in Art. 1 bis 3 Gegenstand und Ziele, Anwendungsbereich und Begriffsbestimmungen. Das Kapitel II enthält in Art. 4 bis 11 allgemeine Grundsätze, Fristen für die Speicherung und Überprüfung sowie Unterscheidungen verschiedener Kategorien betroffener Personen und Daten, Regelungen zur Rechtmäßigkeit der Verarbeitung, zu besonderen Verarbeitungsbedingungen, zur Verarbeitung besonderer Kategorien personenbezogener Daten und zu automatisierten Einzelentscheidungen. Kapitel III gewährleistet in Art. 12 bis 18 die Rechte betroffener Personen. Kapitel IV legt den Verantwortlichen und Auftragsverarbeitern in Art. 19 bis 34 spezifische Pflichten auf. Zu diesen gehören ua die Verpflichtungen zu Datenschutz durch Technikgestaltung und datenschutz-

---

114 EU ABl. L 119, 89.
115 KOM (2012) 10 endg.; s. hierzu zB *Kugelmann* DuD 2012, 583; *Bäcker/Hornung* ZD 2012, 147.
116 KOM (2012) 11 endg.
117 Art. 1 Abs. 3 JI-RL; s. auch *Schantz* in Wolff/Schantz Rn. 205.
118 Zur Entstehungsgeschichte s. auch *Johannes/Weinhold* Neues DatenschutzR S. 30.
119 Zur Struktur der JI-RL s. auch *Johannes/Weinhold* Neues DatenschutzR S. 31 f.

freundliche Voreinstellungen, zu Sicherheitsvorkehrungen, zum Führen eines Verarbeitungsverzeichnisses, zur Protokollierung, zur Datenschutz-Folgenabschätzung und zur Benennung eines Datenschutzbeauftragten. Kapitel V betrifft in Art. 35 bis 40 die Übermittlung personenbezogener Daten an Drittländer oder internationale Organisationen. Kapitel VI behandelt in den Art. 41 bis 49 die unabhängigen Aufsichtsbehörden und Kapitel VII in Art. 50 und 51 deren Zusammenarbeit durch Amtshilfe und den Europäischen Datenschutzausschuss. Kapitel VIII regelt in Art. 52 bis 57 Rechtsbehelfe, Haftung und Sanktionen, Kapitel IX in Art. 58 Durchführungsrechtsakte und Kapitel X in Art. 59 bis 65 Schlussbestimmungen.

2. Umsetzung im HDSIG

Die JI-RL ist als Richtlinie gemäß Art. 288 Abs. 3 AEUV für jeden Mitgliedstaat hinsichtlich des zu erreichenden Ziels verbindlich, überlässt ihm jedoch die Wahl der Form und der Mittel. Daher räumt die JI-RL Hessen einen viel größeren **Spielraum** ein als die DS-GVO: Zum einen kann der Gesetzgeber die Vorgaben der Richtlinie in die Sprache und Systematik des hessischen Datenschutzgesetzes einpassen. Zum anderen sieht Art. 1 Abs. 3 JI-RL nur eine Mindestharmonisierung vor, von der Hessen zum stärkeren Schutz der betroffenen Personen abweichen darf.   54

Nach Art. 63 JI-RL waren die der Richtlinie unterfallenden Staaten verpflichtet, bis zum 6.5.2018 die Rechts- und Verwaltungsvorschriften zu erlassen, die erforderlich sind, um ihr nachzukommen. Diese Verpflichtung hat Hessen mit einer kleinen zeitlichen Verzögerung durch den **Dritten Teil** des Gesetzes erfüllt, das zum 25.5.2018 in Kraft getreten ist. Die aufgrund der Richtlinie erlassenen Umsetzungsrechtsakte stehen nicht mehr zur freien Disposition des Gesetzgebers, der keine der Richtlinie entgegenstehende Abänderung vornehmen darf. Die Richtlinie findet grundsätzlich[120] keine unmittelbare Anwendung mehr, sondern dient nur noch als Maßstab zur Prüfung der Unionskonformität des Gesetzes und als Orientierung für dessen Auslegung. Das geltende Datenschutzrecht für die Adressaten der JI-RL findet sich im Ersten und vor allem im Dritten Teil des Gesetzes, nicht aber im Zweiten Teil.   55

III. Informationszugang

Die Regelungen im Vierten Teil des Gesetzes sind **nicht durch Unionsrecht vorgegeben**, sondern allenfalls durch dieses inspiriert. Wesentliche Impulse für die Entwicklung des Informationsfreiheitsrechts in Europa gingen von der Richtlinie 90/313/EWG über den freien Zugang zu Informationen über die Umwelt und der Richtlinie über Verbraucherinformationen 2011/83/EU sowie der Verordnung (EG) Nr. 1049/2001 über den Zugang der Öffentlichkeit zu Dokumenten des Parlaments, des Rates und der Kommission aus (→ § 80 Rn. 13 f.)   56

---

120 Mit Ausnahme einer direkten Anwendbarkeit von Vorgaben der Richtlinie, die nicht umgesetzt wurden – s. zB EuGH ECLI:EU:C:1974:133 – Van Duyn/Home Office.

57 Zu beachten ist jedoch der Regelungsauftrag der Art. 85 und 86 DS-GVO, die dem nationalen Gesetzgeber aufgeben, „durch Rechtsvorschriften das Recht auf den Schutz personenbezogener Daten gemäß dieser Verordnung mit dem Recht auf freie Meinungsäußerung und Informationsfreiheit (…) in **Einklang**" zu bringen. Dies ist durch § 83 geschehen (→ § 83 Rn. 3).

D. Grundsätze des Datenschutzrechts und der Informationsfreiheit

58 Den Regelungen des Datenschutzrechts und zum Informationszugang liegen allgemeine Grundsätze zugrunde, die den Gesetzgeber geleitet haben, jeweils eine kohärente Gesamtregelung des Datenschutzes oder der Informationsfreiheit zu treffen und die bei der Anwendung dieser Regelungen beachtet werden müssen. Diese Grundsätze ergeben sich aus grundlegenden Bedingungen, die erfüllt sein müssen, damit das Grundrecht auf Datenschutz und auf informationelle Selbstbestimmung sowie die Zielsetzungen der Informationsfreiheit wirksam und erreicht werden können.

I. Grundsätze des Unionsrechts

59 Grundsätze des Datenschutzes sind primärrechtlich in **Art. 8 Abs. 2 und 3 GRCh** angesprochen. Nach Abs. 2 Satz 1 dürfen personenbezogene Daten nur nach Treu und Glauben für festgelegte Zwecke und mit Einwilligung der betroffenen Person oder auf einer sonstigen gesetzlich geregelten legitimen Grundlage verarbeitet werden.[121] Nach Abs. 2 Satz 2 hat jede Person hat das Recht, Auskunft über die sie betreffenden erhobenen Daten zu erhalten und die Berichtigung der Daten zu erwirken. Abs. 3 bestimmt, dass eine unabhängige Stelle den Datenschutz zu überwachen hat.

60 Diese Grundsätze sind in **Art. 5 DS-GVO und Art. 4 JI-RL** (→ § 42 Rn. 10 ff.) weitgehend gleichförmig ausgeformt:[122]

■ Nach lit. a müssen personenbezogene Daten „auf rechtmäßige Weise, nach Treu und Glauben und in einer für die betroffene Person nachvollziehbaren Weise verarbeitet werden". Ohne Transparenz wird die betroffene Person faktisch rechtlos gestellt. Sie kann nur überprüfen, ob die Datenverarbeitung rechtmäßig ist, und ihre Rechte wahrnehmen, wenn sie ihr gegenüber transparent ist.

■ Nach lit. b müssen personenbezogene Daten „für festgelegte, eindeutige und legitime Zwecke erhoben werden und dürfen nicht in einer mit diesen Zwecken nicht zu vereinbarenden Weise weiterverarbeitet werden". Diese Zweckbindung soll der betroffenen Person ermöglichen, die sie betreffende Datenverarbeitung entsprechend dem jeweiligen sozialen Kontext selbst zu steuern.

■ Nach lit. c muss die Datenverarbeitung „dem Zweck angemessen und erheblich sowie auf das für die Zwecke der Verarbeitung notwendige Maß beschränkt" sein. Der Grundsatz der Datenminimierung beschränkt die Datenverarbeitung und damit die Tiefe des Eingriffs in das

---

121 Zu den Anforderungen an Gesetze, die Datenverarbeitung erlauben, s. *Roßnagel* NJW 2019, 1 (4).
122 S. zu diesen ausführlich *Roßnagel* ZD 2018, 339 ff.

Grundrecht auf Datenschutz auf das Erforderliche. Damit unterstützt er den Grundsatz der Zweckbindung.

- Nach lit. d muss die Datenverarbeitung „sachlich richtig und erforderlichenfalls auf dem neuesten Stand sein". Der Grundsatz der Richtigkeit betrifft die Datenqualität. Unrichtige personenbezogene Daten sollen gelöscht oder berichtigt werden.
- Nach lit. e müssen personenbezogene Daten „in einer Form gespeichert werden, die die Identifizierung der betroffenen Personen nur so lange ermöglicht, wie es für die Zwecke, für die sie verarbeitet werden, erforderlich ist". Dieser Grundsatz der Speicherbegrenzung setzt zusammen mit lit. c das Ziel der Datensparsamkeit um und verbietet eine Datenverarbeitung auf Vorrat.
- Nach lit. f dürfen personenbezogene Daten nur „in einer Weise verarbeitet werden, die eine angemessene Sicherheit (…) gewährleistet, einschließlich Schutz vor unbefugter oder unrechtmäßiger Verarbeitung und vor unbeabsichtigtem Verlust, unbeabsichtigter Zerstörung oder unbeabsichtigter Schädigung".

Nach Art. 5 Abs. 2 DS-GVO ist der Verantwortliche für die Einhaltung der Grundsätze verantwortlich und muss diese nachweisen können. Er muss im Rahmen eines Datenschutzmanagementsystems aktiv Maßnahmen ergreifen, um die Grundsätze in seinen Datenverarbeitungsvorgängen umzusetzen. 61

Ein Verstoß gegen die Grundsätze ist zwar rechtswidrig, kann von der Aufsichtsbehörde mit Ordnungsrecht oder Sanktionen durchgesetzt werden und kann bei einem Schaden einen Anspruch auf Schadensersatz begründen, macht die Datenverarbeitung aber nicht unzulässig. 62

II. Grundsätze nach deutschem Datenschutzrecht

Im Gesetz sind diese Grundsätze in Umsetzung des Art. 4 JI-RL im Anwendungsbereich der Richtlinie in § 42 übernommen worden (→ § 42 Rn. 10 ff.). Im Anwendungsbereich der DS-GVO gilt deren Art. 5 in Hessen unmittelbar. 63

Diese Grundsätze sind weitgehend aus dem deutschen Recht übernommen worden. Sie gehen zurück auf die **Rechtsprechung des BVerfG**.[123] Um das Grundrecht auf informationelle Selbstbestimmung zu gewährleisten, verfolgt das Datenschutzrecht schon seit langem ein Schutzprogramm, das im Wesentlichen auf folgenden Grundsätzen beruht: Die Datenverarbeitung muss der betroffenen Person transparent sein, weil sie nur dann überprüfen kann, ob die Datenverarbeitung rechtmäßig ist, und ihre Rechte wahrnehmen kann. Die Verarbeitung personenbezogener Daten darf nur zu einem bestimmten Zweck erfolgen und ist auf diesen Zweck begrenzt. Sie muss erforderlich sein, um diesen Zweck zu erreichen, und die Verwendung personenbezogener Daten möglichst vermeiden. Informationelle Selbstbestimmung ist nur möglich, wenn die betroffene Person Mitwirkungsmöglichkeiten hat und Einfluss auf die Datenverarbeitung nehmen kann. Daher stehen ihr Rechte auf Auskunft, Korrektur und Widerspruch zu. Außerdem 64

---

123 Insbes. BVerfGE 65, 1 (43 ff.).

erfordert sie die flankierende Aufsicht unabhängiger Datenschutzkontrolleinrichtungen.

65 Zur Umsetzung der Grundsätze in Art. 5 DS-GVO fordert die Verordnung vor allem in den Art. 12, 24, 25 und 32 DS-GVO geeignete technische und organisatorische Maßnahmen, um die Risiken für die Rechte und Freiheiten natürlicher Personen angemessen zu mindern. Diese grundlegenden, aber hochabstrakten Anforderungen an die Verarbeitung personenbezogener Daten haben die deutschen Aufsichtsbehörden weiterentwickelt, um sie in der Praxis der Datenverarbeitung von verantwortlichen Stellen im Bereich der privaten Wirtschaft und im Bereich der öffentlichen Verwaltung prüfen und bewerten zu können. In ihrem „Standard-Datenschutzmodell – Eine Methode zur Datenschutzberatung und -prüfung auf der Basis einheitlicher Gewährleistungsziele", das die DSK in der Version 2.0 b auf ihrer 99. Sitzung am 17.4.2020 beschlossen hat, haben sie aus der DS-GVO 23 „zentrale datenschutzrechtliche Anforderungen" abgeleitet und diese zu den sechs Gewährleistungszielen Datenminimierung, Verfügbarkeit, Integrität, Vertraulichkeit, Transparenz, Nichtverkettung und Intervenierbarkeit konkretisiert.[124] Für diese Ziele haben sie sodann die geforderten technischen und organisatorischen Maßnahmen in einem Referenzmaßnahmen-Katalog detailliert beschrieben. Das SDM unterstützt somit die Transformation abstrakter rechtlicher Anforderungen in konkrete technische und organisatorische Maßnahmen.[125] Gewährleistungsziele und Referenzmaßnahmen können für die Entwicklung datenschutzgerechter IT-Systeme und für konkrete Datenschutzprüfungen bestehender Datenverarbeitungsvorgänge zugrundegelegt werden. Durch die Orientierung am SDM kann die datenschutzrechtliche Beurteilung der Aufsichtsbehörden abgestimmt, transparent und nachvollziehbar erfolgen.[126]

III. Grundsätze der Informationsfreiheit

66 Das Recht eines allgemeinen und voraussetzungslosen Zugangs zu Akten der öffentlichen Verwaltung hat seine Grundsätze nicht explizit ausgeformt. Aus den einschlägigen Regelungen können aber folgende Grundsätze des Informationszugangs deduziert werden: Jede Person hat freien, voraussetzungslosen und kostenfreien Zugang zu Informationen, die in öffentlichen Stellen vorhanden sind. Dabei sind die Grundrechte Dritter zu achten und zu wahren. Diese betreffen die freie Selbstbestimmung über die eigenen personenbezogenen Daten und den Schutz schützenswerter Geheimnisse. Die betroffenen Dritten sind an dem Verfahren zur Freigabe der Informationen zu beteiligen. Ebenso können überwiegende öffentliche Belange wie etwa die öffentliche Sicherheit dem Zugang zu Informationen entgegenstehen. Um die Entscheidungsfindung der öffentlichen Stellen nicht zu beeinträchtigen, besteht der Informationszugang nur zu Akten aus

---

124 Die Gewährleistungsziele Nichtverkettung und Intervenierbarkeit fehlen in Art. 5 DS-GVO als eigenständige Grundsätze, ergeben sich aber aus anderen Anforderungen der DS-GVO.

125 Zur Notwendigkeit dieser Detaillierungsschritte s. zB *Hammer/Pordesch/Roßnagel* KORA, S. 83 ff.

126 DSK, Standard-Datenschutzmodell, S. 5 ff.

abgeschlossenen Verfahren. Der Informationszugang ist bei öffentlichen Stellen ausgeschlossen, soweit er die Aufgabenerfüllung dieser Stellen behindern würde.

E. Überblick über das HDSIG

Das Gesetz unterscheidet sich vom bisherigen allgemeinen Datenschutzrecht in Hessen sehr. Dieser **Unterschied zum HDSG** ist nicht allein darin begründet, dass das Gesetz mit 91 Vorschriften gegenüber 44 im HDSG den Umfang mehr als verdoppelt hat und mit dem Fünften Teil zum Anspruch auf Informationszugang einen neuen zusätzlichen Regelungsgegenstand aufgenommen hat. Durch die Umsetzung der JI-RL für die Zwecke der Verhütung, Ermittlung, Aufdeckung, Verfolgung oder Ahndung von Straftaten oder Ordnungswidrigkeiten einschließlich des Schutzes vor und der Abwehr von Gefahren für die öffentliche Sicherheit hat das Gesetz außerdem im Dritten Teil Vorschriften des speziellen Datenschutzrechts aufgenommen. Der wesentliche Unterschied begründet sich jedoch aus der **Ko-Regulierung** des Datenschutzes im Mehrebenensystem von Union und Land. Gegenüber der DS-GVO, die ohne Einschränkung in Hessen gilt, hat das Gesetz im Ersten und Zweiten Teil nur eine ergänzende und unterstützende Funktion und enthält keine Vollregelung des Datenschutzes in Hessen. Bevor im Folgenden der Inhalt des Gesetzes skizziert wird, wird dieser wesentliche Unterschied beleuchtet.

67

I. Regelungsgegenstände und Aufbau des Gesetzes

Das Gesetz regelt zum einen den Datenschutz bei der Verarbeitung öffentlicher Stellen in Hessen (→ § 2 Rn. 12 ff.) und zum anderen den Zugang zu Informationen bei diesen öffentlichen Stellen. Der **Erste Teil** des Gesetzes (§§ 1 bis 19) enthält Regelungen, die für beide Regelungsgegenstände gemeinsam gelten. Der **Zweite Teil** (§§ 20 bis 39) regelt Ergänzungen zur DS-GVO und gilt nur für Adressaten, die der DS-GVO unterfallen oder für die § 1 Abs. 8 die Geltung der DS-GVO anordnet (→ § 1 Rn. 46 f.). Der **Dritte Teil** (§§ 41 bis 79) setzt die JI-RL um und gilt nur für die Behörden, die personenbezogene Daten zum Zweck der Verhütung, Ermittlung, Aufdeckung oder Verfolgung von Straftaten oder der Strafvollstreckung verarbeiten. Der **Vierte Teil** (§§ 80 bis 89) regelt den voraussetzungslosen Zugang zu allen Informationen, die in öffentlichen Stellen in Hessen verfügbar sind. Der **Fünfte** und letzte **Teil** des Gesetzes (§§ 90 und 91) betrifft Übergangsvorschriften und das Inkrafttreten.

68

II. Verhältnis zur Datenschutz-Grundverordnung

Während das Gesetz im Ersten und Dritten Teil die JI-RL – wie auch zuvor die DSRL – umsetzt und in Vierten Teil eigenständige Regelungen zum Informationszugang trifft, ist das Verhältnis zwischen dem Ersten und Zweiten Teil des Gesetzes und der DS-GVO komplizierter. Nur eine EU-Verordnung kennt einen **Anwendungsvorrang** und nur ihm gegenüber muss sich deutsches Recht rechtfertigen und sich an ihm messen lassen.

69

1. Ergänzungen der Datenschutz-Grundverordnung

70 Die DS-GVO regelt das materielle Datenschutzrecht für alle Wirtschafts-, Verwaltungs- und Gesellschaftsbereiche in allen 27 Mitgliedstaaten in nur 51 Artikeln. Sie kann dies nur, indem sie entsprechend ihrem Charakter als „Grundverordnung" nur grundlegende Fragen in ausgewählten Bereichen regelt und dies nur in einer hochabstrakten und daher auch unterkomplexen Weise. Um Rechtsunsicherheiten zu vermeiden und im Anwendungsfall auch praktikabel zu sein, ist sie auf ergänzende Regelungen der Mitgliedstaaten angewiesen. Diese **Ergänzungsbedürftigkeit** benennt die DS-GVO in ihren Öffnungsklauseln ausdrücklich, begründet sie aber auch durch erkennbar unvollständige Regelungen (→ Rn. 41 ff.).

71 **Zulässige Ergänzungen** der DS-GVO finden sich zB in den Begriffsbestimmungen des § 2 (→ § 2 Rn. 11 ff.) und des § 23 Abs. 8 (→ § 23 Rn. 4 ff.), in vielen Detailregelungen zur oder zum HDSB in den §§ 8 bis 18, in der Regelung zum gerichtlichen Rechtsschutz nach § 19 (→ § 19 Rn. 3 f.) und in den Regelungen zu Sanktionen nach §§ 36 Abs. 1 und 3 (→ § 36 Rn. 7 ff. und Rn. 14 ff.). Eine **unzulässige Ergänzung** ist die nähere Bestimmung des Auftragsverarbeiters in § 3 Abs. 2 (→ § 3 Rn. 30 ff.).

2. Nicht näher geregelte Vorgaben der Datenschutz-Grundverordnung

72 Die DS-GVO gilt nach ihrem Art. 2 Abs. 1 nur für die automatisierte Verarbeitung personenbezogener Daten sowie für die nichtautomatisierte Verarbeitung personenbezogener Daten, die in einem Dateisystem gespeichert sind oder gespeichert werden sollen. Sie gilt somit nicht für die **nicht automatisierte Datenverarbeitung** außerhalb von Dateisystemen.[127] Nicht erfasst werden auch **rein innerstaatliche Angelegenheiten** (→ Rn. 29). Zu diesen innerstaatlichen Angelegenheiten gehören auch Datenverarbeitungen zur Gewährleistung von nationaler Sicherheit und Verfassungsschutz. Für alle nicht von den Anwendungsbereichen der DS-GVO und der JI-RL erfassten Datenverarbeitung sieht § 1 Abs. 8 konstitutiv vor, dass die DS-GVO sowie der erste und zweite Teil entsprechende Anwendung finden, soweit gesetzlich nichts anderes bestimmt ist. Als innerstaatliche Angelegenheiten haben die Datenverarbeitungen bei öffentlichen Auszeichnungen und Ehrungen in § 28 a (→ § 28 a Rn. 3) und in Gnadenverfahren in § 28 b (→ § 28 b Rn. 4), zum Auskunftsrecht des Landtags und der kommunalen Vertretungsorgane in § 29 (→ § 29 Rn. 4) und zu deren Datenverarbeitung in § 30 (→ § 30 Rn. 4) eine eigenständige Regelung im Gesetz erfahren.

73 Mehrere Vorschriften des Gesetzes betreffen zwar Datenverarbeitung, die in den Anwendungsbereich der DS-GVO fallen, in dieser aber **keine nähere Regelung erfahren**. Dies gilt entsprechend fehlender Vorgaben in Art. 88 DS-GVO für die Regelung der Beschäftigungsverhältnisse in § 23 (→ § 23 Rn. 4 ff.) und entsprechend der offenen Regelung in Art. 91 DS-GVO für die Regelungen zur Datenübermittlung an Religionsgemeinschaften in § 27 (→ § 27 Rn. 15 ff.).

---

127 S. näher *Roßnagel* in Simitis/Hornung/Spiecker gen. Döhmann DS-GVO Art. 2 Rn. 13 ff.

3. Einschränkungen und Präzisierungen der Datenschutz-Grundverordnung

Im Programm der DS-GVO sind durch explizite **Öffnungsklauseln** mit- 74
gliedstaatliche Regelungsmöglichkeiten oder sogar Regelungsaufträge vorgesehen. Das wichtigste Beispiel hierfür sind die Öffnungsklauseln in Art. 6
Abs. 2 und 3 DS-GVO (→ Rn. 47 f.), auf denen der allgemeine Erlaubnistatbestand in § 3 Abs. 1 (→ § 3 Rn. 8) und die Erlaubnistatbestände zur Videoüberwachung in § 4 (→ § 4 Rn. 7 ff.) und alle Regelungen im Ersten
und Zweiten Teil des Gesetzes zur Abrundung des gesamten Regelungssys-
tems beruhen. Spezielle Öffnungsklauseln liegen den Regelungen zur
Zweckvereinbarkeit nach Art. 6 Abs. 4 DS-GVO in § 21 (→ § 21 Rn. 4 ff.)
und zur Datenübermittlung nach § 22 (→ § 22 Rn. 4), zur Verarbeitung
besonderer Kategorien von personenbezogenen Daten nach Art. 9 Abs. 2
DS-GVO in § 20 (→ § 20 Rn. 6 ff.), 24 (→ § 24 Rn. 10) und 25 Abs. 1
(→ § 25 Rn. 7) und zu Einschränkungen der Rechte der betroffenen Person
gemäß Art. 23 DS-GVO in §§ 31 bis 35 sowie § 24 Abs. 2 (→ § 24 Rn. 9),
25 Abs. 2 bis 4 (→ § 25 Rn. 7) und § 26 Abs. 2 bis 4 (→ § 26 Rn. 4) zugrunde. Auf die Öffnungsklauseln gemäß 85 DS-GVO sind die Regelungen
zur Datenverarbeitung des HR zu journalistischen Zwecken in § 28
(→ § 28 Rn. 6) und gemäß Art. 26 DS-GVO für die gemeinsame Datenverarbeitung in § 39 (→ § 39 Rn. 6) gestützt. Die Regelung zum Ausschluss
von Geldbußen für öffentliche Stellen nach § 36 Abs. 2 (→ § 36 Rn. 26)
sind gemäß Art. 83 Abs. 7 DS-GVO und die Straf- und Bußgeldvorschriften gegen verantwortliche Personen in §§ 37 und 38 (→ § 37 Rn. 4 ff., § 38
Rn. 3) sind gemäß Art. 84 DS-GVO gerechtfertigt.

Präzisierungen ohne Öffnungsklausel gegenüber den Vorgaben zum be- 75
hördlichen Datenschutzbeauftragten in den Art. 37 bis 39 DS-GVO finden
sich in §§ 5 bis 7. Normwiederholungen gegenüber diesen Vorgaben der
DS-GVO sind durch die Umsetzung der Art. 32 bis 34 JI-RL gerechtfertigt.

III. Erster Teil: Gemeinsame Bestimmungen

Die **für alle Adressaten** geltenden gemeinsamen Bestimmungen sind in fünf 76
Abschnitte gegliedert. Sie finden uneingeschränkt auch für die Datenschutzregelungen im Zweiten und Dritten Teil Anwendung, während für
den Vierten Teil aus dem ersten Abschnitt nur die Begriffsbestimmungen
des § 2 sowie der vierte Abschnitt zu der oder dem HDSB, die oder der in
der Rolle als HDBI auch für die Aufsicht über den Informationszugang zuständig ist, angewendet werden können.

1. Allgemeine Regelungen

Im ersten Abschnitt regelt das Gesetz in § 1 den **Anwendungsbereich** und 77
in § 2 die **Begriffe** der öffentlichen Stelle sowie der anonymen Informationen und der anonymisierten Daten. Der zweite Abschnitt enthält in § 3
eine **Generalklausel** für die Datenverarbeitung öffentlicher Stellen und eine
(systematisch unpassende) Spezialregelung zur **Videoüberwachung** in § 4.

2. Datenschutzbeauftragte öffentlicher Stellen

78 Der dritte Abschnitt widmet sich den **Datenschutzbeauftragten** öffentlicher Stellen und regelt in §§ 5 bis 7 die Pflicht zur Benennung, die Rechtsstellung und die Aufgaben dieser Datenschutzbeauftragten.

3. Die oder der Hessische Datenschutzbeauftragte

79 Der Vierte Abschnitt regelt in §§ 8 bis 18 die Rechtstellung, die Wahl, das Amtsverhältnis, sowie die Aufgaben und Befugnisse sowie die Ausstattung der oder des **Hessischen Datenschutzbeauftragten** (HDSB). Der fünfte Abschnitt enthält in § 19 spezifische Bestimmungen für Rechtsstreitigkeiten der oder des HDSB mit natürlichen Personen oder öffentlichen Stellen.

IV. Zweiter Teil: Ergänzungen zur Datenschutz-Grundverordnung

80 Für die öffentlichen Stellen in Hessen, die der DS-GVO unterfallen, gilt die DS-GVO unmittelbar. Für diese Adressaten ergänzt, konkretisiert oder präzisiert der Zweite Teil die abstrakten Vorgaben der Verordnung für den Anwendungsbereich des Gesetzes. Der Zweite Teil ist in vier Abschnitte gegliedert. Er gilt nur für den **Anwendungsbereich der DS-GVO**.

1. Datenverarbeitung in öffentlichen Stellen

81 Der erste Abschnitt enthält in Ausfüllung der Öffnungsklausel des Art. 6 Abs. 3 iVm Abs. 1 UAbs. 1 lit. e DS-GVO Rechtsgrundlagen für die Verarbeitung personenbezogener Daten in öffentlichen Stellen. **Allgemeine Rechtsgrundlagen** betreffen die Verarbeitung besonderer Kategorien personenbezogener Daten in § 20, die Verarbeitungen der Daten zu anderen Zwecken nach § 21 und die Datenübermittlungen durch öffentliche Stellen nach § 22. Die §§ 23 bis 30 bieten **Regelungen für besonderer Verarbeitungssituationen** für Beschäftigungsverhältnisse, für wissenschaftliche oder historische Forschungszwecke, statistische Zwecke und Archivzwecke, Geheimhaltungspflichten, Datenübermittlungen an öffentlich-rechtliche Religionsgemeinschaften, für journalistische Zwecke im Hessischen Rundfunk, für öffentliche Auszeichnungen und Ehrungen und für Gnadenverfahren sowie das Auskunftsrecht und die Datenverarbeitung des Landtags und kommunaler Vertretungsorgane. Zu diesen besonderen Verarbeitungssituationen gehören auch die Regelungen, die § 39 im Vierten Abschnitt zu gemeinsamen Verfahren und zur gemeinsamen Verantwortlichkeit trifft.

2. Rechte betroffener Personen

82 Der zweite Abschnitt regelt in den §§ 31 bis 35 **Einschränkungen** von Betroffenenrechten nach Art. 23 DS-GVO. Sie betreffen Informationspflichten der Verantwortlichen sowie das Auskunfts-, Löschungs- und Widerspruchsrecht der betroffenen Person.

3. Sanktionen

83 Der dritte Abschnitt betrifft in §§ 36 bis 38 ergänzend zur Sanktionsregelung in Art. 83 DS-GVO die **Verhängung von Sanktionen** bei Verstößen gegen die Verordnung und das Gesetz. Er regelt das Bußgeld- und Strafver-

fahren bei Verstößen gegen Art. 83 DS-GVO sowie ergänzend Straf- und Bußgeldvorschriften für Verstöße, die nicht von Art. 83 DS-GVO erfasst sind.

V. Dritter Teil: Umsetzung der JI-Richtlinie

Für die öffentlichen Stellen, die personenbezogene Daten zum Zweck der Verhütung, Ermittlung, Aufdeckung, Verfolgung oder Ahndung von Straftaten oder Ordnungswidrigkeiten, einschließlich des Schutzes vor und der Abwehr von Gefahren für die öffentliche Sicherheit, verarbeiten, gilt nach Art. 2 Abs. 2 lit. d DS-GVO nicht die DS-GVO, sondern die **JI-RL**. Der Dritte Teil des Gesetzes dient dazu, diese Richtlinie im allgemeinen hessischen Datenschutzrecht **umzusetzen**. Eine Richtlinie gibt dem Gesetzgeber eine größere Freiheit in der Umsetzung, weil sie nach Art. 288 Abs. 3 AEUV nur hinsichtlich ihrer Ziele verbindlich ist, der nationale Gesetzeber sie aber in die Systematik und Sprache des nationalen Rechtssystems einpassen kann. Die JI-RL ist zwar in enger Abstimmung und zusammen mit der DS-GVO entwickelt worden, muss aber alle für sie relevanten Regelungen selbst treffen. Dies gilt auch für die Umsetzung durch den hessischen Gesetzgeber. Er musste alle Regelungen, die für die öffentlichen Stellen, die unter die DS-GVO fallen, durch die Verordnung geregelt sind, im Dritten Teil eigenständig festlegen. Insofern enthält der Dritte Teil viele parallele Regelungen zur DS-GVO und zum Zweiten Teil des Gesetzes. Der **Dritte Teil gilt nur für den Anwendungsbereich der JI-RL**, nicht für andere öffentliche Stellen in Hessen. Er ist in sieben Abschnitte gegliedert.

84

1. Allgemeine Vorschriften

Der erste Abschnitt enthält in §§ 40 bis 42 Regelungen zum **Anwendungsbereich** des Dritten Teils, zu den nur für den Dritten Teil geltenden **Begriffsbestimmungen** und zu den allgemeinen Grundsätzen für die Verarbeitung personenbezogener Daten. Zusätzlich zu den Begriffsbestimmungen des § 41 sind die Definitionen in § 2 und 3 Abs. 2 zu beachten. Die allgemeinen **Grundsätze** des § 42 sind den Grundsätzen des Art. 5 DS-GVO zwar sehr ähnlich, unterscheiden sich aber entsprechend des Anwendungsbereichs des Dritten Teils von diese im Detail.

85

2. Rechtsgrundlagen für die Datenverarbeitung

Der zweite Abschnitt regelt in den §§ 42 bis 49 HDSIG **allgemeine Rechtsgrundlagen** für die Verarbeitung personenbezogener Daten durch die zuständigen Behörden. Sie betreffen die Verarbeitung besonderer Kategorien personenbezogener Daten in § 43, die Verarbeitungen der Daten zu anderen Zwecken nach § 44, die Verarbeitung für wissenschaftliche oder historische Forschungszwecke, archivarische und statistische Zwecke in § 45 sowie zur automatisierten Einzelentscheidung in § 49. § 46 enthält Anforderungen an eine Einwilligung als wirksame Rechtgrundlage. Die Bindung der Datenverarbeitung durch einen Auftragnehmer an die Weisungen eines Auftraggebers regelt § 47. § 48 schließlich bestimmt die mit der Datenverarbeitung verbundenen Geheimhaltungspflichten.

86

3. Rechte der betroffenen Personen

87 Der dritte Abschnitt behandelt die **Rechte der betroffenen Person** in §§ 50 bis 56. Sie ist nach § 50 über Datenverarbeitungen zu informieren und gemäß § 51 zu benachrichtigen. Sie kann im Rahmen des § 52 Auskünfte verlangen, nach § 53 Rechte auf Berichtigung, Löschung und Einschränkung geltend machen. § 54 enthält Verfahrensvorgaben, wenn eine betroffene Person Rechte geltend macht, die ihr dies erleichtern sollen. Sie kann sich nach § 55 jederzeit mit einer Beschwerde an die oder den HDSB wenden und nach § 56 gegen eine Entscheidung oder gegen die Untätigkeit der oder des HDSB gerichtlich vorgehen. Aufgrund der Aufgaben der zuständigen Behörden sind die Rechte der betroffenen Person gegenüber der DS-GVO eingeschränkt.

4. Pflichten der Verantwortlichen und Auftragsverarbeiter

88 Der vierte Abschnitt normiert in §§ 57 bis 72 **umfangreiche Pflichten** der Verantwortlichen und Auftragsverarbeiter. Diese betreffen in § 57 Anforderungen an Auftragsverarbeitungsverhältnisse, in § 58 Anforderungen an gemeinsame Verfahren und gemeinsam Verantwortliche und in § 59 Anforderungen an die Sicherheit der Datenverarbeitung. Durch Datenschutz durch Technikgestaltung und datenschutzfreundliche Voreinstellungen hat der Verantwortliche nach § 66 die Datenschutzgrundsätze wirksam umzusetzen. Sind Verletzungen des Schutzes personenbezogener Daten erfolgt, hat der Verantwortliche nach §§ 60 und 61 diese der oder dem HDSB zu melden und die betroffenen Personen über sie zu benachrichtigen. Er hat nach § 72 zu ermöglichen, dass ihm vertrauliche Meldungen von Verstößen zugeleitet werden können. Unter den Voraussetzungen der §§ 62 haben Verantwortliche eine Datenschutz-Folgenabschätzung durchzuführen und zuvor die oder den HDSB zu konsultieren. Weitere datenschutzrechtliche Vorgaben betreffen das Führen eines Verzeichnisses von Verarbeitungstätigkeiten nach § 65, die Unterscheidung zwischen verschiedenen Kategorien betroffener Personen und zwischen Tatsachen und persönlichen Einschätzungen nach §§ 67 und 68, die Qualitätssicherung personenbezogener Daten vor einer Übermittlung nach § 69, die Ausführung von Berichtigungen, Löschungen und Einschränkungen nach § 70 sowie die Protokollierung wichtiger Verarbeitungsvorgänge nach § 71. Schließlich haben Verantwortliche und Auftragsverarbeiter nach § 63 mit der oder dem HDSB bei der Erfüllung ihrer oder seiner Aufgaben zusammenzuarbeiten.

5. Datenübermittlung in Drittländer

89 Da die Verhütung, Ermittlung, Aufdeckung oder Verfolgung von Straftaten und Ordnungswidrigkeiten, die Strafvollstreckung sowie der Schutz vor und die Abwehr von Gefahren für die öffentliche Sicherheit oft **internationale Kontakte** – auch mit Stellen außerhalb der EU und des Schengen-Raums – erfordern, regelt der fünfte Abschnitte die Datenübermittlungen an Stellen in Drittländern und an internationale Organisationen in §§ 73 bis 76. Liegt kein Angemessenheitsbeschluss für das Empfängerland vor, darf die Übermittlung nur nach den Vorgaben der §§ 74 bis 76 erfolgen.

6. Zusammenarbeit der Aufsichtsbehörden

Innerhalb der EU und des Schengen-Raums müssen die Aufsichtsbehörden 90
zur Erfüllung ihrer Aufgaben zusammenarbeiten. Der sechste Abschnitt
legt hierfür in § 77 Regeln für eine **gegenseitige Amtshilfe** fest.

7. Haftung und Sanktionen

Der siebte Abschnitt regelt in § 78 eine **Verschuldenshaftung** für Schäden 91
durch eine rechtswidrige Datenverarbeitung mit einer Umkehr der Beweislast für das Verschulden des Verantwortlichen. Hinsichtlich **strafrechtlicher
Sanktionen** ordnet § 79 eine entsprechende Anwendung des § 37 an.

VI. Vierter Teil: Informationsfreiheit

Der Vierte Teil des Gesetzes enthält Bestimmungen zum **Recht auf Infor-** 92
mationszugang gegenüber öffentlichen Stellen und zur Einführung einer
oder eines Hessischen Informationsfreiheitsbeauftragten (HBI). Für diesen
Teil gelten aus dem Ersten Teil nur die Definitionen öffentlicher Stellen in
§ 2 sowie die Regelungen zu der oder dem HDSB in den §§ 8 bis 18.

§ 80 gewährt jedem einen **Anspruch** gegenüber der öffentlichen Stelle auf 93
Zugang zu amtlichen Informationen. § 81 präzisiert den **Anwendungsbe-**
reich gegenüber den Definitionen in § 2 Abs. 1 bis 3. Die §§ 82 bis 84
schränken diesen Anspruch zum Schutz besonderer öffentlicher Interessen,
personenbezogener Daten und behördlicher Entscheidungsprozesse ein.
Nach § 85 kann der Anspruch durch einen **Antrag** und nach § 86 nach
Verfahrensbeteiligung Dritter geltend gemacht werden. Vorgaben zur Entscheidung über den Antrag enthält § 87. Einfache Auskünfte und Einsichtnahmen sind nach § 88 **kostenfrei**. Für andere Amtshandlungen werden
Kosten nach dem Verwaltungskostengesetz erhoben.[128] § 89 führt die Institution der oder des **HBI** ein, dessen Aufgaben von der oder dem HDSB
wahrgenommen werden. An sie oder ihn kann sich jede Person wenden,
die sich in ihrem Recht auf Informationszugang verletzt sieht. Da die Aufsichtsbehörde die Funktionen des Datenschutzbeauftragten und des Informationsfreiheitsbeauftragten wahrnimmt, heißt sie seit dem Inkrafttreten
des Gesetzes die oder der „Hessische Beauftragte für Datenschutz und Informationsfreiheit" (HBDI).

VII. Fünfter Teil: Übergangs- und Schlussvorschriften

Der Fünfte und letzte Teil des Gesetzes enthält in §§ 90 und 91 Übergangs- 94
und Schlussvorschriften. Diese betreffen einen zeitlichen Aufschub zur Umsetzung der Pflichten zur **Protokollierung** nach § 71, eine Übergangsregelung für den bei Inkrafttreten des Gesetzes amtierenden **HDSB** sowie das
Inkrafttreten des Gesetzes zum 25.5.2018.

---

128 S. hierzu die Anlage zum Gesetz.

Erster Teil
Gemeinsame Bestimmungen

Erster Abschnitt: Anwendungsbereich und Begriffsbestimmungen

§ 1 Anwendungsbereich

(1) Dieses Gesetz gilt für die Verarbeitung personenbezogener Daten durch die öffentlichen Stellen des Landes, der Gemeinden und Landkreise.

(2) [1]Andere Rechtsvorschriften über den Datenschutz gehen vorbehaltlich des Abs. 3 den Vorschriften dieses Gesetzes vor. [2]Regeln sie einen Sachverhalt, für den dieses Gesetz gilt, nicht oder nicht abschließend, finden die Vorschriften dieses Gesetzes Anwendung. [3]Die Verpflichtung zur Wahrung gesetzlicher Geheimhaltungspflichten oder von Berufs- oder besonderen Amtsgeheimnissen, die nicht auf gesetzlichen Vorschriften beruhen, bleibt unberührt.

(3) Die Vorschriften dieses Gesetzes gehen denen des Hessischen Verwaltungsverfahrensgesetzes vor, soweit bei der Ermittlung des Sachverhalts personenbezogene Daten verarbeitet werden.

(4) Die Vorschriften dieses Gesetzes, ausgenommen § 28, finden keine Anwendung, soweit der Hessische Rundfunk personenbezogene Daten zu journalistischen Zwecken verarbeitet.

(5) Die Vorschriften dieses Gesetzes finden keine Anwendung, soweit das Recht der Europäischen Union, insbesondere die Verordnung (EU) Nr. 2016/679 des Europäischen Parlaments und des Rates vom 27. April 2016 zum Schutz natürlicher Personen bei der Verarbeitung personenbezogener Daten, zum freien Datenverkehr und zur Aufhebung der Richtlinie 95/46/EG (Datenschutz-Grundverordnung) (ABl. EU Nr. L 119 S. 1, Nr. L 314 S. 72) in der jeweils geltenden Fassung, unmittelbar gilt.

(6) [1]Bei Verarbeitungen zu den in Art. 2 der Verordnung (EU) Nr. 2016/679 genannten Zwecken stehen die Vertragsstaaten des Abkommens über den Europäischen Wirtschaftsraum und die Schweiz den Mitgliedstaaten der Europäischen Union gleich. [2]Andere Staaten gelten insoweit als Drittländer.

(7) [1]Bei Verarbeitungen zu den in Art. 1 Abs. 1 der Richtlinie (EU) Nr. 2016/680 des Europäischen Parlaments und des Rates vom 27. April 2016 zum Schutz natürlicher Personen bei der Verarbeitung personenbezogener Daten durch die zuständigen Behörden zum Zwecke der Verhütung, Ermittlung, Aufdeckung oder Verfolgung von Straftaten oder der Strafvollstreckung sowie zum freien Datenverkehr und zur Aufhebung des Rahmenbeschlusses 2008/977/JI des Rates (ABl. EU Nr. L 119 S. 89) genannten Zwecken stehen die bei der Umsetzung, Anwendung und Entwicklung des Schengen-Besitzstandes assoziierten Staaten den Mitgliedstaaten der Europäischen Union gleich. [2]Andere Staaten gelten insoweit als Drittländer.

(8) Für Verarbeitungen personenbezogener Daten durch öffentliche Stellen im Rahmen von Tätigkeiten, die nicht in den Anwendungsbereich der Verordnung (EU) Nr. 2016/679 und der Richtlinie (EU) Nr. 2016/680 fallen, finden die Verordnung (EU) Nr. 2016/679 sowie der Erste und Zweite Teil entsprechende Anwendung, soweit gesetzlich nichts anderes bestimmt ist.

(9) Die Vorschriften dieses Gesetzes finden keine Anwendung auf anonyme Informationen oder anonymisierte Daten.

Literatur:

Dix, Beteiligung der GEZ am Adresshandel?, DuD 2005, 89; *Harte-Bavendamm/Ohly/Kalbfus*, GeschGehG, Kommentar, 2020; *Jandt/Roßnagel*, Qualitätssicherung im Krankenhaus, MedR 2011, 140; *Jandt/Roßnagel/Wilke*, Krankenhausinformationssysteme im Gesundheitskonzern, RDV 2011, 222; *Merten*, Rundfunkfreiheit und Datenschutz – Die Funktion und Bedeutung der Rundfunkbeauftragten für den Datenschutz, ZUM 2004, 532; *Roßnagel*, Pseudonymisierung personenbezogener Daten, ZD 2018, 243; *Roßnagel*, Kein „Verbotsprinzip" und kein „Verbot mit Erlaubnisvorbehalt" im Datenschutzrecht – Zur Dogmatik der Datenverarbeitung als Grundrechtseingriff, NJW 2019, 1; *Schlink*, Datenschutz und Amtshilfe, NVwZ 1986, 249; *Thüsing/Rombey*, Verschränkungen von Daten- und Geheimnisschutz, ZD 2020, 221; *Weichert*, Die Gebühreneinzugszentrale GEZ und der Datenschutz, AfP 2004, 77.

A. Allgemeines

I. Bedeutung der Vorschrift

Die Vorschrift bestimmt den **Anwendungsbereich** des Gesetzes. Hierzu enthält Abs. 1 den Grundsatz, dass das Gesetz für alle öffentlichen Stellen in Hessen gilt. Die folgenden Absätze enthalten Ausnahmen und Rückausnahmen von diesem Grundsatz sowie Bestimmungen zum das Verhältnis des Gesetzes zum Datenschutzrecht der EU. 1

II. Entstehungsgeschichte

2   Die Regelung zur **Aufgabe des Gesetzes** in dem bisherigen § 1 HDSG ist
    entfallen. Danach sollte das Gesetz sowohl das Recht des einzelnen, selbst
    über die Preisgabe und Verwendung seiner Daten zu bestimmen, schützen
    als auch das auf dem Grundsatz der Gewaltenteilung beruhende verfas-
    sungsmäßige Gefüge des Staates vor einer Gefährdung infolge der automa-
    tisierten Datenverarbeitung bewahren. Diese Aufgabenstellung wird durch
    Art. 1 DS-GVO ersetzt, der dem Datenschutzrecht die Aufgabe überträgt,
    dem Schutz natürlicher Personen bei der Verarbeitung personenbezogener
    Daten und dem freien Verkehr solcher Daten zu dienen. Diese Aufgaben-
    stellung gilt auch für das Gesetz.

3   Die Eingangsvorschrift des Gesetzes beschränkt sich daher auf die Bestim-
    mung seines Anwendungsbereichs. Sie orientiert sich in Abs. 1 bis 4 stark
    an der **Vorgängernorm** des § 3 HDSG. Die Abs. 5 bis 8 sind erforderlich
    geworden, um das Verhältnis zum neuen Datenschutzrecht der EU zu klä-
    ren. Die Regelung des Abs. 9 zur Nichtanwendbarkeit des Gesetzes auf an-
    onyme Informationen und anonymisierte Daten ist neu und reagiert auf
    eine fehlende Regelung in der DS-GVO zu anonymen Daten.

4   Der Text der Vorschrift hat im **Gesetzgebungsverfahren** gegenüber dem
    Entwurf der Fraktionen der CDU und BÜNDNIS 90/DIE GRÜNEN[1] keine
    Änderungen erfahren.

III. Unionsrechtliche Regelungen

5   Der sachliche Anwendungsbereich der DS-GVO ist in **Art. 2** geregelt. Nach
    dessen Abs. 1 gilt die Verordnung für die ganz oder teilweise automatisier-
    te Verarbeitung personenbezogener Daten sowie für die nichtautomatisier-
    te Verarbeitung personenbezogener Daten, die in einem Dateisystem ge-
    speichert sind oder gespeichert werden sollen.[2] Der Begriff der personenbe-
    zogenen Daten ist in Art. 4 Nr. 1 DS-GVO[3] und der Begriff der Verarbei-
    tung in Art. 4 Nr. 2 DS-GVO[4] und der Begriff des Dateisystems in Art. 4
    Nr. 6 DS-GVO definiert.[5] Die genannten Definitionen bestimmen auch den
    sachlichen Anwendungsbereich des Gesetzes (→ Rn. 14).

6   Die in Art. 2 Abs. 2 DS-GVO genannten **Ausnahmen** vom sachlichen An-
    wendungsbereich der Verordnung,[6] spielen für das Gesetz **keine** Rolle. Dies
    gilt ebenso für die in Art. 2 Abs. 3 und 4 DS-GVO genannten Anwen-
    dungsregelungen für andere Unionsregelungen.

---

1   LT-Drs. 19/5728, 8.
2   S. *Roßnagel* in Simitis/Hornung/Spiecker gen. Döhmann DS-GVO Art. 2 Rn. 13 ff.
3   S. hierzu zB *Karg* in Simitis/Hornung/Spiecker gen. Döhmann DS-GVO Art. 4 Nr. 1
    Rn. 14 ff.
4   S. hierzu zB *Roßnagel* in Simitis/Hornung/Spiecker gen. Döhmann DS-GVO Art. 4
    Nr. 2 Rn. 10 ff.
5   S. hierzu zB *Roßnagel* in Simitis/Hornung/Spiecker gen. Döhmann DS-GVO Art. 4
    Nr. 6 Rn. 7 ff.
6   S. hierzu zB *Roßnagel* in Simitis/Hornung/Spiecker gen. Döhmann DS-GVO Art. 2
    Rn. 17 ff.

Das Gesetz nutzt vor allem die **Öffnungsklauseln des Art. 6 Abs. 2 und 3** 7
DS-GVO.[7] Diese sehen für die in Art. 6 Abs. 1 UAbs. 1 lit. e DS-GVO angesprochene Verarbeitung für die Wahrnehmung einer Aufgabe, die im öffentlichen Interesse liegt oder in Ausübung öffentlicher Gewalt erfolgt, die
dem Verantwortlichen übertragen wurde, spezifische Regelungsspielräume
für die Mitgliedstaaten vor. Sie können zum einen nach Art. 6 Abs. 2 DS-
GVO spezifische Anforderungen für die Verarbeitung sowie sonstige Maßnahmen präziser bestimmen.[8] Zum anderen können sie nach Art. 6 Abs. 3
DS-GVO Rechtsgrundlagen für die Datenverarbeitungen festlegen, in denen auch unter anderem Bestimmungen darüber enthalten sein können,
„welche allgemeinen Bedingungen für die Regelung der Rechtmäßigkeit
der Verarbeitung durch den Verantwortlichen gelten, welche Arten von
Daten verarbeitet werden, welche Personen betroffen sind, an welche Einrichtungen und für welche Zwecke die personenbezogenen Daten offengelegt werden dürfen, welcher Zweckbindung sie unterliegen, wie lange sie
gespeichert werden dürfen und welche Verarbeitungsvorgänge und -verfah-
ren angewandt werden dürfen".[9] Diese Öffnungsklauseln sind sehr weitgehend und ermöglichen dem hessischen Gesetzgeber umfassende und kon-
sistente Gesamtregelungen für die öffentlichen Stellen des Landes (→ Einl.
Rn. 44 ff., 70 f.).

„Soweit die Verarbeitung personenbezogener Daten im Rahmen von Tätig- 8
keiten öffentlicher Stellen des Landes, der Gemeinden und Landkreise erfolgt", die **weder vom Anwendungsbereich der DS-GVO noch von der JI-
RL** erfasst sind, „richtet sich das anzuwendende Datenschutzrecht allein
nach nationalen Regelungen". So besitzt die EU etwa nach Art. 4 Abs. 2
Satz 3 EUV „keine Regelungskompetenz für den Bereich der nationalen Sicherheit". Dies betrifft zB „die Datenverarbeitung durch das Landesamt
für Verfassungsschutz". Das Gesetz „gibt für diese Bereiche außerhalb des
Rechts der EU allgemeine Regelungen vor".

IV. Verhältnis zu anderen Vorschriften

Die Vorschrift wird durch die **Definitionen** in § 2 ergänzt. Diese enthalten 9
Definitionen zu öffentlichen Stellen (→ § 2 Rn. 12 ff.) und zu privaten Vereinigung von öffentlichen Stellen (→ § 2 Rn. 19), für die das Gesetz anwendbar ist, sowie zu öffentlichen Wettbewerbsunternehmen (→ § 2
Rn. 24 ff.), für die das Gesetz nicht gilt. § 2 Abs. 1 bis 3 konkretisiert somit
Abs. 1 der Vorschrift. Abs. 9 der Vorschrift wird durch die Definition zu
anonymen Informationen und anonymisierten Daten in § 2 Abs. 4 präzisiert (→ § 2 Rn. 38 ff.).

Die Vorschrift enthält jedoch nicht alle Bestimmungen zum Anwendungs- 10
bereich des Gesetzes. Vielmehr finden sich im Gesetz weitere Abgrenzun-
gen – zur Nichtgeltung für öffentlich-rechtliche **Religionsgemeinschaften**

---

7 Wenn es andere Öffnungsklauseln nutzt, wird in der jeweiligen Kommentierung
darauf hingewiesen.
8 S. näher *Roßnagel* in Simitis/Hornung/Spiecker gen. Döhmann DS-GVO Art. 6
Abs. 2 Rn. 22 ff.
9 S. näher *Roßnagel* in Simitis/Hornung/Spiecker gen. Döhmann DS-GVO Art. 6
Abs. 3 Rn. 36 ff.

(→ § 27 Rn. 21 ff.) und für die **parlamentarische Tätigkeit** des Landtags und der kommunalen Volksvertretungen in § 30 (→ § 30 Rn. 11 ff.).

11 Eine **vergleichbare Vorschrift** für den Bund findet sich in § 1 BDSG. Diese enthält in Abs. 1 Satz 1 Nr. 2 die Regelung, dass das BDSG für öffentliche Stellen eines Landes nur subsidiär gilt, wenn also der Datenschutz nicht durch Landesgesetz geregelt ist. Für die öffentlichen Stellen in Hessen geht daher das Gesetz dem BDSG vor.

B. Anwendungsbereich des Gesetzes

12 Die Vorschrift bestimmt den Anwendungsbereich des Gesetzes nach den **Verantwortlichen**. Es ist nach Abs. 1 grundsätzlich für alle öffentlichen Stellen in Hessen anzuwenden. Allerdings gilt es nach Abs. 2 gegenüber spezifischen Datenschutzregelungen nur subsidiär, geht aber nach Abs. 3 dem HVwVfG vor. Nach Abs. 4 findet es keine Anwendung für den Hessischen Rundfunk. Die Abs. 5 bis 8 enthalten Bestimmungen für das Verhältnis des Gesetzes zum Datenschutzrecht der EU. Für anonyme Informationen und anonymisierte Daten findet das Gesetz nach Abs. 9 keine Anwendungen.

I. Anwendungsbereich (Abs. 1)

13 Nach Abs. 1 gilt das Gesetz für die Verarbeitung personenbezogener Daten durch die öffentlichen Stellen des Landes, der Gemeinden und Landkreise. „Umfasst werden … sämtliche Phasen der Verarbeitung personenbezogener Daten (Erhebung, Speicherung, Veränderung und Nutzung). Welche Institutionen öffentliche Stellen des Landes, der Gemeinden und Landkreise sein können, definiert § 2 näher."[10] Diese Regelung bestimmt sowohl den **sachlichen** als auch den **personellen** und den **räumlichen Anwendungsbereich** des Gesetzes.

1. Sachlicher Anwendungsbereich

14 Der sachliche Anwendungsbereich erstreckt sich auf die Verarbeitung personenbezogener Daten. Der Begriff der personenbezogenen Daten in Art. 4 Nr. 1 DS-GVO und der Begriff der Verarbeitung in Art. 4 Nr. 2 DS-GVO gelten auch für das Gesetz. Die Definitionen sind in Umsetzung der JI-RL im dritten Teil in § 41 Nr. 1 und 2 gleichlautend wiederholt. Im Gegensatz zu Art. 2 Abs. 1 DS-GVO und Art. 3 JI-RL erfasst Abs. 1 der Vorschrift jedoch **jede Form der Verarbeitung personenbezogener Daten.** Der sachliche Anwendungsbereich ist nicht beschränkt auf die ganz oder teilweise automatisierte Verarbeitung personenbezogener Daten sowie für die nichtautomatisierte Verarbeitung personenbezogener Daten in einem Dateisystem beschränkt gespeichert sind oder gespeichert werden sollen.

2. Adressatenbezogener Anwendungsbereich

15 Dieser weite sachliche Anwendungsbereich ist jedoch auf spezifische Verantwortliche beschränkt. Das Gesetz gilt nur für die Verarbeitung personenbezogener Daten durch die **öffentlichen Stellen** des Landes, der Ge-

---

10 LT-Drs. 19/5728, 98.

meinden und Landkreise. Welche Verantwortliche unter „öffentliche Stellen" fallen, definiert § 2 Abs. 1 bis 3 (→ § 2 Rn. 6 ff., 12 ff. und 16 ff.). Andere Verantwortliche, insbesondere private Unternehmen und natürliche Personen erfasst der Anwendungsgereich des Gesetzes nicht.

Nicht entscheidend ist, welches **Recht** diese öffentlichen Stellen anwenden.   16
Das Gesetz gilt nicht nur, wenn die öffentliche Stellen Landesrecht ausführen, sondern auch wenn es sich um Bundesrecht oder um Unionsrecht handelt. Für Bundesbehörden, die in Hessen tätig sind, gilt das BDSG.[11]

3. Räumlicher Anwendungsbereich

Der räumliche Anwendungsbereich ist auf das Land **Hessen** beschränkt.   17
Entscheidend dafür ist der Zuständigkeitsbereich der öffentlichen Stellen des Landes, der Gemeinden und Landkreise. Wo die Datenverarbeitung tatsächlich stattfindet, spielt keine Rolle, wenn eine öffentliche Stelle in Hessen die Datenverarbeitung verantwortet. Das Gesetz ist zB auch dann anwendbar, wenn die Datenverarbeitung in einem Server eines Auftragnehmers außerhalb Hessens erfolgt.

II. Subsidiarität (Abs. 2)

Abs. 2 regelt das **Konkurrenzverhältnis** zu anderen Datenschutzvorschriften. Satz 1 begründet eine allgemeine Subsidiarität der Regelungen des Gesetzes zu spezifischeren Datenschutzvorschriften im Anwendungsbereich des Gesetzes. Satz 2 bestimmt die ergänzende Geltung der gesetzlichen Regelungen für nicht abschließende Bestimmungen dieser spezifischen Datenschutzregelungen. Schließlich bestimmt Satz 3, dass Regelungen zum Schutz von Geheimnissen unberührt bleiben.   18

1. Vorrang spezifischer Datenschutzvorschriften (Satz 1)

Nach Satz 1 gehen andere Rechtsvorschriften über den Datenschutz den   19
Vorschriften dieses Gesetzes vor.[12] Diese Bestimmung entspricht dem allgemeinen Grundsatz des **Vorrangs der spezielleren Regelung**. Dadurch hat das Gesetz den Charakter eines „Auffanggesetzes".[13] Diese Subsidiaritätsregelung gilt „vorbehaltlich des Abs. 3". Dieser bestimmt einen Vorrang des Gesetzes vor den Vorschriften des HVwVfG (→ Rn. 32 ff.).

Rechtsvorschriften sind Gesetze und Vorschriften mit unmittelbarer Au-   20
ßenwirkung, die auf einer gesetzlichen Ermächtigung beruhen wie Rechtsverordnungen, Satzungen oder andere autonome Statute.[14] Satzungen können Körperschaften des öffentlichen Rechts im Rahmen der ihr gesetzlich verliehenen Autonomie mit Wirkung für ihre Mitglieder erlassen[15] – wie zB Gemeinden, Kammern und Hochschulen. Rechtsverordnungen und Satzungen dürfen jedoch unions- und verfassungsrechtlich wegen des Vorbehalts des Gesetzes[16] nur datenschutzrechtliche Regelungen enthalten,

11 S. zB *Nungesser* § 3 Rn. 20 für die Vorgängerregelung.
12 S. auch LT-Drs. 19/5728, 98 f.
13 LT-Drs. 19/5728, 99.
14 S. zB *Ronellenfitsch* in Schild ua § 3 Rn. 80 ff.
15 S. zB BVerfGE 10, 49; 33, 125 (156).
16 S. hierzu *Roßnagel* NJW 2019, 1 ff.

die gesetzliche Eingriffsbefugnisse konkretisieren.[17] Auch tarifliche und betriebliche Normen sind Rechtsvorschriften.[18] Keine Rechtsvorschriften sind Verwaltungsvorschriften, da sie nur verwaltungsintern wirken.

21   Rechtsvorschriften **über den Datenschutz** sind alle Vorschriften, die von der Aufgabenstellung her die Verarbeitung personenbezogener Daten regeln. In diesen Vorschriften kann der Schutz des Persönlichkeitsrechts weniger, aber auch stärker eingeschränkt werden als im Gesetz. Nur wenn die bereichsspezifische Rechtsvorschrift solche Vorschriften enthält, gehen diese dem Gesetz vor. Dabei spielt es keine Rolle, ob die spezifischen Rechtsvorschriften dem **Bundes- oder** dem **Landesrecht** angehören. Beispiele für Bundesgesetze mit Datenschutzregelungen, die den Vorschriften des Gesetzes vorgehen, sind zB die StPO und AO sowie das SGB, BPolG, BKAG, MRRG, PassG, PAuswG, BZRG, AsylVfG, AuslG, StVG, GewO, BeamtenStG, TKG, TMG, EGGVG und andere Justizgesetze (→ § 2 Rn. 15). Hessische Gesetze, die vorrangige bereichsspezifische Datenschutzregelungen enthalten, sind zB das HSOG, HVerfSchG, HMG, HKHG, HBG, HPVG, HStrafVG, HSchulG, HPressG und HPrRfG.

2. Ergänzende Anwendung (Satz 2)

22   Bereichsspezifische Datenschutzregelungen regeln jedoch oft nur einen spezifischen Aspekt und sind selten umfassend und vollständig. Soweit jedoch die spezifischere Rechtsvorschrift einen Sachverhalt **nicht oder nicht abschließend** regeln, kommt das Gesetz nach Satz 2 subsidiär zur Geltung.

23   Die jeweilige bereichsspezifische Spezialregelung ist nur dann vorrangig, wenn eine **Tatbestandskongruenz** besteht. „Sie beurteilt sich im Einzelfall nach den Tatbeständen des jeweiligen bereichsspezifischen Gesetzes (für einen Vergleich heranzuziehen sind danach etwa der Sachverhalt ‚Datenverarbeitung', ggf. in den jeweiligen Verarbeitungsphasen, oder bezogen auf sog. Individual- oder Betroffenenrechte der Sachverhalt ‚Informationspflicht', ‚Auskunftsrecht' oder ‚Widerspruchsrecht'). Dies gilt unabhängig davon, ob in der bereichsspezifischen Vorschrift eine" im Vergleich zum Gesetz „weitergehende oder restriktivere gesetzliche Regelung getroffen ist."[19]

24   Liegt allerdings keine bereichsspezifische Datenschutzregelung für einen vergleichbaren Sachverhalt vor, so übernimmt das Gesetz seine **lückenfüllende Auffangfunktion**.[20] Dies ist zB der Fall, wenn ein bereichsspezifisches Gesetz keine Einschränkungen der Rechte der betroffenen Person regelt. In diesem Fall finden die Vorschriften des Gesetzes (§§ 29 bis 35) ergänzende Anwendung.

25   Auch eine nicht abschließende (teilweise) Regelung oder das Schweigen eines bereichsspezifischen Gesetzes führt dazu, dass **ergänzend** auf die Vorschriften des Gesetzes zurückgegriffen werden kann.[21] Enthält das be-

---

17 S. hierzu auch *Ronellenfitsch* in Schild ua § 3 Rn. 86 für die Vorgängerregelung.
18 S. zB *Nungesser* § 3 Rn. 32 für die Vorgängerregelung.
19 LT-Drs. 19/5728, 99.
20 LT-Drs. 19/5728, 99.
21 LT-Drs. 19/5728, 99.

reichsspezifische Gesetz keine Regelung zu anonymen Daten, gilt Abs. 9. Regelt es zwar anonyme Daten, ohne diese aber zu definieren, gilt die Definition des § 2 Abs. 4.

„Lückenfüllung oder Ergänzung sind allerdings nicht möglich, wenn spezifische Regelungen für einen bestimmten Bereich insgesamt umfassend und damit **abschließend** die Verarbeitung personenbezogener Daten regeln und damit für das Gesetz kein Anwendungsbereich verbleibt."[22] Dies gilt zB für die Datenschutzregelungen im SGB.[23]

3. Weitergeltung von Geheimhaltungspflichten, Berufs- oder Amtsgeheimnissen (Satz 3)

Nach Satz 3 bleiben die Verpflichtungen zur Wahrung gesetzlicher Geheimhaltungspflichten oder von Berufs- oder besonderen Amtsgeheimnissen, die nicht auf gesetzlichen Vorschriften beruhen, unberührt. Sie gelten also neben den Regelungen des Gesetzes weiter. Damit soll Satz 3 sicherstellen, dass der **Sonderschutz für spezifische Verwaltungszweige und Berufsgruppen** durch das Gesetz nicht vermindert wird. Diese bereichsspezifischen Geheimhaltungsvorschriften sind vielfach älter als die Datenschutzgesetze und bilden die Grundlage für ein besonderes Vertrauen in bestimmte Berufsstände oder Teile der öffentlichen Verwaltung.[24]

Eine Verarbeitung personenbezogener Daten ist daher nur zulässig, wenn sie **kumulativ** nach Datenschutzrecht **und** den Vorschriften zu der Geheimhaltungspflicht erlaubt sind.[25] Ist eine Datenverarbeitung nach dem Gesetz erlaubt, ist sie nicht automatisch nach den Geheimhaltungsregelungen zulässig. Geht der Schutz durch die besonderen Geheimhaltungspflichten weiter als durch das Gesetz, sind in der Praxis diese zu beachten. Ist der Schutz geringer, kommen praktisch die Schutzregelungen des Gesetzes zur Anwendung.[26] Zu beachten ist, dass die Adressaten der Datenschutz- und der Geheimhaltungspflichten auseinanderfallen können. Die Datenschutzpflichten gelten für Verantwortliche, also zB ein Krankenhaus, während die Geheimhaltungspflichten nach § 9 MBO für den einzelnen Arzt gelten.[27]

Diese parallele Geltung betrifft zum einen **gesetzliche Geheimhaltungspflichten**.[28] Zu den Berufsgeheimnissen gehören das Anwaltsgeheimnis nach § 43a Abs. 2 BRAO, das Notargeheimnis nach § 18 BNotO und die Verschwiegenheitspflichten der Steuerberater und Wirtschaftsprüfer nach §§ 57 und 62 StBerG sowie §§ 43 und 50 WPO. Zu den besonderen Amtsgeheimnissen gehören das Steuergeheimnis nach § 30 AO, das Sozialgeheimnis nach § 35 SGB I, das Statistikgeheimnis nach § 16 Abs. 1 HLStatG

26

27

28

29

---

22 LT-Drs. 19/5728, 99.
23 S. zB BSG CR 2009, 460 (462 ff.).
24 S. zB *Böken* in HK-BDSG § 1 Rn. 25 und *Gola/Reif* in Gola/Heckmann BDSG § 1 Rn. 12 für die parallele Vorschrift im BDSG.
25 S. zB für das Patientengeheimnis *Jandt/Roßnagel* MedR 2011, 140; *Jandt/Roßnagel/Wilke* RDV 2011, 222.
26 S. *Gola/Reif* in Gola/Heckmann BDSG § 1 Rn. 12 für die parallele Vorschrift im BDSG.
27 S zB *Jandt/Roßnagel* MedR 2011, 140; *Jandt/Roßnagel/Wilke* RDV 2011, 222.
28 S. ausführlich *Miedbrodt* in Roßnagel DatenschutzR-HdB Kap. 4.9 3 ff.

und das Meldegeheimnis nach § 7 HMG. Zu den gesetzlich geregelten amtlichen Verschwiegenheitspflichten zählen das Adoptionsgeheimnis nach § 1758 BGB, das Fernmeldegeheimnis nach § 86 TKG und die Regelung zur Wahrung von Betriebs- und Geschäftsgeheimnissen nach § 4 Gesch-GehG.[29] Keine gesetzliche Verschwiegenheitspflicht ergibt sich aus der Strafnorm des § 203 StGB, vielmehr setzt diese eine solche Pflicht voraus. Für Ärzte ergibt sich das Arzt- oder Patientengeheimnis aus § 9 MBO. Die Berufsordnungen für Ärztinnen und Ärzte beruhen als autonomes Satzungsrecht der Kammern auf den gesetzlichen Vorschriften zu den Ärztekammern.[30] Für Klinikärzte ergibt sich eine besondere Verschwiegenheitspflicht aus §§ 11 f. HKHG.

30   Die Regelung des Satzes 3 gilt zum anderen aber auch für Verschwiegenheitspflichten, die **nicht auf gesetzlichen Vorschriften** beruhen. Sie müssen aber für den Adressaten verpflichtend sein. Ein wichtiges Beispiel für solche Verpflichtungen ist das **Bankgeheimnis**.[31] Dieses ist zwar nicht explizit gesetzlich geregelt, aber von der Rspr. anerkannt.[32] Als Nebenpflicht des Vertrags zwischen Kreditinstitut und Kunden ist es vor allem bei der Bewertung von Kundendatenübermittlungen zu berücksichtigen.[33]

31   § 82 knüpft an Satz 3 an, wonach bei Anträgen auf **Informationszugang** die Verpflichtung zur Wahrung gesetzlicher Geheimhaltungspflichten oder von Berufs- oder besonderen Amtsgeheimnissen, die nicht auf gesetzlichen Vorschriften beruhen, unberührt bleibt (→ § 82 Rn. 6).

III. Vorrang vor dem HVwVfG (Abs. 3)

32   Abs. 3 bestimmt einen **Geltungsvorrang** des Gesetzes gegenüber den Vorschriften des **HVwVfG**, soweit bei der Ermittlung des Sachverhalts personenbezogene Daten verarbeitet werden. Abs. 3 entspricht der bisherigen Regelung des § 3 Abs. 2 HDSG.

33   Der Vorrang des Gesetzes gilt, soweit die öffentliche Stelle bei der **Ermittlung des Sachverhalts** personenbezogene Daten verarbeitet. Das Gesetz schränkt damit die weite Ermittlungskompetenz nach §§ 24 Abs. 1 und 2 sowie 26 Abs. 2 Satz 2 HVwVfG ein,[34] nach denen die Behörde Art und Umfang der Ermittlungen bestimmt, dabei alle für den Einzelfall bedeutsamen Umstände zu berücksichtigen hat, Auskünfte jeder Art einholen und sich der verschiedensten Quellen bedienen kann. Stattdessen gelten für die Ermittlungstätigkeit die Vorgaben und Pflichten des Gesetzes und der DS-GVO, die ohnehin Anwendungsvorrang hat.

34   Soweit die Verwaltungstätigkeit **nicht** in der **Ermittlung des Sachverhalts** besteht, gelten im Umkehrschluss die Vorschriften des HVwVfG, soweit sie

---

29 S. zB *Ohly* in Harte-Bavendamm/Ohly/Kalbfus GeschGehG § 4 Rn. 11 ff.; zum Verhältnis zum Datenschutz zB *Thüsing/Rombey* ZD 2020, 221 f.
30 S. zB *Böken* in HK-BDSG § 1 Rn. 27 für die parallele Vorschrift im BDSG.
31 S. zB *Eul* in Roßnagel DatenschutzR-HdB Kap. 7.2 Rn. 2 f.
32 S. zB BGH NJW 2007, 2106.
33 *Gola/Reif* in Gola/Heckmann BDSG § 1 Rn. 14 für die parallele Vorschrift im BDSG.
34 S. zB *Gola/Reif* in Gola/Heckmann BDSG § 1 Rn. 15 für die parallele Vorschrift im BDSG; *Nungesser* § 3 Rn. 24 für die Vorgängerregelung.

die speziellere Norm sind, ansonsten ergänzen sich die Vorschriften des Gesetzes und des HVwVfG.[35] Speziellere Normen sind zB die §§ 28 bis 30 und 39 VwVfG. Nach § 28 Abs. 1 HVwVfG fordert der Grundsatz des rechtlichen Gehörs, dass der Adressat eines belastenden Verwaltungsakts zu allen entscheidungserheblichen Tatsachen gehört wird. Hierzu können auch personenbezogene Daten Dritter gehören. Von der **Anhörung** kann nach § 28 Abs. 2 HVwVfG abgesehen werden, wenn sie nach den Umständen des Einzelfalles nicht geboten ist. Bei der Abwägung entgegenstehender Gründe ist auch der Datenschutz Dritter zu berücksichtigen.[36] Ebenso wie bei der Anhörung kann bei der Gewährung von **Akteneinsicht** nach § 29 Abs. 1 HVwVfG der Einsichtnehmende die Daten der übrigen Verfahrensbeteiligten zur Kenntnis nehmen, weil anders eine wirksame Verteidigung seiner rechtlichen Interessen nicht möglich ist. Nach § 29 Abs. 2 HVwVfG entfällt die Pflicht, eine Akteneinsicht zu gestatten, soweit die Vorgänge nach einem Gesetz oder ihrem Wesen nach, namentlich wegen der berechtigten Interessen der Beteiligten oder dritter Personen, geheim gehalten werden müssen. Gesetzliche Geheimhaltungspflichten können sich aus dem Gesetz ergeben. Der Vorrang des HVwVfG besteht darin, dass die Behörde über die Akteneinsicht eine Ermessensentscheidung trifft.[37] Auch die in § 39 HVwVfG enthaltene **Begründungspflicht** für Verwaltungsakte kann es erfordern, personenbezogene Daten anderer Personen als die des Empfängers darzulegen.[38] Schließlich gilt das allgemeine **Amtsgeheimnis** nach § 30 VwVfG und wird nach Abs. 2 Satz 3 nicht vom Gesetz berührt. Nach dieser Vorschrift haben die an einem Verwaltungsverfahren Beteiligten Anspruch darauf, dass ihre Geheimnisse, insbesondere die zum persönlichen Lebensbereich gehörenden Geheimnisse, von der Behörde nicht unbefugt offenbart werden. Allerdings können datenschutzrechtliche Übermittlungsbefugnisse dazu führen, dass die Behörden personenbezogene Daten befugt offenbaren.[39]

Eine parallele Geltung zwischen dem Gesetz und dem HVwVfG besteht hinsichtlich der **Amtshilfe** in Form der Informationshilfe nach § 4 ff. VwVfG. Die Pflicht und die Befugnis zur Amtshilfe bestehen nur insoweit, als die Regelungen des Datenschutzrecht diese zulassen.[40]   35

IV. Datenschutz beim Hessischen Rundfunk (Abs. 4)

Nach Abs. 4 finden die Vorschriften dieses Gesetzes keine Anwendung, soweit der HR personenbezogene Daten zu journalistischen Zwecken verarbeitet (→ § 28 Rn. 19 ff.).[41] Diese Vorschrift setzt den Regelungsauftrag des Art. 85 DS-GVO um und schützt die Rundfunkfreiheit vor staatlicher Kontrolle. **Journalistischen Zwecken** dienen alle Tätigkeiten und Verhal-   36

---

35 S. zB *Böken* in HK-BDSG § 1 Rn. 29 für die parallele Vorschrift im BDSG.
36 S. zB *Ronellenfitsch* in Schild ua § 3 Rn. 76.
37 S. zB *Ronellenfitsch* in Schild ua § 3 Rn. 76 für die Vorgängerregelung.
38 S. zB *Nungesser* § 3 Rn. 27 für die Vorgängerregelung.
39 S. zB *Nungesser* § 3 Rn. 28 ff. für die Vorgängerregelung.
40 S. zB *Schlink* NVwZ 1986, 249 ff.
41 S. allgemein *Merten* ZUM 2004, 532.

tensweisen, die zur Gewinnung und rundfunkspezifischen Verbreitung von Nachrichten und Meinungen im weitesten Sinne gehören.[42]

37   Soweit der HR jedoch personenbezogene Daten zu **anderen Zwecken** verarbeitet wie etwa – über den Beitragsservice in Köln (früher GEZ)[43] – für den Gebühreneinzug, die Personalverwaltung oder die Aufrechterhaltung des technischen Betriebs, ist das Gesetz mit allen Regelungen anwendbar, soweit die Daten keine Rückschlüsse auf die inhaltliche Gestaltung einer Sendung zulassen.[44] In diesem Bereich unterliegt der HR der Aufsicht durch die oder den HDSB.

38   Von der Nichtanwendung des Gesetzes auf die Datenverarbeitung zu journalistischen Zwecken ist ausschließlich die **Sonderregelung für den HR in § 28** ausgenommen. Dieser regelt jedoch für die Verarbeitung personenbezogener Daten zu journalistischen Zwecken lediglich, dass Gegendarstellungen aufzubewahren sind und der HR einen eigenen Datenschutzbeauftragten zu bestellen hat (→ § 28 Rn. 12 ff.).

V. Anwendungsvorrang der DS-GVO (Abs. 5)

39   Abs. 5 regelt das Verhältnis des Gesetzes zur DS-GVO. Seine Vorschriften finden keine Anwendung, soweit die DS-GVO unmittelbar gilt. Diese Regelung ist inhaltlich **überflüssig**, weil dieser Anwendungsvorrang der DS-GVO (→ Einl. Rn. 40 ff.) gegenüber dem Recht der Mitgliedstaaten bereits nach allgemeinem Primärrecht der Union gilt.[45] Sie ist aber trotz des Normwiederholungsverbots (→ Einl. Rn. 42 f.) **zulässig**, weil der Grundsatz des Anwendungsvorrangs des Unionsrecht gegenüber dem Recht der Mitgliedstaaten nirgendwo im Unionsrecht ausdrücklich niedergeschrieben ist, sondern sich aus einer gefestigten Rechtsprechung des EuGH ergibt.[46]

40   Nach der Begründung des Gesetzesentwurfs dient Abs. 5 der **Klarstellung**. Er berücksichtigt, dass der DS-GVO „unmittelbare Geltung iSd Art. 288 Abs. 2 AEUV zukommt. Soweit in diesem Abschnitt punktuelle Wiederholungen sowie Verweise auf Bestimmungen" der DS-GVO „erfolgen, so geschieht dies aus Gründen der Verständlichkeit und Kohärenz und lässt die unmittelbare Geltung der Verordnung (…) unberührt. Dies wird hiermit an herausgehobener Stelle klargestellt."[47]

41   Der **Anwendungsvorrang** bedeutet nicht, dass die Mitgliedstaaten im Anwendungsbereich der DS-GVO keine Regelungen erlassen dürfen. Es besteht kein Geltungsvorrang. Nur wenn die Anwendung der Regelungen zu Ergebnissen führt, die der DS-GVO widersprechen, geht diese den Vorschriften des Gesetzes vor (→ Einl. Rn. 41). Konkretisierungen, Präzisie-

---

42   S. zB *Nungesser* § 3 Rn. 59 für die Vorgängerregelung.
43   S. zB *Weichert* AfP 2004, 77; *Dix* DuD 2005, 89.
44   LT-Drs. 19/5728, 99, s. zB auch *Nungesser* § 3 Rn. 60 f.; *Ronellenfitsch* in Schild ua § 3 Rn. 94 für die Vorgängerregelung.
45   Seit EuGH ECLI:EU.C:1964:66, Rn. 3 – Costa/E.N.E.L.
46   S. ausführlich zum Anwendungsvorrang im Datenschutzrecht *Roßnagel* in Roßnagel Neues DatenschutzR § 2 Rn. 2 ff. mwN.
47   LT-Drs. 19/5728, 99.

rungen und Ergänzungen, die der DS-GVO nicht widersprechen, verstoßen nicht gegen den Anwendungsvorrang.[48]

VI. Auslandsdatenverarbeitung nach der DS-GVO (Abs. 6)

Die DS-GVO gilt in allen Mitgliedstaaten unmittelbar. Grenzüberschreiten- 42 de Datenverarbeitungen in allen anderen Mitgliedstaaten sind daher nicht deshalb unzulässig, weil sie in einem anderen Mitgliedstaat stattfinden. Nach Abs. 6 Satz 1 stehen bei Verarbeitungen zu den in Art. 2 DS-GVO genannten Zwecken die Vertragsstaaten des Abkommens über den Europäischen Wirtschaftsraum (EWR), das sind neben der EU noch **Island, Lichtenstein und Norwegen**, und die Schweiz den Mitgliedstaaten der EU gleich. Das Abkommen über den EWR vom 1.1.1994 ist ein Assoziationsabkommen nach Art. 217 AEUV zwischen der (damaligen) EG und den EFTA-Staaten.[49] Das Abkommen ist als Freihandelsabkommen auf die weitgehende Übernahme des EU-Binnenmarkts und der dazugehörigen Rechtsnormen gerichtet. Die EWR-Staaten haben daher die Rechtsakte der EU übernommen.[50] In ihnen gilt ebenfalls die DS-GVO, so dass es gerechtfertigt ist, sie EU-Staaten gleichzustellen. Dagegen ist die **Schweiz** kein Mitglied des EWR und die DS-GVO gilt dort nicht unmittelbar. Vielmehr hat die EU-Kommission für die Schweiz einen Angemessenheitsbeschluss erlassen.[51] Dieser ergeht jedoch nur für Drittländer, die ein mit der EU vergleichbares Datenschutzniveau haben. Da der hessische Gesetzgeber nicht bestimmen kann, welche Staaten die EU als Drittstaaten anerkennt, ist die Regelung zur **Schweiz** in Satz 1 **unionsrechtswidrig**. Der Bundesgesetzgeber hat daher auch die gleichlautende Regelung in § 1 Abs. 6 BDSG im 2. DS-AnpUG gestrichen.[52]

Nach Satz 2 sind alle anderen Staaten als **Drittländer** anzusehen. Diese sind 43 zwar in der DS-GVO nicht definiert. Dennoch kann dieser Begriff der DS-GVO nicht von Hessen definiert werden. Aus der Interpretation der Art. 44 ff. DS-GVO ergibt sich jedoch, dass Drittländer alle die Staaten sind, in denen die DS-GVO nicht gilt.[53] Insofern ist diese Festlegung in Satz 2 zwar zutreffend, aber unionsrechtlich **unzulässig**.

Für Drittländer gilt nach Art. 44 DS-GVO, dass **Übermittlungen** personen- 44 bezogene Daten in diese Drittländer nur zulässig sind, wenn der Verantwortliche und der Auftragsverarbeiter die in den Art. 45 ff. DS-GVO niedergelegten Bedingungen und auch die sonstigen Bestimmungen der DS-GVO einhalten.

VII. Auslandsdatenverarbeitung nach der JI-RL (Abs. 7)

Soweit die Datenverarbeitung zu den in Art. 1 Abs. 1 JI-RL genannten 45 Zwecken erfolgt, enthält Abs. 7 die parallele Regelung zu Abs. 6 – statt für

48 S. näher *Roßnagel* in Roßnagel Das neue DatenschutzR § 2 Rn. 15 ff.
49 EG ABl. 1994 L I, 3.
50 S. hierzu näher *Böken* in HK-BDSG § 1 Rn. 49.
51 Entscheidung 2000/518/EG vom 26.7.2000.
52 S. hierzu näher *Böken* in HK-BDSG § 1 Rn. 50 und 54.
53 S. zB *Schantz* in Simitis/Hornung/Spiecker gen. Döhmann DS-GVO Art. 44 Rn. 6 ff.

die DS-GVO und den Zweiten Teil des Gesetzes – nun für die JI-RL und den Dritten Teil des Gesetzes. Nach Satz 1 stehen bei Verarbeitungen personenbezogener Daten die bei der Umsetzung, Anwendung und Entwicklung des Schengen-Besitzstandes assoziierten Staaten den Mitgliedstaaten der EU gleich. Dies sind derzeit Island, Liechtenstein, Norwegen und die Schweiz. Nach Satz 2 gelten dagegen alle anderen Staaten insoweit als Drittländer. Für die gelten die §§ 73 ff. (→ § 73 Rn. 9 ff.). Im Gegensatz zu Abs. 6 Satz 2 ist die Festlegung zutreffend, weil sie der Umsetzung des Art. 35 JI-RL dient.

VIII. Ergänzende Anwendung der DS-GVO (Abs. 8)

46   Soweit eine Verarbeitung personenbezogener Daten durch öffentliche Stellen im Rahmen von Tätigkeiten erfolgt, die nicht in den Anwendungsbereich der DS-GVO und der JI-RL fallen, finden nach Abs. 8 die **DS-GVO sowie der Erste und Zweite Teil entsprechende Anwendung**, soweit gesetzlich nichts anderes bestimmt ist. Dies gilt insbesondere für die Verarbeitung personenbezogener Daten, die nicht in Dateisystemen geführt werden oder geführt werden sollen[54] wie etwa handschriftliche Notizen und unstrukturierte, manuell geführte Akten, manuelle Telefonverzeichnisse oder Suchkarteien.[55] Nicht in den Anwendungsbereich der DS-GVO und der JI-RL fallen aber auch die Datenverarbeitungen für den Zweck der inneren Sicherheit eines Mitgliedstaates.[56]

47   Damit stellt Abs. 8 sicher, dass auch für die nicht unter die beiden EU-Rechtsakte fallenden Bereiche entsprechend der bisherigen Regelungssystematik des Gesetzes „eine datenschutzrechtliche Vollregelung im Geltungsbereich des Grundgesetzes erfolgt."[57] Für alle Datenverarbeitungen soll ein **einheitlicher Rechtsrahmen** gelten.

IX. Keine Anwendung auf anonyme Informationen und anonymisierte Daten (Abs. 9)

48   Die Vorschriften des Gesetzes finden nach Abs. 9 keine Anwendung auf „anonyme Informationen oder anonymisierte Daten". Informationen ist der Oberbegriff. Sie können von Anfang an anonym sein. Daten sind Informationen, die in Dateien geführt werden. Sie können von Anfang anonym sein, aber auch eigens, um aus dem Geltungsbereich des Datenschutzrechts herauszufallen, nachträglich anonymisiert sein.[58] Neben Daten werden also auch Informationen erfasst, die keine Daten sind, und unter Abs. 8 fal-

---

54 S. zu diesen *Roßnagel* in Simitis/Hornung/Spiecker gen. Döhmann DS-GVO Art. 4 Nr. 6 Rn. 7 ff.

55 S. auch zB *Pabst* in HK-DSG NRW § 5 Rn. 86; *Böken* in HK-BDSG § 1 Rn. 8; *Gola/Reif* in Gola/Heckmann BDSG § 1 Rn. 5; *Arlt* in Schild ua § 2 Rn. 117 f. für die Vorgängerregelung.

56 S. Art. 4 Abs. 2 Satz 3 EUV; Art. 2 Abs. 2 lit. a und ErwG 16 DS-GVO; Art. 2 Abs. 3 lit. a und ErwG 14 JI-RL; s. hierzu auch *Böken* in HK-BDSG § 1 Rn. 7; *Klar* in Kühling/Buchner BDSG § 1 Rn. 6; *Gola/Reif* in Gola/Heckmann BDSG § 1 Rn. 5.

57 LT-Drs. 19/5728, 99.

58 S. hierzu *Roßnagel* ZD 2018, 243 ff.

len. Was anonym und was anonymisiert bedeutet, definiert Art. 2 Abs. 4 (→ § 2 Rn. 37 ff.).

Abs. 9 übernimmt die in **ErwG 26 DS-GVO** und **ErwG 21 JI-RL** „zum 49 Ausdruck gebrachte Absicht des Verordnungsgebers, dass die Grundsätze des Datenschutzes nicht für anonyme Informationen gelten sollen".[59]

C. Würdigung

Die Vorschrift hat in den Abs. 1 bis 4 die **bewährten Grundsätze** zum An- 50 wendungsbereich eines Landesdatenschutzgesetzes übernommen. Die Abs. 5 bis 8 sind den Herausforderungen der Ko-Regulierung gewidmet, die durch das Nebeneinander und Ineinandergreifen von Datenschutzregelungen der Union und der Mitgliedstaaten entstehen. Dabei entstand die **überflüssige** Regelung in Abs. 5 und die **unionsrechtswidrige** Festlegung der Drittländer in Abs. 6 Satz 2. Eine sinnvolle Regelung zur Lösung dieser Probleme und zur Vereinheitlichung des datenschutzrechtlichen Regelungsregimes findet sich in Abs. 8. Abs. 9 enthält mit der Klarstellung, dass das Gesetz nicht auf anonyme Informationen oder anonymisierte Daten anwendbar ist, eine sinnvolle Überwindung eines Regelungsdefizits der DS-GVO.

§ 2 Begriffsbestimmungen

(1) [1]Öffentliche Stellen sind die Behörden, die Organe der Rechtspflege und andere öffentlich-rechtlich organisierte Einrichtungen des Landes, der Gemeinden und Landkreise oder sonstige deren Aufsicht unterstehende juristische Personen des öffentlichen Rechts sowie deren Vereinigungen ungeachtet ihrer Rechtsform. [2]Nimmt eine nicht öffentliche Stelle hoheitliche Aufgaben der öffentlichen Verwaltung wahr, ist sie insoweit öffentliche Stelle im Sinne dieses Gesetzes.

(2) [1]Öffentliche Stellen gelten als nicht öffentliche Stellen, soweit sie als öffentlich-rechtliche Unternehmen am Wettbewerb teilnehmen. [2]Insoweit finden die für nicht öffentliche Stellen geltenden Vorschriften des Bundesdatenschutzgesetzes und die §§ 5 bis 18 und 23 Anwendung.

(3) [1]Vereinigungen des privaten Rechts von öffentlichen Stellen, die Aufgaben der öffentlichen Verwaltung wahrnehmen, gelten ungeachtet der Beteiligung nicht öffentlicher Stellen als öffentliche Stellen, wenn einer oder mehreren öffentlichen Stellen die absolute Mehrheit der Anteile gehört oder der Stimmen zusteht. [2]Beteiligt sich eine Vereinigung des privaten Rechts, die nach Satz 1 als öffentliche Stelle gilt, an einer weiteren Vereinigung des privaten Rechts, so finden Satz 1 und Abs. 2 entsprechende Anwendung.

(4) [1]Anonyme Informationen sind solche Informationen, die sich nicht auf eine identifizierte oder identifizierbare natürliche Person beziehen. [2]Personenbezogene Daten, die in einer Weise anonymisiert worden sind, dass die betroffene Person nicht oder nicht mehr identifiziert werden kann, sind

---

59 LT-Drs. 19/5728, 99.

anonymisierte Daten. [3]Eine natürliche Person ist identifizierbar, wenn sie unter Berücksichtigung aller Mittel, die von dem Verantwortlichen oder einer anderen Person nach allgemeinem Ermessen wahrscheinlich genutzt werden, um die Identität der natürlichen Person direkt oder indirekt zu ermitteln, identifiziert werden kann. [4]Bei der Feststellung, ob Mittel nach allgemeinem Ermessen wahrscheinlich zur Identifizierung der natürlichen Person genutzt werden, sollten alle objektiven Faktoren, insbesondere die Kosten der Identifizierung und der dafür erforderliche Zeitaufwand, herangezogen werden, wobei die zum Zeitpunkt der Verarbeitung verfügbare Technologie und technologische Entwicklungen zu berücksichtigen sind.

Literatur:

Art. 29-Datenschutzgruppe, Leitlinien in Bezug auf Datenschutzbeauftragte, WP 243 rev. 01, 2017; *Bitkom*, Anonymisierung und Pseudonymisierung von Daten für Projekte des maschinellen Lernens – Eine Handreichung für Unternehmen, 2020; *Brink/Eckardt*, Wann ist ein Datum ein personenbezogenes Datum?, ZD 2015, 205; *EU-Kommission*, Commission Staff Working Document Accompanying the Document Data protection as a pillar of citizens' empowerment and the EU's approach to the digital transition – two years of application of the General Data Protection Regulation, COM(2020) 264 final vom 24.6.2020; *Hofmann/Johannes*, DS-GVO: Anleitung zur autonomen Auslegung des Personenbezugs, ZD 2017, 221; *Hornung/Wagner*, Anonymisierung als datenschutzrelevante Verarbeitung?, ZD 2020, 223; *Ronellenfitsch*, Moderne Justiz, Datenschutz und richterliche Unabhängigkeit, DuD 2005, 354; *Roßnagel*, Pseudonymisierung personenbezogener Daten, ZD 2018, 243; *Roßnagel*, Die Evaluation der Datenschutz-Grundverordnung – Eine vertane Chance zur Verbesserung der Verordnung, MMR 2020, 657; *Roßnagel/Geminn*, Spezielle datenschutzrechtliche Fragen der Weiternutzung von Sozial- und Gesundheitsdaten für die medizinische Forschung, in: Dierks/Roßnagel, Sekundärnutzung von Sozial- und Gesundheitsdaten – Rechtliche Rahmenbedingungen, 2019, 125; *Roßnagel/Geminn*, Datenschutz-Grundverordnung verbessern – Änderungsvorschläge aus Verbrauchersicht, 2020; *Roßnagel/Scholz*, Datenschutz durch Anonymität und Pseudonymität, Rechtsfolgen der Verwendung anonymer und pseudonymer Daten, MMR 2000, 721.

A. Allgemeines

I. Bedeutung der Vorschrift

Die Vorschrift enthält ergänzend zu Art. 4 DS-GVO mit 26 Definitionen 1 vier **weitere Definitionen**, die der Gesetzgeber für notwendig angesehen hat. Während die meisten Vorschriften der DS-GVO eigentlich nicht zwischen öffentlichen und nicht öffentlichen Stellen unterscheiden, sondern beide gleichermaßen als Verantwortliche adressieren, gilt das Gesetz nur für öffentliche Stellen. Daher sind die Abs. 1 bis 3 erforderlich, um öffentliche Stellen iSd Gesetzes zu definieren. Da die DS-GVO anonyme Daten nicht definiert, § 1 Abs. 9 die Anwendung des Gesetzes bei anonymen Informationen und anonymisierten Daten aber ausschließt, ist eine Definition dieser von der Verordnung und dem Gesetz gerade nicht erfassten Daten sehr hilfreich.

II. Entstehungsgeschichte

Die **bisherigen Definitionen** des § 2 HDSG sind durch Art. 4 DS-GVO 2 überholt. Diese Definitionen finden sich daher nicht mehr im Gesetz. Dafür haben sich die vier aufgenommenen Definitionen als notwendig erwiesen. Die Definitionen in Abs. 1 und 2 der Vorschrift waren in etwas anderer Fassung bereits in der Regelung des Anwendungsbereichs in § 3 Abs. 1 und 6 HDSG enthalten.[1]

Der Text der Vorschrift hat im Gesetzgebungsverfahren gegenüber dem 3 Entwurf der Fraktionen der CDU und BÜNDNIS 90/DIE GRÜNEN[2] keine Änderungen erfahren.

III. Unionsrechtliche Regelungen

Die Definitionen in Art. 4 DS-GVO werden ergänzt für öffentliche Stellen 4 und für Anonymisierung. Diese Definitionen sind in der DS-GVO nicht enthalten. Insofern besteht kein Widerspruch zur DS-GVO. Die Definitionen in Art. 4 DS-GVO sind nicht abschließend. Insofern sind die Mitgliedstaaten zu weiteren Definitionen berechtigt, wenn sie nicht gegen Regelungen der DS-GVO verstoßen. Insbesondere die **Öffnungsklauseln** in Art. 6 Abs. 2 und 3 DS-GVO für den öffentlichen Bereich ermöglichen dem hessischen Gesetzgeber, eine zusammenhängende und in sich stimmige Regelung zum Datenschutz im öffentlichen Bereich in Hessen zu beschließen (→ Einl. Rn. 44 und → § 1 Rn. 7). Hierzu gehören auch wichtige Definitionen.[3] Die Interpretation der EU-Kommission in ihrem Evaluationsbericht vom 24.6.2020, dass die Mitgliedstaaten keine neuen Definitionen festle-

---

1 LT-Drs. 19/5728, 100.
2 LT-Drs. 19/5728, 8 f.
3 S. zu diesen Öffnungsklauseln *Roßnagel* in Simitis/Hornung/Spiecker gen. Döhmann DS-GVO Art. 6 Abs. 2 Rn. 22 ff. und Art. 6 Abs. 3 Rn. 36 ff., speziell zu Definitionen Art. 6 Abs. 2 Rn. 28; s. auch *Schulz* in Gola/Heckmann BDSG § 2 Rn. 5 zu der vergleichbaren Regelung im BDSG.

gen dürfen,[4] geht zu weit und berücksichtigt nicht die Öffnungsklausel nach Art. 6 Abs. 2 und 3 DS-GVO.[5]

5   Die Definitionen der Abs. 1 bis 3 bestimmen, was unter **öffentlichen Stellen** als den **Adressaten** des Gesetzes zu verstehen ist. Diese sind von der DS-GVO nicht definiert worden, die in Art. 4 Nr. 7 nur den viel abstrakteren Begriff der Verantwortlichen definiert hat.[6] Diese genau zu definieren, ist aber für eine rechtssichere Anwendung des Gesetzes entscheidend. Daher ist die Definition der öffentlichen Stellen eine erforderliche Regelung zur Bestimmung der erfassten Verpflichteten nach Art. 6 Abs. 1 UAbs. 1 lit. c DS-GVO und derjenigen, die nach Art. 6 Abs. 1 UAbs. 1 lit. e DS-GVO eine Aufgabe wahrnehmen, die im öffentlichen Interesse liegt, oder in Ausübung öffentlicher Gewalt handeln, die dem Verantwortlichen übertragen wurde.[7] Sie sind von der Öffnungsklausel des Art. 6 Abs. 2 DS-GVO gedeckt.[8]

6   Eine Definition **anonymer Informationen und anonymisierter Daten** enthält die DS-GVO nicht, wohl aber in Art. 4 Nr. 5 eine Definition der „Pseudonymisierung".[9] Anonyme Informationen oder anonymisierte Daten werden weder im Text der DS-GVO noch im Text der JI-RL erwähnt. Nur ErwG 26 Satz 5 und 6 DS-GVO und ErwG 21 Satz 4 JI-RL enthalten unvollständige Aussagen zu anonymen Daten, denen jedenfalls entnommen werden kann, dass anonyme Daten nicht in den Anwendungsbereich der DS-GVO und der JI-RL fallen.[10] Die Definition anonymer Informationen und anonymisierter Daten übernimmt in Abs. 4 Satz 1 und 2 weitgehend den Wortlaut von ErwG 26 Satz 5 DS-GVO und ErwG 21 Satz 4 JI-RL.[11] Die Nicht-Definition anonymer Informationen und anonymisierter Daten in der DS-GVO hindert jedenfalls den hessischen Gesetzgeber nicht, diesen für das hessische Datenschutzrecht wichtigen Begriff zur Erhöhung der Rechtssicherheit selbst zu definieren.[12]

IV. Verhältnis zu anderen Vorschriften

7   Die Vorschrift definiert wichtige Begriffe, die unmittelbar mit **Rechtsfolgen** verbunden sind. Abs. 1 bis 3 bestimmen, welche öffentlichen und nicht öffentlichen Stellen unter den Anwendungsbereich des § 1 Abs. 1 fallen. Abs. 4 bestimmt, auf welche Daten die Regelung des § 1 Abs. 9, dass anonyme Informationen und anonymisierte Daten nicht unter das Gesetz fallen, Anwendung findet.

---

4 EU-Kommission, Commission Staff Working Document, 15; s. zur Evaluation auch *Roßnagel* MMR 2020, 657 (660).
5 S. *Roßnagel/Geminn*, DS-GVO verbessern, 36 ff.
6 S. hierzu *Petri* in Simitis/Hornung/Spiecker gen. Döhmann DS-GVO Art. 4 Nr. 7 Rn. 13 ff.
7 S. hierzu auch den Regelungsauftrag in ErwG 45 Satz 6 DS-GVO.
8 S. *Roßnagel* in Simitis/Hornung/Spiecker gen. Döhmann DS-GVO Art. 6 Abs. 2 Rn. 28; *Petri* in Simitis/Hornung/Spiecker gen. Döhmann DS-GVO Art. 4 Nr. 7 Rn. 19.
9 S. zu diesem *Roßnagel* ZD 2018, 243.
10 S. näher *Roßnagel* in Dierks/Roßnagel, S. 165.
11 LT-Drs. 19/5728, 100.
12 AA *Schwartmann/Mühlenbeck* in HK-DSG NRW § 4 Rn. 10 ff.

Neben den Definitionen in der Vorschrift finden sich auch noch in § 3   8
Abs. 2 eine Definition der **Auftragsverarbeitung** (→ § 3 Rn. 30) und in § 23
Abs. 8 eine Definition der **Beschäftigten** (→ § 23 Rn. 48). Die umfangreichen **Definitionen** in § 41 gelten nur für die Umsetzung der JI-RL im Dritten Teil des Gesetzes. Da die JI-RL viele Definitionen mit gleichem Wortlaut enthält, die auch die DS-GVO beinhaltet, führt § 41 viele dieser Definitionen noch einmal wortwörtlich auf (→ § 41 Rn. 5).

§ 80 Abs. 1 Satz 2 erweitert für den Vierten Teil den Anwendungsbereich   9
auch auf öffentlich-rechtliche **Wettbewerbsunternehmen**. Nach § 80 Abs. 1
Satz 1 sind öffentliche Stellen die Verpflichteten des Anspruchs auf Zugang
zu amtlichen Informationen. Während jedoch nach Abs. 2 Satz 1 der Vorschrift öffentlich-rechtliche Unternehmen, die am Wettbewerb teilnehmen,
als öffentliche Stellen, nicht als öffentliche Stelle gelten, weist ihnen jedoch
§ 80 Abs. 1 Satz 2 diese Eigenschaft zu, so dass ihnen gegenüber ebenfalls
der **Anspruch auf Informationszugang** geltend gemacht werden kann
(→ § 80 Rn. 28).

Vergleichbare Definitionen zu öffentlichen Stellen finden sich im Bund in   10
§ 2 BDSG und in den meisten LDSG – meist zusammen mit der Regelung
zum Anwendungsbereich (zB § 2 DSG BW, Art. 1 BayDSG, § 5 DSG NRW,
§ 2 DSG RhPf). Zur Definition anonymer Informationen und anonymisierter Daten gibt es im BDSG keine vergleichbare Vorschrift. § 4 DSG NRW
definiert den Begriff der „Anonymisierung".[13]

B. Definitionen

Die Vorschrift enthält **wichtige Definitionen**, die für die Anwendung des   11
Gesetzes von hoher Bedeutung sind, die in Art. 4 DS-GVO aber nicht enthalten sind. Da das Gesetz nach § 1 Abs. 1 – im Gegensatz zur DS-GVO –
nur für öffentliche Stellen anwendbar ist, erfordert eine rechtssichere Anwendung des Gesetzes eine Definition dieses Begriffs. Da das Gesetz nach
§ 1 Abs. 9 nicht auf anonyme Informationen und anonymisierte Daten anwendbar ist, sind auch diese beiden Begriffe im Interesse der Rechtssicherheit näher zu bestimmen. Dies gilt eigentlich auch für die DS-GVO. Doch
hat diese aus unverständlichen Gründen eine begrifflich präzise Abgrenzung dieser Daten zu personenbezogenen Daten nicht vorgenommen. Die
Definitionen gelten **für alle Teile des Gesetzes**.

I. Öffentliche Stellen (Abs. 1)

Die erste Definition betrifft „öffentliche Stellen" als **Adressaten des Geset-**   12
zes. Diese werden definiert als „Behörden, die Organe der Rechtspflege
und andere öffentlich-rechtlich organisierte Einrichtungen des Landes, der
Gemeinden und Landkreise[14] oder sonstige deren Aufsicht unterstehende
juristische Personen des öffentlichen Rechts sowie deren Vereinigungen ungeachtet ihrer Rechtsform". Öffentliche Stellen und damit Verantwortliche
iSd Art. 4 Abs. 7 DS-GVO sind nicht nach dem Rechtsträgerprinzip die

---

13 S. zB *Schwartmann/Mühlenbeck* in HK-DSG NRW § 4 Rn. 19 ff.
14 Zu den Begriffen Land, Gemeinde und Landkreis s. näher *Ronellenfitsch* in Schild
    ua § 3 Rn. 7 ff. und 11 f.

Verwaltungsträger, also die Gebietskörperschaften Land Hessen sowie die Gemeinden oder Landkreise in Hessen, sondern deren handelnde Instanzen. Diese können in unterschiedlichen Verhältnissen zu ihren Trägern stehen.

1. Behörden (Satz 1)

13 Öffentliche Stellen sind in erster Linie Behörden des Landes, der Gemeinden und Landkreise.[15] Den Begriff der Behörde definiert das Gesetz nicht, sondern übernimmt diesen allgemeinen verwaltungsrechtlichen Begriff aus dem Verwaltungsrecht. Nach § 1 Abs. 2 HVwVfG ist Behörde jede Stelle, die Aufgaben der öffentlichen Verwaltung wahrnimmt. Mit dem HVwVfG geht Satz 1 von einem **funktionellen Behördenbegriff** aus.[16] Nicht die organisatorische Zuordnung einer Stelle bestimmt ihre Behördeneigenschaft, sondern ihre Aufgabenwahrnehmung. Daher sind Stellen, die mit einer gewissen Selbständigkeit unterschiedliche Verwaltungsaufgaben mit eigener Außenwirkung wahrnehmen, jeweils eigene Behörden, auch wenn sie organisatorisch Stellen des gleichen Verwaltungsträgers sind, wie unterschiedliche Ämter einer Gemeinde oder eines Landkreises.[17] Sie können daher im Verhältnis zueinander Dritte iSd Art. 4 Abs. 10 DS-GVO sein, auch wenn sie Stellen ein und desselben Rechtsträgers sind.[18] Allerdings muss eine Behörde eine gewisse Verselbständigung aufweisen und nach der jeweiligen Zuständigkeitsregelung berufen sein, nach außen unter eigenem Namen eigenständige Aufgaben der öffentlichen Verwaltung wahrzunehmen.[19] Daher können zB das Jugend- und das Standesamt als eigenständige Behörden gelten.[20] Eigenbetriebe der Kommunen und Landesbetriebe gelten als selbstständige Behörden, wenn sie eine ausreichende Selbständigkeit in ihrer Aufgabenwahrnehmung aufweisen.[21] Dies gilt zB auch für den Landesbetrieb Hessische Zentrale für Datenverarbeitung (HZD).[22] Dagegen sind Behördenteile wie Abteilungen eines Regierungspräsidiums oder eines Ministeriums keine eigenen Behörden.[23]

14 Die Bestimmung einer Stelle als Behörde und damit als öffentliche Stelle ist von Bedeutung, weil damit zugleich festgelegt wird, wer als **Verantwortlicher** die datenschutzrechtlichen Pflichten des Gesetzes und der DS-GVO erfüllen muss – die über- oder die untergeordnete Verwaltungseinheit. Dies

---

15 S. auch den etwas anderen Behördenbegriff nach § 80 Abs. 2 Satz 2, → § 80 Rn. 28.
16 S. auch zB *Pabst* in HK-DSG NRW § 5 Rn. 9; *Schulz* in Gola/Heckmann BDSG § 2 Rn. 9.
17 S. zB auch *Meier* in HK-LDSG RhPf § 2 Rn. 6; s. auch *Topp* in Ronellenfitsch ua § 2 Rn. 2.1, die dies allerdings organisatorischer Behördenbegriff nennt; aA *Nungesser* § 3 Rn. 15 für die Vorgängerregelung.
18 S. auch zB *Böken* in HK-BDSG § 2 Rn. 7.
19 S. zB *Schmitz* in Stelkens/Bonk/Sachs VwVfG § 1 Rn. 231.
20 S. zB *Schulz* in Gola/Heckmann BDSG § 2 Rn. 9 zu der vergleichbaren Regelung im BDSG.
21 S. zB auch *Meier* in HK-LDSG RhPf § 2 Rn. 5; aA *Nungesser* § 3 Rn. 17 für die Vorgängerregelung.
22 Nach *Ronellenfitsch* in Schild ua § 3 Rn. 36 gilt sie als sonstige Einrichtung.
23 S. zB auch *Meier* in HK-LDSG RhPf § 2 Rn. 6; *Schulz* in Gola/Heckmann BDSG § 2 Rn. 9; *Nungesser* § 3 Rn. 13 für die Vorgängerregelung.

sollte sich an den Entscheidungsstrukturen der konkreten Datenverarbeitung orientieren. Die frühere mit diesem Begriff verbundene Unterscheidung zwischen voraussetzungsloser Weitergabe personenbezogener Daten innerhalb einer Behörde und der einen Erlaubnistatbestand voraussetzenden Übermittlung zwischen Behörden ist entfallen, da nach Art. 4 Abs. 2 DS-GVO jeder Umgang mit personenbezogenen Daten als rechtfertigungsbedürftige Verarbeitung gilt – auch die Weitergabe innerhalb einer Behörde.[24]

2. Organe der Rechtspflege

Als öffentliche Stellen gelten auch die **Organe der Rechtspflege**, also Gerichte und Staatsanwaltschaften, Notare und Schiedspersonen, Strafvollzugsbehörden und Gerichtsvollzieher.[25] Nicht als öffentlichen Stellen gelten Rechtsanwälte, auch wenn § 1 BRAO sie als „Organ der Rechtspflege" bezeichnet, denn sie sind nach dieser Vorschrift „unabhängige" Organe.[26] Da die Organe der Rechtspflege an das Gesetz gebunden sind, gelten für sie auch die Datenschutzgesetze.[27] Daher gelten für Gerichte, Notare und Schiedspersonen in Hessen die Regelungen des Ersten und Zweiten Teil des Gesetzes, soweit nicht die ZPO, die VwGO, das ArbGG und das SGG oder andere Justizgesetze speziellere Regelungen enthalten (→ § 1 Rn. 21). Für die Gerichte und Staatsanwaltschaften, die zum Zwecke der Verhütung, Ermittlung, Aufdeckung oder Verfolgung von Straftaten oder der Strafvollstreckung tätig werden, gilt nicht der Zweite Teil, sondern der Dritte Teil des Gesetzes. Soweit sie aber Daten für andere Zwecke verarbeiten, wie etwa für Personalangelegenheiten, gelten für sie die DS-GVO und der Zweite Teil des Gesetzes.[28] Gerichte und Staatsanwaltschaften sind jedoch nach § 13 Abs. 5 von der Aufsicht durch die oder den HDSB ausgenommen, soweit sie justizielle Tätigkeiten ausüben (→ § 13 Rn. 35).[29] Sie unterfallen dieser Aufsicht jedoch, soweit sie nicht justizielle Tätigkeiten erbringen (→ § 13 Rn. 35), wie die Verarbeitung personenbezogener Daten zu Zwecken der Personalführung, der Haushaltsführung oder des juristischen Prüfungswesens.[30]

3. Andere Einrichtungen (Satz 2)

Zu den öffentlichen Stellen gehören auch andere öffentlich-rechtlich organisierte Einrichtungen des Landes, der Gemeinden und der Landkreise. Diese sind vor allem die nicht rechtlich selbstständigen Körperschaften, Anstalten und Stiftungen des öffentlichen Rechts wie Institute, Archive,

---

24 S. *Roßnagel* in Simitis/Hornung/Spiecker gen. Döhmann DS-GVO Art. 4 Abs. 2 Rn. 25 f.
25 S. zB auch *Meier* in HK-LDSG RhPf § 2 Rn. 7; *Schulz* in Gola/Heckmann BDSG § 2 Rn. 14 zu der vergleichbaren Regelung im BDSG.
26 S. zB auch *Roßnagel* in Simitis/Hornung/Spiecker gen. Döhmann DS-GVO Art. 6 Abs. 1 Rn. 73 sowie *Meier* in HK-LDSG RhPf § 2 Rn. 7; *Schulz* in Gola/Heckmann BDSG § 2 Rn. 15 zu der vergleichbaren Regelung im BDSG.
27 S. auch zB *Ronellenfitsch* in Schild ua § 3 Rn. 38 ff. für die Vorgängerregelung.
28 S. zB auch *Meier* in HK-LDSG RhPf § 2 Rn. 15.
29 S. ErwG 20 DS-GVO.
30 S. *Ronellenfitsch* DuD 2005, 354 ff.; s. auch zB *Pabst* in HK-DSG NRW § 5 Rn. 42.

Schulen, Ausbildungsstätten, Forschungseinrichtungen und Untersu-
chungsanstalten.[31] Zu den anderen öffentlich-rechtlichen Einrichtungen gehören auch **Verfassungsorgane** wie die Staatskanzlei oder der Landtag mit
seinen Fraktionen.[32] Als Verantwortlichen – und damit als eigene öffentliche Stelle – sieht der EuGH auch den Petitionsausschuss.[33] Durch diese Regelung soll sichergestellt werden, dass das Gesetz jedwede Form staatlichen
Handelns in Hessen erfasst.[34]

4. Juristische Personen des öffentlichen Rechts

17 Daneben gehören zu den öffentlichen Stellen auch sonstige juristische
Personen des öffentlichen Rechts, die der Aufsicht des Landes, einer Gemeinde oder eines Landkreises unterstehen.[35] Sie sind keine Organe dieser
Verwaltungsträger, sondern gehören als eigenständige juristische Personen
nur mittelbar – über deren Aufsicht und Finanzierung – zu diesen Verwaltungsträgern. Zu diesen gehören als selbstständige **Körperschaften**[36] zB die
Hochschulen, die Kammern, die Innungen, der Landeswohlfahrtsverband
und die KGRZ, als selbstständige **Anstalten**[37] zB die Kreis- und Stadtspar-
kassen und die Hessische Landesanstalt für privaten Rundfunk und neue
Medien (LPR) sowie als selbstständige **Stiftungen**[38] zB die Stiftung hessischer Naturschutz und die Stiftung Friedens- und Konfliktforschung.[39]

18 Die öffentlich-rechtlichen **Religionsgemeinschaften** sind zwar nach
Art. 140 GG iVm Art. 137 WRV auch Körperschaften des öffentlichen
Rechts, gelten aber nicht als öffentliche Stellen, weil sie nicht der Aufsicht
des Landes unterstehen.[40] Für sie gilt das verfassungsrechtliche Gebot, das
Grundrecht auf informationelle Selbstbestimmung zu wahren unmittelbar.[41] Im Gesetz ist lediglich in § 27 die Übermittlung personenbezogener
Daten von öffentlichen Stellen an Religionsgemeinschaften geregelt und
nur erlaubt, sofern auf Grundlage geeigneter Garantien sichergestellt ist,
dass bei der empfangenden Stelle eine Datenverarbeitung im Einklang mit
der DS-GVO erfolgt (→ § 27 Rn. 20 ff.).[42]

---

31 S. auch zB *Pabst* in HK-DSG NRW § 5 Rn. 11.
32 S. zB *Klar/Kühling* in Kühling/Buchner BDSG § 2 Rn. 9 und *Schulz* in Gola/Heck-
    mann BDSG § 2 Rn. 16 zu der vergleichbaren Regelung im BDSG.
33 EuGH ECLI:EU:C:2020:535 Rn. 65 – VQ/Land Hessen.
34 S. *Schulz* in Gola/Heckmann BDSG § 2 Rn. 16 zu der vergleichbaren Regelung im
    BDSG.
35 S. hierzu ausführlich *Ronellenfitsch* in Schild ua § 3 Rn. 10 ff. für die Vorgängerre-
    gelung.
36 S. zB *Maurer/Waldhoff* § 23 II.
37 S. zB *Maurer/Waldhoff* § 23 III.
38 S. zB *Maurer/Waldhoff* § 23 IV.
39 S. zB *Ronellenfitsch* in Schild ua § 3 Rn. 28 ff. und *Nungesser* § 3 Rn. 1 für die
    Vorgängerregelung; s. auch zB *Pabst* in HK-DSG NRW § 5 Rn. 15; *Meier* in HK-
    LDSG RhPf § 2 Rn. 10.
40 S. auch zB *Pabst* in HK-DSG NRW § 5 Rn. 16; s. zB auch *Ronellenfitsch* in Schild
    ua § 3 Rn. 15 und *Nungesser* § 3 Rn. 21 für die Vorgängerregelung.
41 *Klar/Kühling* in Kühling/Buchner BDSG § 2 Rn. 5.
42 Zum Datenschutz in Kirchen s. *Arlt* in Roßnagel HB DSR § 8.15.

5. Vereinigungen

Schließlich zählt Satz 1 auch die Vereinigungen aller vorgenannten öffentlichen Stellen, ungeachtet ihrer Rechtsform, auf. Hierzu gehören allerdings nicht die Vereinigungen des öffentlichen Recht, die selbst juristischen Personen des öffentlichen Rechts sind, da sie unter die bereits erörterten Kategorien fallen.[43] Zu den erfassten **Vereinigungen des öffentlichen Rechts** zählen zB die Gemeindeverbände, Zweckverbände, Landschaftsverbände und die kommunalen Arbeitsgemeinschaften.[44] Auch wenn die öffentlichen Stellen privat-rechtliche Organisationsformen wählen, können sie damit nicht der Geltung des Gesetzes entgehen.[45] Ein Beispiele für **Vereinigungen in privatrechtlicher Form** sind die e-com GmbH und die Stadion Frankfurt GmbH.[46]

6. Wahrnehmung hoheitlicher Aufgaben durch Private (Satz 2)

Satz 2 erstreckt den Begriff der öffentlichen Stelle und damit die Geltung des Gesetzes auch auf nicht öffentliche Stellen, die hoheitliche Aufgaben der öffentlichen Verwaltung wahrnehmen. Sinn dieser Regelung ist, die Anwendung des Gesetzes nicht an der öffentlich-rechtlichen Organisationsform auszurichten, sondern auf alle Stellen zu erstrecken, die **hoheitliche Aufgaben der öffentlichen Verwaltung** wahrnehmen und öffentlich-rechtlichen Bindungen unterliegen.

Entsprechend dem funktionalen Behördenbegriff bestimmt Satz 2, dass das Gesetz auch auf **Beliehene**[47] Anwendung findet. Er definiert nicht öffentliche Stellen, die zwar nicht Teil der Staatsorganisation sind, aber – die durch Gesetz oder aufgrund eines Gesetzes bestellt – hoheitliche Aufgaben der öffentlichen Verwaltung wahrnehmen, als „öffentliche Stellen" iSd Gesetzes. Diese Einordnung ist aber nur zulässig, wenn sie nicht gegen die DS-GVO verstößt. Diese hat Beliehene nicht geregelt. Relevant wird die Frage, ob Beliehene eine Behörde oder öffentliche Stelle sind, für die Regelung des Art. 37 Abs. 1 lit. a DS-GVO, die bestimmt, dass eine Behörde oder öffentliche Stelle auf jeden Fall einen Datenschutzbeauftragten benennen muss. Hier wird vertreten, dass Beliehene keine Behörde oder öffentliche Stelle sind.[48] Richtig ist jedoch das Gegenteil, dass es darauf ankommt, ob der Mitgliedstaat sie als öffentliche Stelle in die Verwaltungstätigkeit integriert.[49] Als öffentliche Stellen gelten daher auch bestellte Bezirksschornsteinfeger, bestätigte Jagdaufseher, amtlich verpflichtete Fischereiaufseher und öffentlich bestellte Vermessungsingenieure,[50] die TÜH Staatliche tech-

19

20

21

---

43 S. zB *Ronellenfitsch* in Schild ua § 3 Rn. 46 für die Vorgängerregelung.
44 S. auch zB *Pabst* in HK-DSG NRW § 5 Rn. 14; s. für die Vorgängerregelung zB *Nungesser* § 3 Rn. 2 und *Ronellenfitsch* in Schild ua § 3 Rn. 47.
45 S. zB *Böken* in HK-BDSG § 2 Rn. 12 für die vergleichbare Regelung im BDSG.
46 S. zB *Ronellenfitsch* in Schild ua § 3 Rn. 48 f. für die Vorgängerregelung.
47 S. zB *Maurer/Waldhoff* § 23 V.
48 S. zB *Böken* in HK-BDSG § 2 Rn. 14; Art. 29- Datenschutzgruppe WP 243 Leitlinien in Bezug auf Datenschutzbeauftragte, 7.
49 S. *Drewes* in Simitis/Hornung/Spiecker gen. Döhmann DS-GVO Art. 37 Rn. 8. *Bergt* in Kühling/Buchner DS-GVO Art. 37 Rn. 16.
50 S. zB *Nungesser* § 3 Rn. 8 für die Vorgängerregelung.

nische Überwachung Hessen und die Frankfurter Wertpapierbörse
(FWB).[51]

22   Dies gilt vor allem dann, wenn private Stellen Tätigkeiten zur Erfüllung
     des öffentlichen Auftrags der **Daseinsvorsorge** erbringen und damit auch
     Grundrechte beachten müssen.[52] Verfassungsrechtlich sind für die Daseins-
     vorsorge staatliche Instanzen verantwortlich, auch wenn sie diese nicht
     selbst erbringen müssen, sondern – soweit dies effektiv funktioniert – auch
     den Angeboten Privater auf dem Markt überlassen dürfen. Auch für diese
     Form der Daseinsvorsorge gelten aber öffentlich-rechtliche Grundsätze, die
     das Allgemeinwohl wahren, und besteht eine öffentlich-rechtliche Aufsicht
     durch staatliche Instanzen. Daher werden in der Daseinsvorsorge hoheit-
     liche Aufgaben der öffentlichen Verwaltung erfüllt und daher soll auch
     die Verarbeitung personenbezogener Daten in diesem Bereich dem Daten-
     schutz für öffentliche Stellen unterfallen.[53]

23   Zur Daseinsvorsorge gehören die Versorgungs- und Entsorgungswirtschaft
     (zB Wasser, Strom, Gas), die Verkehrswirtschaft (zB Infrastrukturen, Bahn,
     ÖPNV), der Rundfunk (Grundversorgung), die Telekommunikation („Uni-
     versaldiente"), das Kreditwesen sowie Bildungs-, Sozial,- Kultur- Gesund-
     heits- und Freizeiteinrichtungen.[54] Auf privatrechtlich organisierte **Aufga-
     benträger** in diesen Bereichen ist der Begriff der öffentlichen Stellen zu er-
     strecken, soweit nicht besondere Regelungen sie ausdrücklich aus dieser öf-
     fentlichen Verantwortung ausgenommen haben. Sie unterliegen damit dem
     Gesetz. Soweit sie sich im **Wettbewerb** mit anderen Anbietern befinden, gilt
     jedoch die Ausnahme des Abs. 2 und sie unterliegen überwiegend den Re-
     gelungen des BDSG für nicht öffentliche Verantwortliche (→ Rn. 28 f.)

II. Öffentlich-rechtliche Wettbewerbsunternehmen (Abs. 2)

24   Eine Ausnahme von der Anwendung des Gesetzes auf öffentliche Stellen
     sieht Abs. 2 vor. Er nimmt öffentliche Stellen, soweit sie als öffentlich-
     rechtliche Unternehmen am Wettbewerb teilnehmen, von der Geltung der
     meisten Vorschriften des Gesetzes aus, um ihnen keine Wettbewerbsnach-
     teile gegenüber ihren privaten Konkurrenten zu bereiten. Für sie gelten
     überwiegend stattdessen die **Vorschriften der DS-GVO** und die für nicht öf-
     fentliche Stellen geltenden **Vorschriften des BDSG**.

1. Wettbewerbsunternehmen (Satz 1)

25   Öffentlich-rechtliche Wettbewerbsunternehmen sind eigentlich öffentliche
     Stellen. Ihre Rechtsform spielt keine Rolle.[55] Sie können als juristische Per-
     sonen verselbständigt sein, wie zB Sparkassen. Sie können aber auch als
     wirtschaftliche Unternehmen ohne Rechtspersönlichkeit agieren wie zB die
     Eigenbetriebe der Gemeinden nach § 127 HGO oder die Landesbetriebe

---

51 S. zB *Ronellenfitsch* in Schild ua § 3 Rn. 46 für die Vorgängerregelung.
52 S. auch *Ronellenfitsch* in Schild ua § 3 Rn. 51 für die Vorgängerregelung.
53 S. auch *Ronellenfitsch* in Schild ua § 3 Rn. 52 mit vielen Verweisen auf die Rspr.
54 S. auch *Ronellenfitsch* in Schild ua § 3 Rn. 53 ff. mwN.
55 S. zB auch *Böken* in HK-BDSG § 2 Rn. 22 für die vergleichbare Regelung im
     BDSG.

nach § 26 LHO.[56] Sie können auch Teil einer öffentlichen Stelle sein, der allerdings eine gesonderte auf die wirtschaftliche Betätigung ausgerichtete Organisation aufweisen muss. Voraussetzung ist nur eine organisatorische Selbständigkeit, die sich idR an eigenen Vertretungsorganen zeigt[57] Daher spielt es zB für **Eigenbetriebe** der Gemeinden oder Landkreise idR keine Rolle, ob sie als eigene öffentliche Stelle oder als Teil der öffentlichen Stelle der Gemeinde handeln (→ Rn. 12), wenn sie die Ausnahme des Abs. 2 in Anspruch nehmen wollen.[58]

Sie müssen allerdings am **Marktwettbewerb** teilnehmen. Das heißt, sie müssen als Hauptzweck sich wirtschaftlich betätigen und damit am Markt mit dem Angebot anderer privater Unternehmen in Konkurrenz stehen.[59] Auf die Absicht, Gewinn zu erzielen, kommt es dabei nicht an. Es genügt ein bloßes Agieren am Markt.[60] Unternehmen, die am Wettbewerb teilnehmen, sind vor allem Unternehmen, die Leistungen der Daseinsvorsorge erbringen, zB Energieversorgungsunternehmen oder Verkehrsbetriebe (→ Rn. 22). Für diese Leistungen müssen für die Kunden jedoch Wahlmöglichkeit mit dem Angebot eines oder mehrerer anderer Anbieter bestehen.[61] Für Krankenhäuser bestehen in Hessen Spezialregelungen in §§ 11 und 12 HKHG. 26

Wettbewerb erfordert nicht, dass die öffentlich-rechtlichen Unternehmen ihre Leistungen allen Bürgern anbieten müssen. Es reicht aus, wenn sie sich auf eine bestimmte Gruppe beschränken, deren Angehörige die Leistungen auch **von anderen Unternehmen** beziehen können. Unternehmen, denen ein **Monopol** eingeräumt ist, etwa bei einem Anschluss- und Benutzungszwang, nehmen jedoch nicht am Wettbewerb teil.[62] 27

Öffentliche Stellen, bei denen die wirtschaftliche Tätigkeit nur eine **Begleiterscheinung** ohne besondere unternehmerische Ausprägung ist, fallen dagegen nicht unter Abs. 2. Dies gilt etwa für Forstbehörden, die nebenher auch Holz verkaufen.[63] Sie unterfallen allein dem Gesetz und der Aufsicht der oder des HDSB. 28

2. Eingeschränkte Anwendbarkeit (Satz 2)

Um ihnen **keine Wettbewerbsnachteile** zu bereiten, finden für die öffentliche-rechtlichen Wettbewerbsunternehmen die für nicht öffentliche Stellen geltenden Vorschriften des BDSG Anwendung. Dies gilt allerdings nur, soweit sie personenbezogene Daten für die Teilnahme am Wettbewerb ver- 29

---

56 S. zB *Nungesser* § 3 Rn. 58 für die Vorgängerregelung.
57 S. zB auch *Böken* in HK-BDSG § 2 Rn. 22 für die vergleichbare Regelung im BDSG.
58 S. auch zB *Pabst* in HK-DSG NRW § 5 Rn. 44.
59 S. zB auch *Böken* in HK-BDSG § 2 Rn. 22 für die vergleichbare Regelung im BDSG.
60 S. *Schulz* in Gola/Heckmann BDSG § 2 Rn. 27 zu der vergleichbaren Regelung im BDSG.
61 S. zB auch *Meier* in HK-LDSG RhPf § 2 Rn. 5; s. zB *Nungesser* § 3 Rn. 60 für die Vorgängerregelung.
62 S. zB *Nungesser* § 3 Rn. 61 f. für die Vorgängerregelung.
63 S. zB *Nungesser* § 3 Rn. 59 für die Vorgängerregelung.

arbeiten.[64] Dies gilt also zB für die Verarbeitung von Daten von Kunden
oder Lieferanten, nicht aber für Daten für die Personalführung.

30 Aus dem Bereich des Gesetzes bleiben jedoch einige wenige Vorschriften
für öffentliche Stellen auch für diese Wettbewerbsunternehmen anwendbar
– nämlich die §§ 5 bis 18 und 23. Nach §§ 5 bis 7 gelten die Regeln für die
Bestellung eines **Datenschutzbeauftragten** wie für öffentliche Stellen. Nach
§§ 8 bis 18 führt die oder der **HDSB** die Aufsicht über diese Wettbewerbsunternehmen und § 23 unterstellt ihre Bediensteten dem **Beschäftigtendatenschutz** für öffentliche Stellen.

III. Vereinigungen des privaten Rechts (Abs. 3)

31 Umgekehrt zu Abs. 2 erweitert Abs. 3 den Anwendungsbereich des Gesetzes. Er unterwirft Vereinigungen des privaten Rechts dem Geltungsbereich
des Gesetzes, wenn sie von öffentlichen Stellen beherrscht werden. Die private Vereinigung muss jedoch **Aufgaben der öffentlichen Verwaltung** wahrnehmen. Reine Finanzbeteiligungen der öffentlichen Hand genügen nicht.[65]
Der Begriff der öffentlichen Verwaltung geht über den der hoheitlichen
Verwaltung hinaus. Die Aufgaben der öffentlichen Verwaltung sind nicht
abschließend festgelegt, sie müssen dem Wohl der Allgemeinheit dienen
und nicht nur der Gewinnerzielung.[66] Die Regelung gilt vor allem für private Unternehmen, die Aufgaben der Daseinsvorsorge wahrnehmen
(→ Rn. 21 f.).[67] Soweit sie jedoch durch wirtschaftliche Betätigung am
Wettbewerb teilnehmen, gilt für sie Abs. 2.[68]

32 Der Sinn der Regelung besteht darin, eine „**Flucht ins Privatrecht**" zu verhindern. Öffentliche Stellen sollen sich nicht den Pflichten des öffentlichen
Rechts dadurch entziehen können, dass sie sich privatrechtlich zusammen-
schließen. Dies gilt im Rahmen des Gesetzes auch für die öffentlich-rechtlichen Pflichten des Datenschutzrechts.[69]

33 Wird eine privatrechtliche Vereinigung nur von öffentlichen Stellen gebildet, fällt sie unter Abs. 1 Satz 1. Die Regelung des Abs. 3 trifft daher nur
auf private Vereinigungen zu, deren Träger oder Mitglieder gemischt sind.
Sie gilt auch dann als öffentliche Stelle, wenn an ihr **nicht öffentliche Stellen beteiligt** sind, sofern die weiteren Voraussetzungen der Definition vorliegen. Auch durch die Aufnahme einer privaten Person oder Organisation,
die keine beherrschende Stellung einnehmen, soll eine Flucht ins Privatrecht ausgeschlossen sein.

---

64 S. zB auch *Meier* in HK-LDSG RhPf § 2 Rn. 21.
65 S. zB auch *Böken* in HK-BDSG § 2 Rn. 13 für die vergleichbare Vorschrift im
    BDSG.
66 S. zB *Nungesser* § 3 Rn. 7 für die Vorgängerregelung.
67 S. zB auch *Böken* in HK-BDSG § 2 Rn. 13 für die vergleichbare Vorschrift im
    BDSG.
68 S. zB *Nungesser* § 3 Rn. 5 für die Vorgängerregelung.
69 S. *Topp* in Ronellenfitsch ua § 2 Rn. 4; s. zB auch *Böken* in HK-BDSG § 2 Rn. 12
    für die vergleichbare Vorschrift im BDSG und *Nungesser* § 3 Rn. 3 f. für die Vor-
    gängerregelung.

1. Beherrschung durch öffentliche Stellen (Satz 1)

Nach Satz 1 gelten Vereinigungen des privaten Rechts von öffentlichen 34
Stellen selbst als öffentliche Stellen, wenn einer oder mehreren öffentlichen
Stellen die absolute Mehrheit der Anteile gehört oder der Stimmen zusteht.
Die **absolute Mehrheit** der Anteile oder Stimmen ist dann gegeben, wenn
sie mehr als 50 Prozent betragen. Entscheidend für die Beherrschung ist,
dass die öffentliche Stelle die Tätigkeit der Vereinigung in wesentlichen
Fragen steuern kann. Ein geringerer Anteil als die absolute Mehrheit kann
dann ausreichen, wenn die Beherrschung auf andere Weise erfolgt, etwa
durch einen **Beherrschungsvertrag**.[70] Durch diese Beherrschung hat die
Vereinigung einen ausreichend großen öffentlich-rechtlichen Charakter, um
auch bei Minderheitsbeteiligungen Privater als „öffentliche Stelle" gelten
zu können. Dies gilt allerdings nur, wenn die beherrschenden öffentlichen
Stellen der Gesetzgebungskompetenz des Landes Hessen unterstehen.[71] Ein
Beispiel, für das diese Regelung zutrifft, ist die Rechenzentrum der Hessischen Sparkassenorganisation (RSHO) GmbH, an der nur die beiden öffentlichen Stellen Hessische Landesbank und Hessischer Sparkassen- und
Giroverband beteiligt sind.[72]

Dies gilt erst recht, wenn die private Vereinigung nur aus **einem** – öffent- 35
lich-rechtlichem – **Beteiligten** besteht, wie dies bei einer GmbH möglich ist
– wie etwa bei der Hessischen Landesentwicklungs- und Treuhandgesell-
schaft mbH (HLT) und der HLT-Gesellschaft für Forschung, Planung Entwicklung mbH (HLTFPE), deren alleiniger Gesellschafter das Land Hessen
ist.[73]

2. Beteiligung an weiteren Vereinigungen (Satz 2)

Nach Satz 2 gilt das Gesetz auch, wenn sich eine Vereinigung des privaten 36
Rechts, die nach Satz 1 als öffentliche Stelle gilt, an einer **weiteren Vereinigung** des privaten Rechts **beteiligt**. In diesem Fall finden Satz 1 und Abs. 2
entsprechende Anwendung. Auch noch so komplizierte Beteiligungskon-
struktionen sollen nicht verhindern, dass für die Mehrheitsbeteiligung öffentlicher Stellen an einer privaten Vereinigung die Regeln des Datenschutzes für öffentliche Stellen gelten.

IV. Anonymität und Anonymisierung (Abs. 4)

Abs. 4 definiert **Anonymität** von Informationen und **Anonymisierung** von 37
Daten, um das für den Anwendungsbereich des Gesetzes nach § 1 Abs. 1
relevante Merkmal der personenbezogenen Daten klarer zu bestimmen und
die Rechtsfolge des § 1 Abs. 9, nach dem die Vorschriften des Gesetzes auf
anonyme Informationen und anonymisierte Daten keine Anwendung finden, zu präzisieren. Die Definition unterscheidet Informationen und Daten.
Informationen iSd Vorschrift sind alle Angaben über eine Person, die Be-

---

70 S. zB auch *Böken* in HK-BDSG § 2 Rn. 13 für die vergleichbare Vorschrift im
    BDSG.
71 S. zB *Nungesser* § 3 Rn. 5 für die Vorgängerregelung.
72 S. zB *Nungesser* § 3 Rn. 5 für die Vorgängerregelung.
73 S. zB *Nungesser* § 3 Rn. 6 für die Vorgängerregelung.

deutung haben können.[74] Im Verhältnis zu **Daten** sind Informationen der Oberbegriff und Daten sind eine Unterkategorie von Informationen, nämlich Informationen, die so erfasst sind, dass sie in Dateien geführt und in Dateisystemen[75] verarbeitet werden können.

1. Anonyme Informationen (Satz 1)

38   Nach Satz 1 sind **anonyme Informationen** solche Informationen, die sich nicht auf eine identifizierte oder identifizierbare natürliche Person beziehen. Diese Definition ist insofern missglückt, als sie auf jeden fehlenden Bezug einer natürlichen Person abstellt. Gemeint ist jedoch nicht, dass die Information gar keinen Bezug zu einer natürlichen Person haben können, sondern wie Satz 2, 3 und 4 zeigen, dass die Person, auf die sich die Information bezieht, **nicht identifiziert** werden kann. Nicht von der Definition gemeint sind Informationen, die sich zB auf das Wetter oder andere Zustände oder Ereignisse der Natur beziehen. Diesen fehlt zwar jeder Personenbezug, aber gerade deshalb würde man nicht von anonymen Informationen sprechen.[76] Es sind vielmehr Informationen, die zu keiner (natürlichen) Person gehören.[77] Entscheidend für den Begriff der anonymen Information ist vielmehr, dass die Daten zwar Angaben zu einer bestimmten Person enthalten, dass mit ihnen aber kein Bezug zu einer identifizierten oder identifizierbaren natürlichen Person hergestellt werden kann. Da sie keiner natürlichen Person zugeordnet werden können, geht von ihnen auch kein Risiko aus. Das ist der inhaltliche Grund, warum sie vom Datenschutzrecht nicht erfasst werden. Insofern sind anonyme Informationen das Gegenteil von personenbezogenen Informationen.[78] Sie grenzen sich definitorisch von diesen dadurch ab, dass sie gerade keinen Bezug zu der Person, die es betrifft, ermöglichen.[79] Anonymisierung und Personenbezug korrelieren insofern negativ.

39   Die von der Definition erfassten Informationen können vom **Zeitpunkt** ihrer Entstehung her anonym sein. Aber auch wenn die Informationen ursprünglich personenbezogen waren, können sie durch Anonymisierung diese Eigenschaft verlieren und zu anonymen Informationen werden.

2. Anonymisierte Daten (Satz 2)

40   Nach Satz 2 sind anonymisierte Daten personenbezogene Daten, die in einer Weise verändert worden sind, dass die betroffene Person nicht oder nicht mehr identifiziert werden kann. Bei anonymisierten Daten handelt es sich um ehemals personenbezogene Daten, die durch eine Bearbeitung nachträglich ihren Personenbezug verloren haben. In diesem Anonymisie-

---

74 S. auch *Karg* in Simitis/Hornung/Spiecker gen. Döhmann DS-GVO Art. 4 Nr. 1 Rn. 25 ff.
75 S. zu diesen *Roßnagel* in Simitis/Hornung/Spiecker gen. Döhmann DS-GVO Art. 4 Nr. 6 Rn. 7 ff.
76 S. *Roßnagel/Geminn* in Dierks/Roßnagel, S. 165.
77 *Roßnagel/Scholz* MMR 2000, 721 (723).
78 S. zB *Klar/Kühling* in Kühling/Buchner DS-GVO Art. 4 Nr. 1 Rn. 31.
79 S. *Hofmann/Johannes* ZD 2017, 221 (223).

rungsprozess werden die Merkmale entfernt,[80] die zuvor ermöglicht haben, die von ihnen betroffene Person zu identifizieren.[81] Dieser Vorgang der **Anonymisierung** ist eine Datenverarbeitung iSd Art. 4 Nr. 2 DS-GVO und bedarf einer Rechtfertigung, die idR auf einer gesetzlichen Anordnung der Anonymisierung beruht.[82]

3. Fehlender Personenbezug (Satz 3)

Nach Satz 1 und Satz 2 sind die Informationen und die Daten dann an-   41
onym, wenn kein Personenbezug herstellbar ist, weil die betroffene Person nicht identifiziert werden kann. In beiden Varianten wird die Anonymität von ihrem Ergebnis her definiert und ist in beiden Varianten gleich. **Identifizierbar** ist eine natürliche Person nach Satz 3, wenn sie unter Berücksichtigung aller Mittel, die von dem Verantwortlichen oder einer anderen Person nach allgemeinem Ermessen wahrscheinlich genutzt werden, um die Identität der natürlichen Person direkt oder indirekt zu ermitteln, identifiziert werden kann. Ob die Daten anonym sind und einen Personenbezug ausschließen, ist – ausgehend von einem relativen Konzept[83] – nach einer Risikoprognose zu bestimmen, die sowohl das Interesse möglicher Datenverarbeiter als auch die von ihnen mobilisierbaren Mittel der Zuordnung berücksichtigt.[84] Die Identifizierung muss im Verhältnis zu dem dazu notwendigen Aufwand so wenig verhältnismäßig sein, dass eine Identifizierung nach allgemeiner Lebenserfahrung oder dem Stand der Wissenschaft und Technik nicht zu erwarten ist.[85] Nur soweit eine Zuordnung der anonymen Daten nach der allgemeinen Lebenserfahrung oder – in Ermangelung entsprechender Erfahrungswerte – auf Grundlage einer Risikoprognose auf dem Stand der Wissenschaft nicht zu erwarten ist, ist ein ausreichendes Maß der Anonymisierung erreicht.[86]

Diese Bestimmung der Identifizierbarkeit orientiert sich stark an der **Defi-**   42
nition personenbezogener Daten in Art. 4 Nr. 1 DS-GVO und Art. 3 Nr. 1 JI-RL. Diese Definition mit ihren Beispielen der Identifizierung „mittels Zuordnung zu einer Kennung wie einem Namen, zu einer Kennnummer, zu Standortdaten, zu einer Online-Kennung oder zu einem oder mehreren besonderen Merkmalen, die Ausdruck der physischen, physiologischen, genetischen, psychischen, wirtschaftlichen, kulturellen oder sozialen Identität dieser natürlichen Person sind", ist für das Verständnis des Satzes 3 zu berücksichtigen, um einen Widerspruch zu Art. 4 Nr. 1 DS-GVO und Art. 3 Nr. 1 JI-RL zu vermeiden. Satz 3 verstößt nicht gegen das Normwiederholungsverbot, weil er wesentlicher Bestandteil der Definition anonymer In-

---

80 S. zu Verfahren der Anonymisierung zB Art. 29-Datenschutzgruppe Stellungnahme 5/2014 WP 216, S. 13 ff. und Anhang, S. 33 ff.; Bitkom, Anonymisierung, S. 8 ff.
81 S. *Roßnagel/Geminn* in Dierks/Roßnagel, S. 165; *Roßnagel/Scholz* MMR 2000, 721 (723); *Topp* in Ronellenfitsch ua § 2 Rn. 5.
82 S. zB *Hornung/Wagner* ZD 2020, 223.
83 *Roßnagel/Geminn* in Dierks/Roßnagel, S. 148 ff.
84 *Roßnagel/Geminn* in Dierks/Roßnagel, S. 166.
85 *Roßnagel/Scholz* MMR 2000, 721 (724); *Roßnagel/Geminn* in Dierks/Roßnagel, S. 166 mwN.
86 *Roßnagel/Scholz* MMR 2000, 721 (724).

formationen und anonymisierter Daten ist, und nicht wie Art. 4 Nr. 1 DS-GVO personenbezogene Daten definiert.

4. Wahrscheinlichkeitsbewertung (Satz 4)

43 Bei der Feststellung, ob Mittel nach allgemeinem Ermessen wahrscheinlich zur Identifizierung der natürlichen Person genutzt werden, sollten nach Satz 4 alle objektiven Faktoren, insbesondere die Kosten der Identifizierung und der dafür erforderliche Zeitaufwand, herangezogen werden, wobei die zum Zeitpunkt der Verarbeitung verfügbare Technologie und technologische Entwicklungen zu berücksichtigen sind. Daraus folgt, dass die eingesetzten Anonymisierungsverfahren dem aktuellen Stand der Technik[87] und den absehbaren technischen Entwicklungen im Zeitraum der Datenspeicherung entsprechen müssen.[88]

44 Das **Zusatzwissen Dritter** ist aber nur zu berücksichtigen, soweit „nach allgemeinem Ermessen" mit seinem Einsatz zu rechnen ist. Es kommt also auf die Frage an, ob der Verantwortliche oder die andere Person die ihm oder ihr zur Verfügung stehenden technischen oder rechtlichen Möglichkeiten vernünftigerweise nutzen wird.[89] Danach ist das Zusatzwissen Dritter dann relevant, wenn die Dritten Daten vom Verantwortlichen oder sich beschaffen können, mit dem Verantwortlichen in irgendeiner Weise zusammenarbeiten, um die Person zu identifizieren oder ihr Zusatzwissen auf andere Weise dem Verantwortlichen zur Verfügung stellen können oder müssen.[90] Zusatzwissen Dritter ist in der Regel nicht zu berücksichtigen, wenn die Verwendung des Zusatzwissens gesetzlich verboten ist,[91] es sei denn, es gibt konkrete Hinweise darauf, dass rechtliche Verbote nicht beachtet, nicht kontrolliert oder nicht durchgesetzt werden.[92]

45 In diese Betrachtung zur Verhältnismäßigkeit müssen aber zusätzlich zum Aufwand für den jeweiligen Datenverarbeiter auch die möglichen **Folgen** für die jeweils betroffene Person eingehen. Danach wären die Daten dann anonym, wenn die Wahrscheinlichkeit der Zuordnung zu einer betroffenen Person angesichts des Verhältnisses von Nutzen und Aufwand für den jeweiligen Datenverarbeiter und angesichts der jeweiligen Gefährdung der Grundrechte der betroffenen Person ausreichend gering ist.[93] Ein **absoluter Ausschluss** der Zuordnung ist **nicht** erforderlich.[94]

---

87 So *Klar/Kühling* in Kühling/Buchner DS-GVO Art. 4 Nr. 1 Rn. 33.
88 *Roßnagel/Geminn* in Dierks/Roßnagel, S. 159 f., 171 mw Hinweisen, wie dem dynamischen Risiko der Re-Identifizierung durch die technische Entwicklung entsprochen werden muss; *Hofmann/Johannes* ZD 2017, 221 (224 f.).
89 *EuGH* ECLI:EU:C:2016:779 Rn. 49 – Breyer; *Hofmann/Johannes* ZD 2017, 221 (224); *Ziebarth* in HK-DS-GVO Art. 4 Rn. 37.
90 *EuGH* ECLI:EU:C:2016:779, Rn. 43 f. – Breyer; *Roßnagel/Geminn* in Dierks/Roßnagel, S. 160 mwN.
91 *EuGH* ECLI:EU:C:2016:779, Rn. 46 – Breyer; *Hofmann/Johannes* ZD 2017, 221 (224); *Brink/Eckhardt* ZD 2015, 205 (211); *Roßnagel/Geminn* in Dierks/Roßnagel, S. 161 mwN.
92 *S. zB Ziebarth* in HK-DS-GVO Art. 4 Rn. 23, 37; *Brink/Eckhardt* ZD 2015, 205 (211); *Roßnagel/Geminn* in Dierks/Roßnagel, S. 161.
93 *Roßnagel/Geminn* in Dierks/Roßnagel, S. 157 f., 166 f. mwN; *Klar/Kühling* in Kühling Buchner Art. 4 Nr. 1 Rn. 23.
94 EuGH ECLI:EU:C:2016:779 Rn. 46 – Breyer.

C. Würdigung

Die Definition öffentlicher Stellen und die Abgrenzung dieses Begriffs in   46
den Abs. 1 bis 3 entspricht dem bewährten Verständnis des Anwendungsbereichs des Gesetzes und enthält praktikable Merkmale. Die Definition
anonymer Informationen und anonymisierter Daten entspricht dem bisherigen Verständnis in der Datenschutzgesetzgebung und der Datenschutz-
rechtsliteratur. Es ist auch mit den Ausführungen des ErwG 26 DS-GVO
zu dem Begriff der personenbezogenen Daten konform. Durch die Vorschrift wird für wichtige Begriffe des Datenschutzrechts die **Rechtssicherheit erhöht.**

Zweiter Abschnitt: Rechtsgrundlagen für die Verarbeitung personenbezogener Daten

§ 3 Verarbeitung personenbezogener Daten, Auftragsverarbeitung

(1) Die Verarbeitung personenbezogener Daten durch eine öffentliche Stelle
ist zulässig, wenn sie zur Erfüllung der in der Zuständigkeit des Verantwortlichen liegenden Aufgabe oder in Ausübung öffentlicher Gewalt, die
dem Verantwortlichen übertragen wurde, erforderlich ist.

(2) Als Auftragsverarbeiter gelten auch Personen und Stellen, die im Auftrag Wartungsarbeiten und vergleichbare Hilfstätigkeiten bei der Verarbeitung personenbezogener Daten erledigen.

Literatur:

Geminn/Roßnagel, „Privatheit" und „Privatsphäre" aus der Perspektive des Rechts
– ein Überblick, JZ 2015, 703; *Roßnagel*, Datenschutzgesetzgebung für öffentliche
Interessen und den Beschäftigungskontext – Chancen für risikoadäquate Datenschutzregelungen?, DuD 2017 290; *Roßnagel*, Kein „Verbotsprinzip" und kein „Verbot mit
Erlaubnisvorbehalt" im Datenschutzrecht – Zur Dogmatik der Datenverarbeitung als
Grundrechtseingriff, NJW 2019, 1; *Roßnagel*, Datenschutz in der Forschung. Die neu-
en Datenschutzregelungen in der Forschungspraxis von Hochschulen, ZD 2019, 157;
Roßnagel, Datenschutz im E-Learning. Die neuen Datenschutzregelungen im Lehrbe-
trieb von Hochschulen, ZD 2020, 296.

A. Allgemeines

I. Bedeutung der Vorschrift

1   Eine gesetzliche Erlaubnis ist nicht wegen eines angeblichen besonderen Verbotsprinzips des Datenschutzrechts erforderlich, sondern entspricht dem **Vorbehalt des Gesetzes** für jeden Grundrechtseingriff. Auch eine Verarbeitung personenbezogener Daten stellt einen Eingriff in ein Grundrecht dar und bedarf daher der gesetzlichen Erlaubnis.[1] Dieses Grundrecht schützt die Selbstbestimmung der betroffenen Person über die Erhebung und Verwendung von Daten, die sie betreffen. Es wird in der EU in Art. 8 GRCh Grundrecht auf Datenschutz und in Deutschland vom BVerfG Grundrecht auf informationelle Selbstbestimmung genannt.[2]

2   Die Vorschrift enthält in Abs. 1 eine **generalklauselartige Erlaubnis** für öffentliche Stellen, personenbezogene Daten zu verarbeiten. Sie ist von hoher Abstraktheit und geringer Bestimmtheit. Sie bezieht sich undifferenziert in ihrer 1. Alt. auf die Erfüllung der Aufgaben oder in der 2. Alt. auf die Ausübung öffentlicher Gewalt, die dem Verantwortlichen übertragen wurden. Als einziger Schutz der Grundrechte fordert sie, dass die Verarbeitung personenbezogener Daten für diese Aufgaben oder Befugnisse erforderlich sein muss. Dies entspricht nicht den Anforderungen an eine bestimmte, klare und bereichsspezifische Regelung der Zulässigkeit einer solchen Datenverarbeitung, wie sie das BVerfG[3] und der EuGH[4] fordern. Sie kann daher allenfalls einfache, alltägliche Datenverarbeitungen mit **sehr geringer Eingriffsintensität** rechtfertigen.[5] Für Datenverarbeitungen mit höherer Eingriffsintensität bedarf es der präzisen Bestimmung der Daten, der Zwecke und Verarbeitungsformen und der Festlegung risikogerechter Schutzvorkehrungen.[6]

3   Abs. 1 ist ein breiter **Auffangtatbestand**, der immer dann zur Anwendung kommt, wenn keine spezifischere datenschutzrechtliche Erlaubnisgrundlage im Landesrecht oder Bundesrecht bei der Aufgabenerfüllung der jeweiligen öffentlichen Stelle anwendbar ist.[7] Er soll dafür sorgen, dass jede öffentliche Stelle, die Datenverarbeitungen durchführen kann, die sie zur Erfüllung ihrer Aufgaben und zur Umsetzung ihrer Befugnisse benötigt. Spezifischere gesetzliche Regelungen gehen der Vorschrift vor. Sie gilt daher immer nur **subsidiär**.[8] Daher ist in jedem Fall zu prüfen, ob eine spezifischere Norm einschlägig ist, bevor die öffentliche Stelle ihre Datenverar-

---

1   *Roßnagel* NJW 2019, 1 ff.
2   S. hierzu zB *Roßnagel/Geminn* JZ 2015.
3   BVerfGE 65, 1 (43 f.); 141, 220 (265); 133, 277 (336).
4   S. zB EuGH ECLI:EU:C:2014:238 – Digital Rights Ireland; EuGH ECLI:EU:C: 2016:970 -Tele2 Sverige.
5   S. zB auch BT-Drs. 18/11325, 81; *Petri* in Kühling/Buchner BDSG § 3 Rn. 9; *Starnecker* in Gola/Heckmann BDSG § 3 Rn. 1, 13.
6   S. zB *Petri* in Kühling/Buchner BDSG § 3 Rn. 9; *Richter* in HK-LDSG RhPf § 3 Rn. 44; *Starnecker* in Gola/Heckmann BDSG § 3 Rn. 22; mit Hinweis auf personenbezogene Daten besonderer Kategorien *Reimer* in HK-BDSG § 3 Rn. 14.
7   S. auch *Richter* in HK-LDSG RhPf § 3 Rn. 6; s. auch *Nungesser* § 11 Rn. 1 zur Vorgängerregelung.
8   LT-Drs. 19/5728, 9.

beitung auf Abs. 1 stützt. Ist eine solche gegeben und sind ihre Voraussetzungen nicht erfüllt, ist ein Rückgriff auf die Vorschrift unzulässig.[9]

Die Regelung in Abs. 2 enthält eine vom Erlaubnistatbestand in Abs. 1 unabhängige Erweiterung der **Definition des Auftragsverarbeiters**, die klarstellt, dass unter diesen Begriff auch Stellen fallen, die Wartungsarbeiten und vergleichbare Hilfstätigkeiten durchführen. Sie führt dazu, dass die Regelungen zur Auftragsverarbeitung auch für diese Tätigkeiten gelten. 4

II. Entstehungsgeschichte

Eine grundsätzliche Regelung zur Zulässigkeit der Verarbeitung personenbezogener Daten fand sich in § 7 Abs. 1 HDSG. Diese ließ die Datenverarbeitung nicht unmittelbar zu, sondern verwies auf drei Möglichkeiten der Zulässigkeit durch andere Vorschriften. Danach war eine Datenverarbeitung „nur zulässig, wenn 1. eine diesem Gesetz vorgehende Rechtsvorschrift sie vorsieht oder zwingend voraussetzt, 2. dieses Gesetz sie zulässt oder 3. der Betroffene ohne jeden Zweifel eingewilligt hat". Einzelne Erlaubnistatbestände waren in §§ 11 bis 17 HDSG allgemein und §§ 32 bis 37 HDSG für spezielle Zwecke geregelt. Eine mit Abs. 1 vergleichbarer **genereller Erlaubnistatbestand** fand sich in § 11 Abs. 1 Satz 1 HDSG. Danach war „die Verarbeitung personenbezogener Daten (…) nach Maßgabe der nachfolgenden Vorschriften zulässig, wenn sie zur rechtmäßigen Erfüllung der in der Zuständigkeit der datenverarbeitenden Stelle liegenden Aufgaben und für den jeweils damit verbundenen Zweck erforderlich" war.[10] Abs. 1 übernahm den Abstraktionsgrad dieses Erlaubnistatbestands und ersetzte den bisherigen Wortlaut durch eine Anlehnung an den Wortlaut des Art. 6 Abs. 1 UAbs. 1 lit. e DS-GVO. 5

Abs. 2 übernimmt die Regelung des bisherigen **§ 4 Abs. 4 HDSG** beinahe wörtlich. 6

Der Text des Abs. 1 hat im **Gesetzgebungsverfahren** gegenüber dem Entwurf der Fraktionen der CDU und BÜNDNIS 90/DIE GRÜNEN[11] keine Änderungen erfahren. Dagegen enthielt **Abs. 2** des Entwurfs einen Satz 1, der nicht übernommen wurde. Dieser lautete: „Der Verantwortliche ist verpflichtet, sicherzustellen, dass im Auftragsverarbeiter, auf den dieses Gesetz keine Anwendung findet, dessen Vorschriften beachtet." Diesen Satz begründete die Landesregierung damit, dass er Teile der Regelung des § 4 Abs. 3 Satz 1 HDSG übernimmt, „um sicherzustellen, dass der Schutz der Rechte betroffener Personen nicht durch ggf. abweichende gesetzliche Regelungen gemindert wird, wenn der Auftragsverarbeiter seinen Sitz außerhalb Hessens hat".[12] Diesen Satz strich der Innenausschuss des Landtags[13] auf Vorschlag der Landtagsfraktionen von CDU und BÜNDNIS90/DIE GRÜNEN, „weil die Regelung überflüssig ist. Die allgemeinen Regeln für die Auftragsdatenverarbeitung ergeben sich unmittelbar aus Art. 28 DS- 7

---

9 S. auch *Richter* in HK-LDSG RhPf § 3 Rn. 12 f.
10 S. hierzu *Nungesser* § 11 Rn. 1; *Dembowski* in Schild ua § 11 Rn. 6 ff.
11 LT-Drs. 19/5728, 100.
12 LT-Drs. 19/5728, 9.
13 LT-Drs. 19/6328, 7.

GVO sowie den Schutzvorschriften des Kapitels 3 der DS-GVO."[14] Die Klarstellung für Wartungsarbeiten in Abs. 2 Satz 2 des Entwurfs behielt er jedoch unverändert als Abs. 2 bei.

III. Unionsrechtliche Regelungen

8   Abs. 1 entspricht weitgehend dem Wortlaut des Art. 6 Abs. 1 UAbs. 1 lit. e DS-GVO. Diese Regelung der Verordnung ist jedoch kein selbstständiger Erlaubnistatbestand, sondern eine Scharnierregelung zu den gesetzlichen Erlaubnistatbeständen, die die Mitgliedstaaten auf der Grundlage der Öffnungsklausel des Art. 6 Abs. 3 DS-GVO festlegen.[15] Im **Anwendungsbereich der DS-GVO** bietet Abs. 1 einen solchen Erlaubnistatbestand „für die Verarbeitung personenbezogener Daten durch öffentliche Stellen des Landes, der Gemeinden und Landkreise".[16] Allerdings geht Abs. 1 kaum über den Wortlaut des Art. 6 Abs. 1 UAbs. 1 lit. e DS-GVO hinaus. Abs. 1 hat lediglich in der 1. Alt. „Wahrnehmung" durch „Erfüllung" ersetzt, die Anforderung, dass die Aufgabe „im öffentlichen Interesse liegt", weggelassen und dafür die Anforderung, dass sie „in der Zuständigkeit des Verantwortlichen" liegen muss, eingefügt. Art. 6 Abs. 3 DS-GVO fordert jedoch, dass das mitgliedstaatliche Gesetz eine präzisere Erlaubnisregelung trifft.[17] Diese Präzisierung fehlt in der Vorschrift. Sie setzt keine der Regelungsmöglichkeiten des Art. 6 Abs. 3 Satz 2 bis 4 DS-GVO um.[18] Dennoch verstößt sie nicht gegen das Normwiederholungsverbot[19] und die verpflichtende Regelung des Art. 6 Abs. 3 Satz 2 DS-GVO, weil sie im Zusammenhang der anderen Vorschriften des Gesetzes, insbes. der ergänzenden Erlaubnistatbestände (→ Rn. 13), gesehen werden muss.[20]

9   Im **Anwendungsbereich der JI-RL** setzt Abs. 1 als allgemeine Rechtsgrundlage für die Verarbeitung personenbezogener Daten die Regelung des Art. 8 Abs. 1 JI-RL um.

10   **Außerhalb des Anwendungsbereichs der DS-GVO**[21] gelten nach § 1 Abs. 8 ebenfalls die Vorschriften der Verordnung (→ § 1 Rn. 46). Daher gelten auch in diesem Bereich der Datenverarbeitung durch öffentliche Stellen die Vorgaben des Art. 6 Abs. 1 UAbs. 1 lit. e iVm Art. 6 Abs. 3 DS-GVO (→ Rn. 8).

---

14   LT-Drs. 19/6300, 9.
15   S. *Roßnagel* in Simitis/Hornung/Spiecker gen. Döhmann DS-GVO Art. 6 Abs. 1 Rn. 71 und 79 sowie Art. 6 Abs. 3 Rn. 13 ff.; LT-Drs. 19/5728, 100; BT-Drs. 18/11325, 79; *Petri* in Kühling/Buchner BDSG § 3 Rn. 3; *Starnecker* in Gola/Heckmann BDSG § 3 Rn. 7; dagegen halten Art. 6 Abs. 1 UAbs. 1 lit. e DS-GVO für einen eigenständigen Erlaubnistatbestand zB *Richter* in HK-LDSG RhPf § 3 Rn. 2; *Reimer* in HK-BDSG § 3 Rn. 17.
16   LT-Drs. 19/5728, 100.
17   S. ErwG 45 Satz 1 bis 3 DS-GVO; *Schaller* in Roßnagel Das neue DSR § 7 Rn. 16; *Richter* in HK-LDSG RhPf § 3 Rn. 4.
18   Kritisch auch *Richter* in HK-LDSG RhPf § 3 Rn. 4.
19   So zB *Frenzel* in Paal/Pauly BDSG § 3 Rn. 1 f.; *Reimer* in HK-BDSG § 3 Rn. 18.
20   So auch *Richter* in HK-LDSG RhPf § 3 Rn. 5; *Starnecker* in Gola/Heckmann BDSG § 3 Rn. 8; *Schaller* in Roßnagel Das neue DSR § 7 Rn. 39.
21   S. zu den Ausnahmen des Art. 2 Abs. 2 *Roßnagel* in Simitis/Hornung/Spiecker gen. Döhmann DS-GVO Art. 2 Rn. 17 ff.

Die Regelung in Abs. 2 enthält eine Erweiterung der Definition des **Auf-** 11
tragsverarbeiters in Art. 4 Nr. 8 DS-GVO und Art. 3 Nr. 9 JI-RL. Diese lautet: „Auftragsverarbeiter ist eine natürliche oder juristische Person, Behörde, Einrichtung oder andere Stelle, die personenbezogene Daten im Auftrag
des Verantwortlichen verarbeitet". Art. 4 DS-GVO kennt keine Öffnungsklausel zur nationalen Modifikation oder Erweiterung einer dort definierten unionsweit geltenden Begriffsbestimmung.[22] Für den Anwendungsbereich der DS-GVO ist Abs. 2 somit **unionsrechtswidrig**. Im Ergebnis ergibt
sich die gewünschte Klarstellung jedoch auch durch eine Auslegung des Begriffs des Auftragsverarbeiters in Art. 4 Nr. 8 DS-GVO (→ Rn. 32). Dagegen kann die Vorschrift in Umsetzung von Art. 3 Nr. 9 JI-RL die dort enthaltene Definition klarstellend ergänzen.

IV. Verhältnis zu anderen Vorschriften

Durch die Stellung der Vorschrift im Ersten Teil „Gemeinsame Bestimmun- 12
gen" können „Verantwortliche – vorbehaltlich bereichsspezifischer Regelungen – auf die Bestimmung unabhängig davon zurückgreifen, zu welchen
Zwecken die Datenverarbeitung erfolgt".[23] Ihre Regelungen gelten somit
für die Datenverarbeitung nach den Vorgaben des **Zweiten und des Dritten
Teils** des Gesetzes gleichermaßen.

Abs. 1 steht neben den **anderen Erlaubnistatbeständen** in §§ 4 (Videoüber- 13
wachung), 20 und 43 (Verarbeitung besonderer Kategorien personenbezogener Daten), 21 und 44 (Verarbeitung zu anderen Zwecken), 22 (Datenübermittlung), 23 Datenverarbeitung für Zwecke des Beschäftigungsverhältnisses), 24 und 45 (Datenverarbeitung zu wissenschaftlichen oder historischen Forschungszwecken und zu statistischen Zwecken), § 25 (Datenverarbeitung zu im öffentlichen Interesse liegenden Archivzwecken), 27
(Datenübermittlung an öffentlich-rechtliche Religionsgemeinschaften)
§ 28 a (Datenverarbeitung bei öffentlichen Auszeichnungen und Ehrungen), 28 b (Datenverarbeitung in Gnadenverfahren), 30 (Verarbeitung personenbezogener Daten durch den Landtag und die kommunalen Vertretungsorgane), 49 (Automatisierte Einzelentscheidung) sowie 73 bis 76 (Datenübermittlung in Drittländer) und ist diesen gegenüber subsidiär.

Abs. 1 ist weitgehend **wortgleich** mit § 3 BDSG und vergleichbaren Rege- 14
lungen in allen LDSG. Abs. 2 findet keine Entsprechung in den Datenschutzgesetzen des Bundes und der Länder.

Abs. 2 ergänzt die Definitionen in §§ 2 und 41. Es ist unverständlich, war- 15
um diese Begriffsbestimmung als Abs. 2 zu einem allgemeinen Erlaubnistatbestand aufgenommen worden ist.

B. Allgemeiner Erlaubnistatbestand und Auftragsverarbeitung

Die Vorschrift enthält in Abs. 1 eine **allgemeine Rechtsgrundlage** für die 16
Datenverarbeitung von öffentlichen Stellen, die entweder für die Erfüllung
von **Aufgaben**, für die die jeweilige öffentliche Stelle zuständig ist, oder für

---

22 S. zB *Ziebarth* in HK-DS-GVO Art. 4 Rn. 4; *Schwartmann/Hermann* in Schwartmann ua DS-GVO Art. 4 Rn. 6 ff. und 173.
23 LT-Drs. 19/5728, 100.

die Wahrnehmung ihrer **Befugnisse**, die in der Ausübung öffentlicher Gewalt bestehen und der öffentlichen Stelle übertragen worden sind, erforderlich ist. Damit unmittelbar nichts zu tun, hat der Einbezug von Wartungsarbeiten und vergleichbaren Hilfstätigkeiten in den Begriff der **Auftragsverarbeitung.**

I. Allgemeine Erlaubnis zur Verarbeitung personenbezogener Daten (Abs. 1)

17   Viele Bereiche des Fachrechts haben bereichsspezifische Datenschutzregelungen, die vor allem die Bedingungen intensiverer Eingriffe in das Grundrecht auf Datenschutz und informationelle Selbstbestimmung regeln und dafür Schutzvorkehrungen vorsehen. Diese gehen den Vorschriften des Gesetzes vor (→ § 1 Rn. 19 ff.). Dies gilt jedoch nicht für alle Bereiche des Fachrechts. Soweit diese keine spezifischen Datenschutzregelungen haben, erlaubt die **Generalklausel** des Abs. 1 die nicht eingriffsintensive Verarbeitung personenbezogener Daten, indem sie an die Aufgaben oder an die Befugnisse (Ausübung öffentlicher Gewalt) der zuständigen öffentlichen Stellen anknüpft.[24] Sie sollen die Datenverarbeitungen durchführen dürfen, die für ihre Aufgabenerfüllung und ihre Befugnisausübung notwendig ist.

18   Abs. 1 enthält somit einen **Auffangtatbestand**, der die Datenverarbeitung von öffentlichen Stellen für die Wahrnehmung ihrer Aufgaben und die Ausübung ihrer Befugnisse auch ohne spezifische Datenschutzregelung erlaubt. Er gilt für „öffentliche Stellen" iSd § 2 Abs. 1 bis 3 (→ § 2 Rn. 12 ff.) und bezieht sich auf die Verarbeitung iSv Art. 4 Nr. 2 DS-GVO und § 41 Nr. 2 (→ § 41 Rn. 15 ff.) von personenbezogener Daten sind iSv Art. 4 Nr. 1 DS-GVO und § 41 Nr. 1 (→ § 41 Rn. 12 ff.).[25] Die Regelung unterscheidet nicht zwischen den Phasen der Erhebung, Speicherung, Veränderung und Nutzung, sondern ist auf den umfassenden Begriff der Datenverarbeitung bezogen.[26]

19   Auf diese „allgemeine Rechtsgrundlage für die Verarbeitung personenbezogener Daten" können „sich alle öffentlichen Stellen" berufen.[27] Ihre Datenverarbeitung ist zu zwei sehr weit gefassten **Zwecken** zulässig, die bei allen Behörden und bei überwiegend allen anderen öffentlichen Stellen zutreffen werden. Sie müssen in der 1. Alt. für die Aufgaben, für die die öffentliche Stelle zuständig ist, oder in der zweiten Alt. für Befugnisse, die ihr zur Ausübung hoheitlicher Gewalt übertragen worden sind, erforderlich sein. Beide Voraussetzungen können sich sowohl aus nationalen als auch aus unionsrechtlichen Rechtsvorschriften ergeben.[28]

20   Da im Rahmen des Art. 6 Abs. 1 UAbs. 1 lit. e DS-GVO Hoheitsträger sich auf die 2. Alt. berufen können, betrifft die 1. Alt., die auf die Erfüllung von Aufgaben im öffentlichen Interesse abstellt, in der Praxis vorrangig **nicht**

---

24   S. zB für die Datenverarbeitung in Hochschulen *Roßnagel* ZD 2019, 157 und *Roßnagel* ZD 2020, 296.
25   LT-Drs. 19/5728, 100.
26   LT-Drs. 19/5728, 100.
27   Die Gesetzesbegründung, LT-Drs. 19/5728, 100, verweist darauf, dass dies auch für Beliehene gilt.
28   LT-Drs. 19/5728, 100.

öffentliche Verantwortliche.[29] Im öffentlichen Interesse liegen vor allem Aufgaben der Daseinsvorsorge.[30] Solche sind von der DS-GVO selbst in mehreren ErwG angesprochen, wie die öffentliche Gesundheit, die soziale Sicherheit und die Verwaltung von Leistungen der Gesundheitsfürsorge (EG 45),[31] die Gesundheitsvorsorge (EG 52), humanitäre Zwecke (EG 46) oder sogar „wichtige wirtschaftliche oder finanzielle Interessen" des Mitgliedstaats (EG 73).[32] Überwiegend handeln öffentlich-rechtliche Wettbewerbsunternehmen im öffentlichen Interesse.[33] Da diese nach § 2 Abs. 2 aber aus dem Anwendungsbereich des Gesetzes ausgenommen sind (→ § 2 Rn. 29 f.), gilt die 1. Alt des Abs. 1 insoweit nur für die öffentlichen Stellen, die sich idR auch auf die 2. Alt. berufen können. Durch die Beschränkung auf öffentliche Stellen ist der Anwendungsbereich des Abs. 1 deutlich enger als der des Art. 6 Abs. 1 UAbs. 1 lit. e iVm Art. 6 Abs. 3 DS-GVO.[34]

Die Vorschrift regelt nur die allgemeine Zulässigkeit der Datenverarbeitung, ohne Schutzvorkehrungen für die betroffenen Grundrechte vorzusehen. Daher sind zur notwendigen Ergänzung der Norm die allgemeinen Regelungen zur Gewährleistung von Datenschutz heranzuziehen. Unter welchen Bedingungen die Datenverarbeitung zu erfolgen hat, ergibt sich vor allem aus den **Grundsätzen** der Datenverarbeitung in Art. 5 DS-GVO und § 42. Dies gilt vor allem für den Grundsatz der Zweckbindung,[35] die Transparenz für die betroffenen Personen und die Beschränkung auf die unvermeidbaren personenbezogenen Daten (→ Rn. 26 ff.).

1. Erfüllung von Aufgaben im eigenen Zuständigkeitsbereich

Die Datenverarbeitung einer öffentlichen Stelle ist nach der 1. Alt. zulässig, wenn sie in Erfüllung der in der Zuständigkeit des Verantwortlichen liegenden Aufgabe erfolgt. Der Gesetzeswortlaut verlangt nicht wie Art. 6 Abs. 1 UAbs. 1 lit. e DS-GVO, dass die Aufgabe im **öffentlichen Interesse** liegt. Dagegen wiederholt die Begründung des Gesetzentwurfs den Wortlaut der DS-GVO und fordert für die Zulässigkeit, dass die Verarbeitung „für die Wahrnehmung einer im öffentlichen Interesse liegenden Aufgabe erforderlich ist".[36] Die besondere Betonung des öffentlichen Interesses in der DS-GVO ist notwendig, weil der Geltungsbereich des Art. 6 Abs. 1 UAbs. 1 lit. e DS-GVO auch für nicht öffentliche Verantwortliche gilt. Da aber einer öffentlichen Stelle ohnehin nur Aufgaben von öffentlichem Interesse übertragen werden dürfen und das Gesetz sich auf öffentliche Stellen beschränkt, war die Spezifizierung von Aufgaben, die im öffentlichen Interesse liegen müssen, nicht notwendig.

---

29 S. auch Art. 55 Abs. 2; s. zB *Roßnagel* DuD 2017, 290 (292); *Frenzel* in Paal/Pauly DS-GVO Art. 6 Rn. 32.
30 S. zB *Schaller* in Roßnagel Das neue DSR § 7 Rn. 11, 13.
31 S. genauer *Buchner/Petri* in Kühling/Buchner DS-GVO Art. 6 Rn. 137.
32 *Roßnagel* in Simitis/Hornung/Spiecker gen. Döhmann DS-GVO Art. 6 Abs. 1 Rn. 71.
33 *Roßnagel* DuD 2017, 290 (291); so für die Telekommunikation zB *Gemin/Richter* in Roßnagel Das neue DSR § 8 Rn. 61 f.; aA *Frenzel* in Paal/Pauly DS-GVO Art. 6 Rn. 24.
34 S. auch *Richter* in HK-LDSG RhPf § 3 Rn. 31; *Reimer* in HK-BDSG § 3 Rn. 24.
35 S. zB *Starnecker* in Gola/Heckmann BDSG § 3 Rn. 35.
36 LT-Drs. 19/5728, 100.

23   Die Aufgaben müssen aber in der **Zuständigkeit** der jeweiligen öffentlichen Stelle liegen. Dies betrifft sowohl die fachliche und die örtliche als auch die verbandsmäßige und instanzielle Zuständigkeit. Die Aufgabe muss mit diesen Zuständigkeitsmerkmalen der öffentlichen Stelle durch Fachgesetz, Zuständigkeitsverordnung oder einschlägige Satzung übertragen worden sein.[37] So sind zB die Aufgaben der Gemeinden in § 4 HGO, der Landkreise in § 4 HKO, der Hochschulen in § 3 HHG,[38] für die für Straßenbau verantwortlichen Behörden in §§ 41 ff. HStrG festgelegt. Ebenso können nicht ausdrücklich geregelte Datenverarbeitungen durch den HDSB nach Abs. 1 erlaubt sein (→ § 8 Rn. 17). Auch bei Beliehenen liegt eine ausdrückliche Aufgabenübertragung per Gesetz und amtlichem Beleihungsakt vor.[39] Aufgrund spezifischer Zuständigkeit kann die jeweilige öffentliche Stelle nur ihre eigenen Aufgaben wahrnehmen.[40] Außerdem muss die Aufgabenerfüllung entsprechend der Anforderungen des Fachrechts **rechtmäßig** sein.[41] Die Datenverarbeitung für eine rechtswidrig verfolgte Aufgabe kann Abs. 1 nicht rechtfertigen. Für die Datenverarbeitung nach dem Dritten Teil ist zu beachten, dass Art. 8 Abs. 1 JI-RL von den Mitgliedstaaten fordert, dass Datenverarbeitungen nur dann als rechtmäßig anerkannt werden können, „wenn und soweit diese Verarbeitung für die Erfüllung einer Aufgabe erforderlich ist, die von der zuständigen Behörde zu den in Art. 1 Abs. 1 genannten Zwecken wahrgenommen wird". Dies ist für eine richtlinienkonformes Verständnis des Abs. 1 zu beachten.[42]

24   Zu den ausdrücklich zugewiesenen Aufgaben können verwaltungsrechtliche **Annexkompetenzen** hinzutreten, die sich aus allgemeinen Grundsätzen ergeben und eng mit der ausdrücklich zugewiesenen Aufgabe zusammenhängen müssen. Ein Beispiel hierfür ist die Erwartung, dass praktisch alle Behörden vor den Grundsätzen der Öffentlichkeit und Demokratie im Zusammenhang mit ihrer Aufgabenerfüllung auch Informations- und Öffentlichkeitsarbeit erbringen müssen.[43] Die dafür erforderliche Datenverarbeitung kann ebenfalls auf Abs. 1 gestützt werden.[44] Hierfür muss die konkrete Verarbeitung aber auf das notwendige Maß beschränkt und im Hinblick auf den Zweck angemessen sein. Sind diese Voraussetzungen nicht erfüllt, kann die öffentliche Stellen die Verarbeitung allenfalls auf der Grundlage von Einwilligungen durchführen.[45]

---

37   *Roßnagel* in Simitis/Hornung/Spiecker gen. Döhmann DS-GVO Art. 6 Abs. 1 Rn. 77 und 81; *Schaller* in Roßnagel, Das neue DSR, § 7 Rn. 12; *Starnecker* in Gola/Heckmann BDSG § 3 Rn. 20; *Reimer* in HK-BDSG § 3 Rn. 27.
38   S. zB für die Datenverarbeitung in Hochschulen *Roßnagel* ZD 2019, 157 und *Roßnagel* ZD 2020, 296.
39   S. zB *Richter* in HK-LDSG RhPf § 3 Rn. 26.
40   S. zB *Richter* in HK-LDSG RhPf § 3 Rn. 27.
41   S. zB *Starnecker* in Gola/Heckmann BDSG § 3 Rn. 22.
42   S. zB *Reimer* in HK-BDSG § 3 Rn. 30.
43   S. zB *Gusy* NVwZ 2015, 700; *Richter* in HK-LDSG RhPf § 3 Rn. 32; *Starnecker* in Gola/Heckmann BDSG § 3 Rn. 37.
44   S. zB *Richter* in HK-LDSG RhPf § 3 Rn. 53 ff. und *Starnecker* in Gola/Heckmann BDSG § 3 Rn. 37 mit Ausführungen zur Verarbeitung von Fotos von Veranstaltungen.
45   S. zB *Richter* in HK-LDSG RhPf § 3 Rn. 53.

2. Wahrnehmung von Befugnissen zur Ausübung öffentlicher Gewalt

Nach der 2. Alt. ist die Datenverarbeitung einer öffentlichen Stelle zulässig, 25 wenn sie in Ausübung öffentlicher Gewalt erfolgt. Der weder im Unionsrecht noch im deutschen Recht definierte Begriff der „Ausübung öffentlicher Gewalt" bezieht sich auf die **Ausübung hoheitlicher Befugnisse** durch die öffentliche Stelle, die zur Erfüllung der in der Zuständigkeit des Verantwortlichen liegenden Aufgabe Anwendung finden.[46] Die hoheitlichen Befugnisse müssen der öffentlichen Stelle durch Rechtsvorschrift übertragen worden sein. Außerdem muss ihre Ausübung im Einzelfall rechtmäßig sein.[47] Für Verwaltungsbehörden werden idR die beiden Alternativen zusammenfallen. Sie werden zuständige Aufgaben meist durch die Ausübung öffentlicher Gewalt erfüllen. Sollte dies ausnahmsweise nicht der Fall sein, ist die Ausübung öffentlicher Gewalt der speziellere Tatbestand als die Aufgabenerfüllung.[48] In der Wahrnehmung von Befugnissen zur Ausübung öffentlicher Gewalt besteht zwischen Behörde und Bürgern ein Subordinationsverhältnis, in dem die Behörde vor allem durch Verwaltungsakte die Rechtsverhältnisse der Bürger zu gestalten vermag. In den Anwendungsbereich der 2. Alt. fallen damit vor allem Verwaltungsverfahren, in deren Rahmen Erlaubnisse, Verbote und Gebote ausgesprochen oder Leistungen auf Antrag gewährt, Planfeststellungen getroffen oder Pläne festgelegt werden.[49] Nach Abs. 1 darf die Behörde die zur Durchführung der Verwaltungsverfahren erforderlichen Daten verarbeiten.

3. Erforderlichkeit

Der Schutz der Grundrechte soll vor allem durch das Zulässigkeitskriterium 26 der **Erforderlichkeit** bewirkt werden. Im Gegensatz zur Begründung des Gesetzentwurfs, die die Erforderlichkeit nur für die Wahrnehmung einer im öffentlichen Interesse liegenden Aufgabe verlangt, nicht aber für die Ausübung öffentlicher Gewalt,[50] gilt dieses Erfordernis **für beide Alternativen**.

Die Datenverarbeitung ist zur Erfüllung der Aufgabe oder zur Wahrneh- 27 mung der hoheitlichen Befugnisse dann **erforderlich**, wenn der Verantwortliche aus einer objektiven Ex-Ante-Sicht diese Ziele nur erreichen kann, wenn diese ohne die Datenverarbeitung nicht, nicht rechtzeitig, nicht vollständig oder nur mit unverhältnismäßigem Aufwand erfüllt werden können.[51] Ist die Datenverarbeitung nur zweckmäßig, aber nicht unbedingt er-

---

46 S. hierzu EuGH ECLI:EU:C:1997:160 Rn. 22 – Diego Cali& Figli; *Schaller* in Roßnagel Das neue DSR § 7 Rn. 10.
47 S. zB *Starnecker* in Gola/Heckmann BDSG § 3 Rn. 24.
48 S. zB *Richter* in HK-LDSG RhPf § 3 Rn. 28.
49 S. zB *Richter* in HK-LDSG RhPf § 3 Rn. 28.
50 LT-Drs. 19/5728, 100.
51 In Übernahme einer von *Podlech* entwickelten Formulierung, s. zB *Dammann* in Simitis BDSG § 14 Rn. 15; *Roßnagel* in Simitis/Hornung/Spiecker gen. Döhmann DS-GVO Art. 5 Rn. 121; s. auch *Petri* in Kühling/Buchner BDSG § 3 Rn. 14; *Starnecker* in Gola/Heckmann BDSG § 3 Rn. 28; *Nungesser* § 11 Rn. 12 und *Dembowski* in Schild ua § 11 Rn. 13 für die Vorgängerregelung; großzügiger *Reimer* in HK-BDSG § 3 Rn. 28.

forderlich, ist sie unzulässig.[52] Die Anforderungen der Erforderlichkeit bringt auch ErwG 39 DS-GVO zum Ausdruck: „Personenbezogene Daten sollten nur verarbeitet werden dürfen, wenn der Zweck der Verarbeitung nicht in zumutbarer Weise durch andere Mittel erreicht werden kann." Das Erforderlichkeitsprinzip ergibt sich unmittelbar aus der Zulässigkeit des Eingriffs in das Grundrecht auf Datenschutz und informationelle Selbstbestimmung. Sie ist unionsrechtlich nur insoweit gegeben, wie der Grundrechtseingriff auf das geringstmögliche Maß reduziert ist.[53] Der EuGH fordert, dass die Datenverarbeitung hierfür auf das „absolut Notwendige" beschränkt sein muss.[54] Die Anforderung der Erforderlichkeit ist Ausfluss der Grundsätze der **Datenminimierung** und **Speicherbegrenzung** nach Art. 5 Abs. 1 lit. c und e DS-GVO, die verlangen, dass personenbezogene Daten nur insoweit verarbeitet werden dürfen, wie dies zur Zweckerreichung notwendig ist, und grundsätzlich zu löschen sind, sobald und soweit dieser Zweck erreicht ist.[55] Zu beachten ist, ob der Umfang und der Charakter der Daten, die Formen und die Dauer ihrer Verarbeitung sowie ihre Löschung konkret erforderlich sind.[56]

28   Welchen Grundrechtsschutz die Erforderlichkeitsprüfung bewirkt und wie stark das Kriterium der Erforderlichkeit die Datenverarbeitung beschränkt, hängt jedoch davon ab, wie präzise der **Zweck** einer Verarbeitung bestimmt wird.[57] Ein abstrakt und generell gefasster Zweck lässt trotz eines strengen Maßes der Erforderlichkeit nahezu unbeschränkte Datenverarbeitungen als erforderlich erscheinen.[58] Ohne eine präzise Zweckbestimmung bewirkt das Erfordernis der Erforderlichkeit keinen Grundrechtsschutz. Aus diesem Grund fordert Art. 5 Abs. 1 lit. b DS-GVO, dass der Verantwortliche vor der Verarbeitung einen eindeutigen Verarbeitungszweck festlegen muss. Dabei ist es nicht zulässig, allein auf die viel zu abstrakten gesetzlichen Erlaubnistatbestände des Art. 6 Abs. 1 DS-GVO abzustellen.[59] Dem entsprechend genügt es auch nicht, als Zwecke eine der beiden Alternativen von Abs. 1 – Aufgabenerfüllung oder Ausübung öffentlicher Gewalt – als Zweck festzulegen.[60] Vielmehr muss die öffentliche Stelle den **konkreten Zweck** der jeweiligen Verarbeitung innerhalb ihrer Aufgabenerfüllung spezifizieren (zB Bearbeitung des Antrags auf Sondernutzungsge-

---

52 *Nungesser* § 11 Rn. 13 und *Dembowski* in Schild ua § 11 Rn. 8 zur Vorgängerregelung.
53 EuGH ECLI:EU:C:2010:662, Rn. 77 – Volker und Markus Schecke und Eifert; EuGH ECLI:EU:C:2014:238 – Digital Rights Ireland; EuGH ECLI:EU:C:2015:650 – Schrems; EuGH ECLI:EU:C:2016:970 – Tele2 Sverige; EuGH ECLI:EU:C:2020: 559 Rn. 176 – Schrems II; EuGH ECLI:EU:C:2020:791 Rn. 130 ff. – La Quadrature du Net.
54 EuGH ECLI:EU:C:2008:727 Rn. 56 – Satakunnan Markkinapörssi und Satamedia; EuGH ECLI:EU:C:2020:791 Rn. 130, 132. – La Quadrature du Net.
55 *Petri* in Kühling/Buchner BDSG § 3 Rn. 13; *Richter* in HK-LDSG RhPf § 3 Rn. 38; *Dembowski* in Schild ua § 11 Rn. 6 für die Vorgängerregelung.
56 *Starnecker* in Gola/Heckmann BDSG § 3 Rn. 31.
57 *Roßnagel* in Simitis/Hornung/Spiecker gen. Döhmann DS-GVO Art. 5 Rn. 67.
58 *Roßnagel* in Simitis/Hornung/Spiecker gen. Döhmann DS-GVO Art. 5 Rn. 111 ff.
59 *Roßnagel* in Simitis/Hornung/Spiecker gen. Döhmann DS-GVO Art. 5 Rn. 86 f.
60 S. zB *Richter* in HK-LDSG RhPf § 3 Rn. 29 f.

nehmigung für die Gaststätte in der X-Straße vom 15.7.2020).[61] Dies ist zB bei der Gestaltungs- von Antragsformularen zu beachten.[62] Für den konkreten Zweck stellt die Erforderlichkeit dann auch sicher, dass die tatsächlich legitim für die Aufgabenerfüllung oder Befugniswahrnehmung benötigten Daten verarbeitet werden dürfen.[63]

Der strenge Maßstab der „absoluten Notwendigkeit" ist allerdings auf den legitimen Zweck der Verarbeitung zu beziehen. Er kann daher neu zu bestimmen sein, wenn die Datenverarbeitung – gerade durch die **Digitalisierung** von Verwaltungsabläufen – zu einer effizienteren, effektiveren oder funktionsgerechteren Anwendung von Vorschriften des Fachrechts führen soll.[64] Dies ist insbesondere dann anzunehmen, wenn die Digitalisierung durch Rechtsverschriften gesteuert und gestaltet wird – etwa durch das eGovG oder OZG oder durch entsprechende Fachgesetze. In diesen Fällen ist, soweit die Vorschrift anwendbar ist, zu prüfen, inwiefern die Verarbeitung personenbezogener Daten im Rahmen dieser Digitalisierungsmaßnahmen erforderlich ist. Letztlich ist ein Maß der Datenverarbeitung erforderlich, das grundrechtsschonend ist, aber zugleich den öffentlichen Stellen erlaubt, mit der Zeit zu gehen und technische Fortschritte zur effektiveren und effizienteren und funktionsgerechteren Verwaltungstätigkeit einzusetzen.[65] 29

II. Erweiterung der Definition des Auftragsverarbeiters (Satz 2)

Nach Abs. 2 gelten als Auftragsverarbeiter auch Personen und Stellen, die im Auftrag Wartungsarbeiten an Datenverarbeitungssystemen und vergleichbare Hilfstätigkeiten bei der Verarbeitung personenbezogener Daten erledigen. Diese Definition gilt **nicht im Anwendungsbereich der DS-GVO**, wohl aber im Anwendungsbereich der JI-RL und im Anwendungsbereich des § 1 Abs. 8 (→ Rn. 11). 30

Die Tätigkeiten müssen im **Auftrag** des Verantwortlichen erfolgen. **Wartungsarbeiten** sind Arbeiten, die die Funktionsfähigkeit von Datenverarbeitungssystemen kontrollieren, erkannte Fehler beheben und neue Updates aufspielen. **Vergleichbare Hilfstätigkeiten** müssen Tätigkeiten sein, die ebenfalls Datenverarbeitungssysteme betreffen und diesen Wartungsarbeiten ähnlich sind. Solche Tätigkeiten können der Einbau und die Reparatur von Hardware oder die Installation, Erweiterung und Konfiguration von Software sein. Darunter können auch die Analyse von Hard- und Software und die auf sie gerichtete Beratung fallen. 31

Auch soweit Abs. 2 nicht im Anwendungsbereich der DS-GVO gelten kann, so ändert dies nichts an der Rechtslage. Denn eine Auftragsverarbeitung gemäß **Art. 4 Nr. 8 DS-GVO** umfasst auch Wartungsarbeiten an Datenverarbeitungssystemen und vergleichbare Hilfstätigkeiten. Diese ent- 32

---

61 S. *Roßnagel* in Simitis/Hornung/Spiecker gen. Döhmann DS-GVO Art. 5 Rn. 89; s. auch *Dembowski* in Schild ua § 11 Rn. 12 für die Vorgängerregelung.
62 S. zB *Dembowski* in Schild ua § 11 Rn. 16 für die Vorgängerregelung.
63 S. zB auch *Starnecker* in Gola/Heckmann BDSG § 3 Rn. 28.
64 EuGH ECLI:EU:C:2008:724 Rn. 52 – Huber; *Roßnagel* in Simitis/Hornung/ Spiecker gen. Döhmann DS-GVO Art. 6 Abs. 1 Rn. 77.
65 S. zB *Richter* in HK-LDSG RhPf § 3 Rn. 42.

sprechen zwar nicht dem üblichen Verständnis von **Auftragsverarbeitung**, weil ihre Anbieter nicht gezielt „personenbezogene Daten im Auftrag des Verantwortlichen verarbeiten". Da aber der Begriff der Datenverarbeitung gemäß Art. 4 Abs. 2 DS-GVO sehr weit zu verstehen ist, umfasst er auch jeden ungezielten oder unbeabsichtigten Vorgang, der zu einem Umgang mit personenbezogenen Daten führt.[66] Soweit dies bei Wartungsarbeiten an Datenverarbeitungssystemen und vergleichbaren Hilfstätigkeiten zu erwarten oder nicht auszuschließen ist, handelt es sich bei diesen, soweit sie im Auftrag des Verantwortlichen erfolgen, um Antragsverarbeitung.[67]

33   Die Einordnung als Auftragsverarbeitung hat zwei Folgen. Zum einen gelten für alle Wartungsarbeiten und vergleichbaren Hilfstätigkeiten im Auftrag die **Anforderungen des Art. 28 DS-GVO**. Das heißt, dass der auftraggebende Verantwortliche den Auftragnehmer sorgfältig aussuchen, kontrollieren und anweisen und dass er mit ihm einen Auftragsvertrag nach Art. 28 Abs. 3 DS-GVO abschließen muss. Zum anderen gelten unmittelbar die eigenständigen Rechtspflichten und Rechtsfolgen für den Auftragsverarbeiter. Ihn treffen die **Rechtspflichten** eines Auftragnehmers nach Art. 27, Art. 29, Art. 30 Abs. 2, Art. 31, Art. 32, Art. 33 Abs. 2, Art. 35 Abs. 8 und Art. 37 DS-GVO. Hinzu kommen die **Rechtsfolgen** der Anordnungsmöglichkeiten der Aufsichtsbehörde nach Art. 58 DS-GVO, die Beschwerdemöglichkeit der betroffenen Person nach Art. 79 DS-GVO, die Haftung nach Art. 82 Abs. 2 DS-GVO und die Sanktionsmöglichkeit nach Art. 83 Abs. 4 lit. a DS-GVO.[68]

C. Würdigung

34   **Abs. 1** unterliegt einer dreifachen Subsidiarität. Für ihn gelten der Vorrang spezifischerer Vorschriften des Gesetzes, der Vorrang spezifischerer Regelungen in anderen Gesetzen gemäß § 1 Abs. 2 Satz 1 und verfassungsrechtliche Beschränkungen auf Datenverarbeitungen mit geringer Eingriffsintensität aufgrund des Bestimmtheitsgebots und des Grundsatzes der Verhältnismäßigkeit.[69] Dies beschränkt seinen Anwendungsbereich. Dennoch hat er seine **Funktion als Auffangregelung** für die alltägliche, wenig eingriffsintensive Datenverarbeitung in Verwaltungsbereichen, die nicht über bereichsspezifische Datenschutzregelungen verfügen.[70] Durch die Anwendung eines strengen Maßes der Erforderlichkeit und die ergänzende Anwendung der Datenschutzgrundsätze des Art. 5 DS-GVO lassen sich auch seine unions- und verfassungsrechtlichen Schwächen auffangen.

35   Die Regelung in **Abs. 2** enthält eine im **Anwendungsbereich der DS-GVO** unionsrechtswidrige Erweiterung der Definition des Auftragsverarbeiters. Soweit sie für den **Anwendungsbereich der JI-RL** in zulässiger Weise klarstellt, dass unter diesen Begriff auch Stellen fallen, die Wartungsarbeiten

---

66 S. zB *Roßnagel* in Simitis/Hornung/Spiecker gen. Döhmann DS-GVO Art. 4 Nr. 2 Rn. 11.
67 S. zB *Weichert* in Däubler ua DS-GVO Art. 4 Rn. 97 für „Hilfsunternehmen".
68 S. zB *Hartung* in Kühling/Buchner DS-GVO Art. 4 Nr. 8 Rn. 4 und 9; *Schwartmann/Hermann* in Schwartmann ua DS-GVO Art. 4 Rn. 174.
69 *Starnecker* in Gola/Heckmann BDSG § 3 Rn. 14.
70 Als „misslungen" bezeichnet *Reimer* in HK-BDSG § 3 Rn. 31 die Vorschrift.

und vergleichbare Hilfstätigkeiten durchführen, passt diese Definition nicht zu dem generellen Erlaubnistatbestand in Abs. 1 und wäre in § 41 besser aufgehoben.

§ 4 Videoüberwachung öffentlich zugänglicher Räume

(1) Die Beobachtung öffentlich zugänglicher Räume mit optisch-elektronischen Einrichtungen (Videoüberwachung) ist nur zulässig, soweit sie
1. zur Aufgabenerfüllung öffentlicher Stellen,
2. zur Wahrnehmung des Hausrechts
erforderlich ist und keine Anhaltspunkte bestehen, dass schutzwürdige Interessen der Betroffenen überwiegen.

(2) Der Umstand der Beobachtung sowie der Name und die Kontaktdaten des Verantwortlichen sind durch geeignete Maßnahmen zum frühestmöglichen Zeitpunkt erkennbar zu machen.

(3) [1]Die Speicherung oder Verwendung von nach Abs. 1 erhobenen Daten ist zulässig, wenn sie zum Erreichen des verfolgten Zwecks erforderlich ist und keine Anhaltspunkte bestehen, dass schutzwürdige Interessen der Betroffenen überwiegen. [2]Für einen anderen Zweck dürfen sie nur weiterverarbeitet werden, soweit dies zur Abwehr von Gefahren für die staatliche und öffentliche Sicherheit sowie zur Verfolgung von Straftaten und nicht geringfügigen Ordnungswidrigkeiten erforderlich ist.

(4) Die Daten sind zu löschen, sobald sie zur Erreichung des Zwecks nicht mehr erforderlich sind oder wenn schutzwürdige Interessen der Betroffenen einer weiteren Speicherung entgegenstehen.

A. Allgemeines

I. Bedeutung der Vorschrift

Die Vorschrift steht in der Tradition des deutschen Datenschutzrechts, dass Videoüberwachung, insbesondere im öffentlichen Raum, besonders problematisch ist und daher einer eigenständigen Rechtsgrundlage bedarf. Es handelt sich also – weitgehend entgegen der meisten sonstigen Vorschriften des Datenschutzrechts – um eine **technologiespezifische Regelung**. Auch

1

wenn mittels Videoüberwachung typischerweise das **Sicherheitsempfinden** der Bürgerinnen und Bürger steigern, der **Prävention** und auch der besseren **Strafverfolgung** dienen, sowie die Beweissicherung erleichtern kann, sollten doch die negativen Aspekte nicht vernachlässigt werden. Eine weitreichende Überwachung des öffentlichen Raums kann dazu führen, dass Menschen sich gerade in diesem auch für die Demokratie und diese stützende Treffräume[1] bedeutungsvollen Umfeld nicht mehr frei bewegen, um dem dadurch ausgelösten **Überwachungs- und Anpassungsdruck** zu entziehen.[2] Eine Spezialregelung ist also unbedingt wünschenswert, wenngleich § 4 den Anforderungen an Bestimmtheit und Präzisierung nur teilweise nachkommt.

2   Die Vorschrift richtet sich nach **Anwendungsbereich** und **Systematik** des HDSIG allein an öffentliche Stellen des Landes Hessen, die Gemeinden und Landkreise (§ 1 Abs. 3). Sie regelt nicht die Videoüberwachung durch Private. Insofern greift sie die europarechtswidrige Rechtslage des BDSG[3] nicht auf.

3   Systematisch handelt es sich um eine Vorschrift im Abschnitt **Gemeinsame Vorschriften**, die sich gleichermaßen an Sicherheitsbehörden, die personenbezogene Daten im Wege der Videoüberwachung zu Zwecken des Sicherheitsrechts (= Anwendungsbereich der JI-RL) verarbeiten, wie an jede andere öffentliche Stelle des Landes Hessen wendet, die Daten zu anderen öffentlichen Zwecken verarbeitet. Praktische Bedeutung dürfte (zumindest) Abs. 1 Nr. 1 im Polizei- und Sicherheitsrecht jedoch kaum haben, da die Vorschrift zum einen von zahlreichen spezialgesetzlichen Regelungen verdrängt wird und zudem für sich genommen zumeist mangels Bestimmtheit nicht dazu geeignet ist, Ermächtigungsgrundlage für grundrechtsintensive Datenverarbeitungen zu sein (→ Rn. 12 f. und → Rn. 16 ff.).

4   Aus **verfassungsrechtlicher Perspektive** regelt die Vorschrift Sachverhalte, die gleich mehrfach und parallel vom Verfassungsrecht adressiert werden: Der Schutzbereich des grundgesetzlichen **Rechts auf informationelle Selbstbestimmung** aus Art. 2 Abs. 1 iVm 1 Abs. 1 GG ist ebenso tangiert wie der Schutzbereich des **neu in die HV aufgenommenen Art. 12 a** als auch die europarechtlichen Grundrechte der Art. 7 und 8 GRCh (→ Einl. Rn. 15 ff.). Damit besteht auch das verfassungsrechtliche Gerüst, in das die Vorschrift eingebettet ist, aus mehreren Ebenen, so dass die verfassungsrechtlichen Rechte und Freiheiten mal alternativ, mal kumulativ Anwendung finden.[4]

II. Entstehungsgeschichte

5   Die Vorschrift ist im Wesentlichen **wortgleich zu § 4 Abs. 1 Satz 1 Nr. 1 und 2, Abs. 2, 3 und 5 BDSG** sowie zu § 6 b Abs. 1 Satz 1, Abs. 2, 3 und 5

---

1 *Spiecker gen. Döhmann* VVDStRL 77 (2018), 9 (34 ff.).
2 Siehe dazu *Scholz* in Simitis/Hornung/Spiecker gen. Döhmann DS-GVO Anhang 1 zu Art. 6 Rn. 9 ff.
3 *Hornung/Spiecker gen. Döhmann* in Simitis/Hornung/Spiecker gen. Döhmann DS-GVO Einl. Rn. 267, Rn. 96; *Scholz* in Simitis/Hornung/Spiecker gen. Döhmann DS-GVO Anhang 1 zu Art. 6 Rn. 23.
4 Instruktiv zum komplexen Problem des Grundrechtsschutzes im Mehrebenensystem *Schneider* in BeckOK DatenschutzR Syst. B Rn. 8 ff.

BDSG aF. Eine Engführung der landesrechtlichen Vorschrift zur Videoüberwachung mit der entsprechenden bundesgesetzlichen Vorschrift hat der Landesgesetzgeber ausdrücklich angestrebt.[5] Dieser Umstand hat praktische Folgen für die **Auslegung:** Die Zwecke und Ziele, die der Bundesgesetzgeber mit dem Erlass von § 4 BDSG verfolgt hat, sind zugleich für die Vorschrift – soweit sie angesichts der kompetenzrechtlichen Unterschiede Anwendung finden können – auslegungsleitend und -prägend.

Die ursprüngliche Fassung des Abs. 1 entsprach einer wortgleichen Übernahme des § 4 Abs. 1 Satz 1 BDSG, einschließlich der dortigen Ziffer 3, so dass die Videoüberwachung auch zur **Wahrung „berechtigter Interessen"** zugelassen sein sollte. Der Landesgesetzgeber strich Ziffer 3 indes zu Recht, nachdem im Rahmen der Anhörung im Innenausschuss seitens der Gutachterinnen und Gutachter erhebliche Kritik geäußert wurde. Der Verordnungsgeber habe Art. 6 Abs. 1 UAbs. 1 lit. f DS-GVO (Datenverarbeitung auf Grundlage „berechtigter Interessen") nicht als Grundlage von Datenverarbeitungen durch öffentliche Stellen vorgesehen, sondern in Art. 6 Abs. 1 UAbs. 2 DS-GVO ausdrücklich die Möglichkeit versperrt, sich auf „berechtigte Interessen" zu stützen.[6]

III. Unionsrechtliche Regelungen

Mit Blick auf den Erlaubnistatbestand des Abs. 1 ergänzt und konkretisiert die Vorschrift Art. 6 Abs. 1 UAbs. 1 lit. e DS-GVO durch mitgliedstaatliches Recht in einer gem. **Art. 6 Abs. 3 lit. b DS-GVO** zulässigen Art und Weise. Gleiches gilt für Abs. 3 Satz 1. Insoweit ist der Erlass dieser Normen von den Öffnungsklauseln der DS-GVO erfasst.

Der Landesgesetzgeber hatte im ursprünglichen Gesetzesentwurf Art. 6 Abs. 1 UAbs. 1 lit. f DS-GVO als unionsrechtliche Grundlage für die Ausgestaltung des Abs. 1 und 3 Satz 1 benannt. Trotz der ersatzlosen Streichen von Abs. 1 Nr. 3 nach der grundlegenden Kritik im Rahmen der Stellungnahmen zum Gesetzesentwurf (→ Rn. 6) hat der Landesgesetzgeber die verbleibende Unsicherheit um die **unionsrechtliche Grundlage** für die Regelung in der Vorschrift nicht beseitigt. Die ursprünglich genannte Grundlage (Art. 6 Abs. 1 UAbs. 1 lit. f DS-GVO) kommt – unabhängig von dem zuvor angesprochenen Konflikt mit Art. 6 Abs. 1 UAbs. 2 DS-GVO – nicht in Frage, da es sich hierbei schon dem Wesen nach nicht um eine Öffnungsklausel handelt. Daher kann sich der Landesgesetzgeber mit Blick auf Abs. 1 und 3 allein auf Art. 6 Abs. 1 UAbs. 1 lit. e iVm Abs. 2 und 3 DS-GVO als Öffnungsklausel stützen.

Abs. 2 konkretisiert die Pflicht zu transparenter und nachvollziehbarer Datenverarbeitung nach Art. 5 Abs. 1 lit. a DS-GVO für eine spezifische Datenverarbeitung. Die Vorschrift weicht zugleich von den **Informationspflichten** des Art. 13 DS-GVO insoweit ab, als die benannten Informationen nicht *zum Zeitpunkt der Erhebung*, wie in Art. 13 Abs. 1 DS-GVO

6

7

8

9

---

5 LT-Drs. 19/5728, 97.
6 Zu den Beweggründen des Verordnungsgebers, die dem Art. 6 Abs. 1 UAbs. 2 DS-GVO zugrunde lagen, s. *Schantz* in Simitis/Hornung/Spiecker gen. Döhmann DS-GVO Art. 6 Abs. 1 Rn. 96.

vorausgesetzt, sondern *zum frühestmöglichen Zeitpunkt* mitgeteilt werden sollen.

10 Ausweislich der Gesetzesbegründung zur ersten Entwurfsfassung hat der Gesetzgeber mit Blick auf Abs. 3 Satz 2 von der Öffnungsklausel des **Art. 6 Abs. 4 iVm Art. 23 Abs. 1 lit. c und d DS-GVO** Gebrauch gemacht. Ob es sich hierbei, wie er offenbar meint, um eine generelle Öffnungsklausel handelt, wird im Schrifttum uneinheitlich beurteilt.[7] Im konkreten Fall des Satzes 2 ist dies unproblematisch, da es sich jedenfalls um eine partielle Öffnungsklausel handelt. Von dieser hat der Gesetzgeber in zulässigem Umfang, namentlich im Rahmen einer zugleich Art. 6 Abs. 1 UAbs. 1 lit. e iVm Abs. 3 lit. b DS-GVO unterfallenden Form, Gebrauch gemacht.

11 In Abs. 4 regelt der Gesetzgeber die **Löschung** der im Zuge einer Videoüberwachungsmaßnahme erhobenen und gespeicherten Daten „nach Maßgabe des Art. 17 Abs. 1 Buchst. a" DS-GVO. Hierbei geht die Vorschrift über die Vorgaben der DS-GVO insofern hinaus, als sie Löschungspflichten schon bei überwiegenden schutzwürdigen Belangen der Betroffenen annimmt.

IV. Verhältnis zu anderen Vorschriften

12 Die Vorschrift entspricht in Wortlaut und Systematik im Wesentlichen § 4 **BDSG** und § 6 b BDSG aF,[8] mit Ausnahme von § 4 Abs. 1 Satz 1 Nr. 3 und Satz 2 sowie Abs. 4 BDSG sowie § 6 b Abs. 1 Satz 1 Nr. 3 und Satz 2 sowie Abs. 4 BDSG aF, die nicht übernommen werden.

13 Es handelt sich um eine **Generalklausel** für die Videoüberwachung, so dass bereichsspezifische Vorschriften etwa durch bestimmte Behörden oder auf bestimmte Art und Weise Vorrang haben, etwa § 14 Abs. 6 HSOG (der Einsatz sog. Body Cams bei hessischen Polizeibeamten) und § 34 Abs. 5 HStVollzG (Videoüberwachung eines Besuchs im Strafvollzug).

14 Vergleichbare Regelungen existieren im **Recht aller anderen Länder**, in ähnlicher Weise orientiert an § 4 BDSG, etwa § 18 LDSG BW, Art. 24 BayDSG, § 20 BlnDSG, § 28 BbgDSG, § 15 BremDS-GVOAG, § 9 Hmb-DSG, § 11 DSG MV, § 14 NDSG, § 20 DSG NRW, § 21 LDSG RhPf, § 25 SaarlDSG, § 13 SächsDSDG, § 8 DSAG LSA, § 14 LDSG S-H und § 30 ThürDSG.

B. Videoüberwachung

15 Mit der Vorschrift wird eine **eigenständige Rechtsgrundlage** für eine besondere Art der Datenverarbeitung, die Videoüberwachung, geschaffen. Der Gesetzgeber unterscheidet dabei zwischen bloßer Beobachtung (Abs. 1) sowie der nachfolgenden Speicherung bzw. Verwendung der mittels Videoüberwachung erlangter Daten (Abs. 3 Satz 1) und der Weiterverarbeitung

---

7 Für die Annahme einer Öffnungsklausel *Roßnagel* in Simitis/Hornung/Spicker gen. Döhmann DS-GVO Art. 6 Abs. 4 Rn. 2; dagegen *Albers/Veit* in BeckOK DatenschutzR DS-GVO Art. 6 Rn. 77.
8 Mit Blick auf § 6 b BDSG aF hat der Bundesgesetzgeber § 4 BDSG sowie der Landesgesetzgeber die Vorschrift an die geänderten Begriffe der DS-GVO (verwenden statt nutzen) angepasst.

zu anderen Zwecken (Abs. 3 Satz 2) und regelt damit unterschiedliche Eingriffsintensitäten.

I. Erforderlichkeit

Inhaltlich ist der Zentralbegriff von Abs. 1 und Abs. 3 der unbestimmte   16
Rechtsbegriff der **Erforderlichkeit**. Er wird näher gefasst über die begleitend genannten Zwecke. Aus diesen lassen sich Anhaltspunkte für die Auslegung des Begriffs folgern, ebenso wie aus der Festlegung der zusätzlichen Schwelle einer unbedingten Erforderlichkeit in anderen Vorschriften, die parallel mit dem Gesetz an das neue Datenschutzrecht der EU angepasst worden sind, etwa in § 34 Abs. 5 Satz 2 HStVollzG. Andererseits verlangt die Weite des Zwecks der öffentlichen Aufgaben, dass über den Begriff der Erforderlichkeit wenigstens eine gewisse Beschränkung erfolgt.

Die einfache Erforderlichkeit bei der Videoüberwachung ist daher gegeben,   17
wenn sie die Aufgabenerfüllung der öffentlichen Stelle oder die Ausübung des Hausrechts usw **wesentlich unterstützt**.[9] Sie muss dagegen nicht „unerlässlich"[10] sein.[11] Daraus folgt aber auch, dass die Erforderlichkeit deutlich mehr verlangt als nur eine beiläufige Nützlichkeit oder gar Tauglichkeit. Zur Zweckerfüllung darf es also kein anderes, gleich wirksames, aber milderes Mittel geben; die Geeignetheit wird vorausgesetzt.

II. Fehlendes überwiegendes Interesse der betroffenen Personen

Kumulativ mit der Erforderlichkeit muss in Abs. 1 und 3 ein fehlendes   18
überwiegendes schutzwürdiges Interesse betroffener Personen gegeben sein. Typischerweise werden von einer Videoüberwachung im öffentlichen Raum eine Vielzahl von Personen betroffen sein. Zu beachten ist aber, dass der Plural darauf verweist, dass **betroffene Personen im weiten Sinne** zu verstehen ist. Denn die Ziele des Datenschutzrechts, den Einzelnen weder zum Informationsobjekt zu degradieren noch ihm die Eigenschaft als Handlungs- und Entscheidungssubjekt zu nehmen,[12] verlangen angesichts der weitreichenden Verwendung von personenbezogenen Daten zur Erstellung von Profilen über Dritte auch deren Einbeziehung in Abwägungs- und Schutzwürdigkeitsbeurteilungen.

Dieses Überwiegen eines gegenläufigen schutzwürdigen Interesses der   19
durch die Videoüberwachung betroffener Personen[13] ist systematisch als Ausnahme zu verstehen. Im Regelfall überwiegt das öffentliche Interesse die Betroffeneninteressen. Ob und in welchen Fällen das private Geheimhaltungsinteresse betroffener Personen ausnahmsweise überwiegt, kann

---

9 Vgl. *Wilhelm* in BeckOK DatenschutzR BDSG § 4 Rn. 24; s. zu § 6 b Abs. 1 Satz 1 Nr. 1 BDSG aF *Scholz* in Simitis BDSG § 6 b Rn. 71.
10 Dabei versteht der Landesgesetzgeber unter dem Begriff „unerlässlich" ein gesteigertes Maß an Erforderlichkeit, vgl. LT-Drs. 19/5728, 143.
11 Vgl. *Wilhelm* in BeckOK DatenschutzR BDSG § 4 Rn. 24; s. zu § 6 b Abs. 1 Satz 1 Nr. 1 BDSG aF *Scholz* in Simitis BDSG § 6 b Rn. 71.
12 Vgl. *Hornung/Spiecker gen. Döhmann* in Simitis/Hornung/Spiecker gen. Döhmann DS-GVO Art. 1 Rn. 29.
13 Insoweit ist es anderen Bundesländern besser gelungen, diesen Bezugspunkt der Abwägung herauszuarbeiten, zB § 14 Abs. 1 Satz 1 NDSG („(...) schutzwürdige Interessen der von der Videoüberwachung betroffenen Personen (...)").

nicht abstrakt beantwortet werden, sondern bemisst sich nach allen Umständen des einzelnen Falles. Maßgeblich ist hierfür, ob **atypisch stark** unter Berücksichtigung der Auswirkungen auch für Dritte **in die Rechte eingegriffen** wird. Hierbei ist insbesondere auch das Gesamtüberwachungsszenario einzubeziehen.

20 In diesem Sinne atypisch starke Betroffenheit ist insbesondere in schamsensiblen Konstellationen denkbar: Jemand betritt gänzlich unbekleidet einen videoüberwachten Bereich und hält sich dort – beobachtet – längere Zeit auf oder hat ersichtlich keine Kontrolle mehr über seine Körperfunktionen (eingenässt/bekotet/erbrochen). Ebenso ist vorstellbar, dass Geheimhaltungs- und gesteigerte Berufsschutzinteressen bestehen, etwa der Zugang zu Beratungsstellen. Dies gilt jedoch nur, wenn nicht ein besonderes Interesse – etwa aus Gründen der Eigensicherung – gerade an der Beobachtung oder Aufzeichnung des Verhaltens dieser Person besteht.

III. Beobachtung öffentlich zugänglicher Räume (Abs. 1)

21 Unter öffentlich zugänglichen Räumen versteht der Gesetzgeber „alle Bereiche, innerhalb oder außerhalb von Gebäuden, die von einem unbestimmten oder nur nach allgemeinen Merkmalen bestimmten Personenkreis betreten werden können und ihrem Zweck nach auch dazu bestimmt sind".[14] Der Zweck kann insbesondere durch Widmung festgelegt werden.

22 Der Begriff „**Beobachten**" wird so ausgelegt wie auch im aktuellen (§ 4 BDSG) und früheren (§ 6 b BDSG aF) Bundesrecht, namentlich als Sichtbarmachung von Geschehnissen und Personen mittels geeigneter technischer Einrichtungen, die von gewisser Dauer ist.[15] Die Beobachtung ist von der **Aufzeichnung** (Speicherung) abzugrenzen, welche die sichtbar gemachten Geschehnisse perpetuiert und weiter zugänglich hält.

23 Die Zulässigkeit des Aufstellens von **Kameraattrappen** regelt der Gesetzgeber nicht ausdrücklich;[16] da auch diese negative Auswirkungen auf Betroffene haben, könnte man unter Berufung auf die Ziele des Datenschutzrechts sehr wohl zumindest eine analoge Anwendung erwägen. Nach hM fehlt es allerdings am Merkmal des Beobachtens, weil keine Datenverarbeitung vorliegt.[17]

1. Öffentliche Aufgaben (Nr. 1)

24 Abs. 1 Nr. 1 ist wortgleich mit § 4 Abs. 1 Satz 1 Nr. 1 BDSG. Normstrukturell handelt es sich um eine Kombination aus Aufgabennorm und Abwä-

---

14 LT-Drs. 19/5728, 100. Vgl. auch *Scholz* in Simitis/Hornung/Spiecker gen. Döhmann DS-GVO Anhang 1 zu Art. 6 Rn. 56 ff.
15 *Starnecker* in Gola/Heckmann BDSG § 4 Rn. 28 unter Bezugnahme auf *Scholz* in Simitis BDSG § 6 b Rn. 63.
16 Anders, nämlich inkludiert, in Sachsen-Anhalt, vgl. § 8 Abs. 4 DSAG LSA.
17 *Scholz* in Simitis/Hornung/Spiecker gen. Döhmann DS-GVO Anhang 1 zu Art. 6 Rn. 125.

gung[18] mit ausgesprochen **geringer Regelungsdichte**.[19] Der Vorschrift kommt daher in der Systematik datenschutzrechtlicher Regelungen zur Videoüberwachung nur ein Auffangcharakter zu; spezialgesetzliche Regelungen (→ Rn. 13) sind vorrangig. Wegen der geringen Regelungsdichte, der geringen Bestimmtheit und damit einhergehend geringen demokratisch legitimierten Steuerungswirkung kann Abs. 1 Nr. 1 kaum Ermächtigungsgrundlage für intensive Eingriffe sein, die noch nicht spezialgesetzlich legalisiert worden sind.[20] Eine allgemeine Ermächtigungsgrundlage für unterschiedlichste Arten videogestützter Beobachtung des öffentlichen Raumes, etwa Gesichts- und Gefühlserkennung, Einsatz von Drohnen und Dashcams oder Biometrik ist hierin nicht enthalten, und auch eine dauerhafte und flächendeckende Überwachung kann keinesfalls auf Abs. 1 Nr. 1 gestützt werden. In jedem Fall ist – auch bei jeder spezialgesetzlichen Ermächtigungsgrundlage – zudem zu beachten, dass auch eine im Einzelfall zulässige Videobeobachtung unzulässig wird, wenn damit eine **umfassende Überwachung des öffentlichen Raums ohne Ausweichmöglichkeiten** einhergeht.

Aus diesem Grund dürfte diese Vorschrift kaum einen eigenen Anwendungsbereich haben, zumal der Großteil der – abzüglich spezialgesetzlicher Regelungen – verbleibenden Anwendungsfälle dem Sachbereich der Ausübung des Hausrechts zuzuordnen sein dürfte.[21] Da diese speziell durch Abs. 1 Nr. 2 regelnd erfasst werden, verbleiben für Abs. 1 Nr. 1 allenfalls **atypische Konstellationen niedriger Eingriffsintensität** oder nur kleine und **punktuelle Überwachungsmaßnahmen**. 25

2. Ausübung des Hausrechts (Nr. 2)

Deutlich eher wird der zweite Zweck, die Wahrnehmung des Hausrechts der öffentlichen Stelle zum Zuge kommen können. Damit umschreibt der Landesgesetzgeber ein Mittel des an einem Raum Berechtigten, den **tatsächlichen Besitz** an den Räumen in Form von zweckgebundenen Zugangs- und Aufenthaltsbestimmungen bzw. -beschränkungen auszuüben.[22] Die Ausübung des Hausrechts in diesem Sinne steht dem **Besitzer der Räumlichkeiten** zu, losgelöst von der Eigentümerstellung.[23] Bei Räumen in öf- 26

---

18 Vgl. *Frenzel* in Paal/Pauly BDSG § 4 Rn. 14.
19 Dies wird insbesondere im Vergleich zu Parallelvorschriften in anderen Bundesländern deutlich etwa Art. 24 Abs. 1 BayDSG: Dort hat der Landesgesetzgeber die Zwecke stärker konkretisiert und dadurch auch den Begriff der Aufgabenerfüllung deutlicher konturiert.
20 Vgl. unter Bezugnahme auf den Wesentlichkeitsgrundsatz *Frenzel* in Paal/Pauly BDSG § 4 Rn. 14; s. auch *Dejam*, Gefühlsdatenschutz, iE 2021.
21 Häufig dürfte es sich nämlich um Maßnahmen zum Zwecke der Eigensicherung der Behörde handeln etwa durch Zugangskontrollen oder Objektsicherungsmaßnahmen, *Wilhelm* in BeckOK DatenschutzR BDSG § 4 Rn. 24 mwN; in anderen Bundesländern ist teilweise „die Kontrolle von Zugangsberechtigungen" ein eigens benannter Fall zulässiger Videoüberwachung, so zB in § 28 Abs. 1 Nr. 4 BbgDSG.
22 S. nur BVerwG Urt. v. 27.3.2019 – 6 C 2.18, Rn. 25 zum wortgleichen § 4 BDSG nF; dort unter Rückgriff auf die Kommentarliteratur und Rechtsprechung zu § 6 b BDSG aF.
23 Vgl. *Wilhelm* in BeckOK DatenschutzR BDSG § 4 Rn. 26.

fentlicher Hand ist Inhaber des Hausrechts die jeweilige öffentliche Stelle (→ § 2 Rn. 12 ff.), die durch ihre Vertretungsorgane handelt.[24]

27   Trotz Existenz des Hausrechts kommt jedoch nicht jedem Raumberechtigten das Recht zu, diesen Raum videogestützt zu überwachen: Dieses ist nicht an die bloße Inhaberschaft des Hausrechts geknüpft, sondern an die Notwendigkeit seiner Wahrnehmung. Daher bedarf der Raumberechtigte eines Anlasses für die Videoüberwachung im Sinne eines **triftigen Grundes.** Die Erforderlichkeit (→ Rn. 17) beschränkt auch hier die Zweckwahrnehmung. Mit Blick auf § 4 BDSG und die diesbezügliche Gesetzesbegründung wird hierunter jedes „subjektive Interesse" verstanden, wenn es „grundsätzlich schutzwürdig und objektiv begründbar" ist.[25] Der Schutz kann sich erstrecken auf das **Objekt** und die sich darin aufhaltenden **Personen einschließlich des Personals, Besuchern und Gästen,** aber ebenso auch auf Herstellung der Betretensfähigkeit wie zur Abwehr unbefugten Betretens.[26]

28   In der Praxis dürften Maßnahmen zur Eigensicherung der Behörde im Vordergrund stehen und als solche einen triftigen Grund für die Videoüberwachung darstellen, wenn und soweit zum einen objektiv ein **nachvollziehbares Bedürfnis zur Eigensicherung** besteht und zum zweiten auch konsequent weitere Maßnahmen zur Eigensicherung ergriffen werden.[27] Mit Blick auf die erste Anforderung muss für die Behörde und deren Personal eine über das allgemeine Lebensrisiko hinausgehende Gefährdungslage bestehen. Mit Blick auf die zweite Anforderung muss die Videoüberwachung ein **anderweitig bestehendes Schutzkonzept** (etwa Einsatz von Sicherheitspersonal) unterstützen oder möglich machen, nicht hingegen darf sie aus fiskalischen Interessen heraus ein solches ersetzen, auch nicht in der Präventivfunktion. Folgemaßnahmen sind also insbesondere Verweis der Störer und Untersagung des Betretens für die Zukunft (Hausverbot).

29   Aus der Eigenschaft als bloßes **datenschutzrechtliches Annex** zur Bestimmungsmacht über die Räume folgt auch die Reichweite der Beobachtungsbefugnis: Die physischen Grenzen des Besitzes bilden zugleich die rechtlichen Grenzen der Beobachtungsbefugnis. Nach dem Sinn und Zweck des Erlaubnissatzes können ausnahmsweise auch geringfügige Überschreitungen vom Erlaubnissatz erfasst werden, um die Effektivität der Maßnahme zu sichern.[28] Eine systematische Überwachung des weiteren öffentlichen Raums jenseits des vom Hausrecht umfassten Bereichs ist allerdings nicht über Abs. 1 Nr. 2 zu rechtfertigen; hierzu bedarf es einer eigenständigen Ermächtigungsgrundlage. Dies gilt auch für eine Dauerbeobachtung, für die § 4 zu unbestimmt ist.

---

24   Vgl. *Brink* in BeckOK DatenschutzR BDSG § 6 Rn. 45.
25   Vgl. BVerwG Urt. v. 27.3.2019 – 6 C 2.18, Rn. 25; vgl. auch die ursprüngliche Gesetzesbegründung zu § 6 b BDSG aF in BT-Drs. 14/5793, 61.
26   *Scholz* in Simitis/Hornung/Spiecker gen. Döhmann DS-GVO Anhang 1 zu Art. 6 Rn. 69.
27   Konsequenterweise haben andere Bundesländer diese Zielsetzung wesentlich konkreter benannt, mit einer enumerativen Aufzählung der zu schützenden Einrichtungen oder Personen unterlegt und damit praxistauglicher in den Normtext aufgenommen, vgl. etwa § 18 Abs. 1 LDSG BW („um … zu schützen").
28   Vgl. im Ergebnis ebenso *Wilhelm* in BeckOK DatenschutzR BDSG § 4 Rn. 27.

IV. Hinweispflichten (Abs. 2)

Abs. 2 ordnet eine **aktive Hinweispflicht** der öffentlichen Einrichtung an 30 und ermöglicht damit Transparenz der Überwachung. Der Begriff des frühestmöglichen Zeitpunktes ist geknüpft an die Beobachtung, so dass damit grundsätzlich der Zeitpunkt der Erhebung gemeint ist.[29] Denn Abs. 2 weicht insoweit in zulässiger Weise von Art. 13 Abs. 1 DS-GVO ab.[30] Eine weitere Abweichung von den Hinweispflichten des Art. 13 Abs. 1 DS-GVO besteht mit Blick auf den Zweck der Datenverarbeitung, der nach Abs. 2 Betroffenen nicht mitgeteilt werden muss.

Die Hinweispflichten müssen **in geeigneter Weise** erfüllt werden. Vom Videoüberwacher ist also ein aktives Tun gefordert. In praktischer Hinsicht dürften diese Anforderungen in der Regel durch das Anbringen von entsprechenden **Hinweisschildern** erfüllt werden. Dies erachtet der Gesetzgeber ausweislich der Gesetzesbegründung auch als geeignete und typische Möglichkeit, diese Hinweispflichten zu erfüllen. Vorstellbar ist angesichts der ubiquitären Nutzung von Smartphones auch, künftig zusätzlich mit digitalen Hinweisen zu arbeiten. 31

Abs. 2 sieht, anders als das Bundesrecht in § 4 Abs. 4 BDSG, **keine Ausnahmen** und Einschränkungen der Hinweispflicht vor; Beschränkungen der Hinweispflicht und damit eine Heimlichkeit der Videobeobachtung können allein aus dem Begriff des frühestmöglich abgeleitet werden. In Ermangelung von substantiellen Gründen für Ausnahmen ist dies aber als zu unbestimmt abzulehnen. 32

V. Weiterverarbeitung (Abs. 3)

1. Zweckgleiche Speicherung und Verwendung (Satz 1)

Abs. 3 Satz 1 bringt das (zeitliche) Stufenverhältnis zwischen Beobachtung 33 einerseits und Speicherung bzw. Verwendung der Daten der Beobachtung zum Ausdruck. Regelungstechnisch ist wiederum der Begriff der Erforderlichkeit der zentrale Begriff der Norm. Allerdings ist in dieser Norm das Bezugsobjekt ein anderes, nämlich die **Speicherung bzw. Verwendung** und nicht die bloße Beobachtung. Abs. 3 S. 1 ist also Erlaubnissatz für die Speicherung und Verwendung mittels Videoüberwachung erhobener personenbezogener Daten, wenn gerade Speicherung und/oder Verwendung für die **Zweckerreichung** erforderlich sind.[31] Der Landesgesetzgeber hat hier also noch einmal die alte Unterscheidung des BDSG zwischen den verschiedenen Schritten der Datenverarbeitung aufgegriffen, daran allerdings keine Folgen geknüpft. Deutlich wird allerdings, dass nicht jede Videoüberwachung stets zur Speicherung und Verwendung führen muss, sondern dass die Option der Kamera-Monitor-Überwachung ohne Arbeits- und Zwischenspeicher besteht und für die weitere Verwendung erhöhte Rechtfertigungspflichten bestehen.

---

29 Einen anderen Ansatz verfolgt § 20 Abs. 2 BlnDSG. Dort bestehen für videoüberwachte Bereiche gesetzliche Kennzeichnungspflichten, die Betroffene *vor* Betreten über die maßgeblichen Umstände der Videoüberwachung aufklären.
30 LT-Drs. 19/5728, 101.
31 Vgl. *Frenzel* in Paal/Pauly BDSG § 4 Rn. 31.

2. Zweckändernde Weiterverarbeitung (Satz 2)

34   Satz 2 bildet den Erlaubnissatz für die **zweckändernde Weiterverarbeitung.** Diese kann nicht auf Satz 1 gestützt werden, da dort Zweckidentität von Beobachtungs- und Speicher- oder Verwendungszweck vorausgesetzt wird.[32] Der Gesetzgeber schafft damit eine Ermächtigungsgrundlage für eine neue Datenverarbeitung zu einem anderen, nicht iSv Art. 5 Abs. 1 lit. b DS-GVO adäquaten Zweck.

35   Hierzu lässt Satz 2 nicht mehr jede öffentliche Aufgabe genügen, sondern allein **präventive Gefahrenabwehr oder repressive Straf- und Ordnungswidrigkeitenverfolgung.** Etwa eine Weiterverwendung für Zwecke der Gesundheitsversorgung wäre regelmäßig nicht erfasst. Nach der Vorstellung des Gesetzgebers ist der Begriff der „nicht geringfügigen" Ordnungswidrigkeit anhand des Katalogs des § 56 Abs. 1 OWiG zu bestimmen.[33] Da die Erforderlichkeit keine unbedingte Erforderlichkeit voraussetzt (→ Rn. 17), dürfte die zweckändernde Weiterverarbeitung zu den vorgenannten Zwecken zumeist zulässig sein. Wegen des Ausschlusses geringfügiger Ordnungswidrigkeiten[34] und aus Gründen der Verhältnismäßigkeit dürfte allerdings bei Bagatellfällen jedenfalls im Gefahrenabwehrrecht keine Weiterverwendung zulässig sein.[35]

36   Problematisch – und in der Praxis höchst bedeutsam – ist, ob der übermittelnden Stelle ein **eigenes Prüfungsrecht** bezüglich des Vorliegens dieser Voraussetzungen zukommt. Dies ist ein Querschnittsproblem, das sich ähnlich auch an anderen Schnittstellen von Datenschutz- und fachgesetzlichem Sicherheitsrecht stellt. Dieses Prüfungsrecht ist jedenfalls im Rahmen von Satz 2 zu bejahen. Denn die übermittelnde Stelle ist verantwortliche Stelle isd § 41 Nr. 8 und Art. 4 Nr. 7 DS-GVO und insofern rechtlich für die Einhaltung aller datenschutzrechtlichen Vorschriften verantwortlich und Adressat sämtlicher Sanktionen. Zudem verlangt die Beschränkung der Zwecke, für die eine Weiterverwendung zulässig ist, ein Vier-Augen-Prinzip, denn die übermittelnde Stelle hat möglicherweise andere Vorstellungen von den Zwecken, zu denen die Videoüberwachung erfolgte, als dies der anfragenden Stelle naheliegend erscheinen mag.

VI. Löschungspflichten (Abs. 4)

37   Abs. 4 1. Halbsatz wiederholt die **Verpflichtung** aus Art. 17 Abs. 1 lit. a DS-GVO, zugleich aber auch die Verpflichtung des Art. 16 Abs. 2 JI-RL und verstößt daher wohl nicht gegen Unionsrecht. Die Löschung nach Zweckerreichung ist der Regelfall.

38   Abs. 4 2. Halbsatz sieht eine **Abwägungsklausel** vor, welche die Interessen der betroffenen Person und Dritten bei fortdauernder Speicherung in den

---

32   Vgl. *Frenzel* in Paal/Pauly BDSG § 4 Rn. 31 („Zweckidentität").
33   LT-Drs. 19/5728, 101.
34   Nur „geringfügige Ordnungswidrigkeiten" auszunehmen, ist eine rechtspolitische Entscheidung, die in anderen Bundesländern abweichend getroffen wurde: So sind etwa nach § 20 Abs. 3 DSG NRW Ordnungswidrigkeiten gänzlich ausgenommen.
35   Andere Bundesländer haben zumindest den Bezugspunkt der Gefahrenabwehr präziser und enger herausgearbeitet, so zB in § 14 Abs. 1 Satz 3 NDSG („(...) zur Abwehr einer konkreten Gefahr für die öffentliche Sicherheit (...)").

Mittelpunkt rückt. Eine besondere Löschungspflicht wird vor allem in **atypischen Konstellationen** angenommen werden können, wenn etwa Betroffene ungewöhnlich intensiv durch die weitere Verarbeitung betroffen wären. Dies ist aber auch in Abhängigkeit von den weiteren Verarbeitungsschritten zu beurteilen. Wenn auch der ursprüngliche Zweck noch fortbestehen mag, so können sich tatsächliche Umstände verändert haben, die nunmehr eine Abwägung anders ausfallen lassen können.

C. Würdigung

I. Kompetenzielle Konflikte

Die konkrete Regelung in Abs. 1 Nr. 1 und 2 begegnet keinen kompetenziellen Bedenken, da sich der Gesetzgeber mit Art. 6 Abs. 1 UAbs. 1 lit. e iVm Abs. 2 und 3 DS-GVO auf eine entsprechende **Öffnungsklausel** stützen kann. 39

Allerdings hat der Gesetzgeber die ursprünglich fehlerhafte Herleitung der eigenen Regelungskompetenz (→ Rn. 8 f.) in der **Gesetzesbegründung** nie korrigiert. Bei besonders strenger Lesart der Ausgestaltungskompetenz des mitgliedstaatlichen Gesetzgebers im Rahmen von Öffnungsklauseln könnte man die Regelung deshalb als rechtsfehlerhaft ansehen, weil sie sich auf die benannte Regelungskompetenz (Art. 6 Abs. 1 UAbs. 1 lit. f DS-GVO) eben nicht zurückführen lässt. Daher wäre es begrüßenswert, wenn der Gesetzgeber dies nachträglich klarstellen würde. 40

II. Notwendiges Maß an Bestimmtheit

Ein zentraler Kritikpunkt an der Vorschrift folgt aus der geringen Regelungsdichte und Bestimmtheit. Soweit der Verordnungsgeber die Mitgliedstaaten zu eigenen Regelungen ermächtigt, ist damit nach Art. 6 Abs. 2 und Abs. 3 DS-GVO die Vorgabe einer **konkretisierenden** mitgliedstaatlichen Regelung verbunden. Ohnehin begegnen insbesondere solche mitgliedstaatlichen Regelungen wegen des Normwiederholungsverbots Bedenken, die den Verordnungstext lediglich wiedergeben, paraphrasieren oder sich mit dem Wortlaut des Verordnungstextes überschneiden.[36] Während Abs. 1 Nr. 2 einen gewissen eigenständigen Regelungsgehalt aufweist, bewegen sich Abs. 1 Nr. 1 und Abs. 4 Hs. 1 im Grenzbereich zwischen bloßer Normwiederholung und Konkretisierung. 41

Denn Abs. 1 Nr. 1 wiederholt lediglich den Kerninhalt von Art. 6 Abs. 1 UAbs. 1 lit. e DS-GVO („Aufgabe (…), die im öffentlichen Interesse liegt" bzw. „Ausübung öffentlicher Gewalt").[37] Eine spezifischere oder präzisere Regelung bzw. eine Regelung höherer Regelungsdichte als Art. 6 Abs. 1 UAbs. 1 lit. e DS-GVO lässt Abs. 1 Nr. 1 insoweit nicht erkennen. Dass die allgemeinen Grundsätze der Datenverarbeitung nochmals für die Verarbeitungs*art* „Videoüberwachung" ausdrücklich normiert werden, stellt keine Spezifikation dar. 42

---

36 Vgl. *Hornung/Spiecker gen. Döhmann* in Simitis/Hornung/Spiecker gen. Döhmann DS-GVO Einl. Rn. 233; *Frenzel* in Paal/Pauly BDSG § 4 Rn. 11, der den „Eigenwert" von § 4 BDSG problematisiert.
37 Vgl. dazu schon zu § 4 BDSG *Frenzel* in Paal/Pauly BDSG § 4 Rn. 11.

43   Zwar dürfte die Vorschrift wohl auch als bloße Normwiederholung gerade eben noch unionsrechtskonform sein, da die Union trotz des unmittelbaren und allgemeinen Geltungsanspruchs von Verordnungen (Art. 288 Abs. 2 AEUV) überall dort einen (beschränkten) „Eigenwert" bloßer mitgliedstaatlicher Normwiederholungen anerkennt, wo sie zur Klarstellung in komplexen Mehrebenenkonstellationen dienen. Eine solche Konstellation mag man wohlwollend wegen der komplexen föderalen Struktur in der Bundesrepublik Deutschland und weithin ungeschriebenen Kompetenzverteilung zwischen Bund und Ländern im Bereich der Gesetzgebungskompetenzen für den Datenschutz gerade noch zu bejahen. Im Übrigen mag man einen Verstoß gegen das Normwiederholungsverbot auch darüber verneinen, dass gleichzeitig die JI-RL umgesetzt wird. Der Gesetzgeber sollte dies deutlich machen.

44   Allerdings sollte der Gesetzgeber nachfassen. Andere Bundesländer waren mutiger, haben ihren Gestaltungsauftrag angenommen und ihren Gestaltungsspielraum stärker ausgeschöpft. Sie haben (mit unterschiedlicher Akzentuierung) Vorschriften **höherer Regelungsdichte** geschaffen, die den hoch intensiven, in der Öffentlichkeit als sehr problematisch wahrgenommenen und durch die Technologieentwicklung hoch dynamischen Bereich der Videoüberwachung stärker konturiert.[38] Dies gilt erst recht für Aspekte wie Gesichtserkennung und Gefühlserkennung. Eine höhere Regelungsdichte wäre für die Praxis, gerade angesichts der immer noch ausgesprochen geringen gerichtlichen Entscheidungsdichte, dringend geboten. Deshalb sollte der Landesgesetzgeber die Vorschrift, insbesondere mit Blick auf den ersten Absatz, bestimmter ausgestalten. Dies würde dann auch befördern, dass die Vorschrift tatsächlich herangezogen werden kann und somit die Einzelgesetze entlastet würden.

Dritter Abschnitt: Datenschutzbeauftragte öffentlicher Stellen

§ 5 Benennung

(1) Öffentliche Stellen benennen eine Datenschutzbeauftragte oder einen Datenschutzbeauftragten sowie deren oder dessen Vertreterin oder Vertreter.

(2) Für mehrere öffentliche Stellen kann unter Berücksichtigung ihrer Organisationsstruktur und ihrer Größe eine gemeinsame Datenschutzbeauftragte oder ein gemeinsamer Datenschutzbeauftragter benannt werden.

(3) Die oder der Datenschutzbeauftragte wird auf der Grundlage ihrer oder seiner beruflichen Qualifikation und insbesondere ihres oder seines Fachwissens benannt, das sie oder er auf dem Gebiet des Datenschutzrechts und

---

38   Beispiele: **Bayern** hat in Art. 24 Abs. 1 BayDSG die Zwecke der Videoüberwachung stärker konturiert; § 14 NDSG konkretisiert die öffentliche Aufgabe in Abs. 1 Satz 2 und verlangt für die zweckändernde Weiterverarbeitung eine konkrete Gefahr (Abs. 1 Satz 3); **Sachsen-Anhalt** verzichtet gänzlich auf den unbestimmten Begriff der „öffentlichen Aufgabe" und bezeichnet konkret die Zwecke, zu denen Videoüberwachung eingesetzt werden kann, § 8 Abs. 1 DSAG LSA.

der Datenschutzpraxis besitzt, sowie auf der Grundlage ihrer oder seiner Fähigkeit zur Erfüllung der in § 7 genannten Aufgaben.

(4) Die oder der Datenschutzbeauftragte kann Beschäftigte oder Beschäftigter der öffentlichen Stelle sein oder ihre oder seine Aufgaben auf der Grundlage eines Dienstleistungsvertrags erfüllen.

(5) Die öffentliche Stelle veröffentlicht die Kontaktdaten der oder des Datenschutzbeauftragten und teilt diese Daten der oder dem Hessischen Datenschutzbeauftragten mit.

Literatur:

Abel, Der behördliche Datenschutzbeauftragte, MMR 2002, 289; *Gola*, Spezifika bei der Benennung behördlicher Datenschutzbeauftragter, ZD 2019, 383; *Art. 29-Datenschutzgruppe*, Leitlinien in Bezug auf Datenschutzbeauftragte („DSB"), WP 243, 2017; *DSK*, Datenschutzbeauftragte bei Verantwortlichen und Auftragsverarbeitern, Kurzpapier 12, 2018; *Greiner/Senk*, Der Datenschutzbeauftragte und sein Schutz vor Benachteiligung, Abberufung und Kündigung – Ein Wegweiser durch DS-GVO und BDSG, NZA 2020, 201; *Hessischer Datenschutzbeauftragter*, Der behördliche und betriebliche Datenschutzbeauftragte nach neuem Recht, Juni 2017; *Niklas/Faas*, Der Datenschutzbeauftragte nach der Datenschutz-Grundverordnung, NZA 2017, 1091.

A. Allgemeines

I. Bedeutung der Vorschrift

Die Vorschrift klärt die Vorgaben zur Benennung von Datenschutzbeauf- 1 tragten (DSB) für öffentliche Stellen. Bei diesen gilt anders als bei Unternehmen eine grundsätzliche Pflicht zur Benennung. Hessen hat die entsprechende **Regelung des Bundes** aus § 5 BDSG unverändert übernommen. Geregelt werden in der Vorschrift sowohl die Benennungsvoraussetzungen als auch die Frage der Qualifikation und die Möglichkeit, sowohl interne als auch externe Beauftragte zu benennen. Schließlich wird auch die Frage der Veröffentlichung von Kontaktdaten und die Mitteilung der Daten an den Hessischen Datenschutzbeauftragten normiert.

II. Entstehungsgeschichte

Im Vergleich zur **Vorgängerregelung in § 5 HDSG** ist ua das ausdrückliche 2 Schriftformerfordernis der Bestellung (§ 5 Abs. 1 Satz 1 HDSG), die Klarstellung, dass der DSB in Gemeinden und Gemeindeverbänden auch einem hauptamtlichen Beigeordneten unterstellt werden kann (§ 5 Abs. 1 Satz 5 HDSG) sowie die Möglichkeit, dass die Daten verarbeitende Stelle einen

Beschäftigten ihrer Aufsichtsbehörde mit deren Zustimmung zum Beauftragten für den Datenschutz bestellen kann (§ 5 Abs. 3 Satz 1 HDSG) entfallen.

3   Der Text der Vorschrift hat im **Gesetzgebungsverfahren** gegenüber dem Entwurf der Landesregierung[1] keine Änderungen erfahren.

III. Unionsrechtliche Regelungen

4   Die Vorschrift entspricht ebenso wie die Bundesregelung **unverändert den Regelungen der DS-GVO.** Für öffentliche Stellen konnten und mussten nach Art. 2 Abs. 2 DS-GVO Regelungen geschaffen werden, soweit keine unmittelbare Geltung der DS-GVO gegeben war. Abs. 2, 3 und 5 entsprechen Art. 37 Abs. 3, 5 und 7 DS-GVO und setzen Art. 32 Abs. 2 bis 4 JI-RL um. Mit Abs. 4 wird Art. 37 Abs. 6 DS-GVO, der auch die Möglichkeit der Benennung externer DSB vorsieht, auf den gesamten Bereich der Landes- und Kommunalverwaltung übertragen. Dies geht über die Vorgaben der JI-RL.[2]

5   Aufgrund der Notwendigkeit der Umsetzung der JI-RL und der in ErwG 8 der DS-GVO aufgeführten Möglichkeit einer Wiederholung von EU-Normen, „soweit dies erforderlich ist, um die Kohärenz zu wahren und die nationalen Rechtsvorschriften für die Personen, für die sie gelten, verständlicher zu machen",[3] liegt beim Zusammentreffen mehrerer Vorschriftenebenen liegt **kein** Verstoß gegen des generelle **Verbot der Wiederholung** von EU-Regelungen vor.[4]

IV. Verhältnis zu anderen Vorschriften

6   Anders als bei Aufgaben und Stellung des DSB können **Abweichungen** von der DS-GVO nach Art. 37 Abs. 4 DS-GVO vorgenommen werden (s. auch § 38 Abs. 1 BDSG). Der Gesetzgeber hat hier die Regelungen des Art. 37 inhaltlich unverändert übernommen. Ebenso wie Hessen haben in ihren LDSG Berlin, Nordrhein-Westfalen und Thüringen die Benennung einer Vertreterin oder eines Vertreters verpflichtend vorgesehen.[5]

B. Benennung

7   Die Benennung einer oder eines DSB innerhalb der einer öffentlichen Stelle stellt eine förmliche Dienstposition dar, sie wird entsprechend zugleich als Abordnung oder Versetzung übertragen.[6] **Öffentliche Stellen** sind dabei alle unter das öffentliche Recht des Landes fallende natürliche[7] oder juristische Personen wie Körperschaften, Anstalten und Stiftungen des öffentlichen Rechts, kommunale Einrichtungen und sonstige öffentliche Stellen.[8]

---

1   LT-Drs. 19/5728, 10.
2   LT-Drs. 19/6300, 2.
3   ErwG 8 DS-GVO.
4   *Gola* ZD 2019, 384; *Heberlein* in Ehmann/Selmayr DS-GVO Art. 37 Rn. 52.
5   S. zu Bestellungsfragen bei der Vertretung *Gola* ZD 2019, 385.
6   *Abel* MMR 2002, 290.
7   Soweit diesen öffentliche Aufgaben übertragen worden sind.
8   *Heberlein* in Ehmann/Selmayr DS-GVO Art. 37 Rn. 19.

Die **Schriftform** ist für die Benennung **nicht vorgeschrieben**, die Benennung   8
stellt auch keine Willenserklärung dar,[9] dennoch sollte sie zur Erfüllung
von Dokumentations- und Nachweispflichten schriftlich vorgenommen
werden.[10] Der Regelungscharakter der Bestellurkunde verändert sich entsprechend, da die nach vorherigem Recht konstitutiv wirkende Unterzeich-
nung der Bestellurkunde nur noch deklaratorische Wirkung entfaltet.[11]

Die Benennung kann auch **befristet** erfolgen, bei befristeten zugrundelie-   9
genden Beschäftigungsverhältnissen oder bei befristeten externen Beauf-
tragungsverhältnissen gilt dies implizit.[12] Die Befristung muss sachlich
begründet sein, da eine zu kurze Mindestlaufzeit der Aufgabenerfüllung
entgegensteht.[13] Gründe für eine Befristung können beispielsweise Vertretungen in Elternzeit oder vorübergehenden Abordnungen sein.

Benannt werden kann auch ein **Team** von mehreren DSB, wobei bei der   10
Meldung bei der Aufsicht eine entsprechende Mitteilung über Vertretungs-
verhältnisse erforderlich ist. Innerhalb eines Datenschutzteams muss eine
eindeutige Regelung der Zuständigkeiten erfolgen, die insbesondere auch
die Möglichkeit umfasst, bei Datenpannen fristgemäß zu reagieren.

Im Fall externer DSB ist umstritten, ob auch eine **juristische Person** be-   11
nannt werden kann.[14] Soweit die im Dienstleistungsvertrag definierte Leistung der juristischen Person die Erfüllung der Aufgaben nach § 7 mit der
notwendigen Transparenz und den nötigen Fachkundenachweisen sicherstellt, spricht nichts dagegen, analog zur Benennung eines Datenschutzteams eine juristische Person zu benennen. Dementsprechend müssen im
Dienstleistungsvertrag konkrete natürliche Personen samt ihrer Fachkun-
denachweise als **konkret zuständige Ansprechpartner** benannt werden.

Eine befristete Benennung verstößt nicht gegen das allgemeine, tätigkeits-   12
bezogene **Abberufungsverbot**, soweit die Befristung durch einen sachlichen, angemessenen Grund gerechtfertigt werden kann.[15]

Die oder der interne DSB kann – mit entsprechender Frist, die eine Nach-   13
folgeregelung ermöglicht – sein Amt **niederlegen**, da es keine Möglichkeit
der Verpflichtung gegen den Willen der oder des Beauftragten gibt.[16] Externe DSB sind an die Kündigungsregelungen des Dienstleistungsvertrags
gebunden.

---

9 *Schneider* 2019, 226.
10 *Gola* in Gola/Heckmann BDSG § 5 Rn. 7.
11 Hessischer Datenschutzbeauftragter, S. 10.
12 *Gola* in Gola/Heckmann BDSG § 5 Rn. 27.
13 *Heberlein* in Ehmann/Selmayr DS-GVO Art. 37 Rn. 18.
14 Ablehnend *Drewes* in Simitis/Hornung/Spiecker gen. Döhmann DS-GVO Art. 37
    Rn. 49, *Heberlein* in Ehmann/Selmayr DS-GVO Art. 37 Rn. 43, im Ergebnis auch
    Paal in Paal/Pauly DS-GVO Art. 37 Rn. 15, nach denen zwar der Dienstleistungs-
    vertrag mit einer juristischen Person abgeschlossen, diese aber nicht selbst benannt
    werden kann; befürwortend *Gola* in Gola/Heckmann BDSG § 5 Rn. 14; ebenso
    Hessischer Datenschutzbeauftragte, S. 12, wobei letzterer empfiehlt, die Benennung
    einer juristischen Person zum DSB vorab mit der zuständigen Datenschutzaufsichts-
    behörde abzustimmen, solange eine verbindliche Klärung durch den Europä-
    ischen Datenschutzausschuss nicht stattgefunden hat.
15 *Greiner/Senk* NZA 2020, 206.
16 *Drewes* in Simitis/Hornung/Spiecker gen. Döhmann DS-GVO Art. 37 Rn. 63.

I. Benennung und Stellvertretung (Abs. 1)

14   Die Benennung kann bei Beamten im Wege des Direktionsrechts erfolgen, im Übrigen sind entsprechende Anpassungen von Arbeitsverträgen erforderlich.[17] Empfehlenswert ist die eindeutige **Bezeichnung** des Wirksamkeitsbeginns, des Umfangs der Aufgaben, der Konsequenzen für bestehende andere Aufgaben sowie des zur Verfügung stehenden Zeitkontingents und möglicher weiterer Ressourcen[18] (zB Budget, personelle Unterstützung).

15   Nach Kurzpapier 12 der DSK[19] gelten die bereits **vor Geltung der DS-GVO** unterzeichneten **Bestellungsurkunden fort,** wobei empfohlen wird, die Urkunde und etwaige darin enthaltenen Zusatzvereinbarungen und Aufgabenzuweisungen zu aktualisieren.[20]

16   Ebenso wie zuvor in § 5 Abs. 1 Satz 1 HDSG wird das Erfordernis zur Benennung einer **Vertreterin oder eines Vertreters** vorgesehen, welcher ebenfalls der Aufsichtsbehörde zu melden ist. Für die Vertretung gelten aufgrund der gestiegenen Anforderungen an die Aufgaben nach der DS-GVO **höhere Maßstäbe** als nach altem HDSG. Es kann insbesondere aufgrund der Prüfung der Meldepflichten nach § 33 und 34 DS-GVO wohl nicht mehr – wie nach dem alten HDSG – von einer reinen Abwesenheitsvertretung[21] gesprochen werden.

17   Ein **Mitbestimmungsrecht** der Personalvertretung nach § 74 Abs. 1 Nr. 3 HPVG besteht nur bei der oder dem DSB selbst, nicht jedoch bei der Bestellung des Vertreters oder der Vertreterin des behördlichen DSB.[22]

18   Die Benennung sollte klarstellen, welche **Aufgaben-** und ggf. auch **Erreichbarkeitsaufteilung** zwischen der oder dem DSB und der Stellvertretung vorgesehen ist und welche (insbesondere zeitlichen) Ressourcen zur Verfügung gestellt werden, um die Vorgaben nach § 6 Abs. 2 (→ § 6 Rn. 15) zu erfüllen. Insbesondere die **Aufnahme weiterer Pflichten,** wie etwa der Pflicht zur Führung des Verarbeitungsverzeichnisses, die generelle Beantwortung von Auskunfts- und Löschgesuchen oder die Durchführung von Schulungsmaßnahmen können klarstellend oder ergänzend dokumentiert werden.[23]

19   Zugleich sollte auch sichergestellt werden, dass bei daneben bestehenden weiteren Aufgaben Maßnahmen getroffen werden, um **Interessenkollisionen** iSd des § 7 Abs. 2 (→ § 7 Rn. 25) zu vermeiden. Ebenso sollte sichergestellt werden, dass keine unvereinbaren Nebentätigkeiten vorhanden sind.

II. Gemeinsame Datenschutzbeauftragte für mehrere öffentliche Stellen (Abs. 2)

20   Entsprechend Art. 32 Abs. 3 JI-RL und Art. 37 Abs. 3 DS-GVO können für mehrere Behörden **gemeinsame DSB** bestellt werden. Nach Auffassung der

---

17   *Gola* in Gola/Heckmann BDSG § 5 Rn. 8.
18   Hessischer Datenschutzbeauftragte, S. 10.
19   DSK Kurzpapier Nr. 12, S. 3.
20   Hessischer Datenschutzbeauftragter, S. 12.
21   So für das alte HDSG *Arlt* in Schild ua § 5 Rn. 54.
22   VGH Kassel Beschl. v. 22.7.2014 – 22 A 2226/13.PV (VG Frankfurt/M.).
23   So Hessischer Datenschutzbeauftragter, S. 18.

DSK bedeutet der Bezug auf Organisationsstruktur und Größe auch, dass sicherzustellen ist, dass ein gemeinsamer Datenschutzbeauftragter sämtliche Aufgaben erfüllen kann, welche ihm in Bezug auf **sämtliche Behörden oder öffentliche Stellen** übertragen wurden.[24]

Die Vorschrift sollte der Lage kleinerer Behörden und Einrichtungen mit dezentraler Struktur entgegengekommen,[25] wobei sicherzustellen ist, dass der Kontakt zwischen den betreuten Einrichtungen und der oder dem DSB gewährleistet werden kann. Es kann auch etwa bei einer Ober- und einer Mittelbehörde eine oder ein DSB benannt werden, die oder der für die nachgeordneten Behörden tätig ist.[26] Von einer gemeinsamen Benennung für staatliche und kommunale Behörden ist abzuraten.[27] Die verantwortliche Stelle muss sicherstellen, dass die oder der einzelne DSB trotz der Zuständigkeit für mehrere öffentliche Einrichtungen und Stellen in der Lage ist, den Aufgaben des § 7 – unter Umständen mit Unterstützung eines Teams – wirksam nachzugehen.[28] 21

Die **Personalvertretung** ist Teil der öffentlichen Stelle, dementsprechend untersteht sie der Kontrollpflicht der oder des zuständigen DSB, womit eine eigene Datenschutzbeauftragung entbehrlich ist.[29] Dies gilt insbesondere vor dem Hintergrund, dass die Verschwiegenheitspflicht und Unabhängigkeit der oder des DSB auch die Vertraulichkeit der Daten der Personalvertretung schützt. 22

III. Fachkunde und Befähigungserfordernis (Abs. 3)

Die oder der DSB muss bei Benennung die notwendigen Qualifikationsvorgaben erfüllen. Die **Anforderungen an die Qualifikation** der oder des DSB entsprechen denjenigen des Art. 32 Abs. 2 JI-RL sowie Art. 37 Abs. 5 DS-GVO. Insbesondere sind entsprechend dem **risikobasierten Ansatz** der DS-GVO bei der Auswahl die Sensibilität der von der Behörde verwalteten Daten und die Risiken bei unzureichender Befähigung der oder des DSB für die Betroffenen zu berücksichtigen. Eine spezifische **juristische oder technische Qualifikation** ist hierbei nicht erforderlich, vielmehr ist das Gesamtbild der Aufgaben als Maßstab heranzuziehen.[30] Je technischer der Hintergrund der Tätigkeit der Behörde ist, etwa bei der Erfüllung von Auftragsverarbeitungsaufgaben oder Hostingdiensten sowie bei der Bereitstellung von Apps für die Bürger in eigener IT-Verantwortung, umso höher werden die Anforderungen an die technische Fachkunde zu stellen sein.[31] Daneben sind auch Kenntnisse des Risikomanagements notwendig.[32] Aufgrund der Beratungs- und Schulungsaufgaben sollte die oder der DSB über soziale 23

---

24 DSK Kurzpapier Nr. 12, S. 2.
25 *Drewes* in Simitis/Hornung/Spiecker gen. Döhmann DS-GVO Art. 37 Rn. 36 unter Nennung von Grundschulen als Beispiel.
26 *Heberlein* in Ehmann/Selmayr DS-GVO Art. 37 Rn. 31.
27 *Heberlein* in Ehmann/Selmayr DS-GVO Art. 37 Rn. 31.
28 *Art. 29-Datenschutzgruppe* WP 243, 13; *Paal* in Paal/Pauly DS-GVO Art. 37 Rn. 11.
29 S. *Gola* ZD 2019, 390.
30 S. auch *Gola* in Gola/Heckmann BDSG § 5 Rn. 10.
31 S. auch *Gola* in Gola/Heckmann BDSG § 5 Rn. 10.
32 *Drewes* in Simitis/Hornung/Spiecker gen. Döhmann DS-GVO Art. 37 Rn. 46.

Kompetenz[33] und eine gute Kommunikationsfähigkeit verfügen,[34] auch Umsetzungswissen für die Praxis sollte vorhanden sein.[35]

24   Da die Qualifikationen zum **Zeitpunkt der Benennung** vorhanden sein müssen, sind noch erforderliche Schulungen vor der Bestellung durchzuführen.[36] Um die fortdauernde Qualifikation sicherzustellen, gehört auch eine **Fortbildungspflicht** zu den Aufgaben der oder des DSB.[37]

25   Soweit die Aufgaben auch die Kenntnis **spezialgesetzlicher Regelungen** (je nach Aufgabe der öffentlichen Einrichtungen, zB im medizinischen Bereich) erfordern, sind auch diese Bestandteil der notwendigen Qualifikation.[38]

26   Die **persönliche Befähigung** und das notwendige Maß an Berufsethik und Integrität[39] fehlt zB bei Beschäftigten, welche bereits durch Verstöße gegen Verschwiegenheitspflichten aufgefallen sind.[40]

IV. Interne und externe Datenschutzbeauftragte (Abs. 4)

27   Nach Abs. 4 ist ebenso wie nach Art. 37 Abs. 6 DS-GVO auch die Bestellung **externer DSB** auf der Grundlage eines Dienstleistungsvertrages zulässig. Bei dem entsprechenden Auswahlverfahren sind die Vergaberegeln zu beachten.[41] Solche externen Beauftragten sind funktional so in die Behördentätigkeit zu integrieren, dass ihnen die Wahrnehmung der Aufgaben nach § 7 möglich ist. Daneben ist sicherzustellen, dass sie ihre Aufgaben unabhängig von ihrer Einbindung in die externe Organisation ausüben können.[42] Dies gilt insbesondere für die Freiheit, **flexibel und zeitnah** etwa auf Datenpannen o.ä. reagieren zu können und bei Bedarf entsprechende Ressourcen zu mobilisieren.

28   Bei der Bestellung externer DSB wird insbesondere auf die Einhaltung der **Verschwiegenheitsvorgaben** zu achten sein. Daneben muss der Aufsichtsbehörde ein Vertrag vorgelegt werden können, welcher die Einhaltung der Vorgaben der Art. 5 und 24 DS-GVO belegt.[43] Externe DSB sind **keine Auftragsverarbeiter**, da sie keine Daten nach Weisung verarbeiten.[44]

V. Veröffentlichung und Mitteilung von Kontaktdaten (Abs. 5)

29   Entsprechend Art. 32 Abs. 4 JI-RL und Art. 37 Abs. 7 DS-GVO ist eine **Veröffentlichung der Kontaktdaten** der oder des DSB vorgeschrieben.

---

33   *Heberlein* in Ehmann/Selmayr DS-GVO Art. 37 Rn. 40.
34   *Niklas/Faas* NZA 2017, 1094.
35   *Heberlein* in Ehmann/Selmayr DS-GVO Art. 37 Rn. 38; *Paal* in Paal/Pauly DS-GVO Art. 37 Rn. 13.
36   *Drewes* in Simitis/Hornung/Spiecker gen. Döhmann DS-GVO Art. 37 Rn. 46.
37   *Drewes* in Simitis/Hornung/Spiecker gen. Döhmann DS-GVO Art. 37 Rn. 48.
38   *Drewes* in Simitis/Hornung/Spiecker gen. Döhmann DS-GVO Art. 37 Rn. 45.
39   Art. 29-Datenschutzgruppe WP 243, 14.
40   Hessischer Datenschutzbeauftragter, S. 14.
41   *Drewes* in Simitis/Hornung/Spiecker gen. Döhmann DS-GVO Art. 37 Rn. 10.
42   ErwG 97 DS-GVO.
43   *Gola* ZD 2019, 387.
44   *Heberlein* in Ehmann/Selmayr DS-GVO Art. 37 Rn. 42.

Es genügt für die Öffentlichkeit eine Erreichbarkeitsangabe einschließlich 30
der Nennung von Postadresse, telefonischer Erreichbarkeit und E-Mail-
Adresse, **eine Namensnennung ist dagegen nicht erforderlich.**[45] Bei Inter-
netauftritten der Behörde sollten die Kontaktangaben auf der Webseite veröffentlicht werden.[46] Daneben sind die Angaben bei Pflichtinformationen
der Betroffenen erforderlich, um ihnen eine Kontaktaufnahme nach Art. 38
Abs. 4 DS-GVO zu ermöglichen.[47]

Die oder der DSB hat eine Nennung des Namens in der Öffentlichkeit da- 31
tenschutzrechtlich zu akzeptieren,[48] da diese nach Art. 6 Abs. 1 UAbs. 1
lit. e DS-GVO gerechtfertigt ist.[49] Daneben hat eine Meldung bei der hessischen Datenschutzaufsicht zu erfolgen (entsprechend Art. 37 Abs. 7 DS-
GVO).[50]

C. Würdigung

Die Vorschrift übernimmt die Vorgaben der DS-GVO und des BDSG, an- 32
ders als dies in anderen Bundesländern vorgenommen wurde[51]. Zu begrüßen ist die Vorgabe der Notwendigkeit einer Stellvertretung im öffentlichen
Bereich, auch wenn diese an das Erfordernis einer bestimmten Institutio-
nengröße hätte anknüpfen können. Aufgrund der Möglichkeit der Bestellung externer Beauftragter wird den Behörden entsprechende Flexibilität
bei der Besetzung eingeräumt.

§ 6 Rechtsstellung

(1) Die öffentliche Stelle stellt sicher, dass die oder der Datenschutzbeauftragte ordnungsgemäß und frühzeitig in alle mit dem Schutz personenbezogener Daten zusammenhängenden Fragen eingebunden wird.

(2) [1]Die öffentliche Stelle unterstützt die Datenschutzbeauftragte oder den
Datenschutzbeauftragten bei der Erfüllung ihrer oder seiner Aufgaben nach
§ 7, indem sie die für die Erfüllung dieser Aufgaben erforderlichen Ressourcen und den Zugang zu personenbezogenen Daten und Verarbeitungsvorgängen sowie die zur Erhaltung ihres oder seines Fachwissens erforderlichen Ressourcen zur Verfügung stellt. [2]Insbesondere ist die oder der Datenschutzbeauftragte im erforderlichen Umfang von der Erfüllung anderer
Aufgaben freizustellen.

(3) [1]Die öffentliche Stelle stellt sicher, dass die oder der Datenschutzbeauftragte bei der Erfüllung ihrer oder seiner Aufgaben keine Anweisungen bezüglich der Ausübung dieser Aufgaben erhält. [2]Die oder der Datenschutz-

---

45 *Gola* in Gola/Heckmann BDSG § 5 Rn. 21.
46 *Gola* in Gola/Heckmann BDSG § 5 Rn. 20.
47 *Heberlein* in Ehmann/Selmayr DS-GVO Art. 37 Rn. 45; Hessischer Datenschutzbeauftragter, S. 9 f.
48 *Gola* in Gola/Heckmann BDSG § 5 Rn. 21.
49 *Drewes* in Simitis/Hornung/Spiecker gen. Döhmann DS-GVO Art. 37 Rn. 68.
50 Meldeformular abrufbar unter https://datenschutz.hessen.de/service/benennung-ein
es-datenschutzbeauftragten.
51 Vgl. *Gola* in Gola/Heckmann BDSG § 5 Rn. 23 zu den Abweichungen in den einzelnen Bundesländern.

beauftragte untersteht und berichtet unmittelbar der höchsten Leitungsebene der öffentlichen Stelle. [3]Die oder der Datenschutzbeauftragte darf von der öffentlichen Stelle wegen der Erfüllung ihrer oder seiner Aufgaben nicht abberufen oder benachteiligt werden.

(4) [1]Beschäftigte der öffentlichen Stellen können sich ohne Einhaltung des Dienstwegs in allen Angelegenheiten des Datenschutzes an die oder den Datenschutzbeauftragten wenden. [2]Betroffene Personen können die Datenschutzbeauftragte oder den Datenschutzbeauftragten zu allen mit der Verarbeitung ihrer personenbezogenen Daten und mit der Wahrnehmung ihrer Rechte nach der Verordnung (EU) Nr. 2016/679, diesem Gesetz sowie anderen Rechtsvorschriften über den Datenschutz im Zusammenhang stehenden Fragen zu Rate ziehen. [3]Die oder der Datenschutzbeauftragte ist zur Verschwiegenheit über die Identität der betroffenen Person verpflichtet, die ihr oder ihm in der Eigenschaft als Datenschutzbeauftragte oder Datenschutzbeauftragter Tatsachen anvertraut hat. [4]Die Verschwiegenheitspflicht erstreckt sich auch auf die Umstände, die Rückschlüsse auf die betroffene Person zulassen, sowie auf diese Tatsachen selbst, soweit die oder der Datenschutzbeauftragte nicht durch die betroffene Person davon befreit wird.

(5) [1]Wenn die oder der Datenschutzbeauftragte bei ihrer oder seiner Tätigkeit Kenntnis von Daten erhält, für die der Leitung oder einer bei der öffentlichen Stelle beschäftigten Person aus beruflichen Gründen ein Zeugnisverweigerungsrecht zusteht, steht dieses Recht auch der oder dem Datenschutzbeauftragten und den ihr oder ihm unterstellten Beschäftigten zu. [2]Über die Ausübung dieses Rechts entscheidet die Person, der das Zeugnisverweigerungsrecht aus beruflichen Gründen zusteht, es sei denn, dass diese Entscheidung in absehbarer Zeit nicht herbeigeführt werden kann. [3]So weit das Zeugnisverweigerungsrecht der oder des Datenschutzbeauftragten reicht, unterliegen ihre oder seine Akten und andere Dokumente einem Beschlagnahmeverbot.

Literatur:

Greiner/Senk, Der Datenschutzbeauftragte und sein Schutz vor Benachteiligung, Abberufung und Kündigung – Ein Wegweiser durch DS-GVO und BDSG, NZA 2020, 201; *Hessischer Datenschutzbeauftragter*, Der behördliche und betriebliche Datenschutzbeauftragte nach neuem Recht, Juni 2017; *Niklas/Faas*, Der Datenschutzbeauftragte nach der Datenschutz-Grundverordnung, NZA 2017, 1091.

A. Allgemeines

I. Bedeutung der Vorschrift

Die Vorschrift legt die Stellung der oder des Datenschutzbeauftragten 1
(DSB) fest, die oder der eine maßgebliche Stelle bei der **behördlichen
Selbstkontrolle** einnimmt.[1] Die Funktionsfähigkeit der Datenschutzbeauftragung soll durch entsprechende **Schutzmaßnahmen** abgesichert werden.[2]
Dazu zählen frühzeitige Einbindung (Abs. 1), Zuweisung ausreichender
Ressourcen und Freistellung (Abs. 2), Weisungsfreiheit und Benachteiligungsverbot (Abs. 3) sowie das Zeugnisverweigerungsrecht (Abs. 5). Neben den Aufgaben aus § 7 zählen auch die Beratungs- und Verschwiegenheitspflicht nach Abs. 4 zum Tätigkeitsumfang der oder des Beauftragten.

II. Entstehungsgeschichte

Die Vorschrift orientiert sich zT an der **Vorgängernorm** des § 5 HDSG. 2
Abs. 2 Satz 2 führt die Regelung des § 5 Abs. 1 Satz 5 2. Halbsatz HDSG
fort. Abs. 4 Satz 1 nimmt die Vorschrift des § 5 Abs. 1 Satz 7 HDSG auf.
Abs. 4 Satz 3 regelt den Umfang der Verschwiegenheitspflicht der oder des
DSB, welche in Abs. 5 die Verschwiegenheitspflicht absichert.

Die Vorschrift entspricht mit Ausnahme des dortigen Abs. 4 **weitgehend** 3
§ 6 BDSG. Nach diesem Abs. 4 ist eine Abberufung der oder des DSB nur
in entsprechender Anwendung des § 626 des BGB zulässig, weiterhin ist
nach dem Ende der Tätigkeit als DSB die Kündigung des Arbeitsverhältnis-
ses innerhalb eines Jahres unzulässig, es sei denn, dass die öffentliche Stelle
zur Kündigung aus wichtigem Grund ohne Einhaltung einer Kündigungs-
frist berechtigt ist. Hessen hat stattdessen ein allgemeines, tätigkeitsbezogenes Abberufungsverbot in § 6 Abs. 3 Satz 3 normiert.

Der Text der Vorschrift hat im **Gesetzgebungsverfahren** gegenüber dem 4
Entwurf der Landesregierung[3] keine Änderungen erfahren.

III. Unionsrechtliche Regelungen

Abs. 1 und 2 setzen Art. 33 JI-RL um und entsprechen Art. 38 Abs. 1 5
und 2 der DS-GVO. Abs. 3 und 4 Satz 2 erstrecken die Vorgaben des
Art. 38 Abs. 3 und 4 DS-GVO auf alle öffentlichen Stellen des Landes, der
Gemeinden und Landkreise unabhängig davon, zu welchem Zweck die Datenverarbeitung erfolgt. Sie gehen damit über die Vorgaben der JI-RL hinaus.[4] Durch die Erstreckung der Vorgaben der DS-GVO auf den Anwendungsbereich der JI-RL und der Datenverarbeitung zu Zwecken, für die
der Anwendungsbereich des Rechts der EU nicht eröffnet ist, wird die
Rechtsstellung der oder des behördlichen DSB in öffentlichen Stellen der
Landes- und Kommunalverwaltung nach dem Willen des Gesetzgebers einheitlich ausgestaltet.[5]

---

1 *Heberlein* in Ehmann/Selmayr DS-GVO Art. 37 Rn. 9.
2 *Bergt* in Kühling/Buchner BDSG § 6 Rn. 1.
3 LT-Drs. 19/5728, 10.
4 LT-Drs. 19/5728, 106.
5 LT-Drs. 19/5728, 106.

6   Die vorhandenen Wiederholungen der unionsrechtlichen Regelungen verstoßen nicht gegen das **Wiederholungsverbot** (→ § 5 Rn. 5)[6].

IV. Verhältnis zu anderen Vorschriften

7   Die Vorschrift ist in **Zusammenschau mit den Pflichten des § 7** zu verstehen, welcher die Aufgaben der oder des DSB festlegt.

B. Rechtsstellung

8   Die Schutzregelungen der Vorschrift gelten nicht nur für die oder den DSB, sondern auch für die oder den stellvertretenden DSB.[7]

I. Einbindung der oder des Datenschutzbeauftragten (Abs. 1)

9   Die frühzeitige Einbindung der oder des DSB hat aufgrund der neuen **strategischen Stellung** bei der Beratung der Behördenleitung besondere Bedeutung gewonnen. Insbesondere beim Aufbau der Dokumentationsorganisation und bei der Entscheidung über Datenschutzfolgenabschätzungen ist eine zeitige Einbindung unerlässlich, um Fehlentscheidungen und das Erzeugen von (datenschutzwidrigen) Tatsachen zu vermeiden.[8] Gerade bei **komplexen Projekten** wie Personalinformationssystemen[9] oder etwa einer Bürgerbeteiligungs-App ist eine frühe Beteiligung angeraten, daneben sollte generell eine Beteiligung an datenverarbeitungsbezogenen **Leitungssitzungen** erfolgen.[10]

10   **Folgen einer verspäteten Einbindung** können nach Hinweisen der hessischen Datenschutzaufsicht zB sein, dass sich die Einführung einer neuen IT verzögert, da datenschutzrechtlich notwendige Verträge nachträglich geschlossen werden müssen, dass Projektkosten steigen, weil datenschutzrechtlich notwendiger Programmierungsaufwand bei der Planung nicht berücksichtigt wurde, oder dass beschaffte Software nicht genutzt werden kann, da dies gegen Bestimmungen des Datenschutzrechts verstößt.[11]

11   Als systematischen **Lösungsansatz** zur frühzeitigen Einbindung schlägt die Aufsicht entsprechend folgende Maßnahmen vor:[12]

- Generelle Einbindung der oder des DSB, bevor Budgetfreigaben einer bestimmten Größenordnung erteilt werden,
- regelmäßige Teilnahme an Führungskreistreffen,
- regelmäßige Abstimmung mit Bereichen, die intensiv personenbezogene Daten verarbeiten,
- regelmäßige Treffen mit IT und Informationssicherheitsbeauftragten,
- Teilnahme an Personalvertretungssitzungen, sofern die Einführung neuer IT vorgestellt wird.

---

6   S. auch *Gola* in Gola/Heckmann BDSG § 6 Rn. 2.
7   Hessischer Datenschutzbeauftragter, S. 25, unter Verweis auf ArbG Hamburg 13.4.2016 – Az. 27 Ca 486/15 und LAG Hamburg 21.7.2016 – Az. 8 Sa 32/16.
8   *Gola* in Gola/Heckmann BDSG § 6 Rn. 3.
9   Hessischer Datenschutzbeauftragter, S. 19.
10   *Heberlein* in Ehmann/Selmayr DS-GVO Art. 38 Rn. 7.
11   Hessischer Datenschutzbeauftragter, S. 19 f.
12   Hessischer Datenschutzbeauftragter, S. 20.

Es empfiehlt sich, den entsprechenden Zeitaufwand rechtzeitig bei der 12
Zeit- und Budgetplanung für die Benennung der oder des DSB zu berücksichtigen.

Geheimhaltungspflichten können der Kontrollpflicht der oder des DSB 13
nicht entgegengehalten werden[13].

II. Ressourcen und Freistellung (Abs. 2)

Für die Aufgabenerfüllung unentbehrlich ist die **Unterstützung** der oder 14
des DSB durch die Leitung der öffentlichen Stelle. Dies beinhaltet die notwendige Ausstattung zur Erfüllung der in § 7 genannten Aufgaben (→ § 7
Rn. 30).

1. Ressourcen

Neben dem Umfang der zeitlichen Freistellung sind **angemessene Ressour-** 15
cen zur Verfügung zu stellen, damit die oder der DSB ihre oder seine
Aufgaben erfüllen kann. Die Ressourcen sind an der **Komplexität der Da-**
tenverarbeitung, der Zahl der Betroffenen und der Sensibilität der verarbei-
teten Daten zu orientieren. Es ist unter anderem[14] an folgende Ressourcen
zu denken:

- Zurverfügungstellung von Zugängen zu den Verarbeitungsvorgängen,
- Bereitstellung eines Budgets für Literatur zum Datenschutz bzw. Zugang zu entsprechenden Datenbanksystemen, Bereitstellen von Kom-
  munikationsmitteln,[15]
- Ermöglichung von Dienstreisen zu Fortbildungsveranstaltungen oder
  Konferenzen, insbesondere im Kreis von DSB oder zu Veranstaltungen
  der Datenschutzaufsicht,
- Einrichtung von regelmäßigen Treffen mit der Behördenleitung und –
  je nach Tätigkeit der Behörde – IT-Leitung, Personalleitung, Bürgerser-
  vice etc,
- Unterstützung durch personelle Ressourcen, soweit Behördengröße
  und Tätigkeitsumfang dies erfordern,[16]
- Zurverfügungstellung der für die Erfüllung der Kontrollaufgaben notwendigen Dokumente und Richtlinien.

Zugang zu gewähren ist auch **zu sensiblen Daten** (und zugehöriger EDV[17]) 16
wie Personalakten und Gesundheitsdaten, die diesen Zugang absichernde
Schweigepflicht erstreckt sich auch auf externe DSB nach § 203 StGB.[18]

2. Freistellung

Der Umfang der zeitlichen Freistellung von (möglichen) anderen Aufgaben 17
muss ebenso wie die Zurverfügungstellung von Ressourcen an Umfang und
Komplexität der nach § 7 zu bewältigenden Aufgaben orientiert sein[19] und

---

13 *Gola* in Gola/Heckmann BDSG § 6 Rn. 4.
14 S. auch Hessischer Datenschutzbeauftragter, S. 20 f.
15 *Scheja* in Täger/Gabel Art. 38 Rn. 35.
16 *Drewes* in Simitis/Hornung/Spiecker gen. Döhmann DS-GVO Art. 38 Rn. 26.
17 *Bergt* in Kühling/Buchner DS-GVO Art. 38 Rn. 19.
18 *Gola* in Gola/Heckmann BDSG § 6 Rn. 6.
19 *Bergt* in Kühling/Buchner DS-GVO Art. 38 Rn. 21.

stellt eine **zentrale Komponente**[20] der Funktionsfähigkeit der oder des DSB dar. Ein zu starres Zeitbudget kann die Aufgabenerfüllung unzulässig erschweren.[21]

III. Weisungsfreiheit, Benachteiligungsverbot, Berichtsweg (Abs. 3)

18   Die Weisungsfreiheit bezieht sich auf die Kontroll- und Beratungstätigkeit der oder des DSB und stellt keinen Verzicht auf die Dienstaufsicht dar.[22] Die Weisungsfreiheit und Unabhängigkeit der DSB sind auch deswegen von besonderer Bedeutung, da diese auch für die **Sicherstellung des Datenschutzes** bei der Personalvertretung zuständig sind. Bei externen Beauftragten muss Weisungsfreiheit auch gegenüber der Leitung der juristischen Person bestehen, mit welcher der Dienstleistungsvertrag abgeschlossen wurde.[23]

19   Eine Einforderung des Nachweises der Einhaltung der gesetzlichen Pflichten durch die oder den DSB (etwa durch Anforderung von Tätigkeitsberichten) oder die Übertragung von zusätzlichen zumutbaren Prüfaufgaben stellt **keinen Eingriff** in die Weisungsfreiheit dar.[24]

20   Unzulässig ist es, die oder den DSB schlechter zu behandeln als Mitarbeiter in vergleichbarer Situation.[25] Dabei kommt es auf die **objektive Benachteiligung** und nicht auf eine subjektive Komponente an.[26] Liegt eine objektive Benachteiligung (oder ein Ausschluss von einer üblichen Vergünstigung[27]) ohne sachlichen Grund für eine Schlechterstellung vor, kann dies als **Anscheinsbeweis** für eine Benachteiligung aufgrund der Datenschutzbeauftragung sprechen.[28] Sind dagegen alle anderen vergleichbar Beschäftigten von der Schlechterstellung betroffen, spricht dies regelmäßig gegen eine Benachteiligung.[29] Das Benachteiligungsverbot kennt jedoch Grenzen, so etwa, wenn die oder der DSB ihre oder seine Position und den Aufgabenbereich überschreitet oder Pflichten aus der Beauftragung oder ihren oder seinen sonstigen Aufgaben verletzt.[30] Das Benachteiligungsverbot gilt auch für Maßnahmen **nach der Beendigung** der Beauftragung, wenn diese auf die Tätigkeiten im Datenschutz zurückzuführen sind.[31]

21   Es gilt ein allgemeines, tätigkeitsbezogenes **Abberufungsverbot**. Eine Abberufung wegen der Erfüllung der Aufgaben – etwa wegen unerwünschter Stellungnahmen[32] oder Auslegungen – ist unzulässig. Die die Beweislast für den fehlenden Zusammenhang mit der Aufgabenerfüllung liegt bei der ver-

---

20 *Heberlein* in Ehmann/Selmayr DS-GVO Art. 38 Rn. 10.
21 *Drewes* in Simitis/Hornung/Spiecker gen. Döhmann DS-GVO Art. 38 Rn. 24.
22 *Gola* in Gola/Heckmann BDSG § 6 Rn. 11.
23 *Heberlein* in Ehmann/Selmayr DS-GVO Art. 37 Rn. 44.
24 *Gola* in Gola/Heckmann BDSG § 6 Rn. 13 f.
25 *Greiner/Senk* NZA 2020, 201.
26 *Jaspers/Reif* in Schwartmann ua DS-GVO Art. 38 Rn. 20.
27 *Heberlein* in Ehmann/Selmayr DS-GVO Art. 38 Rn. 15.
28 *Bergt* in Kühling/Buchner DS-GVO Art. 38 Rn. 30 f.
29 *Greiner/Senk* NZA 2020, 205.
30 *Greiner/Senk* NZA 2020, 205.
31 *Gola* in Gola/Heckmann BDSG § 6 Rn. 16.
32 S. dazu *Drewes* in Simitis/Hornung/Spiecker gen. Döhmann DS-GVO Art. 38 Rn. 35.

antwortlichen Stelle.[33] Dieses Verbot steht einer befristeten Benennung nicht entgegen, soweit dies durch einen sachlichen, angemessenen Grund gerechtfertigt werden kann.[34] Mögliche **Abberufungsgründe** sind Untätigkeit oder grobe Verstöße gegen die Pflichten aus § 7, zB Vertraulichkeitsverstöße.

Abs. 3 Satz 2 eröffnet einen **unmittelbaren Berichtsweg** ohne Zwischenschaltung anderer Personen[35] zur Behördenleitung, der jedoch kein Präjudiz für die organisatorische Einbindung der oder des DSB darstellt.[36]   22

Rechtsbehelfe gegen die verantwortliche Stelle außerhalb des Rechts des Grundverhältnisses oder bei externen Beauftragten aus dem Dienstleistungsvertrag stehen der oder dem DSB nicht zur Verfügung.[37]   23

IV. Konsultation, Verschwiegenheitspflicht (Abs. 4)

Abs. 4 Satz 1 ermöglicht Beschäftigten einen Zugang zu der oder dem DSB.   24
Nach Satz 2 können sich betroffene Personen direkt an die oder den DSB wenden, so dass diese oder dieser Sachwalter ihrer möglichen Beschwerden werden kann.[38] In der Konsequenz ist die oder der DSB verpflichtet, die entsprechenden **Anfragen angemessen zu prüfen**, mögliche Datenschutzfragen zu klären und die Beschäftigten oder betroffenen Personen abschließend zu informieren.[39]

Die **Verschwiegenheitspflicht** bezieht sich sowohl auf die Identität von betroffenen Personen als auch auf alle Umstände, die Rückschlüsse auf die Person zulassen. Diese Pflicht schützt zugleich auch die oder den DSB vor Offenbarung von Recherchetätigkeiten.[40] Intern darf die oder der DSB die Identität einer betroffenen Person bei Datenschutzproblemen benennen, wenn dies erforderlich ist, um Unregelmäßigkeiten abzustellen.[41] Die Kommunikationswege der oder des DSB sind vor **Zugriff anderer Beschäftigter und der Behördenleitung** zu schützen[42] (samt der Protokollierung von Telefondaten). Es ist ebenfalls für ein Einzelzimmer (sowie eine Raumausstattung mit abschließbaren Aktenmöbeln)[43] zur Aufgabendurchführung und zur Führung von Gesprächen zur Verfügung zu stellen.[44]   25

V. Zeugnisverweigerungsrecht (Abs. 5)

Der Schutz des § 203 StGB wird durch Abs. 5 um ein **Zeugnisverweigerungsrecht** für Daten ergänzt, welche der beruflichen Geheimhaltungs-   26

---

33 *Bergt* in Kühling/Buchner DS-GVO Art. 38 Rn. 30.
34 *Greiner/Senk* NZA 2020, 206.
35 *Paal* in Paal/Pauly DS-GVO Art. 38 Rn. 11.
36 *Gola* in Gola/Heckmann BDSG § 6 Rn. 15.
37 *Heberlein* in Ehmann/Selmayr DS-GVO Art. 37 Rn. 49.
38 *Heberlein* in Ehmann/Selmayr DS-GVO Art. 38 Rn. 18.
39 *Gola* in Gola/Heckmann BDSG § 6 Rn. 23, zu den praktischen Grenzen der Beratung *Scheja* in Täger/Gabel Art. 38 Rn. 73.
40 *Schneider*, S. 228 bezeichnet die Verschwiegenheitspflicht zugleich als „Privileg".
41 *Gola* in Gola/Heckmann BDSG § 6 Rn. 30.
42 S. *Scheja* in Täger/Gabel Art. 38 Rn. 45 mit einer Liste von Maßnahmen zur Sicherstellung der Vertraulichkeit bei offenen Bürostrukturen.
43 *Scheja* in Täger/Gabel Art. 38 Rn. 45.
44 *Gola* in Gola/Heckmann BDSG § 6 Rn. 31.

pflicht unterliegen. Das Zeugnisverweigerungsrecht gilt auch für das Hilfs-personal der oder des DSB.[45]

VI. Haftung

27   Bei Verstößen gegen seine Beratungsverpflichtungen können die oder den DSB zivilrechtlich Ansprüche nach § 839 BGB drohen,[46] strafrechtlich kommen Ansprüche aufgrund einer Garantenstellung nach § 13 StGB in Betracht.[47]

C. Würdigung

28   Die Regelung bildet einen angemessenen Schutzrahmen für die oder den DSB, lediglich hinsichtlich der **Folgen der Nichtbeteiligung** der oder des DSB ist die Rechtsstellung – etwa im Vergleich zu Personalvertretungen – schwächer ausgeprägt. Gleiches gilt für den verbesserungsbedürftigen Schutz vor indirekter Sanktionierung.[48]

§ 7 Aufgaben

(1) [1]Der oder dem Datenschutzbeauftragten obliegen neben den in der Verordnung (EU) Nr. 2016/679 genannten Aufgaben zumindest folgende Aufgaben:
1. Unterrichtung und Beratung der öffentlichen Stelle und der Beschäftigten, die Verarbeitungen durchführen, hinsichtlich ihrer Pflichten nach diesem Gesetz und sonstigen Vorschriften über den Datenschutz, einschließlich der zur Umsetzung der Richtlinie (EU) Nr. 2016/680 erlassenen Rechtsvorschriften,
2. Überwachung der Einhaltung dieses Gesetzes und sonstiger Vorschriften über den Datenschutz, einschließlich der zur Umsetzung der Richtlinie (EU) Nr. 2016/680 erlassenen Rechtsvorschriften, sowie der Strategien der öffentlichen Stelle für den Schutz personenbezogener Daten einschließlich der Zuweisung von Zuständigkeiten, der Sensibilisierung und der Schulung der an den Verarbeitungsvorgängen beteiligten Beschäftigten und der diesbezüglichen Überprüfungen,
3. Beratung im Zusammenhang mit der Datenschutz-Folgenabschätzung und Überwachung ihrer Durchführung nach § 62,
4. Zusammenarbeit mit der oder dem Hessischen Datenschutzbeauftragten,
5. Tätigkeit als Anlaufstelle für die oder den Hessischen Datenschutzbeauftragten in mit der Verarbeitung zusammenhängenden Fragen, einschließlich der vorherigen Konsultation nach § 64, und gegebenenfalls Beratung zu allen sonstigen Fragen.

---

45   *Gola* in Gola/Heckmann BDSG § 6 Rn. 8.
46   *Gola* in Gola/Heckmann BDSG § 6 Rn. 24.
47   *Gola* in Gola/Heckmann BDSG § 6 Rn. 28 mwN.
48   *Bergt* in Kühling/Buchner DS-GVO Art. 38 Rn. 3.

²Im Fall einer oder eines bei einem Gericht bestellten Datenschutzbeauftragten beziehen sich diese Aufgaben nicht auf das Handeln des Gerichts im Rahmen seiner justiziellen Tätigkeit.

(2) ¹Die oder der Datenschutzbeauftragte kann andere Aufgaben und Pflichten wahrnehmen. ²Die öffentliche Stelle stellt sicher, dass derartige Aufgaben und Pflichten nicht zu einem Interessenkonflikt führen.

(3) Die oder der Datenschutzbeauftragte trägt bei der Erfüllung ihrer oder seiner Aufgaben dem mit den Verarbeitungsvorgängen verbundenen Risiko gebührend Rechnung, wobei sie oder er die Art, den Umfang, die Umstände und die Zwecke der Verarbeitung berücksichtigt.

Literatur:

Abel, Der behördliche Datenschutzbeauftragte, MMR 2002, 289; *Baumgartner/Hansch,* Der betriebliche Datenschutzbeauftragte, ZD 2019, 102; *Gola,* Spezifika bei der Benennung behördlicher Datenschutzbeauftragter, ZD 2019, 383; *Hessischer Datenschutzbeauftragter,* Der behördliche und betriebliche Datenschutzbeauftragte nach neuem Recht, Juni 2017; *Hessischer Datenschutzbeauftragter,* 48. TB, 2020; *Niklas/Faas,* Der Datenschutzbeauftragte nach der Datenschutz-Grundverordnung, NZA 2017, 1091.

A. Allgemeines

I. Bedeutung der Vorschrift

Die Aufgaben der oder des Datenschutzbeauftragten (DSB) haben sich durch die DS-GVO erheblich erweitert. Hauptaufgabe ist das **Hinwirken auf die Einhaltung der datenschutzrechtlichen Vorschriften.** Da sich die Dokumentationspflichten und das risikoorientierte Management des Datenschutzes nach der DS-GVO erweitert haben, sind etliche Verpflichtungen hinzugekommen, die einen erhöhten zeitlichen Einsatz, etwa aufgrund der verstärkten Einbindung in Projektplanungen zur Klärung von Aufgaben der Datenschutz-Folgenabschätzung, erfordern. **1**

Die Vielzahl der Aufgaben erfordert es, **vorbeugend** und verstärkt **Organisation und Dokumentation** des Datenschutzes in den Blick zu nehmen – etwa bei Meldeketten bei Datenschutzverstößen oder bei der Beauskunftung **2** von Betroffenenanfragen – um fristgemäß unter Einbindung aller internen Stellen den Datenbestand zu kontrollieren.

3   Der oder dem DSB kommt damit sowohl eine Funktion als „verlängerter Arm der Aufsichtsbehörden",[1] aber in der Praxis auch als Datenschutz-organisator der öffentlichen Stelle und als Unterstützer der betroffen Personen zu. Erste und letzte Aufgabe erfordern eine Weisungsunabhängig-keit der oder des DSB, die zweite Aufgabe erfordert daneben eine klare Abgrenzung zwischen Aufgaben der verantwortlichen Stelle und der oder des DSB. Die Benennung der oder des DSB entbindet die verantwortliche Stelle nicht von ihren **eigenen datenschutzrechtlichen Pflichten**.[2]

4   Die oder der DSB unterstützt damit bei der **Vorbeugung** gegenüber Maß-nahmen der Aufsichtsbehörde, Schadensersatzansprüchen Dritter und An-sehensverlusten in der Öffentlichkeit.[3]

5   Anzuraten ist eine **konstruktive**[4] und unterstützende Einstellung der oder des DSB, da eine rein verneinende Beantwortung von Anfragen oder blo-ckierende Grundposition der oder des DSB idR die frühzeitige Einbindung nicht begünstigt.

II. Entstehungsgeschichte

6   Die Vorschrift orientiert sich an § 5 Abs. 2 HDSG. Diese Regelung enthielt fünf Aufgaben, die denen des Abs. 1 der Vorschrift ähnlich sind, jedoch die besonderen Aufgaben der DS-GVO und der JI-RL noch nicht berücksichti-gen konnte.

7   Der Text der Vorschrift hat im **Gesetzgebungsverfahren** gegenüber dem Entwurf der Landesregierung[5] keine Änderungen erfahren.

III. Unionsrechtliche Regelungen

8   Die Vorschrift umfasst die in **Art. 39 Abs. 1 DS-GVO** enthaltenen Aufga-ben der oder des DSB und fügt die Beratung bei der Datenschutzfolgeab-schätzung hinzu. In Abs. 2 werden mögliche andere Aufgaben der oder des DSB geregelt, wie sie in Art. 38 Abs. Abs. 6 DS-GVO angesprochen wer-den. Abs. 3 legt die Risikoorientierung der Tätigkeit fest.

9   Abs. 1 Satz 1 setzt **Art. 34 JI-RL** um. Um die Aufgaben der oder des DSB einer öffentlichen Stelle für alle Verarbeitungszwecke einheitlich auszuge-stalten, entspricht die Norm unter lediglich redaktioneller Anpassung zu-dem Art. 39 DS-GVO. Abs. 1 Satz 2 stellt entsprechend Art. 32 Abs. 2 JI-RL klar, dass sich die Aufgaben einer oder eines DSB eines Gerichts nicht auf das Handeln des Gerichts im Rahmen seiner justiziellen Tätigkeit be-ziehen.[6] Das Handeln in justizieller Tätigkeit ist als Tätigwerden in richter-licher Unabhängigkeit zu verstehen. Abs. 2 stellt klar, dass die oder der

---

1   *Niklas/Faas* NZA 2017, 1094.
2   *Heberlein* in Ehmann/Selmayr DS-GVO Art. 37 Rn. 12; *Bergt* in Kühling/Buchner DS-GVO Art. 39 Rn. 1.
3   *Heberlein* in Ehmann/Selmayr DS-GVO Art. 37 Rn. 9.
4   *Drewes* in Simitis/Hornung/Spiecker gen. Döhmann DS-GVO Art. 37 Rn. 47.
5   LT-Drs. 19/5728, 10 f.
6   LT-Drs. 19/5728, 101 f.

DSB weitere Aufgaben und Pflichten wahrnehmen kann, sofern diese nicht zu einem Interessenkonflikt führen. Insoweit entspricht die Vorschrift der Regelung des Art. 38 Abs. 6 DS-GVO, deren Regelungsgehalt auf den Anwendungsbereich der JI-RL und der Datenverarbeitung außerhalb des Anwendungsbereichs des EU-Rechts erstreckt wird. Abs. 3 entspricht Art. 39 Abs. 2 DS-GVO. Die Regelung hat keine Entsprechung in Art. 34 JI-RL, wird aber auch außerhalb des Anwendungsbereichs der DS-GVO als allgemeiner Grundsatz festgeschrieben.

IV. Verhältnis zu anderen Vorschriften

Die Vorschrift ist ua im Kontext der Vorgaben des Art. 24 DS-GVO zur Risikoorientierung zu verstehen, welche auch bereits bei der Qualifikation der oder des DSB nach § 5 Abs. 3 (→ § 5 Rn. 23) **zu berücksichtigen sind.**   10

B. Aufgaben und deren Wahrnehmung

Die Vorschrift regelt Fragen der Wahrnehmung der Aufgaben der oder des DSB und legt Schwerpunkte etwa auf die Fragen des **risikoorientierten Ansatzes und der Vermeidung von Interessenkonflikten.** Grundsätzlich handelt es sich um eine beratende Tätigkeit, so dass sich in der Praxis die Abgrenzung zwischen der Unterstützung der verantwortlichen Stelle und der eigenen Umsetzung von Aufgaben der DS-GVO und der JI-RL stellen.[7] Bei der Verletzung von Sorgfaltspflichten bei der Aufgabenwahrnehmung können die oder den DSB **Sanktionen wie eine Abberufung treffen** (→ § 6 Rn. 21).   11

I. Aufgabenspektrum (Abs. 1)

Abs. 1 zählt spezifische Aufgaben auf, **ohne alle Verpflichtungen abschließend** nennen zu können.[8] Entfallen im Vergleich zur Rechtslage vor der DS-GVO sind die Vorabkontrolle und die Verpflichtung, selbst Schulungen durchzuführen.[9]   12

Neben den erwähnten Pflichten ist es eine Hauptaufgabe der oder des DSB, bei der Erstellung und Pflege des **Verarbeitungsverzeichnisses** zu unterstützen und zu beraten. Abschließende Verantwortung für die jeweiligen Einträge muss jedoch die verantwortliche Stelle erkennbar tragen und dies durch einen Freigabevermerk dokumentieren.[10]   13

Bei der Erfüllung der **Meldepflichten** nach Art. 33 und 34 DS-GVO kann die Durchführung der Meldungen der oder dem DSB übertragen werden, ebenso kann die Koordination und Beantwortung von **Auskunftsersuchen** Aufgabe der oder des DSB sein.[11]   14

---

7 S. zum Spannungsverhältnis *Drewes* in Simitis/Hornung/Spiecker gen. Döhmann DS-GVO Art. 39 Rn. 2.
8 *Drewes* in Simitis/Hornung/Spiecker gen. Döhmann DS-GVO Art. 37 Rn. 5.
9 *Bergt* in Kühling/Buchner DS-GVO Art. 39 Rn. 10.
10 *Gola* ZD 2019, 388.
11 *Gola* ZD 2019, 388.

15   Entsprechende Abläufe sind **behördenintern zu dokumentieren**, es empfiehlt sich, zugehörige Prozessbeschreibungen mit Rollenzuweisungen zu
hinterlegen, um die Vorgaben des Art. 5 Abs. 2 DS-GVO zu erfüllen.[12]

16   Die oder der DSB darf jedoch **nicht so weitgehend in die Durchführung** der
Aufgaben verantwortlich eingebunden sein, dass sie oder er die Zwecke
und Mittel der Verarbeitung wie die verantwortliche Stelle selbst festlegt.[13]

1. Unterrichtung und Beratung (Satz 1 Nr. 1)

17   Inhalt der Unterrichtungs- und Beratungspflicht ist nicht nur die Information über einschlägige datenschutzrelevante Vorschriften[14] und Vorgänge,
sondern auch, dass die oder der DSB **Mittel und Wege zum Umgang**
mit bestehenden datenschutzrechtlichen Problemen vorschlägt. Dies gilt
sowohl gegenüber der Behördenleitung als auch gegenüber Beschäftigten.[15]

18   Bei Gegenstand und Administration der von der **Unterrichtungs- und Beratungspflicht** abzugrenzenden[16] und von der verantwortlichen Stelle durch-
zuführenden **Schulungen** sollten nach der hessischen Datenschutzaufsicht
folgende Punkte berücksichtigt und von der oder dem DSB überwacht
werden: Kerntätigkeit der Mitarbeiter erfordert die Verarbeitung personenbezogener Daten (zB Mitarbeiter der IT, Personalabteilung, des Marketings
oder des Vertriebs); Umfang der Verarbeitung personenbezogener Daten;
Verarbeitung sensitiver Daten; Zugangs- und Zugriffsmöglichkeiten zu
personenbezogenen Daten; Anwendung bereichsspezifischen Datenschutzrechts; Dokumentation/Teilnehmernachweis.[17] Es ist dafür Sorge zu tragen, dass nicht nur Strukturen und Prozesse zur Behandlung von Verlet-
zungsmeldungen vorhanden sind, sondern diese bei den Beschäftigten auch
ausreichend **verinnerlicht** sind und daher zu einem **effektiven Handeln** iSd
Datenschutzes führen.[18]

2. Überwachung (Satz 1 Nr. 2)

19   Zur Überwachungspflicht gehören nicht nur die Einhaltung der Vorgaben
der DS-GVO und des Gesetzes, sondern auch **Gesetzeskonformität und
angemessene Umsetzung**[19] bestehender interner Richtlinien, Handlungsanweisungen, Dienstvereinbarungen, Industriestandards, Code oft Conducts
und ähnlicher Vorgaben.[20] Umfasst von der Überwachungspflicht ist auch
die interne **Zuständigkeitsverteilung**, so dass die oder der DSB auch Einfluss auf die organisatorische Umsetzung des Datenschutzrechts nehmen

---

12 S. zu diesen *Roßnagel* in Simitis/Hornung/Spiecker gen. Döhmann DS-GVO Art. 5
    Rn. 181 ff.
13 *Gola* ZD 2019, 388.
14 S. zu möglichen bereichsspezifischen Vorschriften *Heberlein* in Ehmann/Selmayr
    DS-GVO Art. 39 Rn. 7.
15 Hessischer Datenschutzbeauftragter, S. 14.
16 *Bergt* in Kühling/Buchner DS-GVO Art. 39 Rn. 11.
17 Hessischer Datenschutzbeauftragter, S. 15.
18 Hessischer Datenschutzbeauftragter, S. 48. TB, 23.
19 *Scheja* in Taeger/Gabel DS-GVO Art. 39 Rn. 8.
20 *Gola* in Gola/Heckmann BDSG § 7 Rn. 6; Hessischer Datenschutzbeauftragter,
    S. 16.

kann und muss.[21] Die **Intensität** der Überwachung richtet sich nach den mit den Verarbeitungsvorgängen **verbundenen Risiken**.[22] Es sind sowohl Regel- als auch Anlasskontrollen durchzuführen.[23] Kontrollmaßnahmen müssen die Umsetzung von Maßnahmen gegebenenfalls vor Ort erfassen.[24] Dies ist insbesondere bei Auswahl und Einsatz externer DSB in der Behörde zu beachten.

3. Beteiligung an der Datenschutz-Folgenabschätzung (Satz 1 Nr. 3)

Das Gesetz spricht von einer Beratung und Unterstützung bei der Daten- 20
schutz-Folgenabschätzung, so dass die Durchführung selbst bei der verantwortlichen Stelle zu liegen hat. Die oder der DSB ist dabei entsprechend Art. 35 DS-GVO zwingend zu beteiligen, sie oder er kann die Durchführung auch selbst anregen.[25] Es ist empfehlenswert, sie oder ihn auch bereits bei **Zweifelsfragen** zur Notwendigkeit der Durchführung einer Datenschutzbeauftragung einzubeziehen.[26]

4. Zusammenarbeit mit der oder dem Hessischen Datenschutzbeauftragten (Satz 1 Nr. 4)

Die im Ermessen[27] der oder des DSB liegende Zusammenarbeit mit der 21
Aufsichtsbehörde kann diese oder diesen **stärken**,[28] zugleich aber auch Probleme mit dem **Treueverhältnis** gegenüber der verantwortlichen Stelle nach sich ziehen.[29] Die oder der DSB ist neben seiner Kontrollfunktion auch Kommunikationspartner für die Aufsichtsbehörde, etwa im Rahmen der Vorabkonsultation nach § 64.[30] Auch nach Auffassung der hessischen Datenschutzaufsicht sollten **zunächst** bei auftretenden Fragen und Problemen **interne Maßnahmen** zur Beseitigung von Datenschutzverstößen ergriffen werden,[31] um im Zusammenwirken mit den beteiligten Parteien rechtskonforme und konstruktive Lösungen zu erarbeiten.[32]

---

21 Hessischer Datenschutzbeauftragter, S. 15.
22 *Heberlein* in Ehmann/Selmayr DS-GVO Art. 39 Rn. 10.
23 *Scheja* in Taeger/Gabel DS-GVO Art. 39 Rn. 8; *Drewes* in Simitis/Hornung/ Spiecker gen. Döhmann DS-GVO Art. 39 Rn. 18.
24 *Drewes* in Simitis/Hornung/Spiecker gen. Döhmann DS-GVO Art. 39 Rn. 19.
25 *Gola* in Gola/Heckmann BDSG § 7 Rn. 8.
26 Hessischer Datenschutzbeauftragter, S. 16.
27 *Bergt* in Kühling/Buchner DS-GVO Art. 39 Rn. 20.
28 *Heberlein* in Ehmann/Selmayr DS-GVO Art. 37 Rn. 17.
29 *Bergt* in Kühling/Buchner DS-GVO Art. 39 Rn. 1; *Paal* in Paal/Pauly DS-GVO Art. 39 Rn. 8.
30 *Gola* in Gola/Heckmann BDSG § 7 Rn. 9 zur entsprechenden Regelung im Bundesrecht unter Verweis auf Art. 36 DS-GVO.
31 *Heberlein* in Ehmann/Selmayr DS-GVO Art. 39 Rn. 19.
32 Hessischer Datenschutzbeauftragter, S. 17 unter Verweis darauf, dass nach Art. 57 Abs. 3 DS-GVO die Tätigkeit jeder Aufsichtsbehörde für di oder den DSB unentgeltlich erfolgt, wenn er sich zum Zwecke der Beratung im Zusammenhang mit der Anwendung der DS-GVO an die Aufsichtsbehörde wendet; s. auch *Heberlein* in Ehmann/Selmayr DS-GVO Art. 39 Rn. 19 zur Zusammenarbeit zwischen Datenschutzbeauftragten und Leitungsebene vor Einschaltung der Aufsichtsbehörde.

5. Anlaufstelle für die oder den hessischen Datenschutzbeauftragten (Satz 1 Nr. 5)

22 Die Aufsichtsbehörde kann sich jederzeit **direkt** – unter Umgehung der Behördenleitung, die nicht zunächst kontaktiert werden muss[33] – an die oder den DSB wenden, ohne dass diese oder dieser dadurch zu einem Hilfsorgan wird.[34] Die Kontaktdaten werden bereits über die Meldepflicht nach § 5 Abs. 5 erhoben.

23 Abs. 1 Satz 2 stellt klar, dass sich die Aufgaben im Fall einer oder eines bei einem Gericht bestellten DSB nicht auf das Handeln des Gerichts im Rahmen seiner **justiziellen Tätigkeit** beziehen.[35]

II. Wahrnehmung anderer Pflichten und Aufgaben (Abs. 2)

24 Die mögliche Erfüllung anderer Aufgaben wird bereits in § 5 Abs. 2 Satz 2 angesprochen (→ § 5 Rn. 8). Abs. 2 stellt klar, dass auch **Teilzeitbeauftragungen** möglich sind.[36]

25 Die Beauftragung darf während ihrer gesamten Laufzeit[37] nicht zu **Interessenkonflikten**, etwa in Form einer **Selbstkontrolle**[38] führen, insbesondere bei Wahrnehmung von Aufgaben, die wesentliche Verpflichtungen der verantwortlichen Stelle bei der Umsetzung der DS-GVO betreffen,[39] wobei Pflichten wie Schulungen und Unterstützung bei der Erstellung von Datenschutzdokumenten davon ausgenommen sind,[40] ebenso die Information der Personalvertretung.[41] Ein Interessenkonflikt aufgrund von Personenidentität zweier Kontrollinstanzen[42] ist nicht gegeben bei der gleichzeitigen Stellung als Personalratsmitglied, wohl aber als **Vorsitzende oder Vorsitzender der Personalrats**.[43] Liegt ein nicht behebbarer Interessenkonflikt vor, hat eine Abberufung zu erfolgen (→ § 6 Rn. 16).[44]

26 Inkompatibel sind regelmäßig herausgehobene **Leitungstätigkeiten**, insbesondere im Bereich der Sicherstellung der allgemeinen Compliance, Leitung der Personalabteilung sowie die Leitung der IT.[45] Zulässig sollen dagegen sein Tätigkeit im Justiziariat ohne Leitungsfunktion sowie Leitung der Rechnungsprüfung[46]. Nur in begründeten „alternativlosen" Ausnahmefällen können entsprechende Benennungen erfolgen.[47]

---

33 *Paal* in Paal/Pauly DS-GVO Art. 39 Rn. 9; Hessischer Datenschutzbeauftragter, S. 17.
34 *Drewes* in Simitis/Hornung/Spiecker gen. Döhmann DS-GVO Art. 39 Rn. 35.
35 ErwG 97 DS-GVO S. 1, siehe zur Problematik der eingeschränkten Zuständigkeit *Bergt* in Kühling/Buchner BDSG § 7 Rn. 3.
36 *Bergt* in Kühling/Buchner BDSG § 7 Rn. 6.
37 *Drewes* in Simitis/Hornung/Spiecker gen. Döhmann DS-GVO Art. 38 Rn. 53.
38 *Drewes* in Simitis/Hornung/Spiecker gen. Döhmann DS-GVO Art. 39 Rn. 55.
39 *Scheja* in Taeger/Gabel DS-GVO Art. 38 Rn. 75.
40 *Gola* ZD 2019, 388.
41 *Heberlein* in Ehmann/Selmayr DS-GVO Art. 39 Rn. 20.
42 *Gola* in Gola/Heckmann BDSG § 7 Rn. 16.
43 *Abel*, S. 292.
44 *Gola* in Gola/Heckmann BDSG § 7 Rn. 18 f.
45 *Gola* ZD 2019, 388.
46 *Gola* ZD 2019, 388 unter Verweis auf BayLD, Aktuelle Kurz-Information 7: Datenschutzbeauftragte kreisangehöriger Gemeinden in Bayern.
47 *Gola* in Gola/Heckmann BDSG § 7 Rn. 11.

Bei **externen DSB** kann ein Interessenkonflikt etwa darin bestehen, dass 27
das IT-Systemhaus, das eine Behörde betreut und die Systemsicherheit sicherstellt, zugleich die oder den DSB stellt, welcher die Sicherheit der Systeme nach Art. 32 DS-GVO zu kontrollieren hat.[48] Zulässig können externe Beauftragungen von Anwaltskanzleien sein.[49]

III. Risikoorientierung (Abs. 3)

Entsprechend Art. 24 Abs. 1 Satz 1 DS-GVO sind die Aufgaben „unter Be- 28
rücksichtigung der Art, des Umfangs, der Umstände und der Zwecke der
Verarbeitung sowie der unterschiedlichen Eintrittswahrscheinlichkeit und
Schwere der Risiken für die Rechte und Freiheiten natürlicher Personen",
also risikoorientiert auszuwählen. Dementsprechend gehört es zur Sorg-
faltspflicht der oder des DSB, die jeweiligen Umstände der einzelnen Datenverarbeitung angemessen zu bewerten, insbesondere bei der Verarbeitung **besonderer personenbezogener Daten und bei großen Datenmengen**
ist dies zu beachten.[50]

Die hessische Datenschutzaufsicht hält es für empfehlenswert, einen an den 29
Umständen der Behörde orientierten **Aufgabenkatalog** zu erstellen, der an
Hand einer Gegenüberstellung der Verarbeitungsaktivitäten und den zu erwartenden Risiken Aufgaben-Priorisierungen vornimmt. Zu Nachweiszwecken sei demnach grundsätzlich anzuraten, die eingestellten Überlegungen
einer Abwägungsentscheidung entsprechend der aufgestellten Maxime zu
dokumentieren.[51]

C. Würdigung

Die Vorschrift schafft entsprechend Art. 39 DS-GVO einen einheitlichen 30
Aufgabenkatalog für DSB[52] und legt damit zugleich die **wesentlichen Sorgfaltspflichten** fest. Diese Aufgaben stellen zugleich den Maßstab für die
Qualifikation der oder des DSB nach § 5 Abs. 3 und sollten bei der entsprechenden Auswahl angemessen berücksichtigt werden. Unentbehrlich
ist eine entsprechende behördeninterne Würdigung der Aufgaben durch
eine entsprechende (auch risikoorientierte) Ressourcenausstattung.

Vierter Abschnitt: Die oder der Hessische Datenschutzbeauftragte

§ 8 Rechtsstellung und Unabhängigkeit

(1) Die oder der Hessische Datenschutzbeauftragte ist eine oberste Landesbehörde.

(2) [1]Die oder der Hessische Datenschutzbeauftragte handelt in Ausübung
ihres oder seines Amtes unabhängig und ist nur dem Gesetz unterworfen.

---

48 *Baumgartner/Hansch* ZD 2019, 102.
49 *Drewes* in Simitis/Hornung/Spiecker gen. Döhmann DS-GVO Art. 38 Rn. 61.
50 *Paal* in Paal/Pauly DS-GVO Art. 39 Rn. 10; *Heberlein* in Ehmann/Selmayr DS-
GVO Art. 39 Rn. 23.
51 Hessischer Datenschutzbeauftragter, S. 17.
52 *Heberlein* in Ehmann/Selmayr DS-GVO Art. 37 Rn. 12.

²Sie oder er unterliegt bei der Erfüllung ihrer oder seiner Aufgaben und bei der Ausübung ihrer oder seiner Befugnisse weder direkter noch indirekter Beeinflussung von außen und ersucht weder um Weisung noch nimmt sie oder er Weisungen entgegen.

(3) Die oder der Hessische Datenschutzbeauftragte unterliegt der Rechnungsprüfung durch den Hessischen Rechnungshof.

(4) ¹Die oder der Hessische Datenschutzbeauftragte ist berechtigt, an den Sitzungen des Landtags und seiner Ausschüsse nach Maßgabe der Geschäftsordnung des Landtags teilzunehmen und sich zu Fragen zu äußern, die für den Datenschutz von Bedeutung sind. ²Der Landtag und seine Ausschüsse können die Anwesenheit der oder des Hessischen Datenschutzbeauftragten verlangen.

Literatur:

Bull, Die „völlig unabhängige" Aufsichtsbehörde – Zum Urteil des EuGH vom 9.3.2010 in Sachen Datenschutzaufsicht, EuZW 2010, 488; *Hornung,* Eine Datenschutz-Grundverordnung für Europa?, ZD 2012, 99; *Kienle/Wenzel,* Das Klagerecht der Aufsichtsbehörden. Gerichtlicher Rechtsschutz gegen Beschlüsse des Europäischen Datenschutzausschusses, ZD 2019, 107; *Kugelmann,* Kooperation und Betroffenheit im Netzwerk. Die deutschen Datenschutzaufsichtsbehörden in Europa, ZD 2020, 76; *Lewinski,* Datenschutzaufsicht in Europa als Netzwerk, NVwZ 2017, 1483; *Petri/Tinnefeld,* Völlige Unabhängigkeit der Datenschutzkontrolle, MMR 2010, 157; *Roßnagel,* Anmerkung zu dem Urteil des EuGH in der Rechtssache C-518/07 vom 9. März 2010 zur Unabhängigkeit der Datenschutzaufsichtsbehörden, EuZW 2010, 296; *Roßnagel,* Unabhängigkeit der Datenschutzaufsicht, ZD 2015, 106; *Schild,* Die völlige Unabhängigkeit der Aufsichtsbehörden aus europarechtlicher Sicht, DuD 2010, 549; *Thomé,* Die Unabhängigkeit der Bundesdatenschutzaufsicht, VuR 2015, 130; *Thomé,* Reform der Datenaufsicht, 2015; *Voßhoff,* Update BfDI 2.0 – Ausblick 2016, DuD 2016, 138; *Wolff,* Die „völlig unabhängige" Aufsichtsbehörde, in: FS für Bull, 2011, 1057; *Ziebarth,* Demokratische Legitimation und Unabhängigkeit der deutschen Datenschutzbehörden, CR 2013, 60.

A. Allgemeines

I. Bedeutung der Vorschrift

1   Die Institution eines Datenschutzbeauftragten ist für den **Schutz des Grundrechts auf Datenschutz und informationelle Selbstbestimmung** essentiell. Der Schutz dieses Grundrechts kann nicht den betroffenen Personen allein überlassen werden, sondern bedarf einer unabhängigen Institution,

die gegenüber den privaten und öffentlichen Datenverarbeitern objektiv für die Einhaltung der datenschutzrechtlichen Vorschriften sorgen kann.[1]

Der **Vierte Abschnitt des Ersten Teils** regelt Errichtung, Rechtsstellung, Wahl, Amtsverhältnis, Aufgaben und Unterstützung der oder des HDSB. Er greift die Regelungen in Art. 51 bis 54 DS-GVO auf, erfüllt die dort genannten Regelungsaufträge für die Mitgliedstaaten und konkretisiert die Verordnung im Rahmen der ihnen eingeräumten Öffnungsklauseln. Mit der Bezeichnung „die oder der Hessische Datenschutzbeauftragte" ist sowohl die hessische **Datenschutzaufsichtsbehörde** als auch die **Person der Leiterin oder des Leiters** dieser Behörde gemeint. Aus dem jeweiligen Regelungszusammenhang kann sich auch ergeben, dass eventuell nur die Behörde oder nur die Leitungsperson gemeint ist. Die oder der HDSB ist Aufsichtsbehörde für alle öffentlichen Stellen des Landes (→ § 2 Rn. 12 ff.), die der DS-GVO und dem Zweiten Teil des Gesetzes unterfallen, für alle öffentlichen Stellen, für die die JI-RL und der Dritte Teil des Gesetzes anwendbar ist, und für alle nicht öffentlichen Stellen iSd § 40 BDSG, die der DS-GVO und dem Teil 2 des BDSG unterfallen. Darüber hinaus führt sie oder er die Aufsicht über alle Verarbeitungen personenbezogener Daten, die nicht von der DS-GVO oder der JI-RL, aber vom Gesetz erfasst sind (→ § 1 Rn. 46 f.). 2

Nach Art. 51 Abs. 1 DS-GVO und Art. 41 Abs. 1 JI-RL ist es die Aufgabe der Aufsichtsbehörde, die **Grundrechte und Grundfreiheiten** natürlicher Personen bei der Verarbeitung personenbezogener Daten zu schützen und den freien Verkehr personenbezogener Daten in der Union zu erleichtern. Dabei leistet nach Art. 51 Abs. 2 DS-GVO und Art. 41 Abs. 2 JI-RL jede Aufsichtsbehörde einen **Beitrag zur einheitlichen Anwendung des Datenschutzrechts** in der gesamten Union. 3

Die Vorschrift regelt die **Rechtsstellung** der Institution der oder des HDSB im Gefüge der Staatsorgane des Landes Hessen und sichert ihre oder seine Unabhängigkeit als Behörde und als Person. Die folgenden Vorschriften sichern diese Zielsetzung durch detaillierende Regelungen. 4

II. Entstehungsgeschichte

Der hessische Gesetzgeber hat im Jahre 1970 als **erster** die Einrichtung eines **unabhängigen Datenschutzbeauftragten** geschaffen und damit die Gesetzgebung im Bund, in den Bundesländern, in der Union und auch außerhalb Europas maßgebend beeinflusst.[2] Schon in diesem Gesetz sah § 8 die Weisungsfreiheit des HDSB vor.[3] Seit dem vierten HDSG vom 7.1.1999 ist der HDSB zwar sachlich unabhängig und unterliegt keiner Fach- und Rechtsaufsicht.[4] Er war allerdings nur für die öffentlichen datenverarbeitenden Stellen zuständig, während die Aufsicht über die nicht-öffentlichen datenverarbeitenden Stellen beim **Regierungspräsidium Darmstadt** lag. Diese Aufsichtsbehörde war in die Innenverwaltung eingegliedert und un- 5

---

1 BVerfGE 65, 1 (46); ErwG 62 DSRL und ErwG 117 DS-GVO.
2 *Nungesser* § 21 Rn. 1.
3 *Arlt* in Schild ua § 22 Rn. 1.
4 *Nungesser* § 22 Rn. 1.

terlag der Dienst- und Fachaufsicht des Innenministeriums. Damit standen die Datenschutzregelungen in Hessen – wie auch die Regelungen im Bund und den anderen Bundesländern – im Widerspruch zu der in Art. 28 Abs. 1 Satz 2 DSRL enthaltenen Forderung, dass die datenschutzrechtlichen Kontrollstellen ihre Aufgaben „in völliger Unabhängigkeit" wahrzunehmen haben. Im Streit mit der Kommission vertrat Deutschland die Ansicht, dass eine funktionale Unabhängigkeit der Kontrollstellen gegenüber der zu beaufsichtigenden verantwortlichen Stelle für eine „völlige Unabhängigkeit" in der Wahrnehmung der Aufsichtsaufgaben ausreiche. Mit dieser sei eine Dienst- und Rechtsaufsicht durch die Regierung zu vereinbaren.[5]

6   Die Frage, was „völlige Unabhängigkeit" für die Datenschutzaufsicht genau heißt, musste bisher in drei Verfahren vor dem **EuGH** geklärt werden, in denen das Gericht gegenüber Deutschland 2010,[6] Österreich 2012[7] und Ungarn 2014[8] feststellen musste, dass diese die „völlige Unabhängigkeit" unzureichend umgesetzt hatten.[9] Eine „funktionelle Unabhängigkeit der Kontrollstellen in dem Sinn, dass deren Mitglieder bei der Wahrnehmung ihrer Aufgaben an keine Anordnungen gebunden sind, ist daher eine notwendige Voraussetzung", reicht aber „für sich allein noch nicht aus, um die Kontrollstellen vor jeder äußeren Einflussnahme zu bewahren".[10] Die Kontrollstellen müssen vielmehr „mit einer Unabhängigkeit ausgestattet sein (...), die es ihnen ermöglicht, ihre Aufgaben ohne äußere Einflussnahme wahrzunehmen".[11]

7   Hessen hat – mit den anderen Bundesländern[12] und schließlich auch dem Bund[13] – das Urteil gegen Deutschland durch Art. 1 des Gesetzes zur Datenschutzneuordnung und Unabhängigkeitswahrung des Datenschutzbeauftragten vom 20.5.2011[14] umgesetzt und Regelungen getroffen, die die **Datenschutzaufsicht über alle datenverarbeitenden Stellen** beim HDSB zusammenführen und eine Aufsicht über die oder den HDSB ausschließen. Kleinere Änderungen der Regelungen zur oder zum HDSB erfolgten 2016.[15] Die Vorschrift ist weitgehend neu gefasst. Eine kurze Regelung zur Unabhängigkeit fand sich in § 22 HDSG aF. Abs. 4 der Vorschrift entspricht § 21 Abs. 5 HDSG aF.

---

5   S. zur Geschichte dieser Auseinandersetzung und den dabei vertretenen Positionen *Thomé*, S. 97 ff.
6   EuGH ECLI:EU:C:2010:125 – Kommission/Deutschland, s. zB die Anmerkungen von *Petri/Tinnefeld* MMR 2010, 355; *Roßnagel* EuZW 2010, 296; *Schild* DuD 2010, 549; *Bull* EuZW 2010, 488.
7   EuGH ECLI:EU:C:2012:631 – Kommission/ Österreich.
8   EuGH ECLI:EU:C:2014:237 – Kommission/Ungarn.
9   S. näher *Roßnagel* ZD 2015, 106 ff.
10 EuGH ECLI:EU:C:2012:631, Rn. 42 – Kommission/ Österreich; EuGH ECLI:EU:C:2014:237, Rn. 53 – Kommission/Ungarn.
11 EuGH ECLI:EU:C:2010:125 Rn. 30 – Kommission/Deutschland; ECLI:EU:C:2012:631, Rn. 41 und 43 – Kommission/ Österreich; EuGH ECLI:EU:C:2014:237, Rn. 51 – Kommission/Ungarn.
12 S. hierzu *Thomé*, S. 24 ff.; *Schild* DuD 2010, 549 ff.; *Wolff* in FS für Bull, 2011, S. 1057.
13 S. hierzu *Roßnagel* ZD 2015, 106 (107 ff.).
14 GVBl. I 208.
15 Art. 5 des G vom 14.7.2016, GVBl. 121.

Der Text der Vorschrift hat im Gesetzgebungsverfahren gegenüber dem 8
Entwurf der Fraktionen der CDU und BÜNDNIS 90/DIE GRÜNEN[16] keine Änderungen erfahren.

III. Unionsrechtliche Regelungen

Die Forderung nach Unabhängigkeit der oder des HDSB ist im Primärrecht 9
der EU verankert. **Art. 16 AEUV** bestimmt in Abs. 2 Satz 2, dass die Einhaltung der nach dieser Kompetenznorm erlassenen Datenschutzvorschriften von „unabhängigen Behörden" überwacht wird. Auch **Art. 8 GRCh** gewährleistet in Abs. 3, dass eine „unabhängige Stelle" die Einhaltung der
Vorschriften zum Schutz personenbezogener Daten überwacht.[17]

Diese primärrechtlichen Vorgaben werden von **Art. 52 Abs. 1 und 2 DS-** 10
GVO aufgenommen. Abs. 1 fordert „Jede Aufsichtsbehörde handelt bei der
Erfüllung ihrer Aufgaben und bei der Ausübung ihrer Befugnisse gemäß
dieser Verordnung völlig unabhängig." Dies wird in Abs. 2 konkretisiert:
„Das Mitglied oder die Mitglieder jeder Aufsichtsbehörde unterliegen bei
der Erfüllung ihrer Aufgaben und der Ausübung ihrer Befugnisse gemäß
dieser Verordnung weder direkter noch indirekter Beeinflussung von außen
und ersuchen weder um Weisung noch nehmen sie Weisungen entgegen."
Die Unabhängigkeit soll jedoch nicht von der Pflicht zu einer ordentlichen
Haushaltsführung befreien.[18] Daher bestimmt Abs. 6 im ersten Halbsatz:
„Jeder Mitgliedstaat stellt sicher, dass jede Aufsichtsbehörde einer Finanzkontrolle unterliegt, die ihre Unabhängigkeit nicht beeinträchtigt". **Art. 42**
Abs. 1 und 2 JI-RL fordert ebenfalls – weitgehend wortgleich mit der DS-
GVO – die Überwachung der Datenschutzvorschriften durch eine unab-
hängige Kontrollstelle.[19]

Der Vierte Abschnitt des Ersten Teils passt die Regelungen zu der oder dem 11
HDSB an die DS-GVO an und setzt zugleich die Vorgaben der JI-RL um.[20]
Obwohl Abs. 2 weitgehend den Wortlaut des Art. 52 Abs. 1 und 2 DS-
GVO wiederholt, verstößt er **nicht** gegen das **Normwiederholungsverbot**
(→ Einl. Rn. 42),[21] weil er diese Regelungen für Hessen konkretisiert und
auch in Umsetzung der JI-RL und für Datenverarbeitungen, die nicht von
der DS-GVO und der JI-RL erfasst sind, zur Anwendung bringt.[22]

IV. Verhältnis zu anderen Vorschriften

Die folgenden Vorschriften **konkretisieren Abs. 1 und 2**, indem sie die 12
Wahl in § 9, die persönlichen Voraussetzungen in § 10, das Amtsverhältnis
in § 11, die Verschwiegenheitspflicht in § 12, spezifische Kommunikations-
themen in § 15 und 16, ein Benachteiligungsverbot bei Anrufung der oder
des HDSB in § 17 sowie ihre oder seine Personal- und Sachausstattung in

---

16 LT-Drs. 19/5728.
17 S. zu dieser Anforderung auch EuGH ECLI:EU:C:2014:237, Rn. 68 – Kommission/
Ungarn, s. hierzu *Roßnagel* MMR 2014, 376.
18 S. zB *Polenz* in Simitis/Hornung/Spiecker gen. Döhmann DS-GVO Art. 52 Rn. 25.
19 S. hierzu auch *Johannes/Weinhold* Neues DatenschutzR S. 55 ff.
20 LT-Drs. 19/5728, 102.
21 S. zum Normwiederholungsverbot zB *Roßnagel* in Roßnagel Das neue DSR § 2
Rn. 30 f.
22 S. zB auch *Pabst* in HK-DSG NRW § 25 Rn. 14.

§ 18 regeln. Die Vorschriften zum HDSB gelten für den Zweiten Teil (Ergänzung und Konkretisierung der DS-GVO), für den Dritten Teil (Umsetzung der JI-RL) und für den Vierten Teil des Gesetzes (Informationsfreiheit). Ein ausdrücklicher Verweis auf diese Vorschriften findet sich in der Vorschrift zur oder zum Hessischen Informationsfreiheitsbeauftragten in § 89 (→ § 89 Rn. 14).

13   Eine vergleichbare Regelung für den Bund findet sich in §§ 8 und 10 BDSG und in allen LDSG.

B. Rechtsstellung und Unabhängigkeit

14   Die Vorschrift enthält grundsätzliche Regelungen zur **Errichtung der Behörde der oder des HDSB**. Sie bestimmt ihre Stellung als oberste Landesbehörde, gewährleistet ihre Unabhängigkeit, unterwirft sie der Kontrolle des Landesrechnungshofs, soweit ihre Unabhängigkeit dadurch nicht gefährdet wird und bestimmt ihre Rechte und Pflichten gegenüber dem Landtag.

I. Oberste Landesbehörde (Abs. 1)

15   Nach Abs. 1 ist die oder der HDSB eine **oberste Landesbehörde.**[23] Als solche ist die Behörde in keine Hierarchie der Regierung oder der Verwaltung eingegliedert, sondern „eigenständig und unabhängig ausgestaltet".[24] Sie ist damit den anderen obersten Landesbehörden wie den Landesministerien und dem Landesrechnungshof gleichgestellt. Dadurch wird ihre Unabhängigkeit institutionell abgesichert.[25] Die Bestimmung der oder des HDSB als oberste Landesbehörde entspricht Art. 54 Abs. 1 lit. a DS-GVO und setzt Art. 44 Abs. 1 lit. a JI-RL um.[26]

16   Als oberste Landesbehörde unterliegt die oder der HDSB **keiner Fach-, Rechts- oder Dienstaufsicht** (→ § 11 Rn. 10). Sie oder er beschäftigt eigene Mitarbeiterinnen und Mitarbeiter und bewirtschaftet einen eigenen Haushalt (→ § 18 Rn. 10).

17   Als Landesbehörde ist die oder der HDSB öffentliche Stelle iSd § 2 Abs. 1. Die **Verarbeitung personenbezogener Daten** unterfällt damit grundsätzlich der DS-GVO und dem Zweiten Teil des Gesetzes. Sie darf nach § 3 Abs. 1 personenbezogene Daten verarbeiten, soweit dies für die Erfüllung der ihr übertragenen Aufgaben erforderlich ist (→ § 3 Rn. 23). Soweit die Behörde personenbezogene Daten im Rahmen von OWiG-Verfahren verarbeitet, gelten die JI-RL und der Dritte Teil des Gesetzes. Ihre Datenverarbeitung unterfällt jedoch keiner anderen Datenschutzaufsicht. Vielmehr kontrolliert die oder der HDSB die eigene Datenverarbeitung selbst.[27]

---

23 Dies ist bereits seit dem vierten HDSG vom 7.1.1999 der Fall, s. *Arlt* in Schild ua § 22 Rn. 3.
24 So zB BT-Drs. 18/2848, 1, 13 für den BFDI als oberste Bundesbehörde. Damit wird für der – von vielen gefürchtete – ministerialfreie Raum hergestellt; s. zur Diskussion *Hillenbrandt-Beck* in Roßnagel DatenschutzR-HdB Kap. 5.4 Rn. 24 ff.; *Hofmann* in Roßnagel Das neue DSR § 6 Rn. 5; *Thomé*, S. 94 ff., jeweils mwN.
25 S. zB *Thomé*, S. 52; *Römer* in HK-LDSG RhPf § 15 Rn. 47; *Roßnagel* ZD 2015, 106 (108).
26 LT-Drs. 19/5728, 102.
27 S. zB *Römer* in HK-LDSG RhPf § 15 Rn. 49.

II. Unabhängigkeit (Abs. 2)

Die oder der HDSB handelt nach Satz 1 in Ausübung ihres oder seines Amtes **unabhängig** und ist nur dem Gesetz unterworfen. Sie oder er unterliegt nach Satz 2 bei der Erfüllung ihrer oder seiner Aufgaben und bei der Ausübung ihrer oder seiner Befugnisse weder direkter noch indirekter Beeinflussung von außen und ersucht weder um Weisung noch nimmt sie oder er Weisungen entgegen. Die in Abs. 2 normierten Grundsätze der Unabhängigkeit und Weisungsfreiheit der oder des HDSB sind unionsrechtlich vorgegeben (→ Rn. 6 ff.)[28] und greifen die Rechtsprechung des EuGH zu Art. 28 DSRL (→ Rn. 4) auf.

1. Unabhängige Amtsausübung (Satz 1)

Die oder der HDSB handelt in Ausübung ihres oder seines Amtes unabhängig und ist nur dem Gesetz unterworfen. Nach der Rechtsprechung des EuGH üben die Aufsichtsbehörden keine normale Verwaltungstätigkeit aus. Sie nehmen vielmehr eine sehr spezifische Aufgabe wahr, die allein darin besteht, „Hüter der Grundrechte und Grundfreiheiten" zu sein, die durch die Verarbeitung personenbezogener Daten betroffen sind.[29] Diese spezifische Aufgabe fordert und rechtfertigt die besondere Stellung und völlige Unabhängigkeit der Aufsichtsbehörden.[30] Mit ihr ist nicht zu vereinbaren, dass sie gezwungen werden können, die Umsetzungsregelungen so auszulegen, dass sie anderen Verwaltungszwecken wie der Finanzverwaltung oder wirtschaftlichen Interessen Vorrang einräumen.[31] „Völlige Unabhängigkeit" bedeutet in diesem Zusammenhang, dass die Aufsichtsbehörde „völlig frei von Weisungen und Druck handeln kann"[32] (→ Rn. 15 ff.).

Amtsausübung meint Wahrnehmung der im Gesetz dem oder der HDSB zugewiesenen Aufgaben und Ausübung der ihr oder ihm übertragenen Befugnisse und zwar unabhängig davon, ob diese auf die DS-GVO oder die JI-RL zurückgehen oder unabhängig von diesen festgelegt worden sind.

In der Amtsausübung ist die oder der HDSB nur dem Gesetz unterworfen. Diese **Gesetzesbindung** ist im Rechtsstaat selbstverständlich und in Art. 20 Abs. 3 GG festgehalten. Sie wird in der Vorschrift im gleichen Satz wie die Unabhängigkeit in der Amtsausübung genannt. Dies bedeutet, dass die oder der HDSB zwar gerichtliche Entscheidungen zu respektieren hat, davon abgesehen aber in der Auslegung der gesetzlichen Regelungen und in

18

19

20

21

---

28 LT-Drs. 19/5728, 102.
29 EuGH ECLI:EU:C:2010:125, Rn. 23 – Kommission/Deutschland; EuGH ECLI:EU:C:2012:631, Rn. 52 – Kommission/ Österreich; EuGH ECLI:EU:C:2014:237, Rn. 53 – Kommission/Ungarn. Auch das BVerfG hat mehrfach festgestellt, dass der Schutz der informationellen Selbstbestimmung eine effektive Kontrolle der staatlichen Datenverarbeitung erforderlich macht – s. zB BVerfGE 65, 1 (46); 100, 313 (361); 133, 277 (366 f.); s. hierzu auch *Roßnagel/Pfitzmann/Garstka* 188 ff.; *Voßhoff* DuD 2016, 138.
30 S. hierzu auch *Petri/Tinnefeld* MMR 2010, 157 (161); *Roßnagel* EuZW 2010, 296 (300); *Ziebarth* CR 2013, 60 (63); *Kugelmann* ZD 2020, 76 (77).
31 EuGH ECLI:EU:C:2010:125, Rn. 35 – Kommission/Deutschland.
32 EuGH ECLI:EU:C:2010:125, Rn. 18 – Kommission/Deutschland; EuGH ECLI:EU:C:2014:237, Rn. 51 – Kommission/Ungarn.

der Ausübung von Beurteilungs- und Ermessensspielräumen eigenverant-
wortlich handelt und keinen entsprechenden Vorgaben unterliegt.

22   Der Stellung als oberste Landesbehörde entspricht auch, dass die oder
der HDSB durch den Landtag gewählt wird und nur auf Initiative des
Landtags abberufen werden kann. Die notwendige inhaltliche **Legitimation**
der oder des HDSB wird durch die Wahl durch den Landtag, durch die
Bindung an die demokratisch zustande gekommenen Gesetze durch die
unmittelbare parlamentarische Kontrolle der Aufgabenwahrnehmung und
durch die öffentliche Transparenz seines Handels hergestellt.[33]

23   Die gebotene **demokratische und rechtsstaatliche Verantwortung** der oder
des HDSB trotz der Unabhängigkeit der Amtsausübung wird durch ihre
oder seine Verpflichtung (→ § 9 Rn. 11 ff.), durch ihre oder seine Gesetzesbindung (→ Rn. 21) und durch die Kontrolle ihres oder seines Handelns
durch die Gerichte (→ Rn. 21), den Landtag (→ Rn. 35) und den Landesrechnungshof (→ Rn. 28 ff.) sichergestellt. Im Extremfall kann die oder der
HDSB nach § 11 Abs. 2 Satz 5 bis 7 abberufen werden (→ § 11 Rn. 23 ff.).
Diese Verantwortung ist mit der notwendigen Unabhängigkeit in der Ausübung ihrer Aufgaben vereinbar.[34] Die entsprechenden Vorschriften enthalten Vorgaben, die nur die allgemeine Ordnung der übertragenen Dienstaufgaben gewährleisten und vor dem Verdacht der Korruption schützen.

24   Die „vollständige Unabhängigkeit" nach Art. 52 Abs. 2 DS-GVO und
Abs. 2 der Vorschrift gilt jedoch nicht gegenüber dem **Europäischen Datenschutzausschuss**. Im Konflikt zwischen der völligen Unabhängigkeit der
Aufsichtsbehörden und der Harmonisierung der Anwendung des Datenschutzrechts in der Union hat sich die DS-GVO für die Harmonisierung[35]
und gegen die Unabhängigkeit der Aufsichtsbehörde entschieden.[36] Diese
ist nach Art. 63 ff. DS-GVO letztlich den Beschlüssen des EDSA unterworfen.[37] Hier hilft auch wenig, wenn alle Aufsichtsbehörden in Deutschland
mit einer einzigen Stimme auf diese Entscheidungen Einfluss nehmen können. Denn Abstimmungen nach dem Mehrheitsprinzip in Deutschland und
in der Union ist nicht identisch mit der postulierten „völligen Unabhängigkeit" der jeweiligen Aufsichtsbehörde.

2. Weisungsfreiheit (Satz 2)

25   Die oder der HDSB unterliegt bei der Erfüllung ihrer oder seiner Aufgaben
und bei der Ausübung ihrer oder seiner Befugnisse weder direkter noch
indirekter Beeinflussung von außen und ersucht weder um Weisung noch
nimmt sie oder er Weisungen entgegen. Beeinflussung kann durch einzelne
Maßnahmen, aber auch durch strukturelle Vorgaben erfolgen.[38] Dement-

---

33 S. zB *Thomé*, S. 112 ff., 135 f. und 39; *Ziebarth* CR 2013, 60 ff.; *Roßnagel* ZD
    2015, 106 (108).
34 S. zB *Roßnagel* ZD 2015, 106 (108); *Thomé*, S. 135 f.
35 Zur von der Kommission in ihrem Entwurf geplanten Abhängigkeit ihr gegenüber
    s. *Ziebarth* CR 2013, 60 (68); *Hornung* ZD 2012, 99 (105 f.).
36 Dies problematisieren zB auch *Kienle/Wenzel* ZD 2019, 107 ff.; *Pabst* in HK-DSG
    NRW § 25 Rn. 15.
37 S. zB *Lewinski* NVwZ 2017, 1483 (1486); *Kugelmann* ZD 2020, 76 (79).
38 S. zB *Ziebarth* in HK-BDSG § 10 Rn. 4.

sprechend gilt die Weisungsfreiheit für die Organisation der Aufsichtsbehörde wie auch für ihre Aufgabenausführung.[39]

Die geforderte Weisungsfreiheit schließt nicht nur **jegliche Einflussnahme** 26 durch die kontrollierten Stellen aus, sondern auch „jede Anordnung und jede sonstige äußere Einflussnahme, sei sie unmittelbar oder mittelbar, durch die in Frage gestellt werden könnte, dass die genannten Kontrollstellen ihre Aufgabe, den Schutz des Rechts auf Privatsphäre und den freien Verkehr personenbezogener Daten ins Gleichgewicht zu bringen, erfüllen".[40] Die notwendige Unabhängigkeit ist bereits gefährdet, wenn „die bloße Gefahr einer politischen Einflussnahme der Aufsichtsbehörden auf die Entscheidungen der Kontrollstellen" besteht.[41] Denn bereits daraus könnte „ein ‚vorauseilender Gehorsam' dieser Stellen im Hinblick auf die Entscheidungspraxis der Aufsichtsstelle folgen".[42] Vielmehr muss jede Möglichkeit politischer Einflussnahme so ausgeschlossen sein, dass die Entscheidungen der Kontrollstellen „über jeglichen Verdacht der Parteilichkeit erhaben" sind.[43]

Die oder der HDSB sind **nicht weisungsabhängig**. Nicht einmal eine al- 27 le anderen bindende Kommissionsentscheidung – wie zu Safe Harbor – vermag sie davon abzuhalten, ihren Aufgaben nachzugehen und gegebenenfalls entgegenstehend zu entscheiden.[44] Er oder sie holen auch keine Weisungen ein – weder von irgendeiner Stelle der Exekutive noch von anderen Stellen wie etwa politischen Parteien.

III. Rechnungsprüfung durch den Hessischen Rechnungshof (Abs. 3)

Die oder der HDSB unterliegt nach Abs. 3 der **Rechnungsprüfung** durch 28 den Hessischen LRH. Diese Regelung trägt Art. 52 Abs. 6 DS-GVO und Art. 42 Abs. 6 JI-RL Rechnung. Danach hat jeder Mitgliedstaat sicherzustellen, dass jede Aufsichtsbehörde einer Finanzkontrolle unterliegt, die ihre Unabhängigkeit nicht beeinträchtigt. Wie aus ErwG 118 DS-GVO folgt, bedeutet „die Unabhängigkeit der Aufsichtsbehörden nicht, dass sie hinsichtlich ihrer Ausgaben keinem Kontroll- oder Überwachungsmechanismus unterworfen sind".[45] Die Haushalts- und Wirtschaftsführung der oder des HDSB unterliegt daher der Prüfung des Hessischen LRH.

Aufsicht durch den LRH bedeutet nach § 1 Abs. 1 Satz 3 LRHG vor allem, 29 dass der LRH wie bei allen obersten Landesbehörden die Eröffnungs- und

---

39 *Hofmann* in Roßnagel Das neue DSR § 6 Rn. 6.
40 EuGH ECLI:EU:C:2010:125 Rn. 30 und 25 – Kommission/Deutschland; EuGH ECLI:EU:C:2012:631, Rn. 41 und 43 – Kommission/ Österreich; EuGH ECLI:EU:C:2014:237, Rn. 51 – Kommission/Ungarn.
41 EuGH ECLI:EU:C:2010:125, Rn. 36 – Kommission/Deutschland; EuGH ECLI:EU:C:2012:631, Rn. 52 – Kommission/ Österreich; EuGH ECLI:EU:C:2014:237, Rn. 53 – Kommission/Ungarn.
42 EuGH ECLI:EU:C:2014:237, Rn. 53 – Kommission/Ungarn; EuGH ECLI:EU:C:2010:125, Rn. 36 – Kommission/Deutschland.
43 EuGH ECLI:EU:C:2010:125, Rn. 36 – Kommission/Deutschland; EuGH ECLI:EU:C:2012:631, Rn. 52 und 61 – Kommission/ Österreich; EuGH ECLI:EU:C:2014:237, Rn. 53 – Kommission/Ungarn.
44 EuGH ECLI:EU:C:2015:650 – Schrems; *Hofmann* in Roßnagel Das neue DSR § 6 Rn. 6; *Kugelmann* ZD 2020, 76 (77); *Kienle/Wenzel* ZD 2019, 107 (110 f.).
45 LT-Drs. 19/5728, 102.

Schlussbilanz der oder des HDSB feststellt. Dabei untersucht der LRH die Haushalts- und Wirtschaftsführung nach § 90 LHO auf Rechtsmäßigkeit und Wirtschaftlichkeit. Diese Aufsicht darf nach Art. 52 Abs. 6 DS-GVO und Art. 42 Abs. 6 JI-RL nur soweit gehen, dass die Unabhängigkeit des oder der HDSB nicht beeinträchtigt wird. Ob dies bei einzelnen Maßnahmen der Fall ist, hängt von den Umständen des Einzelfalls ab. Hierfür ist vorrangig die Einschätzung der oder des HDSB entscheidend. Nimmt der LRH sie dennoch vor, muss die oder der HDSB Rechtsschutz durch die Verwaltungsgerichtsbarkeit suchen.[46]

30   Umgekehrt unterliegt der Landesrechnungshof, soweit er personenbezogene Daten verarbeitet, der **Aufsicht durch die oder den HDSB**. Dies gilt auch für die Tätigkeiten, die er nach § 5 Abs. 1 LRHG in richterlicher Unabhängigkeit ausübt. Dies ist zwar weder in der DS-GVO noch im Gesetz wörtlich festgehalten. Die Ausnahmevorschriften des Art. 55 Abs. 3 DS-GVO und des § 13 Abs. 5 erwähnen jedoch nur Gerichte und stellen für die Ausnahme der Aufsicht durch die oder den HDSB ausdrücklich auf die „justizielle Tätigkeit" der Gerichte ab (→ § 13 Rn. 35 ff.). Der LRH übt jedoch keine justizielle Tätigkeit aus. Auch wenn rechtspolitisch eine Ausnahme für die Tätigkeiten des LRH vertretbar wäre, die in richterlicher Unabhängigkeit ausgeübt werden, muss für die Anwendung dieser Ausnahmeregelung der klare Wortlaut der genannten Vorschriften beachtet werden.[47]

IV. Rederecht und Anwesenheitspflicht im Landtag (Abs. 4)

31   Die oder der HDSB ist berechtigt, an den Sitzungen des Landtags und seiner Ausschüsse nach Maßgabe der Geschäftsordnung des Landtags teilzunehmen und sich zu Fragen zu äußern, die für den Datenschutz von Bedeutung sind. Der Landtag und seine Ausschüsse können die Anwesenheit der oder des Hessischen Datenschutzbeauftragten verlangen. Abs. 4 übernimmt die Regelung des bisherigen § 21 Abs. 5 HDSG.[48]

1. Anwesenheits- und Rederecht im Landtag (Satz 1)

32   Die oder der HDSB ist berechtigt, an den **Sitzungen** des Landtags und seiner Ausschüsse nach Maßgabe der Geschäftsordnung des Landtags **teilzunehmen** und sich zu Fragen zu **äußern**, die für den Datenschutz von Bedeutung sind. Dies betont die herausgehobene Stellung der oder des HDSB. Dieses Recht knüpft an die Befugnis der Aufsichtsbehörden nach Art. 58 Abs. 3 lit. b DS-GVO an, „zu allen Fragen, die im Zusammenhang mit dem Schutz personenbezogener Daten stehen, von sich aus oder auf Anfrage **Stellungnahmen** an das nationale Parlament" zu richten. Die Ausgestaltung des Anwesenheits- und Rederechts der oder des HDSB im Landtag beruht auf der Öffnungsklausel des Art. 58 Abs. 6 DS-GVO.

33   Die oder der HDSB hat ein inhaltlich unbegrenztes **Anwesenheitsrecht** in Sitzungen des Landtags und seiner Ausschüsse nach Maßgabe der GO

---

46   S. auch zB *Pabst* in HK-DSG NRW § 25 Rn. 34.
47   S. hierzu auch *Weichert* in Däubler/Wedde/Weichert/Sommer § 9 Rn. 11; aA *Römer* in HK-LDSG RhPf § 17 Rn. 12 ff.
48   LT-Drs. 19/5728, 102.

des Landtags. Dieses Recht gilt auch für Untersuchungsausschüsse. Ihre oder seine Anwesenheit ermöglicht, die Beratung des Landtags direkt und ungefiltert zu verfolgen und die Gründe für oder gegen eine Entscheidung des Landtags besser zu verstehen. Typische Fälle sind Anhörungen in Gesetzgebungsverfahren oder die Erörterung des jährlichen Tätigkeitsberichts der oder des HDSB.[49]

Das **Rederecht** ermöglicht der oder dem HDSB, den Landtag über seine 34 Sicht zu Datenschutzfragen zu informieren, ihn über Entwicklungen im Bereich des Datenschutzes zu unterrichten und so auf die Willensbildung des Landtags durch Argumente Einfluss zu nehmen. Das Rederecht ist jedoch inhaltlich beschränkt. Sie oder er kann sich nur zu Fragen äußern, die für den Datenschutz von Bedeutung sind. Dieses Recht kann ihr oder ihm jedoch niemand versagen. Ob das Thema für den Datenschutz von Bedeutung ist, entscheidet letztlich die Präsidentin oder der Präsident des Landtags oder die oder der Vorsitzende des Ausschusses. Deren Entscheidung könnte die oder der HDSB allerdings gerichtlich überprüfen lassen.

2. Anwesenheitspflicht im Landtag (Satz 2)

Der Landtag und seine Ausschüsse können nach Satz 2 die **Anwesenheit** 35 der oder des HDSB verlangen. Die Vorschrift fordert dafür keinen Grund. Notwendig ist aber jeweils ein Beschluss des Landtags oder eines Ausschusses. Landtag oder Ausschuss können dann auch Auskünfte oder Erläuterungen verlangen.

Ob dieses Zitierrecht mit der von Art. 52 Abs. 2 DS-GVO und Art. 42 36 Abs. 2 JI-RL geforderten völligen Unabhängigkeit der oder des HDSB vereinbar ist, wird bezweifelt.[50] Gegen die Vereinbarkeit spricht, dass der oder die HDSB von niemandem – auch nicht vom zuständigen Parlament – Weisungen annehmen darf. Auch stellt sich die Frage, wie der Landtag die Anwesenheit der oder des HDSB durchsetzen würde. Andererseits entspricht das Zitierrecht der **parlamentarischen Verantwortung** der oder des HDSB. Die Unabhängigkeit der Datenschutzaufsicht hindert den Landtag nicht, seine demokratischen Kontrollrechte gegenüber der Exekutive, zu der die oder der HDSB im weiteren Sinn gehört, wahrzunehmen.[51] Das Verlangen des Landtags an die oder den HDSB, anwesend zu sein, betrifft keine Entscheidung in ihrem oder seinem Aufgabenbereich und soll nur die Kommunikation mit ihr oder ihm ermöglichen. Dies kann zwar indirekt Einfluss auf die während der Anwesenheit zu diskutierenden Angelegenheiten haben. Doch sieht der EuGH keine grundsätzlichen Bedenken gegen einen gewissen parlamentarischen Einfluss auf die Aufsichtsbehörde. Es könne nicht jeglicher Einfluss der Parlamente ausgeschlossen werden.[52] Vielleicht genügt es in der Praxis, diese Regelung unionsrechtskonform als Recht des Landtags anzusehen, die oder den HDSB zu einer Information oder einen Meinungsaustausch in den Landtag zu bitten. Dieser Einladung wird die

---

49 S. *Arlt* in Schild ua § 21 Rn. 29 f. zur Vorgängerregelung.
50 S. zB *Römer* in HK-LDSG RhPf § 14 Rn. 91.
51 S. auch *Weichert* in Däbler/Wedde/Weichert/Sommer § 10 Rn. 2; *Thomé*, S. 139.
52 EuGH ECLI:EU:C:2010:125, Rn. 43 – Kommission/Deutschland.

oder der HDSB allein aus Respekt vor dem Landtag soweit wie möglich nachkommen.

C. Würdigung

37   Die Vorschrift entspricht den Vorgaben des Art. 16 Abs. 2 Satz 2 AEUV und Art. 8 Abs. 3 GRCh sowie der DS-GVO und der JI-RL. Die Ausgestaltung der Behörde der oder des HDSB als oberste Landesbehörde und deren Unabhängigkeit sind – wie beim LRH – mit der HV vereinbar. Die Regelungen des Vierten Abschnitts des Ersten Teils des Gesetzes sorgen für eine ausreichende Legitimation und Verantwortung der oder des HDSB.

38   Die Bedeutung der Verarbeitung personenbezogener Daten nimmt in allen Verwaltungs-, Wirtschafts- und Gesellschaftsbereichen zu. Dementsprechend wächst auch die Aufgabe, die informationellen Gehalte der Grundrechte zu schützen. Sie sind die Grundlage sowohl für Persönlichkeitsentwicklung und -entfaltung als auch für politische Formen der Demokratie. Beide zu schützen, ist Aufgabe der Aufsichtsbehörde. Ihr die dafür notwendige Unabhängigkeit und Handlungsfähigkeit zu geben, ist für eine lebenswerte Zukunft essentiell.

§ 9 Wahl

(1) Der Landtag wählt auf Vorschlag der Landesregierung die Hessische Datenschutzbeauftragte oder den Hessischen Datenschutzbeauftragten.

(2) Die Präsidentin oder der Präsident des Landtags verpflichtet die Hessische Datenschutzbeauftragte oder den Hessischen Datenschutzbeauftragten vor dem Landtag, ihr oder sein Amt gerecht und unparteiisch zu führen und die Verfassung des Landes Hessen und das Grundgesetz für die Bundesrepublik Deutschland und die Gesetze getreulich zu wahren.

Literatur:

Ronellenfitsch, Rechtsgutachten zur Neugestaltung der Datenschutzkontrolle und zur Verfassungsmäßigkeit einer Zusammenlegung des privaten und öffentlichen Bereichs der Datenschutzkontrolle in Hessen, 13.4.2010; *Roßnagel*, Unabhängigkeit der Datenschutzaufsicht, ZD 2015, 106; *Thomé*, Die Unabhängigkeit der Bundesdatenschutzaufsicht, VuR 2015, 130; *Thomé*, Reform der Datenaufsicht, 2015; *Ziebarth*, Demokratische Legitimation und Unabhängigkeit der deutschen Datenschutzbehörden, CR 2013, 60.

A. Allgemeines

I. Bedeutung der Vorschrift

Mit der Wahl durch den Landtag erhält die oder der HDSB eine ausrei- 1
chende **demokratische Legitimation** für eine von politischen Einflussnah-
men unabhängige Amtsführung.[1] Die Verpflichtung auf die Verfassung des
Landes Hessen und das Grundgesetz für die Bundesrepublik Deutschland
sowie die geltenden Gesetze führt zu einer ausreichenden rechtsstaatlichen
Bindung der oder des HDSB.

II. Entstehungsgeschichte

Die oder der HDSB wurde bereits vor der DSRL vom Landtag gewählt. 2
Die Vorschrift entspricht weitgehend der Vorgängerregelung in § 21 Abs. 1
und 2 HDSG.[2]

Die Vorschrift wurde so verabschiedet, wie sie der Gesetzesentwurf der 3
Fraktionen der CDU und BÜNDNIS 90/DIE GRÜNEN vorgesehen hatte.[3]
Sie erfuhr im Gesetzgebungsverfahren keine Änderung.

III. Unionsrechtliche Regelungen

Die Vorschrift regelt in Durchführung der Art. 53 Abs. 1 und 54 Abs. 1 4
lit. c DS-GVO sowie in Umsetzung der Art. 43 Abs. 1 und 44 Abs. 1 lit. c
JI-RL das Verfahren zur Wahl und Ernennung der oder des HDSB.[4] Nach
ErwG 121 DS-GVO soll das Vorschlagsrecht entweder der Regierung,
einem Regierungsmitglied, dem Parlament oder einer Parlamentskammer
zustehen. Die Wahl durch den Landtag auf Vorschlag der Landesregierung
nach Abs. 1 ist danach eine **zulässige Alternative** der Wahl der oder des
HDSB, ebenso die Ernennung und Verpflichtung nach Abs. 2 durch die
Präsidentin oder den Präsidenten des Landtags.

IV. Verhältnis zu anderen Vorschriften

Die Wahl der oder des HDSB durch den Landtag entspricht ihrer oder sei- 5
ner Rechtsstellung nach § 8. Sie spiegelt sich auch in den Pflichten des
Amtsverhältnisses gemäß § 11 wieder.

Die vergleichbare Vorschrift für den Bund findet sich in § 11 BDSG. Aller- 6
dings wird in Hessen die oder der HDSB nicht vereidigt, sondern verpflichtet, um auch dadurch den Unterschied zu einem abhängigen Landesbeam-
ten zu verdeutlichen.

B. Wahl der oder des HDSB

Mit der Wahl der oder des HDSB durch den Landtag und durch die 7
Verpflichtung der oder des HDSB durch die Präsidentin oder den Präsidenten des Landtags werden ihre oder seine **Bedeutung** für den Grund-

---

1 *Ronellenfitsch*, S. 18: Diese ist sogar stärker als der „Umweg" über die Bestimmung
durch die Regierung.
2 LT-Drs. 19/5728, 102.
3 LT-Drs. 19/5728, 11.
4 LT-Drs. 19/5728, 102.

rechtsschutz, ihre oder seine **Stellung** als oberste Landesbehörde und ihre oder seine **Unabhängigkeit** in besonderer und angemessener Weise zum Ausdruck gebracht.

I. Wahl (Abs. 1)

8   Der Landtag wählt auf **Vorschlag der Landesregierung** die oder den HDSB. Nur die Landesregierung hat das Vorschlagsrecht. Eigene Kandidaturen der Bewerber oder Vorschläge der Fraktionen sind nicht möglich. Art. 53 Abs. 1 DSGVO fordert keine öffentliche Ausschreibung. Sie ist auch verfassungsrechtlich nicht geboten. Der gleiche Zugang zu öffentlichen Ämtern nach Art. 33 Abs. 2 GG gilt nicht für demokratische Wahlen.[5] Es steht somit immer nur eine Person, die die Landesregierung vorgeschlagen hat, zu Wahl.[6] Für die Landesregierung reicht der Hessische Ministerpräsident, der die Regierung vertritt, den Vorschlag beim Hessischen Landtag ein. Der Vorschlag ist in der Regel mit den Fraktionen des Landtags abgestimmt.[7]

9   Die Wahl findet im Plenum des Landtags statt. Für die Wahl erforderlich, aber auch ausreichend ist nach §§ 8 und 9 Abs. 2 GO Hessischer Landtag die **einfache Mehrheit**, also die Mehrheit der abgegebenen Stimmen.[8] Wird die erforderliche Mehrheit im ersten Wahlgang nicht erreicht, sind weitere Wahlgänge möglich.

10   Ob eine **Aussprache** über die Kandidatin oder den Kandidaten möglich ist, regelt die Vorschrift nicht ausdrücklich. In der Praxis ist dies nicht der Fall, um das Ansehen und die Autorität einer künftigen Amtsinhaberin oder eines künftigen Amtsinhabers nicht durch eine kontroverse Personaldiskussion zu beschädigen.[9] Ob die Kandidatin oder der Kandidat die nach § 10 erforderlichen Voraussetzungen erfüllt (→ § 10 Rn. 7 ff.), hat die vorschlagende Landesregierung zu prüfen und zu bestätigen. Dies kann der Landtag aufgrund der Unterlagen über die Kandidatin oder den Kandidaten auch selbst überprüfen. Ob dadurch die von Art. 53 Abs. 1 DS-GVO und Art. 43 Abs. 1 JI-RL geforderte Transparenz des Verfahrens erfüllt wird, ist umstritten,[10] aber zu bejahen.[11]

II. Verpflichtung der oder des HDSB (Abs. 2)

11   Die **Präsidentin oder der Präsident des Landtags** verpflichtet die oder den HDSB vor dem Landtag, ihr oder sein Amt gerecht und unparteiisch zu führen und die Verfassung des Landes Hessen und das Grundgesetz für die Bundesrepublik Deutschland und die Gesetze getreulich zu wahren.

---

5   VG Schleswig Beschluss vom 19.8.2020 – 12 B 36/20 zur Wahl der LDSB in Schleswig-Holstein.
6   Kritisch hierzu *Weichert* in Däubler ua BDSG § 11 Rn. 4 ff.; *Ziebarth* in HK-BDSG § 11 Rn. 3; *Thomé* VuR 2015, 130; *Thomé*, S. 47; *Thiel* in Gola/Heckmann BDSG § 11 Rn. 4.
7   S. zB *Arlt/Rost* in Ronellenfitsch ua § 9 Rn. 2.
8   S. zB *Arlt/Rost* in Ronellenfitsch ua § 9 Rn. 3.
9   So zB *Wieczorek* in Kühling/Buchner BDSG § 11 Rn. 5; *Thiel* in Gola/Heckmann BDSG § 11 Rn. 8.
10   S. zB *Körffer* in Paal/Pauly BDSG § 11 Rn. 2; *Römer* in HK-LDSG RhPf § 14 Rn. 48; *Weichert* in Däubler ua BDSG § 11 Rn. 4.
11   S. zB *Thiel* in Gola/Heckmann BDSG § 11 Rn. 7.

Durch die **Verpflichtung** der oder des Gewählten durch die Präsidentin oder den Präsidenten kommt dessen besondere unabhängige Stellung zum Ausdruck. Er leistet gerade nicht – wie die Minister – einem Amtseid vor dem Ministerpräsidenten.[12] 12

Die oder der HDSB wird verpflichtet, das Amt **gerecht und unparteiisch** zu führen. Dies bringt zum Ausdruck, dass er seine Amtsführung nicht an den Zielen der Regierung, sondern ohne Bevorzugung besonderer Interessen mit Betonung seiner Neutralität allein am Schutz der Grundrechte und Grundfreiheiten sowie dem freien Verkehr personenbezogener Daten auszurichten hat. Ihr oder sein Maßstab des Handelns ist daher die Verfassung des Landes Hessen[13] und das Grundgesetz für die Bundesrepublik Deutschland sowie die Gesetze, die sie oder er getreulich zu wahren hat. Diese Verpflichtung auf Verfassung und Gesetze gilt für einen Amtswalter ohnehin. Sie wird aber als ihr oder sein entscheidendes Ziel der Amtsführung in der Verpflichtung vor dem Landtag noch einmal öffentlich bestätigt.[14] 13

C. Würdigung

Die Vorschrift regelt in zulässiger, sinnvoller und praktikabler Weise die Wahl und die Verpflichtung der oder des HDSB. Die Regelungen werden der Stellung und Bedeutung der oder des HDSB gerecht. 14

§ 10 Persönliche Voraussetzungen

Die oder der Hessische Datenschutzbeauftragte muss über die für die Erfüllung ihrer oder seiner Aufgaben und die Ausübung ihrer oder seiner Befugnisse erforderliche Qualifikation, Erfahrung und Sachkunde insbesondere im Bereich des Schutzes personenbezogener Daten verfügen und die Befähigung zum Richteramt oder zum höheren Dienst haben.

A. Allgemeines
I. Bedeutung der Vorschrift

Nur eine Person, die den Aufgaben der oder des HDSB gewachsen und mit den Befugnissen kenntnisreich, praxisrelevant und verantwortungsvoll umgehen kann, ist in der Lage, das Amt mit der notwendigen **Unabhängigkeit** und mit dem gewünschten **Erfolg** auszufüllen. Daher ist es notwendig, 1

---

12 S. zB *Arlt/Rost* in Ronellenfitsch ua § 9 Rn. 4.
13 Die seit der Verfassungsänderung vom 22.12.2018 in Art. 12 a auch ein explizites Grundrecht auf informationelle Selbstbestimmung kennt.
14 S. hierzu auch *Arlt/Rost* in Ronellenfitsch ua § 9 Rn. 7.

für das Amt des HDSB die erforderliche Qualifikation, Erfahrung und Sachkunde für den Schutz der betroffenen Grundrechte zu fordern.

II. Entstehungsgeschichte

2   Weder im HDSG noch in der DSRL waren persönliche Anforderung an die oder den HDSB enthalten.

3   Die Vorschrift entspricht Satz 2 des Gesetzesentwurfs der Fraktionen der CDU und BÜNDNIS 90/DIE GRÜNEN. Dessen Satz 1, nach dem die oder der HDSB bei ihrer oder seiner Wahl das 35. Lebensjahr vollendet haben muss, wurde im Gesetzgebungsverfahren **gestrichen**. Wenn die Anforderungen ernst genommen werden, insbesondere die an Ausbildung und Erfahrung, kann sie eine Person unter 35 Jahren kaum erfüllen.

III. Unionsrechtliche Regelungen

4   Mit der Vorschrift werden in Durchführung der Art. 53 Abs. 2 und 54 Abs. 1 lit. b DS-GVO und in Umsetzung der Art. 43 Abs. 2 und 44 Abs. 1 lit. b JI-RL die Anforderungen an die Qualifikation und sonstigen Voraussetzungen für die Ernennung der oder des HDSB geregelt.[1] Die Vorschrift kommt dieser Anforderung nur durch die Wiederholung des Textes der DS-GVO und der JI-RL nach. Da sie diese für die oder den HDSB konkretisiert sowie um die Voraussetzung ergänzt, dass sie oder er die Befähigung zum Richteramt oder zum höheren Dienst haben muss, verstößt sie nicht gegen das Normwiederholungsverbot (→ Einl. Rn. 42).

IV. Verhältnis zu anderen Vorschriften

5   Die Regelung gilt nach § 89 auch für das Amt der oder des HBDI. Die Anforderungen sind dabei auf den Bereich der Informationsfreiheit auszurichten.

6   Der Vorschrift entspricht im Bund § 11 Abs. 1 Satz 4 BDSG.

B. Persönliche Voraussetzungen

7   Die oder der HDSB muss über die für die Erfüllung ihrer oder seiner Aufgaben und die Ausübung ihrer oder seiner Befugnisse erforderliche Qualifikation, Erfahrung und Sachkunde insbesondere im Bereich des Schutzes personenbezogener Daten verfügen und die Befähigung zum Richteramt oder zum höheren Dienst haben. Das Vorliegen der Voraussetzungen hat die **Regierung**, die eine Person zur Wahl als HDSB vorschlägt, und der **Landtag**, der die oder den HDSB wählt, zu prüfen und festzustellen (→ § 9 Rn. 10). Eine Person, die die Voraussetzungen nicht erfüllt, darf nicht gewählt werden.[2]

I. Erforderliche Eignung

8   Die Vorschrift will sicherstellen, dass die Person der oder des HDSG für das ihr übertragene Amt und insbesondere für die Erfüllung ihrer oder sei-

---

1 LT-Drs. 19/5728, 102.
2 S. zB *Römer* in HK-LDSG RhPf § 14 Rn. 41.

ner Aufgaben und die Ausübung ihrer oder seiner Befugnisse ausreichend geeignet ist. Diese **Eignung** soll insbesondere im Bereich des Schutzes personenbezogener Daten vorliegen. Maßstab für die Bewertung sind die in § 13 und Art. 57 DS-GVO[3] genannten Aufgaben (→ § 13 Rn. 14 ff.) und die in § 14 und Art. 58 DS-GVO[4] aufgeführten Befugnisse (→ § 14 Rn. 9 ff.). Der Bereich des Schutzes personenbezogener Daten betrifft sowohl das **Datenschutzrecht** als auch **technische Bereiche**, die für die Bestimmung von Datenschutzrisiken als auch für den technischen Schutz der betroffenen Grundrechte relevant sind. Idealerweise vermag die Person, die relevanten Aspekte des Datenschutzes interdisziplinär zu behandeln. Eine ausreichende Qualifikation, Erfahrung und Sachkunde müssen kumulativ vorliegen.[5]

Die für die Amtsführung erforderliche **Qualifikation** liegt dann vor, wenn eine Ausbildung die Person geeignet erscheinen lässt. Dies muss mehr sein, als eine juristische Grundausbildung, die zur Ausübung des Richteramts befähig, da diese ohnehin vorausgesetzt wird (→ Rn. 12). Hinzukommen muss eine besondere Qualifikation im Datenschutzrecht. Dies kann zum Beispiel durch qualifizierte Veröffentlichungen, Vorträge oder sonstige einschlägige Befassungen mit Themen des Datenschutzes nachgewiesen werden. Die Person der oder des HDSB muss über „belegbare Kenntnisse im Bereich des Schutzes personenbezogener Daten verfügen".[6] Eine ausreichende Qualifikation für das Amt der oder des HDSB erfordert auch eine persönliche Befähigung zur Leitung der Aufsichtsbehörde.[7] 9

Die für die Amtsführung erforderliche **Erfahrung** betrifft die Fähigkeit, Datenschutz in der Praxis einer Aufsichtsbehörde umzusetzen. Sie entsteht durch einschlägige berufliche Tätigkeiten.[8] Diese berufliche Erfahrung muss zum einen den Sachbereich des Datenschutzes und der Datensicherheit betreffen, zum anderen muss aber auch eine berufliche Erfahrung vorliegen, die Verantwortung für die Aufgaben einer obersten Landesbehörde wahrzunehmen und Personalverantwortung für die Beschäftigten in dieser Behörde zu tragen. 10

Die für die Amtsführung erforderliche **Sachkunde** betrifft das Vorhandensein von einschlägigen Kenntnissen, die den praktischen einschlägigen Umgang mit Fragen des Schutzes personenbezogener Daten betreffen. Diese Sachkunde kann durch berufliche Erfahrung oder durch Aus- und Weiterbildung im Datenschutz gewonnen worden sein. 11

II. Befähigung zum Richteramt oder zum höheren Dienst

Die Person der oder des HDSB muss zusätzlich über die Befähigung zum Richteramt oder höheren Dienst verfügen. Die **Befähigung zum Richteramt** erwirbt man durch das erfolgreiche Bestehen des ersten und zweiten juristischen Staatsexamens. Die **Befähigung zum höheren Dienst** entsteht nach 12

---

3 *Polenz* in Simitis/Hornung/Spiecker gen. Döhmann DS-GVO Art. 57 Rn. 7 ff.
4 *Polenz* in Simitis/Hornung/Spiecker gen. Döhmann DS-GVO Art. 58 Rn. 9 ff.
5 S. zB *Römer* in HK-LDSG RhPf § 14 Rn. 37.
6 LT-Drs. 19/5728, 102 f.
7 S. zB *Römer* in HK-LDSG RhPf § 14 Rn. 38.
8 S. zB *Pabst* in HK-DSG NRW § 25 Rn. 11; *Ziebarth* in HK-BDSG § 11 Rn. 7.

§ 15 Abs. 4 HBG durch den erfolgreichen Abschluss eines Masterstudiums oder eines gleichwertigen Hochschulstudiums.

C. Würdigung

13 Die Vorschrift enthält die **notwendige Regelung** zu den persönlichen Voraussetzungen, um die erforderliche Qualität, Sachkunde und Erfahrung für die Ausübung des Amts der oder des HDSB zu gewährleisten. Nur wer ausreichend qualifiziert ist, kann das Amt der oder des HDSB unabhängig und erfolgreich ausüben.

§ 11 Amtsverhältnis

(1) [1]Die oder der Hessische Datenschutzbeauftragte steht nach Maßgabe dieses Gesetzes zum Land in einem öffentlich-rechtlichen Amtsverhältnis. [2]Sie oder er übt ihre oder seine Tätigkeit hauptamtlich aus. [3]Die oder der Hessische Datenschutzbeauftragte sieht von allen mit den Aufgaben ihres oder seines Amtes nicht zu vereinbarenden Handlungen ab und übt während der Amtszeit keine mit dem Amt nicht zu vereinbarende entgeltliche oder unentgeltliche Tätigkeit aus. [4]Die oder der Hessische Datenschutzbeauftragte erteilt dem Landtag jährlich Auskunft über Art und Umfang der von ihr oder ihm im Kalenderjahr ausgeübten Nebentätigkeiten sowie über die dafür erhaltenen Vergütungen.

(2) [1]Die oder der Hessische Datenschutzbeauftragte wird für die Dauer von fünf Jahren gewählt. [2]Das Amtsverhältnis endet mit Ablauf der Amtszeit oder mit dem Rücktritt. [3]Die oder der Hessische Datenschutzbeauftragte bleibt bis zur Neuwahl im Amt. [4]Die Wiederwahl ist zulässig. [5]Durch Urteil des Staatsgerichtshofs können ihr oder ihm das Amt und die Rechte aus dem Amt abgesprochen werden, wenn Tatsachen vorliegen, die bei einer Beamtin oder einem Beamten die Entlassung nach den §§ 22 und 23 Abs. 1 und 3 Nr. 1 des Beamtenstatusgesetzes vom 17. Juni 2008 (BGBl. I S. 1010), zuletzt geändert durch Gesetz vom 8. Juni 2017 (BGBl. I S. 1570), oder die Beendigung des Dienstverhältnisses nach § 24 des Beamtenstatusgesetzes rechtfertigen. [6]Der Antrag auf Erhebung der Klage muss von mindestens 15 Mitgliedern des Landtags unterzeichnet sein und bedarf der Zustimmung von zwei Dritteln der gesetzlichen Zahl seiner Mitglieder. [7]Die §§ 31 bis 35 des Gesetzes über den Staatsgerichtshof in der Fassung der Bekanntmachung vom 19. Januar 2001 (GVBl. I S. 78), zuletzt geändert durch Gesetz vom 28. März 2015 (GVBl. S. 158), sind entsprechend anzuwenden.

(3) Die oder der Hessische Datenschutzbeauftragte kann jederzeit von ihrem oder seinem Amt zurücktreten.

(4) [1]Die oder der Hessische Datenschutzbeauftragte ernennt für den Fall der Verhinderung oder des vorzeitigen Ausscheidens aus dem Amt für die Zeit bis zur Wahl einer oder eines neuen Hessischen Datenschutzbeauftragten eine Beschäftigte oder einen Beschäftigten ihrer oder seiner Dienststelle zur Vertreterin oder zum Vertreter. [2]Als Verhinderung gilt auch, wenn im Einzelfall in der Person der oder des Hessischen Datenschutzbeauftrag-

ten Gründe vorliegen, die bei einer Richterin oder einem Richter zum Ausschluss von der Mitwirkung oder zur Ablehnung wegen Besorgnis der Befangenheit führen können.

(5) [1]Die oder der Hessische Datenschutzbeauftragte erhält vom Beginn des Kalendermonats an, in dem das Amtsverhältnis beginnt, bis zum Ende des Kalendermonats, in dem das Amtsverhältnis endet, als Amtsbezüge ein Amtsgehalt in Höhe des Grundgehalts der Besoldungsgruppe B 7 sowie einen Familienzuschlag in entsprechender Anwendung des Hessischen Besoldungsgesetzes vom 27. Mai 2013 (GVBl. S. 218, 256, 508), zuletzt geändert durch Gesetz vom 30. Juni 2017 (GVBl. S. 114), in der jeweils geltenden Fassung. [2]Für Reise- und Umzugskosten, Trennungsgeld, Beihilfen und Urlaubsangelegenheiten der oder des Hessischen Datenschutzbeauftragten gelten die für die Beamtinnen und Beamten des Landes geltenden Vorschriften entsprechend.

(6) [1]Zuständig für die Festsetzung, Berechnung und Anordnung der Zahlung der Amtsbezüge einschließlich der Sonderzahlungen sowie der Rückforderung zu viel gezahlter Amtsbezüge ist die Hessische Bezügestelle im Auftrag der oder des Hessischen Datenschutzbeauftragten. [2]Zuständig für die Festsetzung von Reise- und Umzugskosten sowie Trennungsgeld ist die Dienststelle der oder des Hessischen Datenschutzbeauftragten. [3]Zuständig für die Festsetzung der Beihilfe ist die Kanzlei des Hessischen Landtags.

(7) [1]Die oder der Hessische Datenschutzbeauftragte und deren oder dessen Hinterbliebene erhalten Versorgung in entsprechender Anwendung der in Hessen für die Mitglieder der Landesregierung geltenden Bestimmungen. [2]Zuständig für die Festsetzung der Versorgungsbezüge ist das Regierungspräsidium Kassel im Auftrag der oder des Hessischen Datenschutzbeauftragten.

Literatur:

Glauben, „Politische Immunität" des Bundesbeauftragten und der Landesbeauftragten für den Datenschutz gegenüber dem Parlament?, DVBl 2017, 485; *Ronellenfitsch,* Rechtsgutachten zur Neugestaltung der Datenschutzkontrolle und zur Verfassungsmäßigkeit einer Zusammenlegung des privaten und öffentlichen Bereichs der Datenschutzkontrolle in Hessen, 13.04.2010; *Roßnagel,* Unabhängigkeit der Datenschutzaufsicht, ZD 2015, 106; *Thomé,* Die Unabhängigkeit der Bundesdatenschutzaufsicht, VuR 2015, 130; *Thomé,* Reform der Datenaufsicht, 2015; *Ziebarth,* Demokratische Legitimation und Unabhängigkeit der deutschen Datenschutzbehörden, CR 2013, 60.

A. Allgemeines

I. Bedeutung der Vorschrift

1 Die oder der HDSB leitet eine oberste Landesbehörde und steht zum Land Hessen in einem **besonderen öffentlich-rechtlichen Amtsverhältnis,** das ihm in seiner Amtsausübung vollständige Unabhängigkeit gewährt. Daher sind auf ihr oder sein Amtsverhältnis nicht die üblichen beamtenrechtlichen Regelungen anzuwenden. Vielmehr muss dieses besondere Amtsverhältnis in der Vorschrift **eigens ausgestaltet** werden.

II. Entstehungsgeschichte

2 Die Vorschrift orientiert sich an § 21 HDSG. Abs. 1 entspricht § 21 Abs. 3 HDSG, Abs. 2 orientiert sich an § 21 Abs. 4 HDSG. Die Rücktrittsregelung in § 21 Abs. 4 Satz 6 HDSG wurde in Abs. 3 verselbständigt. Abs. 4 entspricht § 21 Abs. 4 Satz 7 und 8 HDSG. Abs. 5 bis 7 übernehmen die Regelungen in § 21 Abs. 6 bis 8.[1]

3 Die Vorschrift wurde so verabschiedet, wie sie der Gesetzesentwurf der Fraktionen der CDU und BÜNDNIS 90/DIE GRÜNEN vorgesehen hatte.[2] Sie erfuhr im Gesetzgebungsverfahren keine Änderung.

III. Unionsrechtliche Regelungen

4 Mit der Regelung in Satz 1 konkretisiert Abs. 1 die Vorgaben in Art. 54 Abs. 1 lit. a und c DS-GVO und Art. 44 Abs. 1 lit. c JI-RL zur Amtsstellung der oder des HDSB in unionsrechtlich zulässiger Weise. Die Regelungen in Satz 2 bis 4 entsprechen den Vorgaben des Art. 52 Abs. 3 DS-GVO und Art. 42 Abs. 3 JI-RL.[3] Alle diese Regelungen dienen der Absicherung der „vollständigen **Unabhängigkeit**" der oder des HDSB in ihrer oder seiner Amtsführung.

IV. Verhältnis zu anderen Vorschriften

5 Die Vorschrift setzt die Errichtung der Aufsichtsbehörde als oberste Landesbehörde in § 8 Abs. 1 (→ § 8 Rn. 15) und die Gewährleistung ihrer vollständigen Unabhängigkeit in das persönliche Amtsverhältnis der oder des HDSB zum Land Hessen in § 8 Abs. 2 (→ § 8 Rn. 18 ff.) um. Sie zieht zugleich auch Konsequenzen aus der Wahl der oder des HDSB durch den Landtag nach § 9 (→ § 9 Rn. 7 ff.). Ihre Vorgaben schlagen sich auch in den Regelungen zur Personal- und Sachausstattung in § 18 nieder (→ § 18 Rn. 8 ff.).

---

1 LT-Drs. 19/5728, 103.
2 LT-Drs. 19/5728, 11 f.
3 S. hierzu auch LT-Drs. 19/5728, 103.

Im Bund finden sich der Vorschrift entsprechende Regelungen vor allem in 6
§ 12, aber auch in §§ 11 Abs. 3 und 13 Abs. 1 BDSG.

B. Amtsverhältnis

Die Vorschrift regelt die **Ausgestaltung**, den **Beginn** und das **Ende** des 7
Amtsverhältnisses der oder des HDSB sowie ihre oder seine **Vertretung**.[4]

I. Öffentlich-rechtliches Amtsverhältnis (Abs. 1)

Die oder der HDSB steht nach Maßgabe dieses Gesetzes zum Land in 8
einem öffentlich-rechtlichen Amtsverhältnis. Hierzu trifft die Vorschrift
wichtige Einzelregelungen, die zusammen das **Regelungskonzept für dieses
Amtsverhältnis** ergeben. Die oder der HDSB übt ihre oder seine Tätigkeit
hauptamtlich aus. Sie oder er sieht von allen mit den Aufgaben ihres oder
seines Amtes nicht zu vereinbarenden Handlungen ab und übt während
der Amtszeit keine mit dem Amt nicht zu vereinbarende entgeltliche oder
unentgeltliche Tätigkeit aus. Die oder der HDSB erteilt dem Landtag jährlich Auskunft über Art und Umfang der von ihr oder ihm im Kalenderjahr
ausgeübten Nebentätigkeiten sowie über die dafür erhaltenen Vergütungen. „Die Ausgestaltung als öffentlich-rechtliches Amtsverhältnis eigener
Art sichert die Unabhängigkeit der oder des HDSB dienstrechtlich ab."[5]

1. Besonderes öffentlich-rechtliches Amtsverhältnis (Satz 1)

Die oder der HDSB steht nach Maßgabe dieses Gesetzes zum Land in 9
einem **öffentlich-rechtlichen Amtsverhältnis**. Sie oder er übt das Amt für
das Land Hessen aus. Sie oder er wird in ein öffentlich-rechtliches Amtsverhältnis eigener Art berufen, das allein in diesem Gesetz geregelt wird.[6]
Sie oder er ist die Stelle, die dafür zuständig und verantwortlich ist, dieses
Gesetz umzusetzen. Öffentlich-rechtliches Amtsverhältnis bedeutet gerade
nicht, dass sie oder er das Amt als Landesbeamte oder Landesbeamter ausübt.[7] Denn das damit verbundene Disziplinarrecht wäre mit der geforderten Unabhängigkeit der oder des HDSB nicht zu vereinbaren. Vielmehr sichert Satz 1 mit der Berufung in ein öffentlich-rechtliches Amtsverhältnis
eigener Art die Unabhängigkeit dienstrechtlich ab.[8]

Die oder der HDSB steht daher auch unter **keiner Fach-, Rechts- oder** 10
Dienstaufsicht. Das Gesetz sieht eine solche auch nicht vor. Sie wäre mit
der in § 8 Abs. 1 festgelegten Stellung als oberste Landesbehörde und der
von § 8 Abs. 2 geforderten vollständigen Unabhängigkeit (→ § 8 Rn. 18 ff.)

---

4 LT-Drs. 19/5728, 103.
5 LT-Drs. 19/5728, 103.
6 S. *Arlt* in Schild ua § 21 Rn. 9 zur Vorgängerregelung; s. auch zB *Weichert* in
   Däubler/Wedde/Weichert/Sommer § 12 Rn. 2; *Ziebarth* in HK-BDSG § 12 Rn. 2;
   Thiel in Gola/Heckmann BDSG § 11 Rn. 4.
7 So bereits *Nungesser* § 21 Rn. 5 und Arlt in *Schild* ua § 21 Rn. 9 zur Vorgängerregelung; *Hofmann* in Roßnagel Das neue DSR § 6 Rn. 24.
8 S. zB auch *Römer* in HK-LDSG RhPf § 14 Rn. 23.

nicht zu vereinbaren.[9] Dies gilt auch gegenüber der von manchen geforderten Dienstaufsicht.[10]

11   Auf die oder den HDSB ist auch das Ministergesetz oder das HBG weder unmittelbar noch analog anwendbar. Die Stellung der oder des HDSB wird nur durch das **Gesetz** selbst ausgestaltet. Vorschriften des Beamtenrechts können nur herangezogen werden, wenn das Gesetz auf diese verweist.[11]

12   Die oder der HDSB ist **Amtsträger** iSd § 11 Abs. 1 Nr. 2 b StGB und **Beamter** iSd des Art. 34 GG und § 839 BGB.[12]

2. Hauptamt (Satz 2)

13   Die oder der HDSB übt seit 2011 ihre oder seine Tätigkeit hauptamtlich aus. Die Regelung, dass dies auch im Nebenamt möglich ist, wurde aufgegeben, weil die Belastung der oder des HDSB dies erforderte.[13] Mit der Wahrnehmung eines Hauptamts besteht die Verpflichtung, die berufliche **Tätigkeit** auf dieses Amt zu **konzentrieren**.

3. Unvereinbare Tätigkeiten (Satz 3)

14   Die oder der HDSB sieht nach Satz 3 von allen mit den Aufgaben ihres oder seines Amtes nicht zu vereinbarenden Handlungen ab und übt während der Amtszeit keine mit dem Amt nicht zu vereinbarende entgeltliche oder unentgeltliche Tätigkeit aus. Diese Regelung konkretisiert die Vorgabe des Art. 53 Abs. 3 DS-GVO und ist von der Öffnungsklausel des Art. 54 Abs. 1 lit. f DS-GVO gedeckt. Sie setzt die Vorgaben der Art. 43 Abs. 3 und 44 Abs. 1 lit. f JI-RL um.

15   Die Pflicht, **unvereinbare Handlungen** zu unterlassen, ist auf die Amtszeit der oder des HDSB beschränkt. Mit dem Amt nicht zu vereinbarende Tätigkeiten sind solche, die zu Pflichten- und Interessenkollisionen oder zu einer Überforderung der Arbeitskraft der oder des HDSB führen können.[14] Die Regelung soll sowohl die Wahrnehmung der Aufgaben im Hauptamt als auch die Unabhängigkeit der oder des HDSB sicherstellen. Unzulässig ist daher zB die Mitgliedschaft in einer Regierung oder einem Parlament, die Mitwirkung in einem Unternehmen oder die Beratung oder Erstellung von Gutachten für Stellen, die der Aufsicht des HDSB unterliegen können.

16   Der oder dem HDSB sind jedoch nicht alle Nebentätigkeiten verwehrt, sondern nur diejenigen, die mit den Aufgaben ihres oder seines Amtes

---

9   S. hierzu auch *Nungesser* § 21 Rn. 6 und *Arlt* in Schild ua § 21 Rn. 9 zur Vorgängerregelung; s. zB auch *Thomé*, S. 54; *Römer* in HK-LDSG RhPf § 14 Rn. 16 f., 33 und § 15 Rn. 47; *Thiel* in Gola/Heckmann BDSG § 8 Rn. 4; *Roßnagel* ZD 2015, 106 (108).

10 So zB *Glauben* DVBl 2017, 485 (488); *Ziebarth* CR 2013, 60 (66).

11 S. zB *Wieczorek* in Kühling/Buchner BDSG § 12 Rn. 4; *Weichert* in Däubler/ Wedde/Weichert/Sommer § 12 Rn. 2; *Ziebarth* in HK-BDSG § 12 Rn. 2; *Thiel* in Gola/Heckmann BDSG § 11 Rn. 4.

12 S. *Nungesser* § 21 Rn. 8 f. und *Arlt* in Schild ua § 21 Rn. 9 für die Vorgängerregelung; für andere Datenschutzbeauftragte s. zB *Ziebarth* in HK-BDSG § 12 Rn. 2; *Römer* in HK-LDSG RhPf § 14 Rn. 25; *Wieczorek* in Kühling/Buchner BDSG § 12 Rn. 5.

13 S. *Arlt* in Schild ua § 21 Rn. 11.

14 S. zB *Römer* in HK-LDSG RhPf § 15 Rn. 39.

nicht zu vereinbaren sind. **Erlaubte Nebentätigkeiten** sind solche Tätigkeiten, die nicht zu Interessenkonflikten führen und eine sachgerechte Amtsausübung nicht beeinträchtigen.[15] Zu beurteilen, ob dies der Fall ist, obliegt der oder dem HDSB selbst. Wegen ihrer oder seiner Unabhängigkeit ist keine externe Prüfung der beabsichtigten Nebentätigkeiten vorgesehen. Satz 4 fordert lediglich eine **Offenlegung** der Nebentätigkeiten (→ Rn. 17). Anders als für Beamte sind die Nebentätigkeiten der oder des HDSB auch nicht begrenzt.[16] Maßvolle Nebentätigkeiten können sogar die **Unabhängigkeit** der oder des HDSB **stärken**[17] und seine Amtsausübung unterstützen.[18] Dies ist zB bei der Durchführung von öffentlich finanzierten Forschungsprojekten der Fall, die Datenschutzrisiken und datenschutzgerechte Gestaltungen modernster Informationstechniken zum Gegenstand haben. Solche Forschungsprojekte können die Erfüllung der Aufgabe in Art. 57 Abs. 1 lit. i DS-GVO und in Art. 47 Abs. 1 lit. j JI-RL unterstützen, maßgebliche Entwicklungen zu verfolgen, soweit sie sich auf den Schutz personenbezogener Daten auswirken, insbesondere die Entwicklung der Informations- und Kommunikationstechnologie und der Geschäftspraktiken. Wissenschaftliche Vorträge oder Publikationen können die Aufgabe der öffentlichen Aufklärung über Themen des Datenschutzes unterstützen.[19] Dies kann zB dazu beitragen, die Aufgaben nach Art. 57 Abs. 1 lit. b, de und e DS-GVO und in Art. 47 Abs. 1 lit. b, d und e JI-RL zu erfüllen, die Öffentlichkeit für die Risiken, Vorschriften, Garantien und Rechte im Zusammenhang mit der Verarbeitung zu sensibilisieren und sie darüber aufzuklären. Dies kann auch ein Weg sein, die Verantwortlichen und die Auftragsverarbeiter für die ihnen aus dieser Verordnung entstehenden Pflichten zu sensibilisieren und betroffenen Person Informationen über die Ausübung ihrer Rechte zur Verfügung zu stellen.

4. Berichtspflicht (Satz 4)

Die oder der HDSB erteilt dem Landtag jährlich Auskunft über **Art und Umfang** der von ihr oder ihm im Kalenderjahr ausgeübten **Nebentätigkeiten** sowie über die dafür erhaltenen Vergütungen. Diese Pflicht dient der Transparenz, wie die oder der HDSB die ihr oder ihm überlassene Beurteilung, ob die ausgeübten Nebentätigkeiten mit dem Amt des HDSB vereinbar sind (→ Rn. 14), ausgeübt hat. Die Form der Auskunft gegenüber dem Landtag ist nicht geregelt. Sinnvoll erscheint, der Präsidentin oder dem Präsidenten des Landtags einen Bericht zu übergeben und sie oder ihn zu bitten, den Landtag in geeigneter Weise zu unterrichten.[20]

17

---

15 Zu dieser flexiblen Lösung s. auch *Ziebarth* CR 2013, 60 (65).
16 S. *Arlt* in Schild ua § 21 Rn. 12 zur Vorgängerregelung.
17 S. zB *Römer* in HK-LDSG RhPf § 15 Rn. 43; *Ziebarth* CR 2013, 60 (65).
18 S. zu den Vorteilen der Verbindung des Amts des HDSB mit dem Amt als Professor in der Geschichte des HDSB *Arlt* in Schild ua § 21 Rn. 10.
19 S. auch zB *Weichert* in Däubler/Wedde/Weichert/Sommer § 13 Rn. 3; *Ziebarth* in HK-BDSG § 13 Rn. 8.
20 S. *Arlt* in Schild ua § 21 Rn. 13 zur Vorgängerregelung.

II. Amtszeit (Abs. 2)

18 Abs. 2 regelt den **Beginn und** das **Ende** der Amtszeit der oder des HDSB.
Er oder sie wird für die Dauer von fünf Jahren gewählt und bleibt bis zur
Neuwahl im Amt. Die Wiederwahl ist zulässig. Abs. 2 regelt außerdem die
Gründe und das Verfahren, die dazu führen können, dass der oder dem
HDSB das Amt und die Rechte aus dem Amt abgesprochen werden kön-
nen.

1. Wahlperiode und Amtszeit (Satz 1 bis 4)

19 Die oder der HDSB wird für die Dauer von **fünf Jahren** gewählt. „Die in
Abs. 2 Satz 1 aufgenommene Regelung zur Dauer der Amtszeit wird in Abänderung der bisherigen Regelung des § 21 Abs. 4 HDSG von der Dauer
der jeweiligen Wahlperiode des Landtags gelöst und mit einer Dauer von
fünf Jahren befristet."[21] Dies entspricht der Vorgabe des Art. 54 Abs. 1
lit. d DS-GVO und Art. 44 Abs. 1 lit. d und e JI-RL, die eine Mindestamts-
zeit von vier Jahren fordern, aber keine Höchstdauer festlegen. Die Verlängerung der Amtszeit und die Entkopplung von der Wahlperiode ist als Stärkung der Unabhängigkeit des HDSB vorteilhaft und ermöglicht zugleich
aber eine ausreichende Einflussnahme des Landtags, was die demokratische Legitimation des HDSB stärkt.[22]

20 Das Amtsverhältnis **beginnt** am Tag der Wahl oder eines mit dem Wahlvor-
schlag verbundenen Datums und **endet** am gleichen Kalendertag fünf Jahre
später. Vorher kann es nur durch Rücktritt nach Abs. 3 (→ Rn. 28) oder
durch Urteil des Staatsgerichtshofs nach Satz 5 enden (→ Rn. 25). Abs. 2
Satz 2 steht in Übereinstimmung mit Art. 53 Abs. 3 DS-GVO und Art. 43
Abs. 3 JI-RL als Gründe der Beendigung des Amtsverhältnisses den Ablauf
der Amtszeit und den Rücktritt der oder des HDSB vor. Nach Art. 53
Abs. 4 DS-GVO und Art. 43 Abs. 4 JI-RL kann auch eine Amtsenthebung
die Amtszeit beenden.

21 Die oder der HDSB bleibt nach Satz 3 bis zur Neuwahl im Amt. Durch die
Pflicht zur **Weiterführung** des Amtes kann sich die Amtszeit verlängern,
wenn die Wahl einer oder eines neuen HDSB – aus welchen Gründen auch
immer – sich verzögert. Die Regelung verhindert die Führungslosigkeit der
Aufsichtsbehörde in dieser Zwischenzeit und sichert ihre Funktionsfähigkeit. Die Pflicht gilt nicht bei einer Amtsenthebung nach Satz 5 und auch
nicht bei einem Rücktritt des oder der HDSB nach Abs. 3,[23] auch wenn
dies nicht eindeutig in Satz 3 geregelt ist. Die Amtsgeschäfte nach einer
Amtsenthebung oder nach einem Rücktritt der oder dem bisherigen HDSB
zu überlassen oder aufzubürden, wiederspricht dem Zweck der Amtsenthebung oder des Rücktritts.[24] Dies wird auch in Abs. 4 Satz 1 angedeutet, der
bestimmt dass „für den Fall (…) des vorzeitigen Ausscheidens aus dem
Amt für die Zeit bis zur Wahl einer oder eines neuen HDSB" eine Stellvertreterin oder ein Stellvertreter zu ernennen ist. In beiden Fällen sind daher

---

21 LT-Drs. 19/5728, 103.
22 S. hierzu auch *Römer* in HK-LDSG RhPf § 14 Rn. 49 f.; aA *Ziebarth* CR 2013, 60
(63 f.).
23 S. auch *Ziebarth* in HK-BDSG § 12 Rn. 10.
24 S. auch zB *Römer* in HK-LDSG RhPf § 14 Rn. 58.

die Amtsgeschäfte bis zur Ernennung einer oder eines neuen HDSB von der Stellvertreterin oder dem Stellvertreter nach Abs. 4 zu führen.

Die **Wiederwahl** ist zulässig. Sie ist nicht auf eine einzige Wiederwahl be- 22
schränkt. Nach Satz 4 erfordert sie die gleichen Voraussetzungen nach § 10 (→ § 10 Rn. 7 ff.) und das gleiche Verfahren nach § 9 Abs. 1 (→ § 9 Rn. 7 ff.) wie bei der Erstwahl. Die oder der HDSB ist auch erneut nach § 9 Abs. 2 zu verpflichten (→ § 9 Rn. 11 ff.). Die Bestimmung zur Wiederwahl in Satz 4 entspricht Art. 54 Abs. 1 lit. e DS-GVO und dient der Umsetzung von Art. 44 Abs. 1 lit. e JI-RL.[25]

2. Amtsenthebung (Satz 5 bis 7)

Eine **vorzeitige Beendigung der Amtszeit** durch das Land Hessen muss 23
möglich sein, darf aber zum Schutz der unabhängigen Amtsführung nur unter sehr engen Voraussetzungen und in einem rechtsstaatlich kontrollierten Verfahren erfolgen. Daher sehen Art. 53 Abs. 4 DS-GVO und Art. 43 Abs. 4 JI-RL vor, dass ein leitendes Mitglied einer Aufsichtsbehörde „seines Amtes nur enthoben (werden kann), wenn es eine schwere Verfehlung begangen hat oder die Voraussetzungen für die Wahrnehmung seiner Aufgaben nicht mehr erfüllt". Die Verfahrensbedingungen für die Amtsenthebung haben nach Art. 54 Abs. 1 lit. f DS-GVO und Art. 44 Abs. 1 lit. f JI-RL die Mitgliedstaaten zu regeln. Abs. 2 Satz 5 bis 7 konkretisieren die Voraussetzungen und das Verfahren der Beendigung des Amtsverhältnisses im Wege der Amtsenthebung und erfüllen damit den Regelungsauftrag. Sie orientieren sich inhaltlich an der bisherigen Regelung des § 21 Abs. 4 HDSG.[26]

Die Amtsenthebung ist nur unter der abschließenden **materiellen Voraus-** 24
setzung möglich, dass Tatsachen vorliegen, die bei einer Beamtin oder einem Beamten die Entlassung nach den §§ 22 und 23 Abs. 1 und 3 Nr. 1 BeamtStG oder die Beendigung des Dienstverhältnisses nach § 24 BeamtStG rechtfertigen. Nach § 22 ist eine Beamtin oder ein Beamter ua zu entlassen, wenn sie oder er ein öffentlich-rechtliches Dienst- oder Amtsverhältnis zu einem anderen Dienstherrn oder zu einer Einrichtung ohne Dienstherreneigenschaft begründet. Nach § 23 Abs. 1 BeamtStG ist sie oder er ua zu entlassen, wenn sie oder er dauernd dienstunfähig ist. § 23 Abs. 3 Nr. 1 BeamtStG lässt eine Entlassung zu, wenn sie oder er eine Handlung begehen, die im Beamtenverhältnis auf Lebenszeit mindestens eine Kürzung der Dienstbezüge zur Folge hätte. Eine vorzeitige Beendigung des Dienstverhältnisses erfolgt nach § 24 BeamtStG mit der Rechtskraft des Urteils, wenn sie oder er wegen einer vorsätzlichen Tat zu einer Freiheitsstrafe von mindestens einem Jahr oder wegen einer vorsätzlichen Tat, die nach den Vorschriften über Friedensverrat, Hochverrat und Gefährdung des demokratischen Rechtsstaates, Landesverrat und Gefährdung der äußeren Sicherheit oder, soweit sich die Tat auf eine Diensthandlung im Hauptamt bezieht, Bestechlichkeit, strafbar ist, zu einer Freiheitsstrafe von mindestens sechs Monaten verurteilt wird. Entsprechendes gilt, wenn die

---

25 LT-Drs. 19/5728, 103.
26 LT-Drs. 19/5728, 103.

Fähigkeit zur Bekleidung öffentlicher Ämter aberkannt wird oder wenn sie oder er aufgrund einer Entscheidung des Bundesverfassungsgerichts nach Art. 18 GG ein Grundrecht verwirkt hat. Die aus § 21 Abs. 4 Satz 3 HDSG übernommene Bezugnahme auf das BeamtStG konkretisiert weitgehend die Vorgaben des Art. 53 Abs. 4 DS-GVO und Art. 43 Abs. 4 JI-RL.[27] Festzustellen ist jedoch immer, dass der Grund für die Amtsenthebung auch im Einzelfall eine **schwere Verfehlung** darstellt oder die Nichterfüllung der Voraussetzungen für die weitere Wahrnehmung des Amtes bedeutet.[28]

25   Die Amtsenthebung kann nach Satz 5 nur durch ein **Urteil des Staatsgerichtshofs** erfolgen, in dem dieser der oder dem HDSB aus den genannten Gründen das Amt und die Rechte aus dem Amt abspricht. Das Verfahren vor dem Staatsgerichtshof kommt nur durch eine Klage des Landtags zustande. Der Antrag auf Erhebung der Klage muss nach Satz 6 von mindestens 15 Mitgliedern des Landtags unterzeichnet sein und bedarf der Zustimmung von zwei Dritteln der gesetzlichen Zahl seiner Mitglieder. Durch diese hohen rechtsstaatlichen Verfahrensvoraussetzungen wird sichergestellt, dass die Unabhängigkeit der oder des HDSB gewahrt wird und die Amtsenthebung nicht wegen missliebiger Entscheidungen gegenüber der Regierung oder den Mehrheitsparteien erfolgt.

26   Nach Satz 7 sind für das **Verfahren** vor dem Staatsgerichtshof die §§ 31 bis 35 StGG[29] entsprechend anzuwenden. Diese regeln vom Beschluss des Landtags über die Durchführung des Verfahrens und die mündliche Verhandlung bis hin zur Entscheidung des Staatsgerichtshofs Details des Verfahrens. Bei einer Verurteilung ist eine Wiederaufnahme des Verfahrens möglich.

27   Die Amtsenthebung ist das einzige konkret geregelte disziplinarrechtliche Handlungsinstrument gegenüber der oder dem HDSB. Zum Schutz ihrer oder seiner Unabhängigkeit dürfen beamtenrechtliche Disziplinarmaßnahmen nur ergriffen werden, wenn das Gesetz ausdrücklich auf sie verweist (→ Rn. 10). Dies ist nur in Satz 5 der Fall. Aus diesem Grund sind auch weniger weitgehende **Disziplinarmaßnahmen ausgeschlossen**. Außerdem hätten sie eine Beugewirkung, die mit der geforderten Unabhängigkeit der oder des HDSB nicht zu vereinbaren wären.[30]

III. Rücktritt (Abs. 3)

28   Nach Abs. 3 kann die oder der HDSB jederzeit von ihrem oder seinem Amt zurücktreten. Rücktritt setzt eine freiwillige Erklärung der oder des HDSB voraus, in der sie oder er das Datum der Beendigung der Amtszeit festlegt. Nach Wirksamkeit des Rücktritts bis zur Neuwahl einer oder eines neuen HDSB führt die Vertreterin oder der Vertreter des HDSB dessen Amtsgeschäfte (→ Rn. 23).

---

27   Ohne Einschränkung LT-Drs. 19/5728, 103.
28   S auch zB *Ronellenfitsch*, S. 38; *Ziebarth* CR 2013, 60 (64).
29   Gesetz in der Fassung der Bekanntmachung vom 19.1.2001, GVBl. I 78, zuletzt geändert durch G vom 28.3.2015, GVBl. 158.
30   S. auch zB *Pabst* in HK-DSG NRW § 25 Rn. 30; *Römer* in HK-LDSG RhPf § 14 Rn. 69; *Ziebarth* in HK-BDSG § 12 Rn. 8.

IV. Vertretung (Abs. 4)

Abs. 4 regelt die Vertretung der oder des HDSB in der Wahrnehmung ihrer 29
oder seiner Amtsgeschäfte. Durch diese Regelung wird sichergestellt, dass
immer eine ständige Amtsausübung und eine **durchgehende Datenschutzaufsicht** besteht.[31] Satz 1 fordert von der oder dem HDSB, eine Vertreterin
oder einen Vertreter zu benennen. Dieser kann die oder den HDSB nach
Satz 1 für längere Zeit in allen Amtsgeschäften vertreten oder nach Satz 2
in einzelnen Verfahren. Eine Pflicht zur Regelung einer Vertretung ergibt
sich indirekt aus Art. 54 Abs. 1 lit. a DS-GVO und Art. 44 Abs. 1 lit. a JI-
RL, die mit der Errichtung einer Aufsichtsbehörde auch inzident Regelungen zur Funktionsfähigkeit und Aufgabenerfüllung in Abwesenheit oder
bei Ausfall der Leitung der Aufsichtsbehörde fordern.[32]

1. Ernennung einer Vertretung (Satz 1)

Nach Satz 1 ernennt die oder der HDSB eine Beschäftigte oder einen Be- 30
schäftigten ihrer oder seiner Dienststelle zur Vertreterin oder zum Vertreter. Die **Ernennung** erfolgt durch Verwaltungsakt, der in Form einer Urkunde in Schriftform ergehen sollte. Als Vertretung benannt werden kann
nur eine Beschäftigte oder ein Beschäftigter der Dienststelle. Eine inhaltliche oder formelle Voraussetzung für die Benennung nennt die Vorschrift
nicht. Sinnvoll wäre jedoch, wenn die Person über die notwendige Qualifikation, Erfahrung und Kenntnis zur Übernahme der Amtsgeschäfte für
eine gewisse Zeit verfügt. Die notwendige demokratische Legitimation der
Vertretung leitet sich aus der Wahl der oder des HDSB durch den Landtag
und die Ernennung durch diese oder diesen ab. Diese kurze Legitimations-
kette knüpft noch ausreichend an die Repräsentation des Souveräns durch
den Landtag an.[33]

Die Vertreterin oder der Vertreter vermag zwar die oder den HDSG in al- 31
len Amtsgeschäften zu vertreten, tritt aber nicht in die Rechtsstellung der
oder des HDSB ein. Sie oder er hat keinen eigenen Anspruch auf **Unabhängigkeit**,[34] sondern partizipiert an der Unabhängigkeit der oder des
HDSB.[35] Dies wird wichtig, wenn die oder der HDSB durch Rücktritt oder
Amtsenthebung aus dem Amt ausgeschieden ist. Ihr oder ihm gegenüber
bleibt die Vertretung jedoch weisungsabhängig und unterliegt wie alle anderen Beschäftigten der Fach-, Rechts- und Dienstaufsicht der oder des
HDSB,[36] soweit und solange diese oder dieser das Amt noch innehaben.
Dies kann allerdings für die jeweilige Sachentscheidung nicht gelten, wenn
die oder der HDSB in einzelnen Verfahren von der Mitwirkung ausgeschlossen ist (→ Rn. 27).

Satz 1 benennt auch die Umstände, für die die Vertretung wirksam sein 32
soll. Eine generelle Vertretung soll für den Fall der Verhinderung oder des

---

31 S. *Arlt* in Schild ua § 21 Rn. 24 zur Vorgängerregelung.
32 S. zB auch *Römer* in HK-LDSG RhPf § 14 Rn. 84.
33 S. zB auch *Römer* in HK-LDSG RhPf § 14 Rn. 85; *Ziebarth* CR 2013, 60 (65).
34 Dies fordert *Ziebarth* CR 2013, 60 (65).
35 Ähnlich *Ziebarth* in HK-BDSG § 12 Rn. 11.
36 So *Arlt* in Schild ua § 21 Rn. 25 zur Vorgängerregelung; s. zB auch *Römer* in HK-
    LDSG RhPf § 14 Rn. 85.

vorzeitigen Ausscheidens aus dem Amt für die Zeit bis zur Wahl einer oder eines neuen HDSB erfolgen. Eine generelle Verhinderung der oder des HDSB liegt zB vor, wenn sie wegen Erkrankung dienstunfähig ist oder sich im Urlaub befindet.[37] Die Ernennung ist nicht anfechtbar, weil sie keine Außenwirkung hat. Eine Konkurrentenklage ist nicht möglich, weil es nicht um die Berufung in ein Amt geht.

33 Ob der **Vertreter** im Vertretungsfall eine Vertreterin oder einen Vertreter ernennen soll, ist im Gesetz nicht geregelt. Damit die Funktionsfähigkeit der Datenschutzaufsicht immer gewährleistet ist, ist diese Frage zu bejahen. Hierfür sind die Regelungen der Vorschrift zur Vertretung analog anzuwenden.[38]

2. Vertretung im Einzelfall (Satz 2)

34 Eine Vertretung kann auch **in einzelnen Verfahren** erforderlich sein. Nach Satz 2 gilt als Verhinderung auch, wenn im Einzelfall in der Person der oder des HDSB Gründe vorliegen, die bei einer Richterin oder einem Richter zum Ausschluss von der Mitwirkung oder zur Ablehnung wegen Besorgnis der Befangenheit führen können. Ein **Ausschluss** von der Mitwirkung liegt nach § 54 VwGO iVm § 41 ZPO vor, wenn die oder der HDSB ua selbst Beteiligter des Verfahrens, Angehöriger eines Beteiligten oder Angehöriger einer Person ist, die einen Beteiligten in diesem Verfahren vertritt, oder wenn sie oder er in einem vorausgegangenen Verfahren mitgewirkt hat. Eine **Ablehnung** wegen Besorgnis der Befangenheit hat nach § 54 VwGO dann zu erfolgen, wenn ein Grund vorliegt, der geeignet ist, Misstrauen gegen eine unparteiische Amtsausübung zu rechtfertigen. Über die Ausschlussgründe entscheidet in entsprechender Anwendung des § 45 ZPO von Amts wegen oder auf Antrag die Dienststelle der oder des HDSB ohne deren oder dessen Mitwirkung. Sie oder er geben zu der Angelegenheit eine dienstliche Stellungnahme ab. Die Entscheidung kann vor dem Verwaltungsgericht angefochten werden.

V. Amtsbezüge und Unterstützungsleistungen (Abs. 5 und 6)

35 Der die oder der HDSB in ein öffentlich-rechtliches Amtsverhältnis besonderer Art berufen wird, sind die beamtenrechtlichen Regelungen zur **Entlohnung, Versorgung und Unterstützung** nicht unmittelbar anwendbar, sondern bedürfen einer eigenen Regelung.[39] In Abs. 5 bis 7 werden daher die Besoldung, Versorgung und sonstigen Bezüge der oder des HDSB unter Übernahme des bisherigen § 21 Abs. 6 bis 8 HDSG beibehalten. Damit erfüllt Hessen den Regelungsauftrag des Art. 54 Abs. 1 lit. f DS-GVO und setzt Art. 44 Abs. 1 lit. f JI-RL um.

36 Abs. 5 regelt die **Amtsbezüge** der oder des HDSB und die Unterstützungsleistungen durch das Land Hessen. Die Zuständigkeiten für die Festsetzung, Berechnung und Anordnung der Leistungen bestimmt Abs. 6.

---

37 S. zB auch *Pabst* in HK-DSG NRW § 25 Rn. 21.
38 S. zB *Ziebarth* CR 2013, 60 (65).
39 S. *Arlt* in Schild ua § 21 Rn. 32 zur Vorgängerregelung.

Nach Satz 1 erhält die oder der HDSB vom Beginn des Kalendermonats an, 37
in dem das Amtsverhältnis beginnt, bis zum Ende des Kalendermonats, in
dem das Amtsverhältnis endet, als **Amtsbezüge** ein Amtsgehalt in Höhe des
Grundgehalts der Besoldungsgruppe B 7 sowie einen Familienzuschlag in
entsprechender Anwendung des HBesG[40] in der jeweils geltenden Fassung.
Auch die Höhe der Amtsbezüge müssen der Stellung der oder des HDSB in
ihrer Leitungsfunktion für eine oberste Landesbehörde und ihrer und seiner gebotenen Unabhängigkeit gerecht werden.

Nach Satz 2 hat die oder der HDSB Anspruch auf **Unterstützungsleistun-** 38
gen durch den Dienstherrn. Für Reise- und Umzugskosten, Trennungsgeld,
Beihilfen und Urlaubsangelegenheiten gelten die für die Beamtinnen und
Beamten des Landes geltenden Vorschriften entsprechend. Entscheidend
dafür sind das Hessische Reisekosten-Gesetz,[41] die Hessische Trennungs-
geldverordnung,[42] das Hessisches Umzugskostengesetz,[43] die Hessische
Beihilfeverordnung[44] und die Hessische Urlaubsverordnung.[45]

Nach Abs. 6 Satz 1 ist für die Festsetzung, Berechnung und Anordnung der 39
Zahlung der Amtsbezüge einschließlich der Sonderzahlungen sowie der
Rückforderung zu viel gezahlter Amtsbezüge die **Hessische Bezügestelle** im
Auftrag der oder des HDSB zuständig. Im Auftrag der oder des HDSB bedeutet, dass die Erfüllung dieser Aufgaben eigentlich eine Angelegenheit
der obersten Landesbehörde HDSB ist, dass diese Tätigkeit und die Kos-
tentragung aber per Gesetz auf die Hessische Bezügestelle ausgelagert ist.
Da die Entscheidungsvorgaben für die Hessische Bezügestelle gesetzlich genau festgelegt und von der Amtsführung der oder des HDSB unabhängig
ist, wird durch diese Bestimmung die Unabhängigkeit der oder des HDSB
nicht berührt.

Nach Satz 2 ist für die Festsetzung von Reise- und Umzugskosten sowie 40
Trennungsgeld die **Dienststelle** der oder des HDSB zuständig. Innerhalb
der Dienststelle übernimmt diese Aufgabe das Referat für Personalangelegenheiten.

Zuständig für die Festsetzung der Beihilfe ist nach Satz 3 die **Kanzlei des** 41
Hessischen Landtags. Dies ist Ausfluss der notwendigen Unabhängigkeit
der oder des HDSB von der Exekutive, die er zu kontrollieren hat. Da hier
eher auch Beurteilungsspielräume bestehen, ist es besser, dass die Verwaltung des Landtags entscheidet, der sie oder ihn auch gewählt hat.

VI. Versorgungsbezüge (Abs. 7)

Nach Abs. 7 erhalten die oder der HDSB und deren oder dessen Hinter- 42
bliebene Versorgung in entsprechender Anwendung der in Hessen für die

---

40 HBesG vom 27.5.2013, GVBl. 218, 256, 508, zuletzt geändert durch Art. 4 des G
   vom 6.9.2019, GVBl. 232.
41 GVBl. 2009 I 397.
42 GVBl. 2011 I 657, geändert durch Art. 2 des G vom 12.12.2012, GVBl. I 659.
43 GVBl. 1993 I 464, zuletzt geändert durch G vom 17.9.2010, GVBl. I 283.
44 GVBl. 2001 I 482, 491, 564, zuletzt geändert durch Art. 6a des G vom 21.6.2018,
   GVBl. 291.
45 GVBl. 2006 I 671, zuletzt geändert durch G vom 19.6.2019, GVBl. 110.

Mitglieder der Landesregierung geltenden Bestimmungen.[46] Dies bedeutet, dass zB Versorgungsansprüche nach einer Amtszeit von mindestens zwei Jahren bestehen und dass Unfallfürsorge, Hinterbliebenenversorgung und Übergangsgelder wie bei Ministern gezahlt werden.[47] Zuständig für die Festsetzung der Versorgungsbezüge ist das **Regierungspräsidium Kassel** im Auftrag der oder des HDSB. Für das Auftragsverhältnis gilt das Gleiche wie für die Verwaltung der Amtsbezüge (→ Rn. 39).

C. Würdigung

43   Die Regelung des Amtsverhältnisses ist rechtlich bedeutsam, weil sich in diesen Regelungen erweist, wie stark das Bekenntnis zur **Unabhängigkeit** in § 8 Abs. 2 rechtlich ausgestaltet ist. Alle Regelungen zum Amtsverhältnis wären in der Lage, die angestrebte Unabhängigkeit wieder einzuschränken. Die Regelungen der Vorschrift sind jedoch so ausgestaltet, dass sie die Unabhängigkeit der oder des HDSB stärken. Die Übertragung von Festsetzungen, Berechnungen und Anordnungen von Leistungen auf andere Behörden im Auftrag der unabhängigen obersten Landesbehörde HDSB erfolgen aus Gründen der allgemeinen Rationalisierung und Zentralisierung von Routineaufgaben der Verwaltung. Sie sind im Detail gesetzlich festgelegt, so dass eine indirekte Beeinflussung der Amtsausübung die oder der HDSB nicht zu befürchten ist.

§ 12 Verschwiegenheitspflicht

[1]**Die oder der Hessische Datenschutzbeauftragte ist, auch nach Beendigung ihres oder seines Amtsverhältnisses, verpflichtet, über die ihr oder ihm bei ihrer oder seiner amtlichen Tätigkeit bekannt gewordenen Angelegenheiten Verschwiegenheit zu bewahren.** [2]**Dies gilt nicht für Mitteilungen im dienstlichen Verkehr oder über Tatsachen, die offenkundig sind oder ihrer Bedeutung nach keiner Geheimhaltung bedürfen.** [3]**Satz 1 und 2 gelten entsprechend für ihre oder seine Beschäftigten.** [4]**Die oder der Hessische Datenschutzbeauftragte gilt als oberste Dienstbehörde im Sinne des § 96 der Strafprozessordnung.** [5]**Sie oder er entscheidet entsprechend den Bestimmungen über die Vorlage- und Auskunftspflichten von Behörden in den gerichtlichen Verfahrensordnungen.** [6]**Die oder der Hessische Datenschutzbeauftragte trifft die Entscheidungen nach § 37 Abs. 3 des Beamtenstatusgesetzes und § 46 des Hessischen Beamtengesetzes für sich und die bei ihr oder ihm tätigen Beamtinnen und Beamten.**

Literatur:

Harte-Bavendamm/Ohly/Kalbfus, GeschGehG-Kommentar, 2020; *Roßnagel*, Unabhängigkeit der Datenschutzaufsicht, ZD 2015, 106; *Roßnagel*, Datenschutzaufsicht nach der Datenschutz-Grundverordnung, 2017.

---

46 S. hierzu G über die Bezüge der Mitglieder der Landesregierung vom 27.7.1993, GVBl. I 339, zuletzt geändert durch Art. 1 Sechstes ÄndG vom 30.11.2015, GVBl. 442.
47 S. *Arlt* in Schild ua § 21 Rn. 34 zur Vorgängerregelung.

A. Allgemeines

I. Bedeutung der Vorschrift

Die Verschwiegenheitspflicht der oder des HDSB ist für ihre oder seine 1
Stellung und für die **Erfüllung ihrer oder seiner Aufgaben** von besonderer
Bedeutung, da sie **Vertrauen** in ihre oder seine Amtsführung begründet.[1]
Einerseits wenden sich betroffene Personen mit sehr persönlichen Anlie-
gen vertrauensvoll an sie oder ihn und erwarten Verschwiegenheit über
ihre Angelegenheiten. Zum anderen erlangt die oder der HDSB durch
ihre oder seine Aufsichtstätigkeiten Einblicke in die Angelegenheiten der
Verantwortlichen im nicht öffentlichen und im öffentlichen Bereich. Diese
erwarten von ihr oder ihm die Geheimhaltung der dadurch erworbenen
Informationen.[2]

II. Entstehungsgeschichte

Die Vorschrift übernimmt in Satz 1 und 2 die Regelung des § 23 Satz 1 2
und 2 HDSG zur Verschwiegenheitspflicht des HDSB und orientiert sich in
den folgenden Sätzen an den Regelungen des § 23 Satz 3 bis 5 HDSG.

Die Vorschrift wurde so verabschiedet, wie sie der Gesetzesentwurf der 3
Fraktionen der CDU und BÜNDNIS 90/DIE GRÜNEN vorgesehen hatte.[3]
Sie erfuhr im Gesetzgebungsverfahren keine Änderung.

III. Unionsrechtliche Regelungen

Die Verschwiegenheitspflicht der Aufsichtsbehörde ist in Art. 54 Abs. 2 4
DS-GVO und Art. 44 Abs. 2 JI-RL geregelt. Nach Art. 54 Abs. 2 Satz 1 DS-
GVO sind „das Mitglied oder die Mitglieder und die Bediensteten jeder
Aufsichtsbehörde ... gemäß dem Unionsrecht oder dem Recht der Mitgliedstaaten sowohl während ihrer Amts- beziehungsweise Dienstzeit als
auch nach deren Beendigung verpflichtet, über alle vertraulichen Informationen, die ihnen bei der Wahrnehmung ihrer Aufgaben oder der Ausübung ihrer Befugnisse bekannt geworden sind, **Verschwiegenheit zu wahren**". Die Vorschrift erfüllt diesen Regelungsauftrag für eine nationalstaatliche Regelung und setzt Art. 44 Abs. 2 JI-RL zur Verschwiegenheitspflicht
um.[4]

---

1 S. hierzu auch *Nungesser* § 23 Rn. 2 und *Schriever-Steinberg* in Schild ua § 22 Rn. 4
  für die Vorgängerregelung.
2 S. zB auch *Weichert* in Däubler/Wedde/Weichert/Sommer § 13 Rn. 11.
3 LT-Drs. 19/5728, 11 f.
4 LT-Drs. 19/5728, 103.

IV. Verhältnis zu anderen Vorschriften

5   Auf die oder den HDSB ist auch der vierte Teil zur Informationsfreiheit anwendbar, allerdings nach § 81 Abs. 1 Nr. 3 nur insoweit, als sie oder er allgemeine Verwaltungsaufgaben übernimmt. Für einzelnen Verfahren, in denen die Verschwiegenheitspflicht Anwendung findet, ist der Anspruch auf **Informationszugang nicht** anwendbar (→ § 81 Rn. 11). Dies gilt nach § 81 Abs. 3 auch für Datei- und Aktenbestandteile der oder des HDSB, die sich in Dateien oder Akten anderer öffentlicher Stellen befinden (→ § 81 Rn. 26). Der Anspruch ist außerdem nach § 82 Nr. 3 ausgeschlossen, wenn datei- oder Akteninhalte einem besonderen Amtsgeheimnis wie der Verschwiegenheitspflicht unterliegen (→ § 82 Rn. 19 f.). Schließlich ist ein Zugang zu personenbezogenen Daten nach § 83 nur dann und soweit zulässig, wie ihre Übermittlung an eine nicht öffentliche Stelle zulässig wäre (→ § 83 Rn. 5 ff.).

6   § 26 Abs. 5 erstreckt die Geheimhaltungspflicht eines Berufsgeheimnisträgers auch auf die oder den HDSB und ihre oder seine Beschäftigten, wenn sie im Rahmen einer Untersuchung Kenntnis von Daten erlangen, die nach einer Rechtsvorschrift oder ihrem Wesen nach einer Geheimhaltungspflicht unterliegen. Dann gilt diese Geheimhaltungspflicht auch für sie. Die Geheimhaltungspflicht geht insoweit weiter als die Verschwiegenheitspflicht nach Satz 1, weil die Ausnahme von Mitteilungen im dienstlichen Verkehr nicht für die **Berufsgeheimnisse** gilt (→ § 26 Rn. 23).

7   Die Regelungen des **Geschäftsgeheimnisgesetzes**[5] gelten für die oder den HDSB **nicht**. Nach § 1 Abs. 2 GeschGehG gehen öffentlich-rechtliche Vorschriften zur Geheimhaltung, Erlangung, Nutzung oder Offenlegung von Geschäftsgeheimnissen den Vorschriften dieses Gesetzes vor. Präziser regelt dies Art. 1 Abs. 2 Geschäftsgeheimnis-RL. Diese bestimmt in lit. b, dass sie Rechtspflichten unberührt lässt, nach denen Geheimnisinhaber zur Offenlegung ihrer Geheimnisse gegenüber Verwaltungsbehörden oder der Öffentlichkeit verpflichtet sind. Ebenso wenig berührt die Richtlinie nach lit. c die Anwendung von Vorschriften, nach denen es den nationalen Behörden vorgeschrieben oder gestattet ist, von Unternehmen vorgelegte Informationen offenzulegen, die sich in ihrem rechtmäßigen Besitz befinden.[6]

8   Für die **Beamtinnen und Beamten** in der Dienststelle der oder des HDSB stellt die Vorschrift die ohnehin nach § 37 Abs. 1 und 2 BeamtStG bestehende Verschwiegenheitspflicht noch einmal für die konkreten Amtsangelegenheiten der oder des HDSB klar.

9   Der Vorschrift entspricht im Bund § 13 **Abs. 4 BDSG**.

B. Verschwiegenheitspflicht

10   Die Vorschrift regelt die Verschwiegenheitspflicht der oder des HDSB und ihrer oder seiner Beschäftigten. Sie müssen über Angelegenheiten, die ihnen in ihrer amtlichen Tätigkeit bekannt geworden sind, Verschwiegenheit be-

---

5   GeschGehG vom 18.4.2019, BGBl. I 466.
6   S. *Kalbfus* in Harte-Bavendamm/Ohly/Kalbfus GeschGehG Einl. A Rn. 224 sowie *Harte-Bavendamm* in Harte-Bavendamm/Ohly/Kalbfus GeschGehG § 1 Rn. 7 und 9.

wahren. Die Vorschrift stellt aber auch klar, dass diese Verschwiegenheitspflicht nicht für Mitteilungen im dienstlichen Verkehr gilt. Auch sind von dieser Pflicht Tatsachen ausgenommen, die offenkundig sind oder ihrer Bedeutung nach keiner Geheimhaltung bedürfen. Außerdem enthält die Vorschrift Regelungen zur Aussagepflicht und Aussagenverweigerung der oder des HDSB und ihrer oder seiner Beschäftigten.

I. Verschwiegenheitspflicht der oder des HDSB (Satz 1 und 2)

Die oder der HDSB ist nach Satz 1 verpflichtet, über die ihr oder ihm bei ihrer oder seiner amtlichen Tätigkeit bekannt gewordenen Angelegenheiten Verschwiegenheit zu bewahren. Diese Verpflichtung ist notwendig, da für die oder den HDSB wegen des Amtsverhältnisses eigener Art (→ § 8 Rn. 14 ff.) nicht die beamtenrechtliche Verschwiegenheitspflicht nach § 37 BeamtStG gilt.[7] Die Verschwiegenheitspflicht betrifft nicht nur personenbezogene Daten, die der oder dem HDSB bei der Erfüllung ihrer oder seiner Amtsaufgaben bekannt geworden sind, sondern **alle Informationen**, die ihr oder ihm zu diesem Zweck zur Kenntnis gelangen.[8] Nicht anlässlich amtlicher Tätigkeit bekannt geworden sind Informationen, die die oder der HDSB aus anderen Kommunikationszusammenhängen erfahren hat. Die Verschwiegenheitspflicht gilt auch nach der Beendigung des Amtsverhältnisses, bis die Informationen entsprechend Satz 2 offenkundig sind oder durch Zeitablauf ihrer Bedeutung nach keiner Geheimhaltung mehr bedürfen. 11

Die Verschwiegenheitspflicht gilt grundsätzlich für **alle Angelegenheiten**, die durch amtliche Tätigkeit bekannt geworden sind, ohne dass eine besondere Schutzbedürftigkeit positiv festgestellt werden muss. Sie gilt nach Art. 54 Abs. 2 Satz 2 DS-GVO während der Amtszeit „insbesondere für die von natürlichen Personen gemeldeten Verstöße". Von der Verschwiegenheitspflicht sieht Satz 2 der Vorschrift nur **drei Ausnahmen** vor. Die Verschwiegenheitspflicht gilt nicht für Mitteilungen im **dienstlichen Verkehr**, für Tatsachen, die offenkundig sind oder ihrer Bedeutung nach keiner Geheimhaltung bedürfen. Mitteilungen im dienstlichen Verkehr sind Informationen, die für die Durchführung der in Art. 57 DS-GVO und § 13 genannten Aufgaben der oder des HDSB anderen Stellen mitgeteilt werden müssen. Dies ist etwa der Fall, wenn eine Beschwerde an eine andere, zuständige Aufsichtsbehörde abgegeben wird oder wenn nach Art. 61 DS-GVO eine andere Aufsichtsbehörde um Amtshilfe gebeten oder einer anderen Aufsichtsbehörde Amtshilfe geleistet wird.[9] Dies ist auch der Fall in der Zusammenarbeit zwischen federführender und betroffener Aufsichtsbehörde nach Art. 60 DS-GVO oder bei einer gemeinsamen Maßnahme mehrerer Aufsichtsbehörden nach Art. 62 DS-GVO.[10] Dienstlicher Verkehr besteht auch bei einer Beanstandung, bei Mitteilungen an den Landtag oder 12

---

7 S. *Schriever-Steinberg* in Schild ua § 23 Rn. 2 für die Vorgängerregelung.
8 S. *Schriever-Steinberg* in Schild ua § 22 Rn. 6 für die Vorgängerregelung; s. zB auch *Römer* in HK-LDSG RhPf § 14 Rn. 81; *Weichert* in Däubler/Wedde/Weichert/Sommer § 13 Rn. 11.
9 S. zB auch *Ziebarth* in HK-BDSG § 13 Rn. 14; s. zur Amtshilfe *Roßnagel*, Datenschutzaufsicht, S. 87 ff.
10 S. zur Kooperation *Roßnagel*, Datenschutzaufsicht, S. 77 ff.

wenn die oder der HDSB mit einer Fachaufsichtsbehörde in einer Angelegenheit, die eine untergeordnete Behörde betrifft, Informationen zur Abstimmung austauschen muss (→ § 14 Rn. 20 ff.). Zum dienstlichen Verkehr ist aber auch zu rechnen, wenn die oder der HDSB einer betroffenen Person mitteilt, wie sie ihre Rechte geltend machen kann.[11] Hinsichtlich der Empfänger und des Umfangs der Mitteilungen ist eine Beschränkung auf das Erforderliche geboten.[12] **Offenkundig** sind Informationen, wenn sie den beteiligten Kreisen allgemein bekannt sind. Informationen bedürfen ihrer Bedeutung nach **keiner Geheimhaltung**, wenn sie absehbar keine geschützten Interessen nachteilig beeinflussen können. Dies kann auch bei ursprünglich geschützten Informationen mit Zeitablauf der Fall sein.

II. Verschwiegenheitspflicht der Beschäftigten (Satz 3)

13   Die Regelungen zur Verschwiegenheitspflicht nach Satz 1 und 2 gelten nicht nur für die oder den HDSB, sondern nach Satz 3 auch entsprechend für ihre oder seine **Beschäftigten**. „Hierzu wird die Regelung des § 23 Satz 1 und 2 HDSG aF zur Verschwiegenheitspflicht der oder des HDSB nunmehr in Satz 3 des § 12 auf die Beschäftigten der oder des HDSB erstreckt.“[13] Dies gilt sowohl für Beamtinnen und Beamte als auch für alle sonstigen in der Dienststelle der oder des HDSB Beschäftigten. Diese Regelung entspricht der allgemeinen beamtenrechtlichen Verschwiegenheitspflicht nach § 37 BeamtStG und der Verschwiegenheitspflicht nach § 3 Abs. 2 TV-H. Für freie Mitarbeitende, Praktikanten und Mitarbeitende von Fremdunternehmen muss die Schweigepflicht vertraglich vereinbart werden.[14]

III. Aussage- oder Vorlageverweigerung (Satz 4 bis 6)

14   Die Verschwiegenheitspflicht nach Satz 1 und 3 gilt auch für gerichtliche und außergerichtliche Verfahren. Beamtinnen und Beamte dürfen daher nach § 37 Abs. 3 Satz 1 BeamtStG ohne Genehmigung über Angelegenheiten, die ihnen in ihrer amtlichen Tätigkeit bekannt geworden sind, weder vor Gericht noch außergerichtlich aussagen oder Erklärungen abgeben. Das Gleiche gilt nach § 96 Satz 1 StPO für die Vorlegung oder Auslieferung von Akten oder anderen in amtlicher Verwahrung befindlichen Schriftstücken. Die Genehmigung für die Aussage oder Vorlage trifft die oberste Dienstbehörde. Nach Satz 4 gilt die oder der HDSB als **oberste Dienstbehörde** iSd § 96 StPO und nach Satz 6 als oberste Dienstbehörde iSd § 37 Abs. 3 BeamtStG und § 46 HBG. Sie oder er trifft für die bei ihr oder ihm tätigen Beamtinnen und Beamten die Entscheidung über die Genehmigung.[15]

---

11   S. *Schriever-Steinberg* in Schild ua § 22 Rn. 7 für die Vorgängerregelung.
12   S. zB auch *Ziebarth* in HK-BDSG § 13 Rn. 14.
13   LT-Drs. 19/5728, 103.
14   S. *Schriever-Steinberg* in Schild ua § 22 Rn. 3 für die Vorgängerregelung.
15   S. hierzu auch *Nungesser* § 23 Rn. 4 und *Schriever-Steinberg* in Schild ua § 22 Rn. 8 für die Vorgängerregelung; s. auch für die BfDI *Roßnagel* ZD 2015, 106 (109).

Hinsichtlich des **Zeugnisverweigerungsrechts** ist für die oder den HDSB 15
und ihre oder seine Mitarbeiterinnen und Mitarbeiter auch § 13 Abs. 6
BDSG zu beachten, der als datenschutzrechtliche Spezialvorschrift des
Bundes landesrechtlichen Vorgaben vorgeht.[16] Sie soll sicherstellen, dass
die Aufsichtsbehörden der Länder ihre Verschwiegenheitspflicht auch gegenüber Gerichten und anderen Behörden durchsetzen können. Nach der
Verweisung in dieser Vorschrift auf § 13 Abs. 3 und 4 Satz 5 bis 7 BDSG
sind die oder der HDSB und ihre oder seine Mitarbeiterinnen und Mitarbeiter berechtigt, über Personen, die ihr oder ihm in ihrer oder seiner
dienstlichen Eigenschaft Tatsachen anvertraut haben, sowie über diese Tatsachen selbst das Zeugnis zu verweigern. Soweit dieses Zeugnisverweigerungsrecht reicht, darf auch die **Vorlegung oder Auslieferung von Akten**
oder anderen Dokumenten nicht gefordert werden. Die oder der HDSB
müssen auch den **Finanzbehörden** keine Auskünfte erteilen. Dies gilt nur
dann nicht, soweit diese die Kenntnis für die Durchführung eines Verfahrens wegen einer Steuerstraftat sowie eines damit zusammenhängenden
Steuerverfahrens benötigen, an deren Verfolgung ein zwingendes öffentliches Interesse besteht, oder soweit es sich um vorsätzlich falsche Angaben
der oder des Auskunftpflichtigen oder der für sie oder ihn tätigen Personen handelt. Stellt die oder der HDSB einen Datenschutzverstoß fest, ist sie
oder er befugt, diesen **anzuzeigen** und die betroffene Person hierüber zu informieren.

Die oder der HDSB entscheidet nach Satz 5 entsprechend den Bestimmun- 16
gen über die Vorlage- und Auskunftspflichten von Behörden in den **gerichtlichen Verfahrensordnungen**. Für die Angelegenheiten der oder des HDSB
kommt vor allem die Regelung in § 99 Abs. 1 VwGO in Betracht.

Einer Genehmigung bedarf es für die amtierende oder den **amtierenden** 17
HDSB nicht. Eine Genehmigungspflicht würde ihrer oder seiner Stellung
als oberste Landesbehörde und ihrer oder seiner Unabhängigkeit widersprechen. Nach Satz 6 trifft die oder der HDSB daher die Entscheidung
über ihr oder sein Verhalten selbst.[17] Fraglich ist, ob sie oder er **nach dem
Ausscheiden** aus dem Amt einer Genehmigung der oder des amtierenden
HDSB benötigt.[18] Die Vorschrift enthält eine solche Regelung nicht. Die
oder der ehemalige HDSB ist auch nicht in der Dienststelle der oder des
HDSB beschäftigt. Eine freihändige Interpretation iSe notwendigen Genehmigungspflicht würde der Unabhängigkeit der oder des HDSB widersprechen, da die Aussicht, die Entscheidung über die eigene Aussageberechti-
gung zu verlieren, zu einer Vorwirkung auf die Amtsführung der oder des
jeweils amtierenden HDSB führen könnte.[19]

---

16 *Weichert* in Däubler/Wedde/Weichert/Sommer § 13 Rn. 20.
17 So auch *Nungesser* § 23 Rn. 9 und *Schriever-Steinberg* in Schild ua § 22 Rn. 14 für
die Vorgängerregelung.
18 So für den BfDI § 13 Abs. 4 Satz 3 BDSG – s. hierzu kritisch *Roßnagel* ZD 2015,
106 (110); *Ziebarth* in HK-BDSG § 13 Rn. 15.
19 S. *Roßnagel* ZD 2015, 106 (110); *Ziebarth* in HK-BDSG § 13 Rn. 15.

C. Würdigung

18   Die Verschwiegenheitspflicht und -berechtigung ist eine **notwendige Voraussetzung der Amtsausübung** der oder des HDSB. Die Vorschrift regelt hierfür den erforderlichen rechtlichen Rahmen, um diese Pflicht und Berechtigung in den wichtigsten Situationen einhalten und ausüben zu können.

§ 13 Zuständigkeit und Aufgaben

(1) Die oder der Hessische Datenschutzbeauftragte überwacht bei den öffentlichen und nicht öffentlichen Stellen sowie deren Auftragsverarbeitern die Anwendung dieses Gesetzes, der Verordnung (EU) Nr. 2016/679 und sonstiger Vorschriften über den Datenschutz, einschließlich der zur Umsetzung der Richtlinie (EU) Nr. 2016/680 erlassenen Rechtsvorschriften.

(2) [1]Neben den Aufgaben nach Art. 57 der Verordnung (EU) Nr. 2016/679 hat die oder der Hessische Datenschutzbeauftragte die Aufgaben,

1. die Anwendung dieses Gesetzes und sonstiger Vorschriften über den Datenschutz, einschließlich der zur Umsetzung der Richtlinie (EU) Nr. 2016/680 erlassenen Rechtsvorschriften, zu überwachen und durchzusetzen,

2. die Öffentlichkeit für die Risiken, Vorschriften, Garantien und Rechte im Zusammenhang mit der Verarbeitung personenbezogener Daten zu sensibilisieren und sie darüber aufzuklären, wobei spezifische Maßnahmen für Kinder und Jugendliche besondere Beachtung finden,

3. den Landtag, die im Landtag vertretenen Fraktionen, die Landesregierung, die Kommunen und andere Einrichtungen und Gremien über legislative und administrative Maßnahmen zum Schutz der Rechte und Freiheiten natürlicher Personen in Bezug auf die Verarbeitung personenbezogener Daten zu beraten,

4. die Verantwortlichen und die Auftragsverarbeiter für die ihnen aus diesem Gesetz und sonstigen Vorschriften über den Datenschutz, einschließlich der zur Umsetzung der Richtlinie (EU) Nr. 2016/680 erlassenen Rechtsvorschriften, entstehenden Pflichten bei der Verarbeitung personenbezogener Daten zu sensibilisieren,

5. auf Anfrage jeder betroffenen Person Informationen über die Ausübung ihrer Rechte aufgrund dieses Gesetzes und sonstiger Vorschriften über den Datenschutz, einschließlich der zur Umsetzung der Richtlinie (EU) Nr. 2016/680 erlassenen Rechtsvorschriften, zur Verfügung zu stellen und gegebenenfalls zu diesem Zweck mit den Aufsichtsbehörden in anderen Mitgliedstaaten zusammenzuarbeiten,

6. sich mit Beschwerden einer betroffenen Person oder Beschwerden einer Stelle, einer Organisation oder eines Verbandes nach Art. 55 der Richtlinie (EU) Nr. 2016/680 zu befassen, den Gegenstand der Beschwerde in angemessenem Umfang zu untersuchen und den Beschwerdeführer innerhalb einer angemessenen Frist über den Fortgang und das Ergebnis der Untersuchung zu unterrichten, insbesondere,

wenn eine weitere Untersuchung oder Koordinierung mit einer anderen Aufsichtsbehörde notwendig ist,

7. mit anderen Aufsichtsbehörden zusammenzuarbeiten, auch durch Informationsaustausch, und ihnen Amtshilfe zu leisten, um die einheitliche Anwendung und Durchsetzung dieses Gesetzes und sonstiger Vorschriften über den Datenschutz, einschließlich der zur Umsetzung der Richtlinie (EU) Nr. 2016/680 erlassenen Rechtsvorschriften, zu gewährleisten,

8. Untersuchungen über die Anwendung dieses Gesetzes und sonstiger Vorschriften über den Datenschutz, einschließlich der zur Umsetzung der Richtlinie (EU) Nr. 2016/680 erlassenen Rechtsvorschriften, durchzuführen, auch auf der Grundlage von Informationen einer anderen Aufsichtsbehörde oder einer anderen Behörde,

9. maßgebliche Entwicklungen zu verfolgen, soweit sie sich auf den Schutz personenbezogener Daten auswirken, insbesondere die Entwicklung der Informations- und Kommunikationstechnologie und

10. Beratung in Bezug auf die in § 64 genannten Verarbeitungsvorgänge zu leisten.

[2]Im Anwendungsbereich der Richtlinie (EU) Nr. 2016/680 nimmt die oder der Hessische Datenschutzbeauftragte zudem die Aufgaben nach § 52 Abs. 7 auch in Verbindung mit § 51 Abs. 4, § 53 Abs. 7 und § 55 wahr.

(3) [1]Die oder der Hessische Datenschutzbeauftragte beobachtet die Auswirkungen der automatisierten Datenverarbeitung auf die Arbeitsweise und die Entscheidungsbefugnisse der öffentlichen Stellen, insbesondere ob diese zu einer Verschiebung in der Gewaltenteilung zwischen den Verfassungsorganen des Landes, zwischen den Organen der kommunalen Selbstverwaltung oder zwischen der staatlichen Verwaltung und der kommunalen Selbstverwaltung führen. [2]Sie oder er soll Maßnahmen anregen, die geeignet erscheinen, derartige Auswirkungen zu verhindern.

(4) Die oder der Hessische Datenschutzbeauftragte ist

1. zuständige Behörde für die Verfolgung und Ahndung von Ordnungswidrigkeiten nach
    a) § 38 und
    b) Art. 83 Abs. 4 bis 6 der Verordnung (EU) Nr. 2016/679 sowie
2. zuständige Stelle für die Leistung von Hilfe nach Art. 13 Abs. 2 Buchst. a des Übereinkommens zum Schutz des Menschen bei der automatischen Verarbeitung personenbezogener Daten vom 28. Januar 1981 (BGBl. 1985 II S. 538, 539).

(5) Abs. 2 Satz 1 Nr. 1 gilt nicht für das Handeln der Gerichte im Rahmen ihrer justiziellen Tätigkeit.

(6) [1]Zur Erfüllung der in Abs. 2 Satz 1 Nr. 3 genannten Aufgabe kann die oder der Hessische Datenschutzbeauftragte von sich aus oder auf Anfrage Stellungnahmen an den Landtag oder einen seiner Ausschüsse, die Landesregierung, die Kommunen, sonstige Einrichtungen und Stellen sowie an die Öffentlichkeit richten. [2]Auf Ersuchen des Landtags oder eines seiner Ausschüsse, der Landesregierung, der Kommunen, sonstiger Einrichtungen und Stellen geht die oder der Hessische Datenschutzbeauftragte ferner Hinweisen auf Angelegenheiten und Vorgänge des Datenschutzes nach.

(7) Die oder der Hessische Datenschutzbeauftragte erleichtert das Einreichen der in Abs. 2 Satz 1 Nr. 6 genannten Beschwerden durch Maßnahmen wie etwa die Bereitstellung eines Beschwerdeformulars, das auch elektronisch ausgefüllt werden kann, ohne dass andere Kommunikationsmittel ausgeschlossen werden.

(8) Zur Erfüllung der in Abs. 2 Satz 1 Nr. 7 genannten Aufgabe kann die oder der Hessische Datenschutzbeauftragte anderen Aufsichtsbehörden Informationen übermitteln und ihnen Amtshilfe leisten.

(9) Für die Erfüllung der Aufgaben und Gewährung der Auskunft nach § 80 Abs. 1 erhebt die oder der Hessische Datenschutzbeauftragte Kosten (Gebühren und Auslagen) nach Maßgabe des Hessischen Verwaltungskostengesetzes in der Fassung der Bekanntmachung vom 12. Januar 2004 (GVBl. I S. 36), zuletzt geändert durch Gesetz vom 13. Dezember 2012 (GVBl. S. 622), und § 88 Abs. 1 in Verbindung mit der Anlage zu diesem Gesetz.

(10) [1]Die Erfüllung der Aufgaben der oder des Hessischen Datenschutzbeauftragten ist für die betroffene Person verwaltungskostenfrei. [2]Bei offenkundig unbegründeten oder, insbesondere im Fall von häufiger Wiederholung, exzessiven Anfragen kann die oder der Hessische Datenschutzbeauftragte eine Gebühr auf der Grundlage der Anlage zu diesem Gesetz verlangen oder sich weigern, aufgrund der Anfrage tätig zu werden. [3]In diesem Fall trägt die oder der Hessische Datenschutzbeauftragte die Beweislast für den offenkundig unbegründeten oder exzessiven Charakter der Anfrage.

(11) Die Landesregierung wird ermächtigt, nach Anhörung der oder des Hessischen Datenschutzbeauftragten die Anlage zu diesem Gesetz durch Rechtsverordnung nach Maßgabe des Hessischen Verwaltungskostengesetzes zu ändern.

Literatur:

Brink, Der Beratungsauftrag der Datenschutzaufsichtsbehörden. Aufgabe, Befugnis oder Pflicht?, ZD 2020, 59; *Roßnagel*, Datenschutzaufsicht nach der EU-Datenschutz-Grundverordnung – Neue Aufgaben und Befugnisse der Aufsichtsbehörden, 2017; *Weichert*, Datenschutzberatung – Hilfe zur Selbsthilfe, in: Bäumler, Der neue Datenschutz – Datenschutz in der Informationsgesellschaft von morgen, 1998, 213.

A. Allgemeines

I. Bedeutung der Vorschrift

Die Vorschrift ist zwar mit „Zuständigkeit und Aufgaben" überschrieben, **1**
enthält aber auch Regelungen zum Verfahren (Abs. 7, 9, 10), eine Über-
mittlungsbefugnis (Abs. 8) und eine Ermächtigungsgrundlage (Abs. 11). Sie
ergänzt Aufgaben der oder des HDSB, die ihr oder ihm von der DS-GVO
übertragen worden sind, und setzt Regelungen zu Aufgaben um, die ihr
oder ihm von der JI-RL zugewiesen werden.

II. Entstehungsgeschichte

Die Vorschrift knüpft an die **Aufgabenregelung in § 24 HDSG** an. Wie dort **2**
regelt die Vorschrift die Überwachung der Einhaltung der Vorschriften
über den Datenschutz (Abs. 1 und Abs. 2 Nr. 1), die Beratung der Landesregierung (Abs. 2 Nr. 3), die Beobachtung der Auswirkungen der automatisierten Datenverarbeitung auf die Arbeitsweise und die Entscheidungsbefugnisse der öffentlichen Stellen, insbesondere hinsichtlich einer Verschiebung in der Gewaltenteilung zwischen den Verfassungsorganen des Landes, zwischen den Organen der kommunalen Selbstverwaltung und zwischen der staatlichen und der kommunalen Selbstverwaltung (Abs. 3) und
die Zusammenarbeit mit anderen Aufsichtsbehörden (Abs. 2 Nr. 7).[1] Wie
in § 24 Abs. 1 Satz HDSG vorgesehen, sind auch in Abs. 5 die Gerichte von
der Aufsicht ausgenommen, soweit sie in richterlicher Unabhängigkeit tätig
werden. Viele neue Aufgaben ergeben sich aber aus dem **Zusammenwirken
mit der DS-GVO** und der **Umsetzung der JI-RL** (→ Einl. Rn. 50 ff.).

Der Text der Vorschrift hat im **Gesetzgebungsverfahren** trotz ihres Um- **3**
fangs und ihrer vielfältigen Regelungen gegenüber dem Entwurf der Fraktionen der CDU und BÜNDNIS 90/DIE GRÜNEN[2] keine Änderungen
erfahren.

III. Unionsrechtliche Regelungen

23 Aufgaben der Aufsichtsbehörde sind für den Anwendungsbereich der **4**
DS-GVO in Art. 57 Abs. 1 lit. a bis v sowie Abs. 2 DS-GVO geregelt. Die
JI-RL sieht in Art. 46 Abs. 1 lit. a bis l und Abs. 2 **JI-RL 13 Aufgaben** vor.
Diese werden von der Vorschrift umgesetzt. Da die JI-RL und die DS-GVO
inhaltlich und sprachlich aufeinander abgestimmt sind, kommt es in der
Umsetzung der JI-RL zu textlichen Wiederholungen von Regelungen der
DS-GVO. Diese verstoßen jedoch **nicht** gegen das **Normwiederholungsver-
bot**, da sie die JI-RL umsetzen (→ Einl. Rn. 43). Die Auffangklausel in
Art. 57 Abs. 1 lit. v. DS-GVO erlaubt den Mitgliedstaaten vergleichbare
Aufgaben der Aufsichtsbehörden festzulegen.[3] Außerdem betreffen die

---

1 S. zu den Aufgaben nach § 24 HDSG *Arlt* in Schild ua § 24 Rn. 5-20.
2 LT-Drs. 19/5728, 12–14.
3 S. zB *Polenz* in Simitis/Hornung/Spiecker gen. Döhmann DS-GVO Art. 57 Rn. 51.

Aufgaben in Abs. 2 Nr. 3 iVm Abs. 6 der Vorschrift **innerstaatliche Sachverhalte** außerhalb des Anwendungsbereichs der DS-GVO und der JI-RL (→ Einl. Rn. 29)

5   Art. 51 Abs. 1 DS-GVO und Art. 41 Abs. 1 JI-RL überlassen es den Mitgliedstaaten, eine oder mehrere Aufsichtsbehörden für die Überwachung der Anwendung der DS-GVO und der JI-RL einzurichten. Nach Art. 41 Abs. 3 JI-RL können die Mitgliedstaaten vorsehen, dass die gemäß der DS-GVO in den Mitgliedstaaten errichtete Aufsichtsbehörde zudem die in der JI-RL genannte Aufsichtsbehörde ist und die Verantwortung für die **Aufgaben der nach Art. 41 Abs. 1 JI-RL zu errichtenden Aufsichtsbehörde** übernimmt. Von dieser Regelungsoption wird in Abs. 1 Satz 1 Gebrauch gemacht.[4]

6   Wie der Eingangssatz zu Abs. 2 deutlich macht, kommen die in der Vorschrift genannten Aufgaben zu den Aufgaben, die in Art. 57 DS-GVO genannt sind, hinzu. Im Verhältnis zur JI-RL setzt die Vorschrift die Aufgaben des Art. 46 JI-RL um. Soweit sich die Aufgaben aus dem Unionsrecht mit den Aufgaben der Vorschrift überscheiden, gilt Folgendes: Im **Verhältnis zur DS-GVO** sind wegen des Anwendungsvorrangs der DS-GVO die Aufgaben auf Art. 57 DS-GVO zu stützen. Im **Verhältnis zur JI-RL** sind die Aufgaben auf die Vorschrift zu stützen, weil diese Art. 46 JI-RL umsetzt.

IV. Verhältnis zu anderen Vorschriften

7   Die **Aufgaben der oder des Hessischen Informationsfreiheitsbeauftragten** werden nach § 89 Abs. 2 von der oder dem HDSB wahrgenommen, sind aber nicht in der Vorschrift, sondern in § 89 iVm §§ 80 bis 88 enthalten.

B. Zuständigkeit und Aufgaben

8   Die Vorschrift regelt neben der örtlichen und sachlichen Zuständigkeit der oder des HDSB ihre oder seine Aufgaben sowie Erlaubnisse zur Verarbeitung personenbezogene Daten und Fragen zum Verfahren im Verhältnis zu betroffenen Personen und verantwortlichen Stellen.

I. Zuständigkeit (Abs. 1)

9   Abs. 1 hat eine **Zuständigkeitsregelung** zum Inhalt. Er bestimmt, dass die oder der HDSB eine Aufsichtsbehörde im Anwendungsbereich der DS-GVO und im nicht-unionsrechtlichen Anwendungsbereich des Gesetzes[5] ist und auch die Aufgaben der nach Art. 41 Abs. 1 JI-RL zu errichtenden Aufsichtsbehörde übernimmt (→ Rn. 5). Die Aufsicht des HDSB erstreckt sich dabei auf öffentliche und nicht öffentliche Stellen sowie deren Auftragsverarbeiter.

1. Örtliche Zuständigkeit

10   Bei den öffentlichen Stellen handelt es sich um hessische **öffentliche Stellen,** so wie sie in § 2 Abs. 1 und 3 iVm § 1 Abs. 1 definiert sind (→ § 2 Rn. 13 ff.). Die Aufsicht über **nicht öffentliche Stellen,** wie sie in § 2 Abs. 2

---

4   LT-Drs. 19/5728, 103.
5   LT-Drs. 19/5728, 98.

(→ § 2 Rn. 24 ff.) und § 2 Abs. 4 BDSG definiert sind,[6] obliegt gemäß § 40 Abs. 1 BDSG den nach Landesrecht zuständigen Behörden, in Hessen also der oder dem HDSB.

Dabei richtet sich die örtliche Zuständigkeit des HDSB in Abgrenzung zu 11 Aufsichtsbehörden anderer Bundesländer nach dem faktischen Geschäftssitz der nicht öffentlichen Stelle – zB eines Wirtschaftsunternehmens. Denn § 40 BDSG betrachtet die inländische **Niederlassung** als das maßgebliche Kriterium für die Festlegung der zuständigen Aufsichtsbehörde und verweist in seinem Abs. 2 auf Art. 4 Nr. 16 DS-GVO. Der Niederlassungsbegriff der DS-GVO[7] spielt somit für die Bestimmung der örtlichen Zuständigkeit eine ausschlaggebende Rolle. Nach Erwägungsgrund 22 DS-GVO setzt eine Niederlassung eine effektive und tatsächliche Ausübung einer Tätigkeit durch eine feste Vorrichtung voraus. Damit ist der Ort gemeint, an dem die Geschäfte des Unternehmens tatsächlich bestimmt werden. Der Geschäftssitz ist somit meist der tatsächliche Aufenthaltsort der Geschäftsführung. Kriterien, wie der Sitz des Registergerichts oder die im Handelsregister eingetragene Geschäftsanschrift, sind für die Bestimmung der Zuständigkeit der Aufsichtsbehörden nicht von Relevanz.

2. Sachliche Zuständigkeit

Hierbei ist § 9 BDSG zu beachten, der die sachliche Zuständigkeit des BfDI 12 in Abgrenzung zu den Länder-Aufsichtsbehörden regelt und bestimmt, dass sich auch im nicht öffentlichen Bereich die Zuständigkeit des **BfDI** auf öffentlich-rechtliche Unternehmen des Bundes erstreckt, die am Wettbewerb teilnehmen, sowie auf die Unternehmen, soweit diese für die geschäftsmäßige Erbringung von Telekommunikationsdienstleistungen Daten von natürlichen oder juristischen Personen verarbeiten und sich die Zuständigkeit nicht bereits aus § 115 Absatz 4 TKG ergibt. Auch die Zuständigkeit für die in § 9 Abs. 2 BDSG näher bezeichneten Auftragsverarbeiter liegt beim BfDI.

Dementsprechend überwacht die oder der **HDSB** alle hessischen öffent- 13 lichen Stellen und alle nicht öffentlichen Stellen mit dem faktischen Geschäftssitz in Hessen, wenn sie nicht in den Zuständigkeitsbereich des BfDI fallen.

II. Aufgabenkatalog (Abs. 2)

Die DS-GVO gilt nach Art. 288 Abs. 2 AEUV sowohl für öffentliche als 14 auch für nicht öffentliche Stellen unmittelbar (→ Einl. Rn. 40) und regelt in Art. 57 die Aufgaben der Aufsichtsbehörde im **Anwendungsbereich der DS-GVO**. Lediglich zusätzliche durch das Gesetz übertragene Aufgaben wie in Abs. 3 und Konkretisierungen der in Art. 57 DS-GVO geregelten Aufgaben sind gemäß der Auffangklausel des Art. 57 Abs. 1 lit. v. im Anwendungsbereich der DS-GVO direkt dem Gesetz zu entnehmen. Die Auf-

---

6 S. zB *Schulz* in Gola/Heckmann BDSG § 2 Rn. 23 ff.
7 S. zB *Polenz* in Simitis/Hornung/Spiecker gen. Döhmann DS-GVO Art. 4 Nr. 16 Rn. 3 ff.

gaben in Abs. 2 Nr. 3 iVm Abs. 6 betreffen innerstaatliche Sachverhalte und liegen außerhalb des Anwendungsbereichs des Unionsrechts.

15 Das Gesetz transferiert aber auch die nicht unmittelbar anwendbare JI-RL ins nationale Recht und überführt die in Art. 46 JI-RL aufgeführten Aufgaben ins hessische Recht. Die Aufgaben aus 46 JI-RL sind aber im Katalog der Aufgaben aus Art. 57 DS-GVO nahezu wortgleich enthalten und wurden lediglich durch den Hessischen Gesetzgeber redaktionell und bezüglich der zu beratenden Stellen angepasst. Die Vorschrift dient damit vorrangig der Umsetzung der JI-RL.[8] Im Anwendungsbereich der JI-RI stellt sie eine abschließende Aufzählung dar, weil dort eine dem Art. 57 Abs. 1 lit. v DS-GVO vergleichbare Auffangklausel für die Zuweisung sonstiger Aufgaben im Zusammenhang mit dem Schutz personenbezogener Daten fehlt.

16 Soweit sich die Auflistung der Aufgaben in Abs. 2 Satz 1 nicht ausdrücklich nur auf die DS-GVO oder die JI-RL bezieht, gelten die Aufgaben der oder des HDSB auch für Datenverarbeitungen, die **nicht in den Anwendungsbereich des Unionsrechts** fallen.[9]

17 Die Vorschrift enthält einen Katalog der Aufgaben, zu deren Wahrnehmung die oder der HDSB verpflichtet ist. Welche **Eingriffsbefugnisse** der oder dem HDSB dazu zur Verfügung stehen, wird in § 14 und Art. 58 DS-GVO näher erläutert.

1. Überwachung und Durchsetzung des Datenschutzrechts (Nr. 1)

18 Die Vorschrift regelt die Pflicht des HDSB, die Anwendung des Datenschutzrechts zu **überwachen und durchzusetzen**, unabhängig davon ob dieses auf der JI-RL oder sonstigen Vorschriften zum Datenschutz beruht. Die Überwachung und Durchsetzung des Gesetzes und sonstiger anzuwendenden datenschutzrechtlichen Vorschriften beschreibt die Kernaufgabe der oder des HDSB, die dann durch die nachfolgenden, konkretisierten Aufgabenstellungen weiter ausgefüllt wird.

19 Im **Anwendungsbereich der DS-GVO** enthält Art. 57 Abs. 1 lit. a DS-GVO eine unmittelbar anwendbare Parallelvorschrift zu Abs. 2 Nr. 1. Danach muss jede Aufsichtsbehörde in ihrem Hoheitsgebiet die Anwendung der DS-GVO überwachen und durchsetzen. Die Öffnungsklauseln der DS-GVO werden in Deutschland durch bereichsspezifische Vorschriften (in Hessen zB HMG, HSOG, HKHG, HSchG, HBG) und bei deren Fehlen durch das allgemeinere BDSG (für öffentliche Stellen des Bundes und für den nicht öffentlichen Bereich) und durch für das allgemeine Datenschutzrecht in Hessen für hessische, öffentliche Stellen durch das Gesetz ausgefüllt. Im Anwendungsbereich der DS-GVO gehört zur Überwachung der Anwendung der DS-GVO auch die Überwachung der sie **ausfüllenden nationalen Gesetze**.

20 Die Auswahl der zu kontrollierenden Stellen sowie die inhaltliche Bestimmung (Zeitpunkt, Gegenstand, Umfang und Vorgehensweise bei der Kon-

---

8 LT-Drs. 19/5728, 104.
9 LT-Drs. 19/5728, 104.

trolle) obliegen ausschließlich der **unabhängigen Entscheidung** der oder des HDSB im Rahmen seiner in § 14 und Art. 58 DS-GVO niedergeschriebenen Befugnisse. So ist es seiner Entscheidung überlassen, worauf er seine Kontrolle beschränkt oder ausweitet, ob und von wem er Stellungnahmen und Auskünfte zu Sachverhalt, Rechtslage sowie zu technischen Fragestellungen einholt, ob und welche Unterlagen er anfordert, ob er Kontrollen vor Ort durchführt und ob er diese angemeldet oder unangemeldet vornimmt. Die Kontrollen können durch die Beschwerden von außen veranlasst sein. Seine gesetzliche Kontrollfunktion kann er allerdings nur wirksam erfüllen, wenn er neben der durch die Beschwerden veranlassten auch Kontrollen ohne Anlass durchführt. Denn eine gleichmäßige Überwachung und Durchsetzung der datenschutzrechtlichen Vorschriften ist nur dann gewährleistet, wenn Kontrollen auch dort durchgeführt werden, wo sich – aus welchem Grund auch immer – niemand über eine Datenschutzverletzung beschwert.[10]

2. Beratung (Nr. 3 und 10)

Im Zusammenhang mit der Kontrollaufgabe wird vielfach diskutiert, ob 21 der Aufsichtsbehörden neben ihr auch eine umfassende **Beratungsaufgabe** übertragen wurde und wie die beiden Aufgabenzuweisungen vor allem in Anwendungsbereich der DS-GVO miteinander zu vereinbaren sind.[11]

Die Vorschrift regelt für den Anwendungsbereich des HDSIG eine Bera- 22 tungsaufgabe der oder des HDSB. Sie oder er berät den Landtag und seine Fraktionen, die Landesregierung (Art. 100 HV) die Kommunen und andere Einrichtungen und Gremien über legislative oder administrative Maßnahmen zum Schutz der Rechte und Freiheiten natürlicher Personen bei Verarbeitung personenbezogener Daten.

Vereinzelt werden auch Beratungsaufgaben **in besonderen Situationen** oder bzgl. eines bestimmten Adressatenkreisen an die Aufsichtsbehörde übertragen. So sieht Art. 57 Abs. 1 lit. l DS-GVO und Abs. 1 Satz 1 Nr. 10 der Vorschrift lediglich die Beratung von Verantwortlichen vor, wenn diese sich im Hinblick auf eine Datenschutz-Folgenabschätzung vorab an die Aufsichtsbehörde wenden. Des Weiteren normiert Art. 57 Abs. 1 lit. c DS-GVO und Abs. 1 Satz 1 Nr. 3 der Vorschrift eine Beratungspflicht nur gegenüber dem Parlament, der Regierung und anderen (vergleichbaren) Einrichtungen und Gremien. Art. 58 Abs. 3 DS-GVO schreibt der Aufsichtsbehörde sämtliche Genehmigungsbefugnisse und beratende Befugnisse zu, um in den in Art. 58 Abs. 3 lit. a bis j DS-GVO vorgesehenen Bereichen agieren zu können.

Eine allgemeinere Beratungspflicht ist in § 40 Abs. 6 BDSG zu finden. Da- 23 nach beraten und unterstützen die Aufsichtsbehörden die **Datenschutzbeauftragten** mit Rücksicht auf ihre typischen Bedürfnisse. Die Beratungs- und Unterstützungspflicht auch der verantwortlichen Stelle, wie sie noch in § 38 Abs. 1 Satz 2 BDSG-alt und in § 24 Abs. 1 Satz 1 BDSG- alt zu finden

---

10 S. *Arlt* in Schild ua § 24 Rn. 7 zur Vorgängerregelung.
11 S. zB *Brink* ZD 2020, 59 ff.; *Weichert* in Bäumler, S. 213 ff.; *Roßnagel*, Datenschutzaufsicht, S. 106 ff.

war, wurden nicht in § 40 Abs. 6 BDSG übernommen. Das bedeutet aber nicht, dass die Beratungspflicht der Aufsichtsbehörde ohne Zwischenschaltung eines Datenschutzbeauftragten abgelehnt werden muss.

24 Für die Verantwortlichen, die zur Bestellung eines Datenschutzbeauftragten nicht gesetzlich verpflichtet sind, besteht eine freiwillige Möglichkeit der Bestellung nach Art. 37 Abs. 4 DS-GVO. Es sind keine Anhaltspunkte dafür ersichtlich, warum die Beratungspflicht der Aufsichtsbehörde an den zur Disposition des Verantwortlichen gestellten Bestellungsakt geknüpft werden soll. Vielmehr ist § 40 Abs. 6 BDSG so zu lesen, dass die **Verantwortlichen** über den sachlich kompetenten Datenschutzbeauftragten, der auch gesetzlich gemäß Art. 39 Abs. 1 lit. e DS-GVO als Ansprechpartner – auch in Beratungsfragen – der Aufsichtsbehörde fungiert, ihre Beratungsanfragen an die Aufsichtsbehörde richten können. Bei Fehlen des Datenschutzbeauftragten fallen seine Aufgaben dem Verantwortlichen zu, denn auch ohne einen betrieblichen Datenschutzbeauftragten muss die Einhaltung der datenschutzrechtlichen Vorschriften von der datenverarbeitenden Stelle gewährleistet werden. Dabei muss sie aber auch auf „Privilegien" eines Datenschutzbeauftragten zurückgreifen können.

25 Dieses Ergebnis wird auch durch Art. 40 Abs. 1, 42 Abs. 1 DS-GVO und durch ErwG 13, 98, 132, 167 DS-GVO bestätigt, die den Willen des europäischen Gesetzgebers verdeutlichen, auf Bedürfnisse von **Kleinstunternehmen** sowie von kleineren und mittelständischen Unternehmen besonders Rücksicht zu nehmen. Gerade diese würden aber bei Ablehnung der Beratungspflicht wegen der fehlenden Verpflichtung zur Bestellung eines Datenschutzbeauftragten bei Betrieben unter 20 Personen (§ 38 Abs. 1 S. 1 BDSG) benachteiligt. Denn gerade diese sind auf Beratung und Unterstützung seitens der Aufsichtsbehörde besonders angewiesen.

26 Diese allgemeine Beratungspflicht steht **nicht in Widerspruch zu Kontrollpflicht** der Aufsichtsbehörden. Zum einem ist jeder Kontrolle ohnehin eine Beratungskomponente immanent, denn es geht nicht nur darum, evtl. Missstände aufzudecken. Wesentlicher ist es, Wege zur Vermeidung von Datenschutzverstößen aufzuzeigen. Natürlich müssen auch die bei der Beratung geäußerten Ansichten von der Aufsichtsbehörde auch im Bereich der Kontrolle und Sanktionierung Berücksichtigung finden. Insofern darf eine Aufsichtsbehörde gleichgelagerte Vorgänge nicht anders beraten, wie sie diese kontrollieren würde.

27 Auch die Befürchtungen der Beratungssuchenden, dass die Aussichtsbehörde bei Kenntniserlangung von einer Datenschutzverletzung von ihren verwaltungsrechtlichen Befugnissen inklusive Bußgeld Gebrauch macht, können dadurch ausgeräumt werden, dass die Aufsichtsbehörde offen kommuniziert, in welcher **Funktion** der Kontakt stattfindet, Sanktionierung zurückstellt und dem Verantwortlichen zunächst die Möglichkeit gibt, den rechtswidrigen Zustand mithilfe Beratung der Aufsichtsbehörde zu beseitigen.[12]

28 Die Beratung durch die Aufsichtsbehörde kann keine vollumfängliche Rechts- und IT- Beratung iSd der Projektbegleitung oder der Erstellung

---

12 S. auch *Gola/Schomerus* BDSG § 38 Rn. 8.

eines Datenschutzmanagementsystems sein. Insofern tritt die Aufsichtsbehörde nicht mit den privaten Beratungsstellen in Konkurrenz. Neben den allgemeinen Hinweisen, Empfehlungen, Musterverträgen findet in der Regel ein **Meinungs- und Erfahrungsaustausch** zwischen der Aufsichtsbehörde und dem Beratungssuchenden statt, von dem auch die Aufsichtsbehörde durch die Einsichtnahme in die Praxis profitiert.

3. Weitere Aufgaben (Nr. 2, 4, 5, 6, 7, 8 und 9)

Die in Abs. 1 Satz 1 genannten weiteren Aufgaben der **Sensibilisierung** der   29
Öffentlichkeit (Nr. 2)[13] und der Verantwortlichen (Nr. 4), der **Information**
betroffener Personen über ihre Rechte (Nr. 5), der Befassung mit **Beschwerden** (Nr. 6), der **Zusammenarbeit** mit andern Aufsichtsbehörden (Nr. 7),
der **Untersuchungen** über die Anwendung des Gesetzes (Nr. 8) und der **Beobachtung** der Entwicklung der Informations- und Kommunikationstechnologie (Nr. 9) sind fast wortgleich mit den Aufgaben der Art. 57 Abs. 1
Satz 1 lit. b und d bis i DS-GVO und Art. 46 Abs. 1 lit. b und d bis j JI-RL. Insoweit kann auf die inzwischen zahlreiche Kommentarliteratur[14]
und einschlägige Literatur zu den Aufgaben der Aufsichtsbehörden[15] entsprechend verwiesen werden.

Abs. 1 Satz 1 Nr. 3 und Abs. 6 konkretisieren auch im Anwendungsbereich   30
der DS-GVO Art. 57 Abs. 1 lit. c DS-GVO und Art. 58 Abs. 3 lit. b durch
Klarstellung der **Adressaten**, gegenüber denen die oder der HDSB ihre oder
seine **Beratungspflicht** erfüllt und an die er seine Stellungnahmen richtet.

4. Wahrnehmung der Rechte einer betroffenen Person (Satz 2)

Für den Anwendungsbereich der JI-RL nennt Abs. 2 Satz 2 zusätzliche Auf-   31
gaben der oder des HDSB. Danach hat sie oder er die Aufgaben nach § 52
Abs. 7 (→ § 52 Rn. 22 ff.) auch iVm §§ 51 Abs. 4, 53 Abs. 7 und 55
(→ § 51 Rn. 39 ff., → § 53 Rn. 32, → § 55 Rn. 10 ff.) wahrzunehmen. Danach kann die betroffene Person, wenn die zuständige Stelle ihr gegenüber
eine Auskunft einschränkt oder von ihr absieht, eine Benachrichtigung
nicht erteilt, oder eine Berichtigung, Löschung oder Einschränkung nicht
vornimmt, die oder den HDSB anrufen und ihre Rechte über die oder den
HDSB ausüben. Satz 2 setzt Art. 46 Abs. 1 lit. g JI-RL um. Er hat in Art. 57
DS-GVO keine Entsprechung.[16]

III. Beobachtung und Bewertung der Auswirkungen der Datenverarbeitung (Abs. 3)

Abs. 3 übernimmt die Regelung des § 24 Abs. 2 HDSG. Danach hat die   32
oder der HDSB eine generelle Bewertung des Einsatzes der automatisierten

---

13 Bei der Aufklärung speziell von Kindern und Jugendlichen kann dies insbesondere
    in Zusammenarbeit mit den für den Kinder- und Jugendschutz zuständigen Stellen
    erfolgen – LT-Drs. 19/5728, 104.
14 S. zB *Polenz* in Simitis/Hornung/Spiecker gen. Döhmann DS-GVO Art. 57
    Rn. 11 ff., 22 ff.; *Boehm* in Kühling/Buchner DS-GVO Art. 57 Rn. 10 ff.; *Ziebarth*
    in HK-BDSG § 14 Rn. 6 ff.
15 S. zB *Roßnagel*, Datenschutzaufsicht, S. 101 ff.; *Johannes/Weinhold* Neues DatenschutzR S. 58 ff.
16 LT-Drs. 19/5728, 104.

Datenverarbeitung im Hinblick auf deren Auswirkungen auf Arbeitsweise und Entscheidungsbefugnisse der öffentlichen Stellen vorzunehmen. Dem Gesetzgeber kam es dabei vor allem darauf an, dass die oder der HDSB beobachtet, ob diese Auswirkungen zu einer **Verschiebung in der Gewaltenteilung** zwischen den Verfassungsorganen des Landes, zwischen den Organen der kommunalen Selbstverwaltung oder zwischen der staatlichen Verwaltung und der kommunalen Selbstverwaltung führen.

33 Die Beobachtung muss sich dabei nicht auf die eingeführten Datenverarbeitungen und Organisationsprozesse beschränken, sondern kann auch künftige und insbesondere technische Entwicklungen einbeziehen. Sie erfordert vorausschauende Bewertungen von Einsatzmöglichkeiten und eine fundierte **Technikfolgenabschätzung.** Dies ist nur auf Basis von Marktbeobachtung, der Zusammenarbeit mit anderen Datenschutzinstitutionen, aber auch mit technischen Know-how-Trägern wie dem Bundesamt für die Sicherheit in der Informationstechnik, der Gesellschaft für Informatik und dem CAST-Forum sowie durch ständige Weiterbildung zu leisten.[17]

IV. Ahndung von Ordnungswidrigkeiten (Abs. 4)

34 Abs. 4 Nr. 1 überträgt die Zuständigkeit für die Verfolgung und Ahndung von Ordnungswidrigkeiten nach § 38 und Art. 83 DS-GVO einheitlich der oder dem HDSB.[18] Abs. 4 Nr. 2 übernimmt die Regelung des § 24 Abs. 4 Nr. 3 HDSG und überträgt der oder dem HDSB auch die Zuständigkeit für die Leistung von Hilfe nach Art. 13 Abs. 2 lit. a des Übereinkommens zum Schutze des Menschen bei der automatischen Verarbeitung personenbezogener Daten.

V. Keine Aufsicht über Gerichte in justizieller Tätigkeit (Abs. 5)

35 Abs. 5 setzt Art. 45 Abs. 2 Satz 1 JI-RL um. Art. 55 Abs. 3 DS-GVO gilt unmittelbar. Danach ist dem Kontrollrecht der oder des HDSB das Handeln der Gerichte im Rahmen ihrer justiziellen Tätigkeit entzogen. Soweit in Abs. 5 von einem Handeln der Gerichte „in justizieller Tätigkeit" die Rede ist, ist dies als Tätigwerden in **richterlicher Unabhängigkeit** zu verstehen.[19] Die Vorschrift gewährleistet die bereits verfassungsrechtlich nach Art. 126 Abs. 2 HV garantierte Unabhängigkeit der Richter bei der Ausübung ihrer richterlichen Tätigkeit. Aus diesem Grund darf eine Kontrolle der richterlichen Tätigkeit nicht stattfinden. Sie könnte eine Beeinflussung und damit eine Beeinträchtigung der Unabhängigkeit mit sich bringen. Das heißt allerdings nicht, dass Richter den Datenschutz nicht zu beachten brauchen. Die Verfassungen unterwerfen Richter den Gesetzen. Folglich haben sie auch bei ihrer richterlichen Tätigkeit die datenschutzrechtlichen Regelungen zu beachten. Die Einschränkung der Kontrollrechte der oder des HDSB bedeutet aber, dass der er Beschwerden, die die unabhängige richterliche Tätigkeit betreffen, nicht nachgehen kann und auch keine Bewertungen oder Empfehlungen für diesen Bereich abgeben darf. Dazu gehört nicht nur die rechtsprechende Tätigkeit, sondern es zählen zB auch

---

17 S. *Arlt* in Schild ua § 24 Rn. 17 f. zur Vorgängerregelung.
18 LT-Drs. 19/5728, 104.
19 LT-Drs. 19/5728, 104.

Sachentscheidungen in Gerichtsverfahren, wie die Gewährung von Einsichtsrechten, die Befragungen von Sachverständigen und Zeugen oder die Bestimmung von Beweisthemen, dazu.[20]

Die Kontrolle über **Verwaltungstätigkeiten** der Gerichte bleibt bestehen. So 36 fallen die Tätigkeiten der Rechtspfleger und Gerichtsvollzieher sowie die Führung von Registern (zB das Grundbuch) unter das Kontrollrecht der oder des HDSB.

Abs. 5 ist dem Wortlaut nach eine Ausnahme zu Abs. 2 Satz 2 Nr. 1. Die 37 **Kontrollbeschränkung** gilt aber entgegen dem Wortlaut nicht nur für die allgemeine Aufgabenzuweisung nach Abs. 2 Nr. 1, sondern für alle dieses Kontrollrecht ausfüllenden und konkretisierenden Aufgabenzuweisungen.

VI. Beratung von Landtag und Landesregierung (Abs. 6)

Abs. 6 konkretisiert die **Beratungsbefugnisse** der oder des HDSB für den 38 gesamten Bereich des Gesetzes.[21] Er dient in erster Linie der Umsetzung des Art. 47 Abs. 3 JI-RL. Im Hinblick auf die DS-GVO enthält die Vorschrift lediglich eine Anpassung des Adressatenkreises des Art. 58 Abs. 3 lit. b DS-GVO an den Zuständigkeitsbereich der oder des HDSB und eine Ergänzung, dass die Stellungnahmen auch gegenüber den Ausschüssen des Landtages ergehen können.[22]

VII. Beobachtung (Abs. 7)

Nach Abs. 7 hat die oder der HDSB das Einreichen von Beschwerden be- 39 troffener Personen durch Maßnahmen wie etwa die Bereitstellung eines Beschwerdeformulars zu erleichtern. Das Formular kann auch elektronisch ausgefüllt werden. Andere Kommunikationsmittel sind dadurch nicht ausgeschlossen. Abs. 7 setzt damit Art. 46 Abs. JI-RL in Übereinstimmung mit der wortgleichen Regelung des Art. 57 Abs. 2 DS-GVO um.[23]

VIII. Datenübermittlung an andere Aufsichtsbehörden (Abs. 8)

Um die Aufgabe des Abs. 2 Satz 1 Nr. 7 zur Zusammenarbeit mit anderen 40 Aufsichtsbehörden zu ermöglichen, normiert Abs. 8 einen **Erlaubnistatbestand** im Sinne des Art. 6 Abs. 3 iVm Abs. 1 Satz 1 lit. e DS-GVO zur Datenübermittlung auch der bei der Aufsichtsbehörde gespeicherten personenbezogenen Daten zu Zwecken der Zusammenarbeit und der einheitlichen Anwendung und Durchsetzung der datenschutzrechtlichen Vorschriften. Dieser Erlaubnistatbestand ist auch im Rahmen der Amtshilfe einschlägig.[24]

---

20 S. *Arlt* in Schild ua § 24 Rn. 10 f. zur Vorgängerregelung.
21 LT-Drs. 19/5728, 104.
22 S. hierzu auch *Roßnagel* Datenschutzaufsicht, 103 ff.; *Polenz* in Simitis/Hornung/ Spiecker gen. Döhmann DS-GVO Art. 57 Rn. 21; *Boehm* in Kühling/Buchner DS-GVO Art. 57 Rn. 15 f.
23 LT-Drs. 19/5728, 104.
24 LT-Drs. 19/5728, 104.

IX. Kostenerhebung (Abs. 9)

41   Laut Gesetzesbegründung schafft Abs. 9 erstmals eine Rechtsgrundlage für die Erhebung von Kosten durch die oder den HDSB. Unter Kosten sind sowohl Gebühren als auch Auslagen zu verstehen. Dabei bilden die Vorschriften des HVwKostG die gesetzliche Grundlage. Die Anlage 1 des Gesetzes enthält die konkreten **Gebührentatbestände**, die jeweils Amtshandlungen nach der DS-GVO und dem Gesetz mit Gebühren belegen. Grundsätzlich können sowohl nicht öffentliche Stellen iSv § 2 Abs. 4 BDSG als auch öffentliche Stellen iSv § 2 Abs. 1 und 3 Kostenschuldner sein, wobei jeweils die Regelungen des HVwKostG zB zur sachlichen Kostenfreiheit und persönlichen Gebührenfreiheit zu beachten sind.[25]

X. Kostenfreiheit (Abs. 10)

42   Für betroffene Person ist die Erfüllung der Aufgaben – vor allem die Bearbeitung von Beschwerden – grundsätzlich **verwaltungskostenfrei**. Dies gilt auch dann, wenn sich im Verlaufe der Bearbeitung der Beschwerde herausstellen sollte, dass der Beschwerdeführer nicht von der Datenschutzverletzung betroffen war. Abs. 10 setzt Art. 46 Abs. 3 und 4 JI-RL um.[26] Im Anwendungsbereich der DS-GVO greift Art. 57 Abs. 3 und 4 DS-GVO unmittelbar ein[27] und wird durch Abs. 10 für die hessischen Verhältnisse konkretisiert.

43   Bei **offenkundig unbegründeten** oder, insbesondere im Falle von häufiger Wiederholung, **exzessiven Anfragen** kann die oder der HDSB eine Gebühr verlangen oder alternativ sich weigern, aufgrund der Anfrage tätig zu werden. Die Beweislast für Offenkundigkeit, Unbegründetheit und Exzessivität liegt bei der oder dem HDSB. Somit muss im Falle der unbegründeten Anfragen nachweisbar feststehen, dass die betroffene Person nicht in ihrem Recht auf informationelle Selbstbestimmung verletzt ist. Aufgrund der auf der Hand liegenden Nachweisschwierigkeit im Rahmen der Sachbearbeitung wird der Anfrage eher nachzugehen sein. Die Sachbearbeitung kann in solchen Fällen zumeist mit dem Hinweis abgeschlossen werden, dass die oder der HDSB aufgrund des fehlenden datenschutzrechtlichen Bezugs nicht tätig sein wird. Vor allem bei exzessiven Anfragen ist im Rahmen der Ermessensausübung und unter der Berücksichtigung der Grundrechtsrelevanz datenschutzrechtlicher Anfragen der Erhebung der Missbrauchsgebühr generell Vorzug zu geben. Auf jeden Fall muss zum Betroffenen Kontakt aufgenommen werden, entweder um die Missbrauchsgebühr anzukündigen oder dann zu erheben oder die Bearbeitungsweigerung mit Begründung auszusprechen.

44   Die oder der HDSB kann bei offenkundig unbegründeten oder exzessiven Anfragen iSd Abs. 10 oder Art. 57 Abs. 4 DS-GVO nach Anlage 1 Nr. 12 zum Gesetz, eine Missbrauchsgebühr von 100 bis 1.000 Euro erheben. Für welche Leistungen die oder der HDSB sonst Gebühren verlangen kann, ist dem **Verwaltungskostenverzeichnis** in der Anlage zu entnehmen.

---

25 LT-Drs. 19/5728, 104.
26 LT-Drs. 19/5728, 104.
27 S. hierzu zB *Polenz* in Simitis/Hornung/Spiecker gen. Döhmann DS-GVO Art. 57 Rn. 53 ff.; *Boehm* in Kühling/Buchner DS-GVO Art. 57 Rn. 26 f.

XI. Änderung des Verwaltungskostenverzeichnisses (Abs. 11)

Die Vorschrift enthält in Abs. 11 eine Ermächtigungsgrundlage für die   45
Landesregierung, nach Anhörung der oder des HDSB die Anlage zum Gesetz mit ihrem Verwaltungskostenverzeichnis durch **Rechtsverordnung**
nach Maßgabe des HVwKostG zu ändern.

C. Würdigung

Die oder der HDSB hat ein beeindruckendes **Aufgabenspektrum** zu erfül-   46
len. Diese Aufgaben sind nicht alle in der Vorschrift genannt, vielmehr ergeben sich weitere noch aus Art. 57 DS-GVO. Dabei ist die dort genannte
Liste nicht abschließend, sondern über den Auffangtatbestand des Art. 57
Abs. 1 lit. v DS-GVO erweiterbar, wenn die Aufgabe mit dem Schutz personenbezogene Daten zu tun hat.[28] Auf keine der genannten Aufgaben kann
verzichtet werden.

Für die Rechtsanwender bedeutet die **Ko-Regulierung** der Aufgaben zwi-   47
schen den Gesetzgebern in der Union und in Hessen, das im Anwendungsbereich des Gesetzes immer sowohl auf die Vorschrift als auch auf Art. 57
DS-GVO geschaut werden muss, um die Pflichtaufgaben der oder des
HDSB zu bestimmen.

Das beeindruckende Aufgabenspektrum ist durch die DS-GVO erheblich   48
ausgeweitet worden. Es wird auch in seinem quantitativen **Volumen zunehmen**, je weiter zum einen die Beeinträchtigungen der Rechte der betroffenen Personen durch die technisch-ökonomische Entwicklung fortschreiten
und zum anderen die Möglichkeiten den betroffenen Personen bekannt
werden, ihre Rechts nach dem neuen Datenschutzrecht gelten zu machen.
Diesen Umständen muss die Personal- und Sachausstattung der oder des
HDSB gemäß § 18 Abs. 1 (→ § 18 Rn. 8 ff.) und Art. 52 Abs. 4 DS-GVO
immer wieder dynamisch angepasst werden.[29]

§ 14 Befugnisse

(1) [1]Die oder der Hessische Datenschutzbeauftragte nimmt im Anwendungsbereich der Verordnung (EU) Nr. 2016/679 die Befugnisse nach
Art. 58 der Verordnung (EU) Nr. 2016/679 wahr. [2]Kommt die oder der
Hessische Datenschutzbeauftragte zu dem Ergebnis, dass Verstöße gegen
die Vorschriften über den Datenschutz oder sonstige Mängel bei der Verarbeitung personenbezogener Daten vorliegen, teilt sie oder er dies der öffentlichen Stelle mit und gibt dieser vor der Ausübung der Befugnisse des
Art. 58 Abs. 2 Buchst. b bis g, i und j der Verordnung (EU) Nr. 2016/679
Gelegenheit zur Stellungnahme innerhalb einer angemessenen Frist. [3]Von
der Einräumung der Gelegenheit zur Stellungnahme kann abgesehen werden, wenn eine sofortige Entscheidung wegen Gefahr im Verzug oder im
öffentlichen Interesse notwendig erscheint oder ihr ein zwingendes öffentliches Interesse entgegensteht. [4]Die Stellungnahme soll auch eine Darstellung

---

28   S. zB *Polenz* in Simitis/Hornung/Spiecker gen. Döhmann DS-GVO Art. 57 Rn. 51.
29   S. hierzu *Roßnagel*, Datenschutzaufsicht, S. 179 ff.

der Maßnahmen enthalten, die aufgrund der Mitteilung der oder des Hessischen Datenschutzbeauftragten getroffen worden sind. [5]Die Ausübung der Befugnisse nach Art. 58 Abs. 2 Buchst. b bis g, i und j der Verordnung (EU) Nr. 2016/679 teilt die oder der Hessische Datenschutzbeauftragte der jeweils zuständigen Rechts- und Fachaufsichtsbehörde mit.

(2) [1]Stellt die oder der Hessische Datenschutzbeauftragte bei Datenverarbeitungen zu Zwecken außerhalb des Anwendungsbereichs der Verordnung (EU) Nr. 2016/679 Verstöße gegen die Vorschriften dieses Gesetzes oder gegen andere Vorschriften über den Datenschutz oder sonstige Mängel bei der Verarbeitung oder Nutzung personenbezogener Daten fest, so beanstandet sie oder er dies im Fall einer öffentlichen Stelle
1. des Landes gegenüber der zuständigen obersten Landesbehörde,
2. einer Gemeinde oder eines Landkreises gegenüber dem jeweiligen vertretungsberechtigten Organ
und fordert diese zur Stellungnahme innerhalb einer von ihr oder ihm zu bestimmenden Frist auf. [2]In den Fällen des Satz 1 Nr. 2 unterrichtet die oder der Hessische Datenschutzbeauftragte gleichzeitig die zuständige Aufsichtsbehörde. [3]Die Stellungnahme soll auch eine Darstellung der Maßnahmen enthalten, die aufgrund der Beanstandung der oder des Hessischen Datenschutzbeauftragten getroffen worden sind. [4]Die oder der Hessische Datenschutzbeauftragte kann von einer Beanstandung absehen oder auf eine Stellungnahme verzichten, insbesondere wenn es sich um unerhebliche oder inzwischen beseitigte Mängel handelt. [5]Die oder der Hessische Datenschutzbeauftragte kann den Verantwortlichen auch davor warnen, dass beabsichtigte Verarbeitungsvorgänge voraussichtlich gegen in diesem Gesetz enthaltene und andere auf die jeweilige Datenverarbeitung anzuwendende Vorschriften über den Datenschutz verstoßen.

(3) Die oder der Hessische Datenschutzbeauftragte kann bei Verstößen nach Abs. 2 Satz 1 darüber hinaus anordnen,
1. Verarbeitungsvorgänge, gegebenenfalls auf bestimmte Weise oder innerhalb eines bestimmten Zeitraums, mit den Vorschriften dieses Gesetzes oder anderen Vorschriften über den Datenschutz in Einklang zu bringen,
2. personenbezogene Daten zu berichtigen,
3. personenbezogene Daten in der Verarbeitung einzuschränken,
4. personenbezogene Daten zu löschen,
wenn dies zur Beseitigung eines erheblichen Verstoßes gegen datenschutzrechtliche Vorschriften erforderlich ist.

(4) [1]Die öffentlichen Stellen sind verpflichtet, die Hessische Datenschutzbeauftragte oder den Hessischen Datenschutzbeauftragten bei der Erfüllung ihrer oder seiner Aufgaben zu unterstützen. [2]Ihr oder ihm ist insbesondere
1. Auskunft zu allen Fragen zu erteilen und alle Dokumente vorzulegen, die im Zusammenhang mit der Verarbeitung personenbezogener Daten stehen,

2. Zugang zu allen personenbezogenen Daten, die verarbeitet werden, zu gewähren,

3. Zugang zu den Grundstücken und Diensträumen einschließlich aller Datenverarbeitungsanlagen und -geräte zu gewähren,

soweit dies zur Erfüllung ihrer oder seiner Aufgaben erforderlich ist.

(5) ¹Wenn eine oberste Landesbehörde im Einzelfall feststellt, dass die Sicherheit des Bundes oder eines Landes dies gebietet, dürfen die Rechte nach Abs. 3 nur von der oder dem Hessischen Datenschutzbeauftragten persönlich ausgeübt werden. ²In diesem Fall dürfen personenbezogene Daten einer betroffenen Person, der von dem Verantwortlichen Vertraulichkeit besonders zugesichert worden ist, auch der oder dem Hessischen Datenschutzbeauftragten gegenüber nicht offenbart werden.

A. Allgemeines

I. Bedeutung der Vorschrift

Die Vorschrift regelt die **Befugnisse** und das mit der Ausübung der Befugnisse zusammenhängende **Verfahren** des oder der HDSB.   1

II. Entstehungsgeschichte

Die Vorschrift knüpft an die **§§ 27 und 29 HDSG** an. Wie in § 27 regelt   2 die Vorschrift in Abs. 2 die Beanstandung durch den oder die HDSB im Anwendungsbereich der JI-RL und im nicht-unionsrechtlichen Anwendungsbereich. Die Abs. 4 und 5 greifen den Regelungsgehalt des § 29 HDSG zu den Zugangs- und Informationsrechten der oder des HDSB in weiten Teilen auf.

Der Text der Vorschrift hat im **Gesetzgebungsverfahren** gegenüber dem   3 Entwurf der Landtagfraktionen von CDU und von BÜNDNIS90/DIE GRÜNEN[1] keine Änderungen erfahren.

III. Unionsrechtliche Regelungen

Art. 58 DS-GVO regelt die unmittelbar anwendbaren Befugnisse einer Da-   4 tenschutzaufsichtsbehörde im Geltungsbereich der DS-GVO. Art. 58 Abs. 1

---

1 LT-Drs. 19/5728, 14 f.

lit. f und vor allem Abs. 4 bieten die **Öffnungskausel für die Verfahrensregelungen** im Geltungsbereich der DS-GVO.

5   Die JI-RL sieht in **Art. 47 Befugnisse der Aufsichtsbehörde** vor. Diese werden von der Vorschrift umgesetzt. Da die JI-RL und die DS-GVO inhaltlich und sprachlich aufeinander abgestimmt sind, kommt es in der Umsetzung der JI-RL zu textlichen Wiederholungen von Regelungen der DS-GVO. Diese verstoßen jedoch nicht gegen das Normwiederholungsverbot, da sie die JI-RL umsetzen (→ Einl. Rn. 11).

IV. Verhältnis zu anderen Vorschriften

6   **Weitere Befugnisse** der oder des HDSB im Bereich des Datenschutzes finden sich in §§ 33 Abs. 3, 51 Abs. 4, 52 Abs. 7 (Auskunftsverlangen für eine betroffene Person), 37 Abs. 3 (Strafantrag), 64 Abs. 1 Satz 2 (Erstellung einer Liste von Verarbeitungsvorgängen, die zur vorherigen Konsultation verpflichten), 64 Abs. 3 (Empfehlungen), 71 Abs. 3 (Überprüfung von Protokollen) und 77 (Amtshilfe).

7   Regelungen zu den Untersuchungs- und Abhilfebefugnissen für den Tätigkeitsbereich des oder der **Hessischen Informationsfreiheitsbeauftragten** enthält § 89 Abs. 3.

B. Befugnisse und Verfahrensregelungen

8   Die Vorschrift unterscheidet zwischen der Regelung des Verfahrens bei Ausübung der Befugnisse nach der DS-GVO in Abs. 1, 4 und 5 und der Regelung der Befugnisse und des Verfahrens im Anwendungsbereich der JI-RL und im nicht-unionsrechtlichen Anwendungsbereich in Abs. 2, 3, 4 und 5.

I. Anwendungsbereich der DS-GVO (Abs. 1)

9   Abs. 1 Satz 1 verweist aus Gründen der Klarstellung und Lesbarkeit auf die Befugnisse des oder der HDSB in Art. 58 DS-GVO und regelt in den Sätzen 2 bis 5 **das dabei anzuwendende Verfahren** für die Ausübung der Befugnisse aus Art. 58 Abs. 2 lit. b bis g, i und j **gegenüber den öffentlichen Stellen** iSd § 2 Abs. 1 und 3 iVm § 1 Abs. 1.

10   Nach Art. 58 Abs. 4 DS-GVO erfolgt die Ausübung der den Aufsichtsbehörden übertragenen Befugnisse vorbehaltlich geeigneter Garantien, einschließlich ordnungsgemäßer Verfahren nach dem Unionsrecht und **dem Recht der Mitgliedstaaten.** Auch gemäß ErwG 129 Satz 9 sollten neben den übrigen in ErwG 129 aufgezählten Anforderungen zusätzliche Anforderungen nach dem Verfahrensrecht des Mitgliedstaates nicht ausgeschlossen sein. In diesem Rahmen sind die in Abs. 1 getroffenen Verfahrensregelungen des Hessischen Gesetzgebers einzuordnen.

1. Mitteilung eines Verstoßes und Gelegenheit zur Stellungnahme (Sätze 2 bis 4)

11   Satz 2 ordnet eine Mitteilung des oder der HDSB über den festgestellten Verstoß gegen die Vorschriften über den Datenschutz oder sonstige Mängel bei der Datenverarbeitung an die öffentliche Stelle an und räumt dieser **vor**

der **Ausübung** der Befugnisse nach Art. 58 Abs. 2 lit. b bis g, i und j DS-GVO die Gelegenheit zur Stellungnahme innerhalb einer angemessenen Frist ein.

Ein **Mangel bei der Datenverarbeitung** liegt dann vor, wenn der Verstoß 12 gegen datenschutzrechtliche Vorschriften nicht oder nicht mit aller Deutlichkeit festgestellt werden kann. Das kann bei verschiedenen Interpretationen von unbestimmten Rechtsbegriffen oder allgemeinen datenschutzrechtlichen Grundsätzen der Fall sein.[2] Gleichzeitig wird aber von dem oder der HDSB festgestellt, dass eine andere Art der Datenverarbeitung anstelle der mangelbehafteten ohne größere Einbußen oder ohne unverhältnismäßigen Aufwand für den Verantwortlichen treten kann.

Zum Verfahrensrecht des Mitgliedstaates gehört vor allem das HVwVfG. 13 Dieses setzt das Vorliegen eines Verwaltungsaktes voraus. Beim Handeln gegenüber öffentlichen Stellen ist die Außenwirkung jedoch meist zu verneinen. In Anlehnung an die **Grundsätze des HVwVfG (Gewährung rechtlichen Gehörs)** wird durch die Vorschrift sichergestellt, dass die festgestellten Verstöße gegen die datenschutzrechtlichen Vorschriften der jeweiligen öffentlichen Stelle mitgeteilt werden und ihr unter Setzung einer angemessenen Frist Gelegenheit zur Stellungnahme gegeben wird.

Die Stellungnahme der öffentlichen Stelle soll nach Satz 4 auch die Darstel- 14 lung der Abhilfemaßnahmen enthalten. Diese werden von der oder dem HDSB im Rahmen der zu ergreifenden Befugnisse berücksichtigt. Der sonstige **Inhalt der Stellungnahme** ist der für die gegenständliche Datenverarbeitung verantwortlichen Stelle überlassen. Sie kann zB bereits in diesem Verfahrensstadium ihre Rechts- oder Fachaufsichtsbehörde einbeziehen oder die ihr schon vorliegenden und eventuell divergierenden Anweisungen der Rechts- oder Fachaufsicht dem oder der HDSB zur Kenntnis geben. Dies ist bei der Bestimmung der Frist zur Stellungnahme zu berücksichtigen.

Satz 3 erlaubt der oder dem HDSB von der Stellungnahme, angelehnt an 15 § 28 Abs. 2 Nr. 1 und Abs. 3 HVwVfG, abzusehen, wenn eine sofortige Entscheidung wegen Gefahr im Verzug oder im öffentlichen Interesse notwendig erscheint oder ihr ein zwingendes öffentliches Interesse entgegensteht.[3] Die Gefahr in Verzug darf auch im Falle einer kurzen Fristsetzung zur Stellungnahme nicht gebannt sein.

Bei den **übrigen Abhilfebefugnissen** des Art. 58 Abs. 2 DS-GVO besteht 16 hingegen kein Bedarf an einer vorherigen Information.[4]

Eingeschränkten Anwendungsbereich hat die Vorschrift im Hinblick auf 17 die **Befugnis zur Verhängung der Geldbuße** in Art. 58 Abs. 2 lit. i DS-GVO. Denn § 36 Abs. 2 schließt die Verfolgung und Ahndung von Ordnungswidrigkeiten gegen Behörden und anderen öffentliche Stellen iSd § 2 Abs. 1 Satz 1 aus (→ § 36 Rn. 26 ff.). Davon nicht erfasst sind aber nicht öffentliche Stellen iSd § 2 Abs. 1 Satz 2, die hoheitliche Aufgaben der öffentlichen Verwaltung wahrnehmen (zB Beliehene), sowie öffentliche Stellen iSd § 2

---

2 *Meltzian* in BeckOK BDSG § 16 Rn. 6.
3 LT-Drs. 19/5728, 104.
4 LT-Drs. 19/5728, 104.

Abs. 2, soweit sie als öffentlich-rechtliche Unternehmen am Wettbewerb teilnehmen.[5] Nur in diesen beiden Konstellationen kommen die in Abs. 1 der Vorschrift enthaltenen Verfahrensregelungen in Bezug auf die Befugnisnorm Art. 58 Abs. 2 lit. i zum Zuge.

2. Mitteilung an Rechts- und Fachaufsichtsbehörde (Satz 5)

18 **Die Ausübung der genannten Befugnisse** muss der oder die HDSB der jeweils zuständigen Rechts- und Fachaufsichtsbehörde der datenschutzrechtlich verantwortlichen Stelle mitteilen. Damit soll diese über die getroffenen Maßnahmen informiert sein. Im Falle der nicht ausräumbar divergierenden Auffassungen zwischen der oder dem HDSB und der Rechts- und Fachaufsichtsbehörde soll die Angelegenheit gemäß § 19 Abs. 5 gerichtlich geklärt werden (→ § 19 Rn. 24). Die Rechts- und Fachaufsicht kann den Verantwortlichen zur gerichtlichen Klärung anweisen.

II. Nicht-unionsrechtlicher Anwendungsbereich und Anwendungsbereich der JI-RL (Abs. 2 und 3)

19 Abs. 2 und 3 regeln **Befugnisse und Verfahren** im Geltungsbereich der JI-RL in Umsetzung des Art. 47 JI-RL sowie bei Datenverarbeitungen, deren Zwecke außerhalb der DS-GVO und der JI-RL liegen (nicht-unionsrechtlicher oder nationaler Anwendungsbereich)

1. Beanstandung

20 In Anlehnung an die Vorgängervorschrift des § 27 HDSG sieht die Vorschrift bei datenschutzrechtlichen Verstößen oder sonstigen Mängeln (→ Rn. 12) eine **Beanstandung** der oder des HDSB verbunden mit der Aufforderung zur Stellungnahme zu den ergriffenen Maßnahmen unter Setzung der angemessenen Frist vor. Da die Beanstandung auch bei sonstigen Mängeln der Datenverarbeitung ausgesprochen werden kann, ist sie auf die eindeutige Feststellung eines datenschutzrechtlichen Verstoßes nicht angewiesen und bekommt einen umfassenden Charakter.[6]

21 Eine **Beanstandung** ist eine Rüge einer bestimmten Datenverarbeitung und eine Forderung der oder des HDSB an die Fach- und Rechtsaufsichtsbehörden und an die Verantwortlichen selbst, den Datenschutzverstoß oder den Mangel zu beseitigen. Dabei kann die oder der HDSB Vorschläge unterbreiten, wie der datenschutzwidrige Zustand behoben werden kann. Die Beanstandung ist vergleichbar mit dem in Art. 58 Abs. 2 lit. b DS-GVO vorgesehenen Instrument der Verwarnung.[7]

22 Die Beanstandung findet bei der unmittelbaren Landesverwaltung nicht gegenüber der datenverarbeitenden Stelle statt, sondern gegenüber der zuständigen obersten Landesbehörde. Bei Gemeinden und Landkreisen als datenverarbeitende Stellen muss die Beanstandung gegenüber dem jeweiligen vertretungsberechtigten Organ erfolgen. Gleichzeitig ist nach Satz 3 de-

---

5 LT-Drs. 19/5728, 114.
6 *Schriever-Steinberg* in Schild ua § 27 Rn. 4 zur Vorgängerregelung; *Bange* in Kühling/Buchner BDSG § 16 Rn. 11.
7 LT-Drs. 19/5728, 104.

ren zuständige Aufsichtsbehörde von der oder dem HDSB über die Beanstandung zu unterrichten.

Nach Abs. 2 Satz 4 kann die oder der HDSB insgesamt von einer Beanstan-   23
dung oder lediglich von der Stellungnahme absehen, dies insbesondere
dann, wenn der Mangel (→ Rn. 12) unerheblich oder bereits beseitigt ist.
Bei der Ausübung der Beanstandung handelt es sich angesichts dieses
Wortlauts um **eine Ermessensentscheidung.** So kann die oder der HDSB
auch dann von der Beanstandung absehen, wenn ihm oder ihr die Behebung ernsthaft in Aussicht gestellt wurde. Bei gravierenden Verstößen der
datenverarbeitenden Stelle andererseits kann die Ermessungsreduktion derart vorliegen, so dass eine Beanstandung ausgesprochen werden muss.

Eine Beanstandung durch den oder die HDSB entfaltet **keine unmittelbare**   24
Rechtswirkung. Der allgemeine Grundsatz der Gesetzmäßigkeit der Verwaltung (Vorrang des Gesetzes) verpflichtet aber die datenverarbeitende,
öffentliche Stelle zur Beseitigung des beanstandeten Verstoßes oder sonstigen Mangels. Im Rahmen der ergriffenen Aufsichtsmaßnahmen kann aber
auch die Fach- oder Rechtsaufsichtsbehörde die datenverarbeitende Stelle
– eventuell nach Anhörung – zur gesetzeskonformen Datenverbreitung anweisen. Werden keine Maßnahmen durch die Fach- und Rechtsaufsicht
aufgrund der Beanstandung ergriffen, muss das in der Stellungnahme der
oder dem HDSB mitgeteilt werden.

2. Weitere Abhilfemaßnahmen

Neben der Beanstandung kann die oder der HDSB gemäß Abs. 3 bei Ver-   25
stößen gegen die Vorschriften des Gesetzes oder gegen andere Vorschriften
über den Datenschutz weitere Abhilfemaßnahmen anordnen. Diese Abhilfemaßnahmen können aber nur unter der Voraussetzung angeordnet werden, dass sie **zur Beseitigung eines erheblichen Verstoßes** gegen datenschutzrechtliche Vorschriften erforderlich ist. Sie können nicht bei der Feststellung der Mängel iSd Abs. 2 Satz 1 angeordnet werden.

Damit ist – zumindest im Bereich der erheblichen Verstöße – der Umset-   26
zungsauftrag des Art. 47 Abs. 2 JI-RL vom Hessischen Gesetzgeber erfüllt
worden. Unter dieser Schwelle erachtet der Gesetzgeber die Befugnis zur
Beanstandung für ausreichend und baut auf eine einvernehmliche Zusammenarbeit mit der Fach- und Rechtsaufsichtsbehörde oder mit dem vertretungsberechtigten Organ einer Gemeinde oder eines Landkreises.

Die oder der HDSB kann danach anordnen: 27

- Verarbeitungsvorgänge mit datenschutzrechtlichen Vorschriften in Einklang zu bringen,
- personenbezogene Daten zu berichtigen,
- personenbezogene Daten in der Verarbeitung einzuschränken,
- personenbezogene Daten zu löschen.

Parallelnormen in Anwendungsbereich der DS-GVO sind in Art. 58 Abs. 2
lit. d und g zu finden.

Der hessische Gesetzgeber kann in bereichsspezifischen Gesetzen weitere   28
Abhilfebefugnisse im Geltungsbereich der JI-RL erlassen, da die in Art. 47

Abs. 2 JI-RL vorgesehenen Abhilfebefugnisse keine abschließende Aufzählung darstellen.

29   **Abs. 5** gilt entgegen seines Wortlauts nicht für die Abhilfebefugnisse des Abs. 3, sondern für die Zugangs- und Informationsrechte nach Abs. 4 (→ Rn. 37).

3. Warnung

30   Für zukünftig geplante Verarbeitungen kann von der oder dem HDSB eine **Warnung** ausgesprochen werden, wenn schon absehbar ist, dass die beabsichtigen Verarbeitungsvorgänge voraussichtlich gegen die datenschutzrechtlichen Vorschriften verstoßen werden. Zum Umfang dieser präventiven Befugnis kann auf Art. 58 Abs. 2 lit. a DS-GVO Bezug genommen werden.[8]

31   Werden die Verarbeitungsvorgänge unter Missachtung der Warnung durchgeführt, kann die oder der HDSB die Befugnisse der Beanstandung oder die in Abs. 3 aufgezählten Befugnisse ergreifen.

III. Untersuchungsbefugnisse (Abs. 4 und 5)

32   In Abs. 4 und 5 wurden § 29 Abs. 1 und 2 HDSG zu den **Zugangs- und Informationsrechten** der oder des HDSB in weiten Teilen übernommen.

33   Satz 1 verpflichtet die öffentlichen Stellen die oder den HDSB bei der Erfüllung ihrer oder seiner Aufgaben zu unterstützen. Die Konkretisierungen dieser allgemeinen Verpflichtung zur Zusammenarbeit sind die einzelnen Untersuchungsbefugnisse in Form von Zugangs- und Informationsrechten. Die öffentlichen Stellen sind danach verpflichtet, soweit es zur Erfüllung der Aufgaben der oder des HDSB erforderlich ist:

1.   Auskunft zu allen Fragen zu erteilen und alle Dokumente vorzulegen, die im Zusammenhang mit der Verarbeitung personenbezogener Daten stehen,

2.   Zugang zu allen personenbezogenen Daten, die verarbeitet werden, zu gewähren,

3.   Zugang zu den Grundstücken und Diensträumen einschließlich aller Datenverarbeitungsanlagen und -geräte zu gewähren.

34   Das umfassende Informationsrecht der oder des HDSB in Nr. 1 und 2 erfolgt in Umsetzung des Art. 47 Abs. 1 JI-RL in wortgleicher Anlehnung an Art. 58 Abs. 1 lit. a und e DS-GVO.[9] Art. 58 Abs. 1 lit. a und e DS-GVO gilt im Anwendungsbereich der DS-GVO unmittelbar.

35   Nr. 3 setzt Art. 47 Abs. 1 JI-RL um und schafft zugleich ausweislich der Gesetzesbegründung die nach Art. 58 Abs. 1 lit. f DS-GVO zur Ausübung der Untersuchungsbefugnisse notwendigen mitgliedstaatlichen Verfahrensvorschriften für die Zugangs- und Betretungsrechte von Grundstücken und Diensträumen.[10] Damit stellt das Zugangs- und Betretungsrecht in Nr. 3

---

8   S. hierzu zB *Polenz* in Simitis/Hornung/Spiecker gen. Döhmann DS-GVO Art. 58 Rn. 24 ff.
9   LT-Drs. 19/5728, 104.
10 LT-Drs. 19/5728, 104.

eine Befugnisnorm im nationalen Anwendungsbereich und dem der JI-RL dar. Das Zugangs- und Betretungsrecht im Anwendungsbereich der DS-GVO ergibt sich direkt aus Art. 58 Abs. 1 lit. f DS-GVO.[11] Die in der Gesetzesbegründung angekündigte Verfahrensregelung in Rahmen der Befugnisse des Art. 58 Abs. 1 lit. f DS-GVO ist der Vorschrift aber nicht zu entnehmen.

Die Ausübung der Zugangs- und Informationsrechte sind nicht an einen konkreten Anlass gebunden. Diese können also im Rahmen einer allgemeinen Kontrolle ausgeübt werden. Zulässig sind auch **unangekündigte Vor-Ort-Kontrollen**.   36

Gemäß **Abs. 5** dürfen die Rechte nach Abs. 3 nur von der oder dem **HDSB persönlich ausgeübt** werden, wenn eine oberste Landesbehörde im Einzelfall feststellt, dass die Sicherheit des Bundes oder eines Landes dies gebietet. In diesem Fall dürfen personenbezogene Daten einer betroffenen Person, der von dem Verantwortlichen Vertraulichkeit besonders zugesichert worden ist, auch der oder dem HDSB gegenüber nicht offenbart werden.   37

Da durch Abs. 5 der Regelungsgehalt des § 29 Abs. 2 HDSG übernommen wurde und dieser die persönliche Ausübung der Zugangs- und Informationsrechte durch den HDSB geregelt hat, ist der Verweis auf die in Abs. 3 geregelten Abhilfebefugnisse als **Redaktionsversehen** zu werten. Abs. 5 bezieht sich auf die in Abs. 4 geregelten Zugangs- und Informationsrechte der oder des HDSB.   38

Die Regelung des Absatzes 5 gilt damit auch als Verfahrensregelung im Anwendungsbereich der DS-GVO für die Zugangs- und Informationsrechte gemäß Art. 58 Abs. 1 lit. a, e und f. DS-GVO des oder der HDSB. Diese Regelung bezweckt, den Kreis der Mitwisser in geheimhaltungswürdigen Angelegenheiten so klein wie möglich zu halten, ohne andererseits das Kontrollrecht ganz entfallen zu lassen.[12]   39

C. Würdigung

Die Befugnisse der oder des HDSB ergeben sich aus der **Zusammenschau** von Art. 58 DS-GVO und der Vorschrift. Ihre oder seine Befugnisse wurden im Vergleich zu der alten Rechtslage erheblich erweitert.   40

Die Schwierigkeit bei deren Anwendung der Vorschrift liegt in der Erforderlichkeit der **Differenzierung** nach den Anwendungsbereichen der DS-GVO, der JI-RL und im nationalen Bereich. Der jeweilige Anwendungsbereich ist nicht immer dem Gesetzeswortlaut der Vorschrift zu entnehmen, wie Abs. 4 anschaulich zeigt.   41

Ob die der oder dem HDSB im öffentlichen Bereich zur Verfügung stehenden Befugnisse ausreichend sind, wird vor allem für den Anwendungsbereich der JI-RL als strittig[13] betrachtet. Die Erfahrungen aus der Praxis zei-   42

---

11 S. hierzu zB *Polenz* in Simitis/Hornung/Spiecker gen. Döhmann DS-GVO Art. 58 Rn. 22 f.
12 *Schriever-Steinberg* in Schild ua § 29 Rn. 11 zur Vorgängerregelung.
13 S. zu der nur Beanstandungsrecht enthaltenen Parallelregelung in BDSG zB *Braun* in Roßnagel Das neue DSR § 6 Rn. 75 und 81.

gen,[14] dass die öffentlichen Stellen auch aufgrund ihrer Bindung an Gesetz und Recht überwiegend bereit sind, mit dem HDSB zusammenzuarbeiten, so dass der HDSB nur vereinzelt Beanstandungen aussprechen musste.

43   Behörden und sonstige öffentlichen Stellen können gegen eine verbindliche Entscheidung des oder der HDSB bei der Ausübung seiner Befugnisse gemäß § 19 Abs. 5 Satz 1 vor dem **Verwaltungsgericht** klagen. Wird innerhalb eines Monats keine Klage der datenverarbeitenden Stelle erhoben, kann die oder der HDSB nach § 19 Abs. 5 Satz 2 die gerichtliche Feststellung der Rechtmäßigkeit der getroffenen verbindlichen Entscheidung beantragen (→ § 19 Rn. 24).

§ 15 Gutachten und Untersuchungen, Tätigkeitsbericht

(1) Der Landtag und die Landesregierung können die Hessische Datenschutzbeauftragte oder den Hessischen Datenschutzbeauftragten mit der Erstattung von Gutachten und der Durchführung von Untersuchungen in Datenschutzfragen und Fragen des freien Zugangs zu Informationen betrauen.

(2) Der Landtag, die Präsidentin oder der Präsident des Landtags und die in § 29 Abs. 3 genannten Vertretungsorgane können verlangen, dass die oder der Hessische Datenschutzbeauftragte untersucht, aus welchen Gründen Auskunftsersuchen nicht oder nicht ausreichend beantwortet wurden.

(3) [1]Zum 31. Dezember jedes Jahres hat die oder der Hessische Datenschutzbeauftragte dem Landtag und der Landesregierung einen Bericht über das Ergebnis ihrer oder seiner Tätigkeit vorzulegen und regt Verbesserungen des Datenschutzes an. [2]Die oder der Hessische Datenschutzbeauftragte macht diesen Bericht der Öffentlichkeit, der Europäischen Kommission und dem Europäischen Datenschutzausschuss zugänglich. [3]Zwischenberichte zur Vorlage bei dem Landtag und der Landesregierung sind zulässig.

(4) Die Landesregierung legt ihre Stellungnahme zu einem Bericht nach Abs. 3 Satz 1 oder 3, soweit dessen Gegenstand die Verarbeitung personenbezogener Daten durch öffentliche Stellen ist, dem Landtag vor.

Literatur:

Dammann, Zur politischen Kontrolle von Planungsinformationssystemen, in: Krauch, Erfassungsschutz. Der Bürger in der Datenbank: Zwischen Planung und Manipulation, 1975, S. 105; *Roßnagel,* Das Verhältnis von Informationsfreiheit und Datenschutz, in: Der Hessische Datenschutzbeauftragte / Der Präsident des Hessischen Landtags (Hrsg.), Informationsfreiheit und Datenschutz, 15. Wiesbadener Forum Datenschutz, 2007, S. 17; *Roßnagel,* Datenschutzaufsicht nach der Datenschutz-Grundverordnung, 2017; *Thomé,* Reform der Datenaufsicht, 2015.

---

14 *Schriever-Steinberg* in Schild ua § 29 Rn. 3 zur Vorgängerregelung.

A. Allgemeines

I. Bedeutung der Vorschrift

Die Vorschrift behandelt spezifische Formen der **Kommunikation** der oder 1
des HDSB. Der Landtag und die Landesregierung können sie oder ihn mit
der Durchführung von bestimmten Untersuchungen in Datenschutzfragen
und Fragen des freien Zugangs zu Informationen betrauen und mit der
Erstellung von Gutachten beauftragen. Auch kann sie oder er beauftragt
werden, bestimmte Probleme bei Auskunftsersuchen des Landtags oder
kommunaler Repräsentationsorgane zu untersuchen. Schließlich soll der
jährliche Tätigkeitsbericht zu einer Kommunikation zwischen der oder
dem HDSB, der Landesregierung, dem Landtag und der Öffentlichkeit
über Themen des Datenschutzes beitragen.

II. Entstehungsgeschichte

Die Vorgaben in Abs. 1 und 2 zur Erstattung von Gutachten und zur 2
Durchführung von Untersuchungen in Datenschutzfragen und Fragen des
freien Zugangs zu Informationen entsprechen inhaltlich der bisherigen Regelung des § 25 HDSG. Abs. 2 geht sogar auf das erste HDSG vom
7.10.1970 zurück (→ Einl. Rn. 3). Abs. 3 und 4 orientieren sich an der
Vorgängerregelung in § 30 HDSG.

Die Vorschrift wurde so verabschiedet, wie sie der Gesetzesentwurf der 3
Fraktionen der CDU und BÜNDNIS 90/DIE GRÜNEN vorgesehen hatte.[1]
Sie erfuhr im Gesetzgebungsverfahren keine Änderung.

III. Unionsrechtliche Regelungen

Nach Art. 59 Satz 1 DS-GVO und Art. 49 Satz 1 JI-RL erstellt „jede Auf- 4
sichtsbehörde (…) einen **Jahresbericht** über ihre Tätigkeit, der eine Liste
der Arten der gemeldeten Verstöße und der Arten der getroffenen Maßnahmen (…) enthalten kann". Der Bericht ist ein Instrument der Aufklärung
und Sensibilisierung der Öffentlichkeit und soll der oder dem HDSB helfen, seine Aufgabe nach Art. 57 Abs. 1 lit. b DS-GVO und Art. 47 Abs. 1
lit. b JI-RL zu erfüllen.

Hierauf aufbauend bestimmt Abs. 3 der Vorschrift nach den Vorgaben des 5
Art. 59 DS-GVO und Art. 49 JI-RL die näheren Umstände der **Pflicht zur
Erstellung** eines Jahresberichts. Dabei konkretisiert Abs. 3 Satz 1 die Rege-
lung des Art. 59 Satz 1 und 2 DS-GVO für die Verhältnisse in Hessen und
setzt die Regelung des Art. 49 Satz 1 und 2 JI-RL um. Dagegen wiederholt
Satz 3 die Regelung des Art. 59 Satz 3 DS-GVO. Da sie damit aber zugleich

---

1 LT-Drs. 19/5728, 11 f.

Art. 49 Satz 3 umsetzt, stellt dies wegen des weiteren Anwendungsbereichs keine unzulässige Normwiederholung (→ Einl. Rn. 42) dar.

6   Der Jahresbericht und auch Zwischenberichte werden nach Art. 59 Satz 2 DS-GVO dem nationalen Parlament, der Regierung und anderen nach dem Recht der Mitgliedstaaten bestimmten Behörden **übermittelt**. Sie werden nach Art. 59 Abs. 3 DS-GVO der Öffentlichkeit, der Kommission und dem Ausschuss zugänglich gemacht.

IV. Verhältnis zu anderen Vorschriften

7   Die Untersuchungspflicht nach Abs. 2 dient der Durchsetzung der Rechte des Landtags und der kommunalen Vertretungsorgane nach § 29 (→ § 29 Rn. 8 ff.). Der Tätigkeitsbericht nach Abs. 3 steht in Bezug zu den Aufgaben nach § 13. Die oder der HDSB muss für den Vollzug des Dritten Teils des Gesetzes keinen eigenen Bericht erstellen, Vielmehr kann sie oder er die Berichte über die Umsetzung der DS-GVO und des Zweiten Teils und über den Dritten Teil **zusammenfassen**. Der Jahresbericht kann den Bericht zur Informationsfreiheit nach § 89 Abs. 3 integrieren.

8   Im Bund findet sich die vergleichbare Vorschrift zum Tätigkeitsbericht in **§ 15 BDSG**. Vergleichbare Vorschriften zu Abs. 1 und 2 gibt es im Bund nicht.

B. Gutachten, Untersuchungen und Tätigkeitsbericht

9   Die Vorschrift regelt spezifische **kommunikative Tätigkeiten** der oder des HDSB gegenüber anderen Stellen und der Öffentlichkeit. So hat sie oder er auf Wunsch des Landtags oder der Landesregierung in Datenschutzfragen und auch Fragen des freien Zugangs zu Informationen Gutachten zu erstellen und Untersuchungen durchzuführen. Auch kann er zu Untersuchungen verpflichtet werden, aus welchen Gründen Auskunftsersuchen nicht oder nicht ausreichend beantwortet wurden. Nach Abs. 3 hat sie oder er einen jährlichen Tätigkeitsbericht zu erstellen und zu veröffentlichen, zu dem die Landesregierung nach Abs. 4 dem Landtag eine Stellungnahme vorlegt.

I. Gutachten und Untersuchungen (Abs. 1)

10   Der **Landtag und die Landesregierung** können nach Abs. 1 die oder den HDSB mit der Erstattung von Gutachten und der Durchführung von Untersuchungen in Datenschutzfragen und Fragen des freien Zugangs zu Informationen betrauen. Mit dieser Regelung ermöglicht der Gesetzgeber, die oder den HDSB mit seiner unabhängigen Stellungnahme in den Meinungsbildungsprozess der obersten Staatsorgane als eigenständige Informationsquelle einzubeziehen.[2] Der Landtag und die Landeregierung beschließen den jeweiligen Auftrag mit einfacher Mehrheit.

11   **Datenschutzfragen** betreffen Themen, die in Vorschriften des Gesetzes, der DS-GVO, des BDSG und des bereichsspezifischen Datenschutzrechts der Union, des Bundes und des Landes angesprochen sind. Aber auch Fragen von Risiken durch Informationstechniken und ihre Nutzung könnten The-

---

2   *Arlt* in Schild ua § 25 Rn. 2 für die Vorgängerregelung.

men von Gutachten und Untersuchungen sein – ebenso wie Frage zur datenschutzgerechten Technikgestaltung oder zu Techniken des Selbstdatenschutzes.

Die oder der HDSB kann auch mit Gutachten und Untersuchungen zu Fragen des freien **Zugangs zu Informationen** betraut werden. Dies bietet sich an, weil das Gesetz im vierten Teil des Gesetzes in §§ 80 bis 89 Ansprüche auf Informationsfreiheit geregelt hat, deren Erfüllung ebenfalls durch die oder den HDSB beaufsichtigt werden (→ § 89 Rn. 14 f.). Datenschutz und Informationsfreiheit schützen zwei Grundrechte, die sich gegenseitig bedingen, aber auch miteinander konfligieren können, so dass hier viele klärungsbedürftige Fragen insbesondere in der praktischen Umsetzung entstehen können. 12

Die durch Abs. 1 gebotene Möglichkeit wurde bisher **nicht genutzt.** Dies ist vermutlich der Fall, weil der HDSB bisher ausreichend selbst initiativ geworden ist und viele einschlägige Fragen in seinen jährlichen Tätigkeitsberichten anspricht.[3] 13

II. Untersuchung von Auskunftsersuchen (Abs. 2)

Der Landtag, die Präsidentin oder der Präsident des Landtags und die in § 29 Abs. 3 genannten Vertretungsorgane (→ § 29 Rn. 18 ff.) können nach Abs. 2 verlangen, dass die oder der HDSB untersucht, aus welchen Gründen Auskunftsersuchen nach § 29 nicht oder nicht ausreichend beantwortet wurden. Diese Möglichkeit war schon im ersten HDSG vom 7.10.1970 enthalten. Inhaltlich geht es bei dem Auskunftsrecht des § 29 um den **Ausgleich von Informationsasymmetrien** zwischen der Exekutive und ihren Möglichkeiten der Datenverarbeitung und den Legislativorganen.[4] Die Beauftragung der oder des HDSB zur Untersuchung soll der Aufklärung des Verdachts und seiner Gründe für fehlende oder unzureichende Auskünfte durch die Hessische Zentrale für Datenverarbeitung, die Kommunalen Gebietsrechenzentren und die öffentlichen Stellen des Landes, die Datenverarbeitungsanlagen und -geräte betreiben (→ § 29 Rn. 10 ff.), dienen.[5] Dies Untersuchung soll den Auftraggebern die Möglichkeit eröffnen, Unzulänglichkeiten zu beseitigen oder unzulässige Praktiken abzustellen.[6] 14

Der Landtag und die in § 29 Abs. 3 genannten Vertretungsorgane können den **Untersuchungsauftrag** durch Mehrheitsbeschluss erteilen. Die Präsidentin oder der Präsident des Landtags erteilt den Auftrag qua Amt. 15

Nach § 29 Abs. 3 Satz 1 sind im Rahmen ihrer Zuständigkeiten die **Gemeindevertretungen** und die **Kreistage** sowie deren **Fraktionen** und den entsprechenden Organen der anderen in § 2 Abs. 1 genannten öffentlichen Stellen (→ § 2 Rn. 12 ff.) auftragsbefugt (→ § 29 Rn. 9). Anträge der Fraktionen sind nach § 29 Abs. 3 Satz 3 in den Gemeinden über den Gemeinde- 16

---

3 S. näher *Arlt* in Schild ua § 25 Rn. 4 für die Vorgängerregelung.
4 LT-Drs. 6/3065, 7.
5 S. *Dammann* in Krauch, S. 114; *Arlt* in Schild ua § 25 Rn. 7 für die Vorgängerregelung.
6 *Dammann* in Krauch, S. 114 sah die Einbindung des HDSB als „eine Art Frühwarnsystem für bestimmte politische Folgen der Datenverarbeitung" als vorbildlich an.

vorstand, in den Kreisen über den Kreisausschuss zu leiten (→ § 29 Rn. 19).

III. Jahresbericht (Abs. 3)

17   Abs. 3 bestimmt nach den Vorgaben des Art. 59 DS-GVO und Art. 49 JI-RL, dass die oder der HDSB einen **jährlichen Bericht** über ihre oder seine Tätigkeit zu erstellen hat. Eine solche Verpflichtung bestand schon nach § 14 des ersten HDSG vom 7.10.1970. Der Jahresbericht gilt sowohl für Datenverarbeitungen im Rahmen von Tätigkeiten, die dem Unionsrecht unterfallen, als auch für solche, die nicht dem Unionsrecht unterfallen.[7] Insbesondere hat sie oder er über ihre oder seine Aufsichtstätigkeiten zu berichten, wie sie insbesondere zur Umsetzung des Gesetzes, aber auch der DS-GVO, des BDSG und der bereichsspezifischen Datenschutzrechts der Union, des Bundes und des Landes entsprechend den Aufgaben des § 13 erforderlich waren. Soweit hierzu Anlass besteht, regt die oder der HDSB auch Verbesserungen des Datenschutzes an. Der Datenschutzbericht kann mit dem Bericht über die Tätigkeit als Informationsfreiheitsbeauftragte oder Informationsfreiheitsbeauftragter nach § 89 Abs. 3 verbunden werden.

18   Der Bericht dient der Information über die Tätigkeit der oder des HDSB. Er lässt erkennen, inwieweit die oder der HDSB ihre oder seine Aufgaben erfüllt. Insofern substituiert er in gewisser Weise die wegen seiner Unabhängigkeit unzulässige Fachaufsicht.[8] Er darf jedoch nicht als ein Instrument der Kontrolle und Beeinflussung der Tätigkeit der oder des HDSB angesehen werden. Diese würde gegen ihre oder seine Unabhängigkeit verstoßen (→ § 8 Rn. 18 ff.). Er dient vielmehr vor allem der Information des Landtags und der Öffentlichkeit über **Erfolge und Probleme** in der Umsetzung **des Datenschutzes** und der Informationsfreiheit.[9] Diese sollen in die Lage versetzt werden, ihre politischen Diskussionen über diese Themen informiert zu führen und daraus die notwendigen Konsequenzen zu ziehen und ihre Handlungsmöglichkeiten zu nutzen.

19   Der Bericht kann nach Art. 59 DS-GVO und Art. 49 JI-RL, muss aber nicht, „eine **Liste der Arten der gemeldeten Verstöße** und der Arten der getroffenen Maßnahmen nach Art. 58 Abs. 2 enthalten". Im Rahmen des Minimierungsgebots geht diese Regelung davon aus, dass dabei personenbezogene Daten allenfalls im Ausnahmefall veröffentlicht werden dürfen. Andererseits ist die Erwähnung eines Gesetzesverstoßes durch einen Verantwortlichen oder die Drohung mit einer solchen Erwähnung oft das wirksamste Mittel, um einen Verantwortlichen zur Einsicht zu bringen. Verantwortliche, die ihren Verstoß eingesehen und abgestellt haben, werden im Regelfall nicht im Tätigkeitsbericht erwähnt.[10] Ob die **Erwähnung der Verantwortlichen** für die Funktion des Berichts geboten ist, steht im pflichtgemäßen Ermessen der oder des HDSB. Jedenfalls ist dies kein Geheimnisverrat, sondern kann angesichts der Aufgabe des oder der HDSB im öffentli-

---

7   LT-Drs. 19/5728, 105.
8   S zB *Thomé*, S. 136.
9   S. *Arlt* in Schild ua § 30 Rn. 5 zur Vorgängerregelung.
10   S. *Arlt* in Schild ua § 30 Rn. 9 zur Vorgängerregelung.

chen Interesse geboten sein.[11] Diese oder dieser ist nach Art. 57 Abs. 1 lit. u DS-GVO verpflichtet, „interne Verzeichnisse über Verstöße gegen" die DS-GVO und gemäß Art. 58 Abs. 2 DS-GVO „ergriffene Maßnahmen" zu führen, die personenbezogene Daten enthalten. Diese Liste unterliegt jedoch nicht dem Anspruch auf Informationszugang nach § 80, weil sie unionsrechtlich – und damit mit Anwendungsvorrang – als „interne Liste" vorgesehen ist (→ § 12 Rn. 5).[12]

Der zum **31. Dezember** jedes Jahres zu erstellende Bericht stellt die Ergebnisse der Tätigkeit der oder des HDSB für das vergangene Kalenderjahr dar. Der 31. Dezember ist der Stichtag des Berichtszeitraums, nicht – wie es missverständlich im Text anklingt – der Vorlage des Berichts.[13] Dieser ist nach dem Stichtag so schnell wie möglich zu erstellen. Die Erstellung des Tätigkeitsberichts beansprucht erfahrungsgemäß jedoch einige Monate. Bis zum Jahr 2019 hat der HDSB bereits 48 Tätigkeitsberichte zum Datenschutz[14] vorgelegt (außerdem zwei Tätigkeitsberichte zur Informationsfreiheit, → § 89 Rn. 22 ff.).   20

Abs. 3 benennt auch die **Adressaten** des Tätigkeitsberichts. Nach Satz 1 ist der Bericht dem Landtag und der Landesregierung vorzulegen. Nach Satz 2 ist er entsprechend Art. 59 Satz 3 DS-GVO und Art. 49 Satz 3 JI-RL auch der Öffentlichkeit, der Europäischen Kommission und dem Europäischen Datenschutzausschuss zugänglich zu machen.[15] Der Bericht ist als Landtagsdrucksache verfügbar und von jeder Person über das Landtagsinformationssystem (www.landtag.hessen.de) abrufbar. Die oder der HDSB betreibt außerdem eine aktive Informationspolitik, verteilt den Bericht als Broschüre, stellt ihn in einer Pressekonferenz vor und bietet ihn auch auf seiner Homepage (www.datenschutz.hessen.de) zum Abruf an.[16]   21

Soweit ein sachlicher Grund besteht, sind nach Satz 3 auch **Zwischenberichte** zur Vorlage bei dem Landtag und der Landesregierung zulässig. Diese Vorschrift ergänzt Art. 59 DS-GVO in zulässiger Weise, weil sie einen in der DS-GVO nicht geregelten Fall aufgreift und ohne Widerspruch zur DS-GVO regelt, und setzt Art. 49 JI-RL ergänzend um.[17] Sie unterstreicht die hervorgehobene und unabhängige Stellung der oder des HDSB, da sie ihr oder ihm ein Initiativrecht einräumt. Diese Möglichkeit hat der HDSB bisher schon mehrfach genutzt. Die Zwischenberichte sind wie die regulären Tätigkeitsberichte vorzulegen und zu behandeln.[18]   22

IV. Stellungnahme der Landesregierung (Abs. 4)

In zulässiger Ergänzung der Regelungen in Art. 59 DS-GVO und Art. 49 JI-RL regelt Abs. 4 spiegelbildlich zur Pflicht der oder des HDSB zur Erstel-   23

---

11 S. BGH NJW 2003, 979; zurückhaltender VG Köln RDV 1999, 125; s. hierzu auch *Arlt* in Schild ua § 30 Rn. 15 zur Vorgängerregelung.
12 S. auch zB *Ziebarth* in HK-BDSG § 15 Rn. 3.
13 S. *Nungesser* § 30 Rn. 1 zur Vorgängerregelung.
14 S. die Tätigkeitsberichte der letzten Jahre, abrufbar unter https://datenschutz.hesse n.de/infothek/taetigkeitsberichte.
15 LT-Drs. 19/5728, 105.
16 S. auch *Arlt* in Schild ua § 30 Rn. 13 zur Vorgängerregelung.
17 S. hierzu *Roßnagel* in Roßnagel Das neue DSR § 2 Rn. 17 f. und 25 ff.
18 S. *Arlt* in Schild ua § 30 Rn. 12 zur Vorgängerregelung.

lung eines Jahresberichts die Pflicht der Landesregierung, zu diesem eine Stellungnahme abzugeben.[19] Danach legt die Landesregierung dem Landtag eine Stellungnahme zum Jahres- oder zu einem Zwischenbericht vor, soweit dessen Gegenstand die Verarbeitung personenbezogener Daten durch **öffentliche Stellen** ist.[20]

24   „Abs. 4 übernimmt die Vorschrift des § 30 Abs. 2 HDSG. **Gegenstand** der zu dem Haupt- bzw. Zwischenbericht vorzulegenden Stellungnahme der Landesregierung bleibt dabei – wie im bisherigen Geltungsbereich des HDSG – die Datenverarbeitung durch öffentliche Stellen. Eine darüber hinaus gehende gesetzliche Verpflichtung der Landesregierung, zur Tätigkeit der oder des HDSB Aufsichtsbehörde über die nicht öffentlichen Stellen nach § 40 BDSG Stellung zu nehmen, besteht nicht."[21] Auch die Stellungnahme wird als Landtagsdrucksache gedruckt und steht jeder Person zur Verfügung.

C. Würdigung

25   Einen jährlichen **Bericht** über die aktuelle Situation des Datenschutzes und die Tätigkeiten der oder des HDSB vorzulegen, entspricht der langjährigen Tradition in Hessen und den jüngsten Vorgaben der Europäische Union. Der Bericht ist ein sinnvolles Mittel, um für Datenschutzrisiken zu sensibilisieren und über Datenschutz zu informieren. **Gutachten** zu Datenschutzfragen zu erstellen und **Untersuchungen** zu Problemen des Datenschutzes und von Auskunftsbegehren durchzuführen, sind ebenfalls hilfreiche Instrumente der oder des HDSB, die allerding auch nachgefragt werden müssten.

§ 16 Informationspflichten

(1) Die oder der Hessische Datenschutzbeauftragte ist über Verfahrensentwicklungen im Zusammenhang mit der automatisierten Verarbeitung personenbezogener Daten rechtzeitig und umfassend zu unterrichten.

(2) Wird die oder der Hessische Datenschutzbeauftragte aufgrund einer Rechtsvorschrift gehört, soll sie oder er unverzüglich mitteilen, ob und innerhalb welcher Frist eine Stellungnahme abgegeben wird.

---

19 S. zB auch *Römer* in HK-LDSG RhPf § 16 Rn. 17.
20 S. die Stellungnahmen der letzten Jahre, abrufbar unter https://datenschutz.hessen. de/infothek/taetigkeitsberichte.
21 LT-Drs. 19/5728, 105.

A. Allgemeines

I. Bedeutung der Vorschrift

Die Information der oder des HDSB über **Verfahrensentwicklungen** dient 1
dazu, sie oder ihn frühzeitig in die Entscheidungsfindung über die Entwicklung oder die Beschaffung neuer IT-Verfahren einzubeziehen. Dann fällt es zum einen leichter, Datenschutz zu realisieren und Datenschutzvorgaben einzuhalten. Zum anderen werden Kosten erspart, die bei nachträglichen Änderungen der Verfahren aufgrund Datenschutzanforderungen ansonsten anfallen würden. Es ist daher sinnvoll, frühzeitig die Kompetenz der oder des HDSB einzubeziehen und Hinweise zum Datenschutz in den Verfahrensentwicklungen kennenzulernen. Mitteilung über **geplante Stellungnahmen** der oder des HDSB erleichtern den Verfahrensablauf und stellen sicher, dass die Stellungnahme der oder des HDSB auch zur Kenntnis genommen werden kann.

II. Entstehungsgeschichte

Abs. 1 der Vorschrift übernimmt die Regelung des § 29 Abs. 3 Var. 1 2
HDSG und Abs. 2 die Regelung aus § 26 HDSG.

Die Vorschrift wurde so verabschiedet, wie sie der Gesetzesentwurf der 3
Fraktionen der CDU und BÜNDNIS 90/DIE GRÜNEN vorgesehen hatte.[1]
Sie erfuhr im Gesetzgebungsverfahren keine Änderung.

III. Unionsrechtliche Regelungen

Weder die Regelung in Abs. 1 noch die Regelung in Abs. 2 haben einen un- 4
mittelbaren Anknüpfungspunkt in der DS-GVO oder der JI-RL. Die Pflicht des Abs. 1 unterstützt jedoch die oder den HDSB in der Erfüllung der Aufgabe nach Art. 57 Abs. 1 lit. i DS-GVO und Art. 47 Abs. 1 lit. i JI-RL, **maßgebliche Entwicklungen zu verfolgen**, soweit sie sich auf den Schutz personenbezogener Daten auswirken, insbesondere die Entwicklung der Informations- und Kommunikationstechnologie und der Geschäftspraktiken. Die Pflicht des Abs. 1 zur rechtzeitigen und umfassenden Information über Verfahrensentwicklungen gilt nicht nur für die Pflicht zur Konsultation der Aufsichtsbehörde im Rahmen der Datenschutz-Folgenabschätzung nach Art. 36 DS-GVO und 28 JI-RL, sondern ist davon unabhängig und tritt neben diese.

IV. Verhältnis zu anderen Vorschriften

Die Vorgabe in Abs. 1 ermöglicht oder erleichtert die **Erfüllung der Aufga-** 5
ben des § 13 Abs. 2, insbesondere der Beratungsaufgabe nach Nr. 3, der Sensibilisierungsaufgabe nach Nr. 4 und der Aufgabe, die Entwicklung der Informations- und Kommunikationstechnologie nachzuverfolgen. Die Regelung in Abs. 2 erleichtert allgemein den **Verfahrensvollzug**, weil für alle Kooperationspartner Planungssicherheit entsteht, ob und wann die oder der HDSB eine ihr oder ihm zustehende Stellungnahme abgibt.

---

1 LT-Drs. 19/5728, 15 f.

B. Informationspflichten

6   Die Vorschrift regelt Informationspflichten im Tätigkeitsbereich der oder
des HDSB. Abs. 1 legt eine **Informationspflicht** des Verantwortlichen fest,
die oder den HDSB über Verfahrensentwicklungen im Zusammenhang mit
der automatisierten Verarbeitung personenbezogener Daten rechtzeitig und
umfassend zu unterrichten. Abs. 2 begründet eine **Mitteilungspflicht**, nach
der die oder der HDSB, wenn eine Rechtsvorschrift ihre oder seine Anhörung vorsieht, unverzüglich mitteilen soll, ob und innerhalb welcher Frist
sie oder er eine Stellungnahme abgeben wird.

I. Unterrichtung über Verfahrensentwicklungen (Abs. 1)

7   Abs. 1 bestimmt zwar, dass die oder der HDSB über „Verfahrensentwicklungen im Zusammenhang mit der automatisierten Verarbeitung personenbezogener Daten rechtzeitig und umfassend zu unterrichten" ist, nennt
aber nicht die Adressaten dieser Informationspflicht. Diese können nur **öffentliche Stellen** iSd § 2 Abs. 1 sein (→ § 2 Rn. 12 ff.), für die das Gesetz
nach § 1 gilt (→ § 1 Rn. 12 ff.).[2] Von diesen öffentlichen Stellen des Landes
trifft diejenigen die Informationspflicht, die für die Verarbeitung personenbezogener Daten iSd Art. 4 Nr. 7 DS-GVO verantwortlich sind und diese
selbst entwickeln, in Auftrag geben oder zu nutzen gedenken. **Ziel** der Vorschrift ist, der oder dem HDSB rechtzeitig zu ermöglichen, seine Aufgaben
nach Art. 57 DS-GVO und § 13 wahrzunehmen, insbesondere die Verantwortlichen zu beraten.

8   Die verantwortlichen öffentlichen Stellen müssen über „**Verfahrensentwicklungen** im Zusammenhang mit der automatisierten Verarbeitung personenbezogener Daten" informieren. Das bedeutet nicht, dass diese Verfahren ausschließlich personenbezogene Daten verarbeiten müssen. Es genügt, dass der Zusammenhang mit einer automatisierten Verarbeitung besteht, die neben anderen auch personenbezogene Daten zum Gegenstand
hat.[3] Automatisierte Verarbeitung meint von Art. 4 Nr. 2 DS-GVO und
§ 41 Nr. 2 „jeden mit … Hilfe automatisierter Verfahren ausgeführten Vorgang oder jede solche Vorgangsreihe im Zusammenhang mit personenbezogenen Daten wie das Erheben, das Erfassen, die Organisation, das Ordnen, die Speicherung, die Anpassung oder Veränderung, das Auslesen, das
Abfragen, die Verwendung, die Offenlegung durch Übermittlung, Verbreitung oder eine andere Form der Bereitstellung, den Abgleich oder die Verknüpfung, die Einschränkung, das Löschen oder die Vernichtung" (→ § 41
Rn. 10 ff.). Erfasst sind also alle technischen und organisatorischen Verfahren, die zur Verarbeitung personenbezogener Daten führen.[4] Verfahrensentwicklungen sind alle wesentlichen Fortschritte der Verfahren. Dabei
geht es nicht um die Umsetzung, weil dann eine Bewertung durch die oder
den HDSB oft zu spät käme. Vielmehr geht es – vom Sinn der Vorschrift
her (→ Rn. 1) – vor allem um die Planung der Verfahren.

---

2   S. *Arlt* in Schild ua § 29 Rn. 18 zur Vorgängerregelung; s. auch zB *Pabst* in HK-DSG
NRW § 27 Rn. 27.
3   So auch *Arlt* in Schild ua § 29 Rn. 17 zur Vorgängerregelung.
4   S. *Roßnagel* in Simitis/Hornung/Spiecker gen. Döhmann DS-GVO Art. 4 Nr. 2
Rn. 11.

Die Information muss **rechtzeitig und umfassend** sein. Rechtzeitig ist die 9
Information, wenn die oder der HDSB vor einer wichtigen Entscheidung
zu den Verfahren noch sinnvoll beraten und Einfluss nehmen kann. Umfassend ist die Unterrichtung, wenn sie der oder dem HDSB die Informationen bietet, die sie oder er für eine fundierte Bewertung der Verfahrensentwicklung benötigt.

Die **Information** muss die Verfahrensentwicklungen beschreiben, den Planungsstand darstellen und den Bezug zum Datenschutz erläutern. Insbesondere sind Datenschutzrisiken und geplante Datenschutzvorkehrungen darzustellen. Die Beteiligung der oder des HDSB in allgemeinen Planungsgremien zur Entwicklung und Nutzung der Informationstechnik in der Landesverwaltung ersetzt die Informationspflicht nicht.[5]

II. Mitteilung über beabsichtigte Stellungnahmen (Abs. 2)

Wird die oder der HDSB aufgrund einer Rechtsvorschrift gehört, soll sie 11
oder er unverzüglich mitteilen, ob und innerhalb welcher Frist sie oder er
eine Stellungnahme abgegeben wird. **Unverzüglich** meint ohne schuldhaftes
Zögern. Für die Entscheidung benötigt die oder der HDSB jedoch ausreichende Informationen und die Möglichkeit, den Sachverhalt, zu der sie
oder er Stellung nehmen kann oder soll, inhaltlich zu durchdringen. Die
Frist für die Stellungnahme kann die oder der HDSB nach ihrer Schwierigkeit und ihrem voraussichtlichen Arbeitsbedarf bestimmen. Die Mitteilungspflicht entstammt einer **Sollvorschrift** und schließt unangekündigte
oder verspätete Stellungnahmen nicht aus. Wird die Mitteilungspflicht in
diesem Sinn verstanden, entsteht keine ernsthafte Beeinträchtigung der Unabhängigkeit der oder des HDSB.

C. Würdigung

Die Vorschrift des Abs. 1 ist für eine effektive **Wahrnehmung der Aufgaben** 12
der oder des HDSB von entscheidender Bedeutung. Datenschutz durch Systemgestaltung ist nur möglich, wenn die Kompetenz der oder des HDSB
frühzeitig, jedenfalls vor wesentlichen Entscheidungen in die Planung von
Datenverarbeitungsverfahren eingebunden wird. Abs. 2 ist eine hilfreiche
Regelung zur Steuerung von Verfahren und zur Berücksichtigung von Stellungnahmen der oder des HDSB.

§ 17 Benachteiligungsverbot bei Anrufung der oder des Hessischen Datenschutzbeauftragten

[1]Unbeschadet des Art. 77 der Verordnung (EU) Nr. 2016/679 sowie § 55
darf keiner Person ein Nachteil daraus erwachsen, dass sie sich aufgrund
tatsächlicher Anhaltspunkte für einen Verstoß gegen Vorschriften dieses
Gesetzes oder anderer Vorschriften über den Datenschutz an die Hessische
Datenschutzbeauftragte oder den Hessischen Datenschutzbeauftragten
wendet. [2]Beschäftigte öffentlicher Stellen können sich ohne Einhaltung des

---

5   S. auch *Arlt* in Schild ua § 29 Rn. 21 zur Vorgängerregelung.

Dienstwegs an die Hessische Datenschutzbeauftragte oder den Hessischen Datenschutzbeauftragten wenden. [3]Die dienstrechtlichen Pflichten der Beschäftigten bleiben im Übrigen unberührt.

A. Allgemeines

I. Bedeutung der Vorschrift

1   Art. 77 Abs. 1 DS-GVO und § 55 geben jeder betroffenen Person das Recht, wegen eines Verstoßes gegen Datenschutzrecht eine Beschwerde an die oder den HDSB zu richten. Die Vorschrift schützt dieses Recht durch ein **Benachteiligungsverbot** in Satz 1. Außerdem gibt Satz 2 Beschäftigten öffentlicher Stellen die Möglichkeit, sich an die oder den HDSB unter **Umgehung des Dienstwegs** zu wenden, wenn sie über Probleme des Datenschutzes im Zusammenhang mit ihrer dienstlichen Tätigkeit berichten wollen.

II. Entstehungsgeschichte

2   Die Vorschrift übernimmt die bisherigen Regelungen des § 28 Abs. 1 Satz 2 sowie Abs. 2 HDSG. Ihre Vorgaben gehen auf einen Vorschlag des HDSB zurück[1] und waren im Gesetzentwurf der Landesregierung 1986 nicht enthalten.[2]

3   Die Vorschrift wurde so verabschiedet, wie sie der Gesetzesentwurf der Fraktionen der CDU und BÜNDNIS 90/DIE GRÜNEN vorgesehen hatte.[3] Sie erfuhr im Gesetzgebungsverfahren keine Änderung.

III. Unionsrechtliche Regelungen

4   Die Vorschrift ergänzt die Vorgaben des Art. 77 DS-GVO, die jeder betroffenen Person ein Recht auf Beschwerde bei einer Aufsichtsbehörde einräumt. Diese Regelung der DS-GVO enthält keine Öffnungsklausel für mitgliedstaatliche Regelungen. Dennoch darf ein Mitgliedstaaten eine **ergänzende Regelung** treffen, die zur Vervollständigung des Regelungsprogramms der DS-GVO erforderlich ist und nicht gegen andere Vorgaben der DS-GVO verstößt.[4] Die DS-GVO enthält keine Regelung zu einem Benachteiligungsverbot und zur Umgehung des beamtenrechtlichen Dienstwegs. Beide Regelungen sind aber notwendig, um eine effektive Anwendung des

---

1   14. TB des HDSB, LT-Drs. 11/5232, 86.
2   S. hierzu *Nungesser* § 28 Rn. 4 und *Arlt/Rost* in Ronellenfitsch ua § 17 Rn. 3.
3   LT-Drs. 19/5728, 16.
4   S. zB *Roßnagel* in Roßnagel Das neue DSR § 2 Rn. 17 f. und 25 ff.

Rechts auf Beschwerde und unmittelbare Kommunikation mit der Aufsichtsbehörde zu ermöglichen.

Die Vorschrift **ergänzt** außerdem § 55, der die Vorgaben des Art. 52 JI-RL umsetzt. Die Ergänzung einer Richtlinie verstößt weder gegen den Anwendungsvorrang des Unionsrechts (→ Einl. Rn. 40 f.) noch gegen das Normwiederholungsverbot (→ Einl. Rn. 42), weil die Richtlinie nach Art. 288 Abs. 3 AEUV die Mitgliedstaaten nur hinsichtlich der Zielsetzungen der Richtlinie bindet und nicht hinsichtlich der detaillierten Umsetzung und sinnvollen Ergänzung. 5

IV. Verhältnis zu anderen Vorschriften

Die Vorschrift ergänzt die Regelung zum Beschwerderecht in § 55 im Dritten Teil des Gesetzes. Nach dieser Regelung kann eine **betroffene Person** den Datenschutzverstoß bei der oder dem HDSB durch eine Beschwerde geltend machen (→ § 55 Rn. 11 ff.). Diese oder dieser muss der Beschwerde sorgfältig nachgehen[5] und die betroffene Person bescheiden. Gegen diese Entscheidung kann die betroffene Person nach § 56 gerichtlich vorgehen (→ § 56 Rn. 7 ff.). Hat sie durch die Verletzung eines Grundsatzes einen materiellen oder immateriellen Schaden erlitten, kann sie nach § 78 (→ § 78 Rn. 16 ff.) dessen Ersatz einfordern. Das BDSG enthält keine der Vorschrift vergleichbare Regelung. 6

B. Benachteiligungsverbot bei Anrufung der oder des HDSB

Unbeschadet des Art. 77 DS-GVO sowie des § 55 darf keiner Person ein Nachteil daraus erwachsen, dass sie sich aufgrund tatsächlicher Anhaltspunkte für einen Verstoß gegen Vorschriften dieses Gesetzes oder anderer Vorschriften über den Datenschutz an die oder den HDSB wendet. Beschäftigte öffentlicher Stellen können sich, auch wenn sie keine betroffenen Personen sind, ohne Einhaltung des Dienstwegs an die oder den HDSB wenden. Dabei bleiben aber die dienstrechtlichen Pflichten der Beschäftigten unberührt. 7

I. Benachteiligungsverbot (Satz 1)

Nach Art. 77 Abs. 1 und vergleichbar nach Art. 52 Abs. 1 JI-RL hat „jede betroffene Person unbeschadet eines anderweitigen verwaltungsrechtlichen oder gerichtlichen Rechtsbehelfs das Recht auf Beschwerde bei einer Aufsichtsbehörde, insbesondere in dem Mitgliedstaat ihres Aufenthaltsorts, ihres Arbeitsplatzes oder des Orts des mutmaßlichen Verstoßes, wenn die betroffene Person der Ansicht ist, dass die Verarbeitung der sie betreffenden personenbezogenen Daten gegen diese Verordnung verstößt". Wenn sie von diesem Recht Gebrauch macht, darf nach Satz 1 ihr kein Nachteil daraus erwachsen, dass sie sich aufgrund tatsächlicher Anhaltspunkte für einen Verstoß gegen Vorschriften dieses Gesetzes oder anderer Vorschriften über den Datenschutz an die oder den HDSB wendet. Dieses Benachteiligungsverbot ist zwar zur effektiven Umsetzung des Beschwerderechts 8

---

5 EuGH ECLI:EU:C:2020:559 Rn. 109 – Schrems II.

selbstverständlich.[6] Dennoch ist es zu seiner Absicherung hilfreich, wenn die Vorschrift dieses Verbot ausdrücklich festhält. Das Verbot richtet sich an jede andere Person, insbesondere an den Verantwortlichen, den die betroffene Person der oder dem HDSB als Verursacher eines Datenschutzverstoßes meldet. Das Verbot hat vor allem in **asymmetrischen Machtverhältnissen** Bedeutung, wie sie etwa zwischen Behörde und Bürger, Arbeitgeber und Arbeitnehmer oder Vermieter und Mietern bestehen können. Der verbotene Nachteil beschränkt sich nicht auf rechtliche Nachteile, sondern erfasst jedes die betroffene Person benachteilige Handeln. Die Beschwerde darf zB nicht zu behördlichen Kontrollen, Verschleppungen eines Antrags, nachteiligen Verwaltungsakten, schikanösen Verfahrensgestaltungen, Kündigungen, Abmahnungen oder fehlenden Vertragsverlängerung führen, weil durch die Beschwerde angeblich die „Vertrauensbeziehung gestört" sei.

9   Eine verbotene benachteiligende rechtliche Handlung ist **unwirksam**. Eine sonstige verbotene Benachteiligung führt zu einem **Anspruch** auf Unterlassung, Vornahme oder Duldung der betroffenen Person gegenüber dem Verursacher der Benachteiligung. Der Nachweis der Ursächlichkeit der Beschwerde für eine Benachteiligung dürfte für die betroffene Person allerdings nicht immer einfach sein.

10   Um Benachteiligungen der betroffenen Person, die eine Beschwerde bei der oder dem HDSB eingereicht hat, zu vermeiden, darf ein Verantwortlicher ihre **Daten** nur insoweit **verarbeiten**, als dies erforderlich ist, um den Vorwurf eines Datenschutzverstoßes zu überprüfen oder den Verstoß zu beseitigen. Übermittlungen dieser Daten an andere Verantwortliche – etwa zur Überprüfung eines angegebenen Sachverhalts – dürfen nur im Einvernehmen mit dem HDSB erfolgen, der seinerseits die Vertraulichkeit beachten und daher im Zweifel bei der Beschwerde führenden Person zurückfragen muss.[7]

II. Anrufung ohne Einhaltung des Dienstwegs (Satz 2)

11   Beschäftigte öffentlicher Stellen können sich ohne Einhaltung des Dienstwegs an die oder den HDSB wenden. Dies kann in Form einer Beschwerde in eigenen Angelegenheiten oder in Form einer Meldung erfolgen, wenn es um Angelegenheiten dritter Personen oder um Sachverhalte geht, über die die Beschäftigten im **Rahmen dienstlicher Tätigkeiten** Kenntnis erlangt haben.[8] Auch wenn sie einen Datenschutzverstoß ihrer Dienststelle geltend machen, dürfen sie die Beschwerde ohne vorherige Einschaltung des Vorgesetzten direkt an die oder den HDSB richten. Auch in diesem Fall darf die meldende Person keine Benachteiligung erleiden. Die Vorschrift stellt sicher, dass der oder dem HDSB nicht der direkte Kontakt zum Verwaltungsalltag abgeschnitten wird.

---

6   So *Nungesser* § 28 Rn. 2, weshalb es nicht nur überflüssig, sondern sogar schädlich sein soll.
7   *Arlt/Rost* in Ronellenfitsch ua § 17 Rn. 4.
8   S. zB *Arlt/Rost* in Ronellenfitsch ua § 17 Rn. 5; s. auch *Nungesser* § 28 Rn. 3 zur Vorgängerregelung.

III. Geltung dienstrechtlicher Pflichten (Satz 3)

Auch wenn die Beschäftigten öffentlicher Stellen sich direkt an die oder 12
den HDSB wenden können, bleiben ihre dienstrechtlichen Pflichten im Übrigen unberührt. Zu diesen Pflichten gehört ua nach § 35 BeamtStG, dass Beamtinnen und Beamte ihre Vorgesetzten zu beraten und zu unterstützen haben. Daraus kann sich im Einzelfall die Pflicht ergeben, neben der oder dem HDSB auch ihre **Vorgesetzten** über den Datenschutzmangel zu **unterrichten.**[9] In welcher Weise dies zu geschehen hat, bestimmt die oder der Vorgesetzte. Sie oder er darf nur nicht die ungestörte unmittelbare Meldung an die oder den HDSB direkt oder indirekt unterbinden.[10] Die Beschwerde von einer vorherigen Unterrichtung oder gar Genehmigung durch Vorgesetzte abhängig zu machen, ist unzulässig.

C. Würdigung

Die Erfahrung zeigt, dass beide Möglichkeiten, sich an die oder den HDSB 13
zu wenden, in Form einer Beschwerde oder in Form einer Meldung, in der Praxis häufig wahrgenommen werden und die Funktion der oder des HDSB insoweit auf breite Akzeptanz stößt.[11] Dies ist sicherlich auch mit dem rechtlichen Benachteiligungsverbot bei Anrufung der oder des HDSB verboten. Insofern hat sich die **Vorschrift bewährt.**

§ 18 Personal- und Sachausstattung

(1) [1]Der oder dem Hessischen Datenschutzbeauftragten ist die für die Erfüllung ihrer oder seiner Aufgaben notwendige Personal- und Sachausstattung zur Verfügung zu stellen. [2]Sie ist im Einzelplan des Landtags in einem eigenen Kapitel auszuweisen. [3]Die Präsidentin oder der Präsident des Landtags nimmt die Personal- und Sachausstattung nach Auswahl der oder des Hessischen Datenschutzbeauftragten vor.

(2) [1]Die Beamtinnen und Beamten werden von der oder dem Hessischen Datenschutzbeauftragten ausgewählt und auf deren oder dessen Vorschlag durch die Präsidentin oder den Präsidenten des Landtags ernannt. [2]Ihre Dienstvorgesetzte oder ihr Dienstvorgesetzter ist die oder der Hessische Datenschutzbeauftragte, an deren oder dessen Weisungen sie ausschließlich gebunden sind. [3]Die oder der Hessische Datenschutzbeauftragte übt für die bei ihr oder ihm tätigen Beamtinnen und Beamten die Aufgaben der obersten Dienstbehörde nach dem Hessischen Disziplinargesetz aus. [4]Für sonstige Beschäftigte gelten Satz 1 und 2 entsprechend.

Literatur:
Roßnagel, Unabhängigkeit der Datenschutzaufsicht, ZD 2015, 106; *Roßnagel*, Datenschutzaufsicht nach der Datenschutz-Grundverordnung – Neue Aufgaben und Befugnisse der Aufsichtsbehörden, 2017; *Thomé*, Reform der Datenaufsicht, 2015.

---

9 *Arlt/Rost* in Ronellenfitsch ua § 17 Rn. 6.
10 S. zB *Nungesser* § 28 Rn. 5 zur Vorgängerregelung.
11 S. *Arlt/Rost* in Ronellenfitsch ua § 17 Rn. 2.

A. Allgemeines

I. Bedeutung der Vorschrift

1   Die Vorschrift dient der Sicherung der **Funktionsfähigkeit und** der Unabhängigkeit der oder des HDSB als oberster Landesbehörde. Die DS-GVO und die JI-RL übertragen der Aufsichtsbehörde zusätzliche Aufgaben und Befugnisse, die sie nur erfüllen kann, wenn sie über ausreichende sachliche, finanzielle und personelle Ressourcen verfügt.[1]

2   An der Ausstattung der Aufsichtsbehörde kann jede und jeder ablesen, welchen **Wert** die politisch Verantwortlichen der Gewährleistung des Datenschutzes und der Informationsfreiheit tatsächlich zubilligen. Das Gleiche gilt für die Unabhängigkeit der Aufsichtsbehörde. Das Maß ihrer Unabhängigkeit wird weitgehend dadurch bestimmt, ob sie Entscheidungen, die ihr Personal betreffen selbst treffen und inwieweit sie über ihren jeweiligen Haushalt selbst bestimmen kann.[2]

II. Entstehungsgeschichte

3   Die Vorschrift orientiert sich stark an der Vorgängernorm in § 31 HDSG.

4   Die Vorschrift wurde so verabschiedet, wie sie der Gesetzesentwurf der Fraktionen der CDU und BÜNDNIS 90/DIE GRÜNEN vorgesehen hatte.[3] Sie erfuhr im Gesetzgebungsverfahren keine Änderung.

III. Unionsrechtliche Regelungen

5   Die Vorschrift setzt die Gestaltungsaufträge des Art. 52 Abs. 4, 5 und 6 DS-GVO und die Vorgaben des Art. 42 Abs. 4, 5 und 6 JI-RL um. Sie übernimmt weitgehend den Wortlaut dieser Vorgaben, ohne – wegen des erweiterten Anwendungsbereichs – gegen das Normwiederholungsverbot (→ Einl. Rn. 42) zu verstoßen.

IV. Verhältnis zu anderen Vorschriften

6   Die Notwendigkeit der Sach- und Personalausstattung bezieht sich auf die effektive Erfüllung der Aufgaben des Art. 57 DS-GVO und des § 13. Nach § 89 Abs. 2 nimmt die oder der HDSB auch die Aufgaben der oder des Hessischen Informationsfreiheitsbeauftragten wahr. Im Rahmen der Vor-

---

1 S. hierzu ausführlich *Roßnagel*, Datenschutzaufsicht.
2 S zB *Thomé*, S. 56.
3 LT-Drs. 19/5728, 16.

schrift ist auch diese 2018 neu hinzugekommene Aufgabe zu berücksichtigen.

Regelungen zur notwendige Personal- und Sachausstattung finden sich weder im BDSG noch in den meisten anderen Landesdatenschutzgesetzen. Eine Ausnahme ist zB § 15 Abs. 4 Satz 2 LDSG RhPf. Regelungen zur Personalhoheit und zu einem eigenen Haushalt befinden sich auch zB in § 8 Abs. 3 BDSG, § 25 Abs. 6 und 7 LDSG NRW und § 15 Abs. 5 LDSG RhPf.   7

B. Personal- und Sachausstattung

Die Vorschrift enthält Regelungen zur näheren Ausgestaltung der Personal- und Sachausstattung der oder des HDSB als oberster Landesbehörde. Sie verfolgen das Ziel, die Aufsichtsbehörde so auszustatten, dass sie ihre Aufgaben in der gebotenen Unabhängigkeit und Effektivität erfüllen kann.   8

I. Notwendige Personal- und Sachausstattung (Abs. 1)

Nach Abs. 1 ist der oder dem HDSB die für die Erfüllung ihrer oder seiner Aufgaben notwendige Personal- und Sachausstattung zur Verfügung zu stellen. Sie ist im Einzelplan des Landtags in einem eigenen Kapitel auszuweisen. Die Präsidentin oder der Präsident des Landtags nimmt die Personal- und Sachausstattung nach Auswahl der oder des HDSB vor.   9

1. Notwendige Ausstattung (Satz 1)

Satz 1 bestimmt programmatisch, dass der oder dem HDSB die für die Erfüllung ihrer oder seiner Aufgaben notwendige Personal- und Sachausstattung zur Verfügung zu stellen ist. Mit dieser Regelung übernimmt Satz 1 die Verpflichtung des Art. 52 Abs. 4 DS-GVO, die von jedem Mitgliedstaat fordert sicherzustellen, „dass jede Aufsichtsbehörde mit den personellen, technischen und finanziellen Ressourcen, Räumlichkeiten und Infrastrukturen ausgestattet wird, die sie benötigt, um ihre Aufgaben und Befugnisse auch im Rahmen der Amtshilfe, Zusammenarbeit und Mitwirkung im Ausschuss effektiv wahrnehmen zu können". Diese unionsrechtlich geforderte Ausstattung umschreibt Satz 1 mit dem abstrahierenden Begriff der „notwendigen Personal- und Sachausstattung". **Personalausstattung** meint die für die Aufgabenerfüllung angemessene Ausstattung der Behörde mit Mitarbeiterstellen. **Sachausstattung** umfasst die von der DS-GVO geforderten ausreichenden „technischen und finanziellen Ressourcen, Räumlichkeiten und Infrastrukturen". Der oder dem HDSB ist die qualitative und quantitative Ausstattung zur Verfügung zu stellen, die sie oder er zur effektiven Erfüllung ihrer oder seiner Aufgaben in angemessener Zeit benötigt.[4] Der Umfang der Ausstattung hat sich an den Aufgaben der Art. 57 DS-GVO und 47 JI-RL sowie des § 13 zu orientieren. Diese Aufgaben haben quantitativ und qualitativ durch das Wirksamwerden der DS-GVO und die Umsetzung der JI-RL erheblich zugenommen.[5]   10

---

4   S. bereits für die Vorgängerregelung *Arlt* in Schild ua § 31 Rn. 7; s. vergleichbar für den BfDI *Roßnagel* ZD 2015, 106 (109).
5   S. ausführlich *Roßnagel*, Datenschutzaufsicht.

11   Die notwendige Ausstattung steht nicht ein für alle Mal fest, sondern muss mit den Aufgaben **dynamisch** wachsen. Erforderlich ist immer die angemessene Ausstattung für die effektive Erfüllung der Aufgaben. Veränderungen können aus mehreren Gründen erforderlich sein.

12   Erstens können bestehende gesetzliche Aufgaben oder Befugnisse in der **Verwaltungspraxis** an Bedeutung zunehmen. So wird etwa die durch die DS-GVO verursachte Arbeitsbelastung in den nächsten Jahren dadurch weiter wachsen, dass die Zusammenarbeit der Aufsichtsbehörden in Deutschland und der Union, die gegenseitige Amtshilfe und die Mitwirkung im EDSA an Umfang und Bedeutung gewinnen wird.[6] Die Beschwerden betroffener Personen nach Art. 77 DS-GVO haben in den letzten beiden Jahren erheblich zugenommen.[7] Sie und die Rechtsstreitigkeiten um den Umgang mit ihnen werden in den kommenden Jahren weiter ansteigen und zusätzliche Arbeitskraft binden. Ebenso werden Umfang und Bedeutung der Sanktionen nach Art. 83 DS-GVO – mit erheblich höheren Summen als bisher – zunehmen und damit auch die Rechtsstreitigkeiten um deren Rechtmäßigkeit.[8] Mit der Bearbeitung von Fragen der Informationsfreiheit sind – Stand März 2021 – lediglich zwei Mitarbeiter betraut (→ § 89 Rn. 15). Diese Aufgaben werden in den kommenden Jahren, wenn die Informationsfreiheit in Hessen stärker als in den ersten zwei Jahren von Bürgerinnen und Bürgern in Anspruch genommen werden, weiter steigen.

13   Zweitens werden **neue gesetzliche Aufgaben** auf die oder den HDSB zukommen. Dies kann mit jedem neuen Gesetz der Fall sein, das bereichsspezifische Datenschutzregelungen enthält. Jeder neu geregelte Lebensbereich, jeder neue Erlaubnistatbestand zur Verarbeitung personenbezogener Daten, jede neue gesetzliche Anforderung an die Art und Weise der Datenverarbeitung und jede neue Befugnis für die oder den HDSB werden jeweils neue oder erweiterte Arbeitsaufgaben verursachen.

14   Erweiterte Aufgaben der oder des HDSB werden drittens – unabhängig von gesetzlichen Regulierungen – allein durch die gesellschaftliche Ausweitung ihres oder seines Sach- und Handlungsbereichs entstehen. Die sehr dynamische **Ausweitung der Digitalisierung** in alle Wirtschafts-, Verwaltungs- und Gesellschaftsbereiche führt zu einer ebensolchen Zunahme der Verarbeitung personenbezogener Daten. Dadurch werden nicht nur die Stellen erheblich zunehmen, die zu beaufsichtigen sind, sondern auch deren Datenverarbeitungen. Bezogen auf die personenbezogenen Daten, die im nicht öffentlichen, aber auch im öffentlichen Bereich für unterschiedlichste Zwecke verarbeitet werden, ist sogar mit einer explosionsartigen Vermehrung zu rechnen.

15   Schließlich entstehen neue und zusätzliche Herausforderungen für den Schutz der Grundrechte und die Sicherung des Datenschutzes durch immer **neue Informationstechniken** und ihre Anwendungen – wie durch immer wieder neue Ausformungen zB des Ubiquitous Computing, der Künstlichen Intelligenz, der Big Data-Verarbeitung und der Robotik. Dadurch kommen

---

6 S. zu diesen *Roßnagel*, Datenschutzaufsicht, S. 146 ff. und 182.
7 S. zB der 48. Tätigkeitsbericht des HDSB, 2020, XXI.
8 S. zu diesen *Roßnagel*, Datenschutzaufsicht, S. 191 ff.

immer wieder neue Aufgaben auf die oder den HDSB zu, ihre Risiken zu analysieren, ihre Problemlagen zu erkennen, Gestaltungsalternativen zu erfassen und Datenschutzlösungen für die unterschiedlichen Praxisbereiche zu entwickeln.

2. Eigener Haushaltplan (Satz 2)

Die Finanzierung der Personal- und Sachausstattung ist nach Satz 2 im Einzelplan des Landtags in einem eigenen Kapitel auszuweisen. Damit erfüllt die Vorschrift den Regelungsauftrag des Art. 52 Abs. 6 DS-GVO und setzt die gleichlautende Vorschrift des Art. 42 Abs. 6 JI-RL um. Danach muss jeder Mitgliedstaat sicherstellen, dass jede Aufsichtsbehörde „über eigene, öffentliche, jährliche Haushaltspläne verfügt, die Teil des gesamten Staatshaushalts oder nationalen Haushalts sein können". Ein **eigener Haushalt**, der nicht durch zu kontrollierende Institutionen beeinflusst werden kann, ist notwendige Voraussetzung für die geforderte vollständige Unabhängigkeit.[9] Damit ist die oder der HDSB haushaltsrechtlich dem LRH gleichgestellt. 16

Eine Aufnahme des Haushalts der oder des HDSB in den **Haushaltsplan des Landtags** ist sachgerecht, weil der Landtag ohnehin über den gesamten Landeshaushalt entscheidet. Dadurch ist die ressourcielle Absicherung der Aufgabenerfüllung einer obersten Landesbehörde unabhängig von Haushalten der Exekutive, deren Datenverarbeitung sie zu beaufsichtigen hat, gewährleistet. Der Haushalt der oder des HDSB wird in einem **eigenen Kapitel** ausgewiesen,[10] damit die Verwaltung des Landtags keinen Einfluss auf die Aufstellung und die spätere Verwendung der Haushaltsmittel – zusammen mit anderen Ausgaben des gleichen Kapitels – nimmt. Zur Sicherung ihrer finanziellen Unabhängigkeit soll allein der Landtag über dieses Kapitel entscheiden und allein die oder der HDSB über die Verwendung dieser Mittel bestimmen. Daher wäre es auch nicht zulässig, wenn das Finanzministerium einen Ausgleich zwischen dem Kapitel des Landtags und dem der oder des HDSB anordnet, indem er die Ergebnisse der Kapitel untereinander anrechnet.[11] 17

3. Vornahme der Personal- und Sachausstattung (Satz 3)

Die Präsidentin oder der Präsident des Landtags nimmt die Personal- und Sachausstattung nach Auswahl der oder des HDSB vor. Satz 3 konkretisiert damit die Vorgabe des Art. 52 Abs. 6 DS-GVO und des Art. 42 Abs. 6 JI-RL in verwaltungstechnischer Hinsicht. Die inhaltliche Entscheidung über die Verausgabung der Mittel trifft die oder der HDSB durch ihre oder seine Auswahl. Die **verwaltungstechnische Umsetzung** der Entscheidungen zur Sachausstattung durch Beschaffungen oder die Vergabe von Dienstleistungs- oder Werkaufträge sowie ihre haushaltstechnische Abwicklung nimmt die Haushaltsabteilung des Landtags vor. Die Umsetzung der Maßnahmen zur Personalausstattung erfolgt nach den Vorgaben des Abs. 2. 18

---

9   S. zB auch *Thomé*, S. 58; *Pabst* in HK-DSG NRW § 25 Rn. 33; *Römer* in HK-LDSG RhPf § 15 Rn. 57.
10 Bisher in Kap. 0103. S. *Hofmann* in Roßnagel Das neue DSR § 6 Rn. 27.
11 S. *Arlt* in Schild ua § 31 Rn. 5 zur Vorgängerregelung.

II. Personalhoheit (Abs. 2)

19 Abs. 2 regelt die Auswahl, die Ernennung und die Führung der Mitarbeiterinnen und Mitarbeiter der oder des HDSB. Damit erfüllt Abs. 2 den Regelungsauftrag des Art. 52 Abs. 5 DS-GVO und setzt die gleichlautende Vorschrift des Art. 42 Abs. 5 JI-RL um. Danach muss jeder Mitgliedstaat sicherstellen, dass „jede Aufsichtsbehörde ihr eigenes Personal auswählt und hat, das ausschließlich der Leitung (...) der (...) Aufsichtsbehörde untersteht". Abs. 2 gewährleistet diese Anforderungen und regelt ihre verwaltungstechnische Umsetzung. Die **Personalhoheit der oder des HDSB** ist eine weitere Sicherung ihrer oder seiner Unabhängigkeit.[12]

20 Nach Satz 1 wählt die oder der HDSB allein die Beamtinnen und Beamten ihrer oder seiner Behörde aus. Sie werden auf ihren oder seinen Vorschlag durch die Präsidentin oder den Präsidenten des Landtags ernannt. Dies gilt nicht nur für die **Einstellung und Ernennung**, sondern für alle beamtenrechtlichen Personalentscheidungen im Grundverhältnis wie **Versetzung, Abordnung, Beförderung, Ruhestandsversetzungen und Entlassungen.**[13] Dies entspricht ihrer oder seiner Aufgabe nach Abs. 1 Satz 3, die Personalausstattung nach Auswahl der oder des HDSB vorzunehmen. Die beamtenrechtlichen Maßnahmen der Präsidentin oder des Präsidenten des Landtags können in unionsrechtskonformer Auslegung aber nur als rein verwaltungstechnische Vorgänge angesehen werden und sind nicht mit einem eigenen inhaltlichen Prüfungsrecht verbunden, um nicht die Unabhängigkeit der oder des HDSB zu gefährden.[14] Die beamtenrechtlichen Maßnahmen in Bezug auf die Beamtinnen und Beamten ihrer oder seiner Behörde in **dienstlichen und persönlichen Angelegenheiten**, wie zB Arbeitszeit, Dienstbefreiung, Tele- und Heimarbeit, Nebentätigkeit, Fortbildung, Urlaubsgewährung, Reisegenehmigung, Beurteilung und Zeugniserteilung, verantwortet allein die oder der HDSB.[15] Diese Regelung zur Aufspaltung der inhaltlichen Entscheidung und verwaltungstechnischen Umsetzung ist angesichts der unionsrechtlichen Vorgaben unverständlich.[16] Im Bund und in anderen Bundesländern nimmt die beamtenrechtlichen Maßnahmen die oder der Datenschutzbeauftragte selbstständig vor (s. zB § 8 Abs. 3 BDSG, § 25 Abs. 7 LDSG NRW, § 15 LDSG RhPf).

21 Nach Satz 2 ist die oder der HDSB die oder der **Dienstvorgesetzte** der Beamtinnen und Beamten ihrer oder seiner Behörde. Sie sind ausschließlich an ihre oder seine Weisungen gebunden. Er oder sie übt die Dienstaufsicht aus.

22 Die oder der HDSB übt nach Satz 3 für die bei ihr oder ihm tätigen Beamtinnen und Beamten die Aufgaben der obersten **Dienstbehörde** nach dem

---

12 S. hierzu auch *Nungesser* § 31 Rn. 1 zur Vorgängerregelung.
13 S. zur Vorgängerregelung auch *Arlt* in Schild ua § 31 Rn. 17, nach der die Beamtinnen und Beamten solche des Landtags waren.
14 S. hierzu zB auch *Römer* in HK-LDSG RhPf § 15 Rn. 63. AA *Arlt* in Schild ua § 31 Rn. 13 zur Vorgängerregelung: rein rechtliche Prüfung. Nach § 8 und 11 unterliegt die oder der HDSB aber keiner Rechtsaufsicht, → § 8 Rn. 16 und → § 11 Rn. 10.
15 S. hierzu auch *Nungesser* § 31 Rn. 3 und *Arlt* in Schild ua § 31 Rn. 14 zur Vorgängerregelung.
16 Kritisch auch schon *Arlt* in Schild ua § 31 Rn. 13 zur Vorgängerregelung.

Hessischen Disziplinargesetz aus. Die oder der HDSB ist damit auch Dienstbehörde im beamtenrechtlichen Sinn[17] und zugleich oberste Dienstbehörde iSd § 96 StPO und Dienststelle iSd LPersVG.[18]

Nach Satz 4 gelten Satz 1 und 2 für **sonstige Beschäftigte**, die keine Beamten sind, entsprechend.[19] Dies betrifft vor allem Tarifangestellte, aber auch Beschäftige, die aushelfen oder die ein Praktikum oder eine Station im Referendariat absolvieren. Für sonstige Bedienstete der Aufsichtsbehörde gilt somit ebenfalls, dass die oder der HDSB über die arbeitsrechtlichen Maßnahmen allein entscheidet, sie aber verwaltungstechnisch von der Präsidentin oder dem Präsidenten des Landtags vollzogen werden. Die oder der HDSB ist ihr Dienstvorgesetzter. Sie sind ausschließlich an ihre oder seine Weisungen gebunden. Arbeitsrechtliche Disziplinarmaßnahmen wie Abmahnungen spricht nur die oder der HDSB aus. 23

C. Würdigung

Eine eigene, für die Aufgabenerfüllung notwendige Personal- und Sachausstattung ist für die unabhängige Aufgabenwahrnehmung essentiell. Daher ist die **programmatische Aussage** des Abs. 1 Satz 1 politisch hilfreich. Sie ist aber juristisch gegen den Landtag – von Extremfällen abgesehen – nicht durchsetzbar, da dieser einen weiten Spielraum hat, den jährlichen Staatshaushalt festzulegen. Praktisch wichtiger sind daher die Festlegungen zu einem **eigenen Haushalt und zur Personalhoheit** der oder des HDSB. Die Regelung zur Aufspaltung der inhaltlichen Entscheidung und verwaltungstechnischen Umsetzung hinsichtlich der Personals ist angesichts der unionsrechtlichen Vorgaben allerdings unverständlich. Der obersten Landesbehörde sollte die Personalhoheit auch formal ohne Abstriche zugebilligt werden. 24

Fünfter Abschnitt: Rechtsbehelfe

§ 19 Gerichtlicher Rechtsschutz

(1) [1]Für Streitigkeiten zwischen einer natürlichen oder einer juristischen Person und der oder dem Hessischen Datenschutzbeauftragten über Rechte nach Art. 78 Abs. 1 und 2 der Verordnung (EU) Nr. 2016/679 sowie § 56 ist der Verwaltungsrechtsweg gegeben. [2]Satz 1 gilt nicht für Bußgeldverfahren.

(2) Für Verfahren nach Abs. 1 Satz 1 findet § 20 Abs. 2, 3, 5 und 7 des Bundesdatenschutzgesetzes entsprechende Anwendung.

(3) In Verfahren nach Abs. 1 Satz 1 ist die oder der Hessische Datenschutzbeauftragte beteiligungsfähig.

(4) Für Klagen betroffener Personen gegen einen Verantwortlichen oder einen Auftragsverarbeiter wegen eines Verstoßes gegen datenschutzrechtliche Bestimmungen im Anwendungsbereich der Verordnung (EU)

---

17 S. zB auch *Pabst* in HK-DSG NRW § 25 Rn. 16.
18 S. zB auch *Römer* in HK-LDSG RhPf § 15 Rn. 67.
19 S. *Arlt* in Schild ua § 31 Rn. 12 zur Vorgängerregelung.

Nr. 2016/679 oder der darin enthaltenen Rechte der betroffenen Person findet § 44 des Bundesdatenschutzgesetzes entsprechende Anwendung.

(5) [1]Behörden und sonstige öffentliche Stellen des Landes können unbeschadet anderer Rechtsbehelfe gerichtlich gegen sie betreffende verbindliche Entscheidungen der oder des Hessischen Datenschutzbeauftragten vorgehen. [2]Wenn die Behörde oder öffentliche Stelle eine verbindliche Entscheidung der oder des Hessischen Datenschutzbeautragten nicht beachtet und nicht innerhalb eines Monats nach Bekanntgabe gerichtlich gegen diese vorgeht, kann die oder der Hessische Datenschutzbeauftragte die gerichtliche Feststellung der Rechtmäßigkeit der getroffenen verbindlichen Entscheidung beantragen.

(6) Die Klage einer Behörde oder sonstigen öffentlichen Stelle des Landes gegen eine verbindliche Entscheidung der oder des Hessischen Datenschutzbeauftragten nach Art. 58 Abs. 2 Buchst. g der Verordnung (EU) Nr. 2016/679 oder § 14 Abs. 3 Nr. 4 hat aufschiebende Wirkung.

Literatur:

Papier, Rechtsstaatlichkeit und Grundrechtsschutz in der digitalen Gesellschaft, NJW 2017, 3025; *Roßnagel*, Datenschutzaufsicht nach der EU-Datenschutz-Grundverordnung, Neue Aufgaben und Befugnisse der Aufsichtsbehörden, 2017.

A. Allgemeines

I. Bedeutung der Vorschrift

1   Die Vorschrift dient der **Rechtssicherheit** von Anordnungen des oder der HDSB und dem **Rechtsschutz** der von den Anordnungen Betroffener. Sie ist eine Folge der durch Art. 58 DS-GVO verbesserten Möglichkeit der Aufsichtsbehörden, Datenschutzrecht durchzusetzen.[1] Der oder die HDSB ist nicht mehr nur auf Beanstandungen angewiesen,[2] sondern kann nach Art. 58 DS-GVO verbindliche Anordnungen zur Verarbeitung personenbe-

---

1   S. zB *Polenz* in Simitis/Hornung/Spiecker gen. Döhmann DS-GVO Art. 58 Rn. 1 ff.
2   S. hierzu *Nungesser* § 27 Rn. 1 f.

zogener Daten treffen. Diese stellen für die Betroffenen Grundrechtseingriffe dar, gegen die sie eine Möglichkeit gerichtlichen Rechtsschutzes haben müssen.

II. Entstehungsgeschichte

Eine vergleichbare Vorschrift kannte das HDSG nicht, sie geht auf die neuen Rechtsschutzmöglichkeiten nach der DS-GVO und der JI-RL zurück. Die Vorschrift ist **größtenteils unverändert** im Gesetzgebungsprozess erhalten geblieben.[3] Lediglich Abs. 5 Satz 2 wurde im Wortlaut angepasst, um die Möglichkeit des gerichtlichen Rechtsschutzes für den oder die HDSB zu verdeutlichen.[4]

2

III. Unionsrechtliche Regelungen

Das Recht auf gerichtlichen Rechtsschutz hat seine Grundlage in der GRCh. **Art. 47 Abs. 1 GRCh** gewährt das Recht auf einen wirksamen Rechtsbehelf für jede Person, deren durch das Recht der Union garantierte Rechte oder Freiheiten verletzt worden sind. Dies gilt gemäß **Art. 51 Abs. 1 Satz 1 GRCh** auch dann, wenn Mitgliedstaaten Unionsrecht durchführen. Damit gilt das Recht auf gerichtlichen Rechtsschutz nicht nur hinsichtlich des Primärrechts wie der Grundrechtecharta, sondern auch hinsichtlich des Sekundärrechts[5] wie der DS-GVO. Das Recht auf gerichtlichen Rechtsschutz gilt zudem für die Rechtsakte der Mitgliedstaaten in Umsetzung des Sekundärrechts. Das sind zum einen Datenschutzgesetze des Bundes. Maßstab für den wirksamen Rechtsbehelf ist die GRCh, soweit Unionsrecht umgesetzt wird, sowie das GG einschließlich der Rechtsschutzgarantie in Art. 19 Abs. 4 GG. Wird die DS-GVO oder anderes Sekundärrecht durch den hessischen Gesetzgeber umgesetzt, ist die Umsetzung an der HV einschließlich der Rechtsweggarantie des Art. 2 Abs. 3 HV zu messen.[6]

3

Die Absätze 1 bis 3 sowie 5 und 6 der Vorschrift wiederholen und ergänzen die Vorschrift der DS-GVO zum Recht auf einen wirksamen gerichtlichen Rechtsbehelf gegen eine Aufsichtsbehörde nach **Art. 78 Abs. 1 und 2 DS-GVO**. Sie gelten durch den Verweis auf § 56 aber auch für den Anwendungsbereich der JI-RL. Daher verstoßen sie trotz Wiederholungen des Textes der DS-GVO nicht gegen das Normwiederholungsverbot. Für die Absätze 5 und 6 gilt dies, da juristische Personen auch Behörden und sonstige öffentliche Stellen umfasst.[7] Abs. 4 der Vorschrift verweist auf § 44 BDSG, der wiederum das Recht auf einen gerichtlichen Rechtsbehelf gegen Verantwortliche und Auftragsverarbeiter nach **Art. 79 DS-GVO** umsetzt.[8]

4

---

3 S. Gesetzesentwurf der Fraktionen der CDU und BÜNDNIS 90/DIE GRÜNEN, LT-Drs. 19/5728, 16.
4 LT-Drs. 19/6300, 2.
5 *Jarass* GRCh Art. 47 Rn. 6.
6 S. ausführlich *Johannes* in Roßnagel Das neue DSR § 2 Rn. 38 ff.
7 *Boehm* in Simitis/Hornung/Spiecker gen. Döhmann DS-GVO Art. 78 Rn. 8; *Bergt* in Kühling/Buchner DS-GVO Art. 78 Rn. 8.
8 Zu Art. 78 und 79 DS-GVO s. zB *Nebel* in Roßnagel Das neue DSR § 2 Rn. 130 ff.; *Geminn* in Jandt/Steidle Datenschutz-HdB Kap. B Rn. 62 ff.

IV. Verhältnis zu anderen Vorschriften

5   Da die Vorschrift im ersten Teil des Gesetzes unter **Gemeinsame Bestimmungen** steht, gilt sie grundsätzlich für alle Teile des Gesetzes, also die Durchführungsvorschriften der DS-GVO, der Umsetzungsvorschriften der JI-Richtlinie sowie in Bezug auf die Informationsfreiheit. Ergänzt wird die Vorschrift durch §§ 55 und 56, die spezifisch der Umsetzung der JI-Richtlinie dienen.

B. Gerichtlicher Rechtsschutz

6   Die Vorschrift regelt Fragen des gerichtlichen Rechtsschutzes hinsichtlich **dreier** spezifischer **Konstellationen:** Streitigkeiten zwischen einer natürlichen oder juristischen Person und dem oder der HDSB (Abs. 1 bis 3), zwischen betroffenen Personen und Verantwortlichen oder Auftragsverarbeitern (Abs. 4) sowie zwischen Behörden und sonstige öffentliche Stellen des Landes und dem oder der HDSB (Abs. 5 und 6).

I. Verwaltungsrechtsweg (Abs. 1)

7   Abs. 1 bis 3 befassen sich mit dem gerichtlichen Rechtsschutz bei Streitigkeiten zwischen einer natürlichen oder juristischen Person und dem oder der HDSB. Abs. 1 Satz 1 stellt **deklaratorisch**[9] fest, dass für Angelegenheiten des Art. 78 Abs. 1 und 2 DS-GVO sowie des § 56 der **Verwaltungsrechtsweg** gegeben ist. § 56 gewährt Rechtsschutz gegen Entscheidungen oder ein Untätigbleiben der oder des HDSB bei Angelegenheiten nach der JI-RL (→ § 56 Rn. 7 ff.). Art. 78 Abs. 1 DS-GVO umfasst das Recht einer jeden natürlichen oder juristischen Person auf einen wirksamen gerichtlichen Rechtsbehelf gegen einen sie betreffenden rechtsverbindlichen Beschluss einer Aufsichtsbehörde. Art. 78 Abs. 2 DS-GVO umfasst das Recht der betroffenen Person auf einen wirksamen gerichtlichen Rechtsbehelf, wenn sich die zuständige Aufsichtsbehörde nicht mit einer Beschwerde iSd Art. 77 DS-GVO befasst hat oder die betroffene Person nicht innerhalb von drei Monaten über das Ergebnis in Kenntnis gesetzt hat. Die maßgebliche **zuständige Aufsichtsbehörde** ist mit Blick auf § 1 Abs. 1 der oder die **HDSB** iSd der §§ 8 ff.

8   Satz 1 übernimmt den Wortlaut des § 20 Abs. 1 Satz 1 BDSG. Er eröffnet – wie § 40 Abs. 1 VwGO – den Verwaltungsrechtsweg. Satz 1 wird als Sonderzuweisung angesehen.[10] Ob dies zutrifft, ist im Ergebnis irrelevant. Es besteht jedenfalls kein über § 40 Abs. 1 VwGO hinausgehender Regelungsgehalt.[11] Der Verwaltungsrechtsweg ist also eröffnet und das Verwaltungsgericht sachlich zuständig, soweit es sich um eine öffentlich-rechtliche Streitigkeit nichtverfassungsrechtlicher Art handelt und es keine ausdrückliche Sonderzuweisung gibt. Eine solche Sonderzuweisung ist beispielsweise Satz 2, nach der für **Bußgeldverfahren** nicht der Verwaltungsrechtsweg gilt,

---

9   LT-Drs. 19/5728, 106.
10   So *Frenzel* in Paal/Pauly BDSG § 20 Rn. 3; *Lapp* in Gola/Heckmann BDSG § 20 Rn. 6.
11   *Bergt*, in: Kühling/Buchner § 20 Rn. 4. Zum Regelungsgehalt des § 20 BDSG kritisch die Stellungnahme des Bundesrates zum Gesetzesentwurf, BT-Drs. 18/11625, 8 f.; s. auch *Nebel* in Roßnagel Das neue DSR § 2 Rn. 127 f.

sondern nach §§ 68, 46 OWiG die ordentliche Gerichtsbarkeit zuständig ist.[12]

II. Verfahren vor dem Verwaltungsgericht (Abs. 2)

Für das Verfahren vor dem sachlich zuständigen Verwaltungsgericht nach Abs. 1 Satz 1 erklärt Abs. 2 den **§ 20 Abs. 2, 3, 5 und 7 BDSG** für entsprechend anwendbar. 9

1. Geltung der VwGO (Verweis auf § 20 Abs. 2 BDSG)

Nach § 20 Abs. 2 BDSG gilt die **VwGO** mit den sich aus § 20 Abs. 3 bis 7 BDSG ergebenden **Abweichungen**. Der Verweis auf § 20 Abs. 2 BDSG ist widersprüchlich, da Abs. 2 der Vorschrift nicht auf § 20 Abs. 4 und 6 BDSG verweist, diese also nicht anwendbar sein sollen, es aber durch den Verweis auf § 20 Abs. 2 BDSG trotzdem sind. Entscheidungserheblich ist dieser Widerspruch zwar nicht hinsichtlich § 20 Abs. 4 BDSG, da dieser den gleichen Regelungsgehalt wie Abs. 3 der Vorschrift aufweist. Beide regeln die Beteiligungsfähigkeit der jeweils zuständigen Aufsichtsbehörde. 10

Relevant ist der **widersprüchliche Verweis** von Abs. 2 der Vorschrift auf § 20 Abs. 2 BDSG aber hinsichtlich **§ 20 Abs. 6 BDSG**. Letzterer erklärt, dass ein **Vorverfahren** – gemeint ist das Vor- oder Widerspruchsverfahren iSd §§ 68 VwGO – **nicht stattfindet**: Nach § 68 Abs. 1 Satz 1 VwGO besteht die Pflicht zur Durchführung eines Vorverfahrens, wenn nicht nach dessen Satz 2 ein Gesetz Ausnahmen bestimmt. Eine solche Ausnahme ist zB § 20 Abs. 6 BDSG, der bestimmt, dass ein Vorverfahren nicht stattfindet. Abs. 2 der Vorschrift nimmt auf diesen aber ausdrücklich keinen Bezug. Ein solches Gesetz iSd § 68 Abs. 1 Satz 2 VwGO ist auch § 16 a HAGVwGO. Angelegenheiten nach diesem Gesetz sind jedoch in der Anlage 1 zu § 16 a Abs. 1 HAGVwGO nicht aufgeführt, so dass das Vorverfahren grundsätzlich nicht entfallen kann. Der Widerspruch zu Abs. 2 der Vorschrift lässt sich aber so erklären: Ein **Vorverfahren** ist **hinfällig**, da die oder der HDSB nach § 8 Abs. 1 eine oberste Landesbehörde ist und damit keine nächsthöhere Behörde iSd § 73 Abs. 1 VwGO existiert, die über den Widerspruch entscheiden könnte. Der mit dem Vorverfahren angestrebte **Devolutiveffekt** würde somit nicht erreicht.[13] Abhilfebefugnisse stehen der oder dem HDSB im Rahmen des regulären Verwaltungsverfahrens zudem auch unabhängig von einem Widerspruchsverfahren zu.[14] Für diese Auslegung spricht auch Art. 78 Abs. 1 DS-GVO, der fordert, dass Rechtsbehelfe ohne vorheriges Widerspruchsverfahren möglich sein müssen. 11

2. Örtliche Zuständigkeit des Verwaltungsgerichts (Verweis auf § 20 Abs. 3 BDSG)

Abs. 2 verweist weiter auf § 20 Abs. 3 BDSG. Es ist also das Verwaltungsgericht örtlich zuständig, in dessen Bezirk die Aufsichtsbehörde ihren Sitz 12

---

12 S. ebenso für BDSG *Bergt* in Kühling/Buchner BDSG § 20 Rn. 4.
13 BT-Drs. 18/11325, 93; *Frenzel* in Paal/Pauly BDSG § 20 Rn. 11.
14 *Mundil* in BeckOK DatenschutzR BDSG § 20 Rn. 6; *Frenzel* in Paal/Pauly BDSG § 20 Rn. 11.

hat. Da der oder die HDSB seinen oder ihren Sitz in Wiesbaden hat, ist das **VG Wiesbaden** für alle Streitigkeiten nach Abs. 1 örtlich zuständig.

3. Beteiligte des Verwaltungsverfahrens (Verweis auf § 20 Abs. 5 BDSG)

13 Abs. 2 verweist zudem auf § 20 Abs. 5 BDSG. § 20 Abs. 5 Satz 1 BDSG regelt die **Beteiligungsfähigkeit** im Verwaltungsverfahren. Aktivlegitimiert als Kläger oder Antragsteller sind nach § 20 Abs. 5 Nr. 1 BDSG natürliche oder juristische Personen. Passivlegitimiert als Beklagte oder Antragsgegnerin ist nach Nr. 2 die Aufsichtsbehörde. Diese Festlegung der Aktiv- und Passivlegitimation ist eigentlich **überflüssig**, da Art. 78 DS-GVO ohnehin nur diese Konstellation regelt.[15] Sie hat aber zur Folge, dass die Aufsichtsbehörde mangels Aktivrolle zB keinen Antrag nach § 123 VwGO auf Erlass einer einstweiligen Anordnung stellen kann.[16]

14 § 20 Abs. 5 Satz 2 BDSG bestimmt, dass **§ 63 Nr. 3 und 4 VwGO unberührt** bleiben. Beteiligte am Verfahren sind also zum einen Beigeladene iSd § 65 VwGO sowie zum anderen Vertreter des Bundesinteresses beim BVerwG oder Vertreter des öffentlichen Interesses, falls diese von ihrer Beteiligungsbefugnis Gebrauch machen.

4. Keine Anordnung der sofortigen Vollziehung (Verweis auf § 20 Abs. 7 BDSG)

15 Schließlich verweist Abs. 2 auf § 20 Abs. 7 BDSG. Nach dem Wortlaut des § 20 Abs. 7 BDSG ist die Anordnung der **sofortigen Vollziehung** eines Verwaltungsaktes nach § 80 Abs. 2 Satz 1 Nr. 4 VwGO durch die Aufsichtsbehörde **gegenüber einer anderen Behörde ausgeschlossen**, mit der Folge, dass eine Anfechtungsklage einer Behörde oder öffentlichen Stelle aufschiebende Wirkung entfaltet. Eine verbindliche, vollstreckbare Entscheidung kann somit nur durch das VG herbeigeführt werden. Die Vorschrift gilt ausweislich ihres Wortlauts **nicht** bei Verwaltungsakten der Aufsichtsbehörde **gegenüber natürlichen Personen** oder solchen juristischen Personen, die keine Behörden sind. Diesen gegenüber ist die Anordnung der sofortigen Vollziehung also zulässig.[17]

16 Zwar ist dadurch der Anwendungsbereich der Vorschrift verhältnismäßig eng. § 20 Abs. 7 BDSG wird im Schrifttum aber sehr kritisch gesehen,[18] da sie die Befugnisse der Aufsichtsbehörden aus Art. 58 DS-GVO einschränkt und diese in der effektiven Umsetzung ihrer Aufgaben aus Art. 57 DS-GVO behindert. Letztlich ist § 20 Abs. 7 BDSG als **unionsrechtswidrig** einzustufen.[19] Gleiches gilt für den Verweis in Abs. 2, der somit keine Anwendung finden darf. Anders als in § 20 Abs. 7 BDSG geregelt, darf die Aufsichtsbehörde also auch gegenüber anderen Behörden oder deren Rechtsträgern die sofortige Vollziehung anordnen, um ihre Befugnisse durchzusetzen und da-

15 *Bergt* in Kühling/Buchner BDSG § 20 Rn. 8.
16 *Bergt* in Kühling/Buchner BDSG § 20 Rn. 8, 14.
17 So für das BDSG *Bergt* in Kühling/Buchner BDSG § 20 Rn. 12 ff.
18 Zur Kritik an der Vorschrift *Bergt* in Kühling/Buchner BDSG § 20 Rn. 15 ff.
19 *Bergt* in Kühling/Buchner BDSG § 20 Rn. 20 f.; *Frenzel* in Paal/Pauly BDSG § 20 Rn. 13; *Lapp* in Gola/Heckmann BDSG § 20 Rn. 18 ff.

mit dem Unionsrecht zu voller Wirksamkeit zu verhelfen.[20] Eine Anfechtungsklage der Behörde oder öffentlichen Stelle hat in diesem Fall keine aufschiebende Wirkung.

III. Beteiligungsfähigkeit des oder der HDSB (Abs. 3)

Abs. 3 erklärt den oder die **HDSB** für **beteiligungsfähig** am Verwaltungs- 17 verfahren nach Abs. 1 Satz 1. Die Vorschrift ergänzt damit den Verweis in Abs. 2 auf § 20 Abs. 5 BDSG.

Abs. 3 stellt eine Norm iSd § 61 Nr. 3 VwGO dar.[21] Danach sind Behörden 18 beteiligungsfähig, wenn das Landesrecht, hier also Abs. 3, dies bestimmt. Daher ist die oder der HDSB beteiligungsfähig. Wer beteiligungsfähig ist, kann an einem Verwaltungsverfahren als Kläger, Beklagter, Beigeladener oder sonstiger Beteiligter teilnehmen.[22] Eine Klage ist demnach gegen die oder den HDSB direkt zu richten.[23]

IV. Klagen betroffener Personen gegen Verantwortliche oder Auftragsverarbeiter (Abs. 4)

Abs. 4 erklärt für Klagen betroffener Personen gegen einen Verantwortli- 19 chen oder einen Auftragsverarbeiter wegen eines Verstoßes gegen datenschutzrechtliche Bestimmungen im Anwendungsbereich der DS-GVO oder der darin enthaltenen Rechte der betroffenen Person § 44 BDSG für **entsprechend anwendbar**.[24] § 44 BDSG ergänzt die in Art. 79 Abs. 2 DS-GVO festgesetzte internationale Zuständigkeit.[25]

„**Verstoß gegen datenschutzrechtliche Bestimmungen** im Anwendungsbe- 20 reich der DS-GVO" erfasst neben den Vorschriften der DS-GVO ua auch delegierte und Durchführungsrechtsakte sowie mitgliedstaatliche Regelungen.[26] Inhaltlich umfasst sind zum einen alle Klagen, die auf datenschutzrechtlichen Vorschriften zum Schutz betroffener Personen bei der Verarbeitung personenbezogener Daten im Anwendungsbereich der DS-GVO basieren, also Klagen auf Leistungen, Unterlassungen oder Feststellungen.[27] Zum anderen umfasst § 44 Abs. 1 BDSG in unionsrechtskonformer Auslegung über den Wortlaut hinaus neben Klagen auch Verfahren des einstweiligen Rechtsschutzes.[28] „**Darin enthaltene Rechte**" beinhaltet alle Betroffenenrechte, beispielsweise das Recht auf Information, Auskunft, Widerspruch, Löschen, Berichtigen, Einschränken der Verarbeitung oder Datenübertragbarkeit.

§ 44 Abs. 1 Satz 1 BDSG eröffnet für alle Angelegenheiten wegen Verstoßes 21 gegen die DS-GVO eine Zuständigkeit des Gerichts, an dem sich eine Nie-

---

20 So *Bergt* in Kühling/Buchner BDSG § 20 Rn. 24 f.
21 LT-Drs. 19/5728, 106.
22 *Bier/Steinbeiß-Winkelmann* in Schoch/Schneider/Bier VwGO § 61 Rn. 2.
23 S. auch *Bergt* in Kühling/Buchner BDSG § 20 Rn. 10.
24 LT-Drs. 19/5728, 106.
25 *Frenzel* in Paal/Pauly BDSG § 44 Rn. 1.
26 *Bergt* in Kühling/Buchner BDSG § 44 Rn. 7; *Frenzel* in Paal/Pauly BDSG § 44 Rn. 5.
27 *Bergt* in Kühling/Buchner BDSG § 44 Rn. 7.
28 *Kreße* in HK-BDSG § 44 Rn. 10.

derlassung des Verantwortlichen oder Auftragsverarbeiters befindet oder nach dessen Satz 2 am **gewöhnlichen Aufenthaltsort** der betroffenen Person. „Niederlassung" ist autonom nach dem Unionsrecht auszulegen und erfordert eine effektive und tatsächliche Ausübung einer Tätigkeit durch eine feste Einrichtung.[29] „Gewöhnlicher Aufenthaltsort" isd Satzes 2 ist nicht enger oder weiter zu verstehen als „Aufenthaltsort" in Art. 79 Abs. 2 DS-GVO.[30] Jedenfalls steht der betroffenen Person hinsichtlich der örtlichen Zuständigkeit ein **Wahlrecht** zu.

22   § 44 Abs. 2 BDSG bestimmt, dass das Wahlrecht der betroffenen Person **nicht für Klagen gegen Behörden in Ausübung ihrer hoheitlichen Befugnisse** gilt. Dies dient dazu, dass eine Behörde nicht vor einem Gericht eines anderen Staates verklagt werden kann.[31] In diesen Fällen gilt vielmehr die Rechtswegzuweisung des § 20 BDSG und Abs. 1 bis 3 der Vorschrift oder – falls es sich bei der Behörde nicht um den oder die HDSB handelt – § 40 VwGO sowie die örtliche Zuständigkeit nach § 52 VwGO.

23   § 44 Abs. 3 BDSG bestimmt, dass ein Vertreter nach Art. 27 Abs. 1 DS-GVO als bevollmächtigt gilt, Zustellungen in zivilgerichtlichen Verfahren nach § 44 Abs. 1 BDSG entgegenzunehmen und **fingiert** damit eine **Zustellungsbevollmächtigung** für den Vertreter.[32] Solche Zustellungen betreffen zB Schriften der Gegenseite und des Gerichts. Ein Vertreter nach Art. 27 DS-GVO ist vorgesehen für Fälle des Art. 3 Abs. 2 DS-GVO, wenn also der Verantwortliche oder Auftragsverarbeiter personenbezogene Daten von betroffenen Personen in der Union verarbeitet, aber nicht in der Union niedergelassen ist. Nach § 44 Abs. 3 Satz 2 BDSG bleibt § 184 ZPO unberührt, das heißt, das Gericht kann trotz Bestellung eines Vertreters isd Art. 27 DS-GVO anordnen, einen Zustellungsbevollmächtigter im Inland zu bestellen, wenn kein Prozessbevollmächtigter bestellt wurde. § 44 Abs. 3 BDSG sorgt für Rechtssicherheit bezüglich Zustellungen und damit zusammenhängenden Fristen im gerichtlichen Verfahren, da internationale Zustellungen als „aufwändig, langwierig und fehleranfällig" gelten.[33]

V. Streitigkeiten zwischen öffentlichen Stellen und dem oder der HDSB (Abs. 5)

24   Satz 1 eröffnet Behörden oder sonstigen öffentlichen Stellen des Landes die Möglichkeit, gerichtlich gegen sie betreffende verbindliche Entscheidungen der oder des HDSB vorzugehen. Satz 1 erlaubt damit einen **Insichprozess** des Landes Hessen zwischen einer Landesbehörde oder öffentlichen Stelle und dem oder der HDSB als Aufsichtsbehörde.[34] Dies soll erreichen, dass materielles Recht effektiv durchgesetzt wird.[35] Satz 2 eröffnet der oder dem HDSB die gerichtliche Feststellung der Rechtmäßigkeit der getroffenen ver-

---

29 Ausführlich zB *Hornung* in Simitis/Hornung/Spiecker gen. Döhmann DS-GVO Art. 3 Rn. 21 ff.
30 Zum Begriff des Aufenthaltsortes *Bergt* in Kühling/Buchner BDSG § 44 Rn. 4 sowie *Bergt* in Kühling/Buchner DS-GVO Art. 79 Rn. 17.
31 *Frenzel* in Paal/Pauly BDSG § 44 Rn. 6.
32 *Bergt* in Kühling/Buchner BDSG § 44 Rn. 9.
33 *Bergt* in Kühling/Buchner BDSG § 44 Rn. 9.
34 LT-Drs. 19/5728, 106.
35 *Czybulka/Siegel* in Sodan/Ziekow VwGO § 61 Rn. 41, 43.

bindlichen Entscheidung, wenn eine Behörde oder öffentliche Stelle des Landes nicht innerhalb eines Monats nach Bekanntgabe der verbindlichen Entscheidung Klage hiergegen erhoben hat. Dies ermöglicht der oder dem HDSB die **rechtsverbindliche gerichtliche Überprüfung eigener Entscheidungen.** Die Vorschrift soll erreichen, dass im Innenverhältnis des Landes Rechtssicherheit entsteht.[36]

VI. Aufschiebende Wirkung einer behördlichen Klage (Abs. 6)

Abs. 6 sieht vor, dass die **Klage einer Behörde** oder sonstigen öffentlichen 25
Stelle des Landes gegen eine verbindliche Entscheidung der oder des HDSB in Angelegenheiten des Art. 58 Abs. 2 lit. g DS-GVO oder § 14 Abs. 3 Nr. 4 **aufschiebende Wirkung** hat. Art. 58 Abs. 2 lit. g DS-GVO hat die Berichtigung oder Löschung personenbezogener Daten oder die Einschränkung ihrer Verarbeitung nach Art. 16, 17 und 18 DS-GVO sowie die entsprechende Unterrichtung bei Offenlegung der Daten nach Art. 17 Abs. 2 und 19 DS-GVO zum Gegenstand. § 14 Abs. 3 Nr. 4 enthält die Befugnis der oder des HDSB, die Löschung personenbezogener Daten anzuordnen (→ § 14 Rn. 27). Die aufschiebende Wirkung hat zur Folge, dass die Anordnung nicht sofort umgesetzt und vollstreckt werden kann. Dies ist entscheidend, da insbesondere die Löschung von Daten bei korrekter Umsetzung irreversibel ist.[37]

Die Vorschrift präzisiert zugleich den Verweis in Abs. 2 der Vorschrift auf 26
§ 20 Abs. 7 BDSG und ist grundsätzlich lex specialis zu diesem. Allerdings ist § 20 Abs. 7 BDSG **unionsrechtswidrig** (→ Rn. 16). Gleiches gilt in der jetzigen Form für Abs. 6 der Vorschrift. Zwar ist Abs. 6 wesentlich enger gefasst als § 20 Abs. 7 BDSG, da er nur zwei spezifische Fälle abdeckt. Diese sind auch grundsätzlich sachgerecht, da der sofortige Vollzug dieser Maßnahmen zumindest im Falle des Berichtigens und Löschens irreversible Folgen nach sich ziehen könnte, da die ursprünglichen personenbezogenen Daten nicht mehr zur Verfügung stünden, selbst wenn die Anordnung der oder des HDSB gegebenenfalls rechtwidrig erfolgte. Der Gesetzgeber hat hier korrekt zwischen der Durchsetzungsfähigkeit der oder des HDSB und potenziellen Rechtsfolgen differenziert. Allerdings wurden **Rechtspositionen der betroffenen Person nicht ausreichend berücksichtigt**, da bei einer Anfechtungsklage das Löschen und Berichtigen ihrer potenziell rechtswidrig verarbeiteten personenbezogenen Daten auf unbestimmte Zeit, nämlich bis zum Abschluss eines Verwaltungsverfahrens unterbleibt.

Abs. 6 ist daher in der jetzigen Form **unionsrechtswidrig,** da er die effektive 27
Durchsetzung des Unionsrechts verhindert. Er sollte dahin gehend geändert werden, dass bei Erhebung einer Anfechtungsklage die aufschiebende Wirkung nur dann eintritt, wenn gleichzeitig eine Einschränkung der Verarbeitung der streitgegenständlichen personenbezogenen Daten erfolgt. Die Rechte der betroffenen Person wären damit bis zum Abschluss eines Verwaltungsgerichtsverfahrens ausreichend gewahrt.

---

36 Nach LT-Drs. 19/5728, 106 soll die Vorschrift außerdem bewirken, dass den Justizbehörden auch Verstöße gegen das Datenschutzrecht zur Kenntnis gebracht werden.
37 LT-Drs. 19/5728, 106.

C. Würdigung

28 Die Vorschrift widmet sich dem **Prozessrecht**. Sie ist eine der wenigen Vorschriften in den LDSG, die eine ausführliche Regelung zum Prozessrecht enthalten.[38] Sie ist Ausdruck der **Rechtsschutzgarantie**, wie sie in Art. 47 GRCh, Art. 19 Abs. 4 GG und Art. 2 Abs. 3 HV (→ Rn. 3) garantiert ist. Die Vorschrift verfügt jedoch über **wenig eigenständigen Regelungsgehalt**, da sie größtenteils auf Vorschriften des BDSG Bezug nimmt. Einzig Abs. 3 und 6 konkretisieren die Rechtsschutzgarantie über die unions- und bundesrechtlichen Vorschriften hinaus. Problematisch ist der Verweis in Abs. 2 auf § 20 Abs. 7 BDSG. Da diese Vorschrift **unionsrechtswidrig** ist, darf sie keine Anwendung finden. Der Verweis in Abs. 2 sollte beseitigt werden, um eine unionsrechtskonforme Rechtsanwendung sicherzustellen. Auch Abs. 6, der lex specialis zu § 20 Abs. 7 BDSG ist, ist unionsrechtswidrig und sollte dahingehend geändert werden, dass bei Erhebung einer Anfechtungsklage die aufschiebende Wirkung nur dann eintritt, wenn gleichzeitig eine Einschränkung der Verarbeitung der streitgegenständlichen personenbezogenen Daten erfolgt.

Zweiter Teil
Durchführungsbestimmungen für Verarbeitungen zu Zwecken nach Artikel 2 der Verordnung (EU) Nr. 2016/679

Erster Abschnitt: Rechtsgrundlagen der Verarbeitung personenbezogener Daten

Erster Titel: Verarbeitung personenbezogener Daten und Verarbeitung zu anderen Zwecken

§ 20 Verarbeitung besonderer Kategorien personenbezogener Daten

(1) Abweichend von Art. 9 Abs. 1 der Verordnung (EU) Nr. 2016/679 ist die Verarbeitung besonderer Kategorien personenbezogener Daten im Sinne des Art. 9 Abs. 1 der Verordnung (EU) Nr. 2016/679 durch öffentliche Stellen zulässig, wenn sie

1. erforderlich ist, um die aus dem Recht der sozialen Sicherheit und des Sozialschutzes erwachsenden Rechte auszuüben und den diesbezüglichen Pflichten nachzukommen,

2. zum Zweck der Gesundheitsvorsorge, für die Beurteilung der Arbeitsfähigkeit der Beschäftigten, für die medizinische Diagnostik, die Versorgung oder Behandlung im Gesundheits- oder Sozialbereich oder für die Verwaltung von Systemen und Diensten im Gesundheits- und Sozialbereich oder aufgrund eines Vertrags der betroffenen Person mit einem Angehörigen eines Gesundheitsberufs erforderlich ist, und diese Daten von ärztlichem Personal oder durch sonstige Personen, die einer

---

38 Nur das DSG LSA hat eine vergleichbar ausführliche Regelung. Die DSG NRW, RhPf, Sachsen, MV, BW, Bayern, Bremen und Hamburg enthalten überhaupt keine entsprechende Vorschrift.

entsprechenden Geheimhaltungspflicht unterliegen, oder unter deren Verantwortung verarbeitet werden, oder

3. aus Gründen des öffentlichen Interesses im Bereich der öffentlichen Gesundheit, wie dem Schutz vor schwerwiegenden grenzüberschreitenden Gesundheitsgefahren oder zur Gewährleistung hoher Qualitäts- und Sicherheitsstandards bei der Gesundheitsversorgung und bei Arzneimitteln und Medizinprodukten erforderlich ist; ergänzend zu den in Abs. 2 genannten Maßnahmen sind insbesondere die berufsrechtlichen und strafrechtlichen Vorgaben zur Wahrung des Berufsgeheimnisses einzuhalten,

4. a) aus Gründen eines erheblichen öffentlichen Interesses unbedingt erforderlich ist,

   b) zur Abwehr einer erheblichen Gefahr für die öffentliche Sicherheit erforderlich ist oder

   c) aus zwingenden Gründen der Verteidigung oder für humanitäre Maßnahmen erforderlich ist

und soweit die Interessen des Verantwortlichen an der Datenverarbeitung die Interessen der betroffenen Person überwiegen.

(2) ¹In den Fällen des Abs. 1 sind angemessene und spezifische Maßnahmen zur Wahrung der Interessen der betroffenen Person vorzusehen. ²Unter Berücksichtigung des Stands der Technik, der Implementierungskosten und der Art, des Umfangs, der Umstände und der Zwecke der Verarbeitung sowie der unterschiedlichen Eintrittswahrscheinlichkeit und Schwere der mit der Verarbeitung verbundenen Risiken für die Rechte und Freiheiten natürlicher Personen können dazu insbesondere gehören:

1. technische und organisatorische Maßnahmen, um sicherzustellen, dass die Verarbeitung nach der Verordnung (EU) Nr. 2016/679 erfolgt,

2. Maßnahmen, die gewährleisten, dass nachträglich überprüft und festgestellt werden kann, ob und von wem personenbezogene Daten eingegeben, verändert oder entfernt worden sind,

3. Sensibilisierung der an Verarbeitungsvorgängen Beteiligten,

4. Beschränkung des Zugangs zu den personenbezogenen Daten innerhalb der verantwortlichen Stelle und von Auftragsverarbeitern,

5. Pseudonymisierung personenbezogener Daten,

6. Verschlüsselung personenbezogener Daten,

7. Sicherstellung der Fähigkeit, Vertraulichkeit, Integrität, Verfügbarkeit und Belastbarkeit der Systeme und Dienste im Zusammenhang mit der Verarbeitung personenbezogener Daten, einschließlich der Fähigkeit, die Verfügbarkeit und den Zugang bei einem physischen oder technischen Zwischenfall rasch wiederherzustellen,

8. zur Gewährleistung der Sicherheit der Verarbeitung die Einrichtung eines Verfahrens zur regelmäßigen Überprüfung, Bewertung und Evaluierung der Wirksamkeit der technischen und organisatorischen Maßnahmen oder

9. spezifische Verfahrensregelungen, die im Fall einer Übermittlung oder Verarbeitung für andere Zwecke die Einhaltung der Vorgaben dieses Gesetzes sowie der Verordnung (EU) Nr. 2016/679 sicherstellen.

(3) Werden personenbezogene Daten nicht automatisiert verarbeitet, sind insbesondere Maßnahmen zu treffen, um den Zugriff Unbefugter bei der Bearbeitung, der Aufbewahrung, dem Transport und der Vernichtung zu verhindern.

Literatur:

Bieresborn, Sozialdatenschutz nach Inkrafttreten der EU-Datenschutzgrundverordnung - Anpassungen des nationalen Sozialdatenschutzes an das europäische Recht, NZS 2017, 887; *Dochow*, Digitale Überwachung und Gesundheitsdatenschutz in Zeiten einer nationalen epidemischen Lage – Untersuchung datenschutzrechtlicher Grundlagen und Anforderungen für ein Kontakt-Tracking oder Tracing mittels sog Corona-Apps, GuP 2020, 129; *Freund/Shagdar*, Sozialdatenschutz - europäisch? Sozialdatenschutzrecht im Lichte der Datenschutz-Grundverordnung - Teil 1, SGb 2018, 195; *Hornung*, Das Recht auf Vergessenwerden als Strukturelement körperloser Sozialräume, in: Hentschel/Hornung/Jandt (Hrsg.), Mensch – Technik – Umwelt: Verantwortung für eine sozialverträgliche Zukunft. FS für Alexander Roßnagel zum 70. Geburtstag, 2020, 379; *Hornung/Schindler/Schneider*, Die Europäisierung des strafverfahrensrechtlichen Datenschutzes. Zum Anwendungsbereich der neuen Datenschutz-Richtlinie für Polizei und Justiz, ZIS 2018, 566; *Matejek/Mäusezahl*, Gewöhnliche vs. sensible personenbezogene Daten, ZD 2019, 551; *Schneider*, Schließt Art. 9 DS-GVO die Zulässigkeit der Verarbeitung bei Big Data aus?, ZD 2017, 303; *Simitis*, "Sensitive Daten" – Zur Geschichte und Wirkung einer Fiktion, in: Brem/Druey/Kramer/Schwander (Hrsg.), FS zum 65. Geburtstag von Mario M. Pedrazzini, 1990, 469; *Weichert*, "Sensitive Daten" revisited, DuD 2017, 538.

A. Allgemeines

I. Bedeutung der Vorschrift

1   Art. 9 Abs. 1 DS-GVO enthält ein **grundsätzliches Verbot der Verarbeitung** „besonderer Kategorien personenbezogener Daten". Diese Kategorien decken eine große Bandbreite von Daten ab (→ Rn. 6), von denen jedoch etliche für die Funktionsfähigkeit der öffentlichen Verwaltung essenziell sind. Dementsprechend normiert Art. 9 Abs. 2 DS-GVO zum einen unmittelbar geltende Ausnahmen und lässt zum anderen in Öffnungsklauseln zusätzliche mitgliedstaatliche und unionsrechtliche Ausnahmen zu. Hiervon macht die Vorschrift für öffentliche Stellen nach § 2 Abs. 1 (→ § 2 Rn. 12 ff.) Gebrauch. Derartige Regelungen sind insbesondere im **Gesundheits- und Sozialwesen von essenzieller Bedeutung,** da ohne sie wichtige Verarbeitungstä-

tigkeiten unzulässig sein könnten. Angesichts etlicher Spezialvorschriften und des problematisch unbestimmten Charakters der Vorschrift (→ Rn. 7 f.) steht allerdings zu erwarten, dass sie keine wesentliche Bedeutung erlangen wird.

Dem höheren Schutz liegt das **Konzept einer abstrakt höheren Sensibilität** 2 zugrunde. Dass diese nicht in jedem Fall von Art. 9 Abs. 1 DS-GVO vorliegen wird, ist offensichtlich.[1] Umgekehrt können allgemein wenig sensible Daten im Einzelfall eine erhebliche Sensibilität erlangen, beispielsweise die Anschrift im Falle eines Stalking-Opfers. Dementsprechend hat das *BVerfG* bereits im Volkszählungsurteil ausgesprochen, dass es unter den Bedingungen der automatischen Datenverarbeitung „**kein belangloses Datum**" mehr gibt, sondern die Beeinträchtigungen maßgeblich durch den Verwendungszusammenhang bestimmt werden.[2]

Trotz dieser Einschränkungen ist die Kategorienbildung in Art. 9 Abs. 1 3 DS-GVO grundsätzlich plausibel, weil die meisten der dort genannten Daten erfahrungsgemäß ein gegenüber anderen Datenkategorien erhöhtes **Diskriminierungsrisiko** aufweisen.[3] Der erhöhte Schutz ist damit auch Ausdruck der Tatsache, dass das Datenschutzrecht nach Art. 1 Abs. 2 DS-GVO nicht nur Art. 8 GRCh, sondern auch weitere Grundrechte – hier Art. 20 ff. GRCh – schützt.[4] Die konkrete Umsetzung des erhöhten Schutzes führt hingegen – insbesondere iVm der genannten weiten Auslegung der einzelnen Kategorien – in einigen Bereichen zu **kaum lösbaren Problemen.** Der rigorose Katalog in Art. 9 Abs. 2 DS-GVO enthält nicht nur keine Ausnahme für offenkundig im Einzelfall wenig schutzbedürftige Daten, sondern bietet auch keine Verarbeitungsbefugnis für bestimmte Verarbeitungszwecke wie Suchmaschinen.[5] Wie dieses Dilemma angemessen zu lösen ist, ist nach wie vor offen, allerdings kein (direktes) Problem der Vorschrift.

II. Entstehungsgeschichte

Entsprechend Art. 8 Abs. 1 DSRL enthielt **§ 7 Abs. 4 Satz 1 HDSG** ein 4 grundsätzliches Verarbeitungsverbot, das sich nunmehr aus Art. 9 Abs. 1 DS-GVO ergibt. Ausnahmen waren in §§ 33 bis 35 und 39 HDSG geregelt. Die Verarbeitung war außerdem nach § 7 Abs. 4 Satz 2 HDSG zulässig, wenn sie ausschließlich im Interesse des Betroffenen lag und der Hessische Datenschutzbeauftragte vorab gehört worden war.

---

1 Das gilt jedenfalls für die Dimension des Geheimnisschutzes, s. zB *Roßnagel/Pfitzmann/Garstka*, Modernisierung des Datenschutzrechts, S. 62: „Der Papst ist katholisch" als Beispiel für ein Datum über eine religiöse Überzeugung.
2 BVerfGE 65, 1 (45); zum Hintergrund s. auch *Simitis* in FS Pedrazzini, S. 469 ff.; *Weichert* DuD 2017, 538 ff.
3 *Roßnagel/Pfitzmann/Garstka*, Modernisierung des Datenschutzrechts, 61 f.; *Petri* in Simitis/Hornung/Spiecker gen. Döhmann DS-GVO Art. 9 Rn. 10 (auch zu Einschränkungen). Bei biometrischen Daten folgt der Schutzbedarf aus der lebenslang festen Verbindung zur Person, die umfassende Profilbildungen ermöglicht.
4 *Hornung/Spiecker gen. Döhmann* in Simitis/Hornung/Spiecker gen. Döhmann DS-GVO Art. 1 Rn. 29, 32.
5 Bei dem Bemühen, den Suchmaschinenanbietern die Verarbeitung von Daten nach Art. 9 Abs. 1 DS-GVO zu ermöglichen, musste der EuGH deshalb erhebliche dogmatische Verrenkungen vornehmen, s. EuGH ECLI:EU:C:2019:773 – GC ua/CNIL; näher *Hornung* in Hentschel/Hornung/Jandt, S. 379 ff.

5   Die Vorschrift war bereits als § 20 im Gesetzesentwurf der Fraktionen der CDU und BÜNDNIS 90/DIE GRÜNEN enthalten. Dieser übernahm mit kleinen Abweichungen § 22 BDSG (der seinerseits tlw. auf § 13 Abs. 2 Nr. 5–7, 9 BDSG aF zurückgeht) und Teile seiner Begründung.[6] Im Gesetzgebungsverfahren führte die Vorschrift zu gewisser Kritik in der Anhörung, im Landtag aber nicht zu Kontroversen. **Einzige Änderung** war die Streichung der Maßnahme der Benennung einer oder eines Datenschutzbeauftragten in Abs. 2 Satz 2 Nr. 4 des Entwurfs, da dies gemäß § 5 Abs. 1 für öffentliche Stellen ohnehin verpflichtend ist.[7] Seit ihrem Inkrafttreten wurde die Vorschrift nicht verändert.

III. Unionsrechtliche Regelungen

6   Wie Art. 8 Abs. 1 DSRL und Art. 6 Rahmenbeschluss 2008/977/JI umfasst der Schutz von Art. 9 Abs. 1 DS-GVO und von Art. 10 JI-RL[8] Daten, aus denen die rassische und ethnische Herkunft, politische Meinungen, religiöse oder weltanschauliche Überzeugungen oder die Gewerkschaftszugehörigkeit hervorgehen, sowie Gesundheitsdaten (Art. 4 Nr. 15 DS-GVO) und Daten zum Sexualleben. Mit der DS-GVO und der JI-RL sind drei Kategorien neu hinzugekommen, nämlich genetische Daten (Art. 4 Nr. 13 DS-GVO), biometrischen Daten zur eindeutigen Identifizierung einer natürlichen Person (Art. 4 Nr. 14 DS-GVO) und Daten zur sexuellen Orientierung. Überwiegend wird **Art. 9 Abs. 1 DS-GVO weit ausgelegt** („hervorgehen"). Dies führt bei einigen Kategorien potenziell zu weitreichenden Einschränkungen, zB bei Fotografien, weil aus diesen vielfach Meinungen und Überzeugungen sowie praktisch immer die rassische und ethnische Herkunft hervorgehen können. Aus diesem Grund werden **verschiedene Ansätze restriktiver Interpretationen** vertreten,[9] zu denen die Rechtsprechung bisher aber nur am Rande Stellung genommen hat.[10]

7   Die Vorschrift macht von **verschiedenen Öffnungsklauseln Gebrauch.**[11] Abs. 1 Nr. 1, 2, 3 und 4 stützen sich auf Art. 9 Abs. 2 lit. b,[12] h, i und g DS-GVO. Während Abs. 1 Nr. 4 lit. a-c Art. 9 Abs. 2 lit. g DS-GVO (erhebliche öffentliche Interessen) zumindest teilweise spezifizieren, **wiederholen** Abs. 1 Nr. 1, 2 und 3 im Wesentlichen die **generalklauselartigen Formulierungen** in Art. 9 Abs. 2 DS-GVO. Dies ist europarechtlich zulässig,[13] da die

---

6   Auch die übrigen Bundesländer haben entsprechende Regelungen erlassen, die sich allerdings zT sowohl hinsichtlich der Tatbestandsvoraussetzungen als auch der Sicherungsmittel unterscheiden.

7   S. die Begründung des Änderungsantrags, LT-Drs. 19/6300, 9; die Pflicht folgt allerdings bereits aus Art. 37 Abs. 1 lit. a DS-GVO.

8   Dieser wird durch § 43 Abs. 1 umgesetzt (→ § 43 Rn. 14 ff.). Zur Abgrenzung der Anwendungsbereiche s. *Hornung/Schindler/Schneider* ZIS 2018, 566.

9   Zu unterschiedlichen Vorschlägen s. zB *Schneider* ZD 2017, 303; *Matejek/Mäusezahl* ZD 2019, 551; *Petri* in Simitis/Hornung/Spiecker gen. Döhmann DS-GVO Art. 9 Rn. 12 mwN; zum Problem von Videodaten *Schneider/Schindler* ZD 2018, 463.

10   Eingeschränkte Auslegung des Begriffs der Gesundheitsdaten bei *VG Mainz* ZD 2020, 376 (378).

11   S. die Begründung, LT-Drs. 19/5728, 106.

12   Das ebenfalls dort genannte Arbeitsrecht ist in § 23 Abs. 3 und Abs. 7 geregelt.

13   Wohl aA *Frenzel* in Paal/Pauly BDSG § 22 Rn. 2.

Öffnungsklauseln (anders als zB Art. 88 Abs. 1 DS-GVO) keine „spezifischeren Vorschriften" im nationalen Recht verlangen und der EuGH bislang keine primärrechtlichen Bestimmtheitsanforderungen aufgestellt hat, die denen des deutschen Rechts vergleichbar sind.

Allerdings gelten im Bereich der Öffnungsklauseln **zugleich die Vorgaben** 8
des GG[14] und der **HV**. Unter diesem Gesichtspunkt – dh mit Blick auf die Bestimmtheitsanforderungen, die in Abhängigkeit von der Sensibilität der Daten steigen – ist die Norm problematisch unbestimmt. Sie enthält zumindest in Abs. 1 Nr. 1, 2 und 3 **keinerlei konkretisierende Kriterien**; Nr. 2 ist sogar (absichtlich)[15] generischer gefasst als Art. 9 Abs. 2 lit. h DS-GVO. Besonders problematisch ist, dass Abs. 1 sich jeweils auf sämtliche in Art. 9 Abs. 1 DS-GVO genannte Datenarten erstreckt und deren Verarbeitung gestattet. Es ist zB in keiner Weise erkennbar, inwieweit Daten, aus denen die rassische Herkunft, politische Meinungen oder die Gewerkschaftszugehörigkeit hervorgehen, für die Beurteilung der Arbeitsfähigkeit relevant sein könnten. Zwar enthält Abs. 1 Nr. 2 eine Erforderlichkeitsklausel und schließt damit eine entsprechende Verarbeitung aus. Die Vorschrift verlagert derartige Prüfungen aber auf den Rechtsanwender; diese und andere Unklarheiten sind **bei sensiblen Daten** jedenfalls dann mit dem **Bestimmtheitsgrundsatz unvereinbar**, wenn auch im Einzelfall ein erheblicher Grundrechtseingriff vorliegt.[16] Allerdings würden spezifischere Regelungen eine genaue Analyse der jeweiligen Behördentätigkeit erfordern. Sie müssten deshalb in bereichsspezifischen Gesetzen zu den in Abs. 2 geregelten Bereichen erfolgen.

IV. Verhältnis zu anderen Vorschriften

Neben den Ausnahmen in der Vorschrift gelten die aus **Art. 9 Abs. 2 DS-** 9
GVO unmittelbar, nämlich lit. a (ausdrückliche Einwilligung), lit. c (Schutz lebenswichtiger Interessen bei Einwilligungsunfähigkeit), lit. d (Verarbeitung durch gemeinnützige Organisationen), lit. e (offensichtlich selbst öffentlich gemachte Daten) und lit. f (Geltendmachung, Ausübung oder Verteidigung von Rechtsansprüchen; justizielle Tätigkeiten). Diese Befugnisse gelten mit Ausnahme von lit. d **auch für öffentliche Stellen.**

Innerhalb des Gesetzes existieren folgende weitere Verarbeitungsbefugnis- 10
se:

- § 21 Abs. 2 (für Zweckänderungen und mit Rückverweisung auf die Vorschrift → § 21 Rn. 31 f.),
- § 22 Abs. 3 (für Datenübermittlungen durch öffentliche Stellen, ebenfalls mit Rückverweisung → § 22 Rn. 17 ff.),
- § 23 Abs. 3 und Abs. 7 (für Zwecke des Beschäftigungsverhältnisses → § 23 Rn. 35 ff., Rn. 45 f.)

---

14 S. zuletzt BVerfG NJW 2020, 300 (Rn. 41 ff.).
15 S. die Begründung, LT-Drs. 19/5728, 106.
16 Ebenso für die meisten Alternativen in § 22 BDSG *Weichert* in Kühling/Buchner BDSG § 22 Rn. 9, 20, 21; *Weichert* DuD 2017, 538 (542 f.); *Petri* in Simitis/Hornung/Spiecker gen. Döhmann DS-GVO Art. 9 Rn. 31; *Schiff* in Ehmann/Selmayr DS-GVO Art. 9 Rn. 72 ff.; für Pandemiemaßnahmen *Dochow* GuP 2020, 129 (135); aA *Albers/Veit* in BeckOK DatenschutzR DS-GVO Art. 9 Rn. 96.

- § 24 Abs. 1 (für wissenschaftliche und historische Forschungszwecke sowie statistische Zwecke → § 24 Rn. 15 ff.)
- § 25 Abs. 1 (für im öffentlichen Interesse liegende Archivzwecke → § 25 Rn. 26 ff.)
- § 43 Abs. 1 (für Verarbeitungen im Anwendungsbereich der JI-RL → § 43 Rn. 14 ff.); dort unter weiteren Einschränkungen in § 46 Abs. 5 (Einwilligung), § 49 Abs. 2 und 3 (automatisierte Einzelentscheidung).

11   Verarbeitungsbefugnisse und -einschränkungen können sich auch aus **bereichsspezifischem Landesrecht** ergeben. Dies betrifft zB §§ 13 Abs. 5, 19 Abs. 6 HSOG sowie etliche Normen im Strafvollzugsrecht.[17] Daneben gibt es insbesondere im Sozialwesen in erheblichem Umfang bereichsspezifische Bestimmungen im Bundesrecht.

12   Werden Daten nach der Vorschrift verarbeitet, sind **weitere Vorgaben der DS-GVO** zu beachten.[18] Gemäß Art. 35 Abs. 3 lit. b DS-GVO ist bei einer umfangreichen Verarbeitung der Daten eine **Datenschutz-Folgenabschätzung** durchzuführen. Art. 22 Abs. 4 DS-GVO enthält zusätzliche Anforderungen an automatisierte Entscheidungen im Einzelfall. Der Charakter als besonderes Datum ist bei der Zweckänderung zu berücksichtigen (Art. 6 Abs. 4 lit. c DS-GVO). Besonders wichtig ist, dass auch die **Anforderungen aus Art. 6 DS-GVO** einzuhalten sind, denn Art. 9 DS-GVO verdrängt diesen nicht, sondern statuiert zusätzliche Anforderungen.[19] Mithin benötigen öffentliche Stellen zunächst eine Rechtsgrundlage aus Art. 6 Abs. 1 UAbs. 1 DS-GVO und sodann zusätzlich eine der Ausnahmen aus Art. 9 Abs. 2 DS-GVO, ggf. iVm der Vorschrift oder einer anderen hessischen Regelung.

B. Verarbeitung besondere Kategorien personenbezogener Daten

I. Einzelne Ausnahmetatbestände (Abs. 1)

1. Soziale Sicherheit und Sozialschutz (Nr. 1)

13   Den Begriff „Recht der sozialen Sicherheit und des Sozialschutzes" hat der Gesetzgeber wörtlich aus Art. 9 Abs. 2 lit. b DS-GVO übernommen und **keinerlei Konkretisierungsleistung** erbracht (→ Rn. 7 f.). Soweit es um Datenverarbeitung im Anwendungsbereich der **Sozialgesetzbücher** geht, sind die entsprechenden Normen **vorrangig.**[20] Da diese umfassende und detaillierte Vorgaben machen, ist anders als bei § 22 Abs. 1 Nr. 1 lit. a BDSG[21] noch nicht einmal in Randbereichen erkennbar, welchen Anwendungsbe-

---

17   S. zB § 58 Abs. 1, 60 Abs. 5, 61 Abs. 1, 63 Abs. 1, 69 Abs. 3 Nr. 2 HStVollzG, §§ 58 Abs. 1, 60 Abs. 5, 61 Abs. 1, 63 Abs. 1 HJStVollzG, §§ 56 Abs. 5, 57 Abs. 1, 59 Abs. 1 HUVollzG sowie entsprechende Normen im HSVVollzG und HJAVollzG.
18   Weitere, im Anwendungsbereich des Gesetzes nach § 1 nicht relevante Regelungen sind Art. 27 Abs. 2 lit. a, Art. 30 Abs. 5 und Art. 37 Abs. 1 lit. c DS-GVO.
19   Dies folgt aus ErwG 51 Satz 5 DS-GVO, näher *Hornung/Gilga* CR 2020, 367 (374) mwN; aA zB *Plath* in Plath BDSG § 22 Rn. 4.
20   S. jeweils mit Bsp. *Heckmann/Scheurer* in Gola/Heckmann BDSG § 22 Rn. 8 ff.; *Rose* in Taeger/Gabel BDSG § 22 Rn. 17 ff. (mit Bsp.); *Weichert* in Kühling/Buchner BDSG § 22 Rn. 8; näher *Bieresborn* NZS 2017, 887; *Freund/Shagdar* SGb 2018, 195 (267).
21   S. zB *Kampert* in HK-BDSG § 22 Rn. 20.

reich Abs. 1 Nr. 1 haben sollte.[22] Soweit in der Literatur in ihm zT eine „Verweisnorm" gesehen wird,[23] ist nicht ersichtlich, welchen Sinn eine solche haben sollte.

2. Gesundheitsversorgung (Nr. 2)

Nr. 2 setzt Art. 9 Abs. 2 lit. h DS-GVO um; der dort ebenfalls genannte Zweck der Arbeitsmedizin soll im Begriff der Gesundheitsvorsorge enthalten sein.[24] Nach der Begründung erfolgt die Verarbeitung jeweils **entsprechend den inhaltlichen Zwecken**, die sich aus Nr. 2 oder dem bereichsspezifischen Recht ergeben. **14**

Der Zweck der **Gesundheitsvorsorge** bezieht sich auf die präventive Verhinderung von Gesundheitsbeeinträchtigungen; angesichts der begrifflichen Weite und der potenziell umfassenden Verwendungsmöglichkeiten im Vorsorgebereich ist er eng auszulegen.[25] Die **Beurteilung der Arbeitsfähigkeit** nimmt auf den Bereich der Arbeitsmedizin (ASiG, ArbSchG und weitere Spezialregelungen) Bezug[26] und betrifft im Übrigen Eignungsbewertungen, die auch ohne Krankheiten erfolgen können oder müssen.[27] Um **medizinische Diagnostik** handelt es sich, wenn auf Basis von Anamnese, mündlicher Befunderhebung, körperlichen Untersuchungen und Laborergebnissen bestimmte Krankheitsbilder (oder ihr Fehlen) ermittelt werden. **Versorgung und Behandlung im Gesundheitsbereich** schließen an diese Diagnosen an. Sie umfassen die krankheitsspezifische Betreuung in unmittelbarer Hinsicht, die durch die Angehörigen von Heilberufen erbracht wird, daneben aber auch mittelbare Bereiche v.a. der Leistungsabrechnung.[28] Der **Sozialbereich** überlappt teilweise mit dem Gesundheitsbereich und betrifft die Datenverarbeitung zu Zwecken der sozialen Sicherung, insbesondere zur Erbringung von Sozialleistungen. Die **Verwaltung von Systemen und Diensten** in den beiden Bereichen erfolgt maßgeblich durch die Gesetzliche Krankenversicherung und die Sozialbehörden. Soweit private Verantwortliche beteiligt sind, greift § 22 BDSG.[29] **15**

Verarbeitungen zu diesen Zwecken werden praktisch durchgängig durch entsprechende Spezialregelungen im Sozialgesetzbuch und anderen Gesetzen ausgestaltet. Wo dies nicht der Fall ist, wird typischerweise ein **Vertrag mit einem Angehörigen eines Gesundheitsberufs** geschlossen; dies gilt va **16**

---

22 *Weichert* in Kühling/Buchner BDSG § 22 Rn. 8; *Wedde* in Däubler ua BDSG § 22 Rn. 6.

23 S. für § 22 Abs. 1 Nr. 1 lit. a BDSG *Weichert* in Kühling/Buchner BDSG § 22 Rn. 9; *Albers/Veit* in BeckOK DatenschutzR BDSG § 22 Rn. 15; *Kramer/Oberbeck* in Auernhammer BDSG § 22 Rn. 12.

24 LT-Drs. 19/5728, 106; kritisch *Weichert* in Kühling/Buchner BDSG § 22 Rn. 11.

25 *Weichert* in Kühling/Buchner DS-GVO Art. 9 Rn. 99.

26 *Weichert* in Kühling/Buchner BDSG § 22 Rn. 11.

27 *Kampert* in HK-BDSG § 22 Rn. 26.

28 S. BT-Drs. 18/11325, 95; näher *Weichert* in Kühling/Buchner DS-GVO Art. 9 Rn. 101; *Kampert* in HK-BDSG § 22 Rn. 27 ff., jeweils mit Bsp. Dies kann auch privatrechtliche Verfahren erfassen, die aber § 22 BDSG unterfallen.

29 *Weichert* in Kühling/Buchner BDSG § 22 Rn. 14.

im Bereich von medizinischer Diagnostik, Versorgung und Behandlung (§§ 630 a ff. BGB).[30]

17   Mit dem **letzten Halbsatz von Nr. 2** wird Art. 9 Abs. 3 DS-GVO umgesetzt. Er bezieht sich dementsprechend nicht nur auf die Variante eines Vertrags, sondern auf **sämtliche Verarbeitungszwecke** von Nr. 2. Die Verarbeitung muss entweder durch eine geheimhaltungspflichtige Person durchgeführt oder zumindest von dieser verantwortet werden. Entsprechende Pflichten ergeben sich aus § 203 StGB und den Berufsordnungen der verkammerten Heilberufe.

3. Öffentliche Gesundheit (Nr. 3)

18   Nr. 3 setzt Art. 9 Abs. 2 lit. i DS-GVO weitgehend wörtlich um. Der hinzugefügte zweite Halbsatz soll klarstellen, dass das deutsche Recht umfangreiche angemessene und spezifische **Maßnahmen zum Schutz des Berufsgeheimnisses** vorsieht.[31]

19   Öffentliche Interessen im Bereich der **öffentlichen Gesundheit** umfassen in Abgrenzung zu Nr. 2[32] eher **bevölkerungsbezogen** „alle Elemente im Zusammenhang mit der Gesundheit", einschließlich Bedarfe, zugewiesene Mittel, Versorgungsleistungen, Finanzierung und Ursachen von Mortalität (s. ErwG 54 DS-GVO: Auslegung entsprechend VO (EG) Nr. 1338/2008, s. dort Art. 3 lit. c). **Grenzüberschreitende Gesundheitsgefahren** entstehen zB durch Pandemien wie die aktuelle COVID-19-Pandemie, aber auch durch Emissionen. Hohe **Qualitäts- und Sicherheitsstandards** bei der Gesundheitsversorgung und bei Arzneimitteln und Medizinprodukten werden gewährleistet, indem eine kontinuierliche sowie bedarfsorientierte Erhebung der Abläufe, eingesetzten Mittel und Methoden sowie ihrer Wirksamkeit erfolgt.

20   Wie bei Nr. 1 bestehen für die genannten Verarbeitungszwecke in erheblichem Umfang **Spezialregelungen**, die Nr. 3 verdrängen. Beispiele bilden Bestimmungen im InfSchG und SGB V sowie Normen zu Arzneimittel- und Medizinprodukten, Maßregelvollzug, Transplantationen, Krebsregistern etc.[33] Wo es an derartigen Regelungen fehlt, lassen sich auf die Generalklausel des Nr. 3 allenfalls Verarbeitungen **ohne große Eingriffsintensität** stützen; angesichts der Sensibilität der betroffenen Daten werden solche Fälle aber kaum jemals vorkommen. So könnten beispielsweise im Rahmen der Bekämpfung der COVID-19-Pandemie nicht etwa unter Umgehung der Regelungen im InfSchG umfangreiche Verarbeitungen auf Nr. 3 gestützt werden.

4. Weitere erhebliche öffentliche Interessen (Nr. 4)

21   Nr. 4 enthält drei Varianten eines erheblichen öffentlichen Interesses iSv Art. 9 Abs. 2 lit. g DS-GVO. Nr. 4 lit. a wiederholt diesen Begriff lediglich,

---

30 *Kramer/Oberbeck* in Auernhammer BDSG § 22 Rn. 22 ff.; *Rose* in Taeger/Gabel BDSG § 22 Rn. 23; *Heckmann/Scheurer* in Gola/Heckmann BDSG § 22 Rn. 26 f.
31 LT-Drs. 19/5728, 107.
32 Dazu *Petri* in Simitis/Hornung/Spiecker gen. Döhmann DS-GVO Art. 9 Rn. 78 f.
33 *Weichert* in Kühling/Buchner DS-GVO Art. 9 Rn. 119 f.; *Kampert* in HK-BDSG § 22 Rn. 39 ff.; *Heckmann/Scheurer* in Gola/Heckmann BDSG § 22 Rn. 32 f.

der einen **Gemeinwohlbelang von besonderem Gewicht** erfordert.[34] Die Qualifizierung des Erforderlichkeitsmaßstabs („unbedingt erforderlich") führt zu einer besonders strikten Prüfung.[35] Als einziges Beispiel für ein hinreichendes öffentliches Interesse nennt die Begründung die Verarbeitung biometrischer Daten, ohne jedoch einen Verwendungszweck zu benennen.[36] Lit. a soll eingreifen, wenn diese Daten „rechtmäßig", also offenbar auf Basis einer speziellen Rechtsgrundlage verarbeitet werden. In diesem Fall ist lit. a jedoch überflüssig. Erneut zeigt sich, dass die Kombination aus **völlig unspezifischen Generalklauseln** mit einer **nicht weiterführenden Begründung** ungeeignet ist, die Verarbeitung sensibler Daten zu legitimieren.[37] Soweit vertreten wird, eine Anwendung der Norm komme als ultima ratio in Betracht,[38] bleibt offen, welche Fälle dies betreffen soll.

Nr. 4 lit. b und c erbringen immerhin eine **gewisse Konkretisierung des öffentlichen Interesses**, bleiben aber ebenfalls im Bereich von Generalklauseln. Der Begriff der öffentlichen Sicherheit ist dem Polizeirecht entlehnt, bezieht sich hier aber nur auf Verarbeitungen, die nicht der Abwehr von Straftaten dienen, weil dieser Bereich der öffentlichen Sicherheit der JI-RL[39] und damit § 43 unterfällt. Der übrige Teil des **Gefahrenabwehrrechts** wird dagegen von Nr. 4 lit. b erfasst. Allerdings existiert insoweit erneut eine Vielzahl bereichsspezifischer Verarbeitungsbefugnisse (zB in den §§ 13 ff. HSOG), und eingriffsintensive Maßnahmen kann Nr. 4 lit. b wegen der **fehlenden Bestimmtheit** nicht tragen.

Gründe der **Verteidigung** (die nicht in den Anwendungsbereich der DS-GVO fallen) können eine Verarbeitung nach Nr. 4 lit. c nur legitimieren, wenn sie „zwingend" sind. **Humanitäre Maßnahmen** sind Natur- und von Menschen verursachte Katastrophen im In- und Ausland. Beide Begriffe sind angesichts ihrer potenziellen Weite eng auszulegen.[40]

Ausweislich der Gesetzesbegründung soll sich der letzte Halbsatz von Abs. 1 nur auf Abs. 1 Nr. 4 lit. a–c erstrecken.[41] Der Wortlaut legt dies an sich nicht nahe, und auch der Vergleich mit § 22 Abs. 1, letzter Hs. BDSG (dessen Begründung übernommen wurde) weist in die umgekehrte Richtung, da letzterer sich explizit auf einzelne Nummern bezieht, während eine solche Spezifizierung in der Vorschrift fehlt. Angesichts der expliziten Begründung und dem darin erkennbaren Willen, den **Wesensgehaltsschutz umzusetzen**, den die DS-GVO nur in Art. 9 Abs. 2 lit. g enthält, ist darin ein **Fehler des Gesetzgebers** zu sehen und der Anwendungsbereich tatsächlich auf Nr. 4 zu beschränken. Bei der Auslegung ist – auch wenn dies dem Wortlaut nicht zu entnehmen ist – entsprechend der Begründung maßgeblich auf den Wesensgehalt von Art. 8 GRCh zu achten. Unter der missver-

---

34 *Kampert* in HK-BDSG § 22 Rn. 45; *Rose* in Taeger/Gabel BDSG § 22 Rn. 35.
35 *Heckmann/Scheurer* in Gola/Heckmann BDSG § 22 Rn. 35.
36 LT-Drs. 19/5728, 107.
37 Kritisch auch *Albers/Veit* in BeckOK DatenschutzR BDSG § 22 Rn. 18; *Petri* in Simitis/Hornung/Spiecker gen. Döhmann DS-GVO Art. 9 Rn. 73.
38 So *Kampert* in HK-BDSG § 22 Rn. 45 (für § 22 Abs. 1 Nr. 2 lit. a BDSG).
39 S. *Hornung/Schindler/Schneider* ZIS 2018, 566.
40 *Wedde* in Däubler ua BDSG § 22 Rn. 16; *Heckmann/Scheurer* in Gola/Heckmann BDSG § 22 Rn. 46 f.
41 LT-Drs. 19/5728, 107.

ständlichen Formulierung „Interessen des Verantwortlichen" sind die von der öffentlichen Stelle jeweils verfolgten **öffentlichen Interessen** zu verstehen.

5. Übergreifende Anforderung: Erforderlichkeit

25 Allen Varianten von Abs. 1 ist gemein, dass die Zulässigkeit der Datenverarbeitung (entsprechend den Grundsätzen der Datenminimierung und Speicherbegrenzung nach Art. 5 Abs. 1 lit. c und e DS-GVO) auf das erforderliche Maß beschränkt wird. Im Falle von Abs. 4 lit. a erfolgt eine weitere Einschränkung auf das „unbedingt" Erforderliche. Der Verantwortliche hat dementsprechend **alternative Vorgehensweisen** und insbesondere die Möglichkeit einer **Verarbeitung anonymer und pseudonymer Daten** zu prüfen. Allerdings hat das Erforderlichkeitsprinzip in der Vorschrift wegen der Weite der Verarbeitungszwecke kaum begrenzenden Wirkung. Der Verantwortliche ist deshalb gehalten, zunächst den konkret verfolgten Zweck zu definieren, bevor die Erforderlichkeit beurteilt wird.[42]

II. Erforderliche Schutzmaßnahmen (Abs. 2)

1. Angemessene und spezifische Maßnahmen (Satz 1)

26 Abs. 2 Satz 1 verlangt angemessene und spezifische Maßnahmen zur Wahrung der Interessen der betroffenen Person. Dies ist erforderlich, weil Art. 9 Abs. 2 lit. b, g, und i DS-GVO in unterschiedlichen Formulierungen **entsprechende Garantien und Maßnahmen verlangen**; lediglich für lit. h reicht die nationale Regelung (zulässigerweise) weiter als die DS-GVO. Die einzelnen Maßnahmen sind, soweit sie zugleich unter Art. 32 DS-GVO fallen, im Verzeichnis der Verarbeitungstätigkeiten aufzuführen (Art. 30 Abs. 1 lit. g DS-GVO) und spielen einschließlich der Risikobewertung eine Rolle bei der Datenschutz-Folgenabschätzung (Art. 35 Abs. 7 lit. c, d DS-GVO).

2. Angemessenheitskriterien (Satz 2)

27 Satz 2 enthält einleitend Kriterien für die Auswahl der Maßnahmen. Diese sind entsprechenden Regelungen der DS-GVO entnommen (s. Art. 25 Abs. 1, Art. 32 Abs. 1 DS-GVO). Erforderlich ist eine umfassende, zu dokumentierende Abwägung. Dies erfordert eine **Risikobeurteilung**, eine **Schutzbedarfsfeststellung** sowie die **konkrete Festlegung von Maßnahmen**.[43] Diese müssen effektiv sein, dürfen aber keinen unverhältnismäßigen Aufwand verursachen. Bei der Bewertung kommt dem sensiblen Charakter der Daten und der entsprechenden Würdigung des Gesetzgebers in Art. 9 DS-GVO ein wesentliches Gewicht zu. Es wird deshalb nur in Ausnahmefällen möglich sein, ein geringes Risiko anzunehmen. In aller Regel sind Maßnahmen nach dem **Stand der Technik** erforderlich, die dem sensiblen Charakter der Daten Rechnung tragen.

---

42 *Rose* in Taeger/Gabel BDSG § 22 Rn. 14.
43 Einzelheiten bei *Hansen* in Simitis/Hornung/Spiecker gen. Döhmann DS-GVO Art. 32 Rn. 19 ff. mwN.

Als Ergebnis der Angemessenheitsbewertung sind konkrete Maßnahmen zu 28 formulieren und zu implementieren.[44] Zwar müssen nicht alle Maßnahmen aus Satz 2 ergriffen werden. Die Auflistung muss aber Anlass für den Verantwortlichen sein, die **genannten Maßnahmen** auf ihre Eignung und Erforderlichkeit für die konkrete Verarbeitung zu **prüfen**.

3. Einzelne Maßnahmen (Satz 2)

Satz 2 enthält einzelne, nicht abschließende („insbesondere")[45] Maßnah- 29 men, die sich auf Basis der Risikobewertung ergeben können. Etliche der Beispiele ergeben sich bereits unmittelbar aus der DS-GVO. Die gesonderte Zusammenstellung in der Vorschrift mag man mit einer Appellfunktion legitimieren.[46] Dennoch wären spezifischere Regelungen wünschenswert gewesen, weil die Norm dem Rechtsanwender **an keiner Stelle spezifischere Handlungsanweisungen** gibt als die Verordnung.[47] Jedenfalls ist die allgemeine Pflicht zu technischen und organisatorischen Maßnahmen in **Nr. 1 überflüssig**, da Art. 24 Abs. 1 DS-GVO eine praktisch wortgleiche Pflicht enthält.

Im Übrigen geht es um folgende Maßnahmen, die sich alle (zumindest als 30 Regelbeispiele) bereits aus Vorschriften der DS-GVO ergeben:[48]

- Eine nachträgliche **Prüfbarkeit** von Datenverarbeitungen (**Nr. 2**) wird durch Maßnahmen bewirkt, die sich auf die Daten selbst oder auf die Verarbeitungssysteme beziehen. Ersteres betrifft zB elektronische Signaturen, letzteres va Protokollierungsverfahren sowie eine umfassende Dokumentation.
- Die **Sensibilisierung** der Beteiligten (**Nr. 3**) wird durch entsprechende (wiederkehrende) Aufklärungsmaßnahmen und Schulungen erreicht.
- Eine **Beschränkung des Datenzugangs** (**Nr. 4**) erfordert va gesicherte Räumlichkeiten und rollenbasierte Zugriffskonzepte mit entsprechenden Authentifizierungsinstrumenten in den Systemen (Rechte- und Rollenkonzept).
- Eine **Pseudonymisierung** personenbezogener Daten (**Nr. 5**) erfolgt durch eine Abtrennung und gesicherte separate Aufbewahrung der identifizierenden Informationen (Art. 4 Nr. 5 DS-GVO).[49]
- **Nr. 6** nennt als spezifische Maßnahme die **Verschlüsselung**. Art und Algorithmenstärke ergeben sich aus der Risikobewertung.
- **Vertraulichkeit, Integrität, Verfügbarkeit und Belastbarkeit** der Systeme und Dienste (**Nr. 7**) werden durch klassische IT-Sicherheitsmaßnahmen (Zugriffsschutz, Firewalls, Schutz gegen Malware, Verschlüsselung, Signaturen, Back-Ups, Notstromaggregate etc) bewirkt.

---

44 *Rose* in Taeger/Gabel BDSG § 22 Rn. 49.
45 BAG ZD 2020, 46 (49).
46 So *Weichert* in Kühling/Buchner BDSG § 22 Rn. 29.
47 Dass entsprechende Konkretisierungen möglich sind, zeigt § 17 Abs. 3 NDSG.
48 S. zu Einzelheiten *Weichert* in Kühling/Buchner BDSG § 22 Rn. 33 ff.; *Kramer/Oberbeck* in Auernhammer BDSG § 22 Rn. 49 ff.; *Kampert* in HK-BDSG § 22 Rn. 70 ff.; *Albers/Veit* in BeckOK DatenschutzR BDSG § 22 Rn. 30 ff.; *Heckmann/Scheurer* in Gola/Heckmann BDSG § 22 Rn. 58 ff. (jeweils auch zu Parallelregelungen im DS-GVO).
49 S. näher *Roßnagel* ZD 2018, 243.

■ Verfahren zur **regelmäßigen Überprüfung, Bewertung und Evaluierung** der Wirksamkeit der Maßnahmen (**Nr.** 8) erfordern eine intervallmäßige zumindest interne, besser aber unabhängige externe Auditierung, die bestehende Schwachstellen analysiert und Verbesserungen vorschlägt.

■ Verfahrensregelungen für die Übermittlung oder **Verarbeitung für andere Zwecke** (**Nr.** 9) müssen insbesondere sicherstellen, dass die materiellrechtlichen Vorgaben für die Zweckänderung (§§ 21, 22, Art. 6 Abs. 4 DS-GVO) und verfahrensrechtliche Bestimmungen wie Art. 13 Abs. 3 DS-GVO eingehalten werden.

III. Maßnahmen bei nicht automatisierter Verarbeitung (Abs. 3)

31 In Abs. 3 wird § 10 Abs. 3 HDSG übernommen.[50] Dort war die Regelung sinnvoll, weil § 10 Abs. 2 HDSG spezifische technische und organisatorische Maßnahmen nur für die automatisierte Verarbeitung enthielt. Da Abs. 2 auch nicht automatisierte Verarbeitungen erfasst und der Sache nach die Erfordernisse von Abs. 3 bereits vorgibt, ist letzterer **bestenfalls überflüssig**, eher aber verwirrend, weil der Eindruck entstehen könnte, bei der nicht automatisierten Verarbeitung würden höhere Anforderungen gelten.

C. Würdigung

32 Im Gesamtbild führt die weitgehend wörtliche Übernahme aus Art. 9 Abs. 2 DS-GVO in die Ausnahmen in Abs. 1 zu erheblichen Problemen mit dem **verfassungsrechtlichen Bestimmtheitsgrundsatz**.[51] Dies hat zur Folge, dass die Generalklauseln nur Verarbeitungen ohne größere Eingriffsintensität tragen können, die im Bereich von Art. 9 Abs. 1 DS-GVO aber nur sehr selten vorliegen werden. IVm den vielen spezialgesetzlichen Bestimmungen lässt dies den **Anwendungsbereich** der Vorschrift **mutmaßlich gegen Null** gehen. Dies kommt auch in den Kommentierungen zur Parallelvorschrift des § 22 BDSG zum Ausdruck, die – wie der obige Text – weithin auf Spezialgesetze verweisen, ohne konkrete Fälle zu benennen, in denen die Vorschrift als Auffangnorm Anwendung finden soll; derartige Fälle bleiben damit überwiegend im Spekulativen. Spezifischere Vorschriften sollte der Gesetzgeber allerdings besser nicht im Gesetz, sondern – weiterhin – in **bereichsspezifischen Normen** für einzelne öffentliche Stellen und ihre Verarbeitungszwecke treffen.[52]

§ 21 Verarbeitung zu anderen Zwecken

(1) Die Verarbeitung personenbezogener Daten zu einem anderen Zweck als zu demjenigen, zu dem die Daten erhoben wurden, durch öffentliche Stellen im Rahmen ihrer Aufgabenerfüllung ist zulässig, wenn

---

50 LT-Drs. 19/5728, 107.
51 Ähnlich *Frenzel* in Paal/Pauly BDSG § 22 Rn. 15; auf Basis europäischer Konkretisierungspflichten *Kampert* in HK-BDSG § 22 Rn. 98 ff.
52 *Frenzel* in Paal/Pauly BDSG § 22 Rn. 15; *Albers/Veit* in BeckOK DatenschutzR BDSG § 22 Rn. 41.

1. offensichtlich ist, dass sie im Interesse der betroffenen Person liegt und kein Grund zu der Annahme besteht, dass sie in Kenntnis des anderen Zwecks ihre Einwilligung verweigern würde,

2. Angaben der betroffenen Person überprüft werden müssen, weil tatsächliche Anhaltspunkte für deren Unrichtigkeit bestehen,

3. sie zur Abwehr erheblicher Nachteile für das Gemeinwohl oder einer Gefahr für die öffentliche Sicherheit oder Ordnung, die Verteidigung oder die nationale Sicherheit, zur Wahrung erheblicher Belange des Gemeinwohls oder zur Sicherung des Steuer- oder Zollaufkommens erforderlich ist,

4. sie zur Verfolgung von Straftaten oder Ordnungswidrigkeiten, zur Vollstreckung oder zum Vollzug von Strafen oder Maßnahmen im Sinne des § 11 Abs. 1 Nr. 8 des Strafgesetzbuchs oder von Erziehungsmaßregeln oder Zuchtmitteln im Sinne des Jugendgerichtsgesetzes oder zur Vollstreckung von Geldbußen erforderlich ist,

5. sie zur Abwehr einer schwerwiegenden Beeinträchtigung der Rechte und Freiheiten einer anderen Person erforderlich ist oder

6. sie der Wahrnehmung von Aufsichts- und Kontrollbefugnissen, der Rechnungsprüfung oder der Durchführung von Organisationsuntersuchungen des Verantwortlichen dient; dies gilt auch für die Verarbeitung zu Ausbildungs- und Prüfungszwecken durch den Verantwortlichen, soweit schutzwürdige Interessen der betroffenen Person dem nicht entgegenstehen.

(2) Die Verarbeitung besonderer Kategorien personenbezogener Daten im Sinne des Art. 9 Abs. 1 der Verordnung (EU) Nr. 2016/679 zu einem anderen Zweck als zu demjenigen, zu dem die Daten erhoben wurden, ist zulässig, wenn die Voraussetzungen des Abs. 1 und ein Ausnahmetatbestand nach Art. 9 Abs. 2 der Verordnung (EU) Nr. 2016/679 oder nach § 20 Abs. 1 vorliegen.

(3) Personenbezogene Daten, die ausschließlich zu Zwecken der Datenschutzkontrolle, der Datensicherung oder zur Sicherstellung des ordnungsgemäßen Betriebs einer Datenverarbeitungsanlage verarbeitet werden, dürfen nicht für andere Zwecke verarbeitet werden.

Literatur:

Buchner, Grundsätze und Rechtmäßigkeit der Datenverarbeitung unter der DS-GVO, DuD 2016, 155; *Monreal*, Weiterverarbeitung nach einer Zweckänderung in der DS-GVO, ZD 2016, 507; *Richter*, Datenschutz zwecklos? – Das Prinzip der Zweckbindung im Ratsentwurf der DS-GVO, DuD 2015, 735; *Richter*, Big Data, Statistik und die Datenschutz-Grundverordnung, DuD 2016, 581; *Richter*, Big Data, in: Jandt/Steidle, Datenschutz im Internet, 309; *Roßnagel*, Datenschutzgrundsätze – unverbindliches Programm oder verbindliches Recht?, ZD 2018, 339.

A. Allgemeines

I. Bedeutung der Vorschrift

1   Nach Art. 8 Abs. 2 GRCh dürfen personenbezogene Daten nur für **festge-legte Zwecke** verarbeitet werden. Art. 5 Abs. 1 lit. b DS-GVO konkretisiert dieses Gebot dahingehend, dass personenbezogene Daten nur für Zwecke weiterverarbeitet werden dürfen, die mit dem Erhebungszweck vereinbar sind. **Zweckbindung** nach der Verordnung bedeutet also keine strenge Bin-dung an den Erhebungszweck. Vielmehr ist eine Weiterverarbeitung durch denselben Verantwortlichen auch zu anderen Zwecken erlaubt, soweit die-se mit dem Erhebungszweck vereinbar sind. Sind die Weiterverarbeitungs-zwecke mit dem Erhebungszweck vereinbar, bedarf die Weiterverarbeitung gemäß Erwägungsgrund 50 Satz 2 DS-GVO sogar keiner eigenen Rechts-grundlage, sondern kann mit der Rechtsgrundlage für die Erhebung be-gründet werden. Ist der Weiterverarbeitungszweck hingegen nicht mit dem Erhebungszweck vereinbar, bedarf die Weiterverarbeitung einer eigenen Rechtsgrundlage und muss zu einem eigenen festgelegten Zweck erfolgen.[1]

2   Die Verordnung enthält Regelungen zur **Zweckvereinbarkeit** (→ Rn. 7). Sie eröffnet darüber hinaus die Möglichkeit, unter bestimmten Bedingungen mitgliedstaatliche Regelungen über zulässige Weiterverarbeitungen einzu-führen. Die in diesen Regelungen genannten Verarbeitungszwecke müssen *nicht* mit dem Erhebungszweck vereinbar sein.[2] Eine solche Regelung für die öffentlichen Stellen des Landes stellt die Vorschrift dar. Gemäß der Ge-setzesbegründung[3] wird sie auf die Regelungsbefugnis in Art. 6 Abs. 4 DS-GVO gestützt, die nationale Regelungen für Fälle zulasse, in denen der Weiterverarbeitungszweck nicht dem Erhebungszweck entspricht.

---

1   So auch *Roßnagel* in Simitis/Hornung/Spiecker gen. Döhmann DS-GVO Art. 5 Rn. 98; *Richter* DuD 2015, 735 (736); *Richter* DuD 2016, 581 (584 f.); zum Streit-stand hierüber s. *Richter* in Jandt/Steidle Datenschutz-HdB S. 314.
2   *Roßnagel* in Simitis/Hornung/Spiecker gen. Döhmann DS-GVO Art. 6 Abs. 4 Rn. 17, 22.
3   LT-Drs. 19/5728, 107.

II. Entstehungsgeschichte

Während des Gesetzgebungsprozesses unterlag die Vorschrift keinen Änderungen.[4] Die Gesetzesbegründung gibt an, die Vorschrift ersetze „teilweise" die §§ 11 Abs. 1, 13 Abs. 2 iVm 12 Abs. 2 und 3 und § 13 Abs. 4 HDSG.[5] Insbesondere §§ 13 Abs. 2 iVm 12 Abs. 2 und 3 und § 13 Abs. 4 HDSG enthielten im Kern vergleichbare Regelungen wie nun Abs. 1. 3

III. Unionsrechtliche Regelungen

Die **DS-GVO enthält selbst Vorschriften** über die **Zulässigkeit von Weiterverarbeitungen** zu anderen Zwecken als dem Erhebungszweck. Sie enthält insbesondere Regelungen darüber, unter welchen Voraussetzungen der Weiterverarbeitungszweck als vereinbar mit dem Ergebungszweck gilt.[6] Diese Vorschriften sind auch für öffentliche Stellen anwendbar. Die Vorschrift ist demgegenüber eine zusätzliche Möglichkeit, Weiterverarbeitungen zu anderen Zwecken durchzuführen. Neben § 21 HDSIG können sich öffentliche Stellen, die personenbezogene Daten gemäß § 3 oder einer Spezialvorschrift erhoben haben, ggf. auch auf die folgenden Normen aus der Verordnung stützen, soweit sie beabsichtigen, die Daten zu anderen Zwecken weiter zu verarbeiten. 4

Teile der Literatur gehen davon aus, dass es sich bei Art. 6 Abs. 4 DS-GVO gerade nicht, wie hier vom Landesgesetzgeber angenommen, um eine **Öffnungsklausel** handelt.[7] Eine Regelung gemäß Art. 6 Abs. 4 DS-GVO bedürfe vielmehr einer **weiteren Öffnungsklausel**. Für den öffentlichen Bereich ergäbe sich eine solche jedoch aus Art. 6 Abs. 2 und 3 DS-GVO, die Festlegungen zum Verarbeitungszweck ermöglichen. Insofern kommen beide Ansichten hier zum selben Ergebnis. Derartige Regelungen sind unter den zusätzlichen Voraussetzungen in Art. 6 Abs. 4 DS-GVO möglich. 5

Art. 6 Abs. 4 DS-GVO knüpft **besondere Anforderungen** an mitgliedstaatliche Regelungen zur Zweckänderung. Es muss sich um eine Maßnahme handeln, die in einer demokratischen Gesellschaft zum Schutz der in Art. 23 Abs. 1 DS-GVO genannten Ziele notwendig und verhältnismäßig ist. Alle in Abs. 1 normierten Tatbestände müssen also diese Anforderungen erfüllen. Art. 23 DS-GVO enthält Tatbestände bei deren Vorliegen die Betroffenenrechte und Pflichten der Verantwortlichen aus der Verordnung eingeschränkt werden können. Art. 6 Abs. 4 DS-GVO verdeutlicht mit dem Bezug auf Art. 23 DS-GVO, dass es sich bei nationalen Regelungen über die Weiterverarbeitung zu anderen Zwecken um intensive Eingriffe in das Grundrecht der betroffenen Personen auf den Schutz ihrer personenbezogenen Daten aus Art. 8 Abs. 2 GRCh handelt. Alle Tatbestände in Art. 23 Abs. 1 DS-GVO sind im Einklang mit der Rechtsprechung des EuGH und 6

---

4 LT-Drs. 19/6300, 9.
5 LT-Drs. 19/5728, 107.
6 S. zB *Monreal* ZD 2016, 507 (509); *Roßnagel* ZD 2018, 339 (340).
7 *Buchner/Petri* in Kühling/Buchner DS-GVO Art. 6 Rn. 178; *Reimer* in HK-DS-GVO Art. 6 Rn. 67; unentschieden *Schwartmann/Pieper* in Schwartmann ua DS-GVO Art. 6 Rn. 78; aA *Roßnagel* in Simitis/Hornung/Spiecker gen. Döhmann DS-GVO Art. 6 Rn. 24.

des EGMR auszulegen.[8] Die Regelungen in Abs. 1 und 2 der Vorschrift müssen zum Schutz dieser Ziele notwendig und verhältnismäßig sein und sind in dieser Hinsicht selbst restriktiv auszulegen.[9]

7　Art. 6 Abs. 4 DS-GVO enthält einen **Kriterienkatalog**, mit dessen Hilfe der Verantwortliche im Fall einer Zweckänderung prüfen muss, ob es sich um einen mit dem Erhebungszweck vereinbaren Weiterverarbeitungszweck handelt.[10] Kann dies anhand des Katalogs bejaht werden, benötigt der Verantwortliche für die Weiterverarbeitung **keine gesonderte Rechtsgrundlage**. Er kann stattdessen die Weiterverarbeitung aufgrund der Rechtsgrundlage für die Erhebung durchführen. Angesichts dieser Funktion von Art. 6 Abs. 4 DS-GVO ist die Vereinbarkeitsprüfung vom Verantwortlichen mit besonderer Sorgfalt durchzuführen und im Sinne der Rechenschaftspflicht aus Art. 5 Abs. 2 DS-GVO zu dokumentieren. Entscheidend für die Rechtmäßigkeit einer konkreten Vereinbarkeitsprüfung wird dabei sein, ob die Interessen der betroffenen Personen angemessen gewichtet wurden.[11]

8　Art. 5 Abs. 1 lit. b DS-GVO eröffnet **Weiterverarbeitungen zu ganz bestimmten Zwecken**. Verarbeitungen zu im öffentlichen Interesse liegenden **Archivzwecken**, zu Zwecken der **Forschung** und **zu statistischen Zwecken werden** unter den zusätzlichen Voraussetzungen des Art. 89 Abs. 1 DS-GVO als nicht unvereinbar mit den Erhebungszwecken erklärt.[12] Archivzwecke im Sinne der Norm sind die Zwecke öffentlicher Archive.[13] Statistische Zwecke sind nicht jede Anwendung statistischer Methoden, sondern nur solche Verarbeitungen, die nur auf anonyme Daten und nicht auf personenbezogene Daten zielen.[14] Art. 5 Abs. 1 lit. b DS-GVO stellt außerdem keinen Automatismus dar. Es handelt sich vielmehr um Regelbeispiele für die Anwendung von Art. 6 Abs. 4 DS-GVO.[15] Die Kriterien in Abs. 4 können im Einzelfall auch bei Vorliegen der Voraussetzungen nach Art. 5 Abs. 1 lit. b DS-GVO dennoch zur Unvereinbarkeit der Verarbeitung führen.

9　Liegt keine mit dem Erhebungszweck vereinbare Zweckänderung vor, und auch keine der Ausnahmen der Vorschrift, **bedeutet** dies in der Systematik der DS-GVO **nicht endgültig, dass** die personenbezogenen **Daten nicht weiterverarbeitet werden dürfen**. Vielmehr bedeutet dies, dass für die Weiterverarbeitung eine **eigene Rechtsgrundlage** erfüllt sein muss.[16] Eine weitere Rechtsgrundlage, die Verarbeitungen zu anderen Zwecken ermöglicht, ist zunächst die Einwilligung nach Art. 6 Abs. 1 lit. a DS-GVO. Dies wird

---

8　Unter Hinweis auf ErwG 73 Satz 2 DS-GVO *Dix* in Simitis/Hornung/Spiecker gen. Döhmann DS-GVO Art. 23 Rn. 4.
9　*Dix* in Simitis/Hornung/Spiecker gen. Döhmann DS-GVO Art. 23 Rn. 2.
10　S. auch zB *Buchner* DuD 2016, 155 (157).
11　Ausführlich zu den einzelnen Kriterien des Art. 6 Abs. 4 DS-GVO *Roßnagel* in Simitis/Hornung/Spiecker gen. Döhmann DS-GVO Art. 6 Abs. 4 Rn. 32 ff.
12　S. näher *Johannes* in Roßnagel Das neue DSR § 7 Rn. 245 ff.
13　S. näher *Johannes* in Roßnagel Das neue DSR § 7 Rn. 195 ff.
14　Ausführlich mwN *Roßnagel* in Simitis/Hornung/Spiecker gen. Döhmann DS-GVO Art. 5 Rn. 103 ff.; *Richter* in Roßnagel Das neue DSR § 7 Rn. 151 ff.
15　*Roßnagel* in Simitis/Hornung/Spiecker gen. Döhmann DS-GVO Art. 5 Rn. 109.
16　*Roßnagel* in Simitis/Hornung/Spiecker gen. Döhmann DS-GVO Art. 5 Rn. 98; *Richter* DuD 2015, 735 (736); *Richter* DuD 2016, 581 (584 f.); zum Streitstand hierüber s. *Richter* in Jandt/Steidle Datenschutz-HdB S. 314.

durch Art. 6 Abs. 4 DS-GVO klargestellt. Allerdings ist für öffentliche Stellen, die Möglichkeit, ihre Verarbeitungen auf Einwilligungen zu stützen, äußerst eingeschränkt, da es häufig an der Freiwilligkeit der Einwilligung fehlt.[17]

Im **öffentlichen Bereich** ist die Zulässigkeit der Verarbeitung gemäß § 3 grundsätzlich gegeben, wenn eine Weiterverarbeitung zu anderen Zwecken in den Aufgabenbereich der öffentlichen Stelle fällt und zur Aufgabenerfüllung erforderlich ist. Die in der Vorschrift geregelten Ausnahmen überschneiden sich hiermit, da sie ebenfalls im Bereich der Aufgabenerfüllung liegen. Unklar ist daher, in welchem Verhältnis Abs. 1 und § 3 Abs. 1 im Hinblick auf die Weiterverarbeitung stehen. Möglich wäre es einerseits, dass der Gesetzgeber die Weiterverarbeitung auf die Fallgruppen des Abs. 1 und 2 beschränken wollte und eine Weiterverarbeitung nach § 3 zu anderen Zwecken gesperrt sein soll. Andererseits ist es auch möglich, dass der Gesetzgeber die Zulässigkeit der Weiterverarbeitung für die Zwecke in der Vorschrift lediglich klarstellen wollte und § 3 zusätzlich als Rechtsgrundlage zur Verfügung steht. 10

Die Gesetzesbegründung scheint die Vorschrift als Spezialregelung im Verhältnis zu § 3 zu sehen: „Abs. 1 schafft für öffentliche Stellen im Rahmen der jeweiligen Aufgabenerfüllung eine landesrechtliche Rechtsgrundlage für die Verarbeitung personenbezogener Daten durch denselben Verarbeiter zu einem anderen Zweck als zu demjenigen, zu dem er sie ursprünglich erhoben hat (Weiterverarbeitung)." Betrachtet man die Vorschrift als **Spezialregelung** und ist eine Weiterverarbeitung nach ihr nicht möglich, wäre ein Rückgriff auf § 3 Abs. 1 als weitere Rechtsgrundlage für die Weiterverarbeitung gesperrt. Für diese Sichtweise würden auch der Wortlaut des Art. 6 Abs. 4 DS-GVO und ErwG 50 Satz 7 DS-GVO sprechen, die bei unvereinbarer Weiterverarbeitung nur Rechtsgrundlagen für die Weiterverarbeitung nennen, die den Zielen des Art. 23 Abs. 1 DS-GVO dienen. Dies könnte für § 3 nicht allgemein festgestellt werden. 11

Die Weiterverarbeitung müsste dann entweder gemäß Art. 6 Abs. 4 oder Art. 5 Abs. 1 lit. b Halbsatz 2 DS-GVO mit dem Erhebungszweck vereinbar sein oder eine andere **speziellere Rechtsgrundlage**, zB Art. 6 Abs. 1 lit. a DS-GVO oder eine Vorschrift aus dem besonderen Verwaltungsrecht, die den Zielen des Art. 23 DS-GVO dient, müsste die Weiterverarbeitung erlauben. Fraglich wäre dann, wie mit Fällen umzugehen wäre, in denen die öffentliche Stelle die personenbezogenen Daten zu einem anderen Zweck weiter zu verarbeiten beabsichtigt, der sich innerhalb ihres Aufgabenbereichs befindet und sie die Daten gemäß § 3 neu erheben dürfte. 12

In einem solchen Fall die Weiterverarbeitung zu sperren, würde die Zweckbindung bei öffentlichen Stellen zu einer reinen bürokratischen Hürde ohne wirkliche Schutzwirkung für die betroffenen Personen werden lassen. Es könnte auch dazu führen, dass personenbezogene Daten in einer öffentlichen Stelle redundant erhoben würden. Es ist daher davon auszugehen, dass eine Weiterverarbeitung auch dann möglich sein soll, wenn eine Neu- 13

---

17 *Schantz* in Simitis/Hornung/Spiecker gen. Döhmann DS-GVO Art. 6 Rn. 13; *Richter* in HK-LDSG RhPf § 3 Rn. 14 ff.

erhebung nach § 3 oder einer anderen Vorschrift zu einem anderen Zweck möglich wäre. Dies entspräche dem **„Grundsatz der hypothetischen Datenneuerhebung"**,[18] wie er für den Bereich der JI-RL gilt (→ § 44 Rn. 12). Dabei müssen diese Zwecke aber auch zum Aufgabenbereich der jeweiligen öffentlichen Stelle gehören und die Weiterverarbeitung ist an den Umfang der zulässigen hypothetischen Neuerhebung gebunden.

14   In einem solchen Fall dürfte die Weise der Weiterverarbeitung auch als nicht unvereinbar mit dem Erhebungszweck nach Art. 6 Abs. 4 DS-GVO zu beurteilen sein. Wäre eine Neuerhebung zulässig, müsste man eine Weiterverarbeitung ebenfalls als vereinbar ansehen. Ein Rückgriff auf § 3 Abs. 1 wäre demnach gar nicht erforderlich, denn für eine **vereinbare Weiterverarbeitung** bedarf es keiner eigenen Rechtsgrundlage. Welche systematische Konstruktion die Gesetzgeber der DS-GVO und des Gesetzes jeweils genau beabsichtigten, ist nicht zweifelsfrei zu klären. Im Ergebnis ist aber festzuhalten, dass der Grundsatz der hypothetischen Neuerhebung, der in der JI-RL ausdrücklich niedergelegt wurde, auch für die Weiterverarbeitung durch öffentliche Stellen außerhalb des Anwendungsbereichs der Richtlinie nach der DS-GVO anzuwenden ist.

15   Hinsichtlich der Intention des Gesetzgebers ist wohl davon auszugehen, dass dieser vor allem sicherstellen wollte, dass eine Weiterverarbeitung in den Fällen des Abs. 1 und 2 auf jeden Fall als zulässig gilt. Die Vorschrift enthält bestimmte Zwecke aus dem Aufgabenspektrum öffentlicher Stellen sowie entsprechende Tatbestandsmerkmale zur Absicherung der Rechte betroffener Personen und **nicht eine abschließende Aufzählung** aller zulässigen Fälle der Weiterverarbeitung durch öffentliche Stellen. Offenbar um keine Unklarheit bei den öffentlichen Stellen entstehen zu lassen, ob die Weiterverarbeitung in diesen Fällen als vereinbar im Sinne des Art. 6 Abs. 4 DS-GVO zu bewerten sei, nimmt der Gesetzgeber diesbezüglich die Öffnungsklausel in Art. 6 Abs. 4 DS-GVO in Anspruch, um Klarheit zu schaffen. Zumindest in einigen der Tatbestände des Abs. 1 drängt sich ebenfalls eine Vereinbarkeit gemäß Art. 6 Abs. 4 DS-GVO auf.

16   Dass im Fall der hypothetischen Neuerhebung eine Weiterverarbeitung zulässig sein soll, führt nicht zu Nachteilen der betroffenen Personen hinsichtlich der **Informationspflichten** des Verantwortlichen. Sowohl für eine Weiterverarbeitung nach Art. 6 Abs. 4 DS-GVO als auch nach der hier besprochenen Vorschrift und ggf. nach § 3 gilt die Informationspflicht gemäß Art. 13 Abs. 3 und Art. 14 Abs. 4 DS-GVO.

IV. Verhältnis zu anderen Vorschriften

17   Eine **vergleichbare Vorschrift** findet sich in § 23 BDSG. Andere Bundesländer haben Vorschriften, die mit Abs. 1 der Vorschrift vergleichbar sind, wie zB § 9 DSG NRW und § 7 DSG RhPf.

18   Gemäß der Gesetzesbegründung gilt die Vorschrift nur für Weiterverarbeitungen durch denselben Verarbeiter.[19] Die **Übermittlung** an eine andere

---

18 *Skobel* in HK-LDSG RhPf § 30 Rn. 4 unter Hinweis auf BVerfGE 141, 220 (327) Rn. 287.
19 LT-Drs. 19/5728, 107.

Stelle wäre hiervon begrifflich zwar erfasst. Allerdings ist die Übermittlung an öffentliche und nicht öffentliche Stellen in § 22 gesondert geregelt, der auf die Anforderungen der Vorschrift ausdrücklich verweist. Manche der Tatbestände des Abs. 1 scheinen sogar eher für die Verweise in § 22 geschaffen als zur Weiterverarbeitung durch denselben Verantwortlichen.

B. Weiterverarbeitung zu anderen Zwecken

I. Zulässigkeit der Weiterbverarbeitung einfacher personenbezogener Daten (Abs. 1)

Obwohl sie sich direkt auf Art. 23 Abs. 1 DS-GVO bezieht, führt die Gesetzesbegründung nicht aus, auf welchen der jeweiligen **Tatbestände in Art. 23 Abs. 1 DS-GVO** die Nr. 1 bis 6 gestützt werden.[20] Die Tatbestände müssen daher in der Anwendung den einzelnen Regelungen in Art. 23 Abs. 1 DS-GVO zugeordnet und gegebenenfalls im Hinblick auf diese Regelungen einschränkend ausgelegt werden, denn soweit die Regelungen über Art. 23 Abs. 1 DS-GVO hinausgehen, sind sie verordnungswidrig und dürfen nicht angewendet werden. Für die öffentlichen Stellen dürfte dies eine erhebliche Rechtsunsicherheit bedeuten. Bezüglich der Verhältnismäßigkeit und Notwendigkeit der Regelungen innerhalb einer demokratischen Gesellschaft bestehen keine grundsätzlichen Bedenken. 19

1. Verarbeitung im Interesse der betroffenen Person (Nr. 1)

Nr. 1 erlaubt die Verarbeitung zu einem anderen Zweck, wenn sie offensichtlich im Interesse der betroffenen Person liegt und kein Grund zu der Annahme besteht, dass die betroffene Person in Kenntnis des anderen Zwecks ihre Einwilligung verweigern würde. Die einzige Regelung in Art. 23 DS-GVO, die als Grundlage für Nr. 1 in Frage kommt, ist Art. 23 Abs. 1 lit. i DS-GVO, die den Schutz der betroffenen Person nennt. Allerdings ist eine Verarbeitung zum Schutz der betroffenen Person durchaus etwas anderes als eine Verarbeitung im Interesse der betroffenen Person. So unterfallen rein wirtschaftliche Interessen gerade nicht Art. 23 Abs. 1 DS-GVO. Vielmehr muss eine Gefährdung der Rechtsgüter der betroffenen Person vorliegen, die abgewendet werden soll.[21] Nr. 1 kann daher die Anforderungen des Art. 23 DS-GVO nur dann erfüllen, wenn die Norm insoweit einschränkend ausgelegt und auf den **Schutz der betroffenen Person** reduziert wird. Darüberhinausgehend lässt sie sich nicht auf Art. 23 Abs. 1 DS-GVO stützen und ist insofern verordnungswidrig. Allerdings käme hinsichtlich solcher Fälle eine Vereinbarkeit gemäß Art. 6 Abs. 4 DS-GVO in Betracht. 20

Die Regelung nimmt weiterhin Bezug darauf, dass die betroffene Person ihre Einwilligung nicht verweigern würde. Da die Einwilligung im Rahmen der Aufgabenerfüllung öffentlicher Stellen allerdings nur sehr selten anwendbar ist (→ Rn. 9), stellt sich die Frage, ob die Regelung in Nr. 1 auf Fälle beschränkt sein soll, in denen eine Einwilligung als wirksame Rechtsgrundlage ausnahmsweise in Frage kommt. Allerdings erscheint dieser Ver- 21

---

20 LT-Drs. 19/5728, 107.
21 *Dix* in Simitis/Hornung/Spiecker gen. Döhmann DS-GVO Art. 23 Rn. 32 f.

weis auf die **wahrscheinliche Nichtverweigerung der Einwilligung** eher darauf abzuzielen, dass eine durchschnittliche betroffene Person bei der Abwägung zwischen den Vorteilen durch die Abwendung der Gefahr und den Nachteilen durch die zweckfremde Verarbeitung die Vorteile höher einschätzt und die Verarbeitung befürwortet. Durch die Formulierung „kein Grund zu der Annahme besteht" wird eine Vermutung für die Befürwortung der Verarbeitung festgelegt, die durch besondere Umstände im konkreten Einzelfall widerlegt werden muss. Dies bedeutet, die Weiterverarbeitung ist dann nach Nr. 1 zulässig, wenn sie eine bestehende Gefährdung der Rechtsgüter der betroffenen Person abwenden soll und im konkreten Fall kein Anhaltspunkt dafür besteht, dass die betroffene Person die Gefährdung des Rechtsguts eher hinnehmen würde als die zweckfremde Weiterverarbeitung. Diese Wertung ist von der öffentlichen Stelle im konkreten Einzelfall durchzuführen und im Sinne des Art. 5 Abs. 2 DS-GVO zu dokumentieren.

2. Überprüfung von Angaben der betroffenen Person (Nr. 2)

22   Nr. 2 erlaubt die Verarbeitung zu einem anderen Zweck, wenn Angaben der betroffenen Person überprüft werden müssen, weil tatsächliche Anhaltspunkte für deren Unrichtigkeit bestehen. Es ist nicht erkennbar, auf welche Regelung des Art. 23 Abs. 1 DS-GVO Nr. 2 gestützt wurde. Eine vergleichbare Regelung in § 7 Abs. 1 LDSG RhPf wurde auf Art. 23 Abs. 1 lit. e DS-GVO gestützt, ohne dessen Voraussetzungen jedoch erkennen zu lassen.[22] Nr. 2 HDSIG steht völlig ohne Begründung mit einer konkreten Regelung aus Art. 23 Abs. 1 DS-GVO da. Die Vorschrift ist daher in Nr. 2 **verordnungswidrig** und nicht anzuwenden. Allerdings dürfte sie auch nicht erforderlich sein. Sollte im Rahmen der Aufgabenerfüllung die Überprüfung von Angaben der betroffenen Personen erforderlich sein, um die Aufgaben erfüllen zu können, dient die Verarbeitung entweder noch dem Erhebungszweck oder die Aufgabenerfüllung erlaubt die Neuerhebung der Daten und die Verarbeitung kann mit § 3 Abs. 1 begründet werden.

3. Schutz des Gemeinwohls, der Sicherheit und Ordnung sowie des Steuer- und Zollaufkommens (Nr. 3)

23   Nr. 3 erlaubt die Verarbeitung zu einem anderen Zweck, soweit sie zur Abwehr erheblicher Nachteile für das Gemeinwohl oder einer Gefahr für die öffentliche Sicherheit oder Ordnung, die Verteidigung oder die nationale Sicherheit, zur Wahrung erheblicher Belange des Gemeinwohls oder zur Sicherung des Steuer- oder Zollaufkommens erforderlich ist. Die Regelung kann auf Art. **23 Abs. 1 lit. a, b, c, d und e DS-GVO** gestützt werden. Hinsichtlich der Gefahrenabwehr wäre eigentlich § 44 anwendbar und nicht die hier besprochene Vorschrift. Wie auch bei Nr. 4 (→ Rn. 27) scheint der Gesetzgeber aber davon auszugehen, dass § 44 nur auf personenbezogene Daten anwendbar ist, die schon für Zwecke nach § 40 erhoben wurden. Für den Zweckwechsel innerhalb einer öffentlichen Stelle von „normaler" Verwaltung zu Gefahrenabwehr scheint Nr. 3 einschlägig zu sein. Der auf den innerstaatlichen Rechtsgüterschutz ausgerichtete Begriff der Abwehr

---

22   *Richter* in HK-LDSG RhPf § 7 Rn. 18.

von Gefahren für die öffentliche Sicherheit ist durch das allgemeine Polizei-recht ausreichend konkretisiert und muss hier nicht erläutert werden. Die Abwehr von **Gefahren für die öffentliche Ordnung** ist aber in Art. 23 Abs. 1 DS-GVO nicht genannt. Insofern ist die Norm daher **verordnungs-widrig** und nicht anzuwenden.[23]

Die doppelte Aufzählung des Gemeinwohlbezugs lässt keinen inhaltlichen   24
Gewinn erkennen. Die Abwehr erheblicher Nachteile für das **Gemeinwohl** ist logisch in der Wahrung erheblicher Belange des Gemeinwohls enthalten. Beide Formulierungen eröffnen vom Wortlaut her einen großen Interpreta-tionsspielraum für den Anwender. Art. 23 Abs. 1 DS-GVO enthält den Be-griff des Gemeinwohls nicht. Lit. e enthält aber den Begriff des wichtigen Ziels eines allgemeinen öffentlichen Interesses, der insofern als Anknüp-fungspunkt zu gelten haben wird. Schon Art. 23 Abs. 1 lit. e DS-GVO ist aufgrund seines „Blankettcharakters" eng auszulegen.[24] Nr. 3 trägt dem Rechnung, indem „erhebliche" Nachteile oder eben „erhebliche Belange" vorliegen müssen. Es kann gerade nicht jeder Nachteil für das Gemeinwohl und nicht jeder Belang des Gemeinwohls eine Weiterverarbeitung rechtfer-tigen. Da allerdings die nationale Sicherheit und die Landesverteidigung gesondert aufgeführt sind, ist das Vorliegen dieser Gemeinwohlbelange nicht Voraussetzung für die Zulässigkeit der Weiterverarbeitung. Beispiele für erhebliche Belange des Gemeinwohls könnten etwa die Gesundheit der Bevölkerung, die Versorgung oder die Stabilität der Volkswirtschaft sein.

Die **nationale Sicherheit und die Landesverteidigung** sind in Art. 23 Abs. 1   25
lit. a und b DS-GVO angelegt. Beide werden ohne weitere Konkretisierung übernommen. Daher gelten alle Ausführungen zu Art. 23 Abs. 1 lit. a und b DS-GVO auch für Nr. 3.[25] Beide Tatbestandsmerkmale scheinen auf die Übermittlung an andere Behörden gemäß § 22 Abs. 1 zugeschnitten zu sein, denn der Fall, dass eine öffentliche Stelle, die personenbezogene Da-ten für „gewöhnliche" Zwecke verarbeitet, auch im Bereich der nationalen Sicherheit oder Landesverteidigung tätig wird, dürfte äußerst selten der Fall sein.[26] Die nationale Sicherheit in Nr. 3 ist auf die Sicherheit Deutsch-lands beschränkt. Die Landesverteidigung müsste auf Hessen beschränkt sein. Da allerdings die ausschließliche Gesetzgebungskompetenz für die Verteidigung gemäß Art. 73 Abs. 1 Nr. 1 GG dem Bund zukommt, dürfte die Norm zumindest jenseits der Zulässigkeit der Übermittlung an die zu-ständigen Behörden gemäß § 22 Abs. 1 formell verfassungswidrig sein.

Auch die Tatbestandsmerkmale der **Sicherung des Steuer- und Zollaufkom-**   26
mens scheinen vorrangig für die Übermittlung an die hierfür zuständigen Behörden gemäß § 22 Abs. 1 geschaffen worden zu sein. Eine solche Über-mittlung käme in Betracht, wenn bei der Aufgabenerfüllung der öffentli-chen Stelle Hinweise auf Verstöße gegen steuerliche Vorschriften oder ge-gen Zollvorschriften auftreten.

---

23   *Dix* in Simitis/Hornung/Spiecker gen. Döhmann DS-GVO Art. 23 Rn. 27.
24   *Dix* in Simitis/Hornung/Spiecker gen. Döhmann DS-GVO Art. 23 Rn. 27.
25   Ausführlich zB *Dix* in Simitis/Hornung/Spiecker gen. Döhmann DS-GVO Art. 23 Rn. 20 ff.
26   Vgl. *Bäcker* in Kühling/Buchner DS-GVO Art. 23 Rn. 16, 18.

4. Verfolgung von Straftaten oder Ordnungswidrigkeiten, Vollstreckung und Vollzug (Nr. 4)

27 Nr. 4 erlaubt die Weiterverarbeitung, soweit diese zur Verfolgung von Straftaten oder Ordnungswidrigkeiten, zur Vollstreckung oder zum Vollzug von Strafen oder Maßnahmen iSd § 11 Abs. 1 Nr. 8 StGB oder von Erziehungsmaßregeln oder Zuchtmitteln iSd JGG oder zur Vollstreckung von Geldbußen erforderlich ist. Allerdings fallen diese Zwecke auf den ersten Blick gar nicht in den Anwendungsbereich der Vorschrift, sondern in den des § 44. Alle genannten Zwecke sind auch in § 40 aufgeführt, der den dritten Teil des Gesetzes und damit die Umsetzung der JI-RL einleitet. Anscheinend wollte der Gesetzgeber § 44 aber nur auf solche Verarbeitungen angewendet wissen, die sich auf personenbezogene Daten beziehen, die bereits zu Zwecken des § 40 erhoben wurden. Für den Übergang von **allgemeiner Verwaltung** zu den Zwecken des § 40 innerhalb einer öffentlichen Stelle scheint Nr. 4 geschaffen worden zu sein.

28 Die Norm ist jedenfalls **nicht** anwendbar für die Hilfe einer öffentlichen Stelle bei der **Aufgabenerfüllung anderer Behörden**. Abs. 1 stellt unmissverständlich klar, dass die Weiterverarbeitung im Aufgabenbereich der übermittelnden öffentlichen Stelle selbst liegen muss. Eine allgemeine und für jede öffentliche Stelle geltende Aufgabe, personenbezogene Daten an Strafermittlungsbehörden zu übermitteln, gibt es nicht. Für die Übermittlung an Strafverfolgungsbehörden ist vielmehr § 22 Abs. 1 Satz 1 anzuwenden, der wiederum auf § 21 Abs. 1 verweist.

5. Abwehr schwerwiegender Beeinträchtigungen anderer Personen (Nr. 5)

29 Die zweckändernde Verarbeitung zur Abwehr schwerwiegender Beeinträchtigungen anderer Personen kann auf Art. 23 Abs. 1 lit. i DS-GVO gestützt werden. Bezüglich dieser Vorschrift ist lobend zu erwähnen, dass der Landesgesetzgeber den äußerst weiten Spielraum, den die Verordnung zum Schutz der Rechte und Freiheiten anderer Personen als der betroffenen Person einräumt, durch die Formulierung der **„schwerwiegenden Beeinträchtigung"** begrenzt. Als andere Personen kommen natürliche und juristische Personen des Privatrechts in Betracht. Öffentlichen Stellen kommen nur in Ausnahmefällen eigene Rechte und Freiheiten zu, etwa Universitäten im Rahmen des Art. 5 Abs. 3 GG. Nicht als andere Person gilt aber die verarbeitende öffentliche Stelle selbst. Diese wird in Nr. 6 als „Verantwortlicher" bezeichnet.

6. Wahrnehmung von Aufsichts- und Kontrollbefugnissen, Rechnungsprüfungen und Organisationsuntersuchungen (Nr. 6)

30 Nr. 6 kann grundsätzlich auf Art. 23 Abs. 1 lit. h DS-GVO gestützt werden. Allerdings enthält dieser eine Einschränkung der Kontroll- und Überwachungsfunktionen auf die in Art. 23 Abs. 1 lit. a, b, c, d und e DS-GVO genannten Zwecke. Abseits dieser Zwecke ist die Norm verordnungswidrig und nicht anzuwenden. Im Rahmen dieser Zwecke haben sowohl Art. 23 Abs. 1 lit. h DS-GVO als auch Nr. 6 rein **klarstellenden Charakter**, denn die

Aufsichts- und Kontrollbefugnisse sind in den genannten Zwecken selbst als enthalten anzusehen.[27]

II. Verhältnis zu anderen Vorschriften (Abs. 2)

Abs. 2 stellt die Weiterverarbeitung besonderer Kategorien von Daten nach Art. 9 Abs. 1 DS-GVO zu anderen Zwecken als ihrem Erhebungszweck unter zusätzliche Voraussetzungen. Hierzu muss **zusätzlich** zu einer Zulässigkeit nach Abs. 1 auch einer der Tatbestände des Art. 9 Abs. 2 DS-GVO oder § 20 erfüllt sein.

31

Besondere Kategorien von Daten dürfen, abseits einer Spezialvorschrift, nur nach Art. 9 Abs. 2 DS-GVO oder § 20 Abs. 1 erhoben und verarbeitet werden. Die Vorschrift soll anscheinend dafür sorgen, dass dies auch für die Weiterverarbeitung zu einem anderen Zweck sichergestellt ist. Allerdings stellt sich auch hier die Frage, ob die Weiterverarbeitung auch dann gesperrt sein soll, wenn die Voraussetzungen nach Abs. 1 nicht gegeben sind, aber eine Neuerhebung nach Art. 9 Abs. 2 DS-GVO oder § 20 möglich wäre. Auch hier würde der Ausschluss der Weiterverarbeitung lediglich die Bürokratie des Verfahrens erhöhen und zu redundanter Verarbeitung führen, ohne zum Schutz betroffener Personen beizutragen. Die Vorschrift ist daher dahingehend einschränkend auszulegen, dass eine Weiterverarbeitung besonderer Kategorien von Daten dann möglich ist, wenn die **Neuerhebung** nach Art. 9 Abs. 2 DS-GVO oder § 20 möglich wäre, denn in diesem Fall müsste sie auch als vereinbar iSd Art. 6 Abs. 4 DS-GVO gelten.

32

III. Verhältnis zu anderen Vorschriften (Abs. 3)

Abs. 3 übernimmt die Regelung aus § 13 Abs. 5 HDSG unverändert. Die Vorschrift schließt die Weiterverarbeitung zu anderen Zwecken für bestimmte personenbezogene Daten vollständig aus. Es handelt sich um solche personenbezogene Daten, die von der öffentlichen Stelle ausschließlich zu Zwecken der Datenschutzkontrolle, der Datensicherung oder zur Sicherstellung des ordnungsgemäßen Betriebs einer Datenverarbeitungsanlage verarbeitet werden. Damit ist die hessische Regelung strenger als zB die Regelung in § 7 Abs. 5 LDSG RhPf, die eine Weiterverarbeitung dieser Daten zu anderen Zwecken erlaubt, soweit dies zur Abwehr erheblicher Gefahren für die öffentliche Sicherheit, insbesondere für Leben, Gesundheit oder Freiheit, erforderlich ist. Die Gesetzesbegründung enthält keine inhaltlichen Hinweise zu Abs. 3.[28] Da es sich bei Abs. 3 um ein **ausdrückliches Verbot** handelt, ist davon auszugehen, dass für öffentliche Stellen eine Weiterverarbeitung dieser Daten zu anderen Zwecken überhaupt nicht möglich sein soll und mangels einer ausdrücklichen Ausnahme auch nicht nach anderen Erlaubnistatbeständen zulässig ist. Würden die Daten zur Erfüllung anderer Aufgaben der öffentlichen Stelle benötigt, müssten sie also nach § 3 oder einer spezielleren Vorschrift neu erhoben werden.

33

---

27 *Bäcker* in Kühling/Buchner DS-GVO Art. 23 Rn. 28.
28 LT-Drs. 19/5728, 107.

C. Würdigung

34　Die systematische Stellung der Vorschrift bleibt teilweise unscharf. Das genaue Verhältnis zu § 3 Abs. 1 und Art. 6 Abs. 4 DS-GVO ist der Gesetzesbegründung nicht zu entnehmen. Es ist davon auszugehen, dass der Gesetzgeber in den geregelten Fällen dafür sorgen wollte, dass bei den öffentlichen Stellen keine Rechtsunsicherheit entsteht. Angesichts der teilweise breit formulierten Tatbestandsmerkmale und des fehlenden oder unklaren Bezugs auf die Ziele des Art. 23 Abs. 1 DS-GVO bestehen aber Zweifel, ob dies durchgehend gelungen ist. Die Auswahl und ausdrückliche Regelung gerade dieser Fallgruppen könnte stattdessen zur Rechtsunsicherheit darüber führen, ob hinsichtlich aller anderen Weiterverarbeitungszwecke ein generelles Verbot bestehe. Die systematische Unschärfe ist nicht ursprünglich dem Landesgesetzgeber anzulasten. Sie ist vielmehr durch die **umstrittene Systematik der Regelungen über die Zweckvereinbarkeit** in der Verordnung schon angelegt. Umso dringender wäre es aber gewesen, in der Gesetzesbegründung das zugrunde gelegte Verständnis der Verordnung in dieser Hinsicht klarzustellen.

§ 22 Datenübermittlung durch öffentliche Stellen

(1) [1]Die Übermittlung personenbezogener Daten durch öffentliche Stellen an öffentliche Stellen ist zulässig, wenn sie zur Erfüllung der in der Zuständigkeit der übermittelnden Stelle oder des Dritten, an den die Daten übermittelt werden, liegenden Aufgaben erforderlich ist und die Voraussetzungen vorliegen, die eine Verarbeitung nach § 21 zulassen würden. [2]Der Dritte, an den die Daten übermittelt werden, darf diese nur für den Zweck verarbeiten, zu dessen Erfüllung sie ihm übermittelt werden. [3]Eine Verarbeitung für andere Zwecke ist unter den Voraussetzungen des § 21 zulässig.

(2) [1]Die Übermittlung personenbezogener Daten durch öffentliche Stellen an nicht öffentliche Stellen ist zulässig, wenn
1. sie zur Erfüllung der in der Zuständigkeit der übermittelnden Stelle liegenden Aufgaben erforderlich ist und die Voraussetzungen vorliegen, die eine Verarbeitung nach § 21 zulassen würden,
2. der Dritte, an den die Daten übermittelt werden, ein berechtigtes Interesse an der Kenntnis der zu übermittelnden Daten glaubhaft darlegt und die betroffene Person kein schutzwürdiges Interesse an dem Ausschluss der Übermittlung hat oder
3. es zur Geltendmachung, Ausübung oder Verteidigung rechtlicher Ansprüche erforderlich ist
und der Dritte sich gegenüber der übermittelnden öffentlichen Stelle verpflichtet hat, die Daten nur für den Zweck zu verarbeiten, zu dessen Erfüllung sie ihm übermittelt werden. [2]Eine Verarbeitung für andere Zwecke ist zulässig, wenn eine Übermittlung nach Satz 1 zulässig wäre und die übermittelnde Stelle zugestimmt hat.

(3) Die Übermittlung besonderer Kategorien personenbezogener Daten im Sinne des Art. 9 Abs. 1 der Verordnung (EU) Nr. 2016/679 ist zulässig, wenn die Voraussetzungen des Abs. 1 oder 2 und ein Ausnahmetatbestand

nach Art. 9 Abs. 2 der Verordnung (EU) Nr. 2016/679 oder nach § 20 Abs. 1 vorliegen.

(4) [1]Die Verantwortung für die Zulässigkeit der Übermittlung trägt die übermittelnde Stelle. [2]Ist die Übermittlung zur Erfüllung von Aufgaben eines in § 2 Abs. 1 und 3 genannten Empfängers erforderlich, so trägt auch dieser hierfür die Verantwortung und hat sicherzustellen, dass die Erforderlichkeit nachträglich überprüft werden kann. [3]Die übermittelnde Stelle hat in diesem Fall die Zuständigkeit des Empfängers und die Schlüssigkeit der Anfrage zu überprüfen. [4]Bestehen im Einzelfall Zweifel an der Schlüssigkeit, so hat sie darüber hinaus die Erforderlichkeit zu überprüfen. [5]Der Empfänger hat der übermittelnden Stelle die für ihre Prüfung erforderlichen Angaben zu machen.

A. Allgemeines

I. Bedeutung der Vorschrift

Während Inhalt des § 21 die Weiterverarbeitung personenbezogener Daten zu anderen Zwecken als dem Erhebungszweck durch denselben Verantwortlichen zu dessen eigener Aufgabenerfüllung ist, regelt die Vorschrift die Übermittlung an andere Verantwortliche zu deren Zwecken. Eine Ausnahme bildet nur Abs. 2 Nr. 1, der die Übermittlung für Zwecke der übermittelnden Stelle erlaubt. Die Vorschrift regelt die **Zulässigkeit der Übermittlung durch die übermittelnde Stelle.** Die Erhebung durch die empfangende Stelle muss selbst aufgrund einer eigenen Rechtsgrundlage zulässig sein. Gemäß der Gesetzesbegründung regelt die Norm ausschließlich die Übermittlung zu anderen Zwecken als dem Erhebungszweck.[1] Die Übermittlung zum ursprünglichen Zweck unterliegt nicht den Anforderungen der Vorschrift. Sie ist abseits einer Spezialnorm gemäß § 3 Abs. 1 dann zulässig, wenn sie zur Erfüllung des ursprünglichen Zwecks erforderlich ist. 1

Die Vorschrift ist gemäß der Gesetzesbegründung auch dann anzuwenden, wenn personenbezogene Daten, die zunächst für **Zwecke des § 40** erhoben wurden, an öffentliche Stellen übermittelt werden sollen, um für „gewöhnliche" Verwaltungszwecke oder an privatrechtliche Verantwortliche für deren Zwecke im Anwendungsbereich der DS-GVO verarbeitet zu werden.[2] § 44 Satz 2 erlaubt eine solche Übermittlung von Daten, die für Zwecke 2

---

1 LT-Drs. 19/5728, 107.
2 LT-Drs. 19/5728, 107.

nach § 40 erhoben wurden, für andere Zwecke, soweit eine Rechtsvorschrift dies zulässt (→ § 44 Rn. 8, 19 f.). Die Vorschrift ist eine solche Rechtsvorschrift.[3] Art. 9 Abs. 1 Satz 1 JI-RL, der die Grundlage für § 44 Satz 2 bildet, erlaubt die Verarbeitung zu anderen Zwecken als denen nach Art. 1 Abs. 1 JI-RL, soweit dies in einer Rechtsvorschrift nach dem Recht der Mitgliedstaaten erlaubt wird.

II. Entstehungsgeschichte

3   Die Vorschrift hat im Gesetzgebungsverfahren keine Änderung erfahren.[4] Gemäß der Gesetzesbegründung ersetzt sie teilweise §§ 11 Abs. 1, 13 Abs. 2 iVm 12 Abs. 2 und 3, 13 Abs. 4, 16 und 17 Abs. 1 HDSG. Abs. 4 übernimmt die frühere Regelung in § 14 HDSG.[5]

III. Unionsrechtliche Regelungen

4   Nach der Gesetzesbegründung stützt sich die Vorschrift auf den Regelungsspielraum, der durch Art. 6 Abs. 4 und ErwG 50 DS-GVO eröffnet wird. Danach kann ein Mitgliedstaat zweckändernde Verarbeitungsvorschriften erlassen, die den Zielen des Art. 23 DS-GVO dienen. Dies kann für Abs. 1 und 2 Nr. 1 in dem für § 21 festgestellten Umfang (→ § 21 Rn. 18 ff.) bejaht werden. Abs. 2 Nr. 2 und 3 können auf Art. 23 Abs. 1 lit. i und j DS-GVO gestützt werden. Soweit die Vorschrift auf personenbezogene Daten angewendet werden soll, die für die Zwecke des § 40 erhoben worden sind, ist § 9 Abs. 1 Satz 1 JI-RL die unionsrechtliche Grundlage für die Vorschrift.

IV. Verhältnis zu anderen Vorschriften

5   Die Vorschrift geht als **Spezialregelung** der allgemeinen gesetzlichen Erlaubnis zur Datenverarbeitung in § 3 Abs. 1 vor. Eine vergleichbare Regelung gibt es im dritten Teil des Gesetzes nicht. Dort wird die zweckändernde Übermittlung in der Regelung zur Zweckänderung in § 44 mitgeregelt (→ § 44 Rn. 9). Ein Bruch der Zweckbindung bei einer Datenübermittlung nach Abs. 2 Satz 2 wird in § 38 unter **Bußgeld** gestellt (→ § 38 Rn. 5 ff.).

6   Vergleichbare Regelungen finden sich in § 25 BDSG sowie in den LDSG anderer Länder wie zB § 8 LDSG NRW und § 5 LDSG RhPf.

B. Datenübermittlung durch öffentliche Stellen

7   Die Vorschrift unterscheidet zwischen der Übermittlung an öffentliche Stellen (Abs. 1) und der Übermittlung an nicht öffentliche Stellen (Abs. 2). Sie legt besondere Anforderungen für die Übermittlung besonderer Kategorien von personenbezogenen Daten fest (Abs. 3) und beschäftigt sich mit der Zuteilung der Verantwortlichkeit für die Übermittlung (Abs. 4).

---

3 So LT-Drs. 19/5728, 116.
4 LT-Drs. 19/6300, 9.
5 LT-Drs. 19/5728, 116.

I. Datenübermittlung an öffentliche Stellen (Abs. 1)

Abs. 1 regelt die Übermittlung personenbezogener Daten **zu einem anderen** 8 **Zweck** als ihrem Erhebungszweck von öffentlichen Stellen an öffentliche Stellen. Hierfür eröffnet die Norm zwei Tatbestandsalternativen. Entweder ist die Übermittlung erforderlich zur Erfüllung von Aufgaben, die im Aufgabenbereich der übermittelnden Stelle liegen, oder zur Erfüllung von Aufgaben, die im Aufgabenbereich der empfangenden Stelle liegen.

Zusätzlich müssen in beiden Fällen die **Voraussetzungen einer Zweckände-** 9 **rung nach** § 21 vorliegen (→ § 21 Rn. 19 ff.). Dies ist schlüssig, weil die Vorschrift die zweckändernde Übermittlung betreffen soll. Die zweckändernde Übermittlung zwischen öffentlichen Stellen scheint damit auf die Fallgruppen des § 21 Abs. 1 beschränkt zu sein. Gemäß Satz 2 darf in beiden Fällen die empfangende Stelle die personenbezogenen Daten nur zur Erfüllung des Zwecks verarbeiten, zu dessen Erfüllung sie übermittelt wurden. Satz 3 hebt diese strenge Zweckbindung aber für den Fall wieder auf, dass bei der empfangenden Stelle wiederum im Hinblick auf die übermittelten personenbezogenen Daten einer der Tatbestände aus § 21 Abs. 1 erfüllt ist.

Neben der zweckändernden Verarbeitung nach § 21 bestehen aber auch 10 **weitere Möglichkeiten der zweckändernden Verarbeitung**, zB gemäß Art. 6 Abs. 4 oder Art. 6 Abs. 1 lit. a DS-GVO (→ § 21 Rn. 7 ff.). Eine Verarbeitung für andere Zwecke als die in § 21 Abs. 1 genannten wäre grundsätzlich außerhalb der Vorschrift auch dann möglich, wenn der neue Verarbeitungszweck mit dem alten Verarbeitungszweck gemäß Art. 6 Abs. 4 DS-GVO vereinbar oder die Übermittlung gemäß Art. 6 Abs. 1 lit. a DS-GVO zulässig ist. Allerdings hat der Gesetzgeber die zweckändernde Übermittlung in Abs. 1 speziell geregelt und sie auf die Zwecke in § 21 Abs. 1 beschränkt. Dies ist dem Landesgesetzgeber gemäß Art. 6 Abs. 3 Satz 3 möglich.[6] Benötigt eine anfragende Stelle die fraglichen personenbezogenen Daten zu anderen als den in § 21 Abs. 1 festgelegten Zwecken, muss sie diese selbst erheben.

II. Datenübermittlung an nicht öffentliche Stellen (Abs. 2)

Abs. 2 regelt die zweckändernde Übermittlung personenbezogener Daten 11 von öffentlichen Stellen an nicht öffentliche Stellen. Nicht nur, aber insbesondere im Hinblick auf Daten, die für Zwecke des § 40 erhoben wurden, bedeutet die Übermittlung an nicht öffentliche Stellen einen nicht unerheblichen Grundrechtseingriff.

Nach Nr. 1 ist die Übermittlung zulässig, wenn sie zur Erfüllung der in der 12 Zuständigkeit der übermittelnden Stelle liegenden Aufgaben erforderlich ist und die Voraussetzungen vorliegen, die eine Verarbeitung nach § 21 zulassen würden. Für die **Voraussetzungen der Übermittlung** kann also **auf** § 21 **verwiesen** werden.

Abs. 2 Nr. 2 und 3 verweisen nicht, wie Abs. 1, auf die zusätzlichen Vor- 13 aussetzungen für Zweckänderungen nach § 21, sondern enthalten eigene

---

6 *Roßnagel* in Simitis/Hornung/Spiecker gen. Döhmann DS-GVO Art. 6 Abs. 4 Rn. 28.

Tatbestände, die gemäß Art. 6 Abs. 4 DS-GVO die Ziele des Art. 23 Abs. 1 DS-GVO verfolgen und in einer demokratischen Gesellschaft eine notwendige und verhältnismäßige Maßnahme zum Schutz dieser Ziele darstellen müssen. Die Gesetzesbegründung erhält keine Hinweise darauf, auf welche Tatbestände in Art. 23 Abs. 1 DS-GVO Nr. 2 und 3 gestützt werden.

14   Nr. 2 kann nur teilweise auf Art. 23 Abs. 1 lit. i DS-GVO gestützt werden. Eine Verarbeitung zum Schutz der Rechte und Freiheiten anderer Personen ist durchaus etwas anderes als eine Verarbeitung zu deren berechtigten Interessen. So unterfallen rein wirtschaftliche Interessen gerade nicht Art. 23 Abs. 1 DS-GVO.[7] Vielmehr muss eine Gefährdung der Rechtsgüter der anderen Person vorliegen, die abgewendet werden soll. Nr. 2 kann daher die Anforderungen des Art. 23 DS-GVO nur dann erfüllen, wenn die Norm insoweit einschränkend ausgelegt und auf den Schutz der Rechte und Freiheiten anderer Person reduziert wird. Darüberhinausgehend lässt sie sich nicht auf Art. 23 Abs. 1 DS-GVO stützen und ist insofern verordnungswidrig.

15   Zusätzlich darf gemäß Nr. 2 die betroffene Person kein schutzwürdiges Interesse am Ausschluss der Übermittlung haben. Diese Prüfung hat gemäß Abs. 4 Satz 1 die übermittelnde öffentliche Stelle durchzuführen. Aufgrund der nach Art. 23 Abs. 1 lit. i DS-GVO gebotenen Beschränkung der Regelung auf den Schutz der Rechte und Freiheiten Dritter (→ Rn. 14), kann hierfür nicht Art. 6 Abs. 1 lit. f DS-GVO als Gegenprobe herangezogen werden, da dieser über den Schutz der Rechte und Freiheiten hinausgehend die Verarbeitung für berechtigte Interessen erlaubt. Art. 23 Abs. 1 lit. i DS-GVO erlaubt jedoch gerade keine Regelung, die allen berechtigten Interessen anderer Personen dient. Auch ist im Rahmen von Nr. 2 keine Abwägung vorzunehmen, sondern das bloße Vorliegen eines schutzwürdigen Interesses der betroffenen Person reicht aus, damit die Übermittlung unzulässig wird. Liegt eine Zulässigkeit nach diesen Anforderungen nicht vor, muss die empfangende Stelle die personenbezogenen Daten im Rahmen ihrer rechtlichen Möglichkeiten selbst erheben und kann sie nicht von einer öffentlichen Stelle abrufen.

16   Nr. 3 erlaubt die zweckändernde Übermittlung an nicht öffentliche Stellen zur Geltendmachung, Ausübung oder Verteidigung rechtlicher Ansprüche. Nr. 3 kann teilweise auf Art. 23 Abs. 1 lit. j DS-GVO gestützt werden. Allerdings erlaubt dieser nur Regelungen zur Durchsetzung zivilrechtlicher Ansprüche. Hinsichtlich der Verteidigung rechtlicher Ansprüche sowie hinsichtlich der Übermittlung zu anderen als zivilrechtlichen Prozesszwecken, also zB für öffentlich-rechtliche Streitigkeiten, kann Nr. 3 aber auf den insofern weiteren Art. 23 Abs. 1 lit. i DS-GVO gestützt werden.[8]

---

7 *Dix* in Simitis/Hornung/Spiecker gen. Döhmann DS-GVO Art. 23 Rn. 32; *Bäcker* in Kühling/Buchner DS-GVO Art. 23 Rn. 32.
8 *Dix* in Simitis/Hornung/Spiecker gen. Döhmann DS-GVO Art. 23 Rn. 36; *Bäcker* in Kühling/Buchner DS-GVO Art. 23 Rn. 33.

III. Übermittlung besonderer Kategorien personenbezogene Daten (Abs. 3)

Abs. 3 stellt die Übermittlung besonderer Kategorien von Daten nach Art. 9 Abs. 1 DS-GVO zu anderen Zwecken als ihrem Erhebungszweck unter zusätzliche Voraussetzungen. Zusätzlich zu einer Zulässigkeit nach Abs. 1 oder 2 muss auch einer der Tatbestände des Art. 9 Abs. 2 DS-GVO oder § 20 erfüllt sein. Damit ergibt sich für die zweckändernde Übermittlung zB von Gesundheitsdaten eine bis zu **dreistufige Prüfung**. So ist im Rahmen von Abs. 1 zunächst die Erforderlichkeit zur Aufgabenerfüllung zu prüfen, dann die Zulässigkeit nach § 21 Abs. 1 und schließlich die Zulässigkeit nach Art. 9 Abs. 2 DS-GVO oder § 20. Dies ist auch im Rahmen von Abs. 2 Nr. 1 der Fall. Im Fall von Abs. 2 Nr. 2 und 3 wäre die Prüfung lediglich zweistufig. Es wären die Voraussetzungen des Abs. 2 und Art. 9 Abs. 2 DS-GVO oder § 20 zu prüfen. **17**

IV. Verantwortungsverteilung (Abs. 4)

Eine Übermittlung personenbezogener Daten besteht aus zwei Schritten: Erstens dem „Senden" oder der „Übermittlung" durch die übermittelnde Stelle und zweitens dem „Empfang" oder der „Erhebung" durch die empfangende Stelle. Abs. 1 und Abs. 2 regeln ausschließlich die Zulässigkeit der Verarbeitung durch die übermittelnde Stelle (Übermittlung). Grundsätzlich muss zusätzlich die **empfangende Stelle eine Rechtsgrundlage zur Erhebung** der personenbezogenen Daten erfüllen. **18**

Abs. 4 Satz 1 modifiziert diese Grundregel, gestützt auf Art. 4 Nr. 7 Hs. 2 DS-GVO, indem die Verantwortung für die Übermittlung, gemeint ist der Gesamtvorgang, nicht nur das Senden, zunächst nur der **übermittelnden Stelle** übertragen wird. Dies wird in Satz 2 jedoch für den Fall wieder geändert, dass die Übermittlung der Aufgabenerfüllung einer empfangenden öffentlichen Stelle iSd § 2 Abs. 1 und 3 dient. In diesem Fall, also in der zweiten Alternative des Abs. 1 Satz 2, ist auch diese Stelle verantwortlich. In diesem Fall ist also die Grundregel wiederhergestellt, dass beide Stellen für den von ihnen jeweils durchgeführten Verarbeitungsschritt eine Rechtsgrundlage benötigen. Für eine Übermittlung an nicht öffentliche Stellen gilt stets Abs. 4 Satz 1. **19**

Die **Ausnahme** in Satz 1 ist deshalb notwendig, weil die Erhebungstatbestände des Landesrechts, insbesondere § 3 Abs. 1, und der DS-GVO, insbesondere Art. 6 Abs. 1 lit. f DS-GVO, nicht darauf ausgerichtet sind, personenbezogene Daten zur Aufgabenerfüllung der übermittelnden Stelle zu erheben. Art. 6 Abs. 1 lit. f DS-GVO erlaubt zwar die Verarbeitung mit dem Zweck, die berechtigten Interessen Dritter zu verfolgen. Zu diesen Interessen zählen jedoch gerade nicht die hoheitlichen Aufgaben öffentlicher Stellen. Auch Art. 6 Abs. 1 lit. e DS-GVO ist auf diesen Fall nicht anwendbar, da dieser nur für hoheitliche Aufgaben des Verantwortlichen selbst gilt. Ohne Abs. 4 Satz 1 wäre die Übermittlung an öffentliche oder private Stellen zu Zwecken der übermittelnden Stelle nicht möglich, denn die empfangende Stelle dürfte die Daten nicht erheben. Dass die Regelung auch Abs. 2 Nr. 1 betrifft ist daher konsequent. Nicht ersichtlich ist aber, wieso Satz 1 auch hinsichtlich Abs. 2 Nr. 2 und 3 gilt. **20**

21 Abs. 4 Satz 2 enthält für den Fall der Übermittlung zu Zwecken der emp-
    fangenden (öffentlichen) Stelle außerdem deren Pflicht, die **Prüfung der Er-
    forderlichkeit** im Nachhinein zu ermöglichen. Diese Pflicht ist eine Ausprä-
    gung der Dokumentationspflicht in Art. 5 Abs. 2 DS-GVO. Da die Erfor-
    derlichkeit für die Aufgabenerfüllung der empfangenden Stelle für die Zu-
    lässigkeit beider Verarbeitungsschritte das zentrale Tatbestandsmerkmal
    darstellt, ist ihre Dokumentation für die, interne wie externe Überprüfung
    der Zulässigkeit der Übermittlung besonders wichtig. Dass sie in diesem
    Fall durch die empfangende Stelle zu dokumentieren ist, ist ebenfalls
    schlüssig, da diese Erforderlichkeitsprüfung maßgeblich auch von ihr
    durchzuführen ist.

22 Abs. 4 Satz 3 bis 4 schränken für den Fall des Satzes 2 die Prüfpflichten der
    übermittelnden Stelle hinsichtlich der Erforderlichkeit der Übermittlung
    ein. Bei einer Übermittlung zur Erfüllung von Aufgaben der empfangenden
    Stelle wird grundsätzlich die Erforderlichkeit der Übermittlung für die Auf-
    gabenerfüllung nur durch die empfangende Stelle geprüft. Die übermitteln-
    de Stelle überprüft im Normalfall nur die **Zuständigkeit** der empfangenden
    Stelle für diese Aufgaben und die **Schlüssigkeit** der Anfrage. Nur soweit im
    Einzelfall Zweifel an der Schlüssigkeit bestehen, hat gemäß Satz 4 auch die
    übermittelnde Stelle die Erforderlichkeit für die Aufgabenerfüllung der
    empfangenden Stelle zu prüfen.

23 Falls Zweifel an der Schlüssigkeit bestehen, hat die übermittelnde Stelle
    eine Erforderlichkeitsprüfung durchzuführen. **Schlüssigkeit** liegt im Zivil-
    prozessrecht vor, wenn ein Anspruch nach dem Vortrag des Klägers gege-
    ben ist. Sie spielt im Versäumnisurteil nach § 331 ZPO eine zentrale Rol-
    le.[9] Die Prüfung der Schlüssigkeit bezieht sich also auf das Vorliegen aller
    anspruchsbegründenden Tatbestandsmerkmale. Fraglich ist, worauf sich
    die Schlüssigkeitsprüfung in Abs. 4 bezieht. Sie scheint sich vom Wortlaut
    her nicht auf die Zuständigkeit des Empfängers zu beziehen, denn sie steht
    gleichberechtigt neben dieser. Sie scheint sich auch nicht auf die Erforder-
    lichkeit zu beziehen, denn diese soll nur geprüft werden, wenn Zweifel an
    der Schlüssigkeit bestehen. Die unglückliche Formulierung verstellt den
    Blick darauf, dass „Schlüssigkeit" an sich inhaltslos ist. Vom Wortlaut her
    bezieht sie sich auf die Anfrage der empfangenden Stelle. Schlüssig können
    dann bei unbestrittener Anfrage die Zulässigkeit der Übermittlung durch
    die übermittelnde Stelle und der Erhebung durch die empfangende Stelle
    vorgetragen werden. Für diese muss neben der Zuständigkeit die Erforder-
    lichkeit für die Aufgabenerfüllung der empfangenden Stelle vorliegen.

24 Im Gegensatz zum Zivilprozess ist es bei der Bewertung der Zulässigkeit
    einer Übermittlung aber nicht üblich, dass ein Anspruchsgegner die Mög-
    lichkeit hat, den Tatsachenvortrag zu bestreiten. Hier steht dem Tatsachen-
    vortrag vielmehr die eigene Ermittlung der angefragten Stelle gegenüber.
    Diese soll den Vortrag der anfragenden Stelle als wahr hinnehmen. Im
    Rahmen der Schlüssigkeitsprüfung soll die übermittelnde Stelle nicht ver-
    tieft in die Erforderlichkeitsprüfung einsteigen. Sie soll nicht im Einzelnen
    prüfen, ob ein milderes Mittel vorliegt, das ebenfalls dazu ausreicht, den

---

9 *Kießling* in HK-ZPO § 331 Rn. 5.

Zweck zu erfüllen und sie soll auch nicht vertieft nach der Verhältnismäßigkeit der Maßnahme fragen. Letztlich besteht die Schlüssigkeit nicht, wie in § 331 ZPO darin, einen Vortrag als gegeben hinzunehmen und danach zu entscheiden. Schlüssigkeit liegt vielmehr dann vor wenn die Übermittlung und die darauf folgende Verarbeitung **bei kursorischer Prüfung**[10] erforderlich sind, um den angegebenen Zweck zu erfüllen. Ergeben sich diesbezüglich aber Zweifel, muss die übermittelnde Stelle selbst die Erforderlichkeit ausführlich prüfen, wobei sie sich nicht auf den Vortrag und nicht auf die Bewertung durch die anfragende Stelle verlassen darf. Vielmehr muss sie alle notwendigen Informationen anfordern und die Erforderlichkeit selbst bewerten.

Gemäß Satz 5 hat die empfangende Stelle der übermittelnden Stelle die notwendigen Informationen für deren Prüfung zu übermitteln. Diese Pflicht bezieht sich sowohl auf die erforderlichen Informationen für die Schlüssigkeitsprüfung nach Satz 3 als auch auf die Erforderlichkeitsprüfung nach Satz 4. Werden diese Informationen nicht übermittelt, kann die übermittelnde Stelle die Zulässigkeit der Übermittlung nicht in dem ihr auferlegten Umfang prüfen und darf daher die Übermittlung nicht ausführen. 25

V. Informationspflichten

Über die zweckändernde Übermittlung sind die betroffenen Personen durch die **übermittelnde Stelle** gemäß Art. 13 Abs. 3 und 14 Abs. 4 DS-GVO zu informieren. Die **empfangende Stelle** hat die betroffenen Personen gemäß Art. 14 Abs. 1 bis 3 DS-GVO zu informieren. 26

C. Würdigung

Die Systematik der Vorschrift im Zusammenspiel mit § 21 und § 44 Satz 2 ist auf den ersten Blick nicht leicht zu durchschauen. Insbesondere die Anwendung von Daten, die zu den Zwecken des § 40 erhoben wurden, ergibt sich erst aus der Gesetzesbegründung. Ebenfalls aus der Gesetzesbegründung ergibt sich, dass die Regelung nur zweckändernde Übermittlungen erfasst. Zusätzlich steht die Frage im Raum, ob neben der Vorschrift weitere zweckändernde Übermittlungen, insbesondere nach Art. 6 Abs. 4 DS-GVO, möglich sind. Dies ist aufgrund des ausdrücklichen Verweises auf § 21 zu verneinen. 27

Zweiter Titel: Besondere Verarbeitungssituationen

§ 23 Datenverarbeitung für Zwecke des Beschäftigungsverhältnisses

(1) [1]Personenbezogene Daten von Beschäftigten dürfen für Zwecke des Beschäftigungsverhältnisses verarbeitet werden, wenn dies für die Entscheidung über die Begründung eines Beschäftigungsverhältnisses oder nach Begründung des Beschäftigungsverhältnisses für dessen Durchführung, Beendigung oder Abwicklung sowie zur Durchführung innerdienstlicher planerischer, organisatorischer, sozialer und personeller Maßnahmen erfor-

---

10 So zu § 14 HDSG im Ergebnis *Dembowski* in Schild ua § 14 Rn. 13 ff.

derlich ist. [2]Dies gilt auch zur Ausübung oder Erfüllung der sich aus einem Gesetz oder einem Tarifvertrag, einer Betriebs- oder Dienstvereinbarung (Kollektivvereinbarung) ergebenden Rechte und Pflichten der Interessenvertretung der Beschäftigten. [3]Zur Aufdeckung von Straftaten dürfen personenbezogene Daten von Beschäftigten nur dann verarbeitet werden, wenn zu dokumentierende tatsächliche Anhaltspunkte den Verdacht begründen, dass die betroffene Person im Beschäftigungsverhältnis eine Straftat begangen hat, die Verarbeitung zur Aufdeckung erforderlich ist und das schutzwürdige Interesse der oder des Beschäftigten an dem Ausschluss der Verarbeitung nicht überwiegt, insbesondere Art und Ausmaß im Hinblick auf den Anlass nicht unverhältnismäßig sind.

(2) [1]Erfolgt die Verarbeitung personenbezogener Daten von Beschäftigten auf der Grundlage einer Einwilligung, so sind für die Beurteilung der Freiwilligkeit der Einwilligung insbesondere die im Beschäftigungsverhältnis bestehende Abhängigkeit der beschäftigten Person sowie die Umstände, unter denen die Einwilligung erteilt worden ist, zu berücksichtigen. [2]Freiwilligkeit kann insbesondere vorliegen, wenn für die beschäftigte Person ein rechtlicher oder wirtschaftlicher Vorteil erreicht wird oder Dienstherr oder Arbeitgeber und beschäftigte Person gleichgelagerte Interessen verfolgen. [3]Die Einwilligung bedarf der Schriftform, soweit nicht wegen besonderer Umstände eine andere Form angemessen ist. [4]Der Dienstherr oder Arbeitgeber hat die beschäftigte Person über den Zweck der Datenverarbeitung und über ihr Widerrufsrecht nach Art. 7 Abs. 3 der Verordnung (EU) Nr. 2016/679 in Textform aufzuklären.

(3) [1]Abweichend von Art. 9 Abs. 1 der Verordnung (EU) Nr. 2016/679 ist die Verarbeitung besonderer Kategorien personenbezogener Daten im Sinne des Art. 9 Abs. 1 der Verordnung (EU) Nr. 2016/679 für Zwecke des Beschäftigungsverhältnisses zulässig, wenn sie zur Ausübung von Rechten oder zur Erfüllung rechtlicher Pflichten aus dem Arbeitsrecht, dem Recht der sozialen Sicherheit und des Sozialschutzes erforderlich ist und kein Grund zu der Annahme besteht, dass das schutzwürdige Interesse der betroffenen Person an dem Ausschluss der Verarbeitung überwiegt. [2]Abs. 2 gilt auch für die Einwilligung in die Verarbeitung besonderer Kategorien personenbezogener Daten; die Einwilligung muss sich dabei ausdrücklich auf diese Daten beziehen. [3]§ 20 Abs. 2 gilt entsprechend.

(4) [1]Die Verarbeitung personenbezogener Daten einschließlich besonderer Kategorien personenbezogener Daten von Beschäftigten für Zwecke des Beschäftigungsverhältnisses ist auf der Grundlage von Kollektivvereinbarungen zulässig. [2]Dabei haben die Verhandlungspartner Art. 88 Abs. 2 der Verordnung (EU) Nr. 2016/679 zu beachten.

(5) Der Verantwortliche muss geeignete Maßnahmen ergreifen, um sicherzustellen, dass insbesondere die in Art. 5 der Verordnung (EU) Nr. 2016/679 dargelegten Grundsätze für die Verarbeitung personenbezogener Daten eingehalten werden.

(6) Die Beteiligungsrechte der Interessenvertretungen der Beschäftigten bleiben unberührt.

(7) ¹Die Abs. 1 bis 6 sind auch anzuwenden, wenn personenbezogene Daten, einschließlich besonderer Kategorien personenbezogener Daten, von Beschäftigten verarbeitet werden, ohne dass sie in einem Dateisystem gespeichert sind oder gespeichert werden sollen. ²Die für das Personalaktenrecht geltenden Vorschriften des Hessischen Beamtengesetzes sind, soweit tarifvertraglich nichts Abweichendes geregelt ist, auf Arbeitnehmerinnen und Arbeitnehmer im öffentlichen Dienst entsprechend anzuwenden.

(8) ¹Beschäftigte im Sinne dieses Gesetzes sind:
1. Arbeitnehmerinnen und Arbeitnehmer, einschließlich der Leiharbeitnehmerinnen und Leiharbeitnehmer im Verhältnis zum Entleiher,
2. zu ihrer Berufsausbildung Beschäftigte,
3. Teilnehmerinnen und Teilnehmer an Leistungen zur Teilhabe am Arbeitsleben sowie an Abklärungen der beruflichen Eignung oder Arbeitserprobung (Rehabilitandinnen und Rehabilitanden),
4. in anerkannten Werkstätten für behinderte Menschen Beschäftigte,
5. Freiwillige, die einen Dienst nach dem Jugendfreiwilligendienstegesetz vom 16. Mai 2008 (BGBl. I S. 842), geändert durch Gesetz vom 20. Dezember 2011 (BGBl. I S. 2854), oder dem Bundesfreiwilligendienstgesetz vom 28. April 2011 (BGBl. I S. 687), zuletzt geändert durch Gesetz vom 20. Oktober 2015 (BGBl. I S. 1722), leisten,
6. Personen, die wegen ihrer wirtschaftlichen Unselbständigkeit als arbeitnehmerähnliche Personen anzusehen sind; zu diesen gehören auch die in Heimarbeit Beschäftigten und die ihnen Gleichgestellten,
7. Beamtinnen und Beamte im Geltungsbereich des Hessischen Beamtengesetzes, Richterinnen und Richter des Landes sowie Zivildienstleistende.

²Bewerberinnen und Bewerber für ein Beschäftigungsverhältnis sowie Personen, deren Beschäftigungsverhältnis beendet ist, gelten als Beschäftigte.

Literatur:

Brink/Joos, Datenschutzrechtliche Verantwortlichkeit der betrieblichen und behördlichen Beschäftigtenvertretungen, NZA 2019, 1395; *Däubler*, Informationsbedarf versus Persönlichkeitsschutz – was muss, was darf der Arbeitgeber wissen?, NZA 2017, 1481; *Düwell/Brink*, Beschäftigtendatenschutz nach der Umsetzung der Datenschutz-Grundverordnung: Viele Änderungen und wenig Neues, NZA 2017, 1081; *Gola*, Der „neue" Beschäftigtendatenschutz nach § 26 BDSG nF, BB 2017, 1462; *Gola*, Der Beschäftigtendatenschutz in den novellierten Landesdatenschutzgesetzen. Anregungen und Vorbild für den Bundesgesetzgeber?, ZD 2018, 448; *Kleinebrink*, Arbeitgeber und Betriebsrat als „Verantwortliche" im neuen Datenschutzrecht? DB 2018, 2566; *Kort*, Was ändert sich für Datenschutzbeauftragte, Aufsichtsbehörden und Betriebsrat mit der DS-GVO?, ZD 2017, 3; *Kort*, Der Beschäftigtendatenschutz gem. § 26 BDSG-neu, ZD 2017, 319; *Krause*, Herausforderung Digitalisierung der Arbeitswelt und Arbeiten 4.0, NZA-Beilage 2/2017, 53; *LfDI Baden-Württemberg*, Ratgeber Beschäftigtendatenschutz, 3. Aufl. 2019; *Lücke*, Die Betriebsverfassung in Zeiten der DS-GVO, NZA 2019, 658; *Maier*, Der Beschäftigtendatenschutz nach der Datenschutz-Grundverordnung – Getrennte Regelungen für den öffentlichen und nicht öffentlichen Bereich?, DuD 2017, 169; *Maier*, Erweiterte berufsbezogene Erreichbarkeit, 2019; *Meinhold*, Stellung des Personalrats als Verantwortlicher nach der DS-GVO, NZA 2019, 670; *Spelge*, Der Beschäftigtendatenschutz nach Wirksamwerden der Datenschutz-Grundverordnung (DS-GVO), DuD 2016, 775; *Wybitul*, Der neue Beschäftigtendatenschutz nach § 26 BDSG und Art. 88 DS-GVO, NZA 2017, 413; *Wybitul/Pötters*, Der neue Datenschutz am Arbeitsplatz, RDV 2016, 10.

A. Allgemeines

I. Bedeutung der Vorschrift

1   Die Vorschrift enthält Regelungen für die Datenverarbeitung bei Beschäftigungsverhältnissen. Bei dieser Verarbeitungssituation stehen sich regelmäßig die **Informationsinteressen** des Arbeitgebers oder Dienstherrn (iF Arbeitgeber) an Beschäftigtendaten der **Schutzbedürftigkeit** des Beschäftigten aufgrund seiner Weisungsgebundenheit und seines ökonomischen Abhängigkeitsverhältnisses vom Arbeitgeber gegenüber. Die Vorschrift bezweckt diese **Konfliktlage** in ein **angemessenes Verhältnis** zu bringen und die Persönlichkeitsrechte der in Abs. 8 aufgezählten Beschäftigtengruppen, die nach § 1 Abs. 1 bei öffentlichen Stellen des Landes, der Gemeinden oder Landkreise beschäftigt sind, zu schützen.

II. Entstehungsgeschichte

2   Die Vorschrift ersetzt § 34 HDSG, der am 25.5.2018 außer Kraft getreten ist. Im Vergleich zu § 34 HDSG stellt die Vorschrift eine **umfassende Neuregelung** der Datenverarbeitung zu Zwecken des Beschäftigungsverhältnisses dar. Sie übernimmt weitestgehend die Regelung des § 26 BDSG, der seinerseits die bisherige Regelung des § 32 BDSG fortführt und nur an die Terminologie der DS-GVO angepasst wurde.[1] Die Vorschrift wurde im Ge-

---

1 BT-Drs. 18/11325, 95.

setzgebungsprozess gegenüber dem Gesetzentwurf der Fraktion von CDU und von BÜNDNIS90/DIE GRÜNEN[2] nicht verändert.

Nur § 34 Abs. 1 HDSG ist, zum Teil in sprachlicher Anpassung, in Abs. 1 Satz 1 und Abs. 7 Satz 2 übernommen worden. Die übrigen Regelungen aus § 34 Abs. 2 bis 6 HDSG sind hingegen vollständig entfallen. Damit entfallen auch **klare und rechtssichere Regelungen** für bestimmte Verarbeitungssituationen: So verbot zB § 34 Abs. 6 HDSG die Auswertung von Beschäftigtendaten **zur Leistungs- und Verhaltenskontrolle**, wenn diese zuvor zur Durchführung von technischen und organisatorischen Maßnahmen gespeichert wurden. § 34 Abs. 2 Satz 2 HDSG machte die **Übermittlung an einen künftigen Arbeitgeber** von der **Einwilligung** des Beschäftigten abhängig. Die Anwendung der allgemeinen Regelung des Abs. 1 Satz 1 auf diese Verarbeitungssituationen wird jedoch zu **keinen Änderungen** führen, da nach Abs. 5 die Datenschutzgrundsätze aus Art. 5 DS-GVO und damit auch der Zweckbindungsgrundsatz[3] vom Arbeitgeber einzuhalten sind (→ Rn. 41 f.). Auch die Übermittlung von Beschäftigtendaten an einen künftigen Arbeitgeber wird für keine der Beschäftigungsphasen erforderlich sein, so dass diese nur nach wirksamer Einwilligung des Beschäftigten zulässig ist.

3

III. Unionsrechtliche Regelungen

Die DS-GVO enthält keine eigenständige Regelung zur Datenverarbeitung im Beschäftigungskontext. Mit Art. 88 Abs. 1 DS-GVO und Art. 6 Abs. 2 DS-GVO bestehen jedoch **zwei Öffnungsklauseln**, um die Datenverarbeitung im Beschäftigungsverhältnis zu regeln.[4]

4

Art. **88 Abs. 1 DS-GVO** und ErwG 155 machen deutlich, dass die Datenverarbeitung im Beschäftigungskontext durch **spezifische Vorschriften** in Form von nationalen Rechtsvorschriften sowie von Regelungen in Tarifverträgen und Betriebsvereinbarungen geregelt werden kann, sofern die Vorgaben von Art. 88 Abs. 2 DS-GVO eingehalten werden.

5

Nach **Art. 6 Abs. 2 DS-GVO** dürfen die Mitgliedstaaten für Verarbeitungen zur Erfüllung von Art. 6 Abs. 1 lit. c und e DS-GVO **spezifischere Regelungen** treffen. Dies gilt auch für besondere Verarbeitungssituationen nach Kapitel IX wie den Beschäftigtendatenschutz.[5] In Art. 6 Abs. 2 DS-GVO kann daher die Befugnis für den Landesgesetzgeber gesehen werden, Datenverarbeitungsregelungen für alle **Beschäftigungsverhältnisse** zu erlassen, die unter Art. 6 Abs. 1 lit. e DS-GVO fallen und somit **öffentliche Gewalt** darstellen oder im **öffentlichen Interesse** liegen.[6] Nach ErwG 45 DS-GVO kann der Landesgesetzgeber dabei selbst festlegen, was seinem Verständnis nach öffentliche Gewalt darstellt oder im öffentlichen Interesse liegt.[7]

6

---

2 LT-Drs. 19/5728, 19 f.
3 S. hierzu *Roßnagel* in Simitis/Hornung/Spiecker gen. Döhmann DS-GVO Art. 5 Rn. 63 ff.
4 *Maier* DuD 2017, 169 (169); *Maier/Ossoinig* in Roßnagel Das neue DSR § 8 Rn. 1.
5 *Roßnagel* in Simitis/Hornung/Spiecker gen. Döhmann DS-GVO Art. 6 Rn. 35.
6 *Maier* DuD 2017, 169 (170).
7 S. hierzu *Schaller* in Roßnagel DS-GVO § 4 Rn. 88 ff.

7   Der Landesgesetzgeber scheint jedoch davon auszugehen, dass die **öffentlichen Beschäftigungsverhältnisse**, die der Vorschrift unterliegen, weder die Ausübung öffentlicher Gewalt darstellen, noch im öffentlichen Interesse liegen, da er sich in der Gesetzesbegründung auf Art. 88 Abs. 1 DS-GVO stützt und nicht auf Art. 6 Abs. 2 DS-GVO.[8] Dies überrascht, da **Art. 88 Abs. 1 DS-GVO** allein aufgrund der verwendeten Terminologie vornehmlich die Öffnungsklausel für **nichtöffentliche Beschäftigungsverhältnisse** darstellt. Neben Beamtenverhältnissen können sehr viele andere Beschäftigungsverhältnisse des öffentlichen Dienstes unter Art. 6 Abs. 1 lit. e DS-GVO fallen.[9] Dies gilt zB für Erzieher in kommunalen Kindergärten genauso wie für medizinische Berufe in öffentlichen Krankenhäusern oder den Sachbearbeiter im Bürgerbüro. Nur ausnahmeweise dürften die Beschäftigungsverhältnisse des öffentlichen Dienstes daher nicht unter Art. 6 Abs. 1 lit. e DS-GVO fallen. Für die meisten Beschäftigungsverhältnisse ist Art. 6 Abs. 2 DS-GVO die **passendere Öffnungsklausel**.

8   Für die Ausfüllung der Öffnungsklausel des Art. 88 Abs. 1 DS-GVO fordert ihr Abs. 2, dass die zu erlassenden Vorschriften „geeignete und besondere Maßnahmen zur Wahrung der menschlichen Würde, der berechtigten Interessen und der Grundrechte der betroffenen Person" umfassen müssen, insbesondere bezüglich Transparenz, der Datenübermittlung innerhalb einer Unternehmensgruppe und Überwachungssystemen am Arbeitsplatz. **Art. 6 Abs. 2 DS-GVO** fordert, dass die zu erlassenden Vorschriften dem **Grundsatz von Treu und Glauben** und dem **Rechtmäßigkeitsgrundsatz** genügen müssen.[10] Der Grundsatz von Treu und Glauben ist bereits aus Art. 6 Abs. 1 lit. a DSRL[11] bekannt. Ihm wird entsprochen, wenn die betroffene Person in die Lage versetzt wird, von einer Verarbeitung zu erfahren, und ordnungsgemäß und umfassend über ihre Bedingungen informiert wird.[12] Damit sind sich die materiellen Anforderungen von Art. 88 Abs. 2 DS-GVO und Art. 6 Abs. 2 DS-GVO sehr ähnlich, so dass es keine weitreichenden Folgen hat, dass sich der Landesgesetzgeber bei der Vorschrift auf Art. 88 Abs. 1 DS-GVO und nicht auf Art. 6 Abs. 2 DS-GVO stützt.[13]

9   Durch Abs. 3 Satz 1 wird die Ausnahme vom Verbot **der Verarbeitung besonderer Kategorien personenbezogener Daten** aus **Art. 9 Abs. 1 lit. b DS-GVO** für den Beschäftigungskontext genutzt und die Verarbeitung solcher Daten erlaubt, soweit diese für die in Abs. 3 Satz 1 genannten Zwecke erforderlich ist und es keinen Grund zur Annahme gibt, dass das schutzwürdige Interesse des Beschäftigten am Ausschluss der Verarbeitung überwiegt. Abs. 3 Satz 2 steht weiterhin in Verbindung zu Art. 9 Abs. 2 lit. a DS-GVO, da er die **qualifizierte Einwilligung** als Erlaubnistatbestand für die Verarbeitung besonderer Kategorien personenbezogener Daten im Beschäftigungskontext zulässt.

---

8   LT-Drs. 19/5728, 108.
9   *Maier* DuD 2017, 169 (170 f.).
10 S. hierzu genauer *Roßnagel* in Simitis/Hornung/Spiecker gen. Döhmann DS-GVO Art. 5 Rn. 40 ff.
11 ABl. L 281, 31 vom 23.11.1995.
12 Vgl. ErwG 38 DSRL 95/46/EG.
13 S. hierzu ausführlich *Maier* DuD 2017, 169 (171).

Weiterhin soll nach der Gesetzesbegründung Abs. 1 iVm Abs. 5 der Ausge- 10
staltung der Öffnungsklausel des **Art. 10 Abs. 1 DS-GVO** dienen. Der Landesgesetzgeber nutzt diese Öffnungsklausel, um die Verarbeitung von Beschäftigtendaten zur **Aufdeckung von Straftaten** unter Einhaltung der in
Abs. 1 Satz 3 genannten Voraussetzungen zuzulassen. Die Regelung des
Abs. 1 Satz 3 bewegt sich innerhalb der Öffnungsklausel des Art. 10 Abs. 1
DS-GVO[14] und ist als **explizite Regelung** dieser besonderen Verarbeitungssituation zu begrüßen (→ Rn. 29).

IV. Verhältnis zu anderen Vorschriften

Im **Bundesrecht** regelt § 26 BDSG die Datenverarbeitung im Beschäfti- 11
gungskontext. Mit ihm ist die Vorschrift **nahezu identisch**. Unterschiede
bestehen in Abs. 1 Satz 1, der zusätzlich die Datenverarbeitung für Be-
schäftigungszwecke erlaubt, wenn diese zur Durchführung innerdienstlicher planerischer, organisatorischer, sozialer und personeller Maßnahmen
erforderlich ist. Weiterhin enthält § 26 BDSG keine äquivalente Regelung
zu Abs. 7 Satz 2.

§ 1 Abs. 2 macht deutlich, dass die Vorschrift **lex generalis** im Vergleich zu 12
bereichsspezifischem Recht ist. Daher regelt die Vorschrift nur einen Teil
der Beschäftigtendatenverarbeitung im öffentlichen Bereich, da für **Personalakten** bereichsspezifische Regelungen im **HBG** niedergelegt sind.

Die vorrangig anzuwendenden Regelungen zum **Personalaktenrecht** sind in 13
den §§ 86 bis 93 HBG enthalten. **Personalaktendaten** sind nach § 50 Satz 2
BeamtStG „alle Unterlagen, die […] den Beamten betreffen, soweit sie mit
dem Dienstverhältnis in einem unmittelbaren inneren Zusammenhang stehen". Da Abs. 7 Satz 2 erklärt, dass die für das Personalaktenrecht geltenden Vorschriften im HBG auf Arbeitnehmer im öffentlichen Dienst entsprechend anzuwenden sind, wenn sich tarifvertraglich nichts anderes ergibt, erstreckt sich der Anwendungsbereich der Vorschrift nur auf die **Datenverarbeitung außerhalb von Personalakten**.[15]

Explizite Regelungen zur Datenverarbeitung für Zwecke des Beschäfti- 14
gungsverhältnisses gibt es auch in allen **anderen Landesdatenschutzgesetzen** außer in denen von Bayern und Sachsen. Entsprechende Regelungen
sind enthalten in § 15 LDSG BW, § 18 BlnDSG, § 26 BbgDSG, § 20
BremDSG, § 10 HmbDSG, § 10 DSG M-V, § 12 NDSG, § 18 DSG NRW,
§ 22 SaarDSG und § 20 LDSG RhPf.

B. Datenverarbeitung für Beschäftigungszwecke

Da die Vorschrift fast wortgleich die Reglung aus § 26 BDSG übernimmt, 15
ist diese nicht für sich allein zu betrachten, sondern vor dem Hintergrund
der Bundesregelung.

---

14 So wohl auch *Petri* in Simitis/Hornung/Spiecker gen. Döhmann DS-GVO Art. 10
  Rn. 10.
15 So für das alte Recht *Nungesser* § 34 Rn. 8.

I. Erforderlichkeit der Datenverarbeitung (Abs. 1)

16   Abs. 1 erlaubt die Beschäftigtendatenverarbeitung, soweit diese für die in Abs. 1 genannten Zwecke erforderlich ist. Obwohl der Erforderlichkeitsbegriff verwendet wird, wird allgemein angenommen, dass nicht eine Erforderlichkeits-, sondern eine **Verhältnismäßigkeitsprüfung** vorzunehmen ist, die eine Abwägung **der widerstreitenden Interessen** beinhaltet.[16]

17   Nach der **Verhältnismäßigkeitsprüfung** muss ein Eingriff 1. **geeignet**, 2. **erforderlich** und 3. unter Berücksichtigung der gewährleisteten Freiheitsrechte **angemessen** sein, um den durch die Datenverarbeitung erstrebten Zweck zu erreichen. Der Arbeitgeber darf mit der Datenverarbeitung jeden **Zweck** erfolgen, der von der **Rechtsordnung gebilligt** ist. Die Datenverarbeitung muss jedoch das **mildeste Mittel** zur Erreichung des verfolgten Zwecks darstellen. Dies ist der Fall, wenn die **Abwägung** ergibt, dass der Eingriff in das Persönlichkeitsrecht des Beschäftigten und sein Recht auf informationelle Selbstbestimmung **nicht außer Verhältnis** zu den Interessen des Arbeitgebers steht, die mit der Datenverarbeitung verfolgt werden.[17]

18   Auf Seiten des Beschäftigten werden bei der Verhältnismäßigkeitsprüfung vor allem **das allgemeine Persönlichkeitsrecht** aus Art. 2 Abs. 1 iVm Art. 1 Abs. 1 GG und das **Recht auf informationelle Selbstbestimmung** aus Art. 12 a HV zu beachten sein. Öffentliche Arbeitgeber können sich grundsätzlich wie andere öffentliche Stellen nicht auf Grundrechte berufen,[18] sondern unterliegen als staatliche Stellen der **Grundrechtsbindung** aus Art. 26 HV. Allerdings sind nach Art. 135 HV die Rechtsverhältnisse aller Arbeitnehmer der öffentlichen Verwaltungen nach den Erfordernissen der Verwaltung zu gestalten. Zu solchen Erfordernissen zählt es zB auch, dass die zur Aufgabenerledigung eingesetzten technischen Systeme eine effiziente Aufgabenerledigung ermöglichen, bei der auch Beschäftigtendaten anfallen können, so dass ein Interesse an der Datenverarbeitung beim Arbeitgeber besteht.

1. Begründung, Durchführung, Beendigung oder Abwicklung eines Beschäftigungsverhältnisses (Satz 1)

19   Abs. 1 Satz 1 gibt zu verstehen, dass unter „den Zwecken des Beschäftigungsverhältnisses" die Entscheidung über die **Begründung** des Beschäftigungsverhältnisses und nach Begründung für dessen **Durchführung, Beendigung** oder **Abwicklung** zu verstehen sind.

20   Zur Phase der **Begründung** des Beschäftigungsverhältnisses zählt die **Bewerberauswahl**. Bei dieser ist der Arbeitgeber des öffentlichen Dienstes an den Grundsatz der **Bestenauslese** aus Art. 33 Abs. 2 GG gebunden. Zur Eignung nach Art. 33 Abs. 2 GG gehören „die Fähigkeit und innere Bereitschaft, die dienstlichen Aufgaben nach den Grundsätzen der Verfassung wahrzunehmen (...)".[19] Um die **Eignung** und generelle **Rechtstreue** zu be-

---

16   BAG NZA 1996, 637 (638); BAG NJW 2018, 2853 (2856).
17   *Maschmann* in Kühling/Buchner BDSG § 26 Rn. 18; *Braun* in HK-LDSG RhPf § 20 Rn. 21.
18   Für den Ausschluss staatlich beherrschter Unternehmen von der Grundrechtsträgerschaft BVerwG BeckRS 2019, 38246 Rn. 3.
19   BAG NJW 2006, 252 (254); BAG NZA 2013, 429 (432).

urteilen, ist der Arbeitgeber daher zB berechtigt, Bewerber auch nach nicht einschlägigen Vorstrafen zu fragen, allerdings nur, solange diese noch nicht getilgt sind.[20]

Unter die einzelnen Phasen von Beschäftigungsverhältnissen fällt **eine Vielzahl verschiedener Verarbeitungssituationen**, auf die aufgrund ihrer Fülle nicht im Einzelnen eingegangen werden kann.[21] Für alle Phasen eines Beschäftigungsverhältnisses existiert jedoch eine **umfangreiche Rechtsprechung**, so dass der Kreis der als erforderlich angesehenen Daten für viele Verarbeitungssituationen abgesteckt ist. So sind zB **Stammdaten** wie Name, Anschrift, Telefonnummer oder die E-Mail-Adresse Daten, die von einem Bewerber für die Begründung eines Beschäftigungsverhältnisses verarbeitet werden dürfen.[22] Dasselbe gilt für Informationen zu **Ausbildungen und Qualifikationen**. Fragen nach dem **Familienstand** oder nach **Kindern** sind vor Begründung des Beschäftigungsverhältnisses hingegen nicht zulässig. Ist das Beschäftigungsverhältnis begründet, können diese Angaben jedoch berücksichtigt werden, wenn sie für die Entgeltabrechnung und damit für die Durchführung des Beschäftigungsverhältnisses erforderlich sind.[23] Dies stellt im öffentlichen Dienst den Regelfall dar, da kinderbezogene Entgeltbestandteile in die Entgeltberechnung einfließen. Unzulässig ist auch die Verarbeitung von Daten aus dem **Privatleben** des Beschäftigten. Dies gilt für das **Freizeit- und Konsumverhalten** wie auch für das **Verhalten in Pausen**.[24] Unzulässig ist es daher auch, Informationen, die vom Fragerechts des Arbeitgebers oder Dienstherrn nicht erfasst sind, über allgemein zugängliche Quellen wie zB **soziale Netzwerke** zu beschaffen. Nur bei beruflichen Netzwerken wie LinkedIn oder XING ist die Situation eine andere, da diese zur beruflichen Selbstdarstellung genutzt werden.[25] Allgemein kann für die **Abwägung** auf die von der Rechtsprechung entwickelten **Kriterien** Streubreite des Eingriffs, Anlassbezogenheit, Dauer der Überwachung, Inhalt/Persönlichkeitsrelevanz, nachteilige Folgen, Heimlichkeit und Kernbereichsbezug Bezug genommen werden.[26] 21

Dadurch, dass die Vorschrift die Durchführung einer Verhältnismäßigkeitsprüfung fordert, wird den Anforderungen von Art. 88 Abs. 2 DS-GVO entsprochen.[27] Im Sinne der **Rechtsklarheit** wäre es positiv gewesen, wenn der Landesgesetzgeber klargestellt hätte, dass es nicht auf die Erforderlichkeit ankommt, sondern eine **Verhältnismäßigkeitsprüfung** vorgenommen werden muss.[28] 22

---

20 BAG NZA 2014, 1131 (1134).
21 S. zB für eine solche Darstellung *Däubler* NZA 2017, 1481 (1482).
22 LfDI BW S. 25.
23 *Fitting* BetrVG 28. Aufl. 2016 § 94 Rn. 20; *Däubler* NZA 2017, 1481 (1482).
24 *Däubler* NZA 2017, 1481 (1482).
25 LfDI BW S. 30.
26 Thüsing/*Traut* in Thüsing Beschäftigtendatenschutz, 2. Aufl. 2014, § 9 Rn. 55.
27 *Maier* DuD 2017, 169 (171).
28 *Kort* ZD 2017, 319 (320); *Maier* S. 252.

2. Innerdienstliche planerische, organisatorische, soziale und personelle Maßnahmen (Satz 1)

23   Die Datenverarbeitung wird auch erlaubt, wenn sie zur Durchführung innerdienstlicher planerischer, organisatorischer, sozialer und personeller Maßnahmen erforderlich ist. Die Vorschrift wurde aus § 34 Abs. 1 Satz 1 HDSG übernommen und stellt einen Bezug zum **HPVG** her.[29] Dieses Gesetz zählt in seinem sechsten Abschnitt des ersten Teils die sozialen, personellen und organisatorischen Angelegenheiten auf, in denen dem Personalrat **Beteiligungsrechte** an Entscheidungen des Arbeitgebers zukommen. Die Beteiligungsrechte schützen die Interessen des Beschäftigten und dienen einem **Ausgleich der Interessen** von Arbeitgeber und Beschäftigten.

24   Die stärksten Beteiligungsrechte sind die **Mitbestimmungsrechte**. Diese sind zB in § 74 und 77 HPVG enthalten. Nach § 77 Abs. 1 Nr. 2 HPVG besteht in Personalangelegenheiten der Arbeitnehmer bei **Einstellung** (lit. a), Übertragung einer höher oder niedriger zu bewertenden Tätigkeit (lit. b) zB im Rahmen einer **Beförderung** oder bei der **Versetzung** (lit. c) infolge zB einer Reorganisation ein Mitbestimmungsrecht des Personalrats. Damit der Personalrat über diese Personalangelegenheiten mitbestimmen kann, muss ihm der Arbeitgeber personenbezogene Daten zur Verfügung stellen. Diese Datenweitergabe an den Personalrat ermöglicht Abs. 1 Satz 1 5. Alt. Ob die Übernahme dieser Regelung aus dem alten Recht angesichts des Erlaubnistatbestands aus Abs. 1 Satz 2 erforderlich ist, darf jedoch angezweifelt werden. Schließlich erlaubt Abs. 1 Satz 2 gerade solche Verarbeitungen von Beschäftigtendaten, die zur **Ausübung** oder **Erfüllung** von **Rechten** und **Pflichten** des **Personalrats** erforderlich sind (→ Rn. 25 ff.).

3. Rechte und Pflichten der Interessenvertretungen der Beschäftigten (Satz 2)

25   Weiterhin ist die Beschäftigtendatenverarbeitung nach Satz 2 erlaubt, soweit sie erforderlich ist, um Rechte und Pflichten der Interessenvertretungen auszuüben oder zu erfüllen. Die Rechte und Pflichten können sich aus **Gesetz, Tarifvertrag** oder aus **Kollektivvereinbarungen** ergeben.

26   Für die DS-GVO wurde sowohl für Betriebsräte[30] als auch für **Personalräte**[31] die Frage diskutiert, ob diese als Verantwortliche nach Art. 4 Nr. 7 DS-GVO anzusehen sind. Da der Landesgesetzgeber die **eigene Verantwortlichkeit** des Personalrats im Gegensatz zu anderen Landesgesetzgebern nicht festgelegt hat,[32] wird man den Personalrat weiterhin als **Teil des Arbeitgebers** anzusehen haben.[33] Die **Datenverarbeitung durch den Personalrat** setzt stets einen konkreten Bezug zu seinen Rechten und Pflichten aus Gesetz, Tarifvertrag oder Kollektivvereinbarungen voraus. Sie ist nur zulässig, solange sie nach Maßgabe des **Verhältnismäßigkeitsgrundsatzes** zur Aus-

---

29 So zum alten Recht *Nungesser* § 34 Rn. 43.
30 *Gola* BB 2017, 1462 (1466); *Kort* ZD 2017, 319 (323).
31 *Brink/Joos* NZA 2019, 1395 (1398); *Meinhold* NZA 2019, 670 (670).
32 So zB für Thüringen in § 80 Abs. 1 Satz 1 ThürPersVG.
33 So auch *Brink/Joos* NZA 2019, 1395 (1399); *Lücke* NZA 2019, 658 (661); so auch der *BayLfD* zu Art. 3 Abs. 2 BayDSG Aktuelle Kurz-Information 23: Der Personalrat – Verantwortlicher im Sinne des Datenschutzrechts?

übung oder Erfüllung der Rechte oder Pflichten des Personalrats geeignet, angemessen und verhältnismäßig ist. Als Teil des Arbeitgebers hat der Personalrat daher die **Datenschutzgrundsätze** des Art. 5 DS-GVO ebenso einzuhalten wie der Arbeitgeber selbst.[34] Die Datenverarbeitung durch den Personalrat unterliegt zudem auch der **Kontrolle des DSB**, da dessen Aufgabe nach Art. 39 Abs. 1 lit. b DS-GVO und § 7 Abs. 1 Nr. 2 in der Überwachung der Einhaltung der DS-GVO und anderer Datenschutzvorschriften liegt.[35] Aufgrund seiner Berichtspflicht an die oberste Managementebene nach Art. 38 Abs. 3 Satz 3 DS-GVO und § 6 Abs. 3 muss der DSB den Arbeitgeber daher auch über datenschutzrechtliche **Defizite** in der **Datenverarbeitung des Personalrats** in Kenntnis setzen. Da der Arbeitgeber jedoch nicht berechtigt ist, den Personalrat bei Personalratsangelegenheiten zu überwachen oder ihm in diesen Angelegenheiten Weisungen zu erteilen,[36] dürfen die Informationen des DSB an den Arbeitgeber keine inhaltlichen Informationen aus der Personalratsarbeit enthalten, sondern müssen sich auf strukturelle Defizite beziehen.[37]

Unabhängig von dieser Frage benötigt der Arbeitgeber jedoch eine **Rechtsgrundlage** für die **Weitergabe von Beschäftigtendaten** an den Personalrat.[38] Diese steht dem Arbeitgeber durch Abs. 1 Satz 2 zur Verfügung, solange wie die Datenverarbeitung erforderlich ist, um die Ausübung von Rechten und Pflichten der Interessenvertretung zu gewährleisten.[39] Welche Beschäftigtendaten dem Personalrat zur Verfügung zu stellen sind, richtet sich nach den **Vorschriften des Mitbestimmungsrechts**[40] und damit nach dem HPVG.   27

Die **Grenze für die Weitergabe** der Beschäftigtendaten bestimmt sich nach der Erforderlichkeit der Weitergabe. Beschäftigtendaten dürfen dem Personalrat daher nur zur Verfügung gestellt werden, wenn er diese für die ordnungsgemäße **Wahrnehmung seiner Aufgaben** benötigt. Der **Umfang der Verarbeitung** und die **Speicherdauer** richten sich nach dem jeweils verfolgten Zweck der Verarbeitung, der durch das jeweilige Beteiligungsrecht vorgegeben wird.[41]   28

4. Aufdeckung von Straftaten (Satz 3)

Satz 3 regelt die Voraussetzungen für die Verarbeitung personenbezogener Daten von Beschäftigten zur **Aufdeckung von Straftaten**, die **im Beschäftigungsverhältnis** begangen worden sind. Da solche Verarbeitungen in der Regel mit einem intensiven Eingriff in das allgemeine Persönlichkeitsrecht   29

---

34 S. zur Beschäftigtendatenverarbeitung durch den Betriebsrat *Lücke* NZA 2019, 658 (663 ff.).
35 *Gola* BB 2017, 1462 (1470); *Kort* ZD 2017, 3 (6); *Kleinebrink* DB 2018, 2566 (2570).
36 BAG NZA 1998, 385 (387); *Fitting* BetrVG 28. Aufl. 2016 § 83 Rn. 23.
37 S. hierzu *Lücke* NZA 2019, 658 (668).
38 S. hierzu *Lücke* NZA 2019, 658 (661 ff.).
39 BT-Drs. 18/11325, 97; *Riesenhuber* in BeckOK DatenschutzR BDSG § 26 Rn. 194; *Wybitul* NZA 2017, 413 (415).
40 *Maschmann* in Kühling/Buchner BDSG § 26 Rn. 53.
41 *Maschmann* in Kühling/Buchner BDSG § 26 Rn. 54.

des Beschäftigten verbunden sind,[42] wurde eine separate, restriktive Regelung hierfür geschaffen, die die hierzu ergangene Rechtsprechung kodifiziert.[43]

30   Voraussetzung für eine Datenverarbeitung nach Satz 3 sind **tatsächliche Anhaltspunkte** für eine Straftat. Vage Anhaltspunkte oder Gerüchte sind hierfür nicht ausreichend; vielmehr müssen **konkrete Tatsachen** den Verdacht belegen.[44] Die Anhaltspunkte sind vom Arbeitgeber zu **dokumentieren**. Dies dient dem Schutz des Beschäftigten und ermöglicht es ihm, die Rechtmäßigkeit der **Maßnahme gerichtlich überprüfen** zu lassen.[45] Weiterhin muss die Datenverarbeitung zur Aufdeckung der Straftat erforderlich sein und es dürfen **keine schutzwürdigen Interessen am Ausschluss der Verarbeitung** überwiegen. Schutzwürdige Interessen überwiegen zB wenn der Verdacht einer Straftat auch im Beisein des Beschäftigten geklärt werden kann, der Arbeitgeber die Datenverarbeitung aber heimlich durchführen möchte.[46] In der Interessenabwägung sind Art und Ausmaß des Eingriffs in das Recht auf informationelle Selbstbestimmung des Beschäftigten im Hinblick auf den Verdacht der Straftat zu berücksichtigen und es ist sicherzustellen, dass der **Eingriff nicht unverhältnismäßig** ist.

31   Zu beachten ist, dass der Zweck der Aufdeckung von Straftaten vom Zweck ihrer Verhinderung sowie der **Verhinderung von Pflichtverletzungen** zu unterscheiden ist. Die Zulässigkeit der Datenverarbeitung für diese letztgenannten Zwecke ist nach Satz 1 zu beurteilen.[47]

II. Zulässigkeit der Datenverarbeitung aufgrund einer Einwilligung (Abs. 2)

32   Abs. 2 gestattet die Datenverarbeitung auf Grundlage der **Einwilligung** eines Beschäftigten und benennt Voraussetzungen, wie diese beschaffen sein muss, damit sie eine zulässige Rechtsgrundlage darstellt. Nach Art. 4 Nr. 11 DS-GVO ist eine Einwilligung nur wirksam, wenn sie **informiert** und **freiwillig** erteilt wird. Da das Beschäftigungsverhältnis grundsätzlich ein Abhängigkeitsverhältnis darstellt,[48] müssen bei der Beurteilung der Freiwilligkeit nach Abs. 2 Satz 1 insbesondere dieser Umstand sowie die **Umstände der Einwilligungserteilung** berücksichtigt werden.

33   Zu den zu berücksichtigenden **Umständen** erklärt die Gesetzesbegründung zum gleichlautenden § 26 Abs. 2 BDSG, dass die **Art** der **verarbeiteten Daten**, die **Eingriffstiefe** oder der **Zeitpunkt** der Einwilligungserteilung maßgeblich sein können. So wird zB angenommen, dass sich ein Bewerber regelmäßig in einer größeren Drucksituation befindet als ein Stelleninhaber.[49] Als Beispiele, in denen Freiwilligkeit gegeben sein kann, werden in Satz 2 **gleichgelagerte Interessen** beider Parteien und **rechtliche** oder **wirtschaftli-**

---

42 BT-Drs. 16/13657, 21.
43 BAG NZA 2015, 741 (747); *Maschmann* in Kühling/Buchner BDSG § 26 Rn. 58.
44 BAG NZA 2017, 443 (446); *Franzen* in ErfK 20. Aufl. 2020 BDSG § 26 Rn. 38.
45 BAG NZA 2017, 443 (447); *Riesenhuber* in BeckOK DatenschutzR BDSG § 26 Rn. 135.
46 BAG NZA 2014, 143 (146).
47 So für § 26 BDSG BT-Drs. 16/13657, 21; BAG NJW 2017, 2853 (2855).
48 LT-Drs. 19/5728, 108.
49 BT-Drs. 18/11325, 97.

che Vorteile für den Beschäftigten genannt.[50] Gleichgelagerte Interessen sollen zB vorliegen, wenn Namen und Geburtstage in Geburtstagslisten aufgenommen werden oder bei der Nutzung von Fotos für das Intranet.[51] Abseits dieser Beispiele wird es bei der Freiwilligkeit jedoch darauf ankommen, dass dem Beschäftigten eine **echte Wahlmöglichkeit** ohne sozialen, finanziellen oder sonstigen Druck[52] eingeräumt wird und er **keine Repressalien** des Arbeitgebers befürchten muss.[53]

ErwG 155 DS-GVO erklärt, dass nationale Vorschriften über **Bedingungen** erlassen werden können, unter denen Beschäftigtendaten auf Grundlage einer Einwilligung verarbeitet werden dürfen. Als solche Bedingung sieht der Landesgesetzgeber die **Schriftform** der Einwilligung vor, die nach der Gesetzesbegründung der Konkretisierung von Art. 7 Abs. 1 DS-GVO auf Seiten des Arbeitgebers dienen soll.[54] Von der Schriftform darf abgewichen werden, soweit **besondere Umstände** eine **andere Form** erfordern. Dies kann zB bei einem Beschäftigten der Fall sein, der überwiegend im Homeoffice arbeitet[55] und die Einwilligung so eilig ist, dass übliche Postlaufzeiten nicht abgewartet werden können. Zusätzlich treffen den Arbeitgeber bei der Einwilligungseinholung **Aufklärungspflichten** bezüglich der Zwecke der Datenverarbeitung und des Bestehens eines Widerrufsrechts nach Art. 7 Abs. 3 DS-GVO. 34

III. Besondere Kategorien personenbezogener Daten (sensitive Daten) (Abs. 3)

1. Rechte und Pflichten aus dem Arbeits- und Sozialrecht (Satz 1 und 3)

Im Beschäftigungsverhältnis kommt der Arbeitgeber regelmäßig auch mit **sensitiven Daten** des Beschäftigten in Berührung und muss diese zT aufgrund **rechtlicher Pflichten** verarbeiten. Eine solche Pflicht besteht zB für die Verarbeitung von Daten zur Religionszugehörigkeit des Beschäftigten zum Zwecke der Abführung der Kirchensteuer.[56] 35

Abs. 3 regelt die Datenverarbeitung sensitiver Daten iSd Art. 9 Abs. 1 DS-GVO im Beschäftigungsverhältnis und lässt diese zu, soweit sie zur Ausübung von Rechten und zur Erfüllung rechtlicher Pflichten aus dem **Arbeitsrecht**, dem **Recht der sozialen Sicherheit** oder des **Sozialschutzes** erforderlich ist und anzunehmen ist, dass keine schutzwürdigen Interessen des Beschäftigten am Ausschluss der Verarbeitung bestehen und diese überwiegen. Art. 9 Abs. 2 lit. b DS-GVO fordert die Implementierung geeigneter Garantien für die Grundrechte und Interessen der Beschäftigten für den Fall, dass die Verarbeitung sensitiver Daten erlaubt wird. Dieser Anforderung wird durch das Erfordernis der Durchführung einer Verhältnismäßig- 36

---

50 LT-Drs. 19/5728, 108.
51 BT-Drs. 18/11325, 97.
52 *Wybitul/Pötters* RDV 2016, 10 (13).
53 *Gola* RDV 2002, 109 (111); *Maier* S. 266.
54 LT-Drs. 19/5728, 108.
55 *Gola* BB 2017, 1462 (1469); *Düwell/Brink* NZA 2017, 1081 (1084).
56 *Seifert* in Simitis/Hornung/Spiecker gen. Döhmann DS-GVO Art. 88 Rn. 221.

keitsprüfung und den Verweis in Satz 3 auf die Anwendbarkeit von § 20 Abs. 2 entsprochen[57] (→ § 20 Rn. 26 ff.).

37   Nach der Gesetzesbegründung soll die Zulässigkeit der Verarbeitung sensitiver Daten für andere Zwecke durch Abs. 3 unberührt bleiben, so dass sich zB die Verarbeitung von sensitiven Daten zur **Gesundheitsvorsorge** nach § 20 Abs. 1 Nr. 2 (→ § 20 Rn. 14 ff.) richten soll.[58]

2. Einwilligung in die Verarbeitung sensitiver Daten (Satz 2)

38   Satz 2 stellt eine Spezifizierung des Art. 9 Abs. 1 lit. a DS-GVO für Einwilligungen in die Verarbeitung sensitiver Daten in Beschäftigungsverhältnissen dar. Die Vorschrift erklärt, dass die in Abs. 2 aufgeführten Anforderungen an die **Einwilligung** auch für solche in die Verarbeitung sensitiver Daten gelten. **Zusätzliches Erfordernis** im Vergleich zu einer Einwilligung in die Verarbeitung von nicht sensitiven Daten ist, dass sich die Einwilligung ausdrücklich auf diese Daten beziehen muss.

IV. Zulässigkeit der Datenverarbeitung aufgrund einer Kollektivvereinbarung (Abs. 4)

39   Abs. 4 bestimmt, dass auch **Kollektivvereinbarungen** Rechtsgrundlagen für die Verarbeitung von Beschäftigtendaten sein können. Der Umfang der **Rechtssetzungsbefugnis** durch die Parteien wird durch die Vorschrift nicht vorgegeben. Für Betriebsparteien geht die Rechtsprechung davon aus, dass diesen bei der Rechtssetzung ein **Ermessensspielraum** zukommt.[59] Sie dürfen betriebliche Belange aber spezifischer regeln, aber Abweichungen vom Schutzniveau der DS-GVO sind nur zugunsten des Beschäftigten[60] und nicht zu seinen Ungunsten möglich.[61]

40   Auch für **Dienstvereinbarungen** ist davon auszugehen, dass diese **spezifische Regelungen** für bestimmte Verarbeitungssituationen vorsehen können wie zB für den Einsatz neuer IT-Systeme, die zur Leistungs- und Verhaltenskontrolle der Beschäftigten geeignet sind. Jedoch werden die Dienstvereinbarungen auch nicht vom **Schutzniveau der DS-GVO** nach unten abweichen dürfen. Schließlich legt § 62 Abs. 1 Satz 1 HPVG als Grundsatz für die Behandlung der Beschäftigten fest, dass „Dienststelle und Personalrat darüber zu wachen [haben], dass alle in der Dienststelle tätigen Personen nach Recht und Billigkeit behandelt werden." Dies kann nicht angenommen werden, wenn ein gesetzlich vorgegebenes Schutzniveau durch eine Dienstvereinbarung herabgesetzt wird.

---

57 LT-Drs. 19/5728, 108.
58 LT-Drs. 19/5728, 108.
59 *BAG* NZA 2013, 1433 (1435 f.).
60 So auch *Wybitul/Pötters* RDV 2016, 10 (15); *Kort* ZD 2017, 319 (321); *Maier* S. 267.
61 So auch *Kort* ZD 2017, 319 (322); *Krause* NZA-Beilage 2/2017, 53 (58); *Maier* S. 266; aA *Riesenhuber* in BeckOK DatenschutzR BDSG § 26 Rn. 55.

V. Maßnahmen zur Wahrung der Grundrechte und Interessen des Beschäftigten (Abs. 5)

Abs. 5 greift die **Datenschutzgrundsätze** aus Art. 5 DS-GVO auf und verpflichtet den Arbeitgeber dazu, geeignete Maßnahmen zu ergreifen, um „insbesondere" die Einhaltung der Grundsätze sicherzustellen. 41

Abs. 5 hat eine **klarstellende Funktion** für die Datenverarbeitung im Beschäftigungskontext. Allerdings hätte der Landesgesetzgeber auf diese verzichten können, da auch ohne diese der Arbeitgeber zur Einhaltung von Art. 5 DS-GVO verpflichtet ist. Schließlich ist der Landesgesetzgeber durch Art. 88 Abs. 1 DS-GVO nur zur Verabschiedung spezifischer Vorschriften für den Beschäftigtendatenschutz berechtigt und nicht zur Abweichung von Art. 5 DS-GVO.[62] Die Formulierung „insbesondere" macht zudem deutlich, dass es bei der Beschäftigtendatenverarbeitung nicht allein auf die Gewährleistung der Datengrundsätze ankommt, sondern auch die anderen einschlägigen Regelungen wie zB Art. 25 oder 32 DS-GVO einzuhalten sind, so dass nicht nachvollziehbar ist, warum der Landesgesetzgeber einzig auf die **Datenschutzgrundsätze** in Abs. 5 abstellt.[63] 42

VI. Beteiligungsrechte der Interessenvertretungen (Abs. 6)

Abs. 6 erklärt, dass die Beteiligungsrechte der Interessenvertretungen der Beschäftigten durch die Vorschrift unberührt bleiben. Das HPVG enthält verschiedene Beteiligungsrechte, die zum Teil einen datenschutzrechtlichen Bezug aufweisen (→ Rn. 23 f.). 43

Dem Personalrat kommt zB nach § 74 Abs. 1 Nr. 17 HPVG ein **Mitbestimmungsrecht** bei „Angelegenheiten über die Einführung, Anwendung, wesentliche Änderung oder Erweiterung von technischen Einrichtungen [zu], die dazu geeignet sind, das Verhalten oder die Leistung der Beschäftigten zu überwachen". Weitere **soziale Angelegenheiten**, die der Mitbestimmung des Personalrats unterliegen, betreffen zB die „Gewährung von Unterstützungen und sozialen Zuwendungen" nach § 74 Abs. 1 Nr. 1 HPVG oder „Maßnahmen zur Verhütung von Dienst- und Arbeitsunfällen und sonstigen Gesundheitsschädigungen" nach § 74 Abs. 1 Nr. 6 HPVG. Auch die in § 76 Abs. 1 HPVG geregelte Mitwirkung in Arbeitsschutzangelegenheiten kann **datenschutzrechtliche Relevanz** aufweisen und bleibt insoweit in ihrem vollen Umfang bestehen. 44

VII. Erweiterung des sachlichen Anwendungsbereichs (Abs. 7)

Abs. 7 Satz 1 regelt, dass die Abs. 1 bis 6 auch für die Verarbeitung von Beschäftigtendaten gelten, wenn diese nicht in einem Dateisystem gespeichert sind oder gespeichert werden sollen. Typische Anwendungsfälle hierfür sind **Befragungen oder Beobachtungen** von Beschäftigten, **Tor- und Taschenkontrollen, handschriftliche Notizen, Anrufe** bei früheren Arbeitgebern des Beschäftigten[64] oder **Auskünfte** an potenziell künftige Arbeitge- 45

---

62 *Riesenhuber* in BeckOK DatenschutzR BDSG § 26 Rn. 58.
63 So auch *Maier/Ossoinig* in Roßnagel Das neue DSR § 8 Rn. 28 für die wortgleiche Regelung des § 26 Abs. 5 BDSG.
64 *Franzen* in ErfK 20. Aufl. 2020 BDSG § 26 Rn. 3; *Riesenhuber* in BeckOK DatenschutzR BDSG § 26 Rn. 40.

ber. Die **Erweiterung des Anwendungsbereichs** durch Abs. 7 Satz 1 hat zur Folge, dass auch weiterhin alle Datenverarbeitungen einheitlich unter diese Vorschrift fallen, die für Zwecke des Beschäftigungsverhältnisses Informationen über Beschäftigte liefern.[65]

46   Die Regelung des Abs. 7 Satz 1 steht nicht in Widerspruch zur DS-GVO, da diese nur für die Verarbeitungsformen nach Art. 2 Abs. 1 DS-GVO anwendbar ist und nicht für die in Abs. 7 Satz 1 genannten. Der Landesgesetzgeber ist daher frei darin, **andere Verarbeitungsformen** der automatisierten oder dateimäßigen Datenverarbeitung gleichzustellen.[66]

47   Abs. 7 Satz 2 erklärt, dass die für das Personalaktenrecht geltenden Vorschriften des **HBG** auf Arbeitnehmer im öffentlichen Dienst anzuwenden sind, soweit tarifvertraglich nichts Abweichendes geregelt ist. Damit richtet sich die gesamte **Datenverarbeitung in Personalakten** nach den Regelungen des HBG, so dass dieser Bereich den Regelungen der hier behandelten Vorschrift entzogen ist.

VIII. Begriffsbestimmung des Beschäftigten (Abs. 8)

48   In Abs. 8 wird in abschließender Weise der **Beschäftigtenbegriff** definiert, der dem des § 26 Abs. 8 BDSG entspricht, weshalb für die Erläuterungen der einzelnen Beschäftigtengruppen auf die Kommentierung zu § 26 Abs. 8 BDSG verwiesen wird.[67]

C. Würdigung

49   Die Beschäftigtendatenverarbeitung gehört für öffentliche Arbeitgeber zum Alltag, weshalb ein großes Bedürfnis nach **konkreten Regelungen** besteht. Mit der Vorschrift hat der Landesgesetzgeber eine Regelung geschaffen, die weitestgehend die entsprechende Regelung zum Beschäftigtendatenschutz im BDSG übernimmt.

50   Überraschend ist, dass sich der Landesgesetzgeber beim Beschäftigtendatenschutz auf die **Öffnungsklausel** von Art. 88 Abs. 1 DS-GVO stützt, obwohl die meisten öffentlichen Beschäftigungsverhältnisse unter Art. 6 Abs. 1 lit. e DS-GVO fallen dürften.[68] Praktische Auswirkungen hat dies jedoch nicht, weil die materiellen Anforderungen von Art. 88 Abs. 2 und Art. 6 Abs. 2 DS-GVO sehr ähnlich sind.

51   Mit der Konkretisierung der Bedingungen an die Einwilligungserteilung und den Regelungen zur Verarbeitung sensitiver Daten des Beschäftigten und für die Datenverarbeitung zur Aufdeckung von Straftaten werden spezifische Regelungen für die Beschäftigtendatenverarbeitung geschaffen, die die **Rechtsanwendung erleichtern** und damit zu begrüßen sind.

52   Negativ ist jedoch festzustellen, dass der Landesgesetzgeber die ihm eröffneten Rechtssetzungsbefugnisse nicht vollumfänglich genutzt hat. So wur-

---

65   So auch *Franzen* in ErfK 20. Aufl. 2020 BDSG § 26 Rn. 3.
66   So auch *Maier/Ossoinig* in Roßnagel Das neue DSR § 8 Rn. 26 für die gleichlautende Regelung des § 26 Abs. 7 BDSG; aA *Spelge* DuD 2016, 775 (777).
67   ZB *Riesenhuber* in BeckOK DatenschutzR BDSG § 26 Rn. 21 ff.
68   S. hierzu *Roßnagel* in Simitis/Hornung/Spiecker gen. Döhmann DS-GVO Art. 6 Abs. 2 Rn. 10.

den zB **keine spezifischen Betroffenenrechte** für Beschäftigte erlassen. Auch wurden **bestehende Regelungen** aus dem alten Recht, die die Rechte und Interessen des Beschäftigten stärkten, **nicht übernommen.** So sah zB § 34 Abs. 3 HDSG vor, dass im Beschäftigungsverhältnis das Auskunftsrecht auch die Art der automatisierten Auswertung der Beschäftigtendaten umfasst. § 34 Abs. 6 HDSG sah vor, dass Daten, die zur Durchführung von technischen und organisatorischen Maßnahmen gespeichert wurden, nicht zu Zwecken der Verhaltens- oder Leistungskontrolle ausgewertet werden dürfen. Eine Übernahme dieser Regelung hätte sich im Rahmen der Rechtssetzungsbefugnisse bewegt und wäre somit unproblematisch und begrüßenswert gewesen.[69]

§ 24 Datenverarbeitung zu wissenschaftlichen oder historischen Forschungszwecken und zu statistischen Zwecken

(1) [1]Abweichend von Art. 9 Abs. 1 der Verordnung (EU) Nr. 2016/679 ist die Verarbeitung besonderer Kategorien personenbezogener Daten im Sinne des Art. 9 Abs. 1 der Verordnung (EU) Nr. 2016/679 auch ohne Einwilligung für wissenschaftliche oder historische Forschungszwecke oder für statistische Zwecke zulässig, wenn die Verarbeitung zu diesen Zwecken erforderlich ist und die Interessen des Verantwortlichen an der Verarbeitung die Interessen der betroffenen Person an einem Ausschluss der Verarbeitung überwiegen. [2]Der Verantwortliche sieht angemessene und spezifische Maßnahmen zur Wahrung der Interessen der betroffenen Person nach § 20 Abs. 2 Satz 2 vor. [3]Vor dem Beginn des Forschungsvorhabens ist ein Datenschutzkonzept zu erstellen, das der zuständigen Aufsichtsbehörde auf Nachfrage vorzulegen ist.

(2) [1]Die in den Art. 15, 16, 18 und 21 der Verordnung (EU) Nr. 2016/679 vorgesehenen Rechte der betroffenen Person sind insoweit beschränkt, als diese Rechte voraussichtlich die Verwirklichung der Forschungs- oder Statistikzwecke unmöglich machen oder ernsthaft beinträchtigen und die Beschränkung für die Erfüllung der Forschungs- oder Statistikzwecke notwendig ist. [2]Das Recht auf Auskunft nach Art. 15 der Verordnung (EU) Nr. 2016/679 besteht darüber hinaus nicht, wenn die Daten für Zwecke der wissenschaftlichen Forschung erforderlich sind und die Auskunftserteilung einen unverhältnismäßigen Aufwand erfordern würde.

(3) [1]Ergänzend zu den in § 20 Abs. 2 genannten Maßnahmen sind zu wissenschaftlichen oder historischen Forschungszwecken oder zu statistischen Zwecken verarbeitete besondere Kategorien personenbezogener Daten im Sinne des Art. 9 Abs. 1 der Verordnung (EU) Nr. 2016/679 zu anonymisieren, sobald dies nach dem Forschungs- oder Statistikzweck möglich ist, es sei denn, berechtigte Interessen der betroffenen Person stehen dem entgegen. [2]Sobald der Forschungs- oder Statistikzweck dies erlaubt, sind die Merkmale, mit deren Hilfe ein Personenbezug hergestellt werden kann, ge-

---

69 Eine § 34 Abs. 6 HDSG entsprechende Regelung hat zB § 20 Abs. 7 LDSG RhPf erhalten.

sondert zu speichern; die Merkmale sind zu löschen, sobald der Forschungs- oder Statistikzweck dies zulässt.

(4) Der Verantwortliche darf personenbezogene Daten zu wissenschaftlichen oder historischen Forschungszwecken nur veröffentlichen, wenn die betroffene Person eingewilligt hat oder dies für die Darstellung von Forschungsergebnissen über Ereignisse der Zeitgeschichte unerlässlich ist.

Literatur:

Artikel 29-Datenschutzgruppe, Leitlinien in Bezug auf die Einwilligung gemäß Verordnung 2016/679WP 259 rev.01, 2018; *Geminn*, Wissenschaftliche Forschung und Datenschutz, DuD 2018, 640; *Geminn*, Die Forschungstätigkeit des Arztes im Spannungsfeld der Schweigepflicht, RDV 2019, 116; *Johannes/Richter*, Privilegierte Verarbeitung im BDSG-E, DuD 2017, 300; *Richter*, Big Data, Statistik und die Datenschutz-Grundverordnung, DuD 2016, 581; *Roßnagel*, Datenschutz in der Forschung, ZD 2019, 157; *Roßnagel/Geminn*, Spezielle datenschutzrechtliche Fragen der Weiternutzung von Sozial- und Gesundheitsdaten für die medizinische Forschung in: Dierks/Roßnagel, Sekundärnutzung von Sozial- und Gesundheitsdaten, 2019, 125; *Schaar*, DS-GVO: Geänderte Vorgaben für die Wissenschaft, ZD 2016, 224; *Schwartmann*, Privilegierung zu wissenschaftlichen Zwecken: die Datenschutz-Grundverordnung in Forschung und Lehre, Forschung & Lehre 2018, 578; *Weichert*, Die Forschungsprivilegierung in der DS-GVO, ZD 2020, 18; *Werkmeister/Schwaab*, Auswirkungen und Reichweite des datenschutzrechtlichen Forschungsprivilegs, CR 2019, 85.

A. Allgemeines

I. Bedeutung der Vorschrift

1   Forschung und Statistik sind vielfach auf die Verarbeitung personenbezogener Daten angewiesen. Das Recht auf informationelle Selbstbestimmung und die **Forschungsfreiheit** sind dann zu einem Ausgleich zu bringen, der beiden Seiten gerecht wird.

2   Die Vorschrift enthält **Abweichungen** von der DS-GVO bezogen auf die Verarbeitung besonderer Kategorien personenbezogener Daten zu wissenschaftlichen oder historischen Forschungszwecken und zu statistischen

Zwecken. Die Verarbeitung von personenbezogenen Daten zu Forschungszwecken oder statistischen Zwecken, die nicht als Daten besonderer Kategorien iSv Art. 9 Abs. 1 DS-GVO zu qualifizieren sind, richtet sich grundsätzlich nach den allgemeinen Vorgaben der DS-GVO oder des mitgliedstaatlichen Rechts.[1] Allerdings enthält die Vorschrift auch hier Ausnahmen, insbesondere die Beschränkungen der Betroffenenrechte in Abs. 2, die für alle Kategorien personenbezogener Daten gilt.[2]

II. Entstehungsgeschichte

Die Vorschrift ersetzt § 33 HDSG, der am 25.5.2018 außer Kraft getreten ist. Einzige (fast wortgleiche) Übernahme aus § 33 HDSG ist Abs. 3 Satz 2, der auf § 33 Abs. 2 HDSG basiert. Weggefallen sind insbesondere die Regelungen bezogen auf die Einbindung der oder des HDSB in § 33 Abs. 1 Satz 4 und Abs. 4 HDSG. Erfolglos blieben im Gesetzgebungsverfahren eine Einschränkung auf Forschungsvorhaben, deren Zwecke ohne die Verarbeitung besonderer Kategorien personenbezogener Daten nicht erreicht werden können, eine Beschränkung der Zusammenführung von Einzelangaben, eine strikte Zweckbindung im Kontext der Übermittlung sowie eine explizite Verpflichtung von Empfängern personenbezogener Daten.[3]   3

Insgesamt betrachtet stellt die Vorschrift eine umfassende **Neufassung** der Regelungen zur Datenverarbeitung für Forschungszwecke dar und schließt auch statistische Zwecke mit ein. Diese Neufassung geschieht eng angelehnt am Vorbild des § 27 BDSG, enthält jedoch auch Abweichungen von der Regelung auf Bundesebene.   4

Die noch in § 33 Abs. 1 Satz 3 und 4 HDSG enthaltene Vorlage- und Genehmigungspflicht wurde durch eine Pflicht zur Erstellung eines Datenschutzkonzepts abgelöst (→ Rn. 33). Danach war bei Forschung im öffentlichen Interesse[4] durch Stellen des Landes durch die oberste Landesbehörde zu genehmigen. Diese Genehmigung war dann dem HDSB mitzuteilen. Abs. 1 Satz 3 wurde erst während des **Gesetzgebungsverfahrens** dem Gesetzesentwurf angefügt.[5]   5

III. Unionsrechtliche Regelungen

Der „freien Wissenschaft" kommt eine „Schlüsselfunktion" zu, „sowohl für die Selbstverwirklichung des Einzelnen als auch für die gesamtgesellschaftliche Entwicklung".[6] Art. 13 GRCh trennt sprachlich zwischen Forschung und akademischer Freiheit (inklusive Lehre) als Teilaspekte des Oberbegriffs der Wissenschaft.[7] Der Begriff der „Forschung" ist weit zu verstehen.[8] **Forschung** ist die „geistige Tätigkeit mit dem Ziele, in methodischer, systematischer und nachprüfbarer Weise neue Erkenntnisse zu ge-   6

---

1 LT-Drs. 19/5728, 109.
2 LT-Drs. 19/5728, 109.
3 S. hierzu *Arlt/Gaebel* in Ronellenfitsch ua § 24 Rn. 3.
4 Zum Wegfall dieses Erfordernisses *Arlt/Gaebel* in Ronellenfitsch ua § 24 Rn. 24.
5 LT-Drs. 19/6300, 2.
6 BVerfGE 35, 79 (113).
7 *Jarass* GRCh Art. 13 Rn. 6; *Ruffert* in Calliess/Ruffert GRCh Art. 13 Rn. 5.
8 *Bernsdorff* in NK-EuGRCh Art. 13 Rn. 14; s. auch ErwG 159 Satz 2 DS-GVO.

winnen".[9] Weitere grundrechtliche Vorgaben für die medizinische Forschung ergeben sich aus Art. 3 Abs. 2 lit. a GRCh.

7   **Statistik** ist ein „umfassendes methodisch-quantitatives Instrumentarium
zur Charakterisierung und Auswertung empirischer Befunde bei gleichartigen Einheiten"; auch die Ergebnisse statistischer Untersuchungen werden
als Statistik bezeichnet.[10] Statistik hat eine hohe Bedeutung für die öko-
nomische, politische und soziale Entwicklung. Eine „enge und konkrete
Zweckbindung der Daten" kann nicht verlangt werden; es besteht für
Statistik ein „Bedürfnis nach Vorratsspeicherung".[11]

8   Art. 89 Art. 1 Satz 1 DS-GVO enthält als **Kernnorm** für den Ausgleich zwischen Art. 7 und 8 GRCh einerseits und Art. 13 und 3 GRCh andererseits
die Feststellung, dass die Verarbeitung personenbezogener Daten zu wissenschaftlichen Forschungszwecken „geeigneten Garantien für die Rechte
und Freiheiten der betroffenen Person gemäß dieser Verordnung" unterliegt. Der Norm kommt primär eine strukturierende Funktion zu; sie stellt
keinen gesonderten Erlaubnistatbestand dar.[12]

9   Die DS-GVO enthält zahlreiche **Privilegierungen** der Datenverarbeitung zu
Forschungszwecken. Hier sind vor allem eine Flexibilisierung der Zweckbindung durch Art. 5 Abs. 1 lit. b DS-GVO (→ Rn. 29), eine Ausweitung
der Speicherbefugnis durch Art. 5 Abs. 1 lit. e DS-GVO (→ Rn. 48) sowie
Ausnahmen von den Rechten der betroffenen Person (→ Rn. 34 ff.) zu nennen.

10   Die Vorschrift stützt sich auf den **Ausnahmetatbestand** des Art. 9 Abs. 2
lit. j iVm Art. 89 Abs. 1 DS-GVO.[13] Art. 9 Abs. 2 lit. j DS-GVO fordert,
dass die mitgliedstaatliche Regelung den Wesensgehalt des Rechts auf Datenschutz nach Art. 8 GRCh wahrt und angemessene und spezifische Maßnahmen zur Wahrung der Grundrechte und Interessen der betroffenen Person vorsieht. Art. 89 Abs. 1 DS-GVO fordert, die Verarbeitung personenbezogener Daten zu wissenschaftlichen oder historischen Forschungszwecken oder zu statistischen Zwecken geeigneten Garantien für die Rechte
und Freiheiten der betroffenen Person zu unterwerfen. Diese Garantien sollen wiederum Grundlage für das Ergreifen von technischen und organisatorischen Maßnahmen sein, die insbesondere der Achtung des Grundsatzes
der Datenminimierung dienen. Als beispielhafte Maßnahme nennt Art. 89
Abs. 1 Satz 3 DS-GVO die Pseudonymisierung (→ Rn. 40 ff.).

IV. Verhältnis zu anderen Vorschriften

11   Äquivalent zur Vorschrift ist auf Bundesebene § 27 BDSG.[14] Wie § 27
BDSG[15] ist auch sie als lex generalis im Verhältnis zum bereichsspezifi-
schen Recht ausgestaltet. Beide Vorschriften sind abgesehen von geringen
Abweichungen inhaltlich identisch. Ausnahmen sind lediglich Abs. 1

---

9   BVerfGE 35, 79 (112) unter Verweis auf BT-Drs. V/4335, 4.
10   *Gabler*, Wirtschaftslexikon, Statistik.
11   BVerfGE 65, 1 (47).
12   *Hense* in HK-DS-GVO Art. 89 Rn. 1.
13   LT-Drs. 19/5728, 109; s. auch BT-Drs. 18/11325, 99.
14   Zum Verhältnis zu § 203 StGB s. *Geminn* RDV 2019, 116 (118 f.).
15   BT-Drs. 18/11325, 100.

Satz 3, der keine Entsprechung in § 27 BDSG hat sowie eine von § 27 Abs. 3 Satz 2 und 3 BDSG abweichende Formulierung in Abs. 3 Satz 2. Anstelle einer Übernahme von § 27 Abs. 3 Satz 2 und 3 BDSG hat sich der Gesetzgeber dazu entschieden, die aus zwei Halbsätzen bestehende Formulierung von § 33 Abs. 2 HDSG zu übertragen. Zudem fehlt in Abs. 1 Satz 1 im Vergleich zu § 27 Abs. 1 Satz 1 BDSG das Adjektiv „erheblich" (→ Rn. 15).[16]

Äquivalente Regelungen im Recht der anderen Länder sind § 13 LDSG BW, Art. 25 BayDSG, § 17 iVm § 26 BlnDSG, § 25 BbgDSG, § 13 BremDS-GVOAG, § 11 HmbDSG, § 9 DSG M-V, § 13 iVm § 25 Abs. 5 NDSG, § 17 DSG NRW, § 22 LDSG RhPf, § 23 SaarlDSG, § 12 SächsDSDG, § 27 iVm § 10 Abs. 2 Nr. 9 DSG LSA, § 13 LDSG S-H und § 28 ThürDSG.   12

Neben den genannten Gesetzen finden sich Anforderungen zur Verarbeitung von personenbezogenen Daten zu Forschungszwecken ua auch in den SGB, dem GenDG und dem HKRG.[17] Sie sind als **lex specialis** vorrangig anzuwenden. Das HKHG verweist in § 12 auf die Vorschrift, ebenso wie § 18 Abs. 4 HGöGD.   13

B. Datenverarbeitung zu Forschungs- und Statistikzwecken

Aufgrund der textlichen Nähe ist eine isolierte Betrachtung der Vorschrift nicht angezeigt; die Norm muss vielmehr vor dem Hintergrund von § 27 BDSG und ähnlicher Regelungen im Recht der anderen Bundesländer ausgelegt werden. Da § 27 BDSG selbst textlich stark an die DS-GVO angelehnt ist, ist deren Begriffsverständnis maßgeblich heranzuziehen.   14

I. Abweichungen von Art. 9 Abs. 1 DS-GVO (Abs. 1)

Eine Verarbeitung besonderer Kategorien personenbezogener Daten soll nach Abs. 1 Satz 1 auch ohne Einwilligung zu wissenschaftlichen und historischen Forschungszwecken und für statistische Zwecke möglich sein, sofern die Interessen des Verantwortlichen „überwiegen" und der Verantwortliche iSv § 20 Abs. 2 Satz 2 „angemessene und spezifische Maßnahmen zur Wahrnehmung der Interessen der betroffenen Person" vorsieht. Abs. 1 ist als **Ausnahmetatbestand** zum Verbot der Verarbeitung besonderer Kategorien personenbezogener Daten aus Art. 9 Abs. 1 DS-GVO ausgestaltet und gilt deshalb **ausschließlich für die Verarbeitung von besonderen Kategorien** personenbezogener Daten.   15

1. Erlaubnis zur Datenverarbeitung (Satz 1)

Abs. 1 Satz 1 erlaubt die Verarbeitung personenbezogener Daten besonderer Kategorien für wissenschaftliche oder historische Forschungszwecke oder für statistische Zwecke auch **ohne Einwilligung** der betroffenen Person, wenn die Verarbeitung zu diesen Zwecken erforderlich ist und die Interessen des Verantwortlichen an der Verarbeitung die Interessen der be-   16

---

16 S. umfassend zu diesem bereits vor 2018 praktizierten „Sonderweg" *Arlt/Gaebel* in Ronellenfitsch ua § 24 Rn. 3, 23.
17 Zu letzterem umfassend *Arlt/Gaebel* in Ronellenfitsch ua § 24 Rn. 13.

troffenen Person an einem Ausschluss der Verarbeitung überwiegen. Er übernimmt nicht die Formulierungen aus den Vorgängerregelungen „zum Zwecke wissenschaftlicher Forschung" oder „im Rahmen bestimmter Forschungsvorhaben" (§ 33 Abs. 1 Satz 1 HDSG; Art. 11 Abs. 2 und 13 Abs. 2 DSRL), sondern passt seine Wortwahl an die DS-GVO an und spricht wie auch Art. 89 DS-GVO von „wissenschaftlichen oder historischen Forschungszwecken" und von „statistischen Zwecken". Damit sollte eine Einschränkung auf Forschungszwecke im engeren Sinne erreicht werden.[18]

a) Wissenschaftliche oder historische Forschungszwecke

17   Der Begriff der wissenschaftlichen oder historischen Forschungszwecke wird in der DS-GVO nicht definiert. Der Begriff der „Forschungseinrichtung", wie ihn § 40 BDSG aF noch kannte, kommt in ihr nicht vor. Eine bestimmte Eigenschaft des Verarbeiters ist damit durch die DS-GVO nicht gefordert. Für eine **Inanspruchnahme** der Sonderregelungen reicht es aus, dass Daten für wissenschaftliche oder historische Forschungszwecke verarbeitet werden. Dies deckt sich mit der Wertung, dass „jeder wissenschaftlich Tätige" sich auf die Wissenschaftsfreiheit nach Art. 13 GRCh berufen kann.[19] Dem Zweck der Verarbeitung kommt damit eine noch zentralere Rolle zu als vor Geltungsbeginn der DS-GVO.[20]

18   ErwG 159 Satz 2 DS-GVO stellt klar, dass der Begriff der wissenschaftlichen Forschungszwecke weit auszulegen ist. Er sollte zumindest die Verarbeitung personenbezogener Daten für die technologische Entwicklung und die Demonstration, die Grundlagenforschung, die angewandte Forschung und die privat finanzierte Forschung einschließen.[21] Als einziges konkretes Beispiel nennt die DS-GVO in ErwG 159 Satz 4 Studien, die im öffentlichen Interesse im Bereich der öffentlichen Gesundheit durchgeführt werden. Mit einem **weiten Begriffsverständnis** befindet sich die DS-GVO auf einer Linie mit dem sonstigen unionalen wie auch mit dem deutschen Recht. Sie ist jedoch hinsichtlich des Begriffs der wissenschaftlichen Forschungszwecke inkonsistent.[22]

19   Einschränkend wirkt, dass die wissenschaftliche Betätigung stets „wesensgemäß" Unabhängigkeit und Selbstständigkeit bedingt.[23] Forschung muss stets ergebnisoffen sein; die Vorgabe eines Forschungsgegenstandes ist jedoch zulässig und regelmäßig auch notwendig. Umfasst sind sowohl die Forschungstätigkeit selbst als auch **vorbereitende und unterstützende Maßnahmen.**[24] Die Artikel 29-Datenschutzgruppe stemmt sich gegen eine weite Auslegung wissenschaftlicher Forschung und fordert „ein Forschungspro-

---

18 *Albrecht/Jotzo* DatenschutzR Teil 3 Rn. 71.
19 *Ruffert* in Calliess/Ruffert GRCh Art. 13 Rn. 8.
20 S. hierzu wie auch zum folgenden umfassend *Roßnagel/Geminn* in Dierks/Roßnagel, S. 206 ff.; *Geminn* DuD 2018, 640.
21 S. zB *Roßnagel* in /Hornung/Spiecker Art. 5 Rn. 106.
22 S. hierzu näher *Roßnagel/Geminn* in Dierks/Roßnagel, S. 210 ff.
23 *Scholz* in Maunz/Dürig GG Art. 5 Abs. 3 Rn. 99; *Ruffert* in Calliess/Ruffert GRCh Art. 13 Rn. 7; s. auch *Weichert* ZD 2020, 18 (19 f.). Man beachte aber auch die Streichung des Zusatzes „unabhängig" aus § 33 Abs. 1 HDSG; s. hierzu LT-Drs. 14/3830, 26.
24 *Jarass* GRCh Art. 13 Rn. 7; *Ruffert* in Calliess/Ruffert GRCh Art. 13 Rn. 8.

jekt, das in Übereinstimmung mit den maßgeblichen, für den Sektor relevanten methodischen und ethischen Standards und in Übereinstimmung mit bewährten Verfahren entwickelt wird".[25]

Zu unterscheiden ist zwischen Forschung, die aufgrund von Primärerhebungen durchgeführt wird, und Forschung, die auf **Sekundärerhebungen** basiert.[26] Bei auf Sekundärerhebungen basierender Forschung sind die Regeln zur Zweckänderung zu beachten (→ Rn. 28). Nicht enthalten ist im Begriff der „wissenschaftlichen Forschungszwecke" eine Pflicht oder Absicht zur Veröffentlichung der erzielten Forschungsergebnisse.[27] 20

Auch der Begriff der historischen Forschungszwecke bleibt **ohne eine konkrete Definition** in der DS-GVO. ErwG 160 erläutert lediglich, dass er „auch historische Forschung und Forschung im Bereich der Genealogie" umfassen sollte. Gleichzeitig stellt er fest, dass die DS-GVO nicht für verstorbene Personen gelten sollte. Die historische Forschung ist als Geschichtswissenschaft selbst Wissenschaft. Die begriffliche Trennung sowie die getrennte Behandlung in ErwG 160 DS-GVO lassen den Schluss zu, dass hier auch „unplanmäßige" und „unmethodische" Forschung umfasst sein soll.[28] 21

b) Statistische Zwecke

Trotz sachlicher Überschneidungen grenzt die DS-GVO und in der Folge auch die Vorschrift wissenschaftliche und historische Forschungszwecke von statistischen Zwecken ab.[29] Nicht als Forschung gelten statistische Verarbeitungen, die „zwar neue, aber keine neuartigen Erkenntnisse liefern".[30] 22

Eine Definition des Begriffs „statistische Zwecke" liefert ErwG 162 Satz 3 DS-GVO. Danach dient ihnen „jeder für die Durchführung statistischer Untersuchungen und die Erstellung statistischer Ergebnisse erforderliche Vorgang der Erhebung und Verarbeitung personenbezogener Daten". Satz 4 verdeutlicht die Verschränkung von Statistik und Forschung, indem klargestellt wird, dass eine Weiterverwendung statistischer Ergebnisse (also aggregierter, nicht personenbezogener Daten) für wissenschaftliche Forschungszwecke möglich ist. 23

Die Arbeit des **Hessischen Statistischen Landesamts** fußt nicht auf der Vorschrift, sondern auf den Regelungen des HLStatG. Damit verbleibt für die Verarbeitung personenbezogener Daten zu statistischen Zwecken auf Grundlage der Vorschrift nur ein verengter Anwendungsbereich; ein Beispiel sind hier Tätigkeitsberichte. 24

---

25 Artikel 29-Datenschutzgruppe WP 259 rev.01, 33.
26 *Raum* in Ehmann/Selmayr DS-GVO Art. 89 Rn. 18.
27 *Geminn* DuD 2018, 640 (644 f.). Es können jedoch anderweitige Pflichten zur Veröffentlichung bestehen etwa die Pflicht zur Veröffentlichung von Forschungsergebnissen als der Dienstpflichten eines Universitätsprofessors – s. BVerfGE 47, 327 (375 f.).
28 Vgl. *Kampert* in HK-DS-GVO Art. 9 Rn. 53.
29 S. hierzu zB *Roßnagel* in Simitis/Hornung/Spiecker gen. Döhmann DS-GVO Art. 5 Rn. 107.
30 *Johannes/Richter* DuD 2017, 300 (301).

c) Einwilligung in die Datenverarbeitung

25   Soll dennoch eine Einwilligung eingeholt werden, so gelten die Vorgaben der DS-GVO. Die datenschutzrechtliche Einwilligung muss nach ihrer Definition in Art. 4 Nr. 11 DS-GVO unter anderem freiwillig und für den bestimmten Fall, in informierter Weise und unmissverständlich abgegeben werden. Für Zwecke der wissenschaftlichen Forschung sollen aber ausnahmsweise auch **breit formulierte Einwilligungen** möglich sein. So stellt ErwG 33 Satz 1 DS-GVO fest, dass eine präzise und abschließende Angabe des Zwecks der Verarbeitung personenbezogener Daten in der Forschung oft nicht möglich sei. Die DS-GVO erlaubt es deshalb, eine Einwilligung anstatt für einen konkreten Zweck für bestimmte Bereiche wissenschaftlicher Forschung zu geben. Dabei müssen jedoch die ethischen Standards wissenschaftlicher Forschung beachtet werden. Einschränkend empfiehlt ErwG 33 Satz 3 DS-GVO, betroffene Personen „sollten Gelegenheit erhalten, ihre Einwilligung nur für bestimmte Forschungsbereiche oder Teile von Forschungsprojekten in dem vom verfolgten Zweck zugelassenen Maße zu erteilen".

26   Die Artikel 29-Datenschutzgruppe hält zu ErwG 33 DS-GVO fest, dass der Grundsatz der Zweckbindung nicht „umschifft" werden dürfe.[31] Sie fordert bei Forschungszwecken, die nicht vollständig angegeben werden können, dass **zusätzliche Maßnahmen** ergriffen werden, um eine informierte Einwilligung zu ermöglichen. Als Beispiel nennt sie, es könnte der betroffenen Person ermöglicht werden, sukzessiv in einzelne Phasen eines Forschungsprojekts einzuwilligen.[32] Transparenz kann hier über das Erstellen und Vorlegen eines Forschungsplans erreicht werden.

d) Erforderlichkeit und Zweckbindung

27   Nach Satz 1 muss die Datenverarbeitung für die Zwecke der wissenschaftlichen oder historischen Forschung oder der Statistik erforderlich sein. Der Grundsatz, dass personenbezogene Daten nach Art. 5 Abs. 1 lit. b DS-GVO nur „für festgelegte, eindeutige und legitime Zwecke" erhoben werden dürfen,[33] wird jedoch ErwG 33 DS-GVO **bereichsspezifisch aufgeweicht**. Allerdings gilt die Verarbeitung als nicht erforderlich, wenn die mit ihr erreichten Ziele auch unter Nutzung anonymer oder anonymisierter Daten erreicht werden können.

28   Die **Weiterverarbeitung** personenbezogener Daten durch öffentliche Stellen für wissenschaftliche oder historische Forschungszwecke und für statistische Zwecke gilt nach Art. 5 Abs. 1 lit. b DS-GVO[34] als „nicht unvereinbar" mit den ursprünglichen Zwecken.[35] Da dies auch für die Weiterverarbeitung besonderer Kategorien personenbezogener Daten im Anwendungsbereich des Abs. 1 gilt, findet § 21 hier keine Anwendung (→ § 21 Rn. 8). Auch die Regeln zur Übermittlung personenbezogener Daten aus § 22 fin-

---

31   Artikel 29-Datenschutzgruppe WP 259 rev.01, 34.
32   Artikel 29-Datenschutzgruppe WP 259 rev.01, 34 f.
33   S. näher *Roßnagel* in Simitis/Hornung/Spiecker gen. Döhmann DS-GVO Art. 5 Rn. 92 ff.
34   S. auch ErwG 50 DS-GVO.
35   LT-Drs. 19/5728, 109.

den hier keine Anwendung. Grundsätzlich ist davon auszugehen, dass sich eine Weiterverarbeitung erneut auf die Rechtsgrundlage stützen kann, die Grundlage der ersten Verarbeitung war.[36]

Die Formulierung „nicht unvereinbar" indiziert, dass zumindest Ausnahmen von der in Art. 5 Abs. 1 lit. b DS-GVO formulierten Regel denkbar sind.[37] In bestimmten Fällen kann also dennoch eine **neue Rechtsgrundlage** erforderlich sein, wobei primär an besonders schwerwiegende Folgen der beabsichtigten Weiterverarbeitung für die betroffene Person iSv von Art. 6 Abs. 4 lit. d DS-GVO zu denken ist.[38] Letztlich sollte nicht von einer Aufhebung des Zweckbindungsgrundsatzes gesprochen werden, sondern lediglich von einer Flexibilisierung, die die Abwägung nach § 6 Abs. 4 DS-GVO beeinflusst.[39]   29

e) Interessen der betroffenen Person

Eine Verarbeitung ohne Einwilligung soll nur zulässig sein, wenn nicht die Interessen der betroffenen Person an einem Ausschluss der Verarbeitung überwiegen. Für diese Interessenabwägung gelten die gleichen Maßstäbe wie bei der Abwägung nach Art. 6 Abs. 1 UAbs. 1 lit. f DS-GVO. Nach ErwG 47 Satz 1 Hs. 2 DS-GVO sind dabei „die vernünftigen Erwartungen der betroffenen Personen, die auf ihrer Beziehung zu dem Verantwortlichen beruhen, zu berücksichtigen". Nach ErwG 47 Satz 3 DS-GVO ist darauf abzustellen, was die betroffene Person „vernünftigerweise absehen kann".   30

Bei der Interessenabwägung ergibt sich ein entscheidender Unterschied zu § 27 Abs. 1 Satz 1 BDSG, der vorsieht, dass die Interessen des Verantwortlichen „erheblich" überwiegen müssen. Dieses Adjektiv findet sich nicht Abs. 1 Satz 1 und auch nicht in der direkten Vorgängerregelung. § 27 BDSG legt hier also für einen Ausschluss der Verarbeitung höhere Hürden an.[40] Der Zusatz „erheblich" wurde in Hessen „vor dem Hintergrund der praktischen Konkordanz nicht für erforderlich gehalten".[41] Ein Überwiegen der Interessen des Verantwortlichen soll stets dann gegeben sein, wenn den Grundsätzen von Erforderlichkeit, Zweckbindung und Verhältnismäßigkeit Genüge getragen wird.[42]   31

2. Angemessene und spezifische Maßnahmen (Satz 2)

Art. 9 Abs. 2 lit. j DS-GVO fordert das Ergreifen von angemessenen und spezifischen Maßnahmen und Art. 89 Abs. 1 DS-GVO geeignete Garantien für die Rechte und Freiheiten der betroffenen Person (→ Rn. 10). Dem soll   32

---

36 BT-Drs. 18/11325, 99; *Roßnagel* in Simitis/Hornung/Spiecker gen. Döhmann DS-GVO Art. 5 Rn. 96 ff. mwN zum Streit; aA zB *Buchner/Tinnefeld* in Kühling/Buchner BDSG § 27 Rn. 14; s. auch *Hense* in HK-BDSG § 27 Rn. 15.

37 S. näher *Roßnagel* in Simitis/Hornung/Spiecker gen. Döhmann DS-GVO Art. 5 Rn. 109.

38 *Johannes/Richter* DuD 2017, 300 (301).

39 So *Johannes/Richter* DuD 2017, 300 (301).

40 Vgl. *Buchner/Tinnefeld* in Kühling/Buchner BDSG § 27 Rn. 11; s. auch die Kritik des Bundesrates, BT-Drs. 18/11655, 15 f.

41 *Arlt/Gaebel* in Ronellenfitsch ua § 24 Rn. 3.

42 So *Arlt/Gaebel* in Ronellenfitsch ua § 24 Rn. 25.

vor allem Abs. 1 Satz 2 Rechnung tragen, der auf § 20 Abs. 2 Satz 2 verweist.[43] § 20 Abs. 2 Satz 2 listet beispielhaft **abstrakte Maßnahmen** auf, die geeignet sein können, die Interessen der betroffenen Personen bei der Verarbeitung personenbezogener Daten besonderer Kategorien zu wahren (→ § 20 Rn. 30). Grundsätzlich ausgeschlossen soll etwa die Aufbewahrung personenbezogener Daten in Privatwohnungen sein.[44]

3. Datenschutzkonzept (Satz 3)

33   Abs. 1 Satz 3 fordert, vor dem Beginn eines Forschungsvorhabens, bei dem personenbezogene Daten besonderer Kategorien verarbeitet werden, ein Datenschutzkonzept zu erstellen und dieses der zuständigen Aufsichtsbehörde **auf Nachfrage** vorzulegen. Damit hat der Gesetzgeber eine § 75 Absatz 1 Satz 4 SGB X vergleichbare Regelung geschaffen, der ebenfalls die Vorlage eines Datenschutzkonzepts fordert. Inhaltlich darf sich das Datenschutzkonzept nicht auf die Darstellung von Maßnahmen nach Abs. 3 und § 20 Abs. 2 Satz 2 beschränken, sondern muss auch die Interessenabwägung und die Erforderlichkeit dokumentieren.[45]

II. Beschränkungen der Betroffenenrechte (Abs. 2)

34   Die Rechte der betroffenen Person aus den Art. 15 (Recht auf Auskunft), 16 (Recht auf Berichtigung), 18 (Recht auf Einschränkung der Verarbeitung) und 21 (Recht auf Widerspruch) DS-GVO können nach Maßgabe von Abs. 2 Satz 1 beschränkt werden. Eine Beschränkung ist dann möglich, wenn die genannten Rechte die Verwirklichung der Forschungs- oder Statistikzwecke **„unmöglich machen oder ernsthaft beeinträchtigen"**. Die Beschränkung muss für die Erfüllung der Forschungszwecke „notwendig" sein und ist als Ausnahmefall ausgestaltet. Damit hält sich der Gesetzgeber eng an den Wortlaut des Art. 89 Abs. 2 DS-GVO und übernimmt diesen mit nur kleinen Anpassungen. Die Beschränkungen und ihre Begründungen sind zugunsten der Aufsichtsbehörde umfassend zu dokumentieren.[46]

35   Abs. 2 Satz 2 enthält eine zusätzliche Beschränkung des Rechts auf **Auskunft** nach Art. 15 DS-GVO. Dieses Recht besteht dann nicht, wenn die Daten für Zwecke der wissenschaftlichen Forschung erforderlich sind und die Auskunftserteilung einen **unverhältnismäßigen Aufwand** erfordern würde. Diese Möglichkeit ist restriktiv einzusetzen; eine weite Auslegung wäre unionsrechtswidrig.[47] Das bedeutet auch, dass Informationen nachgereicht werden müssen, wenn der Grund für die Beschränkung wegfällt.

36   Als Beispiel für die Beschränkung des Auskunftsrechts nach § 24 Abs. 2 Satz 2 HDSIG nennt die Gesetzesbegründung ein Forschungsvorhaben mit besonders großen Datenmengen.[48] Der Bundesgesetzgeber nennt im Kontext von § 27 Abs. 2 Satz 1 BDSG ein anderes Beispiel: Die Verwirklichung

---

43 LT-Drs. 19/5728, 109; s. auch BT-Drs. 18/11325, 99.
44 So *Arlt/Gaebel* in Ronellenfitsch ua § 24 Rn. 30.
45 *Arlt/Gaebel* in Ronellenfitsch ua § 24 Rn. 14, 25.
46 *Arlt/Gaebel* in Ronellenfitsch ua § 24 Rn. 26.
47 S. auch *Hense* in HK-BDSG § 27 Rn. 18; *Greve* in Auernhammer BDSG § 27 Rn. 23.
48 LT-Drs. 19/5728, 109; s. auch BT- Drs. 18/11325, 99 f.

des Forschungszwecks kann dann unmöglich sein, wenn das fragliche Forschungsprojekt andernfalls von der zuständigen Ethikkommission nicht genehmigt werden würde.[49]

Die Beschränkungen der Betroffenenrechte in Satz 1 basieren auf der **Öffnungsklausel** des Art. 89 Abs. 2 DS-GVO, die des Auskunftsrechts in Satz 2 auf Art. 23 Abs. 1 lit. i DS-GVO.[50]   37

Das **Recht auf Löschung** entfällt unmittelbar nach Art. 17 Abs. 3 lit. d DS-GVO, wenn die Datenverarbeitung für wissenschaftliche oder historische Forschungszwecke oder für im öffentlichen Interesse liegende Archivzwecke oder für statistische Zwecke erforderlich ist und das Recht die Verwirklichung der Ziele dieser Verarbeitung unmöglich macht oder ernsthaft beeinträchtigt.   38

Art. 14 Abs. 5 lit. b DS-GVO befreit den Verantwortlichen, insbesondere für die genannten Zwecke, von seiner **Informationspflicht** nach Art. 14 Abs. 1 bis 4 DS-GVO, wenn die Erteilung dieser Informationen sich als unmöglich erweist oder einen unverhältnismäßigen Aufwand erfordern würde.   39

III. Anonymisierung und Pseudonymisierung (Abs. 3)

Abs. 3 ergänzt die in § 20 Abs. 2 Satz 2 genannten Maßnahmen. Er übernimmt dabei laut Gesetzesbegründung „Elemente" des § 33 Abs. 2 HDSG,[51] der indes fast wörtlich auf Abs. 3 Satz 2 übertragen wurde. Nach Satz 1 sind zu wissenschaftlichen oder historischen Forschungszwecken oder zu statistischen Zwecken verarbeitete besondere Kategorien personenbezogener Daten zu anonymisieren, sobald dies nach dem Forschungs- oder Statistikzweck möglich ist. Eine Anonymisierung soll lediglich dann unterbleiben, wenn **berechtigte Interessen der betroffenen Person** entgegenstehen. Ein Beispiel ist der Patient, der ein Interesse daran hat, dass eine noch zu entwickelnde medizinische Therapiemethode bei ihm angewandt wird. Dies darf indes nicht dazu führen, dass niemals anonymisiert wird.   40

Abs. 3 Satz 2 regelt die **interne Pseudonymisierung** von Forschungs- oder Statistikdaten als „Maßnahme der Datensicherheit"[52]. Sobald der Forschung- oder Statistikzweck dies erlaubt, sind die Merkmale, mit deren Hilfe ein Personenbezug hergestellt werden kann, gesondert zu speichern. Diese Merkmale sind zu löschen, sobald die genannten Zwecke dies zulassen. Die Löschung dieser Elemente hat die Wirkung einer Anonymisierung.   41

Zu Abs. 3 Satz 2 wurde vertreten, dass der Begriff der Pseudonymisierung nicht angebracht sei, da die gesonderte Speicherung innerhalb desselben Verantwortlichen stattfindet.[53] ErwG 29 Satz 1 DS-GVO stellt indes klar, dass auch Pseudonymisierungsmaßnahmen bei demselben Verantwortli-   42

---

49 BT-Drs. 18/11325, 99.
50 LT-Drs. 19/5728, 109; s. auch BT-Drs. 18/11325, 99; aA *Johannes/Richter* DuD 2017, 300 (303); *Buchner/Tinnefeld* in Kühling/Buchner BDSG § 27 Rn. 22: § 27 Abs. 2 Satz 2 BDSG genüge den Anforderungen von Art. 23 Abs. 2 DS-GVO nicht, könne aber auf Art. 89 Abs. 2 DS-GVO gestützt werden.
51 LT-Drs. 19/5728, 109.
52 *Arlt/Gaebel* in Ronellenfitsch ua § 24 Rn. 28.
53 *Wellbrock* in Schild ua § 33 Rn. 31.

chen möglich sind, sofern eine gesonderte Aufbewahrung der Zuordnungsregel stattfindet. Nach ErwG 29 Satz 2 DS-GVO muss der Verantwortliche die bei ihm befugten Personen angeben. Die interne Pseudonymisierung hat die Eigenschaft einer **risikomindernden zusätzlichen Garantie** für betroffene Personen.[54] Eine dritte Partei muss nicht eingeschaltet werden.

43   Soll die Pseudonymisierung hingegen für den Verantwortlichen anonymisierende Wirkung haben, so ist gerade im Kontext der wissenschaftlichen Forschung die Nutzung eines vertrauenswürdigen Datentreuhänders[55] sowie eine doppelte Pseudonymisierung (beim Verantwortlichen und beim Treuhänder) zu empfehlen. Die **anonymisierende Pseudonymisierung** erfordert strenge Maßnahmen, um zu verhindern, dass die Datennutzer Zugriff auf die gesondert aufbewahrten zusätzlichen Informationen erhalten (→ § 2 Rn. 41). Es darf für den Verantwortlichen „keinen rechtlich möglichen Weg geben, die Zuordnungsregel zu erfahren, und auch keinen anderen praktisch gangbaren Weg, mit verhältnismäßigem Aufwand an Zeit, Kosten und Arbeitskräften an die Zuordnungsregel zu gelangen".[56]

44   Abs. 3 HDSIG ist insoweit **unionsrechtlich problematisch**, als er die Anforderung der Anonymisierung auf besondere Kategorien personenbezogener Daten beschränkt, statt sie wie Art. 89 Abs. 1 Satz 4 DS-GVO auf alle Forschungsdaten zu erstrecken und deshalb so ausgelegt werden könnte, dass eine Anonymisierung von Daten, die nicht personenbezogene Daten besonderer Kategorien sind, nicht erforderlich sei.[57]

IV. Veröffentlichung von Forschungsdaten (Abs. 4)

45   Zu wissenschaftlichen oder historischen Forschungszwecken verarbeitete personenbezogene Daten dürfen nur bei Vorliegen einer Einwilligung der betroffenen Person oder bei Unerlässlichkeit für die Darstellung von Forschungsergebnissen über Ereignisse der Zeitgeschichte veröffentlicht werden. Diese Regelung kann auf Art. 85 DS-GVO gestützt werden. Es bestehen strukturelle Ähnlichkeiten zu § 23 Abs. 1 KUG. Als Veröffentlichung gilt mit § 6 Abs. 1 UrhG die Zugänglichmachung gegenüber der Öffentlichkeit; die Form ist nicht entscheidend.[58]

1. Einwilligung der betroffenen Person (Alt. 1)

46   Liegt eine **Einwilligung** der betroffenen Person vor, so ist eine Veröffentlichung von Forschungsergebnissen unter Bezugnahme auf eine betroffene Person problemlos möglich. An die Einwilligung sind die Maßstäbe des Art. 4 Nr. 11 und der ErwG 32, 42, 43 DS-GVO anzulegen. Danach muss die betroffene Person freiwillig, für den konkreten Fall, in informierter Weise und unmissverständlich bekunden, dass sie mit der Veröffentlichung einverstanden ist. Die in ErwG 33 DS-GVO angesprochene Problematik stellt sich nicht. Die Einwilligung ist zu dokumentieren.

---

54 *Roßnagel* ZD 2018, 243 (245 ff.).
55 So auch *Arlt/Gaebel* in Ronellenfitsch ua § 24 Rn. 19 ff.
56 *Roßnagel* ZD 2018, 243 (247).
57 Vgl. *Geminn* DuD 2018, 640 (642 f.).
58 *Pauly* in Paal/Pauly BDSG § 27 Rn. 21.

2. Forschungsergebnisse über Ereignisse der Zeitgeschichte (Alt. 2)

Die Veröffentlichung von personenbezogenen Daten zu wissenschaftlichen 47
oder historischen Forschungszwecken darf ohne Einwilligung nur erfolgen,
wenn dies für die Darstellung von Forschungsergebnissen über **Ereignisse
der Zeitgeschichte** unerlässlich ist. Zur Reichweite des Begriffs der „Zeitgeschichte" wurden im Kontext von § 23 Abs. 1 KUG von den Gerichten
Vorgaben entwickelt,[59] die auch hier Anwendung finden.[60] Allgemein sind
alle Geschehnisse von gesellschaftlichem Interesse umfasst; der Begriff ist
nicht zu eng zu fassen.[61] Die große Reichweite des Begriffs der „Zeitgeschichte" wird durch das Merkmal „unerlässlich" wieder eingefangen.

V. Datenlöschung

Grundsätzlich dürfen personenbezogene Daten nur so lange gespeichert 48
werden, wie dies für die Verarbeitungszwecke erforderlich ist. Danach sind
sie zu löschen oder der Personenbezug ist zu entfernen (→ Rn. 40 ff.). Vorbehaltlich geeigneter technischer und organisatorischer Maßnahmen ist
eine Speicherung personenbezogener Daten zu wissenschaftlichen Forschungszwecken gemäß Art. 89 Abs. 1 DS-GVO aber auch nach Wegfall
der Erforderlichkeit erlaubt. Eine Festlegung auf einen konkreten Zeitraum
ist der DS-GVO allerdings nicht zu entnehmen; sie spricht lediglich davon,
dass solche Daten „länger" gespeichert werden dürfen. Damit wird auch
das Prinzip der **Speicherbegrenzung** zugunsten wissenschaftlicher Forschungszwecke erweitert. Statt am Primärzweck muss sie sich nun am Se-
kundärzweck der Forschung ausrichten. Die Speicherung für den Forschungszweck darf indes nicht zu einer unbegrenzten Vorratsdatenhaltung
führen. Der wissenschaftliche Zweck, der die Erhaltung des Personenbezugs erforderlich macht, muss wenigstens lege artis theoretisch nach der
konkreten Wissenschaft absehbar sein.[62]

C. Würdigung

Mit der Vorschrift lehnt sich der Gesetzgeber eng an das BDSG an. Dabei 49
übernimmt er mit Blick auf Abs. 3 leider auch eine unionsrechtlich proble-
matische Regelung. Ein zentraler Unterschied zwischen der Vorschrift und
§ 27 BDSG ist die **Gewichtung bei der Interessenabwägung**, die eine
Schlechterstellung der Position der betroffenen Personen zur Folge hat. Zudem bleiben mit Abs. 1 Satz 3 und Abs. 3 Satz 2 hessische Besonderheiten
erhalten.

---

59 S. hierzu umfassend *Specht* in Dreier/Schulze KUG § 23 Rn. 10 ff.
60 Dies „erscheint sinnvoll"; *Hense* in HK-BDSG § 27 Rn. 25; s. auch *Pauly* in Paal/
    Pauly BDSG § 27 Rn. 23.
61 BGH VersR 2008, 141 Rn. 13.
62 *Johannes* in Roßnagel Das neue DSR § 7 Rn. 253.

§ 25 Datenverarbeitung zu im öffentlichen Interesse liegenden Archivzwecken

(1) [1]Abweichend von Art. 9 Abs. 1 der Verordnung (EU) Nr. 2016/679 ist die Verarbeitung besonderer Kategorien personenbezogener Daten im Sinne des Art. 9 Abs. 1 der Verordnung (EU) Nr. 2016/679 zulässig, wenn sie für im öffentlichen Interesse liegende Archivzwecke erforderlich ist. [2]Der Verantwortliche sieht angemessene und spezifische Maßnahmen zur Wahrung der Interessen der betroffenen Person nach § 20 Abs. 2 Satz 2 vor.

(2) Das Recht auf Auskunft der betroffenen Person nach Art. 15 der Verordnung (EU) Nr. 2016/679 besteht nicht, wenn das Archivgut nicht durch den Namen der Person erschlossen ist oder keine Angaben gemacht werden, die das Auffinden des betreffenden Archivguts mit vertretbarem Verwaltungsaufwand ermöglichen.

(3) [1]Das Recht auf Berichtigung der betroffenen Person nach Art. 16 der Verordnung (EU) Nr. 2016/679 besteht nicht, wenn die personenbezogenen Daten zu Archivzwecken im öffentlichen Interesse verarbeitet werden. [2]Bestreitet die betroffene Person die Richtigkeit der personenbezogenen Daten, ist ihr die Möglichkeit einer Gegendarstellung einzuräumen. [3]Das zuständige Archiv ist verpflichtet, die Gegendarstellung den Unterlagen hinzuzufügen.

(4) Die in Art. 18 Abs. 1 Buchst. a, b und d, Art. 20 und 21 der Verordnung (EU) Nr. 2016/679 vorgesehenen Rechte bestehen nicht, soweit diese Rechte voraussichtlich die Verwirklichung der im öffentlichen Interesse liegenden Archivzwecke unmöglich machen oder ernsthaft beeinträchtigen und die Ausnahmen für die Erfüllung dieser Zwecke erforderlich sind.

Literatur:

Berger, Die Anwendbarkeit der Datenschutz Grundverordnung in öffentlichen Archiven, RDV 2ß18, 201; *Berger*, Öffentliche Archive und staatliches Wissen, 2019; *Hoppe/Heinze*, Einführung in das Kulturmanagement, 2016; *Johannes/Richter*, Privilegierte Verarbeitung im BDSG-E, DuD 2017, 301; *Katko/Knöpfle/Kirschner*, Archivierung und Löschung von Daten – Unterschätzte Pflichten in der Praxis und ihre Umsetzung, ZD 2014, 238; *Watteler/Kinder-Kurlanda*, Anonymisierung und sicherer Umgang mit Forschungsdaten in der empirischen Sozialforschung, DuD 2015, 518.

A. Allgemeines

I. Bedeutung der Vorschrift

Die Vorschrift **erlaubt** die Verarbeitung personenbezogener Daten besonderer Kategorie iSv Art. 9 Abs. 1 DS-GVO für im öffentlichen Interesse liegende **Archivzwecke** (Abs. 1). Daneben schränkt sie Betroffenenrechte aus Gründen der Funktionsfähigkeit von Archiven ein (Abs. 2 bis 4). Sie ähnelt § 24, betrifft aber eine andere privilegierte Verarbeitungssituation. Sie enthält keine Regelungen zum Nutzerdatenschutz.[1]   **1**

Die Vorschrift hat Bedeutung für alle Arten von **öffentlichen Archiven, Museen, Bibliotheken** und anderen **Kultureinrichtungen** im Lande Hessen, soweit sie als öffentliche Stellen unter § 1 fallen. § 2 Abs. 5 und 6 HArchivG wirkt insoweit konkretisierend. Sie gilt auch für das Hessische Landesarchiv iSv § 3 HArchivG.   **2**

In dem Maß, in dem die Verarbeitung personenbezogener Daten zunimmt, gewinnt Archivierung als Grundlage der Auswertung und Wiederverwendung früheren Wissens an Bedeutung. Die **Sekundärnutzung** ist eine große Herausforderung des Datenschutzes.[2]   **3**

II. Entstehungsgeschichte

Die Vorschrift war bereits im ursprünglichen Gesetzesentwurf enthalten und wurde im Zuge des Gesetzgebungsverfahrens nicht verändert.[3] Sie ist § 28 BDSG **nachgebildet** und ist – abgesehen vom Verweis in Abs. 1 Satz 2 auf § 22 – wortgleich.[4] Das HDSG enthielt keine entsprechende Regelung.   **4**

III. Unionsrechtliche Regelungen

Die ganz oder teilweise automatisierte Verarbeitung von personenbezogenen Daten in öffentlichen Archiven liegt im Anwendungsbereich der DS-GVO iSv Art. 2 Abs. 1 DS-GVO, soweit die **Archivierung in Durchführung oder Vollzug von Unionsrechts** erfolgt.[5] Die begrenzte Kulturkompetenz der Union nach Art. 6 lit. c und 167 AEUV sowie das Verbot einer Harmonisierung des Kulturrechts führen dazu, dass das Archivrecht als einheitliche Rechtsmaterie nicht grundsätzlich Teil des Anwendungsbereiches des Unionsrechts ist.[6] Allerdings ist im Wege des potenziellen Binnenmarktbezugs der Datenverarbeitung der Anwendungsbereich des Unionsrechts auch für solche Datenverarbeitungen in aller Regel eröffnet. Rein innerstaatliche Sachverhalte, die keinen grenzüberschreitenden Datenaustausch betreffen, kann die DS-GVO nicht erfassen.[7] Insoweit greift aber § 1 Abs. 8, der grundsätzlich alle Datenverarbeitungen zu Archivzwecken öffentlicher Stellen des Landes Hessen der DS-GVO unterwirft (→ Einl. Rn. 28; § 1 Rn. 46 f.).   **5**

---

1 S. dazu *Steinhauer* in Specht/Mantz DatenschutzR-HdB § 25 Rn. 44 ff.
2 ErwG 156 DS-GVO.
3 LT-Drs. 19/5728.
4 Auch die Gesetzesbegründung (LT-Drs. 19/5728, 109) paraphrasiert die des BDSG (BT-Drs. 18/11325, 100).
5 ZB im Gewerberecht und im Umweltecht, Nachweise bei *Berger* RDV 2018, 204.
6 *Berger* RDV 2018, 204.
7 *Roßnagel* in Simitis/Hornung/Spiecker gen. Döhmann DS-GVO Art. 2 Rn. 21.

6   Die Regelungen der DS-GVO für im öffentlichen Interesse liegende Archiv-
    zwecke[8] sollen deren Verarbeitung erleichtern und insgesamt zu einem
    Ausgleich der Interessen der betroffenen Person und der Verarbeiter füh-
    ren. Das Interesse an der Archivierung von Unterlagen und Daten, die oft
    auch personenbezogene Daten enthalten, über längere Zeiträume als den
    ursprünglichen Zweck der Verarbeitung hinaus steht dem Interesse der be-
    troffenen Person auf **Vergessen** gegenüber und konfligiert mit den Grund-
    sätzen der Zweckbindung, Speicherminimierung und Datenminimierung
    nach Art. 5 DS-GVO.

7   Abs. 1, der eine Ausnahmeregelung von dem allgemeinen Verarbeitungs-
    verbot des Art. 9 Abs. 1 DS-GVO normiert, stützt sich auf die unionsrecht-
    liche **Öffnungsklausel** in Art. 9 Abs. 2 lit. j DS-GVO.[9] Die Beschränkung
    und Konturierung der Betroffenenrechte in Abs. 2 bis 4 stützt sich auf
    Art. 89 Abs. 3 DS-GVO[10] sowie Art. 6 Abs. 2 und 3 DS-GVO.[11]

8   Bei jeder Datenverarbeitung im Anwendungsbereich der Verordnung, die
    im öffentlichen Interesse liegende Archivzwecke verfolgt, muss der Verar-
    beiter besondere **Garantien** nach Art. 89 Abs. 1 DS-GVO vorsehen. Diese
    sollen sicherstellen, dass durch technische und organisatorische Maßnah-
    men das Prinzip der **Datenminimierung** eingehalten wird.

9   Die in Art. 89 DS-GVO geforderten Garantien sind Ausgleich für die in der
    Verordnung gewährten Begünstigungen. Eine Begünstigung ist die **Modifi-
    zierung des Zweckbindungsgrundsatzes** nach Art. 5 Abs. 1 lit. b DS-GVO
    (→ § 3 Rn. 60 ff.). Aufgrund der vorsichtigen doppelt-negativen Formulie-
    rung ist in der Modifizierung eine **Flexibilisierung**[12] oder eine Art Regelfall
    des ersten Satzes von Art. 5 Abs. 1 lit. b DS-GVO und der Vereinbarkeits-
    prüfung nach Art. 6 Abs. 4 DS-GVO zu sehen.[13]

10 Auch das Grundprinzip der **Speicherbegrenzung** nach Art. 5 Abs. 1 lit. e
    DS-GVO wird für Archivzwecke im öffentlichen Interesse durchbrochen.
    Dies macht die Archivierung idR erst möglich. Archive dürfen im öffentli-
    chen Interesse personenbezogene Daten vorbehaltlich angemessener techni-
    scher und organisatorischer Maßnahmen gemäß Art. 89 Abs. 1 DS-GVO
    auf nahezu **unbestimmte Zeit** speichern. Die zu speichernden Daten müs-
    sen aber für die Zweckerreichung erforderlich sich, was Archivwürdigkeit
    voraussetzt.

11 Eine weitere Begünstigung ist die **Ausnahmereglung** nach Art. 14 Abs. 5
    lit. b DS-GVO, wonach die betroffene Person nicht von der Veränderung
    der Verarbeitung zu anderen Zwecken informiert werden muss, wenn diese

---

8   Art. 5 Abs. 1 lit. b und lit. e, 14 Abs. 5 lit. b, 17 Abs. 3 lit. d, 21 Abs. 6, 89 Abs. 1
    und 2 DS-GVO, s. auch ErwG 50, 52, 53, 62, 65, 73, 113, 153, 156 und 158 DS-
    GVO.
9   LT-Drs. 19/5728, 109.
10 LT-Drs. 19/5728, 109.
11 *Roßnagel* in Simitis/Hornung/Spiecker gen. Döhmann DS-GVO Art. 6 Abs. 3
    Rn. 35.
12 *Kastelitz* in Knyrim Praxishandbuch DatenschutzR S. 102.
13 *Johannes/Richter* DuD 2017, 302.

zu im öffentlichen Interesse liegenden Archivzwecken erfolgt und der Aufwand die Zweckverfolgung gefährden würde.[14]

Entsprechendes gilt für die **Ausnahme vom Recht auf Löschen** nach Art. 17   12
Abs. 3 lit. d DS-GVO. Die betroffene Person hat jedoch nur dann keinen
Löschanspruch, wenn das Löschen der Daten das Gesamtziel des im öffentlichen Interesse liegenden Archivzwecks unmöglich macht oder stark
einschränkt.

IV. Verhältnis zu anderen Vorschriften

§ 1 Abs. 1 Satz 2 HArchivG regelt den Datenschutz für das **öffentliche Ar-**   13
chivgut. Mit Anwendbarkeit der DS-GVO und mit § 1 Abs. 8 ist diese Vorschrift missverständlicher denn je. Das **HArchivG** ist weder vorrangig noch
ausschließlich anzuwenden. Vielmehr besteht eine sich ergänzende **Ko-Regulierung.** Für die Archive im Anwendungsbereich des HArchivG sind neben den datenschutzrechtlichen Bestimmungen des HArchivG auch die der
DS-GVO und die dieses Gesetzes zu beachten.

Abs. 1 ist eine Rechtsgrundlage für die Verarbeitung **besonderer Kategori-**   14
en personenbezogener Daten iSv Art. 9 Abs. 2 lit. j DS-GVO. Sie geht § 22
vor. Eine Interessenabwägung, wie sie im letzten Satz des § 22 Abs. 2 vorgesehen ist, ist daher entbehrlich. Zur Verarbeitung zu Archivzwecken
muss aber eine Erlaubnis iSv Art. 6 Abs. 1 DS-GVO vorliegen. Für die öffentlichen Archive kann diese nach lit. e im Fachrecht und der jeweiligen
Aufgabenzuweisung liegen, so für das Hessische Landesarchiv in § 4 Abs. 1
HArchivG und für sonstige Archive in § 2 Abs. 5 HArchivG iVm weiterem
Landesrecht.

Archivierung ist Verarbeitung zu anderen Zwecken (**Weiterverarbeitung**),   15
wobei aufgrund der gesetzlichen Erlaubnis zur Archivierung ein Rückgriff
auf § 21 nicht erforderlich ist.[15] Für die Weiterverarbeitung aus dem Archiv heraus für andere Zwecke, ist § 21 jedoch wieder anzuwenden, soweit
er nicht durch die archivrechtlichen Regeln zu Nutzung verdrängt wird.
Das Anbieten von Archivgut iSv § 8 HArchivG ist eine spezialgesetzliche
Ermächtigung zur Übermittlung, die § 22 vorgeht.

§§ 31 ff. enthalten eine Reihe von **Einschränkungen der Betroffenenrechte**   16
im Allgemeinen und nicht spezifisch für die Verarbeitung zu begünstigten
Zwecken. Diese Einschränkungen werden auf die Öffnungsklausel in
Art. 23 DS-GVO gestützt (→ § 31 Rn. 5 ff.). Beschränkungen nach Art. 23
DS-GVO müssen situationsorientiert gerechtfertigt sein, womit pauschale
Regelungen nicht ausreichen.[16] Die Einschränkung der Betroffenenrechte
nach § 31 ff. auch auf die Datenverarbeitung zu begünstigten Zwecken anzuwenden, wäre verordnungswidrig, soweit die Einschränkung des Betroffenenrechts sich nicht seinerseits hinsichtlich des betroffenen Rechtsguts

---

14 Zu beachten sind organisatorische und wirtschaftliche Gesichtspunkte, s. ErwG 62
    DS-GVO.
15 LT-Drs. 19/5728, 109.
16 *Paal* in Paal/Pauly DS-GVO Art. 23 Rn. 9; *Dix* in Simitis/Hornung/Spiecker gen.
    Döhmann DS-GVO Art. 23 Rn. 18.

nach Art. 23 Abs. 1 lit. a bis lit. h DS-GVO und der konkreten Ausgestaltung nach Art. 23 Abs. 2 DS-GVO als spezieller darstellt.[17]

B. Archivierung im öffentlichen Interesse

I. Anwendungsbereich

17   Der Begriff der „im öffentlichen Interesse liegenden Archivzwecke" entstammt der DS-GVO und ist daher zunächst unionrechtlich auszulegen. Die Verordnung definiert den Begriff nicht. Archive sind nach allgemeinem Sprachverständnis besondere Stellen zur Aufbewahrung von Informationen auf unbestimmte Zeit. Gemeint sein können sowohl staatliche als auch private Stellen, die Aufzeichnungen im öffentlichen Interesse bewahren.[18] Auch nach der DGSVO sind öffentliche oder private Stellen, die Aufzeichnungen von öffentlichem Interesse führen, solche, die gemäß dem Unionsrecht oder dem Recht der Mitgliedstaaten rechtlich dazu verpflichtet sind, **Aufzeichnungen von bleibendem Wert für das allgemeine öffentliche Interesse** zu erwerben, zu erhalten, zu bewerten, aufzubereiten, zu beschreiben, mitzuteilen, zu fördern, zu verbreiten sowie den Zugang dazu bereitzustellen.[19]

18   Dies lässt sich mit der Definition **öffentlicher Archive** in § 2 Abs. 5 HArchivG vereinbaren, der damit die DS-GVO in zulässiger Weise konkretisiert.

19   **Archive**[20] sind Institutionen oder Organisationseinheiten, die Archivgut erfassen, erschließen, dauerhaft erhalten und nutzbar machen.[21] Ihre kulturgutschützende, geschichtswahrende Funktion ist allgemein anerkannt und gesetzlich festgeschrieben.[22] Archive dienen aber auch der Verwaltung in einer administrativen und rechtssichernden[23] Funktion.[24] Es besteht ein öffentliches Interesse an der Vorhaltung von öffentlichen Archiven, da die dort verwahrten **Unterlagen** den Behörden, die im modernen Rechtsstaat notwendige Kontinuität sichern und die Grundlage für die Erforschung der Geschichte bilden.[25]

---

17   *Johannes/Richter* DuD 2017, 305.
18   *Pötters* in Gola DS-GVO Art. 89 Rn. 17.
19   ErwG 158 DS-GVO; s. auch *Roßnagel* in Simitis/Hornung/Spiecker gen. Döhmann DS-GVO Art. 5 Rn. 105.
20   Lateinisch archivum; Ursprung altgriechisch ἀρχεῖον (archeíon) = Behörde/Amtsgebäude.
21   *Johannes* in Roßnagel Neues DatenschutzR § 7 Rn. 191 ff.
22   *Hoppe/Heinze* Einführung in das Kulturmanagement, S. 71 ff.
23   Schon die frühesten Archive waren von dem Interesse geleitet, herrschaftslegitimierende und territoriale Rechtsansprüche sicher zu verwahren und dauerhaft nachweisbar zu machen.
24   *Tibelius* in Archivschule Marburg, Terminologie der Archivwissenschaft, 2015, Terminus Archiv.
25   *Schneider* in Roßnagel DatenschutzR-HdB Kap. 8.9 Rn. 5.

Archive existieren in nahezu allen Lebensbereichen, sowohl in öffentlicher als auch in privater Trägerschaft.[26] § 2 Abs. 5 HArchivG bestimmt die Archivierung im öffentlichen Interesse und die damit verbundenen Verarbeitungen als **öffentliche Pflichtaufgabe**. **Öffentliche Archive** sind zuständig für die Übernahme von Archivguts, dies auf Dauer aufzubewahren, zu sichern, erschließen und nutzbar machen.   20

Die DS-GVO gilt auch für die Verarbeitung personenbezogener Daten zu historischen Forschungszwecken (ErwG 160 DS-GVO). Historische Forschungszwecke und Archivzwecke sind nur teilweise identisch. **Aufgabe** öffentlicher Archive ist in der Regel zwar auch, das Archivgut wissenschaftlich zu verwerten und die Erforschung und das Verständnis der Geschichte zu fördern (§ 4 Abs. 6 HArchivG). ErwG 158 DS-GVO stellt diesbezüglich aber klar, dass Daten zu Archivzwecken nach dem Recht der Mitgliedsstaaten weiterverarbeitet werden dürfen, zB im Hinblick auf die Bereitstellung spezifischer Informationen im Zusammenhang mit dem politischen Verhalten unter ehemaligen totalitären Regimen, Völkermord, Verbrechen gegen die Menschlichkeit, insbesondere dem Holocaust, und Kriegsverbrechen. Archive sollen also die historische Forschung ermöglichen, wobei die Archivierung unabhängig von einem konkreten Forschungszweck ist.   21

Unterschieden werden muss auch zwischen **Aufbewahrung** und **Archivierung**, da die Aufbewahrung umgangssprachlich oft als „Archivierung" bezeichnet wird.[27] In der Verwaltungspraxis sind Dokumente zu laufenden Vorgängen für die Dauer der Erforderlichkeit in einer **Registratur** aufzubewahren (zumeist zehn Jahre). Erst wenn sie nicht mehr benötigt werden, sind sie auszusondern. Die Aufbewahrung erfolgt in der Regel, um gesetzlichen Aufbewahrungspflichten nachzukommen. Dies ist jedoch keine Archivierung iSd dieses Gesetzes, der DS-GVO oder des HArchivG.   22

Keinen im öffentlichen Interesse liegenden Archivzweck iSd DS-GVO haben idR die Archive von Unternehmen, Vereinen, privatrechtliche Stiftungen und Medien und Presseorganisationen[28] und andere Archive, die keinen hoheitlichen Auftrag erhalten haben oder nicht mit öffentlichen Mitteln gefördert werden.[29] Entsprechendes konkretisiert § 1 Abs. 3 Satz 2 f. HArchivG. Dies gilt grundsätzlich auch für die **Archive der Kirchen.** Sie unterfallen ohnehin nach Art. 91 DS-GVO dem Kirchenrecht (→ § 27 Rn. 29 f.). Entsprechendes bestimmt § 1 Abs. 3 Satz 1 HArchivG.   23

---

26 Kirchenarchive, Archive von wissenschaftlichen Institutionen, Unternehmens-, Vereins-, Partei-, Medien- und Adelsarchive und Archive zu speziellen, gesellschaftlichen Themen, wie die Archive der sozialen Bewegung oder Frauenarchive, s. *Tibelius* in Archivschule Marburg, Terminologie der Archivwissenschaft, 2015, Terminus Archiv.

27 *Katko/Knöpfle/Kirschner* ZD 2014, 238.

28 Nach ErwG 153 DS-GVO sollen im Recht der Mitgliedstaaten dazu Regelungen getroffen werden, die Meinungsfreiheit und Datenschutz miteinander vereinbaren; zu Pressearchiven s. BGH NJW 2010, 2728 (2730) und OLG Hamburg NJW 2015, 474.

29 *Grages* in Plath DS-GVO Art. 89 Rn. 2; *Roßnagel* in Simitis/Hornung/Spiecker gen. Döhmann DS-GVO Art. 5 Rn. 105.

24 Weder das HDSIG noch die DS-GVO gelten für Daten **verstorbener Personen**.[30] Archivgut, dass sich auf verstorbene Personen bezieht, fällt daher nicht unter diese Vorschrift.[31]

25 Die **Form des Archivs und die Speicherart** des Archivguts ist unbeachtlich.[32] Erfasst sind auch Online-Archive.[33]

II. Erlaubnis zur Verarbeitung besonderer Kategorie von Daten (Abs. 1)

26 Satz 1 erlaubt die Verarbeitung besonderer Kategorien personenbezogener Daten zu Archivzwecken im öffentlichen Interesse, wobei der Verarbeiter nach Satz 2 spezifische Maßnahmen zur Wahrung der Betroffeneninteressen treffen muss.

1. Erlaubnis (Satz 1)

27 Satz 1 erlaubt die Verarbeitung **besonderer Kategorien** personenbezogener Daten iSd Art. 9 Abs. 1 DS-GVO, wenn sie für im öffentlichen Interesse liegende Archivzwecke erforderlich ist.[34]

28 Damit die Verarbeitung für die im öffentlichen Interesse liegenden Archivzwecke erforderlich ist, muss eine **Zweck-Mittel-Relation** vorgenommen werden.[35] Dies muss unter Einbeziehung der konkreten, eventuell gesetzlich normierten Archivaufgabe geschehen.[36] Dabei muss der Verantwortliche sich auf das von ihm durch die rechtliche Verpflichtung geforderte notwendige Maß beschränken und darf die Daten nicht über den geforderten Zweck und Umfang hinaus verarbeiten.[37] Dies folgt auch entsprechend aus der vorrangingen Verpflichtung zur Anonymisierung nach Art. 89 Abs. 1 Satz 4 DS-GVO, soweit diese den Archivzweck nicht gefährdet.[38] Da die Vorschrift aber keine Abwägung der Interessen vorsieht, legitimiert sie die Datenverarbeitung zu Archivzwecken in einem sehr weiten Umfang.[39]

2. Schutzmaßnahmen (Satz 2)

29 Nach Satz 2 muss der Verantwortliche Maßnahmen zur Wahrung der Interessen des Betroffenen nach dem **Katalog des § 20 Abs. 2 Satz 2** vorsehen (→ § 20 Rn. 26 ff.). Die Maßnahmen müssen angemessen und spezifisch zur Wahrung der Interessen der betroffenen Person unter der Berücksichtigung des Stands der Technik, der Implementierungskosten und der Art, des Umfangs, der Umstände und der Zwecke der Verarbeitung sowie der un-

---

30 Mehrfach klargestellt, s. ErwG 27, 158 und 160 DS-GVO.
31 *Raum* in Ehmann/Selmayr DS-GVO Art. 89 Rn. 16; *Buchner/Tinnefeld* in Kühling/Buchner BDSG § 28 Rn. 8.
32 *Krohm* in Gola/Heckmann BDSG § 28 Rn. 13.
33 *Schlösser-Rost* in BeckOK DatenschutzR BDSG § 28 Rn. 9.
34 *Johannes/Richter* DuD 2017, 304.
35 *Schlösser-Rost* in BeckOK DatenschutzR BDSG § 28 Rn. 10; *Krohm* in Gola/Heckmann BDSG § 28 Rn. 17; *Hense* in HK-BDSG § 28 Rn. 7.
36 ZB § 2 Abs. 5 HArchivG *„aufbewahren, sichern, erschließen und nutzbar machen"*.
37 *Greve* in Auernhammer BDSG § 28 Rn. 7.
38 *Caspar* in Simitis/Hornung/Spiecker gen. Döhmann DS-GVO Art. 89 Rn. 51.
39 *Buchner/Tinnefeld* in Kühling/Buchner BDSG § 28 Rn. 6; *Hense* in HK-BDSG § 28 Rn. 7.

terschiedlichen Eintrittswahrscheinlichkeit und Schwere der mit der Verarbeitung verbundenen Risiken für die Rechte und Freiheiten natürlicher Personen vorgesehen werden.

Satz 2 soll die Verarbeitung iSv Art. 9 Abs. 2 lit. j DS-GVO rechtfertigen.[40]   30
Aus dem Verweis folgt strenggenommen keine Pflicht („insbesondere"),
dass mindestens eine der dort genannten **Schutzmaßnahmen** getroffen werden muss.[41] Die genannten Regelbeispiele sind jedoch von so allgemeiner
Art, dass nicht vorstellbar ist, dass nicht wenigstens eine der Maßnahmen
vom Verarbeiter vorzusehen ist. Bei automatisierter Verarbeitung sind in
der Regel kumulativ mehrere Maßnahmen erforderlich, um ein ausreichendes Schutzniveau zu erreichen. Zusätzlich können auch andere angemessene oder spezifische Maßnahmen implementiert werden. So können Secure
Access-Lösungen, die Archivnutzern einen besonders kontrollierten und
gesicherten Zugang zu Datenarchiven eröffnen eine angemessene Maßnahme sein.[42] Auch **Schutzfristen** in § 13 HArchivG sind eine spezifische Maßnahme. Außerdem sind die in Art. 89 Abs. 1 Satz 3 und 4 enthaltenen Vorgaben zur Anonymisierung und Pseudonymisierung zu beachten (→ § 24
Rn. 40) und im Hinblick auf die Nutzung zu verwirklichen. Auf anonyme
Daten findet das Gesetz nach § 1 Abs. 9 keine Anwendung. Hinsichtlich
der Anonymisierung wirkt § 2 Abs. 4 konkretisierend (→ § 2 Rn. 37 ff.).
Zum Schutz der Integrität des Archivguts, kann eine **Anonymisierung** idR
nur hinsichtlich der Teile von digitalen oder digitalisierten Archivgut in
Frage kommen, bei der keine Archivwürdigkeit des Datums besteht oder
die für die Nutzung nicht erforderlich sind.

Das nach Art. 9 Abs. 2 lit. j DS-GVO eingeräumte Recht muss im angemes-   31
senen Verhältnis zu dem verfolgten Ziel stehen, den Wesensgehalt des
Rechts auf Datenschutz wahren und geeignete und spezifische Maßnahmen
zur Wahrung der Grundrechte und Interessen der betroffenen Person vorsehen sowie die Vorgaben von Art. 89 Abs. 1 DS-GVO einhalten. Abs. 1
entspricht strenggenommen nicht den Vorgaben der Öffnungsklausel, weil
unter anderem **keine angemessenen und spezifischen Maßnahmen** zum
Schutz berechtigter Interessen der betroffenen Person festgelegt wurden.
Die Regelung kann unionsrechtskonform nur als **Ausführungsbestimmung**
verstanden werden, die allein das „Wie" der Archivierung regelt und nicht
als Erlaubnistatbestand.[43]

III. Einschränkung der Betroffenenrechte (Abs. 2 bis 4)

Abs. 2 bis 4 regeln Einschränkungen der Betroffenenrechte nach der DS-   32
GVO. Sie betreffen nicht nur die Verarbeitung besonderer Kategorien personenbezogener Daten, sondern **sämtliche Datenverarbeitungsvorgänge** zu
im öffentlichen Interesse liegenden Archivzwecken. Die Einschränkungen
erfolgen nach Art. 89 Abs. 3 DS-GVO.

---

40 LT-Drs. 19/5728, 110.
41 *Schlösser-Rost* in BeckOK DatenschutzR BDSG § 28 Rn. 11; *Pauly* in Paal/Pauly
   BDSG § 28 Rn. 6; *Grages* in Plath BDSG § 28 Rn. 6; *Krohm* in Gola/Heckmann
   BDSG § 28 Rn. 30.
42 *Watteler/Kinder-Kurlanda* DuD 2015, 518.
43 *Johannes/Richter* DuD 2017, 304.

1. Einschränkung des Auskunftsrechts (Abs. 2)

33   Abs. 2 sieht vor, dass das Recht auf Auskunft der betroffenen Person gemäß Art. 15 DS-GVO nicht besteht, wenn das Archivgut nicht durch den Namen der Person erschlossen ist oder keine Angaben gemacht werden, die das Auffinden des betreffenden Archivguts mit vertretbarem **Verwaltungsaufwand** ermöglichen. Diese Einschränkung ist im Kontext öffentlicher Archivierung gerechtfertigt.[44] Soweit übernommenes Archivgut inhaltlich noch unerschlossen, das heißt zB nicht namentlich erschlossen ist, nicht indexiert oder katalogisiert ist, und auch keine Angaben gemacht werden, die das Auffinden der Aktenvorgänge mit vertretbarem Verwaltungsaufwand ermöglichen, kann ein Auskunftsverlangen vom Verarbeiter schwer erfüllt werden.[45] Der durch ein Auskunftsverlangen in unerschlossenes Archivgut verursachte Aufwand könnte die Funktion des Gesamtarchivs gefährden und so die Zweckverfolgung ernsthaft beeinträchtigen oder sogar unmöglich machen.[46] Die Einschränkung des Auskunftsrechts gilt auch hinsichtlich der Erteilungen von Kopien nach Art. 15 Abs. 3 DS-GVO. Digitales Archivgut, dass ohne weiteren Zwischenschritt, wie zB OCR-Erkennung, automatisiert durchsucht werden kann, wird in der Regel nicht als unerschlossenen gelten können.

34   Mit § 15 Abs. 1 HArchivG wird das Auskunftsrecht – unbeachtlich der ins Leere laufenden Verweisung auf das HDSG – in zulässiger Weise konkretisiert. Satz 1 stellt klar, dass das Auskunftsrecht für die betroffene Person auch innerhalb der nach § 13 HArchivG festgelegten Schutzfristen besteht. Satz 2 stellt klar, dass eine Auskunft auch durch **Gewährung der Einsichtnahme** erteilt werden kann. Dies schließt das Recht auf Kopie nicht aus.

2. Einschränkung des Rechts auf Berichtigung (Abs. 3)

35   Nach Abs. 3 Satz 1 besteht das Recht auf Berichtigung gemäß Art. 16 DS-GVO nicht für Datensammlungen zu Archivzwecken im öffentlichen Interesse. Eine Berichtigung von Archivgut, also zB als archivwürdig eingestufter historischer Urkunden, würde den Zweck der Archivierung im öffentlichen Interesse, wie die Geschichtswahrung, ernsthaft beeinträchtigen.[47] Das Archivgut würde durch eine Berichtigung verfälscht und seine **Integrität verlieren**.[48]

36   Ausgleichend hat die betroffene Person nach Satz 2 und 3 das Recht, statt einer Berichtigung, den Unterlagen eine **Gegendarstellung** hinzuzufügen.[49] Hierdurch werden ihre Rechte ausreichend gewahrt.[50]. Das Recht auf eine

---

44 Die Regelung entspricht § 14 Abs. 1 BArchivG.
45 *Buchner/Tinnefeld* in Kühling/Buchner BDSG § 28 Rn. 12; *Pauly* in Paal/Pauly BDSG § 28 Rn. 8; *Grages* in Plath BDSG § 28 Rn. 8 f.; *Schantz* in Schantz/Wolff Neues DatenschutzR Rn. 1359.
46 *Greve* in Auernhammer BDSG § 28 Rn. 11.
47 *Schlösser-Rost* in BeckOK DatenschutzR BDSG § 28 Rn. 17; *Johannes/Richter* DuD 2017, 304; *Buchner/Tinnefeld* in Kühling/Buchner BDSG § 28 Rn. 13; *Pauly* in Paal/Pauly BDSG § 28 Rn. 9; *Grages* in Plath BDSG § 28 Rn. 10.
48 *Krohm* in Gola/Heckmann BDSG § 28 Rn. 23.
49 *Greve* in Auernhammer BDSG § 28 Rn. 12.
50 AA *Eichler* in BeckOK DatenSchR Art. 89 Rn. 24.

Gegendarstellung wird durch § 14 Abs. 2 bis 4 HArchivG weiter konkretisiert.[51]

3. Weitere Einschränkung von Betroffenenrechten (Abs. 4)

Nach Abs. 4 bestehen die Rechte auf **Einschränkung der Verarbeitung** nach Art. 18 Abs. 1 lit. a, b und d DS-GVO, auf **Datenübertragung** nach Art. 20 DS-GVO und auf **Widerspruch** nach Art. 21 DS-GVO nicht, soweit diese voraussichtlich die Verwirklichung der im öffentlichen Interesse liegenden Archivzwecke unmöglich machen oder ernsthaft beeinträchtigen und die Ausnahmen für die Erfüllung dieser Zwecke erforderlich sind. Ein **Löschungsanspruch** ist bereits nach Art. 17 Abs. 3 lit. d DS-GVO ausgeschlossen.   37

Die Regelung ist gemessen an der Öffnungsklausel sehr unbestimmt, da nur deren Wortlaut wiederholt wird, ohne ihn hinsichtlich der Erfüllung des Tatbestands oder wenigstens spezifischer Datenkategorien oder des Verarbeiters zu konkretisieren.[52] Dies wäre im Fachrecht möglich und hinsichtlich der Vorgaben von Art. 89 Abs. 1 Satz 1 DS-GVO geboten.[53] Die Vorschrift ist auch deswegen **eng auszulegen**, um die Rechte der betroffenen Personen zu schonen.   38

Eine **ernsthafte Beeinträchtigung** liegt deswegen allenfalls dann vor, wenn die Integrität oder die Verwaltung des Archivs massiv durch die Ausübung der Betroffenenrechte beeinträchtigt würden.[54] Dies ist allerdings sowohl in Bezug auf das einzuschränkende Betroffenenrecht als auch auf die konkrete Verarbeitung und das konkrete Archivgut zu bewerten. Keinesfalls darf jedoch die Gewährung der genannten Betroffenenrechte reflexartig mit einem Verweis auf die Vorschrift verwehrt werden.   39

Die Einschränkung der Rechte der betroffenen Person stehen praktisch in einer **Wechselbeziehung** zum Recht auf Nutzung des öffentlichen Archivguts iSv § 12 HArchivG. Die Wahrnehmung etwa des Rechts auf Einschränkung, kann dieses Recht effektiv beschränken.   40

Die Einschränkung des Rechts auf **Datenübertragung** nach Art. 20 DS-GVO dürfte praktisch nur insoweit eine Rolle spielen, als das Archivgut von der betroffenen Person selbst angeboten wurde. Anwendungsfälle könnten sich insbesondere hinsichtlich des Angebots der Übernahme von Unterlagen von Personen der Zeitgeschichte an Museen ergeben.   41

C. Würdigung

Das Gesetz und die DS-GVO treffen ausdrückliche Regelungen für das **öffentliche Archivwesen.** Zusammen mit dem HArchivG entsteht ein verflochtenes **Erlaubnis- und Anwendungsgefüge.** Dieses ermöglicht es grundsätzlich, den regelmäßig bestehenden Konflikt zwischen den konkurrierenden Interessen der betroffenen Personen und des öffentlichen Archivwesens   42

---

51 Die Regelung entspricht anerkannter archivistischer Übung, s. zB § 14 BArchivG.
52 AA *Greve* in Auernhammer BDSG § 28 Rn. 14.
53 *Johannes/Richter* DuD 2017, 304.
54 *Grages* in Plath BDSG § 28 Rn. 10; *Schlösser-Rost* in BeckOK DatenschutzR BDSG § 28 Rn. 18.

zu einem sachgerechten **Ausgleich** zu führen. Dies geschieht insbesondere dadurch, dass personenbezogene Daten für die Dauer der Archivierung besonderen Schutzpflichten und Garantien zur Weitergabe und Aufbewahrung unterliegen. Zu bemängeln ist jedoch insbesondere, dass die Vorschrift die Öffnungsklauseln der Verordnung teilweise nur im Wortlaut wiederholt. Auch ist das HArchivG noch nicht angepasst.

§ 26 Rechte der betroffenen Person und aufsichtsbehördliche Untersuchungen im Fall von Geheimhaltungspflichten

(1) Die Pflicht zur Information der betroffenen Person nach Art. 14 Abs. 1 bis 4 der Verordnung (EU) Nr. 2016/679 besteht ergänzend zu den in Art. 14 Abs. 5 der Verordnung (EU) Nr. 2016/679 genannten Ausnahmen nicht, soweit durch ihre Erfüllung Informationen offenbart würden, die ihrem Wesen nach, insbesondere wegen der überwiegenden berechtigten Interessen eines Dritten, geheim gehalten werden müssen.

(2) Das Recht auf Auskunft der betroffenen Person nach Art. 15 der Verordnung Nr. 2016/679 besteht nicht, soweit durch die Auskunft Informationen offenbart würden, die nach einer Rechtsvorschrift oder ihrem Wesen nach, insbesondere wegen der überwiegenden berechtigten Interessen eines Dritten, geheim gehalten werden müssen.

(3) [1]Die Pflicht zur Benachrichtigung nach Art. 34 der Verordnung (EU) Nr. 2016/679 besteht ergänzend zu der in Art. 34 Abs. 3 der Verordnung (EU) Nr. 2016/679 genannten Ausnahme nicht, soweit durch die Benachrichtigung Informationen offenbart würden, die nach einer Rechtsvorschrift oder ihrem Wesen nach, insbesondere wegen der überwiegenden berechtigten Interessen eines Dritten, geheim gehalten werden müssen. [2]Abweichend von der Ausnahme nach Satz 1 ist die betroffene Person nach Art. 34 der Verordnung (EU) Nr. 2016/679 zu benachrichtigen, wenn die Interessen der betroffenen Person, insbesondere unter Berücksichtigung drohender Schäden, gegenüber dem Geheimhaltungsinteresse überwiegen.

(4) Werden Daten Dritter im Zuge der Aufnahme oder im Rahmen eines Mandatsverhältnisses an einen Berufsgeheimnisträger übermittelt, so besteht die Pflicht der übermittelnden Stelle zur Information der betroffenen Person nach Art. 13 Abs. 3 der Verordnung (EU) Nr. 2016/679 nicht, sofern nicht das Interesse der betroffenen Person an der Informationserteilung überwiegt.

(5) Erlangt die oder der Hessische Datenschutzbeauftragte oder ihre oder seine Beschäftigten im Rahmen einer Untersuchung Kenntnis von Daten, die nach einer Rechtsvorschrift oder ihrem Wesen nach einer Geheimhaltungspflicht unterliegen, gilt diese auch für sie.

Literatur:

Weichert, Verfassungswidrige Beschränkung der Datenschutzkontrolle bei Berufsgeheimnisträgern, DANA 2017, 76.

A. Allgemeines

I. Bedeutung der Vorschrift

Die Vorschrift löst den **Konflikt zwischen datenschutzrechtlichen Informa-** **1** **tions- und Transparenzpflichten** nach Art. 13 bis 15 DS-GVO und **Geheimhaltungspflichten** im Grundsatz zugunsten der Geheimhaltung. Durch den Bezug zu „überwiegenden berechtigten" Geheimhaltungsinteressen in Abs. 1 und 2 werden implizit und durch Abwägungsklauseln in Abs. 3 und 4 explizit im Ausnahmefall Entscheidungen zugunsten der Transparenz ermöglicht. Die Datenschutzaufsicht wird nicht eingeschränkt, dafür aber die Geheimhaltungspflicht der Aufsichtsbehörde auf die zur Kenntnis genommenen Geheimnisse erstreckt.

II. Entstehungsgeschichte

Vergleichbare Regelungen waren **im HDSG nicht** enthalten. Ihre Notwen- **2** digkeit ergab sich in dieser Ausprägung erst durch die Ausgestaltung der Transparenzrechte und -pflichten durch die DS-GVO.

Der Text der Vorschrift hat im **Gesetzgebungsverfahren** gegenüber dem **3** Entwurf der Fraktionen der CDU und BÜNDNIS 90/DIE GRÜNEN[1] keine Änderungen erfahren.

III. Unionsrechtliche Regelungen

Nach der Begründung des Gesetzentwurfs beruhen die Regelung in Abs. 1 **4** bis 4 auf der Öffnungsklausel des Art. 23 Abs. 1 lit. i DS-GVO,[2] nach der **Beschränkungen der Rechte der betroffenen Personen** durch nationale Regelungen erfolgen können, wenn sie den „Schutz (...) der Rechte und Freiheiten anderer Personen" sicherstellen. Weitere Voraussetzung ist, dass die „Beschränkung den Wesensgehalt der Grundrechte und Grundfreiheiten achtet und in einer demokratischen Gesellschaft eine notwendige und verhältnismäßige Maßnahme darstellt". Die Vorschrift muss also den Wesensgehalt des Auskunftsrechts nach Art. 8 Abs. 2 Satz 2 GRCh achten, bezogen auf den Schutz der Geheimnisse anderer Personen notwendig sein und die Verhältnismäßigkeit ihres Eingriffs gewährleisten. Die Prüfung der **Ver-**

---

1 LT-Drs. 19/5728, 21.
2 LT-Drs. 19/5728, 110.

hältnismäßigkeit der Regelungen muss berücksichtigen, dass sie nach Art. 23 Abs. 2 lit. g DS-GVO spezifische Vorschriften in Bezug auf „die Risiken für die Rechte und Freiheiten der betroffenen Personen" enthalten müssen.

IV. Verhältnis zu anderen Vorschriften

5　Vergleichbare Regelungen zu Abs. 1 bis 4 finden sich in § 29 Abs. 1 und 2 BDSG und in den Regelungen der LDSG zur Einschränkung der Informationspflicht und des Auskunftsanspruchs der betroffenen Personen.

6　Bezogen auf Abs. 5 ist zu beachten, dass § 29 Abs. 3 Satz 1 BDSG die Befugnisse der Aufsichtsbehörde zu **Untersuchungsmaßnahmen** nach Art. 58 Abs. 1 lit. e und f DS-GVO gegenüber **nicht öffentlichen Verantwortlichen** beschränkt. Diese sind gegenüber den in § 203 Abs. 1, 2 a und 3 StGB[3] genannten Personen oder deren Auftragsverarbeitern unzulässig, soweit ihre Inanspruchnahme zu einem Verstoß gegen die Geheimhaltungspflichten dieser Personen führen würde.[4] Diese Regelung gilt auch für die Aufsicht über nicht öffentliche Berufsgeheimnisträger durch die oder den HDSB.[5] Dies gilt jedoch nicht für die Aufsicht über **öffentliche Stellen** in Hessen wie zB Krankenhäuser. Für diese greift Abs. 5 der Vorschrift, der den Konflikt zwischen Datenschutzaufsicht und Geheimhaltungspflicht grundrechtskonformer[6] durch eine Erstreckung der Geheimhaltungspflicht auf die Aufsichtsbehörde löst.

B. Rechte der betroffenen Person und aufsichtsbehördliche Untersuchungen im Fall von Geheimhaltungspflichten

7　Die Vorschrift regelt in Abs. 1 bis 4 das Zusammentreffen von **Transparenzpflichten oder -rechten und Geheimhaltungspflichten** im Verhältnis von Verantwortlichem und betroffener Person zugunsten der Geheimhaltung durch den Verantwortlichen. Die weitgehende Wiederholung der Regelung in den Abs. 1 bis 3 mit kleinen Unterschieden erschwert das Verständnis der Vorschrift. Abs. 5 betrifft den gleichen Konflikt zwischen Verantwortlichen und Aufsichtsbehörde. Er löst den Konflikt jedoch nicht durch einseitige Einschränkung, sondern in praktischer Konkordanz dadurch, dass er Untersuchungsmaßnahmen zulässt, aber die für die zur Kenntnis genommenen Geheimnisse eine Geheimhaltungspflicht der Aufsichtsbehörde begründet.

I. Einschränkung der Informationspflicht (Abs. 1)

8　Nach Abs. 1 entfällt die Pflicht des Verantwortlichen, die betroffene Person nach Art. 14 Abs. 1 bis 4 DS-GVO über die Verarbeitung von Daten zu informieren, die nicht bei ihr erhoben wurden, sondern **von dritter Seite** zur Verfügung gestellt worden sind. Diese Ausnahme tritt ergänzend neben die

---

3　Obwohl § 203 StGB 2017 geändert worden ist und Abs. 2 a entfallen ist, hat das BDSG in seiner Fassung vom 20.11.2019 dies nicht berücksichtigt.
4　S. zB *Lapp* in Gola/Heckmann BDSG § 29 Rn. 25 ff.
5　S. auch *Arlt/Gaebel* in Ronellenfitsch ua § 26 Rn. 6.
6　S. zB *Weichert* DANA 2017, 76; s. auch die Kritik des Bundesrats zu § 29 BDSG in BR-Drs. 110/17 27 ff.

Ausnahmen, die bereits **Art. 14 Abs. 5 DS-GVO** vorsieht. Danach finden die Abs. 1 bis 4 des Art. 14 DS-GVO keine Anwendung, wenn ua nach Abs. 5 lit. d die personenbezogenen Daten gemäß dem Unionsrecht oder dem Recht der Mitgliedstaaten dem Berufsgeheimnis, einschließlich einer satzungsmäßigen Geheimhaltungspflicht, unterliegen und daher vertraulich behandelt werden müssen.[7] Zusätzlich erstreckt Abs. 1 der Vorschrift die Nicht-Anwendung der Informationspflicht auf Fälle, in denen durch ihre Erfüllung Informationen offenbart würden, die ihrem Wesen nach, insbesondere wegen der überwiegenden berechtigten Interessen eines Dritten, geheim gehalten werden müssen.

Da die meisten Geheimhaltungspflichten durch Rechtsvorschriften, einschließlich Satzungen der Kammern, Innungen und anderen Körperschaften, durch Rechtsvorschriften geregelt sind (→ § 1 Rn. 27 ff.), ist der **Anwendungsbereich** von Abs. 1 sehr **klein**. Abs. 1 bezieht sich nämlich „nicht auf die nach Rechtsvorschriften bestehenden Geheimhaltungspflichten", da die Informationspflicht insoweit bereits unmittelbar" durch Art. 14 Abs. 5 lit. d DS-GVO „beschränkt wird."[8] Sie erfasst nur die Offenbarung von Informationen, die ihrem **Wesen** nach geheim gehalten werden müssen, insbesondere wegen der überwiegenden berechtigten Interessen eines Dritten. Diese Regelung ist missglückt, weil keine Information ihrem Wesen nach geheim zu halten ist.[9] Entscheidend ist vielmehr der **Kontext**, in dem die Information entstanden und übermittelt worden ist. Soweit dies ein Kontext ist, der ein durch Rechtsvorschrift anerkanntes Berufsgeheimnis begründet, ist der Konflikt bereits durch Art. 14 Abs. 5 lit. d DS-GVO geregelt. Abs. 1 betrifft daher nur außerordentliche Fälle, in denen – ohne Regelung durch eine Rechtsvorschrift – die berechtigten Interessen eines Dritten – nicht des Verantwortlichen[10] – überwiegen. Wegen der von der GRCh und Art. 23 Abs. 1 und Abs. 2 lit. g DS-GVO geforderten **Verhältnismäßigkeit** der konkreten Einschränkung der Informationspflicht müssen die berechtigten Interessen des Dritten an der Geheimhaltung mit den schutzwürdigen Interessen an Information der betroffenen Person abgewogen werden.[11] Insbesondere sind die möglichen Folgen einer unterlassenen Information für die betroffene Person zu berücksichtigen.[12]

9

II. Einschränkungen des Auskunftsrechts (Abs. 2)

Abs. 2 schränkt das „Recht auf Auskunft der betroffenen Person nach Art. 15" DS-GVO ein. Die Einschränkung umfasst sowohl das Recht auf **Auskunft** über die Verarbeitung personenbezogener Daten und über die in

10

---

7 S. hierzu zB *Dix* in Simitis/Hornung/Spiecker gen. Döhmann DS-GVO Art. 14 Rn. 29 ff.

8 LT-Drs. 19/5728, 110; insofern ist das Beispiel in *Arlt/Gaebel* in Ronellenfitsch ua § 26 Rn. 2 des Mandatsverhältnisses mit einem Rechtsanwalt nicht, weil dieses Berufsgeheimnis schon von Art. 14 Abs. 5 lit. d DS-GVO erfasst wird.

9 S. zB *Lapp* in Gola/Heckmann BDSG § 29 Rn. 11.

10 *Herbst* in Kühling/Buchner BDSG § 29 Rn. 8; *Lapp* in Gola/Heckmann BDSG § 29 Rn. 13.

11 Ebenso *Herbst* in Kühling/Buchner BDSG § 29 Rn. 7, 16; *Wilhelm* in HK-BDSG § 29 Rn. 11; aA *Arlt/Gaebel* in Ronellenfitsch ua § 26 Rn. 2.

12 *Wilhelm* in HK-BDSG § 29 Rn. 11.

Art. 15 Abs. 1 DS-GVO genannten Daten als auch das Recht auf eine **Kopie** nach Art. 15 Abs. 3 Satz 1 DS-GVO.[13] Die Einschränkung gilt aber nur, soweit durch die Auskunft Informationen offenbart würden, die geheim gehalten werden müssen. Zu personenbezogenen Daten, die nicht dem Berufsgeheimnis unterliegen, muss der Verantwortliche sowohl Auskunft über den Umstand, dass er personenbezogene Daten verarbeitet, als auch über die in Art. 15 Abs. 1 lit. a bis h DS-GVO genannten Informationen erteilen. Dies ist für jede einzelne geforderte Information zu überprüfen.[14]

11 Im Gegensatz zu Abs. 1 werden für die Geheimhaltungspflicht zwei mögliche **Gründe** genannt. Wie in Abs. 1 müssen Informationen nicht mitgeteilt werden, die ihrem Wesen nach, insbesondere wegen der überwiegenden berechtigten Interessen eines Dritten, geheim gehalten werden müssen (→ Rn. 8). Zusätzlich sind – viel wichtiger – aber auch Informationen geheim zu halten, die nach einer Rechtsvorschrift geheim gehalten werden müssen (→ § 1 Rn. 29). Der Grund für diesen Unterschied liegt darin, dass Art. 15 DS-GVO keinen Art. 14 Abs. 5 lit. d DS-GVO entsprechenden Ausnahmetatbestand kennt.

12 Nicht in Abs. 2 geregelt ist, ob der Verantwortliche dem Auskunftsersuchenden den **Grund für die Verweigerung** der Auskunft nennen muss. Dagegen spricht, dass aus der Begründung indirekt auf geheimhaltungsbedürftige Informationen geschlossen werden könnte. Dies kann aber dadurch ausgeschlossen werden, dass nicht mitgeteilt wird, welche Geheimnisse welches Dritten dadurch geschützt werden. Aus der Nichtregelung ist jedoch zu schließen, dass insoweit auch die DS-GVO mit ihrem Grundsatz der Transparenz in Art. 5 Abs. 1 lit. a DS-GVO[15] und seiner Ausprägung im Sinn einer effektiven Realisierung in Art. 12 DS-GVO[16] nicht eingeschränkt ist. Damit die betroffene Person nachvollziehen und überprüfen lassen kann, warum ihr die grundsätzlich zustehende Auskunft in diesem besonderen Fall nicht erteilt wird.[17]

13 Um unionsrechtskonform zu sein, müssen – wie in Abs. 1 – im Einzelfall die berechtigten Interessen des Dritten an der Geheimhaltung mit den schutzwürdigen Interessen der betroffenen Person an der Auskunft **abgewogen** werden (→ Rn. 9). Hier ist die Bedeutung des Auskunftsrechts mit Blick auf Art. 8 Abs. 2 Satz 2 GRCh in besonderer Weise zu beachten.[18]

14 Die Entscheidung, die Auskunft zu verweigern, unterliegt der vollen **Überprüfbarkeit** durch die oder den HDSB. Sie oder er kann den Verantwortlichen nach Art. 58 Abs. 2 lit. c DS-GVO anweisen, die Auskunft zu erteilen.[19]

---

13 S. hierzu zB *Dix* in Simitis/Hornung/Spiecker gen. Döhmann DS-GVO Art. 15 Rn. 12 ff. und 28 ff.
14 Ebenso *Arlt/Gaebel* in Ronellenfitsch ua § 26 Rn. 3.
15 S. hierzu *Roßnagel* in Simitis/Hornung/Spiecker gen. Döhmann DS-GVO Art. 5 Rn. 49 ff.
16 S. zB *Dix* in Simitis/Hornung/Spiecker gen. Döhmann DS-GVO Art. 12 Rn. 1 ff.
17 S. auch *Arlt/Gaebel* in Ronellenfitsch ua § 26 Rn. 3; aA *Gräber/Nolden* in Paal/Pauly BDSG § 29 Rn. 4.
18 S. auch *Wilhelm* in HK-BDSG § 29 Rn. 12.
19 S. auch zB *Richter* in HK-LDSG RhPf § 12 Rn. 18.

III. Einschränkungen der Benachrichtigungspflicht (Abs. 3)

Aus den gleichen Gründen wie in Abs. 2 (→ Rn. 10 ff.) besteht nach Abs. 3   15
die Pflicht zur **Benachrichtigung** der von einer Verletzung des Schutzes personenbezogener Daten betroffenen Person nach Art. 34 DS-GVO – ergänzend zu den in Art. 34 Abs. 3 DS-GVO genannten Ausnahmen ausreichender Schutzvorkehrungen, nachträglicher Schutzmaßnahmen oder unverhältnismäßigen Aufwands[20] – nicht, soweit durch die Benachrichtigung geheimhaltungsbedürftige Informationen offenbart würden.

Im Gegensatz zu Abs. 1 und 2 sieht Abs. 3 in Satz 1 ausdrücklich eine **In-**   16
teressenabwägung im Einzelfall vor, nach der die betroffene Person trotz Offenbarung eines Berufsgeheimnisses nach Art. 34 DS-GVO zu benachrichtigen ist, wenn die Interessen der betroffenen Person, insbesondere unter Berücksichtigung drohender Schäden, gegenüber dem Geheimhaltungsinteresse überwiegen. Gerade durch die Schutzverletzung ist es möglich, dass der betroffenen Person hohe Schäden an Leib und Leben, Vermögen oder Persönlichkeit drohen, und diese nur durch die Benachrichtigung abgewendet werden können.[21]

Auch für die das Absehen von einer Benachrichtigung gilt die volle **Über-**   17
prüfbarkeit durch die oder den HDSB, die oder der eine Benachrichtigung anordnen kann (→ Rn. 14).

IV. Datenübermittlung im Rahmen eines Mandatsverhältnisses (Abs. 4)

Während Abs. 1 die Informationspflichten des Empfängers von Daten regelt, betrifft Abs. 4 – in umgekehrter Richtung – die **Informationspflichten**   18
der übermittelnden Stelle nach Art. 13 Abs. 3 DS-GVO. Beabsichtigt diese, die personenbezogenen Daten für einen anderen Zweck weiterzuverarbeiten als den, für den sie erhoben worden sind, so muss sie der betroffenen Person nach Art. 13 Abs. 3 DS-GVO vor dieser Weiterverarbeitung durch Übermittlung Informationen über diesen anderen Zweck und alle anderen maßgeblichen Informationen gemäß Art. 13 Abs. 2 DS-GVO zur Verfügung stellen.[22] Diese Regelung passt jedoch nicht, wenn sich der übermittelnde Verantwortliche in einem Konflikt mit der betroffenen Person Rat oder Unterstützung bei einem Berufsgeheimnisträger holt und an diesen zur Aufnahme oder im Rahmen eines Mandatsverhältnisses personenbezogene Daten der betroffenen Person übermittelt. In diesem und vergleichbaren Fällen soll eine Informationspflicht gegenüber der betroffenen Person entfallen. „Die Einschränkung der Informationspflicht nach Abs. 4 (…) dient" nach der Begründung des Gesetzentwurfs „dem Schutz der ungehinderten Kommunikation zwischen Mandant und Berufsgeheimnisträger. Es widerspräche dem besonderen Schutz eines Mandatsverhältnisses, wenn zB sämtliche durch die Datenübermittlung an den Berufsgeheimnisträger be-

---

20 S. zB *Dix* in Simitis/Hornung/Spiecker gen. Döhmann DS-GVO Art. 34 Rn. 12 ff.
21 S. auch *Arlt/Gaebel* in Ronellenfitsch ua § 26 Rn. 4; *Herbst* in Kühling/Buchner BDSG § 29 Rn. 16. Eine folgenorientierte Risikoprüfung fordert auch *Wilhelm* in HK-BDSG § 29 Rn. 15.
22 S. hierzu zB *Dix* in Simitis/Hornung/Spiecker gen. Döhmann DS-GVO Art. 13 Rn. 20 ff.

troffene Personen über die Zwecke der Datenübermittlung und die Identität der beauftragten Berufsgeheimnisträger informiert werden müssten."[23]

19   Die Wortwahl „**Mandatsverhältnis**" macht deutlich, dass der Gesetzgeber vor allem an Rechtsanwälte als Berufsgeheimnisträger gedacht hat. Da andere Berufsgeheimnisse aber dem Berufsgeheimnis der Rechtsanwälte gleich zu achten sind, muss Abs. 4 auf alle vergleichbaren Konstellationen Anwendung finden, auch wenn das Verhältnis zwischen übermittelndem Verantwortlichen und empfangendem Berufsgeheimnisträger – etwa einem Arzt oder Psychotherapeut – in allgemeinen Sprachgebrauch nicht als Mandatsverhältnis bezeichnet wird. Es muss also auch auf die Kommunikation mit allen anderen Trägern von Berufsgeheimnissen nach § 203 StGB erstreckt werden.[24]

20   Abs. 4 schützt alle personenbezogenen Daten, die Dritte im Zuge der Aufnahme oder **im Rahmen eines Mandatsverhältnisses** einen Berufsgeheimnisträger nach einer Zweckänderung übermitteln. Dies können zB Daten von Mitarbeitern, Verwandten, Vertragsparteien, Nachbarn, Gegnern oder Zeugen sein.[25] Vom Mandatsverhältnis umfasst, sind alle Daten, die zur Schilderung relevanter Geschehensabläufe, zur Durchsetzung oder Verteidigung von Rechtspositionen oder – bei Ärzten oder Psychotherapeuten zur Anamnese oder Therapie – erforderlich sind. Werden die Daten von Anfang an erhoben, um sie – ohne Zweckänderung – dem Berufsgeheimnisträger zu übermitteln, greift Abs. 4 nicht.[26]

21   Die Einschränkung der Informationspflicht besteht nicht, wenn das Interesse der betroffenen Person an der Informationserteilung überwiegt. Durch diese unionsrechtlich gebotene (→ Rn. 4) „**Abwägungsklausel**" wird nach der Begründung des Gesetzentwurfs „den Rechten der Betroffenen angemessen Rechnung getragen".[27]

V. Erstreckung der Geheimhaltungspflicht auf die oder den HDSB (Abs. 5)

22   Abs. 5 erstreckt die **Geheimhaltungspflicht** auf die oder den HDSB.[28] Erlangt die oder der HDSB oder ihre oder seine Beschäftigten im Rahmen einer Untersuchung Kenntnis von Daten, die nach einer Rechtsvorschrift oder ihrem Wesen nach einer Geheimhaltungspflicht unterliegen (→ Rn. 9), gilt diese auch für sie. Durch Abs. 5 sind die **Untersuchungsbefugnisse** der Aufsichtsbehörde jedoch **nicht** – wie nach § 29 Abs. 3 Satz 1 BDSG für die Aufsicht über nicht öffentliche Berufsgeheimnisträger – **eingeschränkt**.[29]

---

23 LT-Drs. 19/5728, 110.
24 S. zB *Lapp* in Gola/Heckmann BDSG § 29 Rn. 18.
25 S. auch *Lapp* in Gola/Heckmann BDSG § 29 Rn. 22.
26 *Wilhelm* in HK-BDSG § 29 Rn. 19.
27 LT-Drs. 19/5728, 110; aA *Arlt/Gaebel* in Ronellenfitsch ua § 26 Rn. 5, die diese Interessenabwägung nur bedingt nachvollziehen können und von einem Überwiegen des Geheimhaltungsinteresses ausgehen.
28 LT-Drs. 19/5728, 110.
29 S. auch *Arlt/Gaebel* in Ronellenfitsch ua § 26 Rn. 6.

Die Geheimhaltungspflicht des Abs. 5 ist nicht überflüssig, weil die Pflicht   23
zur Geheimhaltung aller der oder dem HDSB bei ihrer oder seiner amtlichen Tätigkeit bekannt gewordenen Angelegenheiten sich bereits aus § 12
ergibt. Diese **Verschwiegenheitspflicht** gilt nach § 12 Abs. 2 nicht für Mitteilungen im dienstlichen Verkehr (→ § 12 Rn. 12). Diese Einschränkung
der Verschwiegenheitspflicht gilt jedoch nicht für die bekannt gewordenen
Berufsgeheimnisse. Denn sie gelten im gleichen Umfang für die oder den
HDSB wie für den Berufsgeheimnisträger. Die weiteren Einschränkungen
des § 12 Satz 2, dass die Verschwiegenheitspflicht für Tatsachen ausgenommen ist, die offenkundig sind oder ihrer Bedeutung nach keiner Geheimhaltung bedürfen, gelten allerdings auch für die Geheimhaltungspflicht
nach Abs. 5, weil es sich in diesem Fall um kein Geheimnis handelt.

C. Würdigung

Soweit die Vorschrift den Konflikt zwischen dem Schutz der Berufsgeheimnisse und den Transparenzrechten der betroffenen Person regelt, kann den
Wertungen der Vorschrift zugunsten der Geheimhaltung grundsätzlich zugestimmt werden. Der Wortlaut lässt jedoch eine ausreichende Berücksichtigung der verfassungsrechtlichen und unionsrechtlichen Verankerung der
Transparenzanforderungen vermissen. Um diesen Wertungen gerecht zu
werden, muss die Auslegung der Vorschrift eine unreflektierte Einschränkung der Transparenzrechte der betroffenen Person im Einzelfall verhindern und eine **Verhältnismäßigkeitsprüfung** des Eingriffs vorsehen.[30]

Abs. 5 bietet im Vergleich zu § 26 Abs. 3 BDSG einen besseren **Ausgleich**   25
zwischen dem Schutz der informationellen Selbstbestimmung und des
Grundrechts auf Datenschutz sowie dem Schutz von Berufsgeheimnissen,
wie ihn Art. 90 DS-GVO fordert.[31] Er ermöglicht sowohl die notwendige
Datenschutzaufsicht auch über Berufsgeheimnisträger als auch den erforderlichen Schutz der Berufsgeheimnisse.

§ 27 Datenübermittlung an öffentlich-rechtliche Religionsgemeinschaften

Die Übermittlung personenbezogener Daten an Stellen der öffentlich-rechtlichen Religionsgemeinschaften ist in entsprechender Anwendung der Vorschriften über die Übermittlung an öffentliche Stellen nur zulässig, sofern
auf Grundlage geeigneter Garantien sichergestellt ist, dass bei der empfangenden Stelle eine Datenverarbeitung im Einklang mit der Verordnung
(EU) Nr. 2016/679 erfolgt.

Literatur:
Hoeren, Die Macht der Computer und die Ohnmacht der Kirchen, CR 1988, 60; *Dahrmann*, Rezension über Wolfgang Schatzschneider: Kirchenautonomie und Datenschutzrecht, ZevKR 1986, 395; *Dammann*, Die Anwendung des neuen Bundesdatenschutzgesetzes auf die öffentlichrechtlichen Religionsgesellschaften, NVwZ 1992, 1147; *Ger-*

---

30 Ähnlich *Wilhelm* in HK-BDSG § 29 Rn. 24.
31 S. auch *Arlt/Gaebel* in Ronellenfitsch ua § 26 Rn. 6.

mann, Das kirchliche Datenschutzrecht als Ausdruck kirchlicher Selbstbestimmung, ZevKR 2003, 446; *Hoeren*, Kirchlicher Datenschutz nach der Datenschutzgrundverordnung, NVwZ 2018, 373; *Janssen*, Aspekte des Status von Religionsgemeinschaften als Körperschaften des öffentlichen Rechts, 2. Aufl. 2017; *Preuß*, Das Datenschutzrecht der Religionsgemeinschaften. Eine Untersuchung de lege lata und de lege ferenda nach Inkrafttreten der DS-GVO, ZD 2015, 21; *Ronellenfitsch*, Bestandsschutz der Religionsgemeinschaften nach der DS-GVO, DÖV 2018, 1017; *Schatzschneider*, Kirchenautonomie und Datenschutzrecht, 1984; *Sydow* (Hrsg.), Kirchliches Datenschutzrecht, Handkommentar, im Erscheinen; *Weller*, Kirchliches Datenschutzrecht, im Erscheinen.

A. Allgemeines

I. Bedeutung der Vorschrift

1   Die Vorschrift betrifft als datenschutzrechtliche Spezialregelung nur einen **Teilaspekt** des Datenschutzes im Verhältnis von Staat und Religionsgemeinschaften,[1] nämlich die Übermittlung personenbezogener Daten aus dem staatlichen Hoheitsbereich an Stellen öffentlich-rechtlicher Religionsgemeinschaften (**Übermittlungsregelung**). Mit den „klassischen" Streitfragen im Staat-Kirchen-Verhältnis hat die Vorschrift unmittelbar nichts zu tun. Selbst wenn der Datenschutz als autonome Angelegenheit der Religionsgemeinschaften von der staatlichen Hoheitsgewalt komplett ausgeschlossen wäre, hätte gleichwohl der Staat zu entscheiden, ob und unter welchen Voraussetzungen personenbezogene Daten aus seinem Hoheitsbereich nach außen an Dritte übermittelt werden dürfen. Die Vorschrift kann auch isoliert, abgesehen von dem für den modernen souveränen Staat selbstverständlichen Trennungsprinzip, ohne staatskirchenrechtliche Ausführungen sinnvoll interpretiert werden.

2   Häufig wurde jedoch aus den Vorgängervorschriften, insbesondere aus ihrer dort vorgesehenen „entsprechenden" Anwendbarkeit (→ Rn. 20) geschlossen, dass es ein eigenes Datenschutzrecht der verfassten Religionsgemeinschaften geben müsse.[2] Ob eine punktuelle Vorschrift eine als derart weitreichende Aussage für das Verhältnis von Staat und Religionsgemeinschaften enthalten kann, ist zu bezweifeln.

3   Möglich dürfte es gleichwohl, die Vorschrift ist als **Brückennorm** zur generellen staatskirchen-religionsrechtlichen Thematik zu verstehen. Der staatskirchenrechtliche Kontext beeinflusst dann die Auslegung der Vorschrift, wie sich umgekehrt aus dieser Auslegung Rückschlüsse auf das Datenschutzrecht der Kirchen ergeben. Allerdings gilt das erst für die jüngste

---

1 Der Ausdruck „Gemeinschaft" wird in der Folge für alle religiösen und weltanschaulichen Organisationsformen gebraucht.
2 *Preuß* ZD 2015, 219.

Entwicklung, die Vorschrift lehnt sich strukturell (→ Rn. 6) so eng an bundes- und landesrechtliche Vorgängerregelungen an (→ Rn. 5), dass die aktuellen grundlegenden Veränderungen der staatskirchenrechtlichen Rahmenbedingung aus jüngster Zeit erst allmählich zur Kenntnis genommen werden. Auf längere Sicht lässt sich eine Neubewertung der Bedeutung des Datenschutzrechts der Religionsgemeinschaften nicht vermeiden.

Die Bedeutung des Datenschutzes bei der Datenverarbeitung durch oder im Auftrag von Religionsgemeinschaften kann gar nicht hoch genug eingeschätzt werden. Kirchen, religiöse Vereinigungen und sonstige religiöse Gemeinschaften gehören in Deutschland zu den größten Verarbeitern personenbezogener Daten.[3] So verarbeiten Kirchen nicht nur personenbezogene Daten ihrer Amtsträger, Mitarbeiterinnen und Mitarbeiter, sondern – häufig auch hochsensible – Daten von Personen, die in kirchlichen Einrichtungen pastoraler, sozialer, diakonisch-caritativer oder kultureller Art betreut werden (zB innerhalb kirchliche Beratungsstellen und Krankenhäuser). Hinzu kommt, dass ein Großteil unserer staatlichen sozialen Einrichtungen von den Kirchen mitgetragen wird, was die Verarbeitung auch der persönlichen Daten von Nichtkirchenangehörigen erforderlich macht. Ähnliches gilt für Spenden. Die rechtliche Ordnung des kirchlichen Datenschutzes mündet somit in einen brisanten, vielfach **kontroversen** Themenbereich. Das legt es nahe, die Übermittlung personenbezogener Daten an Stellen der öffentlich-rechtlichen Religionsgemeinschaften als pars pro toto der Gesamtthematik zu behandeln. Dem steht freilich noch die durch die Entstehungs- und Entwicklungsgeschichte der Übermittlungsregelung manifestierte Staatspraxis entgegen. 4

II. Entstehungsgeschichte

Die Entstehungsgeschichte der Übermittlungsregelung ist für die Klärung des Verhältnisses von staatlichem und kirchlichem Datenschutz wenig hilfreich. Die Übermittlungsregelung schlich sich vielmehr in die Datenschutzgesetzgebung ein und übernahm dort eine Squatter-Rolle. Sie tauchte erstmals im Regierungsentwurf eines Gesetzes zum Schutz vor Missbrauch personenbezogener Daten bei der Datenverarbeitung (Bundes-Datenschutzgesetz — BDSG) vom 21.9.1973[4] bei den Regelungen für die Bundesverwaltung auf und war wie folgt formuliert: 5

„§ 7 Datenaustausch innerhalb des öffentlichen Bereichs

(2) Die Weitergabe personenbezogener Daten an Stellen der öffentlich-rechtlichen Religionsgemeinschaften ist wie die Datenweitergabe an Behörden und sonstige öffentliche Stellen zulässig, sofern sichergestellt ist, dass bei dem Empfänger ausreichende Datenschutzmaßnahmen getroffen wurden.“

Die Begründung zu Absatz 2 lautete:

„Absatz 2 stellt in Ergänzung des Absatzes 1 klar, dass die Weitergabe personenbezogener Daten durch die unter den zweiten Abschnitt fallenden

---

3 *Germann* ZevKR 2003, 446.
4 BT-Drs. 7/1027.

Behörden und Stellen im Rahmen des Absatzes 1 auch an Stellen der öffentlich-rechtlichen Religionsgesellschaften zulässig ist, sofern sichergestellt ist, dass die Daten bei dem Empfänger ausreichend, das heißt, im Sinne dieses Gesetzes, geschützt werden."

Eine inhaltliche Diskussion dieser Bestimmung hielt man für untunlich oder jedenfalls nicht für erforderlich.

6   Lediglich redaktionell verändert,[5] erhielt die Regelung im Gesetz zum Schutz vor Missbrauch personenbezogener Daten bei der Datenverarbeitung" (Bundesdatenschutzgesetz – BDSG) vom 27.1.1977[6] folgende Fassung:

„*§ 10 Datenübermittlung innerhalb des öffentlichen Bereichs*

(2) Die Übermittlung personenbezogener Daten an Stellen der öffentlich-rechtlichen Religionsgesellschaften ist in entsprechender Anwendung der Vorschriften über die Datenübermittlung an Behörden und sonstige öffentliche Stellen zulässig, sofern sichergestellt ist, dass bei dem Empfänger ausreichende Datenschutzmaßnahmen getroffen werden."

7   Die Vorschrift wurde wortgleich und mit gleicher Benummerung in das Zweite **HDSG** vom 1.1.1978[7] mit dem alleinigen Ziel übernommen Übereinstimmung mit dem BDSG herzustellen.[8]

8   Das **Volkszählungsurteil** vom 15.12.1983 erforderte eine Umsetzung durch den Gesetzgeber. In Hessen und im Bund herrschten zu dieser Zeit unterschiedliche datenschutzpolitische Vorstellungen der Regierungsfraktionen. Auf die Neufassung der Übermittlungsregelung wirkte sich das aber nicht aus, sieht man vom Vagabundieren der Regelung in den jeweiligen Datenschutzgesetzen ab.

9   In **Hessen** wurde folgende Regelung eingeführt:[9]

„*§ 35 Datenübermittlung an öffentlich-rechtliche Religionsgesellschaften*

Die Übermittlung personenbezogener Daten an Stellen der öffentlich-rechtlichen Religionsgesellschaften ist in entsprechender Anwendung der Vorschriften über die Übermittlung an öffentliche Stellen nur zulässig, sofern sichergestellt ist, dass bei dem Empfänger ausreichende Datenschutzmaßnahmen getroffen werden."

In der Begründung heißt es lapidar:[10]

„*§ 35 entspricht bisherigen Recht.*"

Die Änderung der amtlichen Überschrift des Gesetzes wurde nicht bergründet.

---

5 BT-Drs. 7/5277, 7.
6 BGBl. I, 201.
7 GVBl. I, 98.
8 LT-Drs. 8/4745.
9 HDSG vom 31.1.1978 (GVBl. I, 96).
10 LT-Drs. 11/47/45, 37.

Auf **Bundesebene** wurde unter dem BDSG 1977 die Anwendbarkeit dieses 10
Gesetzes auf die Religionsgemeinschaften zunehmend streitig.[11] Die Bemühungen um eine eindeutige Ausnahmeregelung verliefen aber im Sand. Bei der Übermittlungsregelung hinterließ der Streit jedenfalls keine Spuren, wie ohnehin zu vermuten ist, dass die Diskussion abgewürgt wurde, weil man im Bundesinnenministerium Zweifel an der Gesetzgebungskompetenz des Bundes hegte.

Mit dem als Art. 1 des Gesetzes zur Fortentwicklung der Datenverarbei- 11
tung und des Datenschutzes vom 20.12.1990[12] verkündeten **BDSG 1990**
wurde folgende Regelung eingeführt

„§ 15 Datenübermittlung an öffentliche Stellen

(4) Für die Übermittlung personenbezogener Daten an Stellen der öffentlich-rechtlichen Religionsgesellschaften gelten die Absätze 1 bis 3 entsprechend, sofern sichergestellt ist, dass bei dem Empfänger ausreichende Datenschutzmaßnahmen getroffen werden.“

Zu diesem Zeitpunkt war bereits das Gesetz des Handelns auf den **europä-** 12
ischen Gesetzgeber übergegangen. Bereichsausnahmen für das Datenschutzrecht der Kirchen mussten sich an den Maßstäben des europäischen Staatenverbunds messen lassen. Die EMRK, das DSÜbk und die DS-RL trennten den öffentlichen und privaten Bereich nicht und nahmen den Datenschutz nicht vom Gemeinschafts- bzw. Unionsrecht aus. Dier Praxis wurde vor allem durch die Rechtsprechung des EuGH geprägt, der das Unionsrecht auch im autonomen Bereich der Religionsgemeinschaften für anwendbar erklärte.[13] Die Kirchen und Religionsgemeinschaften unterlagen dem europäischen Datenschutzrecht jedoch nur, soweit eine europäische Zuständigkeit bestand. Diese Zuständigkeit war umstritten. Die Unsicherheit sollte durch Art. 17 AEUV behoben werden. der allerdings durch Sekundärrecht umgesetzt werden musste. Art. 17 AEUV begründete keine generelle Bereichsausnahme für kirchliche, religiöse und weltanschauliche Sachverhalte, am Kompetenzzuweisungsgehalt des Art. 17 AEUV zugunsten der mitgliedstaatlichen Gesetzgeber besteht jedoch kein Zweifel. Das bedeutete, dass unionsrechtlich für die deutschen Gesetzgeber kein Handlungsbedarf bestand.

Im Dritten Gesetz zur Änderung des HDSG vom 5.11.1998[14] und im 13
Gesetz zur Neuordnung des Datenschutzes und zur Wahrung der Unabhängigkeit des Datenschutzbeauftragten in Hessen vom 20.5.2011[15] blieb daher die Übermittlungsregelung unverändert.

Das gleiche gilt für die BDSG-Novelle I bis III 2006 und 2009. 14

---

11 Ausführliche Würdigung bei *Dammann* NVwZ 1992, 1147; *Schatzschneider,* Kirchenautonomie und Datenschutzrecht, 1984, S. 24 f.; *Dahrmann* ZevKR 1986, 395.
12 BGBl. I, 2954.
13 *EuGH* ECLI:EU:C:2003:596 Rn. 39 ff. – Lindqvist.
14 GVBl. I, 421.
15 GVBl. I, 20 blieb die Übermittlungsregelung unverändert.

III. Unionsrechtliche Regelungen

15 Die **europäische Reform des Datenschutzrechts** von 2012 bis 2018 verfolgte dagegen das Ziel einer lückenlosen Vollharmonisierung. Dieses Ziel konnte aus kompetenzrechtlichen Gründen zwar nicht erreicht werden, da notwendige und fakultative Öffnungsklauseln mit Rücksicht auf den Querschnittscharakter des Datenschutzes unvermeidbar waren. Gerade dieser Charakter hatte aber für die Übermittlungsregelung gravierende Folgen. Die Gesetzgebungskompetenzen des Bundes für den Datenschutz erfassen im Wesentlichen den Wirtschaftsbereich (Art. 74 Abs. 1 Nr. 1 und 11 GG). In diesem Bereich besteht für den mitgliedstaatlichen Gesetzgeber kein Raum, sofern nicht bereichsspezifische Sonderregelungen zutreffend sind.

16 Auf der Ebene der **Bundesgesetzgebung** wurde der Kompetenzschwund offenbar erkannt. Die Übermittlungsregelung wurde ohne nähere Begründung gestrichen.

17 Auf der Ebene der **Landesgesetzgebung** blieben aber öffentlich-rechtliche originäre Regelungszustände erhalten. Auf diese bezieht sich die aktuelle Fassung der Vorschrift. Dabei fällt auf, dass die Diktion der alten Vorschriften beibehalten wurde, der Verweis auf die DS-GVO in toto jedoch neu ist. Die Begründung ist korrekt, aber nur oberflächlich. Sie lautet:

„Zu § 27 (Datenübermittlung an öffentlich-rechtliche Religionsgemeinschaften)

Die Vorschrift zur Datenübermittlung an öffentlich-rechtliche Religionsgemeinschaften löst die bisherige Regelung des § 35 HDSG ab und trägt den Maßgaben des Art. 91 der Verordnung (EU) Nr. 2016/679 Rechnung."

18 Zusammenfassend kann gesagt werden, dass die bisherigen Regelungen in sich so widersprüchlich sind, dass ihnen keine Aussage zur Ausgestaltung des Datenschutzrechts der Religionsgemeinschaften entnommen werden kann. Die isolierte Erörterung der Übermittlungsregelung ist seit Inkrafttreten des Verweises auf die DS-GVO jedoch nicht mehr möglich.

IV. Verhältnis zu anderen Vorschriften

19 Das BDSG enthält keine vergleichbare Vorschrift. Auch viele Landesgesetzgeber haben in ihren LDSG auf eine vergleichbare Regelung verzichtet – wie zB in Baden-Württemberg, Bayern, Bremen, Hamburg, Sachsen, Rheinland-Pfalz und Nordrhein-Westfalen, Saarland, Schleswig-Holstein und Thüringen. Eine vergleichbare Vorschrift enthalten jedoch § 11 Abs. 4 DSG LSA und § 5 Abs. 1 Satz 4 NDSG.

B. Datenübermittlung an öffentlich-rechtliche Religionsgemeinschaften

20 Nach der Normstruktur wird die **Rechtsfolge:** „Zulässigkeit der Übermittlung personenbezogener Daten an Stellen öffentlich-rechtlicher Religionsgemeinschaften" mit zwei **Tatbestandsvoraussetzungen** verknüpft, die ihrerseits in einem Stufenverhältnis stehen. Die erste Tatbestandsvoraussetzung besteht in der „entsprechenden Anwendung der Vorschriften über die Übermittlung an öffentliche Stellen". Die zweite Tatbestandsvoraussetzung verlangt, dass bei der empfangenden Stelle auf der Grundlage geeigneter Garantien eine Datenverarbeitung im Einklang mit der DS-GVO erfolgt.

I. Datenschutzrecht der Religionsgemeinschaften

Die Regelung der Rechtsfolge und der ersten Tatbestandsvoraussetzung haben nichts mit der **kontroversen** Frage zu tun, ob in religiösen Angelegenheiten die Religionsgemeinschaften von der staatlichen Regelungsbefugnis ausgenommen sind. 21

Aus den Vorgängervorschriften wurde abgeleitet, dass für die Übermittlung personenbezogener Daten an Stellen öffentlich-rechtlicher Religionsgemeinschaften nicht von vornherein staatliches Recht galt, sondern nur entsprechend herangezogen werden musste. Das läuft auf die These hinaus, dass das **Datenschutzrecht der verfassten Religionsgemeinschaften** das staatliche Datenschutzrecht verdränge. Die DS-GVO ist aber grundsätzlich unmittelbar anwendbar, soweit keine Bereichsausnahme besteht. Das Verständnis der Vorschrift ließe sich auf das Verlangen (nur) von Garantien stützen, dass bei der datenverarbeitenden Stelle die DS-GVO eingehalten wird. Die Vorschrift ist jedenfalls nicht eindeutig. 22

Die Frage, in welchem Umfang das staatliche Datenschutzrecht ein autonomes Datenschutzrecht der Religionsgemeinschaften zulässt ist seit Jahrzehnten umstritten. Ihre Beantwortung erfordert einen kurzen Überblick über die **Entwicklung des Staatskirchenrechts** in der EU und ihre Mitgliedstaaten 23

Das Staatskirchenrecht betrifft das Verhältnis von Staat und Weltanschauungsgemeinschaften (exemplarisch Kirchen) Üblich ist die Unterscheidung des Staatskirchenmodells, Laizistischen Modells und Kooperationsmodells, die zwar keinen Aufschluss über die realen Machtverhältnisse, aber alle in der EU vorkommen. Eine spezielle Regelungskompetenz der EU für das Staat-Kirchen-Verhältnis scheidet wegen dieser Heterogenität der Verhältnisse aus. Das bedeutet jedoch nicht, dass das Verhältnis der Mitgliedstaaten der EU zu den Religionsgemeinschaften eine ausschließlich nationale Angelegenheit mit Sperrwirkung für die EU wäre. Alle Mitgliedstaaten der EU erfüllen vielmehr die Kriterien des modernen Staatsbegriffs. Der moderne Staat ist aber aus den Religionskriegen entstanden, aus denen er als Sieger hervorging. Im existenziellen Konfliktfall setzt sich die **staatliche Suprematie** auch gegen autonome Weltanschauungsgemeinschaften durch. Dem Staat steht das Letztentscheidungsrecht zu, in welchem Umfang er auf Souveränitätsrecht verzichtet. Für den Staatenverbund gilt das entsprechend, soweit ihm Hoheitsrechte der Mitgliedstaaten übertragen wurden. 24

In **Deutschland** bildete sich die Staatlichkeit in den Territorien aus. In einzelnen Territorien bestand eine Staatskirche, die Teil des Staatsorganismus war. Das suggerierte die Einheit weltlicher und geistlicher Gewalt, änderte aber nichts daran, dass es sich um zwei verschiedene Hoheitsbeziehungen handelte. Das **Trennungsprinzip** war unabweisbar. Aber nicht einmal der Weimarer Religionskompromiss; der mit dem Verbot der Staatskirche das Ende einer Epoche markierte, schaffte die Verschränkung von staatlicher und originär kirchlicher Hoheitsgewalt vollständig ab. 25

Nach **Art. 137 Abs. 3 Satz 1 WV** ordneten die Religionsgesellschaften und verwalteten ihre eigenen Angelegenheiten nur innerhalb der Schranken der für alle geltenden Gesetze selbst. Die Religionsneutralität bot generell auch 26 den Religionsgemeinschaften Raum für umfassende eigene Regelungen und schuf die Voraussetzungen für ein allgemeines Trennungsprinzip. Die Trennung von Staat und Religionsgemeinschaften führte gleichwohl nicht zu einer strikten Abschottung. Diskriminierende Gesetze waren durch den Grundsatz der Parität ausgeschlossen, privilegierende Gesetze zulässig. Die wichtigste Privilegierung lag in der Anerkennung einer Religionsgemeinschaft als Körperschaft des öffentlichen Rechts (KdöR). Diese Organisationsform diente zunächst dazu, den Kirchen (staatliche) hoheitliche Befugnisse zu übertragen. Die Belassung oder Verleihung des Status einer KdöR wurde als Beleihung verstanden, für die der Grundsatz der Korrelativität von Recht und Pflicht galt. Die staatliche Kirchenhoheit bestand fort. Dem Staat standen Kontroll- und Aufsichtsrechte über die Kirchen zu.

27   Die Inkorporation der Weimarer Kirchenartikel in das GG (Art. 140) unterwarf Art. 137 WV den Maßstäben des GG. Selbst das Bemühen des BVerwG, ein Minimum an Identifikation von Bund und Ländern in der Form der Staatsloyalität der KdöR beizubehalten, scheiterte beim **BVerfG**, das die statusrechtliche Selbstständigkeit der KdöR ausbaute und diese der Staatsaufsicht entzog. Eine Zusammenarbeit der kirchlichen und staatlichen Instanzen schloss das BVerfG jedoch nicht aus; es formulierte: „Das sog. Trennungsprinzip wird in Deutschland nicht als Kampfbegriff entwickelt, sondern als Backstein des Ausgleichs."[16]

28   Um einen Ausgleich bemühte man sich insbesondere bei der Frage der Anwendbarkeit des **Datenschutzrechts** im (funktionell oder organisatorisch) kirchlichen Bereich. Dabei war unstreitig, dass sich das Selbstbestimmungsrecht der Kirchen auch auf den Datenschutz erstreckte. Die verfassten Kirchen konnten eigenes Datenschutzrecht setzen. Gestützt auf das Selbstbestimmungsrecht der Kirchen wurde zunächst innerhalb der katholischen Kirche die „Anordnung über den kirchlichen Datenschutz" (KDO) von der Vollversammlung des Verbandes der Diözesen Deutschlands erlassen und in der evangelischen Kirche das „Kirchengesetz über den Datenschutz der Evangelischen Kirche in Deutschland" (DSG-EKD) durch die Synode der Evangelischen Kirche beschlossen.

29   Umstritten war jedoch das Verhältnis des kirchlichen Datenschutzrechts zu den staatlichen Gesetzgebungskompetenzen auf dem Gebiet des Datenschutzes. Dieses Verhältnis ist nunmehr durch **Art. 91 DS-GVO** geklärt. Die DS-GVO gilt auch für alle Weltanschauungsgemeinschaften. Religionsgemeinschaften, die bei Inkrafttreten der DS-GVO umfassende eigene Datenschutzgesetze erlassen hatten, genießen **Bestandsschutz**, müssen aber ihre Regelunge sukzessiv an die DS-GVO anpassen.

30   Für die (Erz-)Diözesen der Katholischen Kirche gilt seit 25.5.2018 das am 20.11.2017 von der Vollversammlung des Verbandes der Diözesen Deutschlands beschlossene **Kirchliche Datenschutzgesetz (KDG)**, für die Evangelische Kirche in Deutschland, ihre Gliedkirchen, ihre gliedkirchlichen Zusammenschlüsse und sonstige kirchliche Stellen gilt seit 24.5.2018 das **Kirchengesetz über den Datenschutz der Evangelischen Kirche in Deutschland (EKD-Datenschutzgesetz – DSG-EKD) vom 15.11.2017.**

---

16   BVerfGE 42, 312 (330).

II. Regelungsgehalt

Die Vorschrift betrifft eine Erarbeitungsform und folgt konsequent dem 31
Konzept des Art. 6 DS-GVO. Nach ihrer Normstruktur verknüpft sie die
Rechtsfolge mit zwei Tatbestandsvoraussetzungen.

1. Anwendungsbereich

Erforderlich ist zunächst die **Übermittlung personenbezogener Daten**. Die- 32
se sind in Art. 4 Nr. 1 DS-GVO definiert. Die „Übermittlung" bedurfte wegen des weiten Verarbeitungsbegriffs der DS-GVO als Phase der Datenverarbeitung keiner eigenen Definition mehr.

Die Übermittlung muss an „**Stellen der öffentlich-rechtlichen Religions-** 33
gemeinschaften" erfolgen. Dadurch kommt der generell öffentlich-rechtliche Charakter der Vorschrift zum Ausdruck. Stellen sind wie beim
verwaltungsverfahrensrechtlichen Behördenbegriff unselbständige Organi-
sationeinheiten der Körperschaften. Selbstständige Untergliederungen, privatrechtliche Tätigkeiten und die Tätigkeiten der Körperschaften selbst
werden nicht erfasst.

Körperschaften der Religionsgemeinschaften benötigen eine **Zulassung**. 34
Über diese verfügen **in Hessen** der Landesverband der Jüdischen Gemeinden in Hessen, Zentralrat der Juden in Deutschland, Jüdische Gemeinden
in Bad Nauheim, Darmstadt, Frankfurt am Main, Gießen, Kassel, Offenbach, Wiesbaden, Fulda, Evangelisch-Freikirchliche Gemeinden in Frankfurt am Main, Frankfurt am Main-Nordwest, Kassel-Möncheberg, Kassel-
Oberzwehren, Steeden/Lahn (Zionsgemeinde), Allendorf Kreis Gießen, Allendorf Kreis Wetzlar, Frankfurt am Main (Dreieinigkeitsgemeinde), Limburg (Johannisgemeinde), Wiesbaden (Dreieinigkeitsgemeinde), Selbständige Evangelisch-Lutherische Kirche „Kirchenbezirk Hessen-Süd", Selbstständige Evangelisch-Lutherische Kirche „Kirchenbezirk Hessen-Nord",
Selbständige Evangelisch-Lutherische Gemeinden in Balhorn, Berge Un-
shausen, Dreihausen-Heskem, Homberg, Kassel, Marburg, Melsungen,
Oberursel, Reichelsheim, Rotenberg/Odenwald, Sand, Usenborn, Widders-
hausen, Frankfurt am Main, Wildeck-Obersuhl, St. Martins Gemeinde
Höchst an der Nidda, Freireligiöse Landesgemeinde Hessen, Freireligiö-
se Gemeinden in Darmstadt, Mainz, Offenbach, Rüdesheim, Wiesbaden,
Bund Freikirchlicher Pfingsgemeinden, Bund Evangelischer Freikirchlicher
Gemeinden in Deutschland, Bund Freier Evangelischer Gemeinden in
Deutschland, Evangelisch-Freikirchliche Gemeinde Hassenhausen, Evange-
lisch-Lutherische Freikirche in Hessen, Christengemeinschaft in Hessen,
Deutsche Unitarier Religionsgemeinschaft – Landesgemeinde Hessen –,
Evangelisch-Methodistische Kirche, Sitz in Frankfurt am Main und Berlin,
Evangelisch-Methodistische Kirche – Distrikt Frankfurt am Main, Gemein-
schaft der Siebenten-Tags-Adventisten, Sitz Berlin, Heilsarmee Köln, Kir-
che Jesu Christi der Heiligen der Letzten Tage, Frankfurt am Main, Katho-
lisches Bistum der Alt-Katholiken in Deutschland, Bonn, Neuapostolische
Kirche in Hessen/Rheinland-Pfalz/Saarland, Sitz in Frankfurt am Main,
Russisch-Orthodoxe Diozöse des orthodoxen Bischofs von Berlin und
Deutschland, Sitz in München, Unitarische Freie Religionsgemeinschaft
Frankfurt am Main, Vereinigung der Deutschen Mennonitengemeinden in

Hessen, Wallonisch-Niederländische Gemeinde, Hanau, Evangelisch-Methodistische Kirche, Distrikt Frankfurt am Main, Griechisch-Orthodoxe Metropolie von Deutschland, Evangelische Kirche in Hessen und Nassau, Evangelische Kirche von Kurhessen-Waldeck, Evangelische Kirche im Rheinland, Evangelisch-lutherische Landeskirche Hannover, Katholische Kirche – Bistum Fulda, katholische Kirche – Bistum Limburg, Katholische Kirche – Bistum Mainz, Katholische Kirche – Bistum Paderborn, Jehovas Zeugen in Deutschland, Ahmadiyya Muslim Jamaat.

2. Voraussetzungen

35 Auf die Übermittlung sind die **Zulässigkeitsvoraussetzungen für die Datenübermittlung** an öffentliche Stellen entsprechend anzuwenden (→ § 22 Rn. 8 ff.).

36 Das früher vorgesehene Erfordernis der ausreichenden Datenschutzmaßnahmen ist nunmehr auf das **Schutzniveau der DS-GVO** bezogen. Im Übrigen läuft die zweite Zulässigkeitsvoraussetzung leer. Entweder gilt die DS-GVO unmittelbar. Dann genügt ihre entsprechende Anwendung nicht. Oder die Körperschaften sind befugt, eigenes Datenschutzrecht anzuwenden. Das sind sie aber nur, wenn sie die Voraussetzungen der DS-GVO erfüllen, dh ihr Recht dem der DS-GVO angleichen. Mehr fordert aber die Vorschrift auch nicht.

37 Das Vorliegen der Voraussetzungen sowohl von Art. 91 DS-GVO wie auch der Vorschrift ist **durch staatliche Organe zu überprüfen.** Angesichts der Redundanz der Voraussetzungen kann auf eine Doppelprüfung verzichtet werden.

C. Würdigung

38 Die Vorschrift ist missglückt und kann – nach dem Vorbild des Bundes und vieler Länder – gestrichen werden.

§ 28 Datenverarbeitung des Hessischen Rundfunks zu journalistischen Zwecken

(1) Führt die journalistische Verarbeitung personenbezogener Daten zur Veröffentlichung von Gegendarstellungen der betroffenen Personen, so sind diese Gegendarstellungen zu den gespeicherten Daten zu nehmen und für dieselbe Zeitdauer aufzubewahren wie die Daten selbst.

(2) [1]Der Rundfunkrat bestellt eine Beauftragte oder einen Beauftragten für den Datenschutz, die oder der die Ausführung von Abs. 1 sowie anderer Vorschriften über den Datenschutz im journalistischen Bereich frei von Weisungen überwacht. [2]An sie oder ihn kann sich jede Person wenden, wenn sie annimmt, bei der Verarbeitung personenbezogener Daten zu journalistischen Zwecken in ihren Rechten verletzt worden zu sein. [3]Beanstandungen richtet die oder der Beauftragte für den Datenschutz an die Intendantin oder den Intendanten und unterrichtet gleichzeitig den Rundfunkrat. [4]Die Dienstaufsicht obliegt dem Verwaltungsrat.

(3) Der oder dem nach Abs. 2 zu bestellenden Beauftragten für den Datenschutz können auch die Aufgaben nach § 7 zugewiesen werden.

Literatur:

Albrecht/Janson, Datenschutz und Meinungsfreiheit nach der Datenschutzgrundverordnung, CR 2016, 500; *Binder/Vesting*, Beck'scher Kommentar zum Rundfunkrecht, 4. Aufl. 2018; *Dörr/Schiedermair*, Rundfunk und Datenschutz, 2002; *Eberle* Informationsrecht – der große Wurf?, CR 1992, 757; *Flechsig* (Hrsg.), SWR-Staatsvertrag, Kommentar, 1997; *Gall*, Datenschutz im öffentlich-rechtlichen Rundfunk, DuD 1993, 383; *Hein*, Rundfunkspezifische Aspekte des neuen Bundesdatenschutzgesetzes, NJW 1991, 2614; *Herb*, Der neue Südwestrundfunk (SWR) im Netz der Datenschutzgesetze. – VBlBW 1999, 171; *Herb*, Die Struktur der Datenschutzkontrollstellen in der Bundesrepublik, ZUM 2004, 530; *König*, Sektorale Datenschutzkontrolle bei Rechtsanwälten, BRAK-Schriftenreihe, Bd. 21, 2015; *Knothe/Potthast* (Hrsg.), Das Wunder von Mainz – FS für Hans-Dieter Drewitz, 2009.

A. Allgemeines

I. Bedeutung der Vorschrift

Die Vorschrift enthält zwei Regelungsbereiche bezogen auf den **Hessischen Rundfunk** (HR): 1

Abs. 1 enthält aus der großen Anzahl datenschutzrechtlicher Betroffenenrechte sowie presserechtlicher Ansprüche die singuläre Bestimmung zur **Aufbewahrung von Gegendarstellungen.**

Abs. 2 und 3 modifizieren die Kontrollrechte der oder des HDSB (§§ 8 2 bis 18). Denn sie regeln die Bestellung eines **Datenschutzbeauftragten**

(DSB) **beim HR,** einer Anstalt des öffentlichen Rechts. Hierbei werden sowohl **Vorgaben für die Funktion** als unabhängiges datenschutzrechtliches **Aufsichtsorgan** (Abs. 2) gemacht, als auch ein **Verweis auf** die Normen eines **behördlichen DSB** (→ § 7 Rn. 12 ff.) vorgenommen (Abs. 3).

II. Entstehungsgeschichte

3   Die Norm entspricht praktisch wörtlich § 37 HDSG. Aus den Begriffen journalistisch-redaktionell wurde journalistisch, aus Betroffener die betroffene Person und außerdem wurden die Bezeichnungen für das weibliche Geschlecht aufgenommen. Ansonsten blieb die Vorschrift auch nach Erlass der DS-GVO unverändert, obwohl sowohl aus verfassungsrechtlichen wie unionsrechtlichen Gründen (insbesondere Art. 85 DS-GVO) eine Änderung möglich und geboten gewesen wäre.

4   Die Vorschrift wurde im **Gesetzgebungsprozess** gegenüber dem Gesetzentwurf der Fraktion von CDU und von BÜNDNIS90/DIE GRÜNEN[1] nicht verändert.

III. Unionsrechtliche Regelungen

5   Die DS-GVO enthält in Art. 51 ff. **Regelungen zu den unabhängigen Aufsichtsbehörden,** wobei nach Art. 51 Abs. 1 DSGCO auch **mehrere Aufsichtsbehörden** in einem Mitgliedstaat zulässig sind. Dies richtet sich nach den jeweiligen nationalen verfassungsrechtlichen Vorgaben. Deshalb sind in Deutschland neben dem BfDI auch Landesdatenschutzbeauftragte sowie zB DSB der öffentlich-rechtlichen Rundfunkanstalten möglich und geboten.[2]

6   Für die vorliegende Norm von Bedeutung sind zudem die Vorgaben in **Art. 85 DS-GVO** sowie die **GRCh.** Während Art. 7 GRCh den Schutz personenbezogener Daten regelt, wird in Art. 11 Abs. 1 GRCh die Freiheit der Meinungsäußerung und der Informationsfreiheit gewährt und in Abs. 2 die „Freiheit der Medien" postuliert.

7   Aufgrund der **beschränkten Kompetenz** der EU im Bereich der Medien (insbes. im Bereich der Kulturhoheit[3]) wurden die Mitgliedstaaten durch die **Öffnungsklausel des Art. 85 DS-GVO verpflichtet,** das Recht auf Schutz personenbezogener Daten mit dem Recht auf freie Meinungsäußerung und Informationsfreiheit **in Einklang zu bringen.** Bereits Art. 9 DS-RL forderte Sonderregelungen für die Verarbeitung zu journalistischen Zwecken. Es bestand die Notwendigkeit, besondere Datenschutzbestimmungen im Bereich der Medien vorzusehen.[4] Ein Regel-Ausnahme-Verhältnis mit dem **Vorrang des Datenschutzes besteht nicht.**[5]

---

1   LT-Drs. 19/5728, 25 f.
2   Zu letzterem *König*, S. 111 f.; *Herb* in Roßnagel DatenschutzR-HB Kap. 5.3.; *Bergmann/Möhrle/Herb* DS-GVO Art. 51 Rn. 10 bis 13.
3   *Albrecht/Janson* CR 2016, 500 (507); *Bergmann/Möhrle/Herb* DS-GVO Art. 2 Rn. 11.
4   *Herb* ZUM 2004, 530 (532).
5   *Hennemann* in Specht/Mantz DatenschutzR-HdB § 19 Rn. 39.

Der **EuGH** stellt in ständiger Rechtsprechung fest, dass der **Ausgleich** 8
zwischen Meinungsfreiheit und Datenschutz dem **nationalen Gesetzgeber**
zugewiesen ist.[6]

IV. Verhältnis zu anderen Vorschriften

Aufgrund der **Kompetenzordnung in Deutschland** sind die **Landesgesetzge-** 9
ber für den Bereich des Rundfunks (Hörfunk und Fernsehen) sowie der Telemedien zuständig (jetzt einheitlich geregelt im „Staatsvertrag zur Modernisierung der Medienordnung in Deutschland" (MStV).[7] Dort finden sich
die **Datenschutzregelungen im §§ 12 und 23 MStV.**

Die in den §§ 8 bis 18 enthaltenen **Kontrollrechte** der oder des HDSB wer- 10
den **durch Abs. 2 eingeschränkt.** Die **Aufbewahrung von Gegendarstellun-**
gen werden in § 20 MStV geregelt. Das Instrument einer „**Beanstandung**"
nach Abs. 2 Satz 3 sind auch in §§ 49, 66 Abs. 4 und 115 Abs. 4 MStV geregelt.

B. Datenverarbeitung beim Hessischen Rundfunk

Die Datenverarbeitung beim HR wird durch die Vorschrift nur in kleinen 11
Teilbereichen geregelt.

I. Gegendarstellung (Abs. 1)

Wenn die **journalistische Verarbeitung** personenbezogener Daten eine **Ver-** 12
letzung von Rechten, insbes. von Art. 1 Abs. 2 DS-GVO zur Folge hat, so
können betroffene Personen dagegen einschreiten. Sie können nicht nur
Schadenersatzansprüche geltend machen (oder strafrechtlich vorgehen),
sondern auch eine Berichtigung, eine Unterlassung, einen Widerruf oder
eine **Gegendarstellung verlangen.** Abs. 1 regelt und betrifft **nicht** die **weite-**
ren datenschutzrechtlichen Rechte von betroffenen Personen zB auf Auskunft, Berichtigung oder Löschung von personenbezogenen Daten oder die
presserechtlichen Ansprüche auf Widerruf und Richtigstellung.

Ein **Gegendarstellungsanspruch** ist ein nicht-vermögensrechtlicher Rechts- 13
behelf „sui generis".[8] Mit diesem **presserechtlichen Instrument** kann eine
betroffene Person versuchen, ihre eigene Darstellung eines Sachverhalts
durchzusetzen. Wer von falschen Tatsachen in einem Bericht betroffen ist,
soll im selben Medium an vergleichbarer Stelle und in vergleichbarer Auf-
machung eine Richtigstellung erfahren. Der Anspruch dient dem Schutz
der Selbstbestimmung des Einzelnen über die Darstellung seiner eigenen
Person.[9]

Für den HR gilt über den Verweis in § 3 Nr. 9 HRG die Norm zur Gegen- 14
darstellung **in § 9 HPresseG.** Aufgrund der dort vorgeschriebenen sinnge-

---

6 *EuGH* ECLI:EU:C:2003:596 Rn. 90 – Lindqvist; *EuGH* ECLI:EU:C:2008:727
   Rn. 55 – Satamedia; *EuGH* ECLI:EU:C:2014:317 Rn. 85 – Google Spain; *EuGH*
   ECLI:EU:C:2019:122 Rn. 50 – Buivids.
7 GVBl Hessen 2020, 606 ff.; GBl. BW 2020, 249 ff.; vgl. auch *Herb* VBlBW 2020,
   492.
8 *BGH* AfP 1976, 75 (83).
9 *LG Frankfurt* AfP 2020, 81. Ausführlich zur Gegendarstellung *Flechsig* in *Flechsig*,
   SWR-Staatsvertrag, 10 SWR-Staatsvertrag Rn. 1 ff.

mäßen Anwendung gilt § 9 HPresseG für alle Veröffentlichungen des HR, gleichgültig ob es sich um Hörfunk, Fernsehen, Telemedien oder sonstige (Papier- oder Internet-)Veröffentlichungen handelt.

15   Ist ein **Gegendarstellungsverlangen erfolgreich**, so bestimmt **Abs. 1**, dass die Gegendarstellung zu den gespeicherten Daten zu nehmen und für dieselbe Zeitdauer aufzubewahren ist. Damit wird in Abs. 1 **lediglich die Rechtsfolge** einer erfolgreichen Gegendarstellung normiert. Wie bereits beim inzwischen aufgehobenen § 35 Abs. 6 Sätze 2 und 3 BDSG aF werden nur Regelungen über die **Dauer der Speicherung einer Gegendarstellung** getroffen, nicht aber zu den Voraussetzungen und zum Umfang. Zwar ergibt sich aus dem Urteil regelmäßig, für welche Passagen und Bereiche eine Gegendarstellung erfolgreich war, doch empfiehlt es sich in der **Praxis**, nicht nur den Tenor des Urteils, sondern das **gesamte Urteil** zum Ursprungsbeitrag zu nehmen bzw. darauf zu verweisen.

16   **Abs. 1** spricht **nur** von **Gegendarstellungen**. Beschlüsse oder Urteile über die Unterlassung der Verbreitung, den Widerruf oder sonstige Verpflichtungen werden vom Wortlaut nicht umfasst. Demgegenüber werden in § 12 Abs. 2 MStV für die journalistische Verarbeitung personenbezogener Daten und für Telemedien in § 23 Abs. 3 MStV entsprechende Regelungen für **Verpflichtungserklärungen**, Beschlüsse oder Urteile über die **Unterlassung der Verbreitung** oder über den **Widerruf** getroffen. Danach sind diese Verpflichtungserklärungen, Beschlüsse oder Urteile für dieselbe Zeitdauer aufzubewahren wie die Daten selbst und bei einer Übermittlung von Daten gemeinsam mit diesen zu übermitteln. Damit sind §§ 12 Abs. 2 und 23 Abs. 3 MStV anzuwenden, wenn es sich nicht um Gegendarstellungen handelt. In der **Praxis** ist damit **für alle** diese **Fälle** für eine Verknüpfung von Verpflichtungen und gespeicherten Daten mit gleichzeitiger Aufbewahrungsdauer zu sorgen. Nur damit ist gewährleistet, dass vorab vor einer möglichen Wiederholung oder Bearbeitung eines Beitrags alle Informationen zur Verfügung stehen und möglicherweise in der Vergangenheit vorgekommene Persönlichkeitsrechtsverletzungen nicht wieder geschehen.

II. Regelungen zum Datenschutzbeauftragten beim HR (Abs. 2)

17   In **Abs. 2** werden die Bestellung eines **DSB beim HR** als Aufsichtsorgan geregelt (Satz 1), das Anrufungsrecht betroffener Personen (Satz 2), die Zuständigkeit bei Beanstandungen (Satz 3) sowie die Zuweisung der Dienstaufsicht (Satz 4).

1. Bestellung eines Datenschutzbeauftragten beim HR (Satz 1)

18   Nach **Abs. 2 Satz 1** bestellt der Rundfunkrat einen DSB, welcher weisungsfrei für die Überwachung des Datenschutzes „**im journalistischen Bereich**" (sowie im Hinblick auf Abs. 1) zuständig ist.

a) Begriff des journalistischen Bereichs

19   Der DSB des HR soll **nur für den journalistischen Bereich** (Satz 1) bzw. bei der **Verarbeitung zu journalistischen Zwecken** (Satz 2) zuständig sein.

Art. 9 DSRL sowie der § 41 BDSG aF sprachen von „**journalistisch-redaktionellen Zwecken**". Nach **BGH**[10] werden Daten „dann zu journalistisch-redaktionellen Zwecken verarbeitet, wenn die **Zielrichtung in einer Veröffentlichung** für einen **unbestimmten Personenkreis** besteht". Diese Ausführungen gelten auch heute noch. — 20

Art. 85 DS-GVO enthält eine Öffnungsklausel für die Verarbeitung zu journalistischen Zwecken. Im letzten Satz des ErwG 153 DS-GVO wird festgehalten, dass der Begriff „**Journalismus**" **weit auszulegen** sei. Dies betont auch der **EuGH**.[11] — 21

Die weite Auslegung des Begriffs journalistische Zwecke führt dann auch dazu, dass eine **Verpflichtung auf das Datengeheimnis** nach 12 Abs. 1 und 23 Abs. 1 MStV für **alle** Personen zu erfolgen hat. Auch der Ü-Wagen-Fahrer, der Journalisten zum Einsatzort bringt, der Cutter, der einen Film schneidet, oder der Mitarbeiter der Rechtsabteilung, der ein Programm abnimmt, handelt in diesem Sinne journalistisch. — 22

b) Abgrenzung zu den Bereichen außerhalb des journalistischen Bereichs

Soll die Aufsicht des HR-DSB nach § 1 Abs. 4 (→ § 1 Rn. 35 ff.) nur für den journalistischen Bereich gelten und die „Verwaltungstätigkeit" von der oder dem HDSB überwacht werden, so ist für diesen Fall der „**geteilten Aufsicht**" eine **Abgrenzung** vorzunehmen.[12] Es ist aber — 23

fraglich, ob eine **geteilte Aufsicht verfassungsrechtlich** überhaupt **zulässig** ist.

Die verfassungsrechtliche Gewährleistung für die Medien (Art. 5 GG sowie Art. 11 und 13 GRCh) reicht **von der Beschaffung der Information** über deren Bearbeitung **bis zur** (ungehinderten) **Verbreitung**. Schon daraus ergibt sich, dass es **problematisch** ist, eine künstliche **Aufspaltung** einer einheitlichen Programmtätigkeit in einen journalistischen und nicht-journalistischen Bereich vorzunehmen. — 24

Im Rahmen der Umsetzung der DS-GVO[13] hat der **Bundesgesetzgeber** in der Gesetzesbegründung wörtlich festgehalten, dass es geboten sei, den — 25

„*Begriff „journalistisch" weit auszulegen, so dass auch diejenigen Voraussetzungen und Hilfstätigkeiten eingeschlossen sind, ohne welche die Medien ihre Funktion nicht in angemessener Weise erfüllen können (vgl. BVerfG Urteil vom 12.03.2003, 1 BvR 330/96, Rn. 103). Hiervor können auch Verwaltungstätigkeiten und sonstige Hilfstätigkeiten erfasst sein, soweit diese Rückwirkungen auf die journalistische Tätigkeit haben können*"[14]. „*Ziel ist es, der Bedeutung des Rechts auf freie Meinungsäußerung und Informationsfreiheit in einer demokratischen Gesellschaft Rechnung zu tragen.*"[15]

---

10 BGHZ 183, 353, Rn. 31 unter Verweis auf Beck RundfunkR, 2. Aufl. 2007, RStV § 57 Rn. 13; *Bergmann/Möhrle/Herb* DS-GVO Art. 85 Rn. 21 ff.
11 S. zB *EuGH* ECLI:EU:C:2019:122 Rn. 51 – Buivids mwN.
12 S. auch BW LT-Drs. 16/2953, 3.
13 DSAnpUG-EU vom 30.6.2017, BGBl. 2017, 2097 ff.
14 BT-Drs. 19/4674, 258 unter Verweis auf BVerfGE 107, 299, Rn. 103.
15 BT-Drs. 19/4674. 259 zum vergl. Fall bei der Deutschen Welle.

26   Notwendig ist deshalb nicht nur „ein **völlig eigenständiges Kontrollorgan,** dass jegliche Gefahr der Beeinträchtigung der publizistischen Tätigkeit der Rundfunkanstalten von vornherein ausschließt",[16] sondern auch eine **alle Bereiche umfassende Aufsichtsbehörde.** „Eine Kontrolle des Datenschutzes im Rundfunk durch externe staatliche Behörden erweist sich wegen des Gebots der Staatsferne des öffentlich-rechtlichen Rundfunks als verfassungsrechtlich unzulässig".[17] Die „Notwendigkeit des anstaltseigenen Rundfunk-DSB dient speziell der **institutionellen Sicherung der Rundfunkfreiheit** und **verbietet eine staatliche Fremdkontrolle** durch den jeweiligen Landesdatenschutzbeauftragten. Damit ist der Rundfunkdatenschutzbeauftragte Teil eines umfassenden Konzepts des Grundrechtsschutzes durch Verfahren, das sich übergeordnet im Selbstverwaltungsrecht der öffentlich-rechtlichen Rundfunkanstalten widerspiegelt".[18]

27   Auch in der **Praxis** zeigt sich, dass eine **Abgrenzung** von Verwaltungstätigkeit und journalistischer Tätigkeit praktisch **nicht möglich** ist.[19] Der freie Mitarbeiter erhält sein Honorar für eine bestimmte journalistische Tätigkeit, weshalb die Abrechnungsdaten auch journalistische Daten sind und selbst aus den Hilfstätigkeiten (Fahrt- oder Reiseabrechnungen zu einem bestimmten publizistischen Ereignis) können Rückschlüsse auf die journalistische Arbeit gezogen werden. Notwendig ist aber, dass „**kein Bezug zu Programmtätigkeiten**" vorliegt.[20]

28   In der Praxis war und ist die Frage, inwieweit der **Rundfunkbeitragseinzug** der **Kontrolle des HDSB** unterfällt, von grundlegender Bedeutung. Die oder der HDSB ist der Auffassung, die Verarbeitung der **Rundfunkteilnehmerdaten des HR** beim Beitragsservice in Köln (früher GEZ -Gebühreneinzugszentrale der öffentlich-rechtlichen Rundfunkanstalten), unterliege seiner Kontrolle (→ § 1 Rn. 36). Dabei wird aber nicht berücksichtigt, dass die Finanzierung der öffentlich-rechtlichen Rundfunkanstalten **untrennbar** mit ihrer **gesetzlichen Aufgabenerfüllung verbunden** ist. Der Beitragseinzug ist für die Rundfunkanstalten ein existenzieller und auch verfassungsrechtlich besonders sensibler und geschützter Bereich. Anders als im staatlichen Bereich können durch datenschutzrechtliche Vorgaben bewirkte Mehraufwendungen nicht aus (anderen) Steuertöpfen ausgeglichen werden und eine Berücksichtigung der Einnahmeausfälle erfolgt – wenn überhaupt – regelmäßig erst viel später in der nächsten Gebühren- bzw. Beitragsperiode.[21]

29   **Zusammenfassend** ergibt sich somit, dass die in der Vorschrift vorgesehene Aufspaltung in einen journalistischen Bereich und in einen Bereich der Verwaltungstätigkeiten nicht praktikabel ist, europarechtlich nach Art. 85 DS-GVO nicht gefordert und sich nach deutschem Recht verfassungsrechtlich als unzulässig darstellt.

---

16   *König,* S. 112; *Bergmann/Möhrle/Herb* DS-GVO Art. 85 Rn. 65.
17   *Dörr/Schiedermair,* S. 43; *Herb* in Roßnagel DatenschutzR-HB Kap. 5.3 Rn. 4.
18   *König,* S. 111.
19   So bereits *Gall* DuD 1993, 383; *Hein* NJW 1991, 2614; *Eberle* CR 1992, 757; *Herb* VBlBW 1999, 172; *Herb* in Roßnagel DatenschutzR-HB Kap. 5.3. Rn. 9.
20   BT-Drs. 19/4674, 4 zum vergleichbaren Fall bei der Deutschen Welle.
21   *Herb* in Knothe/Potthast, S. 167, 168 sowie 170.

c) Bestellung des HR Datenschutzbeauftragten

Nach **Abs. 2 Satz 1** ist der Datenschutzbeauftragte als datenschutzrechtliches Aufsichtsorgan **durch den Rundfunkrat zu bestellen.** Damit ergibt sich ein Bezug zu den in Art. 53 und 54 DS-GVO enthaltenen Anforderungen zur Errichtung einer Aufsichtsbehörde und Ernennung ihrer Mitglieder durch eine **"unabhängige Stelle"** (Art. 51 Abs. 1, vierter Spiegelstrich DS-GVO). Im Falle des öffentlich-rechtlichen Rundfunks ist der **Rundfunkrat** diese unabhängige Stelle. Denn dieser ist "als Sachwalter der **Interessen der Allgemeinheit verpflichtet"**, wobei die Rundfunkratsmitglieder "in ihrer Amtsführung an Aufträge und Weisungen nicht gebunden sind".[22] Der Rundfunkrat ist "für die Erfüllung des Funktionsauftrags der Rundfunkanstalten von grundlegender Bedeutung".[23]

30

d) Weitere Regelungen für die Tätigkeit des HR-Datenschutzbeauftragten

Art. 52 bis 54 DS-GVO enthalten Vorgaben im Hinblick auf Aufgaben, Stellung und Voraussetzungen im Hinblick auf die Aufsichtsbehörden. Art. 52 DS-GVO macht zum einen Vorgaben zur Unabhängigkeit, Finanzierung (auch eigenem Personal) und Inkompatibilitäten sowie Interessenkonflikten. Nach Art. 54 DS-GVO ist es notwendig, durch Rechtsvorschrift bestimmte Vorgaben für die Ernennung zu machen. In der Vorschrift fehlen aber zB Regelungen zur Qualifikation (Art. 54 Abs. 1 lit. b DS-GVO), zur Dauer der Amtszeit (nach Art. 54 Abs. 1 lit. d DS-GVO mindestens vier Jahre) und zur Frage der Wiederernennung. Zu all diesen notwendigen Regelungen schweigt die Vorschrift. Solange der Gesetzgeber entgegen der Vorgabe der DS-GVO keine entsprechenden gesetzlichen Regelungen trifft, wird man in unionsrechtskonformer Auslegung die entsprechenden Normen der DS-GVO für den HR-DSB als Aufsichtsbehörde direkt entsprechend anwenden müssen.

31

e) Tätigkeitsbericht des HR-Datenschutzbeauftragten

Nach Art. 59 DS-GVO hat **jede Aufsichtsbehörde** einen **Jahresbericht über ihre Tätigkeit** zu erstellen. Diese Regelung gilt unmittelbar und damit auch für den HR-DSB, auch wenn eine entsprechende Regelung in der Vorschrift fehlt. Es wäre aber sinnvoll, wenn im Gesetz auch konkret geregelt würde, welchen Organisationen und "Behörden" (Art. 59 Satz 2 DS-GVO) dieser Bericht zu übermitteln ist (zB dem Rundfunkrat und Verwaltungsrat des HR). In der Praxis erfolgt seit Jahren die Erstellung von Tätigkeitsberichten und die **Veröffentlichung auf den Web-Seiten des HR.**[24]

32

2. Anrufungsrecht von Betroffenen (Satz 2)

Nach **Satz 2** kann sich **jede Person** an den **HR-DSB wenden.**

33

---

22 BVerfGE 60, 53 (65).
23 BVerfGE 136, 9 Rn. 52.
24 S. zB Tätigkeitsbericht des HR-DSB 2018/2019, abrufbar unter https://www.hr.de/unternehmen/struktur/datenschutz,ulrich_goehler-datenschutzbeauftragter-100.html.

a) Allgemeines zum Anrufungsrecht

34 Das **Anrufungsrecht** ist vergleichbar Art. 77 DS-GVO, welcher ein Recht auf Beschwerde bei den Aufsichtsbehörden gibt.[25]

35 Das Anrufungsrecht nach **Satz 2** steht als Menschenrecht **jedermann** zu und nicht nur Personen, die in Hessen wohnen oder arbeiten. Das Recht steht nicht nur außenstehenden Personen, sondern **auch** jeder **Mitarbeiterin** und jedem Mitarbeiter des HR ohne Einhaltung irgendeines Dienstweges zu.

36 Eine Aufsichtsbehörde ist entsprechend Art. 57 Abs. 1 lit. f DS-GVO nicht nur verpflichtet, sich damit zu befassen, sondern muss nach Art. 57 Abs. 2 DS-GVO das Einreichen von **Beschwerden erleichtern** „wie etwa die Bereitstellung eines Beschwerdeformulars". Für **betroffene Personen** ist die Aufgabenerfüllung der Aufsichtsbehörde **unentgeltlich** (Art. 57 Abs. 3 DS-GVO). Der Betroffene hat in allen Fällen einer Anrufung den Anspruch, dass seine **Eingabe bearbeitet** wird, wobei kein Rechtsanspruch auf eine bestimmte tatsächliche oder rechtliche Feststellung (oder Erlass eines Verwaltungsaktes) besteht.[26]

b) Gegenständliche Begrenzung des Anrufungsrechts

37 Nach dem **Wortlaut von Satz 2** kann man sich an den HR-DSB nur wenden, wenn durch die Verarbeitung personenbezogener Daten „**zu journalistischen Zwecken**" eine Verletzung erfolgt ist. Damit stellt sich wieder die Frage, was unter den Begriff der **journalistischen Zwecke** fällt. Wie bereits dargelegt wird man von einer weiten Auslegung des Begriffs journalistische Zwecke ausgehen müssen (→ Rn. 21 bis 25). Der HR-DSB muss also insoweit **alle Beschwerden** bearbeiten.

3. Beanstandungen durch den HR-Datenschutzbeauftragten (Satz 3)

38 **Abs. 2 Satz 3** regelt das Verfahren bei **Beanstandungen**. Damit wird aber keine Aussage getroffen, welche Voraussetzungen oder welche Rechtsqualität eine Beanstandung hat.

a) Qualifizierung einer Beanstandung

39 Eine **Beanstandung** ist ein Mittel der verwaltungsinternen **Rechtmäßigkeitskontrolle**, mit der Fehler oder Mängel festgestellt werden können. Sie ist weder rechtsverbindlich noch ein Verwaltungsakt und kann weder angefochten noch durchgesetzt werden. Es war deshalb schon nach Art. 28 Abs. 3 DSRL fraglich, ob eine Beanstandung eine „wirksame Einwirkungsbefugnis" ist. Jetzt stattet die DS-GVO die Aufsichtsbehörden mit **Befugnissen nach Art. 58 DS-GVO** aus, deren Rechtsqualität und Wirksamkeit weit über eine Beanstandung hinausreichen. Eine Beanstandung kann deshalb man nur dann mit der **DS-GVO** als **vereinbar** ansehen, **wenn** man die Beanstandung quasi nur als ein **Vorverfahren oder** eine **Vorstufe** zu den Befugnissen nach Art. 58 DS-GVO ansieht. Festzuhalten bleibt damit aber

---

25 S. die ausführliche Kommentierung bei *Bergmann/Möhrle/Herb* DS-GVO Art. 77 Rn. 12 ff.
26 *Bergmann/Möhrle/Herb* DS-GVO Art. 77 Rn. 37 bis 39.

auch, dass dem HR-DSB für den Datenschutz beim HR neben einer Beanstandung auch die Befugnisse nach Art. 58 DS-GVO zustehen.

b) Verfahren bei einer Beanstandung

Nach **Satz 3** sind Beanstandungen **an die Intendantin** oder den Intendanten   40
zu richten und gleichzeitig ist der Rundfunkrat zu unterrichten. In der Praxis dürfte dies dazu führen, dass der Intendant danach unmittelbar tätig
wird. Teilt er die Beanstandung, so wird er für Abhilfe sorgen und darüber
dann dem Rundfunkrat berichten. Hält er die Beanstandung für unbegründet, so wird er seine Sicht der Angelegenheit dem Rundfunkrat vortragen,
damit dieser in der nächsten Sitzung einen Beschluss treffen kann. Dabei ist
dem DSB die Möglichkeit zu geben, seine Gründe für die Beanstandung in
der Sitzung darzulegen.

4. Dienstaufsicht über den HR-Datenschutzbeauftragten (Satz 4)

Nach **Satz 4** obliegt die **Dienstaufsicht** für den HR-DSB dem Verwaltungs-   41
rat. Dieser Satz ist **unionsrechtswidrig**, da er dem Unabhängigkeitserfor-
dernis nach Art. 52 DS-GVO, insbesondere Art. 52 Abs. 1 DS-GVO widerspricht. Er müsste wie die oder der HDSB (§ 8 Abs. 2 Satz 1) **nur dem Gesetz unterworfen** sein. Eine unionsrechtskonforme Auslegung könnte so
aussehen, dass man entweder die DS-GVO unmittelbar anwendet oder
aber zur Klarstellung auf § 8 Abs. 2 verweist oder zB den in § 27 Abs. 5
Satz 2 LDSG BW enthaltenen Satz aufnimmt: „Sie oder er unterliegt keiner
Dienst-, Rechts- und Fachaufsicht".

III. Weitere Aufgaben eines Datenschutzbeauftragten beim HR (Abs. 3)

Nach **Abs. 3** können dem HR-DSB als Aufsichtsorgan auch gleichzeitig die   42
Aufgaben eines behördlichen DSB nach § 7 HDSIG zugewiesen werden.
Dies führt dann in der Praxis dazu, dass der HR-DSB **einerseits unabhängiges Aufsichtsorgan** für den journalistischen Bereich ist, **andererseits behördlicher DSB** für den nicht-journalistischen Bereich.

C. Würdigung

Die Vorschrift bedarf einer **grundlegenden Überarbeitung**. Die beim HR   43
(wie auch bei Radio Bremen und RBB und jetzt auch bei der Deutschen
Welle) bestehende **gespaltene** datenschutzrechtliche **Aufsicht** ist unionsrechtlich nicht geboten, verfassungsrechtlich zumindest mehr als bedenk-
lich und in der Praxis wenig sinnvoll. Notwendig ist die Bestellung eines
HR-DSB vorzusehen, der für die **gesamte Tätigkeit des HR** zuständig ist.
Der Gesetzgeber muss auch die in Art. 52 bis 59 DS-GVO enthaltenen Anforderungen in einer bestimmten und normenklaren Regelung umsetzen
und damit die vorliegende Vorschrift grundlegend ändern. Ein Vorbild
könnte die Regelung in § 27 LDSG BW sein. Solange der Gesetzgeber nicht
tätig geworden ist, wird man in der Praxis die entsprechenden DS-GVO-
Regelungen anwenden und zugrunde legen müssen.

§ 28 a   Datenverarbeitung bei öffentlichen Auszeichnungen und Ehrungen

(1) [1]Die für die Vorbereitung und Durchführung öffentlicher Auszeichnungen und Ehrungen erforderlichen personenbezogenen Daten einschließlich der Daten nach Art. 9 Abs. 1 der Verordnung (EU) Nr. 2016/679 dürfen von

1. den zuständigen Stellen auch ohne Kenntnis der betroffenen Person verarbeitet werden,
2. anderen öffentlichen Stellen auch ohne Kenntnis der betroffenen Person an die dafür zuständigen Stellen übermittelt werden.

[2]Soweit eine Verarbeitung ausschließlich für die in Satz 1 genannten Zwecke erfolgt, sind die Art. 13, 14, 16 und 19 bis 21 Abs. 4 der Verordnung (EU) Nr. 2016/ 679 nicht anzuwenden.

(2) Eine Verarbeitung der in Abs. 1 Satz 1 genannten Daten für andere als die dort genannten Zwecke ist nur mit Einwilligung der betroffenen Person zulässig.

Literatur:

Sydow, Das Recht auf Vergessenwerden in interessanter Neuinterpretation, ZD 2019, 189; *Dirnberger ua*, Orden, Ehrenzeichen, Auszeichnungen, Ehrenpreise und Anerkennungen in Hessen, 3. Aufl. 2019.

A. Allgemeines

I. Bedeutung der Vorschrift

1   Mit der Vorschrift hat der Gesetzgeber nach langem Zögern eine **eigene Regelung** zur Verarbeitung personenbezogener Daten im Rahmen der Vorbereitung und Durchführung öffentlicher Auszeichnungen und Ehrungen erlassen. Die Vorschrift reiht sich in den Abschnitt zu besonderen Verarbeitungssituationen ein.

II. Entstehungsgeschichte

2   Die Vorschrift wurde mit Art. 5 des Gesetzes zur Förderung der elektronischen Verwaltung und zur Änderung verwaltungsverfahrens- und verwaltungsvollstreckungsrechtlicher sowie datenschutzrechtlicher Vorschriften und glücksspielrechtlicher Zuständigkeiten vom 12.9.2018[1] in das HDSIG eingefügt. Bereits 2002 hatte der HDSB deutlich eine spezifische **Rechtsgrundlage** für die Verarbeitung personenbezogener Daten für die Vorbereitung und Durchführung öffentlicher Auszeichnungen und Ehrungen ange-

---

1   GVBl. 2018, 570.

mahnt.[2] Zuvor waren Arbeiten an einem Gesetz zur Regelung der Datenverarbeitung im Zusammenhang mit der Verleihung von Auszeichnungen und Ehrungen gescheitert. Auch der Vorschlag einer Sondervorschrift im HDSG wurde nicht weiterverfolgt.

III. Unionsrechtliche Regelungen

Die Verleihung von öffentlichen Auszeichnungen und Ehrungen unterfällt nicht dem Unionsrecht und ist damit nach Art. 2 Abs. 2 lit. a DS-GVO aus dem sachlichen **Anwendungsbereich** der Verordnung **ausgenommen**.[3] Der Gesetzgeber erklärt die DS-GVO indes über § 1 Abs. 8 dennoch für anwendbar, sofern er keine expliziten Ausnahmen formuliert (→ § 1 Rn. 46 f.). Dies tut er für Auszeichnungen und Ehrungen in § 28 a Abs. 1 Satz 2 (→ Rn. 14 f.). Die Rechtsgrundlage zur Verarbeitung personenbezogener Daten zur Verleihung von Orden, Auszeichnungen und Ehrungen wurde nicht aufgrund, sondern anlässlich der Umsetzung von DS-GVO und JI-RL beschlossen.

Da die Verarbeitung personenbezogener Daten zur Vorbereitung und Durchführung öffentlicher Auszeichnungen und Ehrungen einen **Eingriff in das Recht auf informationelle Selbstbestimmung** darstellt, ist auch jenseits des Anwendungsbereichs der DS-GVO und der GRCh eine eigene Ermächtigungsgrundlage zur Rechtfertigung des Eingriffs erforderlich. Laut dem Bundesgesetzgeber begründet der „besondere Charakter der Ordensverleihung" als „Gunstbeweis des Staates" ohne Begründungszwang und ohne Möglichkeit einer gerichtlichen Überprüfung das Bedürfnis spezieller datenschutzrechtlicher Regelungen.[4]

IV. Verhältnis zu anderen Vorschriften

Rechtsgrundlagen für die Verleihung von Auszeichnungen und Ehrungen finden sich sowohl in gesetzlichen wie auch in untergesetzlichen Vorschriften. Zu nennen sind hier etwa der Erlass über die Stiftung der Pflegemedaille des Landes Hessen,[5] der Erlass über die staatliche Anerkennung von Rettungstaten und von Zivilcourage[6] oder der Erlass über die Stiftung des Hessischen Verdienstordens.[7]

Die **Richtlinien für die Verleihung staatlicher Auszeichnungen im Geschäftsbereich der Ministerpräsidentin oder des Ministerpräsidenten**[8] enthalten dabei eigene datenschutzrechtliche Regelungen. Vorgesehen ist dort eine zweistufige Prüfung (III. Nr. 3). Zunächst ist zu prüfen, ob sich die vorgeschlagene Person iSd Auszeichnung verdient gemacht hat. Erst im zweiten Schritt dürfen Daten erhoben werden, die zur Feststellung der Würdigkeit erforderlich sind. Zudem enthalten die Richtlinien Vorgaben zum Umgang mit Widerspruch. Ist der Stelle bekannt, dass die betroffene

---

2 HDSB, 31. Tätigkeitsbericht, LT-Drs. 15/4790, 21.
3 S. zB *Roßnagel* in Simitis/Hornung/Spiecker gen. Döhmann DS-GVO Art. 2 Rn. 21.
4 BT-Drs. 19/4674, 211.
5 GVBl. I 2009, 500.
6 GVBl. I 2008, 905.
7 GVBl. I 2008, 911.
8 Staatsanzeiger Hessen, 2018 Nr. 29, 870.

Person der Auszeichnung oder der mit ihr verbundenen Datenerhebung widersprochen hat, so sind mit Ausnahme des Vermerks des Widerspruchs alle vorhandenen Unterlagen unverzüglich zu vernichten (III. Nr. 4). Im Falle einer Auszeichnung sind die Unterlagen für Entscheidungen über Verleihungen spätestens sechs Jahre nach der Verleihung dem zuständigen Archiv anzubieten. Wird die Archivwürdigkeit verneint, sind die Unterlagen zu vernichten. Dennoch dürfen bestimmte, in den Richtlinien genannte Daten bis zum Tod der ausgezeichneten Person weiter gespeichert werden (III. Nr. 5). Darunter sind Personendaten, die Entscheidungsgründe und die vorschlagende Stelle oder Person. Gleiches gilt, wenn einem Verleihungsvorschlag nicht gefolgt wird (III. Nr. 6). Hier sind die Unterlagen unverzüglich dem zuständigen Archiv anzubieten. Die auszeichnende Stelle treffen Unterrichtungspflichten bezogen auf die ausgezeichnete Person, die über die Speicherung ihrer personenbezogenen Daten schriftlich zu unterrichten ist, und bezogen auf die Person oder Stelle, die die Auszeichnung angeregt hat; sie ist über die Entscheidung zu unterrichten, jedoch nicht über die Entscheidungsgründe. Ausdrücklich wird der ausgezeichneten Person ein Recht auf Auskunft zugestanden (III. Nr. 7).

7   Die Richtlinien **empfehlen** in III. Nr. 8 anderen öffentlichen, insbesondere kommunalen Stellen, die im Geltungsbereich des Gesetzes Auszeichnungen und Ehrungen vornehmen, entsprechend den Vorgaben der Richtlinien zu verfahren.

8   Auf Bundesebene **entspricht** der Vorschrift § 86 BDSG; auf Landesebene entsprechen ihr § 16 LDSG BW, Art. 27 BayDSG, § 71 BInDSG, § 30 BbgDSG, § 13 HmbDSG, § 13 DSG M-V, § 15 NDSG, § 22 DSG NRW, § 7 Abs. 1 Nr. 5 LDSG RP, § 30 a DSG LSA, § 16 LDSG SH und § 62 ThürDSG. Keine Entsprechungen finden sich lediglich in Bremen, dem Saarland und in Sachsen.

9   Die Vorbereitung und Durchführung öffentlicher Auszeichnungen und Ehrungen ist **kein Verwaltungsakt** iSd HVwVfG.[9] Damit entfallen das Begründungserfordernis und die Überprüfbarkeit mit Rechtsmitteln. Eine ausdrückliche Negativregelung in § 2 Abs. 2 HVwVfG fehlt jedoch, weshalb eine Freistellung von den Regelungen des HVwVfG nur möglich ist, wenn sich die Tätigkeit nicht als Verwaltungstätigkeit darstellt und die positiven und negativen Voraussetzungen über Ordensverleihungen und Ehrungen nicht rechtlich normiert sind.[10]

B. Auszeichnungen und Ehrungen

10   **Hessische Orden und Ehrungen** sind zB der Hessische Verdienstorden, das Brandschutzehrenzeichen – jeweils in verschiedenen Ausführungen – und die Pflegemedaille. Höchste Auszeichnung des Landes Hessen ist die durch Ministerpräsident Georg August Zinn gestiftete Wilhelm-Leuschner-Medaille. Sie wird von der Hessischen Staatskanzlei verliehen. Verleihende Stellen der Orden und Ehrungen des Landes Hessen sind neben der Staatskanzlei die Landesministerien und die Kommunen, aber auch andere

---

9   Vgl. HDSB, 31. Tätigkeitsbericht, LT-Drs. 15/4790, 17.
10 *Schmitz* in Stelkens/Bonk/Sachs VwVfG § 2 Rn. 20.

öffentliche Stellen. Entscheidungen über die Verleihung eines Ehrenbriefes des Landes Hessens werden in den kreisfreien Städten von den Oberbürgermeistern, im Übrigen von den Landräten getroffen.[11]

I. Verarbeitungsgrundlage (Abs. 1)

Die Vorschrift soll für die für Verleihungsverfahren zuständigen Stellen sowie für die dabei zu beteiligenden Stellen eine umfassen **Verarbeitungs- und Zweckänderungsbefugnis** schaffen.[12]   11

1. Ermächtigung (Satz 1)

Satz 1 ermächtigt die zuständigen Stellen zur **Verarbeitung** personenbezogener Daten einschließlich besonderer Kategorien personenbezogener Daten iSv Art. 9 Abs. 1 DS-GVO zu Zwecken der Vorbereitung und Durchführung öffentlicher Auszeichnungen und Ehrungen (Nr. 1). Zugleich ermächtigt Satz 1 andere öffentliche Stellen zur **Übermittlung** von personenbezogenen Daten einschließlich besonderer Kategorien an die zuständigen Stellen (Nr. 2). Sowohl Verarbeitung als auch Übermittlung sollen ohne Kenntnis der betroffenen Person erfolgen.[13] Umfasst ist auch eine Datenerhebung bei Dritten iSv Art. 14 DS-GVO.[14]   12

Erforderlich sind alle Daten, die zur Evaluation von Verdienst und Würdigkeit der auszuzeichnenden Person notwendig sind. Je höher der Rang der Auszeichnung oder Ehrung ist, umso größere Sorgfalt muss die verleihende Stelle dabei walten lassen. Entsprechend kann auch eine größere Informationsbasis erforderlich sein bis hin zu einem umfassenden Persönlichkeitsbild der betroffenen Person.[15] Angaben der Person oder Stelle, die den Vorschlag unterbreitet hat, sind auf Richtigkeit zu überprüfen.   13

2. Ausschluss von Betroffenenrechten (Satz 2)

Sofern keine Zweckänderung nach Abs. 2 stattfindet, finden nach Satz 2 die Informationspflichten nach Art. 13 und 14 DS-GVO sowie die das Recht auf Berichtigung nach Art. 16 DS-GVO, die Mitteilungspflicht nach Art. 19 DS-GVO, das Recht auf Datenübertragung nach Art. 20 DS-GVO und das Widerspruchsrecht nach Art. 21 DS-GVO **keine Anwendung.**   14

Damit **verbleiben** der betroffenen Person das Auskunftsrecht (Art. 15 DS-GVO), das Recht auf Löschung (Art. 17 DS-GVO) und das Recht auf Einschränkung der Verarbeitung (Art. 18 DS-GVO). Zudem bedeutet Art. 22 DS-GVO, dass die Entscheidung über eine Auszeichnung oder Ehrung nicht automatisiert erfolgen darf.   15

---

11 HDSB, 31. Tätigkeitsbericht, LT-Drs. 15/4790, 18.
12 LT-Drs. 19/6729, 4.
13 Vgl. HDSB, 31. Tätigkeitsbericht, LT-Drs. 15/4790, 17: „Auch wenn die Praxis in Einzelfällen anders aussehen kann, sollte die vorgeschlagene Person grundsätzlich von dem Vorschlag nichts wissen; die Auszeichnung sollte eine ‚Überraschung' für sie oder ihn sein."
14 LT-Drs. 19/6729, 4.
15 Vgl. HDSB, 31. Tätigkeitsbericht, LT-Drs. 15/4790, 17.

II. Zweckänderung (Abs. 2)

16   Nach Abs. 2 ist eine Zweckänderung nur mit Einwilligung der betroffenen Person möglich. Damit wird jeder Zweckänderung eine entscheidende Hürde vorgeschaltet. Dies unterstreicht die Strenge der **Zweckbindung**, der die Vorschrift unterliegt.

C. Würdigung

17   Die Vorschrift – nach langer Anlaufzeit – ist zu begrüßen. Vergleicht man sie mit den Forderungen des HDSB aus dem Jahr 2002, so lassen sich dennoch **Defizite** identifizieren. So forderte der HDSB den Vorrang der Erhebung bei öffentlichen Stellen vor der Erhebung bei Dritten, ein Verbot der Erhebung von Daten über betroffene Personen, von denen bekannt ist, dass sie keine öffentlichen Auszeichnungen oder Ehrungen möchten, die Vorgabe konkreter Löschfristen und einen eigenen Erlaubnistatbestand zur Aufbewahrung der Daten über die Entscheidung hinaus.[16] Erfüllt wurde die Forderungen nach einer ausdrücklichen Ermächtigung zur Verarbeitung personenbezogener Daten besonderer Kategorien und nach dem Unterwerfen der Verarbeitung unter die Aufsicht des HDSB. Einige Forderungen (zu Widerruf und zu Löschfristen) fanden indes Eingang in die Richtlinien für die Verleihung staatlicher Auszeichnungen im Geschäftsbereich der Ministerpräsidentin oder des Ministerpräsidenten (→ Rn. 6), denen Vorbildfunktion auch für andere verleihende Stellen in Hessen zukommen soll (→ Rn. 7). Vorzugswürdig wäre gewesen, die Regelungen der Richtlinien zum Datenschutz direkt im Gesetz zu verankern und sie somit für alle verleihenden Stellen in seinem Geltungsbereich verbindlich zu machen.

18   Zu begrüßen ist insbesondere, dass der Gesetzgeber das **Recht auf Auskunft** nicht für unanwendbar erklärt. Der Ausschluss des Rechts auf Auskunft hatte in vergleichbaren Regelungen Kritik hervorgerufen.[17]

§ 28 b Datenverarbeitung in Gnadenverfahren

(1) In Gnadenverfahren ist die Verarbeitung personenbezogener Daten einschließlich der Daten nach Art. 9 Abs. 1 und Art. 10 der Verordnung (EU) Nr. 2016/679 zulässig, soweit sie zur Ausübung des Gnadenrechts durch die zuständigen Stellen erforderlich ist.

(2) In Gnadenverfahren finden nur die Art. 4 und 5 sowie Kapitel IV mit Ausnahme von Art. 33 und 34 der Verordnung (EU) Nr. 2016/679 entsprechende Anwendung.

Literatur:

Leipold, Das Gnadenrecht, NJW-Spezial 2007, 183; *Müller-Dietz*, Gnade in der Strafrechtspflege in: Schumann (Hrsg.), Das strafende Gesetz im sozialen Rechtsstaat, 2010, 149; *Pflieger*, Gnade vor Recht?, ZRP 2008, 84.

---

16 HDSB, 31. Tätigkeitsbericht, LT-Drs. 15/4790, 21.
17 S. etwa *Braun* in HK-BDSG § 86 Rn. 39; *Sydow* ZD 2019, 189 f.; *Weichert*, Stellungnahme zum Entwurf des HDSIG vom 19.4.2018, LT-Drs. 16/3930, 4.

A. Allgemeines

I. Bedeutung der Vorschrift

Das **Gnadenrecht** beschreibt die Möglichkeit der Beseitigung oder Abmil- 1 derung einer rechtskräftigen Entscheidung. Es ist nicht zu verwechseln mit der Aussetzung des Strafrests nach §§ 57 oder 57 a StGB, sondern steht neben diesem. Das Gnadenverfahren ist auf die Verarbeitung personenbezogener Daten angewiesen und schließt notwendigerweise auch besondere Kategorien personenbezogener Daten nach Art. 9 Abs. 1 DS-GVO und personenbezogene Daten über strafrechtliche Verurteilungen und Straftaten oder damit zusammenhängende Sicherungsmaßregeln nach Art. 10 DS-GVO mit ein. Mit der Vorschrift wurde nun erstmals eine dezidierte Rechtsgrundlage für die Verarbeitung personenbezogener Daten in Gnadenverfahren geschaffen.

Das Recht der Begnadigung übt nach Art. 109 Abs. 1 Satz 1 HV der Minis- 2 terpräsident im Namen des Volkes aus. Eine Übertragung dieser **Befugnis** auf andere Stellen ist möglich. Die Begnadigung eines wegen einer Amtshandlung verurteilten Ministers ist nur auf Antrag des Landtags möglich. Nach Art. 109 Abs. 3 HV bedürfen allgemeine Straferlasse und die Niederschlagung einer bestimmten Art gerichtlich anhängiger Strafsachen der Zustimmung des Landtags. Eine einzelne gerichtlich anhängige Strafsache kann nicht niedergeschlagen werden. Näheres regeln der Gnadenrechts-Erlass und die Hessische Gnadenordnung sowie § 32 HBG.

II. Entstehungsgeschichte

Die Vorschrift wurde zusammen mit § 28 a in das Gesetz eingefügt 3 (→ § 28 a Rn. 2) und stellt ein **Novum** des hessischen Datenschutzrechts dar. Bis zu seiner Novellierung im Jahr 1999[1] enthielt § 3 Abs. 4 HDSG[2] den Hinweis, dass das Gesetz nicht für Gnadenverfahren gelten soll. Dieser Hinweis wurde ersatzlos gestrichen, da die Datenverarbeitung in Gnadenverfahren nicht der damals umzusetzenden DSRL unterfiel. Eine Rechtsgrundlage der Verarbeitung wurde seinerzeit nicht geschaffen, was vor dem Hintergrund des Volkszählungsurteils umstritten war.[3]

III. Unionsrechtliche Regelungen

Gnadenverfahren unterfallen nicht dem Unionsrecht und sind damit nach 4 Art. 2 Abs. 2 lit. a DS-GVO aus dem sachlichen **Anwendungsbereich** der

---

1 GVBl. I 1999, 98.
2 GVBl. I 1986, 309.
3 *Demke* in Schild ua § 3 Erl. IV.

Verordnung **ausgenommen.**[4] Der Gesetzgeber erklärt die DS-GVO indes über § 1 Abs. 8 dennoch für anwendbar, sofern er keine expliziten Ausnahmen formuliert (→ § 1 Rn. 46 f.). Dies tut er für Gnadenverfahren in § 28 b Abs. 2 (→ Rn. 12 f.).

IV. Verhältnis zu anderen Vorschriften

5   **Ähnliche Vorschriften** sind auf Länderebene in § 31 BbgDSG, § 14 Hmb-DSG, § 14 DSG M-V, § 16 NDSG, § 63 ThürDSG und § 23 DSG NRW zu finden. Das BDSG kennt keine allgemeine Befugnisnorm zur Datenverarbeitung für Gnadensachen. Insgesamt ergibt sich mit Blick auf die Gesetzgebung in den Ländern zur Datenverarbeitung zu Gnadensachen ein recht heterogenes Bild.

6   Ein wesentlicher **Unterschied** zu § 23 Abs. 1 Satz 1 DSG NRW, § 14 Abs. 1 DSG M-V und § 16 Abs. 1 Satz 1 NDSG besteht darin, dass Abs. 1 der Vorschrift wie auch § 14 HmbDSG explizit die Verarbeitung von Daten iSv Art. 10 DS-GVO erlaubt.[5] Anders als § 23 Abs. 1 Satz 2 DSG NRW, § 14 Abs. 1 Satz 2 DSG M-V und § 31 Abs. 1 Satz 2 BbgDSG sieht sie keine Ausnahme der Kontrollbefugnis der oder des HDSB vor.

7   Entsprechungen zu **Abs. 2** findet sich in mehreren LDSG. Auch § 23 Abs. 2 DSG NRW lässt das Vierte Kapitel der DS-GVO mit Ausnahme von Art. 33 und 34 Anwendung finden. Allerdings sollen aus dem Ersten Kapitel statt Art. 4 und 5 DS-GVO die Art. 5 bis 7 DS-GVO Anwendung finden. § 31 BbgDSG nimmt im Vierten Kapitel nur Art. 33 DS-GVO aus, nicht jedoch Art. 34; zudem sollen hier wie in NRW auch Art. 6 und 7 DS-GVO Anwendung finden, zusätzlich zur Regelung in NRW aber auch Art. 4 DS-GVO. Nach § 14 HmbDSG und § 14 DSG M-V sind nur Art. 5 bis 7 sowie Kapitel IV ohne Art. 33 DS-GVO anwendbar. In § 16 Satz 2 NDSG werden die Art. 13 bis 15 und 19 der DS-GVO für unanwendbar erklärt; der Rest der Verordnung ist auch in Begnadigungsverfahren anwendbar. § 63 ThürDSG erklärt Art. 13 bis 15 DS-GVO für unanwendbar.

8   In Bremen regelt § 1 Abs. 4 Satz 2 BremDSG die **Nichtanwendung** bestimmter Vorschriften des BremDSG für Gnadenverfahren. § 1 Abs. 7 LDSG BW, § 3 Abs. 2 Nr. 3 DSG LSA und § 1 Abs. 6 BayDSG nehmen die Verarbeitung personenbezogener Daten zur Ausübung des Begnadigungsrechts ganz aus dem Anwendungsbereich des jeweiligen LDSG heraus. In Bayern gilt stattdessen die Bekanntmachung des Bayerischen Ministerpräsidenten über die im Gnadenverfahren zu beachtenden Grundsätze des Datenschutzes.[6]

9   Die Vorschrift gilt nur, soweit nicht andere Verarbeitungsgrundlagen greifen, insbes. **§§ 483 Abs. 2 oder 487 Abs. 1 Satz 1 StPO.** Nach § 483 Abs. 2 StPO dürfen personenbezogene Daten, die von Gerichten, Strafverfolgungsbehörden einschließlich Vollstreckungsbehörden, Bewährungshelfern, Aufsichtsstellen bei Führungsaufsicht und der Gerichtshilfe zu Zwecken

---

4   S. zB *Roßnagel* in Simitis/Hornung/Spiecker gen. Döhmann DS-GVO Art. 2 Rn. 21.
5   Kritisch zu dieser Auslassung in § 23 Abs. 1 Satz 1 DSG NRW *Jacquemain* in HK-DSG NRW § 23 Rn. 11.
6   Bekanntmachung v. 25.6.1994 (GVBl., 546, BayRS 313–4-S).

des Strafverfahrens verarbeitet werden sowie in Informationssystemen der Polizei verarbeitete Daten auch in Gnadensachen genutzt werden. Nach § 487 Abs. 1 Satz 1 StPO dürfen die nach § 483 StPO gespeicherten Daten für Zwecke eines Gnadenverfahrens übermittelt werden.

B. Datenverarbeitung in Gnadenverfahren

Die Vorschrift ist Grundlage umfassender Verarbeitung personenbezogener Daten, um eine Entscheidungsbasis für eine Gnadenentscheidung zu generieren. **Gnadengesuche** können nach § 5 Abs. 1 Satz 1 HGnO schriftlich oder in Eilfällen mündlich gestellt werden. Das Gnadenverfahren kann nach § 4 Abs. 2 HGnO aber auch durch das Gericht, die Staatsanwaltschaft, die Vollstreckungsbehörde, die Leitung der Maßregelvollzugseinrichtung und die Leitung der Justizvollzugsanstalt angestoßen werden. Nach § 4 Abs. 3 HGnO ist das Gnadenverfahren vertraulich und unterliegt grundsätzlich nicht der Akteneinsicht. 10

I. Zulässigkeit der Verarbeitung (Abs. 1)

Abs. 1 stellt eine **allgemeine Befugnisnorm** zur Verarbeitung personenbezogener Daten in Gnadensachen dar, die auch Daten nach Art. 9 Abs. 1 und Art. 10 DS-GVO umfasst.[7] Die Verarbeitung muss zur Ausübung des Gnadenrechts durch die zuständigen Stellen erforderlich sein. Erforderlich ist dabei jede Information, die den individuell zu betrachtenden Einzelfall erhellt und mithin zur Darstellung und Bewertung der Persönlichkeit der betroffenen Person, der Lebensumstände und der sonstigen Umstände des Falls unerlässlich ist. Regelmäßig wird dabei die Erstellung eines umfassenden Profils der betroffenen Person unvermeidbar sein. Dazu gehört nach § 24 HGnO in allen Fällen, die nicht lediglich von geringer Bedeutung sind, auch die Überwachung der Führung der verurteilten Person innerhalb der Bewährungszeit. Diese kann nach § 20 HGnO bis zu fünf Jahre betragen. 11

II. Anwendbarkeit der DS-GVO (Abs. 2)

Abs. 2 reduziert die Anwendbarkeit der DS-GVO auf die Verarbeitung personenbezogener Daten in Gnadenverfahren auf wenige Vorschriften.[8] Anwendbar bleiben die Begriffsbestimmungen in Art. 4 DS-GVO, die Verarbeitungsgrundsätze in Art. 5 DS-GVO und die Art. 24 bis einschließlich 32 und 35 bis einschließlich 43 des Vierten Kapitels der Verordnung. Die ausgenommenen Art. 33 und 34 DS-GVO behandeln die Meldung von Verletzungen des Schutzes personenbezogener Daten an die Aufsichtsbehörde und die Benachrichtigung der von einer Verletzung des Schutzes personenbezogener Daten betroffenen Person. 12

Ausgenommen ist insbesondere die Anwendbarkeit sämtlicher **Betroffenenrechte** der DS-GVO, die sich mit der Wertung des § 4 Abs. 3 HGnO deckt. Eine besondere Schutzbedürftigkeit der betroffenen Person, die den 13

---

7 LT-Drs. 19/6729, 4.
8 Vgl. LT-Drs. 19/6729, 4.

Ausschluss der Betroffenenrechte unverhältnismäßig erscheinen ließe, ist nicht ersichtlich.

C. Würdigung

14   Es ist sehr zu begrüßen, dass der Gesetzgeber mit der Vorschrift eine **Rechtsgrundlage** zur Datenverarbeitung in Gnadenverfahren geschaffen hat und damit eine seit langer Zeit bestehende Forderung erfüllt. Die explizite Einbeziehung von Art. 4 DS-GVO in Abs. 2 ist jedoch überflüssig und so in anderen LDSG nicht vorgesehen.

Dritter Titel: Rechte des Landtags und der kommunalen Vertretungsorgane

§ 29 Auskunftsrecht des Landtags und der kommunalen Vertretungsorgane

(1) [1]Die Hessische Zentrale für Datenverarbeitung, die Kommunalen Gebietsrechenzentren und die öffentlichen Stellen des Landes, die Datenverarbeitungsanlagen und -geräte betreiben, sind verpflichtet, dem Landtag, der Präsidentin oder dem Präsidenten des Landtags und den Fraktionen des Landtags die von diesen im Rahmen ihrer Zuständigkeit verlangten Auskünfte aufgrund der gespeicherten Daten zu geben, soweit Programme zur Auswertung vorhanden sind. [2]Die Auskünfte dürfen keine personenbezogenen Daten enthalten. [3]Den Auskünften darf ein gesetzliches Verbot oder ein öffentliches Interesse nicht entgegenstehen. [4]Dem Auskunftsrecht des Landtags steht ein öffentliches Interesse in der Regel nicht entgegen. [5]Der Landtag hat Zugriff auf die Daten, soweit durch technische Maßnahmen sichergestellt ist, dass die Grenzen von Satz 1 bis 3 eingehalten werden.

(2) [1]Der Landtag kann von der Landesregierung Auskünfte über die bestehenden Verfahren verlangen, die für Auskünfte oder den Zugriff nach Abs. 1 geeignet sind. [2]Das Auskunftsverlangen kann sich erstrecken auf

1. den Namen des Verfahrens mit kurzer Funktionsbeschreibung,
2. die vorhandenen Verfahren,
3. den Aufbau der Datensätze mit Angaben über den Inhalt und die Ordnungskriterien,
4. die vorhandenen Auswertungsprogramme,
5. die zuständige Behörde.

(3) [1]Das Auskunftsrecht nach Abs. 1 steht im Rahmen ihrer Zuständigkeiten den Gemeindevertretungen und den Kreistagen sowie deren Fraktionen und den entsprechenden Organen der anderen in § 2 Abs. 1 genannten öffentlichen Stellen gegenüber der Hessischen Zentrale für Datenverarbeitung, dem zuständigen Kommunalen Gebietsrechenzentrum und den Behörden der Gemeinden und Landkreise zu, die Datenverarbeitungsanlagen und -geräte betreiben. [2]Anträge der Fraktionen sind in den Gemeinden über den Gemeindevorstand, in den Kreisen über den Kreisausschuss zu leiten.

A. Allgemeines

I. Bedeutung der Vorschrift

Die Vorschrift soll der inzwischen nicht mehr im Gesetz (§ 1 Abs. 1 Nr. 2 **1**
HDSG) enthaltenen Aufgabe dienen, einer durch die automatisierte Datenverarbeitung verursachten **Beeinträchtigung der Gewaltenteilung** entgegen-
zuwirken.[1] Sie gewährt daher der Legislative gegenüber der Exekutive das
Recht auf Informationen, die in DV-Anlagen gespeichert sind oder aus den
gespeicherten Daten gewonnen werden können. Dieses Recht soll den
möglichen Informationsvorsprung der Exekutive durch die von ihr betrie-
benen Datenverarbeitungen ausgleichen.

II. Entstehungsgeschichte

Die Vorschrift zum Auskunftsrecht des Landtags und der kommunalen **2**
Vertretungsorgane geht zurück auf das **erste HDSG** vom 1.10.1970
(→ Einl. Rn. 2), das in § 6 eine weitgehend wortgleiche Regelung enthielt.
Sie übernimmt die bisherige Regelung des § 38 HDSG unverändert.[2]

Der Text der Vorschrift hat im Gesetzgebungsverfahren gegenüber dem **3**
Entwurf der Fraktionen der CDU und BÜNDNIS 90/DIE GRÜNEN[3] keine
Änderungen erfahren.

III. Unionsrechtliche Regelungen

Die Regelung des Verhältnisses zwischen den Staatsorganen und den Orga- **4**
nen der kommunalen Selbstverwaltung sind originäre **nationalstaatliche
Angelegenheiten**. Nach Art. 4 Abs. 2 Satz 1 EUV achtet die Union die jeweilige nationale Identität, die in ihren grundlegenden politischen und verfassungsmäßigen Strukturen einschließlich der regionalen und lokalen
Selbstverwaltung zum Ausdruck kommt. Daher fallen die von der Vorschrift geregelten innerstaatlichen Angelegenheiten nicht in den Anwendungsbereich der DS-GVO (→ § 30 Rn. 4).[4]

---

1 S. auch zB *Nungesser* § 38 Rn. 1 für die Vorgängerregelung.
2 LT-Drs. 19/5728, 110.
3 LT-Drs. 19/5728, 22 f.
4 S. hierzu *Roßnagel* in Roßnagel Das neue DSR § 2 Rn. 14, 34 f.

IV. Verhältnis zu anderen Vorschriften

5   Sollten Zweifel aufkommen, ob die Exekutive Anfragen des Landtags oder der kommunalen Vertretungsorgane ausreichend nachkommt, können der Landtag, die Präsidentin oder der Präsident des Landtags und die in Abs. 3 dieser Vorschrift genannten Vertretungsorgane nach § 15 Abs. 2 verlangen, dass die oder der **HDSB untersucht**, aus welchen Gründen Auskunftsersuchen nicht oder nicht ausreichend beantwortet wurden (→ § 15 Rn. 14 ff.).

6   Nach § 30 Abs. 1 gilt das Gesetz nicht für die parlamentarische Tätigkeit des Landtags. Eine Ausnahme hiervon enthält jedoch die Vorschrift. Auf sie kann sich der Landtag nach § 30 Abs. 1 gerade für seine parlamentarische Tätigkeit berufen (→ § 30 Rn. 13).

7   Eine **vergleichbare Vorschrift** im BDSG **fehlt**. Auch andere Bundesländer kennen keine vergleichbare Vorschrift.

B. Auskunftsrecht des Landtags und der kommunalen Vertretungsorgane

8   Da der Landtag und die kommunalen Vertretungsorgane keine Datenverarbeitung betreiben, die den großen Datensammlungen und Datenverarbeitungsanlagen der Exekutive entsprechen, sollen sie die Datenverarbeitung der Exekutive nutzen können, um bestimmte Fragen beantworten zu lassen. Das in der Vorschrift geregelte Auskunftsrecht dient daher nicht dem Schutz der informationellen Selbstbestimmung, sondern soll einen **Ausgleich von Informationsasymmetrien** zwischen der Exekutive und den Legislativorganen bewirken und dadurch die Gewaltenteilung stärken.[5]

I. Auskunftspflicht (Abs. 1)

9   Nach Abs. 1 können der Landtag, die Präsidentin oder der Präsidenten des Landtags und die Fraktionen des Landtags von der HZD, den KGRZ und allen anderen öffentlichen Stellen des Landes, die Datenverarbeitungsanlagen und -geräte betreiben, verlangen, dass dies ihnen aufgrund der gespeicherten Daten nicht personenbezogene **Auskünfte** erteilen. Soweit durch technische Maßnahmen sichergestellt ist, dass die Grenzen von Satz 1 bis 3 eingehalten werden, soll der Landtag sogar direkten Zugriff auf die Daten der Exekutive haben.

1. Grundsätzliche Auskunftspflicht (Satz 1)

10   Zur Auskunft oder zur Gewährung des Zugriffs verpflichtet sind nach Satz 1 die HZD, die Kommunalen Gebietsrechenzentren und die öffentlichen Stellen des Landes, die Datenverarbeitungsanlagen und -geräte betreiben. Die Berechtigten können die Auskünfte direkt von den **Verpflichteten** verlangen. Auch wenn die HZD und die KGRZ als Auftragsverarbeiter tätig sind, müssen die Berechtigten nicht zuvor die jeweils auftraggebende Behörde als „Herr der Daten" unterrichten, damit sie eine entsprechende Weisung an den Auftragsverarbeiter geben können. Dieser darf die Anfrage beantworten, ohne zuvor die auftraggebende Behörde um Erlaubnis zu fra-

---

5   LT-Drs. 6/3065, 7; dies sah *Dammann* in Krauch, S. 114 auch als Vorbild für andere DSG an.

gen, wie dies im Auftragsverhältnis eigentlich vorgeschrieben wäre (→ § 3 Rn. 33). Die Exekutive soll nämlich keine Möglichkeit erhalten, auf den Inhalt der Auskunft Einfluss zu nehmen. Deshalb ist die Auskunft auch nicht von einer vorherigen Programmfreigabe durch die Verwaltung abhängig.[6]

Zum Auskunftsverlangen **Berechtigte** sind der Landtag und die Fraktionen 11 des Landtags, die das Verlangen mit Mehrheit beschließen oder delegieren müssen, sowie die Präsidentin oder der Präsident des Landtags qua Amt. Sie dürfen Auskünfte „im Rahmen ihrer Zuständigkeit" verlangen. Statistiken zur Vorbereitung von Gesetzgebungsaktivitäten, Auskünfte im Rahmen der parlamentarischen Kontrolle, insbesondere im Rahmen der Arbeit einzelner Ausschüsse.

Der Auskunftsanspruch hat zwei weitere **Voraussetzungen**: Erstens müssen 12 die Verpflichteten die verlangten Auskünfte nur aufgrund der gespeicherten Daten geben und müssen sie dafür geeignete Auswertungsprogramme haben. Die Berechtigten haben also nicht das Recht, die Erstellung bestimmter Programme zu verlangen, um von ihr gewünschte Auswertungen erst zu ermöglichen.[7]

Der Auskunftsanspruch ist von dem **Auskunftsersuchen** nach § 36 GO 13 HLT zu unterscheiden. Nach dieser Regelung hat jedes Mitglied des Landtags das Recht, Auskunftsersuchen an die Landesregierung zu richten, um insbesondere Auskünfte über Angelegenheiten von örtlichem Interesse zu erhalten.

2. Beschränkungen (Satz 2 bis 4)

Die Auskünfte dürfen nach Satz 2 **keine personenbezogenen Daten enthal-** 14 **ten.** Dementsprechend müssen die Anfragen auch gestellt werden. Die Übermittlung personenbezogener Daten von der Landesregierung an den Landtag, um zB eine parlamentarische Anfrage, zu beantworten, ist in § 30 Abs. 2 geregelt. Die Übermittlung von personenbezogenen Daten von öffentlichen Stellen an den Landtag oder an einzelne Fraktionen oder Abgeordnete richtet sich nach § 22 (→ § 22 Rn. 8 ff.) und hat über den Dienstweg zu erfolgen.

Den Auskünften darf nach Satz 3 **kein gesetzliches Verbot oder ein öffentli-** 15 **ches Interesse** entgegenstehen. Dazu stellt Satz 4 die im Einzelfall widerlegbare Vermutung auf, dass dem Auskunftsrecht des Landtags in der Regel kein öffentliches Interesse entgegensteht. Diese Vermutung gilt nicht für die Präsidentin oder den Präsidenten des Landtags und auch nicht für die Fraktionen.[8]

3. Zugriffsrecht (Satz 5)

Nach Satz 5 muss dem **Landtag** Zugriff auf die Daten ermöglicht werden, 16 soweit durch technische Maßnahmen sichergestellt ist, dass die Grenzen von Satz 1 bis 3 eingehalten werden. Wenn „der Landtag" ermächtigt

---

6 S. *Nungesser* § 38 Rn. 5 für die Vorgängerregelung.
7 S. auch zB *Nungesser* § 38 Rn. 4 für die Vorgängerregelung.
8 S. *Nungesser* § 38 Rn. 7 für die Vorgängerregelung.

wird, kann das nur heißen, dass es im Landtag eine oder mehrere zugriffs-
berechtigte Stellen gibt. Deren formale Berechtigung kann technisch überprüft werden. Auch kann die Bedingung, dass technisch Programme zur
Auswertung vorhanden sein müssen, eingehalten werden. Sehr schwierig
bis unmöglich erscheint es jedoch, die Voraussetzungen programmtech-
nisch sicherzustellen, dass der Landtag nur im Rahmen seiner inhaltlichen
Zuständigkeit Zugriff auf die gespeicherten Daten erhält, dass die Ergebnisse seiner Abfragen keine personenbezogenen Daten enthalten und ihnen
kein gesetzliches Verbot oder öffentliches Interesse entgegenstehen darf.
Soweit diese Voraussetzungen technisch nicht gewährleistet werden können, läuft das Zugriffsrecht „leer".

II. Auskunftsanspruch über bestehende DV-Verfahren (Abs. 2)

17   Damit die nach Abs. 1 Berechtigten von ihrem Auskunftsrecht Gebrauch
machen können, müssen sie wissen, welche DV-Verfahren von öffentlichen
Stellen in Hessen betrieben werden, die für Auskünfte oder den Zugriff
nach Abs. 1 geeignet sind. Daher bietet Abs. 2 in seinem Satz 1 dem Landtag das Recht, von der Landesregierung **Auskünfte über die bestehenden
geeigneten Verfahren** zu verlangen. Um die Eignung für ein beabsichtigtes
Auskunftsverlangen nach Abs. 1 beurteilen zu können, kann das Auskunftsverlangen über bestehende DV-Verfahren sich nach Satz 2 auf folgende Merkmale der Verfahren erstrecken: den Namen des Verfahrens mit
kurzer Funktionsbeschreibung, die vorhandenen Verfahren, den Aufbau
der Datensätze mit Angaben über den Inhalt und die Ordnungskriterien,
die vorhandenen Auswertungsprogramme und die zuständige Behörde.
Diese Liste ist abschließend.[9]

III. Auskunftsrecht der Gemeindevertretungen und Kreistage (Abs. 3)

18   Das Problem der Informationsasymmetrie und die Sorge um das Gleichgewicht zwischen den Gewalten und um das darauf beruhende verfassungsmäßige Gefüge des Staates erstreckt sich auch auf die **Organe der kommunalen Selbstverwaltung**.[10] Das Auskunftsrecht nach Abs. 1 steht daher
nach Abs. 3 im Rahmen ihrer Zuständigkeiten nicht nur der parlamentarischen Ebene des Landes, sondern auch den Gemeindevertretungen und den
Kreistagen sowie deren Fraktionen und den entsprechenden Organen der
anderen in § 2 Abs. 1 genannten öffentlichen Stellen gegenüber der HZD,
dem zuständigen KGRZ und den Behörden der Gemeinden und Landkreise
zu, die DV-Anlagen und -Geräte betreiben. Da die Gemeindevertretungen
und Kreistage ihre Behörden und deren DV-Verfahren kennen, fehlt ein
Verweis auf Abs. 2.

19   **Berechtigte** sind die parlamentarischen Organe der Selbstverwaltung in den
öffentlichen Stellen, denen Selbstverwaltung ermöglicht wird. Dies gilt in
den Gebietskörperschaften der Gemeinden und Landkreise für die Gemeindevertretungen und die Kreistage, aber auch für deren Fraktionen. Deren
Anträge sind nach Satz 2 in den Gemeinden über den Gemeindevorstand,

---

9   Zu einer Nachfrage im Jahr 1977 s. *Nungesser* § 38 Rn. 9.
10 *Nungesser* § 38 Rn. 10.

in den Kreisen über den Kreisausschuss zu leiten. Berechtigt sind aber auch die entsprechenden Organe der anderen in § 2 Abs. 1 genannten **öffentlichen Stellen**. Dies sind vor allem die juristischen Personen des öffentlichen Rechts, die der Aufsicht des Landes, einer Gemeinde oder eines Landkreises unterstehen (→ § 2 Rn. 17). Zu diesen gehören als selbstständige Körperschaften zB die Hochschulen, die Kammern und die Innungen. Berechtigt sind in diesen die Mitgliedervertretungen gegenüber der Leitung und Verwaltung der Körperschaften.

Nach § 50 Abs. 2 HGO und § 24 Abs. 2 HKO haben die Gemeindevertretung und der Kreistag weitergehende bereichsspezifische Rechtsgrundlagen, die im Gegensatz zu Abs. 3 auch die **Übermittlung personenbezogener Daten** zulässt, soweit das für die Ausübung der den kommunalen Vertretungsorganen zustehenden Kontrolle unerlässlich ist. Allerdings sind bei der Übermittlung personenbezogener Daten die in § 30 Abs. 2 enthaltenen Grundsätze entsprechend zu beachten. Als **Geheimhaltungsvorkehrung** kommt zB der Ausschluss der Öffentlichkeit[11] nach § 52 Abs. 1 Satz 2 HGO und § 32 Satz 2 HKO oder die Beratung in nicht öffentlichen Ausschüssen in Betracht.[12] Die Gemeindevertreter und Kreistagsmitglieder unterliegen einer bußgeldbewehrten Verschwiegenheitspflicht nach §§ 24, 24 a HGO und § 28 Abs. 2 HKO (→ § 30 Rn. 23). 20

C. Würdigung

Praktische Bedeutung hat die Vorschrift bis heute nicht erlangt, weil zum einen die Auswirkungen der modernen Informationstechnik auf das verfassungsmäßige Gefüge des Staates in der damals befürchteten Form ausgeblieben sind[13] und zum anderen die Vorgaben der Vorschrift **wenig praktikabel** sind. Auch bestehen mit den Auskunftsansprüchen nach § 36 GO-HLT, § 50 Abs. 2 HGO und § 24 Abs. 2 HKO praktikablere Alternativen. Die Vorschrift verfolgt mit der Stärkung der Gewaltenteilung zwar ein sinnvolles verfassungspolitisches Ziel. Sie sollte jedoch – ua angesichts von breit verfügbaren Informations- und Suchsystemen – den Bedingungen der modernen DV und dem Bedarf der Vertretungsorgane an spezifischen (Kontroll- und Gestaltungs-)Informationen angepasst werden. 21

§ 30 Verarbeitung personenbezogener Daten durch den Landtag und die kommunalen Vertretungsorgane

(1) [1]Mit Ausnahme der §§ 15 und 29 gelten die Vorschriften dieses Gesetzes für den Landtag nur, soweit er in Verwaltungsangelegenheiten tätig wird, insbesondere wenn es sich um die wirtschaftlichen Angelegenheiten des Landtags, die Personalverwaltung oder die Ausführung von gesetzlichen Vorschriften, deren Vollzug der Präsidentin oder dem Präsidenten des Landtags zugewiesen ist, handelt. [2]Im Übrigen gibt sich der Landtag eine seiner verfassungsrechtlichen Stellung entsprechende Datenschutzordnung.

---

11 S. hierzu zB *Katz* NVwZ 2020, 1077 f.
12 S. auch *Nungesser* § 38 Rn. 11 für die Vorgängerregelung.
13 *Nungesser* § 38 Rn. 2.

[3]Sie findet auf die für die Fraktionen und Abgeordneten tätigen Personen entsprechende Anwendung.

(2) [1]Die Landesregierung darf personenbezogene Daten, die für andere Zwecke erhoben worden sind, zur Beantwortung parlamentarischer Anfragen sowie zur Vorlage von Unterlagen und Berichten im Rahmen der Geschäftsordnung des Landtags in dem dafür erforderlichen Umfang verwenden. [2]Dies gilt nicht, wenn die Übermittlung der Daten wegen ihres streng persönlichen Charakters für die Betroffenen unzumutbar ist. [3]Besondere gesetzliche Übermittlungsverbote bleiben unberührt.

(3) [1]Von der Landesregierung übermittelte personenbezogene Daten dürfen nicht in Landtagsdrucksachen aufgenommen oder in sonstiger Weise allgemein zugänglich gemacht werden. [2]Dies gilt nicht, wenn keine Anhaltspunkte dafür bestehen, dass schutzwürdige Belange der Betroffenen beeinträchtigt werden.

(4) Abs. 2 gilt entsprechend für die Verwaltungsbehörden der Gemeinden und Landkreise im Rahmen ihrer jeweiligen Auskunftspflichten nach der Hessischen Gemeindeordnung und der Hessischen Landkreisordnung.

Literatur:

DSK, Anwendung der DS-GVO im Bereich von Parlamenten, Fraktionen, Abgeordneten und politischen Parteien, Beschluss vom 5.9.2018, abrufbar unter https://www.d atenschutzkonferenz-online.de/media/dskb/20180905_dskb_anwendung_dsgvo. pdf; *Grzeszick*, Nationale Parlamente und EU-Datenschutzgrundverordnung, NVwZ 2018, 1505; *Heberlein*, Bereichsausnahme für Parlamente? Geltung der DS-GVO für parlamentarische Tätigkeiten, ZD 2021, 85; *Kosmider/Wolff*, Die Anwendbarkeit der Datenschutz-Grundverordnung auf Datenverarbeitungen im Zusammenhang mit parlamentarischer Tätigkeit, ZG 2020, 190; *Pabst*, Die (Nicht-)Geltung der DS-GVO für die Arbeit der Parlamente und ihrer Ausschüsse, RDV 2020, 129; *Schröder*, Anwendbarkeit der DS-GVO und des BDSG auf den Deutschen Bundestag, ZRP 2018, 129; *Schwartmann/Grzeszick*, Die datenschutzrechtliche Stellung von Abgeordneten und Fraktionen, RDV 2020, 75.

A. Allgemeines

I. Bedeutung der Vorschrift

Die Vorschrift berücksichtigt die besondere staatsrechtliche Stellung des 1 Landtags und regelt den **Datenschutz in parlamentarischen Gremien** des Landes, der Kreise und Gemeinden. Sie konkretisiert in Abs. 1 den Anwendungsbereich des Gesetzes in Bezug auf den Landtag und enthält in Abs. 2 bis 4 besondere Erlaubnistatbestände und deren Einschränkungen für den Landtag, die Landesregierung sowie die Verwaltungsbehörden der Gemeinden und Landkreise bezogen auf die Beantwortung parlamentarischer Anfragen. Die Vorschrift versucht damit den Datenschutz auf die staatsorganisatorische Bedeutung des Landtags und die Besonderheiten der parlamentarischen Arbeit im Land sowie in den Gemeinden und Landkreise gerecht zu werden.

II. Entstehungsgeschichte

Die Vorschrift über die Verarbeitung personenbezogener Daten durch den 2 Landtag und die kommunalen Vertretungsorgane übernimmt die bisherige Regelung des § 39 HDSG unverändert.[1]

Der Text der Vorschrift hat im Gesetzgebungsverfahren gegenüber dem 3 Entwurf der Fraktionen der CDU und BÜNDNIS 90/DIE GRÜNEN[2] keine Änderungen erfahren.

III. Unionsrechtliche Regelungen

Die Funktion des Landtags als Staatsorgan ist Ausfluss der Staatlichkeit 4 der Länder und damit originäre nationalstaatliche Tätigkeit. Die Organisation der mitgliedstaatlichen Volksvertretungen und das Zusammenwirken zwischen ihnen und den Regierungen ist **von der Geltung des Unionsrechts ausgenommen**, was sich mittelbar aus Art. 4 Abs. 2 Satz 1 EUV ergibt.[3] Dem zufolge achtet die Union die jeweilige nationale Identität, die in ihren grundlegenden politischen und verfassungsmäßigen Strukturen einschließlich der regionalen und lokalen Selbstverwaltung zum Ausdruck kommt. Damit fällt jedenfalls die politisch-parlamentarische und die legislative Tätigkeit der Parlamente und der Regierungen nach Art. 2 Abs. 2 lit. a DS-GVO[4] nicht in den Anwendungsbereich der DS-GVO.[5] Die verwaltende

---

1 LT-Drs. 19/5728, 110.
2 LT-Drs. 19/5728, 22 f.
3 *Grzeszick* NVwZ 2018, 1505 (1508); *Schröder* ZRP 2018, 129 (130); *Glauben* in HK-LDSG RhPf § 23 Rn. 4.
4 S. hierzu *Roßnagel* in Simitis/Hornung/Spiecker gen. Döhmann DS-GVO Art. 2 Rn. 20 f.
5 DSK Beschluss vom 5.9.2018; *Grzeszick* NVwZ 2018, 1505 (1508); *Schwartmann/ Grzeszick* RDV 2020, 75 (76); *Lewinski* in Auernhammer DS-GVO Art. 2 Rn. 17; *Pabst* in HK-DSG NRW § 5 Rn. 26; *Pabst* RDV 2020, 249 (254); *Schröder* ZRP 2018, 129 (130); *Glauben* in HK-LDSG RhPf § 23 Rn. 4, der aber dennoch Art. 6 Abs. 2 und 3 DS-GVO als mögliche Öffnungsklauseln und Art. 9 DS-GVO (Rn. 3, 5 und 15) prüft; aA *Kosmider/Wolff* ZG 2020, 190 (196 ff.); *Heberlein* ZD 2021, 85.

Tätigkeit dagegen ist vom Anwendungsbereich der DS-GVO erfasst[6] und damit auch von der Anwendung der Regelungen in Teil 2.[7]

IV. Verhältnis zu anderen Vorschriften

5 Eine **vergleichbare Vorschrift** im BDSG fehlt. Andere Bundesländer haben Vorschriften, die mit Abs. 1 der Vorschrift vergleichbar sind, wie § 5 DSG NRW und § 2 DSG RhPf und Vorschriften, die wie § 23 DSG RhPf, § 26 DSG Bbg und § 9 DSG Saarl Vergleichbares regeln wie die Abs. 2 und 3.

B. Verarbeitung durch den Landtag und kommunale Vertretungsorgane

6 Die Vorschrift enthält **Sonderregelungen für parlamentarische Gremien und parlamentarische Verfahren.** Sie schränkt die Geltung des Gesetzes für die parlamentarische Tätigkeit des Landtags ein und regelt den Umgang mit personenbezogenen Daten bei parlamentarischen Anfragen des Landtags gegenüber der Landesregierung und bei vergleichbaren Anfragen der Vertretungen der Gemeinden und Landkreise gegenüber den auskunftspflichtigen Verwaltungsbehörden.

I. Bereichsausnahme für den Landtag (Abs. 1)

7 Abs. 1 regelt die Geltung des Gesetzes gegenüber dem Landtag. Er berücksichtigt, dass der Landtag zwei verschiedene Funktionen ausübt. Als **Volksvertretung** ist er Staatsorgan, als Organisation mit personellen, sächlichen und finanziellen Ressourcen ist er **Verwaltungsbehörde.** Die Vorschriften des Gesetzes gelten für den Landtag nur, soweit er in Verwaltungsangelegenheiten tätig wird, insbesondere wenn es sich um die wirtschaftlichen Angelegenheiten des Landtags, die Personalverwaltung oder die Ausführung von gesetzlichen Vorschriften, deren Vollzug der Präsidentin oder dem Präsidenten des Landtags zugewiesen ist, handelt. Soweit er als Volksvertretung personenbezogene Daten verarbeitet, ist er zwar an das Grundrecht auf informationelle Selbstbestimmung gebunden, konkretisiert diese Bindung aber selbst durch eine seiner verfassungsrechtlichen Stellung entsprechende Datenschutzordnung, die auch auf betroffene Personen entsprechende Anwendung findet, die für die Fraktionen und die Abgeordneten tätig sind.[8] Die besondere Stellung des Landtags als Staatsorgan ergibt sich aus der unmittelbaren Wahl seiner Mitglieder durch das Volk und der Rechtstellung seiner Mitglieder als freie Abgeordnete. Aus seiner Stellung innerhalb der Gewaltenteilung ergibt sich, dass er keiner Fremdkontrolle unterliegen darf und seine Angelegenheiten autonom regelt und verwaltet.[9]

---

6 EuGH ECLI:EU:C:2020:535 Rn. 71 – VQ/Land Hessen sieht die in der Arbeit des Petitionsausschusses von „politischer und administrativer Natur", für die die DS-GVO gilt.

7 DSK Beschluss vom 5.9.2018; *Grzeszick* NVwZ 2018, 1505 (1508 f.); *Schwartmann/Grzeszick* RDV 2020, 75 (76); *Pabst* in HK-DSG NRW § 5 Rn. 26; *Schröder* ZRP 2018, 129 (131).

8 Nach EuGH ECLI:EU:C:2020:535 Rn. 71 – VQ/Land Hessen trägt der Petitionsausschuss nur „mittelbar zur parlamentarischen Tätigkeit" bei, so dass er der DS-GVO und damit auch den Regelungen des Gesetzes unterfällt.

9 S. zB auch DSK Beschluss vom 5.9.2018; *Meier* in HK-LDSG RhPf § 2 Rn. 17.

1. Geltung für Verwaltungsangelegenheiten (Satz 1)

Das Gesetz findet für den Landtag uneingeschränkt Anwendung, soweit er 8
in **Verwaltungsangelegenheiten** tätig wird. Dies gilt insbesondere, wenn es
sich um die wirtschaftlichen Angelegenheiten des Landtags, die Personalverwaltung oder die Ausführung von gesetzlichen Vorschriften, deren Vollzug der Präsidentin oder dem Präsidenten des Landtags zugewiesen ist,
handelt. Insoweit ist der Landtag einen öffentliche Stelle iSd § 2 Abs. 1
(→ § 2 Rn. 13) und Verantwortlicher iSd Art. 4 Nr. 7 DS-GVO.[10] Diese Be-
hördenfunktion besteht zB gegenüber Landtagsbediensteten, Besuchern
oder auch Abgeordneten, etwa bezüglich der Ausstattung mit sächlichen
Mitteln zur Durchführung der Parlamentsarbeit.[11] Der Landtag muss für
diesen Bereich nach § 5 einen Datenschutzbeauftragten benennen (→ § 5
Rn. 14 ff.) und unterliegt nach § 13 der Kontrolle durch die oder den
HDSB (→ § 13 Rn. 8 ff.).[12]

Das Gleiche gilt für die **Fraktionen** des Landtags. Auch sie sind für die Da- 9
tenverarbeitung zu Verwaltungszwecken öffentliche Stelle iSd § 2 Abs. 1
(→ § 2 Rn. 13) und Verantwortliche iSd Art. 4 Nr. 7 DS-GVO und unterliegen insoweit den Bestimmungen des Gesetzes.[13]

Dies gilt jedoch nicht für die **Abgeordneten**. Auch wenn sie für eigene 10
Verwaltungszwecke handeln – etwa personenbezogene Daten für Kauf-,
Dienst- oder Werkverträge für ihr Wahlkreisbüro verarbeiten – sind sie
keine öffentlichen Stellen und unterliegen nicht dem Gesetz. Für sie gelten
vielmehr die Regelungen für nicht öffentliche Stellen des BDSG.[14]

2. Nichtgeltung für parlamentarische Tätigkeiten (Satz 1)

Das Gesetz gilt für den Landtag „nur", soweit er personenbezogene Daten 11
für Verwaltungsangelegenheiten verarbeitet. Soweit er sie für **parlamentari-
sche Tätigkeiten** verarbeitet, findet das Gesetz keine Anwendung.[15] Eine
Wahrnehmung parlamentarischer Aufgaben liegt nach § 1 Abs. 2 Satz 2
Datenschutzordnung des Landtags (→ Rn. 14) vor, wenn es sich nicht um
Verwaltungsangelegenheiten handelt. Diese Aufgaben umfassen neben der
Gesetzgebung und der Wahrnehmung der Kontrollrechte gegenüber der
Exekutive ua die Entwicklung und Umsetzung eigener Standpunkte, Initiativen und Konzepte, die mit den Sitzungen des Landtags verbundenen Tä-
tigkeiten wie die Erstellung von Sitzungsprotokollen, die Aufbewahrung
und Archivierung parlamentarischer Unterlagen, die Bearbeitung von Peti-
tionen, die Durchführung von Anhörungen, die Zusammenarbeit mit anderen Abgeordneten und Fraktionen, der Informationsaustausch mit anderen
Parlamenten sowie die politische Kommunikation mit den Bürgern und die
Öffentlichkeitsarbeit der Fraktionen und Abgeordneten.[16] Dies ist auch für

---

10 *Greszick* NVwZ 2018, 1505 (1511).
11 *Pabst* in HK-DSG NRW § 5 Rn. 26.
12 *Müller/Rydzy* in Schild ua § 39 Rn. 3 für die Vorgängerregelung.
13 *Greszick* NVwZ 2018, 1505 (1508 f., 1511); *Müller/Rydzy* in Schild ua § 39 Rn. 4
    für die Vorgängerregelung.
14 S. auch *Müller/Rydzy* in Schild ua § 39 Rn. 5 für die Vorgängerregelung.
15 S. auch DSK Beschluss vom 5.9.2018 für die DS-GVO.
16 S. zB auch *Greszick* NVwZ 2018, 1505 (1508); *Meier* in HK-LDSG RhPf § 2
    Rn. 18.

wirtschaftliches Handeln des Landtags zu berücksichtigen, das in Verbindung zum parlamentarisch-politischen Handeln steht.[17] Dies gilt auch für die **Fraktionen** – insbesondere im Bereich des Dienst- und Arbeitsrechts der Fraktionsbeschäftigten und der wissenschaftlichen Mitarbeiter.[18] Die Verarbeitung personenbezogener Daten im politisch-parlamentarischen Bereich unterfällt daher der Parlamentsautonomie und ist vom Landtag in seiner **Datenschutzordnung** selbst zu regeln (→ Rn. 14).[19]

12 **Abgeordnete** sind in ihrer parlamentarischen Funktion keine natürlichen Personen und damit auch keine nicht öffentlichen Stellen.[20] Sie üben ein öffentliches Amt aus. Sie sind aber auch keine öffentlichen Stellen, die dem Gesetz unterworfen sind, weil für sie nach Art. 76 Abs. 1 HV Mandatsfreiheit gilt. Eine solche Sichtweise würde ihrer unabhängigen Stellung nicht gerecht und dem Prinzip der Gewaltenteilung, der Freiheit des Mandats und der Parlamentsautonomie widersprechen.[21] Die Abgeordneten sind daher als Datenschutzsubjekte eigener Art anzusehen, für die weder die DS-GVO noch das BDSG noch das Gesetz gelten.[22] Sie sind allein an die verfassungsrechtlichen Vorgaben gebunden.

13 Auch wenn der Landtag in seiner parlamentarischen Funktion tätig wird, gelten für ihn ausnahmsweise zwei Vorschriften des Gesetzes, nämlich §§ 15 und 29. Nach § 29 kann der Landtag, die Präsidentin oder der Präsident des Landtags von der Landesregierung und öffentlichen Stellen des Landes **Auskünfte** aufgrund der gespeicherten Daten verlangen, soweit Programme zur Auswertung vorhanden sind (→ § 29 Rn. 8 ff.). Nach § 15 Abs. 2 kann der Landtag, die Präsidentin oder der Präsident des Landtags verlangen, dass die oder der HDSB eine **Untersuchung** durchführt, aus welchen Gründen Auskunftsersuchen nach § 29 nicht oder nicht ausreichend beantwortet worden sind (→ § 15 Rn. 14 ff.). Diese Rechte des Landtags dienen gerade der Erfüllung seiner parlamentarischen Aufgaben.

3. Datenschutzordnung des Landtags (Satz 2)

14 Für den parlamentarischen Bereich muss der Landtag nach Satz 2 seine grundrechtliche Bindung durch eine eigene Datenschutzordnung konkretisieren, die seiner verfassungsrechtlichen Stellung entspricht. Dieser Verpflichtung ist der Landtag gemäß § 112 Abs. 6 GO-HLT durch seine „Ordnung für die Verarbeitung personenbezogener Daten bei der Wahrnehmung parlamentarischer Aufgaben durch den Hessischen Landtag (**Datenschutzordnung des Hessischen Landtags**)[23] nachgekommen. Da jeder neu gewählte Landtag sich eine GO zu geben hat, wird die Datenschutzordnung jeweils zu Beginn der Legislaturperiode durch Beschluss des Landtags

---

17 *Greszick* NVwZ 2018, 1505 (1508 f.).
18 *Greszick* NVwZ 2018, 1505 (1509); *Pabst* in HK-DSG NRW § 5 Rn. 26; DSK Beschluss vom 5.9.2018.
19 S. auch *Schröder* ZRP 2018, 129 (131).
20 *Pabst* in HK-DSG NRW § 5 Rn. 33.
21 *Schröder* ZRP 2018, 129 (131).
22 DSK Beschluss vom 5.9.2018; *Pabst* in HK-DSG NRW § 5 Rn. 33; *Müller/Rydzy* in Schild ua § 39 Rn. 5 für die Vorgängerregelung; *Grzeszick* NVwZ 2018, 1505 (1508).
23 In der Fassung vom 18.1.2014 als Anlage 4 zur GO-HLT.

über die GO in Kraft gesetzt. Ob die Datenschutzordnung eingehalten wird, überwacht Ausschuss, den der Ältestenrat des Landtags nach § 11 Abs. 1 der Datenschutzordnung als Datenschutzgremium einzusetzen hat.[24]

4. Anwendung für Fraktionen und Abgeordnete (Satz 3)

Die Datenschutzordnung gilt nach ihrem § 1 Abs. 2 für den gesamten Be-   15
reich der Wahrnehmung parlamentarischer Aufgaben durch den Hessischen Landtag, seine Organe, seine Mitglieder, die Fraktionen sowie – wie
Satz 3 der Vorschrift fordert – die **Mitarbeiterinnen und Mitarbeiter** der
Abgeordneten und Fraktionen.[25]

II. Parlamentarische Anfragen (Abs. 2)

Abs. 2 regelt die Übermittlung personenbezogener Daten – im Gegensatz   16
zu § 29, der anonymisierte Daten betrifft (→ § 29 Rn. 14) – durch die **Landesregierung** an den Landtag. Nach Abs. 2 darf die Landesregierung personenbezogene Daten, die für andere Zwecke erhoben worden sind, ohne
Verstoß gegen das allgemeine Zweckbindungsgebot zur Beantwortung parlamentarischer Anfragen sowie zur Vorlage von Unterlagen und Berichten
zu verwenden.

1. Beantwortung parlamentarischer Anfragen (Satz 1)

Das **Fragerecht** gehört zu den wichtigsten Kontrollinstrumenten eines Par-   17
laments. Die HV hat das Fragerecht zwar nicht ausdrücklich geregelt. Dennoch gilt es als verfassungsrechtlich verbürgt. Besonders für die Opposition
ist es von entscheidender Bedeutung, um sich die für die Kontrolle der Regierung notwendigen Informationen zu verschaffen.[26] Dem Fragerecht entspricht eine Antwortpflicht der Regierung. Das Fragerecht erstreckt sich
auch auf personenbezogene Daten. Die die Erforderlichkeit dieser Übermittlung hat die Landesregierung nicht zu überprüfen. Die Verantwortung
für die Übermittlung und die weitere Verwendung der Daten trägt allein
der Landtag.[27] Auch im Rahmen einer Unterrichtung des Landtages kann
es erforderlich sein, dass die Landesregierung personenbezogene Daten, die
für Verwaltungszwecke erhoben worden sind, dem Landtag für die Ausübung seiner Kontrollaufgaben zur Verfügung stellt.[28] Um dies rechtlich zu
ermöglichen, erlaubt Satz 1 der Landesregierung, zur Beantwortung parlamentarischer Anfragen sowie zur Vorlage von Unterlagen und Berichten
personenbezogene Daten zu verwenden. Die Ausübung dieser Erlaubnis
muss allerdings im Rahmen der Geschäftsordnung des Landtags erfolgen
und sich in jedem Einzelfall auf den dafür erforderlichen Umfang beschränken.

---

24 S. hierzu auch *Müller/Rydzy* in Schild ua § 39 Rn. 6 für die Vorgängerregelung.
25 S. auch *Müller/Rydzy* in Schild ua § 39 Rn. 6 für die Vorgängerregelung.
26 BVerfGE 13, 123 (125); 57, 1 (5); *Glauben* in HK-LDSG RhPf § 23 Rn. 19.
27 S. zB *Nungesser* § 39 Rn. 2 für die Vorgängerregelung.
28 S. auch *Müller/Rydzy* in Schild ua § 39 Rn. 7 f. für die Vorgängerregelung.

2. Ausnahmen (Satz 2 und 3)

18   Auch wenn die Beantwortung parlamentarischer Anfragen durch die Landesregierung nicht unter unionsrechtliche Vorgaben fällt, muss die Landesregierung verfassungsrechtliche Vorgaben und insbesondere das Grundrecht auf informationelle Selbstbestimmung beachten. Daher gilt eine Ausnahme von der Erlaubnis des Satzes 1 dann, wenn nach Satz 3 besondere gesetzliche **Übermittlungsverbote** – wie zB nach § 16 HLStatG – entgegenstehen oder wenn nach Satz 2 die Übermittlung der Daten wegen ihres streng persönlichen Charakters für die betroffene Person unzumutbar ist. Mit Satz 2 berücksichtigt die Vorschrift die Rspr. des BVerfG zu den Grenzen des parlamentarischen Untersuchungsrechts.[29] Für die Beantwortung parlamentarischer Anfragen durch die Landesregierung gilt zwar Art. 9 DS-GVO nicht (→ Rn. 4),[30] doch gibt das Vorliegen besonderer Kategorien personenbezogener Daten einen Grund zu prüfen, ob die Übermittlung der Daten für die betroffene Person unzumutbar ist. Dies ist zum Schutz des Grundrechts auf informationelle Selbstbestimmung im Rahmen der Verhältnismäßigkeitsprüfung dann anzunehmen, wenn die Information einen streng persönlichen Charakter aufweist, der trotz des öffentlichen Interesses an der parlamentarischen Kontrolle der Landesregierung für eine Geheimhaltung spricht. **Unzumutbarkeit** ist jedenfalls immer gegeben, wenn die Information des Landtags einen Eingriff in den absolut geschützten Kernbereich privater Lebensgestaltung ist.[31]

III. Veröffentlichung übermittelter Daten (Abs. 3)

19   Abs. 3 trifft eine Sonderregelung für die **Veröffentlichung** der von der Landesregierung übermittelten personenbezogenen Daten. Sie dürfen nicht in Landtagsdrucksachen aufgenommen oder in sonstiger Weise allgemein zugänglich gemacht werden, es sei denn, es gibt keine Anhaltspunkte dafür, dass schutzwürdige Belange der betroffenen Person beeinträchtigt werden.

1. Grundsatz: keine Veröffentlichung (Satz 1)

20   Alle wichtigen Dokumente für die parlamentarische Arbeit werden gemäß § 108 GO-HLT in **Landtagsdrucksachen** aufgenommen und an alle Abgeordneten und Mitglieder der Landesregierung verteilt. Außerdem kann jede Person in sie Einsicht nehmen oder sie im Internet abrufen. In Landtagsdrucksachen werden grundsätzlich auch alle Antworten der Landesregierung auf Anfragen aus dem Landtag aufgenommen. Daher bestimmt Satz 1 als Grundsatz, dass von der Landesregierung übermittelte personenbezogene Daten nicht in Landtagsdrucksachen aufgenommen oder in sonstiger Weise allgemein zugänglich gemacht werden dürfen. Für die Aufnahme der Antwort in eine Landtagdrucksache müssen die personenbezogenen Daten vorher herausgenommen werden. Ist dies nicht möglich, hat die Veröffentlichung als Landtagsdrucksache zu unterbleiben.[32]

---

29   BVerfGE 67, 100 (143 f.).
30   AA *Glauben* in HK-LDSG RhPf § 23 Rn. 15.
31   BVerfGE 109, 279 (313); *Glauben* in HK-LDSG RhPf § 23 Rn. 16.
32   S. hierzu auch *Glauben* in HK-LDSG RhPf § 23 Rn. 18; s. auch *Nungesser* § 39 Rn. 3 und *Müller/Rydzy* in Schild ua § 39 Rn. 10 für die Vorgängerregelung.

2. Ausnahme: Fehlende Beeinträchtigung (Satz 2)

Von diesem Grundsatz gibt es nur eine Ausnahme. Die Aufnahme in die 21
Landtagsdrucksache ist nach Satz 2 zulässig, wenn keine Anhaltspunkte
dafür bestehen, dass **schutzwürdige Belange** der betroffenen Person beeinträchtigt werden. Dies kann ua auch dann der Fall sein, wenn der Landtag
ausreichend besondere Schutzvorkehrungen wie Pseudonymisierung oder
nichtöffentliche Behandlung des Themas vorsieht.[33] Ob diese Voraussetzung erfüllt ist, prüft und entscheidet allein der Landtag. Um sicherzustellen, dass die Prüfung erfolgt, hat der Landtagspräsident die Landesregierung gebeten, auf die in ihren Antworten enthaltenen personenbezogene
Daten besonders hinzuweisen.[34]

IV. Verwaltungsbehörden der Gemeinden und Landkreise (Abs. 4)

Nach Abs. 4 gilt Abs. 2 entsprechend für die Verwaltungsbehörden der Ge- 22
meinden und Landkreise, die im Rahmen ihrer jeweiligen Auskunftspflichten nach der HGO und der HKO der Gemeindevertretung und dem Kreistag Antworten auf ihre Anfragen geben müssen. Die **Verpflichtungen zur
Auskunft** in § 50 HGO und § 29 HKO sind spezielle Regelungen zur Offenbarung, die bereits nach § 1 Abs. 2 Satz 1 (→ § 1 Rn. 19) den Vorschriften des Gesetzes vorgehen. Abs. 4 hat daher nur deklaratorische Wirkung.[35] Wie in Abs. 2 muss die Aufnahme der personenbezogenen Daten
für den Zweck der Anfrage und der Unterrichtung erforderlich sein.

Der notwendige **Schutz der personenbezogenen Daten** kann dadurch er- 23
reicht werden, dass für ihre Behandlung in den kommunalen Vertretungsorganen die Öffentlichkeit nach § 52 Abs. 1 Satz 2 HGO und § 32 Satz 2
HKO ausgeschlossen wird[36] oder die Beratung in nicht öffentlich tagenden
Ausschüssen stattfindet. Die Gemeindevertreter und Kreistagsmitglieder
unterliegen einer bußgeldbewehrten Verschwiegenheitspflicht nach §§ 24,
24 a HGO und § 28 Abs. 2 HKO.[37]

C. Würdigung

Die Vorschrift berücksichtigt die besondere Stellung der demokratischen 24
Volksvertretungen und die **Besonderheiten parlamentarischer Verfahren**
in angemessener Weise. Sie unterscheidet zurecht zwischen der Datenverarbeitung, die nicht dem Gesetz und der Datenschutzaufsicht unterliegt,
wenn sie politisch-parlamentarischen Tätigkeiten dient, und der Datenverarbeitung, die zu Verwaltungszwecken erfolgt, auch wenn die Unterscheidung im Einzelfall mitunter schwierig sein kann.[38] Auch trifft sie einen
angemessenen Ausgleich zwischen dem Informations- und Kontrollinter-
esse der Volksvertretungen gegenüber den Exekutivinstanzen und deren

---

33 S. zB *Glauben* in HK-LDSG RhPf § 23 Rn. 17 f.
34 S. hierzu auch *Nungesser* § 39 Rn. 3 und *Müller/Rydzy* in Schild ua § 39 Rn. 10 für
die Vorgängerregelung.
35 *Müller/Rydzy* in Schild ua § 39 Rn. 11 für die Vorgängerregelung.
36 S. hierzu zB *Katz* NVwZ 2020, 1077 f.
37 *Müller/Rydzy* in Schild ua § 39 Rn. 11 für die Vorgängerregelung.
38 DSK Beschluss vom 5.9.2018.

Auskunftspflicht einerseits und dem Schutz der informationelle Selbstbestimmung der jeweils betroffenen Person andererseits.

Zweiter Abschnitt: Rechte der betroffenen Person

§ 31 Informationspflicht bei Erhebung von personenbezogenen Daten bei der betroffenen Person

(1) [1]Die Pflicht zur Information der betroffenen Person nach Art. 13 Abs. 3 der Verordnung (EU) Nr. 2016/679 besteht ergänzend zu der in Art. 13 Abs. 4 der Verordnung (EU) Nr. 2016/679 genannten Ausnahme dann nicht, wenn die Erteilung der Information über die beabsichtigte Weiterverarbeitung

1. eine Weiterverarbeitung analog gespeicherter Daten betrifft, bei der sich der Verantwortliche durch die Weiterverarbeitung unmittelbar an die betroffene Person wendet, der Zweck mit dem Erhebungszweck nach der Verordnung (EU) Nr. 2016/679 vereinbar ist, die Kommunikation mit der betroffenen Person nicht in digitaler Form erfolgt und das Interesse der betroffenen Person an der Informationserteilung nach den Umständen des Einzelfalls, insbesondere mit Blick auf den Zusammenhang, in dem die Daten erhoben wurden, als gering anzusehen ist,

2. a) die ordnungsgemäße Erfüllung der in der Zuständigkeit des Verantwortlichen liegenden Aufgaben im Sinne des Art. 23 Abs. 1 Buchst. a bis e der Verordnung (EU) Nr. 2016/679 gefährden,

   b) die öffentliche Sicherheit oder Ordnung gefährden,

   c) die Rechte oder Freiheiten Dritter gefährden,

   d) die Geltendmachung, Ausübung oder Verteidigung rechtlicher Ansprüche beeinträchtigen oder

   e) sonst dem Wohle des Bundes oder eines Landes Nachteile bereiten würde und das Interesse des Verantwortlichen an der Nichterteilung der Information das Informationsinteresse der betroffenen Person überwiegt.

[2]Die Entscheidung trifft die Leitung der öffentlichen Stelle oder eine von ihr bestimmte, bei der öffentlichen Stelle beschäftigte Person.

(2) [1]Unterbleibt eine Information der betroffenen Person nach Maßgabe des Abs. 1, ergreift der Verantwortliche geeignete Maßnahmen zum Schutz der berechtigten Interessen der betroffenen Person, einschließlich der Bereitstellung der in Art. 13 Abs. 1 und 2 der Verordnung (EU) Nr. 2016/679 genannten Informationen für die Öffentlichkeit in präziser, transparenter, verständlicher und leicht zugänglicher Form in einer klaren und einfachen Sprache. [2]Der Verantwortliche hält schriftlich fest, aus welchen Gründen er von einer Information abgesehen hat. [3]Satz 1 und 2 finden in den Fällen des Abs. 1 Satz 1 Nr. 2 Buchst. d und Nr. 3 keine Anwendung.

(3) Unterbleibt eine Information der betroffenen Person nach Maßgabe des Abs. 1 wegen eines vorübergehenden Hinderungsgrundes, kommt der Verantwortliche der Informationspflicht unter Berücksichtigung der spezifischen Umstände der Verarbeitung innerhalb einer angemessenen Frist nach

Fortfall des Hinderungsgrundes, spätestens jedoch innerhalb von zwei Wochen, nach.

Literatur:

Johannes, Der BDSG-Entwurf und das Mysterium der „23", ZD-Aktuell 2017, 05533; *Johannes/Richter*, Privilegierte Verarbeitung im BDSG-F, DuD 2017, 301; *Petri*, Faire und transparente Verarbeitung, Informationsrechte und Rahmenbedingungen für ihre Beschränkung – zur Auslegung der Art. 12 ff. und 23 DS-GVO, DuD 2018, 347.

A. Allgemeines

I. Bedeutung der Vorschrift

Die Vorschrift leitet die Regelungen zu den Rechten betroffener Personen 1 im zweiten Abschnitt des zweiten Teils ein. Sie beschränkt die **Informationspflichten** nach Art. 13 DS-GVO bei der **Erhebung** von personenbezogenen Daten **bei der betroffenen Person**. Anders als die Normüberschrift vermuten lässt, regelt sie keine expliziten Pflichten des für die Verarbeitung Verantwortlichen zur Informationserteilung gegenüber der von der Verarbeitung betroffenen Person, sondern normiert neben den in Art. 13 Abs. 3 und Abs. 4 DS-GVO festgelegten Ausnahmen weitere **Beschränkungen** dieser Pflicht bei einer beabsichtigten **Weiterverarbeitung** und die sich daraus für den Verantwortlichen ergebenden Folgen. Durch die Wahrnehmung einer Beschränkung ist eine dauerhafte oder vorübergehende Datenverarbeitung zu verdeckten Zwecken möglich.

Die Informationspflichten verfolgen das Ziel, bei der betroffenen Person 2 Transparenz bezüglich der Verarbeitung ihrer personenbezogenen Daten zu gewährleisten. Nur wenn die betroffene Person weiß, ob und welche Daten über sie zu welchen Zwecken verarbeitet werden, wird sie in die Lage versetzt, die Datenverarbeitung vollumfassend zu begreifen und gegebenenfalls von ihren Rechten iSd Art. 15 ff. DS-GVO Gebrauch zu machen.[1] Denn wenn sie nicht mit hinreichender Sicherheit überschauen kann, welche sie betreffenden Informationen Dritten bekannt sind, wird sie in ihrer

---

1 S. auch ErwG 60 Satz 1 f. DS-GVO.

Freiheit und Selbstbestimmung gehemmt.[2] Die **transparente Datenverarbeitung** steht daher in engem Zusammenhang mit der Rechtsschutzgarantie des Art. 47 GRCh (→ § 19 Rn. 3).[3]

II. Entstehungsgeschichte

3   Die Vorschrift folgt der Systematik der Rechte betroffener Personen nach der DS-GVO, indem sie neben § 32 Vorgaben zu den Informationspflichten des für die Verarbeitung Verantwortlichen normiert. Dabei orientiert sie sich mit nur wenigen Abweichungen und Ergänzungen an § 32 BDSG (→ Rn. 9). Bei der Vorschrift handelt es sich um eine vollständige **Neuerung gegenüber dem HDSG**. Sie ersetzt nur sinngemäß § 18 Abs. 1 und Abs. 2 HDSG, der jedoch die Benachrichtigungspflichten und -ausnahmen der verarbeitenden Stellen bei der automatisierten Speicherung personenbezogener Daten normiert und so Vorgaben zu dabei einzuhaltenden Informationspflichten macht.[4] Regelungen bei einer beabsichtigten Zweckänderung gab es im HDSG nicht, da in diesen Situationen typischerweise kein unmittelbarer Kontakt zwischen dem Verantwortlichen und der betroffenen Person besteht.[5]

4   Der Gesetzesentwurf sah zunächst in § 31 Abs. 1 Satz 1 mit Nr. 3 eine weitere Beschränkung der Pflicht zur Information der betroffenen Person nach Art. 13 Abs. 3 und Abs. 4 DS-GVO bei einer beabsichtigten Weiterverarbeitung personenbezogener Daten für andere Zwecke als den, für den diese erlangt wurden, vor.[6] Danach sollte die Informationspflicht neben den Ausnahmen in Nr. 2 und Nr. 1 der Vorschrift entfallen, sofern dadurch eine vertrauliche Übermittlung von Daten an öffentliche Stellen gefährdet werden würde. Im Gesetzgebungsverfahren wurde § 31 Abs. 1 Satz 1 Nr. 3 jedoch aufgehoben, da die Vertraulichkeit der Datenübermittlung bereits durch die Ausnahmetatbestände des § 31 Abs. 1 Satz 1 Nr. 2 geschützt werde.[7]

III. Unionsrechtliche Regelungen

5   Durch die Informationen, die die betroffene Person durch den Verantwortlichen im Zuge der Erhebung ihrer personenbezogenen Daten erhält, wird sie in ihrem **Recht auf Schutz der sie betreffenden personenbezogenen Daten** gemäß Art. 8 Abs. 1 GRCh gestärkt. Das Recht ermöglicht dem Einzelnen selbst Herr über seine Daten zu sein und eigenständig zu bestimmen, für welche Zwecke er diese preisgeben möchte.[8] Eine Entsprechung dieser **informationellen Selbstbestimmung** findet sich sowohl in den nationalen Grundrechten als auch in der HV (→ Einl. Rn. 19 ff.). Soweit der Gesetzgeber Unionsrecht umsetzt oder auslegt, indem er von den Öffnungsklauseln der DS-GVO Gebrauch macht, sind ferner die Vorgaben des GG zu be-

---

2 BVerfGE 65, 1 (43).
3 *Bäcker* in Kühling/Buchner DS-GVO Art. 13 Rn. 8; *Hohmann/Miedzianowski* in Roßnagel Das neue DSR § 4 Rn. 4.
4 S. *Nungesser* § 18 Rn. 11 ff.; *Dembowski* in Schild ua § 18 Rn. 12 ff.
5 LT-Drs. 19/5728, 111.
6 LT-Drs. 19/5728, 23.
7 LT-Drs. 19/6300, 9.
8 *Kingreen* in Calliess/Ruffert GRCh Art. 8 Rn. 9.

rücksichtigen.[9] Nutzt der hessische Gesetzgeber einen Umsetzungsspielraum der DS-GVO aus, so ist die Ausgestaltung an der HV zu messen. Im Rahmen der Informationspflichten ist somit bei der Wahrnehmung von Öffnungsklauseln zum einen die informationelle Selbstbestimmung iSv Art. 2 Abs. 1 iVm Art. 1 Abs. 1 GG sowie zum anderen gemäß Art. 12 a Satz 1 HV zu beachten.

Die Vorschrift ergänzt mit Abs. 1 die in Art. 13 Abs. 3 und Abs. 4 DS-GVO aufgeführten Ausnahmen der Pflicht zur Informationserteilung, wenn personenbezogene Daten bei der betroffenen Person erhoben werden, und regelt in Abs. 2 und Abs. 3 die sich daraus ergebenden Rechtsfolgen. Sie ist ausweislich der Gesetzesbegründung auf die durch Art. 23 DS-GVO vorgesehenen **Öffnungsklauseln** zurückzuführen.[10] Gemäß Art. 23 Abs. 1 DS-GVO können die Mitgliedstaaten die **Informationspflichten** des Art. 13 DS-GVO **im Zuge von Gesetzgebungsmaßnahmen beschränken**. Dabei müssen sie sich jedoch an unterschiedliche Voraussetzungen des Art. 23 DS-GVO halten. So ist bei jeglichen Beschränkungen der Informationspflichten der Wesensgehalt der Grundrechte und Grundfreiheiten zu achten. Zudem müssen die Beschränkungen eine notwendige und verhältnismäßige Maßnahme darstellen, um mindestens einen der in Art. 23 Abs. 1 lit. a-j DS-GVO aufgezählten Schutzgüter sicherzustellen. Hat eine Gesetzgebungsmaßnahme diese Voraussetzungen erfüllt, muss sie ferner gegebenenfalls spezifische Vorschriften bezüglich der in Art. 23 Abs. 2 lit. a-h DS-GVO genannten Anforderungen enthalten. 6

Zur Wahrnehmung von Aufgaben im öffentlichen Interesse oder in Ausübung öffentlicher Gewalt ermöglicht die **Öffnungsklausel** in Art. 6 Abs. 2 DS-GVO den Mitgliedstaaten, Legislativmaßnahmen zu erlassen oder beizubehalten (→ Einl. Rn. 48). Dabei sind die Voraussetzungen des Art. 6 Abs. 2 DS-GVO an die Maßnahmen einzuhalten.[11] Diese sind iSd mitgliedstaatlichen Verfassungsordnung iSv ErwG 41 DS-GVO auszulegen.[12] Der hessische Gesetzgeber macht ausweislich der Gesetzesbegründung von dieser Möglichkeit bei den Einschränkungen der Informationspflichten jedoch keinen Gebrauch.[13] 7

Inwiefern die in der Vorschrift vorgesehenen Einschränkungen der Informationspflichten bei der Weiterverarbeitung personenbezogener Daten **unionskonform** sind und die engen gesetzlichen Voraussetzungen, die an die Beschränkungen gestellt werden (→ Rn. 6), erfüllen, ist an zahlreichen Stellen fraglich. Insbesondere stehen die durch § 32 BDSG vorgenommenen Beschränkungen, die fast wortgleich durch die Vorschrift übernommen 8

---

9 *Johannes* in Roßnagel Das neue DSR § 2 Rn. 40 ff.; *Starke* DVBl 2017, 721 (725); *Jarass* GRCh Art. 53 Rn. 28.
10 LT-Drs. 19/5728, 110.
11 *Roßnagel* in Simitis/Hornung/Spiecker gen. Döhmann DS-GVO Art. 6 Abs. 2 Rn. 29 ff.
12 *Buchner/Petri* in Kühling/Buchner DS-GVO Art. 6 Rn. 197.
13 S. LT-Drs. 19/5728, 110 f.

wurden, in starker Kritik und unter unionsrechtlichen Bedenken.[14] Vor dem Hintergrund des hohen Stellenwerts des Transparenzgebots sind jegliche Beschränkungen eng auszulegen. Zweifel werden an entsprechender Stelle der Kommentierung der Vorschrift erörtert.

IV. Verhältnis zu anderen Vorschriften

9   Die Vorschrift **orientiert sich stark an** § 32 BDSG und hat die dort formulierten Ausnahmen nahezu wörtlich übernommen. Unterschiede bestehen lediglich an wenigen Stellen. So fehlt in Abs. 1 Satz 1 Hs. 1 Nr. 1 im Vergleich zu § 32 Abs. 1 Nr. 1 BDSG das Adjektiv „ursprünglich" bezogen auf den Erhebungszweck bei der Weiterverarbeitung erhobener Daten. Ferner fasst Abs. 1 Satz 1 Hs. 1 Nr. 2 in lit. a, b, d und e die in § 32 Abs. 1 Nr. 2-4 BDSG aufgeführten Ausnahmen zusammen, ohne jedoch die in § 32 Abs. 1 Nr. 5 BDSG normierte Beschränkung zu übernehmen (→ Rn. 4). Dabei werden die zwei in § 32 Abs. 1 Nr. 3 BDSG genannten Alternativen („öffentliche Sicherheit oder Ordnung" und „Nachteile für das Wohl des Bundes oder eines Landes") in Abs. 1 Satz 1 Hs. 1 Nr. 2 lit. b und lit. e als separate Einschränkungen aufgezählt. Auffällig ist, dass der hessische Gesetzgeber sich entschieden hat, die durch § 32 Abs. 1 BDSG vorgegebene Reihenfolge der Ausnahmen nicht beizubehalten. Zudem fasst er durch Abs. 1 Satz 1 Hs. 2 die für jede der in § 32 Abs. 1 Nr. 2-4 BDSG aufgeführten Beschränkungen einzeln geforderte Interessenabwägung für die in Abs. 1 Satz 1 Hs. 1 Nr. 2 genannten Ausnahmen gebündelt zusammen. Keine Entsprechung von Abs. 1 Satz 2 findet sich in § 32 BDSG, jedoch gleichen sich in beiden Bestimmungen die Abs. 2 und nahezu wortgleich die Abs. 3.[15]

10   Eng an die Vorschrift angelehnt ist § 32, der Informationspflichten für den Verantwortlichen vorgibt, wenn die personenbezogenen Daten nicht bei der betroffenen Person erhoben wurden. Jedoch regelt § 32 wie bereits § 31 Ausnahmen, wann die Informationserteilung entfallen kann und welche Konsequenzen sich daraus für den Verantwortlichen ergeben. So finden sich die Ausnahmen von § 31 Abs. 1 Satz 1 Hs. 1 Nr. 2 lit. a-c und lit. e wortgleich in § 32 Abs. 1 Satz 1 Hs. 1 Nr. 1-4 wieder. Zudem entspricht § 31 Abs. 1 Satz 1 Hs. 2 und Satz 2 dem Inhalt von § 32 Abs. 1 Satz 1 Hs. 2 und Satz 2 sowie § 31 Abs. 2 Satz 1 und Satz 2 dem des § 32 Abs. 2.

11   Ausnahmen der Pflicht zur Informationserteilung nach Art. 13 DS-GVO sind ferner in § 26 Abs. 4 normiert (→ § 26 Rn. 18 ff.). **Weitere Informationspflichten** sowie Rechte betroffener Personen auf Informationen sind **in bereichsspezifischen Rechtsbereichen** wie zB in §§ 25, 82 SGB X, §§ 32 a, 32 d und 32 e AO sowie in §§ 5, 7 BNDG geregelt. Explizite Verweise auf die Vorschrift finden sich in § 64 Satz 1 Hs. 2 HJStVollzG, § 60 Satz 1 Hs. 2 HUVollzG, § 64 Satz 1 Hs. 2 HSVVollzG sowie § 29 HSOG. Bei der

---

14 S. hierzu zB *Hohmann/Miedzianowski* in Roßnagel Das neue DSR § 4 Rn. 57 ff.; *Johannes* ZD-Aktuell 2017, 05533; *Franck* in Gola/Heckmann BDSG § 32 Rn. 37; *Golla* in Kühling/Buchner BDSG § 32 Rn. 23, die § 32 Abs. 2 BDSG als unionsrechtswidrig einstufen.

15 Allerdings spricht Abs. 3 vom Unterbleiben einer „Information" gegenüber der betroffenen Person, § 32 Abs. 3 BDSG hingegen verwendet die Bezeichnung der „Benachrichtigung".

Anwendung der Vorschriften ist bei möglicher Normkonkurrenz oder bestehenden Widersprüchen die Normhierarchie sowie Art. 31 GG zu berücksichtigen.[16]

Im Dritten Teil des Gesetzes statuieren §§ 50 und 51 Informations- und Benachrichtigungspflichten für den Verantwortlichen, die der spezifischen Umsetzung der **JI-RL** dienen.   12

Äquivalente Regelungen in den **Ländern** finden sich in § 8 LDSG BW,   13
Art. 9 BayDSG, § 23 BlnDSG, § 10 BbgDSG, § 15 HmbDSG, § 5 DSG
M-V, § 8 iVm § 11 NDSG, § 18 Abs. 2 LDSG RhPf, § 8 iVm §§ 31, 32
und 35 Abs. 3 Satz 1 LDSG SH, § 20 ThürDSG sowie § 10 SaarlDSG.

B. Beschränkungen der Informationspflichten

Jede Beschränkung der Informationspflichten des Art. 13 DS-GVO muss   14
die Voraussetzungen der **Unionsrechts-, Grundrechts-** und **Verfassungskonformität** erfüllen. Hinzu kommen die unterschiedlichen Bedingungen, die
Art. 23 DS-GVO an die Einschränkungen stellt. Dieser gibt allgemeine
Grundsätze vor, die bei der Normsetzung zu konkretisieren sind, indem
sich aus der Norm das Beschränkungsziel und der Zweck ergeben.[17]
ErwG 73 DS-GVO verweist auf die Notwendigkeit und Verhältnismäßigkeit der Maßnahme, die in einer demokratischen Gesellschaft zur Aufrechterhaltung der öffentlichen Sicherheit ergriffen werden muss, wie zB
zum Schutz der Menschen vor Naturkatastrophen. Die Notwendigkeit der
Verhältnismäßigkeit und Erforderlichkeit sowie der Achtung der Rechte
und Freiheiten der betroffenen Personen ergibt sich bereits aus Art. 52
Abs. 1 GRCh (→ Rn. 5). Aus den Voraussetzungen folgt, dass jegliche Beschränkungen der Informationspflichten eng auszulegen sind.

I. Beschränkungen der Informationspflicht (Abs. 1)

Art. 13 Abs. 3 DS-GVO fordert bei einer beabsichtigten **Weiterverarbeitung**   15
bereits erhobener personenbezogener Daten der betroffenen Person die in
Art. 13 Abs. 2 DS-GVO aufgeführten Informationen sowie die Mitteilung
des neuen Verarbeitungszwecks. In diesem Fall trifft den Verantwortlichen
eine Erleichterung der Informationspflicht, da er der betroffenen Person lediglich die Informationen zur Verfügung stellen muss, die zur Gewährleistung einer fairen und transparenten Verarbeitung notwendig sind. Abs. 1
der Vorschrift schränkt die Informationspflicht gegenüber der betroffenen
Person neben der in Art. 13 Abs. 4 DS-GVO geregelten Ausnahme ein. Sie
führt mit Abs. 1 Satz 1 Hs. 1 Nr. 1 und Nr. 2 lit. a-e einen **Ausnahmekatalog** auf, unter welchen Voraussetzungen die Informationserteilung entfallen
kann.

Damit die Informationspflicht für den Verantwortlichen entbehrlich wird,   16
muss er beabsichtigen, zu einem bestimmten Zweck bei der betroffenen
Person bereits erhobene personenbezogene Daten **für einen anderen Zweck**

---

16 *Hellermann* in BeckOK GG Art. 31 Rn. 1 ff.; *Korioth* in Maunz/Dürig GG Art. 31
Rn. 8 ff.
17 *Bäcker* in Kühling/Buchner DS-GVO Art. 23 Rn. 2 und 6; *Pabst* in Schwartmann
ua DS-GVO Art. 23 Rn. 5.

weiterzuverarbeiten. Nur wenn der neue Verarbeitungszweck mit dem alten Zweck vereinbar ist (→ Rn. 21), können die Ausnahmen von Nr. 1 und Nr. 2 lit. a-e greifen.

1. Weiterverarbeitung analog gespeicherte Daten (Satz 1 Nr. 1)

17   Satz 1 Nr. 1 übernimmt fast wortgleich die Informationsbeschränkung aus § 32 Abs. 1 Nr. 1 BDSG. Nach Nr. 1 entfällt die Pflicht zur Information bei der Weiterverarbeitung, wenn diese analog gespeicherte Daten betrifft.[18] Ist das Tatbestandsmerkmal erfüllt, stellt Nr. 1 weitere **Voraussetzungen** an den Entfall, die **kumulativ erfüllt sein müssen.**

18   Hintergrund der Beschränkung ist die damit beabsichtigte Entlastung der Verwaltung. Dieser Zweck ist zu kritisieren. Es ist fraglich, inwiefern die Situation analoger Weiterverarbeitung noch **Praxisrelevanz** hat. So ist bereits zum jetzigen Zeitpunkt davon auszugehen, dass es kaum noch öffentliche Stellen des Landes, der Gemeinden und Landkreise gibt, die ausschließlich oder überwiegend in nicht digitaler Form mit betroffenen Personen kommunizieren. Zukünftig ist vielmehr mit einem Ausbau elektronischer Kommunikationswege zu rechnen.

19   Ausgangspunkt der Ausnahmeregelung stellen **analog gespeicherte Daten** dar. Weder das HDSIG noch das BDSG definiert den Begriff der analogen Daten; auch die DS-GVO unterscheidet nicht zwischen analoger und digitaler Datenverarbeitung. Bei analogen Daten handelt es sich um Daten, die **ohne Zuhilfenahme technischer Mittel** auf ein Trägermedium geschrieben und von diesem gelesen werden können wie zB Karteikästen, Papierakten oder auch Notizen.[19] Akten oder Aktensammlungen fallen jedoch nur dann unter den Anwendungsbereich der DS-GVO, wenn sie nach bestimmten Kriterien geordnet sind.[20] Bezugspunkt ist die Begriffsdefinition des Dateisystems nach Art. 4 Nr. 6 DS-GVO. Dieses liegt bei einer strukturierten Sammlung personenbezogener Daten nach bestimmten Kriterien vor.[21] Zudem ist Art. 2 Abs. 1 Alt. 2 DS-GVO heranzuziehen, der den Anwendungsbereich der DS-GVO auch für die nichtautomatisierte Verarbeitung personenbezogener Daten eröffnet, solange diese in einem Dateisystem gespeichert werden.[22]

20   Wendet sich der Verantwortliche durch die **Weiterverarbeitung unmittelbar an die betroffene Person**, erhält sie als Adressat der Information zwangsläufig von der Datenverarbeitung Kenntnis und kann gegebenenfalls dieser nach § 35 widersprechen.[23] Dies eröffnet ihr die Wahrnehmung weiterer Rechte wie das Auskunfts- oder Löschrecht nach §§ 33 und 34. Die Einschränkung des Transparenzgebots wird dadurch stark abgeschwächt.

---

18 Diese Ausnahme findet sich in anderen LDSG lediglich in § 15 Nr. 5 HmbDSG.
19 *Schmidt-Wudy* in BeckOK DatenschutzR BDSG § 32 Rn. 23; *Schantz* in Schantz/Wolff Neues DatenschutzR Rn. 1165.
20 ErwG 15 Satz 3 DS-GVO.
21 S. hierzu *Roßnagel* in Simitis/Hornung/Spiecker gen. Döhmann DS-GVO Art. 4 Nr. 6 Rn. 7 ff.
22 S. hierzu *Roßnagel* in Simitis/Hornung/Spiecker gen. Döhmann DS-GVO Art. 2 Rn. 16.
23 S. zur Gesetzesbegründung des BDSG BT-Drs. 18/12144, 4.

Dennoch ist anzumerken, dass gerade bei einer direkten Kontaktaufnahme eine Informationsübermittlung grundsätzlich einfach möglich ist.

Die Umschreibung des „ursprünglichen" Erhebungszwecks hat der Gesetz- 21 geber nicht aus dem BDSG übernommen. Dies ist jedoch unschädlich, da sich die **Vereinbarkeit des Weiterverarbeitungszwecks** an den Voraussetzungen von Art. 5 Abs. 1 lit. b Hs. 1 und Art. 6 Abs. 4 DS-GVO zu messen hat. Dabei sind insbesondere auch die vernünftigen Erwartungen der betroffenen Person[24] und die Vorgaben von § 21 zu berücksichtigen (→ § 21 Rn. 1 ff.). Aus dem Kontext der Weiterverarbeitung bereits erhobener Daten ist unstrittig, dass diese zu einem bestimmten ersten Zweck verarbeitet wurden.

Die **Kommunikation** zwischen dem Verantwortlichen und der betroffenen 22 Person muss **in nicht digitaler Form** erfolgen. Ähnlich wie bereits bei dem Begriff der analogen Daten (→ Rn. 19), mangelt es auch dem Begriff des Digitalen an einer Legaldefinition. Ausgangspunkt der digitalen Kommunikation müssen **technische Hilfsmittel** sein, mit deren Hilfe ein Informationsaustausch stattfinden kann. Davon umfasst sind insbesondere internetgestützte Kommunikationsmittel wie zB **E-Mail, Chat, Apps oder Videotelefonie**. Die Kommunikation in nicht digitaler Form findet somit auf ein persönliches Gespräch, den Briefverkehr[25] oder ein Telefonat Anwendung.

Anders als bei den Ausnahmen nach Nr. 2, muss der Verantwortliche bei 23 der Beschränkung nach Nr. 1 keine Interessenabwägung vornehmen. Für die Anwendung der Beschränkung genügt bereits die Auffassung, dass für die betroffene Person ein **geringes Informationsinteresse** anzunehmen ist. Bei der Entscheidungsfindung sind der Einzelfall und dessen Umstände zu beachten. Ob aus objektiver Sicht eine Geringfügigkeit vorliegt, ist anhand der Art und Weise der Datenerhebung zu bestimmen.[26] Zudem sind die **vernünftigen Erwartungen der betroffenen Person** in Zusammenhang mit der Datenverarbeitung zu berücksichtigen.[27]

2. Beschränkung wegen Gefährdung anderer Interessen (Satz 1 Nr. 2)

Satz 1 Nr. 2 der Vorschrift führt mit lit. a-e einen Beschränkungskatalog 24 ein, nach dem die Pflicht zur Informationserteilung entfallen kann.

Nr. 2 lit. a übernimmt die durch § 32 Abs. 1 Nr. 2 BDSG festgelegte Be- 25 schränkung für öffentliche Stellen.[28] Voraussetzung für den Pflichtentfall ist eine Gefährdung der ordnungsgemäßen Erfüllung der in der Zuständigkeit des Verantwortlichen liegenden **Aufgaben iSd Art. 23 Abs. 1 lit. a-e DS-GVO** durch die Informationserteilung. Es muss folglich ein kausaler Zusammenhang zwischen der Informationserteilung und der **Gefährdungslage** bestehen. Die Gefahr muss konkret sein, eine abstrakte Gefahr genügt

---

24 Vgl. ErwG 50 DS-GVO.
25 *Golla* in Kühling/Buchner BDSG § 32 Rn. 4.
26 *Schmidt-Wudy* in BeckOK DatenschutzR BDSG § 32 Rn. 27.
27 ErwG 50 DS-GVO.
28 Das BDSG hat die Regelung der § 19 a Abs. 3 iVm § 19 Abs. 4 Nr. 1 BDSG aF beibehalten und um eine Interessenabwägung ergänzt.

nicht.[29] Nach polizeirechtlichen Grundsätzen ist von einer Gefahr auszugehen, wenn ein **erheblicher Schaden** für den Bestand und die Einrichtungen
des Staates, die Rechtsordnung oder die Individualrechtsgüter des Einzelnen hinreichend wahrscheinlich ist.[30] In der Folge müssen eindeutige Anhaltspunkte vorliegen, die die Schlussfolgerung zulassen, dass die Gefahr
geeignet ist, die Ordnungsmäßigkeit der Aufgabenerfüllung zu beeinträchtigen.[31] Eine zeitliche Verzögerung kann nur in begründeten Ausnahmefällen eine solche Gefährdung rechtfertigen.[32]

26   Mangels einer entsprechenden Begründung ist davon auszugehen, dass der
Gesetzgeber damit von der Öffnungsklausel in Art. 6 Abs. 2 iVm Abs. 1
lit. e DS-GVO Gebrauch gemacht hat (→ Rn. 7) und die Beschränkung dadurch als zulässig anzusehen ist.[33]

27   Mit **Nr. 2 lit. b** entfällt die Pflicht zur Informationserteilung, wenn dadurch
die **öffentliche Sicherheit oder Ordnung** gefährdet wird. Die Beschränkung
orientiert sich an den Vorgaben von § 32 Abs. 1 Nr. 3 BDSG, übernimmt
jedoch nur die erste Alternative der Ausnahme.[34] Wie bereits bei lit. a angeführt, muss auch hier eine konkrete Gefahr vorliegen (→ Rn. 25). Der
Begriff der öffentlichen Sicherheit wird entsprechend des allgemeinen Polizeirechts weit ausgelegt und adressiert die Unversehrtheit der gesamten
Rechtsordnung, der subjektiven Rechte und Rechtsgüter des Einzelnen sowie die Funktionsfähigkeit des Staates, seiner Einrichtungen und Veranstaltungen.[35] Ein Eingriff in die öffentliche Ordnung liegt vor, wenn gegen
nicht kodifizierte Regeln verstoßen wird, die nach den jeweils herrschen-
den sozialen und ethischen Anschauungen für ein geordnetes staatsbürger-
liches Gemeinschaftsleben unerlässlich sind.[36]

28   Die Beschränkung ist auf die **Öffnungsklausel** von Art. 23 Abs. 1 lit. c DS-
GVO zurückzuführen, um den in lit. a-e genannten Zielen nachzukommen.[37] In der Öffnungsklausel findet sich jedoch nur der Verweis auf die
öffentliche Sicherheit, nicht aber die öffentliche Ordnung. Im Primärrecht
wird die öffentliche Ordnung allerdings häufig im Zusammenhang mit der
öffentlichen Sicherheit genannt,[38] so dass davon auszugehen ist, dass auch
die öffentliche Ordnung von ihr umfasst ist.[39]

---

29   *Schmidt-Wudy* in BeckOK DatenschutzR BDSG § 32 Rn. 33; *Greve* in HK-BDSG
      § 32 Rn. 20.
30   *Schwartmann/Schneider* in Schwartmann ua DS-GVO Art. 13 Rn. 79.
31   *Greve* in HK-BDSG § 32 Rn. 20; *Golla* in Kühling/Buchner BDSG § 32 Rn. 11.
32   BT-Drs. 18/11655, 20.
33   So bereits aufgrund eines fehlenden Nachweises in der Gesetzesbegründung des
      BDSG *Hohmann/Miedzianowski* in Roßnagel Das neue DSR § 4 Rn. 37.
34   Das BDSG hat die Regelung der § 19a Abs. 3 iVm § 19 Abs. 4 Nr. 2 BDSG aF bei-
      behalten und um eine Interessenabwägung ergänzt.
35   BVerfGE 69, 315 (352); PrOVGE 9, 353; *Schmidt-Wudy* in BeckOK DatenschutzR
      BDSG § 32 Rn. 39; *Greve* in HK-BDSG § 32 Rn. 24.
36   BVerfGE 69, 315 (352).
37   S. BT-Drs. 18/11325, 104 zur ursprünglichen Fassung der Norm in § 33 Abs. 1
      Nr. 2b BDSG-E.
38   ZB in Art. 36 Satz 1, Art. 45 Abs. 3, Art. 52 Abs. 1 oder Art. 65 Abs. 1 lit. b AEUV.
39   *Bäcker* in Kühling/Buchner DS-GVO Art. 23 Rn. 19; aA wohl *Golla* in Kühling/
      Buchner BDSG § 32 Rn. 13, der hierfür Art. 23 Abs. 1 lit. e als einschlägig ansieht.

Die Pflichtbeschränkung in **Nr. 2 lit. c** findet **keine Entsprechung im BDSG.** 29
Danach entfällt die Pflicht zur Informationserteilung, wenn sie die **Rechte**
oder Freiheiten Dritter gefährden würde. Welche Rechte davon umfasst
werden oder auf welcher gesetzlichen Grundlage die Ausnahme fußt, kann
der Gesetzesbegründung nicht entnommen werden. Es ist davon auszugehen, dass die Ausnahmeregelung auf die ständige Rechtsprechung zurückzuführen ist, nach der eine Information unterbleiben kann, wenn das Bekanntwerden eines Inhalts zu Nachteilen für das Wohl des Bundes führt,
da dadurch das Leben, die Gesundheit oder die Freiheit von Personen gefährdet wäre.[40] Art. 23 Abs. 1 lit. i Alt. 2 DS-GVO ermöglicht die Beschränkung der Informationspflicht zum Schutz der Rechte und Freiheiten
anderer Personen.

Bei der öffentlichen Anhörung zum Gesetzesentwurf wurde kritisiert, dass 30
die Beschränkung bereits dann greife, wenn eine Gefährdungssituation vor-
liege, so dass eine tatsächliche Beeinträchtigung nicht bestehen müsse.[41] Da
jedoch bereits die vorherigen Beschränkungen des Ausnahmekatalogs eine
konkrete Gefahr fordern (→ Rn. 25 und 27), erschließt sich nicht, weshalb
dieser Ausnahmetatbestand weniger eng auszulegen ist, als es lit. a und
lit. b fordern.

Wird aufgrund der Informationserteilung die **Geltendmachung, Ausübung** 31
oder Verteidigung rechtlicher Ansprüche beeinträchtigt, wird der Verantwortliche von der Informationspflicht befreit. **Nr. 2 lit. d** übernimmt damit
die Ausnahmeregelung des § 32 Abs. 1 Nr. 4 BDSG. Ihr Ziel ist es, sowohl
Ansprüche aus gerichtlichen als auch außergerichtlichen Verfahren zu
schützen, indem die Informationserteilung entfallen kann, wenn dadurch
der Anspruchsgegner in eine vorteilhafte Situation versetzt wird, aus der er
dem Anspruchsinhaber schaden (zB Unterdrückung von Beweismitteln)
und die **Rechtsdurchsetzung** folglich erheblich erschweren kann.[42]

Zurückzuführen ist die Ausnahme von lit. d auf Art. 23 Abs. 1 lit. j DS- 32
GVO.[43] Die Verordnung ermöglicht eine Beschränkung der Informationspflichten jedoch nur für die Durchsetzung **zivilrechtlicher Ansprüche.** Somit überschreitet die Vorschrift die Einschränkungsmöglichkeit des Art. 23
DS-GVO.[44] Zudem ist die Reichweite der Beschränkung vor dem Hintergrund der zusätzlichen Anforderungen von Art. 23 Abs. 2 DS-GVO zu kritisieren.

Nach **Nr. 2 lit. e** kann die Informationspflicht entfallen, wenn es durch die- 33
se sonst zu **Nachteilen für das Wohl des Bundes oder eines Landes** kommt.
Die Beschränkung übernimmt wortgleich die zweite Alternative von
§ 32 Abs. 1 Nr. 3 BDSG. Nach ständiger Rechtsprechung führt das Be-

---

40 ZB BVerwGE 117, 8; BVerwG Urt. v. 25.2.2008 – 20 F 43.07, BeckRS 2008,
    33734; BVerwG Urt. v. 3.3.2009 – 20 F 9/08, BeckRS 2009, 32666.
41 So die BfDI zur öffentlichen Anhörung des Hessischen Landtags am 15.3.2018
    zum Gesetzesentwurf für das HDSIG, AV INA 19/64/AV UDS 19/9 Teil 3, 4.
42 *Franck* in Gola/Heckmann BDSG § 32 Rn. 28; *Greve* in HK-BDSG § 32 Rn. 28 f.
43 S. zur Gesetzesbegründung des BDSG BT-Drs. 18/11325, 103.
44 So *Hohmann/Miedzianowski* in Roßnagel Das neue DSR § 4 Rn. 58 bezogen auf
    die wortgleiche Ausnahme des BDSG. So auch zum HDSIG *Spicker gen. Döh-
    mann* LT-Drs. 19/5728, AV INA 19/64/AV UDS 19/9 Teil 4, 237.

Miedzianowski

kanntwerden eines Inhalts zu Nachteilen für das Wohl des Bundes, wenn dadurch die künftige Erfüllung der Aufgaben der Sicherheitsbehörden – einschließlich ihrer Zusammenarbeit mit anderen Behörden – erschwert wird oder das Leben, die Gesundheit oder die Freiheit von Personen gefährdet werden würde.[45] Dies ist anzunehmen, wenn wesentliche Interessen dieser Gebietskörperschaften negativ betroffen sind wie zB die Aufrechterhaltung der äußeren und inneren Sicherheit sowie der öffentlichen Ordnung oder die Abwehr von Beeinträchtigungen von Rechtsgütern des Einzelnen.[46]

34   Die Ausnahmeregelung der Informationserteilung nach lit. e ist sehr unkonkret und hinterlässt den Eindruck eines **Auffangtatbestands**.[47] Ihre Notwendigkeit erschließt sich vor allem nicht vor dem Hintergrund von lit. a und lit. b, die ihren Regelungsgehalt bereits abdecken.[48] Dieser Eindruck wird dadurch gestärkt, dass im Gegensatz zu den anderen Ausnahmen, die eine konkrete Gefahr oder Beeinträchtigung fordern, bereits das Vorliegen von Nachteilen für einen Pflichtenfall genügt. Zudem eröffnet die Unbestimmtheit der Ausnahme ein hohes Missbrauchspotenzial.

35   Aufgrund der zu **unbestimmten Ausnahmeregelung** kommt eine Ermächtigung durch Art. 23 Abs. 1 DS-GVO, der konkrete öffentliche Interessen nennt und somit keine abstrakten und unbestimmten Abweichungen innerhalb der vorgegebenen Regelungsdichte zulässt, nicht in Frage.[49] Art. 23 Abs. 1 lit. e DS-GVO fordert konkrete Ziele des öffentlichen Interesses wie zB wichtige wirtschaftliche oder finanzielle Interessen im Währungs-, Haushalts- oder Steuerbereich oder im Bereich der öffentlichen Gesundheit oder sozialen Sicherheit. Gemeint sind damit substanzielle öffentliche Interessen von erheblichem Gewicht.[50] Der Beschränkung des lit. e mangelt es jedoch an einem konkreten Regelungsgegenstand. Sie genügt daher nicht den Voraussetzungen von Art. 23 Abs. 2 DS-GVO.

3. Interessenabwägung (Satz 1 Hs. 2)

36   Die Nichterteilung der Information kann nur erfolgen, wenn das Interesse des Verantwortlichen an der Nichterteilung der Information das Informationsinteresse der betroffenen Person an der Information überwiegt. Mit der Interessenabwägung wird ein **Ausgleich zwischen den divergierenden Interessen** angestrebt. Dabei ist zum einen zu berücksichtigen, welche Bedeutung die Information für den Betroffenen hat und welche Auswirkungen für ihn bei fehlender Information zu erwarten sind.[51] Zum anderen ist zu

---

45   ZB BVerwGE 117, 8; BVerwG Urt. v. 25.2.2008 – 20 F 43.07, BeckRS 2008, 33734; BVerwG Urt. v. 3.3.2009 – 20 F 9/08, BeckRS 2009, 32666.

46   S. dazu mwN *Greve* in HK-BDSG § 32 Rn. 25.

47   So auch *Schwartmann/Schneider* in Schwartmann ua DS-GVO Art. 13 Rn. 79.

48   So auch *Richter* in HK-LDSG RhPf § 11 Rn. 11 zu § 11 Abs. 1 Satz 1 Nr. 1 LDSG RhPf, der dem Vorliegen von Nachteilen für das Wohl des Bundes oder eines Landes gegenüber der Gefahr für die öffentliche Sicherheit keine eigenständige Bedeutung einräumt.

49   So auch *Spiecker gen. Döhmann* LT-Drs. 19/5728, AV INA 19/64/AV UDS 19/9 Teil 4, 237.

50   *Peuker* in HK-DS-GVO Art. 23 Rn. 25.

51   S. auch ErwG 47 DS-GVO.

prüfen, ob die Informationserteilung tatsächlich eines der Schutzgüter gefährden oder beeinträchtigen würde. Bei der Entscheidungsfindung sind die Umstände des Einzelfalls zu würdigen. Eine pauschale Beschränkung für bestimmte Schutzgüter oder Verarbeitungssituationen findet somit nicht statt.

4. Entscheidungsträger über die Interessenabwägung (Satz 2)

Nach Satz 2 trifft die Entscheidung über die Nichterteilung der Information die **Leitung der öffentlichen Stelle** oder eine von ihr bestimmte, **bei der öffentlichen Stelle beschäftigte Person**.[52] Damit soll gewährleistet werden, dass die Interessenabwägung von einer Stelle getroffen wird, die nicht unmittelbar mit der Verarbeitung der Daten befasst ist. Mit Satz 2 wurden die Rechtsgedanken aus § 18 Abs. 6 Satz 2 HDSG und § 29 Abs. 3 Satz 2 HSOG aF übernommen.[53] Da die Vorschrift explizit die Leitung der öffentlichen Stelle adressiert, ist davon auszugehen, dass die ihr bestimmte Person eine gleichwertige oder anderweitig bedeutend wichtige Position bei der öffentlichen Stelle einnehmen muss. Hierzu zählt zB ihr Stellvertreter.[54] Indem das Gesetz die Entscheidung diesen Parteien vorbehält, wird der herausragenden Stellung der Informationspflichten,[55] und damit in der Folge auch der informationellen Selbstbestimmung der betroffenen Person, Rechnung getragen.

37

II. Folgen der Einschränkung der Informationspflicht (Abs. 2)

Ist die Informationspflicht beschränkt, fordert Art. 23 Abs. 2 DS-GVO **kompensatorische Schutzvorkehrungen**, um mögliche Risiken, die aufgrund der Beschränkungen für die davon betroffene Person entstehen können, abzuschwächen.[56] Die in Abs. 2 festgelegten Maßnahmen dienen der Beachtung der geforderten Schutzmaßnahmen iSd Art. 23 Abs. 2 DS-GVO.[57] Abs. 2 entspricht fast wortgleich § 32 Abs. 2 BDSG.

38

1. Kompensationsmaßnahmen (Satz 1)

Die von Satz 1 geforderten **Maßnahmen zum Schutz der berechtigten Interessen der betroffenen Person** schließen die Bereitstellung der in Art. 13 Abs. 1 und Abs. 2 DS-GVO genannten Informationen mit ein, die der Öffentlichkeit in präziser, transparenter, verständlicher und leicht zugänglicher Form in einer klaren und einfachen Sprache zur Verfügung zu stellen sind. Nach ErwG 58 Satz 2 DS-GVO können die Informationen auch in elektronischer Form, zB auf einer Webseite, bereitgestellt werden. Der Umfang und die Detailliertheit der Informationen sind vom Einzelfall abhängig. Ziel muss es sein, dass die Adressaten durch die Informationen ein

39

---

52 Diese Schutzvorkehrung findet sich auf Landesebene nur in § 23 Abs. 2 Satz 1 BlnDSG.
53 LT-Drs. 19/5728, 111. Das neue HSOG sieht einen solchen Verweis allerdings nicht mehr vor.
54 *Nungesser* § 18 Rn. 56.
55 So *Nungesser* § 18 Rn. 56 zur entsprechenden Vorgehensweise bei der Auskunfts- und Benachrichtigungspflicht im HDSG.
56 *Bäcker* in Kühling/Buchner DS-GVO Art. 23 Rn. 40.
57 S. aufgrund der wortgleichen Übernahme der Norm BT-Drs. 18/11325, 103.

Verständnis für die Datenverarbeitung entwickeln. Die Vorschrift orientiert sich an Art. 12 Abs. 1 Satz 1 Hs. 1 DS-GVO und ErwG 58 Satz 1 DS-GVO, die diese Form der Bereitstellung als eine Mindestvoraussetzung für die gebotene Transparenz ansehen. Welche weiteren Schutzmaßnahmen als geeignete Maßnahmen zum Schutz der berechtigten Interessen der betroffenen Person angesehen werden, bleibt jedoch unklar und ist nach dem Einzelfall zu bestimmen.

2. Nachweispflicht (Satz 2)

40　Als weitere Schutzvorkehrung sieht Satz 2 vor, dass der Verantwortliche schriftlich festhalten muss, aus welchen Gründen er von einer Informationserteilung abgesehen hat. Die **Dokumentationspflicht** ermöglicht der Aufsichtsbehörde die Stichhaltigkeit der Gründe der Entscheidung zu kontrollieren.[58] Die Nachweispflicht ist als geeignete Schutzvorkehrung iSv Art. 23 Abs. 2 DS-GVO anzusehen.[59] Die Vorschrift fordert entgegen der DS-GVO ausdrücklich die Schriftform iSv § 126 BGB. Da der DS-GVO jedoch eine elektronische Form der Dokumentation genügt, muss dies auch für die Nachweispflicht der Vorschrift gelten.[60]

3. Einschränkungen der Schutzvorkehrungen (Satz 3)

41　Nach Satz 3 **entfallen die geforderten Schutzvorkehrungen** für die Ausnahmetatbestände des Abs. 1 Satz 1 Nr. 2 lit. d und Nr. 3. Damit stimmt die Vorschrift sinngemäß mit § 32 Abs. 2 Satz 3 BDSG überein. Ursächlich für den Ausschluss ist eine mögliche Vereitelung oder ernsthafte Beeinträchtigung des Schutzziels von Abs. 1 Satz 1 Nr. 2 lit. d, die aus den Informationen an die Öffentlichkeit (→ Rn. 39) entstehen könnte.[61] Bei dem Verweis auf Nr. 3 der Vorschrift handelt es sich allerdings um einen **redaktionellen Fehler**. Die Vorschrift hat in ihrer endgültigen Fassung keine Nr. 3 (mehr) (→ Rn. 4).

42　Weshalb bei einer möglichen Vereitelung oder ernsthaften Beeinträchtigung von Abs. 1 Satz 1 Nr. 2 lit. d der Verantwortliche von der Dokumentationspflicht befreit werden soll (→ Rn. 40), erschließt sich nicht, da diese mangels Informationserteilung gerade nicht zu einer solchen Vereitelung oder Beeinträchtigung führen würde. Zudem ist die Aufsichtsbehörde, die gegebenenfalls die Entscheidung kontrolliert, zur Verschwiegenheit verpflichtet.

III. Vorübergehender Hinderungsgrund (Abs. 3)

43　Ist der Hinderungsgrund für die Informationspflicht nur vorübergehend, hat der Verantwortliche die Information innerhalb einer angemessenen Frist nach Fortfall dieses Grundes, unter Berücksichtigung der spezifischen Umstände der Verarbeitung, zu erteilen – spätestens innerhalb von zwei Wochen. Ob ein Hinderungsgrund nicht mehr vorliegt, ist nach objektiven

---

58　S. LT-Drs. 19/5728, 111.
59　S. hierzu auch Art. 5 Abs. 2 DS-GVO.
60　S. *Schmidt-Wudy* in BeckOK DatenschutzR BDSG § 32 Rn. 54; *Franck* in Gola/Heckmann BDSG § 32 Rn. 40 zur wortgleichen Vorgabe im BDSG; aA *Golla* in Kühling/Buchner BDSG § 32 Rn. 24.
61　S. zur Gesetzesbegründung des BDSG BT-Drs. 18/11325, 103.

Maßstäben des Einzelfalls zu beurteilen. Dies kann zB der Fall sein, wenn eine Gefährdungslage für die öffentliche Sicherheit oder die Rechte und Freiheiten Dritter nicht mehr besteht. Mithilfe der zeitlichen Begrenzung kommt die Vorschrift der durch Art. 23 DS-GVO geforderten Verhältnismäßigkeit nach. Die **Fristbestimmung** richtet sich nach § 31 VwVfG iVm § 187 und § 188 BGB.

C. Würdigung

Die Vorschrift übernimmt weitgehend die Vorgaben des § 32 BDSG. Dieses   44
Vorgehen hat zur Folge, dass auch die Probleme der einzelnen Ausnahmen hinsichtlich ihrer Unionsrechts-, Grundrechts- und Verfassungskonformität übertragen werden. So ist Abs. 1 Satz 1 Nr. 1 als **rechtswidrig** anzusehen,[62] da weder der Zweck noch die Reichweite der Beschränkung eindeutig ableitbar sind. Dessen ungeachtet wird die Beschränkung für die Praxis nur wenig Relevanz haben. Auch Abs. 1 Satz 1 Nr. 2 lit. d ist unionsrechtswidrig und muss auf die Vorgaben der DS-GVO beschränkt werden.[63] Positivbeispiele für konforme Regulierungen finden sich auf Landesebene in § 10 Abs. 1 Nr. 3 BbgDSG und § 8 Nr. 3 LDSG BW. Schließlich eröffnet Abs. 1 Satz 1 Nr. 2 lit. e das Potenzial durch mangelnde Konkretheit missbraucht zu werden, um die Informationspflichten leicht zu umgehen. Seine Notwendigkeit erschließt sich vor dem Hintergrund der anderen Ausnahmen nicht. Die Schutzmaßnahmen des Abs. 2 genügen hinsichtlich ihres Umfangs und Ziels nicht vollumfänglich den Voraussetzungen von Art. 23 Abs. 2 DS-GVO.[64] Zu begrüßen wäre einleitend zB eine klarstellende zeitliche Beschränkung der Ausnahmetatbestände. Dies sehen § 10 BbgDSG, § 5 DSG M-V und § 15 HmbDSG vor, indem sie eine zeitliche Angabe der Beschränkung mit „soweit und solange" vornehmen, obgleich ihnen eine vergleichbare Regelung wie in Abs. 3 fehlt. Erst im Rahmen eines Vorlageverfahrens gemäß Art. 267 AEUV wird es durch den EuGH zu einer letztgültigen Konkretisierung und Bewertung der Öffnungsklauseln des Art. 23 DS-GVO kommen. Erst dann können abschließend die **Zweifel über die Unionskonformität** von § 32 BDSG und somit auch der Vorschrift beseitigt werden. Bis dahin muss die Praxis mit dieser Rechtsunsicherheit leben.

§ 32 Informationspflicht, wenn die personenbezogenen Daten nicht bei der betroffenen Person erhoben wurden

(1) [1]Die Pflicht zur Information der betroffenen Person nach Art. 14 Abs. 1, 2 und 4 der Verordnung (EU) Nr. 2016/679 besteht ergänzend zu

---

62 So *Hohmann/Miedzianowski* in Roßnagel Das neue DSR § 4 Rn. 57; *Golla* in Kühling/Buchner BDSG § 32 Rn. 5; *Dix* in Simitis/Hornung/Spiecker gen. Döhmann DS-GVO Art. 13 Rn. 23.
63 So *Hohmann/Miedzianowski* in Roßnagel Das neue DSR § 4 Rn. 58; *Johannes* ZD-Aktuell 2017, 05533; aA *Franck* in Gola/Heckmann BDSG § 32 Rn. 30; wohl auch *Golla* in Kühling/Buchner BDSG § 32 Rn. 17.
64 So *Hohmann/Miedzianowski* in Roßnagel Das neue DSR § 4 Rn. 59 mwN; *Franck* in Gola/Heckmann BDSG § 32 Rn. 37; *Golla* in Kühling/Buchner BDSG § 32 Rn. 23.

den in Art. 14 Abs. 5 der Verordnung (EU) Nr. 2016/679 und § 26 Abs. 1 genannten Ausnahmen nicht, wenn die Erteilung der Information

1. die ordnungsgemäße Erfüllung der in der Zuständigkeit des Verantwortlichen liegenden Aufgaben im Sinne des Art. 23 Abs. 1 Buchst. a bis e der Verordnung (EU) Nr. 2016/679 gefährden,
2. die öffentliche Sicherheit oder Ordnung gefährden,
3. die Rechte oder Freiheiten Dritter gefährden oder
4. sonst dem Wohle des Bundes oder eines Landes Nachteile bereiten würde und das Interesse des Verantwortlichen an der Nichterteilung der Information das Informationsinteresse der betroffenen Person überwiegt. [2]Die Entscheidung trifft die Leitung der öffentlichen Stelle oder eine von ihr bestimmte, bei der öffentlichen Stelle beschäftigte Person.

(2) [1]Unterbleibt eine Information der betroffenen Person nach Maßgabe des Abs. 1, ergreift der Verantwortliche geeignete Maßnahmen zum Schutz der berechtigten Interessen der betroffenen Person, einschließlich der Bereitstellung der in Art. 14 Abs. 1 und 2 der Verordnung (EU) Nr. 2016/679 genannten Informationen für die Öffentlichkeit in präziser, transparenter, verständlicher und leicht zugänglicher Form in einer klaren und einfachen Sprache. [2]Der Verantwortliche hält schriftlich fest, aus welchen Gründen er von einer Information abgesehen hat.

(3) Bezieht sich die Informationserteilung auf die Übermittlung personenbezogener Daten durch öffentliche Stellen an Verfassungsschutzbehörden, den Bundesnachrichtendienst, den Militärischen Abschirmdienst und, soweit die Sicherheit des Bundes berührt wird, andere Behörden des Bundesministeriums der Verteidigung, ist sie nur mit Zustimmung dieser Stellen zulässig.

Literatur:

Johannes, Der BDSG-Entwurf und das Mysterium der „23", ZD-Aktuell 2017, 05533; *Petri,* Faire und transparente Verarbeitung, Informationsrechte und Rahmenbedingungen für ihre Beschränkung – zur Auslegung der Art. 12 ff. und 23 DS-GVO, DuD 2018, 347.

A. Allgemeines

I. Bedeutung der Vorschrift

Die Vorschrift regelt entgegen der Normüberschrift Möglichkeiten, die **1** Pflicht zur Information der betroffenen Person, **wenn personenbezogene Daten nicht bei ihr erhoben wurden,** einzuschränken. Sie bestimmt ergänzend zu Art. 14 Abs. 5 DS-GVO und § 26 Abs. 1 Ausnahmesituationen, bei denen die Informationspflicht entfallen kann, und welche Folgen sich daraus für den für die Verarbeitung Verantwortlichen ergeben.

Die Vorschrift schränkt damit den **Transparenzgrundsatz** und die Möglich- **2** keit der betroffenen Person ein, von ihren Rechten iSd Art. 15 ff. DS-GVO Gebrauch zu machen[1] und die Datenverarbeitung vollumfassend zu begreifen (→ § 31 Rn. 2). Denn wenn die Daten nicht bei der betroffenen Person erhoben wurden, erfährt sie erst durch die proaktive Mitteilung des Verantwortlichen, dass es zu einer Verarbeitung ihrer Daten kommt.

II. Entstehungsgeschichte

Die Vorschrift folgt der Systematik der Rechte betroffener Personen nach **3** der DS-GVO, indem sie neben § 31 Möglichkeiten vorsieht, die Informationspflichten des Verantwortlichen nach Art. 14 DS-GVO einzuschränken. Sie **orientiert sich** mit nur wenigen Abweichungen und Ergänzungen **an den Vorgaben von § 33 BDSG** im Falle öffentlicher Stellen (→ Rn. 8). Die Vorschrift hat im Gesetzgebungsprozess keine Änderungen erfahren. Sie ist **gegenüber § 18 Abs. 1 und Abs. 2 HDSG** vollständig **neu** (→ § 31 Rn. 3).

III. Unionsrechtliche Regelungen

Die Beschränkungen der Informationspflichten gegenüber der betroffenen **4** Person schränken auch ihr **Recht auf Schutz der sie betreffenden personenbezogenen Daten** gemäß Art. 8 Abs. 1 GRCh sowie ihr Recht auf **informationelle Selbstbestimmung** nach Art. 2 Abs. 1 iVm Art. 1 Abs. 1 GG und Art. 12 a Satz 1 HV ein (→ Einl. Rn. 19 ff.). Die Beschränkungen sind daher an diesen Grundrechten zu messen (→ § 31 Rn. 5).

Die Vorschrift sieht in Abs. 1 neben den in Art. 14 Abs. 5 DS-GVO und in **5** § 26 Abs. 1 festgelegten Beschränkungen weitere Ausnahmen vor, bei denen die **Informationspflicht nach Art. 14 Abs. 1, Abs. 2 und Abs. 4 DS-GVO** entfallen kann. Die DS-GVO sieht von der Informationspflicht ab, wenn die betroffene Person bereits über die Informationen verfügt, die Informationserteilung sich als unmöglich erweist oder einen unverhältnismäßigen Aufwand erfordern würde, die Erlangung oder Offenlegung der Informationen bereits durch eine Rechtsvorschrift geregelt ist oder die Informationen aufgrund von Berufsgeheimnissen oder einer Geheimhaltungspflicht vertraulich behandelt werden müssen. Die letztgenannte Situation wird explizit in § 26 Abs. 1 geregelt (→ § 26 Rn. 8 f.).

Die Gesetzesbegründung führt die Vorschrift auf die **Öffnungsklauseln** des **6** Art. 23 DS-GVO zurück.[2] Art. 23 DS-GVO ermöglicht den Mitgliedstaa-

---

1 EuGH ECLI:EU:C:2015:638, Rn. 33 – Bara ua.
2 LT-Drs. 19/5728, 110.

ten, die Informationspflichten gemäß Art. 14 DS-GVO für bestimmte Schutzgüter im Rahmen von Gesetzgebungsmaßnahmen zu beschränken, sofern die Beschränkungen den Wesensgehalt der Grundrechte und Grundfreiheiten achten und in einer demokratischen Gesellschaft notwendige und verhältnismäßige Maßnahmen darstellen. In Art. 23 Abs. 1 lit. a-j DS-GVO sind abschließend die Ausnahmesituationen aufgelistet, die eine Beschränkung der Pflicht rechtfertigen.[3] Daneben normiert Art. 23 Abs. 2 DS-GVO weitere Voraussetzungen, die die Gesetzgebungsmaßnahme erfüllen muss. So hat sie ferner gegebenenfalls spezifische Vorschriften bezüglich der in Art. 23 Abs. 2 lit. a-h DS-GVO genannten Anforderungen vorzusehen. Von der Möglichkeit, die Vorschrift auf **Art. 6 Abs. 2 DS-GVO** zu stützen (→ § 31 Rn. 7), hat der hessische Gesetzgeber keinen Gebrauch gemacht.[4]

7   Inwiefern die Vorschrift die strengen Anforderungen des Art. 23 DS-GVO erfüllt, ist fraglich. **Zweifel an der Unionskonformität** bestehen zum Teil nicht nur hinsichtlich der Beschränkungen und Ausnahmen selbst, sondern auch bezüglich der dabei ergriffenen Schutzmaßnahmen (→ § 31 Rn. 8). Vor dem Hintergrund des hohen Stellenwerts des Transparenzgebots sind alle Beschränkungen der Informationspflichten eng auszulegen. Zweifel werden an entsprechender Stelle der Kommentierung der Vorschrift erörtert.

IV. Verhältnis zu anderen Vorschriften

8   Die Vorschrift **orientiert sich stark an § 33 BDSG** und hat die dort formulierten Ausnahmen für öffentliche Stellen fast wörtlich übernommen sowie um eine weitere Ausnahme in Abs. 1 Satz 1 Hs. 1 Nr. 3 ergänzt. Unterschiede bestehen lediglich in formeller Hinsicht. So hat die Vorschrift die zwei Alternativen in § 33 Abs. 1 Nr. 1 lit. b BDSG ("öffentliche Sicherheit oder Ordnung" und "Nachteile für das Wohl des Bundes oder eines Landes") aufgeteilt und ihnen eine jeweils eigene Nummerierung in Abs. 1 Satz 1 Hs. 1 Nr. 2 und Nr. 4 zugewiesen.

9   Eng an die Vorschrift angelehnt ist zudem § 31, der Informationspflichten für den Verantwortlichen vorgibt, wenn personenbezogene Daten bei der betroffenen Person erhoben wurden. Gleichermaßen regelt § 31 Ausnahmen, wann die Informationserteilung entfallen kann und welche Konsequenzen sich daraus für den Verantwortlichen ergeben. Dabei finden sich alle Ausnahmesituationen von Abs. 1 Satz 1 Hs. 1 Nr. 1-4 wortgleich in § 31 Abs. 1 Satz 1 Hs. 1 Nr. 2 lit. a-c und lit. e wieder. Zudem entspricht Abs. 1 Satz 1 Hs. 2 und Satz 2 dem Inhalt von § 31 Abs. 1 Satz 1 Hs. 2 und Satz 2 sowie Abs. 2 dem von § 31 Abs. 2 Satz 1 und Satz 2.

10   Ausnahmen der Pflicht zur Informationserteilung nach Art. 14 DS-GVO sind ferner in § 26 Abs. 1 normiert (→ § 26 Rn. 8 f.). **Weitere Informationspflichten** sowie Rechte betroffener Personen auf Informationen sind **in bereichsspezifischen Rechtsbereichen** wie zB in § 82 a SGB X, §§ 32 b, 32 d, 32 e AO sowie § 5 BNDG geregelt. Explizite Verweise auf die Vorschrift

---

3   S. auch *Johannes* ZD-Aktuell 2017, 05533 sowie *Petri* DuD 2018, 347.
4   LT-Drs. 19/5728, 110 f.

findet sich in § 64 Satz 1 Hs. 2 HJStVollzG, § 60 Satz 1 Hs. 2 HUVollzG, § 64 Satz 1 Hs. 2 HSVVollzG sowie § 29 HSOG.

Im dritten Teil des Gesetzes normieren §§ 50 und 51 Informations- und Be-   11
nachrichtigungspflichten für den Verantwortlichen, die der spezifischen
Umsetzung der JI-RL dienen.

Äquivalente Regelungen in den **Ländern** finden sich in § 8 LDSG BW,   12
Art. 9 BayDSG, § 23 BlnDSG, § 10 BbgDSG, § 8 BremDS-GVOAG, § 15
HmbDSG, § 5 DSG M-V, § 8 iVm § 11 NDSG, § 18 Abs. 1 und Abs. 2
LDSG RhPf, § 8 SächsDSDG, § 8 iVm §§ 31, 32 und 35 Abs. 3 Satz 1
LDSG SH, § 20 ThürDSG sowie § 10 SaarlDSG.

B. Beschränkungen der Informationspflichten

Jede Beschränkung der Informationspflichten des Art. 14 DS-GVO muss   13
die Voraussetzungen des **Unions-** und **Verfassungsrechts** erfüllen (→ § 31
Rn. 14). Aus den Voraussetzungen folgt, dass jegliche Beschränkungen der
Informationspflichten eng auszulegen sind.

I. Beschränkungen der Informationspflicht (Abs. 1)

Die DS-GVO fordert bei der Erhebung personenbezogener Daten nicht bei   14
der betroffenen Person, dieser die Informationen gemäß Art. 14 Abs. 1 und
Abs. 2 DS-GVO mitzuteilen. Nach Art. 14 Abs. 4 DS-GVO sind auch bei
einer beabsichtigten Weiterverarbeitung der Daten für einen anderen
Zweck als den ursprünglichen Erhebungszweck der betroffenen Person Informationen über den Weiterverarbeitungszweck mitzuteilen sowie alle Informationen nach Maßgabe von Art. 14 Abs. 2 DS-GVO. Abs. 1 der Vorschrift schränkt die in Art. 14 DS-GVO geforderten Informationspflichten
gegenüber der betroffenen Person ein. Im Gegensatz zu § 31 werden die
Ausnahmen nicht auf die Weiterverarbeitung von bereits erhobenen Daten
beschränkt, sondern können bei jeder Verarbeitungsform zur Anwendung
kommen, solange es sich um eine **Dritterhebung** handelt.

1. Beschränkungskatalog der Informationspflicht (Satz 1 Hs. 1)

Die Vorschrift enthält in Satz 1 Hs. 1 Nr. 1-4 einen **Ausnahmekatalog**, nach   15
dem die Pflicht zur Informationserteilung nach Art. 14 Abs. 1, Abs. 2 und
Abs. 4 DS-GVO entfallen kann (→ Rn. 14).

Nach **Nr. 1** kann die Informationspflicht entfallen, wenn die Erteilung der   16
Information die ordnungsgemäße Erfüllung der in der Zuständigkeit des
Verantwortlichen liegenden **Aufgaben iSd Art. 23 Abs. 1 lit. a-e DS-GVO**
gefährden würde (→ § 31 Rn. 25 f.).[5]

Nach **Nr. 2** kann der Verantwortliche von der Informationserteilung gegen-   17
über der betroffenen Person absehen, wenn es dadurch zu einer **Gefährdung der öffentlichen Sicherheit oder Ordnung** kommen würde (→ § 31
Rn. 27 f.).[6]

---

5 LT-Drs. 19-5728, 112.
6 LT-Drs. 19-5728, 112.

18   Nach **Nr. 3** entfällt die Informationspflicht, wenn durch die Informations-
     erteilung die **Rechte oder Freiheiten Dritter** gefährdet würden (→ § 31
     Rn. 29 f.).

19   Gemäß **Nr. 4** besteht keine Informationspflicht, wenn die Informationser-
     teilung dem **Wohl des Bundes oder eines Landes Nachteile bereiten** würde
     (→ § 31 Rn. 33 ff.).

2. Interessenabwägung (Satz 1 Hs. 2)

20   Anders als § 33 BDSG bestimmt Satz 1 Hs. 2, dass neben der Erfüllung ei-
     nes Ausnahmetatbestands der Nr. 1-4 die Pflicht zur Informationserteilung
     nur entfallen kann, wenn das Interesse des Verantwortlichen an der Nicht-
     erteilung der Information das Informationsinteresse der betroffenen Person
     an der Information überwiegt (→ § 31 Rn. 36). Bei der Interessenabwä-
     gung ist insbesondere zu berücksichtigen, dass die betroffene Person auf-
     grund der Dritterhebung ihrer Daten erst durch die Informationsmitteilung
     des Verantwortlichen erfährt, dass dieser ihre personenbezogenen Daten
     verarbeitet.

3. Entscheidungsträger über die Interessenabwägung (Satz 2)

21   Abs. 1 Satz 2 legt fest, dass die Interessenabwägung der **Leitung der öffent-
     lichen Stelle** oder einer von ihr bestimmten, **bei der öffentlichen Stelle be-
     schäftigten Person** obliegt (→ § 31 Rn. 37).

II. Folgen der Einschränkung der Informationspflicht (Abs. 2)

22   Nimmt der Verantwortliche eine Beschränkungsmöglichkeit des Abs. 1
     wahr, entstehen daraus Schutzpflichten, die der Beachtung der von Art. 23
     Abs. 2 DS-GVO geforderten **kompensatorischen Schutzvorkehrungen** die-
     nen.[7] Sie sollen mögliche Risiken fehlender Informationen abschwächen.[8]

23   Entfällt die Information gegenüber der betroffenen Person, muss der Ver-
     antwortliche ersatzweise geeignete **Maßnahmen zum Schutz der berechtig-
     ten Interessen der betroffenen Person** ergreifen. Zu diesen gehört vor allem
     eine Veröffentlichung der Informationen in genereller Form (→ § 31
     Rn. 39).[9]

24   Zudem muss der Verantwortliche gemäß Abs. 2 Satz 2 schriftlich festhal-
     ten, aus welchen Gründen er von einer Information abgesehen hat (→ § 31
     Rn. 40).[10]

III. Übermittlung personenbezogener Daten an Nachrichtendienste (Abs. 3)

25   Abs. 3 regelt die Informationspflichten bei der Übermittlung personenbezo-
     gener Daten an Nachrichtendienste und stellt diese unter **Zustimmungsvor-
     behalt**.[11] Die Übermittlung nach Abs. 3 verfolgt den Zweck der **nationalen**

---

7   S. zur wortgleichen Norm in § 33 BDSG BT-Drs. 18/11325, 103.
8   *Bäcker* in Kühling/Buchner DS-GVO Art. 23 Rn. 40.
9   LT-Drs. 19-5728, 112.
10 LT-Drs. 19-5728, 112.
11 S. hierzu auch ErwG 61 Satz 2 DS-GVO.

Sicherheit[12] und nutzt dadurch die Öffnungsklausel von Art. 23 Abs. 1 lit. a DS-GVO. Die Regelung ist auf § 19 a Abs. 3 iVm § 19 Abs. 3 BDSG aF zurückzuführen[13] und dient der Wahrung der Geheimhaltungsinteressen der Nachrichtendienste.[14] Abs. 3 entspricht fast wortgleich § 51 Abs. 3 (→ § 51 Rn. 37 f.).

Die Entscheidung über den Entfall der Informationspflicht trifft letztlich der empfangende Nachrichtendienst. Die Regelung soll einer möglichen **Beeinträchtigung** ihrer **gesetzlichen Aufgaben entgegenwirken**, indem die betroffene Person nicht über die Datenverarbeitung informiert wird.[15] Der Nachrichtendienst darf die Informationserteilung nicht grundlos unterbinden. Vielmehr muss er nach pflichtgemäßem Ermessen prüfen, ob die Information erteilt werden kann, ohne dass seine Aufgabenerfüllung gefährdet würde.[16]   26

Abs. 3 **fehlt** es **an** den von Art. 23 Abs. 2 DS-GVO geforderten **Kompensationsmaßnahmen** bei einer Beschränkung der Informationspflicht und somit an einem Ausgleich des Transparenzverlustes bei der betroffenen Person. Stimmt der empfangende Nachrichtendienst der Informationserteilung gegenüber der betroffenen Person nicht zu, erfährt die betroffene Person weder direkt vom Verantwortlichen noch indirekt durch generelle Informationen für die Öffentlichkeit, dass ihre Daten verarbeitet werden. Abs. 3 genügt daher nicht den Vorgaben von Art. 23 Abs. 2 DS-GVO.   27

C. Würdigung

Die Vorschrift orientiert sich an den Vorgaben des § 33 BDSG und übernimmt nicht nur dessen Beschränkungen für öffentliche Stellen und die Ausnahmeregelung für Nachrichtendienste, sondern auch die sich aus der Wahrnehmung einer Beschränkung ergebenden Konsequenzen. Dies hat zur Folge, dass die **Probleme** hinsichtlich der **Konformität mit Unions- und Verfassungsrecht** auf Landesebene übertragen werden. So eröffnet die Beschränkung gemäß **Abs. 1 Satz 1 Hs. 1 Nr. 4** aufgrund mangelnder Konkretheit ein erhebliches Missbrauchspotenzial und starke Zweifel an der Zulässigkeit (→ § 31 Rn. 44). Die von Art. 23 Abs. 2 DS-GVO geforderten Schutzmaßnahmen erfüllt Abs. 2 unzureichend (→ § 31 Rn. 40). Zudem kann der Vorschrift nicht entnommen werden, wie mit der Informationspflicht zu verfahren ist, wenn einer der Ausnahmetatbestände des Abs. 1 nicht mehr greift. Im Gegensatz zu § 31 Abs. 3 findet sich kein Verweis in der Vorschrift, der explizit den **Entfall eines Hinderungsgrundes** adressiert (→ § 31 Rn. 43). Nach dem Grundsatz der Verhältnismäßigkeit muss der Verantwortliche aber auch in diesen Fällen der Informationspflicht nachträglich nachkommen, wenn keine Gefährdungslage für die Sachverhalte nach Abs. 1 Nr. 1-4 mehr vorliegt. Schließlich steht aufgrund fehlender   28

---

12 LT-Drs. 19-5728, 112.
13 S. die Begründung zur wortgleichen Regelung des § 33 Abs. 3 BDSG BT-Drs. 18/11325, 104.
14 *Golla* in Kühling/Buchner BDSG § 33 Rn. 14.
15 *Däubler* in Däubler ua BDSG § 33 Rn. 15; *Koreng* in Taeger/Gabel BDSG § 33 Rn. 30.
16 S. auch *Koreng* in Taeger/Gabel BDSG § 33 Rn. 30 f.

kompensatorischer Maßnahmen in Abs. 3 auch die dortige Ausnahme unter unionsrechtlichen Bedenken.[17] Bis der EuGH eine letztgültige Konkretisierung und Bewertung der Öffnungsklauseln des Art. 23 DS-GVO vornimmt, muss die Praxis mit dieser Rechtsunsicherheit leben.

§ 33 Auskunftsrecht der betroffenen Person

(1) Das Recht auf Auskunft der betroffenen Person nach Art. 15 der Verordnung (EU) Nr. 2016/679 besteht ergänzend zu den in § 24 Abs. 2, § 25 Abs. 2 und § 26 Abs. 2 genannten Ausnahmen nicht, wenn

1. die betroffene Person nach § 32 Abs. 1 oder 3 nicht zu informieren ist, oder
2. die Daten
   a) nur deshalb gespeichert sind, weil sie aufgrund gesetzlicher oder satzungsmäßiger Aufbewahrungsvorschriften nicht gelöscht werden dürfen, oder
   b) ausschließlich Zwecken der Datensicherung, der Datenschutzkontrolle oder der Sicherstellung des ordnungsgemäßen Betriebs einer Datenverarbeitungsanlage dienen.

(2) [1]Die Gründe der Auskunftsverweigerung sind zu dokumentieren. [2]Die Ablehnung der Auskunftserteilung ist gegenüber der betroffenen Person zu begründen, soweit nicht durch die Mitteilung der tatsächlichen und rechtlichen Gründe, auf die die Entscheidung gestützt wird, der mit der Auskunftsverweigerung verfolgte Zweck gefährdet würde. [3]Die zum Zweck der Auskunftserteilung an die betroffene Person und zu deren Vorbereitung gespeicherten Daten dürfen nur für diesen Zweck sowie für Zwecke der Datenschutzkontrolle verarbeitet werden; für andere Zwecke ist die Verarbeitung nach Maßgabe des Art. 18 der Verordnung (EU) Nr. 2016/679 einzuschränken.

(3) [1]Wird der betroffenen Person keine Auskunft erteilt, kann sie ihr Auskunftsrecht auch über die Hessische Datenschutzbeauftragte oder den Hessischen Datenschutzbeauftragten ausüben. [2]Der Verantwortliche hat die betroffene Person über diese Möglichkeit sowie darüber zu unterrichten, dass sie nach Art. 77 der Verordnung (EU) Nr. 2016/679 die Hessische Datenschutzbeauftragte oder den Hessischen Datenschutzbeauftragten anrufen oder gerichtlichen Rechtsschutz suchen kann. [3]Die oder der Hessische Datenschutzbeauftragte hat die betroffene Person darüber zu unterrichten, dass alle erforderlichen Prüfungen erfolgt sind oder eine Überprüfung durch sie oder ihn stattgefunden hat. [4]Die Mitteilung der oder des Hessischen Datenschutzbeauftragten an die betroffene Person darf keine Rückschlüsse auf den Erkenntnisstand des Verantwortlichen zulassen, sofern dieser keiner weitergehenden Auskunft zustimmt. [5]Die oder der Hessische Datenschutzbeauftragte hat zudem die betroffene Person über ihr Recht auf gerichtlichen Rechtsschutz zu unterrichten.

---

17 So auch *Franck* in Gola/Heckmann BDSG § 33 Rn. 24 zur wortgleichen Regelung in § 33 Abs. 3 BDSG.

(4) ¹Das Recht der betroffenen Person auf Auskunft über personenbezogene Daten, die weder automatisiert verarbeitet noch nicht automatisiert verarbeitet und in einem Dateisystem gespeichert werden, besteht nur, soweit die betroffene Person Angaben macht, die das Auffinden der Daten ermöglichen, und der für die Erteilung der Auskunft erforderliche Aufwand nicht außer Verhältnis zu dem von der betroffenen Person geltend gemachten Informationsinteresse steht. ²Statt einer Auskunft über personenbezogene Daten kann der betroffenen Person Akteneinsicht gewährt werden.

Literatur:

Brink/Joos, Reichweite und Grenzen des Auskunftsanspruchs und des Rechts auf Kopie, ZD 2019, 485; *Buschmann/Eichhorn,* Auskunftsersuchen nach Art. 15 DS-GVO, DuD 2019, 65; *Dausend,* Der Auskunftsanspruch in der Unternehmenspraxis, ZD 2019, 103; *Engeler/Quiel,* Recht auf Kopie und Auskunftsanspruch im Datenschutzrecht, NJW 2019, 2201; *Kremer,* Das Auskunftsrecht der betroffenen Person in der DS-GVO, CR 2018, 560; *Piltz,* BDSG. Vorschriften für nichtöffentliche Stellen. Praxiskommentar für die Wirtschaft, 2017; *Zikesch/Sörup,* Der Auskunftsanspruch nach Art. 15 DS-GVO, ZD 2019, 239.

A. Allgemeines

I. Bedeutung der Vorschrift

Das Recht der betroffenen Person auf **Auskunft** über die sie betreffenden 1 Daten aus Art. 15 DS-GVO stellt ein **zentrales Betroffenenrecht** dar.[1] Schließlich kann nur derjenige, der Kenntnis über die zu seiner Person verarbeiteten Daten kennt, steuernd auf die Datenverarbeitung des Verantwortlichen einwirken. Insofern stellt der Auskunftsanspruch eine **Grundvoraussetzung** für einen mündigen Betroffenen dar.[2] Die Vorschrift schränkt das Auskunftsrecht ein.

II. Entstehungsgeschichte

Die Vorschrift ersetzt § 18 HDSG. Dieser regelte die Benachrichtigungs- 2 pflicht der datenverarbeitenden Stellen und das Auskunftsrecht des Betroffenen. **Ausnahmen** vom Auskunftsrecht waren in § 18 Abs. 4 und 6 HDSG

---

1 *Bäcker* in Kühling/Buchner DS-GVO Art. 15 Rn. 5; *Dausend* ZD 2019, 103 (103).
2 *Brink/Joos* ZD 2019, 483 (483).

enthalten. Da lediglich Elemente des § 18 Abs. 4 HDSG in Abs. 1 Nr. 2
lit. a und b übernommen wurden, stellt die Vorschrift insgesamt eine **umfassende Neufassung der Einschränkung des Auskunftsrechts** dar. Die Vorschrift hat im Gesetzgebungsverfahren nur eine kleine stilistische Änderung erfahren.[3]

III. Unionsrechtliche Regelungen

3   Das Auskunftsrecht beruht verfassungsrechtlich auf dem **informationellen Selbstbestimmungsrecht** aus Art. 8 GRCh und ist explizit in Art. 8 Abs. 2 Satz 2 GRCh verbürgt. Im GG wird das Recht auf informationelle Selbstbestimmung durch Art. 2 Abs. 1 iVm Art. 1 Abs. 1 GG gewährt und in Hessen durch Art. 12 a Satz 1 HV.

4   **Art. 15 Abs. 1 DS-GVO** gewährt der betroffenen Person „das Recht, von dem Verantwortlichen eine Bestätigung darüber zu verlangen ob sie betreffende personenbezogene Daten verarbeitet werden". Ist dies der Fall, sind der betroffenen Person die Informationen nach Art. 15 Abs. 1 lit. a bis h und Abs. 2 DS-GVO zu erteilen. Bereits Art. 12 Abs. 5 DS-GVO enthält Einschränkungen des Auskunftsrechts. **Weitere Einschränkungen** darf der Landesgesetzgeber nur unter den **Voraussetzungen von Art. 23 DS-GVO** erlassen. Art. 23 Abs. 1 DS-GVO erlaubt die Einschränkung des Auskunftsrechts durch Gesetz, sofern die „Beschränkung den **Wesensgehalt der Grundrechte und Grundfreiheiten** achtet und in einer demokratischen Gesellschaft eine **notwendige und verhältnismäßige Maßnahme** darstellt", die eines der in Art. 23 Abs. 1 lit. a bis j DS-GVO aufgeführten Ziele sicherstellt. Weiterhin muss jede Gesetzgebungsmaßnahme nach Art. 23 Abs. 1 DS-GVO spezifische Vorschriften in Bezug auf die in Art. 23 Abs. 2 lit. a bis h DS-GVO aufgeführten Inhalte aufweisen. Diese sollen der **Kompensation** dienen, die die betroffene Person aufgrund der Einschränkung erleidet.[4]

IV. Verhältnis zu anderen Vorschriften

5   Die Vorschrift nimmt Bezug auf die §§ 24 Abs. 2, 25 Abs. 2 und 26 Abs. 2, die ihrerseits Einschränkungen des Auskunftsrechts bei der Datenverarbeitung zu **wissenschaftlichen und historischen Forschungs- und zu statistischen Zwecken** (→ § 24 Rn. 34 ff.), zu **im öffentlichen Interesse liegenden Archivzwecken** (→ § 25 Rn. 33 ff.) und bei **Geheimhaltungspflichten**, die sich aus einer Rechtsvorschrift oder ihrem Wesen nach ergeben (→ § 26 Rn. 10 ff.), enthalten. Zudem steht sie in Verbindung mit § 32 Abs. 1 und 3, da sie die Auskunftserteilung für jene Fälle ausschließt, in denen die betroffene Person bereits nach § 32 Abs. 1 und 3 nicht zu informieren ist (→ § 32 Rn. 14 ff. und 25 ff.).

6   Das Auskunftsrecht der betroffenen Person und Ausnahmen hiervon behandelt auch § 52, der spezifisch der **Umsetzung der JI-RL** dient (→ § 52 Rn. 8 ff.).

---

3 LT-Drs. 19/6300, 2.
4 *Bäcker* in Kühling/Buchner DS-GVO Art. 23 Rn. 44; *Dix* in Simitis/Hornung/
   Spiecker gen. Döhmann DS-GVO Art. 23 Rn. 37.

Auf Bundesebene stellt § 34 BDSG das **Äquivalent** zur Vorschrift dar, an   7
dem sich der Landesgesetzgeber sehr stark orientiert hat. Zum Teil entsprechen sich beide Vorschriften sogar **wortgleich**. Im **Unterschied** zu § 34
Abs. 1 Nr. 2 BDSG macht Abs. 1 Nr. 2 die Auskunftserteilung nicht vom
Aufwand für den Verantwortlichen abhängig[5] und sieht auch nicht vor,
dass die Verarbeitung zu anderen Zwecken durch technische und organisatorische Maßnahmen ausgeschlossen ist. Zudem wird durch Abs. 2 Nr. 2
lit. b die Auskunftserteilung zusätzlich ausgeschlossen, wenn die Daten der
Sicherstellung des ordnungsgemäßen Betriebs einer Datenverarbeitungsanlage dienen. Unterschiede bestehen auch in Abs. 3 Satz 1 gegenüber der Regelung des § 34 Abs. 3 Satz 1 BDSG. Letzterer setzt die Auskunftserteilung
an den BfDI aus, wenn die oberste zuständige Bundesbehörde im Einzelfall
feststellt, dass die Auskunft die Sicherheit des Bundes oder eines Landes gefährden würde. Weiterhin sieht die Vorschrift in Abs. 3 Satz 2 und 5 Unterrichtungspflichten für Verantwortliche und die oder den HSB vor, für die
es in § 34 BDSG keine Entsprechungen gibt. Schließlich wird dem Verantwortlichen in Abs. 4 Satz 2 das Recht eingeräumt, der betroffenen Person
Akteneinsicht statt einer Auskunft zu gewähren. Auch dies ist nicht in § 34
BDSG enthalten.

B. Einschränkung des Auskunftsrechts

Die Vorschrift regelt Fälle, in denen das Auskunftsrecht eingeschränkt werden darf. Abs. 1 benennt die einzelnen **Ausnahmen**, während Abs. 2 für   8
den Fall der Auskunftsverweigerung eine **Begründungspflicht** für den Verantwortlichen vorsieht und Abs. 3 für denselben Fall die **Auskunft** über die
oder den **HDSB**. Abs. 4 enthält eine **weitere Einschränkung** des Auskunftsanspruchs für Fälle außerhalb des sachlichen Anwendungsbereichs der DS-GVO.

I. Ausnahmetatbestände (Abs. 1)

Die **Herausgabe von Kopien** wird in der Vorschrift nicht behandelt. Dennoch erstrecken sich die Beschränkungen des Auskunftsrechts aus Abs. 1   9
gleichermaßen auch auf das Recht auf Kopien,[6] da es sich bei diesem nur
um eine **besondere Form der Auskunftserteilung** handelt.[7]

1. Fehlende Informationspflicht (Nr. 1)

Nach Abs. 1 Nr. 1 hat die betroffene Person kein Recht auf Auskunft,   10
wenn sie bereits nach § 32 Abs. 1 oder 3 nicht zu informieren ist. Dies betrifft Fälle, in denen die Erteilung der Informationen die ordnungsgemäße
Erfüllung der Aufgaben nach Art. 23 Abs. 1 lit. a bis e DS-GVO, die dem
Verantwortlichen obliegen, **gefährdet** (§ 32 Abs. 1 Nr. 1; → § 32 Rn. 16).
Informationen sind ebenfalls nicht zu erteilen, wenn sie die **öffentliche Sicherheit oder Ordnung** (§ 32 Abs. 1 Nr. 2; → § 32 Rn. 17) oder die **Rechte**

---

5 S. zur Kritik an § 34 Abs. 1 Nr. 2 BDSG *Golla* in Kühling/Buchner BDSG § 34
   Rn. 9 f.
6 So auch *Kremer* CR 2017, 367 (376); *Specht-Riemenschneider* in HK-BDSG § 34
   Rn. 6.
7 *Specht-Riemenschneider* in HK-BDSG § 34 Rn. 6.

oder Freiheiten Dritter (§ 32 Abs. 1 Nr. 3; → § 32 Rn. 18) gefährden oder dem **Wohle des Bundes oder eines Landes** Nachteile bereiten und das **Interesse** des Verantwortlichen an der **Nichterteilung der Information** das Informationsinteresse der betroffenen Person **überwiegt** (§ 32 Abs. 1 Nr. 4; → § 32 Rn. 19).

2. Gesetzliche oder satzungsmäßige Aufbewahrungsvorschriften (Nr. 2 lit. a)

11 Nach Abs. 1 Nr. 2 lit. a besteht das Auskunftsrecht ebenfalls nicht, wenn Daten nur gespeichert sind, weil sie aufgrund gesetzlicher oder satzungsmäßiger Aufbewahrungspflichten nicht gelöscht werden dürfen. Dies betrifft zB solche Daten, die aufgrund von Haushaltsgesetzen aufbewahrt werden müssen.[8] Hinsichtlich der satzungsmäßigen Aufbewahrungsvorschriften ist die Regelung **problematisch**, da diese von den Verantwortlichen aufgrund ihrer **Satzungsautonomie** selbst geschaffen werden können, obwohl **Art. 15 DS-GVO** für die durch ihn Verpflichteten **nicht dispositiv** ist[9] und ein derartiges Entziehen aus der Auskunftspflicht daher nicht zulässig ist.[10]

12 Einschränkungen des Auskunftsrechts müssen sich an Art. 23 DS-GVO messen lassen. Das Auskunftsrecht darf daher nur eingeschränkt werden, um eins der in **Art. 23 Abs. 1 DS-GVO** genannten Ziele zu erreichen. Welche **Ziele** mit der **Einschränkung** nach Abs. 1 Nr. 2 lit. a verfolgt werden, sagt die Gesetzesbegründung nicht. Stattdessen wird auf die Übernahme von Elementen des § 18 Abs. 4 HDSG und des § 29 Abs. 2 HSOG verwiesen.[11] Dies ist jedoch nicht zielführend, da die Übernahme bestehender Regelungen die Einschränkung des Auskunftsrechts nicht legitimieren kann.[12]

13 Vermutlich wird mit der Ausnahme in lit. a die Reduzierung des Aufwands für den Verantwortlichen verfolgt.[13] Die **Aufwandsreduktion** an sich stellt jedoch **kein** nach Art. 23 Abs. 1 DS-GVO **zulässiges Ziel** für eine Beschränkung des Auskunftsrechts dar. Doch selbst wenn dies der Fall wäre, ist nicht nachvollziehbar, warum die Auskunftserteilung über Daten, die aus dem produktiven Bestand genommen werden und nur noch aufgrund von Aufbewahrungsvorschriften gespeichert werden, für den Verantwortlichen mit mehr Aufwand verbunden sein soll, da es **technische und organisatorische Lösungen** gibt, die eine Auskunftserteilung mit ähnlichem Aufwand ermöglichen wie beim produktiven Datenbestand.[14] Es kann zudem nicht pauschal angenommen werden, dass die betroffene Person kein Interesse

---

8 So für das alte Recht *Nungesser* § 18 Rn. 40.
9 BT-Drs. 18/11655, 22; *Schmidt-Wudy* in BeckOK DatenschutzR BDSG § 34 Rn. 25 f.
10 So auch *Schmidt-Wudy* in BeckOK DatenschutzR BDSG § 34 Rn. 29.
11 LT-Drs. 19/5728, 112.
12 So bereits *Spiecker gen. Döhmann*, Stellungnahme in der öffentlichen Anhörung des Hessischen Landtags am 15.3.3018 zur LT-Drs. 19/5728 AV INA 19/64 und UDS 19/9 Teil 4, 238 f.
13 So für § 18 Abs. 4 HDSG *Dembowski* in Schild ua § 18 Rn. 39.
14 So auch *Golla* in Kühling/Buchner BDSG § 34 Rn. 9.

an einer Auskunft über diese Daten hat,[15] nur weil der Verantwortliche selbst zu ihrer Speicherung verpflichtet ist. Da mit der Vorschrift kein legitimes Ziel iSd Art. 23 Abs. 1 DS-GVO verfolgt wird, ist die **Regelung unionsrechtswidrig** und darf nicht angewendet werden.[16]

3. Datensicherung, Datenschutzkontrolle und Betrieb einer Datenverarbeitungsanlage (Nr. 2 lit. b)

Nach Abs. 1 Nr. 2 lit. b wird das Auskunftsrecht weiterhin eingeschränkt,   14
wenn die Daten ausschließlich den Zwecken der Datensicherung, der Datenschutzkontrolle oder der Sicherstellung des ordnungsgemäßen Betriebs einer Datenverarbeitungsanlage dienen. Zur **Datensicherung** gehören alle Maßnahmen, die zur Wahrung von Integrität, Authentizität, Vertraulichkeit und Verfügbarkeit dienen. Beispiele sind Zugangs- und Verarbeitungsberechtigungen von Nutzern.

Bei der **Datenschutzkontrolle** geht es um Daten, die aus bereits erfolgten Kontrollen zur Überwachung des Datenschutzes zB durch den **behördlichen DSB** oder die **Datenschutzaufsichtsbehörde** festgehalten wurden.[17] Beispiele sind Protokollierungen von Datenabrufen oder -übermittlungen.[18] Umfasst sind ausschließlich Daten, die für die Kontrolle der jeweiligen Datenverarbeitung erforderlich sind.[19] Warum diese Daten jedoch vom Auskunftsrecht der betroffenen Person ausgeschlossen werden sollen, ist nicht nachvollziehbar, da das Auskunftsrecht gerade eine Kontrolle ermöglichen soll[20] und Datenschutzkontrollen **im Interesse der betroffenen Person** und zum Schutz ihrer Grundrechte stattfinden.

Im Unterschied zu Datensicherung und Datenschutzkontrolle geht es beim   16
ordnungsgemäßen Betrieb einer **Datenverarbeitungsanlage** um den Betrieb als solchen. Umfasst sind die Systemfunktionen der Anlage einschließlich der Anwendungsprogramme und der technischen und organisatorischen Maßnahmen wie zB der Rechenzentrumsorganisation und der Notfallpläne. Unter diese Ausnahme können nur **Daten** fallen, die **technisch bedingt gespeichert** werden, damit die Datenverarbeitungsanlage ordnungsgemäß betrieben werden kann. Beispiele sind technisch bedingte kurzfristige Zwischenspeicherungen.

Auch hier bleibt der Gesetzgeber eine Antwort dafür schuldig, welches Ziel   17
nach Art. 23 Abs. 1 DS-GVO er verfolgt. Für sich genommen fallen die in lit. b genannten Einschränkungsziele unter keine der in Art. 23 Abs. 1 DS-GVO genannten. Zum Teil wird bei der Einschränkung zu Zwecken der

---

15 *Voßhoff*, Stellungnahme in der öffentlichen Anhörung des Hessischen Landtags am 15.3.3018 zur LT-Drs. 19/5728 AV INA 19/64 und UDS 19/9 Teil 3, 100; *Golla* in Kühling/Buchner BDSG § 34 Rn. 9.
16 So auch für die ähnlich lautende Regelung des § 34 Abs. 1 Nr. 2 lit. a BDSG *Golla* in Kühling/Buchner BDSG § 34 Rn. 9; BR-Drs. 110/1/17, 54; *Dix* in Simitis/Hornung/Spiecker gen. Döhmann DS-GVO Art. 15 Rn. 36. wohl aA *Koreng* in Taeger/Gabel BDSG § 34 Rn. 14, der auf Art. 23 Abs. 1 lit. e DS-GVO abstellt.
17 *Specht-Riemenschneider* in HK-BDSG § 34 Rn. 15.
18 *Dammann* in Simitis BDSG § 14 Rn. 108.
19 *Schmidt-Wudy* in BeckOK DatenschutzR BDSG § 34 Rn. 34.
20 So auch *Golla* in Kühling/Buchner BDSG § 34 Rn. 12; *Specht-Riemenschneider* in HK-BDSG § 34 Rn. 16.

Datensicherung auf Art. 23 Abs. 1 lit. e DS-GVO abgestellt, was jedoch nicht überzeugt. Schließlich kann Datensicherung zwar indirekt öffentlichen Interessen dienen, tut es jedoch nicht in jedem Fall und stellt daher keine notwendige und verhältnismäßige Maßnahme für den Schutz sonstiger wichtiger Ziele des allgemeinen öffentlichen Interesses nach Art. 23 Abs. 1 lit. e DS-GVO dar.[21] Denkbar wäre auch die Heranziehung von Art. 23 Abs. 1 lit. h[22] oder i DS-GVO, was jedoch eine sehr weitreichende Auslegung des Art. 23 DS-GVO bedeuten würde.[23] Da **Ausnahmen von unionsrechtlichen Vorgaben eng ausgelegt** werden müssen,[24] ist auch die Einschränkung des Auskunftsrechts aus **Abs. 1 Nr. 2 lit. b** unionsrechtswidrig und darf nicht angewendet werden.[25]

II. Dokumentation und Begründung der Auskunftsverweigerung (Abs. 2)

18   Abs. 2 konkretisiert die Modalitäten der Auskunftsverweigerung. Nach Abs. 2 sind die **Gründe der Auskunftsverweigerung** zu **dokumentieren** und die **Ablehnung der Auskunft** gegenüber der betroffenen Person zu **begründen**. Dies soll der betroffenen Person die Möglichkeit geben, die Ablehnung der Auskunftserteilung nachzuvollziehen und gegebenenfalls durch die Aufsichtsbehörde überprüfen zu lassen.[26] Die Dokumentations- und Begründungspflicht bezieht sich auf die rechtlichen und tatsächlichen Gründe der Auskunftsverweigerung.[27] Sie ist hinreichend erfüllt, wenn ein objektiver Dritter die maßgeblichen Gründe der Verweigerung nachvollziehen kann.[28] Die **Mitteilung** an die betroffene Person darf jedoch **unterbleiben**, wenn sie den mit der Auskunftsverweigerung **verfolgten Zweck gefährden** würde. Dies kann zB bei der Verfolgung von Straftaten der Fall sein. Würde der Verantwortliche die Verweigerung der Auskunft begründen, könnte die betroffene Person mit der Vernichtung von Beweismitteln reagieren und so die Verfolgung der Straftat gefährden.[29] Die Einschätzung des Verantwortlichen hinsichtlich der Gefährdung in Bezug auf den Zweck ist durch die Aufsichtsbehörde voll überprüfbar.[30]

19   **Begründung und Dokumentation** dienen dem **Schutz der betroffenen Personen** und sind insofern Maßnahmen iSd Art. 23 Abs. 2 lit. g und h DS-GVO. Weiterhin hat der Verantwortliche nach Abs. 2 Satz 3 sicherzustellen, dass die Daten, die zum Zweck der Vorbereitung und Auskunftserteilung gespeichert werden, nur für diesen Zweck und zu dem der Daten-

---

21   *Richter* in HK-LDSG RhPf § 12 Rn. 16 ff.
22   *Spiecker gen. Döhmann* Stellungnahme in der öffentlichen Anhörung des Hessischen Landtags am 15.3.3018 zur LT-Drs. 19/5728 AV INA 19/64 und UDS 19/9 Teil 4, 239.
23   *Veil* in Gierschmann ua DS-GVO Art. 15 Rn. 170; *Specht-Riemenschneider* in HK-BDSG § 34 Rn. 14.
24   *Dix* in Simitis/Hornung/Spiecker gen. Döhmann DS-GVO Art. 23 Rn. 17.
25   S. auch *Golla* in Kühling/Buchner BDSG § 34 Rn. 7; *Richter* in HK-LDSG RhPf § 12 Rn. 17.
26   LT-Drs. 19/5728, 112.
27   *Koreng* in Taeger/Gabel BDSG § 34 Rn. 26; *Specht-Riemenschneider* in HK-BDSG § 34 Rn. 21.
28   *Schmidt-Wudy* in BeckOK DatenschutzR BDSG § 34 Rn. 45.
29   *Richter* in HK-LDSG RhPf § 12 Rn. 19.
30   *Piltz* BDSG 2017 § 34 Rn. 23; *Koreng* in Taeger/Gabel BDSG § 34 Rn. 27.

schutzkontrolle verarbeitet werden. Für andere Zwecke ist die **Verarbeitung** nach Art. 18 Abs. 2 DS-GVO **einzuschränken**, so dass die Daten für Verwaltungsentscheidungen nicht mehr zur Verfügung stehen. Die Einschränkung **beugt Missbrauch vor** und stellt daher eine Garantie nach Art. 23 Abs. 2 lit. d DS-GVO dar. Weiterhin wird auch Art. 23 Abs. 2 lit. a und b DS-GVO entsprochen, da die Auskunftserteilung nur abgelehnt werden kann, wenn die Voraussetzungen aus Abs. 1 vorliegen. Damit werden die Zwecke der Verarbeitung iSv Art. 23 Abs. 2 lit. a DS-GVO und der Umfang der Beschränkungen iSd Art. 23 Abs. 2 lit. c DS-GVO festgelegt.[31] Somit werden die Anforderungen aus Art. 23 Abs. 2 DS-GVO durch die Vorschrift in angemessener Weise erfüllt.

III. Auskunftsrecht über die oder den HDSB (Abs. 3)

Verweigert der Verantwortliche die Auskunft, kann die betroffene Person   20
ihr Auskunftsrecht über die oder den HDSB ausüben. Der Verantwortliche hat die betroffene Person über diese **Möglichkeit** und die des **gerichtlichen Rechtsschutzes** sowie die ihr nach **Art. 77 DS-GVO zustehenden Rechte** zu **informieren**.

Übt die betroffene Person ihr Auskunftsrecht über die oder den **HDSB** aus,   21
prüft diese oder dieser **eigenständig und unabhängig**, ob die Auskunft vom Verantwortlichen zurecht verweigert wurde. Im Anschluss hat er der betroffenen Person gemäß Abs. 3 Satz 3 mitzuleiten, dass alle erforderlichen Prüfungen erfolgt sind oder eine Überprüfung durch ihn stattgefunden hat. Die Formulierung in Satz 3 ist missverständlich, da unklar bleibt, wo der Unterschied zwischen beiden Alternativen ist. Das **Ergebnis der Prüfung** ist der betroffenen Person **mitzuteilen**. Unabhängig davon, ob die Auskunft zurecht oder zu Unrecht nicht erteilt wurde, darf die Mitteilung an die betroffene Person **keine Rückschlüsse auf den Erkenntnisstand des Verantwortlichen** zu lassen, außer der Verantwortliche erteilt seine Zustimmung hierfür.

Bei unzulässiger Auskunftsverweigerung darf die oder der HDSB jedoch   22
gemäß Art. 58 Abs. 2 lit. c DS-GVO den **Verantwortlichen anweisen**, der betroffenen Person **Auskunft zu erteilen**. Gemäß Abs. 3 Satz 5 hat die oder der HDSB zudem die betroffene Person über ihr Recht auf gerichtlichen Rechtschutz nach Art. 77 DS-GVO zu unterrichten, was insbesondere wichtig ist, wenn die Auskunft zu Unrecht verweigert wurde.

Die **Einbindung der oder des HDSB** und die **Unterrichtungspflichten** nach   23
Abs. 3 wirken darauf hin, dass die Ausnahmetatbestände nach Abs. 1 im Rahmen des Erforderlichen genutzt werden. Sie stellen **Garantien gegen Missbrauch** nach Art. 23 Abs. 2 lit. d DS-GVO dar.[32]

IV. Ausweitung des Auskunftsrechts über Art. 15 DS-GVO hinaus (Abs. 4)

Da über § 1 Abs. 8 für Verarbeitungen, die aus dem Anwendungsbereich   24
der DS-GVO fallen, die Normen der DS-GVO ebenfalls für anwendbar erklärt werden, gilt das **Auskunftsrecht** aus Art. 15 DS-GVO auch für perso-

---

31 So auch für § 12 LDSG RhPf *Richter* in HK-LDSG RhPf § 12 Rn. 7.
32 So auch *Richter* in HK-LDSG RhPf § 12 Rn. 6 f.

nenbezogene Daten in zB **unsortierten Akten oder Aktensammlungen**[33] oder Deckblättern, die weder automatisiert verarbeitet noch nicht automatisiert verarbeitet werden und in einem Dateisystem gespeichert sind oder – was aus dem Wortlaut nicht hervorgeht – gespeichert werden sollen.[34] Hierdurch wird der **Auskunftsanspruch** der betroffenen Person gegenüber öffentlichen Stellen im Vergleich zu Art. 15 DS-GVO **erweitert**.

25   Gleichzeitig sieht Abs. 4 für diese Daten die Einschränkung vor, dass die betroffene Person nur Auskunft erhalten kann, wenn sie **Angaben zum Auffinden** ihrer personenbezogenen Daten macht und zudem ihr **Informationsinteresse** darlegt. Solche Angaben können zB Namen von Bearbeitern oder Aktenzeichen sein.[35] Die Angaben müssen derart konkret sein, dass sie es dem Verantwortlichen objektiv ermöglichen, die Daten mit **angemessenem Aufwand** zu ermitteln. Schließlich muss der Verantwortliche nur in jenen Fällen Auskunft erteilen, in denen der erforderliche Aufwand nicht außer Verhältnis zum Informationsinteresse der betroffenen Person steht. **Organisationsdefizite** des Verantwortlichen gehen jedoch zu seinen Lasten.[36]

26   Da § 1 Abs. 8 die gesamte DS-GVO zur Anwendung bringt, gilt für die in **Abs. 4** bezeichneten Daten auch **Art. 23 DS-GVO**. Doch hat der Gesetzgeber für die Auskunft zu diesen Daten nur die einschränkenden Regelungen in Abs. 4 getroffen.

27   Für diese Daten darf der Verantwortliche gemäß Satz 2 der betroffenen Person **statt Auskunft Akteneinsicht** gewähren. Eine Akteneinsicht wird für die betroffene Person regelmäßig mit mehr Aufwand verbunden sein, da der Verantwortliche aufgesucht werden muss. Jedoch stellt diese Regelung die betroffene Person insgesamt besser. Schließlich besteht für diese Daten in Art. 15 DS-GVO weder ein Auskunfts- noch ein Akteneinsichtsrecht.

C. Würdigung

28   Der Gesetzgeber hat mit der Vorschrift die ihm durch die Öffnungsklausel des Art. 23 DS-GVO eingeräumte Möglichkeit zur **Einschränkung des Auskunftsrechts überwiegend nicht in unionsrechtskonformer Weise** genutzt. Abs. 1 Nr. 1 lässt das Auskunftsrecht entfallen, wenn die betroffene Person bereits nach § 32 Abs. 1 oder 3 nicht zu informieren ist. Während die Ausnahmen aus § 32 Abs. 1 Nr. 1 bis 3 unionsrechtskonform sind (→ § 31 Rn. 24 ff.), ist dies bei § 32 Abs. 1 Nr. 4 nicht der Fall, da keine konkrete Zieldefinition im Sinne des Art. 23 Abs. 1 DS-GVO vorgenommen wird (→ § 31 Rn. 34 f.). Unionsrechtskonform ist hingegen die Ausnahme aus Abs. 1 Nr. 1 iVm § 32 Abs. 3, da sowohl eine Zieldefinition vorgenommen wird (→ § 32 Rn. 25) als auch in den **Abs. 2 und 3 starke Ausgleichsmaßnahmen** zum Schutz der betroffenen Person vorgesehen werden. Da die Ausnahmen in Abs. 1 Nr. 2 lit. a und b auch nicht unionsrechtskonform sind und daher nicht angewendet werden dürfen, sind nur die Regelungen

---

33 Vgl. ErwG 15 Abs. 3 DS-GVO.
34 LT-Drs. 19/5728, 112.
35 *Herbst* in Kühling/Buchner BDSG § 34 Rn. 23.
36 *Schmidt-Wudy* in BeckOK DatenschutzR BDSG § 34 Rn. 71; *Koreng* in Taeger/ Gabel BDSG § 34 Rn. 41.

aus Abs. 1 Nr. 1 iVm § 32 Abs. 1 Nr. 1 bis 3 und Abs. 3, sowie die Abs. 2, 3 und 4 der Vorschrift anwendbar.

Das **informationelle Selbstbestimmungsrecht** der betroffenen Person hätte   29
bei den Ausnahmen aus Abs. 1 Nr. 1 iVm § 32 Abs. 1 Nr. 1 bis 3 **besser ge-schützt** werden können, wenn der Gesetzgeber die **Auskunftsverweigerung** nur soweit und solange zulassen würde, wie die Gründe aus Abs. 1 Nr. 1 iVm § 32 Abs. 1 Nr. 1 bis 3 auch bestehen. Bei einer solchen Formulierung hätte der Verantwortliche die Auskunft nachholen müssen, sobald die Gründe nicht mehr vorliegen. Eine **Nachholpflicht für die Auskunftsertei-lung** ist in der Vorschrift jedoch nicht vorgesehen.[37]

§ 34 Recht auf Löschung („Recht auf Vergessenwerden")

(1) [1]Ist eine Löschung im Fall nicht automatisierter Datenverarbeitung we-gen der besonderen Art der Speicherung nicht oder nur mit unverhältnis-mäßig hohem Aufwand möglich und ist das Interesse der betroffenen Per-son an der Löschung als gering anzusehen, besteht das Recht der betroffe-nen Person auf und die Pflicht des Verantwortlichen zur Löschung perso-nenbezogener Daten nach Art. 17 Abs. 1 der Verordnung (EU) Nr. 2016/679 ergänzend zu den in Art. 17 Abs. 3 der Verordnung (EU) Nr. 2016/679 genannten Ausnahmen nicht. [2]In diesem Fall tritt an die Stel-le einer Löschung die Einschränkung der Verarbeitung nach Art. 18 der Verordnung (EU) Nr. 2016/679. [3]Satz 1 und 2 finden keine Anwendung, wenn die personenbezogenen Daten unrechtmäßig verarbeitet wurden. [4]Satz 1 bis 3 gelten bis zum 31. Dezember 2024 auch bei automatisierter Datenverarbeitung.

(2) [1]Ergänzend zu Art. 18 Abs. 1 Buchst. b und c der Verordnung (EU) Nr. 2016/679 gilt Abs. 1 Satz 1 und 2 entsprechend im Fall des Art. 17 Abs. 1 Buchst. a und d der Verordnung (EU) Nr. 2016/679, solange und soweit der Verantwortliche Grund zu der Annahme hat, dass durch eine Löschung schutzwürdige Interessen der betroffenen Person beeinträchtigt würden. [2]Der Verantwortliche unterrichtet die betroffene Person über die Einschränkung der Verarbeitung, sofern sich die Unterrichtung nicht als unmöglich erweist oder einen unverhältnismäßigen Aufwand erfordern würde.

(3) Ergänzend zu Art. 17 Abs. 3 Buchst. b der Verordnung (EU) Nr. 2016/679 gilt Abs. 1 entsprechend im Fall des Art. 17 Abs. 1 Buchst. a der Verordnung (EU) Nr. 2016/679, wenn einer Löschung satzungsmäßige Aufbewahrungsfristen entgegenstehen.

Literatur:

Faas/Henseler, Speicherdauer und Aufbewahrungsfristen unter der DS-GVO, BB 2018, 2292; *Franck*, Das System der Betroffenenrechte nach der Datenschutz-Grundverord-nung (DS-GVO), RDV 2016, 111; *Hammer*, DIN 66398 – Die Leitlinie Löschkonzept

---

37 Eine Nachholpflicht besteht in § 12 Abs. 2 Satz 1 LDSG RhPf s. *Richter* in HK-LDSG RhPf § 12 Rn. 13.

als Norm, DuD 2016, 528; *Hunzinger*, Das Löschen im Datenschutzrecht, 2018; *Hunzinger*, Löschkonzepte nach der DS-GVO am Beispiel von ERP-Systemen, CR 2018, 357; *Keppeler/Berning*, Technische und rechtliche Probleme bei der Umsetzung der DS-GVO-Löschpflichten – Anforderungen an Löschkonzepte und Datenbankstrukturen, ZD 2017, 314; *Piltz*, BDSG. Vorschriften für nichtöffentliche Stellen. Praxiskommentar für die Wirtschaft, 2017; *Schröder*, Kapitel 6 Rechte der betroffenen Personen, in: Zilkens/Gollan (Hrsg.), Datenschutz in der Kommunalverwaltung, 5. Aufl. 2019, S. 229.

A. Allgemeines

I. Bedeutung der Vorschrift

1   Das Recht der betroffenen Person auf Löschung aus Art. 17 DS-GVO nimmt als **Eingriffs- und Steuerungsrecht** eine zentrale Stellung innerhalb der Betroffenenrechte ein. Es versetzt die betroffene Person in die Lage, zumindest in Grundzügen eine Kontrolle über das Bild auszuüben, das von ihr beim Verantwortlichen besteht. Durch die Vorschrift wird dieses **zentrale Recht beschränkt.** Sieht der Verantwortliche von der Löschung ab, wird er jedoch dazu verpflichtet, die Verarbeitung der Daten zum Schutz der betroffenen Person einzuschränken.

II. Entstehungsgeschichte

2   Die Vorschrift ersetzt § 19 Abs. 3, 4 und 6 HDSG. Durch Art. 17 DS-GVO und die Vorschrift wird eine **umfassende Neuregelung der Beschränkung des Löschungsrechts** vorgenommen. Art. 17 Abs. 1 lit. a DS-GVO enthält eine zu § 19 Abs. 3 Satz 1 1. Alt. HDSG vergleichbare Regelung, während § 19 Abs. 4 HDSG in Abs. 1 Satz 3 übernommen wird. Ähnlich wie in Abs. 2, durften nach § 19 Abs. 3 Satz 3 HDSG Daten nicht gelöscht werden, wenn hierdurch schutzwürdige Belange der betroffenen Person beeinträchtigt würden. Jedoch waren nach altem Recht weder eine Sperrung dieser Daten noch die Unterrichtung der betroffenen Person vorgesehen.

3   Wie die übrigen Vorschriften zu Einschränkungen von Betroffenenrechten, ist auch diese im zweiten Abschnitt des zweiten Teils des Gesetzes geregelt. Die Vorschrift hat im **Gesetzgebungsprozess** dahin gehend eine **Änderung**

erfahren, dass Abs. 1 Satz 4 auf Antrag der Fraktionen CDU und BÜND-
NIS 90/DIE GRÜNEN zusätzlich aufgenommen worden ist.[1]

III. Unionsrechtliche Regelungen

Das Löschungsrecht beruht verfassungsrechtlich auf dem informationellen 4
Selbstbestimmungsrecht aus Art. 8 GRCh. Im Grundgesetz wird das **Recht
auf informationelle Selbstbestimmung** durch Art. 2 Abs. 1 iVm Art. 1
Abs. 1 GG gewährt und in der Hessischen Verfassung durch Art. 12 a
Satz 1 HV.

Bei Vorliegen eines der in Art. 17 Abs. 1 lit. a bis f DS-GVO aufgezählten 5
Gründe, gewährt Art. 17 Abs. 1 DS-GVO der betroffenen Person zum
einen das Recht, vom Verantwortlichen eine **unverzügliche Löschung** ihrer
personenbezogenen Daten zu verlangen. Zum anderen wird der Verantwortliche bei Vorliegen der gesetzlichen Gründe zu einer unverzüglichen
Löschung verpflichtet, unabhängig davon, ob die betroffene Person diese
verlangt.[2] Der Verantwortliche hat daher in **regelmäßigen Abständen** von
sich aus zu **prüfen**, ob er einer **Löschungspflicht** unterliegt. Damit der Verantwortliche seine Löschungspflichten prüfen und effizient umsetzen kann,
ist insbesondere bei umfangreichen Datenbeständen die Implementierung
eines **Löschkonzepts**[3] mit festgelegten **Löschfristen** für verschiedene Arten
von Daten sinnvoll.[4]

Art. 17 Abs. 3 DS-GVO enthält Ausnahmen von der **Löschungspflicht.** 6
Weitere Einschränkungen darf der Landesgesetzgeber nur unter den **Voraussetzungen** des **Art. 23 DS-GVO** erlassen. Art. 23 Abs. 1 DS-GVO erlaubt die Einschränkung des Löschungsrechts durch Gesetzgebungsmaßnahmen, soweit die „Beschränkung den Wesensgehalt der Grundrechte
und Grundfreiheiten achtet und in einer demokratischen Gesellschaft eine
notwendige und verhältnismäßige Maßnahme darstellt", die eines der in
Art. 23 Abs. 1 lit. a bis j DS-GVO aufgeführten Ziele sicherstellt. Weiterhin
muss jede Gesetzgebungsmaßnahme nach Art. 23 Abs. 1 DS-GVO spezifische Vorschriften in Bezug auf die in Art. 23 Abs. 2 lit. a bis h DS-GVO
aufgeführten Inhalte aufweisen. Diese Vorschriften sollen der **Kompensation** dienen, die die betroffene Person aufgrund der Einschränkung erleidet.[5]
Da die **Stärkung der Betroffenenrechte** ein **zentrales Anliegen** der DS-GVO
ist,[6] muss Art. 23 DS-GVO eng ausgelegt werden.[7]

---

1 LT-Drs. 19/6300, 2.
2 Vgl. *Leutheuser-Schnarrenberger* in Schwartmann ua DS-GVO Art. 17 Rn. 12;
  Worms in BeckOK DatenschutzR BDSG § 35 Rn. 11; *Keppeler* in HK-DSG NRW
  § 10 Rn. 3.
3 S. hierzu näher *Hammer* DuD 2016, 528 (528 ff.); *Hunzinger* CR 2018, 357
  (357 ff.).
4 S. hierzu zB *Faas/Henseler* BB 2018, 2292 (2292 ff.); *Keppeler/Berning* ZD 2017,
  314 (317 ff.).
5 *Bäcker* in Kühling/Buchner DS-GVO Art. 23 Rn. 44; *Dix* in Simitis/Hornung/
  Spiecker gen. Döhmann DS-GVO Art. 23 Rn. 37.
6 Vgl. ErwG 22 DS-GVO; *EU-Kommission* Gesamtkonzept für den Datenschutz in
  der Europäischen Union KOM(2010), 609 endg. 8; *EU-Kommission* Der Schutz der
  Privatsphäre in einer vernetzten Welt. Ein europäischer Datenschutzrahmen für das
  21. Jahrhundert KOM(2012) 9 endg. 6.
7 So auch *Peuker* in HK-DS-GVO Art. 23 Rn. 16.

7   Ob der Verantwortliche einer Löschungspflicht unterliegt, ergibt sich aus einer Zusammenschau der Vorschrift und Art. 17 DS-GVO. Besteht **keine Löschungspflicht**, muss die Verarbeitung der Daten nach **Art. 18 DS-GVO** eingeschränkt werden, so dass die Vorschrift auch in Zusammenhang mit Art. 18 DS-GVO steht.

IV. Verhältnis zu anderen Vorschriften

8   Auf Bundesebene stellt § 35 BDSG das **Äquivalent** zur Vorschrift dar. Diese Norm wird durch den Gesetzgeber nahezu **wörtlich übernommen**. **Unterschiede** bestehen nur in Abs. 1 Satz 4, zu dem es in § 35 BDSG keine äquivalente Regelung gibt, sowie in Abs. 3. Im Unterschied zu Abs. 3 sieht § 35 Abs. 3 BDSG zusätzlich vor, dass Abs. 1 im Fall des Art. 17 Abs. 1 lit. a DS-GVO auch anzuwenden ist, wenn einer Löschung vertragliche Aufbewahrungsvorschriften entgegenstehen.

9   Eine **weitere Regelung** zum **Löschungsrecht** und den **Ausnahmen** hiervon ist § 53. Dieser dient der Umsetzung des **Art. 16 JI-RL**. § 53 regelt zusätzlich zum Löschungsrecht auch die Rechte auf Berichtigung und Einschränkung der Verarbeitung (→ § 53 Rn. 7 ff.).

B. Ausnahmen von der Löschungspflicht

I. Zusätzliche Ausnahmen von der Löschungspflicht (Abs. 1)

10 Der Begriff der **Löschung** sowie die Anforderungen daran werden weder durch die DS-GVO noch durch dieses Gesetz näher definiert. Nach allgemeiner Auffassung muss eine Löschung dazu führen, dass personenbezogene **Daten dauerhaft unkenntlich gemacht werden** und somit nicht mehr wiederherstellbar sind.[8] Digitale Daten können zB durch eine Vernichtung oder durch mehrfaches Überschreiben des jeweiligen Datenträgers gelöscht werden (**physikalische Löschung**). Eine **logische Löschung**, bei der eine Verknüpfung oder Sicht gelöscht wird, macht Daten nur schwieriger auffindbar und erfüllt die Anforderungen an eine Löschung nicht.[9]

11 Abs. 1 enthält Einschränkungen von der Löschungspflicht für die **nicht automatisierte** (Satz 1) und **die automatisierte Datenverarbeitung** (Satz 4). Die Einschränkungen aus Abs. 1 gelten jedoch nicht für eine unrechtmäßige Datenverarbeitung (Satz 3).

1. Einschränkung der Löschung bei nicht automatisierter Datenverarbeitung (Satz 1 und 2)

12 Nach Satz 1 darf die Löschung im Fall **nicht automatisierter Datenverarbeitung** unterbleiben, wenn diese „wegen der besonderen Art der Speicherung **nicht** oder nur mit **unverhältnismäßig hohem Aufwand möglich ist** und das **Interesse** der betroffenen Person an der **Löschung** als gering anzusehen" ist. An Stelle der Löschung tritt dann die Einschränkung der Verar-

---

8   *Hunzinger* S. 116 ff.; *Otto* in HK-BDSG § 58 Rn. 23; *Dix* in Simitis/Hornung/ Spiecker gen. Döhmann DS-GVO Art. 17 Rn. 5.
9   *Schild* in BeckOK DatenschutzR DS-GVO Art. 5 Rn. 54; *Dix* in Simitis/Hornung/ Spiecker gen. Döhmann DS-GVO Art. 17 Rn. 5.

beitung nach Art. 18 DS-GVO. ErwG 67 DS-GVO führt aus, auf welche Arten und Weisen eine Einschränkung erfolgen kann.

Der Gesetzgeber versteht diese Ausnahme als Konkretisierung für die besondere Art der Speicherung. Sie soll für **Archivierungen in Papierform** oder für in der Vergangenheit genutzte **analoge Speichermedien** wie Microfiche gelten, bei denen die **selektive Entfernung einzelner Informationen** nicht oder nur mit unverhältnismäßig großem Aufwand möglich ist.[10] Von dieser Ausnahme erfasst sind nur Datenverarbeitungen, bei denen kein Teilschritt automatisiert erfolgt und es auch nicht beabsichtigt ist, dass Daten künftig digitalisiert werden.[11] Papierakten, die zugleich auch digitalisiert sind, fallen somit nicht unter die Ausnahme des Satzes 1.[12] **13**

Bei der Beurteilung der **Unverhältnismäßigkeit des Aufwands** muss der jeweilige **Stand der Technik** berücksichtigt werden, so dass heute noch unverhältnismäßig erscheinende Löschungen in Folge des technologischen Fortschritts verhältnismäßig werden können.[13] Auch **Kostengründe** können in die Erwägung miteinbezogen werden.[14] Dennoch sind an die Begründung der Unverhältnismäßigkeit des Aufwandes **hohe Anforderungen** zu stellen, da ansonsten der Bedeutungsgehalt des grundrechtlich verbürgten Löschungsrechts ausgehöhlt würde[15] **14**

Zusätzlich muss das **Interesse der betroffenen Person** an der Löschung vom Verantwortlichen als **gering** beurteilt werden, damit von einer Löschung abgesehen werden kann. Davon kann nicht ausgegangen werden, wenn die betroffene Person einen Löschantrag stellt.[16] Auch bei **sensiblen Daten** ist eher davon auszugehen, dass das Interesse der betroffenen Person nicht gering ist.[17] **15**

Als Einschränkung des Löschungsrechts sind Satz 1 und 2 an **Art. 23 DS-GVO** zu messen. Die Gesetzesbegründung äußert sich nicht dazu, welchem **legitimen Ziel** aus Art. 23 Abs. 1 DS-GVO die Einschränkung dienen soll. Die Vermeidung eines unverhältnismäßig hohen Aufwands ist nicht in Art. 23 Abs. 1 DS-GVO genannt. In Betracht kommt jedoch die Generalklausel des Art. 23 Abs. 1 lit. e DS-GVO, die eine Einschränkung erlaubt, wenn diese den **Schutz sonstiger wichtiger Ziele des allgemeinen öffentlichen Interesses** verfolgt. Als ein solches wichtiges Ziel kann die **Sicherstellung der Funktionsfähigkeit öffentlicher Stellen** angeführt werden.[18] Diese kann gefährdet sein, wenn die in § 2 genannten Verantwortlichen ihre Personalressourcen für das Durchforsten und Schwärzen alter, nicht automatisierter Aktenbestände aufwenden müssen anstatt für die Erfüllung von Fachaufgaben. **16**

---

10 LT-Drs. 19/5728, 113.
11 *Keppeler* in HK-DSG NRW § 10 Rn. 17.
12 Vgl. *Kühling/Raab* in Kühling/Buchner DS-GVO Art. 2 Rn. 17.
13 *Keppeler* in HK-DSG NRW § 10 Rn. 19.
14 *Dix* in Simitis BDSG § 35 Rn. 50.
15 So auch *Keppeler* in HK-DSG NRW § 10 Rn. 19; *Peuker* in HK-BDSG § 35 Rn. 14.
16 *Worms* in BeckOK DatenschutzR BDSG § 35 Rn. 25.
17 *Keppeler* in HK-DSG NRW § 10 Rn. 22.
18 So auch *Keppeler* in HK-DSG NRW § 10 Rn. 16.

17 Kommt der Verantwortliche zu dem Schluss, dass die Daten nicht gelöscht
    werden müssen, muss er die Verarbeitung der Daten nach Art. 18 DS-GVO
    einschränken. Die **Einschränkung** stellt sicher, dass die Daten nur noch in
    den Fällen und für die Zwecke des Art. 18 Abs. 2 DS-GVO verarbeitet wer-
    den dürfen, womit der Gesetzgeber der Anforderung aus Art. 23 Abs. 2
    lit. c DS-GVO nachkommt.[19] Ist die Verarbeitung von Daten einge-
    schränkt, können auch Art. 18 Abs. 3 und 19 DS-GVO von Bedeutung sein
    und den Verantwortlichen verpflichten. Durch die Rechtsfolgen, die eine
    Einschränkung nach sich zieht, werden **zusätzliche Garantien** gegen Miss-
    brauch und unrichtige Übermittlung nach Art. 23 Abs. 2 lit. d DS-GVO ge-
    schaffen.[20] Durch den Anwendungsbereich des Gesetzes auf die in § 2 ge-
    nannten Verantwortlichen sind diese für die betroffene Person zumindest
    erkennbar, womit auch Art. 23 Abs. 2 lit. e DS-GVO entsprochen wird. Da
    nicht alle in Art. 23 Abs. 2 DS-GVO genannten Anforderungen eingehalten
    sein müssen, damit eine Regelung zur Beschränkung von Betroffenenrech-
    ten unionsrechtskonform ist, sondern es darauf ankommt, dass insgesamt
    angemessene Ausgleichsmaßnahmen getroffen werden,[21] ist Abs. 1 Satz 1
    und 2 als **unionsrechtskonform** anzusehen.

2. Löschungspflicht bei unrechtmäßiger Verarbeitung (Satz 3)

18 Nach Satz 3 gelten Satz 1 und 2 nicht, wenn die Daten vom Verantwortli-
    chen unrechtmäßig verarbeitet werden. Der Verantwortliche darf sich nicht
    auf einen unverhältnismäßigen hohen Aufwand für die Löschung berufen,
    da er in diesem Fall nicht schutzbedürftig ist und er die Art der Datenspei-
    cherung selbst gewählt hat.[22] Bei **unrechtmäßiger Verarbeitung** bleibt die
    Löschungspflicht des Verantwortlichen daher unabhängig vom Aufwand
    bestehen.

3. Keine Löschungspflicht bei automatisierter Datenverarbeitung (Satz 4)

19 Satz 4 erklärt die Sätze 1 bis 3 bis zum 31.12.2024 auch bei **automatisier-
    ter Datenverarbeitung** für anwendbar. Diese vorübergehende Ausweitung
    des Anwendungsbereichs der **Einschränkung des Löschungsrechts** auf die
    automatisierte Datenverarbeitung ist dem in der Praxis existierenden Prob-
    lem geschuldet, dass rechtlich einheitliche Verwaltungsvorgänge auf meh-
    reren IT-Systemen verteilt gespeichert werden und **einzelne Vorgänge** dann
    nicht mehr **punktuell und systematisch gelöscht** werden können, ohne dass
    das Risiko besteht, dass durch eine Löschung andere Vorgänge beeinträch-
    tigt werden.[23] Den öffentlichen Stellen wird damit Zeit verschafft, in der
    verbleibenden Zeit geeignete technische Lösungen zu finden.

20 Satz 4 ist aus mehreren Gründen **problematisch**. Zum einen ist es kaum
    vorstellbar, dass das Löschen bei automatisierter Datenverarbeitung un-

---

19 LT-Drs. 19/5728, 112.
20 LT-Drs. 19/5728, 113.
21 *Richter* in HK-LDSG RhPf § 12 Rn. 5; aA *Dix* in Simitis/Hornung/Spiecker gen.
    Döhmann DS-GVO Art. 23 Rn. 37.
22 LT-Drs. 19/5728, 113.
23 *Keppeler* in HK-DSG NRW § 10 Rn. 7 f., 23.

möglich oder nur mit unverhältnismäßig großem Aufwand möglich sein soll.[24] Schließlich sind die Daten hier im Vergleich zu nicht-automatisierter Datenverarbeitung innerhalb von Sekunden auffindbar, so dass zumindest kein erhöhter Suchaufwand angeführt werden kann. Die mögliche Folge, dass Daten nach der Löschung nicht mehr für andere, noch nicht erledigte Vorgänge zur Verfügung stehen, kann ein praktisches Problem darstellen. Dieses ist jedoch vom Löschaufwand unabhängig. Zum anderen müssen Verantwortliche schon aufgrund von **Art. 25 Abs. 1 DS-GVO** dafür sorgen, dass ihre eingesetzten Datenverarbeitungssysteme auch das **punktuelle Löschen technisch abbilden** können, um die **Datenschutzgrundsätze** der Datenminimierung und Speicherbegrenzung nach Art. 5 Abs. 1 lit. c. und e DS-GVO[25] zu erfüllen.[26] Datenverarbeitungssysteme, die punktuelles Löschen ermöglichen, entsprechen dem **Stand der Technik**.[27] Weiterhin musste bereits nach altem Recht die punktuelle Löschung stattfinden, da nach § 19 Abs. 3 Satz 1 HDSG personenbezogene Daten gelöscht werden mussten, wenn ihre Speicherung zur Erreichung des Datenverarbeitungszwecks nicht mehr erforderlich war. Die punktuelle Löschung ist daher keine Pflicht, der der Verantwortliche erst seit der DS-GVO nachkommen muss.

II. Keine Löschung bei schutzwürdigen Interessen der betroffenen Person (Abs. 2)

In den Fällen des Art. 17 Abs. 1 lit. a und d DS-GVO ist der Verantwortliche auch unabhängig vom Begehren der betroffenen Person zur Löschung verpflichtet.[28] Abs. 2 Satz 1 sieht jedoch vor, dass der Verantwortliche in diesen Fällen, also wenn die Daten zur Zweckerreichung nicht länger benötigt werden oder die Daten unrechtmäßig verarbeitet worden sind, statt einer Löschung die Verarbeitung einzuschränken hat, solange und soweit er Grund zur Annahme hat, dass durch eine Löschung **schutzwürdige Interessen** der betroffenen Person beeinträchtigt würden. Dem Gesetzeswortlaut nach handelt es sich um eine Ergänzung von Art. 18 Abs. 1 lit. b und c DS-GVO mit dem Unterschied, dass der Verantwortliche hier die Einschränkung von sich aus, **ohne Antrag der betroffenen Person** durchzuführen hat.[29] Die schutzwürdigen Interessen sind im Rahmen einer Einzelfallbetrachtung vom Verantwortlichen zu prüfen. Zu denken ist hier an Fälle, in denen **Beweismittel verloren zu gehen** oder die übrig gebliebenen Daten unvollständig oder missverständlich zu werden drohen.[30]

21

---

24 S. *Roßnagel* in Simitis/Hornung/Spiecker gen. Döhmann DS-GVO Art. 5 Rn. 116 ff. und 150 ff.
25 So bereits *Mallmann* in Simitis BDSG § 20 Rn. 53; *Dix* in Simitis BDSG § 35 Rn. 50.
26 So auch *Worms* in BeckOK DatenschutzR BDSG § 35 Rn. 21.
27 Eine vergleichbare Regelung in § 35 Abs. 1 BDSG wurde im Gesetzgebungsverfahren gestrichen, da eine punktuelle Löschung als Stand der Technik beurteilt und kein inhaltliches Bedürfnis für entsprechende Ausnahme von der Löschungspflicht festgestellt wurde, s. BT-Drs. 18/11655, 23.
28 LT-Drs. 19/5728, 113; *Peuker* in HK-DS-GVO Art. 17 Rn. 43; *Herbst* in Kühling/Buchner DS-GVO Art. 17 Rn. 8.
29 LT-Drs. 19/5728, 113.
30 *Peuker* in HK-BDSG § 35 Rn. 21; *Herbst* in Kühling/Buchner BDSG § 35 Rn. 19.

22   Der Gesetzgeber stützt die Beschränkung des Löschungsrechts auf Art. 23 Abs. 1 lit. i DS-GVO und sieht in Satz 2 die **Unterrichtung der betroffenen Person** über die Einschränkung vor, sofern sich diese nicht als unmöglich erweist oder einen unverhältnismäßigen Aufwand erfordert. Durch die Unterrichtung wird die betroffene Person in die Lage versetzt, eine **Wahl zu treffen**, ob sie eine Löschung der betreffenden Daten oder eine Einschränkung der Verarbeitung begehrt. Zugleich stellt die Unterrichtungspflicht eine Maßnahme nach Art. 23 Abs. 2 lit. h DS-GVO dar.[31]

23   Angaben zu **Form und Frist** für die **Unterrichtung** der betroffenen Person sieht die Regelung nicht vor. Jedoch ist davon auszugehen, dass diese **unverzüglich** zu erfolgen hat, sobald eine Einschränkung vorgenommen wird, um der betroffenen Person eine zeitnahe und effektive **Ausübung ihres Wahlrechts** zu ermöglichen.[32] Die Form der Informationserteilung sollte nach Maßgabe von Art. 12 DS-GVO erfolgen. Die Informationen sind daher in präziser, transparenter, verständlicher und leicht zugänglicher Form und in einer klaren und einfachen Sprache zu geben. Da Abs. 2 die **Stellung der betroffenen Person** im Vergleich zu den Regelungen der DS-GVO **verbessert** und die Anforderungen aus Art. 23 DS-GVO erfüllt, ist er **unionsrechtskonform**.[33]

III. Keine Löschungspflicht bei satzungsmäßigen Aufbewahrungsvorschriften (Abs. 3)

24   Abs. 3 soll den Verantwortlichen vor einer **Pflichtenkollision** schützen,[34] indem er ihn von der **Löschungspflicht entbindet**, wenn nicht mehr erforderliche Daten satzungsmäßigen Aufbewahrungsvorschriften unterliegen. Fälle, in denen gesetzliche Aufbewahrungsvorschriften bestehen, sind bereits von Art. 17 Abs. 3 lit. b DS-GVO erfasst.

25   Der Gesetzgeber stützt sich bei der Regelung des Abs. 3 auf Art. 17 Abs. 3 lit. b DS-GVO.[35] Dieser stellt jedoch keine Öffnungsklausel dar, sondern ist selbst eine Einschränkung von Art. 17 Abs. 1 DS-GVO. Abs. 3 ist problematisch, weil der Verantwortlichen aufgrund seiner **Satzungsautonomie Aufbewahrungsvorschriften** schaffen kann und dann selbst bestimmt, ob er einer Löschungspflicht unterliegt oder nicht, obwohl das Löschungsrecht aus Art. 17 DS-GVO nur nach Maßgabe des Art. 23 DS-GVO eingeschränkt werden darf.

26   Die Literatur stützt zum Teil die Regelung auf Art. 23 Abs. 1 lit. i DS-GVO.[36] In den Fällen, in denen die satzungsmäßigen Aufbewahrungsvorschriften Rechte und Pflichten dritter Personen schützen, wird Art. 23 Abs. 1 DS-GVO entsprochen. Da der Anwendungsbereich dieser Einschränkung hinreichend spezifiziert ist, die Verantwortlichen über § 2 zumindest bestimmbar sind und statt der Löschung eine Einschränkung der

---

31   LT-Drs. 19/5728, 113.
32   So auch *Peuker* in HK-BDSG § 35 Rn. 24.
33   *Herbst* in Kühling/Buchner BDSG § 35 Rn. 23.
34   LT-Drs. 19/5728, 113.
35   LT-Drs. 19/5728, 113.
36   *Peuker* in HK-BDSG § 35 Rn. 9; *Herbst* in Kühling/Buchner BDSG § 35 Rn. 28.

Verarbeitung tritt, wird den Anforderungen aus Art. 23 Abs. 2 hinreichend entsprochen, so dass **Abs. 3 unionsrechtskonform** ist.[37]

C. Würdigung

Die Vorschrift hat **überwiegend negative Auswirkungen** für die betroffene Person, da sie zu den ohnehin in Art. 17 DS-GVO enthaltenen, **zusätzliche Einschränkungen** erzeugt. 27

Die Einschränkung des **Abs. 1 Satz 1** entspricht den Anforderungen des Art. 23 DS-GVO. Sie entbindet den Verantwortlichen von der Löschungspflicht bei der **nicht automatisierten Verarbeitung**, wenn diese nicht oder nur mit unverhältnismäßig großem Aufwand möglich ist. Dies entlastet den Verantwortlichen zwar, jedoch ist diese Einschränkung für die Verwaltungspraxis mit einem nicht zu **unterschätzenden Einschätzungsrisiko** verbunden.[38] Der Verantwortliche sollte daher im Zweifel dem Löschungsverlangen der betroffenen Person entsprechen und sich nur in **Ausnahmefällen** auf die **Einschränkung** des Abs. 1 Satz 1 berufen.[39] 28

Für die **Einschränkung** des Löschungsrechts bei **automatisierter Datenverarbeitung** besteht weder eine inhaltliche Notwendigkeit noch wird den Anforderungen des Art. 23 DS-GVO entsprochen. Die Regelung ist damit **unionsrechtswidrig** und darf nicht angewendet werden. 29

Abs. 2 ist in der Zusammenschau mit Art. 18 DS-GVO zu bewerten. Da er im Vergleich zu Art. 18 DS-GVO keinen Antrag der betroffenen Person voraussetzt, sondern den Verantwortlichen von sich aus zur Prüfung verpflichtet, ob einer Löschung schutzwürdige Interessen der betroffenen Person entgegenstehen, werden die **Interessen der betroffenen Person gestärkt**. Die Regelung ist zu begrüßen, da die betroffene Person durch das Wahlrecht selbstbestimmt ihr **informationelles Selbstbestimmungsrecht** ausüben kann. 30

§ 35 Widerspruchsrecht

Das Recht auf Widerspruch nach Art. 21 Abs. 1 der Verordnung (EU) Nr. 2016/679 besteht nicht, soweit an der Verarbeitung ein zwingendes öffentliches Interesse besteht, das die Interessen der betroffenen Person überwiegt, oder eine Rechtsvorschrift zur Verarbeitung verpflichtet.

Literatur:

Johannes, Der BDSG-Entwurf und das Mysterium der „23", ZD-Aktuell 2017, 05533; *Petri*, Faire und transparente Verarbeitung, Informationsrechte und Rahmenbedingungen für ihre Beschränkung – zur Auslegung der Art. 12 ff. und 23 DS-GVO, DuD 2018, 347; *Reimer*, Verwaltungsdatenschutzrecht, DöV 2018, 881; *Starke*, Die Anwendbarkeit der Europäischen Grundrechtecharta auf rein nationale Gesetzgebungsakte, DVBl 2017, 721.

---

37 So auch *Herbst* in Kühling/Buchner BDSG § 35 Rn. 28.
38 So auch *Piltz* BDSG 2017 § 35 Rn. 8.
39 So auch *Koreng* in Taeger/Gabel BDSG § 35 Rn. 15.

A. Allgemeines

I. Bedeutung der Vorschrift

1   Entgegen ihrer Überschrift regelt die Vorschrift keine Rechte der betroffenen Person, sondern **beschränkt** das nach Art. 21 Abs. 1 DS-GVO bestehende **Recht auf Widerspruch.**

2   Das Recht auf Widerspruch gibt der betroffenen Person die Möglichkeit, gegenüber einer rechtmäßigen Datenverarbeitung des Verantwortlichen Gründe geltend zu machen, die sich aus ihrer **besonderen Situation** ergeben. Im Verwaltungsbereich kann ein solches Widerspruchsrecht allerdings zur Vereitelung öffentlicher Interessen führen. Denkbar ist zudem, dass betroffene Personen versuchen, unter Zuhilfenahme des Rechts und über dessen Anwendungsbereich hinaus gegen Verwaltungsakte öffentlicher Stellen vorzugehen.[1]

II. Entstehungsgeschichte

3   Die Vorschrift fügt sich in die Systematik der Rechte betroffener Personen nach der DS-GVO ein, indem sie das Recht auf Widerspruch beschränkt. Die Vorschrift ist **gegenüber dem HDSG** völlig **neu.** Sie **übernimmt** die **Vorgaben von § 36 BDSG** für öffentliche Stellen und hat im Gesetzgebungsverfahren keine Änderungen erfahren.

III. Unionsrechtliche Regelungen

4   Das Widerspruchsrecht gibt der betroffenen Person die Möglichkeit, sich einer rechtmäßigen Datenverarbeitungen iSv Art. 6 DS-GVO zu widersetzen. Sie muss somit nicht jede gesetzlich legitimierte Verarbeitung ihrer personenbezogenen Daten hinnehmen. Dadurch wird sie in ihrem **Recht auf Schutz der sie betreffenden personenbezogenen Daten** gemäß Art. 8 Abs. 1 GRCh gestärkt. Eine Entsprechung dieser **informationellen Selbstbestimmung** findet sich sowohl im GG als auch in der HV (→ Einl. Rn. 19 ff.). Das Recht gewährleistet dem Einzelnen die Befugnis, grundsätzlich selbst über die Verwendung seiner persönlichen Daten zu bestimmen.[2] Setzt der Gesetzgeber Unionsrecht um oder legt er dieses aus, indem er von den Öffnungsklauseln der DS-GVO Gebrauch macht, sind neben den Unionsgrundrechten die Vorgaben der HV zu berücksichtigen.[3]

---

1 So *Keppler* in HK-DSG NRW § 14 Rn. 5.
2 S. hierzu zB BVerfGE 65, 1 (43); BVerfGE 117, 202 (228); BVerfGE 118, 168 (184).
3 *Johannes* in Roßnagel Das neue DSR § 2 Rn. 40 ff.; *Starke* DVBl 2017, 721 (725); *Jarass* GRCh Art. 53 Rn. 28.

Nach **Art. 21 Abs. 1 Satz 1 DS-GVO** hat die betroffene Person das Recht, 5
aus Gründen, die sich aus ihrer besonderen Situation ergeben, jederzeit gegen die Verarbeitung sie betreffender personenbezogener Daten nach **Art. 6 Abs. 1 UAbs. 1 lit. e DS-GVO** Widerspruch einzulegen. Dies gilt auch für ein auf diese Bestimmung gestütztes Profiling. Der Widerspruch bezieht sich auf legitimierte Verarbeitungen, die zur Wahrnehmung einer Aufgabe, die im öffentlichen Interesse liegt oder in Ausübung öffentlicher Gewalt erfolgt, erforderlich sind. Macht die betroffene Person von ihrem Recht Gebrauch, darf die Datenverarbeitung nicht mehr erfolgen, es sei denn, der Verantwortliche entweder schutzwürdige Gründe für die Verarbeitung vorweisen kann, die die Interessen, Rechte und Freiheiten der betroffenen Person überwiegen, oder die Datenverarbeitung der Geltendmachung, Ausübung oder Verteidigung von Rechtsansprüchen dient.

Für die Datenverarbeitung durch öffentliche Stellen ist zu berücksichtigen, 6
dass Art. 6 Abs. 1 lit. e DS-GVO nicht selbst eine gesetzliche Erlaubnis zur Datenverarbeitung darstellt, sondern diese in einer **Rechtsgrundlage** der Union oder **eines Mitgliedstaats** nach Art. 6 Abs. 2 oder Abs. 3 DS-DVO enthalten sein muss.[4] Diese bestimmt, unter welchen Voraussetzungen die Daten verarbeitet werden dürfen. Ist der Widerspruch begründet, darf die Datenverarbeitung trotz Vorliegen dieser Voraussetzungen nicht erfolgen.

Die Gesetzesbegründung stützt die Vorschrift auf die **Öffnungsklauseln** des 7
Art. 23 DS-GVO.[5] Danach kann der nationale Gesetzgeber das Recht auf Widerspruch beschränken, sofern die Beschränkung den Wesensgehalt der Grundrechte und Grundfreiheiten achtet und die Maßnahme in einer demokratischen Gesellschaft notwendig und verhältnismäßig ist, um die in Art. 23 Abs. 1 lit. a-j DS-GVO aufgezählten Ziele sicherzustellen. Die genannten Ausnahmesituationen rechtfertigen eine Beschränkung des Widerspruchsrechts abschließend.[6] Erfüllt eine Gesetzgebungsmaßnahme die Voraussetzungen, muss sie die in Art. 23 Abs. 2 lit. a-h DS-GVO genannten Schutzvorkehrungen treffen. Auf die ebenfalls einschlägige **Öffnungsklausel** des **Art. 6 Abs. 2 DS-GVO** stützt sich der Gesetzgeber nicht.[7]

Inwiefern die Vorschrift die strengen Anforderungen des Art. 23 DS-GVO 8
erfüllt, ist fraglich. **Zweifel an der Unionskonformität** bestehen zum einen aufgrund des **Normwiederholungsverbots** und zum anderen bezüglich der Erfüllung der Voraussetzungen von Art. 23 DS-GVO.[8] Insbesondere stehen bereits die durch § 36 BDSG vorgenommenen Beschränkungen in Kritik und unter unionsrechtlichen Bedenken, die inhaltlich mit der Vorschrift

---

4 S. zB *Roßnagel* in Simitis/Hornung/Spiecker gen. Döhmann DS-GVO Art. 6 Abs. 1 Rn. 71.
5 LT-Drs. 19/5728, 113.
6 S. zu den Beschränkungen der Rechte betroffener Personen auf der Grundlage von Art. 23 DS-GVO auch *Johannes* ZD-Aktuell 2017, 05533 sowie *Petri* DuD 2018, 347.
7 S. *Roßnagel* in Simitis/Hornung/Spiecker gen. Döhmann DS-GVO Art. 6 Abs. 2 Rn. 22 und Art. 6 Abs. 3 Rn. 19 ff.
8 So zB auch *Helfrich* in HK-BDSG § 36 Rn. 12 ff.; *Johannes* ZD-Aktuell 2017, 05533 sowie *Keppler* in HK-DSG NRW § 14 Rn. 15 bezüglich der wortgleichen Beschränkung in § 14 DSG NRW.

übereinstimmen. Zweifel werden an entsprechender Stelle der Kommentierung der Vorschrift erörtert.

IV. Verhältnis zu anderen Vorschriften

9   Die Vorschrift ist an § 36 BDSG angelehnt und hat die dort formulierten Ausnahmen des Rechts auf Widerspruch für öffentliche Stellen **wörtlich übernommen.**[9]

10   **Beschränkungen** des Rechts auf Widerspruch gemäß Art. 21 DS-GVO sind ferner in § 24 Abs. 2 Satz 1 und § 25 Abs. 4 enthalten. Danach entfällt das Recht, wenn das Widerspruchsrecht die Verwirklichung von **Forschungs- und Statistikzwecken** (→ § 24 Rn. 34 ff.) oder die Verwirklichung von im öffentlichen Interesse liegenden **Archivzwecken** (→ § 25 Rn. 37 ff.) unmöglich macht oder ernsthaft beeinträchtigen würde. Weitere Beschränkungen des Widerspruchsrechts befinden sich **in bereichsspezifischen Rechtsbereichen** wie zB in §§ 76 Abs. 3 und 84 Abs. 4 SGB X sowie § 32 f Abs. 4 AO.

11   Regelungen zum Widerspruchsrecht in den **Ländern** sind lediglich in § 13 BbgDSG sowie § 14 DSG NRW geregelt.

B. Beschränkungen des Widerspruchsrechts

12   Jede Beschränkung des Widerspruchsrechts iSv Art. 21 DS-GVO muss mit den Voraussetzungen des **Unions-** und **Verfassungsrechts** konform sein. Ferner sind die unterschiedlichen Bedingungen zu erfüllen, die Art. 23 DS-GVO an die Einschränkungen stellt (→ Rn. 7). ErwG 73 DS-GVO verweist auf die Notwendigkeit und Verhältnismäßigkeit der Maßnahme, die in einer demokratischen Gesellschaft zur Aufrechterhaltung der öffentlichen Sicherheit ergriffen werden muss, wie zB zum Schutz der Menschen vor Naturkatastrophen. Die Notwendigkeit der Verhältnismäßigkeit und Erforderlichkeit sowie der Achtung der Rechte und Freiheiten der betroffenen Personen ergibt sich bereits aus Art. 52 Abs. 1 GRCh. Damit die Entscheidungsfreiheit der betroffenen Person iS ihrer informationellen Selbstbestimmung gewahrt bleibt (→ Rn. 4), sind Beschränkungen des Rechts auf Widerspruch eng auszulegen.

I. Öffentliches Interesse an der Verarbeitung (Alt. 1)

13   Die **erste Beschränkungsvariante** des Widerspruchsrechts nach Art. 21 Abs. 1 DS-GVO greift, soweit an der Verarbeitung ein **zwingendes öffentliches Interesse** besteht, das die Interessen der betroffenen Person überwiegt. Der Begriff „öffentliches Interesse" ist ein unbestimmter Rechtsbegriff. Im Gegensatz zu partikularen privaten Interessen handelt es sich bei öffentlichen Interessen um solche der Allgemeinheit wie das Interesse an Daseinsvorsorge, Gesundheitsschutz und Sicherheit. Was als öffentliches Interesse anzuerkennen ist, bestimmt letztlich der Gesetzgeber.[10] Doch nicht jede

---

9 Im Gesetzgebungsverfahren des BDSG forderte der Bundesrat die vollständige Streichung von § 36 BDSG. S. hierzu BT-Drs. 18/11655, 39 f.

10 S. zB *Roßnagel* in Simitis/Hornung/Spiecker gen. Döhmann DS-GVO Art. 6 Abs. 1 Rn. 71.

Verarbeitung im öffentlichen Interesse verfolgt ein zwingendes Interesse.[11] Ein solches liegt vor, wenn es ohne es zu einer Gefährdung wichtiger Ziele des Allgemeinwohls kommt. Dieses muss eine solche Tragweite und Bedeutung haben, so dass die öffentliche Stelle keine Alternative hat, als die Datenverarbeitung durchzuführen.[12]

Sofern an der Datenverarbeitung ein zwingendes öffentliches Interesse besteht, hat die betroffene Person nur dann kein Recht auf Widerspruch, wenn das **öffentliche Interesse** an der Verarbeitung ihr Interesse an der Beendigung der Verarbeitung überwiegt. Die öffentliche Stelle muss somit darlegen können, dass ihr Interesse **gegenüber** den **Interessen** oder Grundfreiheiten und Grundrechten der **betroffenen Person Vorrang** hat.[13] 14

Das Ziel der Vorschrift liegt darin, durch die Einschränkung des Widerspruchsrechts die **Gesetzmäßigkeit der Verwaltung** sicherzustellen sowie Konflikte der Rechtsordnung aufzulösen,[14] indem die öffentliche Stelle für zwingende öffentliche Interessen trotz eines Widerspruchs Daten weiterverarbeiten darf. Ob dieser Zweck jedoch den Voraussetzungen von **Art. 23 Abs. 1 lit. e DS-GVO** iS eines wichtigen Ziels des allgemeinen öffentlichen Interesses genügt, ist fraglich. Danach zählen zu den ausreichenden öffentlichen Interessen insbesondere wichtige wirtschaftliche oder finanzielle Interessen der Union oder eines Mitgliedstaats, etwa im Währungs-, Haushalts- und Steuerbereich sowie im Bereich der öffentlichen Gesundheit und der sozialen Sicherheit. Auch wenn der Anwendungsbereich von Art. 23 Abs. 1 lit. e DS-GVO somit weitreichend ist, ergibt sich aus der beispielhaften Aufzählung wichtiger öffentlicher Interessen, dass die Verordnung fordert, mit der Beschränkung ein spezifisches öffentliches Interesse zu verfolgen. Gemeint sind damit substanzielle öffentliche Interessen von erheblichem Gewicht.[15] Ein solches spezifisches Interesse kann der Vorschrift allerdings nicht entnommen werden. Folglich ist die **Beschränkung** zu **unkonkret**, da weder das Beschränkungsziel und der -zweck eindeutig erkennbar sind, noch die Reichweite der Beschränkung klar definiert wird. Schließlich fehlt es auch an etwaigen Schutzvorkehrungen, die nach Art. 23 Abs. 2 vorzusehen sind. 15

Die Notwendigkeit der Beschränkung erschließt sich vor allem nicht vor dem Hintergrund von **Art. 21 Abs. 1 Satz 2 DS-GVO**, nach dem der Verantwortliche die Daten bei eingelegtem Widerspruch verarbeiten darf, sofern er zwingende schutzwürdige Gründe für die Verarbeitung nachweisen kann.[16] Auch Art. 21 Abs. 1 Satz 2 DS-GVO setzt dabei eine für den Verantwortlichen positiv ausfallende Interessenabwägung voraus. Eine solche 16

---

11 Vgl. auch *Keppler* in HK-DSG NRW § 14 Rn. 12 zur wortgleichen Beschränkung in § 14 DSG NRW.
12 *Brüggemann* in Auernhammer BDSG § 36 Rn. 6; *Däubler* in Däubler ua BDSG § 36 Rn. 2.
13 Vgl. ErwG 69 Satz 2 DS-GVO.
14 So *Spiecker gen. Döhmann* in der Stellungnahme zum Entwurf des HDSIG, LT-Drs. 19/5728, AV INA 19/64/AV UDS 19/9 Teil 4, 242.
15 *Peuker* in HK-DS-GVO Art. 23 Rn. 25.
16 So auch *Herbst* in Kühling/Buchner BDSG § 36 Rn. 9, der daher keinen Unterschied zwischen einer Prüfung in Rahmen von Art. 21 Abs. 1 DS-GVO und dem inhaltsgleichen § 36 BDSG sieht.

Wiederholung ist jedoch **nicht notwendig und verhältnismäßig** und verstößt gegen das unionsrechtliche **Normwiederholungsverbot.**

II. Verarbeitung zur Erfüllung einer rechtlichen Verpflichtung (Alt. 2)

17   Die **zweite Beschränkungsalternative** des Widerspruchsrechts besteht, wenn eine Rechtsvorschrift die öffentliche Stelle zur Verarbeitung verpflichtet. Dies kann durch Gesetze, Rechtsverordnungen und Satzungen erfolgen – zB um Gehaltsdaten an Finanzbehörden und Sozialversicherungsträger oder bei einer Antragsprüfung zu übermitteln.[17] Eine Interessenabwägung, wie durch die erste Beschränkungsalternative gefordert, muss nicht erfolgen.

18   Ein Widerspruchsrecht ist aber nur bei einer Datenverarbeitung nach Art. 6 Abs. 1 UAbs. 1 lit. e DS-GVO gegeben, nicht aber bei einer Datenverarbeitung zur Erfüllung einer rechtlichen Verpflichtung nach **Art. 6 Abs. 1 UAbs. 1 lit. c DS-GVO.** In diesem Fall besteht gerade kein Widerspruchsrecht nach Art. 21 Abs. 1 DS-GVO (→ Rn. 5 f.). Die zweite Alternative der Vorschrift ist daher **überflüssig.**

III. Folgen der Beschränkungen

19   Wird aufgrund der Vorschrift das Widerspruchsrecht der betroffenen Person ausgeschlossen, muss die öffentliche Stelle diese gemäß **Art. 12 Abs. 4 DS-GVO** spätestens innerhalb eines Monats darüber unterrichten. Dabei muss sie die betroffene Person über die Gründe des Ausschlusses sowie über die Möglichkeit, bei einer Aufsichtsbehörde Beschwerde oder einen gerichtlichen Rechtsbehelf einzulegen, informieren.

C. Würdigung

20   Die Vorschrift hat die in § 36 BDSG formulierten Beschränkungen des Rechts auf Widerspruch für öffentliche Stellen wörtlich übernommen. Dies führt dazu, dass auch die diesbezüglichen Unsicherheiten und Probleme auf Landesebene übertragen werden. Dem Ausschluss des Widerspruchrechts aufgrund eines zwingenden öffentlichen Interesses mangelt es zum einen an Konkretheit. Zum anderen erschließt sich vor dem Hintergrund der bereits durch Art. 21 Abs. 1 DS-GVO vorgenommen Beschränkung dessen Notwendigkeit nicht. Zudem ist anzumerken, dass je höher die Anforderungen an das Bestehen eines zwingenden öffentlichen Interesses sind, desto eher ist die Interessenabwägung als praxisirrelevant anzusehen, da kaum Situationen denkbar sind, in denen das Interesse der betroffenen Person einen höheren Stellenwert haben wird als das zwingende öffentliche Interesse. Die zweite Beschränkungsalternative zur Erfüllung einer rechtlichen Verpflichtung ist überflüssig, da diesbezüglich kein Widerspruchsrecht gemäß Art. 21 Abs. 1 DS-GVO besteht.

---

17   *Däubler* in Däubler ua BDSG § 36 Rn. 4; *Herbst* in Kühling/Buchner BDSG § 36 Rn. 15; *Reimer* DöV 2018, 881 (887).

Dritter Abschnitt: Sanktionen

§ 36 Anwendung der Vorschriften über das Bußgeld- und Strafverfahren bei Verstößen nach Artikel 83 der Verordnung (EU) Nr. 2016/679

(1) Für Verstöße nach Art. 83 Abs. 4 bis 6 der Verordnung (EU) Nr. 2016/679 gilt, soweit dieses Gesetz nichts anderes bestimmt, § 41 Abs. 1 Satz 1 und 2 sowie Abs. 2 des Bundesdatenschutzgesetzes entsprechend.

(2) Wegen eines Verstoßes gegen Art. 83 Abs. 4 bis 6 der Verordnung (EU) Nr. 2016/679 werden gegen Behörden und sonstige öffentliche Stellen nach § 2 Abs. 1 Satz 1 keine Geldbußen verhängt.

(3) Eine Meldung nach Art. 33 der Verordnung (EU) Nr. 2016/679 oder eine Benachrichtigung nach Art. 34 Abs. 1 der Verordnung (EU) Nr. 2016/679 darf in einem Verfahren nach dem Gesetz über Ordnungswidrigkeiten gegen die meldepflichtige oder benachrichtigende Person oder ihre in § 52 Abs. 1 der Strafprozessordnung bezeichneten Angehörigen nur mit Zustimmung der meldepflichtigen oder benachrichtigenden Person verwendet werden.

Literatur:

Berndt/Theile, Unternehmensstrafrecht und Unternehmensverteidigung, 2016 (zitiert: *Bernd/Theile*, UnternehmensStrafR); *Bretthauer*, Die datenschutzbehördliche Informierung als neuartiges Instrument der Aufsichtsbehörden nach Art. 58 Abs. 2 DS-GVO, RDV 2020, 245; *DSK*, Konzept zur Bußgeldzumessung in Verfahren gegen Unternehmen vom 14.10.2019; *Rost*, Datenschutzsanktionen: scharfes Schwert oder Papiertiger?, DuD 2019, 488; *Rost*, Die Datenschutzaufsicht – Handeln mit scharfer Klinge, BvD-News 01/2019, 70; *Uebele* Das „Unternehmen" im europäischen Datenschutzrecht, EuZW 2018, 440; *Wieser*, Gesetz über Ordnungswidrigkeiten, 169. EL (Stand September 2020).

A. Allgemeines

I. Bedeutung der Vorschrift

Die Vorschrift eröffnet den dritten Abschnitt in Teil 2 des Gesetzes. Dieser Abschnitt befasst sich mit den Sanktionen. Die Vorschrift klärt den **An-** 1 wendungsbereich der Vorschriften über das **Bußgeld- und Strafverfahren** bei Verstößen nach Art. 83 DS-GVO.

2   Die Vorschrift stellt zudem die **Relation zu § 41 BDSG** her. § 41 Abs. 1 Satz 1 und 2 und Abs. 2 BDSG findet entsprechend Anwendung, sofern das Gesetz keine abweichende Regelung trifft.

II. Entstehungsgeschichte

3   Eine Vorgängerregelung in dem Sinne gibt es nicht. Dennoch kann man § 3 Abs. 6 HDSG nennen, soweit es um das Zusammenwirken mit dem Bundesrecht geht. Dass es keine gleich geartete Vorgängerregelung gibt, ist darauf zurückzuführen, dass die europäische Datenschutzreform dem Thema der Sanktionen, Bußgelder und damit der Durchsetzung von Rechten und Pflichten der Verantwortlichen und Auftragsverarbeiter eine ganz neue Bedeutung zumisst. Vor dem 25.5.2018 gab es in § 43 BDSG aF einige Tatbestände, die die Aufsichtsbehörde zur Durchführung eines Bußgeldverfahrens berechtigten. Mit der europäischen Datenschutzreform sind die Bußgeldtatbestände im BDSG durch eine breite Palette an Tatbeständen in der DS-GVO abgelöst worden. Die Tatbestände haben sich weit mehr als verdoppelt. Lediglich das **Verfahrensrecht**, Bußgeld- und Strafverfahren, regelt die DS-GVO nicht. Das ist und bleibt eine Angelegenheit des nationalen Rechts. Dieses muss also eine Brücke zwischen den Reglungen in der DS-GVO und den nationalen Verfahrensvorschriften schaffen.

4   Den Mitgliedstaaten wurde über die Tatbestände in Art. 83 Abs. 4 bis 6 DS-GVO hinaus die Option in Art. 83 Abs. 7 DS-GVO eröffnet (Öffnungsklausel), Vorschriften dafür festzulegen, ob und in welchem Umfang **gegen Behörden und öffentliche Stellen**, die in dem betreffenden Mitgliedstaat niedergelassen sind, Geldbußen verhängt werden können. Obwohl es für manche Verwaltungsbereiche, wie zB Registerabfragen im EMA-Bereich, Abfragen in den Polizeisystemen, Forderungen danach gab und es auch schon in anderen Bundesländern Bußgelder gegen Behörden und öffentliche Stellen gab, hat sich der Gesetzgeber mit Abs. 2 gegen eine solche Regelung entschieden. Da man grundsätzlich von einem gesetzestreuen und rechtstaatlichen Handeln der Verwaltung ausgehen kann und es ein Disziplinarrecht gibt, ist es ein vertretbarer Schritt.

5   Abs. 3 dient der Umsetzung des verfassungsrechtlichen **Verbots der Selbstbezichtigung** (nemo-tenetur-Grundsatz). Mit Abs. 3 hat der hessische Gesetzgeber der verpflichtenden Öffnungsklausel in Art. 83 Abs. 8 DS-GVO Rechnung getragen, der von den Mitgliedstaaten das Schaffen angemessener Verfahrensgarantien fordert.[1]

III. Unionsrechtliche Regelungen

6   Kaum eine Vorschrift in der DS-GVO macht die komplexe Verflechtung zwischen den gesetzlichen Ebenen Europäische Union, Bund und Länder so deutlich wie der Bereich rund um die Straf- und Bußgeldverfahren. Nach Art. 58 Abs. 2 lit. i iVm Art. 83 DS-GVO kann die Aufsichtsbehörde

---

1   LT.-Drs. 19/5728, 114.

ein Bußgeld verhängen.[2] Die oder der HDSB ist nach Art. 55 Abs. 1, 57 Abs. 1 lit. a und lit. u DS-GVO iVm § 40 Abs. 1 BDSG iVm § 13 des Gesetzes die zuständige Aufsichtsbehörde für die Durchführung der Bußgeldverfahren. Soweit die Vorschrift nur Art. 83 Abs. 4 bis 6 DS-GVO aufführt bedeutet das aber nicht, dass Art. 83 Abs. 1 bis 3 DS-GVO nicht zur Anwendung kommt. Im Gegenteil, derjenige, der sich mit der Durchführung eines Bußgeldverfahrens befasst, hat es mit einer komplexen Normenlage zu tun. Es reicht nicht mehr, in ein Gesetz zu schauen, sondern es sind neben die DS-GVO das BDSG, das HDSIG und die weiteren Gesetze über die Verfahrensregeln heranzuziehen. Die auf den ersten Blick vorherrschende **Unübersichtlichkeit** ist dem Wiederholungsverbot geschuldet, welches es verbietet, die Normen aus der DS-GVO in den nationalen Gesetzen erneut zu nennen.

Mit der Vorschrift macht der hessische Gesetzgeber von den **Öffnungsklauseln** in Art. 83 Abs. 7 und 8 DS-GVO Gebrauch. Die Klausel in Art. 83 Abs. 7 DS-GVO ist eine Kann-Vorschrift. Während Art. 83 Abs. 8 DGVO die Verpflichtung zur Schaffung von angemessenen Verfahrensgarantien fordert. 7

Gerade die Frage nach den angemessenen Verfahrensgarantien trägt der Umsetzung der Vorschriften in der DS-GVO und ihrem effektiven Vollzug Rechnung. In der Praxis kommen allerdings erste Zweifel auf, ob die nationalen Vorschriften eine effektive Umsetzung der DS-GVO sicherstellen. Hierbei spielen die verschiedenen Rechtstraditionen in den Mitgliedstaaten eine nicht zu vernachlässigende Rolle. Die Anwendungspraxis zeigt, dass die hinterlegten nationalen Vorschriften sich nicht immer mit der in der Union vorherrschenden und der DS-GVO zugrundliegenden Rechtstradition vertragen. Die „Knirschpunkte" sind inzwischen vielfältig. Beispielhaft seien genannt das Verständnis über den nemo-tenetur-Grundsatz im Kontext mit Unternehmen und den Datenpannenmeldungen nach Art. 33 DS-GVO sowie die Problematik zwischen dem **Rechtsträgerprinzip** im deutschen Ordnungswidrigkeitenrecht und dem der DS-GVO zugrundliegenden **funktionalen Unternehmensbegriff**. 8

Während in Deutschland im Kontext mit den **Meldungen nach Art. 33 DS-GVO** eine Verwendung im Bußgeldverfahren mit Blick auf den nemo-tenetur-Grundsatz gerne verneint wird, stellt sich für andere Mitgliedstaaten diese Frage gar nicht. Die Datenpannenmeldungen nach Art. 33 DS-GVO können Gegenstand eines Bußgeldverfahrens sein. Lediglich im Zusammenhang mit Art. 83 Abs. 2 DS-GVO findet die rechtzeitige und ordnungsgemäße Meldung und der Umfang des Verstoßes eine mildernde Berücksichtigung. ErwG 87 DS-GVO geht davon aus, dass die Aufgaben und Befugnisse der Aufsichtsbehörde auch bei den Datenpannenmeldungen gelten. Diese Frage wird noch gerichtlich zu klären sein. Zuvorderst wird die Frage im EDSA zu diskutieren zu sein. Denn im Kontext des effet utile spielt es eine große Rolle. Diese scheint nämlich bei einer strengen Betrachtung der Verwendbarkeit der Datenpannenmeldung gefährdet. 9

---

2 *Rost* DuD 2019, 488 ff.; *Rost* BvD-News 01/2019, 72 f.

10   Ein weiterer Streitpunkt der zu Unsicherheiten führt ist die Diskussion um den **Begriff des Unternehmens** im europäischen Datenschutzrecht. Was bereits bei der Europäisierung des Kartellrechts diskutiert[3] wurde, findet sich nun auch bei der Europäisierung des Datenschutzrechts. Unternehmen nach dem Verständnis des Unionsrechts ist jede Einheit, die unabhängig von der Rechtsform und der Art ihrer Finanzierung wirtschaftliche Tätigkeit ausübt. (sog. funktionaler Unternehmensbegriff).[4] Das deutsche Ordnungswidrigkeitenrecht geht vom Rechtsträgerprinzip aus, welches in den §§ 9, 30 und 130 OWiG seine Ausprägung findet. Diese Normen wurden aber in der Anwendung gerade nicht von § 41 BDSG ausgeschlossen. Das bedeutet, das deutsche Recht knüpft an den Rechtsträger an und fordert das Handeln eines Repräsentanten. Während die DS-GVO von dem Handeln jedes befugt Tätigwerdenden ausgeht und den Konzern als wirtschaftliche Einheit begreifen kann, muss nach deutschem Verfahrensrecht für den Konzern vermutlich eine Konstruktion über § 130 OWiG gefunden werden, um den konzernweiten Umsatz in Bezug zu nehmen. Auch wird sich erst Rechtsprechung herausbilden müssen.

11   Eines haben die ersten Jahre der Umsetzung der DS-GVO bereits gezeigt: Dachte man im Mai 2018 noch, jeder Verstoß sei mit einem Bußgeld zu ahnden, ist die Klaviatur der Abhilfebefugnisse in Art. 58 Abs. 2 DS-GVO zu einem scharfen Schwert der Aufsicht geworden.[5] Das spricht auch dafür, dass die noch nicht ganz rund laufenden Verfahrensnormen zumindest kein unerträgliches Problem darstellen.

IV. Verhältnis zu anderen Vorschriften

12   Von der Vorschrift ist § 38 zu unterscheiden. Mit § 38 wird der Bruch der Zweckbindung bei einer Datenübermittlung nach § 22 Abs. 2 Satz 2 unter Buße gestellt. § 38 ist damit eine Sanktion iSd Art. 84 DS-GVO.

B. Bußgeld- und Strafverfahren

13   Die **Systematik** der Vorschrift ist erst auf den zweiten Blick verständlich. Sie ist in drei Absätze gegliedert. Abs. 1 regelt Verfahrensfragen durch Verweis auf das BDSG. Abs. 2 schließt Geldbußen gegenüber Behörden und sonstigen öffentlichen Stelle aus und Abs. 3 setzt den nemo-tenetur-Grundsatz für den Anwendungsbereich des Gesetzes um. Alle drei Absätze haben gemeinsam, dass sie ohne die Lektüre der DS-GVO nicht zu verstehen sind.

I. Nationale Verfahrensvorschriften (Abs. 1)

14   Nach Abs. 1 gilt § 41 Abs. 1 Satz 1 und 2 sowie Abs. 2 BDSG für Verstöße gegen Art. 83 Abs. 4 bis 6 DS-GVO entsprechend, sofern das Gesetz nichts anderes bestimmt. Abs. 1 führt mit dem Verweis auf § 41 BDSG zur **Anwendbarkeit der allgemeinen materiellrechtlichen Vorschriften des OWiG** bei Verstößen gegen Art. 83 Abs. 4 bis 6 DS-GVO.

---

3   *Berndt/Theile*, UnternehmensStrafR, Rn. 329 ff. mwN.
4   *Ueble* EuZW 2018, 440 (441 f.).
5   *Rost* DuD 2019, 488 (489); *Rost* BvD News 01/2019, 70 ff.; *Bretthauer* RDV 2020, 245 f.

Die Regelungen in § 41 Abs. 1 Satz 1 und 2 sowie Abs. 2 BDSG modifizieren die entsprechend anzuwendenden Normen über das **Bußgeldverfahren** nach dem OWiG. Sie werden deswegen modifiziert, weil zB Regelungen zur Bußgeldzumessung in Art. 83 Abs. 2 DS-GVO bereits enthalten sind und daher § 17 OWiG nicht mehr zur Anwendung kommen kann. So gilt es, zunächst den Verstoß nach DS-GVO festzustellen. Dann ist nach Art. 58 Abs. 2 DS-GVO eine Ermessensentscheidung darüber zu treffen, mit welchen Abhilfebefugnissen nach Art. 58 Abs. 2 DS-GVO dem Verstoß abgeholfen bzw. er sanktioniert werden soll.[6] Um eine Geldbuße nach Art. 58 Abs. 2 lit. i DS-GVO iVm Art. 83 DS-GVO festsetzen zu können, muss der Verstoß zunächst von den Tatbeständen nach Art. 83 Abs. 4 bis 6 DS-GVO erfasst sein. 15

1. Das Bußgeldverfahren unter Berücksichtigung des § 41 BDSG

Im nächsten Schritt sind für das Bußgeldverfahren wegen Verstoßes gegen Art. 83 Abs. 4 bis 6 DS-GVO die Reglungen in § 41 DS-GVO zu beachten. Der Verweis in Abs. 1 nimmt Art. 41 Abs. 1 Satz 3 BDSG aus. Ansonsten gilt: Der Verweis auf § 41 Abs. 1 Satz 1 BDSG eröffnet die entsprechende **Anwendung** der Vorschriften des OWIG für Verstöße gegen Art. 83 Abs. 4 bis 6 DS-GVO. § 41 Abs. 1 Satz 2 BDSG schränkt die Anwendung ein. Keine Anwendung finden die §§ 17, 35 und 36 OWiG. 16

Aufgrund der Regelungen über die Höhe und **Zumessung der Geldbuße** in Art. 83 Abs. 1 bis 6 DS-GVO musste der nationale Gesetzgeber § 17 OWiG, der die Höhe der Geldbuße regelt, vollständig von der Anwendung ausnehmen. Damit kann das niedrigste Bußgeld auf einen 1 Cent festgesetzt werden. Allerdings würde dies wohl gegen die Forderung in Art. 83 Abs. 1 DS-GVO verstoßen, dass das Bußgeld in jedem Einzelfall wirksam, verhältnismäßig und abschreckend sein muss. § 17 Abs. 1 OWiG setzt für die deutschen Verfahren einen Mindestbetrag von 5 EUR fest. Mit dem Ausschluss von § 17 Abs. 2 OWiG ist eine Regelung zur Zumessung bei fahrlässiger Begehung der Tat entfallen. Die DS-GVO verhält sich hierzu nicht. Da aber der EDSA nach Art. 70 Abs. 1 lit. k DS-GVO die Aufgabe hat, Leitlinien für die Aufsichtsbehörden in Bezug für die Festsetzung von Geldbußen zu erarbeiten, wird sich diese Frage voraussichtlich mit der Veröffentlichung der **Leitlinien** klären. 17

Mit dem Ausschluss von § 17 OWiG geht ein weiterer Aspekt einher, der noch keiner endgültigen Regelung zugeführt wurde. Während das OWiG bei der Zumessung von Geldbußen von einem Bußgeldrahmen ausgeht,[7] innerhalb dessen die Zumessung der Geldbuße vorgenommen wird, kennt die EU in den Bußgeldverfahren die **Kappungsgrenze**. Die Höchstgrenze ist hierbei – anders als im nationalen Recht – iSe Kappungsgrenze zu verstehen.[8] Dies bedeutet, dass zunächst einmal jedes beliebige Bußgeld zugemessen werden kann. Bei Überschreiten der in der Verordnung festgesetzten Höchstgrenze wird die errechnete Sanktion auf die in der Verordnung fest- 18

---

6 Dazu *Rost* BvD-News 01/2019, 70 ff.
7 Hierzu näher *Wieser* § 17 S. 26.1 Nr. 2; *Berndt/Theile*, UnternehmensStrafR, Rn. 378 ff.
8 Vgl. *Berndt/Theile*, UnternehmensStrafR, Rn. 352.

gelegten Höchstbeträge gekürzt.[9] Hierdurch soll die wirtschaftliche Entfaltungsmöglichkeit des Sanktionsadressaten nicht über Gebühr beeinträchtigt werden.[10]

19   Im Kontext mit der DS-GVO ist aktuell noch unklar, welche Systematik zugrunde liegt. Aufgrund der Formulierungen im Verordnungstext, die von denen des Kartellrechts marginal abweichen, wird die Option diskutiert, die Zumessung im **Bußgeldrahmen** vorzunehmen. Letztlich entscheidend wird sein, was die Leitlinien des EDSA vorgeben. Das von der DSK im Oktober 2019 vorgestellte Bußgeldkonzept geht von einem Bußgeldrahmen aus.[11]

20   § 35 OWiG regelt die Verfolgung und Ahndung von Ordnungswidrigkeiten durch die Verwaltungsbehörden. Diese Regelung wurde durch Art. 58 Abs. 2 lit. i, Art. 83 Abs. 1 iVm Art. 57 Abs. 1 lit. a DS-GVO iVm § 40 Abs. 1 BDSG und § 13 Abs. 4 ersetzt. § 36 OWiG regelt die **sachliche Zuständigkeit** der Verwaltungsbehörde. Er gilt aber nicht für datenschutzrechtliche Verstöße gegen Bestimmungen der DS-GVO nach Art. 83 Abs. 4 bis 6 DS-GVO.[12] § 36 OWiG nimmt nur die nationalen Regelungen in Bezug, so dass er im Verhältnis zur DS-GVO auszuschließen war.

21   Die Anwendung der Vorschriften über das Verfahren wegen eines Verstoßes finden modifiziert über § 41 Abs. 2 BDSG Anwendung. Das Strafrecht und das Strafverfahrensrecht fallen nicht in die Zuständigkeit der EU.[13] Mit § 41 Abs. 2 Satz 1 BDSG erklärt der Gesetzgeber die Vorschriften des OWiG, der allgemeinen Gesetze über das Strafverfahren, nämlich StPO und GVG für entsprechend anwendbar. Gemäß § 42 Abs. 2 Satz 2 BDSG werden die §§ 56 bis 58, 87, 88, 89 und 100 OWiG von der Anwendung ausgenommen.

22   Die §§ 56 bis 58 OWiG regeln die **Verwarnung** durch die Verwaltungsbehörde, die Verwarnung durch Beamte des Außen- und Polizeidienstes und die Ermächtigung zur Erteilung der Verwarnung. Diese Regelungen waren auszuschließen, da die Verwarnung durch Art. 58 Abs. 2 lit. b DS-GVO abgelöst wurde. Diese Verwarnung ist, da die Normen durch § 41 Abs. 2 Satz 2 BDSG ausgeschlossen wurden, eine Verwarnung iSd § 56 Abs. 1 Satz 1 OWiG und entsprechend finden die Vorschriften über das VwVfG Anwendung. Bedauerlich ist, dass bei dieser Form der datenschutzrechtlichen Verwarnung **kein Verwarngeld** ausgesprochen werden kann. Vor der Reform im Mai 2018 wurde für die Verstöße, die als geringfügig erachtet werden konnten, seitens der Aufsichtsbehörde gerne auf die Verwarnung mit Verwarngeld zurückgegriffen.

23   Von der Anwendung ebenfalls ausgenommen sind die §§ 87, 88 OWiG, die das Verfahren über die Anordnung der Nebenfolge Einziehung bzw. die Festsetzung einer Geldbuße gegen eine juristische Person regeln. Ausgenommen sind außerdem die Vollstreckung von Nebenfolgen die zu einer

---

9   Dazu *Berndt/Theile*, UnternehmensStrafR, Rn. 352.
10   Hierzu *Berndt/Theile*, UnternehmensStrafR, Rn. 352.
11   DSK Bußgeldkonzept 2019.
12   Vgl. *Wieser* § 36 S. 92.2 Nr. 3.6.
13   Vgl. *Wieser* § 36 S. 92.2 Nr. 3.6.

Geldzahlung verpflichten gem. § 99 OWiG und die nach § 100 OWiG geregelte nachträgliche Entscheidungen über die Einziehung. Ob bei Geldbußen nach Art. 83 DS-GVO Nebenfolgen nach mitgliedstaatlichem Recht zulässig wären oder nicht ist unklar[14].

Nach § 41 Abs. 2 Satz 3 ist § 69 Abs. 4 Satz 2 OWiG mit der Maßgabe anzuwenden, dass die Staatsanwaltschaft das Verfahren **nur mit Zustimmung der Aufsichtsbehörde**, die den Bußgeldbescheid erlassen hat, **einstellen** darf. Diese Regelung trägt der Unabhängigkeit der Aufsichtsbehörde aus Art. 52 DS-GVO Rechnung.[15]   24

2. Das Verhältnis von Abs. 1 zu § 41 BDSG

Das Gesetz trifft keine speziellen Regelungen zu den Normen im OWiG. Daher ist § 41 BDSG die maßgebende Regelung für die entsprechende und modifizierte Anwendung der Normen zur Durchführung der Bußgeldverfahren. Allerdings beschränkt sich die Anwendbarkeit der Normen auf die Verfahren, die nach § 1 in den Anwendungsbereich des Gesetzes fallen.   25

II. Bußgelder gegen öffentliche Stellen (Abs. 2)

Abs. 2 schließt die Möglichkeit, gegen Behörden und öffentliche Stellen iSd § 2 Abs. 1 Satz 1 (→ § 2 Rn. 12 f.) wegen eines Verstoßes gegen Art. 83 Abs. 4 bis 6 DS-GVO Bußgelder zu verhängen, aus. Damit schließt Abs. 2 auch die Verfolgung und Ahndung von Ordnungswidrigkeiten gegen Behörden und andere öffentliche Stellen aus. Hintergrund dafür ist, dass grundsätzlich davon ausgegangen wird, dass sich gerade in der Verwaltung **gesetzeskonform** verhalten wird.   26

Nicht von Abs. 2 erfasst werden nicht öffentliche Stellen iSd § 2 Abs. 1 Satz 2 HDSIG, die hoheitlichen Aufgaben der öffentlichen Verwaltung wahrnehmen (→ § 2 Rn. 13), sowie öffentliche Stellen iSd § 2 Abs. 2, soweit sie als öffentlich-rechtliche Unternehmen am Wettbewerb teilnehmen (→ § 2 Rn. 14).[16] Diese sollen bei der Verhängung von Bußgeldern nicht bessergestellt werden als ihre privaten Wettbewerber.[17] Ihnen gegenüber können Bußgelder verhängt werden.   27

Die deutschen unabhängigen Aufsichtsbehörden haben länger darüber diskutiert, wie in den Fällen verfahren werden soll, in denen zB eine Mitarbeiterin der Stadtverwaltung zu privaten Zwecken einen Abruf im Einwohnermeldeamtssystem macht, oder wie mit dem Fall eines Polizisten zu verfahren ist, der einen Abruf in Polas macht, um zB die Trainerin seiner Tochter zu überprüfen oder die Kontaktdaten einer Frau herauszufinden, die er in einem Auto gesehen hat. In diesen Fällen wird angenommen, dass das Handeln nicht mehr von der dienstlichen Erlaubnis gedeckt ist. In dem Moment, in dem die personenbezogenen Daten zu privaten Zwecken des Beamten, der Beamtin genutzt werden, findet eine Verarbeitung der Daten statt, die unter den Anwendungsbereich der DS-GVO fällt. In diesen Fällen   28

---

14 *Golla* in Auernhammer BDSG § 41 Rn. 16.
15 Dazu auch BT-Drs. 18/11325, 108.
16 LT-Drs. 19/5728, 114.
17 BT-Drs. 18/11325, 109.

des **Mitarbeiterexzesses** liegt neben dem disziplinarisch zu ahndenden dienstlichen Verstoß auch ein Verstoß gegen die DS-GVO vor, der nach den Regeln der DS-GVO zu ahnden ist. IdR wird es sich um einen Verstoß gegen Art. 6 und 5 DS-GVO handeln.[18]

III. Nemo tenetur Grundsatz in § 36 Abs. 3 DS-GVO

29   § 36 Abs. 3 dient dem verfassungsrechtlichen **Verbot einer Selbstbezichtigung.** Die Regelung kann auf die Öffnungsklausel des Art. 83 Abs. 8 DS-GVO gestützt werden, wonach angemessene Verfahrensgarantien geschaffen werden müssen.[19] Inhaltlich entsprich die Regelung der Regelung in § 43 Abs. 4 BDSG. Die Regelung entspricht weitgehend dem alten 42 a Satz 6 BDSG. Sie trägt dem Grundsatz **nemo tenetur se ipsum accusare** Rechnung und schließt einen mittelbaren Zwang zur Selbstbezichtigung durch Meldungen und Benachrichtigungen nach Art. 33 und 34 DS-GVO aus.

1. Bedeutung im Verfahren

30   Abs. 3 beschränkt das Verwendungsverbot auf das **Bußgeldverfahren.** Das Verwaltungsverfahren der Aufsichtsbehörde ist hiervon nicht umfasst. Dafür spricht auch ErwG 87 DS-GVO. Nach ErwG 87 Satz 3 kann eine Meldung zu einem Tätigwerden der Aufsichtsbehörde im Einklang mit ihren in der DS-GVO festgelegten Aufgaben und Befugnissen stehen. Das umfasst nach Art. 58 Abs. 2 DS-GVO auch ein Bußgeldverfahren, wenn im durchgeführten Aufsichtsverfahren ein Verstoß gegen die DS-GVO festgestellt wurde. Lange Zeit hielt sich in der Beratung durch Anwälte bei Verstößen gegen die DS-GVO die Idee, die Meldung mache frei vom Bußgeldverfahren. Diese Auffassung hat sich in der Praxis nicht durchgesetzt.

2. Datenpannenmeldung nach Art. 33 und 34 DS-GVO

31   Nach Art. 33 DS-GVO hat der Verantwortliche eine Verletzung des Schutzes personenbezogener Daten unverzüglich und möglichst binnen 72 Stunden, nachdem ihm die Verletzung bekannt wurde, bei der nach Art. 55 DS-GVO zuständigen **Aufsichtsbehörde** zu melden. Für Hessen ist dies die oder der HDSB in Wiesbaden. Die weiteren Anforderungen nach Art. 33 und 34 DS-GVO sind durch den Meldenden einzuhalten. Der Verantwortliche hat auch die **betroffene Person** nach Art. 34 DS-GVO zu benachrichtigen. Der Auftragsverarbeiter meldet dem Verantwortlichen einen Verstoß nach Art. 33 Abs. 2 DS-GVO unverzüglich.

32   Der Verantwortliche wird durch die Regelung in Abs. 3 geschützt. Auf der einen Seite besteht für den Verantwortlichen eine Pflicht zur Meldung und zur Benachrichtigung, die nach Art. 83 Abs. 4 DS-GVO bußgeldbewehrt ist, und auf der anderen Seite muss er sich damit unter Umständen auch selbst belasten. Daher darf das Gemeldete gegen ihn oder Angehörige iSv § 52 Abs. 1 StPO nur mit Zustimmung der meldepflichtigen und benachrichtigenden Person verwendet werden.

---

18   Hierzu im 48. TB des HBDI, 129–131.
19   Vgl. LT-Drs. 19/5728, 114.

3. Praxis in der Europäischen Union

Im Austausch mit den anderen europäischen Mitgliedstaaten zum Thema 33
Sanktionierung hat sich gezeigt, dass diese eine solche Regelung nicht kennen. Bei Workshops zu Praxisfällen, in denen eine Meldung nach Art. 33
DS-GVO zugrunde lag, wurde diesbezüglich keine Einschränkung vorgenommen. Die Nachfrage zum nemo-tenetur-Grundsatz führte zu Verwunderung. Hierzu wird man die Praxis abwarten müssen, da der Grundsatz
auf europäischer Ebene ebenfalls bekannt ist, so dass andere Mitgliedstaaten unter Umständen ihre Gesetzgebung nachschärfen müssen.

C. Würdigung

Die Vorschrift bindet in Abs. 1 die Regelungen in der DS-GVO und im 34
BDSG mit denen des Gesetzes zusammen. Die Vorschrift ist ohne Lektüre
des § 41 BDSG und des Art. 83 DS-GVO nicht zu verstehen. Die zu § 41
BDSG festgestellten Probleme, die die eingeschränkte entsprechende Anwendbarkeit des OWiG betreffen, wirken sich auch auf die Verfahren aus.

§ 37 Strafvorschriften

(1) Mit Freiheitsstrafe bis zu zwei Jahren oder mit Geldstrafe wird bestraft,
wer personenbezogene Daten, die nicht allgemein zugänglich sind,
1. ohne hierzu berechtigt zu sein, verarbeitet oder
2. durch unrichtige Angaben erschleicht,
und hierbei gegen Entgelt oder in der Absicht handelt, sich oder einen
anderen zu bereichern oder einen anderen zu schädigen.

(2) Abs. 1 findet nur Anwendung, soweit die Tat nicht in anderen Vorschriften mit einer schwereren Strafe bedroht ist.

(3) ¹Die Tat wird nur auf Antrag verfolgt. ²Antragsberechtigt sind die
betroffene Person, der Verantwortliche und die oder der Hessische Datenschutzbeauftragte.

(4) Eine Meldung nach Art. 33 der Verordnung (EU) Nr. 2016/679 oder
eine Benachrichtigung nach Art. 34 Abs. 1 der Verordnung (EU)
Nr. 2016/679 darf in einem Strafverfahren gegen die meldepflichtige oder
benachrichtigende Person oder ihre in § 52 Abs. 1 der Strafprozessordnung
bezeichneten Angehörigen nur mit Zustimmung der meldepflichtigen oder
benachrichtigenden Person verwendet werden.

Literatur:
Nolde, Sanktionen nach DS-GVO und BDSG-neu: Wem droht was warum?, PinG
2017, 114.

A. Allgemeines

I. Bedeutung der Vorschrift

1   Die Vorschrift trifft Regelungen zu den **Straftatbeständen**, die bei Verstößen gegen datenschutzrechtliche Vorschriften erfüllt werden können. Diese
gelten, soweit sie nicht von den Bußgeldvorschriften des Art. 83 DS-GVO
und des § 36 erfasst sind.

II. Entstehungsgeschichte

2   Abs. 1 ersetzt tatbestandlich sinngemäß die Strafvorschrift des § 40 Abs. 1
HDSG. Abs. 2 übernimmt die bisherige Bestimmung des § 40 Abs. 2
HDSG. Neu ist, dass es sich nunmehr nach Abs. 3 um ein Antragsdelikt
handelt. Mit Abs. 4 wurde die Vorschrift um den nemo-tenetur-Grundsatz
ergänzt und entspricht dadurch dem verfassungsrechtlichen Verbot einer
Selbstbezichtigung. Der Hessische Gesetzgeber hat sich dafür entschieden,
den Regelungsgehalt der Altregelung im Rahmen des Möglichen zu übernehmen.

3   Die Vorschrift wurde im **Gesetzgebungsprozess** gegenüber dem Gesetzentwurf der Fraktion von CDU und von BÜNDNIS90/DIE GRÜNEN[1] nicht
verändert.

III. Unionsrechtliche Regelungen

4   Die Vorschrift ist möglich, weil **Art. 84 Abs. 1 Satz 1 DS-GVO** den Mitgliedstaaten die Option eröffnet, Verstöße zu sanktionieren, die keiner
Geldbuße nach Art. 83 DS-GVO unterliegen. Art. 84 Abs. 1 Satz 2 DS-
GVO fordert nur, dass diese Sanktionen wirksam, verhältnismäßig und abschreckend sein müssen.

5   Die Mitgliedstaaten sind gemäß Art. 84 Abs. 2 DS-GVO verpflichtet, der
EU-Kommission die aufgrund Art. 84 Abs. 1 DS-GVO erlassenen Rechtsvorschriften bis zum 25.5.2018 und alle späteren Änderungen unverzüglich **mitzuteilen**.

6   Die in Art. 84 DS-GVO enthaltene Öffnungsklausel berechtigt und verpflichtet die Mitgliedstaaten, Vorschriften über andere Sanktionen für Verstöße gegen diese Verordnung, insbesondere für Verstöße die keiner Geldbuße gemäß Art. 83 DS-GVO unterliegen, festzulegen. Die **Öffnungsklausel** berechtigt die Mitgliedstaaten auch, mitgliedstaatlich strafrechtliche
Sanktionen für Verstöße, gegen, auf der Grundlage und in Grenzen der DS-
GVO erlassene, nationale Vorschriften vorzusehen.[2]

---

1   LT-Drs. 19/5728, 25 f.
2   ErwG 149 Satz 1 DS-GVO.

IV. Verhältnis zu anderen Vorschriften

Die Vorschrift steht für sich genommen allein. Sie wird durch § 79 in Bezug genommen und für den dritten Teil im Anwendungsbereich der JI-RL für entsprechend anwendbar erklärt. 7

Der hessische Gesetzgeber hat sich bei mit der Norm teilweise **an § 42 BDSG orientiert** (§ 42 Abs. 3 und 4 BDSG). Andere Bundesländer haben vergleichbare Vorschriften – so zB § 25 LDSG RhPf und 34 LDSG NRW. 8

B. Strafe

Die Vorschrift ist in vier Absätze gegliedert. Geregelt ist der Straftatbestand (Abs. 1), das Verhältnis einer Straftat nach Abs. 1 zu schwereren Straftaten (Abs. 2), die Erforderlichkeit einer Antragsstellung (Abs. 3) und das Verbot der Selbstbezichtigung (Abs. 4). 9

I. Straftatbestand (Abs. 1)

Nach Abs. 1 ist strafbar, wer personenbezogene Daten, die nicht allgemein zugänglich sind, entweder, ohne hierzu berechtigt zu sein, verarbeitet oder durch unrichtige Angaben erschleicht und hierbei gegen Entgelt oder in der Absicht handelt, sich oder einen anderen zu bereichern oder einen anderen zu schädigen. Der Anwendungsbereich der Norm ist durch den Anwendungsbereich des Gesetzes in § 1 beschränkt. 10

1. Täter

Abs. 1 ist als **Jedermann-Delikt** ausgestaltet. Durch die Formulierung „wer" personenbezogene Daten, die nicht allgemein zugänglich sind, verarbeitet oder erschleicht, ist sowohl eine Sanktionierung des Fehlverhaltens von Mitarbeitern der öffentlichen Stellen als auch von Dritten möglich. Täter können nur natürliche Personen sein. 11

2. Vorsatz

Der Straftatbestand in Abs. 1 fordert Vorsatz. Er ist außerdem beschränkt auf Taten, die gegen Entgelt oder mit **Bereicherungs- oder Schädigungsabsicht** vorgenommen werden. Sind die Voraussetzungen für eine qualifizierte vorsätzliche Begehung der Straftat nicht gegeben, entfällt trotz vorsätzlicher Begehung die Strafbarkeit. Schon die Vorgängerregelung in § 40 HDSG hat bewusst auf die Sanktionierung der fahrlässigen Begehungsweise verzichtet. Hierdurch wollte man der Praxis gerecht werden und vermeiden, dass bei fahrlässiger Begehungsweise die Angst im Raume steht, schon mit einem Bein im Gefängnis zu stehen. 12

3. Tatbestand

Personenbezogene Daten sind nach Art. 4 Ziff. 1 DS-GVO alle Informationen, die sich auf eine identifizierte oder identifizierbare Person (im folgenden „betroffene Person") beziehen; als identifizierbar wird eine natürliche Person angesehen, die direkt oder indirekt, insbesondere mittels Zuordnung zu einer Kennung wie einem Namen, zu einer Kennnummer, zu Standortdaten, zu einer Online-Kennung oder zu einem oder mehreren be- 13 sondere Merkmals, die Ausdruck der physischen, physiologischen, genetischen, psychischen, wirtschaftlichen, kulturellen oder sozialen Identität dieser natürliche Person identifiziert werden kann.

14 Diese personenbezogenen Daten dürfen **nicht allgemein zugänglich** sein. Als allgemein zugänglich gelten solche Quellen, aus denen einem nicht bestimmbaren Personenkreis Informationen vermittelt werden sollen. Dazu zählen Veröffentlichungen aller Art, Datensammlung, die ohne Zugangsbeschränkung für jedermann einsehbar sind, wie zB das Vereins- oder das Handelsregister. Das Grundbuch zählt zB nicht dazu. Bei diesem hängt die Einsichtnahme in das Verzeichnis vom Vorliegen eines berechtigten Interesses ab. Die Art des Zugangs ist nicht allein maßgebend. So schließen mögliche Kosten eine allgemeine Zugänglichkeit nicht grundsätzlich aus.

15 Nach Abs. 1 Ziff. 1 ist es unter Strafe gestellt, wenn der Täter personenbezogene Daten, die nicht allgemein zugänglich sind, **unberechtigt verarbeitet**. Berechtigt ist eine Datenverarbeitung dann, wenn sie im Rahmen der gesetzlichen Regelungen zulässig ist oder auf Basis einer gültigen Einwilligung des Betroffenen erfolgt. Der Handelnde selbst muss zu der konkreten Datenverarbeitung berechtigt sein. Die Berechtigung fehlt zB dann, wenn die Daten für eine konkrete Aufgabenstellung nicht erforderlich sind, aber dennoch abgerufen werden. Die technische Zugriffsberechtigung des Täters ist nicht allein ausschlaggebend. Es kommt ganz wesentlich auf die Bestimmung des Zuständigkeitsbereichs des jeweiligen Anwenders an.

16 Nach Abs. 1 Ziff. 2 ist es unter Strafe gestellt, wenn der Täter personenbezogene Daten, die nicht allgemein zugänglich sind, **durch unrichtige Angaben erschleicht**. Erschleichen durch unrichtige Angaben betrifft insbesondere Fallkonstellationen, in den die Übermittlung von Daten an nicht öffentliche Stellen aufgrund der unrichtigen Angaben erfolgt, die vom Empfänger der erschlichenen Daten vorgetragenen Voraussetzungen für eine zulässige Übermittlung der Daten tatsächlich jedoch nicht gegeben waren.

17 Darüber hinaus müssen zumindest alternativ folgende tatbestandlichen **Qualifikationsmerkmale** erfüllt sein: der Täter muss gegen Erhalt eines Entgelts (Alt. 1) tätig geworden sein, oder er hat in der Absicht gehandelt, sich oder einen Dritten zu bereichern (Alt. 2) oder einen anderen zu schädigen (Alt. 3).

18 **Entgelt** ist nach der Legaldefinition des § 11 Abs. 1 Ziff. 9 StGB jede in einem Vermögensvorteil bestehende Gegenleistung. Es kommt für die Alt. 1 nicht darauf an, ob der Täter eine Bereicherung anstrebt oder durch den Erhalt des Entgelts faktisch erreicht.

19 Im Fall der **Bereicherungsabsicht** (Alt. 2) muss es dem Täter darauf ankommen, sich oder einem anderen einen Vermögensvorteil zu verschaffen. Die Bereicherungsabsicht erfordert zum einen zielgerichteten Erfolgswillen, sich einen Vermögensvorteil zu verschaffen. Als Vermögensvorteil ist jede günstigere Gestaltung der Vermögenslage anzusehen. Nicht erforderlich ist allerdings, dass der Vorteil tatsächlich erlangt wird.

20 Die **Schädigungsabsicht** (Alt. 3) setzt einen Gebrauch der Daten zum Zwecke der Schädigung voraus. Die Art und Weise der beabsichtigten Schädigung (Personenschaden, Vermögensschaden) ist dabei nicht entscheidend.

Es genügt jeder vom Täter beabsichtigte Nachteil gegenüber einem Dritten. Dass der beabsichtigte Schaden auch eintritt, ist nicht erforderlich.

4. Strafmaß

Das **Strafmaß** bewegt sich in einem Rahmen von bis zu zwei Jahren Freiheitsstrafe oder der Verhängung einer Geldstrafe. 21

Die **Geldstrafe** wird nach **Tagessätzen** bemessen und beträgt nach § 40 Abs. 1 StGB mindestens fünf, maximal 360 volle Tagessätze. Die Höhe des Tagessatzes ist unter Berücksichtigung der persönlichen und wirtschaftlichen Verhältnisse des Täters zu bestimmen, wobei in der Regel vom Nettoeinkommen auszugehen ist. Ein Tagessatz wird nach § 40 Abs. 2 StGB dabei auf mindestens einen, höchstens 30.000 Euro festgesetzt. 22

Die **Freiheitsstrafe** wird nach § 39 StGB bei einem Strafmaß unter einem Jahr nach vollen Wochen und Monaten, bei einer längeren Dauer nach vollen Monaten und Jahren bemessen. Kurzfristige **Freiheitsstrafen** unter sechs Monaten sind nach § 47 Abs. 1 StGB nur dann zu verhängen, wenn besondere Umstände, die in der Tat oder der Persönlichkeit des Täters liegen, die Verhängung einer Freiheitsstrafe zur Einwirkung auf den Täter oder zur Verteidigung der Rechtsordnung unerlässlich machen. Eine Strafaussetzung der Freiheitsstrafe zur Bewährung ist nach §§ 56 ff. StGB grundsätzlich möglich. 23

Die **versuchte Begehung** ist straflos. Der Gesetzgeber hat den Tatbestand als Vergehen iSd § 12 Abs. 2 StGB ausgestaltet und nicht als Verbrechen iSd § 12 Abs. 1 StGB. In dem Fall hätte der Gesetzgeber gemäß § 23 Abs. 1 StGB die versuchte Begehung ausdrücklich unter Strafe stellen müssen. 24

5. Verjährung

Nach § 78 Abs. 2 Nr. 4 StGB **verjährt** die Tat nach fünf Jahren, da sie im Höchstmaß mit einer Freiheitsstrafe bis zu zwei Jahren bedroht ist. Die Verjährung beginnt nach § 78 a StGB, sobald die Tat beendet ist. Die Verfolgungsverjährung führt dazu, dass eine Ahndung der Straftat durch Verhängung einer Strafe nicht mehr möglich ist. Die Verjährung ist von Amts wegen zu beachten. 25

Die Verjährung kann allerdings unterbrochen werden. Zu den möglichen Fällen der **Unterbrechung der Verjährung** siehe § 78 c StGB. Nach jeder Unterbrechung beginnt die Verjährung von neuem, sie darf aber das Doppelte der gesetzlichen Verjährungsfrist nicht überschreiten. In diesem Fall ist nach § 78 c Abs. 3 StGB die Verfolgung spätestens verjährt. 26

II. Subsidiarität zu anderen Strafnormen (Abs. 2)

Nach Abs. 2 kommt diese Strafnorm nur zur Anwendung, soweit die Tat nicht in anderen Vorschriften mit Strafe bedroht ist. Damit ist Abs. 1 nur **subsidiär** anwendbar. Die allgemeinen Straftatbestände des StGB gehen ihm genauso vor wie mögliche spezialgesetzliche Straftatbestände. 27

Die Vorschrift konkurriert insbesondere mit den Straftaten zur **Verletzung des persönlichen Lebens- und Geheimnisbereiches** in §§ 201 bis 206 StGB. In Betracht kommt insbesondere die Durchbrechung der besonderen 28

Schweigepflichten, wie etwa des Arztgeheimnisses in § 203 StGB. An dem Umgang mit Daten knüpft zudem ausdrücklich die Strafbarkeit der §§ 202 a bis 202 d StGB an, die das Ausspähen oder Abfangen von Daten bzw. die Vorbereitung solcher Taten unter Strafe stellen.

29 Daneben gibt es Delikte, die daran anknüpfen, dass eine mit Strafe bedrohte Handlung durch **missbräuchliche Anwendung von Datenverarbeitungsvorgängen** verwirklicht wird. Hierzu gehören der Computerbetrug in § 263 a StGB sowie die Delikte im Kontext der Urkundenfälschung gemäß §§ 269 und 270 StGB, die sich mit der Fälschung beweiserheblicher Daten beschäftigen. In Betracht kommen als Delikte mit spezifischer Begehungsweise auch Datenveränderung und Computersabotage gemäß §§ 303 a und b StGB. An die Person des Handelnden knüpfen Delikte an wie die Verletzung des Dienstgeheimnisses in § 353 b StGB.

30 Soweit die vorgehenden Normen einen **Strafantrag** voraussetzen, ist dies für das Zurücktreten der Strafbarkeit im Rahmen des Gesetzes unerheblich. Die Regelung des Abs. 2 schließt auch die Fälle von einer Anwendung der Vorschrift aus, in denen ein Strafantrag nicht oder nicht rechtzeitig gestellt worden ist. Denn Anknüpfungspunkt ist allein die Strafandrohung durch eine andere Vorschrift. Ob die konkrete Handlung dann wirklich aufgrund dieser Vorschrift sanktioniert wird, ist unerheblich.

III. Antragsdelikt (Absatz 3)

31 Die von Abs. 1 erfasste Straftat ist ein **Antragsdelikt.** Ihre Verfolgung setzt gemäß Abs. 3 einen Antrag voraus. Antragsberechtigt sind sowohl die betroffene Person, der für die rechtmäßige Datenverarbeitung Verantwortliche als auch die oder der HDSB. Nach Art. 58 Abs. 5 DS-GVO sind die Aufsichtsbehörden ausdrücklich befugt, Verstöße gegen diese Verordnung den Justizbehörden zur Kenntnis zu bringen bzw. die Einleitung eines solchen Verfahrens zu betreiben.

32 Hierin unterscheidet sich die Vorschrift von ihrer Vorgängernorm in § 40 HDSG, die als Offizialdelikt ausgestaltet war. Damit ist gleichzeitig auch der bisherige Streitpunkt – inwieweit die Aufsichtsbehörde Informationen an die Staatsanwaltschaft zur Ahndung weitergeben darf – obsolet. Das Recht einen Strafantrag zu stellen, setzt zwingend voraus, dass die dazu notwendigen **Informationen**, die beim Antragsteller vorhanden sind, **an die Staatsanwaltschaft zu übermitteln** sind. Dies steht auch nicht im Widerspruch zur Verschwiegenheitspflicht des § 12, da ein notwendiger Strafantrag zum dienstlichen Verkehr gehört.

IV. Nemo-Tenetur-Grundsatz (Abs. 4)

33 In Abs. 4 statuiert der Gesetzgeber eine **Verwendungsbeschränkung** im Kontext der Meldungen gemäß Art. 33 DS-GVO. Nach der Gesetzesbegründung soll dies dem verfassungsrechtlichen Verbot einer Selbstbezichtigung – nemo tenetur – dienen. Die Regelung stützt sich auf die Öffnungsklausel des Art. 84 Abs. 1 DS-GVO, wonach die Mitgliedstaaten Vorschrif-

ten für Verstöße gegen diese Verordnung festlegen und alle zu deren Anwendung erforderlichen Maßnahmen treffen können.[3]

Art. 33 Abs. 4 DS-GVO benennt die Angaben, die zwingend **Bestandteil** 34
der Meldung sein müssen. Dabei handelt es sich um rein tatsächliche Informationen. Bei der Mitteilung solcher Informationen handelt es sich nicht um ein Eingestehen einer Zuwiderhandlung und daher fällt dies nach der Rechtsprechung des EuGHs nicht unter das **Verbot der Selbstbezichtigung.**[4]

Ergeben sich bei der Auswertung der Meldung Erkenntnisse, die auch bei 35
einer direkten Prüfung durch die Aufsichtsbehörde bzw. im Kontext der Bearbeitung einer Beschwerde einer von der Datenverarbeitung betroffenen Person erkannt worden wären, muss eine Ahndung dieses Fehlverhaltens möglich sein – zB dann, wenn die verantwortliche Stelle keinerlei Berechtigungskonzept und daraus abgeleitete Zugriffsbeschränkungen hat, so dass jeder Mitarbeiter, unabhängig von der konkreten Aufgabenstellung unbeschränkte Zugriffsrechte auf den Gesamtbestand der dort zu verarbeitenden Daten hat. Dafür spricht auch ErwG 87 DS-GVO.

Schließlich ist im Kontext des Geltungsbereichs des HDSIG zu beachten, 36
dass die meldende Person hier eine dienstliche Verpflichtung erfüllt, soweit sie intern für die Abgabe der Meldung gem. Art. 33 DS-GVO zuständig ist. Die Erfüllung einer solchen Pflicht kann nicht zur Exkulpation für ein anderes dienstliches Fehlverhalten führen.

C. Würdigung

Die **mangelnde Bestimmtheit** der Vorschriften zum Datenschutzstrafrecht[5] 37
wird die erste Zeit der Anwendung vor Herausforderungen stellen.

Ob Abs. 4 mit den Vorgaben der DS-GVO im Einklang steht, ist umstrit- 38
ten. Zumindest für die vergleichbare Regelung zur Sanktionierung im Rahmen von **Ordnungswidrigkeiten** in § 43 BDSG wird dies in Zweifel gezogen, da die DS-GVO eine solche Regelung nicht kennt. So wird argumentiert, dass die DS-GVO keine Öffnungsklausel für beliebige **nationale Verfahrensgarantien** enthalte, die die effektive und vor allem auch unionsweit einheitliche Durchsetzung der DS-GVO behindern würden und damit nicht mehr „angemessen" seien. Vielmehr halte ErwG 87 Satz 3 DS-GVO sogar ausdrücklich fest, dass die Aufsichtsbehörde die Meldungen zum Anlass von Maßnahmen gegen den Meldenden nehmen kann. Eine Ausnahme für Sanktionen sei nicht vorgesehen.[6]

Kommt man zu dem Ergebnis, dass für die Ahndung von Ordnungswidrig- 39
keiten diese Einschränkung der **Selbstbezichtigung** unionsrechtswidrig und damit nicht anwendbar ist, erscheint es als grobes Missverhältnis, wenn Verstöße, die strafrechtlich relevant sind – also einen größeren Unrechtsge-

---

3 Dazu LT-Drs. 19/5728, 135.
4 EuGH ECLI:EU:C:1989:387 Rn. 37 ff.; *EuG* ECLI:EU:T:2004:220 Rn. 47; so im Ergebnis auch *Bergt* in Kühling/Buchner BDSG § 43 Rn. 7 – 13 mwN.
5 *Golla* in Auernhammer BDSG § 42 Rn. 2; dazu auch *Nolde* PinG 2017, 114 (115).
6 S. zum Streitstand *Bergt* in Kühling/Buchner BDSG § 43 Rn. 13 mwN.

halt haben – aufgrund einer solchen Regelung nicht sanktioniert werden könnten.

§ 38 Bußgeldvorschriften

(1) Ordnungswidrig handelt, wer vorsätzlich oder fahrlässig entgegen § 22 Abs. 2 Satz 2 personenbezogene Daten für andere Zwecke verarbeitet, als für die sie übermittelt wurden.

(2) Die Ordnungswidrigkeit nach Abs. 1 kann mit einer Geldbuße von bis zu fünfzigtausend Euro geahndet werden.

A. Allgemeines

I. Bedeutung der Vorschrift

1 Die Vorschrift regelt einen für Hessen geltenden **Bußgeldtatbestand.** Dieser knüpft an einen spezifischen Verstoß gegen eine Zweckbindungsregelung an. Geahndet werden kann danach ein Verstoß gegen die Verpflichtung aus § 22 Abs. 2 Satz 2, übermittelte Daten nicht zweckwidrig zu verwenden.

II. Entstehungsgeschichte

2 Ausweislich der Gesetzesbegründung wird durch die Vorschrift die Regelung des § 41 HDSG ins Gesetz übernommen.[1] Sie wurde im **Gesetzgebungsprozess** gegenüber dem Gesetzentwurf der Fraktion von CDU und von BÜNDNIS90/DIE GRÜNEN[2] nicht verändert.

III. Unionsrechtliche Regelungen

3 Mit dieser Regelung macht der hessische Gesetzgeber von der **Öffnungsklausel des Art. 84 Abs. 1 DS-GVO** Gebrauch. Danach dürfen die Mitgliedstaaten Vorschriften über andere Sanktionen für Verstöße gegen die DS-GVO – insbesondere Verstöße, die keine Geldbuße gemäß Art. 83 DS-GVO unterliegen – festlegen und alle zu ihrer Anwendung erforderlichen Maßnahmen treffen. Diese Sanktionen müssen wirksam, verhältnismäßig und abschreckend sein.

---

1 LT-Drs. 19/5728, 135.
2 LT-Drs. 19/5728, 26.

IV. Verhältnis zu anderen Vorschriften

Mit der Vorschrift wird der Verstoß gegen § 22 Abs. 2 Satz 2 sanktioniert. 4
Sie ist zusammen mit § 36 zu lesen. Das bedeutet vor allem, dass diese
Norm gemäß 36 Abs. 2 sich **nicht gegen Behörden** oder sonstige öffentli-
che Stellen nach § 2 Abs. 1 Satz 1 richtet.

B. Bußgeld wegen Verstoß gegen Zweckbindung

I. Bußgeldtatbestand (Abs. 1)

Ordnungswidrig handelt, wer vorsätzlich oder fahrlässig **entgegen § 22** 5
Abs. 2 Satz 2 personenbezogene Daten für andere Zwecke verarbeitet, als
für die sie übermittelt wurden.

1. Objektiver Tatbestand

Der Täter muss entgegen der Regelung des § 22 Abs. 2 Satz 2 personenbe- 6
zogene Daten für andere Zwecke verarbeiten als für die, für die sie übermittelt wurden (→ § 22 Rn. ##). Sanktioniert wird hierdurch der Verstoß
gegen die **strikte Zweckbindung.**

2. Subjektiver Tatbestand

Die Tat kann **vorsätzlich** oder **fahrlässig** begangen werden. Während nach 7
§ 41 HDSG nur vorsätzliches Handeln geahndet werden konnte, ist nunmehr ausdrücklich auch die fahrlässige Begehung des Verstoßes erfasst.
Eine vorsätzliche Verletzung der Pflichten dürfte nur selten vorkommen,
wobei der Nachweis in aller Regel auch erhebliche Schwierigkeiten bereitet. Fahrlässig handelt eine Person, welche es an der nötigen Sorgfalt und
Umsichtigkeit fehlen lässt. Da gem. § 22 Abs. 2 der Empfänger der Daten
sich ausdrücklich verpflichten muss, die überlassenen Daten nur für den
Zweck, für den die Übermittlung erfolgte, zu verwenden, ist die Schwelle
der zu wahrenden Sorgfalt eher hoch.

II. Verfahren über die Ahndung (Abs. 2)

1. Verfahren

Das **Verfahren** richtet sich nach den allgemeinen Regelungen des OWiG. 8
Dabei kommen die Modifikationen aus § 41 BDSG nicht zur Anwendung,
da diese ausdrücklich nur für Verstöße gegen die DS-GVO gelten.

2. Zuständige Bußgeldbehörde

Gemäß § 36 Abs. 1 OWiG ist die Verwaltungsbehörde **sachlich zuständig,** 9
die das Gesetz bestimmt. Eine solche Bestimmung ist in § 13 Abs. 4 getroffen. Danach ist die oder der **HDSB** ausdrücklich auch für das durch die
Vorschrift geregelte Verfahren zuständig. Für Einsprüche gegen die Buß-
geldbescheide des HDSB ist gemäß § 68 Abs. 1 Satz 1 OWiG das **Amtsge-
richt Wiesbaden** zuständig.

3. Örtlicher Geltungsbereich

Die **Tat** muss **im Geltungsbereich** des Gesetzes begangen worden sein, dh 10
in Hessen. Erhält ein Empfänger aus einem anderen Bundesland Daten von

einer öffentlichen Stelle in Hessen zu einem bestimmten Zweck nach § 22, kann er nicht mit einem Bußgeld belegt werden, wenn er außerhalb Hessens die Daten zweckwidrig verwendet.[3] Die Bußgeldvorschriften eines Landes reichen nicht über den räumlichen Geltungsbereich des Landes hinaus.[4] Nach den Grundsätzen des interlokalen Strafrechts ist im Verhältnis zu den übrigen Bundesländern das Recht des Tatorts entscheidend.[5] Dieser ergibt sich nach § 7 OWiG aus dem Ort der Handlung. Ort der Handlung ist jeder Ort, an dem der Täter tätig geworden ist oder im Falle des Unterlassens hätte tätig werden müssen oder an dem der zum Tatbestand gehörende Erfolg eingetreten ist oder nach der Vorstellung des Täters hätte eintreten sollen.

4. Bußgeldrahmen

11   Der **Bußgeldrahmen** wurde von der Vorläuferregelung des § 41 HDSG übernommen. Im Verhältnis zum Bußgeldrahmen des Art. 83 Abs. 4 und 5 DS-GVO ist bis zu 50.000 EUR ein sehr geringer Betrag. Eine Begründung für diese Diskrepanz gibt es nicht. Dies ist auch nicht unbedingt dadurch gerechtfertigt, dass im Regelfall nur natürliche Personen von dieser Sanktion betroffen sind. Denn auch im Rahmen der Sanktionierung von Privatpersonen gemäß Art. 83 DS-GVO ist sowohl die wirtschaftliche Belastung für die betroffene Person als auch das allgemeine Einkommensniveau im Mitgliedsstaat zu berücksichtigen.[6] Eine besondere abschreckende Wirkung ist mit diesem Betrag im Verhältnis zu den Sanktionen der DS-GVO daher nicht verbunden.

5. Verjährung

12   Die Ordnungswidrigkeit unterliegt mangels eigener Regelung der Verfolgungsverjährung nach § 31 OWiG. Danach verjährt die Tat gemäß § 31 Abs. 2 Nr. 1 OWiG nach **drei Jahren**, da die Ordnungswidrigkeit im Höchstmaß mit einer Geldbuße von mehr als 15 000 EUR, nämlich 50 000 EUR, bedroht ist.

C. Würdigung

13   Es gibt **Zweifel**, ob diese Regelung **unionskonform** ist. Grundsätzlich räumt Art. 84 Abs. 1 DS-GVO den Mitgliedsstaaten das Recht ein, für nicht von der DS-GVO erfasste Verstöße im Umgang mit der Verarbeitung von Daten, eigene Sanktionsmöglichkeiten zu schaffen. Diese Öffnungsklausel ist dabei so zu verstehen, dass sie nicht nur Straftatbestände, sondern auch Bußgeldtatbestände ermöglicht.[7] Mitgliedstaatliche Bußgeldtatbestände sind aber ausnahmslos nur für Fallkonstellationen zulässig, die nicht bereits von Art. 83 DS-GVO erfasst sind.[8] Die zweckwidrige Verwen-

---

3 Vgl. *Nungesser* § 41 Rn. 6.
4 *Göhler* § 5 Rn. 13.
5 Vgl. *Nungesser* § 41 Rn. 4; *Göhler* § 5 Rn. 13.
6 ErwG 150 DS-GVO.
7 *Kühling/Martini ua*, S. 282.
8 Dazu *Nemitz* in Ehmann/Selmayr DS-GVO Art. 84 Rn. 6; *Kühling/Martini ua*, S. 281.

dung von Daten durch einen Verantwortlichen ist aber schon vom Tatbestand des Art. 83 Abs. 5 iVm Art. 6 Abs. 3 DS-GVO erfasst. Daher bleibt allenfalls Raum für die Sanktionierung von Verstößen gegen die Verpflichtung zur Wahrung der Zweckbindung durch natürliche Personen, soweit für diese Handlung wegen Art. 2 Abs. 2 lit. c DS-GVO der Anwendungsbereich der DS-GVO nicht eröffnet ist. Diese sog. „Haushaltsausnahme" umfasst alle Verarbeitungen personenbezogener Daten, die natürliche Personen zur Ausübung ausschließlich persönlicher oder familiärer Tätigkeiten durchführen. Nach ErwG 18 DS-GVO ist die Inanspruchnahme dieser Ausnahme ausgeschlossen, wenn die Datenverarbeitung mit einem Bezug zu einer beruflichen oder wirtschaftlichen Tätigkeit vorgenommen wird.[9] Dieser Rahmen ist in der Regel aber verlassen, wenn die Verarbeitung in einer Weise erfolgt, dass auch Dritte, nicht zur Familie gehörende Personen, Zugriff auf diese Informationen erhalten können, etwa durch die Wiedergabe auf einer Homepage oder in sozialen Netzwerken.[10] Ob daher in der Praxis diese Regelung in größerem Umfang Bedeutung erlangen wird, ist eher unwahrscheinlich.

Vierter Abschnitt: Gemeinsame Verfahren, Gemeinsam Verantwortliche

§ 39 Gemeinsame Verfahren, Gemeinsam Verantwortliche

(1) Die Einrichtung eines Verfahrens, das mehreren Verantwortlichen als gemeinsam Verantwortliche im Sinne von Art. 26 der Verordnung (EU) Nr. 2016/679 die Verarbeitung personenbezogener Daten ermöglicht, ist nur zulässig, wenn dies unter Berücksichtigung der schutzwürdigen Belange der betroffenen Personen und der Aufgaben der beteiligten Stellen angemessen ist.

(2) Über die in Art. 26 der Verordnung (EU) Nr. 2016/679 genannten Festlegungen hinaus bestimmen die gemeinsam Verantwortlichen eine Stelle, der die Planung, Einrichtung und Durchführung des gemeinsamen Verfahrens obliegt.

(3) Abs. 1 und 2 gelten entsprechend, wenn innerhalb einer öffentlichen Stelle ein gemeinsames Verfahren zur Verarbeitung personenbezogener Daten für verschiedene Zwecke eingerichtet wird.

Literatur:

Art. 29-Datenschutzgruppe, Stellungnahme zu den Begriffen „für die Verarbeitung Verantwortlicher" und „Auftragsverarbeiter" WP 169 2010; *Gierschmann*, Gemeinsame Verantwortlichkeit in der Praxis, ZD 2020, 69; *Golland*, Reichweite des „Joint Controllership": Neue Fragen der gemeinsamen Verantwortlichkeit, K&R 2019, 533; *Lezzi/Oberlin*, Gemeinsam Verantwortliche in der konzerninternen Datenverarbeitung, ZD 2018, 398; *Roßnagel/Laue*, Zweckbindung im E-Government, DÖV 2007, 543; *Specht-Riemenschneider/Schneider*, Die gemeinsame Verantwortlichkeit im Daten-

---

9 Im Detail dazu *Roßnagel* in Simitis/Hornung/Spiecker gen. Döhmann DS-GVO Art. 2 Rn. 23–36.
10 Vgl. *Kühling/Raab* in Kühling/Buchner DS-GVO Art. 2 Rn. 26.

schutzrecht, MMR 2019, 503; *Schreiber*, Gemeinsame Verantwortlichkeit gegenüber Betroffenen und Aufsichtsbehörden, ZD 2019, 55.

A. Allgemeines

I. Bedeutung der Vorschrift

1　Die Vorschrift betrifft die besondere Situation der Verarbeitung von personenbezogenen Daten in **gemeinsamen Verfahren**. Die Abs. 1 und 2 ergänzen dabei Art. 26 DS-GVO zur gemeinsamen Verantwortlichkeit. Der Abs. 3 betrifft die Situation, dass eine verantwortliche Stelle Daten zu unterschiedlichen Zwecken in einem System verarbeitet.

2　Die Vorschrift macht Vorgaben für die besondere Art der Datenverarbeitung durch mehrere (teil-)verantwortliche Stellen. Für die einzelnen Datenverarbeitungen innerhalb des gemeinsamen Verfahrens müssen **Erlaubnistatbestände** vorliegen.[1] Auch Art. 26 DS-GVO ist keine Rechtsgrundlage und gehört zu den Pflichten des Verarbeiters.[2] Dies gilt auch hinsichtlich der Datenübertragung zwischen den gemeinsamen Verantwortlichen.[3]

II. Entstehungsgeschichte

3　Die Vorschrift wurde gegenüber dem Gesetzentwurf im Gesetzgebungsverfahren nicht verändert.[4] Sie beruht auf § 15 HDSG. Abs. 1 übernimmt § 15 Abs. 1 Satz 1 HDSG. Abs. 2 übernimmt § 15 Abs. 2, erster Satzteil HDSG. Abs. 3 übernimmt § 15 Abs. 5 HDSG.

4　Schon die **DSRL** definierte den Verantwortlichen in Art. 2 lit. d als die Stelle, die allein „oder gemeinsam mit anderen" über die Zwecke und Mittel der Verarbeitung von personenbezogenen Daten entscheidet. Diese Definition wurde in Art. 4 Nr. 7 DS-GVO übernommen. Eine mit Art. 21 JI-RL oder Art. 26 DS-GVO vergleichbare Regelung gab es im Unionsrecht aber bisher nicht und es waren keine Rechtsfolgen an das Vorliegen einer gemeinsamen Verantwortlichkeit geknüpft.

1　So auch zum alten Recht *Arlt* in Schild ua § 15 Rn. 3.
2　DSK Kurzpapier Nr. 16, S. 1; vgl. *Spoerr* in BeckOK DatenschutzR DS-GVO Art. 26 Rn. 13 b.
3　*Golland* K&R 2019, 534.
4　LT-Drs. 19/5728, 26.

Nach § 2 Abs. 3 HDSG war die „datenverarbeitende Stelle" die Stelle, die   5
personenbezogene Daten „für sich selbst verarbeitet" oder dies durch andere im Auftrag vornehmen lässt. Eine gemeinsame Erhebung, Verarbeitung oder Nutzung war scheinbar nicht vorgesehen. § 15 HDSG regulierte
jedoch den Fall, dass mehrere Stellen gegenüber dem Betroffenen verantwortlich sein können. Dies betraf insbesondere den Fall sog. **Verbundsyste-
me** und **Abrufverfahren,** dh die Daten des Betroffenen waren automatisiert
in einer Weise gespeichert, dass mehrere Stellen speicherungsberechtigt waren.[5]

III. Unionsrechtliche Regelungen

Um die Rechte und Freiheiten der Betroffenen zu schützen und die Verant-   6
wortung sowie Haftung der Verantwortlichen und Auftragsverarbeiter zu
regeln bedarf es einer klaren **Zuteilung von Verantwortlichkeiten.** Art. 26
DS-GVO stellt vor diesem Hintergrund die Verantwortlichkeit für alle an
der Datenverarbeitung beteiligten Unternehmen als sogenannte **Joint Con-
troller** klar und legt ihnen die transparente Dokumentation ihrer jeweiligen
Zuständigkeiten auf. Art. 26 Abs. 1 DS-GVO regelt dabei das Verhältnis
zwischen den Verantwortlichen und Art. 26 Abs. 2 DS-GVO betrifft das
Außenverhältnis in Form der Offenlegungspflicht der Innenverhältnisse gegenüber den Betroffenen. Hiervon unbeschadet kann nach Art. 26 Abs. 3
DS-GVO der Betroffene seine Rechte gegenüber jedem Verantwortlichen
geltend machen.[6]

Die Vorschrift ergänzt Art. 26 DS-GVO. Sie ist mit dem Unionsrecht ver-   7
einbar. Die **Aufteilung der Pflichten** steht nach Art. 26 Abs. 1 Satz 2 DS-
GVO zur freien Disposition der gemeinsam Verantwortlichen.[7] Art. 26
Abs. 1 Satz 2 Hs. 2 DS-GVO gesteht den Mitgliedstaaten das Recht zu, die
Ausgestaltungsfreiheit der Verantwortlichen einzuschränken. Erst recht
können so auch über Art. 26 DS-GVO hinausgehende Pflichten festgelegt
werden, wie Abs. 1 und 2 der Vorschrift dies vorsehen. Abs. 3 ist eine zulässige Spezifizierung iSv Art. 6 Abs. 2 DS-GVO.

IV. Verhältnis zu anderen Vorschriften

Die Vorschrift betrifft die besondere Verarbeitungssituation der gemeinsa-   8
men Verfahren. Sie kommt ergänzend neben anderen Vorgaben des Gesetzes, der DS-GVO und ggf. weiterer Fachgesetze[8] zur Anwendung, wenn ein
solches Verfahren geplant, eingerichtet und durchgeführt wird. Da Abs. 2
bereits auf die **Planungs- und Einrichtungsphase** abstellt, ist die Vorschrift
zu beachten, auch wenn noch keine personenbezogenen Daten verarbeitet
werden. Insoweit besteht Gemeinsamkeit mit der Datenschutz-Folgenabschätzung nach Art. 35 DS-GVO.

Ein gemeinsames Verfahren bedarf idR einer **Datenschutz-Folgenabschätzung,** da von der Verarbeitungsmöglichkeit durch mehrere Verantwortliche   9
ein besonderes Risiko für die Rechte und Freiheiten der betroffenen Perso-

---

5   *Arlt* in Schild ua § 15 Rn. 3.
6   *Blazy* in Roßnagel Das neue DSR § 5 Rn. 12.
7   Gestaltungsbeispiele *Hartung* in Kühling/Buchner DS-GVO Art. 26 Rn. 25.
8   § 15 HEGOVG (→ Rn. 12); § 1 Abs. 1 Satz 1 DV-VerbundG.

nen ausgeht. Dies ist bei der Prüfung nach Art. 35 Abs. 1 DS-GVO mit zu berücksichtigen. Umgekehrt kann die Angemessenheitsprüfung nach Abs. 1 in einer Datenschutz-Folgenabschätzung aufgehen oder mit dieser verknüpft werden.[9]

10   Gemeinsame Verfahren bedürfen in der Regel auch **besonderer Sicherheitsvorkehrungen** (TOM) nach Art. 32 DS-GVO hinsichtlich der Vertraulichkeit der Daten, die durch technische Verfahren wie Verschlüsselung und ein detailliertes Benutzer- und Rollenkonzept sicherzustellen ist. Dies ist auch schon bei der Planung solcher Verfahren zu berücksichtigen, weswegen die Vorschrift auch Art. 25 Abs. 1 DGSVO ergänzt. Die Festlegungen nach Abs. 1 und 2, sind im Rahmen von Art. 12 ff. DS-GVO an die betroffenen Personen zu kommunizieren.

11   **E-Government-Dienste** nutzen Portallösungen, bei denen häufig eine Behörde oder ein öffentliches Unternehmen für die zentrale Portalinfrastruktur verantwortlich ist. Entsprechend bestimmt § 1 DV-VerbundG die HZD als zentralen Dienstleister für Informations- und Kommunikationstechnik für alle Behörden, Gerichte und sonstigen öffentlichen Stellen des Landes Hessen. Die angeschlossenen und dienstnutzenden Fachbehörden sind für die Inhalte ihrer eigenen Kommunikation verantwortlich, die sie über ein solches **Portal** führen. Ebenso gibt es eigenständige Zusammenschlüsse zur Bereitstellung von Infrastruktur, die dann von den Verwaltungsträgern übernommen werden.[10] ZB arbeitet die ekom21-KGRZ Hessen als Zweckverband auf Grundlage des DV-VerbundG und des KGG. Es gilt die Verbandssatzung der ekom21-KGRZ. Die ekom21-KGRZ hat die Aufgabe, IT-Dienstleistungen nach § 3 Abs. 1 ihrer Satzung ihren Mitgliedern zur Verfügung zu stellen. Für die Inanspruchnahme der Leistungen der ekom21-KGRZ Hessen gilt deren Benutzungsordnung. Sie gilt unmittelbar für Mitglieder und wird gegenüber Dritten in die Einzelverträge einbezogen.

12   Die behördenübergreifende Zusammenarbeit zu gemeinsamen Verfahren wird auch durch § 14 HEGovG gefördert. Dessen Abs. 3 bestimmt, dass im Falle der gemeinsamen Nutzung der **E-Government-Infrastruktur** einer Behörde durch mehrere Behörden oder der Nutzung der zentralen E-Government-Infrastrukturen des Landes durch Behörden mit Einwilligung der diese Infrastruktur nutzenden Person deren personenbezogene Daten zwischen den angeschlossenen Behörden ausgetauscht werden können. Personenbezogene Daten dürfen ausschließlich für die Zwecke der durch die zentrale Infrastruktur bereitgestellten Verwaltungsleistungen und nur soweit erforderlich verarbeitet werden.

13   Art. 21 JI-RL entspricht Art. 26 DSGVO. § 58 setzt Art. 21 JI-RL im dritten Teil dieses Gesetzes um, wobei sich diese Vorschrift und § 58 im Wortlaut stark ähneln (→ § 58 Rn. 5).

---

9 Entsprechend nach altem Recht zur Vorabprüfung *Arlt* in Schild ua § 15 Rn. 12.
10 *Petri* in Simitis/Hornung/Spiecker gen. Döhmann DS-GVO Art. 26 Rn. 3.

B. Gemeinsame Verfahren und Verantwortliche

I. Zulässigkeitsanforderung an gemeinsame Verfahren (Abs. 1)

Abs. 1 bestimmt besondere Zulässigkeitsanforderungen an die Verarbei- 14
tung in gemeinsamen Verfahren. Dabei übernimmt das Gesetz § 15 Abs. 1
Satz 1 HDSG.[11] Die Verarbeitung in gemeinsamen Verfahren ist mit **besonderen Risiken** verbunden. Generell bestimmt Abs. 1 daher, das Interesse
der Verwaltung an einer derartigen Verarbeitung gegen die schutzwürdigen
Belange der Betroffenen abzuwägen. Der Einsatz eines gemeinsamen Verfahrens ist nur erlaubt, wenn der durch das Verfahren erzielte Vorteil für
die Verwaltung mit den schutzwürdigen Belangen der Betroffenen vereinbar ist (→ Rn. 25).[12]

1. Gemeinsame Verantwortlichkeit

Der Begriff „gemeinsam Verantwortliche" findet auch Verwendung in 15
Art. 26 DS-GVO. Nach Art. 26 Abs. 1 Satz 1 DS-GVO sind Verantwortliche „gemeinsam" verantwortlich, wenn sie „gemeinsam die Zwecke der
und die Mittel zur Verarbeitung" **festlegen**. „Verantwortlicher" ist nach
Art. 4 Nr. 7 DS-GVO jede Stelle, „die allein oder gemeinsam mit anderen
über die Zwecke und Mittel der Verarbeitung von personenbezogenen Daten entscheidet".

Ob eine gemeinsame Verantwortlichkeit vorliegt, bestimmt sich danach, ob 16
personenbezogene Daten mit gemeinsamen Mitteln und zu einem gemeinsamen Zweck verarbeitet werden.[13] Ausgangspunkt ist danach die Frage,
ob eine bestimmte Person oder Stelle für eine bestimmte Verarbeitung
„verantwortlich" ist. Der *EuGH* hat sich in mehreren Urteilen zur **Auslegung** des Begriffs der gemeinsamen Verantwortlichkeit geäußert.[14] Diese
Urteile beziehen sich auf die DS-RL. Da der Begriff und die zugehörige Definition des Verarbeiters unverändert in die DS-GVO übernommen wurde,
kann diese Rechtsprechung auch auf die DS-GVO übertragen werden.[15]

Bei der gemeinsamen Verantwortlichkeit entscheidet mehr als eine Partei 17
über die Zwecke und Mittel. Nach dem *EuGH* ist der Begriff der gemeinsamen Verantwortlichkeit weit auszulegen, um einen **wirksamen und
umfassenden Schutz** für die betroffenen Personen zu gewährleisten.[16] Abzustellen ist, ob und inwieweit die an einer Verarbeitung Beteiligten einen
Beitrag zur Entscheidung über die Zwecke und Mittel der Verarbeitung
der personenbezogenen Daten leisten.[17] Ein direkter Zugang zu personenbezogenen Daten ist nicht erforderlich[18] und Organisation, Koordination

---

11 LT-Drs. 19/5728, 114.
12 *Arlt* in Schild ua § 15 Rn. 11.
13 *Petri* in Simitis/Hornung/Spiecker gen. Döhmann DS-GVO Art. 26 Rn. 12; *Schreiber* ZD 2019, 55.
14 EuGH ECLI:EU:C:2018:388 – Fanpages; EuGH ECLI:EU:C:2018:551 – Zeugen
Jehovas; EuGH ECLI:EU:C:2019:629 – Fashion ID.
15 *Gierschmann* ZD 2020, 70.
16 EuGH ECLI:EU:C:2018:388 Rn. 28 – Fanpages; EuGH ECLI:EU:C:2019:629
Rn. 65 – Fashion ID.
17 EuGH ECLI:EU:C:2018:388 Rn. 31 – Fanpages.
18 EuGH ECLI:EU:C:2018:388 Rn. 38 – Fanpages; EuGH ECLI:EU:C:2018:551
Rn. 69 – Zeugen Jehovas.

und Ermunterung zur Verarbeitung kann ausreichen.[19] Für eine relevante Beteiligung kann eine mögliche Einflussnahme im Eigeninteresse genügen. Auch schließt die Unfähigkeit, alle Verpflichtungen des Verantwortlichen zu erfüllen (zB Auskunft zu geben), die gemeinsame Verantwortlichkeit nicht aus. Auch nach Auffassung des EDSA kann es sogar ausreichen, dass die Akteure gemeinsam über **wesentliche Elemente** der einzusetzenden Mittel entscheiden, selbst wenn sie nicht notwendigerweise die gleichen Zwecke verfolgen.[20]

18   Die Beteiligung der Parteien an den gemeinsamen Entscheidungen kann verschiedene Formen aufweisen und muss nicht gleichmäßig verteilt sein. Ihre Beziehung kann sehr eng (zB vollständig übereinstimmende Zwecke und Mittel der Verarbeitung) oder eher locker sein (es stimmen zB nur die Zwecke oder nur die Mittel oder nur Teile davon überein).[21] Maßgeblich ist der „**tatsächlichen Einfluss**" der Beteiligten auf den Datenverarbeitungsvorgang. Die Verantwortlichkeit ist daher auf die Vorgänge der Datenverarbeitung beschränkt, für die der Verarbeiter tatsächlich über die Zwecke und Mittel (mit-)entscheidet.[22]

19   Keine gemeinsame Verantwortlichkeit liegt vor bei **Auftragsverarbeitung** iSv Art. 28 DS-GVO und § 14 Abs. 2 HEGOVG, bei der eine Stelle personenbezogene Daten im Auftrag und auf Weisung einer anderen Stelle verarbeitet.[23] Die Abgrenzung kann schwierig sein. Soweit der Auftragsverarbeiter nur im Rahmen der Weisung verarbeitet, trägt er keine Verantwortung iSv Abs. 1 und Art. 26 DS-GVO. Der Auftragsverarbeiter kann zwar die Mittel der Verarbeitung festlegen, aber nur im Rahmen der Vorgaben des Verantwortlichen. Er entscheidet nicht über die Zwecke. Für die Abgrenzung kommt es nicht auf die vertragliche Ausgestaltung durch die Parteien an, sondern auf die faktischen Verhältnisse.[24] Verfolgen die Parteien keine gemeinsamen Zwecke, liegt idR eine Übermittlung zwischen zwei allein Verantwortlichen vor.

2. Gemeinsame Verfahren

20   Der Begriff „gemeinsame Verfahren" ist weder in der DS-GVO noch im Gesetz definiert. Er wurde bereits in § 15 HDSG verwendet.[25] „Verfahren" ist ein Begriff aus der IT. Entsprechend wird er auch vielfach in der DS-GVO verwendet.[26] Allgemein sind IT-Verfahren die Gesamtheit der Schritte einer Datenverarbeitung. Der Grad der Komplexität von Verfahren variiert stark.

21   Das gemeinsame Verfahren ist das Mittel der Verarbeitung iSv Art. 26 Abs. 1 Satz 1 DS-GVO. In gemeinsamen Verfahren verarbeiten die beteilig-

---

19   EuGH 10.7.2018 – ECLI:EU:C:2018:551 Rn. 70 – Zeugen Jehovas.
20   Art. 29-Datenschutzgruppe WP 169, 23.
21   Art. 29-Datenschutzgruppe WP 169, 23.
22   EuGH ECLI:EU:C:2018:388 Rn. 85 – Fashion ID.
23   *Schreiber* ZD 2019, 55.
24   Art. 29-Datenschutzgruppe WP 169, 15.
25   Wurde dort aber auch nicht definiert, vgl. aber *Arlt* in Schild ua § 15 Rn. 5 ff.
26   ZB Art. 4 Nr. 2 DS-GVO „(...) Verarbeitung jeden mit oder ohne Hilfe automatisierter Verfahren ausgeführten Vorgang."

ten Stellen mittels der Gesamtheit oder eines Teils der **Verfahrensschritte**, die das Verfahren ausmachen, personenbezogene Daten.[27] Gemeint sein können alle Arten der Verarbeitung iSv Art. 4 Abs. 2 DS-GVO.[28] Nicht jede gemeinsame Verantwortlichkeit beinhaltet eine gemeinsames Verfahren iSd Vorschrift. Dieses ist ein besonderes technisches Mittel der gemeinsamen Verarbeitung.

Nicht alle Beteiligten müssen alle Teile des Verfahrens nutzen, damit es   22
als gemeinsames Verfahren gilt. Gemeinsame Verfahren können sich auch durch **Arbeitsteilung** ausdrücken. Eine Stelle erhebt die Daten und speichert sie, eine andere Stelle nutzt die Daten und verändert sie und eine weitere Stelle ruft die Daten zur Weiterverarbeitung ab. Wesentlich ist, dass die Datenbasis ganz oder teilweise eine gemeinsame ist.[29]

Zentral beschaffte Verfahren, mit denen mehrere Stellen ihre Datenbestän-   23
de getrennt verarbeiten, sind für sich genommen keine gemeinsame Verfahren iSd Vorschrift.[30] Dies gilt auch hinsichtlich Zusammenwirkung iSv § 14 Abs. 1 HEGovG.

Auftragsverarbeitung iSv Art. 28 DS-GVO und § 14 Abs. 2 HEGOVG ist   24
idR kein gemeinsames Verfahren.

3. Angemessenheitsprüfung

Gemeinsame Verfahren sind nur zulässig, wenn dies unter Berücksichti-   25
gung der schutzwürdigen Belange der betroffenen Personen und der Aufgaben der beteiligten Stellen angemessen ist. Das Angemessenheitserfordernis ist sowohl **Einsatzbedingung** (Tatbestandvorrausetzung) als auch **Gestaltungsaufforderung**. Gemeinsame Verfahren sind, auch unter Beachtung der Grundsätze des Art. 5 DS-GVO und der Verhältnismäßigkeit, so zu gestalten, dass die Rechte und Freiheiten der betroffenen Personen bestmöglich geschützt werden. Die sinnvolle Automatisierungen zur Leistungssteigerung in der Verwaltung soll nicht behindert, wohl aber so gestaltet werden, dass dadurch entstehende Gefahren für das Persönlichkeitsrecht minimiert werden.[31] Insbesondere sollen die Betroffenen durch die gemeinsame Verarbeitung nicht schlechter gestellt sein, als sie es bei eine getrennten Verarbeitung wären.

II. Planungs-, Einrichtungs- und Durchführungsverpflichtung (Abs. 2)

Abs. 2 erweitert und konkretisiert die nach Art. 26 Abs. 1 Satz 2 DS-GVO   26
zu treffenden Festlegungen der gemeinsam Verantwortlichen um die **Bestimmung einer Stelle**, der die Planung, Einrichtung und Durchführung des gemeinsamen Verfahrens obliegt. Dabei übernimmt der Gesetzgeber § 15 Abs. 2 erster Satzteil HDSG.[32]

---

27 *Arlt* in Schild ua § 15 Rn. 6.
28 S. zu diesen zB *Roßnagel* in Simitis/Hornung/Spiecker gen. Döhmann DS-GVO Art. 4 Abs. 2 Rn. 10 ff.
29 *Arlt* in Schild ua § 15 Rn. 8.
30 *Nungesser* § 15 Rn. 2; *Arlt* in Schild ua § 15 Rn. 9.
31 *Nungesser* § 15 Rn. 1.
32 LT-Drs. 19/5728, 114.

27 Die gemeinsam Verantwortlichen müssen zwingend eine **federführende Stelle** festzulegen. Durch die Vorschrift wird die grundsätzliche **Dispositionsfreiheit** der gemeinsam Verantwortlichen iSv Art. 26 DS-GVO eingeschränkt. Dies dient der Transparenz und soll klare Verantwortungsstrukturen schaffen. Mittelbar befördern die Pflichten im Zusammenspiel mit Art. 26 DS-GVO einen effektiven Rechtsschutz.

28 Die Vereinbarung nach Art. 26 DS-GVO und die Pflicht diese zu treffen, bleiben von Abs. 2 unberührt („Über … hinaus …"). Die besonderen Festlegungen nach Abs. 2 können im Rahmen der Vereinbarung nach Art. 26 Abs. 2 DS-GVO getroffenen werden. Sie können auch davon **separat bestimmt** werden. Sie können sowohl sukzessiv als auch arbeitsteilig bestimmt werden. ZB übernimmt eine Stelle zunächst die Planung. Im Zuge der Planung oder nach deren Abschluss wird eine andere Stelle mit der Beschaffung und Einrichtung betraut. Nach der Einrichtung übernimmt eine andere Stelle den Betrieb. Der Sinn und Zweck der Vorschrift erfordert aber, dass diese Feststellungen eindeutig sind, nachvollziehbar dokumentiert und transparent kommuniziert werden.

29 Die Vereinbarung nach Abs. 2 kann grundsätzlich **formlos** getroffen werden. Dies entspricht auch Art. 26 Abs. 2 DS-GVO.[33] Die Formfreiheit ist sowohl aus Gründen der Transparenz als auch der Beweisbarkeit problematisch. § 15 HDSG sah noch Schriftlichkeit vor. Aus Gründen der Transparenz und der Beweisbarkeit bietet sich eine **schriftliche oder elektronische Fixierung** der Vereinbarung an (Aktenkundigkeit).[34] Art. 26 DS-GVO bestimmt, dass die Vereinbarung in transparenter Form abzufassen ist. Sowohl aufgrund des Verweises auf jene Vorschrift in Abs. 2, als auch aus Gründen der systematischen Kongruenz und dem Sinn und Zweck der Vorschrift, muss dieser Maßstab auch für eine Festlegung nach Abs. 2 gelten. Diese ist so zu treffen, dass die Aufsichtsbehörden ihre Überwachungstätigkeiten wahrnehmen können.[35]

30 Zu vereinbaren ist, welche Stelle die Federführung im Verfahren übernimmt. Diese hat für das **Funktionieren** des gemeinsamen Verfahrens insgesamt (Planung, Einrichtung und Durchführung) zu sorgen. Die Stelle kann Aufgaben auch delegieren und durch andere Stellen, die im Auftrag arbeiten, durchführen lassen.[36]

31 Die Festlegung einer federführenden Stelle soll gerade nicht ausschließen, dass die gemeinsam Verantwortlichen Planung, Einrichtung und Durchführung eines Verfahrens **gemeinschaftlich und in Arbeitsteilung** durchführen. Gerade in die Konzeption eines gemeinsamen Verfahrens müssen idR Anforderungen, Informationen und Erfahrungen der beteiligten Stellen einfließen, weswegen sich die Bildung von Projektarbeitsgruppen bewährt hat.[37]

---

33 Im Vergleich zu anderen Artikeln der DS-GVO (zB Art. 27 Abs. 1, Art. 28 Abs. 2 Satz 1 DS-GVO), statuiert Art. 26 gerade kein Formerfordernis.
34 *Specht-Riemenschneider/Schneider* MMR 2019, 506; *Lezzi/Oberlin* ZD 2018, 402.
35 *Lezzi/Oberlin* ZD 2018, 402; *Veil* in Gierschmann ua DS-GVO Art. 26 Rn. 60.
36 *Arlt* in Schild ua § 15 Rn. 16.
37 *Arlt* in Schild ua § 15 Rn. 16.

Die federführende Stelle trägt die Verantwortung für die **Rechtmäßigkeit** 32
der ihr übertragen Aufgaben. Entsprechend Art. 26 Abs. 3 DS-GVO bleibt
es aber bei der Verantwortlichkeit der sonst am Verfahren beteiligten Stellen. Die Vereinbarung nach Abs. 2 entfaltet nur im Innenverhältnis Wirkung.[38]

Auch bei gemeinsamen Verfahren ist jede Stelle für Verarbeitungsvorgän- 33
ge allein verantwortlich, die allein sie veranlasst hat. ZB liegt bei einer
zentralen Datenspeicherung von Bürgerkonten ein gemeinsames Verfahren
vor. Der Abruf einzelner Informationen liegt aber im alleinigen Verantwortungsbereich der einzelnen beteiligten Stellen. Diese müssen zum Abruf
und zur daran anschließenden Verarbeitung befugt sein. Dafür kann auch
die federführende Stelle und die anderen beteiligten Stellen nicht einstehen.[39] Dagegen tragen alle beteiligten Stellen die gemeinsame Verantwortung für die Rechtmäßigkeit der Speicherung, also insbesondere auch für
deren Richtigkeit und Sicherheit.

III. Gemeinsame Verfahren innerhalb einer öffentlichen Stelle (Abs. 3)

Abs. 3 erklärt Abs. 1 und 2 für entsprechend anwendbar, wenn innerhalb 34
einer öffentlichen Stelle ein gemeinsames Verfahren zur Verarbeitung personenbezogener Daten für **verschiedene Zwecke** eingerichtet wird. Der Gesetzgeber greift hier die Regelung des § 15 Abs. 5 HDSG auf.[40]

Die Vorschrift adressiert die tatsächliche Gefährdungslage für die Rechte 35
der betroffen Personen, wenn innerhalb einer verantwortlichen Stelle,
Daten für verschiedenen Zwecke verarbeitet werden.[41] Sie soll insbesondere den Zweckbindungsgrundsatz innerhalb einer verantwortlichen Stelle
absichern, bei der Datenverarbeitungen funktional von verschiedenen Organisationseinheiten durchgeführt werden.[42] Das Gesetz versteht unter
dem Begriff der öffentlichen Stelle (→ § 2 Rn. 12 ff.) die Behörden, die Organe der Rechtspflege und andere öffentlich-rechtlich organisierte Einrichtungen der Gebietskörperschaften und sonstigen juristischen Personen des
öffentlichen Rechts. Es müssen also grundsätzlich nicht nur die Verwaltungsträger, sondern auch deren nichtrechtsfähige, aber selbstständig in Er-
scheinung tretende **Organisationseinheiten** jeweils die Anforderungen des
Datenschutzrechts erfüllen.[43]

Diese Regelung kann zB in einer Gemeinde bei der Einrichtung eines **Bür-** 36
gerbüros zum Tragen kommen, wenn dort Aufgaben verschiedener Ämter
gebündelt werden, die als Teil einer Behörde, zB nach § 66 Abs. 1 HGO,
verschiedenen Zwecken dienen und einen Datenbestand gemeinsam automatisiert (zB Sozialdaten, Steuerdaten, Einwohnerdaten) nutzen.[44]

---

38 So auch schon § 15 HDSG, s. *Nungesser* § 15 Rn. 8; *Arlt* in Schild ua § 15 Rn. 16.
39 S. Beispiel bei *Arlt* in Schild ua § 15 Rn. 17.
40 LT-Drs. 19/5728, 114.
41 *Arlt* in Schild ua § 15 Rn. 33.
42 Im Sozialdatenschutz s. § 67 Abs. 4 Satz 2 SGB X, wobei dort nach Satz 2 der Leis-
tungsträger als Verwaltungsträger auch grundsätzlich der Verantwortliche ist.
43 *Reimer* Verwaltungsdatenschutzrecht, 2019, I Rn. 79.
44 *Nungesser* § 15 Rn. 14.

37 Die entsprechende Anwendung von Abs. 1 stellt für die verantwortliche Stelle grundsätzlich keine zusätzliche Schwierigkeit dar. Jeder einzelne der von der verantwortlichen Stelle verfolgten Verarbeitungszwecke muss von der verarbeitenden öffentlichen Stelle ohnehin auf eine **Ermächtigungsgrundlage** gestützt werden können. Die Vorschrift selbst ist keine.

38 Die entsprechende Angemessenheitsprüfung nach Abs. 1 hat jedoch insbesondere die Sicherstellung von Vertraulichkeit iSv von Art. 32 DS-GVO zu berücksichtigen. Eine Verarbeitung ist nicht angemessen iSv Abs. 1, wenn nicht auch geeignete TOM getroffenen werden die berücksichtigen, dass von einem Verarbeiter Daten zu verschiedenen Zwecken verarbeitet werden. Die Sicherstellung von **Vertraulichkeit** erfordert in der Regel auch, dass Maßnahmen nach innen gerichtet werden. Denn wenn auf Daten bereits keine behördenintern unberechtigten Personen zugreifen können, verringert sich auch das Risiko, dass die in diesen Systemen gespeicherten Daten von einem behördenexternen Nichtberechtigten zur Kenntnis genommen werden.[45] Dies muss auch für gemeinsame Verfahren gelten. Hier könnte ein IT-System insbesondere durch ein Rollen- und Rechtemanagement, Verschlüsselung und Protokollierung verhindern, dass eine Organisationseinheit (und dessen Personal) einer verantwortlichen Stelle auf Daten einer anderen Organisationseinheit derselben Stelle zugreifen kann.[46]

39 Die entsprechende Anwendung von Abs. 2 erfordert, dass die verantwortliche Stelle festlegt, welchem ihrer Teile (**Funktionseinheiten**) die Planung, Einrichtung und Durchführung des gemeinsamen Verfahrens obliegt. Die wesentlichen Arbeitsabläufe einer öffentlichen Stelle sind idR bereits durch Gesetz, Verordnung, Erlass, Satzung, Geschäftsordnung oder anderweitig eindeutig und nachvollziehbar festgelegt. Der Verweis in Abs. 2 erfordert nicht, dass auch Art. 26 DS-GVO entsprechend zur Anwendung gebracht wird. Jener enthält keine Regelungen, die für die Verarbeitung von Daten zu verschiedenen Zwecken innerhalb einer öffentlichen Stelle entsprechend sinnvoll zur Anwendung gebracht werden könnten.

C. Würdigung

40 Die Vorschrift ist **mit Unionsrecht vereinbar** (→ Rn. 7). Ihre Bedingungen adressieren die Risiken und Gefahren, die sich aus dem Einsatz von gemeinsamen Verfahren ergeben. Die Regelung entfaltet aber nur in stringentem Zusammenspiel mit den sonstigen Schutzvorschriften, insbesondere Art. 25 Abs. 1, 32 und 35 DS-GVO, ausreichend schützende Wirkung.

41 Aufgrund des erhöhten Missbrauchsrisikos bei gemeinsamen Verfahren und der Gefahr für die Vertraulichkeit, empfiehlt es sich idR bei deren Planung und vor deren Einrichtung eine **Datenschutz-Folgenabschätzung** iSv Art. 35 DS-GVO durchzuführen.[47] Dies könnte auch über die Aufnahme in eine Blacklist nach Art. 35 Abs. 4 DS-GVO forciert werden.

---

45 *Jandt* in Kühling/Buchner DS-GVO Art. 32 Rn. 23.
46 S. zB *Roßnagel/Laue* DÖV 2007, 543.
47 Auch nach § 15 HDSG bedurften gemeinsame Verfahren idR einer Vorabprüfung.

Dritter Teil
Bestimmungen für Verarbeitungen zu Zwecken nach Artikel 1 Absatz 1 der Richtlinie (EU) Nr. 2016/680

Erster Abschnitt: Anwendungsbereich, Begriffsbestimmungen und allgemeine Grundsätze für die Verarbeitung personenbezogener Daten

§ 40 Anwendungsbereich

(1) [1]Die Vorschriften dieses Teils gelten für die Verarbeitung personenbezogener Daten durch die für die Verhütung, Ermittlung, Aufdeckung, Verfolgung oder Ahndung von Straftaten oder Ordnungswidrigkeiten, einschließlich des Schutzes vor und der Abwehr von Gefahren für die öffentliche Sicherheit, zuständigen öffentlichen Stellen. [2]Dies gilt, soweit die öffentlichen Stellen zum Zwecke der Erfüllung dieser Aufgaben personenbezogene Daten verarbeiten. [3]Die öffentlichen Stellen gelten dabei als Verantwortliche.

(2) Abs. 1 findet auch Anwendung auf diejenigen öffentlichen Stellen, die für die Vollstreckung und den Vollzug von Strafen, von Maßnahmen im Sinne des § 11 Abs. 1 Nr. 8 des Strafgesetzbuchs, von Erziehungsmaßregeln oder Zuchtmitteln im Sinne des Jugendgerichtsgesetzes und von Geldbußen zuständig sind.

(3) Soweit dieser Teil Vorschriften für Auftragsverarbeiter enthält, gilt er auch für diese.

Literatur:
Baier, Einfluss des europäischen Rechts auf den Justizvollzugsdatenschutz, ZD 2019, 545; *Bäcker/Hornung,* EU-Richtlinie für die Datenverarbeitung bei Polizei und Justiz in Europa – Einfluss des Kommissionsentwurfs auf das nationale Strafprozess- und Polizeirecht, ZD 2012, 147; *Hofmann/Johannes,* DS-GVO: Anleitung zur autonomen Auslegung des Personenbezugs; ZD 2017, 221; *Hornung/Schindler/Schneider,* Die Europäisierung des strafverfahrensrechtlichen Datenschutzes, ZIS 2018, 566; *Johannes,* Zertifizierung von Datenverarbeitungsvorgängen bei der Polizei, Die Polizei 2020, 409; *Kugelmann,* Datenschutz bei Polizei und Justiz, DuD 2012, 582; *Marquenie,* The Police and Criminal Justice Authorities Directive: Data protection standards and impact on the legal framework, CL&SR 2017, 324; *Ogorek,* Gefahrenvorfeldbefugnisse, JZ 2019, 63; *Ripoll Servent,* Protecting or Processing?, in: Schünemann/Baumann (Hrsg.), Privacy, Data Protection and Cybersecurity in Europe, 2018, S. 115; *Schwichtenberg,* Die „kleine Schwester" der DS-GVO: Die Richtlinie zur Datenverarbeitung bei Polizei und Justiz, DuD 2016, 605.

A. Allgemeines

I. Bedeutung der Vorschrift

1   Die Vorschrift bestimmt den Anwendungsbereich des Dritten Teils des
Gesetzes. Dieser setzt im Wesentlichen die Regelungen der JI-RL um. Die
JI-RL soll den Datenschutz in den Bereichen der Gefahrenabwehr und
Strafverfolgung, also insbesondere in Polizei und Justiz innerhalb der Uni-
on iS einer Mindestharmonisierung vereinheitlichen.[1]

2   Die Vorschrift bestimmt den **Anwendungsbereich** der §§ 41 bis 79. Sie
konkretisiert die Abgrenzung der sachlichen Anwendungsbereiche von JI-
RL und DS-GVO im räumlichen Anwendungsbereich des Landes Hessen.
Die Anwendung dieser Vorschriften setzt aber voraus, dass das Gesetz
nach § 1 überhaupt anwendbar ist (→ § 1 Rn. 13 ff.). Soweit für §§ 1
bis 19 und Regelungen des bereichsspezifischen Fachrechts zu klären ist,
ob der Anwendungsbereich der JI-RL und des Dritten Teils des Gesetzes eröffnet wird, ist die Vorschrift maßgeblich.[2]

II. Entstehungsgeschichte

3   Die Vorschrift war bereits im Gesetzentwurf enthalten[3] und wurde im
Gesetzgebungsverfahren nicht verändert. Sie hat keine Entsprechung im
HDSG. Auch bei Bund und Ländern gab es vor 2018 keine mit dem Drit-
ten Teil vergleichbare allgemeine datenschutzrechtliche Regelung für die
Datenverarbeitung zu Zwecken der Strafverfolgung und Gefahrenabwehr.

4   Auf Unionsebene war die Rechtslage vom **Rahmenbeschluss** 2008/977/JI
des Rates bestimmt, dessen Anwendungsbereich sich jedoch auf die Verarbeitung personenbezogener Daten, die zwischen den Mitgliedstaaten
weitergegeben oder bereitgestellt wurden, beschränkte. Die JI-RL geht in
ihrem Anwendungsbereich weit über den des Rahmenbeschlusses hinaus
und schließt damit eine auf europäischer Ebene bestehende Regelungslücke.

5   Der Anwendungsbereich der JI-RL war in Art. 1 Abs. 1 des Kommissionsentwurfs noch auf die Strafverhütung, -verfolgung und -vollstreckung beschränkt. Die Klarstellung hinsichtlich der Abwehr von Gefahren für die
öffentliche Sicherheit wurde auf Betreiben des Rates ergänzt. Für eine **Mindestharmonisierung** iSv Art. 1 Abs. 3 JI-RL setzten sich sowohl das Parlament als auch der Rat ein (Art. 2 a Parlamentsentwurf und Art. 1 a Ratsentwurf).

6   Im Vergleich zu den langen und intensiven Verhandlungen über die DS-
GVO wurde der JI-RL wenig Aufmerksamkeit geschenkt, sowohl inner-

---

1 *Bäcker/Hornung* ZD 2012, 147.
2 So entsprechend *Wolff* in BeckOK DatenschutzR BDSG § 45 Rn. 25.
3 LT-Drs. 5728, 26.

halb der Institutionen als auch in der öffentlichen Diskussion. Im Rat und im Parlament war man sich informell darüber einig, dass die JI-RL zwar sehr sensible Daten betraf, aber eben „nur" eine Richtlinie ist, die noch in nationales Recht umzusetzen war und bei der Umsetzung Abweichungen zur Stärkung des Datenschutzes zulässig sein sollten. Alle Verhandlungsführer einigten sich darauf, die JI-RL als Teil eines „**Pakets**" zu behandeln. Dies betonte die Harmonisierung und die **Vorherrschaft der DS-GVO** („lex generalis") über die Richtlinie, in der dann nur noch Unterschiede im Zusammenhang mit der Strafverfolgung („lex specialis") festgelegt werden mussten.[4]

III. Unionsrechtliche Regelungen

Der Dritte Teil des Gesetzes dient der **bereichsübergreifenden Umsetzung**   7
der JI-RL. Die JI-RL ist Teil der grundlegenden Reform des europäischen Datenschutzrechtes und von großer Bedeutung für die Datenverarbeitung bei Polizei- und Strafverfolgungsbehörden. Sie ist die zweieiige Zwillingschwester der DS-GVO.[5] Als Richtlinie muss sie nach ihrem Art. 63 in nationales Recht umgesetzt werden.

Der Anwendungsbereich der JI-RL wird durch Art. 2 Abs. 2 lit. d DS-GVO   8
vom Anwendungsbereich der DS-GVO **ausgenommen**. Danach fallen Datenverarbeitungen zum Schutz der öffentlichen Sicherheit und Ordnung grundsätzlich nicht unter die Verordnung. Dies gilt allerdings nur insoweit, als die „zuständigen Behörden" tätig werden.[6] Verarbeiten andere öffentliche Stellen, gerechtfertigt oder unter offenkundiger Verletzung von Zuständigkeitsregelungen, personenbezogene Daten für Zwecke der Verhütung, Ermittlung, Aufdeckung oder Verfolgung von Straftaten oder der Strafvollstreckung, gilt die DS-GVO.[7]

Im Unterschied zur bisherigen Rechtslage im Polizei- und Ordnungsrecht   9
sind die Vorschriften des Dritten Teils, die auf der JI-RL basieren, nicht nur an den deutschen Grundrechten, sondern auch an der **EU-Charta** zu messen. Die GRCh gilt für die Mitgliedstaaten ausschließlich bei der Durchführung des Rechts der Union (Art. 51 Abs. 1 Satz 1 Hs. 2 GRCh), wobei das Recht der Union das gesamte europäische Primär- und Sekundärrecht umfasst. Unionsrecht wird durchgeführt, wenn eine Rechtsvorschrift zur Umsetzung einer Richtlinie erlassen wurde.[8] Der *EuGH* hat die Bindung der Mitgliedstaaten an Unionsgrundrechte bereits in den Fällen bejaht, in denen die Mitgliedstaaten die ihnen überlassenen Regelungsspielräume ausfüllen.[9] Der „Durchführung des Rechts der Union" ist weit zu verstehen.[10] Nach *EuGH* bestimmt Art. 51 GRCh die Frage, „inwieweit das Handeln der Mitgliedstaaten den Anforderungen genügen muss, die sich

---

4   S. *Ripoll Servent* in Schünemann/Baumann, S. 115 (124 ff.).
5   *Roßnagel* in *Johannes/Weinhold* Neues DatenschutzR Geleitwort Rn. 4; *Schwichtenberg* DuD 2016, 605.
6   *Roßnagel* in Simitis/Hornung/Spiecker gen. Döhmann DS-GVO Art. 2 Rn. 37 ff.
7   *Johannes/Weinhold* in HK-BDSG § 45 Rn. 12.
8   EuGH ECLI:EU:C:1996:491 Rn. 24 f. – Italien.
9   In diese Richtung EuGH ECLI:EU:C:2006:429 Rn. 104 – Parlament/Rat.
10 EuGH ECLI:EU:C:2013:105 – Åkerberg Fransson; EuGH ECLI:EU:C:2014:2055 – Hernández ua/ Reino de España ua.

aus den in der Unionsrechtsordnung garantierten Grundrechten ergeben".[11] Die GRCh ist danach anwendbar, wenn eine nationale Vorschrift in den Geltungsbereich des Unionsrechts fällt. Aus Sicht des *BVerfG*[12] ist nationales Recht am Maßstab der Grundrechte zu überprüfen, soweit unionsrechtliche Vorgaben aus einer Richtlinie dem nationalen Gesetzgeber einen Spielraum bei der Umsetzung belassen.[13] Dabei wird der ausreichende Grundrechtsschutz durch das Grundgesetz vermutet.[14] Die Grundrechte sind aber mit Blick auf die Bestimmungen der EMRK und der GRCh auszulegen. Ausnahmsweise ist die GRCh unmittelbar als Maßstab heranzuziehen, wenn konkrete Anhaltspunkte ergeben, dass sonst das jeweils maßgebliche Schutzniveau der GRCh beeinträchtigt würde.

10   Vorschriften und Maßnahmen der zuständigen Behörden in dem von der Vorschrift bestimmten Anwendungsbereich sind danach neben dem Grundgesetz auch an **europäischen Grundrechten** zu messen.[15] Soweit die JI-RL keinen Spielraum in der Umsetzung lässt, ist allein die GRCh ist zu berücksichtigen. In einem solchen Fall ist aufgrund des Kompetenztitels von Art. 16 AEUV für den Schutz personenbezogener Daten Art. 8 GRCh maßgeblich. Daneben sind auch Art. 7 GRCh und Art. 8 EMRK im Rahmen der Auslegung heranzuziehen.[16]

IV. Verhältnis zu anderen Vorschriften

11   Die Vorschrift orientiert sich an § 45 BDSG, weicht jedoch in Wortlaut[17] und Systematik von diesem **Vorbild** ab.

12   Weder die JI-RL noch die Vorschrift verändern die Gesetzgebungskompetenz in Deutschland für das Polizei- und Strafrecht.[18] Vor allen gilt weiterhin die **konkurrierende Gesetzgebungskompetenz** in Art. 74 Abs. 1 Nr. 1 GG für das Strafrecht und gerichtliche Verfahren.[19] Dies wird durch § 500 StPO bestätigt und zugunsten einer vereinheitlichenden Wirkung des BDSG im Strafprozessrecht erweitert (→ Rn. 14).[20] Für Verfahren nach dem OWiG gilt aufgrund der Verweisung in § 46 OWiG ebenfalls der Teil 3 des BDSG.[21] § 500 StPO gilt auch für Steuerstraf- und Steuerordnungswidrigkeitenverfahren durch Landesbehörden und verdrängt insoweit § 2 a Abs. 4 AO.[22] Folge dieser Anordnungen ist, dass der Dritte Teil dieses Gesetzes praktisch eingeschränkt ist und nur für das präventive

---

11 EuGH ECLI:EU:C:2013:105 Rn. 18 f. – Äkerberg Fransson.
12 BVerfGE 22, 293; 37, 271; 52, 187; 58, 1; 73, 339; 102, 147; 113, 273; 118, 79; 23, 267; 126, 286; 132,195; 134, 366; 140, 317.
13 BVerfGE 152, 152; s. auch *Hoidn* in Roßnagel DS-GVO § 2 Rn. 74 ff.
14 BVerfGE 152, 152 Rn. 42.
15 *Bäcker/Hornung* ZD 2012, 149 mwN.
16 *Johannes* in Roßnagel Das neue DSR § 2 Rn. 70.
17 ZB §§ 40 Abs. 1 Satz 1 und 2 im Vergleich zu § 45 Satz 1 BDSG.
18 LT-Drs. 19/5728, 115.
19 LT-Drs. 19/5728, 114.
20 *Johannes* ZD-Aktuell 2018, 06391.
21 *BayDSB*, Aktuelle Kurz-Information 27: Informationspflichten und Betroffenenrechte im Ordnungswidrigkeitenverfahren, https://www.datenschutz-bayern.de/datenschutzreform2018/aki27.html; vgl. LT-Drs. 19/5728, 115.
22 BFH NJW 2020, 2135 Rn. 21; *Baum* in Baum/Buse/Brandl/Szymczak AO-eKommentar § 2 a.

Handeln der Polizei (Gefahrenabwehr) und für Strafvollstreckung und -vollzug auf Grundlage des Landesrechts (→ Rn. 40) gilt.

Die Vorschrift bestimmt den Anwendungsbereich des Dritten Teils des Gesetzes. Dieser Teil enthält speziellere Regelungen als der erste Teil. Seine Vorschriften sind also neben Vorschriften des ersten Teils anwendbar. Zum zweiten Teil steht der Dritte jedoch in Konkurrenz. Vorschriften des zweiten und des Dritten Teils können nicht zusammen zur Anwendung kommen. Sie schließen sich gegenseitig aus. Ist der von der Vorschrift beschriebene Anwendungsbereich nicht eröffnet, kommen idR die DS-GVO und der zweite Teil des Gesetzes zur Anwendung. So muss zB eine Polizeibehörde bei Datenverarbeitungen, die nicht die Strafverfolgung oder die Gefahrenabwehr betreffen, idR die DS-GVO und den zweiten Teil beachten.[23]

Außerdem fungiert der Dritte Teil des Gesetzes nach § 1 Abs. 2 als **Auffanggesetz** zu weiteren spezialgesetzlichen Regelungen im Anwendungsbereich der JI-RL.[24] Dies führt idR zu einem **Nebeneinander der Anwendung** von speziellerem Polizeirecht – insbesondere des HSOG – den Regelungen des Dritten Teils und auch dem allgemeinen ersten Teil dieses Gesetzes.

B. Anwendbarkeit des Dritten Teils

Die Regelungen des Dritten Teils finden nur auf die Datenverarbeitung zu den in der Vorschrift genannten **Zwecken** durch die **zuständigen öffentlichen Stellen** Anwendung. Bei Verarbeitungsvorgängen zu anderen Zwecken kann nicht auf sie zurückgegriffen werden.[25] Diese Unterscheidung fällt Rechtsanwendern oft schwer.[26] Nicht in den Anwendungsbereich des Dritten Teils, sondern in den der DS-GVO und des zweiten Teils fallen zB Verarbeitungen zu Zwecken der Lohnbuchhaltung, der Generalprävention oder der Öffentlichkeitsarbeit[27] durch Polizeibehörden (→ Rn. 32).

Grundsätzlich gilt, dass die JI-RL in den Bereichen anwendbar ist, in denen die Anwendung der DS-GVO ausgeschlossen ist.[28] Von der JI-RL sind Tätigkeiten ausgenommen, die nicht dem **Anwendungsbereich** des Unionsrecht unterfallen (Art. 2 Abs. 3 lit. a JI-RL), wie die Landesverteidigung iSd Art. 39 AEUV oder die Datenverarbeitung durch staatliche Nachrichten- und Sicherheitsdienste[29] sowie Verarbeitungen personenbezogener Daten durch die Organe, Einrichtungen, Ämter und Agenturen der EU (Art. 2 Abs. 3 lit. b JI-RL). Die Tätigkeit des Landesamts für Verfassungsschutz (LfV) auf Grundlage des HVSG fällt nicht in den von der Vorschrift erfassten Anwendungsbereich des Dritten Teils. Mit § 1 Abs. 8 ist der An-

13

14

15

16

23 *Johannes* Die Polizei 2020, 410.
24 *Herbst* in Auernhammer BDSG § 45 Rn. 1.
25 So zu § 53 BDSG BAG ECLI:DE:BAG:2019:070519.B.1ABR53.17.0; s. *Schwichtenberg* in Kühling/Buchner BDSG § 45 Rn. 1.
26 VG Berlin ECLI:DE:VGBE:2018:1122.2K384.16.00 Rn. 25; AG Charlottenburg 6.11.2018 – 208 C 43/18 Rn. 18.
27 VG Gelsenkirchen ECLI:DE:VGGE:2018:1023.14K3543.18.00, Rn. 91, AfP 2018, 552.
28 Zum Anwendungsbereich der DS-GVO *Husemann* in Roßnagel Das neue DSR 2018 § 3 Rn. 1 ff.
29 *Kugelmann* DuD 2012, 581 (582); *Bäcker/Hornung* ZD 2012, 147 (149).

wendungsbereich des Gesetzes auf das LfV ausgeweitet, nicht jedoch des Dritten Teils. Vielmehr gilt für das LfV die DS-GVO zusammen mit dem ersten und zweiten Teil.

I. Eröffnung des Anwendungsbereichs (Abs. 1)

17   Abs. 1 bestimmt in Umsetzung des Art. 2 JI-RL in Satz 1 den Anwendungs-bereich des Dritten Teils nach der **institutionellen Zuständigkeit** öffentli-cher Behörden für bestimmte **Zwecke**.[30] Er begrenzt sie in Satz 2 auf die Verarbeitung personenbezogene Daten und nimmt damit die Verarbeitung anonymer Daten aus. Dies folgt auch aus § 1 Abs. 8. Der Abs. 1 begrenzt die Anwendbarkeit insbes. auf die Erfüllung der genannten Zwecke. Satz 3 weist den angesprochenen Behörden die datenschutzrechtliche Verantwor-tung zu.

1. Verarbeitung durch für bestimmten Zwecke zuständige Stellen (Satz 1)

18   Die grundsätzliche Bestimmung des Anwendungsbereichs folgt der JI-RL. Diese gilt **sachlich** gemäß Art. 2 JI-RL für die ganz oder teilweise auto-matisierte Verarbeitung personenbezogener Daten sowie für die nichtauto-matisierte Verarbeitung personenbezogener Daten, die in einem Dateisys-tem gespeichert sind oder werden sollen, zum Zwecke der Strafverfolgung, Strafvollstreckung und dem Schutz vor und Abwehr von Gefahren für die öffentliche Sicherheit durch die zuständigen Behörden (zum Begriff „zu-ständige Behörde" s. Art. 3 Nr. 7 JI-RL). Die Richtlinie gilt auch für aus-schließlich innerstaatliche Verarbeitungsvorgänge durch Polizei und Straf-verfolgungsbehörden.[31]

a) Verarbeitung personenbezogener Daten

19   Satz 1 fordert für die Anwendung des Dritten Teils die Verarbeitung perso-nenbezogener Daten. Der Begriff **personenbezogene Daten** ist in § 41 Nr. 1 und der Begriff der **Datenverarbeitung** in § 41 Nr. 2 definiert (→ § 41 Rn. 12 und 15).

b) Zuständigkeit für begrenzte Zwecke

20   Die Verarbeitung muss durch öffentliche Stellen erfolgen, die für die Ver-hütung, Ermittlung, Aufdeckung, Verfolgung oder Ahndung von Straftaten oder Ordnungswidrigkeiten, einschließlich des Schutzes vor und der Ab-wehr von Gefahren für die öffentliche Sicherheit zuständig sind. Dies sind die gemeinhin bekannten **Aufgaben der Polizei- und Strafverfolgungsbehör-den**.[32] Zu beachten ist, dass wegen der aufdrängenden Spezialzuweisung des § 500 StPO der Dritte Teil des Gesetzes hinsichtlich des Aufgaben-bereichs der Repression nicht anwendbar ist. Vielmehr gilt Teil 3 des BDSG. Die Vorschrift eröffnet also den Anwendungsbereich des Dritten Teils des

---

30 Diese ist auch in Art. 2 Abs. 1 und 2 JI-RL vorgesehen – s. BT-Drs. 18/11325, 110 f. und LT-Drs. 19/5728, 114.

31 *Marquenie* CL&SR 2017, 324 (330); kritisch *Wolff* in BeckOK DatenschutzR BDSG § 45 Rn. 24; *Braun* in Gola/Heckmann BDSG § 45 Rn. 7.

32 *Herbst* in Auernhammer BDSG § 45 Rn. 30.

Gesetzes insbesondere für die Polizeibehörden des Landes Hessen hinsichtlich deren Aufgaben zur Gefahrenabwehr.[33]

Eine **Straftat** ist eine Tat die im Strafgesetzbuch oder einem anderen Gesetz als verbotene Tat beschrieben wird und mit einer Strafe bedroht ist. Der Begriff entstammt der JI-RL. Mit Erwägungsgrund 13 JI-RL wird klargestellt, dass der Begriff der Straftat iSd JI-RL ein eigenständiger Begriff des Unionsrechts in der Auslegung durch den EuGH ist. 21

Eine **Ordnungswidrigkeit** ist nach § 1 OWiG eine rechtswidrige und vorwerfbare Handlung, die den Tatbestand eines Gesetzes verwirklicht, das die Ahndung mit einer Geldbuße zulässt. Damit können auch nicht straftatenbezogene Gefahrenabwehrbehörden unter die Regelungen des Dritten Teils fallen, soweit die von ihnen geführten Verfahren in ein konkretes **Ordnungswidrigkeitenverfahren** münden. Insoweit können auch Verwaltungsbehörden, wie zB Waffen-, Hygiene- oder Passbehörden von der Vorschrift erfasst werden.[34] 22

Der Begriff der Ordnungswidrigkeit ist in Art. 1 Abs. 1 JI-RL nicht enthalten. Dennoch ist die Aufnahme der Ordnungswidrigkeiten in den Anwendungsbereich Satz 1 kein Verstoß gegen die JI-RL. Der in Art. 1 Abs. 1 JI-RL verwendete Begriff der **Straftat ist ein eigenständiger Begriff des Unionsrechts.**[35] In der Rechtsprechung des EGMR und des EuGH wird er in der Weise verwendet, dass auch den im Rahmen von Ordnungswidrigkeitenverfahren zu verhängenden Geldbußen ein strafender Charakter zuerkannt werden muss, auch wenn sie weniger belastend sind, als die im Rahmen von Strafverfahren verhängten Geldstrafen.[36] Die Ahndung von **Ordnungswidrigkeiten** kann demnach dem Strafverfahren zugeordnet werden. Die Vorschrift kann daher die Ordnungswidrigkeiten in den Anwendungsbereich des Dritten Teils unionsrechtskonform aufnehmen.[37] 23

Satz 1 nennt, unter Übernahme des Wortlauts der JI-RL, die fünf Tätigkeiten **Verhütung, Ermittlung, Aufdeckung, Verfolgung und Ahndung.** Damit wird das gemeinhin anerkannte Aufgabenspektrum der Polizeibehörden vollständig abgedeckt.[38] Mit diesen Tätigkeiten sind alle Aufgaben der Polizeien und Strafverfolgungsbehörden im Zusammenhang mit der Repression gemeint.[39] Abgedeckt sind damit alle Handlungen von der Vermutung des Vorliegens einer Straftat oder Ordnungswidrigkeit bis zur Verhängung 24

---

33 Zu den Landespolizeibehörden zählen die Oberste Polizeibehörde (Abteilung III des Hessischen Ministerium des Innern und für Sport), die mittleren Polizeibehörden an den Regierungspräsidien Darmstadt, Gießen und Kassel und die unteren Polizeibehörden (Polizeidirektionen und Polizeipräsidien), die Wachpolizei, der freiwillige Polizeidienst sowie die hessische Steuerfahndung.
34 LT-Drs. 19/5728, 115.
35 Zur autonomen Auslegung des Unionsrecht *Hofmann/Johannes* ZD 2017, 221 ff.
36 EGMR ECLI:CE:ECHR:2012:1016DEC004964610, Rn. 36 – Lessing and Reichelt v. Germany; EuGH ECLI:EU:C:2012:319 – Łukasz Marcin Bonda; *Valerius* in BeckOK EMRK Art. 6 Rn. 2 mwN.
37 Im Ergebnis hM, s. zB *Herbst* in Auernhammer BDSG § 45 Rn. 7; *Schwichtenberg* in Kühling/Buchner BDSG § 45 Rn. 2; *Hornung/Schindler/Schneider* ZIS 2018, 570 f.
38 *Johannes/Weinhold* in HK-BDSG § 45 Rn. 46.
39 *Johannes/Weinhold* in HK-BDSG § 45 Rn. 47; s. *Braun* in Gola/Heckmann BDSG § 45 Rn. 18 zum Begriff Ahndung, der in der JI-RL nicht genannt wird.

von Sanktionen.[40] Umfasst sind damit auch alle Arten von **Vorfeldermittlungen** und **Vorermittlungen** zu Klärung, ob überhaupt eine Straftat oder Ordnungswidrigkeit begangen wurde, wird oder werden soll oder ob ein Anfangsverdacht besteht.[41] Hier gilt über § 500 StPO jedoch das BDSG, das das Gesetz verdrängt.

25   Die Tätigkeit **Verhütung** von Straftaten und Ordnungswidrigkeiten weitet den Anwendungsbereich der JI-RL und des Dritten Teils des Gesetzes aus. Es sind damit auch vorbeugende Maßnahmen der Strafverfolgungsvorsorge umfasst (→ Rn. 35 f.). Die vorbeugende Bekämpfung von Straftaten regelt § 1 Abs. 4 HSOG und fasst darunter die Verhütung von zu erwartenden Straftaten und die Vorsorge für die Verfolgung künftiger Straftaten. Dabei ist anerkannt, dass die Verhütung zu erwartender Straftaten Teil der Gefahrenabwehr ist.[42]

26   Satz 1 erweitert den Anwendungsbereich dahin gehend, dass der **Schutz vor und die Abwehr von Gefahren** für die öffentliche Sicherheit auch umfasst sind. Dahingestellt bleiben kann, ob dies eine Präzisierung des Begriffs der „Verhütung von Straftaten" ist.[43] „Einschließlich" kann sich auch auf alle der vorgenannten Tätigkeiten beziehen. Durch den Zusatz „Schutzes vor und der Abwehr von" kann der Teilsatz auch für sich stehen.

27   Die Aufgabe der Polizei besteht im Kern in der Gefahrenabwehr. Der Begriff „Gefahr" ist Dreh- und Angelpunkt der Polizeirechtsdogmatik.[44] § 1 Abs. 1 HSOG definiert die Gefahrenabwehr als Abwehr von **Gefahren für die öffentliche Sicherheit oder Ordnung.** Satz 1 bezieht sich jedoch nur auf die öffentliche Sicherheit, nicht auf die **öffentliche Ordnung,** denn Art. 1 Abs. 1 JI-RL nennt nur die öffentliche Sicherheit als Schutzgut. Eine Gefahr liegt vor bei hinreichender Wahrscheinlichkeit eines Schadenseintritts.[45]

28   Weder dieses Gesetz noch das HSOG definieren den Begriff „**öffentliche Sicherheit".** Als Begriff der JI-RL ist er unionsrechtlich autonom auszulegen. Im Primärrecht findet er sich sowohl in Art. 34 als auch Art. 56 AUEV. Er umfasst dort sowohl die innere als auch die äußere Sicherheit. Unter die äußere Sicherheit fallen zB die auswärtigen Beziehungen oder das friedliche Zusammenleben der Völker. Die **innere Sicherheit** ist betroffen, wenn es um die Funktionsfähigkeit innerstaatlicher Einrichtungen oder wichtiger öffentlicher Dienste geht oder gar das Überleben der Bevölkerung in Gefahr ist.[46] Im deutschen Polizei- und Ordnungsrecht umfasst er die Unverletzlichkeit der Rechtsordnung, der Allgemeingüter, der subjektiven Rechte

---

40 *Herbst* in Auernhammer BDSG § 45 Rn. 12.
41 S. ErwG 12 JI-RL.
42 *Mühl/Fischer* in BeckOK PolR Hessen HSOG § 1 Rn. 60 mwN.
43 Im Polizeirecht Spezialfall der Gefahrenabwehr, *Herbst* in Auernhammer BDSG § 45 Rn. 10.
44 *Ogorek* JZ 2019, 63.
45 BVerwGE 45, 51 (55), NVwZ 2003, 95 (96); VGH Kassel NJW 1993, 1009 (1010).
46 EuGH ECLI:EU:C:1984:256 Rn. 7 – Campus Oil.

und der Rechtsgüter des Einzelnen sowie der Einrichtungen und Veranstaltungen des Staates oder sonstiger Hoheitsträger.[47]

Die **Gefahrenabwehr** ist damit vollumfänglich in den Anwendungsbereich   29
des Dritten Teils einzubeziehen. Auch nach Art. 2 JI-RL ist der Anwendungsbereich der JI-RL eröffnet, wenn die zuständigen Behörden personenbezogene Daten zu Zwecken des Schutzes vor und der Abwehr von Gefahren für die öffentliche Sicherheit verarbeiten. Der Unionsgesetzgeber hat damit Maßnahmen zur Aufrechterhaltung der öffentlichen Sicherheit im Vorfeld von Straftaten im Sinn gehabt hat, wenn, etwa im Rahmen großer Sportveranstaltungen oder Demonstrationen, nicht absehbar ist, ob die Entwicklung der Lage in einer Straftat endet oder nicht.[48] Nicht unter die Begriffe Verhütung und Gefahrenabwehr fallen deswegen lediglich rein **generalpräventive Maßnahmen** ohne Bezug(smöglichkeit) zu konkreten Tatbegehungen oder Gefahren (zB Aufklärungs- und Sicherheitskampagnen).

Die Vorschriften des Dritten Teils gelten nach Satz 1 nur für die für die ge-   30
nannten Aufgaben **zuständigen öffentlichen Stellen**. Im Gegensatz zu Art. 1 Abs. 1 und Art. 3 Abs. 7 JI-RL verwendet die Vorschrift nicht den Begriff der zuständigen Behörden, sondern den im hessischen Datenschutzrecht geläufigen Begriff der öffentlichen Stelle. Öffentliche Stellen sind nach § 2 Nr. 1 legaldefiniert (→ § 2 Rn. 12). Nimmt eine nicht öffentliche Stelle hoheitliche Aufgaben der öffentlichen Verwaltung wahr, ist sie insoweit öffentliche Stelle iSd Gesetzes (→ § 2 Rn. 20 ff.). Die Vorschrift grenzt die Anwendbarkeit des Dritten Teils auf die öffentlichen Stellen ein, die für in Satz 1 genannten Aufgaben zuständig sind.

Was unter **Zuständigkeit** zu verstehen ist, definiert § 41 Nr. 7 im Zusam-   31
menhang mit dem Begriff der zuständigen Behörde. Danach ist zuständige Behörde jede staatliche Stelle, die für die Aufgaben nach der Vorschrift zuständig ist, oder eine andere staatliche Stelle oder Einrichtung, die durch Rechtsvorschrift die Ausübung öffentlicher Gewalt und hoheitlicher Befugnisse zur Erfüllung der Aufgaben nach der Vorschrift übertragen wurde. In beiden Fällen bedarf die öffentliche Stelle, um zuständig zu sein, einer ihr durch Rechtsvorschrift übertragenen Aufgaben- und Befugniskompetenz, die sich auf die Verhütung, Untersuchung, Aufdeckung oder Verfolgung von Straftaten oder die Strafvollstreckung oder Gefahrenabwehr bezieht. Demnach wären zB Teile der Landesfinanzbehörden, wie etwa die Zoll- und Steuerfahndung (§§ 208 ff. AO) umfasst.[49] Gerichte unterliegen für die im Rahmen ihrer gerichtlichen Tätigkeit vorgenommenen Datenverarbeitungen nicht der Vorschrift.[50] Datenschutzaufsichtsbehörden sind auch nicht für diese Aufgaben zuständig (Art. 45 Abs. 2 Satz 1 JI-RL). Die Vorschrift umfasst jedoch auch die als öffentliche Stellen geltende **Beliehenen**, wenn sie für die Bearbeitung der genannten Aufgaben beliehen sind.[51]

---

47 BVerfGE 69, 315 (352); s. auch *Mühl/Fischer* in BeckOK PolR Hessen HSOG § 1 Rn. 14 mwN.
48 ErwG 12 JI-RL.
49 Nach § 500 StPO und § 2a Abs. 4 AO gilt bei Steuerstrafsachen das BDSG.
50 ErwG 80 JI-RL.
51 ErwG 11 JI-RL; BT-Drs. 18/11325, 110 f.; LT-Drs. 19/5728, 115.

2. Datenverarbeitung zur Erfüllung der genannten Aufgaben (Satz 2)

32   Nach Satz 2 gilt der Dritte Teil des Gesetzes nur, soweit die öffentlichen Stellen nicht nur für die genannten Aufgaben zuständig sind, sondern auch konkret personenbezogene Daten zum **Zwecke der Erfüllung dieser Aufgaben** verarbeiten.

33   In unionsrechtskonformer Auslegung erfasst die Vorschrift nur die **straftatenbezogene Gefahrenabwehr** durch die dafür zuständigen Behörden.[52] Nicht vom Anwendungsbereich umfasst ist danach zB die Gefahrenabwehr durch die Feuerwehr, die Jugendämter oder die Bauordnungs-, Waffen-, Hygiene- oder Passbehörden.[53] Für diese Behörden gilt die DS-GVO.[54]

34   Bei den Polizei- und Strafverfolgungsbehörden sind die Anwendungsbereiche der DS-GVO und der JI-RL in der Praxis schwer sicher auseinanderzuhalten. Im Einzelfall ist zu klären, ob eine Polizeibehörde Daten zu in der DS-GVO geregelten Zwecken oder zu Zwecken nach JI-RL verarbeitet.[55] Die Abgrenzungsschwierigkeiten werden vom Unionsgesetzgeber verursacht und in Kauf genommen, wenn er in ErwG 12 JI-RL und ErwG 19 DS-GVO klarstellt, dass Polizeibehörden auch andere Aufgaben als die Strafverfolgung und -verhütung haben können, die dann unter die DS-GVO fallen. Andere Abgrenzungsprobleme bestehen hinsichtlich Repression und Gefahrenabwehr, insbesondere auch hinsichtlich **doppelfunktionaler Maßnahmen**.

35   Die Vorschrift erfasst nicht Verarbeitungen zu Zwecken, die unmittelbar weder der Gefahrenabwehr noch der Strafverfolgung zuzuordnen sind. Bei Polizeibehörden sind dies zB Datenverarbeitungen zu Zwecken des **Personalwesens** und der Lohnbuchhaltung, der Beschaffung sowie rein generalpräventive Maßnahmen. Dazu zählen auch **Öffentlichkeitsarbeit**,[56] Pressearbeit, Aufklärungsarbeit und allgemeine Sicherheitskampagnen. Die Übergänge hier sind jedoch fließend. Die Warnung vor konkreten Gefahren und die Registrierung potenzieller Gefährder sind in der Regel von der Vorschrift erfasst.

36   Insbesondere bei der Datenverarbeitung zur Abwehr einer Gefahr, die nur potenziell bei Realisierung eine Straftat oder Ordnungswidrigkeit darstellt, ist die Einordnung unter das eine oder das andere Rechtsregime schwierig.[57] So lässt sich zB die **Verkehrsüberwachung** in der Regel noch als Maßnahme der Vorbeugung oder Ahndung von Straftaten und Ordnungswid-

---

52 *Wolff* in BeckOK DatenschutzR BDSG § 45 Rn. 46; *Braun* in Gola/Heckmann BDSG § 45 Rn. 23; *Hornung/Schindler/Schneider* ZIS 2018, 572; *Kühling/Raab* in Kühling/Buchner DS-GVO Art. 2 Rn. 19; *Grafenstein/Gaitzsch* in Gierschmann ua DS-GVO Art. 2 Rn. 55.

53 LT-Drs. 19/5728, 115.

54 Zum Anwendungsbereich der DS-GVO im öffentlichen Bereich ausführlich *Schaller* in Roßnagel Das neue DSR § 7 Rn. 1 ff.

55 So auch BT-Drs. 18/11325, 73; *Wolff* in BeckOK DatenschutzR BDSG § 45 Rn. 10 ff.; *Braun* in Gola/Heckmann BDSG § 45 Rn. 23.

56 VG Gelsenkirchen ECLI:DE:VGGE:2018:1023.14K3543.18.00, Rn. 91, AfP 2018, 552.

57 *Braun* in Gola/Heckmann BDSG § 45 Rn. 25.

rigkeiten und zum Teil als Gefahrenprävention[58] erfassen und fällt damit unter die Vorschrift. Dagegen fällt die reine Beobachtung des Verkehrsflusses zu dessen Regelung in den Anwendungsbereich der DS-GVO.[59]

Auch bei Maßnahmen gegen Rechtsverstöße, die nicht sanktioniert sind, bei Datenverarbeitungen zum Schutz privater Rechte, bei der **Vermisstensuche** oder bei Maßnahmen gegen mutmaßliche Suizidenten kann eine Datenverarbeitung selten darauf gestützt werden, dass eine potenzielle Straftat oder Ordnungswidrigkeit verhütet oder aufgeklärt wird, werden soll oder auch nur werden könnte. Solche Verarbeitungen zu Gefahrenlagen ohne Straftatbezug fallen unter die DS-GVO.[60] Dies hat zur Folge, dass klassische Aufgaben der Institution Polizei nur teilweise unter die Vorschrift und damit den Dritten Teil fallen. 37

3. Verantwortlichkeit (Satz 3)

Nach Satz 3 gelten die öffentlichen Stellen, die personenbezogene Daten verarbeiten, als Verantwortliche. Dies wirkt klarstellend, denn diese sind die **Normadressaten.** Sie gelten als Verantwortliche iSd § 41 Nr. 8, wenn sie allein oder gemeinsam mit anderen über die Zwecke und Mittel der Verarbeitung von personenbezogenen Daten entscheiden (→ § 41 Rn. 43). Aufgrund komplexer Strukturen innerhalb von zuständigen Behörden oder Behördennetze können die Befugnisse über die Mittel und Zwecke von Datenverarbeitungen und die Zuständigkeit zur Erfüllung von Aufgaben auseinanderfallen.[61] Satz 3 bestimmt die öffentliche Stelle insgesamt als verantwortlich für die Datenverarbeitung. 38

II. Einbeziehung des Strafvollzugs (Abs. 2)

Nach Abs. 2 findet Abs. 1 auch auf diejenigen öffentlichen Stellen Anwendung, die für die Vollstreckung von Strafen, von Maßnahmen iSd § 11 Abs. 1 Nr. 8 StGB, von Erziehungsmaßregeln oder Zuchtmitteln iSd JGG und von Geldbußen zuständig sind.[62] Die Regelung entspricht im Wortlaut § 45 Satz 4 BDSG. Erfasst sind danach Datenverarbeitungen der **Strafvollstreckungs- und Justizvollzugsbehörden.** Insoweit wirkt der Dritte Teil ergänzend zu den Bestimmungen des HStrafVG, des HJStVollzG, des HUVollzG, des HSVVollzG sowie des HJAVollzG. Die Datenverarbeitung zu Zwecken der Untersuchungshaft nach der StPO durch die Ermittlungsbehörden unterliegt nach § 500 StPO dem BDSG. 39

III. Auftragsverarbeiter (Abs. 3)

Nach Abs. 3 gelten die Vorschriften des Dritten Teils auch für **Auftragsverarbeiter,** soweit die Vorschriften dieses Teils Regelungen für sie enthalten. 40

---

58 ZB Regelung des Verkehrs bei Unfallstellen oder Überprüfung der Fahrzeugtauglichkeit.
59 *Johannes* Die Polizei 2020, 409.
60 *Hornung/Schindler/Schneider* ZIS 2019, 572; *Kühling/Raab* in Kühling/Buchner DS-GVO Art. 2 Rn. 19; *Grafenstein/Gaitzsch* in Gierschmann ua DS-GVO Art. 2 Rn. 55.
61 *Herbst* in Auernhammer BDSG § 45 Rn. 15.
62 Allgemein zum neuen Datenschutz im Strafvollzug *Baier* ZD 2019, 545.

§ 45 Satz 3 BDSG ist wortgleich. Auftragsverarbeiter sind durch die Regelungen des Dritten Teils nur adressiert, sofern sie konkret angesprochen werden.[63] Auftragsverarbeiter ist in § 41 Nr. 9 definiert. § 57 regelt die Auftragsverarbeitung im Anwendungsbereich des Dritten Teils. § 47 regelt die Weisungsgebundenheit des Auftragsverarbeiters. Die Anforderungen an die Datensicherheit nach § 59 gelten auch für den Auftragsverarbeiter. Er ist nach § 60 Abs. 2 meldepflichtig und nach § 63 zur Zusammenarbeit mit dem HDSB verpflichtet. Er hat nach § 65 Abs. 2 ein Verfahrensverzeichnis zu führen und unterliegt der Protokollierungspflicht nach § 71.

41　Als Auftragsverarbeiter kommen sowohl öffentliche Stellen, insbes. Landesrechenzentren,[64] als auch nichtöffentliche Stellen in Betracht, zB private IT-Dienstleister.[65] Auch **Behörden** iSd Vorschrift können als Auftragsverarbeiter für andere zuständige Behörden tätig sein.[66] Abs. 3 weitet damit den Anwendungsbereich über die in Abs. 1 und 2 genannten öffentlichen Stellen auf alle Arten von Dienstleistern aus, soweit sie für die zuständigen öffentlichen Stellen bei der Erfüllung der genannten Aufgaben tätig werden. Für Auftragsverarbeitungen zu Zwecken die nicht in Abs. 1 oder 2 genannt sind, gelten die DS-GVO iVm mit dem Ersten und Zweiten Teil.[67]

C. Würdigung

42　Die Vorschrift bestimmt die Anwendbarkeit des Dritten Teils des Gesetzes. Dieser setzt die JI-RL im Landesrecht iS eines Auffanggesetzes um. Zu einer kohärenten Regelung im sachlichen Anwendungsbereich der JI-RL kommt es erst durch das **verzahnte Zusammenspiel** mit bereichsspezifischem Fachrecht, insbesondere dem HSOG. Das Fachrecht bestimmt das „Ob" der Datenverarbeitung. Es ergänzt und spezifiziert teilweise das durch den Dritten Teil vorgegebene „Wie".

43　Die Vorschrift beschreibt einen weiten Anwendungsbereich des Dritten Teils. Die ihm unterfallenden Datenverarbeitungen sind hinsichtlich des Gewaltmonopols des Staates und der Brisanz ihres Gegenstandes besonders eingriffsintensiv.[68] Bei den Polizei- und Strafverfolgungsbehörden sind die **Anwendungsbereiche** der DS-GVO und der JI-RL in der Praxis **schwer auseinanderzuhalten**. Es kommt im Einzelfall darauf an, ob eine Polizeibehörde Daten zu in der DS-GVO geregelten Zwecken oder zu Zwecken nach JI-RL verarbeitet.[69] Dies führt dazu, dass „verschiedene datenschutzrechtliche Regime innerhalb einer Behörde, einer Abteilung und eines Amtszimmers einschlägig sein" können.[70]

44　Die Vorschrift erfasst praktisch alle Arten von elektronischen **Vorgangsaktensystemen** bei Polizei- und Strafverfolgungsbehörden. Umfasst sind auch

---

63　LT-Drs. 19/5728, 115.
64　ZB die HZD und die KGRZ auf Grundlage DV-VerbundG.
65　*Wolff* in BeckOK DatenschutzR BDSG § 45 Rn. 54; auch öffentlich-rechtliche Unternehmen wie zB eKOM 21 GmbH.
66　LT-Drs. 19/5728, 115.
67　LT-Drs. 19/5728, 115.
68　*Frenzel* in Paal/Pauly BDSG § 45 Rn. 12.
69　So auch BT-Drs. 18/11325, 73; s. *Wolff* in BeckOK DatenschutzR BDSG § 45 Rn. 10 ff.; *Braun* in Gola/Heckmann BDSG § 45 Rn. 23.
70　*Frenzel* in Paal/Pauly BDSG § 45 Rn. 13.

elektronische Datenbanken und Dateisysteme, die personenbezogene Daten zu Zwecken Strafverhütung und Gefahrenabwehr enthalten, einschließlich der dienstlichen Arbeitsplatzrechner und mobilen Endgeräte von Beamten.[71] Potenziell erfasst sind deswegen auch alle Arten von ermittlungs- und einsatzunterstützenden IT-Werkzeugen, von einfachen Bildvergleichssystemen über Entscheidungsunterstützungssystemen bis zu kombinierenden und profilbildenden Datenwerkzeugen. Die Einordnung ist jedoch letztlich nach dem Zweck der Verarbeitung durch die zuständige Behörde zu treffen und nicht abhängig von der eingesetzten Technik. Dies bedeutet, dass gleiche Techniken in beiden Anwendungsbereichen zum Einsatz kommen. ZB werden in Vorgangsbearbeitungssystemen bei Polizeidienst- und -leitstellen in der Regel auch Vermisstenanzeigen und Einsätze bei Suizid(gefahr) zur weiteren Bearbeitung aufgenommen.

Die Folge für die Polizei, ist eine **schwer handhabbare Gemengelage** von 45 Rechtsvorgaben. Diese Komplexität wird durch die Aufsplittung von Landes- und Bundesrecht sowie in allgemeine Bestimmungen zum Datenschutzrecht und spezielleren Vorgaben im Polizeirecht und die Bestimmungen zur Gefahrenabwehr und zur Strafverfolgung in § 500 StPO noch potenziert.[72]

§ 41 Begriffsbestimmungen

Im Sinne des Dritten Teils
1. sind personenbezogene Daten alle Informationen, die sich auf eine identifizierte oder identifizierbare natürliche Person (betroffene Person) beziehen; als identifizierbar wird eine natürliche Person angesehen, die direkt oder indirekt, insbesondere mittels Zuordnung zu einer Kennung wie einem Namen, zu einer Kennnummer, zu Standortdaten, zu einer Online-Kennung oder zu einem oder mehreren besonderen Merkmalen, die Ausdruck der physischen, physiologischen, genetischen, psychischen, wirtschaftlichen, kulturellen oder sozialen Identität dieser Person sind, identifiziert werden kann;
2. ist Verarbeitung jeder mit oder ohne Hilfe automatisierter Verfahren ausgeführte Vorgang oder jede solche Vorgangsreihe im Zusammenhang mit personenbezogenen Daten wie das Erheben, das Erfassen, die Organisation, das Ordnen, die Speicherung, die Anpassung, die Veränderung, das Auslesen, das Abfragen, die Verwendung, die Offenlegung durch Übermittlung, Verbreitung oder eine andere Form der Bereitstellung, den Abgleich, die Verknüpfung, die Einschränkung, das Löschen oder die Vernichtung;
3. ist Einschränkung der Verarbeitung die Markierung gespeicherter personenbezogener Daten mit dem Ziel, ihre künftige Verarbeitung einzuschränken;
4. ist Profiling jede Art der automatisierten Verarbeitung personenbezogener Daten, die darin besteht, dass diese personenbezogenen Daten

---

71 *Johannes/Weinhold* Neues DatenschutzR § 1 Rn. 73 f.
72 *Johannes/Weinhold* Neues DatenschutzR § 1 Rn. 85 ff.

verwendet werden, um bestimmte persönliche Aspekte, die sich auf eine natürliche Person beziehen, zu bewerten, insbesondere um Aspekte bezüglich Arbeitsleistung, wirtschaftliche Lage, Gesundheit, persönliche Vorlieben, Interessen, Zuverlässigkeit, Verhalten, Aufenthaltsort oder Ortswechsel dieser natürlichen Person zu analysieren oder vorherzusagen;

5. ist Pseudonymisierung die Verarbeitung personenbezogener Daten in einer Weise, dass die personenbezogenen Daten ohne Hinzuziehung zusätzlicher Informationen nicht mehr einer spezifischen betroffenen Person zugeordnet werden können, sofern diese zusätzlichen Informationen gesondert aufbewahrt werden und technischen und organisatorischen Maßnahmen unterliegen, die gewährleisten, dass die personenbezogenen Daten nicht einer identifizierten oder identifizierbaren natürlichen Person zugewiesen werden;

6. ist Dateisystem jede strukturierte Sammlung personenbezogener Daten, die nach bestimmten Kriterien zugänglich sind, unabhängig davon, ob diese Sammlung zentral, dezentral oder nach funktionalen oder geografischen Gesichtspunkten geordnet geführt wird;

7. ist zuständige Behörde
    a) eine staatliche Stelle, die für die Aufgaben nach § 40 zuständig ist, oder
    b) eine andere staatliche Stelle oder Einrichtung, der durch Rechtsvorschrift die Ausübung öffentlicher Gewalt und hoheitlicher Befugnisse zur Erfüllung der Aufgaben nach § 40 übertragen wurde;

8. ist Verantwortlicher die zuständige Behörde, die allein oder gemeinsam mit anderen über die Zwecke und Mittel der Verarbeitung von personenbezogenen Daten entscheidet; sind die Zwecke und Mittel dieser Verarbeitung durch das Unionsrecht oder das Recht der Mitgliedstaaten vorgegeben, so kann der Verantwortliche beziehungsweise können die bestimmten Kriterien seiner Benennung nach dem Unionsrecht oder dem Recht der Mitgliedstaaten vorgesehen werden;

9. ist Auftragsverarbeiter eine natürliche oder juristische Person, Behörde, Einrichtung oder andere Stelle, die personenbezogene Daten im Auftrag des Verantwortlichen verarbeitet;

10. ist Empfänger eine natürliche oder juristische Person, Behörde, Einrichtung oder andere Stelle, der personenbezogene Daten offengelegt werden, unabhängig davon, ob es sich bei ihr um einen Dritten handelt oder nicht; Behörden, die im Rahmen eines bestimmten Untersuchungsauftrags nach dem Recht der Mitgliedstaaten möglicherweise personenbezogene Daten erhalten, gelten jedoch nicht als Empfänger; die Verarbeitung dieser Daten durch die genannten Behörden erfolgt im Einklang mit den geltenden Datenschutzvorschriften nach den Zwecken der Verarbeitung;

11. ist Verletzung des Schutzes personenbezogener Daten eine Verletzung der Sicherheit, die zur Vernichtung, zum Verlust oder zur Veränderung, ob unbeabsichtigt oder unrechtmäßig, oder zur unbefugten Offenlegung von beziehungsweise zum unbefugten Zugang zu personenbezogenen Daten führt, die übermittelt, gespeichert oder auf sonstige Weise verarbeitet wurden;

12. sind genetische Daten personenbezogene Daten zu den ererbten oder erworbenen genetischen Eigenschaften einer natürlichen Person, die eindeutige Informationen über die Physiologie oder die Gesundheit dieser Person liefern und insbesondere aus der Analyse einer biologischen Probe der Person gewonnen wurden;

13. sind biometrische Daten mit speziellen technischen Verfahren gewonnene personenbezogene Daten zu den physischen, physiologischen oder verhaltenstypischen Merkmalen einer natürlichen Person, die die eindeutige Identifizierung dieser natürlichen Person ermöglichen oder bestätigen, wie Gesichtsbilder oder daktyloskopische Daten;

14. sind Gesundheitsdaten personenbezogene Daten, die sich auf die körperliche oder geistige Gesundheit einer natürlichen Person, einschließlich der Erbringung von Gesundheitsdienstleistungen, beziehen und aus denen Informationen über deren Gesundheitszustand hervorgehen;

15. sind besondere Kategorien personenbezogener Daten
    a) Daten, aus denen die rassische oder ethnische Herkunft, politische Meinungen, religiöse oder weltanschauliche Überzeugungen oder die Gewerkschaftszugehörigkeit hervorgehen,
    b) genetische Daten,
    c) biometrische Daten zur eindeutigen Identifizierung einer natürlichen Person,
    d) Gesundheitsdaten und
    e) Daten zum Sexualleben oder zur sexuellen Orientierung;

16. ist Aufsichtsbehörde eine von einem Mitgliedstaat nach Art. 41 der Richtlinie (EU) Nr. 2016/680 eingerichtete unabhängige staatliche Stelle;

17. ist internationale Organisation eine völkerrechtliche Organisation und ihre nachgeordneten Stellen oder jede sonstige Einrichtung, die durch eine von zwei oder mehr Ländern geschlossene Übereinkunft oder auf der Grundlage einer solchen Übereinkunft geschaffen wurde;

18. ist Einwilligung jede freiwillig für den bestimmten Fall, in informierter Weise und unmissverständlich abgegebene Willensbekundung in Form einer Erklärung oder einer sonstigen eindeutigen bestätigenden Handlung, mit der die betroffene Person zu verstehen gibt, dass sie mit der Verarbeitung der sie betreffenden personenbezogenen Daten einverstanden ist.

Literatur:

Art. 29-Datenschutzgruppe, WP 136, Stellungnahme 2007 zum Begriff „personenbezogene Daten"; *Bäcker/Hornung*, EU-Richtlinie für die Datenverarbeitung bei Polizei und Justiz in Europa, ZD 2012, 147; *BfDI*, Positionspapier zur Anonymisierung unter der DSGVO unter besonderer Berücksichtigung der TK-Branche, 2020; *Hamacher/Katzenbeisser/Kussel/Stammler*, Genomische Daten und der Datenschutz, DuD 2020, 87; *Hammer*, DIN 66398 – Die Leitlinie Löschkonzept als Norm, DuD 2016, 528; *Hofmann/Johannes*, DS-GVO: Anleitung zur autonomen Auslegung des Personenbezugs. Begriffsklärung der entscheidenden Frage des sachlichen Anwendungsbereichs, ZD 2017, 221; *Hornung/Wagner*, Anonymisierung als datenschutzrelevante Verarbeitung?, ZD 2020, 223; *Jandt/Hohmann*, Fitness- und Gesundheits-Apps – Neues Schutzkonzept für Gesundheitsdaten?, K&R 2015, 694; *Roßnagel*, Verfassungsrechtliche Grenzen polizeilicher Kfz-Kennzeichenerfassung, NJW 2008, 2547; *Roßnagel*, Pseudonymisierung personenbezogener Daten, ZD 2018, 243; *Roßnagel*, Datenlöschung und Anonymisierung – Zum Verhältnis zweier Datenschutzinstrumente, ZD 2021, heft 4, ie; *Roßnagel/Geminn*, Spezielle datenschutzrechtliche Fragen der Weiternutzung von Sozial- und Gesundheitsdaten für die medizinische Forschung, in: Dierks/Roßnagel, Sekundärnutzung von Sozial- und Gesundheitsdaten – Rechtliche Rahmenbedingungen, 2019, 125; *Roßnagel/Scholz*, Datenschutz durch Anonymität und Pseudonymität, Rechtsfolgen der Verwendung anonymer und pseudonymer Daten, MMR 2000, 721; *Schwichtenberg*, Die „kleine" Schwester der DS-GVO: Die Richtlinie zur Datenverarbeitung bei Polizei und Justiz, DuD 2016, 605; *Stürmer*, Löschen durch Anonymisieren? Mögliche Erfüllung der Löschpflicht nach Art. 17 DS-GVO, ZD 2020, 626; *Weinhold/Johannes*, Europäischer Datenschutz in Strafverfolgung und Gefahrenabwehr, DVBl 2016, 1501.

A. Allgemeines

I. Bedeutung der Vorschrift

1   Die Vorschrift definiert **18 Begriffe**, die für das Verständnis des Dritten Teils des Gesetzes von Bedeutung sind. Sie gelten ausschließlich für den Dritten Teil und konkretisieren wichtige Begriffe, die in ihm verwendet werden. Sie sind bei der Anwendung der Regelungen des Dritten Teils immer so auszulegen, wie sie in der Vorschrift definiert sind.

II. Entstehungsgeschichte

2   Der Text der Vorschrift hat im **Gesetzgebungsverfahren** gegenüber dem Entwurf der Fraktionen der CDU und BÜNDNIS 90/DIE GRÜNEN[1] keine Änderungen erfahren.

III. Unionsrechtliche Regelungen

3   Die Vorschrift setzt **Art. 3 JI-RL** um.[2] Nr. 1 bis 14 sowie Nr. 16 und 17 der Vorschrift entsprechen nahezu wörtlich den Begriffsdefinitionen der Nr. 1 bis 16 JI-RL. Soweit eine Richtlinie abschließende Regelungen trifft, ist der

---

1 LT-Drs. 19/5728, 26 ff.
2 LT-Drs. 19/5728, 115 f.

Umsetzungsspielraum des Mitgliedstaates stark bis vollständig eingeschränkt.[3] Dies gilt insbesondere für die einzelnen Begriffsbestimmungen, da nur dann sichergestellt werden kann, dass unionsweit ein einheitliches Datenschutzniveau erreicht wird, wenn die entscheidenden Begriffe in allen Mitgliedstaaten die gleiche Bedeutung haben.

Die Begriffe der Nr. 15 und 18 werden in Art. 3 JI-RL nicht definiert. In   4
Nr. 15 wurde „zum Zweck der Übersichtlichkeit" die in Art. 10 JI-RL enthaltene Definition **besonderer personenbezogener Daten** aufgenommen.[4] Diese Ergänzung ist kein Problem, weil sie eine Umsetzung der JI-RL darstellt und der hessische Gesetzgeber nicht an den Aufbau und die Verteilung der Richtlinien-Vorschriften gebunden ist. Außerdem wurde die „in § 46 angesprochene **Einwilligung** unter Übernahme der Definition aus" der DS-GVO „in Nr. 18 aufgenommen".[5] Auch diese Ergänzung stellt keinen Verstoß gegen die JI-RL dar, da sie ebenfalls ihrer Umsetzung dient und die Definitionen des Art. 3 JI-RL zwar für die einzelne Definition bindend, nicht aber für die Anzahl der Begriffsbestimmungen abschließend ist.

Die in der JI-RL getroffenen Begriffsdefinitionen entsprechen weitgehend   5
den in **Art. 4 DS-GVO definierten Begriffen.**[6] Die DS-GVO gilt nach ihrem Art. 2 Abs. 2 lit. d[7] nicht für die JI-RL und damit auch nicht für den Dritten Teil des Gesetzes. Daher musste die JI-RL ihre Begriffe selbst definieren. Dabei hat der Unionsgesetzgeber aber weitgehend vermieden, Unterschiede entstehen zu lassen und die Definitionen der DS-GVO weitgehend wörtlich in JI-RL übernommen.[8] Allerdings enthält Art. 3 JI-RL nur 16 Definitionen im Gegensatz zu 26 in Art. 4 DS-GVO. Art. 3 JI-RL hat die Begriffe „Dritter", „Hauptniederlassung", „Vertreter", Unternehmen", „Unternehmensgruppe", „verbindliche interne Datenschutzvorschriften", „betroffene Aufsichtsbehörde", „grenzüberschreitende Verarbeitung", „maßgeblicher und begründeter Einspruch" und „Dienst der Informationsgesellschaft" nicht aus der DS-GVO übernommen, weil sie für den Anwendungsbereich der Richtlinie und die Beschreibung ihrer Normadressaten nicht relevant sind.[9] Umgekehrt hat sie den Begriff „zuständige Behörde" in Nr. 7 zusätzlich definiert.

IV. Verhältnis zu anderen Vorschriften

Die Definitionen der Vorschrift gelten für alle Regelungen im **Dritten Teil**   6
des Gesetzes. Sie sind für den Ersten Teil nur bedeutsam, soweit dieser im Anwendungsbereich der JI-RL Anwendung findet. Ansonsten sind die Definitionen der Vorschrift für die restlichen Vorschriften des Gesetzes irrelevant.

---

3 S. zB *Remien* in HdB-EuropaR 661 f.; *Ruffert* in Callies/Ruffert Art. 288 Rn. 25; *Vedder* in HK-UnionsR Art. 288 Rn. 23; *Bievert* in Schwarze Art. 288 Rn. 26.
4 LT-Drs. 19/5728, 115.
5 LT-Drs. 19/5728, 116.
6 S. auch zB *Johannes/Weinhold* Neues DatenschutzR S. 62; *Schulz* in Gola/Heckmann BDSG § 46 Rn. 5.
7 *Roßnagel* in Simitis/Hornung/Spiecker gen. Döhmann DS-GVO Art. 2 Rn. 37 ff.
8 *Johannes/Weinhold* Neues DatenschutzR S. 62.
9 S. zB *Bäcker/Hornung* ZD 2012, 147 (148).

7 Die in **§§ 2 und 3 Abs. 2 definierten Begriffe** für öffentliche Stellen, anonyme Informationen und anonymisierte Daten sowie für Auftragsverarbeiter gelten auch für den Dritten Teil und ergänzen die Definitionen der Vorschrift. Die Definitionen der Vorschrift werden durch weitere Definitionen im Dritten Teil ergänzt wie zB der Legaldefinition des Geheimnisses in § 48 und der Schutzziele in § 59 Abs. 3.

8 **Vergleichbare Begriffsdefinitionen** im Bund enthält in § 46 BDSG. In den Ländern wurden in den LDSG ebenfalls die Definitionen in Art. 3 JI-RL übernommen (zB § 36 DSG NRW, § 27 DSG RhPf), die sich allerdings in Ergänzungen zu den Begriffsbestimmungen der JI-RL wie in Nr. 15 und 18 der Vorschrift unterscheiden, oder es werden die Begriffsdefinitionen der DS-GVO für anwendbar erklärt (zB Art. 28 Abs. 2 Nr. 1 DSG Bay).

B. Begriffsbestimmungen

9 Die Vorschrift enthält **Legaldefinitionen** von 18 Begriffen, die das Verständnis der Regelungen im Dritten Teil bestimmen und ihre gleichmäßige und einheitliche Anwendung anleiten sollen.

I. Funktion der Begriffsbestimmungen

10 Die Legaldefinitionen sind in der Vorschrift zusammengefasst, weil sie in mehr als einer Vorschrift des Dritten Teils vorkommen und der Begriff jedes Mal unabhängig vom Anwendungsfall **in der gleichen Weise verstanden** werden soll. Die Definitionen erläutern vor allem Merkmale des Anwendungsbereichs, der Adressaten des Gesetzes und von Daten als Objekt der geregelten Handlungen. Soweit die Begriffe aus Art. 3 JI-RL übernommen wurden, sind sich aus einer unionsrechtlichen Perspektive **autonom** auszulegen.[10] Das Anknüpfen allein an Begriffsverständnissen der deutschen Rechtstradition oder der deutschen Rechtssystematik ist nicht zulässig.

II. Einzelne Begriffe

11 Die Definitionen der Begriffe sind sehr unterschiedlich aufgebaut und ausgestaltet. Zum Teil werden die Begriffe abschließend systematisch definiert – wie zB „Einschränkung", „Auftragsverarbeiter" oder „genetische" und biometrische Daten" –, zum Teil arbeitet die Vorschrift mit offenen Umschreibung und nicht abschließenden Beispielen – wie zB bei den Begriffen „personenbezogene Daten" und „Verarbeitung". In anderen Definitionen beschreibt sie Ausnahmen – wie beim „Empfänger" oder grenzt sich von möglichen Missverständnissen ab – wie zB für den Begriff „Dateisystem". Schließlich stellt sie neben der Definition auch inhaltliche Anforderungen – wie zB bei der „Pseudonymisierung" und der „Einwilligung" – oder eröffnet den Mitgliedstaaten einen Umsetzungsspielraum – wie beim Begriff des „Verantwortlichen". Die Begriffe und ihre Definitionen sind überwiegend **Kompromisse** aus konkurrierenden politischen Vorstellungen und unterschiedlichen Rechtstraditionen.

---

10 S. zB *Hofmann/Johannes* ZD 2017, 221.

1. Personenbezogene Daten (Nr. 1)

Nr. 1. definiert personenbezogene Daten als alle Informationen, die sich   12
auf eine identifizierte oder identifizierbare natürliche Person (betroffene
Person) beziehen. Eine natürliche Person ist **identifiziert,** wenn sie sich von
anderen Personen einer Gruppe ohne Weiteres eindeutig unterscheiden
lässt.[11] Die Identifikation kann über eindeutige Merkmale, wie den Namen, erfolgen. Sie kann aber auch – ohne dass der Name bekannt ist[12] –
allein durch bestimmte Merkmale von allen anderen Personen der relevanten Gruppe unterschieden und damit individualisiert werden.[13]

Eine natürliche Person ist **identifizierbar,** wenn sie „direkt oder indirekt   13
identifiziert werden kann". Es genügt die Möglichkeit. Diese kann sich
etwa aus der „Zuordnung zu einer Kennung wie einem Namen, zu
einer Kennnummer, zu Standortdaten, zu einer Online-Kennung oder zu
einem oder mehreren besonderen Merkmalen" ergeben. Diese besonderen
Merkmale können die Identifizierung einer Person ermöglichen, weil sie
„Ausdruck ihrer physischen, physiologischen, genetischen, psychischen,
wirtschaftlichen, kulturellen oder sozialen Identität sind". Ob der Schluss
von den bekannten besonderen Merkmalen auf die Identität der Person
möglich ist, hängt ab von dem verfügbaren „Zusatzwissen", das eine Verbindung von den bekannten Daten zu der spezifischen Person herstellen
kann. Inzwischen hat sich die Ansicht durchgesetzt, dass es dafür auf das
Zusatzwissen des jeweils Verantwortlichen ankommt („relativer Personenbezug") und nicht auf das Zusatzwissen aller möglichen Verantwortlichen
(„absoluter Personenbezug").[14]

Ist eine Person durch das Zusatzwissen eines Verantwortlichen identifizier-   14
bar, kann dies bei einem anderen Verantwortlichen, der über weniger Zusatzwissen verfügt, nicht so sein.[15] Um zu bestimmen, auf welches mögliche Zusatzwissen für die Feststellung eines Personenbezugs abzustellen ist,
sind nach ErwG 21 Satz 2 JI-RL „alle Mittel" zu berücksichtigen, „die von
dem Verantwortlichen oder einer anderen Person nach allgemeinem Ermessen wahrscheinlich genutzt werden, um die natürliche Person direkt oder
indirekt zu identifizieren". In einer Risikoprognose ist zu prüfen, ob „auf
Grund allgemeiner Lebenserfahrung oder aufgrund wissenschaftlicher Ex-
pertise ... mit einer Aufdeckung des Personenbezugs zu rechnen ist".[16] Die
„rein hypothetische Möglichkeit zur Bestimmung der Person" reicht nicht
aus, um die Person als ‚bestimmbar' anzusehen".[17] Ob eine Angabe tat-

---

11 Art. 29-Datenschutzgruppe WP 136, 14; *Ziebarth* in HK-BDSG § 46 Rn. 8; *Schulz*
     in Gola/Heckmann BDSG § 46 Rn. 8.
12 S. *Husemann* in Roßnagel Das neue DSR § 3 Rn. 6; *Karg* DuD 2015, 520 (523);
     für die DSRL Art. 29-Datenschutzgruppe WP 136, 14; *Ziebarth* in HK-BDSG § 46
     Rn. 8.
13 S. zB EuGH ECLI:EU:C:2016:779, Rn. 22 – Breyer; Art. 29-Datenschutzgruppe
     WP 136, 14.
14 S. zu diesem Streit ausführlich *Roßnagel/Geminn* in Dierks/Roßnagel, S. 148 ff.
     mwN.
15 S. zB Art. 29-Datenschutzgruppe, WP 136, 15; *Tinnefeld* in Roßnagel Daten-
     schutzR-HdB Kap. 4.1 Rn. 22; *Roßnagel/Scholz* MMR 2000, 721 (722 f.); *Schulz*
     in Gola/Heckmann BDSG § 46 Rn. 16; *Eßer* in HK-DSG NRW § 36 Rn. 22.
16 *Roßnagel/Scholz* MMR 2000, 721 (723); *Ziebarth* in HK-BDSG § 46 Rn. 17.
17 Art. 29-Datenschutzgruppe WP 136, 17.

sächlich zugeordnet werden kann, ist daher nach der **Wahrscheinlichkeit** zu entscheiden, dies tatsächlich durchzuführen.[18] Das Wahrscheinlichkeitsurteil ergibt sich aus einer Zweck-Mittel-Abwägung. Nach ErwG 21 Satz 3 JI-RL sind hinsichtlich der eingesetzten Mittel die „Kosten der Identifizierung und der dafür erforderliche Zeitaufwand" sowie „die zum Zeitpunkt der Verarbeitung verfügbare Technologie und technologische Entwicklungen zu berücksichtigen". Es sollen „alle objektiven Faktoren" bedacht werden.[19] Dabei sind auch künftige Entwicklungen einzubeziehen. Der Aufwand kann sich etwa mit der fortlaufenden Erweiterung der zugänglichen Datenmenge sowie mit den Möglichkeiten zur technischen Zusammenführung und Verknüpfung von Daten reduzieren.[20] Die Prüfung des Personenbezugs muss daher zumindest „die Entwicklungsmöglichkeiten in dem Zeitraum berücksichtigen ..., für den die Daten verarbeitet werden".[21] Das **Zusatzwissen Dritter** ist zu berücksichtigen, soweit damit zu rechnen ist, dass der Verantwortliche es für die Identifikation nutzen kann. Ein rechtswidriges Verhalten darf dabei nicht einfach unterstellt werden, ist aber zu berücksichtigen, wenn objektive Anhaltspunkte dies wahrscheinlich erscheinen lassen.[22] Ebenso sind gesetzliche Zugriffskompetenzen staatlicher Behörden nur zu beachten, wenn es für deren konkrete Ausnutzung Hinweise gibt.

2. Datenverarbeitung (Nr. 2)

15   Nr. 2 definiert einen zentralen Begriff des Dritten Teils. Die „Verarbeitung" personenbezogener Daten (→ Rn. 12 ff.) beschreibt dessen sachlichen Anwendungsbereich (→ § 40 Rn. 19) und ist der Anknüpfungspunkt der Rechte der betroffenen Personen, der Pflichten der Verantwortlichen und Auftragsverarbeiter und der Überwachungstätigkeit der Aufsichtsbehörden.[23] Der Begriff der „Verarbeitung" beschreibt – in der deutschen Sprachfassung – mal Tätigkeiten, mal Zustände, die durch eine Tätigkeit erreicht werden. Diese Tätigkeiten oder Zustände werden bezogen auf personenbezogene Daten in der digitalen Welt in allen Handlungsbereichen der Verantwortlichen stattfinden.[24] Der Begriff muss daher entsprechend weit gefasst werden (→ § 40 Rn. 23 f.)

16   Die Definition des Begriffs „Verarbeitung" (in der englischen Übersetzung „processing") erfolgt durch eine Kombination einer höchst abstrakten Begriffsbestimmung und zahlreichen nicht abschließenden Beispielen, die sie

---

18 So EuGH ECLI:EU:C:2016:779, Rn. 46 – Breyer; *BGH* 2017, 2416 Rn. 24 ff.; *Hofmann/Johannes* ZD 2017, 221 (224); *Roßnagel/Scholz* MMR 2000, 721 (726); *Tinnefeld* in Roßnagel DatenschutzR-HdB Kap. 4.1 Rn. 23.
19 S. näher *Roßnagel/Geminn* in Dierks/Roßnagel, S. 157 ff. mwN.
20 BVerfGE 65, 1 (45).
21 Art. 29-Datenschutzgruppe WP 136, 18; *Roßnagel/Geminn* in Dierks/Roßnagel, S. 159 f. mwN.
22 EuGH ECLI:EU:C:2016:779, Rn. 46 – Breyer; BGH 2017, 2416 Rn. 24 ff.; *Hofmann/Johannes* ZD 2017, 221 (224); *Eßer* in HK-DSG NRW § 36 Rn. 22; *Klar/Kühling* in Kühling/Buchner DS-GVO Art. 4 Nr. 1 Rn. 29; *Roßnagel/Geminn* in Dierks/Roßnagel, S. 160 ff. mwN.
23 S. *Roßnagel* in Simitis/Hornung/Spiecker gen. Döhmann DS-GVO Art. 4 Nr. 2 Rn. 1, 8; *Reimer* in HK-BDSG § 46 Rn. 36.
24 S zB *Bäcker/Hornung* ZD 2012, 147 (149).

illustrieren. Datenverarbeitung ist nach dieser Definition jeder **Vorgang** (in der englischen Übersetzung „operation"), der irgendwie im Zusammenhang mit personenbezogenen Daten steht. Sie erfasst nicht nur typische Datenverwendungen wie die Speicherung, Übermittlung oder Veränderung von Daten, sondern sämtliche Formen des Umgangs mit personenbezogenen Daten von der Erhebung bis zur endgültigen Vernichtung.[25] Eine **Vorgangsreihe** betrifft eine Reihe mehr oder weniger eng zusammenhängender Vorgänge. Aus welchen und wie vielen Vorgangsschritten der Umgang mit personenbezogenen Daten besteht und ob diese unmittelbar hintereinander, am gleichen Ort oder zeitlich oder räumlich verteilt stattfinden, ist für den Begriff der Verarbeitung rechtlich irrelevant. Ohne Bedeutung ist auch die Intensität oder die Dauer des Umgangs mit den Daten. Auch wenn die Daten etwa im Cache eines Browsers nur kurzzeitig zwischengespeichert werden, stellt dies ebenso eine Verarbeitung dar wie die bloße Anzeige einer Datei auf einem Bildschirm oder die Weitergabe eines mobilen Speichermediums. Auch die kurzfristige Speicherung von Bilddaten, die Extraktion des Kfz-Kennzeichens aus dem Bild, der Abgleich des Kennzeichens mit einer Suchliste und das Löschen der erhobenen Bilddaten und der verarbeiteten Kennzeichendaten sind Datenverarbeitungsvorgänge.[26]

Ob der Vorgang mit oder ohne Hilfe **automatisierter Verfahren** ausgeführt wird, spielt für den rechtlichen Begriff der „Datenverarbeitung" keine Rolle. Er gilt auch jede **manuelle und analoge Datenverarbeitung**. Daher sind auch papierne Karteien, Handakten, Notizbücher und vergleichbare Verarbeitungsmittel vom Begriff erfasst. Eine Einschränkung auf die Verarbeitungen, die zur Speicherung in einem Datei- oder Ablagesystem führen oder führen sollen, sieht § 1 Abs. 1 nicht vor (→ § 1 Rn. 14, § 40 Rn. 23 f.). 17

Nach der abstrakten Definition wird diese durch nicht abschließende **Beispiele** erläutert.[27] Die Beispiele sind beliebig ausgewählt und entsprechen keinem System. Sie gehören unterschiedlichen Ordnungssystemen an, befinden sich nicht auf einer gleichen Abstraktionsebene, sind zum Teil ein Unterbeispiel zu einem anderen Beispiel oder überschneiden sich. Nicht enthalten in der Aufzählung sind die Beispiele der Einschränkung, der Pseudonymisierung und der Anonymisierung, obwohl alle drei Verarbeitungen darstellen.[28] Sie sind allerdings in Nr. 3 und 5 sowie in § 2 Abs. 4 definiert. 18

Erheben ist das Beschaffen (englisch „collecting") von Daten über eine betroffene Person. Erheben bezeichnet damit einen Vorgang, durch den die erhebende Stelle Kenntnis von den betreffenden Daten erhält oder die Ver- 19

---

25 S. *Roßnagel* in Simitis/Hornung/Spiecker gen. Döhmann DS-GVO Art. 4 Nr. 2 Rn. 11; *Herbst* in Kühling/Buchner DS-GVO Art. 4 Nr. 2 Rn. 15; *Schulz* in Gola/Heckmann BDSG § 46 Rn. 27.
26 S. näher *Roßnagel* NJW 2008, 2547 (2548) mwN; s. hierzu BVerfGE 120, 378 (399) einerseits, aber dies korrigierend BVerfGE 150, 244 (265) Rn. 45 ff. andererseits.
27 S. zB *Meier* in HK-LDSG RhPf § 27 Rn. 7.
28 S. zB *Roßnagel* ZD 2018, 243 (243); *Roßnagel* ZD 2021, iE; *Hornung/Wagner* ZD 2020, 223 ff.

fügungsmacht über die Daten begründet.[29] Erheben setzt ein aktives Handeln des Verantwortlichen voraus. Daten können zum einen gezielt erhoben werden, indem Daten technisch – etwa durch einen Sensor, eine Kamera oder ein anderes Datenaufnahmegerät – erfasst (→ Rn. 20) werden oder ein Mensch die Daten wahrnimmt und in ein informationstechnisches System eingibt. Zum anderen können Daten dem Verantwortlichen übermittelt werden. Darin besteht noch kein Erheben, da der Empfänger sich die Daten nicht beschafft hat. Das Erheben findet dann dadurch statt, dass dieser die Daten in einen eigenen Vorgang zum Umgang mit personenbezogenen Daten übernimmt.[30]

20   **Erfassen** (englisch „recording") bezeichnet die **technische Formgebung** erhobener Daten. Sie werden in einem bestimmten Format „erfasst", das die weitere (technische) Verarbeitung ermöglicht.[31] Das Erfassen kann bei nicht automatisierter Datenverarbeitung etwa im Aufschreiben bestehen.[32]

21   Die **Organisation** (englisch „organization") bezeichnet das Ergebnis des Sammelns und Ordnens von Daten. Sie beruht idR auf einer systematischen Strukturierung der Sammlung. Sie soll die Möglichkeiten des Auffindens und Auswertens personenbezogener Daten vereinfachen oder verbessern.[33]

22   **Ordnen** (englisch „structuring") ist als Unterfall der Organisation die Tätigkeit, die zu einer organisierten Datensammlung führt. Das Ordnen erfolgt im Rahmen einer Struktur, nach der die personenbezogenen Daten aufbewahrt, wiedergefunden und aufgerufen werden können.[34]

23   **Speicherung** (englisch „storage") ist der technische Vorgang und Zustand der Aufbewahrung von personenbezogenen Daten, um sie weiter zu verarbeiten. Für die Speicherung ist es nicht erforderlich, dass der Verantwortliche die tatsächliche Sachherrschaft über den Datenträger hat.[35] Er kann daher auch personenbezogene Daten auf dem Datenträger eines Auftragsverarbeiters oder in einer Cloud aufbewahren, wenn diese Aufbewahrung unter seiner Herrschaft stattfindet.[36]

24   **Veränderung** (englisch „alteration") der Daten ist ein Vorgang, der dazu führt, dass die Daten selbst oder ihre Zuordnung inhaltlich umgestaltet werden. Inhaltliches Umgestalten ist jede Maßnahme, durch die der Informationsgehalt (Semantik) des Datums geändert wird. Eine Veränderung

---

29 S. zB *Herbst* in Kühling/Buchner DS-GVO Art. 4 Nr. 2 Rn. 21; *Reimer* in HK-DS-GVO Art. 4 Rn. 55.

30 S. *Roßnagel* in Simitis/Hornung/Spiecker gen. Döhmann DS-GVO Art. 4 Nr. 2 Rn. 15; *Reimer* in HK-BDSG § 46 Rn. 49.

31 *Roßnagel* in Simitis/Hornung/Spiecker gen. Döhmann DS-GVO Art. 4 Nr. 2 Rn. 16; aA *Reimer* in HK-DS-GVO Art. 4 Rn. 57: beschränkt auf die Erstspeicherung; *Herbst* in Kühling/Buchner DS-GVO Art. 4 Nr. 2 Rn. 21: In Verfügungsbereich gelangen.

32 *Ernst* in Paal/Pauly DS-GVO Art. 4 Rn. 24.

33 *Roßnagel* in Simitis/Hornung/Spiecker gen. Döhmann DS-GVO Art. 4 Nr. 2 Rn. 17; *Herbst* in Kühling/Buchner DS-GVO Art. 4 Nr. 2 Rn. 23.

34 *Roßnagel* in Simitis/Hornung/Spiecker gen. Döhmann DS-GVO Art. 4 Nr. 2 Rn. 18; *Reimer* in HK-BDSG § 46 Rn. 53 f.

35 S. zB Kühling/Buchner/*Herbst* DS-GVO Art. 4 Nr. 2 Rn. 24.

36 *Roßnagel* in Simitis/Hornung/Spiecker gen. Döhmann DS-GVO Art. 4 Nr. 2 Rn. 19.

der Daten selbst ist etwa eine Berichtigung. Sie können aber auch dadurch verändert werden, dass sie ergänzt oder in einen neuen Zusammenhang gestellt oder für einen anderen Zweck verwendet werden.[37]

Anpassung (englisch „adaption") ist ein Beispiel für eine Veränderung. Dabei werden die personenbezogenen Daten so verändert, dass sie zu anderen Daten, anderen Zwecken, anderen Ordnungssystemen oder anderen Vorgängen passen. Ein Beispiel ist eine periodische Fortschreibung eines bestimmten Datums wie etwa des Alters oder des Semesters.[38] **25**

Auslesen (englisch „retrieval") hat eine doppelte Bedeutung. Auslesen liegt zum einen vor, wenn die Daten der Sehfunktion eines Menschen zB auf einem Display zugänglich gemacht werden.[39] Zum anderen kann unter Auslesen auch verstanden werden, Daten aus einem Datenträger auszulesen, um sie einer weiteren Bearbeitung zugänglich zu machen.[40] **26**

Das **Abfragen** (englisch „consultation") ist weitgehend ein Unterfall des Auslesens. Mit Abfragen verbindet man begrifflich einerseits eine einigermaßen gezielte Suche,[41] andererseits aber auch eine andere Ausgabe als nur eine solche, die dem Sehsinn ermöglicht, das Datum wahrzunehmen.[42] **27**

Die **Verwendung** (englisch „use") ist ein Begriff auf höchster Abstraktionshöhe. Alle Beispiele außer Erheben und Erfassen sind Unterbeispiele von Verwenden. Alles gezielte Umgehen mit personenbezogenen Daten kann als Verwenden der Daten bezeichnet werden. Verwenden ist ein Auffangbeispiel, das alle nicht durch ein Beispiel erfassten Vorgänge im Zusammenhang mit personenbezogenen Daten erfasst.[43] **28**

Offenlegung (englisch „disclosure") bezeichnet einen Vorgang, der dazu führt, dass Daten für andere zugänglich werden und diese sie auslesen oder abfragen können. Für die Offenlegung nennt Nr. 2 beispielhaft drei Tätigkeitsformen, durch die sie erfolgen kann. Die erste Tätigkeitsform ist die „Übermittlung" von Daten (englisch „transmission"). Dies ist die gezielte Weitergabe[44] von Daten an einen oder mehrere Empfänger („Push") iSd von Nr. 10. Dies muss kein Dritter sein. Eine Übermittlung kann an jeden erfolgen, der die Daten entgegennimmt – auch bei einer Übertragung an den Auftragsverarbeiter.[45] Dagegen ist die „**Verbreitung**" (englisch „dissemination") eine ungezielte Weitergabe an einen größeren und unbestimmten Kreis von Empfängern, denen dadurch der Zugang zu den Daten er- **29**

---

37 *Roßnagel* in Simitis/Hornung/Spiecker gen. Döhmann DS-GVO Art. 4 Nr. 2 Rn. 20.
38 *Roßnagel* in Simitis/Hornung/Spiecker gen. Döhmann DS-GVO Art. 4 Nr. 2 Rn. 21.
39 S. zB *Reimer* in HK-DS-GVO Art. 4 Rn. 63.
40 *Roßnagel* in Simitis/Hornung/Spiecker gen. Döhmann DS-GVO Art. 4 Nr. 2 Rn. 22.
41 EuGH ECLI:EU:C:2014:317, Rn. 28 – Google Spain.
42 *Roßnagel* in Simitis/Hornung/Spiecker gen. Döhmann DS-GVO Art. 4 Nr. 2 Rn. 23; aA *Ernst* in Paal/Pauly DS-GVO Art. 4 Rn. 28.
43 *Roßnagel* in Simitis/Hornung/Spiecker gen. Döhmann DS-GVO Art. 4 Nr. 2 Rn. 23; *Ernst* in Paal/Pauly DS-GVO Art. 4 Rn. 29; *Herbst* in Kühling/Buchner DS-GVO Art. 4 Nr. 2 Rn. 28; aA *Reimer* in HK-DS-GVO Art. 4 Rn. 67.
44 S. EuGH ECLI:EU:C:2003:596 Rn. 56 ff. – Lindqvist.
45 S. *Herbst* in Kühling/Buchner DS-GVO Art. 4 Nr. 2 Rn. 29 f.

möglicht wird. Schließlich ist **Bereitstellung**" (englisch „otherwise making available") eher eine passive Form der Offenlegung, die anderen ermöglicht, durch eigenes Tätigwerden („Pull") auf die Daten zuzugreifen. Bereitstellung kann zB durch mündliche Weitergabe, einen Brief, eine Mail, eine Abfragemöglichkeit, durch Bereitstellen von Daten auf einer Website[46] oder durch die Angabe von Suchergebnissen erfolgen.[47]

30　Ein **Abgleich** (englisch „alignment") setzt zwei Datensätze voraus, die auf Übereinstimmungen oder Unterschiede untersucht werden können. Denkbar wäre auch, dass ein Datenbestand nach bestimmten Merkmalen durchsucht wird. Ein typisches Beispiel für einen Abgleich ist eine Rasterfahndung.[48]

31　Eine **Verknüpfung** (englisch „combination") setzt idR mehrere Datenbestände voraus, die so zusammengeführt werden, dass Daten zu bestimmten Merkmalen oder bestimmten Personen verbunden werden und sich der Aussagewert der Daten deutlich erhöht – zB Erstellung von Persönlichkeitsprofilen (→ Rn. 36), indem Daten zu einer bestimmten Person aus verschiedenen Datenbeständen zusammengeführt werden.[49]

32　Die **Einschränkung** von personenbezogenen Daten ist in Nr. 3 (→ Rn. 35) definiert.

33　**Löschen** (englisch „erasure") beschreibt jede Handlungsform, die dazu dient, dass Daten nicht mehr verwendet werden können. Das Löschen muss irreversibel sein. Unzureichend ist das schlichte Entfernen eines Verweises auf bestimmte Daten in einem Register oder das Überschreiben der Daten in einer Datei, da beides idR informationstechnisch reversibel ist.[50] Das Löschen kann auf unterschiedliche Weise erfolgen – in der Regel durch ein mehrfaches Überschreiben, das eine Rekonstruktion der ursprünglichen Daten ausschließt.[51] Kein Löschen erfolgt durch Verschlüsselung oder durch Anonymisierung der Daten, da beide nicht den vom Löschen erwarteten irreversiblen Zustand herstellen.[52]

34　**Vernichtung** (englisch „destruction") ist die physische Beseitigung der Daten.[53] Dies ist zB durch Zerstören der Datenträger möglich, wenn man sicher sein kann, dass die Daten nur auf den zerstörten Datenträgern gespeichert waren, oder durch Schreddern oder Verbrennen von Papierakten.[54]

46　EuGH ECLI:EU:C:2003:596 Rn. 25–27 – Lindqvist.
47　EuGH ECLI:EU:C:2014:317 Rn. 28 – Google Spain.
48　*Roßnagel* in Simitis/Hornung/Spiecker gen. Döhmann DS-GVO Art. 4 Nr. 2 Rn. 27; *Reimer* in HK-BDSG § 46 Rn. 66.
49　*Roßnagel* in Simitis/Hornung/Spiecker gen. Döhmann DS-GVO Art. 4 Nr. 2 Rn. 28.
50　S. auch *Herbst* in Kühling/Buchner DS-GVO Art. 4 Rn. 36, Art. 17 Rn. 37; *Reimer* in HK-DS-GVO Art. 4 Rn. 75.
51　S. zum Löschkonzept DIN 66398; *Hammer* DuD 2016, 528.
52　S. ausführlich *Roßnagel* ZD 2021, iE; ebenso *Roßnagel* in Simitis/Hornung/ Spiecker gen. Döhmann DS-GVO Art. 4 Nr. 2 Rn. 31 f.; *Roßnagel/Geminn* in Dierks/Roßnagel, S. 125 (186 ff.); aA *BfDI* 2020; *Stürmer*, ZD 2020, 626.
53　*Ernst* in Paal/Pauly DS-GVO Art. 4 Rn. 34; *Reimer* in HK-BDSG Art. 4 Rn. 76.
54　S. auch *Reimer* in HK-BDSG § 46 Rn. 70; *Roßnagel* ZD 2021, iE.

3. Einschränkung (Nr. 3)

Nr. 3 definiert die „**Einschränkung**" (englisch „restriction") als „die Mar- 35
kierung gespeicherter personenbezogener Daten mit dem Ziel, ihre künftige Verarbeitung einzuschränken".[55] Nach der DSRL entsprach dem die Bezeichnung „**Sperrung**". Das Recht auf Einschränkung der Datenverarbeitung ist in § 53 Abs. 3 bis 7 geregelt (→ § 53 Rn. 19 ff.).

4. Profiling (Nr. 4)

Nach Nr. 4 ist unter „Profiling" jede Art der automatisierten Verarbeitung 36
personenbezogener Daten zu verstehen, die darin besteht, dass diese verwendet werden, um bestimmte persönliche Aspekte, die sich auf eine natürliche Person beziehen, zu bewerten. Als Beispiele nennt Nr. 4 die Bewertung der Arbeitsleistung, der wirtschaftlichen Lage, der Gesundheit, der
persönlichen Vorlieben, der Interessen, der Zuverlässigkeit, des Verhaltens
oder des Aufenthaltsorts oder Ortswechsels. Ziel des Profiling ist, diese
**Merkmale einer natürlichen Person zu analysieren vorherzusagen oder zu
steuern**.[56] Ein besseres Verständnis kann darauf zielen, bestimmte Risiken
zB für Bonität, Vertrauen, Belastbarkeit, Verlässlichkeit oder Motivationen
für zB Einschätzungen, Präferenzen oder Verhaltensweisen zu erkennen.
Prognose kann dazu dienen, das Verhalten von Einzelnen und Gruppen
vorzusagen und geeignete Vorkehrungen zu treffen. Steuerung kann darauf
zielen, das Verhalten der Person zB im Verkehr, im Umgang mit anderen,
im Konsum oder in Sicherheitsfragen zu beeinflussen. Technische Mittel
zur automatisierten Verarbeitung können zB Big Data-Analysen oder Anwendungen von KI wie Predictive Policing sein.[57]

5. Pseudonymisierung (Nr. 5)

Die Pseudonymisierung personenbezogener Daten fordern im Dritten Teil 37
§ 43 für die Verarbeitung besonderer Kategorien personenbezogener Daten
und § 59 für die Sicherheit der Datenverarbeitung. Pseudonymisierung definiert Nr. 5 als die Verarbeitung personenbezogener Daten in einer Weise,
dass die personenbezogenen Daten ohne Hinzuziehung zusätzlicher Informationen nicht mehr einer spezifischen betroffenen Person zugeordnet werden können. Pseudonymisierung erfolgt dadurch, dass **Identifikations-
merkmale durch andere Kennzeichen** ersetzt werden, die eine Identifikation
der betroffenen Person ausschließen oder wesentlich erschweren (so § 3
Abs. 6 a BDSG aF). Eine **Zuordnungsregel** für die Pseudonyme („zusätzliche Informationen") ermöglicht jedoch – im Gegensatz zur Anonymität –
eine Aufdeckung der Identitäten. Pseudonymisierung kann die Datenver-
beitung erleichtern oder ermöglichen, weil sie die Personenbeziehbarkeit
ausschließen oder erschweren und zugleich sowohl eine Wiedererkennung
der pseudonymen Person und die Zuordnung unterschiedlicher Datensätze

---

55 S. auch ErwG 67 DS-GVO.
56 S. näher *Dix* in Simitis/Hornung/Spiecker gen. Döhmann DS-GVO Art. 4 Nr. 4
    Rn. 4 ff.; *Reimer* in HK-BDSG § 46 Rn. 77.
57 S. zB *Dix* in Simitis/Hornung/Spiecker gen. Döhmann DS-GVO Art. 4 Nr. 4
    Rn. 7 ff.

zu ihr ermöglichen als auch für bestimmte Stellen unter bestimmten Bedingungen eine Aufdeckung der Identität erlauben.[58]

38 Welche **Rechtsfolgen** die Pseudonymisierung bewirkt, hängt davon ab, welche faktische Wirkung sie für den jeweiligen Verantwortlichen hat. Bewirkt die Pseudonymisierung, dass für den Verantwortlichen oder Empfänger der Daten die Zuordnung der Daten zu einer bestimmten Person ausgeschlossen ist, sind die Daten entsprechend der Definition in Nr. 1 (→ Rn. 12 f.) ihnen gegenüber **anonym** und keine personenbezogenen Daten.[59] Vermindert die Pseudonymisierung dagegen nur die Risiken der Datenverarbeitung für die betroffene Person und ermöglicht dem Verantwortlichen unter bestimmten Umständen die Zusammenführung der Zuordnungsdaten und der Pseudonyme, sind die Pseudonyme ihm gegenüber **personenbezogene Daten**.[60]

39 Welche Rechtsfolge eintritt, hängt überwiegend von den spezifischen Vorkehrungen zum **Schutz der Pseudonymität** ab. Nach Nr. 5 müssen die zusätzlichen Informationen, mit deren Hilfe ein Personenbezug hergestellt werden kann, **gesondert aufbewahrt** werden. Die Zusatzinformationen müssen außerdem technischen und organisatorischen **Sicherheitsmaßnahmen** unterliegen, die gewährleisten, dass die Daten nicht einer identifizierten oder identifizierbaren natürlichen Person zugewiesen werden können. Nr. 5 legt jedoch das Sicherheitsniveau beider Maßnahmen nicht abschließend fest. Über die Rechtsfolgen der Pseudonymisierung entscheidet jedoch idR das Maß der Sicherheit der gesonderten Aufbewahrung und der Verlässlichkeit der geforderten Sicherheitsmaßnahmen.[61] Erfolgt die gesonderte Aufbewahrung etwa durch einen unabhängigen **Treuhänder** und ist die Zuordnungsregel bei ihm ausreichend technisch und organisatorisch gesichert, können die Pseudonyme für diejenigen, die dadurch von einer Identifizierung ausgeschlossen sind, anonym sein. Findet die Aufbewahrung aber innerhalb der Organisation des Verantwortlichen statt oder kann er im Ausnahmefall vom Inhaber der Zuordnungsregel die Aufhebung der Pseudonymität fordern, um zB Inkonsistenzen in den Daten aufzulösen oder nur gesuchte „Treffer" zu identifizieren, sind die Pseudonyme für ihn nicht anonym, sondern personenbezogen. In diesen Fällen kann die Pseudonymisierung jedoch die Aufdeckung der Identität erschweren und das Risiko der Datenverarbeitung vermindern und dadurch überhaupt erst die Verarbeitung der personenbezogenen Daten ermöglichen.[62]

---

58 S. zB *Roßnagel* MMR 2000, 721 (724).
59 EuGH ECLI:EU:C:2016:779, Rn. 47–49 – Breyer; s. grundsätzlich *Roßnagel/Scholz* MMR 2000, 721 (724 f.); *Roßnagel* ZD 2018, 243 (245); *Eßer* in HK-DSG NRW § 36 Rn. 71; *Ziebart* in HK-BDSG § 46 Rn. 90 f.; Art. 29-Datenschutzgruppe WP 136, 20; *Roßnagel/Geminn* in Dierks/Roßnagel, S. 174 ff. mwN.
60 Nur diese Alternative hat ErwG 21 Satz 3 JI-RL im Blick.
61 S. hierzu ausführlich *Hansen* in Simitis/Hornung/Spiecker gen. Döhmann DS-GVO Art. 4 Nr. 30 ff.; s. auch *Roßnagel/Geminn* in Dierks/Roßnagel, S. 182 ff.
62 S. ErwG 53 Satz 6 JI-RL; s. auch *Roßnagel* ZD 2018, 243 (245 f.); *Schulz* in Gola/Heckmann BDSG § 46 Rn. 39; *Ziebarth* in HK-BDSG § 46 Rn. 92 ff.

6. Dateisystem (Nr. 6)

Nr. 6 stellt für ein Dateisystem nur zwei Anforderungen: Die Datensammlung muss strukturiert sein und die einzelnen Daten müssen entsprechend dieser Struktur zugänglich sein. Eine **strukturierte Sammlung** ist eine planmäßige Zusammenstellung einzelner Angaben, die durch die Gleichartigkeit der Informationen oder des Zwecks ihrer Aufbewahrung zum Ausdruck kommt.[63] Hierfür reicht aus, dass sie nach einem einzigen Merkmal geordnet ist.[64] Die personenbezogenen Daten sind **nach bestimmten Kriterien zugänglich**, wenn sie nach mindestens zwei Kriterien ausgewertet werden können.[65] Für das Vorhandensein eines Dateisystems spielt es nach dem zweiten Satzteil der Nr. 6 keine Rolle, ob diese Sammlung zentral, dezentral oder nach funktionalen oder geografischen Gesichtspunkten geordnet geführt wird. Vom Begriff des Dateisystems werden sowohl elektronische Datensammlungen (aller Formate) als auch analoge Akten erfasst.[66]

7. Zuständige Behörde (Nr. 7)

Nach § 40 Abs. 1 Satz 1 gilt der Dritte Teil des Gesetzes für die jeweils zuständigen öffentlichen Stellen. Diese gelten auch als „zuständige Behörden" und werden in Nr. 7 definiert. Eine zuständige Behörde ist nach lit. a eine staatliche Stelle, der für die Aufgaben der Verhütung, Ermittlung, Aufdeckung, Verfolgung oder Ahndung von Straftaten oder Ordnungswidrigkeiten oder die Strafvollstreckung, einschließlich des Schutzes vor und der Abwehr von Gefahren für die öffentliche Sicherheit, grundsätzliche Befugnisse zugewiesen worden sind. (→ § 40 Rn. 32 ff.). Darunter fallen vor allem die (Straf-)**Gerichte, Staatsanwaltschaften und Polizeibehörden**.[67]

Nach lit. b gilt als „zuständige Behörde" auch eine andere staatliche Stelle oder Einrichtung, der durch Rechtsvorschrift (→ § 2 Rn. 16) die Ausübung öffentlicher Gewalt und hoheitlicher Befugnisse (→ § 3 Rn. 25 ff.) zur Erfüllung der Aufgaben nach § 40 übertragen wurde. Dies können zB **Ordnungsbehörden** sein, die für die straftatenbezogene Gefahrenabwehr oder für die Verhütung, Ermittlung, Aufdeckung, Verfolgung oder Ahndung von Straftaten und Ordnungswidrigkeiten zuständig sind, wie etwa die für Steuerfahndung zuständigen Finanz- und Zollbehörden.[68]

8. Verantwortlicher (Nr. 8)

Der Verantwortliche ist neben dem Auftragsverarbeiter gemäß Nr. 9 der zentrale Adressat der Vorschriften des Dritten Teils. Er trägt die Verant-

40

41

42

43

---

63 S. zB *Kühling/Raab* in Kühling/Buchner DS-GVO Art. 4 Nr. 6 Rn. 2; *Reimer* in HK-BDSG § 46 Rn. 101; *Schulz* in Gola/Heckmann BDSG § 46 Rn. 41.
64 S. zB *Ennöckl* in HK-DS-GVO Art. 4 Rn. 112.
65 So auch *Kühling/Raab* in Kühling/Buchner DS-GVO Art. 4 Nr. 6 Rn. 5; *Schulz* in Gola/Heckmann BDSG § 46 Rn. 43; aA *Reimer* in HK-BDSG § 46 Rn. 102: eine Mehrzahl an Kriterien ist nicht gefordert.
66 S. auch ErwG 18 JI-RL; s. näher *Roßnagel* in Simitis/Hornung/Spiecker gen. Döhmann DS-GVO Art. 4 Nr. 6 Rn. 7 ff.; *Meier* in HK-LDSG RhPf § 27 Rn. 12.
67 S. zB auch *Meier* in HK-LDSG RhPf § 27 Rn. 14.
68 S. zB *Meier* in HK-LDSG RhPf § 27 Rn. 15; *Weinhold/Johannes* DVBl 2016, 1501 (1503); *Weinhold* in Roßnagel, Das neue DSR, § 7 Rn. 76 ff.; aA *Eßer* in HK-DSG NRW § 36 Rn. 81: Beliehene.

wortung für die Rechtmäßigkeit der Datenverarbeitung. Verantwortlicher kann nur eine zuständige Behörde gemäß Nr. 7 sein. Diese gilt dann als verantwortlich, wenn sie allein oder gemeinsam mit anderen über die Zwecke und Mittel der Verarbeitung von personenbezogenen Daten entscheidet. Für die zuständigen Behörden ist idR nach dem Prinzip der Gesetzesbindung der Verwaltung gesetzlich festgelegt, wer diese Entscheidung treffen kann und wer dadurch die Verantwortung trägt.[69] Nach § 40 Abs. 1 Satz 3 gilt die **zuständige öffentliche Stelle** als Verantwortlicher (→ § 40 Rn. 38 ff.). Hierfür ist es nicht erforderlich, dass die zuständige Behörde selbst personenbezogene Daten verarbeitet, sich im Besitz der zu verarbeitenden Daten befindet oder über die physische Herrschaft über den Verarbeitungsprozess verfügt. Entscheidet die zuständige Behörde, Daten zu verarbeiten, sind ihr sämtliche Personen und Stellen funktionell zuzurechnen, die unter ihrer Aufsicht Schritte einer Datenverarbeitung vornehmen.[70]

44   Arbeiten mehrere Behörden oder Stellen zusammen und sind die Verantwortungsbereiche klar getrennt, kann für verschiedene Ebenen oder Schritte der Datenverarbeitung die Verantwortung unterschieden werden.[71] Vielfach dürfte jedoch eine **gemeinsame Verantwortung** nach § 58 Abs. 2 vorliegen (→ § 58 Rn. 9)[72] und es gelten die in § 58 aufgestellten Regelungen.

9. Auftragsverarbeiter (Nr. 9)

45   Neben dem Verantwortlichen ist der Auftragsverarbeiter Adressat der Regelungen des Dritten Teils. Als Auftragsverarbeiter gilt nach Nr. 9 jede natürliche oder juristische Person, Behörde, Einrichtung oder andere Stelle, die personenbezogene Daten im Auftrag des Verantwortlichen verarbeitet. Entscheidend für diese Eigenschaft ist, die Datenverarbeitung im **Auftrag** des Verantwortlichen. Der Auftragsverarbeiter entscheidet also nicht über die Zwecke und Mittel der Verarbeitung von personenbezogenen Daten, sondern führt diese nach Weisung und unter Aufsicht des Verantwortlichen durch.[73] Die Anforderungen an eine rechtmäßige Auftragsverarbeitung ergeben sich aus § 57 (→ § 57 Rn. 12 ff.).

10. Empfänger (Nr. 10)

46   Der Begriff des Empfängers ist im Dritten Teil von **Bedeutung** für die Benachrichtigung betroffener Personen (§ 51), das Auskunftsrecht (§ 52), die Rechte auf Berichtigung und Löschung und Einschränkung der Verarbeitung (§ 53) sowie für das Verzeichnis der Verarbeitungtätigkeiten (§ 65), die Qualitätssicherung personenbezogener Daten vor deren Übermittlung (§ 69), die Pflichten zur Berichtigung und Löschung personenbezogener Daten sowie zur Einschränkung der Verarbeitung (§ 70), für die Protokol-

---

69 S. hierzu auch ErwG 54 JI-RL; s. zB auch *Schulz* in Gola/Heckmann BDSG § 46 Rn. 44, 46; *Eßer* in HK-DSG NRW § 36 Rn. 86.
70 *Raschauer* in HK-BDSG § 46 Rn. 111.
71 *Raschauer* in HK-BDSG § 46 Rn. 112.
72 S. hierzu zB EuGH ECLI:EU:C:2018:388 – Facebook Fanpage.
73 S. ErwG 55 JI-RL; s. auch zB *Schulz* in Gola/Heckmann BDSG § 46 Rn. 50; *Petri* in Simitis/Hornung/Spiecker gen. Döhmann DS-GVO Art. 4 Nr. 8 Rn. 5 ff.

lierung (§ 71 BDSG) und für die Regelungen zur Datenübermittlungen an Drittländer (§§ 73 ff.).

Nach Nr. 10 ist **Empfänger** eine natürliche oder juristische Person, Behörde, Einrichtung oder andere Stelle, der personenbezogene Daten offengelegt werden, unabhängig davon, ob es sich bei ihr um einen Dritten handelt oder nicht. Dieser Begriff beschreibt keine rechtliche Zuordnung, sondern nur die Tatsache, dass dieser Stelle personenbezogene Daten offengelegt (→ Rn. 29) werden.[74] Empfänger sind auch Auftragsverarbeiter, nicht aber datenschutzrechtlich unselbständige Teile des Verantwortlichen.[75]   47

Behörden, die im Rahmen eines bestimmten Untersuchungsauftrags nach dem Recht der Mitgliedstaaten möglicherweise personenbezogene Daten erhalten, gelten nach Nr. 10 jedoch nicht als Empfänger. Nach ErwG 22 JI-RL gilt diese rechtliche Fiktion für Behörden, denen gegenüber der Verantwortliche nicht offenlegungspflichtig ist („möglicherweise"), wie „Steuer- und Zollbehörden, Finanzermittlungsstellen, unabhängige Verwaltungsbehörden oder Finanzmarktbehörden, die für die Regulierung und Aufsicht von Wertpapiermärkten zuständig sind". Soweit Mitgliedstaaten idS Behörden durch Rechtsvorschrift einen Untersuchungsauftrag zuweisen, gelten diese nicht als Empfänger.[76] Diese Behörden müssen aber nach Nr. 10, auch wenn sie nicht als Empfänger gelten, die personenbezogenen Daten im Einklang mit den Datenschutzvorschriften, insbesondere dem Zweckbindungsgrundsatz, verarbeiten.   48

11. Verletzung des Schutzes personenbezogener Daten (Nr. 11)

Nach Nr. 11 bedeutet Verletzung des Schutzes personenbezogener Daten eine **Verletzung der** von § 59 **geforderten Sicherheit** (→ § 59 Rn. 7 ff.). Die Verletzung muss personenbezogene Daten betreffen, die verarbeitet wurden. Auf ein Verschulden kommt es nach dem Wortlaut nicht an.[77] Die Folge der Sicherheitsverletzung muss eine Vernichtung (→ Rn. 34), ein Verlust oder eine Veränderung (→ Rn. 24), ob unbeabsichtigt oder unrechtmäßig, oder eine unbefugte Offenlegung (→ Rn. 29) oder ein unbefugter Zugang zu diesen Daten sein.[78] Ein Verlust liegt vor, wenn Daten dem Verantwortlichen nicht mehr zur Verfügung stehen, zB durch Löschung, Abhandenkommen physischer Originaldatenträger, Zerstörung von IT-Systemen oder durch Verschlüsselungstrojaner.[79] Ein unbefugter Zugang liegt vor, wenn nicht hierzu autorisierte Personen Kenntnis von den personenbezogenen Daten oder auch nur Zugang zu den Geräten, mit denen personenbe-   49

---

74 S. zB *Eßer* in HK-DSG NRW § 36 Rn. 90.
75 S. zB *Regenhardt* in HK-BDSG § 46 Rn. 133 f.; *Eßer* in HK-DSG NRW § 36 Rn. 91; *Schulz* in Gola/Heckmann BDSG § 46 Rn. 55; *Petri* in Simitis/Hornung/ Spiecker gen. Döhmann DS-GVO Art. 4 Nr. 9 Rn. 3.
76 S. zB *Regenhardt* in HK-BDSG § 46 Rn. 135; *Eßer* in HK-DSG NRW § 36 Rn. 93.
77 S. auch zB *Schulz* in Gola/Heckmann BDSG § 46 Rn. 57; *Mantz* in HK-BDSG § 46 Rn. 141; *Dix* in Simitis/Hornung/Spiecker gen. Döhmann DS-GVO Art. 4 Nr. 12 Rn. 7.
78 S. hierzu auch ErwG 61 JI-RL.
79 S. auch zB *Mantz* in HK-BDSG § 46 Rn. 139; *Meier* in HK-LDSG RhPf § 27 Rn. 28; *Dix* in Simitis/Hornung/Spiecker gen. Döhmann DS-GVO Art. 4 Nr. 12 Rn. 7.

zogene Daten verarbeitet werden, erlangt haben.[80] Praktische Bedeutung
hat die Definition im Zusammenhang mit den Pflichten zur Meldung gegenüber der oder dem HDSB oder dem Verantwortlichen nach § 60
(→ § 60 Rn. 11 ff.) und zur Benachrichtigung betroffener Person nach § 61
(→ § 61 Rn. 10 ff.).

12. Genetische Daten (Nr. 12)

50   Der Begriff genetische Daten wird im Teil 3 nur benötigt, um in Nr. 15 besondere Kategorien personenbezogener Daten zu definieren (→ Rn. 53). Er
ist außerdem Teil der Definition personenbezogener Daten in Nr. 1
(→ Rn. 10). Nr. 12 definiert genetische Daten als personenbezogene Daten
zu den ererbten oder erworbenen **genetischen Eigenschaften** einer natürlichen Person, die eindeutige Informationen über die Physiologie oder die
Gesundheit dieser Person liefern.[81] Sie werden insbesondere aus der Analyse einer biologischen Probe einer natürlichen Person gewonnen, etwa
durch Chromosomen-, DNS- oder RNS-Analyse.[82] Genetische Daten können auch zugleich biometrische Daten (→ Rn. 51) oder Gesundheitsdaten
(→ Rn. 52) sein. Erfasst werden alle Daten über spezifische Erbmerkmale,
zB Krankheitsdispositionen oder Abstammung. Genetische Daten sind besonders sensitiv, da sie eine eindeutige Identifizierung ermöglichen und
nicht verändert werden können. Sie können außerdem Informationen über
weitere natürliche Personen, die mit der betroffenen Person verwandt sind,
liefern.[83]

13. Biometrische Daten (Nr. 13)

51   Der Begriff biometrische Daten wird im Teil 3 benutzt, um in Nr. 15 besondere Kategorien personenbezogener Daten zu definieren (→ Rn. 53).
Nr. 13 definiert biometrische Daten weit als personenbezogene Daten zu
den **physischen, physiologischen oder verhaltenstypischen Merkmalen** einer
natürlichen Person. Sie müssen allerdings eine eindeutige Identifizierung
dieser natürlichen Person ermöglichen oder bestätigen.[84] Als Beispiele
nennt Nr. 13 Gesichtsbilder oder daktyloskopische Daten (→ § 43 Rn. 20).
Eine ebenso eindeutige Identifizierung ist etwa über einen Abgleich der
DNS, der Iris, der Stimme, des Tippverhaltens, des Gangs oder der Unter-
schrift möglich.[85] Von der Definition werden nur Daten erfasst, die mittels
spezieller technischer Verfahren erhoben werden wie durch Gesichtserken-
nungssoftware, aber auch durch die manuelle Abnahme von Fingerabdrü-
cken. Einfache Lichtbilder von Personen sind grundsätzlich keine biometri-

---

80 S. auch zB *Meier* in HK-LDSG RhPf § 27 Rn. 29; *Mantz* in HK-BDSG § 46
    Rn. 140.
81 S. hierzu auch ausführlich zB *Petri* in Simitis/Hornung/Spiecker gen. Döhmann DS-
    GVO Art. 4 Nr. 13 Rn. 9 ff.
82 S. zB *Hamacher/Katzenbeisser/Kussel/Stammler* DuD 2020, 87.
83 S. auch zB *Kampert* in HK-BDSG § 46 Rn. 143; *Schulz* in Gola/Heckmann BDSG
    § 46 Rn. 60; *Eßer* in HK-DSG NRW § 36 Rn. 101 ff.; *Meier* in HK-LDSG RhPf
    § 27 Rn. 31.
84 S. hierzu auch ausführlich zB *Petri* in Simitis/Hornung/Spiecker gen. Döhmann DS-
    GVO Art. 4 Nr. 14 Rn. 7 ff.
85 Art. 29-Datenschutzgruppe WP 136, 9.

schen Daten.[86] Erst die weitergehende technische Verarbeitung der Bilddaten führt zum Vorliegen biometrischer Daten. Erforderlich ist, dass das Verfahren darauf abzielt, bestimmte Körpermerkmale einer Person gezielt zu erheben.[87]

14. Gesundheitsdaten (Nr. 14)

Der Begriff der Gesundheitsdaten wird im Dritten Teil nur benutzt, um in Nr. 15 besondere Kategorien personenbezogener Daten zu definieren (→ Rn. 53). Nach Nr. 14 sind Gesundheitsdaten personenbezogene Daten, die sich auf die **körperliche oder geistige Gesundheit** einer natürlichen Person beziehen.[88] Dass dadurch Informationen über den Gesundheitszustand der Person hervorgehen, ist selbstverständlich, wenn die Daten die körperliche oder geistige Gesundheit betreffen (s. auch 24 JI-RL). Die Definition stellt klar, dass auch Daten, die im Zusammenhang mit Gesundheitsdienstleistungen gemäß der Richtlinie 2011/24/EU verarbeitet werden, Gesundheitsdaten sein können. Gesundheitsdaten können daher Informationen zB über Verletzungen und Krankheiten sowie darauf beruhenden Krankschreibungen,[89] Informationen über Drogen- und Alkoholmissbrauch, Ergebnisse körperlicher Untersuchungen, Analysen körpereigener Substanzen, Informationen über Behinderungen, Krankheitsrisiken, Vorerkrankungen, Heilungsverlauf, Krankenversicherungsnummern oder Vital- und Fitnessdaten sein.[90] Es spielt keine Rolle, wer die Daten erhoben hat, Gesundheitsdaten sind daher nicht auf den klassischen Gesundheitsbereich beschränkt,[91] sondern sind auch Gegenstand von Fitness-Trackern.[92]

52

15. Besondere Kategorien personenbezogener Daten (Nr. 15)

Der Begriff der besonderen Kategorien personenbezogener Daten wird im Dritten Teil in den Erlaubnistatbeständen von §§ 43, 45 und 46 sowie in der Regelung zur Sicherheitsgewährleistung in § 59 verwendet. Die Verarbeitung dieser Daten ist meist mit **besonderen Risiken** verbunden und erfordert deshalb auch besondere rechtliche Schutzvorkehrungen.[93] Der Begriff wurde „zum Zweck der Übersichtlichkeit" aus Art. 10 JI-RL übernommen, obwohl er in Art. 3 JI-RL nicht enthalten ist.[94] Allerdings hat die Vorschrift die erfassten Daten nach fünf Gruppen kategorisiert.

53

Nach lit. a sind Daten erfasst, aus denen die rassische oder ethnische Herkunft, politische Meinungen, religiöse oder weltanschauliche Überzeugun-

54

---

86 S. ErwG 51 DS-GVO. So auch *Schulz* in Gola/Heckmann BDSG § 46 Rn. 65 für das BDSG und *Eßer* in HK-DSG NRW § 36 Rn. 106 für das DSG NRW.
87 S. auch zB *Kampert* in HK-BDSG § 46 Rn. 145.
88 S. auch zB *Schulz* in Gola/Heckmann BDSG § 46 Rn. 67; *Eßer* in HK-DSG NRW § 36 Rn. 108; *Kampert* in HK-BDSG § 46 Rn. 149; *Meier* in HK-LDSG RhPf § 27 Rn. 33.
89 S. zB EuGH ECLI:EU:C:2003:596 – Lindqvist.
90 S. auch zB *Petri* in Simitis/Hornung/Spiecker gen. Döhmann DS-GVO Art. 4 Nr. 15 Rn. 3 ff.; *Schulz* in Gola/Heckmann BDSG § 46 Rn. 68; *Kampert* in HK-BDSG § 46 Rn. 150; *Eßer* in HK-DSG NRW § 36 Rn. 111.
91 ErwG 24 JI-RL.
92 S. zB *Jandt/Hohmann* K&R 2015, 694.
93 ErwG 51 DS-GVO.
94 LT-Drs. 19/5728, 115 f.

gen oder die Gewerkschaftszugehörigkeit hervorgehen. Der Begriff der „rassischen und ethnischen Herkunft" meint die Zugehörigkeit zu einer bestimmten Bevölkerungsgruppe, die etwa durch gemeinsame Herkunft, Geschichte, Kultur, Zusammengehörigkeitsgefühl oder typische äußere Merkmale wie die Hautfarbe geprägt wird (→ § 43 Rn. 16 ff.). Nicht erfasst ist die Staatsangehörigkeit, die geographische Herkunft oder die Zugehörigkeit zu einer sozialen Schicht.[95]

55   Der Begriff **politische Meinungen** ist weit zu verstehen und umfasst allgemein- und parteipolitische Überzeugungen und Äußerungen ebenso wie die Mitgliedschaft in einer Partei oder Bürgerbewegung, die Haltung zu einem bestimmten Politiker oder Politikprogramm, die Teilnahme an Versammlungen oder Demonstrationen sowie jede weitere Form politischer Betätigung (→ § 43 Rn. 19).[96]

56   **Religiöse und weltanschauliche Überzeugungen** sind subjektiv verbindliche Gedankensysteme, die sich mit Fragen nach dem Sinnganzen der Welt und insbesondere des Lebens der Menschen befassen und zu sinnentsprechenden Werturteilen führen.[97] Bei Religionen – von großen Weltreligionen bis zu kleinen Sekten – weist das Gedanken- und Wertesystem einen Bezug zur Transzendenz auf. Weltanschauungen – wie Kommunismus, Pazifismus oder Faschismus – liegt ein weltimmanentes gedankliches Konstrukt zu Grunde. Erfasst sind alle Daten, die auf die Mitgliedschaft und das Bekenntnis hindeuten.[98]

57   Eine **Gewerkschaftszugehörigkeit** liegt vor, wenn eine Person Mitglied einer Organisation von Arbeitnehmern ist, die das Recht hat, Tarifverträge auszuhandeln und bei Interessenkonflikten Arbeitskampfmaßnahmen einzusetzen (Art. 28 GRCh), oder diese unterstützt.[99]

58   Lit. b erfasst **genetische Daten** (→ Rn. 50), lit. c **biometrische Daten** zur eindeutigen Identifizierung einer natürlichen Person (→ Rn. 51) und lit. d **Gesundheitsdaten** (→ Rn. 52).

59   Schließlich erfasst lit. e Daten zum **Sexualleben oder zur sexuellen Orientierung**. Dem Sexualleben sind alle sexuellen Aktivitäten oder Verhältnisse zuzuordnen. Die sexuelle Orientierung betrifft sexuelle Vorlieben sowie die Ausrichtung auf Sexualpartner.[100]

---

95   S. auch zB *Kampert* in HK-BDSG § 46 Rn. 152; *Meier* in HK-LDSG RhPf § 27 Rn. 36; *Petri* in Simitis/Hornung/Spiecker gen. Döhmann DS-GVO Art. 9 Rn. 15 f.

96   S. auch zB *Meier* in HK-LDSG RhPf § 27 Rn. 37; *Kampert* in HK-BDSG § 46 Rn. 153; *Petri* in Simitis/Hornung/Spiecker gen. Döhmann DS-GVO Art. 9 Rn. 17 f.

97   S. BVerwGE 89, 368 (370).

98   S. auch zB *Petri* in Simitis/Hornung/Spiecker gen. Döhmann DS-GVO Art. 9 Rn. 17 ff.; *Kampert* in HK-BDSG § 46 Rn. 154; *Meier* in HK-LDSG RhPf § 27 Rn. 38.

99   S. auch zB *Kampert* in HK-BDSG § 46 Rn. 155; *Meier* in HK-LDSG RhPf § 27 Rn. 39; *Petri* in Simitis/Hornung/Spiecker gen. Döhmann DS-GVO Art. 9 Rn. 22.

100   S. auch zB *Kampert* in HK-BDSG § 46 Rn. 156; *Meier* in HK-LDSG RhPf § 27 Rn. 41; *Petri* in Simitis/Hornung/Spiecker gen. Döhmann DS-GVO Art. 9 Rn. 23.

16. Aufsichtsbehörde (Nr. 16)

Nach Nr. 16 ist mit Aufsichtsbehörde im Dritten Teil nur die vom Mit- 60
gliedstaat nach Art. 41 JI-RL eingerichtete unabhängige staatliche Stelle gemeint, nicht eine andere Aufsichtsbehörde – also nur die oder der HDSB.

17. Internationale Organisation (Nr. 17)

Der Begriff internationale Organisation findet im Dritten Teil Anwendung 61
für Benachrichtigungen nach § 51, Auskünfte nach § 52, Verzeichnisse
nach § 53 und Übermittlungen nach § 73. Nr. 17 versteht unter einer internationalen Organisation eine **völkerrechtliche Organisation** und ihre nachgeordneten Stellen.[101] Diesen wird jede sonstige Einrichtung, die durch
eine von zwei oder mehr Ländern geschlossene **Übereinkunft** oder auf der
Grundlage einer solchen Übereinkunft geschaffen wurde, wie etwa Interpol, gleichgestellt, auch wenn sie keine Rechtspersönlichkeit im völker-
rechtlichen Sinn besitzt.[102] Nicht erfasst sind nichtstaatliche internationale
Organisationen (NGO).

18. Einwilligung (Nr. 18)

Die Definition der Einwilligung ist nicht in Art. 3 JI-RL enthalten und wur- 62
de aus Art. 11 DS-GVO übernommen, weil sie in § 46 angesprochen
wird.[103] Nach Nr. 18 ist Einwilligung jede freiwillig (→ § 46 Rn. 37)[104] für
den bestimmten Fall, in informierter Weise (§ 46 Rn. 40 f.)[105] und unmissverständlich abgegebene **Willensbekundung** in Form einer Erklärung oder
einer sonstigen eindeutigen bestätigenden Handlung, mit der die betroffene
Person zu verstehen gibt, dass sie mit der Verarbeitung der sie betreffenden
personenbezogenen Daten einverstanden ist. Damit wird klargestellt, dass
das fallbezogene Einverständnis mit einer konkreten Datenverarbeitung
ausdrücklich oder konkludent ohne Formvorgabe bekundet werden kann.
Untätigkeit der betroffenen Person kann jedoch keine Einwilligung sein.
Vom Empfängerhorizont aus gesehen muss die „eindeutige bestätigende
Handlung" (ErwG 32 DS-GVO) unmissverständlich sein. Eine standardmäßig durch Voreinstellungen aktivierte Checkbox oder die Interpretation
eines stillschweigenden Einverständnisses genügen dieser Anforderung
nicht.[106]

C. Würdigung

Die Vorschrift trägt durch die Definitionen zur **Rechtssicherheit** bei. Dass 63
trotz der Definitionen Auslegungsfragen offen bleiben, liegt in der Natur

---

101 S. die Beispiele in *Eßer* in HK-DSG NRW § 36 Rn. 116.
102 S. auch zB *Schiedermair* in Simitis/Hornung/Spiecker gen. Döhmann DS-GVO
      Art. 4 Nr. 2 Rn. 5 ff.
103 LT-Drs. 19/5728, 115 f.
104 Kritisch zur Freiwilligkeit in einer Drucksituation *Schwichtenberg* DuD 2016,
      505 (506 f.).
105 S. hierzu ausführlich zB *Klement* in Simitis/Hornung/Spiecker gen. Döhmann DS-
      GVO Art. 7 Rn. 72 ff.
106 S. EuGH ECLI:EU:C:2019:801 Rn. 49, 52 ff., 60 ff. – Planet49; s. auch zB aus-
      führlich *Schulz* in Gola/Heckmann BDSG § 46 Rn. 79; *Ingold* in HK-BDSG § 46
      Rn. 168.

abstrakter Regelungen. Trotz der Schwäche unterschiedlicher und inkonsistenter Definitionsverfahren (→ Rn. 10) treffen die Begriffsbestimmungen praktische Auslegungsbedürfnisse.

§ 42 Allgemeine Grundsätze für die Verarbeitung personenbezogener Daten

Personenbezogene Daten müssen
1. auf rechtmäßige Weise und nach Treu und Glauben verarbeitet werden,
2. für festgelegte, eindeutige und rechtmäßige Zwecke erhoben und nicht in einer mit diesen Zwecken nicht zu vereinbarenden Weise verarbeitet werden,
3. dem Verarbeitungszweck entsprechen, für das Erreichen des Verarbeitungszwecks erforderlich sein und ihre Verarbeitung nicht außer Verhältnis zu diesem Zweck stehen,
4. sachlich richtig und erforderlichenfalls auf dem neuesten Stand sein; dabei sind alle angemessenen Maßnahmen zu treffen, damit personenbezogene Daten, die im Hinblick auf die Zwecke ihrer Verarbeitung unrichtig sind, unverzüglich gelöscht oder berichtigt werden,
5. nicht länger als es für die Zwecke, für die sie verarbeitet werden, erforderlich ist, in einer Form gespeichert werden, die die Identifizierung der betroffenen Personen ermöglicht, und
6. in einer Weise verarbeitet werden, die eine angemessene Sicherheit der personenbezogenen Daten gewährleistet; hierzu gehört auch ein durch geeignete technische und organisatorische Maßnahmen zu gewährleistender Schutz vor unbefugter oder unrechtmäßiger Verarbeitung, unbeabsichtigtem Verlust, unbeabsichtigter Zerstörung oder unbeabsichtigter Schädigung.

Literatur:

Berning, Erfüllung der Nachweispflichten und Beweislast im Unternehmen, ZD 2018, 348; *Borell/Schindler*, Polizei und Datenschutz, DuD 2019, 767; *Breyer*, Verarbeitungsgrundsätze und Rechenschaftspflicht nach Art. 5 DS-GVO, DuD 2018, 311; *Buchner*, Grundsätze und Rechtmäßigkeit der Datenverarbeitung unter der DS-GVO, DuD 2016, 155; *DSK*, Standarddatenschutzmodell, V2.0 b, 2020; *Fiedler/Drews*, Vertrauen in der digitalen Welt auf „Treu und Glauben", DuD 2020, 231; *Geminn*, Wissenschaftliche Forschung und Datenschutz, DuD 2018, 640; *Hansen/Polenz*, Rechtsvollzug durch die Datenaufsichtsbehörden – ein Überblick, in: Brönneke/Willburger/Bietz (Hrsg.), Verbraucherrechte verwirklichen! Der richtige Instrumentenmix für einen wirkungsvollen Verbraucherrechtsvollzug, 2020, 331; *Hoeren*, Fake News? – Art. 5 DS-GVO und die Umkehr der Beweislast, MMR 2018, 637; *Monreal*, Weiterverarbeitung nach einer Zweckänderung in der DS-GVO, ZD 2016, 507; *Roßnagel*, Das Gebot der Datenvermeidung und -sparsamkeit als Ansatz wirksamen technikbasierten Persönlichkeitsschutzes?, in: Eifert/Hoffmann-Riem (Hrsg.), Innovation, Recht und öffentliche Kommunikation, 2011, 41; *Roßnagel*, Wie zukunftsfähig ist die Datenschutz-Grundverordnung?, DuD 2016, 561; *Roßnagel*, Datenschutzgesetzgebung für öffentliche Interessen und den Beschäftigungskontext, DuD 2017, 290; *Roßnagel*, Vorratsdatenspeicherung rechtlich vor dem Aus?, NJW 2017, 696; *Roßnagel*, Datenschutzgrundsätze – unverbindliches Programm oder verbindliches Recht?, ZD 2018, 339; *Roßnagel*, Kein „Verbotsprinzip" und kein „Verbot mit Erlaubnisvorbehalt" im Datenschutzrecht – Zur Dogmatik der Datenverarbeitung als Grundrechtseingriff, NJW 2019, 1; *Roßnagel/Geminn/Jandt/Richter*, Datenschutz 2016 – „Smart" genug für die Zukunft?, 2016; *Weichert*, Die

Forschungsprivilegierung in der DS-GVO. Gesetzlicher Änderungsbedarf bei der Verarbeitung personenbezogener Daten zu Forschungszwecken, ZD 2020, 18; *Wybitul/ Celik*, Die Nachweispflicht nach Art. 5 Abs. 2 und Art. 24 Abs. 1 DS-GVO ist keine Beweislast, ZD 2019, 529; *Weichert*, Die Forschungsprivilegierung nach der DSGVO, in: Hentschel/Hornung/Jandt (Hrsg.), Mensch – Technik – Umwelt: Verantwortung für eine sozialverträgliche Zukunft, FS für A. Roßnagel, 2020, 419; *Ziegenborn/Heckel*, Datenverarbeitung durch Private nach der europäischen Datenschutzreform, NVwZ 2016, 1585.

A. Allgemeines
I. Bedeutung der Vorschrift

Die Vorschrift regelt mit den allgemeinen Grundsätzen der Datenverarbeitung das „Wie" der Verarbeitung personenbezogener Daten für den Dritten Teil in sehr abstrakter Form. Sie fasst für das hessische Datenschutzrecht erstmals Grundsätze des Datenschutzes in einer Vorschrift zusammen. Sie beschreibt in grundsätzlicher Weise, wie eine Datenverarbeitung zu erfolgen hat. Die Grundsätze gelten als **unmittelbar anwendbares Recht** für alle Verarbeitungsschritte. Sie richten sich vorrangig an die Verantwortlichen und Auftragsverarbeiter, sind aber auch von allen anderen Rechtsanwendern zu beachten. Ein Verstoß gegen die Grundsätze macht die Datenverarbeitung rechtswidrig. 1

II. Entstehungsgeschichte

Das **HDSG** kannte **keine vergleichbare Vorschrift**, in der die Grundsätze 2 der Datenverarbeitung zusammengeführt worden wären.[1] Allerdings hatte das BVerfG bereits 1983 im Volkszählungsurteil grundsätzlich Bedingungen festgehalten und in vielen Entscheidungen bestätigt und weiterentwickelt, die erfüllt sein müssen, um verfassungsgemäß in das Grundrecht auf informationelle Selbstbestimmung einzugreifen.[2] Eine Vorschrift, die solche Grundsätze zusammenfasst, ist erst durch die JI-RL in das Gesetz gekommen. Das HDSG sprach jedoch in seinen Vorschriften einzelne Grundsätze an – wie die Erforderlichkeit in § 11, die Zweckbindung in § 13 oder die Sicherheitsgewährleistung in § 10.

---

1 Zur Entwicklung der kodifizierten Grundsätze s. *Roßnagel* ZD 2018, 339 (339).
2 BVerfGE 65, 1 (43 ff.).

3   Der Text der Vorschrift hat im **Gesetzgebungsverfahren** gegenüber dem Entwurf der Fraktionen der CDU und BÜNDNIS 90/DIE GRÜNEN[3] keine Änderungen erfahren.

III. Unionsrechtliche Regelungen

4   Die Vorschrift setzt **Art. 4 Abs. 1 JI-RL** um. Sie hat die dort festgelegten Grundsätze nahezu wörtlich übernommen. Lediglich Nr. 3 weicht vom Wortlaut des Art. 4 Abs. 1 lit. c JI-RL deutlich ab (→ Rn. 25 ff.).

5   Die in der JI-RL festgelegten Grundsätze entsprechen weitgehend denen, die in **Art. 5 Abs. 1 DS-GVO** enthalten sind.[4] Die DS-GVO gilt nach ihrem Art. 2 Abs. 2 lit. d[5] allerdings nicht für die JI-RL und damit auch nicht für den Dritten Teil des Gesetzes. Daher musste die JI-RL die sie prägenden Grundsätze selbst regeln und an die Aufgaben der Adressaten der Richtlinie anpassen. Dabei hat der Unionsgesetzgeber sich bemüht, Unterschiede gering zu halten und die Grundsätze der DS-GVO weitgehend wörtlich in die JI-RL übernommen.[6] Allerdings weichen die Grundsätze in Art. 4 Abs. 1 JI-RL und in der Vorschrift im Detail von den Grundsätzen des Art. 5 Abs. 1 DS-GVO ab. So fehlt in Nr. 1 der Grundsatz der Transparenz, wohl weil staatliche Überwachung nicht immer transparent erfolgen kann.[7] In Nr. 2 und 5 fehlen die Ausnahmen für die Datenverarbeitung zu wissenschaftlichen oder historischen Forschungszwecken sowie zu archivarischen oder statistischen Zwecken. In der JI-RL sind diese Ausnahmen jedoch in Art. 4 Abs. 3 und im Gesetz in § 45 (→ § 45 Rn. 12 ff.) enthalten. In Art. 4 Abs. 1 lit. c JI-RL fehlt der Grundsatz der Minimierung und der Erforderlichkeit. Dies wird allerdings von Nr. 3 der Vorschrift korrigiert (→ Rn. 25 ff.). Nr. 4, 5 und 6 entsprechen nahezu wörtlich Art. 5 Abs. 1 lit. d, e und f DS-GVO.

6   Die Grundsätze sind primärrechtlich vorgeprägt.[8] Die **GRCh** garantiert in Art. 8 Abs. 2 Satz 1 die für betroffene Personen wichtigen Grundsätze der Rechtmäßigkeit, von Treu und Glauben und der Zweckbindung als Bedingungen des Grundrechts auf Datenschutz. Satz 2 gewährleistet die Rechte auf Auskunft und auf Berichtigung. Sie können als Ausprägungen der Grundsätze der Transparenz und der Richtigkeit der Datenverarbeitung angesehen werden.[9] Soweit die Grundsätze in Art. 8 Abs. 2 GRCh ausgeprägt sind, gelten sie auch unabhängig von der Ausgestaltung in der Vorschrift. Dies gilt insbesondere für den in Nr. 1 fehlenden Grundsatz der Transparenz.[10]

---

3   LT-Drs. 19/5728, 28.
4   S. auch zB *Johannes/Weinhold* Neues DatenschutzR S. 63; *Braun* in Gola/Heckmann BDSG § 47 Rn. 5.
5   *Roßnagel* in Simitis/Hornung/Spiecker gen. Döhmann DS-GVO Art. 2 Rn. 37 ff.
6   ErwG 7 JI-RL; s. auch *Johannes/Weinhold* Neues DatenschutzR S. 62.
7   *Johannes/Weinhold* in HK-BDSG § 47 Rn. 21; *Braun* in Gola/Heckmann BDSG § 47 Rn. 6.
8   S. neben Art. 8 Abs. 2 GRCh auch Art. 16 Abs. 2 AEUV, Art. 8 EMRK und Art. 5 EurDSKonv.
9   Die Grundsätze in Art. 8 Abs. 2 GRCh sollen so gelten, wie sie in der DSRL ausgestaltet waren – s. zB *Jarass* GRCh Art. 8 Rn. 2.
10   Dieser ist auch eine grundrechtliche Bedingung für die informationelle Selbstbestimmung – s. BVerfGE 65, 1 (46).

IV. Verhältnis zu anderen Vorschriften

Die Grundsätze sind bei allen nach dem **Dritten Teil** zulässigen Verarbei-   7
tungsschritten zu beachten. Dies gilt auch dann, wenn direkte Bezugnah-
men fehlen. Die Grundsätze sind auch für die Auslegung und Anwendung
bereichsspezifischer Datenschutzregelungen zu beachten, wenn diese in den
Anwendungsbereich des § 40 fallen.[11] Für die Datenverarbeitung, die nach
dem Zweiten Teil erlaubt sind, gelten die Grundsätze des Art. 5 DS-GVO
direkt.

Vergleichbare Regelungen zu den Grundsätzen der Datenverarbeitung sind   8
für den Bund in § 47 BDSG zu finden. Die Länder haben in ihren DSG
ebenfalls die Grundsätze des Art. 4 JI-RL in eigenständige Vorschriften
übernommen wie zB in Art. 29 Abs. 1 BayDSG, § 37 DSG NRW, § 25
Abs. 1 und 3 DSG NS, § 26 DSG RhPf, § 22 DSG SH und § 33 ThürDSG.

B. Allgemeine Grundsätze

Die Vorschrift „führt einige allgemeine Verarbeitungsgrundsätze, die in   9
Teilen an späterer Stelle noch einmal aufgenommen werden, an zentraler
Stelle zusammen".[12] Diese Grundsätze ergeben sich inhaltlich als Antworten auf die Frage, welche Bedingungen bei der Verarbeitung personenbezogener Daten gegeben sein müssen, um Datenschutz und informationelle
Selbstbestimmung zu gewährleisten.[13] Die Datenschutzgrundsätze enthalten somit die wesentlichen **Zielsetzungen des Schutzkonzepts des Dritten
Teils**. Sie beschreiben rechtlich erwünschte Zustände, die in der Verwirklichung des Gesetzes zu erreichen sind, und enthalten damit auch Zielsetzungen für die Gestaltung der Datenverarbeitungssysteme und die Durchführung der Datenverarbeitungsvorgänge.[14]

I. Funktion und Bedeutung der Grundsätze

Die Grundsätze sind keine Programmsätze, die sich nur an den Normgeber   10
richten, sondern sind **verbindliche Regelungen**, die für alle Normadressat-
en unmittelbar gelten. Die Vorschrift legt ausdrücklich fest, dass „personenbezogene Daten" den Grundsätzen entsprechend verarbeitet werden
„müssen".[15]

1. Charakter der Grundsätze

Die unmittelbare Anwendung wird jedoch durch den Charakter der   11
Grundsätze erschwert. Sie sind sehr **allgemein und abstrakt** und bedürfen
für ihre Anwendung der Konkretisierung. Für einzelne Grundsätze wie
zur Rechtmäßigkeit,[16] zur Zweckbindung[17] sowie zur Erforderlichkeit der

---

11 S. auch zB *Johannes/Weinhold* Neues DatenschutzR S. 63.
12 LT-Drs. 19/5728, 116.
13 *Roßnagel* in Roßnagel Das neue DSR § 3 Rn. 42.
14 *Roßnagel* ZD 2018, 339 (343); *Johannes/Weinhold* in HK-BDSG § 47 Rn. 16.
15 *Roßnagel* ZD 2018, 339 (343) mwN; *Skobel* in HK-LDSG RhPf § 26 Rn. 8.
16 EuGH ECLI:EU:C:2015:638 Rn. 30 – Bara; BVerfGE 84, 192 (195); 100, 313
   (359 f.); 110, 33 (52 ff.); 120, 274 (315 ff.).
17 BVerfGE 61, 1 (46); 100, 313 (360 f.).

Datenminimierung und Speicherbegrenzung[18] wird dies zwar durch eine stabile Dogmatik in einer gefestigten Rechtsprechung und Literatur kompensiert. Für andere Grundsätze wird diese Dogmatik noch zu erarbeiten sein.[19] Eine Erschwerung ergibt sich auch aus ihrem **Charakter als Grundsätze**.[20] Für ihre Zielsetzungen lassen sich je nach Inhalt unterschiedlich klare Grenzen angeben, ob sie erreicht worden sind oder nicht. So kann für den Grundsatz der Rechtmäßigkeit klar benannt werden, ob er erreicht worden ist. Ähnliches gilt für die Erforderlichkeit der Datenverarbeitung bezogen auf die Grundsätze der Datenminimierung und der Speicherbegrenzung. Dagegen ist zB für die Vereinbarkeit eines neuen Zwecks mit dem Primärzweck, für die Verhältnismäßigkeit der Datenverarbeitung, für angemessene Maßnahmen zur Herstellung der Richtigkeit und für die angemessene Sicherheit bezogen auf die Integrität und Vertraulichkeit der Daten kaum eindeutig festzustellen, wann sie erfüllt sind. Für diese Zielsetzungen gibt es keine klare Grenze. Sie können vielmehr immer mehr oder weniger gut erreicht sein. Bei ihnen geht es nicht um eine schlichte Befolgung eines Gebots, sondern um eine **Optimierung** der Verwirklichung des von ihnen angestrebten Idealzustands.[21] Die Grundsätze sind am besten als eine allgemeine **objektive Ordnung des Datenschutzrechts** zu verstehen.[22]

12   Aufgrund ihrer Abstraktheit, Unbestimmtheit und Abwägungsbedürftigkeit sind die Grundsätze auf Konkretisierungen angewiesen. Diese finden sich im Dritten Teil oder in bereichsspezifischen Regelungen im Anwendungsbereich des § 40. Diese Vorschriften konkretisieren und operationalisieren die Grundsätze in spezifischen Zusammenhängen – etwa als Erlaubnisnormen, als Rechte der betroffenen Personen, als Pflichten der Verantwortlichen oder als Aufgaben der oder des HDSB. Wenn die einzelnen Vorschriften die Grundsätze konkretisieren, beeinflussen sie das Verständnis der Grundsätze. Aus einem anderen Blickwinkel: Die Grundsätze als solche können nicht gegen den klaren Wortlaut einer dieser Regelung zur Anwendung gebracht werden und deren Rechtswidrigkeit begründen. Etwas Anderes gilt nur, soweit die Grundsätze durch Unionsrecht oder Verfassungsrecht bedingt sind. Da aber alle Vorschriften des Dritten Teils darauf zielen, die Grundsätze der Vorschrift umzusetzen, sind sie umgekehrt **Leitlinien**, um den Wortlaut dieser Vorschriften **auszulegen**.[23] Sie sind im Zweifel so zu interpretieren, dass sie die Grundsätze in der sozialen Wirklichkeit bestmöglich verwirklichen.[24]

---

18   EuGH ECLI:EU:C:2008:727 – Satakunnan Markkinapörssi und Satamedia; EuGH ECLI:EU:C:2010:662, Rn. 77 – Schecke und Eifert; EuGH ECLI:EU:C:2014:238 – Digital Rights Ireland; EuGH ECLI:EU:C:2015:650 – Schrems; EuGH ECLI:EU:C: 2016:970 – Tele2 Sverige.

19   *Roßnagel* in Simitis/Hornung/Spiecker gen. Döhmann DS-GVO Art. 5 Rn. 25.

20   S. hierzu *Roßnagel* in Simitis/Hornung/Spiecker gen. Döhmann DS-GVO Art. 5 Rn. 21.

21   S. *Roßnagel* in Roßnagel Das neue DSR § 3 Rn. 44 mwN.

22   S. zB auch *Herbst* in Kühling/Buchner DS-GVO Art. 5 Rn. 1; *Braun* in Gola/Heckmann BDSG § 47 Rn. 3.

23   S. zB EuGH ECLI:EU:C:2015:638, Rn. 30 mwN – Bara, zu Art. 6 DSRL; *Roßnagel* in Roßnagel Das neue DSR § 3 Rn. 45; *Braun* in Gola/Heckmann BDSG § 47 Rn. 3.

24   *Roßnagel* in Simitis/Hornung/Spiecker gen. Döhmann DS-GVO Art. 5 Rn. 13; *Johannes/Weinhold* in HK-BDSG § 47 Rn. 16.

2. Rechtswirkung

Um die Rechtswirkungen der Grundsätze zu bestimmen, ist es sinnvoll, **13** zwischen **Zulässigkeitsvoraussetzungen** und **Handlungspflichten** zu unterscheiden. Die Einhaltung der Grundsätze ist keine Voraussetzung für die Zulässigkeit der Datenverarbeitung.[25] Diese richtet sich nach den §§ 43 bis 49. Auch wenn die Datenverarbeitung nach den genannten Regelungen zulässig ist, bestehen rechtsverbindliche Handlungspflichten der Verantwortlichen und Auftragsverarbeiter, wie sie die Datenverarbeitung durchzuführen haben. Die betroffenen Personen haben Rechte, diese Art und Weise der Datenverarbeitung einzufordern. Ein Verstoß gegen die rechtlichen Vorgaben zur Art und Weise der Datenverarbeitung macht diese zwar nicht per se unzulässig, bewirkt aber ihre Rechtswidrigkeit.

3. Durchsetzung

Wenn die Datenverarbeitung durch einen Verstoß gegen einen Grundsatz **14** rechtswidrig wird, stellt sich die Frage, wie ihre Rechtmäßigkeit hergestellt werden kann. Verantwortlich ist dafür in erster Linie der **Verantwortliche und der Auftragsverarbeiter**. Die Vorschrift hat zwar diese Zuweisung der Verantwortung in Art. 4 Abs. 4 JI-RL nicht wörtlich übernommen, dennoch richtet sich die Vorschrift vorrangig an diese Adressaten. Sie trifft eine Rechenschafts- und Nachweispflicht,[26] der auch eine entsprechende Beweisregel folgt.[27]

Die Umsetzung soll vor allem durch **Technikgestaltung und Voreinstellun- 15 gen** erfolgen. Nach § 66 hat der Verantwortliche „angemessene technische und organisatorische Maßnahmen zu treffen, die geeignet sind, die Datenschutzgrundsätze wie etwa die Datensparsamkeit wirksam umzusetzen" (→ § 66 Rn. 19). Die Grundsätze sind somit die relevanten Vorgaben der Gestaltungsaufgabe. Wenn die Technik zu deren Einhaltung zwingt und die Daten nur auf eine rechtmäßige Weise verarbeitet werden können, ist das die beste und sicherste Durchsetzung der Grundsätze.

Eine **betroffene Person** kann den Verstoß gegen einen Grundsatz nach § 55 **16** bei der oder dem HDSB durch eine Beschwerde geltend machen (→ § 55 Rn. 11 ff.). Diese oder dieser muss der Beschwerde nachgehen und die betroffene Person bescheiden. Sie kann gegen die Entscheidung nach § 56 gerichtlich vorgehen (→ § 56 Rn. 7 ff.). Hat sie durch die Verletzung eines Grundsatzes einen materiellen oder immateriellen Schaden erlitten, kann sie nach § 78 (→ § 78 Rn. 16 ff.) dessen Ersatz einfordern.

II. Die einzelnen Grundsätze

Die Grundsätze sind nicht systematisch entwickelt. Sie weisen ein sehr **17** unterschiedliches **Abstraktions- und Regelungsniveau** auf. Während der Grundsatz der Rechtmäßigkeit durch die Vorschriften des Dritten Teils

---

25 *Roßnagel* in Simitis/Hornung/Spiecker gen. Döhmann DS-GVO Art. 5 Rn. 21; s. zB auch *Frenzel* in Paal/Pauly DS-GVO Art. 6 Rn. 1.
26 S. zu dieser auch *Hansen/Polenz* in Brönneke/Willburger/Bietz 2020, 331 (342).
27 S. zB *Johannes/Weinhold* in HK-BDSG § 47 Rn. 35; *Breyer* DuD 2018, 311 (315); *Berning* ZD 2018, 348; aA für die DSGVO *Hoeren* ZD 2018, 637; *Wybitul/Celik* ZD 2019, 529.

einigermaßen konkretisiert wird, ist der Grundsatz der Fairness extrem stark wertungsbedürftig. Die Grundsätze der Datenminimierung und Speicherbegrenzung sind Ableitungen aus den Grundsätzen der Zweckbindung und der Erforderlichkeit. Auch der Grundsatz der Richtigkeit kann als Untergrundsatz zum Grundsatz der Zweckbindung gesehen werden. Der Grundsatz der Sicherheitsgewährleistung ist hinsichtlich der Umsetzung der anderen Grundsätze von hoher Bedeutung, aber in dieser Funktion unvollständig.

1. Rechtmäßigkeit und Treu und Glauben (Nr. 1)

18   Nr. 1 regelt zwei Grundsätze. Sie fordert, dass personenbezogene Daten auf rechtmäßige Weise und nach Treu und Glauben verarbeitet werden. Beide Grundsätze sind eigentlich **überflüssig**.[28] Auch ohne den Grundsatz der Rechtmäßigkeit wäre eine rechtswidrige Datenverarbeitung rechtswidrig und eine rechtmäßige Datenverarbeitung rechtmäßig. „Treu und Glauben" kann im Datenschutzrecht für die Adressaten des Dritten Teils nicht so verstanden werden, wie dies im deutschen Recht ansonsten üblich ist. Vielmehr handelt es sich um eine unglückliche Übersetzung des englischen Begriffs „Fairness".[29]

19   Der Grundsatz der **Rechtmäßigkeit** bringt jedoch programmatisch zum Ausdruck,[30] dass die Datenverarbeitung personenbezogener Daten kein rechtsfreier Raum ist, sondern als Grundrechtseingriff[31] nach Art. 52 Abs. 1 GRCh einer gesetzlichen Grundlage bedarf.[32] Die Regelungen zur Zulässigkeit der Datenverarbeitung entsprechen dem Vorbehalts des Gesetzes für Grundrechtseingriffe[33] und erlauben diese. Es gibt daher auch kein eigenes datenschutzrechtliches Verbotsprinzip.[34] Vielmehr gilt auch im Datenschutzrecht nur das allgemeine, für jedes andere Grundrecht ebenfalls geltende Verbot, ohne Rechtfertigung in Grundrechte einzugreifen. Das Datenschutzrecht regelt, unter welchen Bedingungen eine solche Rechtfertigung besteht und die Datenverarbeitung erlaubt ist.[35] Das Gesetz enthält daher erst Recht kein Verbot mit Erlaubnisvorbehalt.[36] Ein Verbot mit Erlaubnisvorbehalt ist eine gesetzliche Regelung, die eine bestimmte Handlung verbietet, bis diese im Einzelfall von einer Verwaltungsbehörde in

---

28   S. hierzu *Ziegenhorn/von Heckel* NVwZ 2016, 1585 (1586); *Reimer* in HK-DS-GVO Art. 5 Rn. 13; s. hierzu auch *Frenzel* in Paal/Pauly DS-GVO Art. 5 Rn. 14 ff.; *Fiedler/Drews* DuD 2020, 231; *Frenzel* § 26 Abs. 2 Nr. 1 DSG RhPf verzichtet auf den Grundsatz von Treu und Glauben – s. *Skobel* in HK-LDSG RhPf § 26 Rn. 8.

29   *Roßnagel* in Simitis/Hornung/Spiecker gen. Döhmann DS-GVO Art. 5 Rn. 47; *Johannes/Weinhold* in HK-BDSG § 47 Rn. 20; *Braun* in Gola/Heckmann BDSG § 47 Rn. 13.

30   S. auch *Reimer* in HK-DS-GVO Art. 5 Rn. 13.

31   S. EuGH ECLI:EU:C:2015:638, Rn. 30 – Bara; BVerfGE 100, 313 (366).

32   S. zB EuGH ECLI:EU:C:2020:791 Rn. 120 f. – La Quadrature du Net; *Jarass* GRCh Art. 8 Rn. 12; *Kingreen* in Callies/Ruffert GRCh Art. 8 Rn. 14.

33   S. zu diesem zB *Kingreen* in Callies/Ruffert GRCh Art. 52 Rn. 61 ff.

34   So aber zB *Buchner* DuD 2016, 155 (157); *Schulz* in Gola DS-GVO Art. 6 Rn. 2; *Sydow* in Sydow Einl. Rn. 71 ff.

35   *Roßnagel* in Roßnagel, Das neue DSR, § 3 Rn. 50; *Johannes/Weinhold* in HK-BDSG § 47 Rn. 17.

36   *Roßnagel* NJW 2019, 1 ff. mwN.

einem Genehmigungsverfahren überprüft und zugelassen worden ist.[37] Das Verbot mit Erlaubnisvorbehalt ist im Technikrecht ein Instrument der Vor-marktkontrolle, das eine präventive behördliche Überprüfung und Erlaubnis der Handlung zum Gegenstand hat. Dies ist bei den Regelungen zur Zulässigkeit der Datenverarbeitung nicht der Fall.[38]

Das Grundrecht auf Datenschutz fordert nach Art. 8 Abs. 2 Satz 1 GRCh für eine zulässige Datenverarbeitung entweder eine informierte **Einwilligung** in Kenntnis aller relevanten Umstände oder die Erfüllung einer sonstigen gesetzlich geregelten legitimen Grundlage, wie sie in §§ 43 bis 49 oder bereichsspezifischen **Erlaubnisvorschriften** enthalten ist.[39]   20

Wenn dem Begriff „**Treu und Glauben**", der ebenfalls in Art. 8 Abs. 2 Satz 1 GRCh enthalten ist, eine eigenständige Bedeutung zugeordnet werden soll, dann könnte diese darin bestehen, eine formal rechtmäßige Datenverarbeitung als rechtswidrig qualifizieren zu können, wenn sie unfair ist, etwa weil sie **Vertrauen missbraucht**.[40] Dieser Grundsatz könnte auch als eine Pflicht zur Rücksichtnahme auf die betroffene Person verstanden werden.[41] Schließlich könnte der Grundsatz im Sinn eines **Transparenzgebots** verstanden werden.[42] Zur gebotenen Fairness gehört, dass betroffene Personen über die Risiken, Vorschriften, Garantien und Rechte im Zusammenhang mit der Verarbeitung ihrer personenbezogenen Daten informiert[43] und darüber aufgeklärt werden, wie sie ihre diesbezüglichen Rechte geltend machen können.[44] Das Transparenzgebot steht aber im Rahmen der JI-RL einer Durchführung von Maßnahmen wie verdeckten Ermittlungen oder Videoüberwachung durch die Strafverfolgungsbehörden nicht entgegen, sofern sie durch Rechtsvorschriften geregelt sind und eine erforderliche und verhältnismäßige Maßnahme in einer demokratischen Gesellschaft darstellen, bei der die berechtigten Interessen der betroffenen natürlichen Person gebührend berücksichtigt werden.[45]   21

2. Zweckfestlegung und Zweckbindung (Nr. 2)

Nach Nr. 2 müssen personenbezogene Daten für festgelegte, eindeutige und legitime Zwecke[46] erhoben werden und dürfen nicht in einer mit diesen Zwecken nicht zu vereinbarenden Weise weiterverarbeitet werden. Die   22

---

37 S. zB BVerfG NJW 2017, 217 Rn. 231 für die Regelung in § 7 AtG; BVerfGE 49, 89 (145 ff.); *BVerwG* 40, 268; 56, 71; *Wolff/Bachof/Stober/Kluth* Verwaltungsrecht I § 46 Rn. 38 ff.; *Maurer/Waldhoff* § 9 Rn. 52 ff.
38 *Roßnagel* NJW 2019, 1 ff. mwN.
39 S. zB EuGH ECLI:EU:C:2015:638, Rn. 30 – Bara; *Bernsdorff* in Meyer Art. 8 Rn. 21.
40 *Roßnagel* in Simitis/Hornung/Spiecker gen. Döhmann DS-GVO Art. 5 Rn. 46 ff.; *Reimer* in HK-DS-GVO Art. 5 Rn. 14; *Herbst* in Kühling/Buchner DS-GVO Art. 5 Rn. 17; *Fiedler/Drews* DuD 2020, 231.
41 S. zB auch *Johannes/Weinhold* in HK-BDSG § 47 Rn. 20; *Braun* in Gola/Heckmann BDSG § 47 Rn. 13; *Breyer* DuD 2018, 311 (312).
42 S. zB auch *Johannes/Weinhold* in HK-BDSG § 47 Rn. 21.
43 ZB über die Verarbeitungsdauer – s. EuGH ECLI:EU:C:2019:801 Rn. 78 – Planet49.
44 ErwG 26 Satz 5 JI-RL.
45 ErwG 26 Satz 2 und 3 JI-RL.
46 Zum Begriff des Zwecks s. *Roßnagel* in Simitis/Hornung/Spiecker gen. Döhmann DS-GVO Art. 5 Rn. 68 ff.

Zweckbindung ist der zentrale Grundsatz des Datenschutzrechts. Die Erlaubnis zur Datenverarbeitung, ob durch Einwilligung oder Gesetz, gilt nur für den Zweck, den der Verantwortliche bei der Erhebung eindeutig festlegen muss.[47] Eine enge **Zweckbestimmung** ist auch Voraussetzung für die Grundsätze der Rechtmäßigkeit, der Erforderlichkeit und Verhältnismäßigkeit, der Richtigkeit und der Speicherbegrenzung.[48] Die Zulässigkeit der Datenverarbeitung ist an die festgelegten Zwecke gebunden. Die Zweckbindung steuert den Umgang mit den personenbezogenen Daten durch den Verantwortlichen.

23 Damit diese Wirkung erzielt werden kann, muss der Verantwortliche bei der **Erhebung** oder erstmaligen Verarbeitung der Daten einen Zweck der Datenverarbeitung eindeutig und bestimmt festlegen. Dass die Datenverarbeitung nur für festgelegte Zwecke erfolgen darf, regelt Art. 8 Abs. 2 Satz 1 GRCh. Die **Zweckbestimmung** muss ausreichend **präzis** sein, um die Rechtmäßigkeit der Datenverarbeitung überprüfen zu können. Eine Festlegung des Zwecks Straftatenverfolgung oder Gefahrenabwehr reicht hierfür nicht aus.[49]

24 Die **Weiterverarbeitung** ist an diesen Zweck gebunden. Diese Zweckbindung hat die Vorschrift allerdings eingeschränkt.[50] Sie soll nur die Datenverarbeitung verhindern, die mit dem Erhebungszweck nicht vereinbar ist. Eine **Weiterverarbeitung** zu einem anderen Zweck, der mit dem Ursprungszweck **vereinbar** ist, soll zulässig sein.[51] Ob dies der Fall ist, bestimmt sich nach § 45 (→ § 45 Rn. 12 ff.). Ausnahmen von der Zweckbindung für die Datenverarbeitung zu wissenschaftlichen oder historischen Forschungszwecken[52] sowie zu archivarischen oder statistischen Zwecken sieht § 45 in Umsetzung des Art. 4 Abs. 3 JI-RL vor (→ Rn. 5).[53]

3. Erforderlichkeit und Verhältnismäßigkeit (Nr. 3)

25 Nach Nr. 3 muss die Verarbeitung personenbezogener Daten dem Verarbeitungszweck entsprechen und für dessen Erreichen **erforderlich** sein. Mit dieser Formulierung geht die Vorschrift über die Regelung des Art. 4 Abs. 1 lit. c JI-RL hinaus, nach der die Daten für den zulässigen Zweck nur „maßgeblich" sein müssen.[54] Diese Verstärkung ist nach Art. 1 Abs. 3 JI-RL zulässig. Nr. 3 übernimmt zwar nicht wörtlich das Minimierungsgebot des

---

47 ErwG 39 DS-GVO; BVerfGE 65, 1 (46 ff.) für das Grundrecht auf informationelle Selbstbestimmung.
48 *Roßnagel* in Simitis/Hornung/Spiecker gen. Döhmann DS-GVO Art. 5 Rn. 87 ff.; *Monreal* ZD 2016, 507 (509).
49 S. näher *Roßnagel* in Simitis/Hornung/Spiecker gen. Döhmann DS-GVO Art. 5 Rn. 86 ff.; *Skobel* in HK-LDSG RhPf § 28 Rn. 11; *Braun* in Gola/Heckmann BDSG § 47 Rn. 18; *Breyer* DuD 2018, 311 (313).
50 *Roßnagel* DuD 2016, 561 (564); *Monreal* ZD 2016, 507 (509).
51 ErwG 27 JI-RL.
52 S. hierzu auch *Geminn* ZD 2018, 640; *Weichert* ZD 2020, 18; *Weichert* in Hentschel/Hornung/Jandt 2020, 419.
53 Die Vorschrift und die JI-RL kennen daher keinen strengeren Zweckbindungsgrundsatz wie Art. 5 Abs. 1 lit. b DS-GVO – so aber *Johannes/Weinhold* in HK-BDSG § 47 Rn. 23; s. dagegen *Braun* in Gola/Heckmann BDSG § 47 Rn. 19: geringere Zweckbindung.
54 AA *Johannes/Weinhold* in HK-BDSG § 47 Rn. 24.

Art. 5 Abs. 1 lit. c DS-GVO, wonach die Daten „auf das für die Zwecke der Verarbeitung notwendige Maß beschränkt" sein müssen. Mit der Umschreibung, dass die Daten für das Erreichen des Verarbeitungszwecks erforderlich sein müssen, regelt die Vorschrift aber der Sache nach den Minimierungsgrundsatz.[55] Dieser beschreibt eine Zweck-Mittel-Relation: Personenbezogene Daten darf der Verantwortliche nur insoweit verarbeiten, als sie als Mittel erforderlich sind, um den Zweck der Datenverarbeitung zu erreichen. Sie ist danach auf das für die Zweckerreichung geringstmögliche Maß zu beschränken.[56] Dies gilt nicht nur für die Daten, sondern auch die Phasen und Formen der Verarbeitung.

Außerdem darf die Datenverarbeitung nicht außer Verhältnis zu diesem   26
Zweck stehen. Diese Umschreibung bezieht sich unmittelbar auf den Charakter der Datenverarbeitung als Eingriff in die Grundrechte des Datenschutzes gemäß Art. 8 Abs. 1 GRCh und der informationellen Selbstbestimmung gemäß Art. 2 Abs. 1 iVm 1 Abs. 1 GG. Dieser Eingriff muss verhältnismäßig sein.[57] **Verhältnismäßigkeit** bedeutet: Er muss zu einem legitimen Zweck erfolgen und für das Erreichen dieses Zwecks geeignet, erforderlich und angesichts der Folgen des Eingriffs angemessen sein.[58] Die Eignung ist nur zu verneinen, wenn die Datenverarbeitung keinen Beitrag zur Verfolgung des Zwecks leisten kann. Die Erforderlichkeit ist bereits mit dem Minimierungsgebot erfüllt. Die Angemessenheit entspricht der Forderung in Art. 4 Abs. 1 lit. c JI-RL, nach der die verarbeiteten Daten „in Bezug auf die Zwecke, für die sie verarbeitet werden, nicht übermäßig" sein dürfen. Diese Anforderung ist erfüllt, wenn eine Abwägung zwischen dem Beitrag der Datenverarbeitung für die Zweckerreichung und den Folgen des Grundrechtseingriffs für die betroffene Person ein Überwiegen der Zweckerreichung ergibt.[59]

Der Grundsatz der Verhältnismäßigkeit erweitert das Gebot der Datenmi-   27
nimierung zum Gebot der **Datensparsamkeit**. Das Gebot der Datenminimierung begrenzt die Datenverarbeitung auf das für den jeweiligen Zweck Erforderliche. Der Verantwortliche kann aber den **Zweck der Datenverarbeitung** frei auszuwählen. Je nach Zweckwahl entsprechen die Daten dem Zweck und sind für seine Erreichung erforderlich. Dagegen fordert der **Grundsatz der Verhältnismäßigkeit**, den Eingriff in das Grundrecht auf Datenschutz und informationelle Selbstbestimmung so gering wie möglich zu

---

55 S. zB auch *Skobel* in HK-LDSG RhPf § 28 Rn. 14; *Braun* in Gola/Heckmann BDSG § 47 Rn. 21.
56 BVerfGE 65, 1 (46).
57 Art. 52 Abs. 1 GRCh und BVerfGE 65, 1 (44).
58 S. zB EuGH ECLI:EU:C:2014:238 – Digital Rights Ireland; EuGH ECLI:EU:C:2016:84 – N.; EuGH ECLI:EU:C:2016:970 – Tele2 Sverige; BVerfGE 65, 1 (46); EuGH ECLI:EU:C:2019:1064, Rn. 46 f. – Asociaţia de Proprietari bloc M5A-ScaraA; EuGH ECLI:EU:C:2020:559 Rn. 174 – Schrems II EuGH ECLI:EU:C:2020:791 Rn. 121, 130, 132 – La Quadrature du Net; *Roßnagel* NJW 2017, 696; *Braun* in Gola/Heckmann BDSG § 47 Rn. 21 ff.
59 S. ausführlich *Braun* in Gola/Heckmann BDSG § 47 Rn. 23 ff.

halten.[60] Dieses verfassungsrechtliche Gebot gilt nicht nur für die Wahl der Mittel, sondern auch für die **Wahl des Zwecks.** Wenn der Verantwortliche das Ziel seiner gesetzlichen Aufgabe auch durch eine weniger eingriffsintensive Zweckkonkretisierung erreichen kann – die also weniger personenbezogene Daten benötigt –, so muss er die weniger eingriffsintensive Variante wählen.[61] Er muss- auch unter Einbezug der von ihm konkretisierten Zwecke – sein Datenverarbeitungssystem und seinen Datenverarbeitungsvorgang so gestalten, dass möglichst wenige Daten mit Personenbezug verarbeitet werden. Dieser Grundsatz der Datensparsamkeit[62] als Gestaltungsziel ist eng verbunden mit dem Grundsatz der datenschutzgerechten Systemgestaltung, wie er in § 61 normiert ist. Deshalb hat § 66 Abs. 1 die „Datensparsamkeit" sogar als einziges Beispiel für die Durchsetzung der Grundsätze durch Technikgestaltung und Voreinstellungen aufgeführt (→ § 66 Rn. 19).

4. Richtigkeit (Nr. 4)

28 Nach Nr. 4 müssen personenbezogene Daten sachlich richtig und erforderlichenfalls auf dem neuesten Stand sein. Der Grundsatz der Richtigkeit der Daten betrifft die **Datenqualität.**[63] Es kann allerdings schwierig sein zu bestimmen, was richtig und was aktuell ist. Daten vermitteln Informationen, die als gedankliches Modell bestimmte Ausschnitte der Realität repräsentieren. Sachlich richtig sind Daten, die bezogen auf den Zweck der Datenverarbeitung den relevanten Ausschnitt aus der Realität korrekt darstellen. Die Unterscheidung zwischen „richtig" und „unrichtig" folgt einer digitalen Logik, die für die Repräsentation von Wirklichkeit nicht immer gegeben ist. Das durch Daten angedeutete Wirklichkeitsmodell kann von Theorien, Annahmen und Perspektiven abhängen, deren Wahrheitsgehalt nicht nach richtig und unrichtig zu bestimmen ist. Der Grundsatz beschränkt sich daher auf Repräsentationen von Wirklichkeit, deren Richtigkeit objektiv zu bestimmen ist. Er ist nur für Tatsachenangaben anwendbar, die einem empirischen Beweis zugänglich sind. Der Grundsatz bezieht sich daher nicht auf die Richtigkeit von Ermittlungsergebnissen oder Beweismitteln, wie zB einer Aussage von Zeugen. Diese sind nicht ohne Weiteres nachprüfbar. Die Richtigkeit bezieht sich vielmehr nur auf die Tatsache, dass die Zeugen die jeweilige Aussage gemacht haben.[64] Ähnlich verhält es sich mit dem „neuesten Stand". Nachträgliche Veränderungen der Wirklichkeit machen die Daten nicht falsch, wenn es auf die ursprüngliche Si-

---

60 EuGH ECLI:EU:C:2014:238 – Digital Rights Ireland; EuGH ECLI:EU:C:2015:650 – Schrems; EuGH ECLI:EU:C:2016:970 – Tele2 Sverige; EuGH ECLI:EU:C:2019: 1064, Rn. 46 f. – Asociaţia de Proprietari bloc M5A-ScaraA; EuGH ECLI:EU:C: 2020:559 Rn. 176 – Schrems II; EuGH ECLI:EU:C:2020:791 Rn. 121, 130 – La Quadrature du Net; BVerfGE 65, 1 (43, 46).

61 *Roßnagel* in Roßnagel Das neue DSR § 3 Rn. 71.

62 S. zu diesem *Roßnagel* in Eifert/Hoffmann-Riem, S. 41 ff.

63 ErwG 39 DS-GVO und EuGH ECLI:EU:C:2014:317 Rn. 73 – Google Spain; EuGH ECLI:EU:C:2003:294, Rn. 65 – Österreichischer Rundfunk.

64 ErwG 30 JI-RL; s. auch zB *Johannes/Weinhold* in HK-BDSG § 47 Rn. 28; *Skobel* in HK-LDSG RhPf § 28 Rn. 16.

tuation ankommt.[65] „Erforderlichenfalls" bezieht sich auf den Zweck der Datenverarbeitung.[66]

Das Gebot der Richtigkeit statuiert eine **Überprüfungspflicht** von perso- 29
nenbezogenen Daten, die der Verarbeitung vorausgehen muss.[67] Insbesondere muss der Verantwortliche nach § 69 vor jeder Übermittlung prüfen,
ob die Daten richtig, vollständig und aktuell sind (→ § 69 Rn. 14 ff.). Soweit personenbezogene Daten im Hinblick auf die Zwecke ihrer Verarbeitung unrichtig sind, muss er nach Nr. 4 alle angemessenen Maßnahmen
treffen, um sie unverzüglich zu **löschen oder** zu **berichtigen**. Vorgaben hierzu enthält § 70 (→ § 70 Rn. 10 ff.). Unverzüglich bedeutet ohne schuldhaftes Zögern. Der Grundsatz begründet Rechte auf Berichtigung und Löschung der betroffenen Person nach § 53 (→ § 70 Rn. 7).

5. Speicherbegrenzung (Nr. 5)

Personenbezogene Daten dürfen nach Nr. 5 nicht länger als es für die Zwe- 30
cke, für die sie verarbeitet werden, erforderlich ist, in einer Form gespeichert werden, die die Identifizierung der betroffenen Personen ermöglicht.
Der Grundsatz ist vom Wortlaut her auf die Verarbeitungsform des Spei-
cherns beschränkt, gilt aber für alle Formen der Datenverarbeitung. Für
die gebotene Begrenzung des Grundrechtseingriffs auf das für die Zweckerfüllung geringstmögliche Maß kann es keinen Unterschied machen, in welcher Form der Verarbeitung dieser Eingriff erfolgt. Die Begrenzung ist
nicht auf das Speichern von Daten als solche, sondern auf die **Bestimmbar-
keit** von personenbezogenen Daten bezogen: Der Verantwortliche darf
einen Personenbezug nur für den Zeitraum herstellen können, in dem er
für das Erreichen des Zwecks unverzichtbar ist.[68] Nicht mehr erforderliche
personenbezogene Daten sind daher zu löschen oder zu anonymisieren. Die
Verantwortlichen müssen regelmäßig prüfen, ob sie gespeicherte personenbezogene Daten noch benötigen (→ § 70 Rn. 10 ff.).[69]

6. Sicherheitsgewährleistung (Nr. 6)

Nach Nr. 6 müssen personenbezogene Daten in einer Weise verarbeitet 31
werden, die eine angemessene Sicherheit gewährleistet. Hierzu gehört auch
ein durch geeignete technische und organisatorische Maßnahmen zu gewährleistender Schutz vor unbefugter oder unrechtmäßiger Verarbeitung,
unbeabsichtigtem Verlust, unbeabsichtigter Zerstörung oder unbeabsichtigter Schädigung. Der Gesetzgeber hat den Grundsatz gegenüber Art. 4
Abs. 1 lit. f JI-RL im Satzbau – verständlicher – umgestellt, ohne damit
aber einen inhaltlichen Unterschied zu begründen. Der Grundsatz zielt auf
die **technische und organisatorische Sicherung der anderen Datenschutzgrundsätze** und will verhindern, dass personenbezogene Daten entgegen
der Grundsätze und den Vorschriften des Datenschutzrechts verarbeitet

---

65 *Roßnagel* ZD 2018, 339 (341) mwN.
66 S. auch zB *Skobel* in HK-LDSG RhPf § 28 Rn. 16.
67 ErwG 26 JI-RL; s. auch zB *Johannes/Weinhold* in HK-BDSG § 47 Rn. 27; *Braun* in
   Gola/Heckmann BDSG § 47 Rn. 31.
68 *Roßnagel* ZD 2018, 339 (341).
69 S. auch zB *Johannes/Weinhold* in HK-BDSG § 47 Rn. 30.

werden.[70] Hierfür sind Systemdatenschutz, technisch-organisatorische Sicherheitsmaßnahmen nach § 59 (→ § 59 Rn. 9 ff.) und eine entsprechende Technikgestaltung nach § 66 (→ § 66 Rn. 10 ff.) erforderlich.[71] Die Gesetzgeber in der Union und in Hessen haben versäumt, weitere wichtige technisch-organisatorische Schutzziele, die in der Fachdiskussion gefordert werden, in diesen Grundsatz mit aufzunehmen.[72] Beispiele hierfür sind die Anforderungen der Nichtverkettbarkeit und der Intervenierbarkeit.[73]

C. Würdigung

32   Grundsätze der Datenverarbeitung in einer Vorschrift zusammenzufassen und für die Regelungsadressaten unmittelbar verbindlich zu regeln, ist für das hessische Datenschutzrecht ein **großer Fortschritt**. Die Grundsätze strahlen auf die gesamte Regelungen des Dritten Teils aus und stärken dadurch der Schutz die Grundrechte.

33   Die Grundsätze sind seit ihrer ersten Zusammenstellung in Art. 5 der Datenschutzkonvention 108 des Europarats vom 28.1.1981 im Grunde unverändert. Sie wurden weder in Art. 4 JI-RL noch in der Vorschrift risikoadäquat den **neusten Herausforderungen moderner und zukünftiger Formen der Datenverarbeitung** gemäß weiterentwickelt. In der vorliegenden Form müssten sie diese Entwicklungen eigentlich verhindern. Viel wahrscheinlicher ist jedoch, dass die normative Kraft des Faktischen dazu führt, dass die zukünftigen Entwicklungen die Grundsätze unterlaufen und über ihre Funktion einbüßen. Wenn digitale Infrastruktursysteme wie Suchsysteme, Plattformen für Unterhaltung, Kommunikation und Konsum, persönliche und berufliche Assistenz sowie das Internet der Dinge immer mehr personenbezogene Daten immer intensiver verarbeiten, werden auch verantwortliche Behörden diese Daten für ihre Zwecke nutzen wollen. Wenn sie den Versprechungen zB von Künstlicher Intelligenz und Big Data folgen und für eine einfachere und schnellere Bearbeitung ihrer Aufgaben deren Anwendungen nutzen, werden sie die damit verbundene Zunahme und Verstärkung von Grundrechtseingriffen als notwendige Konsequenz hinnehmen. In diesen neuen Verhältnissen werden alle Grundsätze fundamental in Frage gestellt. Ohne eine adäquate **Neuorientierung** stehen die Grundsätze in Gefahr, leer zu laufen und ihre Bedeutung für die Steuerung der Informationstechnik und den Schutz der Grundrechte zu verlieren.[74]

---

70 *Roßnagel* in Simitis/Hornung/Spiecker gen. Döhmann DS-GVO Art. 5 Rn. 169; *Skobel* in HK-LDSG RhPf § 28 Rn. 22; *Borell/Schindler* DuD 2019, 767 (768).
71 *Roßnagel* in Roßnagel, Das neue DSR, § 3 Rn. 81 f.; *Johannes/Weinhold* in HK-BDSG § 47 Rn. 32; *Borell/Schindler* DuD 2019, 767 (769 f.).
72 *Roßnagel* DuD 2017, 290 (294).
73 S. zu diesen das DSK Standarddatenschutzmodell, S. 21 f.
74 S. ausführlich *Roßnagel/Geminn/Jandt/Richter*, Datenschutz 2016 – „Smart" genug für die Zukunft?, 2016, S. 98 ff.; *Roßnagel* DuD 2016, 561 (563 f.).

Zweiter Abschnitt: Rechtsgrundlagen für die Verarbeitung personenbezogener Daten

§ 43 Verarbeitung besonderer Kategorien personenbezogener Daten

(1) Die Verarbeitung besonderer Kategorien personenbezogener Daten ist nur zulässig, wenn sie zur Aufgabenerfüllung unbedingt erforderlich ist.

(2) [1]Werden besondere Kategorien personenbezogener Daten verarbeitet, sind geeignete Garantien für die Rechte und Freiheiten der betroffenen Personen vorzusehen. [2]Geeignete Garantien können insbesondere sein

1. spezifische Anforderungen an die Datensicherheit oder die Datenschutzkontrolle,
2. die Festlegung von besonderen Aussonderungsprüffristen,
3. die Sensibilisierung der an Verarbeitungsvorgängen Beteiligten,
4. die Beschränkung des Zugangs zu den personenbezogenen Daten innerhalb der verantwortlichen Stelle,
5. die von anderen Daten getrennte Verarbeitung,
6. die Pseudonymisierung personenbezogener Daten,
7. die Verschlüsselung personenbezogener Daten oder
8. spezifische Verfahrensregelungen, die im Fall einer Übermittlung oder Verarbeitung für andere Zwecke die Rechtmäßigkeit der Verarbeitung sicherstellen.

Literatur:

Bäcker, Die Datenschutzrichtlinie für Polizei und Strafjustiz und das deutsche Eingriffsrecht, in: Hill/Kugelmann/Martini, Perspektiven der digitalen Lebenswelt, 2017, 63; *Bäcker/Hornung*, EU-Richtlinie für die Datenverarbeitung bei Polizei und Justiz in Europa – Einfluss des Kommissionsentwurfs auf das nationale Strafprozess- und Polizeirecht, ZD 2012, 147; *Hornung/Schindler*, Das biometrische Auge der Polizei, ZD 2017, 203; *Mysegades*, Keine staatliche Gesichtserkennung ohne Spezial-Rechtsgrundlage, NVwZ 2020, 852; *Piltz*, Die neuen Protokollierungspflichten der Richtlinie 2016/680/EU für öffentliche Stellen, NVwZ 2018, 696; *Rath*, Antidiskriminierung und Racial Profiling, DRiZ 2020, 246; *Roßnagel*, Pseudonymisierung personenbezogener Daten, ZD 2018, 243.

A. Allgemeines

I. Bedeutung der Vorschrift

1 Die Vorschrift normiert die **Rechtsgrundlage zur Verarbeitung besonderer Kategorien personenbezogener Daten** im Anwendungsbereich der JI-RL. Diese Kategorien personenbezogener Daten werden in § 41 Nr. 15 definiert (→ § 41 Rn. 53 ff.). Danach betreffen besondere Kategorien personenbezogener Daten solche Daten, aus denen die rassische oder ethische Herkunft, politische Meinungen, religiöse oder weltanschauliche Überzeugungen oder die Gewerkschaftszugehörigkeit hervorgehen sowie genetische Daten, biometrische Daten zur eindeutigen Identifizierung einer natürlichen Person, Gesundheitsdaten und Daten zum Sexualleben oder zur sexuellen Orientierung.

2 Wegen ihrer „identitätsabbildenden"[1] Wirkung sind die besonderen Kategorien personenbezogener Daten besonders schutzwürdig, denn mit ihrer Verarbeitung gehen gesteigerte **Risiken für die Rechte und Freiheiten** der betroffenen Personen einher, zB das Risiko Ziel von Diskriminierungen aufgrund der Verarbeitung der betreffenden Kategorie an Daten zu werden. Deswegen stellt Abs. 2 erhöhte technische und organisatorische Anforderungen an die Verarbeitung in Form von geeigneten Garantien zum Schutz der personenbezogenen Daten.

3 Die Vorschrift ist als **generalklauselartige Rechtsgrundlage** ausgestaltet, die sich eng an der Regelung des § 48 BDSG orientiert.

II. Entstehungsgeschichte

4 Bereits nach § 7 Abs. Abs. 4 HDSG war die Verarbeitung sensibler Daten, wie zB Gesundheitsdaten nur unter erhöhten Anforderungen zulässig. Damit setzte der Landesgesetzgeber die Anforderungen des Art. 8 DSRL um. Das **Fachrecht im Bereich Polizei und Justiz** griff ebenfalls die besondere Schutzwürdigkeit sensibler Daten auf, die aufgrund ihrer gesteigerten Eingriffswirkung gesteigerten Eingriffsvoraussetzungen unterliegen (zB § 21 Abs. 2 HSOG aF). Diese Systematik ist mangels Anwendbarkeit jedoch nicht auf die DSRL, sondern auf das Verfassungsrecht zurückzuführen.

5 Die Vorschrift wurde im **Gesetzgebungsverfahren** gegenüber dem Gesetzentwurf der Fraktion von CDU und von BÜNDNIS90/DIE GRÜNEN[2] nicht verändert.

III. Unionsrechtliche Regelungen

6 Die Vorschrift dient der Umsetzung des **Art. 10 JI-RL.** Dieser regelt, dass die Verarbeitung besonderer Kategorien personenbezogener Daten nur dann erlaubt ist, wenn sie unbedingt erforderlich ist und die Verarbeitung

---

1 Vgl. *Braun* in Gola/Heckmann BDSG § 48 Rn. 1.
2 LT-Drs. 19/5728, 28 f.

vorbehaltlich geeigneter Garantien für die Rechte und Freiheiten der betroffenen Person erfolgt. Weitere Voraussetzungen sind, dass die Verarbeitung nach Unionsrecht oder dem Recht der Mitgliedstaaten zulässig ist, der Wahrung lebenswichtiger Interessen der betroffenen oder einer anderen natürlichen Person dient oder sich auf Daten bezieht, die die betroffene Person offensichtlich öffentlich gemacht hat.

Auch wenn der Wortlaut des Richtlinientextes impliziert, dass diese Voraussetzungen alternativ gelten, spricht für das kumulative Erfordernis der Voraussetzungen die Aussage des ErwG 37, der besagt, dass die Verarbeitung nur vorbehaltlich in Rechtsvorschriften festgelegter Garantien erfolgen darf.[3] Diese Rechtsvorschriften sollten die Verarbeitung in rechtlich geregelten Fällen erlauben oder in Fällen, in denen die Verarbeitung anderenfalls zur Wahrung lebenswichtiger Interessen der betroffenen Personen erforderlich ist. Damit ist eine Rechtsvorschrift in jedem Fall **Voraussetzung der Verarbeitung**. Die Anforderungen an die Ausgestaltung richten sich dagegen nach den Anforderungen des Art. 10 lit. a–c JI-RL.

7

Neben den einschlägigen datenschutzrechtlichen Grundrechten der **GRCh** steht diese Vorschrift zudem in Verbindung mit dem Recht auf Nichtdiskriminierung gemäß Art. 21 GRCh, dem Recht auf Gewissens-, Gedankens- und Religionsfreiheit gemäß Art. 10 GRCh und dem Recht auf Meinungsfreiheit gemäß Art. 11 GRCh, da diese Rechte durch die Verarbeitung besonderer Kategorien personenbezogener Daten verletzt werden können.

8

Diese Vorgaben werden im Gesetz dahin gehend umgesetzt, dass Abs. 1 eine **Erlaubnis zur Verarbeitung** der personenbezogenen Daten statuiert mit der Tatbestandsvoraussetzung, dass die Verarbeitung zur Erfüllung der Aufgaben der zuständigen Behörde unbedingt erforderlich ist. In Abs. 2 wird daneben geregelt, dass **geeignete Garantien** bei der Verarbeitung vorzusehen sind. Diese werden in Satz 2 konkretisiert durch eine nicht abschließend aufgezählte Sammlung von technischen und organisatorischen Maßnahmen, die der Verantwortliche treffen kann.

9

Die generalklauselartige Ausgestaltung der Verarbeitungserlaubnis begegnet aufgrund ihrer **mangelnden Bestimmtheit** verfassungsrechtlichen und aufgrund ihrer nicht konkretisierten Tatbestandvoraussetzungen unionsrechtlichen Bedenken (→ Rn. 22 ff.).

10

IV. Verhältnis zu anderen Vorschriften

Die Verarbeitung besonderer Kategorien personenbezogener Daten wird für den Anwendungsbereich der DS-GVO in Ergänzung zu **Art. 9 DS-GVO** in § 20 geregelt. Dieser konkretisiert die Vorgaben des Art. 9 Abs. 2 DS-GVO. Der Detailgrad der Regelung ist deutlich ausgeprägter als der der Vorschrift im Anwendungsbereich der JI-RL. Dies betrifft sowohl die Voraussetzungen der Verarbeitung als auch die Beschreibung der technischen und organisatorischen Maßnahmen als geeignete Garantien zum Schutze der Rechte und Freiheiten der betroffenen Personen.

11

---

3 Vgl. *Johannes/Weinhold* Neues DatenschutzR § 1 Rn. 146 f.

12 **Bereichsspezifische Regelungen** im Fachrecht finden sich in § 19 HSOG in Bezug auf erkennungsdienstliche Maßnahmen, im Rahmen derer ua Gesundheitsdaten erhoben werden. Dort verweist § 19 Abs. 6 HSOG auf die Anforderungen der Vorschrift. Weitere Regelungen zur Verarbeitung von besonderen Kategorien personenbezogener Daten finden sich in § 58 Abs. 2 HStrafVG.

13 Neben dem gleichlautenden § 48 BDSG existieren in den **Landesdatenschutzgesetzen** teilweise entsprechende[4] und teilweise abweichende[5] Regelungen zur Verarbeitung besonderer Kategorien personenbezogener Daten im JI-Bereich.

B. Verarbeitung besonderer Kategorien personenbezogener Daten

I. Verarbeitungserlaubnis (Abs. 1)

14 Die Ausgestaltung der Regelung weicht von der des Art. 9 DS-GVO insbesondere dahin gehend ab, dass sie als „klassische" Verarbeitungserlaubnis konzipiert ist und nicht wie Art. 9 DS-GVO als Verbotsvorschrift mit Erlaubnisvorbehalt geregelt wurde. Dies ist die Folge der weiten und im Vergleich zu Art. 9 DS-GVO wenig eingeschränkten Vorgaben des Art. 10 JI-RL.[6]

1. Besondere Kategorien personenbezogener Daten im Kontext der JI-Richtlinie

15 Die besonderen Kategorien personenbezogener Daten werden in § 41 Nr. 15 **abschließend** benannt. Die Definition unterscheidet sich nicht von der Begriffsverwendung im Kontext der DS-GVO.[7] Von besonderer Relevanz im Bereich der polizeilichen und justiziellen Datenverarbeitung sind insbesondere die Kategorien der Gesundheitsdaten, der personenbezogenen Daten zur rassischen und ethischen Herkunft, der Daten zur politischen Meinung sowie der biometrischen Daten.

16 Informationen über die **rassische Herkunft** betreffen Informationen über körperliche Merkmale, wie die Haar- oder Augenfarbe sowie über andere markante äußerliche Merkmale,[8] die auf eine bestimmte Herkunft schließen lassen (→ § 41 Rn. 53). Dazu kann auch die Sprache zählen, nicht davon umfasst ist die Staatsangehörigkeit.[9] Der Kritikalität des Begriffs[10] ist sich der europäische Normgeber bei dessen Verwendung grundsätzlich bewusst, er greift ihn jedoch im Kontext der besonderen Kategorien perso-

---

4   ZB § 37 ThürDSG.
5   ZB § 29 LDSG RhPf; § 45 DSG NRW; § 25 Abs. 3 NDSG.
6   Nach *Bäcker* bleiben die Anforderungen „blass", vgl. *Bäcker* in Hill/Kugelmann/Martini, S. 73.
7   Ausf. *Weichert* in Kühling/Buchner DS-GVO Art. 9 Rn. 13 ff.
8   *Weichert* in Kühling/Buchner DS-GVO Art. 9 Rn. 25.
9   *Schulz* in Gola/Heckmann BDSG § 46 Rn. 71.
10 Zu diesem Begriff betont ErwG 37 JI-RL, wie auch ErwG 51 DS-GVO, dass die Verwendung des Begriffs „rassische Herkunft" in dieser Richtlinie nicht bedeute, dass die Union Theorien, mit denen versucht wird, die Existenz verschiedener menschlicher Rassen zu belegen, gutheißt. Prägnant skizziert *Petri*, warum die Verwendung des Begriffs grundsätzlich anachronistisch und unangemessen ist, vgl. *Petri* in Simitis/Hornung/Spiecker gen. Döhmann DS-GVO Art. 9 Rn. 15.

nenbezogener Daten explizit auf, um die betroffenen Personen davor zu schützen, durch die Verwendung solcher Stereotypen aufgrund ihrer Herkunft diskriminiert zu werden.

Die ethnische Herkunft betrifft insbesondere die **kulturelle Herkunft** der betroffenen Person, wie zB ihre Sprache und andere Merkmale, aus denen die Abstammung von Angehörigen eines bestimmten Volkes hervorgeht (→ § 41 Rn. 53).[11]   17

Im Kontext der Aufgabenerfüllung der zuständigen Behörden im Anwendungsbereich der JI-RL dienen Personenbeschreibungen und das Speichern besonderer Merkmale, zu denen auch solche der rassischen und ethnischen Herkunft zählen können, dazu, Tatverdächtige zu identifizieren und Täterprofile zu erstellen. In der Konsequenz unterliegen solche Daten nunmehr den gesteigerten Anforderungen der Vorschrift, um mit der Verarbeitung einhergehende Diskriminierungseffekte zu vermeiden, zB **Racial Profiling**.[12]   18

Personenbezogene Daten, aus denen die politische Meinung hervorgeht sind zum einen Werturteile, dazu zählen jedoch auch **Tätigkeiten im politischen Kontext** der betroffenen Personen, wie zB die Teilnahme an politischen Versammlungen (→ § 41 Rn. 54). Diese Daten unterliegen dem Schutz der Meinungsfreiheit gem. Art. 11 GRCh. Verarbeitet werden solche Daten durch Strafverfolgungs- und Polizeibehörden insbesondere im Phänomenbereich der politisch motivierten Kriminalität, in dem spezielle Dateien[13] geführt werden.   19

Die Verarbeitung biometrischer Daten gewinnt an Relevanz im Kontext der polizeilichen und justiziellen Aufgabenerfüllung. Nicht nur in Bezug zu Videoüberwachung mittels Nutzung biometrischer Gesichtserkennung wird die **Verarbeitung biometrischer Daten** (→ § 41 Rn. 50) zum Zwecke der Identifizierung diskutiert,[14] auch bei automatisierten Verarbeitungsformen, die anhand biometrischer Gesichtsmerkmale Abgleiche zur Identifizierung vornehmen.[15]   20

2. Regelungsgehalt

Während der Art. 10 JI-RL an die Rechtsvorschrift zur Verarbeitung besonderer Kategorien personenbezogener Daten die Anforderung nach Art. 10 lit. a–c JI-RL stellt, beschränkt sich die Umsetzungsvorschrift in   21

---

11 *Schiff* in Ehmann/Selmayr DS-GVO Art. 9 Rn. 17.
12 Jüngst dazu *Rath* DRiZ 2020, 246.
13 ZB BKA-Zentralstellendateien PMK-links/PMK-rechts, vgl. Bundestag: Datenverbünde in Fällen politisch motivierter Kriminalität ZD-Aktuell 2013, 03750.
14 Ausf. *Hornung/Schindler* ZD 2017, 203.
15 So zB im Nachgang der Ausschreitungen anlässlich des G20-Gipfels in Hamburg im Jahr 2017. Die Polizei hatte ua durch die Bevölkerung Bilder- und Videomaterial zu den Ausschreitungen gesammelt und diese mit der Software „Videmo 360" biometrisch verarbeitet und ausgewertet. Der Hamburgische Beauftragte für Datenschutz und Informationsfreiheit hat die Nutzung der Software beanstandet und die Löschung der erstellten Templatereferenzdatenbank angeordnet. Daraufhin kam es zum Klageverfahren, vgl. 27. Tätigkeitsbericht des Hamburgischen Beauftragten für Datenschutz und Informationsfreiheit, S. 86 ff.; Ausf. *Mysegades* NVwZ 2020, 852.

Abs. 1 auf die Voraussetzung, dass die Verarbeitung **für die Aufgabenerfüllung der zuständigen Verantwortlichen unbedingt erforderlich** sein sollte. Dies soll auch Verarbeitungen in den in Art. 10 lit. b und c JI-RL genannten Zusammenhängen umfassen, dh solche zur Wahrung lebenswichtiger Interessen der betroffenen Person oder eines Dritten oder Fälle, in denen Daten verarbeitet werden sollen, die die betroffene Person offensichtlich öffentlich gemacht hat.[16]

22 Diese Ausgestaltung der Verarbeitungserlaubnis wird nicht den in der JI-RL determinierten Anforderungen gerecht, eine Verarbeitung in nur „rechtlich geregelten Fällen" zu erlauben, also in spezifischen Fallgestaltungen, die hinreichend bestimmt konturiert sind und den spezifischen Schutzbedarfen der einzelnen Kategorien personenbezogener Daten Rechnung tragen.[17] Zudem wird **keine Eingriffsschwelle** festgelegt, die eine Verarbeitung nur zur Wahrung lebensgewichtiger Interessen der betroffenen Personen oder Dritter zulässt. Mit der Anknüpfung der Verarbeitung an die Aufgabenerfüllung wird eine Voraussetzung geschaffen, die bereits dem Anwendungsbereich des Regelungsregimes immanent ist (vgl. § 3 Abs. 1). Die Steigerung zur allgemeinen Verarbeitungserlaubnis „herkömmlicher" personenbezogener Daten wird allein durch die „unbedingte Erforderlichkeit" (→ Rn. 25 ff.) der Verarbeitung vorgenommen und bezieht sich dabei auf alle Verarbeitungen, die im Rahmen der Aufgabenerfüllung getätigt werden können.

23 Die Ausgestaltung der Vorschrift steht auch nicht im Einklang mit den verfassungsrechtlichen Anforderungen an eine **hinreichend bestimmte Rechtsgrundlage**, die einen Eingriff in das Recht auf informationelle Selbstbestimmung gemäß Art. 1 Abs. 1 iVm Art. 2 Abs. 1 GG legitimieren kann. Eingriffe in das Recht auf informationelle Selbstbestimmung dürfen aufgrund des Vorbehalts des Gesetzes nur auf einer gesetzlichen Grundlage erfolgen. Das verfassungsrechtliche Bestimmtheitsgebot erfordert dazu, dass der Anlass, der Zweck und die Grenzen des Eingriffs in der Ermächtigung bereichsspezifisch, präzise und normenklar festgelegt werden müssen.[18] Der Grad der Bestimmtheit orientiert sich an der Schwere des Eingriffs.[19] Wie bereits erörtert, ist die Eingriffsintensität in Bezug auf die Verarbeitung besonderer Kategorien personenbezogener Daten aufgrund der damit einhergehenden Risiken hoch und angesichts der betroffenen Grundrechte vielfältig. Entsprechend gesteigert sind die Anforderungen an eine bereichsspezifische Regelung. Diesen Anforderungen wird die Generalklausel zur Verarbeitung personenbezogener Daten nicht gerecht.

24 Die Folge der **Unbestimmtheit der Regelung** ist, dass die Regelung nur in Einzelfällen als Rechtsgrundlage für die Verarbeitung besonderer Kategorien personenbezogener Daten herangezogen werden sollte.[20] Besonders eingriffsintensive Maßnahmen sollten dagegen immer auf Grundlage einer

---

16 LT-Drs. 19/5728, 116.
17 Ebenfalls krit. in Bezug auf den gleichlautenden § 48 BDSG *Bäcker* in Hill/Kugelmann/Martini, S. 73.
18 BVerfGE 113, 348 (375).
19 Vgl. *Schantz* in Schantz/Wolff Neues DatenschutzR Rn. 158.
20 Vgl. *Braun* in Gola/Heckmann BDSG § 48 Rn. 15.

hinreichend bestimmten und bereichsspezifischen Rechtsgrundlage erfolgen. Trotzdem verbleibt ein nicht unerheblicher Anwendungsspielraum[21] zum einen in Bezug auf die Rechtsgrundlagen, die auf diese Regelung verweisen, wie zB § 19 Abs. 6 HSOG und zum anderen aufgrund von Regelungen, die ihrerseits in Bezug auf Art. 10 JI-RL defizitär sind, zB weil sie keine geeigneten Garantien für die Wahrung der Rechte und Freiheiten betroffener Personen vorsehen.[22]

3. Unbedingte Erforderlichkeit

Mit der Tatbestandsvoraussetzung der unbedingten Erforderlichkeit der Verarbeitung wird der Wortlaut des Art. 10 JI-RL wortlautgetreu umgesetzt. Dies wirft jedoch Abgrenzungsschwierigkeiten zum nationalen und unionsrechtlichen **Erforderlichkeitsbegriff** auf.   25

Die Tatbestandsvoraussetzung der Erforderlichkeit ist ein maßgebliches Rechtmäßigkeits-kriterium im Rahmen von Verarbeitungstätigkeiten und damit **regelmäßiger Bestandteil von datenschutzrechtlichen Erlaubnistatbeständen**. Durch das Kriterium der Erforderlichkeit wird eine Abhängigkeitsbeziehung zwischen den Verarbeitungsvorgängen und der Aufgabenerfüllung des Verantwortlichen festgelegt. Maßgeblich ist, inwiefern der Verantwortliche für seine Aufgabenerfüllung auf die Verarbeitungstätigkeit angewiesen ist.[23] Dieser Grad der Abhängigkeit wird nach der Rspr. des EuGH eng interpretiert. Danach verlangt die Erforderlichkeit der Verarbeitung, dass sich Ausnahmen und Einschränkungen in Bezug auf den Schutz der personenbezogenen Daten auf das absolut Notwendige beschränken müssen.[24] Nach anderer Ansicht soll in Anlehnung an das Begriffsverständnis des BDSG aF für die Erforderlichkeit ausreichen, ob es zur beabsichtigten Datenverarbeitung eine zumutbare Alternative gibt, die als gleichermaßen geeignet eingestuft werden kann, gleichzeitig aber ohne bzw. mit einem „Weniger" an Datenverarbeitung auskommt.[25]   26

In Bezug auf die unionsrechtliche Interpretation der Erforderlichkeit stellt sich die Frage, wie dieses Maß im Rahmen einer unbedingten Erforderlichkeit steigerungsfähig ist. Nach der Gesetzesbegründung sei eine unbedingte Erforderlichkeit anzunehmen, wenn keine zumutbaren Alternativ- oder Ausgleichsmaßnahmen zur Verfügung stehen, um das legitime Ziel der Verarbeitung zu erreichen.[26] IdS orientiert sich die Interpretation des Begriffs an der nationalen Auslegung, was im Hinblick auf die unionsweite Harmonisierung des Datenschutzrechts fragwürdig erscheint. Eine Verarbeitung besonderer Kategorien personenbezogener Daten ist damit unbedingt erforderlich, wenn sie nahezu unverzichtbar zur Aufgabenerfüllung   27

---

21 AA *Schwichtenberg* in Kühling/Buchner BDSG § 48 Rn. 7.
22 Dies dürfte zB auf die Regelung zu erkennungsdienstlichen Maßnahmen nach § 58 Abs. 2 HStrafVG zutreffen.
23 Vgl. *Albers/Veit* in BeckOK DatenschutzR DS-GVO Art. 6 Rn. 16.
24 EuGH C-13/16, ZD 2017, 324, Rn. 30 – Rīgas satiksme, mit Hinweisen auf ECLI: EU:C:2010:662, Rn. 86 – Schecke und Eifert; ECLI:EU:C:2013:715, Rn. 39 – IPI und ECLI:EU:C:2014:2428, Rn. 28 – Ryneš.
25 *Buchner/Petri* in Kühling/Buchner DS-GVO Art. 6 Rn. 45, 46.
26 LT-Drs. 19/5728, 116.

des Verantwortlichen ist.[27] In diesem Zusammenhang wäre es vorzugswürdig gewesen, den Begriff „**unerlässlich**" statt „unbedingt erforderlich" als Konkretisierung zu verwenden.[28]

II. Geeignete Garantien (Abs. 2)

28　Abs. 2 regelt als zusätzliche materielle Zulässigkeitsvoraussetzung, dass im Falle der Verarbeitung besonderer Kategorien personenbezogener Daten geeignete Garantien vorzusehen sind.[29] Die Formulierung impliziert, dass dies **zwingende Anforderungen** sind und entspricht damit den Vorgaben des Art. 10 JI-RL, dass die Verarbeitung besonderer Kategorien personenbezogener Daten „vorbehaltlich geeigneter Garantien für die Rechte und Freiheiten der betroffenen Person" erfolgen soll. Die geeigneten Garantien sind damit zwingender Bestandteil der Rechtsgrundlage zur Verarbeitung personenbezogener Daten. Selbst wenn das systematisch durch den Landesgesetzgeber nicht vorgesehen sein sollte,[30] erfordert die richtlinienkonforme Auslegung diese systematische Einordnung.

Mit dem Bezug auf „die Rechte und Freiheiten der betroffenen Person" schließt sich die JI-Richtlinie den Gewährleistungszielen der DS-GVO an. Diese Rechte und Freiheiten betreffen nicht ausschließlich das Recht auf den Schutz der Privatheit sowie das Recht auf Schutz der personenbezogenen Daten der betroffenen Personen. Vielmehr betrifft der Schutz, den die geeigneten Garantien bezwecken nach ErwG 51 JI-RL auch andere Rechtsgüter, wie das Eigentum, das Leben und die Gleichheit.[31]

29　Die Garantien sind exemplarisch genannt. Sie betreffen technische und organisatorische Maßnahmen des **Datenschutzmanagements**. Diese Ausprägung, die vorwiegend die Sicherheit der Verarbeitung iSd Art. 19 und 20 JI-RL berührt, ist nicht zwingend durch die Vorgaben der JI-RL vorgesehen. Grundsätzlich können auch gesteigerte materielle Vorgaben als geeignete Garantien getroffen werden,[32] wie zB ausgeprägtere Transparenzvorgaben.

30　Welche Garantien geeignet sind, richtet sich nach der Art der Verarbeitungstätigkeit, der Organisation des Verantwortlichen und insbesondere nach den besonderen Kategorien personenbezogener Daten, die verarbeitet werden sowie deren **Schutzbedürftigkeit**. Dies wird auch durch den Wortlaut des Art. 10 JI-RL deutlich, der die geeigneten Garantien in den Kontext der konkreten Verarbeitungsvorgänge setzt. Je eingriffsintensiver die mit der Verarbeitung verbundenen Maßnahmen des Verantwortlichen sind, desto gesteigerter sind die Anforderungen an die Garantien, um die mit der Verarbeitung verbundenen Risiken für die Rechte und Freiheiten der be-

---

27　*Schwichtenberg* in Kühling/Buchner BDSG § 48 Rn. 3.
28　Dieser Begriff wurde im Kontext der Verarbeitung sog. „besonderer Daten" zB gemäß § 61 Abs. 2 HStrafVG aF genutzt.
29　*Schwichtenberg* in Kühling/Buchner BDSG § 48 Rn. 5.
30　Die Gesetzesbegründung schweigt zu dem Umstand.
31　S. auch *Frenzel* in Paal/Pauly BDSG § 48 Rn. 5.
32　*Schwichtenberg* in Kühling/Buchner BDSG § 48 Rn. 6.

troffenen Personen einzudämmen. Die Entscheidung des Verantwortlichen welche Garantien er wählt steht in seinem Ermessen.[33]

Grundlegend begegnet die **Auswahl der „geeigneten Garantien"** insofern Bedenken, als dort Verfahrensregelungen oder -vorkehrungen aufgezählt werden, die ohnehin von dem Verantwortlichen nach den Maßstäben des Gesetzes oder bereichsspezifischer Regelungen zu beachten sind. Dies betrifft zB das Vorsehen von Rollen- und Berechtigungskonzepten in Abs. 2 Nr. 4 (→ Rn. 35) oder die Kennzeichnungen gemäß Abs. 2 Nr. 8 (→ Rn. 40) als spezifische Verfahrensregelungen, die im Fall einer Übermittlung oder Verarbeitung für andere Zwecke die Rechtmäßigkeit der Verarbeitung sicherstellen.   31

1. Spezifische Anforderungen an die Datensicherheit oder die Datenschutzkontrolle (Nr. 1)

Nicht nur die Wahl der geeigneten Garantien, sondern auch die Ausgestaltung der selbigen sollte sich nach dem Schutzbedürfnis der betreffenden sensiblen personenbezogenen Daten richten. Spezifische Anforderungen, die an die Datensicherheit gestellt werden sollten, betreffen insbesondere Vorkehrungen in Bezug auf den Schutz vor unbefugter oder unrechtmäßiger Verarbeitung, unbeabsichtigtem Verlust, unbeabsichtigter Zerstörung oder unbeabsichtigter Schädigung der personenbezogenen Daten. Dass dieses Ziel bereits in den datenschutzrechtlichen Grundsätzen gemäß § 42 Nr. 6 geregelt wird (→ § 42 Rn. 31), hat zur Folge, dass die Anforderungen in Bezug auf besondere Kategorien personenbezogener Daten an die **Sicherheit der Verarbeitung** erheblicher sein müssen als bei herkömmlichen personenbezogenen Daten gemäß § 59. Höhere Anforderungen an die Datenschutzkontrolle müssen dabei nicht unbedingt verstärkte Prüfpflichten der oder des HDSB bedeuten, sondern können auch von den behördlichen DSB vorgenommen bzw. diesen aufgetragen werden.   32

2. Festlegung von besonderen Aussonderungsprüffristen (Nr. 2)

Diese Garantie umfasst die Festlegung von besonderen Aussonderungsprüffristen, die im Vergleich zu den sonstigen Fristen kürzer zu bemessen sind, um engmaschig die unbedingte Erforderlichkeit der Verarbeitung in entsprechend engen Zeitabständen überprüfen zu können. Dies korreliert mit der Vorgabe des Art. 5 JI-RL, **angemessene Lösch- und Speicherfristen** festzulegen und Verfahrensvorkehrungen zu treffen, die sicherstellen, dass diese Fristen eingehalten werden. Vor diesem Hintergrund ist es fraglich, ob die optionale Vorgabe, im Falle der Verarbeitung besonderer Kategorien personenbezogener Daten besondere Aussonderungsprüffristen festzulegen ausreicht, oder ob dem Regelungsauftrag des Gesetzgebers durch eine   33

---

[33] *Albers* in BeckOK DatenschutzR BDSG § 48 Rn. 25.

bestimmte Regelung hinsichtlich konkreter Fristen mehr entsprochen worden wäre. Auch das Fachrecht trifft keine spezifischen Regelungen.[34]

3. Sensibilisierung der an Verarbeitungsvorgängen Beteiligten (Nr. 3)

34   Diese Garantie stellt Anforderungen an das Datenschutzmanagement des Verantwortlichen dergestalt, dass die an der Verarbeitung besonderer Kategorien personenbezogener Daten Beteiligten über das besondere Risiko, welches mit der Verarbeitung dieser Daten für die Rechte und Freiheiten der betroffenen Personen einhergeht, informiert und sensibilisiert werden müssen sowie über die besonderen Anforderungen an die Verarbeitung der personenbezogenen Daten, die deswegen geboten sind. Dies kann mittels Dienstanweisungen erfolgen, aber auch durch **regelmäßige Schulungen** und Sensibilisierungen durch den behördlichen DSB.[35] Die Sensibilisierungsmaßnahmen sind in regelmäßigen Abständen zu wiederholen.[36]

4. Beschränkung des Zugangs und getrennte Verarbeitung (Nr. 4 und 5)

35   Es gibt unterschiedliche technische und organisatorische Maßnahmen, durch die der Zugang zu personenbezogenen Daten innerhalb des Verantwortlichen gesteuert werden kann. Dazu zählt ein ausdifferenziertes **Rollen- und Berechtigungskonzept**. Darin werden von dem Verantwortlichen die Rollen der für den Verantwortlichen handelnden Personen festgelegt und ihnen die entsprechenden Rechte zugewiesen. Dabei muss für das betreffende Verfahren festgelegt werden, wer in welcher Funktion Zugriff auf welche Datensätze hat und auf welche Weise, zB nur lesend oder auch verändernd.[37] Es ist deswegen geeignet, um besondere Anforderungen in Bezug auf die Verarbeitung besonderer Kategorien personenbezogener Daten vorzusehen. Dies betrifft insbesondere die Verarbeitung solcher Daten in Dateien und Informationssystemen. Auf diese Weise kann sichergestellt werden, dass nur diejenigen Personen Zugriff auf die besonders schutzwürdigen personenbezogenen Daten haben, die diesen zur Erfüllung ihrer Aufgaben unbedingt benötigen.

36   Durch organisatorische (zB im Wege von abschließbaren Schrankvorrichtungen) oder technische Vorkehrungen (zB spezifische Dateien) kann eine weitgehend **getrennte Verarbeitung** erreicht werden, die auch die Beschränkung des Zugangs zu den personenbezogenen Daten mit sich bringt. Dies

---

34   In § 27 Abs. 4 Satz 2 HSOG werden lediglich in Bezug auf die allgemeine Verarbeitung personenbezogener Daten im Sinne des § 20 Abs. 6 HSOG Aussonderungsprüffristen festgelegt. In § 27 Abs. 4 Satz 1 HSOG besteht daneben eine Verordnungsermächtigung zur Regelung der Aussonderungsprüffristen. Die im Rahmen dieser Verordnung zur Durchführung des Hessischen Gesetzes über die öffentliche Sicherheit und Ordnung und des Hessischen Freiwilligen-Polizeidienst-Gesetzes (HSOG-DVO) vom 12.6.2007, GVBl. 323, zuletzt geändert am 20.1.2020, enthält keine auf besondere Kategorien personenbezogener Daten zugeschnittene Aussonderungs- und Prüffristen.

35   Die Beratungs- und Sensibilisierungsaufgabe gehört nach § 7 Abs. 1 Nr. 1 zum Aufgabenbereich der behördlichen DSB.

36   Vgl. *Heckmann/Scheurer* in Gola/Heckmann BDSG § 22 Rn. 64.

37   Vgl. *Bock* in Specht/Mantz DatenschutzR-HdB § 20 Rn. 79; nach altem Recht wurde das Erstellen eines Rollen- und Berechtigungskonzepts als Maßnahme der Zugriffskontrolle zB nach § 9 BDSG aF qualifiziert.

wird in Bezug auf bestimmte Daten und Verarbeitungsformen möglich sein.[38] In vielen Fällen wird dies jedoch aufgrund der Art der Verarbeitung schwer umsetzbar sein; insbesondere bei der Verarbeitung von besonderen Kategorien personenbezogener Daten gemeinsam mit sonstigen personenbezogenen Daten in (elektronischen) Akten.

5. Pseudonymisierung und Verschlüsselung personenbezogener Daten (Nr. 6 und 7)

Der Begriff der Pseudonymisierung wird in § 41 Nr. 5 definiert (→ § 41 **37** Rn. 37 ff.) und entspricht wortlautgetreu der Definition in Art. 4 Nr. 5 DS-GVO.[39] Diese Maßnahme der Sicherheit der Verarbeitung wirkt sich dahin gehend **risikominimierend** aus, dass ohne Kenntnis des Verfahrens, welches zur Pseudonymisierung genutzt wurde, kein Personenbezug der Informationen hergestellt werden kann. Bestandteil der Pseudonymisierungsmaßnahme ist es deshalb, dass der Zugang bzw. Zugriff auf diese Daten, die den Personenbezug herstellen können, durch Trennung der Datenbestände oder Zugangskontrollen verhindert wird.[40]

Abzugrenzen ist die Pseudonymisierung von der Verschlüsselung. Diese **38** Maßnahmen haben beide das Ziel, unbefugte Dritte von der Kenntnisnahme der personenbezogenen Daten auszuschließen. Dabei ist die Verschlüsselung ein Verfahren, in dem klar lesbare Informationen (Klartext) durch ein Kryptoverfahren in eine nicht interpretierbare Zeichenfolge umgewandelt werden.[41] Aus diesen Daten ist damit kein Informationsgehalt mehr zu entnehmen, während pseudonymisierte Daten für sich genommen idR Informationsgehalt besitzen, dieser jedoch nicht personenbeziehbar ist. IdS dient die Pseudonymisierung dem Grundsatz der Datenminimierung gem. § 42 Nr. 5, während die Maßnahme der Verschlüsselung der Erhaltung der Vertraulichkeit und Integrität der Daten dient gemäß § 42 Nr. 6.

6. Spezifische Verfahrensregelungen (Nr. 8)

Mögliche Verfahrensregelungen, die das Ziel verfolgen, im Fall der Über- **39** mittlung oder Verarbeitung der besonderen Kategorien personenbezogener Daten zu anderen Zwecken die Rechtmäßigkeit der Verarbeitung aufrechtzuerhalten, sind insbesondere die **Kennzeichnung** der Daten sowie mittelbar die Protokollierung dieser Verarbeitungen.

Die Kennzeichnung der personenbezogenen Daten und die Protokollierung **40** von Übermittlungen oder Abfragen dieser Daten durch andere Stellen wurden durch das BVerfG bereits mehrfach als verfahrensrechtliche Anforderungen definiert, mit denen gewährleistet wird, dass Daten, die mittels eingriffsintensiver Maßnahmen gewonnen wurden, zu solchen **gleichgewichtigen Zwecken** verarbeitet werden, die auch als Rechtfertigung für die ur-

---

38 Ein Beispiel stellt die auf Grundlage des § 81 g StPO beim BKA eingerichtete DNA-Analyse-Datei dar, in der Identifizierungsmuster zur Identitätsfeststellung in künftigen Strafverfahren gespeichert werden.
39 Ausf. *Roßnagel* ZD 2018, 243.
40 Siehe *Hansen* in Simitis/Hornung/Spiecker gen. Döhmann DS-GVO Art. 32 Rn. 34.
41 Ausf. *Jandt* in Kühling/Buchner DS-GVO Art. 32 Rn. 19.

sprüngliche Erhebung ausgereicht hätten.[42] Die Kennzeichnung ermöglicht die nachhaltige Nachvollziehbarkeit der Zwecke.

41   Die **Protokollierung** der Datenverarbeitung wiederrum gewährleistet, dass überprüft werden kann, ob spezifische Voraussetzungen der Übermittlung oder anderer Verarbeitungsformen, wie dem Abruf der personenbezogenen Daten, eingehalten wurden. Der Gegenstand der Protokollierung wird durch § 71 geregelt (→ § 71 Rn. 13 ff.).[43]

42   Neben diesen Verfahrensregelungen kämen erweiterte **Transparenzvorgaben** als geeignete Garantien in Betracht.[44] Auf diese Weise würden die effektiven Rechtsschutzmöglichkeiten der betroffenen Personen gestärkt werden und deren Möglichkeit die Verarbeitung zu überprüfen. Angesichts der im Vergleich zur DS-GVO schwach ausgestalteten Transparenzanforderungen der JI-RL, wäre dies in Anbetracht der Risiken für die Rechte und Freiheiten der betroffenen Person bei der Verarbeitung personenbezogener Daten ein probates Mittel zur Wahrung dieser Rechte der betroffenen Person.

C. Würdigung

43   Die Vorschrift setzt den Regelungsauftrag des Art. 10 JI-RL weitgehend um, verbleibt dabei jedoch bei **allgemeinen Anforderungen** und wenig konkretisierten Voraussetzungen der Verarbeitung besonderer Kategorien personenbezogener Daten. Diese Unbestimmtheit sollte durch fachgesetzliche Verarbeitungsgrundlagen konkretisiert werden. Aufgrund der dezidiert geregelten geeigneten Garantien, die bei der Verarbeitung besonderer Kategorien personenbezogener Daten beachtet bzw. diese begleiten müssen, verbleibt jedoch kein unerheblicher Anwendungsspielraum für die Vorschrift,[45] da bereichsspezifische Regelungen wie zB § 58 HStrafVG geeignete Garantien iSd Vorschrift vermissen lassen. Für den Verantwortlichen bedeutet dies, dass die Vorschrift vielfach ergänzend zu fachspezifischen Rechtsgrundlagen anzuwenden sein wird.

44   Um den Anwendungsbereich der Generalklausel richtlinienkonform einzugrenzen, ist der Begriff der „unbedingten Erforderlichkeit" eng auszulegen. Datenverarbeitungen in Bezug auf besondere Kategorien personenbezogener Daten sollten nur dann vorgenommen werden, wenn sie zur Aufgabenerfüllung **im Einzelfall unerlässlich** sind.

45   Zudem ist es bedeutsam, es bei der Schaffung geeigneter Garantien nicht lediglich bei denen zu belassen, die ohnehin als Maßnahmen getroffen wurden, um eine angemessene Sicherheit der Verarbeitung zu garantieren. Die geeigneten Garantien müssen angesichts der Grundrechtssensibilität der personenbezogenen Daten einen **höheren Datenschutzstandard** gewährleisten.

---

42   BVerfGE 133, 277 Rn. 114 mwN.
43   Ausf. zu den Protokollierungsanforderungen mit Verweis auf die Umsetzungsvorschrift im BDSG *Piltz* NVwZ 2018, 696.
44   *Heckmann/Scheurer* in Gola/Heckmann BDSG § 22 Rn. 73.
45   AA *Schwichtenberg* in Kühling/Buchner BDSG § 48 Rn. 7.

§ 44 Verarbeitung zu anderen Zwecken

[1]Eine Verarbeitung personenbezogener Daten zu einem anderen Zweck als zu demjenigen, zu dem sie erhoben wurden, ist zulässig, wenn es sich bei dem anderen Zweck um einen der in § 40 genannten Zwecke handelt, der Verantwortliche befugt ist, Daten zu diesem Zweck zu verarbeiten und die Verarbeitung zu diesem Zweck erforderlich und verhältnismäßig ist. [2]Die Verarbeitung personenbezogener Daten zu einem anderen, in § 40 nicht genannten Zweck ist zulässig, wenn sie in einer Rechtsvorschrift vorgesehen ist.

A. Allgemeines

I. Bedeutung der Vorschrift

Die Vorschrift regelt für die Datenverarbeitung zu Zwecken des § 40 die Möglichkeit einer Zweckänderung. Sie regelt damit eine **Ausnahme zur Zweckbindung** des § 42 Nr. 2 und ist dementsprechend eng auszulegen.   1

II. Bedeutung der Vorschrift

Die Vorschrift unterlag im **Gesetzgebungsverfahren** keiner Änderung[1] und wurde so angenommen wie im Gesetzentwurf der Fraktionen von CDU und BÜNDNIS90/DIE GRÜNEN[2] vorgesehen.   2

III. Unionsrechtliche Regelungen

Die Vorschrift setzt Art. 4 Abs. 2 und 9 Abs. 1 Satz 1 JI-RL um. Anders als bei § 21 (→ § 21 Rn. 4 ff.) im Verhältnis zur DS-GVO kommen die Regelungen der Richtlinie nicht zusätzlich zur Anwendung, da diese gerade nicht ohne die Umsetzung anwendbar sind. Die Vorschrift stellt damit die **ausschließliche Regelung für Zweckänderungen** innerhalb der Zwecke des § 40 dar.   3

Fraglich ist, ob die **Zweckvereinbarkeit** aus § 42 Nr. 2 zusätzlich zu den Voraussetzungen der Vorschrift zu prüfen ist[3] oder ob diese Vereinbarkeit durch die Vorschrift hergestellt wird. Hierbei ist zunächst zu beantworten, worauf sich die Vereinbarkeit des Zwecks im Rahmen der Richtlinienumsetzung bezieht. Im Rahmen von Art. 5 Abs. 1 lit. b DS-GVO bedeutet Ver-   4

---

1 LT-Drs. 19/6300, 2.
2 LT-Drs. 19/5728, 29.
3 So zum LDSG Rl-Pf *Skobel* in HK-LDSG RhPf § 30 Rn. 8.

einbarkeit die Vereinbarkeit des neuen Zwecks mit dem Erhebungszweck (→ § 21 Rn. 1 ff.). Zur Prüfung der Vereinbarkeit stellt die DS-GVO weitere Regelungen, insbesondere Art. 6 Abs. 4 DS-GVO, bereit. Art. 5 Abs. 1 lit. b DS-GVO kommt nur insoweit selbst zur Anwendung, als er für statistische, wissenschaftliche und archivarische Zwecke tatsächlich auch Regelungen zur Bestimmung der Vereinbarkeit bereithält.

5   Das Gesetz enthält im dritten Teil keine Regelungen wie Art. 6 Abs. 4 DS-GVO. Dies könnte auf den ersten Blick dafür sprechen, § 42 Nr. 2 selbst zusätzlich zu prüfen. Dagegen spricht allerdings, dass keine Kriterien für eine solche Prüfung festgelegt wurden und Art. 6 Abs. 4 DS-GVO nicht einfach auf den Bereich der JI-RL übertragen werden kann. Überdies kommt in ErwG 29 JI-RL zum Ausdruck, dass der Fokus der Zweckvereinbarkeit darauf liegt, dass ein neuer Zweck insgesamt mit den Zwecken der Richtlinie, also mit denen des § 40, vereinbar ist und eine Verarbeitung zu einem der Zwecke der Richtlinie immer schon dann zulässig sein soll, wenn eine solche Verarbeitung durch den Verantwortlichen (auch als Neuerhebung) zulässig wäre und zusätzlich die **Verhältnismäßigkeit** der zweckändernden Verarbeitung besteht. Mit der zusätzlichen Prüfung der Verhältnismäßigkeit wird der Vereinbarkeit des neuen Zwecks innerhalb der Gruppe der schon thematisch zusammengehörenden Zwecke bereits gesondert Rechnung getragen.

6   Im Hinblick auf die Verarbeitung der zu Zwecken des § 40 erhobenen Daten zu anderen Zwecken nach § 44 Satz 2 besteht diese Nähe des Verwendungszusammenhangs nicht. Die Prüfung der Vereinbarkeit des neuen Zwecks mit dem Erhebungszweck hat hier eine viel größere Bedeutung. Allerdings erscheint auch hier eine zusätzliche Prüfung von § 42 Nr. 2 nicht erforderlich, denn diese wird durch die zusätzlichen strengen Anforderungen der §§ 22 und 21 sichergestellt.

IV. Verhältnis zu anderen Vorschriften

7   Für den Anwendungsbereich der DS-GVO finden sich Parallelvorschriften in §§ 21 und 22. Eine weitgehend wortgleiche Regelung besteht in § 49 BDSG und zB in § 30 Abs. 1 und Art. 29 Abs. 1 DSG Bay, § 34 DSG Bln, § 25 Abs. 4 und 5 DSG NS, § 30 LDSG Rh-Pf, § 25 LDSG SH und § 33 LDSG Thür.

8   Eine Vorschrift iSd Satz 2 ist § 22 (→ § 22 Rn. 2).

B. Verarbeitung zu anderen Zwecken

9   Die Vorschrift regelt laut der Gesetzesbegründung in Satz 1 die Verarbeitung personenbezogener Daten, die für die in § 40 genannten Zwecke erhoben wurden zu einem anderen, ebenfalls in § 40 HDSIG enthaltenen Zweck.[4] Satz 2 regelt die Verarbeitung personenbezogener Daten, die für die in § 40 genannten Zwecke erhoben wurden, zu einem anderen, nicht in § 40 enthaltenen, Zweck. Da im dritten Teil des Gesetzes, anders als im zweiten Teil mit § 22, keine eigene Vorschrift zur zweckändernden Über-

---

4 LT-Drs. 19/5728, 116.

mittlung enthalten ist, regelt Satz 1 auch die Übermittlung an andere Behörden, die Zwecke nach § 40 verfolgen.

I. Verarbeitung zu Zwecken des § 40 (Satz 1)

Die in Satz erlaubte Zweckänderung ist unter **drei Voraussetzungen** zulässig: Der neue Zweck entspricht § 40, der Verantwortliche ist befugt, die Daten zu diesem Zweck zu verarbeiten und die Datenverarbeitung ist zu diesem Zweck erforderlich und verhältnismäßig.

10

1. Zweck nach § 40

Satz 1 erlaubt die Weiterverarbeitung nur zu anderen in § 40 genannten Zwecken, also zu Zwecken der Verhütung, Ermittlung, Aufdeckung, Verfolgung oder Ahndung von Straftaten oder Ordnungswidrigkeiten, einschließlich des Schutzes vor und der Abwehr von Gefahren für die öffentliche Sicherheit. Nicht in Satz 1, sondern in Satz 2, geregelt ist die Verarbeitung zu anderen Verwaltungszwecken oder privaten Zwecken.

11

2. Befugnis des Verantwortlichen

Mit dem Tatbestandsmerkmal der Befugnis der Verarbeitung des Verantwortlichen, personenbezogene Daten zu dem konkreten Zweck zu verarbeiten, übernimmt der Gesetzgeber die Anforderung aus Art. 4 Abs. 2 lit. a JI-RL, ohne diese Befugnis selbst zu regeln. Dies bedeutet, dass die Verarbeitung dem Verantwortlichen gemäß einer spezifischen Rechtsgrundlage im Fachrecht gestattet sein und die Voraussetzungen dieser Rechtsgrundlage erfüllt sein müssen. In Kombination mit dieser Befugnis im Fachrecht bildet die Vorschrift den **Grundsatz der hypothetischen Datenneuerhebung** ab.[5] Soweit der Verantwortliche die Daten neu erheben dürfte, um sie für diesen Zweck zu verarbeiten, darf er sie auch zweckändernd zu diesem Zweck weiterverarbeiten. Der Gesetzgeber geht laut der Gesetzesbegründung offenbar davon aus, dass der vom BVerfG entwickelte Grundsatz der hypothetischen Datenneuerhebung noch im Fachrecht zusätzlich zu regeln sei.[6] Dies erscheint ungenau ausgedrückt. Vielmehr ist der Grundsatz in Art. 4 Abs. 2 lit. a JI-RL und ebenso in Satz 1 bereits enthalten. Die Befugnisnorm, die hypothetisch die Neuerhebung erlauben würde hingegen, muss im Fachrecht geregelt werden. Das Gesetz selbst enthält keine allgemeine Befugnisnorm für die Verarbeitung personenbezogener Daten für die Zwecke des § 40.

12

3. Normadressaten und Verarbeitungsschritte

Satz 1 nennt allgemein die Verarbeitung personenbezogener Daten. Damit sind außer der Erhebung, durch die der ursprüngliche Zweck bestimmt ist, alle weiteren Verarbeitungsschritte nach § 41 Nr. 2 erfasst. Somit kann auch die zweckändernde Übermittlung an andere Behörden zu Zwecken des § 40 grundsätzlich mit Satz 1 begründet werden. Dies könnte allerdings

13

---

5 *Skobel* in HK-LDSG RhPf § 30 Rn. 4 unter Hinweis auf BVerfGE 141, 220, Rn. 287.
6 LT-Drs. 19/5728, 116.

nach dem Wortlaut des Satzes 1 dann scheitern, wenn die übermittelnde Behörde gerade nicht auch selbst zu dem neuen Zweck verarbeiten darf, denn die Norm spricht davon, dass der Verantwortliche zur Verarbeitung befugt sein muss. Der Verantwortliche für den Übermittlungsvorgang ist aber grundsätzlich die übermittelnde Behörde. Eine Übermittlung für die Zwecke der empfangenden Stelle, wie sie in § 22 Abs. 1 Satz 1 ermöglicht ist, fehlt im Wortlaut des Satzes 1. Eine Norm wie § 22 Abs. 4 besteht für Satz 1 ebenfalls nicht. Auch eine eventuelle analoge Anwendung von § 22 Abs. 4 würde nicht zum Wegfall der Verantwortlichkeit der übermittelnden Behörde, sondern nur zu einer zusätzlichen Verantwortung der empfangenden Stelle führen. Allerdings wird die Verarbeitung durch einen anderen Verantwortlichen für dessen Zwecke in Art. 4 Abs. 2 JI-RL ausdrücklich erlaubt. Es ist daher davon auszugehen, dass der Gesetzgeber hier nur eine missverständliche Formulierung gewählt hat und die Norm in richtlinienkonformer Auslegung auch eine Übermittlung an andere Behörden erlaubt, soweit mit der Übermittlung **Zwecke der empfangenden Behörde** nach § 40 erfüllt werden sollen und nur die empfangende Behörde zu dieser Verarbeitung befugt ist.

14 Die Zulässigkeit der **Erhebung durch die empfangende Behörde** hingegen unterliegt nicht den Anforderungen des Satzes 1, sondern ausschließlich der jeweiligen Verarbeitungsnorm im Fachrecht, denn für sie handelt es sich bei dem neuen Zweck gerade um den ursprünglichen Erhebungszweck.

4. Erforderlichkeit und Verhältnismäßigkeit

15 Satz 1 fordert zusätzlich, dass die Verarbeitung zu dem neuen Zweck erforderlich und verhältnismäßig ist. Hierdurch wird Art. 4 Abs. 2 lit. b JI-RL umgesetzt.

16 Die **Erforderlichkeit** spielt im Rahmen von Satz 1 nur soweit eine eigene Rolle, wie die Erforderlichkeit im Rahmen der ebenfalls zu prüfenden Befugnisnorm (→ Rn. 12) keine Rolle spielt. Dies wird aber äußerst selten der Fall sein. Im Hinblick auf die Erforderlichkeitsprüfung gelten die Anforderungen nach § 42 Nr. 3 (→ § 42 Rn. 25 ff.). Zwar könnte man auf die Idee kommen, hier die Erforderlichkeit der Zweckänderung im Vergleich mit einer Neuerhebung zu prüfen. Allerdings wäre dann regelmäßig die Erforderlichkeit abzulehnen, da eine Neuerhebung als milderes Mittel in Frage kommt. Durch das Fehlen von besonderen Informationspflichten hinsichtlich der zweckändernden Verarbeitung im dritten Teil des Gesetzes stellt die Direkterhebung bei der betroffenen Person tatsächlich ein milderes Mittel als die zweckändernde Verarbeitung dar. Dem Gesetzgeber kam es allerdings bei Satz 1 gerade darauf an, eine zweckändernde Weiterverarbeitung immer dann zu erlauben, wenn auch eine Neuerhebung zulässig wäre. Die Prüfung der Erforderlichkeit bezieht sich daher nicht auf die Zweckänderung im Verhältnis zu einer Neuerhebung, sondern auf die Verarbeitung zu dem anderen Zweck an sich.

17 Größere Bedeutung kommt der **Verhältnismäßigkeit** zu, da diese im Gegensatz zur Erforderlichkeit gerade nicht regelmäßig ausdrückliches Tatbestandsmerkmal der fachrechtlichen Erlaubnisnormen sein wird. Verhältnis-

mäßigkeit iSd Unionsrechts, also gemäß Art. 52 Abs. 1 Satz 2 GRCh, bedeutet im Wesentlichen dasselbe wie die Verhältnismäßigkeit iSd deutschen Verfassungs- und Verwaltungsrechts.[7] Die Verarbeitung muss im Hinblick auf den rechtmäßigen Zweck geeignet und erforderlich zu dessen Erfüllung sein und im Hinblick auf Zweck und Tiefe des Grundrechtseingriffs in einem angemessenen Verhältnis stehen. Diese Elemente werden schon in den Grundsätzen des § 42 Nr. 2 und 3 eingeführt und in Satz 1 noch einmal ausdrücklich zu Tatbestandsmerkmalen. Da die Rechtmäßigkeit der Zwecke schon durch die Bindung an verwaltungsrechtliche Befugnisnormen und die Erforderlichkeit sowohl in den Befugnisnormen als auch in Satz 1 separat genannt wird und die Erforderlichkeit die Geeignetheit schon begrifflich voraussetzt, verbleibt als Prüfungsinhalt der Verhältnismäßigkeit letztlich die Angemessenheit.

Die Verhältnismäßigkeit ist für die zweckändernde Verarbeitung, nicht für **18** die Verarbeitung zu dem anderen Zweck an sich im Rahmen der fachrechtlichen Befugnisnorm zu prüfen. Die zweckändernde Verarbeitung ist ein tieferer Grundrechtseingriff und die Prüfung der Verhältnismäßigkeit nach Art. 4 Abs. 2 lit. b JI-RL soll hierfür gerade eine Erhöhung des Schutzes der betroffenen Personen bewirken. Die zweckändernde Verarbeitung könnte zB im konkreten Einzelfall deswegen unverhältnismäßig sein, weil die betroffene Person nichts von dieser Zweckänderung erfährt oder weil im Gegensatz zu einer Neuerhebung der betroffenen Person die Gelegenheit genommen wird, zu dem neuen Zweck, etwa einem Strafverfahren, frühzeitig Stellung zu nehmen. Bezieht man die Verhältnismäßigkeit auf die zweckändernde Verarbeitung, wird sie häufiger zu verneinen sein. Da die Erforderlichkeit sich eigentlich nur auf die Verarbeitung zu dem anderen Zweck an sich beziehen kann, ohne die Funktion von Satz 1 völlig zu vereiteln, muss aus systematischer Sicht die Prüfung der Verhältnismäßigkeit sich aber auch auf diesen beziehen. Die Verhältnismäßigkeit ist also bei der Prüfung der Zulässigkeit der zweckändernden Verarbeitung in die Prüfung der fachrechtlichen Befugnisnorm (→ Rn. 12) einzufügen.

II. Weiterverarbeitung zu anderen Zwecken (Satz 2)

Satz 2 regelt die Verarbeitung personenbezogener Daten, die für Zwecke **19** des § 40 erhoben wurden, für Zwecke, die nicht in § 40 aufgeführt sind, also für andere Verwaltungszwecke und potenziell auch für Zwecke nicht öffentlicher Stellen, wenn die personenbezogenen Daten an private Stellen übermittelt werden. Die zweckändernde Verarbeitung nach Satz 2 stellt einen **tieferen Grundrechtseingriff** als die nach Satz 1, da hier personenbezogene Daten, die unter den strengeren Zulässigkeitsvoraussetzungen im Bereich der JI-RL erhoben wurden, zu Zwecken mit niedrigeren Zulässigkeitsanforderungen verarbeitet werden sollen und überdies beachtenswerte Interessen der betroffenen Personen gegen die Zweckänderung bestehen können.

Satz 2 setzt allerdings Art. 9 Abs. 1 Satz 1 JI-RL um, der die zweckändern- **20** de Verarbeitung gestattet, soweit sie durch eine Rechtsnorm ausdrücklich

---

7 *Jarass* GRCh Art. 52 Rn. 34 ff.; *Schwerdtfeger* in NK-EuGRCh Art. 52 Rn. 37 ff.

erlaubt wird. Hierbei kommt es im Gegensatz zu Satz 1 gerade darauf an, dass die Zweckänderung erlaubt wird, nicht bloß darauf, dass die Verarbeitung zu dem anderen Zweck an sich zulässig ist. Eine Rechtsnorm iSd Satzes 2 ist § 22 (→ § 22 Rn. 2), der seinerseits auf § 21 verweist.

C. Würdigung

21   Die Vorschrift setzt Art. 4 Abs. 2 und Art. 9 Abs. 1 Satz 1 JI-RL um, ohne inhaltlich über diese hinaus zu gehen. Die Norm stellt eine Relaystation dar, die zwar zu passieren ist, die aber erst in Verbindung mit weiteren Normen die zweckändernde Verarbeitung erlaubt. Die Norm führt den in der Richtlinie enthaltenen **Grundsatz der hypothetischen Neuerhebung** in das Datenverarbeitungsrecht der Sicherheitsbehörden in Hessen auf gesetzlicher Ebene ein. In Verbindung mit den Befugnisnormen in den Fachgesetzen stellt Satz 1 eine interessengerechte und gut operable Norm für die Zweckänderung dar. Die zweckändernde Verarbeitung personenbezogener Daten aus dem Sicherheitsbereich zu anderen Verwaltungszwecken und zu den Zwecken nicht öffentlicher Verantwortlicher ist nach §§ 22 und 21 auf wenige Fallgruppen beschränkt.

§ 45   Verarbeitung zu wissenschaftlichen oder historischen Forschungszwecken, archivarischen oder statistischen Zwecken

(1) [1]Personenbezogene Daten dürfen im Rahmen der in § 40 genannten Zwecke zu wissenschaftlichen oder historischen Forschungszwecken, archivarischen oder statistischen Zwecken verarbeitet werden, wenn
1. die betroffene Person nach § 46 eingewilligt hat oder
2. hieran ein öffentliches Interesse besteht und geeignete Garantien für die Rechte und Freiheiten der betroffenen Personen vorgesehen werden.
[2]Geeignete Garantien nach Satz 1 Nr. 2 können in einer so zeitnah wie möglich erfolgenden Anonymisierung der personenbezogenen Daten, in Vorkehrungen gegen ihre unbefugte Kenntnisnahme durch Dritte oder in ihrer räumlich und organisatorisch von den sonstigen Fachaufgaben getrennten Verarbeitung bestehen.

(2) Die Verarbeitung besonderer Kategorien personenbezogener Daten im Fall des Abs. 1 Satz 1 Nr. 2 muss darüber hinaus zu wissenschaftlichen oder historischen Forschungszwecken, archivarischen oder statistischen Zwecken unbedingt erforderlich sein und die Interessen des Verantwortlichen an der Verarbeitung die Interessen der betroffenen Person an einem Ausschluss der Verarbeitung überwiegen.

(3) [1]Der Verantwortliche sieht im Fall des Abs. 2 angemessene und spezifische Maßnahmen zur Wahrung der Interessen der betroffenen Personen nach § 43 Abs. 2 vor. [2]Ergänzend zu den in § 43 Abs. 2 genannten Maßnahmen sind zu wissenschaftlichen oder historischen Forschungszwecken oder zu statistischen Zwecken verarbeitete besondere Kategorien personenbezogener Daten zu anonymisieren, sobald dies nach dem Forschungs- oder Statistikzweck möglich ist, es sei denn, berechtigte Interessen der betroffenen Person stehen dem entgegen. [3]Sobald der Forschungs- oder Sta-

tistikzweck dies erlaubt, sind die Merkmale, mit deren Hilfe ein Personenbezug hergestellt werden kann, gesondert zu speichern; die Merkmale sind zu löschen, sobald der Forschungs- oder Statistikzweck dies zulässt. [4]Vor dem Beginn des Forschungsvorhabens ist ein Datenschutzkonzept zu erstellen, das der zuständigen Aufsichtsbehörde auf Nachfrage vorzulegen ist.

(4) [1]Die in den §§ 50 bis 53 vorgesehenen Rechte sind insoweit beschränkt, als diese Rechte voraussichtlich die Verwirklichung der Forschungs- oder Statistikzwecke unmöglich machen oder ernsthaft beeinträchtigen und die Beschränkung für die Erfüllung der Forschungs- oder Statistikzwecke notwendig ist. [2]Das Recht auf Auskunft besteht darüber hinaus nicht, wenn die Daten für Zwecke der wissenschaftlichen Forschung erforderlich sind und die Auskunftserteilung einen unverhältnismäßigen Aufwand erfordern würde.

(5) [1]Das Recht auf Auskunft nach § 52 besteht nicht, wenn das Archivgut nicht durch den Namen der Person erschlossen ist oder keine Angaben gemacht werden, die das Auffinden des betreffenden Archivguts mit vertretbarem Verwaltungsaufwand ermöglichen. [2]Das Recht auf Berichtigung der betroffenen Person nach § 53 besteht nicht, wenn die personenbezogenen Daten zu Archivzwecken im öffentlichen Interesse verarbeitet werden. [3]Bestreitet die betroffene Person die Richtigkeit der personenbezogenen Daten, ist ihr die Möglichkeit einer Gegendarstellung einzuräumen. [4]Das zuständige Archiv ist verpflichtet, die Gegendarstellung den Unterlagen hinzuzufügen. [5]Das Recht auf Einschränkung der Verarbeitung nach § 53 besteht nicht, soweit dieses Recht voraussichtlich die Verwirklichung der im öffentlichen Interesse liegenden Archivzwecke unmöglich macht oder ernsthaft beeinträchtigt und die Ausnahmen für die Erfüllung dieser Zwecke erforderlich sind.

(6) Der Verantwortliche darf personenbezogene Daten zu wissenschaftlichen oder historischen Forschungszwecken nur veröffentlichen, wenn die betroffene Person eingewilligt hat oder dies für die Darstellung von Forschungsergebnissen über Ereignisse der Zeitgeschichte unerlässlich ist.

Literatur:

Gatzke, Kriminalistisch-kriminologische Forschung im Spannungsfeld von polizeilicher Praxis, kriminalpolitischen Erwartungen und wissenschaftlicher Freiheit, 2013; *Höynck*, Herausforderungen der Durchführung politik- und praxisrelevanter kriminologischer Forschung, in Walsh/Pniewski/Kober/Armborst (Hrsg.), Evidenzorientierte Kriminalprävention in Deutschland, 2018, S. 237.

A. Allgemeines

I. Bedeutung der Vorschrift

1   Die Vorschrift erlaubt und regelt die Verarbeitung personenbezogener Daten zu wissenschaftlichen oder historischen Forschungszwecken, archivarischen oder statistischen Zwecken im Anwendungsbereich von § 40. Sie gelten nur, wenn diese Zwecke gleichzeitig den **Zwecken nach** § 40 dienen
und diese Zwecke von den dafür zuständigen Stellen verfolgt werden. Ein
Rückgriff auf §§ 24 und 25 ist im Anwendungsbereich von § 40 ausgeschlossen.

2   Forschung im Kontext von Straftaten, Ordnungswidrigkeiten und Vollstreckung findet vor allem in **Kriminalistik und Kriminologie** statt.[1] Ermöglicht wird dadurch auch die Entwicklung von IT-gestützten, ermittlungsun-
terstützenden Analyse-Tools und Werkzeugen sowie die Forschung an Big-
Data-Anwendungen und Werkzeugen für Predictive Policing, nicht aber
deren Einsatz. Die kriminologische Erforschung einzelner Sachverhalte der
Ermittlungsbehörden oder in deren Auftrag sind für sich genommen keine
wissenschaftliche Forschung iSv § 40 Abs. 1 oder Art. 4 Abs. 3 JI-RL. Sie
dienen der Ermittlung von Sachbeweisen. Dies gilt grundsätzlich auch für
die gutachterlichen Tätigkeiten der Abteilung 6 des Hessischen Landeskri-
minalamts (HLKA) – Kriminalwissenschaftliches und -technisches Institut
–, die Methoden und Analysegeräte nach dem aktuellen Stand der Wissenschaft und Technik anwenden. Im Bereich der Statistik erstellen und veröffentlichen die Polizeipräsidien regionale Kriminalstatistiken. Das HLKA erstellt die polizeiliche Kriminalstatistik (PKS) Hessens und übermittelt Lan-
desdaten an das BKA, das auf dieser Grundlage die PKS nach § 2 Abs. 6
BKAG erstellt. Sowohl die Polizeipräsidien als auch das HLKA unterhalten
eigene Archivstellen und sind nach dem HArchivG verpflichtet, dem Landesarchiv Unterlagen anzubieten.

II. Entstehungsgeschichte

3   Die Vorschrift wurde im **Gesetzgebungsverfahren** gegenüber dem Gesetzentwurf[2] nur leicht verändert. Die Anpassung in Abs. 1 Nr. 2 ist lediglich
redaktioneller Natur.[3] Neu hinzu kam Abs. 3 Satz 4 infolge der zugleich er-

---

1   *Gatzke*, Kriminalistisch-kriminologische Forschung im Spannungsfeld von polizeili-
    cher Praxis, kriminalpolitischen Erwartungen und wissenschaftlicher Freiheit;
    Höynck in Walsh/Pniewski/Kober/Armborst, Evidenzorientierte Kriminalprävention
    in Deutschland, S. 237 ff.
2   LT-Drs. 19/5728, 29 f.
3   Hier wurde der Nr. 2 angehängte Satz in Abs. 1 Satz 2 umgewandelt, LT-Drs.
    19/6300, 10.

folgten Einfügung des wortgleichen § 24 Abs. 1 Satz 3. Die Pflicht zur Erstellung eines Datenschutzkonzepts soll auch hier gelten.[4]

III. Unionsrechtliche Regelungen

Die Vorschrift dient der Umsetzung von **Art. 4 Abs. 3 JI-RL.** Das Element des öffentlichen Interesses ist übergreifend in Abs. 1 Satz 1 Nr. 2 der Vorschrift enthalten.   4

IV. Verhältnis zu anderen Vorschriften

Die Vorschrift soll strukturell an § 24 und § 25 angelehnt sein, um einen „Gleichlauf" zu ermöglichen.[5] Parallelvorschrift ist § 50 BDSG, von der die Vorschrift jedoch erheblich abweicht.[6]   5

Die Vorschrift steht im **systematischen Zusammenhang** mit § 44 und modifiziert den Zweckbindungsgrundsatz nach § 42 Nr. 5 und den Grundsatz der Speicherbegrenzung nach § 42 Nr. 5. Sie ähnelt der entsprechenden Modifizierung der Verarbeitungsgrundsätze zu den genannten Zwecken in Art. 5 Abs. 1 lit. b und e DS-GVO sowie Art. 89 DS-GVO. Diese Vorgaben werden durch §§ 24 und 25 konkretisiert und ergänzt.   6

Mit **§ 20 b HSOG** werden Abweichungen von den Vorgaben der §§ 24 und 45 festgelegt. § 20 b HSOG enthält keine grundsätzliche Erlaubnis, die erfassten Daten für den Zweck wissenschaftlicher Forschung weiterzuverarbeiten.[7] Nach § 20 b Abs. 1 HSOG ist eine Weiterverarbeitung oder Übermittlung grundsätzlich[8] ausgeschlossen, wenn die personenbezogenen Daten aus dem verdeckten Einsatz technischer Mittel in oder aus Wohnungen, den verdeckten Eingriff in informationstechnische Systeme stammen sowie die Herstellung von Lichtbildern oder Bildaufzeichnungen über eine Person im Wege eines verdeckten Einsatzes technischer Mittel in oder aus Wohnungen erfolgte. Nach § 20 b Abs. 2 HSOG dürfen personenbezogene Daten nur an Amtsträger, für den öffentlichen Dienst besonders Verpflichtete oder Personen, die zur Geheimhaltung verpflichtet worden sind, übermittelt werden. § 20 b Abs. 3 HSOG fordert von der die wissenschaftliche Forschung betreibenden Stelle technische und organisatorische Maßnahmen zum Schutz vor unbefugter Kenntnisnahme.[9] § 20 b Abs. 4 HSOG erklärt, dass jenseits der durch § 20 b Abs. 1 bis 3 HSOG etablierten Abweichungen die §§ 24 und 45 anwendbar sind.[10]   7

---

4 LT-Drs. 19/6300, 10.
5 LT-Drs. 19/5728, 116.
6 Nahezu wörtliche Übernahme dagegen zB in § 6 SächsDSUG; § 26 DSG SH; § 40 DSG NRW.
7 Kritisch dazu *Bäuerle* in BeckOK PolR Hessen HSOG § 20 b Rn. 2 ff., 7 ff.
8 Man beachte aber die Ausnahme in § 20 b Abs. 1 Satz 2 HSOG, die gilt, wenn die Weiterverarbeitung für die polizeiliche Eigenforschung und effektive Wirksamkeitskontrolle unerlässlich ist.
9 Die Vorgabe geht nicht über die Pflichten hinaus, die ohnehin nach Abs. 1 Satz 2 gelten. Sie verdeutlicht aber die erforderliche räumliche und organisatorische Trennung der Verarbeitung zu begünstigten Zwecken von den sonstigen Aufgaben der zuständigen Stelle.
10 S. *Bäuerle* in BeckOK PolR Hessen HSOG § 20 b Rn. 2, 9 und 11.

8　**Sondervorschriften** zur Erhebung und Übermittlung personenbezogener Daten aus dem Strafvollzug zu Forschungszwecken finden sich in § 69 HStrafVG. Auskünfte und Akteneinsicht zu Forschungszwecken werden in § 476 StPO geregelt. Über § 500 StPO wird der dritte Teil des BDSG auch für die Polizeibehörden und Staatsanwaltschaften Hessens für entsprechend anwendbar erklärt. Dieser hat dann Anwendungsvorrang vor den Bestimmungen dieses Gesetzes soweit die Verarbeitung Zwecke der Ermittlung, Aufdeckung, Verfolgung und Ahndung von Straftaten betrifft. Dies schließt Archivierung, Forschung und statistische Verarbeitung zu diesen Zwecken ein. § 50 BDSG ist dann anwendbar.

B. Forschung, Statistik und Archivierung im Kontext von § 40

9　Die Vorschrift setzt Art. 4 Abs. 3 JI-RL um und ist zugleich eine **Erlaubnis** iSv Art. 8 JI-RL.[11] Für diese Auslegung spricht auch die kongruente Regelung in § 23 Abs. 1, die auch Erhebungen zu den begünstigten Zwecken erlaubt. Die Vorschrift ist, genauso wie § 50 BDSG, eine Erlaubnisnorm, die auch die Verarbeitung von Daten ermöglicht.[12] Erlaubt wird sowohl die Weiterverarbeitung von bereits erhobenen Daten unter Änderung des Verarbeitungszwecks als auch die Erhebung von Daten zu den begünstigten Zwecken im Kontext von § 40.

I. Erlaubnistatbestand (Abs. 1)

10　Mit der Vorschrift wurde eine dezidierte Regelung zu Forschung, Statistik und Archivierung im Kontext von Straftaten, Ordnungswidrigkeiten und Vollstreckung geschaffen. Abs. 1 enthält den grundlegenden Erlaubnistatbestand zur Verarbeitung personenbezogener Daten im Rahmen der in § 40 genannten Zwecke (→ § 40 Rn. 20) zu wissenschaftlichen oder historischen Forschungszwecken (→ § 24 Rn. 17 ff.), statistischen Zwecken (→ § 24 Rn. 22 f.) und archivarischen Zwecken (→ § 25 Rn. 17 ff.).

1. Einwilligung (Satz 1 Nr. 1)

11　Grundlage für die Verarbeitung personenbezogener Daten kann eine Einwilligung nach § 46 sein (→ § 46 Rn. 20 ff.). Die Vorschrift ist mithin eine gesetzliche Grundlage iSv § 46 Abs. 1. Zur Wirksamkeit der Einwilligung müssen die Vorrausetzungen nach § 46 Abs. 2 bis 4 erfüllt sein. Um dem Grundsatz von Treu und Glauben nach § 42 Nr. 1 zu genügen (→ § 42 Rn. 21), muss sich die Einwilligung auf die konkrete Verarbeitung beziehen und kann nicht pauschal erteilt werden.

2. Öffentliches Interesse und Ausgleich durch Garantien (Satz 1 Nr. 2)

12　Alternativ zur Einwilligung kann die Verarbeitung auch auf ein öffentliches Interesse gestützt werden. Zusätzlich müssen geeignete Garantien vorgesehen werden (→ Rn. 15). Mit dem Verweis auf das Vorliegen eines öffentlichen Interesses geht der Gesetzgeber über die Vorgaben des Art. 4 Abs. 3 JI-RL hinaus, der das Vorliegen eines öffentlichen Interesses lediglich für

---

11　Im Ergebnis so auch *Bäuerle* in BeckOK PolR Hessen HSOG § 20 b Rn. 8.
12　*Krohm* in Gola/Heckmann BDSG § 50 Rn. 1; aA *Hense* in HK-BDSG § 50 Rn. 2.

die Archivierung verlangt. Diese Abweichung zum Schutz der Rechte betroffener Personen ist nach Art. 1 Abs. 3 JI-RL **unionrechtskonform.** Ohnehin dürfte sich dies materiell nicht bedeutend auswirken, da die Verarbeitung stets zu den in § 40 genannten Zwecken zu erfolgen hat, also insbesondere zur Gefahrprävention sowie Strafverhütung und -verfolgung.[13] Ein öffentliches Interesse wird sich oft schon aus der gesetzlichen Aufgabenzuweisung der handelnden verantwortlichen Stelle ableiten lassen. Ein öffentliches Interesse an der wissenschaftlichen (Weiter-)Entwicklung kriminologischer und kriminaltechnischer Methoden der nach § 40 zuständigen Behörden ist in der Regel zu bejahen.[14] Dies zeigt etwa das Beispiel der kriminologischen und kriminaltechnischen Forschung durch das BKA und das LKA und der entsprechenden gesetzlichen Aufgabenzuweisungen.[15] Durch diese Vorrausetzung wird allerdings auch festgelegt, dass die verantwortliche Stelle sich **aktiv rechtfertigen** muss, um die Daten in einem der begünstigten Zwecke verarbeiten zu können.[16] Insbesondere muss sie rechtfertigen können, warum gerade die zu verarbeitenden Daten dem archivarischen, wissenschaftlichen oder statistischen Zweck dienen. Eine **Interessenabwägung** des öffentlichen Interesses mit dem Interesse der betroffenen Personen im Einzelfall setzt die Vorschrift nicht voraus.[17] Eine solche Abwägung ist nach Abs. 2 nur vor der Verarbeitung von Daten besonderer Kategorien erforderlich. Jedoch ist bei allen Datenverarbeitungsvorgängen stets der Grundsatz der Verhältnismäßigkeit zu beachten.

Einschränkende Wirkung kann diese Vorrausetzung aber hinsichtlich von **Übermittlungen** durch die nach § 40 zuständigen öffentlichen Stellen an andere Stellen haben. Eine Übermittlung an nicht öffentliche Stellen oder öffentliche Stellen, die nicht im Anwendungsbereich von § 40 tätig sind, muss im öffentlichen Interesse der in § 40 genannten Zwecke liegen. Forschung oder Statistik, bei der die in § 40 genannten Zwecke nur eine untergeordnete oder zufällige Rolle spielen, liegen nicht im öffentlichen Interesse iSv § 40.

13

Das öffentliche Interesse genügt als Rechtfertigung des Grundrechtseingriffs nur, wenn der Verantwortliche zugleich geeignete Garantien für die Rechte und Freiheiten der betroffenen Personen vorsieht und umsetzt. Diese sollen die Risiken für die Grundrechte und Interessen der betroffenen Personen ausgleichen.[18] Der Verantwortliche muss daher anhand der Art und Schwere des Eingriffs in die Rechtsgüter der betroffenen Personen entscheiden, welche **technischen und organisatorischen Maßnahmen** er für die Absicherung der Verarbeitungen erforderlich hält.

14

---

13 *Schlösser-Rost* in BeckOK DatenschutzR BDSG § 50 Rn. 8; *Krohm* in Gola/Heckmann BDSG § 50 Rn. 7.

14 *Greve* in Auernhammer BDSG § 50 Rn. 4; *Schlösser-Rost* in BeckOK DatenschutzR BDSG § 50 Rn. 8; *Krohm* in Gola/Heckmann BDSG § 50 Rn. 7; *Schwichtenberg* in Kühling/Buchner BDSG § 50 Rn. 6.

15 S. auch *Gatzke*, Kriminalistisch-kriminologische Forschung im Spannungsfeld von polizeilicher Praxis, kriminalpolitischen Erwartungen und wissenschaftlicher Freiheit.

16 *Frenzel* in Paal/Pauly BDSG § 50 Rn. 2.

17 AA *Greve* in Auernhammer BDSG § 50 Rn. 7.

18 *Krohm* in Gola/Heckmann BDSG § 50 Rn. 9.

3. Geeignete Garantien (Satz 2)

15   Satz 2 liefert drei Beispiele für geeignete Garantien nach Satz 1 Nr. 2. Erstes Beispiel ist eine so zeitnah wie möglich durchgeführte **Anonymisierung.** Anonyme Informationen sind entsprechend § 2 Abs. 4 Satz 1, der seinerseits die Definition des ErwG 26 Satz 5 DS-GVO übernimmt, definiert als Informationen, die sich nicht auf eine identifizierte oder identifizierbare natürliche Person beziehen (→ § 2 Rn. 38). Das zweite Beispiel besteht weniger konkret in Vorkehrungen gegen die **unbefugte Kenntnisnahme** durch Dritte. Dies können zB Maßnahmen zu Zutrittsschutz und Zugriffsbeschränkung sein. Drittes und letztes Beispiel ist die räumliche und organisatorische **Trennung** der Verarbeitung von den sonstigen Fachaufgaben. Die Beispiele stehen nicht in einem Stufenverhältnis. Ein solches ergibt sich auch nicht aus praktischen Erwägungen. Sie können und sollten auch gleichzeitig und neben weiteren technischen und organisatorischen Maßnahmen eingesetzt werden. § 59 kommt daneben zur Anwendung und muss auch bei Verarbeitungen zu den nach § 40 begünstigten Zwecken beachtet werden.[19]

II. Besondere Kategorien personenbezogener Daten (Abs. 2)

16   Abs. 2 erlaubt die Verarbeitung besonderer Kategorien personenbezogener Daten und stellt dafür **zusätzliche Anforderungen.** Die Verarbeitung muss zu den Zwecken nach Abs. 1 Satz 1 „unbedingt erforderlich sein" (Satz 1). Die Verarbeitung ist zudem nur zulässig, wenn die Interessen des Verantwortlichen denen der betroffenen Person an einem Ausschluss der Verarbeitung überwiegen. Als dritte zusätzliche Anforderung ist Abs. 3 Satz 1 zu beachten (→ Rn. 18).

17   Die Voraussetzung der „**unbedingten Erforderlichkeit**" ist durch Art. 10 Abs. 1 JI-RL vorgegeben (→ § 43 Rn. 25 f.).[20] Es ist ein strengerer Maßstab anzulegen als bei einer schlichten Erforderlichkeit.[21] Die Verarbeitung muss zur Zweckerreichung unverzichtbar erscheinen[22] und sich auf das absolut notwendige Maß beschränken.[23] Die Verarbeitung ist nur dann unbedingt erforderlich, wenn die Aufgabe ohne die Verarbeitung der Daten nicht, nicht vollständig oder nicht in rechtmäßiger Weise erfolgen kann.[24]

III. Angemessene und spezifische Maßnahmen (Abs. 3)

18   Satz 1 fordert bei der Verarbeitung besonderer Kategorien personenbezogener Daten vom Verantwortlichen angemessene und spezifische Maßnahmen zur Wahrung der Interessen der betroffenen Personen nach § 43 Abs. 2 und schließt somit an Abs. 2 an. § 43 Abs. 2 Satz 1 enthält eine Liste mit Beispielen für solche Maßnahmen (→ § 43 Rn. 28 ff.).

---

19   *Johannes* in HK-DSG NRW § 40 Rn. 25.
20   Sie findet sich auch in §§ 20 Abs. 4 lit. a, 43 Abs. 1 und 76 Abs. 1; ebenso in § 48 Abs. 1 BDSG.
21   VG *Wiesbaden* ECLI:DE:VGWIESB:2020:0513.6K805.19.WI.0A, Rn. 100; *Greve* in Auernhammer BDSG § 48 Rn. 11.
22   So auch *Braun* in Gola/Heckmann BDSG § 48 Rn. 10 unter Rückgriff auf das Polizeirecht; vorsichtiger *Schwichtenberg* in Kühling/Buchner BDSG § 48 Rn. 3.
23   EuGH Urt. v. 4.5.2017 – C-13/16, Rn. 30, ZD 2017, 324, ECLI:EU:C:2017:336.
24   *Albers* in BeckOK DatenschutzR BDSG § 48 Rn. 23.

Ergänzend zu diesen Maßnahmen sind besondere Kategorien personenbezogener Daten nach Satz 2 zu anonymisieren, sobald dies nach dem Forschungs- oder Statistikzweck möglich ist (dies entspricht Art. 89 Abs. 1 Satz 4 DS-GVO). Dies entspricht § 24 Abs. 3 Satz 1. Diese Anforderung betrifft nicht die Verarbeitung zu archivischen Zwecken. Von einer Anonymisierung ist abzusehen, wenn berechtigte Interessen der betroffenen Person dieser entgegenstehen (→ § 24 Rn. 40). 19

Satz 3 übernimmt fast wortgleich die Regelung des § 33 Abs. 2 HDSG.[25] Dies entspricht § 24 Abs. 3 Satz 2. Nach Hs. 1 sind identifizierende Merkmale gesondert zu speichern, sobald der Forschungs- oder Statistikzweck dies erlaubt. Hs. 2 ergänzt dies durch eine Löschpflicht bezogen auf solche Merkmale, die gleichfalls greift, sobald der Forschungs- oder Statistikzweck dies zulässt (→ § 24 Rn. 48). 20

Satz 4 enthält eine § 24 Abs. 1 Satz 3 entsprechende Pflicht zur Erstellung und Vorlage eines Datenschutzkonzepts (→ § 24 Rn. 33). 21

IV. Beschränkungen der Betroffenenrechte für Forschungs- und Statistikzwecke (Abs. 4)

Die Abs. 4 und 5 enthalten umfangreiche **Beschränkungen** der Rechte der betroffenen Person und der Informationspflichten des Verantwortlichen. Dabei beziehen sich die Beschränkungen in Abs. 4 auf die Verarbeitung zu Forschungszwecken oder statistischen Zwecken, die Beschränkungen in Abs. 5 auf die Verarbeitung zu archivarischen Zwecken.[26] 22

Nach Abs. 4 Satz 1 gelten die §§ 50 bis einschließlich 53 (Pflichten zur **Information** und **Benachrichtigung**, Rechte auf **Auskunft**, **Berichtigung** und **Löschung** sowie **Einschränkung** der Verarbeitung) nur insoweit, als sie voraussichtlich die Verwirklichung der Forschungs- oder Statistikzwecke nicht unmöglich machen oder ernsthaft beeinträchtigen. Zusätzlich muss die Beschränkung für die Erfüllung dieser Zwecke notwendig sein. Dies entspricht der Regelung nach § 24 Abs. 2 Satz 1 zu den Betroffenenrechten nach der DS-GVO (→ § 24 Rn. 34). 23

Das **Auskunftsrecht** nach § 52 besteht darüber hinaus nach Abs. 4 Satz 2 nicht, wenn die Daten für Zwecke der wissenschaftlichen Forschung erforderlich sind und die Auskunftserteilung einen unverhältnismäßigen Aufwand erfordern würde. Dies entspricht der Regelung nach § 24 Abs. 2 Satz 1 zum Auskunftsrecht nach der DS-GVO (→ § 24 Rn. 35). Diese Möglichkeit ist gerade im Zusammenhang mit der Forschung zu Zwecken nach § 40 äußerst restriktiv auslegen. Es ist praktisch kaum vorstellbar, dass der Aufwand für die nach § 40 zuständigen öffentlichen Stellen zu hoch sein könnte, zumal die Auskunftserteilung ein entsprechendes Begehren der betroffenen Person voraussetzt. 24

V. Beschränkungen der Betroffenenrechte für Archivzwecke (Abs. 5)

Nach Abs. 5 werden Rechte der betroffenen Person bei der Verarbeitung zu **Archivzwecken** beschränkt. Satz 1 entspricht § 25 Abs. 2. Satz 2 bis 4 25

---

25 LT-Drs. 19/5728, 116.
26 LT-Drs. 19/5728, 117.

entsprechen § 25 Abs. 3. Satz 5 entspricht § 25 Abs. 5 hinsichtlich des Rechts auf Einschränkung der Verarbeitung. Die Vorschrift ähnelt damit inhaltlich § 28 BDSG.

26 Nach Satz 1 besteht **kein Auskunftsrecht**, wenn das Archivgut nicht durch den Namen der Person erschlossen ist oder keine Angaben gemacht werden, die das Auffinden des betreffenden Archivguts mit vertretbarem Verwaltungsaufwand ermöglichen (→ § 25 Rn. 33). Digitales Archivgut, das ohne weiteren Zwischenschritt, wie zB OCR-Erkennung, automatisiert durchsucht werden kann, ist idR nicht unerschlossenen.

27 Sätze 2 bis 4 schränken das Recht auf Berichtigung zugunsten der Möglichkeit einer **Gegendarstellung** ein. Dadurch soll verhindert werden, dass Archivgut verfälscht wird (→ § 25 Rn. 39). Das Recht auf eine Gegendarstellung wird nach § 14 Abs. 2 bis 4 HArchivG weiter konkretisiert.

28 Satz 5 schränkt das Recht auf **Einschränkung** der Verarbeitung erheblich ein, ist aber zugleich sehr unbestimmt (→ § 25 Rn. 38). Die Einschränkung ist sehr restriktiv auszulegen. Der für das Archiv Verantwortliche hat eine Prognoseentscheidung hinsichtlich der Erheblichkeit der Gefährdung und der Erforderlichkeit der Einschränkung zu treffen.[27]

VI. Veröffentlichung (Abs. 6)

29 Die Zulässigkeit der Veröffentlichung personenbezogener Daten zu historischen oder Forschungszwecken hängt davon ab, dass die betroffene Person eingewilligt hat (→ § 46 Rn. 20) oder die Veröffentlichung für die Darstellung von Forschungsergebnissen über Ereignisse der Zeitgeschichte unerlässlich ist. Abs. 6 ist wortgleich zu § 24 Abs. 4 (→ § 24 Rn. 45).

C. Würdigung

30 § 45 **transformiert die JI-RL** unter Beibehaltung bestehender Vorschriften in Landesrecht. Die Vorschrift eröffnet die Möglichkeit der Archivierung, Forschung und statistischen Auswertung zu Zwecken des § 40 mit zu anderen Zwecken erhobenen Daten, aber auch die Erhebung zu solchen Zwecken. Grundsätzlich wird dadurch auch die Forschungs- und Entwicklungszusammenarbeit mit anderen öffentlichen und nicht-öffentlichen Stellen ermöglicht. Eine solche Zusammenarbeit und Weitergabe von Daten wird oft durch innerbehördliche Bedenken erschwert.[28] Unter Einsatz der vorgegebenen Garantien kann eine Zusammenarbeit jedoch im öffentlichen Interesse unter Achtung der Rechte und Freiheiten der betroffenen Personen gerechtfertigt werden.

§ 46 Einwilligung

(1) Soweit die Verarbeitung personenbezogener Daten nach einer Rechtsvorschrift auf der Grundlage einer Einwilligung erfolgen kann, muss der

---

27 *Pauly* in Paal/Pauly DS-GVO Art. 89 Rn. 17; *Grages* in Plath BDSG § 28 Rn. 11; *Krohm* in Gola/Heckmann BDSG § 28 Rn. 29.
28 „Arkantradition" nach *Frenzel* in Paal/Pauly BDSG § 50 Rn. 6.

Verantwortliche die Einwilligung der betroffenen Person nachweisen können.

(2) Erfolgt die Einwilligung der betroffenen Person durch eine schriftliche Erklärung, die noch andere Sachverhalte betrifft, muss das Ersuchen um Einwilligung in verständlicher und leicht zugänglicher Form in einer klaren und einfachen Sprache so erfolgen, dass es von den anderen Sachverhalten klar zu unterscheiden ist.

(3) [1]Die betroffene Person hat das Recht, ihre Einwilligung jederzeit zu widerrufen. [2]Durch den Widerruf der Einwilligung wird die Rechtmäßigkeit der aufgrund der Einwilligung bis zum Widerruf erfolgten Verarbeitung nicht berührt. [3]Die betroffene Person ist vor Abgabe der Einwilligung hiervon in Kenntnis zu setzen. [4]Der Widerruf der Einwilligung muss so einfach wie die Erteilung der Einwilligung sein.

(4) [1]Die Einwilligung ist nur wirksam, wenn sie auf der freien Entscheidung der betroffenen Person beruht. [2]Bei der Beurteilung, ob die Einwilligung freiwillig erteilt wurde, müssen die Umstände der Erteilung berücksichtigt werden. [3]Die betroffene Person ist auf den vorgesehenen Zweck der Verarbeitung hinzuweisen. [4]Ist dies nach den Umständen des Einzelfalles erforderlich oder verlangt die betroffene Person dies, ist sie auch über die Folgen der Verweigerung der Einwilligung zu belehren.

(5) Soweit besondere Kategorien personenbezogener Daten verarbeitet werden, muss sich die Einwilligung ausdrücklich auf diese Daten beziehen.

Literatur:

Art. 29-Datenschutzgruppe, Arbeitspapier über eine gemeinsame Auslegung des Artikels 26 Absatz 1 der Richtlinie 95/46/EG vom 24. Oktober 1995, WP 114, 2005; *Art. 29-Datenschutzgruppe*, Stellungnahme zu einigen wesentlichen Aspekten der Richtlinie zum Datenschutz bei der Strafverfolgung (EU 2016/680), WP 258, 2017; *DSK*, Kurzpapier Nr. 20 – Einwilligung nach der DS-GVO, 2019; *El-Ghazi*, Die Einwilligung in strafprozessuale Zwangsmaßnahmen nach der Umsetzung der Richtlinie (EU) 2016/680 – das Ende der freiwilligen Atemalkoholkontrolle!, ZIS 2019, 110; *Golla*, Datenschutzrechtliche Schattengewächse in den Ländern – Herausforderungen bei der Umsetzung der JI-Richtlinie für die Polizei, KriPoz 2019, 238; *Petri*, Datenschutzrechtliche Einwilligung im Strafverfahren? Die geplante Umsetzung der JI-Datenschutzrichtlinie in der StPO; ZD 2018, 389; *Roßnagel/Laue*, Zweckbindung im Electronic Government, DöV 2007, 543; *Schwichtenberg*, Die „kleine Schwester" der DS-GVO: Die Richtlinie zur Datenverarbeitung bei Polizei und Justiz, DuD 2016, 605; *Singelnstein*, Folgen des neuen Datenschutzrechts für die Praxis des Strafverfahrens und die Beweisverbotslehre, NStZ 2020, 639; *Stief*, Die Richtlinie (EU) 2016/680 zum Datenschutz in der Strafjustiz und die Zukunft der datenschutzrechtlichen Einwilligung im Strafverfahren, StV 2017, 470; *Weinhold/Johannes*, Europäischer Datenschutz in Strafverfolgung und Gefahrenabwehr, DVBl 2016, 1501.

A. Allgemeines

I. Bedeutung der Vorschrift

1   Die Vorschrift regelt die Einwilligung im Anwendungsbereich von § 40. Die Einwilligung wird in § 41 Nr. 18 legaldefiniert (→ § 41 Rn. 62). Diese muss ausdrücklich, informiert und frei erfolgen. Die Vorschrift konturiert und konkretisiert die Möglichkeit, die Verarbeitung von personenbezogenen Daten im Anwendungsbereich von § 40 mittels Einwilligung zu erlauben.[1] Sie selbst ist aber keine ausreichende Rechtsgrundlage und bedarf der Ergänzung durch entsprechende Regelungen im Fachrecht. Sie ist eine Ausgestaltungs- oder **Rahmenvorgabe**, die das Verfahren und die Wirksamkeit von nach anderen Rechtsnormen erlaubten Einwilligungen näher ausgestaltet.[2]

2   Die Vorschrift ist nahezu wortgleich zu § 51 BDSG. Die Vorschrift hat keine Entsprechung in der JI-RL.

II. Entstehungsgeschichte

3   Die Vorschrift war schon im Gesetzentwurf enthalten und wurde im Gesetzgesetzgebungsverfahren nicht verändert.[3] Sie basiert nicht auf einer Vorgabe der JI-RL. Die grundsätzliche Zulässigkeit von Einwilligungen im Anwendungsbereich der JI-RL ist aus den ErwG 35 und 37 JI-RL ableitbar.[4]

4   Im **Landesrecht** war die Einwilligung in § 7 Abs. 1 Nr. 3 und Abs. 2 HDSG geregelt. Die Verarbeitung personenbezogener Daten war zulässig, wenn der Betroffene ohne jeden Zweifel eingewilligt hat. Im Bundesrecht war die Einwilligung in § 4 a BDSG aF geregelt.

III. Unionsrechtliche Regelungen

5   Die JI-RL enthält keine Umsetzungsaufträge hinsichtlich der Zulässigkeit von Einwilligungen. Nicht erwähnt in der Richtlinie, aber auch nicht ausdrücklich ausgeschlossen im Normtext, ist die **Möglichkeit der Einwilligung** der betroffenen Personen. In der Richtlinie ist den Mitgliedstaaten in Art. 8 vorgegeben, dass eine Verarbeitung nur dann rechtmäßig ist, wenn sie für die Erfüllung einer Aufgabe erforderlich ist und wenn sie auf Grundlage des Unionsrechts oder des Rechts der Mitgliedstaaten erfolgt.

---

1 *Johannes/Weinhold* in HK-BDSG § 51 Rn. 3.
2 *Stemmer/Wolff* in BeckOK DatenschutzR BDSG § 51 Rn. 1.
3 LT-Drs. 19/5728.
4 *Johannes/Weinhold* in HK-BDSG § 51 Rn. 17.

Die Rechtmäßigkeit erfordert demnach zweierlei: Die Erforderlichkeit der Verarbeitung für eine Aufgabe zu Zwecken der Richtlinie und eine Ermächtigungsgrundlage zur Einholung von Einwilligungen im Recht der Union oder der Mitgliedstaaten.[5]

ErwG 35 und 37 JI-RL zeigen, dass die **Einwilligung** zwar weitgehend, aber nicht vollständig ausgeschlossen wird.[6] Die Mitgliedstaaten sollen nach **ErwG 35** Rechtsvorschriften erlassen können, die für die betroffen Personen die Zustimmung in die Verarbeitung ihrer personenbezogenen Daten in konkreten Situationen ermöglichen. Dies folgt daraus, dass die Behörden bei der Wahrnehmung der ihnen als gesetzlich begründeter Institution übertragenen Aufgaben natürliche Personen bitten, auffordern oder anweisen können sollen, ihren Anordnungen nachzukommen. In einem solchen Fall sollte die Einwilligung der betroffenen Person aber **alleine keine rechtliche Grundlage** für die Verarbeitung personenbezogener Daten durch die zuständigen Behörden darstellen. Denn auch in diesen Fällen bliebe den betroffenen Personen keine echte **Wahlfreiheit**, weshalb ihre Reaktionen nicht als freiwillig angesehen werden könnten.[7] 6

In ErwG 35 JI-RL wird aber weiter ausgeführt, dass dies die Mitgliedstaaten nicht daran hindern soll, durch Rechtsvorschriften vorzusehen, dass die betroffene Person der Verarbeitung ihrer personenbezogenen Daten für die Zwecke dieser Richtlinie zustimmen kann, zB im Falle von **DNA-Tests** in strafrechtlichen Ermittlungen oder zur **Überwachung ihres Aufenthaltsorts mittels elektronischer Fußfessel** zur Strafvollstreckung. 7

Auch laut den letzten beiden Sätzen von **ErwG 37** kann die Verarbeitung von Daten **besonderer Kategorien** durch Rechtsvorschriften erlaubt sein, wenn die betroffene Person der Datenverarbeitung, die besonders stark in ihre Privatsphäre eingreift, ausdrücklich zugestimmt hat. Die Einwilligung der betroffenen Person allein sollte dann jedoch noch keine rechtliche Grundlage für die Verarbeitung solch sensibler personenbezogener Daten durch die zuständigen Behörden liefern. Eine Verarbeitung auf Grundlage der Einwilligung soll dennoch möglich sein (entsprechend Art. 8 Abs. 2 GRCh). Im Zusammenhang mit der Verarbeitung besonderer Kategorien personenbezogener Daten soll dies nach ErwG 37 insbesondere dann möglich sein, wenn die Verarbeitung durch eine Rechtsvorschrift erlaubt ist, die betroffene Person ausdrücklich zugestimmt hat und die Einwilligung allein nicht die ausschließliche Grundlage der Verarbeitung darstellt. 8

Sowohl die Einwilligung, die Aufforderung zu ihr als auch die sie erlaubende Norm, müssen sich an den allgemeinen Grundsätzen der Datenverarbeitung nach § 42 messen lassen und diesen genügen. Insbesondere die Grundsätze der Verarbeitung nach Treu und Glauben (→ § 42 Rn. 18) und der Zweckbindung (→ § 42 Rn. 22) stellen hohe Anforderungen an die Freiwilligkeit und Informiertheit. Außerdem ist Art. 8 GRCh zu beachten (→ § 40 Rn. 9).[8] 9

---

5 *Johannes/Weinhold* in HK-BDSG § 51 Rn. 6.
6 *Schwichtenberg* DuD 2016, 606 f; *Stief* StV 2017, 473.
7 *Johannes/Weinhold* in HK-BDSG § 51 Rn. 7.
8 *Weinhold/Johannes* DVBl 2016, 1503 f.

IV. Verhältnis zu anderen Vorschriften

10 Die Vorschrift ist nahezu wortgleich zu § 51 BDSG. Ihre Anforderungen an die Einwilligung und diejenigen nach § 51 BDSG sind teilweise den Bestimmungen zur Einwilligung nach Art. 7 DS-GVO **entlehnt.**[9] Dabei wurden Elemente aus Art. 7 DS-GVO mit dort nicht enthaltenen Elementen des § 4a BDSG aF kombiniert.[10] Abs. 1 entspricht Teilen von Art. 7 Abs. 1 DS-GVO, Abs. 2 dem Art. 7 Abs. 2 Satz 1 DS-GVO und Abs. 3 dem Artikel 7 Abs. 3 DS-GVO.[11]

11 Bei Einholung der Einwilligung und sonstiger Kommunikation in diesem Zusammenhang, auch hinsichtlich eines Widerrufs, müssen die Vorgaben nach § 50 und § 54 beachtet werden. Der Verantwortliche hat auch bei Einwilligungsersuchen unter Verwendung einer klaren und einfachen Sprache in präziser, verständlicher und leicht zugänglicher Form zu kommunizieren (→ § 54 Rn. 7).

12 Mit Blick auf die ErwG 35 und 37 JI-RL ist zu gewährleisten, dass die **Einwilligung allein nicht ausreichend** ist für die rechtmäßige Verarbeitung personenbezogener Daten. Es sind bereichsspezifische Ermächtigungstatbestände im Fachrecht vorzusehen, die als Rechtfertigungstatbestand für die Erhebung und Verarbeitung die Einwilligung der betroffenen Personen explizit vorsehen.[12] Dabei sollte die Möglichkeit zur Einwilligung eine Ausnahme bleiben, da der Umgang mit personenbezogenen Daten bei öffentlichen Stellen nicht am freien Willen der betroffenen Person orientiert ist, sondern am **Über- und Unterordnungsverhältnis** zwischen den Beteiligten und an der Beschränkung der Ausübung hoheitlicher Gewalt durch das Gesetz.[13] Entsprechend nennen ErwG 35 und 37 JI-RL nur spezifische Fälle als Beispiele, für die die Einwilligung als Rechtsgrundlage der Datenverarbeitung vorgesehen werden kann.[14]

13 In den **Fachgesetzen** finden sich Vorschriften, die eine Datenverarbeitung zu Zwecken nach § 40 auf der Grundlage der Einwilligung einer betroffenen Person zulassen.[15] Einwilligungen der betroffenen Personen erlauben Verarbeitungen im HSOG allgemein nach § 13 Abs. 1 Nr. 1 und speziell nach § 13 Abs. 5 Satz 3 zur Verarbeitung besonderer Kategorien personenbezogener Daten für andere Zwecke, nach § 13a Abs. 2 Satz 2 und Abs. 4 zur Zuverlässigkeitsüberprüfung zum Schutz staatlicher Einrichtungen und Veranstaltungen und deren Wiederholung und nach § 16 zur Verwendung der Daten der elektronischen Aufenthaltsüberwachung. Nach § 13 Abs. 9 Satz 1 HSOG hat die Erhebung aufgrund einer Einwilligung unter Beachtung der Vorschrift nur dann zulässig, wenn die betroffene Person eine echte Wahlfreiheit hat und nicht aufgefordert oder angewiesen wird, einer

---

9   *Kramer* in Auernhammer BDSG § 51 Rn. 3.
10 *Johannes/Weinhold* in HK-BDSG § 51 Rn. 10.
11 *Plath* in Plath BDSG § 51 Rn. 2.
12 *Stief* StV 2017, 474.
13 *Roßnagel/Laue* DÖV 2007, 546.
14 *Johannes/Weinhold* Neues DatenschutzR § 1 Rn. 157.
15 Ausführlich und mit weiteren Beispielen zum Bundesrecht *Schwichtenberg* in Kühling/Buchner BDSG § 51 Rn. 8 ff.; mit Beispielen zu § 51 BDSG und der StPO Singelnstein NStZ 2020, 639.

rechtlichen Verpflichtung nachzukommen. Außerdem ist die betroffene Person auf die Freiwilligkeit der Einwilligung hinzuweisen. § 13 Abs. 9 Satz 2 HSOG stellt klar, dass für die Verarbeitung von Daten aufgrund von Einwilligungen außerhalb der Zwecke von § 40 die DS-GVO anwendbar ist.

§ 16 Abs. 4 HSOG erlaubt **verdeckten Ermittlern** das Betreten von Wohnungen mit der Einwilligung der berechtigten Personen, wobei sich die Informiertheit auf die Legende beschränken darf. **14**

§ 38 HSOG erlaubt das Betreten und die **Durchsuchung von Wohnungen ohne Einwilligung** unter bestimmten Vorrausetzungen. Die Vorschrift impliziert, dass das Betreten und die Durchsuchung außerhalb der speziell geregelten Fälle mit der Einwilligung der betroffenen Personen gerechtfertigt ist. Entsprechendes gilt nach § 31 a Abs. 5 Satz 4 HSOG für die automatisierte Aufenthaltsbestimmung im Zuge der elektronischen Aufenthaltsüberwachung. Eine Verarbeitung aufgrund einer Einwilligung nach § 27 a Abs. 4 Satz 4 HSOG gilt für die Verwendung von Daten außerhalb von § 40. **15**

Fraglich ist, ob die Regelung zur Einwilligung in der **allgemeinen Ermächtigung** nach § 13 Abs. 1 Nr. 1 HSOG spezifisch genug ist und damit den Anforderungen nach ErwG 35 und 37 JI-RL genügt.[16] Jedoch werden diese durch die Vorgaben nach § 13 Abs. 9 HSOG eingeführt.[17] **16**

Nach § 13 Abs. 1 Nr. 1 Hs. 2 HSOG kann im Interesse der betroffenen Person eine tatsächliche Einwilligung durch eine **mutmaßliche Einwilligung** ersetzt werden.[18] Diese Regelung ist mit der Legaldefinition in § 41 Nr. 18 (→ § 41 Rn. 61), dieser Vorschrift und den ErwG 35 und 37 JI-RL nicht vereinbar. Nach diesen ist eine Einwilligung jede freiwillig für den bestimmten Fall, in informierter Weise und unmissverständlich abgegebene Willensbekundung in Form einer Erklärung oder einer sonstigen eindeutigen bestätigenden Handlung (→ Rn. 25 und 29). Für eine mutmaßliche Einwilligung, bei der die betroffene Person weder informiert ist noch ihren freien Willen ausgeübt noch sich unmissverständlich geäußert hat, gilt keine der genannten Voraussetzungen einer Einwilligung. § 13 Abs. 1 Nr. 1 Hs. 2 HSOG ist mit dem Unionsrecht somit nicht vereinbar. Diese Vorschrift sollte durch eine Regelung wie zB in Art. 6 Abs. 1 UAbs. 1 lit. d DS-GVO ersetzt werden. **17**

Die Abs. 1 bis 4 der Vorschrift finden nach § 15 Nr. 2 HSVG und § 32 a Nr. 2 HSÜG entsprechende Anwendung. **18**

Für Verarbeitungen zu Zwecken der Aufdeckung, Verfolgung und Ahndung von Straftaten auf Grundlage der **StPO** ist gemäß § 500 StPO der Teil 3 des BDSG entsprechend anzuwenden. Dieser kommt dann vor dem Gesetz zur Anwendung. Das gilt auch für die Polizeibehörden, Staatsanwaltschaften und sonstigen Strafermittlungsbehörden des Landes Hessen. **19**

---

16 So *Petri* in Lisken/Denninger PolR-HdB Kap. G Rn. 534; vgl. entsprechend zu PolG NRW und BayDSG *Golla* KriPoz 2019, 240.
17 *Bäuerle* in BeckOK PolR Hessen HSOG § 13 Rn. 33.
18 Diese Möglichkeit war ausweislich der amtlichen Begründung eigentlich zur Streichung vorgesehen, LT-Drs. 19/5728, 79, 181.

Maßgebliche Norm bezüglich Einwilligungen betroffener Personen ist dann § 51 BDSG.[19]

B. Einwilligung

20 Die Vorschrift orientiert sich im Wesentlichen an Art. 7 DS-GVO. Die **Einwilligung** selbst ist im Rahmen der Begriffsbestimmungen in § 41 Nr. 18 **legaldefiniert** (→ § 41 Rn. 61). Der Verantwortliche muss die **Erklärung nachweisen** können und sie muss in der erforderlichen Form nach Abs. 2 abgegeben worden sein. Die Einwilligung ist nach Abs. 3 **frei widerruflich**. Sie soll nur wirksam sein, wenn sie nach Abs. 4 auf der **freien Entscheidung** der betroffenen Person beruht. Die Umstände der Erteilung sind für die Beurteilung zu berücksichtigen. Nach Abs. 5 muss sich die Erklärung der Einwilligung **ausdrücklich auf die besonderen Kategorien** personenbezogener Daten beziehen, soweit diese verarbeitet werden.[20]

21 Die Vorschrift selbst ist keine ausreichende Rechtsgrundlage für eine Verarbeitung und bedarf der **Ergänzung durch entsprechende Regelungen im Fachrecht**. Sie konturiert und konkretisiert die Möglichkeit, die Verarbeitung von personenbezogenen Daten im Anwendungsbereich von § 40 mittels Einwilligung zu legitimieren.[21] Die Vorschrift kommt nur zur Anwendung, sofern mit den Rechtsnormen im Fachrecht keine spezielleren Vorgaben erlassen wurden. Diese können die Einwilligungsvoraussetzungen ggf. auch absenken. Eine **speziellere Ausgestaltung** einer Einwilligung in anderen Rechtsvorschriften (→ § 13 Abs. 9 HSOG) muss allerdings den verfassungsrechtlichen und grundrechtlichen Anforderungen genügen.[22]

I. Gesetzesvorbehalt und Nachweis (Abs. 1)

1. Gesetzesvorbehalt (Abs. 1 Hs. 1)

22 Abs. 1 Hs. 1 formuliert einen **Gesetzesvorbehalt**, wonach Einwilligungen im Anwendungsbereich von § 40 nur tauglich sind, wenn nach einer Rechtsvorschrift die Verarbeitung auf Grundlage einer Einwilligung erfolgen darf. Dies soll die Möglichkeit ausschließen, dass eine Verarbeitung auf der Grundlage einer Einwilligung erfolgen kann, die nicht in einer Rechtsvorschrift zugelassen wird.[23] Eine Einwilligung kann keine weitergehenden Datenerhebungen zulassen als die entsprechenden Rechtsgrundlage.[24] Strenggenommen verbietet dies die verbreitete Praxis, gelegentliche und als geringfügig betrachtete Grundrechtseingriffe auf eine „normungebundene" Einwilligung zu stützen.[25] Dies schließt auch die Durchsuchung von Wohnungen ein, soweit damit eine irgendwie geartete Datenverarbeitung einhergeht (zB Foto- oder Videoaufnahmen, auch durch Bodycams oder Protokollierungen). Möglich bleibt aber das Betreten der Wohnung

---

19 Kritisch zur Einwilligungsmöglichkeit nach StPO *Petri* ZD 2018, 390.
20 *Johannes/Weinhold* in HK-BDSG § 51 Rn. 21 ff.
21 *Johannes/Weinhold* in HK-BDSG § 51 Rn. 20.
22 *Stemmer/Wolff* in BeckOK DatenschutzR BDSG § 51 Rn. 10.
23 *Kramer* in Auernhammer BDSG § 51 Rn. 8.
24 *Singelnstein* NStZ. 2020, 640.
25 *Schwichtenberg* DuD 2016, 608; *Schwabenbauer* in Lisken/Denninger PolR-HdB Kap. G Rn. 385; s. auch *El-Ghazi* ZIS 2019, 110.

und die bloße Umschau durch Polizeibeamte, da damit noch keine Verarbeitung iSv § 42 Nr. 2 erfolgt.[26]

2. Nachweisgebot (Abs. 1 Hs. 2)

Mit Abs. 1 Hs. 2 wird dem Verantwortlichen die **Beweislast** für die Abgabe der Einwilligung und dem Vorliegen von deren Vorrausetzungen auferlegt. Die Beweislast steht nicht zur Disposition der Beteiligten.[27] Das Gebot findet seine unionsrechtliche Basis in der Rechenschaftspflicht nach Art. 4 Abs. 4 JI-RL. Eine solche Pflicht ist nicht ausdrücklich in diesem Gesetz normiert, ergibt sich aber zwangsläufig aus dem Gebot der Gesetzmäßigkeit der Verwaltung (→ § 42 Rn. 14). 23

II. Form und Unterscheidbarkeit (Abs. 2)

Abs. 2 enthält ein Art. 7 Abs. 2 Satz 1 DS-GVO nachgebildetes **Unterscheidungsgebot**, jedoch sonst keine Vorgaben zur Form der Einwilligung. Die Einwilligung ist daher grundsätzlich **formfrei**. Auch das HSOG macht dazu keine spezielleren Vorgaben. Die Einwilligung kann schriftlich, aber auch mündlich oder elektronisch erfolgen. ISd Nachweisbarkeitsgebots nach Abs. 1 ist den Verarbeitenden aber zu raten, sich, soweit dies praktikabel ist, zu Beweiszwecken schriftliche Einwilligungen erteilen zu lassen und mündliche und elektronisch erteilte Einwilligungen aktenkundig und beweissicher zu protokollieren.[28] Der Verantwortliche hat auch bei Einwilligungsersuchen unter Verwendung einer klaren und einfachen Sprache in präziser, verständlicher und leicht zugänglicher Form zu kommunizieren (→ § 54 Rn. 1 ff.). 24

Auch **konkludente Einwilligungen** durch tatsächliches Verhalten sind grundsätzlich möglich.[29] Allerdings genügen stillschweigende oder mutmaßlicher Einwilligungen nicht dem Kriterium der Unmissverständlichkeit.[30] 25

Abs. 2 regelt lediglich verschriftliche Konstellationen einer **kombinierten Einwilligung**, in denen von der betroffenen Person neben einer Einwilligung zugleich andere Gehalte in einem einheitlichen Dokument erklärt werden sollen.[31] Dies betrifft insbesondere Fälle formularmäßig vorbereiteter Einwilligungen.[32] Abs. 2 hat daher besondere Bedeutung für die Gestaltung schriftlicher Einwilligungserklärungen. Formularmäßig vorbereitete Einwilligungserklärungen sind in verständlicher und leicht zugänglicher Form sowie in klarer und einfacher Sprache zu fassen (→ § 54 Rn. 7). 26

Aus Abs. 2 ist keinesfalls zu folgern, dass Einwilligungen im Bereich des Anwendungsbereichs von § 40 nur schriftlich erfolgen dürfen.[33] Sie kön- 27

---

26 AA *El-Ghazi* ZIS 2019, 110.
27 *Frenzel* in Paal/Pauly BDSG § 51 Rn. 4.
28 *Johannes/Weinhold* in HK-BDSG § 51 Rn. 26.
29 *Schwartmann/Klein* in Schwartmann ua DS-GVO Art. 7 Rn. 36.
30 *Schwartmann/Klein* in Schwartmann ua DS-GVO Art. 7 Rn. 37; *Johannes/Weinhold* in HK-BDSG § 51 Rn. 26.
31 *Ingold* in HK-DS-GVO Art. 7 Rn. 24.
32 *Johannes/Weinhold* in HK-BDSG § 51 Rn. 26.
33 *Stemmer/Wolff* in BeckOK DatenschutzR BDSG § 51 Rn. 16.

nen auch mündlich eingeholt und mündlich erteilt werden. Von Abs. 2 auch erfasst sind **elektronische (zB einfache E-Mail) oder sonstige Erklärungen in Schriftzeichen**.[34] Denn „schriftliche" entspricht in Abs. 2 nicht der Schriftform des § 126 BGB. Der Begriff ist aus der DGSVO übernommen. Er ist hier wie dort weit auszulegen.[35] Demnach umfasst ist auch die Textform iSd § 126 b BGB.[36] „Schriftlich" in Abs. 2 meint jede in Schriftzeichen perpetuierte und lesbare Gedankenerklärung.[37] Ohnehin wären hinsichtlich elektronischer und sonstiger Einwilligungen die Vorgaben des Abs. 2 im Lichte des Grundsatzes der Verarbeitung nach Treu und Glauben und dem darin enthaltenen Grundsatz der Transparenz nach § 42 Nr. 1 erst recht anzuwenden.[38] Gleiches folgt aus der Anwendbarkeit von Art. 8 Abs. 2 GRCh.

28   Insbesondere soll nach Abs. 2 eine **klare Unterscheidbarkeit** von den anderen Erklärungsgehalten eines Textes gewährleistet werden. Zur Einhaltung des Unterscheidungsgebots ist vor allem auf eine geeignete **grafische Gestaltung** des Einwilligungsersuchens abzustellen. ZB kann dieses durch die Verwendung von **Fettungen**, GROSSBUCHSTABEN oder Umrandungen des Textes von anderen Sachverhalten eines Formulars abgegrenzt werden. Zu empfehlen ist zB die eindeutige Verwendung und Hervorhebung des Wortes „EINWILLIGUNG"[39] im Text.[40]

29   Anders als Art. 7 Abs. 2 Satz 2 DS-GVO enthält Abs. 2 keinen Hinweis zur **Rechtsfolge bei Verstoß** gegen das Unterscheidungsgebot.[41] Die DS-GVO stellt klar, dass bei Verstößen gegen die Vorgaben zur Einwilligung lediglich die Einwilligungserklärung zum Datenschutz unverbindlich ist, nicht aber eventuell sonst gemachte Erklärungen (zB Willenserklärungen zu Verträgen oder AGB). Ein solcher Hinweis ist im Anwendungsbereich von § 40 idR entbehrlich. Einwilligungserklärungen sind unwirksam und darauf gestützte Datenverarbeitungen rechtswidrig, wenn die gesetzlichen Vorgaben nicht eingehalten werden. Eine unwirksame oder widerrufene (Abs. 3) Einwilligung kann nicht durch eine andere Ermächtigungsgrundlage zur Verarbeitung ersetzt und die weitere Verarbeitung der Daten damit „gerettet" werden, auch nicht durch eine mutmaßliche oder hypothetische Einwilligung. Dies widerspräche dem allgemeinen Grundsatz der rechtmäßigen Verarbeitung nach Treu und Glauben nach § 42 Nr. 1[42] und Art. 8 Abs. 2 GRCh und der Wahlfreiheit nach § 13 Abs. 9 Satz 1 HSOG: Eine solche Möglichkeit widerspräche systematisch auch dem Widerrufsrecht nach Abs. 3, das dann praktisch bedeutungslos wäre.

---

34 *Stemmer/Wolff* in BeckOK DatenschutzR BDSG § 51 Rn. 15.
35 *Heckmann/Paschke* in Gola/Heckmann BDSG § 51 Rn. 38.
36 *Schwartmann/Klein* in Schwartmann ua DS-GVO Art. 7 Rn. 35.
37 *Klement* in Simitis/Hornung/Spiecker gen. Döhmann DS-GVO Art. 7 Rn. 76.
38 *Johannes/Weinhold* in HK-BDSG § 51 Rn. 29.
39 Wobei natürlich nicht alle Hervorhebungsmöglichkeiten gleichzeitig genutzt werden müssen.
40 *Plath* in Plath BDSG § 51 Rn. 12.
41 Dort: „Teile der Erklärung sind dann nicht verbindlich, wenn sie einen Verstoß gegen diese Verordnung darstellen".
42 Entsprechend zur DS-GVO DSK Kurzpapier Nr. 20, 3.

III. Widerrufsrecht (Abs. 3)

1. Zeitpunkt und Form (Satz 1 und Satz 4)

Abs. 3 legt fest, dass die Selbstbestimmung über die Einwilligung auch deren Widerruf ermöglicht. Die Widerrufsmöglichkeit ist der Gegenpart zur Einwilligung. Auf die Möglichkeit zum Widerruf kann nicht verzichtet werden und sie kann auch nicht abbedungen werden.[43] Der Widerruf ist die **eindeutige Erklärung**, die durch die Einwilligung gesetzten Rechtsfolgen nicht mehr zu wollen. Der Widerruf kann in jeder Form erteilt werden, auch in einer anderen Form als der, in der die Einwilligung erteilt wurde.[44] Der Widerruf der Einwilligung muss so einfach wie die Erteilung der Einwilligung sein.[45] Der Widerruf muss von der betroffenen Person nicht ausdrücklich als solcher bezeichnet werden, er muss nicht begründet werden und es genügt, wenn klar ist, dass ein Widerruf gemeint ist.[46]

30

Nach Abs. 3 Satz 1 kann die Einwilligung von der betroffenen Person „jederzeit" widerrufen werden. Folglich sind zwischen Abgabe der Einwilligung und Widerruf keine Wartezeiten statthaft. Insbesondere existieren für den Verarbeiter keine Warte- oder Karenzzeiten, in denen er eine Verarbeitung nach Widerruf „noch" abschließen dürfte.[47]

31

2. Wirkung (Satz 2)

Der Widerruf wirkt nach Abs. 3 Satz 2 nur ex nunc, da durch den Widerruf der Einwilligung die Rechtmäßigkeit der bis dahin erfolgten Verarbeitung nicht berührt wird. Er nimmt also der Verarbeitung der Daten nicht von Anfang an den Rechtsgrund. Erst mit **Zugang und Kenntnisnahme des Widerrufs beim Verarbeiter** müssen weitere Datenverarbeitungen auf Grundlage der Einwilligung unterbleiben.[48] Die Einwilligung kann aber nicht durch eine andere Ermächtigungsgrundlage ersetzt werden.[49]

32

Auch im Zusammenhang mit den in § 40 beschriebenen Zwecken ist die **Kombination der Einwilligung mit anderen Erlaubnistatbeständen** zugunsten der Verarbeitung personenbezogener Daten **nicht statthaft**.[50] Die Einwilligung ist kein alternativer Legitimationsstrang, der aus Opportunitätsgründen anderen gesetzlichen Ermächtigungsgrundlagen zur Datenerhebung vorgezogen werden kann, nur um dann auf diese zurückzugreifen, wenn die Einwilligung widerrufen wird. Es ist fraglich, aus welchem Grund eine Einwilligung dann überhaupt notwendig wäre. Wäre dies möglich, könnte die in Abs. 4 niedergelegten Grundsätze der Freiwilligkeit und Entscheidungshoheit sowie die Wahlfreiheit nach § 13 Abs. 9 Satz 1 HSOG überhaupt nicht realisiert werden.[51] Dies gilt auch, soweit man annimmt,

33

---

43   *Johannes/Weinhold* in HK-BDSG § 51 Rn. 32.
44   Eine schriftliche Einwilligung kann auch mündlich widerrufen werden.
45   Der Landesgesetzgeber geht mit Satz 4 über die Vorlage des § 51 Abs. 3 BDSG hinaus.
46   *Stemmer/Wolff* in BeckOK DatenschutzR BDSG § 51 Rn. 20.
47   *Johannes/Weinhold* in HK-BDSG § 51 Rn. 34.
48   *Kramer* in Auernhammer BDSG § 51 Rn. 11.
49   DSK Kurzpapier Nr. 20, 3.
50   AA *Stemmer/Wolff* in BeckOK DatenschutzR BDSG § 51 Rn. 20; *Frenzel* in Paal/Pauly BDSG § 51 Rn. 6.
51   *Frenzel* in Paal/Pauly BDSG § 51 Rn. 6.

dass die gesetzliche Grundlagen für die Datenverarbeitung zur Erfüllung öffentlicher Aufgaben iSv § 40 eine Einwilligung als zusätzliche Verarbeitungsvoraussetzung vorsieht.[52] Denn gerade dann würde es der Gesetzessystematik und dem Sinn und Zweck der Vorschriften widersprechen, die Einwilligungen durch andere Erlaubnistatbestände zu ersetzen. Dies muss auch in dem von § 40 abgesteckten Anwendungsbereich gelten, um das Vertrauen in das rechtsstaatliche Handeln der Polizei- und Ermittlungsbehörden nicht zu gefährden. Wenn die Möglichkeit bestünde, dass Datenverarbeitungen aufgrund von Einwilligungen nach deren Widerruf einfach aufgrund anderer Rechtsgrundlagen weiter erfolgen dürften, bestünde die Gefahr, dass aufgeklärte Bürger zu gar keiner Verarbeitung mehr ihre Einwilligung erteilen würden. Dies wäre nicht im Sinne einer rationalen und zweckentsprechenden Strafverfolgungs- und Gefahrenabwehrpraxis.[53]

34   Soweit der Rechtsgrund der Verarbeitung entfallen ist, sind die Daten idR zu **löschen**.[54] Dies folgt schon aus dem Grundsatz der Speicherbegrenzung nach § 40 Nr. 5, aber auch aus dem Recht auf Löschung nach § 53 Abs. 2. Bestehen Zweifel hinsichtlich der Identität des Widerrufenden iSv § 54 Abs. 4 oder des Erklärungsinhalts des Widerrufs, sind die Daten in der Bearbeitung nach § 53 Abs. 1 Satz 3 in ihrer Verarbeitung zu beschränken, bis eine Klärung herbeigeführt werden kann.

3. Informationspflicht (Satz 3)

35   Nach Satz 3 soll die betroffene Person vor Abgabe der Einwilligung sowohl über die Folge und Reichweite des Widerrufs nach Satz 2 als auch über die Widerrufsmöglichkeit nach Satz 1 informiert werden. § 13 Abs. 9 HSOG konkretisiert dies dahin gehend, dass die betroffene Person ausdrücklich auf die Freiwilligkeit hinzuweisen ist. Diese **Informationspflicht** besteht unabhängig von der Form der Einwilligung oder der des Einwilligungsersuchens. Betroffene Personen können schriftlich, aber auch mündlich und elektronisch informiert werden.[55] Die Pflicht des Satz 3 besteht auch unabhängig von der Pflicht nach § 50 Nr. 2. Die Informationspflicht ist speziell hinsichtlich der Einwilligung und geht damit über die allgemeine Informationspflicht nach § 50 hinaus. Sie kann nicht durch die allgemeinen Informationen nach § 50 erfüllt werden.[56]

36   Nach Satz. 3 muss die **Information vor Abgabe der Einwilligung** erfolgen. In der Regel muss sie daher mit dem Einwilligungsersuchen erteilt werden. Dies folgt auch aus der Hinweispflicht nach § 13 Abs. 9 Satz 1 HSOG. Gibt die betroffene Person die Einwilligung insofern nicht informiert ab, ist die Einwilligung ex tunc unwirksam. Die gesamte Verarbeitung ab Abgabe der Erklärung wäre dann rechtswidrig, da keine informierte Einwilligung abgegeben wurde.[57]

---

52 Dazu *Schantz* in Simitis/Hornung/Spiecker gen. Döhmann DS-GVO Art. 6 Abs. 1 Rn. 14.
53 *Johannes/Weinhold* in HK-BDSG § 51 Rn. 36.
54 *Stemmer/Wolff* in BeckOK DatenschutzR BDSG § 51 Rn. 22.
55 *Johannes/Weinhold* in HK-BDSG § 51 Rn. 39.
56 *Johannes/Weinhold* in HK-BDSG § 51 Rn. 40.
57 *Stemmer/Wolff* in BeckOK DatenschutzR BDSG § 51 Rn. 23.

IV. Freiwilligkeit (Abs. 4)

1. Grundsatz der Freiwilligkeit (Satz 1)

Die Einwilligung ist nach Abs. 4 Satz 1 nur wirksam, wenn sie auf der **freien Entscheidung** der betroffenen Person beruht. Eine unwirksame Einwilligung führt dazu, dass eine darauf beruhende Verarbeitung unzulässig ist. Soweit eine Einwilligung unwirksam ist, ist der Rückgriff auf eine alternative gesetzliche Erlaubnis unstatthaft (→ Rn. 33). **37**

Die Regelung in Abs. 4 Satz 1 entspricht der Regelung des § 4a Abs. 1 Satz 1 BDSG aF Nach der bisherigen Rechtslage war eine Einwilligung dann unwirksam, wenn die Entscheidung nicht auf der freien Entscheidung der betroffenen Person beruhte. Das war insbesondere dann der Fall, wenn die Erklärung unter **Zwang** abgegeben wurde.[58] Unfreiwilligkeit ist insbesondere dann anzunehmen, wenn die betroffene Person in einem **Abhängigkeitsverhältnis** zu dem Verantwortlichen steht, zB im Rahmen der Arbeitsbeziehung. Im Rahmen des Anwendungsbereichs von § 40 ist jedoch die Zwangssituation, in der sich die betroffenen Personen regelmäßig befinden, besonders zu berücksichtigen.[59] **38**

2. Beurteilung (Satz 2)

Für die Beurteilung der Freiwilligkeit der Einwilligung kommt es nach Satz 2 auf die Umstände der Erteilung an. Es bedarf einer Berücksichtigung der Umstände des Einzelfalls.[60] Dabei können jedoch nur die Umstände berücksichtigt werden, die der Verantwortliche auch belegen kann. Satz 2 ist daher im Zusammenhang mit der Pflicht zum Nachweis des Abs. 1 zu betrachten und gleichermaßen eine **Rechtfertigung für eine umfassende Dokumentation der Umstände der Erteilung der Einwilligung.**[61] Die Regelung steht im Zusammenhang mit ErwG 43 DS-GVO, da sie sich an Art. 7 Abs. 4 DS-GVO orientiert. Daher muss eine Einwilligung bei einem klaren Machtungleichgewicht zwischen betroffener Person und Verantwortlichem besonders kritisch überprüft werden. Soweit die betroffene Person Mitwirkungs- oder Duldungspflichten kraft öffentlich-rechtlicher Ermächtigungsgrundlagen treffen, ist regelmäßig von der Unfreiwilligkeit der Einwilligung auszugehen.[62] Raum für Freiwilligkeit besteht allenfalls dann, wenn zwar die gesetzlichen Voraussetzungen für eine Erhebung vorliegen, aber noch nicht durch Anordnung konkretisiert wurden.[63] § 13 Abs. 9 Satz 1 HSOG konkretisiert dies dahin gehend, dass die betroffene Person eine echte Wahlfreiheit haben muss und **nicht aufgefordert oder angewiesen** wird, einer rechtlichen Verpflichtung nachzukommen. Gleiches gilt, wenn sich die Person in einer besonderen **Drucksituation** befindet, zB im Rahmen einer Untersuchung als Störer, wenn dieser davon ausgehen kann, dass **39**

---

58 Vgl. Art. 29-Datenschutzgruppe, WP 114, 13; *Simitis* in Simitis BDSG § 4a Rn. 62 ff.
59 *Johannes/Weinhold* in HK-BDSG § 51 Rn. 44.
60 *Heckmann/Paschke* in Gola/Heckmann BDSG § 51 Rn. 44.
61 *Stemmer/Wolff* in BeckOK DatenschutzR BDSG § 51 Rn. 27.
62 *Schwichtenberg* in Kühling/Buchner BDSG § 51 Rn. 5.
63 *Singelnstein* NStZ 2020, 641.

die Verweigerung einer Einwilligung für ihn negative Folgen im Rahmen des weiteren Vorgehens der Polizei haben kann.[64]

3. Hinweispflicht (Satz 3)

40   Die betroffene Person ist nach Satz 3 auf den vorgesehenen Zweck der Verarbeitung **hinzuweisen**. Diese Information ist neben den weiteren Informationspflichten des Verantwortlichen zwingend notwendig, um der betroffenen Person eine informierte Entscheidung über ihre Einwilligung zu ermöglichen.[65]

4. Belehrungspflicht (Satz 4)

41   Flankiert wird die Hinweispflicht durch die Belehrungspflichten des Satzes 4. Soweit es nach den Umständen des Einzelfalls erforderlich sein sollte oder auf Verlangen der betroffenen Person, ist sie über die Folgen der Verweigerung der Einwilligung zu belehren. Ihr wird damit möglicherweise ein Ausweg aus einer bestehenden Drucksituation eröffnet, indem sie über die Folgen der Verweigerung **umfassend aufgeklärt** wird.[66] Die Aufklärung ist nicht zwingend, sondern muss nur dann erfolgen, wenn sie erforderlich ist. Im Rahmen **polizeilicher Maßnahmen** im Anwendungsbereich von § 40 wird aufgrund der Drucksituation der betroffenen Personen davon ausgegangen werden müssen, dass ein Hinweis auf die Freiwilligkeit der Einwilligung und die Folgen der Verweigerung grundsätzlich **geboten** ist.[67]

42   Nach § 13 Abs. 9 Satz 1 HSOG ist eine solche Belehrung zwingend zu erteilen, da die betroffene Person auf die Freiwilligkeit **hinzuweisen** ist.

V. Besondere Kategorien von Daten (Abs. 5)

43   Nach Abs. 5 ist die Verarbeitung von besonderen Kategorien personenbezogener Daten aufgrund einer Einwilligung nur zulässig, wenn sich die Einwilligung ausdrücklich auf diese Daten oder deren Kategorie bezieht. Dies ist als **Aufklärungsauftrag** gegenüber den betroffenen Personen zu verstehen. Diesen soll der Verarbeiter vor Augen führen, welche Qualität die Daten haben, in deren Verarbeitung sie einwilligen.[68] Besonderer Kategorien von Daten sind definiert in § 41 Nr. 15. Konkludente Einwilligungen sind in diesem Zusammenhang nicht möglich. Die Einwilligung kann nur in denjenigen Fällen als eine zusätzliche, durch Rechtsvorschriften begründete Garantie im Sinne von § 43 betrachtet werden, in denen durch Rechtsvorschriften eine Verarbeitung besonderer Kategorien von Daten vorgesehen ist.[69]

C. Würdigung

44   Die Einwilligung ist als Legitimation für die Verarbeitung von Daten zu Zwecken nach § 40 nicht von zentraler, praktischer Bedeutung. Dies wird

---

64   *Schwichtenberg* in Kühling/Buchner BDSG § 51 Rn. 6.
65   *Johannes/Weinhold* in HK-BDSG § 51 Rn. 46.
66   *Schwichtenberg* in Kühling/Buchner BDSG § 51 Rn. 6.
67   *Kramer* in Auernhammer BDSG § 51 Rn. 16.
68   *Frenzel* in Paal/Pauly BDSG § 51 Rn. 9.
69   Vgl. Art. 29-Datenschutzgruppe WP 258, 10.

auch durch die gesonderte, prominente Regelung in der Vorschrift nicht geändert. Auch dadurch wird diese weiter eine **untergeordnete Rolle** spielen. Im Bereich der JI-RL und § 40 besteht in der Regel kein Handeln auf Augenhöhe, so dass für Einwilligungen kaum Raum bleibt. Sie kann nur in wenigen, gesetzlich normierten Ausnahmefällen als Verarbeitungsgrundlage oder zusätzliche Garantie dienen.

§ 47 Verarbeitung auf Weisung des Verantwortlichen

Der Auftragsverarbeiter und jede einem Verantwortlichen oder dem Auftragsverarbeiter unterstellte Person, die Zugang zu personenbezogenen Daten hat, darf diese Daten ausschließlich auf Weisung des Verantwortlichen verarbeiten, es sei denn, dass sie nach einer Rechtsvorschrift zur Verarbeitung verpflichtet sind.

A. Allgemeines

I. Bedeutung der Vorschrift

Die Vorschrift regelt die Weisungsbefugnis des Verantwortlichen oder Auftragsverarbeiters gegenüber ihnen unterstellten Personen. Sie dient der Umsetzung von Art. 23 JI-RL, der inhaltlich der Regelung des Art. 29 DS-GVO entspricht.[1] Sie statuiert ein „**Verarbeitungsverbot unter Weisungsvorbehalt**"[2], also ein Weisungsrecht des Verantwortlichen gegenüber dem Auftragsverarbeiter. Diese dürfen eigenmächtig keine Verarbeitungen vornehmen. Das Weisungsrecht besteht unabhängig zu einem vertraglichen Weisungsrecht iSv § 57.[3]   1

II. Entstehungsgeschichte

Im HDSG gab es keine mit § 47 vergleichbare Regelung. Eine dem Art. 23 JI-RL ähnliche Regelung gab es in § 11 Abs. 3 Satz 1 BDSG aF, wonach der Auftragsverarbeiter nur auf Weisung des Verantwortlichen handeln durfte. Bereits Art. 16 DSRL enthielt Vorgaben zur Weisungsgebundenheit.[4]   2

---

1 *Johannes/Weinhold* Neues DatenschutzR § 1 Rn. 158 ff.
2 *Ingold* in HK-DS-GVO Art. 29 Rn. 1.
3 *Thomale* in Auernhammer BDSG § 52 Rn. 5.
4 Ausführlich *Petri* in Simitis/Hornung/Spiecker gen. Döhmann DS-GVO Art. 29 Rn. 2.

3   Die Vorschrift wurde im **Gesetzgebungsprozess** ohne Änderungen vom Gesetzentwurf[5] übernommen.

III. Unionsrechtliche Regelungen

4   Art. 23 JI-RL wurde vom Landesgesetzgeber nahezu wortgleich in die Vorschrift übernommen. Sie trägt den ErwG 11 und 55 JI-RL Rechnung.

5   Die Vorschrift ist nahezu wortgleich zu Art. 29 DS-GVO, die entsprechend
eine gesetzlich angeordnete Folgepflicht bestimmt.[6]

IV. Verhältnis zu anderen Vorschriften

6   Die Vorschrift steht in Zusammenhang mit den Regelungen zur Auftragsverarbeitung in § 57 Abs. 5 Satz 2 Nr. 1 und § 59 Abs. 3 Satz 1 Nr. 12, wonach der Auftragsverarbeiter eine Verarbeitung nur auf Weisung des Verantwortlichen vornehmen darf. Sie sichert damit zusätzlich, dass eine Verarbeitung nur auf Weisung des Verantwortlichen und unter dessen Kontrolle erfolgen darf. Dieser soll die **Hoheit über die Verarbeitung** personenbezogener Daten, die in seinem Namen erfolgen, behalten.[7] Die Vorschrift
konkretisiert und fördert die Grundsätze der Zweckbindung nach § 42
Nr. 1 und der Integrität und Vertraulichkeit nach § 42 Nr. 6.

7   Die Vorschrift findet nach § 15 Nr. 2 HSVG und § 32 a Nr. 2 HSÜG entsprechende Anwendung.

8   Vorbild der Vorschrift in Bundesrecht ist § 52 BDSG. Im Gegensatz zu jener, erstreckt sich die Vorschrift ausdrücklich auch auf den **Auftragsverarbeiter**.[8]

B. Weisungsvorbehalt

I. Verarbeitung auf Weisung des Verantwortlichen oder Auftragsverarbeiters (Hs. 1)

1. Normadressaten

9   Adressat der Vorschrift sind Auftragsverarbeiter und dem Verantwortlichen oder Auftragsverarbeiter unterstellte Personen, die Zugang zu personenbezogenen Daten haben.

10   Der Begriff „**unterstellte Person**" umfasst auch **juristische Personen**, zB andere Polizeibehörden im Rahmen interinstitutioneller Zusammenarbeit.
Unter den Begriff fallen aber insbesondere die Beschäftigten des Auftragsverarbeiters oder des Verantwortlichen.[9] Die Befugnis zur Verarbeitung
kann sich aus den Dienstaufgaben oder einem **Rechtsgeschäft** ergeben.[10]
Der Begriff ist aber weiter als der in § 6 Abs. 5 Satz 1 verwendete Begriff

---

5   LT-Drs. 5728, 30.
6   *Thomale* in Auernhammer DS-GVO Art. 29 Rn. 1; *Petri* in Simitis/Hornung/
    Spieker gen. Döhmann DS-GVO Art. 29 Rn. 1.
7   *Johannes/Weinhold* in HK-BDSG § 52 Rn. 4.
8   Am Verb „darf" ist erkennbar, dass der Landesgesetzgeber sich an § 52 BDSG ori-
    entiert hat, dann aber „Der Auftragsverarbeiter und" ergänzte. Grammatikalisch
    korrekt ist „dürfen", wie in Art. 29 DS-GVO.
9   Zum Konfliktpotential *Thomale* in Auernhammer BDSG § 52 Rn. 12.
10   *Stender-Vorwachs* in BeckOK DatenschutzR BDSG § 52 Rn. 12.

der „unterstellten Beschäftigten". Auch Beliehene und Verwaltungshelfer, zB private Sicherheitsfirmen, Dolmetscher und IT-Dienstleister können darunterfallen. Auf ein konkretes vertragliches Rechtsverhältnis,[11] ein Über-/Unterordnungsverhältnis oder eine Weisungsgebundenheit in anderen Kontexten kommt es nicht an.[12] Jeder andere als der Verantwortliche und der Auftragsverarbeiter, der für den Verantwortlichen oder Auftragsverarbeiter tätig wird, ist danach als unterstellte Person anzusehen.

Die unterstellte Person muss **Zugang** zu personenbezogenen Daten haben. **11** Zugang ist die tatsächliche Möglichkeit, personenbezogene Daten wahrzunehmen oder sogar auf diese einwirken zu können. Auf die Frage des rechtlichen Dürfens kommt es hier gerade nicht an, da sich diese aus der Weisung des Verantwortlichen oder Auftragsverarbeiters ergeben muss.

2. Weisungen

Das Verhältnis zwischen Verantwortlichen oder Auftragsverarbeitern und **12** ihnen unterstellten Personen wird durch die von ihnen erteilten Weisung bestimmt. Die erteilte Weisung ist **wesentliches Steuerungselement** und bestimmt über die grundsätzliche Befugnis der unterstellen Personen und den Umfang der Befugnis, personenbezogene Daten zu verarbeiten. Unter einer Weisung ist jede **Anordnung** an diese Personen zu verstehen, die sich auf den Umgang von personenbezogenen Daten beziehen muss. Durch Weisungen können **Entscheidungsräume** definiert werden, innerhalb derer unterstellte Personen weisungsgebunden iSd Vorschrift agieren dürfen.

An die **Form** der Weisung stellt die Vorschrift keine Anforderungen. Eine **13** Weisung kann demnach mündlich, schriftlich oder in jeder anderen Form erfolgen. Dies kann auch im Umkehrschluss zu § 57 Abs. 5 Nr. 1 gefolgert werden, der vorsieht, dass der Auftragsverarbeiter nur auf dokumentierte Weisung des Verantwortlichen handeln darf. Eine solche Dokumentationspflicht gegenüber den unterstellten Personen sieht die Vorschrift gerade nicht vor.

Die Vorschrift stellt keine Anforderungen an die **Bestimmtheit einer Wei-** **14** **sung.** Sie kann jedoch nur dann als inhaltlich hinreichend bestimmt angesehen werden, wenn sich aus ihr der Gegenstand der Verarbeitung und die Maßnahmen, zu denen die unterstellten Personen in Bezug auf die Verarbeitung berechtigt sind, ergeben. Andersherum dürfen die Normadressaten nur auf Weisung oder aufgrund Rechtsvorschrift Daten verarbeiten.

II. Verarbeitung auf Grundlage einer Rechtsvorschrift, Hs. 2

Eine Weisung kann nicht wirksam sein, wenn sie gegen verpflichtende **15** Rechtsvorschriften verstößt. Soweit eine Rechtsvorschrift, dem die unterstellte Person unterliegt, eine Pflicht zur Verarbeitung vorsieht, muss die unterstellte Person personenbezogene Daten auch ohne Weisung des Verantwortlichen oder Auftragsverarbeiters verarbeiten.[13] Insoweit besteht

---

11 *Petri* in Simitis/Hornung/Spiecker gen. Döhmann DS-GVO Art. 29 Rn. 11.
12 *Pascke* in Gola/Heckmann BDSG § 52 Rn. 5.
13 *Thomale* in Auernhammer BDSG § 52 Rn. 14.

eine **Ausnahme** von der grundsätzlichen Folgepflicht.[14] Aufgrund einer besonderen Loyalitätspflicht gegenüber dem Verantwortlichen oder dem Auftragsverarbeiter, kann die unterstellte Person verpflichtet sein, behördliche Anordnungen gesetzesfremder Verarbeitungen gerichtlich überprüfen zu lassen.

C. Würdigung

16   Die Vorschrift setzt Art. 23 JI-RL nahezu wortwörtlich um. Der Landesgesetzgeber geht damit über die Vorlage des Bundesgesetzgebers in § 52 BDSG hinaus. Durch die Vorschrift wird eine gesetzliche Weisungsgebundenheit normiert, die unabhängig von sonstigen Rechtspflichten oder Verträgen gilt. Dies fördert **Rechenschaft und Selbstkontrolle** und schützt die betroffenen Personen.

§ 48 Datengeheimnis

[1]Mit Datenverarbeitung befasste Personen dürfen personenbezogene Daten nicht unbefugt verarbeiten (Datengeheimnis). [2]Das Datengeheimnis besteht auch nach der Beendigung ihrer Tätigkeit fort. [3]Die Personen sind über die bei ihrer Tätigkeit zu beachtenden Vorschriften über den Datenschutz zu unterrichten.

Literatur:

Dieterle, Sanktionierung von Neugierabfragen im öffentlichen Dienst, ZD 2020, 135; *Ehmann,* Abschied von der Verpflichtung auf das Datengeheimnis?, ZD 2017, 453; *Franck,* Altverhältnisse unter DS-GVO und neuem BDSG, ZD 2017, 509; *Johannes,* Zertifizierung von Datenverarbeitungsvorgängen bei der Polizei, Die Polizei 2020, 406; *Roßnagel/Geminn,* Datenschutz-Grundverordnung verbessern – Änderungsvorschläge aus Verbrauchersicht, 2020.

A. Allgemeines

I. Bedeutung der Vorschrift

1   **Zweck** der Vorschrift ist die unmittelbare, persönliche Verpflichtung jeder Person, die mit der Datenverarbeitung befasst ist. Dies folgt auch aus der Pflicht des datenschutzrechtskonformen Umgangs mit personenbezogenen Daten. Insoweit **sensibilisiert** die Norm, dass das Datenschutzrecht jede mit der Datenverarbeitung befasste Person bindet.[1]

---

14   Vgl. *Petri* in Simitis/Hornung/Spiecker gen. Döhmann DS-GVO Art. 29 Rn. 18 ff.
1   S. auch *Paschke* in Gola/Heckmann BDSG § 53 Rn. 1; *Schmidt-Wudy* in BeckOK DatenschutzR BDSG § 53 Rn. 2.

II. Entstehungsgeschichte

Die Vorschrift war bereits im Gesetzentwurf enthalten[2] und wurde im Verfahren nicht geändert. Ihr Vorbild ist § 9 HDSG.[3]   2

III. Unionsrechtliche Regelungen

Es findet sich **keine direkte Entsprechung** der Vorschrift in der JI-RL. Sie   3
konkretisiert aber zum einen das Gebot der Rechtmäßigkeit nach § 42
Nr. 1 und der Vertraulichkeit nach § 42 Nr. 6 und setzt zum anderen den
Grundsatz der Verantwortlichkeit nach Art. 4 Abs. 4 JI-RL um (→ § 42
Rn. 14). Auch die DS-GVO kennt keine entsprechende Regelung.[4]

Der Gesetzgeber konnte die Vorschrift auch ohne Entsprechung in der JI-   4
RL regeln, da sie nicht die Umsetzung der Richtlinie gefährdet oder mit
den Zielen der Richtlinie unvereinbar ist. Die Regelung konkretisiert vielmehr die Grundsätze aus Art. 4 Abs. 1 lit. a und lit. f JI-RL.[5] Sie ist richtlinienkonform iSv Art. 1 Abs. 3 JI-RL.[6]

IV. Verhältnis zu anderen Vorschriften

Die Verpflichtung auf ein Datengeheimnis ist auch eine idR erforderliche   5
organisatorische Maßnahme der Datensicherheit iSv § 59.[7]

Die der Vorschrift entsprechende Regelung im Bundesrecht ist § 53 BDSG.   6
Im Vergleich zu jener, besteht keine ausdrückliche Pflicht, Beschäftigte auf
das Datengeheimnis zu verpflichten. Diese Verpflichtung wird nicht durch
eine generelle Verpflichtung auf Dienst- und Amtsgeheimnisse abgedeckt.
Eine solche **ausdrückliche Verpflichtung** war bereits nach § 9 HDSG nicht
vorgesehen. Auf sie wurde verzichtet, „da sie zu einem erheblichen Verwaltungsaufwand geführt hat, ohne den Schutz der Persönlichkeitsrechte zu
stärken".[8]

Die Vorschrift lässt **spezialgesetzliche Geheimhaltungspflichten** unberührt   7
und steht neben diesen, wie zB aus dem Strafprozessrecht, dem Verwaltungsverfahrensrecht, dem Beamten-, Statistik-, Tarif-, Melde- oder Steuerrecht.[9]

Über § 500 StPO wird die Vorschrift bei Verarbeitungen auf Grundlage der   8
StPO zugunsten von § 53 BDSG verdrängt.

Bereits durchgeführte Verpflichtungen gelten auch nach Inkrafttreten des   9
Gesetzes fort.[10] Aus Gründen der Rechtssicherheit und zu Nachweiszwecken ist aber zu empfehlen, eine Verpflichtung auf das Datengeheimnis für

---

2 LT-Drs. 19/5728, 30.
3 LT-Drs. 19/5728, 117.
4 S. hierzu kritisch *Roßnagel/Geminn*, 87.
5 *Johannes/Weinhold* in HK-BDSG § 53 Rn. 8.
6 Bedenken *Schmidt-Wudy* in BeckOK DatenschutzR BDSG § 53 Rn. 6.
7 S. zB *Ehmann* ZD 2017, 453 ff.; *Schmidt-Wudy* in BeckOK DatenschutzR BDSG § 53 Rn. 6.
8 LT-Drs. 11/4749, 28.
9 So schon § 9 HDSG, s. *Arlt* in Schild ua § 9 Rn. 1.
10 *Franck* ZD 2017, 513; *Schmidt-Wudy* in BeckOK DatenschutzR BDSG § 53 Rn. 50.

alle mit der Datenverarbeitung befassten Personen nachzuholen und dies mit einer **Belehrung über die neue Rechtslage** zu verbinden.

B. Datengeheimnis

I. Datengeheimnis (Satz 1)

10   Nach Satz 1 dürfen die mit der Datenverarbeitung befassten Personen personenbezogene Daten nicht unbefugt verarbeiten. Diese Vorgabe ist wortgleich zu § 53 Satz 1 BDGS. Der Begriff der Verarbeitung ist in § 41 Nr. 2 legaldefiniert (→ § 41 Rn. 15).

11   Die Vorschrift richtet sich an alle mit der Datenverarbeitung befassten Personen. Die Regelung geht damit über den Adressatenkreis von Art. 9 HDSG hinaus, der lediglich beschäftigte Personen auf das Datengeheimnis verpflichtete.[11] Der **Adressatenkreis** ist damit denkbar weit und richtet sich an alle Personen, die mit der Datenverarbeitung befasst sind. Der Begriff „befassen" ist tatsächlich zu verstehen und setzt gerade keine rechtliche Legitimation voraus.

12   **Unbefugt** ist eine Verarbeitung, wenn sie gegen gesetzliche Ge- oder Verbote oder vertragliche Vereinbarungen oder gegen ausdrückliche Dienst- oder Arbeitsanweisungen verstößt.[12]

II. Fortgeltung nach Beendigung der Tätigkeit (Satz 2)

13   Die Verpflichtung auf das Datengeheimnis erstreckt sich nach Satz 2 auch auf die Zeit nach dem **Ende** der Tätigkeit der Personen hinaus. Die Vorgabe ist wortgleich zu § 53 Satz 3 BDSG und vergleichbar mit § 37 Abs. 1 Satz 2 BeamtStG, jedoch lex specialis zum HBG. Praktisch besteht die Pflicht zur Wahrung des Datengeheimnisses bis zum Tod der verpflichteten Person.[13]

III. Unterrichtungspflicht (Satz 3)

14   Die Unterrichtungspflicht nach Satz 3 tritt neben die ausdrückliche Verpflichtung. Die Unterrichtung hat den Zweck, den hohen Stellenwert des Datenschutzes zu verdeutlichen. Auch soll sie zur Klärung von datenschutzrechtlichen Fragen dienen. Aus ihr folgt die Pflicht des Verantwortlichen zur entsprechenden und konkreten **Schulung** von Beschäftigten bezogen auf die Anforderungen der jeweiligen Dienststelle.

15   Die **Form der Unterrichtung** ist frei. Art und Umfang ist abhängig vom Kenntnisstand der zu Unterrichtenden und des Inhalts der Unterrichtung. Während bei bereits geschulten Mitarbeitern und bei geringfügigen Änderungen der Verarbeitung oder der Rechtslage einfache Handreichungen in Form von Memos, Hinweistafeln und Vermerken ausreichen können, bedürfen neue Mitarbeiter in der Regel besonderer Schulung, konkreter Anleitung und ausführlicher Handlungsanweisungen.

---

11 *Arlt* in Schild ua § 9 Rn. 6.
12 Also zB bei Neugierabfragen, *Dieterle* ZD 2020, 135.
13 *Schmidt-Wudy* in BeckOK DatenschutzR BDSG § 53 Rn. 38.

C. Würdigung

Die Vorschrift sichert die Rechtmäßigkeit der Verarbeitung und schützt die 16
betroffenen Personen vor rechtswidrigen Verarbeitungen. Sie begründet
Unterrichtungspflichten der Verantwortlichen und Auftragsverarbeiter. Bei
Verletzung der Pflichten können Schadensersatzansprüche nach § 78 be-
gründet sein. Die Norm etabliert ein über die JI-RL hinausgehendes
Schutzniveau.

§ 49 Automatisierte Einzelentscheidung

(1) Eine ausschließlich auf einer automatischen Verarbeitung beruhende
Entscheidung, die mit einer nachteiligen Rechtsfolge für die betroffene Person verbunden ist oder sie erheblich beeinträchtigt, ist nur zulässig, wenn
sie in einer Rechtsvorschrift vorgesehen ist.

(2) Entscheidungen nach Abs. 1 dürfen nicht auf besonderen Kategorien
personenbezogener Daten beruhen, sofern nicht geeignete Maßnahmen
zum Schutz der Rechte und Freiheiten sowie der berechtigten Interessen
der betroffenen Personen getroffen wurden.

(3) Profiling, das zur Folge hat, dass betroffene Personen auf der Grundlage von besonderen Kategorien personenbezogener Daten diskriminiert
werden, ist verboten.

Literatur:

Abel, Automatisierte Entscheidungen im Einzelfall gem. Art. 22 DS-GVO, ZD 2018,
304; *Art. 29-Datenschutzgruppe*, Leitlinien zu automatisierten Entscheidungen im Einzelfall einschließlich Profiling für die Zwecke der Verordnung 2016/679, WP 258, 2018;
Bäcker, Die Datenschutzrichtlinie für Polizei und Strafjustiz und das deutsche Eingriffsrecht, in: Hill/Kugelmann/Martini (Hrsg.), Perspektiven der digitalen Lebenswelt, 2017,
63; *Egbert*, Siegeszug Der Algorithmen? Predictive Policing im deutschsprachigen
Raum, APuZ 32–33/2017, 17; *Golla*, Datenschutzrechtliche Schattengewächse in den
Ländern – Herausforderungen bei der Umsetzung der JI-Richtlinie für die Polizei, Kri-
PoZ 2019, 238; *v. Harbou*, Abschied vom Einzelfall? – Perspektiven der Digitalisierung
von Verwaltungsverfahren, JZ 2020, 340; *Härtel*, Digitalisierung im Lichte des Verfassungsrechts – Algorithmen, Predictive Policing, autonomes Fahren, LKV 2019, 49; *Johannes*, Analyse offener Datenquellen durch die Polizei: Entgrenzte Internet- und Dar-
knetaufklärung in der Strafverfolgung, in: Roßnagel/Friedewald/Hansen (Hrsg.): Die
Fortentwicklung des Datenschutzes, 2018, 151; *Kugelmann*, Fragen des Grundrechtsschutzes bei polizeilichen Maßnahmen vor dem Hintergrund von Big Data – Innerstaatliche und Europäische Entwicklungen, in: Zöller/Esser (Hrsg.), Justizielle Medienarbeit
im Strafverfahren, 2019, 205; *Martini*, Algorithmen als Herausforderung für die
Rechtsordnung, JZ 2017, 1017; *Martini*, Transformation der Verwaltung durch Digitalisierung, DÖV 2017, 443; *Martini/Nink*, Wenn Maschinen entscheiden – vollautomati-
sierte Verwaltungsverfahren und der Persönlichkeitsschutz, NVwZ-Extra 10/2017, 1;
Rademacher, Predictive Policing im deutschen Polizeirecht, AöR 142 (2017), 366;
Schwichtenberg, Die „kleine Schwester" der DS-GVO: Die Richtlinie zur Datenverarbeitung bei Polizei und Justiz, DuD 2016, 605; *Singelnstein*, Predictive Policing: Algorithmenbasierte Straftatprognosen zur vorausschauenden Kriminalintervention, NStZ
2018, 1; *Stoklas*, Bessere Grenzkontrollen durch Künstliche Intelligenz, ZD-Aktuell
2018, 06363; *Wolfangel*, Können Maschinen rassistisch sein?, Technology Review
2016, 58.

A. Allgemeines

I. Bedeutung der Vorschrift

1 Die Vorschrift regelt den Einsatz von automatisierten Einzelentscheidungen durch die in § 40 genannten öffentlichen Stellen im Rahmen ihrer Aufgaben (→ § 1 Rn. 12 ff.). Demnach steht eine ausschließlich auf einer automatischen Verarbeitung beruhende Entscheidung, die mit einer nachteiligen Rechtsfolge für die betroffene Person verbunden ist, unter einem **Gesetzesvorbehalt**, der die Beeinträchtigung durch eine spezialgesetzliche Rechtsvorschrift gestattet. Die Generalklausel des HSOG genügt für solche spezifischen Entscheidungen nicht. Obgleich die Vorschrift im zweiten Abschnitt des dritten Teils (Rechtsgrundlagen für die Verarbeitung personenbezogener Daten) verortet ist, stellt die Vorschrift keine Ermächtigungsgrundlage für Datenverarbeitungsvorgänge dar, sondern beschränkt die Zulässigkeit der Nutzung der Erkenntnisse dieser Form der Datenverarbeitung.[1] Durch die Statuierung eines Gesetzesvorbehalts in Abs. 1 enthält die Vorschrift ein **grundsätzliches Verbot automatisierter Einzelentscheidungen**.[2] Außerdem sind entsprechende Entscheidungen unter Verwendung besonderer Kategorien personenbezogener Daten eingeschränkt. Für sie müssen nach Abs. 2 besondere Schutzmaßnahmen getroffen werden. Schließlich wird mit Abs. 3 die Diskriminierung des Betroffenen auf der Grundlage besonderer Kategorien personenbezogener Daten verboten.

2 Automatisierte Einzelentscheidungen sind bislang mäßig relevant für die behördliche Praxis. In der Norm kommt vor allem eine Wertentscheidung des Gesetzgebers zum Ausdruck zu verhindern, dass Individuen einer für sie nachteiligen Entscheidung von Maschinen unterworfen und zu einem „**bloßen Objekt**" des automatischen Entscheidungsvorgangs degradiert werden.[3] Die Vorschrift weist insoweit einen Bezug zur von Art. 1 GRCh und Art. 1 Abs. 1 GG geschützten Würde des Menschen auf.[4] Gerade Entscheidungen, die die Bewertung von Individuen, deren Persönlichkeitsrechte und die besonders grundrechtssensiblen Bereiche der Gefahrenabwehr und der Strafverfolgung betreffen, dürfen nicht alleine Computerprogrammen überlassen werden. Von einem weiteren **Relevanzgewinn** dieser Wertentscheidung ist angesichts fortschreitender Entwicklungen im KI-Bereich auszugehen. Indes wird der **Anwendungsbereich** von Abs. 1 und Abs. 2 be-

---

1 *Helfrich* in HK-BDSG § 54 Rn. 6; *Schwichtenberg* in Kühling/Buchner BDSG § 54 Rn. 1; *Paschke* in Gola/Heckmann BDSG § 54 Rn. 1.
2 S. Gesetzentwurf CDU/Grüne, LT-Drs. 19/5728, 117.
3 *Paschke* in Gola/Heckmann BDSG § 54 Rn. 2 mwN; v. *Lewinski* in BeckOK DatenschutzR DS-GVO Art. 22 Rn. 2.
4 *Martini* in Paal/Pauly DS-GVO Art. 22 Rn. 29; *Skobel* in HK-LDSG RhPf § 36 Rn. 4.

reits durch die Beschränkung auf *ausschließlich* automatisierte Entscheidungsvorgänge und weitere Erfordernisse **enger gezogen**, als zunächst die Überschrift „Automatisierte Einzelentscheidungen" vermuten lässt.

II. Entstehungsgeschichte

Im **HDSG** war die Unzulässigkeit von Entscheidungen alleine auf Basis der 3 automatisierten Verarbeitung personenbezogener Daten in § 7 Abs. 3 im Rahmen der Generalklausel zur Zulässigkeit der Datenverarbeitung geregelt. Bereits diese Vorgängervorschrift sollte verhindern, dass der Betroffene zum bloßen Objekt einer automatisierten Verarbeitung von bewertenden Persönlichkeitsmerkmalen wird.[5] Sie verlangte ihrem Wortlaut nach ausdrücklich, dass die automatisierte Entscheidung auf der Bewertung einzelner Merkmale einer Person beruht.[6] Profiling und besondere Kategorien personenbezogener Daten fanden keine Erwähnung. Die Möglichkeit, eine solche automatisierte Entscheidung durch Gesetz zuzulassen, war ausdrücklich in § 7 Abs. 3 Satz 3 HDSG vorgesehen.

Das **BDSG aF** enthielt keine explizite Regelung, die einen Gesetzesvorbe- 4 halt für nachteilige automatisierte Einzelentscheidungen aufgestellt hat. Jedoch wurde ein entsprechendes Handeln in der Vergangenheit bereits vom Gesetzesvorbehalt erfasst, sofern es nicht von einer gesetzlichen Erlaubnisnorm gestattet wurde.[7]

Die Vorschrift wurde vollständig aus dem ersten **Gesetzentwurf** v. 5 5.12.2017 übernommen.[8] Ihre gestiegene Bedeutung wird im Vergleich zur Regelung in § 7 Abs. 3 HDSG durch die explizite Nennung von Profiling, die Aufhebung des Erfordernisses der Bewertung einzelner Persönlichkeitsmerkmale sowie die Platzierung in einer gesonderten Vorschrift deutlich.

III. Unionsrechtliche Regelungen

Die Vorschrift setzt **Art. 11 JI-RL** um, der ein Verbot der automatisierten 6 Entscheidungsfindung im Einzelfall statuiert. Bereits der durch die JI-RL aufgehobene Rahmenbeschluss 2008/977/JI des Rates enthielt in Art. 7 Regelungen zu automatisierten Entscheidungen. Die Vorschrift ist in Systematik und Inhalt sinn- und in weiten Teilen wortgleich mit Art. 11 JI-RL. Die Vorschrift und Art. 11 JI-RL regeln nicht diejenigen Fälle, die zulässig sind, sondern stellen Gesetzesvorbehalte auf, über die auch die fachgesetzlichen Vorschriften einbezogen werden.

Hinsichtlich Art. 11 Abs. 2 JI-RL ist davon auszugehen, dass dieser einen 7 unionsrechtlichen **Regelungsauftrag** iSv Art. 10 lit. a JI-RL enthält, der im mitgliedstaatlichen Recht durch eine Ermächtigungsnorm konkretisiert werden muss.[9] Abs. 2 der Vorschrift stellt eine solche Ermächtigung für die Verarbeitung personenbezogener Daten besonderer Kategorien im Rahmen von automatisierten Einzelentscheidungen dar. Die Regelungen in Art. 22

---

5 S. *Wellbrock* in Schild ua § 7 Rn. 36; LT-Drs. 14/3830, 19.
6 S. *Wellbrock* in Schild ua § 7 Rn. 39 f.
7 *Paschke* in Gola/Heckmann BDSG § 54 Rn. 4.
8 LT Drs. 19/5728, 30.
9 Näher *Johannes/Weinhold* Neues DatenschutzR S. 77.

DS-GVO unterscheiden sich inhaltlich erheblich von der Vorschrift und Art. 11 JI-RL. Die Vorschrift und die JI-RL haben keine Art. 22 Abs. 2 und Abs. 3 entsprechenden Regelungen.

8   Das in Abs. 3 und Art. 11 Abs. 3 JI-RL zum Ausdruck kommende Diskriminierungsverbot ist im Primärrecht in **Art. 21 Abs. 1 GRCh** verankert. In der DS-GVO findet sich keine vergleichbare Regelung. Folglich geht die JI-RL – und somit auch die Vorschrift – über die DS-GVO hinaus und statuiert ein ausdrückliches Verbot für diskriminierendes Profiling hinsichtlich besonderer personenbezogener Daten im Anwendungsbereich der Richtlinie.[10]

IV. Verhältnis zu anderen Vorschriften

9   Im Bundesrecht erfolgt die Umsetzung von Art. 11 JI-RL durch § 54 BDSG, der nahezu identisch mit der Vorschrift ist. In den Ländern finden sich ähnliche Regelungen.[11] Außerdem sind in § 35 a HVwVfG Voraussetzungen für den vollständig automatisierten Erlass von Verwaltungsakten niedergelegt (Gesetzesvorbehalt und kein Ermessen oder Beurteilungsspielraum).

B. Automatisierte Einzelentscheidung

I. Zulässigkeit automatisierter Einzelentscheidungen (Abs. 1)

10   Abs. 1 verbietet ausschließlich automatisierte Entscheidungsfindungen mit nachteiliger Rechtsfolge oder erheblicher Beeinträchtigung für die betroffene Person. Ausnahmen von diesem Grundsatz stehen unter Gesetzesvorbehalt. **Verarbeitung** ist in § 41 Nr. 2 (→ § 41 Rn. 15 ff.) definiert. Eine **automatische Verarbeitung** liegt vor, wenn sie mithilfe automatisierter Verfahren, zB unter Verwendung von Datenverarbeitungsanlagen durchgeführt wird.[12]

11   Eine **ausschließlich auf einer automatischen Verarbeitung beruhende Entscheidung** setzt voraus, dass staatliches Handeln ohne menschliche Einflussnahme nach dem Bearbeitungsvorgang ergeht.[13] Dies trifft etwa auf Systeme der intelligenten Videoüberwachung und automatisierte Recherchen zu, wenn sie ohne menschliches Korrektiv Entscheidungen darüber fällen, dass und welche Ermittlungs- oder Gefahrenabwehrmaßnahme ergriffen wird. Auch Maßnahmen im Rahmen des Predictive Policing, also der softwaregestützten Vorhersage kriminellen Verhaltens durch spezielle Datenanalysemethoden für die Polizeiarbeit,[14] können dazu zählen, wenn die Polizeibediensteten nicht über deren Ob und Wie entscheiden und nicht

---

10 *Martini* in Paal/Pauly DS-GVO Art. 22 Rn. 7.
11 ZB Art. 35 BayDSG, § 39 BlnDSG, § 29 NDSG, § 46 DSG NRW, § 36 RhPf LDSG, § 34 SächsDSG, § 10 DSUG LSA, § 38 ThürDSG.
12 *Herbst* in Auernhammer BDSG § 54 Rn. 3.
13 *Paschke* in Gola/Heckmann BDSG § 54 Rn. 6; *Schwichtenberg* in Kühling/Buchner BDSG § 54 Rn. 4.
14 *Egbert* APuZ 32–33/2017, 17; *Kugelmann* in Zöller/Esser, S. 211.

die letztliche Entscheidung treffen.[15] Sofern sich die Entscheidung jedoch nicht auf eine spezifische Person manifestiert hat, kommt Abs. 1 nicht zum Tragen.[16] Im Hinblick auf den Entscheidungsvorgang schließt die Regelung nicht per se aus, dass automatisierte Verfahren zum Einsatz kommen: Die Entscheidung kann zB im automatisierten Verfahren vorbereitet und ein automatisiert erzeugter **Entscheidungsvorschlag** von einer Amtsträgerin oder einem Amtsträger mit eigenem Entscheidungsspielraum anhand weiterer Kriterien einer abschließenden Beurteilung unterzogen und Grundlage einer eigenen Entscheidung werden.[17] Dabei setzt eine eigene menschliche Entscheidung voraus, dass zumindest **grobe Kenntnis** hinsichtlich der automatisiert verarbeiteten Daten und deren Gewichtung für die Beurteilung des Systems besteht. Unzulässig sind daher zB automatisch erstellte Prognosen, wenn die Behörde die maßgeblichen eingesetzten Algorithmen nicht kennt,[18] wobei Einzelheiten des Programms oder dessen Algorithmus der überprüfenden Person nicht bekannt sein müssen.[19]

Eine **nachteilige Rechtsfolge** iSv Abs. 1 erfordert laut Gesetzesbegründung, dass es sich bei der Entscheidung um einen **Rechtsakt mit Außenwirkung** gegenüber der betroffenen Person (regelmäßig einen Verwaltungsakt) handelt.[20] Dies trifft etwa auf Vorladungen (vgl. § 30 HSOG) zu.[21] Nachteilig ist die Rechtsfolge, wenn sie die Rechtsstellung der betroffenen Person verschlechtert.[22] Interne **Zwischenfestlegungen oder -auswertungen**, die Ausfluss automatisierter Prozesse sind, sollen nicht zu den nachteiligen Rechtsfolgen zählen.[23] Die Gesetzesbegründung ist insoweit jedoch zumindest unvollständig, da Zwischenfestlegungen und -auswertungen unter die zweite Alternative, den Begriff der erheblichen Beeinträchtigung, fallen können, obgleich dies eher selten zutreffen dürfte.[24] Sie können zB erheblich beeinträchtigend sein, wenn sie einem belastenden Verwaltungsakt vorgeschaltet sind[25] oder den internen Bereich einer Behörde verlassen und an eine andere Behörde weitergegeben werden.[26]

12

---

15 *Paschke* in Gola/Heckmann BDSG § 54 Rn. 7; *Schwichtenberg* in Kühling/Buchner BDSG § 54 Rn. 4, der auf die Software „Precobs" zur Prognose möglicher Einbruchsdiebstähle verweist; *Steege* MMR 201, 715 (719) in Bezug auf Art. 22 Abs. 1 DS-GVO; s. auch *Härtel* LKV 2019, 49 (54 ff.).
16 *Paschke* in Gola/Heckmann BDSG § 54 Rn. 7.
17 *Schwichtenberg* in Kühling/Buchner BDSG § 54 Rn. 4, am Bsp. der kriminalpolizeilichen Software „Precobs" zur Prognose von Einbruchsdiebstählen; *Scholz* in Simitis/Hornung/Spiecker gen. Döhmann DS-GVO Art. 22 Rn. 28 mwN.
18 S. *Rademacher* AöR 142 (2017), 366 (376 f.); *Singelnstein* NStZ 2018, 1 (7); *Skobel* in HK-LDSG RhPf § 36 Rn. 4.
19 *Scholz* in Simitis/Hornung/Spiecker gen. Döhmann DS-GVO Art. 22 Rn. 27 mwN.
20 LT-Drs. 19/5728, 117; für den inhaltsgleichen § 54 BDSG BT-Drs. 18/11325, 112.
21 Für das Bundesrecht *Paschke* in Gola/Heckmann BDSG § 54 Rn. 8 unter Verweis auf § 44 Abs. 1 BKAG iVm § 25 Abs. 3 BPolG.
22 *Skobel* in HK-LDSG RhPf § 36 Rn. 5.
23 LT-Drs. 19/5728, 117; für den inhaltsgleichen § 54 BDSG BT-Drs. 18/11325, 112; kritisch und eine solche Auslegung als unionsrechtswidrig einstufend *Johannes/Weinhold* Neues DatenschutzR S. 76.
24 So auch *Braun* in HK-DSG NRW § 46 Rn. 14 f.
25 *Schwichtenberg* in Kühling/Buchner BDSG § 54 Rn. 5.
26 *Frenzel* in Paal/Pauly BDSG § 54 Rn. 4; *Helfrich* in HK-BDSG § 54 Rn. 10.

13   Die **erhebliche Beeinträchtigung**, die ebenfalls zur Unzulässigkeit der automatisierten Entscheidung führt, ist eine eigenständige Tatbestandsalternative innerhalb des Abs. 1. Für ihr Vorliegen ist entscheidend, welche Interessen und Rechtsgüter, insbesondere Grundrechte, in welchem Ausmaß betroffen sind. Erhebliche Beeinträchtigungen kommen zB in Betracht, wenn das Handeln der Behörde für die betroffene Person nicht nur kurzfristige, triviale Auswirkungen hat, ihr Verhalten beeinflusst oder diskriminierende Wirkung hat.[27] Daher sind etwa automatisierte heimliche Überwachungsmaßnahmen oder biometrische Gesichtserkennung wegen des erheblichen Grundrechtseingriffs erfasst, wenn sie mangels Verwaltungsaktqualität keine nachteilige Rechtsfolge darstellen.[28] Offene Überwachungs- und Kontrollmaßnahmen von Personen sind schon wegen ihrer einschüchternden, diskriminierenden Wirkung nicht trivial, sondern eine erhebliche Beeinträchtigung.[29] Entscheidungen, die lediglich positive (Rechts-)Folgen für die betroffene Person haben (zB bewilligender Bescheid, Verfahrenseinstellung) oder keine rechtliche oder belästigende Wirkung (zB Informierung Dritter über Maßnahme wie Verfahrenseinstellung) fallen nicht unter Abs. 1. Ihre Zulässigkeit hängt dann davon ab, ob sie von einem bestehenden datenschutzrechtlichen Erlaubnistatbestand erfasst werden.[30]

14   Die beeinträchtigenden automatisierten Entscheidungen können dennoch zulässig sein, wenn eine **Rechtsvorschrift** sie ausdrücklich gestattet. Um dem Gesetzesvorbehalt zu genügen, muss es sich um eine eigene Erlaubnisnorm für automatisierte Entscheidungen handeln.[31] Angesichts der Grundrechtsrelevanz und des Vorbehalts des Gesetzes sowie der Wesentlichkeitstheorie bedarf es hierfür eines Parlamentsgesetzes.[32] Anders als bei der Formulierung des Art. 11 Abs. 1 JI-RL werden in Abs. 1 geeignete **Garantien** für die Rechte und Freiheiten der betroffenen Person, zumindest aber das Recht auf persönliches Eingreifen seitens des Verantwortlichen, nicht erwähnt. Gleichwohl müssen diese in der Rechtsvorschrift erfüllt sein, bedürfen aber keiner expliziten Erwähnung in Abs. 1.[33] Dies ergibt sich idR schon daraus, dass die Rechtsgrundlage, um dem Verfassungs- und Verwaltungsrecht in seiner Ausgestaltung und Anwendung zu genügen, ausreichenden Schutz für die betroffenen Rechtsgüter, insbesondere das Persönlichkeitsrecht, gewährleisten muss,[34] spätestens aber im Rahmen richtlinienkonformer Auslegung.[35]

---

27   Art. 29-Datenschutzgruppe WP 258, 12; *Scholz* in Simitis/Hornung/Spiecker gen. Döhmann DS-GVO Art. 22 Rn. 35.
28   *Skobel* in HK-LDSG RhPf § 36 Rn. 5; Art. 29-Datenschutzgruppe WP 258, 12, die die Anwendung von erhöhten Sicherheitsmaßnahmen oder Überwachung durch die Behörden als einen „typischen nachteiligen Effekt" anführt, jedoch keine eindeutige Zuordnung zu Alt. 1 oder 2 vornimmt.
29   *Skobel* in HK-LDSG RhPf § 36 Rn. 5.
30   *Paschke* in Gola/Heckmann BDSG § 54 Rn. 8.
31   *Paschke* in Gola/Heckmann BDSG § 54 Rn. 9.
32   *Frenzel* in Paal/Pauly BDSG § 54 Rn. 5; *Mundil* in BeckOK DatenschutzR BDSG § 54 Rn. 2.
33   *Johannes/Weinhold* Neues DatenschutzR § 1 Rn. 166.
34   *Frenzel* in Paal/Pauly BDSG § 54 Rn. 6.
35   Von einer insoweit fehlerhaften Umsetzung des Art. 11 JI-RL ausgehend *Schwichtenberg* in Kühling/Buchner BDSG § 54 Rn. 6; *Paschke* in Gola/Heckmann BDSG § 54 Rn. 9; vgl. auch ErwG 38 JI-RL.

II. Verwendung besonderer Kategorien personenbezogener Daten (Abs. 2)

Abs. 2 verlangt, dass im Falle von automatisierten Entscheidungen nach Abs. 1, die auf der Auswertung von besonderen Kategorien personenbezogener Daten gemäß § 41 Nr. 15 (→ § 41 Rn. 53 ff.) beruhen, geeignete Maßnahmen zum Schutz der Rechte und Freiheiten sowie der berechtigten Interessen der betroffenen Personen vorgesehen sind. Geeignete Mittel zur Erreichung dieses Ziels gibt die Vorschrift selbst nicht an. Jedoch benennen § 20 Abs. 2 (→ § 20 Rn. 26 ff.) für den Anwendungsbereich der DS-GVO und § 43 Abs. 2 (→ § 43 Rn. 28 ff.) im Rahmen der Umsetzung der JI-RL für die Verarbeitung besonderer Kategorien personenbezogener Daten mögliche **geeignete Schutzmaßnahmen**.[36] Danach sind potenzielle Maßnahmen etwa spezifische Anforderungen an die Datensicherheit oder die Datenschutzkontrolle, Sensibilisierung der an Verarbeitungsvorgängen Beteiligten, Beschränkung des Zugangs zu den personenbezogenen Daten innerhalb der verantwortlichen Stelle und von Auftragsverarbeitern, Pseudonymisierung und Verschlüsselung der Daten sowie spezifische Verfahrensregeln. 15

Jedoch gelten diese Vorgaben und mögliche Maßnahmen für die Verarbeitung besonderer Kategorien personenbezogener Daten unabhängig davon, ob es sich um einen automatisierten Entscheidungsvorgang handelt. Erst recht müssen sie gelten – und zwar besonders **strikt** – wenn aus der Verarbeitung und Auswertung der besonders sensitiven Daten sogar eine automatisierte Entscheidung ohne menschliches Korrektiv resultiert. Die Rechtsgüter betroffener Personen sind in diesen Fällen einem **besonders hohen Risiko für schwerwiegende Grundrechtseingriffe** ausgesetzt, wozu insbesondere die Gefahr der Diskriminierung zählt. Daher sind bei den Automatisierungsvorgängen nach Abs. 2 besondere Schutzmaßnahmen zu treffen, die über jene ohne Verwendung besonders sensitiver Daten hinausgehen.[37] Hierfür spricht zudem, dass auch Entscheidungen innerhalb des Abs. 1 ohne dortige ausdrückliche Erwähnung einer Rechtsgrundlage bedürfen (→ Rn. 14) und die explizite Nennung der Erforderlichkeit geeigneter Schutzmaßnahmen in Abs. 2 somit zum Ausdruck bringt, dass hier ein **besonderes Schutzniveau** sicherzustellen ist. So sind etwa im Hinblick auf mögliche Diskriminierungen regelmäßige Kontrollen der Auswahlfaktoren und -ergebnisse erforderlich, wofür Kontrollalgorithmen und etwa eine staatliche Algorithmusprüfstelle eingesetzt werden könnten.[38] Um den Vorgaben von § 43 Abs. 1 (→ § 43 Rn. 14 ff.) zu genügen, darf die Verarbeitung der personenbezogenen Daten aus besonderen Kategorien zur automatisierten Entscheidungsfindung nur erfolgen, wenn sie zur Aufgabenerfüllung **unbedingt erforderlich** ist. 16

Die zu schützenden **berechtigten Interessen** iSv Abs. 2 sind solche, die nach deutschem oder unionalem Recht geschützt sind oder zumindest der 17

---

36 Es folgt kein inhaltlicher Unterschied daraus, dass in Abs. 2 der Begriff der Maßnahmen und in § 43 Abs. 2 der Begriff der Garantien verwendet wird.
37 So auch *Skobel* in HK-LDSG RhPf § 36 Rn. 12 f.
38 *Martini/Nink* NVwZ 2017, 682 (682); *Skobel* in HK-LDSG RhPf § 36 Rn. 12.

Rechtsordnung nicht widersprechen.[39] Angesichts des hohen Risikos für die Rechtsgüter der betroffenen Person ist eine **Datenschutz-Folgenab-schätzung** nach § 62 (→ § 62 Rn. 1 ff.) vorzunehmen.

III. Verbot von diskriminierendem Profiling

18   Abs. 3 verbietet Profiling, das zur Folge hat, dass betroffene Personen auf der Grundlage von besonderen Kategorien personenbezogener Daten diskriminiert werden. **Profiling** ist gemäß der Legaldefinition in § 41 Nr. 4 (→ § 41 Rn. 36) jede Art der automatisierten Verarbeitung personenbezogener Daten, bei der die Daten verwendet werden, um bestimmte persönliche Aspekte von Personen (zB Arbeitsleistung, Zuverlässigkeit, Gesundheit, Aufenthaltsort, Ortswechsel) zu bewerten und vorherzusagen. Eine Datenverarbeitung zu Profilingzwecken kann der Entscheidung iSd Abs. 1 vorgelagert sein.[40]

19   **Diskriminierung** ist jede mittelbare oder unmittelbare Ungleichbehandlung aufgrund der Merkmale wie rassische oder ethnische Herkunft, genetische oder biometrische Merkmale, politische Meinung, religiöse oder weltanschauliche Überzeugung, Gewerkschaftszugehörigkeit, Krankheiten und Behinderungen sowie Sexualleben und sexuelle Orientierung.[41] Daher ist etwa Racial Profiling, also die Beurteilung aufgrund äußerer Merkmale wie der Hautfarbe oder Religionszugehörigkeit, im Zuge automatisierter Datenverarbeitungsvorgänge verboten.[42] Obgleich Algorithmen in gewisser Hinsicht den Schwankungen der menschlichen Entscheidungsfindung überlegen sind, sind sie nicht diskriminierungsfrei. Mögliche Diskriminierungen können bereits in der Programmierung des nicht per se objektiven und neutralen Algorithmus angelegt sein, sich aus der Art der verarbeiteten Daten sowie aus den Kriterien ihrer Auswertung ergeben.[43] Wird KI eingesetzt, kann die Diskriminierung auch im Laufe des selbstständigen Lernprozesses der KI entstehen.[44] Die selbstreferenziellen Entscheidungssysteme können bereits bestehende strukturelle Ungleichheiten verstärken und verfestigen.[45] Weiteren Aufschluss, wie diskriminierendes und diskriminierungsfreies Profiling aussehen kann, wird die Praxis der Aufsichtsbehörden sowie eine sich in der Rechtsprechung herausbildende Kasuistik geben.[46]

20   Das **Diskriminierungsverbot** in Abs. 3 bezieht sich nicht nur auf Profiling mit automatisierter Einzelentscheidung, sondern gilt unabhängig von einer

---

39   Im Hinblick auf die DS-GVO *Robrahn/Bremert* ZD 2018, 291 (291 f.); *Heberlein* in Ehmann/Selmayr DS-GVO Art. 6 Rn. 25; zum Landesrecht etwa *Skobel* in HK-LDSG RhPf § 36 Rn. 14.
40   *Helfrich* in HK-BDSG § 54 Rn. 13; *Paschke* in Gola/Heckmann BDSG § 54 Rn. 11.
41   Die Merkmale entsprechen der Definition besonderer Kategorien personenbezogener Daten nach § 41 Nr. 15 (→ § 41 Rn. 53 ff.).
42   So zB auch *Johannes/Weinhold* Neues DatenschutzR § 1 Rn. 173.
43   *Martini* JZ 2017, 1017 (1018); *Singelnstein* NStZ 2018, 1 (4); *Skobel* in HK-LDSG RhPf § 36 Rn. 17.
44   S. etwa *Steege* MMR 2019, 715 (716).
45   *Martini* JZ 2017, 1017 (1018).
46   *Helfrich* in HK-BDSG § 54 Rn. 15 mit Verweis auf im Kontext von Racial Profiling ergangene Entscheidungen OVG Münster NVwZ 2018, 1497 (Anm. *Kerkemeyer*); VGH Kassel BeckRS 2008, 35511.

konkreten Entscheidung.[47] Abs. 3 ist zwar systematisch innerhalb der Vorschrift angesiedelt, nimmt aber anders als Abs. 2 keinen Bezug auf Abs. 1. Des Weiteren spricht für dieses Verständnis, dass auch eine automatisierte Vorfilterung diskriminierend wirken kann, da sie bei einer Entscheidung durch Amtsträgerinnen und Amtsträger aufgegriffen werden und zB dazu führen kann, dass verstärkt Kontrollen von Mitgliedern geschützter Personengruppen durchgeführt werden.[48]

Verboten ist Profiling nach Abs. 3 **nicht generell**, sondern nur, wenn es zur 21 Diskriminierung anhand der besonderen Kategorien von Daten führt. Daher dürfen Daten für Profiling nur verwendet werden, wenn hierfür ein legitimer Sachgrund besteht. Liegt ein berechtigtes Interesse für die Auswertung der persönlichen Merkmale vor, ist eine ungerechtfertigte Ungleichbehandlung und damit eine Diskriminierung zu verneinen.[49] Nicht von Abs. 3 erfasstes Profiling ist grundsätzlich nicht verboten. Es ist gemäß § 65 Abs. 1 Nr. 5 in das Verzeichnis über die Verarbeitungstätigkeiten aufzunehmen. So kann Profiling im Rahmen regulärer Polizeitätigkeit und unter Beachtung der rechtlichen Grenzen zu Ermittlungsmaßnahmen, Überwachung und Identifizierung von Personen eingesetzt werden.[50] Gesetzliche Erlaubnistatbestände für diskriminierendes Profiling sind von Abs. 3 nicht vorgesehen und wären auch mit Art. 11 Abs. 3 JI-RL nicht vereinbar.[51]

C. Würdigung

Der Gesetzgeber hat mit der Vorschrift die Vorgaben der JI-RL **verfas-** 22 **sungskonform** und nahezu wortlautgetreu umgesetzt, ohne über das vorgegebene Mindestmaß hinauszugehen. Damit werden lediglich **äußerste Verbotsgrenzen** gezogen, um zu verhindern, dass Menschen nicht zum bloßen Objekt der automatisierten Entscheidung gemacht werden.[52] Inwieweit diese in der Praxis zur Geltung kommen, obliegt dem Gesetzgeber, der den Einsatz der vollautomatisierten, für die Betroffenen nachteiligen Entscheidungen durch entsprechende Rechtsgrundlagen gestatten kann. Hierbei wird er schwierige Grundrechtsabwägungen zu treffen und insbesondere das Bestimmtheitsgebot zu beachten haben. Des einfachen Gesetzesvorbehalts in Abs. 1 hätte es eigentlich nicht bedurft, da nach verfassungsrechtlichen Grundsätzen ohnehin eine Rechtsgrundlage erforderlich ist.[53] Gleichwohl wird durch ihn sichergestellt, dass bereits bestehende Normen nicht einer erweiterten Auslegung zugänglich sind.[54] Angesichts technischer Weiterentwicklungen, die im Einzelnen nicht vorherzusehen sind, ist es zu be-

---

47 *Herbst* in Auernhammer BDSG § 54 Rn. 15; *Martini* in Paal/Pauly DS-GVO Art. 22 Rn. 7.
48 *Skobel* in HK-LDSG RhPf § 36 Rn. 17.
49 *Mundil* in BeckOK DatenschutzR BDSG § 54 Rn. 6; *Paschke* in Gola/Heckmann BDSG § 54 Rn. 12.
50 *Paschke* in Gola/Heckmann BDSG § 54 Rn. 11.
51 Vgl. ErwG 38 Satz 3 JI-RL; Art. 29-Datenschutz-Gruppe WP 258, 15; *Skobel* in HK-LDSG RhPf § 36 Rn. 17.
52 *Martini* in Paal/Pauly DS-GVO Art. 22 Rn. 8.
53 So zB auch *Mundil* in BeckOK DatenschutzR BDSG § 54 vor Rn. 1.
54 *Paschke* in Gola/Heckmann BDSG § 54 Rn. 2.

grüßen, dass die Vorschrift in Abs. 1 nicht auf bestimmte technische Maßnahmen und Systeme zugeschnitten, sondern offen für technische Innovation ist. Vielmehr ist maßgeblich, dass die für den Betroffenen nachteilige Entscheidung ohne menschliches Eingreifen ergeht, wodurch für die behördliche Praxis im Grundsatz eine eigene Entscheidung durch Amtsträgerinnen und Amtsträger gefordert wird.

23　Für die weitreichenden Möglichkeiten, automatisierte Datenanalysen zur Vorbereitung und Unterstützung von Entscheidungen einzusetzen, hält Abs. 1 keinerlei Einschränkungen vor. Auch wird das Risiko intransparenter, algorithmenunterstützter Entscheidungen nicht adressiert. Indes verdeutlicht das explizite Verbot von diskriminierendem Profiling in Abs. 3, das nicht nur für automatisierte Entscheidungen nach Abs. 1 gilt, dass die Stigmatisierung von Personen tunlichst zu unterbleiben hat.

Dritter Abschnitt: Rechte der betroffenen Person

§ 50 Allgemeine Informationen zu Datenverarbeitungen

Der Verantwortliche hat in allgemeiner, verständlicher und leicht zugänglicher Form Informationen in einer klaren und einfachen Sprache zur Verfügung zu stellen über
1. die Zwecke der von ihm vorgenommenen Verarbeitungen,
2. die im Hinblick auf die Verarbeitung ihrer personenbezogenen Daten bestehenden Rechte der betroffenen Personen auf Auskunft, Berichtigung, Löschung und Einschränkung der Verarbeitung,
3. den Namen und die Kontaktdaten des Verantwortlichen und die Kontaktdaten der oder des Datenschutzbeauftragten,
4. das Recht, die Hessische Datenschutzbeauftragte oder den Hessischen Datenschutzbeauftragten anzurufen, und
5. die Erreichbarkeit der oder des Hessischen Datenschutzbeauftragten.

Literatur:
Bäcker, Die Datenschutzrichtlinie für Polizei und Strafjustiz und das deutsche Eingriffsrecht, in: Hill/Kugelmann/Martini (Hrsg.), Perspektiven der digitalen Lebenswelt, 2017, 63; *Johannes*, Die Gegenüberstellung – Allgemeine Grundsätze der Datenverarbeitung nach neuem BDSG, DS-GVO und JI-Richtlinie, ZD-Aktuell 2017, 05757; *Kamps/Schneider*, Transparenz als Herausforderung: Die Informations- und Meldepflichten der DS-GVO aus Unternehmenssicht, K&R-Beilage 1/2017, 24; *Lorenz*, Datenschutzrechtliche Informationspflichten, VuR 2019, 213; *Schwichtenberg*, Die „kleine Schwester" der DS-GVO: Die Richtlinie zur Datenverarbeitung bei Polizei und Justiz, DuD 2016, 605; *Walter*, Die datenschutzrechtlichen Transparenzpflichten nach der Europäischen Datenschutz-Grundverordnung, DSRITB 2016, 367.

A. Allgemeines

I. Bedeutung der Vorschrift

Die Vorschrift setzt Art. 13 Abs. 1 JI-RL um und statuiert **allgemeine Informationspflichten** des Verantwortlichen, die unabhängig von dem Bestehen und der Geltendmachung etwaiger Betroffenenrechte zu beachten sind und **Transparenz** herstellen sollen. Ausweislich der Gesetzesbegründung sollen sich Betroffene unabhängig von der Datenverarbeitung in leicht zugänglicher Form einen Überblick über die Zwecke der beim Verantwortlichen durchgeführten Verarbeitungen verschaffen können und eine Übersicht über die ihnen zur Verfügung stehenden Betroffenenrechte bekommen.[1] Die Vorschrift ist die erste im Abschnitt „Rechte der betroffenen Person". Da jedoch keine konkrete Betroffeneneigenschaft für die Anwendung der Vorschrift erforderlich ist, handelt es sich um ein uneigentliches Betroffenenrecht[2] und um eine Pflicht des Verantwortlichen, anlasslos der gesamten Öffentlichkeit Informationen zur Verfügung zu stellen.[3]

Die von der Vorschrift geforderten allgemeinen Informationen betreffen die Zwecke, zu denen Daten verarbeitet werden, Betroffenenrechte, den Verantwortlichen und behördlichen DSB sowie das Recht, sich an den oder die HDSB zu wenden. Hierbei handelt es sich um **allgemeine Bürgerinformationen**, die zur Sensibilisierung beitragen können.[4]

II. Entstehungsgeschichte

Im **HDSG** existierte keine vergleichbare allgemeine Informationspflicht. Nach § 18 Abs. 1 HDSG bestand lediglich eine aktive Unterrichtungspflicht betroffener Personen, die erst bei Erhebung personenbezogener Daten galt.[5] Da die Regelung in Abs. 2 zahlreiche Ausnahmen von der Benachrichtigungspflicht vorsah, bestand die Pflicht in der Praxis nicht häufig.[6]

Die **umfassende Neuregelung** soll gewährleisten, dass den Bürgerinnen und Bürgern die wichtigsten allgemeinen Informationen zugänglich gemacht werden. Zudem ermöglicht sie dem Land weiterhin zB bei polizeilichen Sofortmaßnahmen, bei strafgerichtlichem Handeln oder flächendeckender Ermittlungstätigkeit von einer umfassenden datenschutzrechtlichen Belehrung des Einzelnen abzusehen und somit zeitsparend und ermittlungsorientiert zu agieren.[7] Die Regelung wurde im Gesetzgebungsverfahren geringfügig verändert, indem die Formulierung „in allgemeiner Form und für je-

---

1   LT-Drs. 19/5728, 117; für das Bundesrecht BT-Drs. 18/11325, 112.
2   *Franck* in HK-DSG NRW § 47 Rn. 3; *Franck* RDV 2015, 137 (141).
3   *Müller* in HK-BDSG § 55 Rn. 4.
4   *Paschke* in Gola/Heckmann BDSG § 55 Rn. 3.
5   Auch im BDSG aF gab es nur spezifische Informationspflichten gegenüber betroffenen Personen bei Datenerhebungen, s. §§ 4 Abs. 3, 19 a BDSG aF, *Paal* in Paal/Pauly BDSG § 55 Rn. 4.
6   *Dembowski* in Schild ua HDSG § 18 Rn. 4; vgl. → § 51 Rn. 26 ff.
7   So auch *Paschke* in Gola/Heckmann BDSG § 55 Rn. 5.

dermann zugänglich"[8] dahin erweitert und konkretisiert wurde, dass die Informationen „in allgemeiner, verständlicher und leicht zugänglicher Form" sowie „in einer klaren und einfachen Sprache" zur Verfügung zu stellen sind (→ Rn. 15).[9]

III. Unionsrechtliche Regelungen

5   Aus dem **Recht auf ein faires Verfahren** gemäß Art. 47 GRCh und Art. 6 EMRK ergeben sich Transparenzpflichten,[10] denen Art. 13 JI-RL und die Vorschrift gerade noch gerecht werden.

6   **Art. 13 JI-RL** unterscheidet zwischen *zumindest* zur Verfügung zu stellenden allgemeinen Informationen (Abs. 1) und „in besonderen Fällen" den Betroffenen zu erteilenden Informationen (Abs. 2) (→ § 51 Rn. 7 ff.). ErwG 42 greift diese Differenzierung auf und wiederholt die Mindestvorgaben. Der Gesetzgeber hat sich auf die Übernahme der **Mindestvorgaben** aus Art. 13 Abs. 1 JI-RL in einer anderen Reihenfolge beschränkt.[11] Die Überschrift „Allgemeine Informationen zu Datenverarbeitungen" der Vorschrift ist sprachlich genauer als die des Art. 13 JI-RL („Der betroffenen Person zur Verfügung zu stellende oder zu erteilende Informationen"), da die Informationen nach Abs. 1 der Allgemeinheit zur Verfügung zu stellen sind.[12]

7   Art. 13 JI-RL ist an die Informationspflichten in **Art. 13 und 14 DS-GVO** angelehnt.[13] Der **Informationsgehalt** der Informationspflichten nach Art. 13 Abs. 1 JI-RL bleibt jedoch aufgrund ihrer Allgemeingültigkeit deutlich hinter den Informationspflichten der DS-GVO zurück. So verpflichtet Art. 13 Abs. 1 JI-RL und ihm folgend die Vorschrift zB weder zur Information über die Empfänger der personenbezogenen Daten (Art. 13 Abs. 1 lit. e DS-GVO) noch über die Kategorien der personenbezogenen Daten (Art. 14 Abs. 1 lit. d DS-GVO) oder über die Herkunft der Daten (Art. 14 Abs. 2 lit. f DS-GVO).[14] Zudem differenzieren die Informationspflichten der JI-RL, anders als Art. 13 f. DS-GVO, nicht zwischen einer Direkt- oder Dritterhebung.

IV. Verhältnis zu anderen Vorschriften

8   Bei den Informationspflichten im dritten Teil handelt es sich um **abschließende Sonderregelungen** für öffentliche Stellen, die Daten zu Zwecken nach § 40 verarbeiten. Für sie gelten die Informationspflichten der §§ 31 ff. nicht.

9   Die Vorschrift stellt die **erste Stufe einer „zweistufigen Form" der antragsunabhängigen Informationspflicht** des Verantwortlichen dar, auf der allge-

---

8   LT-Drs. 19/5728, 30 f.
9   LT-Drs. 19/6300, 2, 10; LT-Drs. 19/6328, 29.
10   S. ErwG 26 Satz 4 JI-RL; *Wysk* VerwArch 109 (2018), 141 (158).
11   Kritisch dazu im Hinblick auf das BDSG *Schild* in BeckOK DatenschutzR BDSG § 55 Rn. 6.
12   *Müller* in HK-BDSG § 55 Rn. 4.
13   *Schwichtenberg* in Kühling/Buchner BDSG § 55 Rn. 2.
14   Kritisch dazu *Schwichtenberg* in Kühling/Buchner BDSG § 55 Rn. 2; *Buchmann* in HK-LDSG RhPf § 43 Rn. 8 f.

meine Informationen der Öffentlichkeit zur Verfügung zu stellen sind.[15] Auf zweiter Stufe sind gemäß § 51 darüber hinausgehende, spezifische Benachrichtigungen für betroffene Personen zu erteilen, wenn dies in fachgesetzlichen Rechtsvorschriften vorgesehen ist (→ § 51 Rn. 14 ff.).[16] In § 29 Abs. 1 HSOG als bereichsspezifischem Gesetz im Anwendungsbereich der JI-RL wird zB hinsichtlich der Information, Benachrichtigung und Auskunft von Betroffenen auf die Vorgaben der §§ 50 bis 52 HDSIG verwiesen.

Im Bundesrecht sind die entsprechenden Vorgaben der JI-RL in § 55 BDSG   10 geregelt. Sie wurden von der Vorschrift nahezu wortgleich übernommen. In den Datenschutzgesetzen anderer Bundesländer finden sich entsprechende allgemeine Informationspflichten in § 41 BlnDSG, § 50 NDSG, § 47 DSG NRW, § 43 LDSG RhPf, § 31 LDSG SchlH, § 40 ThürDSG, § 11 Sächs DSUG, Art. 31 Abs. 3 PAG.

B. Allgemeine Informationen zu Datenverarbeitungen

I. Adressat

Adressat der Informationspflicht ist der **Verantwortliche** gemäß § 40 Abs. 1   11 Satz 3 iVm § 41 Nr. 8 und nicht der Auftragsverarbeiter gemäß § 41 Nr. 9. Gemeinsam Verantwortliche iSv § 58 Abs. 2 sind jeweils für sich verpflichtet, es sei denn, sie legen in einer Vereinbarung gemäß § 58 Abs. 3 Satz 2 fest, wie die Informationspflichten konkret verteilt sind (→ § 58 Rn. 9 ff.).

II. Form

Die Informationen sind in allgemeiner, verständlicher und leicht zugängli-   12 cher Form in einer klaren und einfachen Sprache zur Verfügung zu stellen. Im Hinblick auf die **Zugänglichkeit** nennt die Gesetzesbegründung unter Bezugnahme auf ErwG 42 JI-RL ausdrücklich die Möglichkeit, die Information über die **Internetseite** des Verantwortlichen zur Verfügung zu stellen. Sie sind leicht erkennbar und unmittelbar erreichbar zu platzieren, wobei hier die formalen Vorgaben der Impressumspflicht gemäß § 5 TMG als Anhaltspunkte dienen können. Demnach sollte etwa die als „Hinweise zum Datenschutz" bezeichnete Verlinkung mit nicht mehr als zwei Klicks zu den Informationen führen.[17] Außerdem müssen die Informationen barrierefrei zugänglich sein, also auch für Menschen mit Sehbehinderung.[18]

Je nach Kommunikationsmedium muss zusätzlich zu der Information auf   13 der Webseite der Behörde außerdem eine **separate Information** erfolgen.[19] Bei schriftlicher Korrespondenz per E-Mail ist etwa eine Verlinkung auf die Informationen auf der Webseite des Verantwortlichen oder eine Auflistung der Informationen im unteren Bereich der E-Mail oder als Anhang mög-

---

15 *Schantz* in Schantz/Wolff Neues DatenschutzR Rn. 1179.
16 *Paal* in Paal/Pauly BDSG § 55 Rn. 3.
17 *Paschke* in Gola/Heckmann BDSG § 55 Rn. 6; zu § 5 TMG s. etwa *Brönneke* in Beck TMD TMG § 5 Rn. 78 ff.; *Micklitz/Schirmbacher* in Spindler/Schuster TMG § 5 Rn. 39 mwN.
18 *Paschke* in Gola/Heckmann BDSG § 55 Rn. 7; BITV HE 2019.
19 *Buchmann* in HK-LDSG RhPf § 43 Rn. 11; *Schild* in BeckOK DatenschutzR BDSG § 55 Rn. 12.

lich. Bei Gebäuden kommen außerdem öffentliche Aushänge in Betracht. Die Regelung schreibt jedoch keine direkte Information etwa im Rahmen einer direkten Ansprache vor, weil andernfalls Maßnahmen, bei denen die im Grundsatz gemäß § 51 Abs. 1 erforderliche Benachrichtigung nach den in § 51 Abs. 2 vorgesehenen Ausnahmen aufgeschoben, eingeschränkt oder unterlassen werden kann, zB um die Ermittlungsarbeit nicht zu gefährden (→ § 51 Rn. 26), nicht realisiert werden könnten.[20]

14   Die **allgemeine Form** erfordert, dass die Informationen sich **inhaltlich** nicht auf einen konkreten Datenverarbeitungsvorgang beziehen, sondern iS einer allgemeinen Aufklärung **abstrakt** gehalten sind.[21] Einzelfallbezogene Informationen sind folglich nicht möglich.[22] Zugleich sollte die Darstellung aber nicht so abstrakt sein, dass für die potenziell Betroffenen nicht verständlich wird, zu welchen Zwecken die Verarbeitungen bei der datenverarbeitenden Stelle erfolgen und welche personenbezogenen Daten hiervon typischerweise betroffen sind (→ Rn. 17).[23]

15   Außerdem sind die Informationen in **verständlicher Form** sowie in einer **klaren und einfachen Sprache** zu verfassen. Der Landesgesetzgeber bezweckt damit die Umsetzung der Vorgaben von Art. 12 Abs. 1 Satz 1 JI-RL.[24] In § 55 BDSG und anderen Landesgesetzen ist der Passus nicht enthalten, wohl weil nach Sinn und Zweck die leichte Zugänglichkeit schon verständliche, klare und einfache Formulierungen erfordert[25] und zudem Art. 12 Abs. 1 Satz JI-RL an anderer Stelle umgesetzt wird.[26] § 54 Abs. 1 Satz 1 stellt ebenfalls diese Anforderungen an die Kommunikation des Verantwortlichen mit betroffenen Personen (→ § 54 Rn. 7 ff.). Die Aufnahme der Formulierung in der Vorschrift macht insoweit deutlich, dass auch die Kommunikation der allgemeinen Informationen diesen Kriterien genügen muss.

16   Weitere Formvorgaben finden sich in § 54 (→ § 54 Rn. 1 ff.). Die Erteilung von Informationen nach der Vorschrift erfolgt gemäß § 54 Abs. 3 Satz 1 verwaltungskostenfrei.

III. Transparenzanforderungen

1. Verarbeitungszwecke (Nr. 1)

17   Nach Nr. 1 sind die Zwecke der durch den Verantwortlichen vorgenommenen Datenverarbeitungen anzugeben. Auch wenn nur allgemeine Informationen gefordert werden, so müssen sie dennoch zumindest so **bestimmt** sein, dass die konkreten Zwecke der Datenverarbeitungen im Rahmen der

---

20   *Johannes/Weinhold* Neues DatenschutzR § 1 Rn. 179.
21   *Paschke* in Gola/Heckmann BDSG § 55 Rn. 8.
22   *Bäcker* in Hill/Kugelmann/Martini, S. 80.
23   *Müller* in HK-BDSG § 55 Rn. 11; *Schwichtenberg* in Kühling/Buchner BDSG § 55 Rn. 4; *Schild* in BeckOK DatenschutzR BDSG § 55 Rn. 13, der von einer Verletzung der Vorgaben von Art. 13 Abs. 1 JI-RL in der Praxis ausgeht.
24   LT-Drs. 19/6300, 2, 10; LT-Drs. 19/6328, 29.
25   *Johannes/Weinhold* Neues DatenschutzR § 1 Rn. 180.
26   Im BDSG in § 59 Abs. 1 Satz 1 BDSG, der auf §§ 55 ff. BDSG und damit auch auf die allgemeinen Informationspflichten anzuwenden ist, s. etwa *Worms* in BeckOK DatenschutzR BDSG § 59 vor Rn. 1.

Aufgabenwahrnehmung der Behörde ersichtlich werden.[27] Dazu sind die Datenverarbeitungsvorgänge abstrakt, ggf. unter Bezugnahme auf die konkreten Aufgaben und Tätigkeiten, in deren Rahmen die Verarbeitungen erfolgen (zB Videoüberwachung bei Großveranstaltungen), zu beschreiben und die jeweiligen Zwecke, die der Verantwortliche im Zeitpunkt der Erhebung tatsächlich verfolgt, zu benennen.[28] Die betroffene Person soll dadurch erfahren, von welcher Form der Verarbeitung ihrer personenbezogenen Daten auszugehen ist, und kontrollieren können, ob die Zweckbindung (§ 42 Nr. 2 → § 42 Rn. 22 ff.) gewahrt wird.[29] Nicht zulässig ist es, vorsorglich sämtliche, möglicherweise künftig eintretende Zwecke „auf Vorrat" anzugeben.[30]

Nur die Zwecke anzugeben, wie sie in § 40 Abs. 1 und 2 zur Bestimmung des Anwendungsbereichs genannt sind, ist zu unbestimmt. Sie sind präziser anzugeben, wie etwa Datenverarbeitungen zur Videoüberwachung von Plätzen, zur Beantwortung von Fragen und Prüfung von Beschwerden oder zur Einspeisung von Daten in behördenübergreifende Datenbanken.[31]   **18**

2. Betroffenenrechte (Nr. 2)

Nach Nr. 2 sind die im Hinblick auf die Verarbeitung ihrer personenbezogenen Daten bestehenden Rechte der betroffenen Personen auf Auskunft (§ 52) sowie Berichtigung, Löschung und Einschränkung der Verarbeitung (§ 53) darzustellen. Hierfür sind die Rechte mit der jeweiligen Rechtsgrundlage zu benennen und darüber hinaus kursorisch die konkreten Anforderungen für ihre Geltendmachung in verständlicher Weise (Halbsatz 1 und § 54 Abs. 1 Satz 1) mitzuteilen.[32] Dies kann problemlos in allgemeiner Form erfolgen, auch weil für diese Rechte keine etwaigen Ausschlussfristen gelten.[33] Dabei ist die Darstellung nicht auf jene Rechte zu beschränken, die aus Sicht des Verantwortlichen tatsächlich bestehen könnten. Es ist unschädlich, wenn zB auf einen Löschanspruch hingewiesen wird und die Voraussetzungen für diesen nicht vorliegen.[34]   **19**

3. Kontaktdaten des Verantwortlichen (Nr. 3)

Nach Nr. 3 sind Informationen zur Identität des Verantwortlichen, dh Name oder Bezeichnung und seine Kontaktdaten sowie die Kontaktdaten der oder des behördlichen DSB (§§ 5 bis 7) zur Verfügung zu stellen. Dabei ist der Name des Verantwortlichen nicht der des Verwaltungsträgers, sondern der **Name der Behörde**. Welche **Kontaktdaten zwingend** zu nennen sind, gibt Nr. 3, anders als zB § 5 Abs. 1 Nr. 2 TMG („schnelle elektronische   **20**

---

27 *Schild* in BeckOK DatenschutzR BDSG § 55 Rn. 13.
28 *Paal* in Paal/Pauly BDSG § 55 Rn. 4; *Paschke* in Gola/Heckmann BDSG § 55 Rn. 9; vgl. *Bäcker* in Hill/Kugelmann/Martini S. 80 zu Art. 13 Abs. 1 lit. c JI-RL.
29 *Buchmann* in HK-LDSG RhPf § 43 Rn. 16; *Dix* in Simitis/Hornung/Spiecker gen. Döhmann DS-GVO Art. 13 Rn. 8.
30 *Franck* in Gola DS-GVO Art. 13 Rn. 12; *Franck* in HK-DSG NRW § 47 Rn. 11.
31 *Franck* in HK-DSG NRW § 47 Rn. 10.
32 *Paschke* in Gola/Heckmann BDSG § 55 Rn. 10; aA wohl *Müller* in HK-BDSG § 55 Rn. 12; *Schwichtenberg* in Kühling/Buchner BDSG § 55 Rn. 5.
33 *Paschke* in Gola/Heckmann BDSG § 55 Rn. 10.
34 *Franck* in HK-DSG NRW § 47 Rn. 14.

Kontaktaufnahme und unmittelbare Kommunikation") nicht vor. Von Sinn und Zweck der Vorschrift ausgehend, den Bürger allgemein zu informieren und die Kontaktaufnahme zu ermöglichen oder zu erleichtern, dürfte jedoch allein die Angabe der Postanschrift nicht genügen. Erforderlich ist daher zumindest die Angabe von Postadresse, Telefonnummer und E-Mail-Adresse.[35] Darüber hinaus gehören zu den Kontaktdaten ua Faxnummer, Social-Media-Präsenz, Online-Kontaktformular, Öffnungszeiten und öffentliche Schlüssel für kryptografisch gesicherte Kommunikation.[36]

21 Der **Name** der oder des behördlichen **DSB** muss ausweislich des Gesetzestextes nicht mitgeteilt werden, er kann jedoch mit ihrer oder seiner Zustimmung genannt werden.[37] Betroffene Personen können sich gemäß § 6 Abs. 4 Satz 2 mit allen Fragen im Zusammenhang mit der Verarbeitung ihrer personenbezogenen Daten an ihn oder sie wenden. Es bietet sich an, die **Funktionsadresse** der oder des Beauftragten anzugeben, um zu vermeiden, dass ein Wechsel des Funktionsträgers die Kontaktaufnahme erschwert. Generell müssen die nach Nr. 3 anzugebenden Kontaktdaten stets aktuell sein.[38]

4. Anrufungsrecht und Erreichbarkeit (Nr. 4 und 5)

22 Nach Nr. 4 hat der Verantwortliche über das Recht, die oder den HDSB als Aufsichtsbehörde anzurufen und eine Beschwerde einzulegen (§ 55), zu informieren. Um die Kontaktaufnahme mit der oder dem HDSB zu erleichtern und von dem Recht Gebrauch machen zu können, ist darüber hinaus nach Nr. 5 ihre oder seine Erreichbarkeit anzugeben. Zumindest müssen Postadresse, Telefonnummer und E-Mail-Adresse genannt werden.[39] Weitere Angaben wie Büroöffnungszeiten und Telefondurchwahlen sind fakultativ.[40]

C. Würdigung

23 Die Vorschrift dürfte in **überschaubarem Maß** die **Transparenz** des Landes im Umgang mit personenbezogenen Daten der Bürgerinnen und Bürger verbessern und zur **Bürgersensibilisierung** beitragen. Sinnvoll erscheint die Regelung nicht zuletzt angesichts flächendeckender polizeilicher Ermittlungsmaßnahmen, die auch Dritte betreffen können, denen gegenüber regelmäßig keine spezifische Benachrichtigung ergehen wird, weil keine Rechtsvorschrift dies anordnet (§ 51 Abs. 1) oder sie aufgeschoben, eingeschränkt oder unterlassen werden kann (§ 51 Abs. 2).[41] Für den Verantwortlichen stellt sich die Regelung als ressourcenschonend und praktikabel dar.

24 Der Gesetzgeber setzt auf die **Eigenverantwortung** der Bürgerinnen und Bürger, denen es obliegt, auf Grundlage der allgemeinen Informationen,

35 *Eßer* in Auernhammer BDSG § 55 Rn. 15 f.
36 *Franck* in HK-DSG NRW § 47 Rn. 18.
37 *Franck* in HK-DSG NRW § 47 Rn. 17.
38 *Müller* in HK-BDSG § 55 Rn. 13.
39 *Eßer* in Auernhammer BDSG § 55 Rn. 18.
40 So auch *Franck* in HK-DSG NRW § 47 Rn. 20.
41 *Paschke* in Gola/Heckmann BDSG § 55 Rn. 2.

die einen ersten Überblick über die durchgeführten Verarbeitungen und die Betroffenenrechte geben, diese ggf. geltend zu machen. Inwieweit der Einzelne klar erkennen kann, ob und zu welchem Zweck Daten über ihn verarbeitet werden,[42] hängt auch davon ab, ob die öffentlichen Stellen freiwillig weitergehende Informationen zur Verfügung stellen. Teilen sie diese in verständlicher Weise mit, trägt dies auch zur Akzeptanz der Datenverarbeitungen bei.[43] Jedenfalls sind die allgemeinen Angaben insoweit eine **unterstützende Maßnahme** für Bürgerinnen und Bürger, als sie erfahren, an wen sie sich wenden können, um weitere Informationen zu erhalten. Die Geltendmachung von Betroffenenrechten wird dadurch wahrscheinlicher.

§ 51 Benachrichtigung betroffener Personen

(1) Ist die Benachrichtigung betroffener Personen über die Verarbeitung sie betreffender personenbezogener Daten in speziellen Rechtsvorschriften, insbesondere bei verdeckten Maßnahmen, vorgesehen oder angeordnet, so hat diese Benachrichtigung zumindest die folgenden Angaben zu enthalten:

1. die in § 50 genannten Angaben,
2. die Rechtsgrundlage der Verarbeitung,
3. die für die Daten geltende Speicherdauer oder, falls dies nicht möglich ist, die Kriterien für die Festlegung dieser Dauer,
4. gegebenenfalls die Kategorien von Empfängern der personenbezogenen Daten, auch der Empfänger in Drittländern oder in internationalen Organisationen, sowie
5. erforderlichenfalls weitere Informationen, insbesondere, wenn die personenbezogenen Daten ohne Wissen der betroffenen Person erhoben wurden.

(2) [1]In den Fällen des Abs. 1 kann der Verantwortliche die Benachrichtigung insoweit und solange aufschieben, einschränken oder unterlassen, wie andernfalls

1. die
   a) Erfüllung der in § 40 genannten Aufgaben,
   b) öffentliche Sicherheit oder
   c) Rechte oder Freiheiten Dritter
   gefährdet würden oder
2. dem Wohle des Bundes oder eines Landes Nachteile bereitet würden

und wenn das Interesse des Verantwortlichen an der Nichterteilung der Information das Informationsinteresse der betroffenen Person überwiegt. [2]Die Entscheidung trifft die Leitung der öffentlichen Stelle oder eine von ihr bestimmte, bei der öffentlichen Stelle beschäftigte Person.

(3) Bezieht sich die Benachrichtigung auf die Übermittlung personenbezogener Daten an Verfassungsschutzbehörden, den Bundesnachrichtendienst, den Militärischen Abschirmdienst und, soweit die Sicherheit des Bundes

---

42 Kritisch *Paal* in Paal/Pauly BDSG § 55 Rn. 4; *Schantz* in Schantz/Wolff Neues DatenschutzR Rn. 1179.
43 So bereits *Dembowski* in Schild ua HDSG § 18 Rn. 1.

berührt wird, andere Behörden des Bundesministeriums der Verteidigung, ist sie nur mit Zustimmung dieser Stellen zulässig.

(4) Im Fall der Einschränkung nach Abs. 2 gilt § 52 Abs. 7 entsprechend.

Literatur:

Bäcker, Die Datenschutzrichtlinie für Polizei und Strafjustiz und das deutsche Eingriffsrecht, in: Hill/Kugelmann/Martini, Perspektiven der digitalen Lebenswelt, 2017, S. 63; *Bäcker/Hornung*, EU-Richtlinie für die Datenverarbeitung bei Polizei und Justiz in Europa, ZD 2012, 147; *Golla*, Datenschutzrechtliche Schattengewächse in den Ländern – Herausforderungen bei der Umsetzung der JI-Richtlinie für die Polizei, KriPoZ 2019, 238; *Kugelmann*, Fragen des Grundrechtsschutzes bei polizeilichen Maßnahmen vor dem Hintergrund von Big Data, in: Zöller/Esser (Hrsg.), Justizielle Medienarbeit im Strafverfahren, 2019, S. 205; *Schwichtenberg*, Die „kleine Schwester" der DS-GVO: Die Richtlinie zur Datenverarbeitung bei Polizei und Justiz, DuD 2016, 605; *Weinhold*, RL zum Datenschutz für Polizei und Justiz – Überblick und Umsetzung, ZD-Aktuell 2017, 05451.

A. Allgemeines

I. Bedeutung der Vorschrift

[1] Die Vorschrift stellt Anforderungen an die Benachrichtigung betroffener Personen, soweit eine aktive Benachrichtigung in fachgesetzlichen Regelungen vorgesehen ist. Die in Abs. 1 statuierten Anforderungen stellen die zweite Stufe der antragsunabhängigen Informationspflichten dar (→ § 50 Rn. 9 ff.). Sie beziehen sich auf konkrete Datenverarbeitungsvorgänge, sind nur an **konkrete Personen** zu richten und sind daher spezifischer als die allgemeinen Informationspflichten des § 50 auf erster Stufe der Informationspflichten. Benachrichtigungen zählen zu den ganz wesentlichen „**Kernrechten**" der Betroffenen, da gerade bei einer heimlichen Datenverarbeitung Betroffene erst durch die ggf. nachträgliche Benachrichtigung von der Erhebung und Speicherung erfahren. Erst die Kenntnis hierüber befähigt sie, die Datenverarbeitung nachvollziehen, überprüfen sowie ihre Rechte als Betroffene ausüben zu können.[1]

---

[1] LT-Drs. 19/5728, 117; für das BDSG *Paal* in Paal/Pauly BDSG § 56 Rn. 2 f.

Da die Vorschrift aber lediglich das „Wie" und nicht das „Ob" der Be- 2
nachrichtigung regelt, und nur die Möglichkeit eröffnet, das „Ob" einzuschränken, handelt es sich nur um die **Ausgestaltung fachgesetzlich nor-
mierter Pflichten.**[2] Es wird einerseits der Umfang der Informationen erweitert (Abs. 1), andererseits wird die Möglichkeit der Begrenzung der Benachrichtigung gewährt (Abs. 2 und 3). Für den Fall der Einschränkung
nach Abs. 2 ist als Ausgleich der Verweis auf die Möglichkeit, die oder den
HDSB anzurufen, vorgesehen (Abs. 4).

II. Entstehungsgeschichte

Die Vorschrift wurde im **Gesetzgebungsverfahren**[3] nicht problematisiert 3
und unverändert übernommen. Sie stellt eine Neuregelung der Benachrichtigung dar, die gegenüber der bisherigen Rechtslage wesentliche Änderungen beinhaltet. So existierte zuvor keine Regelung, die die Inhalte der
Benachrichtigung zentral festschrieb.

§ 18 Abs. 1 HDSG statuierte eine antragsunabhängige Benachrichtigungs- 4
pflicht der datenverarbeitenden Stellen gegenüber Betroffenen, die allerdings auf die automatisierte Speicherung personenbezogener Daten begrenzt war. Danach waren die Betroffenen über die Art der Daten, Zweckbestimmung und Rechtsgrundlage der Speicherung zu unterrichten. Die
Pflicht wurde ebenfalls durch die in Abs. 2 aufgeführten Ausnahmen erheblich eingeschränkt, so dass sie in der Praxis häufig nicht relevant war.[4]
Zudem enthielt **§ 12 Abs. 5 HDSG** die Pflicht, den Betroffenen von Datenerhebungen, die ohne seine Kenntnis erhoben werden, zu benachrichtigen,
sobald die rechtmäßige Erfüllung der Aufgaben dadurch nicht mehr gefährdet ist. Die betroffene Person war dann über die Rechtsgrundlage der
Erhebung, die Identität der betroffenen Stelle, den Zweck der Datenerhebung sowie über Betroffenenrechte zu informieren.

Im Unterschied zu diesen Regelungen knüpft die Vorschrift nicht mehr an 5
die **Kenntnis** der betroffenen Person an (so aber § 18 Abs. 2 Nr. 3 HDSG).
Neu ist insbesondere auch das Erfordernis einer entsprechenden **fachgesetzlichen Regelung** der Benachrichtigungspflicht. Hinsichtlich der erforderlichen Interessenabwägung im Rahmen von Abs. 2 (→ Rn. 27) werden
ausweislich der Gesetzesbegründung die Rechtsgedanken aus § 18 Abs. 6
Satz 1 HDSG und § 29 Abs. 3 Satz 1 HSOG aufgegriffen.[5] Für die entsprechende Vorschrift auf Bundesebene gilt außerdem § 19 Abs. 3 BDSG aF als
inhaltliches und sprachliches Vorbild.[6]

III. Unionsrechtliche Regelungen

Die Informationsrechte stellen **Transparenz** her, ermöglichen die Ausübung 6
von Betroffenenrechten und sind daher wichtiges Element des Grundrechts
auf Datenschutz nach Art. 8 GRCh und des Rechts auf informationelle

---

2 *Otto* in HK-BDSG § 56 Rn. 2 sieht die Parallelnorm im BDSG daher als „stumpfes
  Schwert".
3 Gesetzentwurf in LT-Drs. 19/5728, 31.
4 Näher *Dembowski* in Schild ua § 18 Rn. 6 ff., 12 ff.
5 LT-Drs. 19/5728, 117.
6 BT-Drs. 18/11325, 113; *Otto* in HK-BDSG § 56 Rn. 3.

Selbstbestimmung nach Art. 2 Abs. 1 iVm 1 Abs. 1 GG und Art. 12 a HV. Sie haben außerdem Bezugspunkte zu dem Recht auf ein faires Verfahren nach Art. 47 GRCh und Art. 6 EMRK sowie der in Art. 19 Abs. 4 GG verankerten Rechtsschutzgarantie.

7   Abs. 1 und 2 setzen Art. 13 Abs. 2 und 3 JI-RL um. Art. 13 Abs. 1 JI-RL um. **Art. 13 Abs.** 2 JI-RL legt fest, dass der Verantwortliche in **besonderen Fällen** zusätzlich zu den allgemeinen Informationen der betroffenen Person weitere Informationen zu erteilen hat, um ihr die Ausübung ihrer Betroffenenrechte zu ermöglichen. Die Informationen betreffen Rechtsgrundlage (a), Speicherdauer (b), Kategorien von Empfängern (c), erforderlichenfalls weitere Informationen (d). Nach ErwG 42 Satz 3 JI-RL sind der betroffenen Person die zusätzlichen Informationen zur Verfügung zu stellen, soweit sie für eine Datenverarbeitung nach **Treu und Glauben** unter Berücksichtigung der **spezifischen Umstände** notwendig sind.

8   **Art. 13 Abs. 3 JI-RL** eröffnet den Mitgliedstaaten weitreichende Möglichkeiten, die Unterrichtung nach Abs. 2 **aufzuschieben, einzuschränken oder zu unterlassen**, soweit und solange die „Maßnahme in einer demokratischen Gesellschaft erforderlich und verhältnismäßig ist und sofern den Grundrechten und den berechtigten Interessen der betroffenen natürlichen Person Rechnung getragen wird." Als Gründe (lit. a bis e) werden aufgeführt: keine Beeinträchtigung von behördlichen und gerichtlichen Untersuchungen, Ermittlungen und Verfahren sowie die Verhütung, Aufdeckung, Ermittlung und Verfolgung von Straftaten und Strafvollstreckung sowie der Schutz der öffentlichen Sicherheit, der nationalen Sicherheit sowie der Rechte und Freiheiten anderer.

9   Die Vorgaben von Art. 13 JI-RL eröffnen den Mitgliedsstaaten einen beachtlichen **Gestaltungsspielraum**. Sie bleiben hinter denen der DS-GVO zurück, da die Verarbeitung personenbezogener Daten für die Aufgabenerfüllung der Behörden erforderlich ist und ihre Funktionsfähigkeit gesichert sein soll.[7]

10   Abs. 4 der Vorschrift dient der Umsetzung von **Art. 17 JI-RL**, der die Mitgliedstaaten ua zu Maßnahmen verpflichtet, die vorsehen, dass in Fällen nach Art. 13 Abs. 3 JI-RL Betroffenenrechte auch über die zuständige Aufsichtsbehörde ausgeübt werden können.

IV. Verhältnis zu anderen Vorschriften

11   Für die Anwendung der Norm ist stets die **Hinzuziehung des Fachrechts**, das die Benachrichtigung anordnet, erforderlich. Hinsichtlich der Inhalte der Benachrichtigungen sind die ausführlichen Regelungen des Abs. 1 ergänzend heranzuziehen, soweit das Fachrecht keine Umsetzung der JI-RL enthält (§ 1 Abs. 2). Dies ist der Fall, wenn bestehende Lücken im Fachrecht zu füllen sind oder wenn das Fachrecht der JI-RL, insbesondere Abs. 2 und 3, widersprechen sollte. Eine fachgesetzliche Benachrichtigungspflicht ergibt sich zB aus § 61.

---

7 Näher *Buchmann* in HK-LDSG RhPf § 44 Rn. 14 ff.; krit. *Weinhold* ZD-Aktuell 2017, 05451.

Als fachspezifische Regelung für die Polizei und Ordnungsbehörden in prä- 12
ventiver Tätigkeit verweist § 29 Abs. 1 HSOG hinsichtlich Informationen
und Benachrichtigungen für Betroffene auf §§ 50 bis 52. Für personenbezogene Daten, die durch Maßnahmen nach § 28 Abs. 2 HSOG erlangt
wurden, gilt gemäß § 29 Abs. 5 HSOG, dass diese Personen ebenfalls nach
Abschluss der Maßnahme zu benachrichtigen sind, sofern keine Ausnahme
nach § 29 Abs. 6 und Abs. 7 HSOG greift. Für repressive Datenverarbeitungen im Rahmen verdeckter Maßnahmen sieht § 101 Abs. 4 Satz 1 StPO
Benachrichtigungspflichten vor.[8] Hier gilt die Besonderheit, dass öffentliche Stellen der Länder, soweit sie im Anwendungsbereich der StPO personenbezogene Daten verarbeiten, nach § 500 StPO den Teil 3 des BDSG
entsprechend anzuwenden haben.[9] Dazu gehört auch § 56 BDSG, der eine
§ 51 beinahe identische Regelung enthält.

Im Datenschutzrecht anderer Bundesländer sind entsprechende Bestim- 13
mungen ebenfalls mitunter nahezu wortgleich mit den Regelungen des
BDSG enthalten (zB § 48 DSG NRW, § 41 ThürDSG).

B. Benachrichtigung

I. Grundsatz der Benachrichtigung (Abs. 1)

Abs. 1 listet auf, welche spezifischen Informationen der betroffenen Person 14
zumindest mitzuteilen sind. Es handelt sich bei der Benachrichtigung um
ein aktives Betroffenenrecht, bei dem anders als beim Auskunftsrecht kein
vorheriger Antrag der betroffenen Person erforderlich ist, sondern der Verantwortliche in der Pflicht ist, die Informationen aktiv zu übermitteln.

Die Vorschrift kommt nur zum Tragen, wenn die Benachrichtigungspflicht 15
in speziellen Rechtsvorschriften angeordnet ist.[10] Dabei gibt die Gesetzesbegründung als ua leitend für die Entscheidung, ob die Benachrichtigung
unabhängig von der Geltendmachung eines Betroffenenrechts erforderlich
ist, zB an, ob die Verarbeitung mit oder ohne Wissen der betroffenen Person, ggf. verbunden mit einer erhöhten Eingriffstiefe, erfolgt.[11] Dies
kommt auch in dem Zusatz in Abs. 1 „insbesondere verdeckte Maßnahmen" zum Ausdruck. Dennoch soll eine verallgemeinernde Festlegung der
der in Art. 13 Abs. 2 JI-RL bezeichneten „besonderen Fälle" auf Ebene des
Gesetzes nicht möglich sein, da nur das Fachrecht dies leisten könne.[12]

Indes ist die heimliche Datenverarbeitung im Rahmen verdeckter Maßnah- 16
men nur eine von mehreren möglichen Verarbeitungssituationen, bei denen
eine Benachrichtigung in Betracht kommt, wie auch Abs. 1 Nr. 5 zeigt
(„insbesondere, wenn die personenbezogenen Daten ohne Wissen der be-

---

8 S. zu diesen zB *Bruns* in KK-StPO § 101 Rn. 10 ff.
9 Näher HK-BDSG Einl. Rn. 63; *Otto* in HK-BDSG § 56 Rn. 5; *von Häfen* in
BeckOK StPO § 500 Rn. 1 ff.
10 Kritisch zur geringeren Transparenz staatlicher Datenverarbeitungsvorgänge als im
Anwendungsbereich des Art. 13 DS-GVO *Schantz* in Schantz/Wolff Neues DatenschutzR Rn. 1180 f.
11 LT-Drs. 19/5728, 117; ebenso für das BDSG BT-Drs. 18/11325, 112; *Paal* in Paal/
Pauly BDSG § 56 Rn. 4.
12 LT-Drs. 19/5728, 117.

troffenen Person").[13] Unerheblich für die Anwendung der Vorschrift ist, ob die Daten direkt oder bei einem Dritten erhoben wurden.[14]

17   Die Vorschrift enthält keine Angaben hinsichtlich des maßgeblichen Zeitpunktes der Benachrichtigung. Vielmehr entscheiden die Rechtsvorschriften in den Fachgesetzen über den **Zeitpunkt**, zu dem die Benachrichtigung zu erfolgen hat. Dies ist sachgemäß, da sich Abs. 1 auf unterschiedliche Datenverarbeitungsvorgänge bezieht und etwa bei verdeckten Maßnahmen eine Benachrichtigung vor oder während der Datenverarbeitung nicht angezeigt ist, wohingegen sie bei offenen Maßnahmen auch vor der Datenerhebung erfolgen kann.[15] Sollte auch die fachgesetzliche Regelung keinen Zeitpunkt festlegen, ist auf die Umstände des Einzelfalls abzustellen.[16]

18   Erfolgt nach der Berichtigung eine Zweckänderung oder werden die Transparenzinhalte inhaltlich geändert oder zB nachträglich eine automatisierte Entscheidungsfindung implementiert, so sieht die Vorschrift jedenfalls nicht ausdrücklich eine **erneute Benachrichtigung** vor. Aus Sinn und Zweck der Norm, Transparenz für die betroffene Person herzustellen und die Geltendmachung von Betroffenenrechten zu ermöglichen, muss jedoch folgen, dass sie über solche Änderungen ebenfalls zu informieren ist. Abs. 1 Nr. 5 muss insoweit als Auffangtatbestand begriffen werden.[17]

II. Inhalte der Benachrichtigung

19   Die in der Vorschrift gelisteten Informationen (Nr. 1 bis 5) sind ausweislich des Gesetzeswortlauts ("zumindest") nicht abschließend. Mithin kann der Verantwortliche darüber hinaus weitere Informationen mitteilen.

1. Allgemeine Informationen nach § 50 (Nr. 1)

20   Nach Nr. 1 muss die Benachrichtigung die in § 50 genannten allgemeinen Basisangaben enthalten (→ § 50 Rn. 17 ff.). Ein Hinweis auf den allgemein zugänglichen Fundort dieser Informationen, zB auf der Webseite, genügt nicht. Die allgemeinen Informationen müssen der Benachrichtigung direkt beigefügt sein.[18] Da anders als bei den allgemeinen Informationspflichten bei der Benachrichtigung eine konkrete Person und damit ein konkreter Datenverarbeitungsvorgang adressiert wird, ist es dem Verantwortlichen zudem möglich, den **Zweck** der Verarbeitung **konkretisiert** für den jeweiligen Einzelfall anzugeben.

2. Rechtsgrundlage (Nr. 2)

21   Nr. 2 verpflichtet zur Angabe der Rechtsgrundlage der Verarbeitung. Dies erfordert zum einen, dass die konkrete Norm möglichst exakt und eindeutig genannt wird. Rechtsgrundlagen für die Verarbeitung ergeben sich zB

---

13 So auch *Buchmann* in HK-LDSG RhPf § 44 Rn. 20.
14 Somit stellt sich auch, anders als in der DS-GVO, nicht die Frage, ob verdeckte Maßnahmen noch zu den Direkterhebungen gehören können, s. dazu *Franck* in Gola DS-GVO Art. 13 Rn. 4, Art. 14 Rn. 2.
15 In Bezug auf das BDSG *Schwichtenberg* in Kühling/Buchner BDSG § 56 Rn. 4.
16 *Heckmann/Paschke* in Gola/Heckmann BDSG § 56 Rn. 10.
17 *Franck* in HK-DSG NRW § 48 Rn. 13.
18 *Otto* in HK-BDSG § 56 Rn. 10.

aus §§ 3, 4 oder aus fachrechtlichen Vorschriften. Zum anderen ist eine zumindest kurze, verständliche Erläuterung der Rechtsgrundlage und ihrer Anwendung im konkreten Fall, etwa hinsichtlich der wesentlichen Tatbestandsvoraussetzungen, erforderlich.[19] Dazu muss der Verantwortliche die Rechtsgrundlage derart erläutern, dass die einzelfallbezogene Anwendung für die betroffene Person nachzuvollziehen ist. Dies gebietet Sinn und Zweck der Vorschrift, Transparenz herzustellen und Betroffenen die Einschätzung von Risiken sowie die Geltendmachung von Betroffenenrechten zu ermöglichen.[20] Darüber hinaus dient die Angabe der Rechtsgrundlage der internen Disziplinierung und (Selbst-)Kontrolle des Verantwortlichen.

3. Speicherdauer (Nr. 3)

Nach Nr. 3 muss der Verantwortliche die für die Daten geltende Speicherdauer offenlegen. Falls dies mangels fester Frist für die Speicherdauer nicht möglich sein sollte, genügt die Angabe der Kriterien für die Festlegung der Speicherdauer. Beide können nicht allgemeingültig in der Vorschrift festgelegt sein, sondern sind regelmäßig im Rahmen der Rechtsgrundlage für die Verarbeitung im Fachrecht geregelt oder ergeben sich aus einer eigenen Festlegung seitens des Verantwortlichen nach Maßgabe des Kriteriums der Erforderlichkeit nach § 3 Abs. 1 (→ § 3 Rn. 16 ff.).[21] Polizeifachrechtlich findet eine Kontrolle der Speicherdauer im Rahmen von Aussonderungsprüffristen statt. Für die Angabe der Speicherdauer bedarf es der Nennung vom Beginn und Ende der Speicherung und falls dies aufgrund der spezifischen Verarbeitungssituation nicht möglich sein sollte, zumindest jedoch einer solchen präzisen Information, dass für die betroffene Person die Dauer der Speicherung annäherungsweise bestimmbar ist.[22]

4. Kategorien von Empfängern (Nr. 4)

Nach Nr. 4 sind die Kategorien von Empfängern der personenbezogenen Daten mitzuteilen. Der Wortlaut („gegebenenfalls") ist so zu verstehen, dass die Mitteilung zu erfolgen hat, sofern die Datenweitergabe absehbar ist,[23] außer es werden gar keine Daten weitergegeben. **Empfänger** sind nach der Begriffsbestimmung in § 41 Nr. 10 (→ § 41 Rn. 46 ff.) natürliche oder juristische Person, Behörden, Einrichtungen oder andere Stellen, der personenbezogene Daten offengelegt werden. Somit sind Empfänger iSd Norm zB Verantwortliche in anderen Bundesländern und weitere Sicherheitsbehörden oder Staatsanwaltschaften.[24] Auch etwaige Empfänger in Drittländern oder in internationalen Organisationen (→ §§ 73 ff.) sind mit-

22

23

---

19 So auch *Otto* in HK-BDSG § 56 Rn. 11; *Schwichtenberg* in Kühling/Buchner BDSG § 56 Rn. 3. AA für Nennung allein der Norm: *Franck* in HK-DSG NRW § 48 Rn. 16; *Kamlah* in Plath BDSG § 56 Rn. 7; ähnlich *Eßer* in Auernhammer BDSG § 56 Rn. 10.
20 So auch *Otto* in HK-BDSG § 56 Rn. 11; *Schwichtenberg* in Kühling/Buchner BDSG § 56 Rn. 3.
21 *Eßer* in Auernhammer BDSG § 56 Rn. 11.
22 *Eßer* in Auernhammer BDSG § 56 Rn. 11 f.; *Otto* in HK-BDSG § 56 Rn. 12; *Schwichtenberg* in Kühling/Buchner BDSG § 56 Rn. 3; *Bäcker* in Kühling/Buchner DS-GVO Art. 13 Rn. 30.
23 *Schwichtenberg* in Kühling/Buchner BDSG § 56 Rn. 3.
24 *Buchmann* in HK-LDSG RhPf § 44 Rn. 28.

zuteilen. Handelt es sich bei den Empfängern um Nachrichtendienste wie LfV, BND oder MAD ist das Zustimmungserfordernis gemäß Abs. 3 zu beachten (→ Rn. 37).

24   Durch die Information über die **Weitergabe der Daten** wird die Geltendmachung von Betroffenenrechten auch anderen Verantwortlichen gegenüber ermöglicht. Indes ist keine konkrete Nennung, an wen die Daten übermittelt wurden, erforderlich. Dies ist auch vor dem Hintergrund des Zustimmungsvorbehalts in Abs. 3 zu sehen.[25] Die Unterrichtung über die **Kategorien** muss so **bestimmt** sein, dass sie für die betroffene Person verständlich und nicht völlig abstrakt ist und etwaige mit der Datenweitergabe möglicherweise verbundene Risiken abschätzbar sind.[26]

5. Weitere Informationen (Nr. 5)

25   Weitere Informationen hat der Verantwortliche nach Nr. 5 **erforderlichenfalls**, insbesondere, wenn die personenbezogenen Daten ohne Wissen der betroffenen Person erhoben wurden, zur Verfügung zu stellen. Dazu gehören insbesondere Informationen, woher die Daten stammen, sofern sie nicht bei der betroffenen Person erhoben wurden und welche Rechtsschutzmöglichkeiten für die betroffene Person bestehen.[27] Ferner sollte auch darüber informiert werden, wenn die Daten absehbar in Drittstaaten übermittelt werden und welche geeigneten Garantien ein angemessenes Datenschutzniveau gewährleisten sollen.[28] Im Übrigen ergibt sich die Erforderlichkeit weiterer Informationen aus den Umständen des Einzelfalls.[29] Ob sie erforderlich sind, ist insbesondere an Sinn und Zweck der Vorschrift zu bemessen, hinreichend Transparenz zu gewähren, so dass die betroffene Person Risiken einschätzen und Betroffenenrechte ausüben kann.[30] Nr. 5 fungiert insoweit als **Auffangtatbestand** (→ Rn. 18).

III. Ausnahmen von der Benachrichtigungspflicht (Abs. 2)

26   Nach Abs. 2 Satz 1 kann die Benachrichtigung aus den dort genannten Gründen aufgeschoben, eingeschränkt oder sogar unterlassen werden, solange und soweit die Gefährdung der genannten Rechtsgüter vorliegt und das Interesse des Verantwortlichen an der Nichterteilung der Information das Informationsinteresse der betroffenen Person überwiegt. Stellt die **fachgesetzliche Regelung**, die im Grundsatz die Benachrichtigungspflicht anordnet, entsprechende Ausnahmeklauseln auf, so gelten diese **vorrangig**.[31] Da fachgesetzliche Benachrichtigungspflichten idR so ausgestaltet sein werden, dass schutzwürdigere Interessen nicht gefährdet werden, dürfte Abs. 2 in der Praxis eher **geringe Relevanz** zukommen.[32]

---

25   *Heckmann/Paschke* in Gola/Heckmann BDSG § 56 Rn. 13.
26   *Schwichtenberg* in Kühling/Buchner BDSG § 56 Rn. 3; *Heckmann/Paschke* in Gola/ Heckmann BDSG § 56 Rn. 13.
27   *Heckmann/Paschke* in Gola/Heckmann BDSG § 56 Rn. 14; *Schwichtenberg* in Kühling/Buchner BDSG § 56 Rn. 3; *Buchmann* in HK-LDSG RhPf § 44 Rn. 32.
28   *Buchmann* in HK-LDSG RhPf § 44 Rn. 33.
29   Vgl. ErwG 42 JI-RL.
30   *Schwichtenberg* in Kühling/Buchner BDSG § 56 Rn. 3.
31   *Heckmann/Paschke* in Gola/Heckmann BDSG § 56 Rn. 15.
32   So auch *Schwichtenberg* in Kühling/Buchner BDSG § 56 Rn. 5.

Die Ausnahmen von der Benachrichtigungspflicht bezwecken ua, dass die 27 Benachrichtigung nicht die **ordnungsgemäße Erfüllung der Aufgaben** des Verantwortlichen gefährden soll.[33] Dabei muss ausweislich der Gesetzesbegründung der Entscheidung, von der Benachrichtigung teilweise oder vollständig abzusehen, eine **Interessenabwägung im Einzelfall** vorausgehen, bei der die verfolgten Ziele und geschützten Rechtsgüter in ein angemessenes Verhältnis zur Bedeutung der Benachrichtigung, insbesondere für die Möglichkeit, Betroffenenrechte geltend zu machen, gebracht werden.[34]

Die **Aufschiebung** einer Benachrichtigung bezieht sich auf einen späteren 28 Zeitpunkt der Informationen, wohingegen unter **Einschränkung** inhaltliche Begrenzungen, also ein teilweises Unterlassen der nach Abs. 1 vorgesehenen Informationen, zu verstehen sind. Beide Begrenzungsvarianten können miteinander kombiniert werden.[35] Bei einer **Unterlassung** erhält die betroffene Person keinerlei Information. Der **Verhältnismäßigkeitsgrundsatz** gebietet es, dass stets im Einzelfall zu prüfen ist, ob die Benachrichtigung zB nur teilweise eingeschränkt oder zu einem späteren Zeitpunkt erfolgen kann[36] und auch so die Aufgabenerfüllung gesichert ist. Das vollständige Unterlassen der Benachrichtigung ist der schwerwiegendste Eingriff und darf nur ultima ratio sein, da ein effektiver Rechtsschutz nicht möglich ist, wenn die von einer (heimlichen) Datenverarbeitung Betroffenen keine Kenntnis von der Erhebung und Speicherung erlangen.[37] Bei Veränderungen der Umstände müssen die Begrenzungen oder das Unterlassen der Benachrichtigung erneut geprüft werden („solange").

Satz 2 schreibt für die begrenzenden Maßnahmen einen **Leitungsvorbehalt** 29 vor, wonach die Entscheidung die Leitung der öffentlichen Stelle oder eine von ihr bestimmte, bei der öffentlichen Stelle beschäftigte Person trifft. Durch diese erhöhte organisatorische Verfahrensvoraussetzung, die in der Parallelvorschrift im BDSG nicht enthalten ist, kommt die Tragweite der Entscheidung auch in der Vorschrift hinreichend zum Ausdruck.[38]

Insgesamt sind die Tatbestände in Abs. 2, die Begrenzungen der Benach- 30 richtigungspflicht rechtfertigen können, zwar weit gefasst, jedoch angesichts ihres Ausnahmecharakters und der zentralen Bedeutung der Benachrichtigung für die betroffene Person stets **restriktiv auszulegen**.[39] Sie sind außerdem **abschließend**. Kommt Abs. 2 zur Anwendung, ist zudem Abs. 4 iVm § 52 Abs. 7 zu beachten (→ Rn. 39 ff.).

1. Aufgabenerfüllung, öffentliche Sicherheit und Individualrechte (Nr. 1 lit. a bis c)

Die Vorschrift erfordert – anders als in Art. 13 Abs. 2 JI-RL – nicht nur 31 eine Beeinträchtigung, sondern eine **Gefährdung** der unter Nr. 1 genannten

---

33 LT-Drs. 19/5728, 117.
34 LT-Drs. 19/5728, 117 f.
35 *Heckmann/Paschke* in Gola/Heckmann BDSG § 56 Rn. 16.
36 LT-Drs. 19/5728, 118.
37 *Paal* in Paal/Pauly BDSG § 56 Rn. 2.
38 Vgl. *Buchmann* in HK-LDSG RhPf § 44 Rn. 43 mwN.
39 Art. 29-Datenschutzgruppe WP 258, 18; *Bäcker/Hornung* ZD 2012, 147 (151); *Buchmann* in HK-LDSG RhPf § 44 Rn. 41; *Franck* in HK-DSG NRW § 48 Rn. 30; *Schwichtenberg* DuD 2016, 605 (608).

Rechtsgüter und Zwecke. Darunter sind nicht nur geringfügige, sondern bevorstehende konkrete und erhebliche Beeinträchtigungen der Rechtsgüter und Zwecke zu verstehen.[40] Durch diese Voraussetzung wird die erhöhte Eingriffsintensität im Falle der Beschränkung der Benachrichtigung sowie die Weite der Tatbestände der Nr. 1 und 2 zumindest etwas aufgewogen.

32   Die Frage, ob eine Gefährdung der **Erfüllung von Aufgaben** der „Verhütung, Ermittlung, Aufdeckung, Verfolgung oder Ahndung von Straftaten oder Ordnungswidrigkeiten" iSv **Abs. 2 Nr. 1 lit. a** iVm **§ 40** (→ § 40 Rn. 20 ff.) vorliegt, ist im Einzelfall zu klären. Insbesondere bei verdeckten Maßnahmen können die Ermittlungen durch eine frühzeitige Benachrichtigung gefährdet werden, so dass das Informationsinteresse der betroffenen Person dahinter zurücksteht und es naheliegt, die Benachrichtigung aufzuschieben. Ihr sind jedoch spätestens im Rahmen eines Gerichtsverfahrens die in Abs. 1 genannten Informationen mitzuteilen.[41]

33   Die **öffentliche Sicherheit** nach Nr. 1 lit. b umfasst die Unversehrtheit der Rechtsordnung, der subjektiven Rechte und individuellen Rechtsgüter sowie den Bestand des Staates, seiner Einrichtungen und Veranstaltungen (→ § 40 Rn. 26 ff.).[42]

34   Die **Rechte oder Freiheiten Dritter** können insbesondere den Schutz des allgemeinen Persönlichkeitsrechts, zB von Hinweisgebern und Zeugen, betreffen, wobei hier vielfach als mildestes Mittel eine Anonymisierung oder Pseudonymisierung der Daten zu erfolgen hat.[43] Eine Aufschiebung oder ein Absehen von der Benachrichtigung setzt regelmäßig entgegenstehende Rechtsgüter von größerem Gewicht, wie Leib und Leben, voraus, die in der Abwägung mit der Grundrechtsverwirklichung der betroffenen Person überwiegen.[44]

2. Wohle des Bundes oder eines Landes (Nr. 2)

35   Nach Nr. 2 sind Ausnahmen von der Benachrichtigung zur Vermeidung von Nachteilen des Bundes oder eines Bundeslandes zulässig. Die Vorschrift dient damit dem **Schutz der nationalen Sicherheit.** Er ist nicht von der JI-RL vorgegeben, da er aus dem Anwendungsbereich der JI-RL ausgenommen ist.[45]

36   Ein **Nachteil** liegt in der Regel nur bei einer Beeinträchtigung oder Gefährdung der inneren oder äußeren Sicherheit des Bundes oder eines Landes oder einer erheblichen Störung der öffentlichen Sicherheit einschließlich

---

40 *Schwichtenberg* in Kühling/Buchner BDSG § 56 Rn. 7.
41 *Heckmann/Paschke* in Gola/Heckmann BDSG § 56 Rn. 17.
42 S. bereits PrOVGE 9, 353 zu § 10 II 17 ALR „Kreuzbergurteil".
43 *Heckmann/Paschke* in Gola/Heckmann BDSG § 56 Rn. 19; *Franck* in HK-DSG NRW § 48 Rn. 38.
44 *Buchmann* in HK-LDSG RhPf § 44 Rn. 46; vgl. BVerfG NJW 2016, 1781 (1788 Rn. 136 f.).
45 Vgl. *Buchmann* in HK-LDSG RhPf § 44 Rn. 44; *Schwichtenberg* in Kühling/Buchner BDSG § 56 Rn. 7.

der Funktionsfähigkeit wichtiger staatlicher Einrichtungen vor.[46] Bei Bekanntgabe der Information muss die künftige Erfüllung der Aufgaben der Sicherheitsbehörde einschließlich der Zusammenarbeit mit anderen Behörden erschwert oder Leben, Gesundheit oder Freiheit von Personen gefährdet sein. Die Geheimhaltung und damit das Zurückhalten der Benachrichtigung ist in diesen Fällen ein legitimes Anliegen des Gemeinwohls.[47]

IV. Zustimmungserfordernis (Abs. 3)

Abs. 3 fordert die Zustimmung der dort genannten Sicherheitsbehörden, wenn sich die Benachrichtigung auf die Übermittlung personenbezogener Daten an diese Behörden (nach Abs. 1 Satz 1 Nr. 4) bezieht. Die Vorschrift adressiert die Konstellation, in der eine öffentliche Stelle eine Datenverarbeitung im Anwendungsbereich der §§ 40 ff. vornimmt und die Daten dann an diese Behörden weitergibt. Mit dem Zustimmungserfordernis kann verhindert werden, dass die betroffene Person von der Speicherung der Daten bei der jeweiligen Behörde in Kenntnis gesetzt wird. Bei den genannten Behörden ist die **Geheimhaltung** von Informationen von hoher Priorität. $\qquad$ 37

Unter welchen Voraussetzungen die Behörde die **Zustimmung** zur Benachrichtigung **verweigern** kann, normiert die Vorschrift indes nicht. Insoweit mangelt es an einem angemessenen Rechtfertigungszwang der jeweiligen Behörde.[48] Hier sind die in Abs. 2 Satz 1 Nr. 1 und Nr. 2 festgelegten Maßstäbe heranzuziehen. Um Verhältnismäßigkeitsgrundsätzen zu genügen, kann die Behörde daher die Zustimmung zur Benachrichtigung nur ablehnen, wenn anderenfalls die von ihr verfolgten Zwecke oder die genannten Rechtsgüter gefährdet würden (Nr. 1) oder dem Wohle des Bundes oder eines Landes Nachteile bereitet würden (Nr. 2) und das Interesse an der Nichterteilung der Information das Informationsinteresse der betroffenen Person überwiegt. $\qquad$ 38

V. Rechtsschutzmöglichkeiten durch die Aufsichtsbehörde (Abs. 4)

Abs. 4 setzt Art. 17 Abs. 1 JI-RL um. Im Fall der Einschränkung der Benachrichtigung nach Abs. 2 ist § 52 Abs. 7 entsprechend anzuwenden. Nach § 52 Abs. 7 kann die betroffene Person auch über die oder den **HDSB** als Aufsichtsbehörde ihr Betroffenenrecht ausüben (→ § 52 Rn. 22). Da die Benachrichtigungspflicht aber kein Betroffenenrecht im eigentlichen Sinne darstellt, sondern Pflichten des Verantwortlichen regelt, ist die Lesart der Vorschrift wie folgt: Bei einer Einschränkung der Benachrichtigung nach Abs. 2 muss der Verantwortliche der oder dem HDSB **alle Informationen nach Abs. 1**, dh insbesondere auch jene, die gegenüber der betroffenen Person nicht angegeben werden, übermitteln, so dass diese kontrollieren kann, ob die Datenverarbeitung und die Einschränkung der Benachrichti- $\qquad$ 39

---

46 *Herrmann* in BeckOK VwVfG § 29 Rn. 25 mwN. Der Terminus „Nachteile für das Wohl des Bundes oder eines Landes" findet sich auch in § 29 Abs. 2 VwVfG, §§ 84 Abs. 3, 99 Abs. 1 Satz 2 VwGO, § 96 Satz 1 StPO.
47 BVerfGE 101, 106 (127 f.).
48 *Buchmann* in HK-LDSG RhPf § 44 Rn. 48 mwN.

gung datenschutzrechtskonform sind.[49] Folglich ist anstelle der betroffenen Person die oder der HDSB als Aufsichtsbehörde zu benachrichtigen.[50] Im Übrigen gelten die Vorgaben von § 52 Abs. 7, dh der betroffenen Person ist ua mitzuteilen, dass die erforderlichen Prüfungen erfolgt sind oder eine Überprüfung durch sie stattgefunden hat. Dabei darf die Mitteilung keine Rückschlüsse auf den Erkenntnisstand des Verantwortlichen ermöglichen, es sei denn, dieser stimmt einer weitergehenden Auskunft zu. Der Verantwortliche darf die Zustimmung nur solange und insoweit verweigern, wie er nach Abs. 2 die Benachrichtigung begrenzen oder von ihr absehen könnte.[51]

40　Abs. 4 ist nur auf die **inhaltliche Einschränkung** der Benachrichtigung anzuwenden, weil im Falle der Aufschiebung oder Unterlassung ein weiterreichendes Geheimhaltungsinteresse entgegensteht.[52] Insgesamt lässt die Regelung in Abs. 4 eine bestimmte und klare Fassung, die Rechtssicherheit garantiert, vermissen.[53] Bezieht man Abs. 4 nur auf die inhaltliche Einschränkung, so folgt daraus, dass gerade beim vollständigen Absehen von der Benachrichtigung als eingriffsintensivster Beschränkung die aufsichtliche Kontrolle als Kompensation für den Mangel an subjektivem Rechtsschutz fehlt.[54]

41　Verweigern Behörden nach Abs. 3 ihre Zustimmung, greift Abs. 4 ausweislich des eindeutigen Gesetzeswortlauts nicht.[55]

C. Würdigung

42　Die Vorschrift ist stets im Zusammenhang mit der fachgesetzlichen Regelung zu lesen. Beide sind unübersichtlich miteinander verzahnt (→ Rn. 11 f.), da die eigentlichen Benachrichtigungspflichten im Fachrecht verortet sind und der Gesetzgeber es versäumt hat, die Differenzierungen deutlich hervorzuheben.[56] Inwieweit die Vorschrift zur Anwendung kommt, entscheidet das Fachrecht. Ungeschriebene Benachrichtigungspflichten kommen, selbst bei besonders eingriffsintensiven Maßnahmen, aufgrund des insoweit eindeutigen Wortlauts nicht in Betracht.[57] Zu weiterer **Rechtsunsicherheit** führen einige unbestimmte Rechtsbegriffe, die auf die Vorgaben der JI-RL zurückgehen, sowie verschiedene Auslegungsergebnisse im Rahmen von Abs. 4 (→ Rn. 40).[58]

43　Bei den Anforderungen an die verhältnismäßige Ausgestaltung der Benachrichtigungen und ihrer Begrenzungsmöglichkeiten sind die Vorgaben der

---

49 *Schwichtenberg* in Kühling/Buchner BDSG § 56 Rn. 10.
50 *Schwichtenberg* in Kühling/Buchner BDSG § 56 Rn. 10; *Johannes/Weinhold* Neues DatenschutzR § 1 Rn. 188.
51 *Schild* in BeckOK DatenschutzR BDSG § 56 Rn. 12 f.
52 *Heckmann/Paschke* in Gola/Heckmann BDSG § 56 Rn. 20.
53 Näher *Buchmann* in HK-LDSG RhPf § 44 Rn. 57 mwN.
54 *Buchmann* in HK-LDSG RhPf § 44 Rn. 56.
55 *Otto* in HK-BDSG § 56 Rn. 31 f.; krit. *Johannes/Weinhold* Neues DatenschutzR § 1 Rn. 187; *Kamlah* in Plath BDSG § 56 Rn. 15.
56 *Otto* in HK-BDSG § 56 Rn. 9, 33; krit. auch *Kamlah* in Plath BDSG § 56 Rn. 1 f.
57 So auch *Heckmann/Paschke* in Gola/Heckmann BDSG § 56 Rn. 7.
58 *Otto* in HK-BDSG § 56 Rn. 33.

JI-RL weniger strikt als die der verfassungsgerichtlichen Rechtsprechung.[59] Dieses Defizit ist zumindest insoweit unschädlich, wie das Fachrecht verfassungskonforme engere Regelungen oder Ausnahmetatbestände bereithält.[60] Der Zustimmungsvorbehalt für die Behörden in Abs. 3 ist zu weitreichend und erfordert in richtlinienkonformer Auslegung für das Verweigern der Zustimmung, dass einer der Gründe nach Abs. 2 vorliegt. Zudem geht mit dem Zustimmungserfordernis eine Verantwortungsverlagerung auf die genannten Behörden einher, die mangels Regelungskompetenz der EU nicht von den Schutzmechanismen der aufsichtlichen Kontrolle erfasst werden.[61] Im Hinblick auf die Regelung in Abs. 4 sollte die aufsichtliche Kontrolle auch auf vollständig unterbliebene Benachrichtigungen erstreckt werden.[62] Die Anwendung der Vorschrift sollte stets von dem Grundsatzgedanken geleitet sein, dass die staatliche Datenverarbeitung aus Gründen der Verhältnismäßigkeit soweit wie möglich offen und transparent zu erfolgen hat.[63]

§ 52 Auskunftsrecht

(1) [1]Der Verantwortliche hat betroffenen Personen auf Antrag Auskunft darüber zu erteilen, ob er sie betreffende Daten verarbeitet. [2]Betroffene Personen haben darüber hinaus das Recht, Informationen zu erhalten über

1. die personenbezogenen Daten, die Gegenstand der Verarbeitung sind, und die Kategorie, zu der sie gehören,
2. die verfügbaren Informationen über die Herkunft der Daten,
3. die Zwecke der Verarbeitung und deren Rechtsgrundlage,
4. die Empfänger oder die Kategorien von Empfängern, gegenüber denen die Daten offengelegt worden sind, insbesondere bei Empfängern in Drittländern oder bei internationalen Organisationen,
5. die für die Daten geltende Speicherdauer oder, falls dies nicht möglich ist, die Kriterien für die Festlegung dieser Dauer,
6. das Bestehen eines Rechts auf Berichtigung, Löschung oder Einschränkung der Verarbeitung der Daten durch den Verantwortlichen,
7. das Recht nach § 55, die Hessische Datenschutzbeauftragte oder den Hessischen Datenschutzbeauftragten anzurufen, sowie
8. Angaben zur Erreichbarkeit der oder des Hessischen Datenschutzbeauftragten.

(2) Abs. 1 gilt nicht für personenbezogene Daten, die nur deshalb verarbeitet werden, weil sie aufgrund gesetzlicher Aufbewahrungsvorschriften nicht gelöscht werden dürfen, oder die ausschließlich Zwecken der Datensiche-

---

59 S. BVerfG NJW 2016, 1781 (1788 Rn. 136); *Bäcker* in Hill/Kugelmann/Martini, S. 81; *Buchmann* in HK-LDSG RhPf § 44 Rn. 13.
60 *Bäcker* in Hill/Kugelmann/Martini, S. 81.
61 *Buchmann* in HK-LDSG RhPf § 44 Rn. 49; *Johannes/Weinhold* Neues DatenschutzR § 1 Rn. 187; *Golla* KriPoZ 2019, 238 (242).
62 *Buchmann* in HK-LDSG RhPf § 44 Rn. 56; für weitere Kritik s. auch *Schantz* in Schantz/Wolff Neues DatenschutzR Rn. 1180 ff.
63 *Schantz* in Schantz/Wolff Neues DatenschutzR Rn. 1181 mwN.

rung, der Datenschutzkontrolle oder der Sicherstellung des ordnungsgemäßen Betriebs einer Datenverarbeitungsanlage dienen.

(3) [1]Das Recht der betroffenen Person auf Auskunft über personenbezogene Daten, die weder automatisiert verarbeitet noch nicht automatisiert verarbeitet und in einem Dateisystem gespeichert werden, besteht nur, soweit die betroffene Person Angaben macht, die das Auffinden der Daten ermöglichen, und der für die Erteilung der Auskunft erforderliche Aufwand nicht außer Verhältnis zu dem von der betroffenen Person geltend gemachten Informationsinteresse steht. [2]Statt einer Auskunft über personenbezogene Daten kann der betroffenen Person Akteneinsicht gewährt werden.

(4) Der Verantwortliche kann unter den Voraussetzungen des § 51 Abs. 2 von der Auskunft nach Abs. 1 Satz 1 absehen oder die Auskunftserteilung nach Abs. 1 Satz 2 teilweise oder vollständig einschränken.

(5) Bezieht sich die Auskunftserteilung auf die Übermittlung personenbezogener Daten an Verfassungsschutzbehörden, den Bundesnachrichtendienst, den Militärischen Abschirmdienst und, soweit die Sicherheit des Bundes berührt wird, andere Behörden des Bundesministeriums der Verteidigung, ist sie nur mit Zustimmung dieser Stellen zulässig.

(6) [1]Der Verantwortliche hat die betroffene Person über das Absehen von oder die Einschränkung einer Auskunft unverzüglich schriftlich zu unterrichten. [2]Dies gilt nicht, wenn bereits die Erteilung dieser Informationen eine Gefährdung im Sinne des § 51 Abs. 2 mit sich bringen würde. [3]Die Unterrichtung nach Satz 1 ist zu begründen, es sei denn, dass die Mitteilung der Gründe den mit dem Absehen von oder der Einschränkung der Auskunft verfolgten Zweck gefährden würde.

(7) [1]Wird die betroffene Person nach Abs. 6 über das Absehen von oder die Einschränkung der Auskunft unterrichtet, kann sie ihr Auskunftsrecht auch über die Hessische Datenschutzbeauftragte oder den Hessischen Datenschutzbeauftragten ausüben. [2]Der Verantwortliche hat die betroffene Person über diese Möglichkeit sowie darüber zu unterrichten, dass sie nach § 55 die Hessische Datenschutzbeauftragte oder den Hessischen Datenschutzbeauftragten anrufen oder gerichtlichen Rechtsschutz suchen kann. [3]Die oder der Hessische Datenschutzbeauftragte hat die betroffene Person darüber zu unterrichten, dass alle erforderlichen Prüfungen erfolgt sind oder eine Überprüfung durch sie oder ihn stattgefunden hat. [4]Die Mitteilung der oder des Hessischen Datenschutzbeauftragten an die betroffene Person darf keine Rückschlüsse auf den Erkenntnisstand des Verantwortlichen zulassen, sofern dieser keiner weitergehenden Auskunft zustimmt. [5]Die oder der Hessische Datenschutzbeauftragte hat zudem die betroffene Person über ihr Recht auf gerichtlichen Rechtsschutz zu unterrichten.

(8) Der Verantwortliche hat die sachlichen oder rechtlichen Gründe für die Entscheidung zu dokumentieren.

Literatur:

Franck, Das System der Betroffenenrechte nach der Datenschutz-Grundverordnung (DS-GVO), RDV 2016, 111; *Weichert,* Der Datenschutzanspruch auf Negativauskunft, NVwZ 2007, 1004; *Weinhold/Johannes,* Europäischer Datenschutz in Strafverfolgung und Gefahrenabwehr, DVBl 2016, 1501.

A. Allgemeines

I. Bedeutung der Vorschrift

Die Vorschrift regelt das **Auskunftsrecht** in Umsetzung der JI-RL. Dieses 1
Recht ist für die betroffene Person **zentral**, da es ihr ermöglicht zu prüfen,
ob die Datenverarbeitung rechtmäßig ist. Zugleich legt das Auskunftsrecht
einen **Grundstein** für die **Ausübung weiterer Betroffenenrechte** nach
§§ 53 ff. und für **Rechtsschutzmöglichkeiten**.[1] Die Vorschrift normiert zugleich **Einschränkungen** des Auskunftsrechts.

II. Entstehungsgeschichte

Die Vorschrift wurde ohne inhaltliche Änderungen verabschiedet. Bei ihr 2
handelt es sich um eine **umfassende Neuregelung** des Auskunftsrechts und
seiner Einschränkungen, auch wenn ausweislich der Gesetzesbegründung
einige **Elemente der Vorgängervorschrift** des § 18 HDSG **übernommen**
worden sind. Dies gilt für § 18 Abs. 4 HDSG in Abs. 2 und § 18 Abs. 5 in
Abs. 3. Ebenfalls wurden in der Vorschrift Elemente des § 29 HSOG übernommen. Dies gilt für § 29 Abs. 2 HSOG in Abs. 2, § 29 Abs. 1 Satz 3, 4
und 5 HSOG in Abs. 3 Satz 1 und 2, § 29 Abs. 4 HSOG in Abs. 6 Satz 3
und § 29 Abs. 5 Satz 2 HSOG in Abs. 7 Satz 4.[2]

III. Unionsrechtliche Regelungen

Das Auskunftsrecht aus Abs. 1 dient der **Umsetzung** von **Art. 14 JI-RL**[3] 3
und beruht auf **Art. 8 Abs. 2 GRCh** (→ § 33 Rn. 3). Abs. 1 zeigt **deutliche
Parallelen zu Art. 15 DS-GVO**.[4]

Mit den **Einschränkungen des Auskunftsrechts** in Abs. 4 nimmt der Geset- 4
geber die Möglichkeiten des Art. 15 Abs. 1 JI-RL wahr. Mit den Einschränkungen der Abs. 2 und 3 scheint der Gesetzgeber jedoch weniger die Umsetzung von Art. 15 JI-RL im Blick gehabt zu haben als vielmehr eine Harmonisierung mit § 33. Die Umsetzung des Art. 15 Abs. 4 JI-RL erfolgt in

---

1 EuGH ECLI:EU:C:2009:293 EuZW 2009, 546 (548) – Rijkeboer.
2 LT-Drs. 19/5728, 118.
3 S. hierzu auch *Weinhold/Johannes* DVBl 2016, 1501 (1505).
4 *Schantz* in Schantz/Wolff Neues DatenschutzR Rn. 1241; *Specht-Riemenschneider* in
  HK-BDSG § 57 Rn. 2.

Abs. 8.[5] Abs. 6 dient der Umsetzung von Art. 15 Abs. 3 JI-RL. Abs. 7 setzt
Art. 17 Abs. 1 bis 3 JI-RL um und Abs. 8 Art. 15 Abs. 4 JI-RL.[6]

IV. Verhältnis zu anderen Vorschriften

5   Auf Bundesebene stellt § 57 BDSG das **Äquivalent** zur Vorschrift dar. Dieser wurde vom Landesgesetzgeber **zum Teil wortgleich übernommen.** Im
Unterschied zu § 57 Abs. 2 BDSG macht Abs. 2 die Auskunftserteilung
nicht vom Aufwand für den Verantwortlichen abhängig.[7] Auch wird nicht
vorgesehen, dass die Verarbeitung zu anderen Zwecken durch technische
und organisatorische Maßnahmen ausgeschlossen ist. Hierdurch wird die
betroffene Person in Abs. 2 schlechter gestellt. Zudem wird durch Abs. 2
Nr. 2 die Auskunftserteilung zusätzlich ausgeschlossen, wenn die Daten der
Sicherstellung des ordnungsgemäßen Betriebs einer Datenverarbeitungsanlage dienen. **Unterschiede** bestehen auch in Abs. 3, da dieser im Gegensatz
zu § 57 Abs. 3 BDSG nur eine Mitwirkung der betroffenen Person für die
Auskunft über Daten fordert, die weder automatisiert verarbeitet noch
nicht automatisiert verarbeitet und in einem Dateisystem gespeichert werden. Dies fördert im Vergleich zu § 57 Abs. 3 BDSG die Interessen der betroffenen Person. Schließlich wird dem Verantwortlichen in Abs. 3 Satz 2
das Recht eingeräumt, der betroffenen Person Akteneinsicht statt einer
Auskunft zu gewähren. Auch diese Regelung gibt es in § 57 BDSG nicht.
Zuletzt bestehen in der Vorschrift keine Regelungen, die denen des § 57
Abs. 3, 5 und 7 BDSG entsprechen.

6   Für den Bereich des **Strafvollzugs** ist das **Auskunftsrecht** der betroffenen
Person in § 64 HStrafVG geregelt, der auf diese Vorschrift verweist.

7   Die Vorschrift steht auch in **Verbindung zu § 54 und § 55.** § 54 enthält **allgemeine Regeln,** denen der Verantwortliche entsprechen muss, wenn die
betroffene Person ihre Betroffenenrechte ausübt (→ § 54 Rn. 7 ff.). § 55 behandelt das Recht der betroffenen Person zur **Beschwerde bei der oder dem
HDSB** (→ § 55 Rn. 10 ff.). Abs. 7 stellt insoweit einen Spezialfall zu diesem
allgemeinen Beschwerderecht bezogen auf das Auskunftsrecht dar.[8]

B. Das Recht auf Auskunft und dessen Einschränkungen

8   Die Vorschrift behandelt in **Abs. 1** das **Auskunftsrecht** der betroffenen Person und in den **Abs. 2 bis 5** dessen **Einschränkungen.** Die **Abs. 6 bis 8** enthalten **Verfahrensvorschriften** für den Verantwortlichen, falls dieser von
den Einschränkungen Gebrauch macht.

I. Inhalt und Umfang des Auskunftsrechts (Abs. 1)

9   Das Auskunftsrecht wird nur auf Antrag gewährt. Nach ErwG 43 JI-
RL soll die betroffene Person dieses „problemlos und in angemessenen
Abständen wahrnehmen können". An die **Antragstellung** werden **keine**

---

5 LT-Drs. 19/5728, 118.
6 LT-Drs. 19/5728, 119.
7 S. zur Kritik an § 34 Abs. 1 Nr. 2 BDSG *Golla* in Kühling/Buchner BDSG § 34
   Rn. 9 f.
8 So auch *Kamlah* in Plath BDSG § 57 Rn. 17.

Voraussetzungen gestellt;[9] sie ist auch mündlich möglich.[10] Ob bei häufiger Antragstellung noch „angemessene Abstände" vorliegen, ist anhand der Umstände des Einzelfalls zu ermitteln.[11] Je größer der Umfang der Datenspeicherung und je höher die Eingriffsintensität der Verarbeitung, umso häufigere Antragstellungen werden angemessen sein.[12]

Form und Frist für die Auskunftserteilung richten sich nach § 54. Dies gilt auch für das Vorgehen, wenn **Zweifel** an der **Identität des Antragstellers** bestehen (→ § 54 Rn. 21). 10

Nach Satz 1 kann die betroffene Person zunächst eine **Verarbeitungsbestätigung** verlangen. Handelt es sich nicht um eine **Negativauskunft**, kann darüber hinaus auch Auskunft über die in Satz 2 Nr. 1 bis 8 **aufgezählten Informationen** verlangt werden. Beide Auskunftsanträge können zusammen oder unabhängig voneinander gestellt werden.[13] Wird lediglich „Auskunft" verlangt, ist vor dem Hintergrund, dass die Auskunftserteilung der betroffenen Person eine **Überprüfung der Rechtmäßigkeit der Verarbeitung** ermöglichen soll,[14] davon auszugehen, dass die betroffene Person auch Auskunft über die Informationen nach Satz 2 erhalten möchte.[15] 11

Vor diesem Hintergrund ist auch die **Angabe** lediglich **generalisierender Angaben nicht ausreichend**.[16] Die Angaben nach Nr. 1 zu den verarbeiteten personenbezogenen Daten kann der Verantwortliche in einer Übersicht geben, wobei die Art und Weise der Speicherung oder die Sichtbarkeit der Daten beim Verantwortlichen (im Sinne einer Kopie) nicht angegeben werden müssen. Ein **Auszug aus** dem jeweiligen **Datenverarbeitungssystem** über die Daten zur betroffenen Person iSe Kopie ist jedoch **möglich**.[17] Da nach Nr. 4 nur „Kategorien" anzugeben sind, ist eine Generalisierung der Angaben zu den Übermittlungsempfängern möglich. Bei Nr. 1 sind jedoch nach dem Gesetzeswortlaut die Kategorien, zu der die Daten gehören, zusätzlich zu den verarbeiteten personenbezogenen Daten selbst zu beauskunften und nicht lediglich die Kategorien anzugeben. Die Information über die Herkunft von Daten nach Nr. 2 umfasst nicht die Preisgabe der Identität anderer natürlicher Personen oder vertraulicher Quellen.[18] 12

II. Datenspeicherung zu beschränkten Zwecken (Abs. 2)

Ausweislich der Gesetzesbegründung sollen die in Abs. 2 normierten **Einschränkungen** des Auskunftsrechts für einen **Gleichlauf mit § 33 Abs. 1 Nr. 2** sorgen, so dass auf die Ausführungen hierzu verwiesen werden 13

---

9 *Schwichtenberg* in Kühling/Buchner BDSG § 57 Rn. 2; *Werkmeister* in Gola/Heckmann BDSG § 57 Rn. 8.
10 *Specht-Riemenschneider* in HK-BDSG § 57 Rn. 8.
11 *Kamlah* in Plath BDSG § 57 Rn. 6; *Specht* in HK-DS-GVO Art. 15 Rn. 7.
12 S. hierzu *Specht-Riemenschneider* in HK-BDSG § 57 Rn. 8.
13 *Kamlah* in Plath BDSG § 57 Rn. 3.
14 ErwG 43 JI-RL.
15 So auch *Specht-Riemenschneider* in HK-BDSG § 57 Rn. 10; *Kamlah* in Plath BDSG § 57 Rn. 3.
16 *Schild* in BeckOK DatenschutzR BDSG § 57 Rn. 10; *Specht-Riemenschneider* in HK-BDSG § 57 Rn. 13; *Kamlah* in Plath BDSG § 57 Rn. 5.
17 S. hierzu *Buchmann* in HK-LDSG RhPf § 45 Rn. 35.
18 LT-Drs. 19/5728, 118.

kann[19] (→ § 33 Rn. 11 ff.). Im Unterschied zu § 33 Abs. 1 Nr. 2 muss die
Unionskonformität des Abs. 2 anhand der Vorgaben des **Art. 15 JI-RL** und
nicht nach Art. 23 DS-GVO beurteilt werden. Offenbar soll durch Abs. 2
der Aufwand für den Verantwortlichen minimiert werden.[20] Jedoch lässt
Art. 15 Abs. 1 JI-RL keine Einschränkung des Auskunftsrechts zur **Auf-
wandsvermeidung** zu.[21] Da Abs. 2 auch keine Abwägung mit den Interessen der betroffenen Person fordert, kann diese Regelung nicht als in einer
demokratischen Gesellschaft erforderlich und verhältnismäßig iSd Art. 15
Abs. 1 JI-RL angesehen werden. **Abs. 2** ist daher **unionsrechtswidrig** und
darf nicht angewendet werden.[22]

III. Nicht automatisierte Datenverarbeitung (Abs. 3)

14   Der Gesetzesbegründung entsprechend soll die Vorschrift einen **Gleichlauf
mit § 33 Abs. 4** herbeiführen,[23] so dass auf dessen Kommentierung verwiesen wird (→ § 33 Rn. 24 ff.). Da die **Ausnahme des Abs. 3 außerhalb des
sachlichen Anwendungsbereichs** des Art. 2 Abs. 2 JI-RL liegt, ist sie nicht
an Art. 15 JI-RL zu messen. Insgesamt ist Abs. 3 interessengerecht.

IV. Kein Auskunftsrecht bei eingeschränkter Informationspflicht (Abs. 4)

15   Abs. 4 normiert, dass der Verantwortliche unter den Voraussetzungen des
§ 51 Abs. 2 von der Auskunft nach Abs. 1 Satz 1 absehen oder die Auskunftserteilung nach Abs. 1 Satz 2 teilweise oder vollständig einschränken
kann. Demnach muss der Verantwortliche **keine Auskunft erteilen**, sofern
durch die Auskunftserteilung nach § 51 Abs. 2 Nr. 1 (a) die **Erfüllung der
Aufgaben nach § 40**, (b) die **öffentliche Sicherheit** oder (c) **Rechte oder
Freiheiten Dritter gefährdet** oder nach Nr. 2 dem **Wohle des Bundes** oder
eines **Landes Nachteile bereitet** werden würden und das **Informationsinteresse der betroffenen Person nicht überwiegt**. Da die Einschränkung des
Auskunftsrecht von den Voraussetzungen des § 51 Abs. 2 abhängig gemacht wird und Art. 15 Abs. 1 die gleichen Vorgaben für die nationale
Umsetzung macht wie Art. 13 Abs. 3 für § 51 Abs. 2, kann auf die Kommentierung hierzu verwiesen werden (→ § 51 Abs. 2 Rn. 26 ff.).

16   Ausweislich der Gesetzesbegründung muss die teilweise oder vollständige
Aussetzung der Auskunft Verhältnismäßigkeitsgrundsätzen genügen. In der
Interessenabwägung müssen die **Ziele oder Rechtsgüter**, die durch das Ab-
sehen von der Auskunftserteilung verfolgt werden, in ein **angemessenes
Verhältnis** zur Bedeutung der Auskunftserteilung für die betroffene Person
gebracht werden. Der Verantwortliche hat im Einzelfall zu prüfen, ob die
Auskunft etwa nur teilweise eingeschränkt oder zu einem späteren Zeit-
punkt erteilt werden kann.[24] Dass der Verantwortliche die **Auskunft nach-**

---

19 LT-Drs. 19/5728, 118.
20 So zu § 18 Abs. 4 HDSG *Nungesser* § 18 Rn. 39.
21 So auch *Schantz* in Schantz/Wolff Neues DatenschutzR Rn. 1242; *Paal* in Paal/
    Pauly BDSG § 57 Rn. 7; *Schwichtenberg* in Kühling/Buchner BDSG § 57 Rn. 6.
22 So auch für § 57 Abs. 2 BDSG, der die Auskunftserteilung explizit vom Aufwand
    für den Verantwortlichen abhängig macht *Johannes/Weinhold* Neues Daten-
    schutzR § 1 Rn. 193; aA *Werkmeister* in Gola/Heckmann BDSG § 57 Rn. 5.
23 LT-Drs. 19/5728, 118.
24 LT-Drs. 19/5728, 118.

holen muss, wenn die Gründe für ihre Aussetzung nicht mehr vorliegen, entspricht der **Rechtsprechung des EuGH**[25] und hätte iSd Rechtsklarheit vom Gesetzgeber explizit in Abs. 4 verankert werden sollen.

Liegen keine Daten über die betroffene Person vor, ist im Regelfall eine **Negativauskunft** zu erteilen.[26] Eine **Auskunftsverweigerung** ist nur in solchen Fällen zulässig, „in denen bereits der Möglichkeit des Rückschlusses auf vorhandene Datenspeicherungen **überwiegende staatliche Belange** entgegenstehen".[27] Dafür sollte der Verantwortliche nach Abs. 8 die konkreten **Tatsachen dokumentieren**, aus denen sich eine erhebliche Gefahr für Ermittlungen oder die öffentliche Sicherheit ergibt. Reine Hypothesen, Vermutungen oder allgemeine Erfahrungen genügen für die Verweigerung einer Negativauskunft nicht.[28] 17

V. Auskunftserteilung nur mit der Zustimmung von Sicherheitsbehörden (Abs. 5)

Bezieht sich die Auskunftserteilung auf die **Übermittlung** personenbezogener Daten an **Verfassungsschutzbehörden**, den **Bundesnachrichtendienst**, den **Militärischen Abschirmdienst** und, soweit die Sicherheit des Bundes berührt wird, **andere Behörden des Bundesministeriums der Verteidigung**, ist die Auskunft gemäß Abs. 5 **nur mit Zustimmung** dieser Stellen zulässig. Die betroffene Person soll nicht „übers Eck" von der Verarbeitung ihrer Daten bei Sicherheitsbehörden erfahren[29] und hierdurch deren Arbeit beeinträchtigen.[30] Eine **Zustimmung** ist auch schon für die **Benachrichtigung der betroffenen Person** nach § 51 Abs. 3 einzuholen. Da sich auch Art. 15 Abs. 1 lit. d und Art. 13 Abs. 3 lit. d JI-RL entsprechen, kann auf die Kommentierung zu § 51 Abs. 3 verwiesen werden (→ § 51 Rn. 37 f.). 18

Ein Auskunftsverlangen **gegenüber Sicherheitsbehörden** richtet sich nach den bereichsspezifischen Regelungen, wie zB § 15 BVerfSchG, § 22 BNDG oder § 9 MADG.[31] 19

VI. Unterrichtung der betroffenen Person bei Auskunftsverweigerung (Abs. 6)

Wird die Auskunft nicht oder nicht vollständig erteilt, hat der Verantwortliche die betroffene Person nach Abs. 6 Satz 1 hierüber **unverzüglich** zu unterrichten. Die **Unterrichtung** nach Satz 1 hat nach Satz 3 weiterhin eine **Begründung** zu enthalten. In dieser sind die **sachlichen und rechtlichen Gründe** für das Absehen von oder die Einschränkung der Auskunft zu nennen.[32] 20

---

25 EuGH ECLI:EU:C:2017:592 Rn. 220.
26 So auch *Weichert* NVwZ 2007, 1004 (1007); *Buchmann* in HK-LDSG RhPf § 45 Rn. 49.
27 BVerfG NVwZ 2001, 185 (185); s. dazu näher *Weichert* NVwZ 2007, 1004 (1007).
28 *Weichert* NVwZ 2007, 1004 (1007).
29 *Werkmeister* in Gola/Heckmann BDSG § 57 Rn. 21.
30 *Schild* in BeckOK DatenschutzR BDSG § 57 Rn. 23.
31 S. hierzu näher *Werkmeister* in Gola/Heckmann BDSG § 57 Rn. 23.
32 ErwG 45 JI-RL.

21   Nach Satz 2 darf die **Unterrichtung unterbleiben,** wenn diese eine **Gefähr-dung gem. § 51 Abs. 2** mit sich bringen würde (→ § 51 Rn. 26 ff.). In diesen Fällen bleibt das Auskunftsersuchen der betroffenen Person unbeantwortet. Liegt keine Gefährdung iSd § 51 Abs. 2 vor, ist eine Unterrichtung der betroffenen Person vorzunehmen. Diese muss jedoch nach Satz 3 nicht begründet werden, wenn die **Mitteilung der Gründe** den mit dem Absehen von oder der Einschränkung der Auskunft **verfolgten Zweck gefährden** würde. Dies ist zB der Fall, wenn sich aus den Gründen Rückschlüsse auf geheim zu haltende Tatsachen ergeben und damit der Ermittlungserfolg gefährdet werden würde.[33]

VII. Auskunftsrecht über die oder HDSB (Abs. 7)

22   Findet eine Unterrichtung nach Abs. 6 statt, darf die betroffene Person ihr **Auskunftsrecht** nach Abs. 7 Satz 1 **über die oder den HDSB** ausüben. Da die Vorschrift bis auf den Verweis auf § 55 statt auf Art. 77 DS-GVO mit der Regelung des § 33 Abs. 3 übereinstimmt und der Landesgesetzgeber damit einen Gleichlauf beider Regelungen erzielen wollte,[34] kann auf die Kommentierung zu § 33 Abs. 3 verwiesen werden (→ § 33 Rn. 20 ff.).

VIII. Dokumentationspflicht des Verantwortlichen (Abs. 8)

23   Unabhängig davon, ob der Verantwortliche der betroffenen Person nach Abs. 6 die sachlichen und rechtlichen Gründe gegen eine vollständige Auskunftserteilung mitteilt, sind diese in jedem Fall nach Abs. 8 zu dokumentieren.[35] Die **Dokumentation ermöglicht** der oder dem HDSB bei Bedarf eine **Überprüfung der Entscheidung des Verantwortlichen.**[36] Obwohl die Vorgabe aus Art. 15 Abs. 4 Satz 2 JI-RL, wonach diese Angaben der Aufsichtsbehörde zur Verfügung zu stellen sind, nicht in der Vorschrift umgesetzt wurde, muss Abs. 8 **richtlinienkonform** dahin gehend ausgelegt werden, dass der Verantwortliche seine Dokumentation **auf Anfrage** dieser **zur Verfügung stellen** muss.[37] Dies ergibt sich bereits aus § 14 Abs. 4 Nr. 1 (→ § 14 Rn. 33 f.). Damit die oder der HDSB prüfen kann, ob die Ablehnung oder Einschränkung der Auskunft angemessen ist, darf die Dokumentation nicht abstrakt sein, sondern muss den jeweiligen Einzelfall substantiiert abbilden.[38]

24   Bedeutsam ist ebenfalls, dass die **sachlichen und rechtlichen Gründe** gegen die vollständige Auskunftserteilung im Fall einer Klage der betroffenen Person, einer **vollständigen gerichtlichen Rechtskontrolle** unterliegen und sich der Verantwortliche gegenüber dem Verwaltungsgericht nicht auf § 52 Abs. 6 Satz 3 berufen kann, um sich einer Begründung zu entziehen, da diese Regelung nur das Verhältnis des Verantwortlichen zur betroffenen Person betrifft. Eine Verweigerung der Begründung gegenüber dem Gericht

---

33   *Werkmeister* in Gola/Heckmann BDSG § 57 Rn. 27.
34   LT-Drs. 19/5728, 112.
35   LT-Drs. 19/5728, 119.
36   *Schwichtenberg* in Kühling/Buchner BDSG § 57 Rn. 12.
37   So auch für § 57 Abs. 8 BDSG *Schwichtenberg* in Kühling/Buchner BDSG § 57 Rn. 13.
38   So auch *Schild* in BeckOK DatenschutzR BDSG § 57 Rn. 40; *Franck* in HK-DSG NRW § 49 Rn. 52.

verstößt gegen die Rechtsschutzgarantie nach Art. 19 Abs. 4 GG, da ohne diese eine gerichtliche Kontrolle nicht möglich ist. Die Verweigerung der Begründung gegenüber dem Gericht ist daher rechtswidrig.[39]

C. Würdigung

Zusammenfassend ergibt sich bei dieser Vorschrift ein **gemischtes Bild bezüglich der Umsetzung** der Art. 14 und 15 JI-RL. Einerseits wird der betroffenen Person über Abs. 1 ein Auskunftsrecht gewährt, das in seinem Umfang über § 18 Abs. 3 HDSG hinausgeht und somit die **betroffene Person** im Vergleich zur alten Rechtslage **bessergestellt**. Jedoch können die **Einschränkungen** des Auskunftsrechts in den Abs. 2 und 4 **nicht** als **gelungene Umsetzung** des Art. 15 JI-RL bezeichnet werden. Die Regelung in Abs. 2 ist unionsrechtswidrig und darf daher nicht angewendet werden. Die Ausnahme nach Abs. 4 geht ebenfalls über das hinaus, was Art. 15 JI-RL für die Umsetzung vorgibt.

25

§ 53 Rechte auf Berichtigung und Löschung sowie Einschränkung der Verarbeitung

(1) [1]Die betroffene Person hat das Recht, von dem Verantwortlichen unverzüglich die Berichtigung sie betreffender unrichtiger Daten zu verlangen. [2]Insbesondere im Fall von Aussagen oder Bewertungen betrifft die Frage der Richtigkeit nicht den Inhalt der Aussage oder der Bewertung. [3]Wenn die Richtigkeit oder Unrichtigkeit der Daten nicht festgestellt werden kann, tritt an die Stelle der Berichtigung eine Einschränkung der Verarbeitung. [4]In diesem Fall hat der Verantwortliche die betroffene Person zu unterrichten, bevor er die Einschränkung wieder aufhebt. [5]Die betroffene Person kann zudem die Vervollständigung unvollständiger personenbezogener Daten verlangen, wenn dies unter Berücksichtigung der Verarbeitungszwecke angemessen ist.

(2) Die betroffene Person hat das Recht, von dem Verantwortlichen unverzüglich die Löschung sie betreffender Daten zu verlangen, wenn deren Verarbeitung unzulässig ist, deren Kenntnis für die Aufgabenerfüllung nicht mehr erforderlich ist oder diese zur Erfüllung einer rechtlichen Verpflichtung gelöscht werden müssen.

(3) [1]Anstatt die personenbezogenen Daten zu löschen, kann der Verantwortliche deren Verarbeitung einschränken, wenn
1. Grund zu der Annahme besteht, dass eine Löschung schutzwürdige Interessen einer betroffenen Person beeinträchtigen würde,
2. die Daten zu Beweiszwecken weiter aufbewahrt werden müssen oder
3. eine Löschung wegen der besonderen Art der Speicherung nicht oder nur mit unverhältnismäßig hohem Aufwand möglich ist.
[2]In ihrer Verarbeitung nach Satz 1 eingeschränkte Daten dürfen nur zu dem Zweck, der ihrer Löschung entgegenstand, oder sonst mit Einwilligung der betroffenen Person verarbeitet werden.

---

39 So zu § 19 Abs. 5 BDSG aF VG Wiesbaden BeckRS 2016, 43310.

(4) Bei automatisierten Dateisystemen ist technisch sicherzustellen, dass eine Einschränkung der Verarbeitung eindeutig erkennbar ist und eine Verarbeitung für andere Zwecke nicht ohne weitere Prüfung möglich ist.

(5) [1]Hat der Verantwortliche eine Berichtigung vorgenommen, hat er der Stelle, die ihm die personenbezogenen Daten zuvor übermittelt hat, die Berichtigung mitzuteilen. [2]In Fällen der Berichtigung, Löschung oder Einschränkung der Verarbeitung nach Abs. 1 bis 3 hat der Verantwortliche Empfängern, denen die Daten übermittelt wurden, diese Maßnahmen mitzuteilen. [3]Der Empfänger hat die Daten zu berichtigen, zu löschen oder ihre Verarbeitung einzuschränken.

(6) [1]Der Verantwortliche hat die betroffene Person über ein Absehen von der Berichtigung oder Löschung personenbezogener Daten oder über die an deren Stelle tretende Einschränkung der Verarbeitung schriftlich zu unterrichten. [2]Dies gilt nicht, soweit bereits die Erteilung dieser Informationen eine Gefährdung im Sinne des § 51 Abs. 2 mit sich bringen würde. [3]Die Unterrichtung nach Satz 1 ist zu begründen, es sei denn, dass die Mitteilung der Gründe den mit dem Absehen von der Unterrichtung verfolgten Zweck gefährden würde.

(7) § 52 Abs. 7 und 8 findet entsprechende Anwendung.

Literatur:

Franck, Das System der Betroffenenrechte nach der Datenschutz-Grundverordnung (DS-GVO), RDV 2016, 111; *Art.-29-Datenschutzgruppe*, Opinion on some key issues of the Law Enforcement Directive (EU 2016/680), WP 258, 2017; *Piltz*, Die Datenschutz-Grundverordnung. Teil 2: Rechte der Betroffenen und korrespondierende Pflichten des Verantwortlichen, K&R 2016, 629; *Weinhold/Johannes*, Europäischer Datenschutz in Strafverfolgung und Gefahrenabwehr, DVBl 2016, 1501.

A. Allgemeines

I. Bedeutung der Vorschrift

1　Die Vorschrift behandelt die **Rechte auf Berichtigung** und **Löschung** sowie auf **Einschränkung der Verarbeitung** sowie die Ausnahmen hiervon. Die Vorschrift gilt nur für die Datenverarbeitung zu Zwecken des § 40. Im dritten Teil des Gesetzes befindet sie sich wie die Vorschriften zu den übrigen Rechten der betroffenen Personen im dritten Abschnitt.

II. Entstehungsgeschichte

Als **Vorgängervorschrift** behandelte § 19 HDSG die Berichtigung, Sperrung   2
und Löschung. Im Unterschied zur Vorschrift differenzierte dieser jedoch nicht zwischen den Rechten der betroffenen Person und den korrespondierenden Pflichten des Verantwortlichen. Obwohl es sich bei der Vorschrift um eine **umfassende Neuregelung** zur Umsetzung der JI-RL handelt, sind zum Teil starke **inhaltliche Anlehnungen** an die Vorgängervorschrift erkennbar. Die Vorschrift wurde gegenüber dem Gesetzentwurf[1] im Gesetzgebungsverfahren nicht verändert.

III. Unionsrechtliche Regelungen

Art. 16 JI-RL adressiert gleichermaßen die Rechte der betroffenen Person   3
auf Berichtigung, Löschung und Einschränkung der Verarbeitung wie auch die spiegelbildlichen Pflichten des Verantwortlichen, die auch antragsunabhängig bestehen. Die Vorschrift dient der **Umsetzung von Art. 16 Abs. 2 JI-RL** hinsichtlich der **antragsabhängigen Betroffenenrechte.**[2]

Das **Recht auf informationelle Selbstbestimmung** wird der betroffenen Per-   4
son im **Mehrebenensystem der Grundrechte** umfassend durch Art. 8 Abs. 1 GRCh, durch Art. 2 Abs. 1 iVm Art. 1 Abs. 1 GG und durch Art. 12 a Satz 1 HV gewährt. Dieses Recht kann durch die Verarbeitung unrichtiger, verkürzter oder missverständlicher Daten gefährdet werden, weshalb das Berichtigungsrecht sogar explizit in Art. 8 Abs. 2 Satz 2 2. Alt. GRCh verankert ist. Eine **Gefährdung** können auch umfangreiche Datensammlungen darstellen, die Daten enthalten, die gar nicht mehr erforderlich sind, weshalb dem Löschungsrecht als zentrales Eingriffs- und Steuerungsrecht eine wichtige Stellung innerhalb der Betroffenenrechte zukommt (→ § 34 Rn. 1).

IV. Verhältnis zu anderen Vorschriften

Auch ohne einen Antrag der betroffenen Person darf der Verantwortliche   5
bei der Berichtigung und Löschung von Daten und der Einschränkung von Verarbeitungen nicht untätig bleiben. Vielmehr besteht in § 70 eine zu dieser **Vorschrift spiegelbildliche Verpflichtung,**[3] so dass der Verantwortliche auch ohne entsprechende Anträge tätig werden muss und bei Erfüllung der Voraussetzungen des § 70 Daten von sich aus berichtigen, löschen oder die Verarbeitung einschränken muss (→ § 70 Rn. 1).

Die Vorschrift konkretisiert darüber hinaus die **Datenschutzgrundsätze**[4]   6
Datenrichtigkeit aus § 42 Nr. 4, Datenminimierung aus § 42 Nr. 3 und Speicherbegrenzung aus § 42 Nr. 5 (→ § 42 Rn. 25 ff.). Zudem steht Abs. 5

---

1 LT-Drs. 19/5728, 32 f.
2 S. hierzu auch *Weinhold/Johannes* DVBl 2016, 1501 (1505).
3 LT-Drs. 19/5728, 119.
4 S. hierzu *Roßnagel* in Simitis/Hornung/Spiecker gen. Döhmann DS-GVO Art. 5 Rn. 116 ff.

in Verbindung mit § 69, der den Verantwortlichen dazu verpflichtet, die **Qualität von personenbezogenen Daten** vor ihrer Übermittlung oder Bereitstellung zu **überprüfen**, damit unrichtige Daten nicht übermittelt werden (→ § 69 Rn. 15 f.).

B. Rechte auf Berichtigung, Löschung und Einschränkung der Verarbeitung

I. Recht auf Berichtigung und Vervollständigung unvollständiger Daten (Abs. 1)

7   Abs. 1 behandelt das Recht der betroffenen Person auf **unverzügliche Berichtigung** unrichtiger Daten und auf **Vervollständigung** unvollständiger Daten, wobei die Unvollständigkeit einen Unterfall der Unrichtigkeit darstellt.[5]

8   Da **unrichtige Daten schwerwiegende Nachteile** für die betroffene Person nach sich ziehen können, muss der Verantwortliche dem Antrag der betroffenen Person **unverzüglich**, dh ohne schuldhaftes Zögern,[6] nachkommen. Die Artikel-29-Datenschutzgruppe spricht sich für eine **Antragsbearbeitung innerhalb eines Monats** aus.[7]

1. Berichtigung unrichtiger Daten (Satz 1 und 2)

9   Eine Berichtigung kann durch Änderung, Löschung, Fortschreibung oder Bezugnahme erfolgen.[8] Die **Gründe** und der **Umfang der Unrichtigkeit** von Daten sind **unerheblich**. Entscheidend ist nur, ob die Daten zum **Zeitpunkt des Antrags unrichtig** sind. Einfache Grammatik- und Rechtschreibfehler müssen jedoch nicht berichtigt werden, wenn ihnen kein eigener Aussagegehalt zukommt oder sie die Bedeutung der Daten nicht verändern können.[9]

10   Satz 2 stellt klar, dass sich das **Berichtigungsrecht** nur auf **Tatsachen** bezieht, die die betroffene Person berühren. Bei **Aussagen oder Bewertungen** soll nur ihre Existenz vom Berichtigungsrecht erfasst sein und nicht ihre Inhalte. Die Gesetzesbegründung stellt auf ErwG 47 JI-RL ab.[10] Dieser führt in Satz 2 aus, dass sich das Berichtigungsrecht nicht auf den Inhalt von **Zeugenaussagen** beziehen soll. ErwG 30 Satz 2 JI-RL erklärt, dass Aussagen auf der **subjektiven Wahrnehmung des Einzelnen** beruhen und daher **nicht** immer **nachprüfbar** sind. Es ist daher die Aufgabe des Gerichts die Beweiswürdigung von Zeugenaussagen vorzunehmen.[11]

11   Nach der Gesetzesbegründung soll sich das Berichtigungsrecht auch nicht auf **polizeifachliche Bewertungen** beziehen.[12] Weder Art. 16 JI-RL noch die ErwG 30 und 47 nennen jedoch Bewertungen oder polizeifachliche Bewer-

---

5   BVerwG NVwZ 2004, 626 (627); *Mallmann* in Simitis BDSG § 20 Rn. 12.
6   *Nolte/Werkmeister* in Gola/Heckmann BDSG § 58 Rn. 12.
7   Art.-29-Datenschutzgruppe WP 258, 21.
8   *Worms* in BeckOK DatenschutzR BDSG § 58 Rn. 22.
9   So auch *Worms* in BeckOK DatenschutzR BDSG § 58 Rn. 27; *Nolte/Werkmeister* in Gola/Heckmann BDSG § 58 Rn. 4.
10   LT-Drs. 19/5728, 119.
11   *Nolte/Werkmeister* in Gola/Heckmann BDSG § 58 Rn. 5.
12   LT-Drs. 19/5728, 119.

tungen, die vom Berichtigungsrecht ausgeschlossen werden sollen. Grundsätzlich können Bewertungen sämtliche Einschätzungen von Verantwortlichen, die Zwecke nach § 40 Abs. 1 und 2 verfolgen, umfassen und personenbezogene Daten enthalten.[13] Diese generell vom Berichtigungsrecht auszuschließen ist problematisch, da die **Beeinträchtigungen** für die betroffene Person aufgrund **von negativen Bewertungen** gerade im spezifischen Anwendungsbereich des § 40 **beträchtlich** sein können.[14] Bewertungen wären auch dann nicht korrekturfähig, wenn sie zB auf Basis unrichtiger personenbezogener Daten getroffen wurden und sich diese Fehlerhaftigkeit auf die Bewertung niederschlägt.[15] Es ist daher nicht sachgerecht, Bewertungen vom Berichtigungsrecht auszuschließen. Zumal in diesen regelmäßig auch **Tatsachenangaben** enthalten sein werden, die einem **Berichtigungsanspruch** unterliegen müssen, auch um vorzubeugen, dass der Verantwortliche womöglich Tatsachen als Werturteil oder Bewertung deklariert zu dem Zweck, einen Anspruch auf Berichtigung auszuschließen.[16]

2. Einschränkung der Verarbeitung in non liquet-Fällen (Satz 3 und 4)

Kann die Richtigkeit oder Unrichtigkeit von Daten nicht festgestellt werden, handelt es sich um einen **non-liquet-Fall.** Für diese Fälle sieht Satz 3 statt einer Berichtigung eine **Einschränkung der Verarbeitung** vor. Zwar sieht Art. 16 Abs. 3 Satz 1 lit. a JI-RL die Einschränkung der Verarbeitung als Alternative zur Löschung vor. Da Art. 16 Abs. 1 JI-RL bei der Verarbeitung unrichtiger Daten, jedoch ihre Berichtigung und nicht ihre Löschung vorsieht, wird in Satz 3 die **systematische Unstimmigkeit** der JI-RL **korrigiert.** Der Gesetzesbegründung ist zu entnehmen, dass die reine Behauptung der Unrichtigkeit nicht ausreichend ist. Vielmehr muss die betroffene Person ihre **Behauptung** in geeigneter Weise **untermauern.** Dies soll dem **Schutz der polizeilichen Arbeit** und der Vermeidung unverhältnismäßigen Prüfaufwands dienen.[17]   **12**

Soll eine **Einschränkung aufgehoben** werden, muss die betroffene Person im Vorfeld über die geplante Aufhebung informiert werden. Die betroffene Person kann dann prüfen, ob sie gegen die Aufhebung eine **Beschwerde** bei der **Aufsichtsbehörde** oder **gerichtlichen Rechtsbehelf** einlegen möchte.[18] Die Vorschrift sagt jedoch nicht, wann eine Aufhebung zulässig ist. Als **zulässiger Grund** für eine Aufhebung kommt nur die Feststellung der Datenrichtigkeit in Betracht.[19] Bei eindeutiger Unrichtigkeit sind die Daten hingegen zu löschen, wenn keine Ausnahmegründe vorliegen.   **13**

3. Vervollständigung unvollständiger Daten (Satz 5)

Da missverständliche, verkürzte, irreführende oder lückenhafte Daten das **Recht auf informationelle Selbstbestimmung** der betroffenen Person ge-   **14**

---

13   *Dammann* in Simitis BDSG § 3 Rn. 12.
14   S. hierzu ausführlich *Worms* in BeckOK DatenschutzR BDSG § 58 Rn. 31 ff.
15   *Braun* in HK-LDSG RhPf § 46 Rn. 16.
16   So auch *Worms* in BeckOK DatenschutzR BDSG § 58 Rn. 34, 36.
17   LT-Drs. 19/5728, 119.
18   *Nolte/Werkmeister* in Gola/Heckmann BDSG § 58 Rn. 7; *Otto* in HK-BDSG § 58 Rn. 16.
19   So auch *Otto* in HK-BDSG § 58 Rn. 16.

fährden können, wird dieser gegenüber dem Verantwortlichen ein **Recht auf Vervollständigung** der betreffenden Daten eingeräumt. Da sich der Umfang der Daten stets nach dem **Zweck der Verarbeitung** zu richten hat, besteht der Berichtigungsanspruch nicht grenzenlos, sondern in einem angemessenen Verhältnis zum jeweiligen Verarbeitungszweck.

15 Insbesondere wenn der ursprüngliche legitime Zweck wegfällt und durch einen anderen ersetzt wird, werden Daten aus ihrem **ursprünglichen Kontext herausgelöst**, so dass sich ihr Aussagegehalt, auch vor dem Hintergrund ihrer Verbindung mit anderen Daten, verändern kann. Der Verantwortliche hat daher **im Einzelfall** in Bezug auf den jeweiligen Verarbeitungszweck abzuwägen, ob **eine Gefährdung für die betroffene Person vorliegt** und die Daten daher vervollständigt werden müssen.[20]

II. Recht auf Löschung (Abs. 2)

16 Abs. 2 gewährt ein Recht auf **unverzügliche Löschung** (→ § 34 Rn. 5 ff.), wenn die **Datenverarbeitung unzulässig** (Var. 1), die Kenntnis der Daten zur **Aufgabenerfüllung nicht** mehr **erforderlich** ist (Var. 2) oder die Daten aufgrund **rechtlicher Verpflichtung** zu löschen sind (Var. 3).

17 Eine **unzulässige Datenverarbeitung** liegt vor, wenn der Verantwortliche **keine Rechtsgrundlage** für diese hat. Entscheidend ist der Zeitpunkt der Antragstellung. Erteilt die betroffene Person zu einer unzulässigen Datenverarbeitung eine **Einwilligung**, so wird diese Datenverarbeitung zulässig, so dass die Löschpflicht entfällt.[21]

18 **Rechtliche Verpflichtungen** zur Löschung müssen nicht datenschutzrechtlichen Vorschriften entstammen.[22] **Spezifische Löschfristen** können sich zB aus dem HSOG, der StPO oder dem BZRG ergeben.[23]

III. Recht auf Einschränkung der Verarbeitung (Abs. 3)

19 Abs. 3 bestimmt die Voraussetzungen, unter denen eine **Einschränkung der Verarbeitung statt** einer **Löschung** vorgenommen werden kann. Darunter fallen Fälle, bei denen dem Grunde nach ein Löschanspruch besteht, der Löschung aber widerstreitende Interessen entgegenstehen.[24]

20 § 41 Nr. 3 definiert die „Einschränkung der Verarbeitung" als „die Markierung gespeicherter personenbezogener Daten mit dem Ziel, ihre künftige Verarbeitung einzuschränken". In ErwG 47 Satz 6 sind mit der Sperrung von Daten und ihrer Übertragung auf ein anderes Verarbeitungssystem beispielhafte **Methoden zur Einschränkung** benannt. Bei automatisierten Dateisystemen soll die Einschränkung grundsätzlich durch **technische Mittel** erfolgen.

---

20 *Worms* in BeckOK DatenschutzR BDSG § 58 Rn. 39; *Nolte/Werkmeister* in Gola/Heckmann BDSG § 58 Rn. 8.
21 So auch *Nolte/Werkmeister* in Gola/Heckmann BDSG § 58 Rn. 10; *Worms* in BeckOK DatenschutzR BDSG § 58 Rn. 41.
22 *Nolte/Werkmeister* in Gola/Heckmann BDSG § 58 Rn. 12; *Schwichtenberg* in Kühling/Buchner BDSG § 58 Rn. 6.
23 *Braun* in HK-LDSG RhPf § 46 Rn. 34.
24 *Nolte/Werkmeister* in Gola/Heckmann, § 58 Rn. 13; *Braun* in HK-LDSG RhPf § 46 Rn. 35; *Worms* in BeckOK DatenschutzR BDSG § 58 Rn. 49.

Satz 1 Nr. 1 betrifft Fälle, in denen der Verantwortliche **Grund zur Annah-**   21
me hat, dass eine **Löschung schutzwürdige Interessen** einer betroffenen Person **beeinträchtigen würde**. Nach der Gesetzesbegründung und ErwG 47
Satz 4 JI-RL sind die **schutzwürdigen Interessen des Antragstellers** maßgeblich.[25] Als solche kommen zB **Rehabilitationsinteressen**, mögliche **Scha-**
densersatzansprüche oder nicht abgeschlossene **Auskunftsverlangen** in Betracht.[26] Ausreichend ist ein Grund zur Annahme einer Beeinträchtigung,
eine Abwägung der gegenüberstehenden Interessen muss nicht vorgenommen werden.[27]

Der Fall des Satzes 1 Nr. 1 betrifft **Löschungen aufgrund objektiver Lö-**   22
schungspflichten des Verantwortlichen. Stellt die betroffene Person einen
Löschantrag, wird diesem in der Regel nachzukommen sein und es nicht
ausreichend sein, die Verarbeitung einzuschränken, da die betroffene Person selbstbestimmt über ihre datenschutzrechtlichen Belange entscheiden
können muss. Bestehen **Zweifel** an der Kenntnis der betroffenen Person bezüglich der **Reichweite einer Löschung**, so muss diese durch den Verantwortlichen aufgeklärt werden. Wird dennoch eine Löschung verlangt, kann
diese allenfalls unterbleiben, wenn das Verlangen offenkundig irrational ist
und die betroffene Person durch die Löschung in erheblicher Weise geschädigt werden würde.[28]

Satz 1 Nr. 2 betrifft Fälle, in denen die Daten zu **Beweiszwecken** weiter auf-   23
bewahrt werden müssen. Die Beweislast für die **Notwendigkeit der Aufbe-**
wahrung trägt der Verantwortliche,[29] so dass die Gründe hierfür sorgfältig
dokumentiert werden sollten.

Satz 1 Nr. 3 dient dem Schutz der Interessen des Verantwortlichen, indem   24
er ihn von der Löschpflicht entbindet, wenn die **Löschung** wegen der **be-**
sonderen Art der Speicherung nicht oder **nur mit unverhältnismäßig hohem**
Aufwand möglich ist. Laut Gesetzesbegründung soll diese Ausnahme **re-**
striktiv angewendet werden, da die vom Verantwortlichen eingesetzte IT-
Infrastruktur im Grundsatz so beschaffen sein muss, dass eine Löschpflicht
auch technisch realisiert werden kann.[30]

Zu beachten ist jedoch, dass Art. 16 Abs. 3 JI-RL **keine** solche **Ausnahme-**   25
regelung vorsieht. Da diese Ausnahme die Rechte der betroffenen Personen
in unzulässiger Weise einschränkt und **unionswidrig** ist, ist sie nicht anzuwenden.[31] Zudem steht sie auch § 66 Abs. 1 entgegen, der eine Umsetzung
der Datengrundsätze durch Technikgestaltung anordnet. (→ § 66
Rn. 10 ff.).

---

25 S. auch zB *Braun* in HK-LDSG RhPf § 46 Rn. 38; *Otto* in HK-BDSG § 58 Rn. 25.
26 *Raum* in Auernhammer BDSG § 58 Rn. 15; *Nolte/Werkmeister* in Gola/Heckmann
    BDSG § 58 Rn. 13.
27 *Nolte/Werkmeister* in Gola/Heckmann BDSG § 58 Rn. 15.
28 So auch *Worms* in BeckOK DatenschutzR BDSG § 58 Rn. 46.
29 *Worms* in BeckOK DatenschutzR BDSG § 58 Rn. 47; *Werkmeister* in Gola/Heck-
    mann BDSG § 58 Rn. 16.
30 LT-Drs. 19/5728, 119.
31 So auch *Johannes/Weinhold* Neues DatenschutzR § 1 Rn. 197; *Schwichtenberg* in
    Kühling/Buchner BDSG § 58 Rn. 7; *Franck* in HK-DSG NRW § 50 Rn. 2; *Otto* in
    HK-BDSG § 58 Rn. 27.

26   Ist die Datenverarbeitung nach Satz 1 eingeschränkt, gestattet Satz 2 diese Daten nur noch zu dem Zweck, der ihrer Löschung entgegenstand oder mit Einwilligung der betroffenen Person zu verarbeiten. Die in Satz 2 getroffene Regelung sieht die JI-RL nicht vor. Da es jedoch nicht das Ziel der JI-RL ist, die Verarbeitung vollständig auszuschließen, kann in Satz 2 eine **Konkretisierung des Begriffs der Einschränkung** und des verbleibenden zulässigen Umfangs der Verarbeitung gesehen werden.[32]

IV. Einschränkung der Verarbeitung bei automatisierten Datensystemen (Abs. 4)

27   Abs. 4 regelt, dass die **Verarbeitungseinschränkung bei automatisierten Datensystemen** durch technische Mittel sicherzustellen ist, dass diese **eindeutig erkennbar** ist und dass eine **Verarbeitung für andere Zwecke** nicht ohne weitere Prüfung möglich ist. Die Erkennbarkeit der Einschränkung lässt sich zB durch das Setzen vor Markierungen erreichen.[33]

V. Unterrichtungspflicht an Empfänger (Abs. 5)

28   Regelmäßig werden Daten nicht nur von einem Verantwortlichen verarbeitet, sondern **an andere Stellen übermittelt.** Sind Daten unrichtig, kann ihre Streuung einen Eingriff in das Recht auf informationelle Selbstbestimmung vertiefen.[34] Da die betroffene Person im Zweifel nicht weiß, an welche Empfänger ihre unrichtigen Daten übermittelt wurden, bestehen in Abs. 5 **Unterrichtungspflichten** für den Verantwortlichen. Diese entlasten die betroffene Person, damit sie sich auch bei Kenntnis der Empfänger nicht an jeden einzelnen separat wenden muss.[35]

29   Satz 1 behandelt die Verpflichtung des Verantwortlichen, **Berichtigungen** an Stellen zu **melden,** von denen die unrichtigen Daten stammen. Hat der Verantwortliche zur Erfüllung der Abs. 1 bis 3 Daten berichtigt, gelöscht oder ihre Verarbeitung eingeschränkt, hat er nach Satz 2 allen **Empfängern,** denen diese Daten übermittelt wurden, seine **durchgeführten Maßnahmen mitzuteilen.** Durch Satz 3 werden die Empfänger ihrerseits verpflichtet, diese Daten entsprechend zu berichtigen, zu löschen oder ihre Verarbeitung einzuschränken, wenn die entsprechenden Voraussetzungen erfüllt sind. Damit Empfänger das Vorliegen der Voraussetzungen prüfen können, ist aus der Zusammenschau von Satz 3 und § 69 Abs. 2 Satz 3 zu schließen, dass der Verantwortliche bei der Unterrichtung der Empfänger auch die Informationen, wie zB die erbrachten Nachweise der betroffenen Person über die Unrichtigkeit der Daten, beizufügen hat.[36]

30   Zu beachten ist in diesem Zusammenhang jedoch der **Empfängerbegriff** (→ § 41 Nr. 10 Rn. 46 ff.). Nach § 41 Nr. 10 Satz 2 sind „Behörden, die im Rahmen eines bestimmten Untersuchungsauftrags nach dem Recht der Mitgliedstaaten möglicherweise personenbezogene Daten erhalten", keine Empfänger, so dass an diese Stellen keine Mitteilungen erfolgen müssen.

---

32   *Johannes/Weinhold* Neues DatenschutzR § 1 Rn. 197.
33   *Braun* in HK-LDSG RhPf § 46 Rn. 55.
34   *Worms* in BeckOK DatenschutzR BDSG § 58 Rn. 12.
35   *Franck* in HK-DSG NRW § 50 Rn. 30.
36   *Franck* in HK-DSG NRW § 50 Rn. 31.

VI. Unterrichtung der betroffenen Person (Abs. 6)

Abs. 6 behandelt die Pflicht des Verantwortlichen, **die betroffene Person** 31
schriftlich zu **unterrichten,** wenn er entgegen des Antrags die Berichtigung,
Löschung oder Einschränkung der Verarbeitung nicht oder nicht vollständig vorgenommen hat. Die Pflicht besteht nicht, wenn die Informationen
eine Gefährdung nach § 51 Abs. 2 nach sich ziehen würde (→ § 51
Rn. 26 ff.). Gemäß Satz 3 ist das Absehen von der Antragserfüllung zu begründen, es sei denn, dass die Mitteilung der Gründe den mit dem Absehen
von der Unterrichtung verfolgten Zweck gefährden würde.

VII. Anrufung der oder des HDSB (Abs. 7)

Abs. 7 verweist für die Fälle des Abs. 6 weitgehend auf die Regelungen in 32
§ 52 **Abs. 7** und schreibt die **entsprechende Anwendung von § 52 Abs. 8**
vor (→ § 52 Rn. 22 ff.).

C. Würdigung

Die **Umsetzung** des Art. 16 JI-RL ist in der Vorschrift **nicht vollends gelun-** 33
gen, da zentrale Vorgaben des Art. 16 JI-RL nicht hinreichend beachtet
worden sind. Allerdings wurde die **systematische Unstimmigkeit** aus
Art. 16 Abs. 3 Satz 1 lit. a JI-RL in Abs. 1 Satz 3 **korrigiert.**

Abs. 3 Satz 1 Nr. 3 schränkt die Rechte der betroffenen Person in unzuläs- 34
siger Weise ein. Da sich eine derart weite Ausnahme nicht in Art. 16 JI-
RL findet, ist die Regelung **unionsrechtswidrig** und darf nicht angewendet
werden. **Zweifel** an der **Unionsrechtskonformität** besteht auch hinsichtlich
der Regelung des Abs. 1 Satz 2, der neben Aussagen auch den Inhalt von
Bewertungen vom Berichtigungsrecht ausnimmt, obwohl diese Ausnahme
nicht in Art. 16 JI-RL enthalten ist.[37] **Zum Nachteil** der betroffenen Person
wirkt sich auch aus, dass nicht alle empfangenden Stellen die Mitteilung
nach Abs. 5 Satz 2 erhalten, sondern nur solche, die die dem **Empfängerbe-**
griff unterfallen. ISe umfassenden Schutzes der betroffenen Person wäre es
besser gewesen, wenn sämtliche empfangenden Stellen diese Mitteilung bekommen würden.[38]

§ 54 Verfahren für die Ausübung der Rechte der betroffenen Person

(1) ¹Der Verantwortliche hat mit betroffenen Personen unter Verwendung
einer klaren und einfachen Sprache in präziser, verständlicher und leicht
zugänglicher Form zu kommunizieren. ²Unbeschadet besonderer Formvorschriften soll er bei der Beantwortung von Anträgen die für den Antrag gewählte Form verwenden. ³Bei der Auswahl des Mediums sind die Anforderungen des § 59 zu beachten.

(2) Bei Anträgen hat der Verantwortliche die betroffene Person unbeschadet des § 52 Abs. 6 und des § 53 Abs. 6 unverzüglich schriftlich darüber in
Kenntnis zu setzen, wie mit diesen Anträgen verfahren wurde.

---

37 So auch zB *Braun* in HK-LDSG RhPf § 46 Rn. 15.
38 So auch zB *Franck* in HK-DSG NRW § 50 Rn. 33.

(3) [1]Die Erteilung von Informationen nach § 50, die Benachrichtigungen nach den §§ 51 und 61 und die Bearbeitung von Anträgen nach den §§ 52 und 53 erfolgen verwaltungskostenfrei. [2]Bei offenkundig unbegründeten oder exzessiven Anträgen nach den §§ 52 und 53 kann der Verantwortliche entweder eine angemessene Gebühr auf der Grundlage des Verwaltungsaufwands verlangen oder sich weigern, aufgrund des Antrags tätig zu werden. [3]In diesem Fall muss der Verantwortliche den offenkundig unbegründeten oder exzessiven Charakter des Antrags belegen können.

(4) Hat der Verantwortliche begründete Zweifel an der Identität einer betroffenen Person, die einen Antrag nach den §§ 52 oder 53 gestellt hat, kann er von ihr zusätzliche Informationen anfordern, die zur Bestätigung ihrer Identität erforderlich sind.

Literatur:

Johannes, Elektronische Formulare im Verwaltungsverfahren, MMR 2013, 694; *Weinhold/Johannes*, Europäischer Datenschutz in Strafverfolgung und Gefahrenabwehr, DVBl 2016, 1491.

A. Allgemeines

I. Bedeutung der Vorschrift

1　Die Vorschrift **erleichtert** durch Rahmenregelungen die Ausübung der **Betroffenenrechte**[1] und bietet somit einen Grundrechtsschutz durch Verfahrensvorschriften.[2] Sie lässt sich in **Transparenzregeln** und **Verfahrensregeln** unterteilen.[3] Anders als der Titel der Vorschrift vermuten lässt, richtet sich die Vorschrift ausschließlich an den Verantwortlichen und legt diesem bestimmte Pflichten in der Kommunikation mit den betroffenen Personen auf.[4] Die Vorgaben gelten für alle Vorschriften des dritten Abschnitts, der die Rechte der betroffenen Person regelt. Systematisch ist die Vorschrift daher als „vor der Klammer" gezogen zu lesen, auch wenn sie systemwidrig mittig steht.

1　Zu § 59 BDSG *Schwichtenberg* in Kühling/Buchner BDSG § 59 Rn. 1.
2　ErwG 39 JI-RL; *Paal* in Paal/Pauly BDSG § 59 Rn. 2.
3　Zu § 59 BDSG *Schwichtenberg* in Kühling/Buchner BDSG § 59 Rn. 1.
4　Zu § 59 BDSG *Worms* in BeckOK DatenschutzR BDSG § 59 Rn. 1.

II. Entstehungsgeschichte

Die Vorschrift ist § 59 **BDSG nachgebildet**. Sie hat im **Gesetzgebungspro-** 2
zess wenig Änderungen erfahren. Einzig Abs. 1 Satz 3 wurde nachträglich
angefügt. Dies diente der Klarstellung, dass bei der Auswahl des Mediums
für die Beantwortung von Anträgen betroffener Personen die Anforderungen an die Sicherheit der Datenverarbeitung zu beachten sind.[5]

III. Unionsrechtliche Regelungen

Die Vorschrift setzt Elemente des **Art. 12 JI-RL** um: Abs. 1 setzt Art. 12 3
Abs. 1 um, Abs. 2 basiert auf Art. 12 Abs. 3, Abs. 3 auf Art. 12 Abs. 4 und
Abs. 4 auf Art. 12 Abs. 5.[6]

Art. 12 Abs. 2 JI-RL wurde **nicht umgesetzt**. Dieser besagt, dass der Ver- 4
antwortliche die Ausübung der Rechte der betroffenen Person zu erleichtern hat. Die Nichtumsetzung ist regelwidrig, da Art. 12 Abs. 2 JI-RL den
Mitgliedstaaten diesbezüglich keinen Spielraum lässt („sehen vor"). Die
Gesetzesbegründung nimmt zu dieser Abweichung keine Stellung. Die Vorschrift bleibt damit hinter Art. 12 JI-RL zurück und verstößt insoweit gegen deren Vorgaben.[7] Da Art. 12 Abs. 2 JI-RL sehr allgemein formuliert
ist, entfaltet dieser keine unmittelbare Wirkung.[8] §§ 50 ff. sind aber richtlinienkonform dahin gehend auszulegen, dass das **Erleichterungsgebot** immer beachtet wird, wenn bewertet werden soll, ob der Verantwortliche
ausreichend Informationen gegeben und Auskunft geleistet hat.[9]

IV. Verhältnis zu anderen Vorschriften

Die Vorschrift umfasst allgemeine Verfahrensvorschriften für die Aus- 5
übung der Rechte der betroffenen Person. Diese ergeben sich aus dem dritten Abschnitt des dritten Teils des Gesetzes, mithin aus §§ 50 ff. Da sie auf
der **Umsetzung der JI-RL** basieren, gelten sie nicht für die Betroffenenrechte aus §§ 31 ff., die der Konkretisierung der DS-GVO dienen.

Äquivalente Regelungen im Recht anderer Bundesländer sind § 45 6
BlnDSG, § 34 HmbJVollzDSG, § 53 NDSG, § 51 DSG NRW, § 47 LDSG
RhPf, § 15 SächsDSUG, § 15 DSUG LSA, § 35 LDSG S-H und § 44
ThürDSG. Vergleichbar ist außerdem § 39 BbgPJMDSG.

B. Transparenz- und Verfahrensregeln

I. Art und Weise der Kommunikation (Abs. 1)

1. Sprachliche und formale Anforderungen (Satz 1)

Der Anwendungsbereich des Satzes 1 geht über den des Art. 12 Abs. 1 JI- 7
RL hinaus. Während diese bestimmte Kommunikationsakte aufzählt („In-

---

5 LT-Drs. 19/6300, 10.
6 LT-Drs. 19/5728, 120 im Gleichlauf mit § 59 BDSG, BT-Drs. 18/11325, 115.
7 Zu § 59 BDSG *Schwichtenberg* in Kühling/Buchner BDSG § 59 Rn. 7.
8 Zu den Voraussetzungen der unmittelbaren Anwendbarkeit von Richtlinien zB *Bier-*
   vert in Schwarze AEUV Art. 288 Rn. 20; zu § 59 BDSG *Otto* in HK-BDSG § 59
   Rn. 3.
9 So bezüglich des BDSG *Johannes/Weinhold* Neues DatenschutzR § 1 Rn. 208; *Heck-*
   mann/Scheurer in Gola/Heckmann BDSG § 59 Rn. 3.

formationen gemäß Artikel 13 sowie alle Mitteilungen gemäß den Artikeln 11, 14 bis 18 und 31"), umfasst Satz 1 **alle Kommunikationsakte** zwischen dem Verantwortlichen und der betroffenen Person. Dies betrifft zB auch die Mitteilungspflichten nach Abs. 2 und ist damit **umfassender als die** zugrunde liegende **Richtlinie**.[10]

8   Satz 1 beschreibt die **Pflicht des Verantwortlichen** bezüglich der Kommunikation mit der betroffenen Person, bezieht sich also ausschließlich auf den Kommunikationsweg vom Verantwortlichen zur betroffenen Person.[11] Für die betroffene Person entstehen hingegen keine Pflichten. Nach ErwG 40 Satz 1 JI-RL sollten Modalitäten festgelegt werden, die einer betroffenen Person die Ausübung ihrer Rechte aufgrund der nach der Richtlinie erlassenen Vorschriften erleichtern, darunter auch Mechanismen, die dafür sorgen, dass sie unentgeltlich insbesondere Zugang zu personenbezogenen Daten und deren Berichtigung oder Löschung beantragen und gegebenenfalls erhalten oder von ihrem Widerspruchsrecht Gebrauch machen kann.

9   Nach Satz 1 muss die Kommunikation in **klarer und einfacher Sprache in präziser, verständlicher und leicht zugänglicher Form** erfolgen. Da es sich um unbestimmte Begriffe handelt, ist eine unionsrechtskonforme Auslegung notwendig. Die Kommunikation muss in einer **klaren und einfachen Sprache** erfolgen, also für die betroffene Person leicht verständlich sein.[12] ErwG 39 Satz 2 JI-RL weist darauf hin, dass schutzbedürftige Personen, zB Kinder, besonders zu berücksichtigen sind. Die Kommunikation muss in **präziser Form** erfolgen. Im Rahmen des vergleichbaren Art. 12 Abs. 1 DS-GVO weist „präzise" auf die Genauigkeit der Informationen und Mitteilungen hin.[13] Die Kommunikation ist **in verständlicher Form**, wenn sie nach ErwG 39 Satz 1 JI-RL in „klarer und einfacher Sprache abgefasst" ist. Diese Definition ist wenig hilfreich, da beide Vorgaben bereits in der Vorschrift zusätzlich zur Verständlichkeit genannt werden. Gemeint ist wohl, dass die betroffene Person sich den Inhalt der Information ohne größere Anstrengungen erschließen können muss.[14] Jedenfalls ist eine Information in juristischen Spezialtermini oder die Wiederholung eines komplizierten Gesetzeswortlauts für juristische Laien nicht verständlich. **Leicht zugänglich** meint nach ErwG 39 JI-RL eine leicht technische Erreichbarkeit, zB auf der Webseite des Verantwortlichen. Dieser muss also ein Medium verwenden, dass im Alltag üblich ist und deshalb als von der betroffenen Person beherrschbar zu erwarten ist.[15] Bei aller Unklarheit über die Auslegung müssen im Ergebnis die Informationen in einer Art und Weise dargeboten werden, dass eine durchschnittliche betroffene Person diese nachvollziehen und verstehen kann,[16] um ihre Betroffenenrechte ungehindert auszuüben.

---

10 *Schwichtenberg* in Kühling/Buchner BDSG § 59 Rn. 2; *Otto* in HK-BDSG § 59 Rn. 4; *Worms* in BeckOK DatenschutzR BDSG § 59 Rn. 2.
11 Bezüglich § 59 BDSG *Otto* in HK-BDSG § 59 Rn. 9.
12 *Worms* in BeckOK DatenschutzR BDSG § 59 Rn. 2.
13 *Bäcker* in Kühling/Buchner DS-GVO Art. 12 Rn. 11; *Kamlah* in Plath DS-GVO Art. 12 Rn. 2.
14 *Otto* in HK-BDSG § 59 Rn. 11.
15 *Worms* in BeckOK DatenschutzR BDSG § 59 Rn. 3.
16 So auch *Otto* in HK-BDSG § 59 Rn. 12.

2. Formbindung (Satz 2)

Satz 2 sieht vor, dass der Verantwortliche bei der Beantwortung von Anträ-   10
gen die **Form** wählen soll, **die die betroffene Person für den Antrag verwendet hat**. Anträge iSd Satzes 2 sind die Anträge nach §§ 52 und 53. Satz 2
ist eine **Soll-Vorschrift**: Sie gilt nur, sofern keine besonderen verbindlichen
Formvorschriften einschlägig sind. Eine solche ist zB Abs. 2.

3. Sicherheit der Datenverarbeitung (Satz 3)

Nach Satz 3 hat der Verantwortliche bei der Auswahl des Mediums, mit   11
dem er die Information erteilt, die Anforderungen des § 59 an die **Sicherheit der Datenverarbeitung** zu beachten (→ § 59 Rn. 7 ff.).

II. Mitteilung über den Verfahrensstand (Abs. 2)

Nach Abs. 2 hat der Verantwortliche bei Anträgen die betroffene Person   12
unverzüglich schriftlich darüber in Kenntnis zu setzen, wie mit den Anträgen **verfahren wurde**. Anders als Abs. 1 bezieht sich Abs. 2 also nicht auf
die gesamte Kommunikation des Verantwortlichen mit der betroffenen Person, sondern nur auf das Auskunftsrecht nach § 52 sowie die Rechte auf
Berichtigung, Löschung und Einschränkung der Verarbeitung nach § 53.
Der Wortlaut der Vorschrift („verfahren wurde") deutet darauf hin, dass
die Mitteilung nach Bearbeitung des Antrags erfolgen kann. Der Verantwortliche hat also über das Ergebnis Auskunft zu geben. Er muss jedoch
nicht über einzelne Schritte ab Eingang des Antrags und den Bearbeitungs-
stand informieren.[17]

Die Mitteilung nach Abs. 2 muss unverzüglich erfolgen. **Unverzüglich** ist   13
unionsrechtskonform auszulegen und meint „ohne schuldhaftes Zö-
gern".[18] Sie muss zudem **schriftlich** erfolgen. Schriftlichkeit ist unionsrechtlich nicht legaldefiniert. In Abgrenzung zur elektronischen Form liegt
Schriftlichkeit vor, wenn Gedanken und Informationen mithilfe von
Schriftzeichen auf einem Datenträger verkörpert werden und unmittelbar,
also ohne weitere Hilfsmittel, wahrnehmbar sind. Dazu gehören zB Ausdrucke, Kopien oder Telefaxe.[19]

Die Mitteilungspflicht besteht „**unbeschadet des § 52 Abs. 6 und § 53**   14
Abs. 6" (→ § 52 Rn. 20 f.). Diese Ausnahmen von der Unterrichtungspflicht bestehen, wenn die Erteilung der Information eine Gefährdung im
Sinne des § 51 Abs. 2 mit sich bringen würde. Sie ist also nicht zu erteilen,
wenn die Erfüllung der Verhütung, Aufdeckung, Verfolgung oder Ahndung
von Straftaten oder Ordnungswidrigkeiten, die öffentliche Sicherheit oder
Rechte oder Freiheiten Dritter gefährdet würden oder dem Wohle des Bundes oder eines Landes Nachteile bereitet würden.

---

17 *Otto* in HK-BDSG § 59 Rn. 15.
18 ZB *Roßnagel* in Simitis/Hornung/Spiecker gen. Döhmann DS-GVO Art. 5 Rn. 142;
Dix in Simitis/Hornung/Spiecker gen. Döhmann DS-GVO Art. 12 Rn. 25; *Otto* in
HK-BDSG § 59 Rn. 12; *Worms* in BeckOK DatenschutzR BDSG § 58 Rn. 23.
19 *Paal/Hennemann* in Paal/Pauly DS-GVO Art. 12 Rn. 38; *Johannes/Weinhold* Neues
DatenschutzR § 1 Rn. 202.

15   Das Schriftformerfordernis steht scheinbar im **Widerspruch zur Formbindung nach Abs.** 1 Satz 2, nach dem der Verantwortliche bei der Beantwortung des Antrags die für den Antrag gewählte Form verwenden soll. Wenn jeder Antrag schriftlich beantwortet werden müsste, bliebe für diese Spiegelbildlichkeit kein Anwendungsbereich mehr. Die Pflichten gelten daher **kumulativ,** dh der Verantwortliche sollte zur Beantwortung eines Antrags immer **die von der betroffenen Person gewählte Form verwenden** und **zusätzlich schriftlich über den Verfahrensstand informieren.** Dies scheint zunächst umständlich, dient aber sowohl der schnellen Information der betroffenen Person in einer durch sie gewählten Form und als auch dem Nachweis für den Verantwortlichen. Somit kann beiden Vorschriften zur vollen Wirksamkeit verholfen werden. Gleichzeitig darf der Verantwortliche dies nicht zB dadurch umgehen, dass er einer per E-Mail gestellten Anfrage antwortet, dass eine Beantwortung schriftlich erfolgen werde.[20] Zudem besteht für den Verantwortlichen ein Anreiz, einen **gesetzlich normierten Schriftformersatz** (zB Formen elektronischer Kommunikation iSd § 3 a HVwVfG, beA, EGVP) im eigenen Organisationsablauf zu integrieren. Dies würde die gleichzeitige Erfüllung dieser kumulativen Pflichten ermöglichen und zudem der Ressourcenersparnis dienen.[21]

III. Unentgeltlichkeit (Abs. 3)

16   Satz 1 besagt, dass die Erteilung von Informationen nach § 50, die Benachrichtigungen nach den §§ 51 und 61 und die Bearbeitung von Anträgen nach den §§ 52 und 53 **verwaltungskostenfrei** zu erfolgen hat. Dies soll die Ausübung der Rechte der betroffenen Person erleichtern (ErwG 40 Satz 1 JI-RL), da sie andernfalls eventuell von der Ausübung ihrer Rechte abgeschreckt würde.

17   Nach Satz 2 kann der Verantwortliche ausnahmsweise bei den Anträgen nach §§ 52 und 53 entweder eine angemessene Gebühr auf der Grundlage des Verwaltungsaufwands verlangen oder sich weigern, aufgrund des Antrags tätig zu werden, wenn der Antrag **offenkundig unbegründet oder exzessiv** ist. Diese unbestimmten Rechtsbegriffe lassen dem Verantwortlichen einen erheblichen Spielraum. Richtlinienkonform sollte Satz 2 daher **restriktiv** ausgelegt werden, um die Rechte der betroffenen Person nicht zu vereiteln.[22]

18   **Offenkundig unbegründet** ist ein Antrag zB, wenn ein Antragsteller Auskunft über fremde personenbezogene Daten erlangen will, also nicht die betroffene Person ist.[23] **Exzessiv** ist ein Antrag nach Art. 12 Abs. 4 Satz 2 JI-RL etwa bei einer häufigen Wiederholung. Als Beispiel nennt ErwG 40 Satz 3 JI-RL den Fall, dass „die betroffene Person ungebührlich und wiederholt Informationen verlangt oder wenn die betroffene Person ihr Recht auf Unterrichtung missbraucht, beispielsweise indem sie in ihrem Antrag

---

20   *Johannes/Weinhold* Neues DatenschutzR § 1 Rn. 204.
21   So *Johannes/Weinhold* Neues DatenschutzR § 1 Rn. 205.
22   *Worms* in BeckOK DatenschutzR BDSG § 59 Rn. 6.
23   *Worms* in BeckOK DatenschutzR BDSG § 59 Rn. 6.

falsche oder irreführende Angaben macht". Dies ist im konkreten Einzelfall zu entscheiden.[24]

Trotz des Wortlauts des Satzes 2 hat der Verantwortliche **keine Wahlmöglichkeit**, ob er eine Gebühr verlangen oder die Bearbeitung des Antrags verweigern will. Die Vorschrift ist iSd Verhältnismäßigkeitsgrundsatzes auszulegen. Da die **Erhebung der Gebühr** das **mildere Mittel** gegenüber dem Nichttätigwerden ist, ist diese Option vorzuziehen. Nur wenn der Aufwand außer Verhältnis zu den Interessen der betroffenen Person steht, kann der Verantwortliche die Bearbeitung verweigern.[25]   19

Nach Satz 3 muss der Verantwortliche den offenkundig unbegründeten oder exzessiven Charakter des Antrags belegen können. Ihn trifft eine **Nachweispflicht** für das Vorliegen der Voraussetzungen des Satzes 2. Kann er das nicht, darf er weder die Bearbeitung des Antrags verweigern noch eine Gebühr verlangen.   20

IV. Identitätsnachweis (Abs. 4)

Bei begründeten **Zweifeln an der Identität** der betroffenen Person kann der Verantwortliche nach Abs. 4 **zusätzliche Informationen** anfordern, die zur Bestätigung ihrer Identität erforderlich sind. Die Vorschrift setzt Art. 12 Abs. 5 JI-RL um, die wörtlich mit Art. 12 Abs. 6 DS-GVO übereinstimmt. Zweck der Vorschrift ist es sicherzustellen, dass die Mitteilungen nicht an Unbefugte gelangen. Nach dem Wortlaut sieht Abs. 4 vor, dass die betroffene Person **grundsätzlich keinen Nachweis** über ihre Identität liefern muss, um ihre Rechte in Anspruch zu nehmen. Laut der **Gesetzesbegründung** hingegen möchte der Gesetzgeber entgegen dem Wortlaut an der bestehenden Praxis, den **Nachweis der Identität als Grundvoraussetzung** für die Antragstellung anzusehen, festhalten.[26] Diese Auslegung ist **nicht richtlinienkonform** und wird sich in der Praxis nicht halten lassen.[27] Andernfalls bestünde die Gefahr, dass die betroffene Person durch unnötigen Formalismus von der Geltendmachung ihrer Rechte abgeschreckt wird.[28] Dies **widerspricht** auch dem Art. 12 Abs. 2 JI-RL zugrunde liegenden **Erleichterungsgebot**, das bei der Auslegung aller Vorschriften zur Anwendung kommen muss (→ Rn. 4). Der Verantwortliche muss daher je nach konkretem Einzelfall zunächst anhand der ihm vorliegenden Daten prüfen, ob eine Identifizierung möglich ist. Die Sicherstellung der Identifikation kann auch durch die Wahl der Zustellungsart als milderes Mittel ermöglicht werden, um keine zusätzlichen Daten erheben zu müssen.[29] Nur sofern trotzdem Zweifel bestehen bleiben, kann der Verantwortliche einen Identitätsnachweis verlangen. ErwG 41 JI-RL stellt zudem klar, dass zusätzliche Informationen, die zur Bestätigung der Identität der betroffenen Person erforder-   21

---

24 Ausführlich *Johannes/Weinhold* Neues DatenschutzR § 1 Rn. 206.
25 *Worms* in BeckOK DatenschutzR BDSG § 59 Rn. 8; *Otto* in HK-BDSG § 59 Rn. 21.
26 LT-Drs. 19/5728, 120. Ebenso bereits der Bundesgesetzgeber, BT-Drs. 18/11325, 115.
27 *Johannes/Weinhold* Neues DatenschutzR § 1 Rn. 207.
28 So auch *Johannes/Weinhold* Neues DatenschutzR § 1 Rn. 207.
29 *Johannes/Weinhold* Neues DatenschutzR § 1 Rn. 207; *Worms* in BeckOK DatenschutzR BDSG § 59 Rn. 12.

lich sind, **nur für diesen konkreten Zweck** verarbeitet werden und nicht länger gespeichert werden, als es für diesen Zweck notwendig ist.

C. Würdigung

22   Die Vorschrift ist wortgleich mit § 59 BDSG, die beide die JI-RL umsetzen. Sie ist ein Novum, da es eine vergleichbar grundsätzliche Formvorschrift im deutschen Recht bisher nicht gab.[30] Grundsätzlich ist sie richtlinienkonform umgesetzt, wenngleich die **Gesetzesbegründung** zu Abs. 4 eine unzulässige, da in Widerspruch zur Richtlinie stehende, Auslegung nahelegen will. Diese darf nicht herangezogen werden. Die Verwendung vieler **unbestimmter Rechtsbegriffe** sind von Nachteil, da sie weder dem Verantwortlichen noch der betroffenen Person Rechtssicherheit bringen. Diese Unsicherheit zu beseitigen, ist jedoch Aufgabe des Unionsgesetzgebers, der sich der Konkretisierung dieser Rechtsbegriffe annehmen sollte, um eine gegenläufige und widersprüchliche Entwicklung auf mitgliedstaatlicher Ebene zu vermeiden.

§ 55   Anrufung der oder des Hessischen Datenschutzbeauftragten

(1) [1]Jede betroffene Person kann sich unbeschadet anderweitiger Rechtsbehelfe mit einer Beschwerde an die Hessische Datenschutzbeauftragte oder den Hessischen Datenschutzbeauftragten wenden, wenn sie der Auffassung ist, bei der Verarbeitung ihrer personenbezogenen Daten durch öffentliche Stellen zu den in § 40 genannten Zwecken in ihren Rechten verletzt worden zu sein. [2]Dies gilt nicht für die Verarbeitung von personenbezogenen Daten durch Gerichte, soweit diese die Daten im Rahmen ihrer justiziellen Tätigkeit verarbeitet haben. [3]Die oder der Hessische Datenschutzbeauftragte hat die betroffene Person über den Stand und das Ergebnis der Beschwerde zu unterrichten und sie hierbei auf die Möglichkeit gerichtlichen Rechtsschutzes nach § 56 hinzuweisen.

(2) [1]Die oder der Hessische Datenschutzbeauftragte hat eine bei ihr oder ihm eingelegte Beschwerde über eine Verarbeitung, die in die Zuständigkeit einer anderen Aufsichtsbehörde fällt, unverzüglich an diese weiterzuleiten. [2]Sie oder er hat in diesem Fall die betroffene Person über die Weiterleitung zu unterrichten und ihr auf deren Ersuchen weitere Unterstützung zu leisten.

Literatur:

Schwichtenberg, Die „kleine Schwester" der DS-GVO: Die Richtlinie zur Datenverarbeitung bei Polizei und Justiz, DuD 2016, 605.

---

30   *Weinhold/Johannes* DVBl 2016, 1501 (1505).

A. Allgemeines

I. Bedeutung der Vorschrift

Die Vorschrift stellt für die **Datenverarbeitung durch öffentliche Stellen** zu 1
den in § 40 genannten Zwecken klar, dass Betroffene sich an die oder den
HDSB wenden können. Die Vorschrift setzt nach der Gesetzesbegründung
Art. 52 Abs. 1 und 4 sowie Art. 45 Abs. 2 der JI-RL um.

Zweck der Regelung ist es zum einen, einen **unkomplizierten, niedrig-** 2
schwelligen Rechtsbehelf zur Verfügung zu stellen, der die Rechtsdurchsetzung für die betroffene Person wesentlich vereinfacht. Zudem ermöglicht
die Vorschrift der oder dem HDSB eine umfassende Kenntnislage über
datenschutzrechtliche Streitigkeiten.[1] Sie soll außerdem sicherstellen, dass
eine Beschwerde die **richtige Aufsichtsbehörde** erreicht.

II. Entstehungsgeschichte

Die Vorschrift überführt das – fast wortgleiche – Anrufungsrecht aus § 28 3
Abs. 1 HDSG[2] in das Gesetz.[3] Sie ist deckungsgleich mit der entsprechenden Regelung des **§ 60 BDSG** für Bundesbehörden. Sie hat im Gesetzgebungsprozess keine Änderungen erfahren.

III. Unionsrechtliche Regelungen

Die Vorschrift setzt hauptsächlich **Art. 52 JI-RL** um. Dieser regelt das 4
Recht auf Beschwerde bei einer Aufsichtsbehörde bei Verstößen gegen die
nach der Richtlinie erlassenen Vorschriften. Die Vorschrift ergänzt das in
Art. 47 Abs. 1 GRCh verbriefte Recht auf einen wirksamen Rechtsbehelf
(→ § 19 Rn. 3).

Laut Gesetzesbegründung erfasst die Umsetzung in Abs. 1 Art. 52 Abs. 1 5
und 4 JI-RL.[4] Die Systematik der Vorschrift weicht allerdings von der
Richtlinie ab: Abs. 1 Satz 1 der Vorschrift entspricht Art. 52 Abs. 1 JI-RL,
Abs. 1 Satz 2 der Vorschrift entspricht Art. 45 Abs. 2 Satz 1 JI-RL, der den
Aufgabenbereich der Aufsichtsbehörden für die Aufsicht über die von Gerichten im Rahmen ihrer justiziellen Tätigkeit vorgenommenen Verarbeitungen zuständig ist, und Abs. 1 Satz 3 der Vorschrift setzt Art. 52 Abs. 4
JI-RL um. Art. 52 Abs. 2 der Richtlinie findet sich in Abs. 2 Satz 1 der Vor-
schrift und Art. 52 Abs. 3 der Richtlinie Abs. 2 Satz 2.[5]

---

1 *Paal* in Paal/Pauly BDSG § 60 Rn. 2.
2 S. zu diesem *Nungesser* HDSG § 28 Rn. 1 ff.; *Schriever-Steinberg* in Schild ua § 28 Rn. 1 ff.
3 LT-Drs. 19/5728, 120.
4 LT-Drs. 19/5728, 120.
5 LT-Drs. 19/5728, 120.

6   Im Vergleich zur DS-GVO handelt es sich bei der Vorschrift um eine Parallelnorm zu **Art. 77 DS-GVO.** Sie unterscheiden sich im Wesentlichen nur in ihrem jeweiligen Anwendungsbereich.

7   Von der Öffnungsklausel des Art. 45 Abs. 2 Satz 2 JI-RL zur Zuständigkeit von Aufsichtsbehörden für andere unabhängige Justizbehörden als die in Satz 1 genannten Gerichte hat der Gesetzgeber keinen Gebrauch gemacht. Die Aufsichtsbehörden sind damit nur für die Gerichte in Ausübung ihrer justiziellen Tätigkeit nicht zuständig. Für die Tätigkeit aller anderen unabhängigen Justizbehörden, wie zB das Grundbuchamt oder das Vereinsregister, sind sie indes zuständig.

IV. Verhältnis zu anderen Vorschriften

8   Die Vorschrift ist Bestandteil der Betroffenenrechte im dritten Abschnitt des dritten Teils zur Umsetzung der JI-RL und gilt damit nur im Anwendungsbereich des § 40. Eine vergleichbare Vorschrift im ersten oder zweiten Teil fehlt, weil sich das Anrufungsrecht im Anwendungsbereich der DS-GVO direkt aus Art. 77 Abs. 1 DS-GVO ergibt. Die Vorschrift konkretisiert das **Recht auf gerichtlichen Rechtsschutz** aus **§ 19** (→ § 19 Rn. 3) in Bezug auf die Umsetzung der JI-RL.

9   Äquivalente Regelungen im Recht **anderer Bundesländer** sind § 46 BlnDSG, § 42 BbgPJMDSG, § 35 HmbJVollzDSG, § 55 NDSG, § 48 LDSG RhPf, § 16 SächsDSUG, § 16 DSUG LSA sowie § 36 LDSG S-H. Weitere Bundesländer haben zwar ein Recht auf Beschwerde bei der jeweiligen Landesdatenschutzaufsicht geregelt, allerdings systemwidrig mit einem Verweis auf Art. 77 DS-GVO, so zB in Art. 28 Abs. 2 Satz 1 Nr. 6 BayDSG, § 61 NRW DSG sowie § 8 ThürDSG.[6]

B. Anrufungsrecht der oder des Hessischen Datenschutzbeauftragten

10   Die Vorschrift regelt in Abs. 1 das Recht auf Anrufung der oder des HDSB durch die betroffene Person und in Abs. 2 das Verfahren bei Unzuständigkeit der oder des HDSB.

I. Anrufung der oder des Hessischen Datenschutzbeauftragten (Abs. 1)

11   Nach Abs. 1 Satz 1 kann sich jede betroffene Person **unbeschadet anderweitiger Rechtsbehelfe** mit einer Beschwerde an die oder den HSDB wenden, wenn sie der Auffassung ist, durch die Verarbeitung ihrer personenbezogenen Daten durch eine **öffentliche Stelle** zu den in § 40 genannten Zwecken in ihren Rechten verletzt worden zu sein. Formale Anforderungen für die Beschwerde nennt die Vorschrift keine. Damit ist die Beschwerde **formfrei** möglich, kann also sowohl elektronisch, schriftlich als auch mündlich eingereicht werden. Hierzu sollte die oder der HDSB nach ErwG 85 JI-RL **Maßnahmen zur Erleichterung** der Einreichung von Beschwerden treffen, wie etwa die Bereitstellung eines Beschwerdeformulars, das auch elektronisch ausgefüllt werden kann, ohne dass andere Kommunikationsmittel ausgeschlossen werden. Auch eine **Begründung** der Beschwerde ist grundsätzlich **nicht erforderlich**, so dass die oder den HDSB eine Ermittlungs-

---

6   Ausführlich dazu *Sydow* in HK-BDSG § 60 Rn. 14 und dort Fn. 10.

pflicht trifft, sollten weitere Unklarheiten bestehen.[7] Gemäß § 13 Abs. 10 darf der oder die HDSB bei offenkundig unbegründeten oder, insbesondere im Fall von häufiger Wiederholung, exzessiven Anfragen eine Gebühr auf der Grundlage der Anlage zu diesem Gesetz verlangen oder sich weigern, aufgrund der Anfrage tätig zu werden (→ § 13 Rn. 42 ff.).

Nach Abs. 1 Satz 2 ist die Verarbeitung von personenbezogenen Daten 12 durch Gerichte ausgenommen, soweit sie in richterlicher Unabhängigkeit (→ § 13 Rn. 35 ff.) handeln.[8] Dies garantiert die **richterliche Unabhängigkeit** aus Art. 126 Abs. 2 HV.

Nach Abs. 1 Satz 3 hat die oder der HDSB eine **Pflicht zur Unterrichtung** 13 der betroffenen Person über den aktuellen Stand und gegebenenfalls das Ergebnis der Beschwerde. Die oder der HDSB hat zudem die Pflicht, die betroffene Person auf die **Möglichkeit des gerichtlichen Rechtsschutzes** nach § 56 (→ § 56 Rn. 1 ff.) hinzuweisen. Die Unterrichtung sollte nach ErwG 85 JI-RL innerhalb eines **angemessenen Zeitraums** erfolgen. Bei längerer Dauer des Verfahrens sollte die oder der HDSB die betroffene Person über den **Zwischenstand** informieren.

II. Pflicht zur Weiterleitung bei Unzuständigkeit (Abs. 2)

Nach Abs. 2 Satz 1 hat die oder der HDSB eine bei ihr oder ihm eingelegte 14 Beschwerde über eine Verarbeitung, die in den **Zuständigkeitsbereich einer anderen Aufsichtsbehörde** fällt, unverzüglich an diese weiterzuleiten. Unklar ist, welche Behörde mit einer „anderen Aufsichtsbehörde" gemeint ist. Zum wortgleichen § 60 BDSG ist hM, dass nur Aufsichtsbehörden eines anderen Mitgliedstaats, nicht aber Landesdatenschutzbehörden gemeint sind.[9] Der Wortlaut der Vorschrift gibt diese Einschränkung jedoch nicht her und sie ist auch im Hinblick auf die größtmögliche Effektivität des Beschwerderechts der betroffenen Person nicht nachvollziehbar. Daher ist davon auszugehen, dass die Vorschrift sowohl die **Aufsichtsbehörde des Bundes oder eines anderen Bundeslandes** als auch die **Aufsichtsbehörden anderer Mitgliedstaaten** meint.[10] Nach Abs. 2 Satz 2 ist die betroffene Person über diese Weiterleitung zu unterrichten und ihr auf deren Ersuchen weitere Unterstützung zu leisten.

C. Würdigung

Die Vorschrift setzt die Vorgaben der Richtlinie um und ist im Wesentli- 15 chen wortgleich mit der Bundesvorschrift des § 60 BDSG. Wünschenswert wäre eine Klarstellung hinsichtlich der Reichweite des Abs. 2 Satz 1, welche Aufsichtsbehörden die Weiterleitungspflicht der Vorschrift genau um-

---

7 *Heckmann* in Gola/Heckmann BDSG § 60 Rn. 5.
8 ErwG 80 JI-RL sowie LT-Drs. 19/5728, 120.
9 *Heckmann* in Gola/Heckmann BDSG § 60 Rn. 9; *Meltzian* in BeckOK DatenschutzR BDSG § 60 Rn. 5; aA *Schwichtenberg* in Kühling/Buchner BDSG § 60 Rn. 4; *Sydow* in HK-BDSG § 60 Rn. 23.
10 S. auch *Sydow* in HK-BDSG § 60 Rn. 23; aA *Pabst* in HK-DSG NRW § 61 Rn. 18. Klarstellend insoweit zB § 48 Abs. 2 LDSG RhPf, der explizit nur die „Zuständigkeit einer Aufsichtsbehörde in einem anderen Mitgliedstaat der Europäischen Union" nennt.

fasst. Im Interesse eines möglichst umfassenden Rechtsschutzes für die betroffenen Personen könnte der Gesetzgeber mit gutem Beispiel vorangehen und sowohl die Aufsichtsbehörde des Bundes als auch Aufsichtsbehörden anderer Bundesländer und anderer Mitgliedstaaten explizit benennen.

§ 56 Rechtsschutz gegen Entscheidungen der oder des Hessischen Datenschutzbeauftragten oder bei deren oder dessen Untätigkeit

(1) Jede natürliche oder juristische Person kann unbeschadet anderer Rechtsbehelfe gerichtlich gegen eine sie betreffende verbindliche Entscheidung der oder des Hessischen Datenschutzbeauftragten vorgehen.

(2) Abs. 1 gilt entsprechend zugunsten betroffener Personen, wenn sich die oder der Hessische Datenschutzbeauftragte mit einer Beschwerde nach § 55 nicht befasst oder die betroffene Person nicht innerhalb von drei Monaten nach Einlegung der Beschwerde über den Stand oder das Ergebnis der Beschwerde in Kenntnis gesetzt hat.

Literatur:

Schwichtenberg, Die „kleine Schwester" der DS-GVO: Die Richtlinie zur Datenverarbeitung bei Polizei und Justiz, DuD 2016, 605.

A. Allgemeines

I. Bedeutung der Vorschrift

1 Die Vorschrift erklärt, dass eine betroffene Person im Rahmen der Datenverarbeitung durch öffentliche Stellen zur Verhütung, Ermittlung, Aufdeckung, Verfolgung oder Ahndung von Straftaten oder Ordnungswidrigkeiten, einschließlich des Schutzes vor und der Abwehr von Gefahren für die öffentliche Sicherheit iSd § 40 ein **Recht auf wirksamen Rechtsschutz** hat. Die **Bedeutung** dieser Verfahrensregel ist eher **gering**. Es handelt sich um eine rein deklaratorische Regelung, da ein solcher Rechtsschutz der betroffenen Person ohnehin nach der VwGO in Form von Anfechtungs- und Verpflichtungsklagen zusteht.[1]

---

[1] *Schwichtenberg* in Kühling/Buchner BDSG § 61 Rn. 2; *Heckmann* in Gola/Heckmann BDSG § 61 Rn. 5.

II. Entstehungsgeschichte

Der Gesetzgeber hat sich an der Bundesvorschrift des § 61 BDSG orien- 2
tiert. Bis auf ein klarstellendes „sie betreffende" in Abs. 1 der Vorschrift
bezüglich einer verbindlichen Entscheidung der oder des HDSB sind beide
Regelungen identisch. Die Vorschrift ist durch ihre Formulierung nur
scheinbar enger als § 61 BDSG, da auch § 61 BDSG voraussetzt, dass die
betroffene Person selbst beschwert ist.[2] Auch ErwG 86 JI-RL geht von
einer verbindlichen Entscheidung „gegenüber dieser Person" aus. Die Vorschrift hat im Gesetzgebungsprozess keine Änderungen erfahren.

III. Unionsrechtliche Regelungen

Die Vorschrift setzt **Art. 53 Abs. 1 und 2 JI-RL** um[3] und konkretisiert 3
gleichzeitig die Gewährleistung des Rechtsschutzes aus **Art. 47 GRCh** für
Datenschutzverstöße öffentlicher Stellen im Anwendungsbereich des § 40.
Art. 53 Abs. 1 JI-RL legt den Mitgliedstaaten auf, einen wirksamen Rechts-
behelf gegen einen rechtsverbindlichen Beschluss der Aufsichtsbehörden zu
etablieren. Art. 53 Abs. 2 JI-RL erklärt, dass jede betroffene Person ein
Recht auf einen wirksamen gerichtlichen Rechtsbehelf hat, wenn die nach
Art. 45 JI-RL zuständige Aufsichtsbehörde untätig geblieben oder die be-
troffene Person nicht über Stand oder das Ergebnis der Beschwerde in
Kenntnis gesetzt hat.

IV. Verhältnis zu anderen Vorschriften

Die Vorschrift gewährt einen gerichtlichen Rechtsschutz gegen Entschei- 4
dungen der oder des HDSB sowie bei deren oder dessen Untätigkeit im Anwendungsbereichs des Dritten Teils (→ § 40 Rn. 15 ff.). Die Vorschrift entspricht dem Regelungsgehalt des Art. 78 Abs. 1 und 2 DS-GVO außerhalb
des Anwendungsbereichs der JI-RL.

Ergänzend anwendbar im Rahmen dieser Vorschrift ist **§ 19**. Nach § 19 5
Abs. 1 Satz 1 ist der **Verwaltungsrechtsweg** eröffnet. Es gelten damit zusätzlich die Verfahrensregeln der § 19 Abs. 2 bis 6 (→ § 19 Rn. 9 ff.)

Äquivalente Regelungen in anderen Bundesländern sind § 47 BlnDSG, § 44 6
BbgPJMDSG, § 36 HmbJVollzDSG, § 56 NDSG, § 49 LDSG RhPf, § 17
SächsDSUG, § 37 LDSG SH sowie § 9 Abs. 2 ThürDSG. Nur wenige Bundesländer haben der Vorschrift entsprechende Regelungen erlassen. Grund
hierfür ist die Frage, ob der jeweilige Landesgesetzgeber überhaupt eine
entsprechende Kompetenz zum Erlass einer solchen Regelung hatte oder
ob nicht vielmehr der Bundesgesetzgeber die Regelung des § 61 BDSG auf
Landesdatenschutzbeauftragte hätte ausweiten müssen, da der Bund für
die hier in Frage stehenden verwaltungsprozessualen Regelungen zuständig
ist.[4] Ob hierdurch eine Regelungslücke entstanden ist, muss jedenfalls für
Hessen nicht entschieden werden, da der Gesetzgeber eine eigene Regelung
erlassen hat.

---

2 So auch *Heckmann* in Gola/Heckmann BDSG § 61 Rn. 5.
3 LT-Drs. 19/5728, 120.
4 Zur Frage, ob der Bund eine solche Regelung hätte erlassen müssen s. *Sydow* in HK-
 BDSG § 61 Rn. 8 ff., 20.

B. Rechtsschutz gegen die oder den HDSB

7   Die Vorschrift ist eine **Verfahrensregel**, die der betroffenen Person Rechtsschutz gegen Entscheidungen der oder des HDSB oder bei deren oder dessen Untätigkeit gewährt.

I. Rechtsschutz gegen Entscheidungen (Abs. 1)

8   Abs. 1 gewährleistet jeder natürlichen oder juristischen Person ein Klagerecht gegen **verbindliche Entscheidung der oder des HDSB** im Anwendungsbereich des § 40. Das Klagerecht besteht unbeschadet anderer Rechtsbehelfe, insbesondere der Beschwerde nach § 55. Eine verbindliche Entscheidung der oder des HDSB ist gemäß ErwG 86 JI-RL ein Beschluss, der gegenüber dieser Person Rechtswirkungen entfaltet. Das betrifft insbesondere solche, die in Ausübung von **Untersuchungs-, Abhilfe- und Genehmigungsbefugnissen** oder in Form einer **Ablehnung oder Abweisung von Beschwerden** ergehen.[5] Nicht umfasst sind hingegen sonstige, also unverbindliche Maßnahmen der oder des HDSB wie Stellungnahmen und Empfehlungen und damit insbesondere Befugnisse nach § 14 Abs. 3.[6]

II. Rechtsschutz bei Untätigkeit (Abs. 2)

9   Nach Abs. 2 gilt Abs. 1 entsprechend bei Untätigkeit der oder des HDSB. Die betroffene Person hat ein Klagerecht nach Var. 1, wenn sich die oder der HDSB **mit einer Beschwerde nach § 55 nicht befasst** oder die betroffene Person nach Var. 2 innerhalb von drei Monaten nach Einlegen der Beschwerde **nicht über den Stand oder das Ergebnis informiert**. Die Informationspflicht ergibt sich aus § 55 Abs. 1 Satz 3 (→ § 55 Rn. 13). Trifft die oder der HDSB innerhalb der drei Monate eine verbindliche Maßnahme gegenüber dem Verantwortlichen, ist die betroffene Person hierüber zu informieren. Konnte in diesem Zeitraum kein Ergebnis erzielt werden, ist die betroffene Person spätestens mit einer Frist von drei Monaten nach Einlegen der Beschwerde über den Verfahrensstand zu informieren. Diese Informationen sind hinreichend konkret und bezogen auf das Verfahren zu erteilen.[7] Wurde diese Informationserteilung versäumt, kann die betroffene Person Untätigkeitsklage nach Abs. 2 in Form einer Leistungsklage gerichtet auf Unterrichtung oder – da eine Nichtunterrichtung aus Sicht der betroffenen Person einem Nichtbefassen mit der Beschwerde regelmäßig gleichkommen wird – auf Befassen mit der Beschwerde erheben.

10   Um einen effektiven Rechtsschutz zu gewährleisten, ist anzunehmen, dass sich die **Befassungspflicht** aus § 55 Abs. 1 Satz 3 iVm Abs. 2 nicht in einer einmaligen Information der betroffenen Person erschöpft. Vielmehr handelt es sich um eine **fortdauernde** Pflicht, so dass eine entsprechende Untätigkeitsklage durch die betroffene Person nach Ablauf von drei Monaten nach der letzten Information zulässig ist.[8]

---

5   ErwG 86 JI-RL; LT-Drs. 19/5728, 120; *Schwichtenberg* in Kühling/Buchner BDSG § 61 Rn. 2; *Heckmann* in Gola/Heckmann BDSG § 61 Rn. 4.
6   LT-Drs. 19/5728, 120.
7   *Heckmann* in Gola/Heckmann BDSG § 61 Rn. 9.
8   S. auch *Heckmann* in Gola/Heckmann BDSG § 61 Rn. 10.

Kein Klagerecht besteht, wenn die oder der HDSB die von der betroffenen 11
Person gewünschten Abhilfemaßnahmen nicht ergreifen möchte und dies
sachlich begründen kann. Abs. 2 gewährleistet kein subjektives Recht der
betroffenen Person auf Einschreiten der oder des HDSB oder auf das Ergreifen bestimmter Maßnahmen. In diesem Fall bleibt der betroffenen Person nur, gegen den Verantwortlichen selbst vorzugehen.[9] Weist die oder
der HDSB die Beschwerde durch eine verbindliche Entscheidung zurück,
ist wiederum das Klagerecht aus Abs. 1 einschlägig.

C. Würdigung

Die Vorschrift setzt die Vorgaben der Richtlinie um und übernimmt im 12
Wesentlichen wortgleich die Bundesvorschrift des § 61 BDSG. Sie ist mit
der JI-RL vereinbar, wenngleich sie inhaltlich keine Neuerungen mit sich
bringt, die nicht bereits durch die VwGO bestanden hätten.

Vierter Abschnitt: Pflichten der Verantwortlichen und Auftragsverarbeiter

§ 57 Auftragsverarbeitung

(1) [1]Werden personenbezogene Daten im Auftrag eines Verantwortlichen
durch andere Personen oder Stellen verarbeitet, hat der Verantwortliche für
die Einhaltung der Vorschriften dieses Gesetzes und anderer Vorschriften
über den Datenschutz zu sorgen. [2]Die Rechte der betroffenen Personen
auf Auskunft, Berichtigung, Löschung, Einschränkung der Verarbeitung
und Schadensersatz sind in diesem Fall gegenüber dem Verantwortlichen
geltend zu machen.

(2) Ein Verantwortlicher darf nur solche Auftragsverarbeiter mit der Verarbeitung personenbezogener Daten beauftragen, die mit geeigneten technischen und organisatorischen Maßnahmen sicherstellen, dass die Verarbeitung im Einklang mit den gesetzlichen Anforderungen erfolgt und der
Schutz der Rechte der betroffenen Personen gewährleistet wird.

(3) [1]Auftragsverarbeiter dürfen ohne vorherige schriftliche Genehmigung
des Verantwortlichen keine weiteren Auftragsverarbeiter hinzuziehen. [2]Hat
der Verantwortliche dem Auftragsverarbeiter eine allgemeine Genehmigung
zur Hinzuziehung weiterer Auftragsverarbeiter erteilt, hat der Auftragsverarbeiter den Verantwortlichen über jede beabsichtigte Hinzuziehung oder
Ersetzung zu informieren. [3]Der Verantwortliche kann in diesem Fall die
Hinzuziehung oder Ersetzung untersagen.

(4) [1]Zieht ein Auftragsverarbeiter einen weiteren Auftragsverarbeiter hinzu,
so hat er diesem dieselben Verpflichtungen aus seinem Vertrag mit dem
Verantwortlichen nach Abs. 5 aufzuerlegen, die auch für ihn gelten, soweit
diese Pflichten für den weiteren Auftragsverarbeiter nicht schon aufgrund
anderer Vorschriften verbindlich sind. [2]Erfüllt ein weiterer Auftragsverarbeiter diese Verpflichtungen nicht, so haftet der ihn beauftragende Auf-

---

9 *Sydow* in HK-BDSG § 61 Rn. 19.

tragsverarbeiter gegenüber dem Verantwortlichen für die Einhaltung der Pflichten des weiteren Auftragsverarbeiters.

(5) [1]Die Verarbeitung durch einen Auftragsverarbeiter hat auf der Grundlage eines Vertrags oder eines anderen Rechtsinstruments zu erfolgen, der oder das den Auftragsverarbeiter an den Verantwortlichen bindet und der oder das den Gegenstand, die Dauer, die Art und den Zweck der Verarbeitung, die Art der personenbezogenen Daten, die Kategorien betroffener Personen und die Rechte und Pflichten des Verantwortlichen festlegt. [2]Der Vertrag oder das andere Rechtsinstrument haben insbesondere vorzusehen, dass der Auftragsverarbeiter

1. nur auf dokumentierte Weisung des Verantwortlichen handelt; ist der Auftragsverarbeiter der Auffassung, dass eine Weisung rechtswidrig ist, hat er den Verantwortlichen unverzüglich zu informieren;

2. gewährleistet, dass die zur Verarbeitung der personenbezogenen Daten befugten Personen zur Vertraulichkeit verpflichtet werden, soweit sie keiner angemessenen gesetzlichen Verschwiegenheitspflicht unterliegen;

3. den Verantwortlichen mit geeigneten Mitteln dabei unterstützt, die Einhaltung der Bestimmungen über die Rechte der betroffenen Person zu gewährleisten;

4. alle personenbezogenen Daten nach Abschluss der Erbringung der Verarbeitungsleistungen nach Wahl des Verantwortlichen zurückgibt oder löscht und bestehende Kopien vernichtet, wenn nicht nach einer Rechtsvorschrift eine Verpflichtung zur Speicherung der Daten besteht;

5. dem Verantwortlichen alle erforderlichen Informationen, insbesondere die nach § 71 erstellten Protokolle, zum Nachweis der Einhaltung seiner Pflichten zur Verfügung stellt;

6. Überprüfungen, die von dem Verantwortlichen oder einem von diesem beauftragten Prüfer durchgeführt werden, ermöglicht und dazu beiträgt;

7. die in den Abs. 3 und 4 aufgeführten Bedingungen für die Inanspruchnahme der Dienste eines weiteren Auftragsverarbeiters einhält;

8. alle nach § 59 erforderlichen Maßnahmen ergreift und

9. unter Berücksichtigung der Art der Verarbeitung und der ihm zur Verfügung stehenden Informationen den Verantwortlichen bei der Einhaltung der in den §§ 59 bis 62 und 64 genannten Pflichten unterstützt.

(6) Der Vertrag im Sinne des Abs. 5 ist schriftlich oder elektronisch abzufassen.

(7) Ein Auftragsverarbeiter, der die Zwecke und Mittel der Verarbeitung unter Verstoß gegen diese Vorschrift bestimmt, gilt in Bezug auf diese Verarbeitung als Verantwortlicher.

Literatur:

Art. 29 Datenschutzgruppe, Stellungnahme 1/2010 zu den Begriffen „für die Verarbeitung Verantwortlicher" und „Auftragsverarbeiter", 2010; *Johannes*, Bundestag: Gesetz zum Abbau der Schriftform im Verwaltungsrecht des Bundes beschlossen, ZD-Aktuell 2017, 05489; *Nebel/Richter*, Datenschutz bei Internetdiensten nach der DS-GVO – Vergleich der deutschen Rechtslage mit dem Kommissionsentwurf, ZD 2012, 407; *Roßnagel/Richter/Nebel*, Besserer Internetdatenschutz für Europa – Vorschläge zur Spezifizierung der DS-GVO, ZD 2013, 103; *Schmidt/Freund*, Perspektiven der Auftragsverarbeitung – Wegfall der Privilegierung mit der DS-GVO?, ZD 2017, 14.

A. Allgemeines

I. Bedeutung der Vorschrift

Die Vorschrift regelt Vorrausetzungen, Rechtsfolgen und Rechtspflichten **1**
einer Auftragsverarbeitung im Anwendungsbereich von § 40. Eine Auftragsverarbeitung ist jede Verarbeitung (iSv § 41 Nr. 2) personenbezogener
Daten durch eine natürliche oder juristische Person, Behörde, Einrichtung
oder andere Stelle im Auftrag des Verantwortlichen (iSv § 41 Nr. 8). Auftragsverarbeiter können andere öffentliche Stellen, aber auch nicht öffentliche Stellen (zB privat geführte IT-Dienstleistungsunternehmen) sein, die mit
einer Verarbeitung zu den in § 40 genannten Zwecken beauftragt werden.
Die Vorschrift regelt damit eine Sondersituation mit hoher Praxisrelevanz,
in der durch **Beauftragung eines behördenexternen Dienstleisters** eine Auslagerung von Verarbeitungsvorgängen unter „fortwirkender Verantwortung" der beauftragenden Stelle stattfindet.[1]

II. Entstehungsgeschichte

Die Vorschrift war bereits im ursprünglichen Gesetzesentwurf enthalten **2**
und wurde im **Gesetzgebungsverfahren** nicht verändert.[2] Sie ist § 62 BDSG
nachgebildet und ist – abgesehen von den Verweisen – wortgleich.[3] Eine
Regelung über die Rechte und Pflichten im Zusammenhang mit der Auftragsverarbeitung enthielt der bisherige § 4 HDSG. Die Vorschrift greift in
Abs. 1 Elemente von § 4 HDSG auf und ersetzt diesen für den Bereich der
JI-RL.[4]

III. Unionsrechtliche Regelungen

Die Vorschrift setzt **Art. 22 JI-RL** um, übernimmt dabei aber auch Rege- **3**
lungsinhalte von § 11 BDSG aF und Art. 28 Abs. 4 DS-GVO. Art. 22

---

1 *Ingold* in HK-DS-GVO Art. 28 Rn. 4.
2 LT-Drs. 19/5728.
3 Auch die Gesetzesbegründung in LT-Drs. 19/5728, 109 paraphrasiert die des BDSG
   in BT-Drs. 18/11325, 100.
4 LT-Drs. 19/5728.

RL JI-RL entstammt Kapitel IV der Richtlinie, das die Pflichten des Verantwortlichen und des Auftragsverarbeiters regelt.

4 Die Vorschrift (und Art. 22 JI-RL) gleichen größtenteils **Art. 28 DS-GVO**, der im Anwendungsbereich der DS-GVO gilt. Auch die Regelungssystematik und Bezüge zu anderen Regelungen sind vergleichbar. Bei näherer Betrachtung offenbaren sich jedoch **Unterschiede**. Dies führt dazu, dass je nach Anwendungsbereich unterschiedliche Vorgaben für das Auftragsverarbeitungsverhältnis derselben Parteien existieren können. Lagert eine Landespolizeibehörde Datenverarbeitungen zum internen Personalwesen an ein externes Rechenzentrum aus, richtet sich die Auftragsverarbeitung nach der DS-GVO. Lagert dieselbe Behörde aber Datenverarbeitungen zur elektronischen Fallaktenführung an dasselbe externe Rechenzentrum aus, richtet sich die Auftragsverarbeitung nach dem dritten Teil des Gesetzes.

IV. Verhältnis zu anderen Vorschriften

5 Nach § 40 Abs. 3 gelten die Vorschriften des dritten Teils für Auftragsverarbeiter, soweit dieser spezielle Vorschriften für jene enthält. Dazu zählt die Vorschrift, die grundsätzliche Anforderungen an die Einbindung eines externen Dienstleisters oder einer Behörde als Auftragsverarbeiter regelt. Der Begriff wird in § 41 Nr. 9 legaldefiniert (→ § 41 Rn. 45). Die §§ 59 (Anforderungen an die Sicherheit der Datenverarbeitung), 65 Abs. 4 (Vorlagepflicht Verarbeitungsverzeichnis), 71 (Protokollierung) bestimmen Pflichten, die für Verantwortliche und Auftragsverarbeiter gleichermaßen gelten. Die §§ 60 Abs. 2 (Meldepflicht von Verstößen) und 65 Abs. 2 (Verarbeitungsverzeichnis des Auftragsverarbeiters) **bestimmen Pflichten nur für den Auftragsverarbeiter** von Datenverarbeitungen im Anwendungsbereich von § 40.

6 Im ersten Teil, den gemeinsamen Bestimmungen, stellt § 13 Abs. 1 klar, dass die **Zuständigkeit der oder des HDSB auch für Auftragsverarbeiter** besteht, soweit sie Auftragsverarbeiter öffentlicher oder nicht öffentlicher Stellen sind.

7 Legen zwei Verarbeiter den Zweck der Verarbeitung gemeinsam fest, handelt es sich nicht um eine Auftragsverarbeitung. Stattdessen gelten beide Stellen als **gemeinsame Verantwortliche** iSd § 58 (→ § 58 Rn. 1 ff.).

B. Auftragsverarbeitung

8 Die Vorschrift regelt die **Pflichten bei der Auftragsverarbeitung**. Es werden Anforderungen für das Eingehen von Auftragsverarbeitungsverhältnissen aufgestellt. Gleichzeitig werden Elemente des § 11 BDSG aF erhalten.

I. Ziele und Grundsätze

9 Bei dem Dienstleister muss es sich um eine **eigenständige, rechtlich selbstständige Einheit** handeln. Die Einbeziehung eines anderen behördeninternen Bereichs ist keine Auftragsverarbeitung. So wie es kein Konzernprivileg für die Beauftragung innerhalb eines Konzerns gibt,[5] gibt es auch kein

---

5 *Ingold* in HK-DS-GVO Art. 28 Rn. 19.

„Ressort-" oder „Behördenprivileg" für nachgeordnete oder aufsichtführende oder gar andere öffentliche Stellen. Allerdings können spezielle Befugnisse zur Datenweitergabe und Verarbeitung die Auftragsverarbeitung konkretisieren oder entbehrlich machen.

1. Privilegierung der Auftragsverarbeitung

Nach der Gesetzesbegründung zum BDSG bedarf der Verantwortliche **keiner gesonderten Rechtsgrundlage** für die Datenübermittlung an den Auftragsverarbeiter.[6] Der in der Begründung zum BDSG zum Ausdruck gekommene Wille des Gesetzgebers hilft über die gestrichene Regelung des § 3 Abs. 8 Satz 3 BDSG aF hinweg, wonach es sich bei Personen oder Stellen, die im Auftrag personenbezogene Daten erheben, verarbeiten oder nutzen, nicht um Dritte, dh nicht um eine Person oder Stelle außerhalb der verantwortlichen Stelle, handeln sollte.[7] Die vorstehende Argumentation lässt sich grundsätzlich auf die Vorschrift übertragen. Mit § 2 Abs. 5 HDSG gab es auch im hessischen Recht eine mit § 3 Abs. 8 Satz 3 BDSG aF vergleichbare Regelung. Die Weitergabe von Daten an den Auftragnehmer ist zwar eine Übermittlung, diese bedarf aber keiner gesonderten Ermächtigung, soweit die übrigen Voraussetzungen des § 57 vorliegen.[8] Ob wegen dem Wegfall der Regelung des § 3 Abs. 8 Satz 3 BDSG aF die Übermittlung an den Auftragsverarbeiter im Rahmen des Art. 28 DS-GVO einer Ermächtigung nach Art. 6 DS-GVO bedarf, ist umstritten.[9] Eine Rechtsgrundlage zur Rechtfertigung einer Auftragsverarbeitung kann sowohl in Art. 6 Abs. 1 UAbs. 1 lit. e oder f DS-GVO als auch akzessorisch im Erlaubnisgrund der zugrunde liegenden Verarbeitung auszumachen sein.[10]

2. Gründe für die Auftragsverarbeitung

Typische **Fallkonstellationen** für die Auftragsverarbeitung sind die Auslagerung von Datenverarbeitungen in externen Rechenzentren oder im Bereich des Cloud-Computing. Auch Software-as-a-Service- oder Platform-as-a-Service-Dienstleistungen werden regelmäßig im Rahmen einer Auftragsverarbeitung erbracht. Daneben können auch Wartungs- und Fernwartungsdienstleistungen von IT und IT-Infrastrukturen Auftragsverarbeitungen sein. In der Praxis bereitet dabei die Abgrenzung zur gemeinsamen Verantwortlichkeit iSd § 58 häufig Schwierigkeiten. Um Haftungsrisiken als Verantwortlicher zu minimieren tendieren Dienstleister dazu, eine Auftragsverarbeitung anzunehmen. Dabei ist zu beachten, dass es allein auf die vertragliche Ausgestaltung als Auftragsverarbeitung nicht ankommt, sondern auf die tatsächlichen Umstände der Datenverarbeitung und die Möglich-

10

11

---

6 BT-Drs. 18/11325, 115.
7 So auch *Thomale* in Auernhammer BDSG § 62 Rn. 10; *Schwichtenberg* in Kühling/Buchner BDSG § 62 Rn. 2.
8 AA *Spoerr* in BeckOK DatenschutzR BDSG § 62 Rn. 19, wonach als Ermächtigungsgrundlage für eine solche Übermittlung immer § 3 BDSG in Betracht kommen dürfte.
9 Dafür *Hofmann* in Roßnagel DS-GVO § 3 Rn. 251; *Nebel/Richter* ZD 2012, 411; *Roßnagel/Richter/Nebel* ZD 2013, 105; dagegen *Albrecht/Jotzo* DatenschutzR Teil 5 Rn. 22; in diese Richtung auch *Schmidt/Freund* ZD 2017, 14 ff.
10 S. *Ingold* in HK-DS-GVO Art. 28 Rn. 31.

keit allein oder gemeinsam über die Zwecke und Mittel der Verarbeitung zu bestimmen.[11]

II. Pflicht des Verantwortlichen (Abs. 1 Satz 1)

12   Abs. 1 der Vorschrift greift die Regelungsinhalte des § 4 HDSG auf.[12] Er bestimmt die Verantwortung des Verantwortlichen für die Einhaltung des Datenschutzrechts im Auftragsverarbeitungsverhältnis. Die JI-RL enthält keine dem entsprechende Vorschrift. Abs. 1 kann aber als **Konkretisierung der Pflicht** nach Art. 4 Abs. 4 RL JI-RL[13] und speziell des Grundsatzes der Rechtmäßigkeit der Datenverarbeitung nach § 42 Nr. 1 (→ § 42 Rn. 18 ff.) und Art. 4 Abs. 1 lit. a JI-RL verstanden werden.[14] Aus der Regelung folgt, dass im Fall einer Auftragsverarbeitung allein der Verantwortliche für die Einhaltung der datenschutzrechtlichen Vorschriften zuständig ist und der Auftragsverarbeiter über die Pflichten im Auftragsverarbeitungsvertrag gebunden wird.

III. Pflicht des Verantwortlichen (Abs. 1 Satz 2)

13   Abs. 1 greift die Regelungsinhalte des § 4 HDSG auf und stellt die Verantwortung des Verantwortlichen auch bei der Auftragsverarbeitung heraus. Im Hinblick auf den Grundsatz der Verantwortlichkeit nach Art. 4 Abs. 4 JI-RL und die Begriffsbestimmungen hat die Regelung in Abs. 1 Satz 1 eigentlich nur deklaratorischen Charakter. Gleichwohl stellt Abs. 1 Satz 2 die **Passivlegitimation** im Rechtsstreit klar. Zu beachten ist, dass aus Gründen der effektiven Rechtsdurchsetzung die Geltendmachung von Betroffenenrechten auch gegenüber dem Auftragsverarbeiter für den Verantwortlichen wirken können. Dieser kann Empfangsbote sein.

14   Im Unterschied zur DS-GVO sehen die JI-RL und das Gesetz **keine Schadenersatzansprüche** der betroffenen Person gegenüber dem Auftragsverarbeiter vor. Nach § 57 Abs. 1 Satz 2 können Betroffenenrechte und Schadensersatz nur gegenüber dem Verantwortlichen geltend gemacht werden. Dies greift die Regelung des § 4 Abs. 1 HDSG auf. Ausdrücklich ist diese Zuweisung der Verantwortlichkeit in Art. 56 JI-RL nicht vorgesehen, der insoweit das Recht auf Schadensersatz gegenüber dem Verantwortlichen und jeder sonst nach dem Recht der Mitgliedstaaten zuständigen Stelle gewährt. Dagegen soll sich die betroffene Person nach Art. 54 JI-RL mit einem **gerichtlichen Rechtsbehelf** auch gegen den Auftragsverarbeiter richten können. Dies wird durch § 19 Abs. 4 iVm § 44 BDSG umgesetzt. § 19 Abs. 4 iVm § 44 BDSG und Abs. 1 Satz 2 widersprechen sich nicht, da die betroffene Person nach § 19 Abs. 4 iVm § 44 BDSG, über die in Abs. 1 Satz 2 genannten Betroffenenrechte hinaus, den Auftragsverarbeiter für

---

11 Art. 29 Datenschutzgruppe, WP 169, 2010, 11.
12 LT-Drs. 19/5728.
13 „Der Verantwortlich ist für die Einhaltung der [... Datenschutzgrundsätze ...] verantwortlich ...".
14 Kritisch zur systematischen Verordnung, nicht aber zum Regelungsinhalt *Schwichtenberg* in Kühling/Buchner BDSG § 62 Rn. 4.

einen Verstoß gegen datenschutzrechtliche Bestimmungen heranziehen könnte.[15]

Die Einschränkung der **Passivlegitimation** in Abs. 1 Satz 2 folgt zumindest hinsichtlich der Betroffenenrechte logisch aus der Grundbedingung der Auftragsverarbeitung nach Abs. 5 Nr. 1 – in Umsetzung von Art. 22 Abs. 3 lit. a JI-RL –, dass der Auftragsverarbeiter nur auf Weisung des Verantwortlichen handelt. Handelt er entgegen den Weisungen des Verantwortlichen, wird er gemäß Abs. 7 selbst zum Verantwortlichen und damit zum passivlegitimierten Anspruchsgegner. 15

IV. Eignung des Auftragsverarbeiters (Abs. 2)

Abs. 2 beschreibt an den Auftragsverarbeiter zu stellende Anforderungen und setzt Art. 22 Abs. 1 JI-RL um. Die Regelung ähnelt Satz 1 von ErwG 81 und Art. 28 Abs. 1 DS-GVO.[16] Der Auftragsverarbeiter muss mit **geeigneten technischen und organisatorischen Maßnahmen** sicherstellen, dass die Verarbeitung im Einklang mit den gesetzlichen Anforderungen erfolgt und der Schutz der Rechte der betroffenen Personen gewährleistet wird. Der Auftraggeber als Verantwortlicher hat die Auswahlverantwortung, nur solche Auftragsverarbeiter zu beauftragen, die die Anforderungen erfüllen können. Der Verantwortliche muss sich dessen vor der Beauftragung des (potenziellen) Auftragsverarbeiters vergewissern.[17] 16

V. Genehmigung Unterauftrag (Abs. 3)

Abs. 3 regelt Voraussetzungen für das Eingehen von **Unterauftragsverarbeitungsverhältnissen**. Dadurch wird Art. 22 Abs. 2 JI-RL umgesetzt, der Art. 28 Abs. 2 DS-GVO ähnelt.[18] 17

VI. Vertrag Unterauftrag (Abs. 4)

Abs. 4 regelt in Übernahme von Elementen aus Art. 28 Abs. 4 DS-GVO die Überführung von **Pflichten** des Auftragsverarbeiters auf einen **Unterauftragnehmer**. Die JI-RL sieht vergleichbare Regelungen nicht vor, sie sind aber als nationale Konkretisierung der Richtlinienvorgaben statthaft. Die Regelung ist nach Art. 1 Abs. 3 JI-RL als strengere Garantie zum Schutz der Rechte der betroffenen Personen richtlinienkonform. Abs. 4 Satz 2 normiert die Haftung des Auftragsverarbeiters gegenüber dem Verantwortlichen, wenn der Unterauftragnehmer die ihm auferlegten Verpflichtungen nicht erfüllt. Demnach haftet der Auftragsverarbeiter für das Fehlverhalten des von ihm eingesetzten Unterauftragsverarbeiters. Diese Regelung betrifft jedoch nur die Haftung im Verhältnis des Auftragsverarbeiters zum Verantwortlichen. Die Schadensersatzpflicht des Auftragnehmers gegenüber dem Verantwortlichen nach Abs. 4 Satz 2 und die Schadensersatzpflicht des Verantwortlichen gegenüber der betroffenen Person – auch für Schäden die vom Auftragnehmer oder vom Unterauftragnehmer verursacht wurden – bestehen unabhängig voneinander. 18

---

15 *Weinhold/Johannes* in HK-BDSG § 62 Rn. 16 ff.
16 Zur Auftragsverarbeitung s.*Hofmann* in Roßnagel DS-GVO § 3 Rn. 251.
17 *Weinhold/Johannes* in HK-BDSG § 62 Rn. 19 ff.
18 *Weinhold/Johannes* in HK-BDSG § 62 Rn. 20.

VII. Vertragsinhalte (Abs. 5)

19   Abs. 5 bestimmt die erforderlichen **Inhalte** einer der Auftragsverarbeitung zugrundeliegenden **Vereinbarung**. Es kann sich um einen Vertrag oder sonstiges Rechtsinstrument handeln. Darin müssen Gegenstand, Dauer, Art und Zweck der Verarbeitung, Art der personenbezogenen Daten, die Kategorien betroffener Personen und die Rechte und Pflichten des Verantwortlichen festgehalten werden. Die Anforderungen werden in den Nr. 1 bis 9 von Abs. 5 konkretisiert. Die Regelung setzt Art. 23 Abs. 3 JI-RL um. Im Rahmen der Nr. 1 bis 9 von Abs. 5 entsprechen die Regelungen aber nicht ausschließlich den Vorgaben der Richtlinie, sondern auch denen des Art. 28 Abs. 3 lit. a bis h DS-GVO.[19]

20   Nach Satz 1 sind in dem Vertrag der **Gegenstand, die Dauer, die Art und der Zweck** der Verarbeitung, die Art der personenbezogenen Daten, die Kategorien der betroffenen Personen und die Rechte und Pflichten des Verantwortlichen festzulegen.

21   Konkretisiert werden die Inhalte nach Satz 1 in Satz 2 in insgesamt neun weiteren inhaltlichen Anforderungen. Ein Stufenverhältnis der Sätze 1 und 2 besteht nicht – die Anforderungen beider Sätze sind gleichermaßen in dem Vertrag zu erfüllen.

22   Nach Nr. 1 ist in dem Vertrag niederzulegen, dass der Auftragsverarbeiter nur auf **dokumentierte Weisungen** des Verantwortlichen handelt und den Verantwortlichen informiert, wenn er der Auffassung ist, dass eine Weisung des Verantwortlichen rechtswidrig ist. Die Regelung enthält keine besondere Formanforderung, legt eine Fixierung in schriftlicher oder elektronischer Form jedoch nahe. Weisungen können auch mündlich erfolgen, wenn sie später schriftlich oder elektronisch fixiert werden.[20] Die Weisungen sind vom Auftragsverarbeiter zu dokumentieren.[21]

23   Nach Nr. 2 ist in dem Vertrag festzulegen, dass der Auftragsverarbeiter gewährleistet, dass die zur Verarbeitung personenbezogener Daten befugten Personen **zur Vertraulichkeit verpflichtet** werden, soweit sie keiner angemessenen gesetzlichen Vertraulichkeitsverpflichtung unterliegen. Verpflichtungen zur Vertraulichkeit der oder des HDSB finden sich in § 12 und Verpflichtungen auf das Datengeheimnis in § 48. Vergleichbare Regelungen finden sich für den DSB in § 6 Abs. 5 Satz 2 BDSG und in § 53 BDSG für das Datengeheimnis. Weitere Verpflichtungen zur Vertraulichkeit sind in spezialgesetzlichen Regelungen wie in § 90 HBG und § 37 Abs. 1 BeamtStG geregelt.

24   Nach Nr. 3 ist der Auftragsverarbeiter zu verpflichten, den Verantwortlichen mit geeigneten Mitteln dabei zu unterstützen, die Einhaltung der Bestimmungen über die **Rechte der betroffenen Personen** in den §§ 50 bis 56 zu gewährleisten. Die Anforderungen entsprechen denen der JI-RL in Art. 22 Abs. 3 Satz 2 lit. c, gehen jedoch über Art. 28 Abs. 3 Satz 2 lit. e DS-

---

19   *Weinhold/Johannes* in HK-BDSG § 62 Rn. 22 ff.
20   *Hartung* in Kühling/Buchner DS-GVO Art. 28 Rn. 69.
21   S. *Martini* in Paal/Pauly, 2. Aufl. 2018, DS-GVO Art. 28 Rn. 39 ff.

GVO hinaus, der nur eine Unterstützung des Verantwortlichen nach Möglichkeit vorsieht.[22]

Nach Nr. 4 ist im Vertrag die Pflicht des Auftragsverarbeiters vorzusehen, 25 alle personenbezogenen Daten nach Abschluss der Verarbeitung zu löschen, zurückzugeben und bestehende Kopien zu löschen, wenn nicht nach einer Rechtsvorschrift eine Verpflichtung zur Speicherung der Daten besteht. Die Differenzierung zwischen der **Rückgabe und Löschung** bezieht sich auf die Unterscheidung zwischen Daten, die in körperlichen Datenträgern gespeichert sind und solchen, die nur in elektronischer Form vorliegen.[23] Dabei ist dem Verantwortlichen ein Wahlrecht einzuräumen.

Nach Nr. 5 sind dem Auftragsverarbeiter umfassende Informationspflichten 26 aufzuerlegen, die sich insbesondere auf die zur Verfügungstellung der nach § 71 erstellten Protokolle beziehen muss und dem Verantwortlichen zum Nachweis der Einhaltung seiner Pflichten dient. Die Regelung trägt der Rechenschaftspflicht des Verantwortlichen Rechnung.

Nach Nr. 6 ist der Auftragsverarbeiter zu verpflichten, bei der Durchführung von **Überprüfungen** durch den Verantwortlichen oder einem von ihm 27 beauftragten Prüfer mitzuwirken. Er hat die Prüfung nicht nur zu ermöglichen, sondern in dem für die Durchführung einer umfassenden Prüfung erforderlichen Umfang an der Prüfung auch beizutragen.

Nach Nr. 7 ist der Auftragsverarbeiter zu verpflichten, dass die **Inanspruchnahme weiterer Auftragsverarbeiter** nur unter den in Abs. 3 und 4 28 aufgeführten Bedingungen erfolgen darf.

Nach Nr. 8 ist der Auftragsverarbeiter zur Ergreifung der nach § 59 erforderlichen **technischen und organisatorischen Maßnahmen** zu verpflichten. 29 Diese Anforderung ist in Art. 22 Abs. 3 Satz 2 JI-RL nicht enthalten, entspricht jedoch der Regelung in Art. 28 Abs. 3 Satz 2 lit. c DS-GVO.

Nach Nr. 9 ist der Auftragsverarbeiter zur umfassenden **Unterstützung** des 30 Verantwortlichen bei der Einhaltung der Pflichten aus den §§ 59 bis 62 und 64 zu verpflichten. Die Verpflichtung ist beschränkt, da die Art der Verarbeitung zu berücksichtigen ist. Dem Auftragsverarbeiter soll nichts für ihn Unmögliches abverlangt werden dürfen.

VIII. Form (Abs. 6)

Art. 22 Abs. JI-RL bestimmt, dass Verträge zur Auftragsverarbeitung 31 **schriftlich** abzufassen sind, was auch in einem **elektronischen Format** erfolgen kann. Diese Vorgabe ist wortgleich zu Art. 28 Abs. 9 DS-GVO. Diese Anforderungen an die Form entsprechen nicht den Anforderungen der Schriftform und elektronischen Form in den §§ 126, 126a BGB, sondern sind unionsrechtlich autonom auszulegen[24] und liegen in ihren Anforderungen unter der schriftlichen und elektronischen Form. Eine qualifizierte

---

22 *Spoerr* in BeckOK DatenschutzR BDSG § 62 Rn. 50.
23 *Spoerr* in BeckOK DatenschutzR BDSG § 62 Rn. 51.
24 Zur DS-GVO *Hartung* in Kühling/Buchner 28 Rn. 95.

Signatur ist also nicht zwingend erforderlich.[25] Um die beabsichtigte Beweis- und Authentizitätsfunktion erfüllen zu können, sind aber ebenfalls Sicherungsmittel einzusetzen, so dass die Textform in der Regel nicht ausreicht.[26] Die hohen Anforderungen des § 126 a BGB müssen aber nicht zwingend erfüllt werden.

32   Entsprechend ist Abs. 6 auszulegen. Hinsichtlich der Auftragsdatenverarbeitung im Anwendungsbereich von § 40 ist davon auszugehen, dass der Gesetzgeber ein hohes Niveau an Schutz und Beweisbarkeit sicherstellen wollte. In der Umsetzung der JI-RL weicht der hessische Gesetzgeber, ebenso wie der Bundesgesetzgeber im BDSG, vom Wortlaut der europäischen Vorgaben ab und macht ebenfalls klar, dass keine Formfreiheit besteht und die Anforderungen, über denen der Textform liegen. Nach Abs. 6 ist der Vertrag iSv Abs. 5 schriftlich oder elektronisch abzufassen. Die Vorschrift greift damit eine Formulierung auf, die im Verwaltungsrecht bereits eingeführt ist.[27] Im Kontext der Verwaltungskommunikation wurde mit der Einführung der Alternative „oder elektronisch" in vielen Vorschriften ein vereinfachtes Verfahren eingeführt. Der Einsatz elektronischer Kommunikationsmittel und elektronischer Sicherungsmittel wurde in das **Ermessen** der Behörden gestellt.[28] Danach ist eine einfache E-Mail ohne Verschlüsselung nur für Verfahren mit untergeordnetem Schutzniveau möglich. Bei normalem Schutzniveau sind Kommunikationsmittel vorzusehen, die größere Sicherheit bieten.

33   Die Vorgabe des Abs. 6 ist eine echte Formvorschrift und hat konstituierende Wirkung. Sie hat zwar vornehmlich eine Beweisfunktion und soll vor allem der Transparenz und der Rechenschaftspflicht dienen.[29] Aus der Genese der unionsrechtlichen Vorgaben lässt sich aber schließen, dass es sich nicht nur um eine Dokumentationspflicht handelt.[30] Die Formvorschriften haben nach dem Willen des europäischen Gesetzgebers im Vergleich zur Regelung der DSRL nicht bloße Beweisfunktion (Art. 17 Abs. 4 DSRL), sondern dienen auch der Dokumentation und Authentizitätssicherungszwecken. Ein Auftragsverarbeitungsvertrag der Abs. 6 nicht genügt, ist gemäß § 125 BGB nichtig. Das Formerfordernis gilt sowohl für das Verhältnis zwischen Verantwortlichem und Auftragsverarbeiter als auch zwischen Auftragsverarbeiter und Unterauftragsverarbeiter.

IX. Verantwortlichkeit (Abs. 7)

34   Nach Abs. 7 gilt der Auftragsverarbeiter, der die Zwecke und Mittel der Verarbeitung unter Verstoß gegen die Vorgaben der Vorschrift bestimmt, in Bezug auf die Verarbeitung als Verantwortlicher. Die Regelung setzt

---

25 Zur DS-GVO *Hartung* in Kühling/Buchner DS-GVO Art. 28 Rn. 96; *Bertermann* in Ehmann/Selmayr DS-GVO Art. 28 Rn. 9; *Hofmann* in Roßnagel DS-GVO § 3 Rn. 250 ff.
26 Zur DS-GVO *Martini* in Paal/Pauly DS-GVO Art. 28 Rn. 75; *Spoerr* in BeckOK DatenschutzR DS-GVO Art. 28 Rn. 103.
27 Gesetz zum Abbau verzichtbarer Anordnungen der Schriftform im Verwaltungsrecht des Bundes vom 29.3.2017, BGBl. 2017 I Nr. 16, 4.4.2017, 626.
28 *Johannes* ZD-Aktuell 2017, 05489.
29 Zur DS-GVO *Albrecht/Jotzo* DatenschutzR Teil 5 Rn. 26.
30 Zur DS-GVO *Spoerr* in BeckOK DatenschutzR DS-GVO Art. 28 Rn. 101 f.

Art. 22 Abs. 5 JI-RL um. Dies gilt auch, wenn der Auftragsverarbeitungs-vertrag nicht Abs. 6 genügt und gemäß § 125 BGB formnichtig ist.

C. Würdigung

Die Vorschrift formuliert die Standards zur Auftragsverarbeitung neu. Be- 35
gleitet wird dies im Detail von weitreichenden Modifikationen. Der Ge-setzgeber hat sich dabei weitestgehend an der Vorschrift des § 62 BDSG orientiert. Konkretisierungs- und Reformbedarf betrifft den Umgang mit **Cloud-Computing**. Angesichts der handlungspraktischen und ökonomi-schen Bedeutung derartiger Angebote auch für die Behörden im Anwen-dungsbereich von § 40 und der komplexen Verzahnung ist es erforderlich, dass speziellere und **praxisgerechte Regelungen** erlassen werden.

§ 58 Gemeinsame Verfahren, Gemeinsam Verantwortliche

(1) Die Einrichtung eines Verfahrens, das mehreren Verantwortlichen als gemeinsam Verantwortliche die Verarbeitung personenbezogener Daten er-möglicht, ist nur zulässig, wenn dies unter Berücksichtigung der schutz-würdigen Belange der betroffenen Personen und der Aufgaben der beteilig-ten Stellen angemessen ist.

(2) Legen zwei oder mehr Verantwortliche gemeinsam die Zwecke und die Mittel der Verarbeitung fest, gelten sie als gemeinsam Verantwortliche.

(3) [1]Gemeinsam Verantwortliche haben eine Stelle zu bestimmen, der die Planung, Einrichtung und Durchführung des gemeinsamen Verfahrens ob-liegt, und ihre jeweiligen Aufgaben sowie datenschutzrechtlichen Verant-wortlichkeiten in transparenter Form in einer Vereinbarung festzulegen, soweit diese nicht bereits in Rechtsvorschriften festgelegt sind. [2]Aus der Vereinbarung muss insbesondere hervorgehen, wer welchen Informations-pflichten nachzukommen hat und wie und gegenüber wem betroffene Per-sonen ihre Rechte wahrnehmen können. [3]Eine entsprechende Vereinbarung hindert die betroffene Person nicht, ihre Rechte gegenüber jedem der ge-meinsam Verantwortlichen geltend zu machen.

(4) Abs. 1 bis 3 gelten entsprechend, wenn innerhalb einer öffentlichen Stelle ein gemeinsames Verfahren zur Verarbeitung personenbezogener Da-ten für verschiedene Zwecke eingerichtet wird.

Literatur:
Siehe § 39.

A. Allgemeines

I. Bedeutung der Vorschrift

1   Die Vorschrift regelt die Voraussetzungen gemeinsamer Verfahren und Bedingungen für die gemeinsame Verantwortlichkeit im Anwendungsbereich von § 40. Sie Die Regelung trägt damit insbesondere komplexen Formen der IT-gestützten Kooperation mehrerer Stellen Rechnung.

II. Entstehungsgeschichte

2   Die Vorschrift war im Gesetzentwurf enthalten[1] und wurde im **Gesetzgebungsverfahren** nicht verändert. Sie übernimmt Teile von § 15 HDSG (→ § 39 Rn. 3 ff.). Unter der bisherigen Rechtslage im nationalen Recht gab es das Instrument der gemeinsam Verantwortlichen nicht.

III. Unionsrechtliche Regelungen

3   Die Vorschrift setzt **Art. 21 JI-RL** um. Sie entspricht Art. 26 DS-GVO. Diese Regelungen sind weitgehend inhaltsgleich.

IV. Verhältnis zu anderen Vorschriften

4   § 41 Nr. 8 definiert auch die gemeinsam Verantwortlichen (→ § 41 Rn. 43). Bei Konsultationspflicht des HDSB sind die gemeinsam Verantwortlichen verpflichtet, Angaben zur jeweiligen Zuständigkeit der gemeinsam Verantwortlichen vorzulegen. Die interne Festlegung von Zuständigkeit und Verantwortung ist eine TOM iSv § 59. Automatisierte Abrufverfahren iSv § 24 HSOG sind gemeinsame Verfahren iSd der Vorschrift, genauso wie das polizeiliche Informationssystem iSd BKAG.

5   Das polizeiliche Informationssystem INPOL ist das gemeinsame, arbeitsteilige, elektronische Verbundsystem der Polizeien des Bundes und der Länder. Das System wird im Rahmen der Bundesaufgabe des BKA nach § 2 Abs. 3 BKAG geführt. Das BKA ist gemäß § 29 Abs. 1 BKAG Zentralstelle für den polizeilichen Informationsverbund und stellt ein einheitliches Verbundsystem zur Verfügung. Die Daten in INPOL stellen die daran teilnehmenden Behörden zur Verfügung (§ 29 Abs. 2 Satz 2 BKAG). Der Datenbesitz und die Datenverantwortlichkeit im Verbundsystem liegen bei den jeweiligen Polizeien des Bundes und der Länder. Nach § 29 Abs. 5 Satz 1 und § 31 Abs. 2 BKAG obliegt im Rahmen des polizeilichen Informationsverbundes die datenschutzrechtliche Verantwortung für die bei der Zentralstelle gespeicherten Daten den Stellen, die die Daten unmittelbar eingeben.

---

1   LT-Drs. 19/5728, 35.

Zur Änderung, Berichtigung oder Löschung von Daten ist nur diejenige Stelle befugt ist, die die Daten eingegeben hat.[2]

B. Gemeinsame Verantwortlichkeit

I. Zulässigkeitsanforderung an gemeinsame Verfahren (Abs. 1)

Abs. 1 ist nahezu wortgleich und bedeutungsgleich zu § 39 Abs. 1 (→ § 39 Rn. 14 ff.). „Verantwortlicher" ist nach § 41 Nr. 8 jede Stelle „die allein oder gemeinsam mit anderen über die Zwecke und Mittel der Verarbeitung von personenbezogenen Daten entscheidet". Dies wird durch Abs. 2 der Vorschrift wiederholt (→ Rn. 9). Die Verantwortung ist weit auszulegen, um einen **wirksamen und umfassenden Schutz** für die betroffenen Personen zu gewährleisten (→ § 39 Rn. 17). Maßgeblich ist der „**tatsächlichen Einfluss**" der Beteiligten auf den Datenverarbeitungsvorgang (→ § 39 Rn. 19). ZB kann eine **zentralen Datenspeicherung** bei einem automatisierten Abrufverfahren iSv § 24 HSOG ein gemeinsames Verfahren sein. Der Abruf einzelner Informationen liegt aber im alleinigen Verantwortungsbereich der einzelnen berechtigten Stellen. Diese müssen zum Abruf und der daran anschließenden Verarbeitung befugt sein. Dafür können auch die anderen Beteiligten nicht einstehen. Dagegen tragen alle beteiligten Stellen die gemeinsame Verantwortung für Rechtmäßigkeit der Speicherung, also insbesondere auch für deren Rechtmäßigkeit, Richtigkeit und Datensicherheit. 6

Bei **Auftragsverarbeitung** iSv § 57 besteht keine gemeinsame Verantwortlichkeit, wobei die Abgrenzung schwierig sein kann (→ § 39 Rn. 19). Soweit der Auftragsverarbeiter nur im Rahmen der Weisung verarbeiten darf, trägt er keine Verantwortung iSv Abs. 1. 7

Der Begriff „gemeinsame Verfahren" wurde bereits in § 15 HDSG verwendet.[3] Allgemein sind IT-Verfahren die Gesamtheit der Schritte einer Datenverarbeitung (→ § 39 Rn. 20). Das gemeinsame Verfahren ist das Mittel der Verarbeitung iSv Abs. 2. Gemeint sein können alle Arten der Verarbeitung iSv § 41 Nr. 1 (→ § 39 Rn. 21), auch arbeitsteilig organisierte (→ § 39 Rn. 22). 8

Gemeinsame Verfahren sind, auch unter Beachtung der Grundsätze nach § 42, so zu gestalten, dass die Rechte und Freiheiten der betroffenen Personen bestmöglich geschützt werden. Sie sind deswegen nur **zulässig**, wenn dies unter Berücksichtigung der schutzwürdigen Belange der betroffenen Personen und der Aufgaben der beteiligten Stellen **angemessen** ist (→ § 39 Rn. 25). Zur Beurteilung kann eine DSFA durchgeführt werden. 9

II. Gemeinsam Verantwortliche (Abs. 2)

Abs. 2 ist wortgleich zu § 63 Satz 1 BDSG. Er setzt Art. 21 Abs. 1 Satz 1 JIRL um und entspricht Art. 26 Abs. 1 Satz 1 DS-GVO (→ § 39 Rn. 15 ff.). 10

---

2 VGH München BeckRS 2020, 20623; OVG Saarlouis ZD 2018, 233; *Graulich* in Schenke/Graulich/Ruthig BKAG § 29 Rn. 28.
3 Wurde dort aber auch nicht definiert, s. aber *Arlt* in Schild ua § 15 Rn. 5 ff.

III. Vereinbarung zu Verantwortlichkeit (Abs. 3)

11　Die Vorschrift legt die **Pflichten** der gemeinsam verantwortlichen Stellen im **Innenverhältnis** fest. Sie soll Transparenz und Rechenschaft fördern und dient dem Schutz der betroffenen Personen.[4] Abs. 3 Satz 1 übernimmt § 15 Abs. 2 erster Satzteil HDSG und verbindet diesen mit Anforderungen nach Art. 21 Abs. 1 Satz 2 JI-RL in Übernahme des Wortlauts von § 63 Satz 2 BDSG.[5] Abs. 3 Satz 2 und 3 sind wortgleich zu § 63 Satz 3 und 4 BDSG.

1. Bestimmung über die Federführung (Satz 1)

12　Die Vorgaben der JI-RL werden hinsichtlich der **Bestimmung einer Stelle**, der die Planung, Einrichtung und Durchführung des gemeinsamen Verfahrens obliegt, in zulässiger Weise erweitert und konkretisiert. Der Gesetzgeber regelt hier übereinstimmend zum zweiten Teil des Gesetzes (→ § 39 Rn. 26 f.). Durch die Bestimmung bekommen die betroffenen Personen entsprechend Art. 21 Abs. 1 Satz 3 JI-RL eine Anlaufstelle zur Geltendmachung ihrer Rechte.

13　Die Vorschrift dient der Transparenz und der Rechenschaft (→ § 39 Rn. 27). Die gemeinsam Verantwortlichen müssen zwingend eine **federführende Stelle** festlegen, die für das Funktionieren und die Rechtstreue des Verfahrens zuständig ist. Die Federführung kann im Lauf der Entwicklung eines Verfahrens wechseln (→ § 39 Rn. 28, 30). Die Stelle kann konkrete Aufgaben auch delegieren.[6] Die Zusammenarbeit aller beteiligten Stellen an der Entwicklung des Verfahrens wird durch die Festlegung gerade nicht behindert (→ § 39 Rn. 31). Die Bestimmung entfaltet nur im Innenverhältnis Wirkung.[7] Sie kann auch mit der Vereinbarung über die Aufgaben (→ Rn. 13 ff.) erfolgen oder dort wiederholt werden. Sowohl diese als auch jene wird idR im Zuge der Entwicklung und Implementierung eines gemeinsamen Verfahrens angepasst werden müssen.

2. Vereinbarung der Aufgaben (Satz 1 und 2)

14　In Umsetzung von Art. 21 Abs. 1 Satz 2 JI-RL verpflichtet die Vorschrift die gemeinsam verantwortlichen Stellen zum Abschluss einer Vereinbarung. Eine solche ist nicht konstitutiv für das Vorliegen der gemeinsamen Verantwortlichkeit, sondern allein deren Rechtsfolge (**Pflicht** der Verantwortlichen).[8] Sie soll sicherstellen, dass betroffene Personen nicht schlechter gestellt werden, zB durch Zuständigkeitsabweisungen oder Kompetenzgerangel.[9]

15　Die Vereinbarung hat die jeweiligen Aufgaben und datenschutzrechtlichen Verantwortlichkeiten zum Inhalt. **Aufgaben** meint die konkreten Verarbeitungsvorgänge oder deren Teile und die Erfüllung der sich daraus ergebenden Pflichten. Bei systematischer Auslegung kann es sich nur um Aufgaben nach dem dritten Teil des Gesetzes handeln. Der Detaillierungsgrad kann

---

4　ErwG 54 JI-RL.
5　LT-Drs. 19/5728, 120.
6　*Arlt* in Schild ua § 15 Rn. 16.
7　So auch schon § 15 HDSG, s. *Nungesser* § 15 Rn. 8; *Arlt* in Schild ua § 15 Rn. 16.
8　*Johannes/Weinhold* in HK-BDSG § 63 Rn. 17.
9　*Dovas* ZD 2016, 514.

variieren. Es können zB auch die Kategorien der verarbeiteten Daten angegeben werden.[10]

Der Hinweis auf die „**datenschutzrechtliche Verantwortlichkeit**" ist wenigstens missverständlich formuliert,[11] denn bei gemeinsamer Verantwortlichkeit nach Abs. 2 liegt die Verantwortung eben bei allen Verantwortlichen gemeinsam. Und das qua Gesetz, wie auch Satz 3 verdeutlicht. Sie steht nicht zur Disposition der gemeinsam Verantwortlichen. Eine Vereinbarung zur Verantwortlichkeit kann also nur im Innenverhältnis in Bezug auf die Aufgabenerfüllung wirksam sein.[12] Vereinbart werden muss, wer welche Aufgaben und Pflichten praktisch ausführen soll. Das erfordert die klare Definition der Rollen der jeweiligen Verantwortlichen,[13] ggf. auch unter Beschreibung der verwendeten Infrastruktur, Anwendungsprogramme und Schnittstellen.[14]

Nach Satz 2 ist insbesondere präzise zu bestimmen, welcher der Verantwortlichen den gesetzlichen **Informationspflichten** (→ § 50 ff. und § 29 HSOG) nachkommt und wie und gegenüber wem betroffene Personen ihre **Betroffenenrechte** (→ §§ 52 ff. und §§ 27 f. HSOG) wahrnehmen können. So soll sichergestellt werden, dass eine Geltendmachung von Betroffenenrechten nicht an der Komplexität der Organisationsstrukturen oder IT-Systeme scheitert.[15] Die Festlegung des Ansprechpartners im Innenverhältnis entlastet gemäß § 63 Abs. 3 Satz 3 die anderen Verantwortlichen nicht von ihren gesetzlichen Pflichten.

Aufgaben und Verantwortlichkeiten sind in **transparenter Form** festzulegen. Die Anforderung bezieht sich auf die inhaltliche Ausgestaltung einer Vereinbarung und nicht ihre äußere Form oder Verbreitung. Zweck ist, Nachweise über die Einhaltung der Pflichten nach diesem Gesetz erbringen und innerparteilich eine klare und eindeutige Verteilung und Abgrenzung der Pflichten vornehmen zu können. Im Unterschied zu Art. 26 Abs. 2 Satz 2 DS-GVO besteht keine ausdrückliche Pflicht, das Wesentliche der Vereinbarung den betroffenen Personen zur Verfügung zu stellen. Transparenz wird jedoch entsprechend § 50 durch die Verwendung einer klaren und einfachen Sprache und verständliche Gestaltung gefördert.[16] Die Vereinbarung ist so zu formulieren, dass die Aufsichtsbehörden ihre Überwachungstätigkeiten wahrnehmen kann.[17]

Bei der Vereinbarung wird es sich regelmäßig um einen (öffentlich-rechtlichen) Vertrag zwischen den beteiligten Stellen handeln. Die Vereinbarung ist dann gem. § 57 HVwVfG schriftlich zu fixieren (§ 15 HDSG sah ausdrücklich Schriftlichkeit vor). Aus Gründen der Transparenz und der Be-

---

10 *Paschke/Scheurer* in Gola/Heckmann BDSG § 63 Rn. 19.
11 Art. 21 Abs. 1 Satz 2 JI-RL nennt nur „jeweiligen Aufgaben gemäß dieser Richtlinie."
12 *Paschke/Scheurer* in Gola/Heckmann BDSG § 63 Rn. 18.
13 *Bertermann* in Ehmann/Selmayr DS-GVO Art. 26 Rn. 10.
14 *Petri* in Simitis/Hornung/Spiecker gen. Döhmann DS-GVO Art. 26 Rn. 16.
15 *Paschke/Scheurer* in Gola/Heckmann BDSG § 63 Rn. 20.
16 *Johannes/Weinhold* in HK-BDSG § 63 Rn. 19; *Paschke/Scheurer* in Gola/Heckmann BDSG § 63 Rn. 21.
17 *Lezzi/Oberlin* ZD 2018, 402; *Veil* in Gierschmann ua DS-GVO Art. 26 Rn. 60.

weisbarkeit ist idR eine **schriftliche oder elektronische Fixierung** der Vereinbarung ohnehin ratsam.[18]

3. Bestimmung durch Rechtsvorschrift (Satz 3)

20   Sowohl die Bestimmung über die Federführung als auch Vereinbarungen zu den Aufgaben sind entbehrlich, soweit solche bereits in Rechtsvorschriften festgelegt worden sind. Die Gestaltung der Vereinbarung ist insoweit **eingeschränkt**, als ihre Aufgaben und datenschutzrechtlichen Pflichten bereits (spezial-)gesetzlich geregelt sind.[19] Rechtsvorschriften sind zB die Regelungen des § 77 Abs. 6 BKAG zum **polizeilichen Informationsverbund** und § 84 BKAG zu den Rechten der betroffenen Person.

4. Geltendmachung von Betroffenenrechten (Satz 3)

21   Satz 3 setzt Art. 21 Abs. 2 JI-RL um und entspricht Art. 26 Abs. 3 DS-GVO. Die Regelung stellt klar, dass die Vereinbarung nicht die Rechte der betroffenen Personen und deren Wahrnehmung einschränkt. Die gemeinsam Verantwortlichen können sich gegenüber den betroffenen Personen nicht auf im Innenverhältnis getroffene Beschränkungen ihrer Pflichten berufen. Vielmehr können diese Rechte bei und gegenüber jedem einzelnen der gemeinsam Verantwortlichen geltend gemacht werden (**Passivlegitimation**).[20]

IV. Entsprechende Anwendbarkeit bei internen Verfahren für verschiedene Zwecke (Abs. 4)

22   Abs. 4 ist nahezu wortgleich zu § 39 Abs. 3. Er erklärt die Abs. 1 bis 3 für die Fälle entsprechend anwendbar, in denen innerhalb einer öffentlichen Stelle ein gemeinsames Verfahren zur Verarbeitung personenbezogener Daten für **verschiedene Zwecke** eingerichtet wird. Der Gesetzgeber greift hier die Regelung des § 15 Abs. 5 HDSG auf.[21]

23   Die Vorschrift soll den Zweckbindungsgrundsatz fördern (→ § 39 Rn. 35) und stellt klar, dass die **Organisationseinheiten** und nicht nur deren Verwaltungsträger verpflichtet sind.[22] Diese Regelung kann zB in einer Polizeibehörde zum Tragen kommen, wenn dort ein Datenbestand in einem gemeinsamen Vorgangsaktensystem genutzt wird (→ § 39 Rn. 36). Aus der entsprechenden Anwendung von Abs. 1 folgt insbesondere die Notwendigkeit zur Einrichtung eines sicheren **Rollen- und Rechtemanagements**, dass verhindert das eine Organisationseinheit (und dessen Personal) einer verantwortlichen Stelle auf Daten zugreifen kann, die sie zur Erfüllung ihrer Aufgaben nicht benötigt (→ § 39 Rn. 38).

24   Die Verweise auf Abs. 2 und Abs. 3 Satz 3 scheint überflüssig. Die öffentliche Stelle, die behördenintern ein gemeinsames Verfahren betreibt, ist ver-

---

18 *Specht-Riemenschneider/Schneider* MMR 2019, 506; *Lezzi/Oberlin* ZD 2018, 402.
19 *Schmidt* in BeckOK DatenschutzR BDSG § 63 Rn. 8; *Gräber/Nolden* in Paal/Pauly BDSG § 63 Rn. 4.
20 LT-Drs. 19/5728, 121.
21 LT-Drs. 19/5728, 121.
22 *Reimer* Verwaltungsdatenschutzrecht I Rn. 79.

antwortlich iSv § 41 Nr. 8. Darin einbezogen sind ohnehin alle Organisationseinheiten dieser öffentlichen Stelle. Der Verweis entfaltet insoweit nur Wirkung für die behördeninterne **Zuständigkeitswahrnehmung**: Alle beteiligten Organisationseinheiten sind gleichermaßen für die Einhaltung der sich aus dem Datenschutzrecht ergebenden Pflichten zuständig.

Die Pflichten die sich aus der entsprechenden Anwendung von Abs. 3   25
Satz 1 und 2 ergeben, werden zum Teil durch die eindeutige Festlegung der **inneren Behördenorganisation** erfüllt. Auch hinsichtlich der Planung, Einrichtung und Durchführung eines bestimmten behördeninternen gemeinsamen Verfahrens muss eine eindeutige behördeninterne Aufgabenzuweisung erfolgen.

C. Würdigung

Die Vorschrift geht weit über die Umsetzung von Art. 21 JI-RL hinaus und   26
führt § 15 HDSG fort. Die **zusätzlichen Verpflichtungen** sind nach Art. 1 Abs. 3 JI-RL richtlinienkonform. Bei gemeinsamen Verfahren im Anwendungsbereich von § 40 ist idR bei deren Planung und vor deren Einrichtung eine DSFA durchzuführen.

§ 59 Anforderungen an die Sicherheit der Datenverarbeitung

(1) [1]Der Verantwortliche und der Auftragsverarbeiter haben unter Berücksichtigung des Stands der Technik, der Implementierungskosten, der Art, des Umfangs, der Umstände und der Zwecke der Verarbeitung sowie der Eintrittswahrscheinlichkeit und der Schwere des Risikos für die Rechte und Freiheiten natürlicher Personen geeignete technische und organisatorische Maßnahmen zu treffen, um bei der Verarbeitung personenbezogener Daten ein dem Risiko angemessenes Schutzniveau zu gewährleisten, insbesondere im Hinblick auf die Verarbeitung besonderer Kategorien personenbezogener Daten. [2]Eintrittswahrscheinlichkeit und Schwere der Verletzung sollen nach der Art, dem Umfang, den Umständen und den Zwecken der Verarbeitung bestimmt und anhand einer objektiven Beurteilung der Höhe des Risikos festgestellt werden.

(2) [1]Die in Abs. 1 genannten Maßnahmen können unter anderem die Pseudonymisierung und Verschlüsselung personenbezogener Daten umfassen, soweit solche Mittel in Anbetracht der Verarbeitungszwecke möglich sind. [2]Die Maßnahmen nach Abs. 1 sollen dazu führen, dass

1. die Vertraulichkeit, Integrität, Verfügbarkeit und Belastbarkeit der Systeme und Dienste im Zusammenhang mit der Verarbeitung auf Dauer sichergestellt werden und
2. die Verfügbarkeit der personenbezogenen Daten und der Zugang zu ihnen bei einem physischen oder technischen Zwischenfall rasch wiederhergestellt werden können.

(3) [1]Im Fall einer automatisierten Verarbeitung haben der Verantwortliche und der Auftragsverarbeiter nach einer Risikobewertung Maßnahmen zu ergreifen, die Folgendes bezwecken:

1. Verwehrung des Zugangs zu Verarbeitungsanlagen, mit denen die Verarbeitung durchgeführt wird, für Unbefugte (Zugangskontrolle),
2. Verhinderung des unbefugten Lesens, Kopierens, Veränderns oder Löschens von Datenträgern (Datenträgerkontrolle),
3. Verhinderung der unbefugten Eingabe von personenbezogenen Daten sowie der unbefugten Kenntnisnahme, Veränderung und Löschung von gespeicherten personenbezogenen Daten (Speicherkontrolle),
4. Verhinderung der Nutzung automatisierter Verarbeitungssysteme mithilfe von Einrichtungen zur Datenübertragung durch Unbefugte (Benutzerkontrolle),
5. Gewährleistung, dass die zur Benutzung eines automatisierten Verarbeitungssystems Berechtigten ausschließlich zu den von ihrer Zugangsberechtigung umfassten personenbezogenen Daten Zugang haben (Zugriffskontrolle),
6. Gewährleistung, dass überprüft und festgestellt werden kann, an welche Stellen personenbezogene Daten mithilfe von Einrichtungen zur Datenübertragung übermittelt oder zur Verfügung gestellt wurden oder werden können (Übertragungskontrolle),
7. Gewährleistung, dass nachträglich überprüft und festgestellt werden kann, welche personenbezogenen Daten zu welcher Zeit und von wem in automatisierte Verarbeitungssysteme eingegeben oder verändert worden sind (Eingabekontrolle),
8. Gewährleistung, dass bei der Übermittlung personenbezogener Daten sowie beim Transport von Datenträgern die Vertraulichkeit und Integrität der Daten geschützt werden (Transportkontrolle),
9. Gewährleistung, dass eingesetzte Systeme im Störungsfall wiederhergestellt werden können (Wiederherstellbarkeit),
10. Gewährleistung, dass alle Funktionen des Systems zur Verfügung stehen und auftretende Fehlfunktionen gemeldet werden (Zuverlässigkeit),
11. Gewährleistung, dass gespeicherte personenbezogene Daten nicht durch Fehlfunktionen des Systems beschädigt werden können (Datenintegrität),
12. Gewährleistung, dass personenbezogene Daten, die im Auftrag verarbeitet werden, nur entsprechend den Weisungen des Auftraggebers verarbeitet werden können (Auftragskontrolle),
13. Gewährleistung, dass personenbezogene Daten gegen Zerstörung oder Verlust geschützt sind (Verfügbarkeitskontrolle),
14. Gewährleistung, dass zu unterschiedlichen Zwecken erhobene personenbezogene Daten getrennt verarbeitet werden können (Trennbarkeit).

[2]Ein Zweck nach Satz 1 Nr. 2 bis 5 kann insbesondere durch die Verwendung von dem Stand der Technik entsprechenden Verschlüsselungsverfahren erreicht werden.

(4) Werden personenbezogene Daten nicht automatisiert verarbeitet, sind insbesondere Maßnahmen zu treffen, um den Zugriff Unbefugter bei der Bearbeitung, der Aufbewahrung, dem Transport und der Vernichtung zu verhindern.

Literatur:

Bieker/Hansen, Normen des technischen Datenschutzes nach der europäischen Datenschutzreform, DuD 2017, 285; *Bartels/Backer*, Die Berücksichtigung des Stands der Technik in der der DS-GVO, DuD 2018, 214; *Borell/Schindler*, Polizei und Datenschutz, DuD 2020, 767; *Deutsch/Eggendorfer*, Penetrationstests bei Auftragsverarbeitung, K&R 2018, 223; *DSK*, Das Standard-Datenschutzmodell – Eine Methode zur Datenschutzberatung und -prüfung auf der Basis einheitlicher Gewährleistungsziele, v.2.0 b, 2020; *DSK*, Risiko für die Rechte und Freiheiten natürlicher Personen, Kurzpapier Nr. 18, 2018; *Gonschrowski/Hansen/Rost*, Resilienz – eine neue Anforderung aus der Datenschutz-Grundverordnung, DuD 2018, 442; *Hof*, Practical limitations of technical privacy protection, DuD 2014, 601; *Hofmann/Johannes*, DS-GVO: Anleitung zur autonomen Auslegung des Personenbezugs, ZD 2017, 221; *Johannes*, Gegenüberstellung – Gestaltungsziele der Datensicherheit nach HDSIG, BDSG, JI-RL und BDSG 2003, ZD-Aktuell 2020, 07339; *Knopp*, Stand der Technik, DuD 2018, 106; *Piltz*, Die neuen Protokollierungspflichten nach der Richtlinie 2016/680/EU für öffentliche Stellen, NVwZ 2018, 696; *Reinhardt*, Grenzwerte – Fluch oder Segen, Entwicklungslinien im Umweltrecht zwischen Rechtssicherheit und praktischer Vernunft, NuR 2015, 289; *Schlehahn*, Die Methodik des Standard-Datenschutzmodells im Bereich der öffentlichen Sicherheit und Justiz, DuD 2018, 32; *Weidenhammer/Gundlach*, Wer kennt den „Stand der Technik"?, DuD 2018, 106.

A. Allgemeines

I. Bedeutung der Vorschrift

1   Die Vorschrift regelt Datensicherheit und setzt Art. 29 und 19 JI-RL um. Abs. 1 normiert eine **generelle Pflicht zur Implementierung** von dem Risiko angemessenen technischen und organisatorischen Maßnahmen (TOM) und nennt Kriterien, denen diese genügen müssen. Abs. 2 nennt **Beispiele für solche Maßnahmen** und Kriterien, die durch die ausgewählten TOM abgedeckt werden müssen. Abs. 3 **konkretisiert und detailliert** die Kriterien durch **Gestaltungsziele** die im Fall einer automatisierten Verarbeitung verfolgt werden müssen. Nach Abs. 4 sind auch Daten, die nicht automatisiert verarbeitet werden, durch TOM zu schützen.

2   Die Vorschrift **konkretisiert** den Grundsatz der Datensicherheit iSv § 42 Nr. 6. Zweck ist ein umfassender Schutz der für die Verarbeitung von personenbezogenen Daten genutzten Systeme zum Vorteil der betroffenen Personen aber auch im Eigeninteresse des Verantwortlichen.[1] Darüber hinaus ist die Gewährleistung von IT-Sicherheit von **gesamtgesellschaftlicher Bedeutung.** Gerade im Anwendungsbereich des dritten Teils des Gesetzes ist die Gewährleistung von IT-Sicherheit durch die zuständigen Behörden von herausragender Bedeutung für Vertrauen und Durchsetzung des Rechtsstaatsprinzips. Grundrechtseingriffe durch Datenverarbeitung in diesem sensiblen Bereich sind nur zu rechtfertigen, wenn die Verarbeitung der Daten gesichert und vertraulich und damit grundrechtsschonend ist.

II. Entstehungsgeschichte

3   Bereits Art. 17 Abs. 1 und 2 DSRL verpflichtete die Mitgliedstaaten Vorschriften zur Sicherheit der Verarbeitung zu erlassen. Die in Abs. 3 aufgeführten Maßnahmen entsprechen zum großen Teil denen von § 10 **Abs. 2 Satz 2 HDSG** und der Anlage zu § 9 BDSG aF Die Vorschrift war schon im Gesetzesentwurf enthalten[2] und wurde im **Gesetzgesetzgebungsverfahren** nicht verändert.[3]

III. Unionsrechtliche Regelungen

4   Die Vorschrift setzt Art. 29 JI-RL um und damit auch Regelungsaspekte von Art. 19 JI-RL. Art. 29 ähnelt Art. 32 DS-GVO.[4] Um **Datensicherheit** zu gewährleisten, sieht Art. 29 Abs. 1 JI-RL die Pflicht des Verantwortlichen vor, TOM zu ergreifen, um ein dem Risiko für die Rechte und Freiheiten natürlicher Personen entsprechendes Schutzniveau zu gewährleisten. Die Vorschrift konkretisiert den Grundsatz des Art. 4 Abs. 1 lit. f JI-RL und die allgemeine Pflicht nach Art. 19 JI-RL. Überschrieben ist die Norm mit **Sicherheit der Verarbeitung.** Abs. 2 hat keine Entsprechung in der JI-RL. Er

---

1 *Mantz* in HK-DS-GVO Art. 32 Rn. 1.
2 BT-Drs. 18/11325, 35 f.
3 Ausführlicher Vergleich der Normtexte *Johannes* ZD-Aktuell 2020, 07339.
4 *Johannes* ZD-Aktuell 2019, 06875.

enthält Inhalte des Art. 32 Abs. 1 lit. a bis c DS-GVO. Die Anforderungen nach Abs. 3 stammen größtenteils aus Art. 29 Abs. 2 Satz 1 JI-RL. Aus dem Wortlaut und Sinn und Zweck der Vorschrift, aber auch in unionsrechtlicher Auslegung des Art. 19 Abs. 1 Satz 2 JI-RL folgt die Pflicht, die TOM zu fortwährend zu überprüfen und ggf. zu aktualisieren.

IV. Verhältnis zu anderen Vorschriften

Die Vorschrift konkretisiert den **Grundsatz der Integrität und Vertraulichkeit** nach § 42 Nr. 6. Sie wird hinsichtlich der Verarbeitung von **besonderen Kategorien** personenbezogener Daten durch § 43 Abs. 2 konkretisiert. Dieser benennt als geeignete Garantien TOM, die besonders geeignet sind. Sie wird durch die Regelung zur **DSFA** nach § 62 unterstützt, die die TOM überprüfen und Hinweise auf Ergänzungsbedarf geben soll. Die TOM müssen in den **Systemdatenschutz** nach § 66 integriert werden. Nach § 57 Abs. 2 darf der Verantwortliche nur **Auftragsverarbeiter** beauftragen, die geeignete TOM iSd Vorschrift treffen. Die TOM sind nach § 65 im **Verzeichnis** von Verarbeitungstätigkeiten allgemein zu beschreiben. Ungenügende TOM beim Empfänger können einer **Übermittlung** von Daten an Drittstaaten und internationale Organisationen entgegenstehen. Bei Entscheidungen dazu müssen die konkreten TOM der Empfänger zur Datensicherheit berücksichtigt werden. Die **Protokollierung** nach § 71 ist eine Maßnahme zur Datensicherheit.[5] Die nach § 67 zu treffende **Unterscheidungen nach Personen** und nach § 68 zu treffende **Unterscheidung nach Datenarten**, können jeweils Anknüpfungspunkte für Verarbeitungsregeln und TOM sein, die der Datensicherheit dienen. 5

Die Vorschrift entspricht § 64 BDSG. Die Vorgaben zur Risikobestimmung Abs. 1 Satz 2 fehlen jedoch im BDSG. § 64 Abs. 1 Satz 2 BDSG verweist dagegen auf Richtlinien des BSI. Über § 500 StPO müssen bei Datenverarbeitungen zu Zwecken der Strafverfolgung nach StPO auch die Polizeibehörden der Länder § 64 BDSG beachten. 6

B. Sicherheit der Datenverarbeitung

Ausreichende Sicherheit ist konstitutiv für die Rechtmäßigkeit von Verarbeitungen. Auch ansonsten zulässige Verarbeitungen sind unrechtmäßig, wenn die erforderlichen Maßnahmen nicht getroffen werden. Sie dienen nämlich der **Rechtfertigung von Grundrechtseingriffen**.[6] 7

Adressaten der Vorschrift sind der **Verantwortliche** und der **Auftragsverarbeiter**. Auch dieser ist daher selbst und originär verpflichtet, Maßnahmen zur Datensicherheit zu ergreifen. Zusätzlich muss der Verantwortliche nach § 57 den Auftragsverarbeiter danach auszuwählen, dass er den Schutz der Betroffenen gewährleisten kann und ihn vertraglich auf diesen Schutz verpflichten. Bei der Auswahl der TOM unterliegt jener dessen Weisungen. Zur Implementierung der TOM ist der Auftragsverarbeiter verpflichtet, unterliegt dabei aber den Weisungen des Verantwortlichen.[7] 8

---

5 *Piltz* NVwZ 2018, 700.
6 *Bock* in BeckOK DatenschutzR BDSG § 64 Rn. 15.
7 *Bock* in BeckOK DatenschutzR BDSG § 64 Rn. 19.

I. Sicherheit durch angemessen Maßnahmen (Abs. 1)

9   Abs. 1 bestimmt die **grundsätzliche Pflicht** zur Implementierung von TOM, um ein dem Risiko angemessenes **Schutzniveau** zu gewährleisten. Die Auswahl der Maßnahmen unterliegt einem Abwägungsprozess, der eine Risikobewertung voraussetzt.

10   Die **Art der Maßnahmen** wird nicht definiert. Abs. 2 Satz 2 enthält die Regelbeispiele Pseudonymisierung und Verschlüsselung (→ Rn. 23 ff.). § 43 Abs. 2 Satz 2 enthält weitere Beispiele. TOM können alle Maßnahmen sein, die die Kriterien und Gewährleistungsziele nach Abs. 2 Satz 2 und die technisch-organisatorischen Ziele nach Abs. 3 gewährleisten können. Sowohl aus den Kriterien nach Abs. 2 Nr. 1 und Nr. 2 als auch den Gestaltungszielen nach Abs. 3 lassen sich in Bezug auf die konkrete Datenverarbeitung und deren Risiken konkrete TOM ableiten. Durch TOM zu schützen, sind alle Verarbeitungsphasen iSv § 41 Nr. 2.

1. Risikobewertung

11   Abs. 1 Satz 1 fordert die Implementierung von geeigneten und erforderlichen TOM, um ein dem Risiko angemessenes Schutzniveau zu gewährleisten. Auch Abs. 3 Satz 2 sieht ausdrücklich eine „**Risikobewertung**" vor. Dies erfordert die Durchführung einer – wenigstens groben – **Risikoidentifikation und -abschätzung**. Risiko ist ein naturwissenschaftlicher Begriff, der die Möglichkeit eines Schadens beschreibt. Die Möglichkeit wird durch die Wahrscheinlichkeit eines Schadensverlaufs und der Schaden durch den Umfang der Verletzung geschützter Rechtsgüter bestimmt. An die naturwissenschaftliche Risikobestimmung schließt sich eine von dieser zu unterscheidende rechtliche Bewertung – als abzuwehrend oder zu dulden – an.[8] Eine im Rahmen der DSFA durchgeführt Risikoabschätzung, ist bei der Abschätzung einzubeziehen. Das Risiko sollte anhand einer objektiven Bewertung beurteilt werden.[9]

a) Risikoidentifikation

12   Zunächst müssen die **Risiken für die Rechte und Freiheiten** der natürlichen Personen anhand der Art, Umfang, Umstände und Zwecke der Verarbeitung identifiziert werden. Ziel der JI-RL ist es gemäß Art. 1 Abs. 2 lit. a, diese Grundrechte und Grundfreiheiten zu schützen. Diese sind nicht auf den Schutz der Daten nach Art. 8 GRCh beschränkt, sondern meinen alle durch Datenverarbeitung berührten Grundrechte der GRCh, der EMRK, des GG und der HV.[10]

13   **Risiken** liegen in solchen Datenverarbeitungen, die bei der betroffenen Person zu einer physischen, materiellen oder moralischen Schädigung in Form von erheblichen wirtschaftlichen oder gesellschaftlichen Nachteilen führen können.[11] Solche Risiken könnten nach ErwG 51 JI-RL insbes. hervorgehen aus einer Diskriminierung, einem Identitätsdiebstahl oder -betrug, einem finanziellen Verlust, einer Rufschädigung, einem Verlust der

---

8   S. näher *Roßnagel* in GK-BImSchG § 5 Rn. 123 ff.
9   ErwG 52 JI-RL.
10   DSK Kurzpapier 18, S. 1; *Johannes* in Roßnagel Das neue DSR § 2 Rn. 40 ff.
11   ErwG 51 JI-RL und ErwG 75 DS-GVO.

Vertraulichkeit von dem Berufsgeheimnis unterliegenden Daten oder der unbefugten Umkehr der Pseudonymisierung.

Risiken können sich sowohl aus der **geplanten, zulässigen und ordnungsgemäß durchgeführten Datenverarbeitung** ergeben als auch absichtlich oder versehentlich verursacht werden (zB IT-**Angriffe durch Dritte**) oder aus Naturereignissen oder **höherer Gewalt** resultieren.[12] Die möglichst **objektive Bewertung** (Satz 2) muss die für die betroffene Person negativen Folgen der Datenverarbeitung beurteilen, ohne dass es darauf ankommt, ob es sich hierbei um eine notwendige, erwünschte oder unerwünschte Folge der Datenverarbeitung aus Sicht des Verantwortlichen handelt.[13]

b) Risikoabschätzung (Satz 1 und 2)

Satz 2 bildet ErwG 52 JI-RL in leicht verkürzter Form als **Anwendungshilfe** zur Risikoabschätzung nach.[14] Die folgenden Vorschriften der §§ 60 Abs. 1 Satz 3, 61 Abs. 1 Satz 2, 62 Abs. 1 Satz 2 und 64 Abs. 1 Satz 2 nehmen darauf Bezug. Die **Risikoabschätzung** basiert auf der **Risikoidentifikation**. Sie prognostiziert die Eintrittswahrscheinlichkeit des möglichen Schadens und schätzt dessen Schwere im Hinblick auf die geschützten Rechtsgüter ab. Aus dem Verhältnis zwischen beiden Faktoren ist das **Risiko**[15] zu bilden.

2. Gewährleistung eines angemessenen Schutzniveaus

Jede Datenverarbeitung personenbezogener Daten enthält ein Risiko für die Rechte und Freiheiten der Betroffenen. Es sind daher stets Maßnahmen zur Sicherheit der Datenverarbeitung zu treffen.[16]Die Festlegung der konkreten TOM obliegt dem Verantwortlichen oder dem Auftragsverarbeiter. Es sind nicht alle möglichen Maßnahmen zur Gewährleistung von Datensicherheit zu ergreifen, sondern nur solche, die geeignet und erforderlich sind, um ein dem Risiko **angemessenes Schutzniveau** zu gewährleisten.[17] Die Angemessenheit ist anhand der in Abs. 1 und 2 niedergelegten Kriterien und in Abs. 4 genannten Zielen zu ermitteln. Es ist nicht die Angemessenheit einzelner Maßnahmen zu überprüfen, sondern die Summe der zu treffenden TOM muss ein dem Risiko angemessenes Schutzniveau gewährleisten können. Für diese **Abwägung** bleibt den Adressaten ein **Einschätzungsspielraum**, der allerdings aufsichtsbehördlich und gerichtlich voll überprüfbar ist.

TOM müssen zur Abwehr der mit der Verarbeitung verbundenen Risiken geeignet sind. **Geeignet** sind Maßnahmen, die die Schutzziele zur Abwehr der Risiken fördern können. **Erforderlich** sind die Maßnahmen, die das Risiko einer Verarbeitung so weit eindämmen, dass es vertretbar erscheint. Auch nach Umsetzung der erforderlichen TOM kann ein **Restrisiko** ver-

14

15

16

17

---

12 *Hansen* in NK-DatenschutzR DS-GVO Art. 32 Rn. 29.
13 *Bieker/Bremert/Hansen* DuD 2018, 494; DSK Kurzpapier Nr. 18, 2.
14 LT-Drs. 19/5728, 121.
15 *Karg* in Simits/Hornung/Spiecker gen. Döhmann DS-GVO Art. 61 Rn. 23.
16 DSK Kurzpapier Nr. 18, S. 2.
17 Zur DS-GVO *Mantz* in HK-DS-GVO Art. 32 Rn. 10.

bleiben.[18] Wenn seine Vertretbarkeit zweifelhaft ist, besteht die Pflicht, die oder den HDSB vorher zu konsultieren (→ § 64 Rn. 1 ff.).

3. Abwägungsbelange zur Bestimmung der TOM

18   Die **Abwägungsbelange** nach Satz 1 sind bei der Bestimmung der TOM zu „berücksichtigen". Sie müssen in den Abwägungsprozess einbezogen und geprüft werden.

a) Stand der Technik

19   Der Verarbeiter muss den **Stand der Technik** berücksichtigen. Dies ist aus praktischen Gesichtspunkten hinsichtlich der Auswahl von bestimmten TOM ein sehr wichtiger Maßstab der Abwägung.[19] Grundsätzlich sind solche TOM zu treffen, die dem Stand der Technik entsprechen. Nur wenn nach einer Abwägung mit den anderen Belangen bessere oder modernere Maßnahmen nötig und rechtfertigbar sind oder wenn ältere, bewährtere Maßnahmen noch ausreichen, die nicht mehr dem Stand der Technik entsprechen, kann von diesem Grundsatz abgewichen werden.[20] Der „Stand der Technik" ist auch gem. § 66 Abs. 1 Satz 1 Maßstab für geeignete Maßnahmen zum **Privacy by Design**.[21] Er umfasst auch organisatorische Vorgaben.[22] Der Stand der Technik rekurriert auf **allgemein anerkannten**, technisch möglichen und auf gesicherten, wissenschaftlichen und technischen Erkenntnissen beruhenden **Verfahren**.[23] Er liegt zwischen den niedrigeren Anforderungen der „allgemein anerkannten Regeln der Technik"[24] und den höheren Anforderungen nach dem „Stand von Wissenschaft und Technik".[25] Ein unionsrechtliches Äquivalent „zum Stand der Technik" ist auch das der „besten verfügbaren Techniken".[26] Dieser Begriff entstammt dem Umweltrecht und umschreibt dort den effizientesten Entwicklungsstand der Tätigkeiten und entsprechenden Betriebsmethoden, der bestimmte Techniken als praktisch für einen bestimmten Zweck geeignet erscheinen lässt.[27] Die für die Beurteilung des Vorliegens von Personenbezug zu berücksichtigen technologischen Entwicklungen müssen demnach **effizient**, **geeignet** und für den jeweiligen Verarbeiter **verfügbar** sein.[28]

b) Implementierungskosten

20   In die Abwägung einbezogen werden sollen auch die **Implementierungskosten** von TOM. Damit sollen **wirtschaftliche Erwägungen** Berücksichtigung

18   DSK Kurzpapier Nr. 18, 6.
19   *Kramer/Meints* in Auernhammer BDSG § 64 Rn. 3.
20   *Johannes/Weinhold* in HK-BDSG § 64 Rn. 29.
21   Vgl. auch Art. 32 und ErwG 83 sowie Art. 25 Abs. 1 und ErwG 78 DS-GVO.
22   Ebenso *Marnau* in Gola/Heckmann BDSG § 64 Rn. 23.
23   So zum Begriff nach DS-GVO *Bartels/Backer* DuD 2018, 214 ff.; *Knopp* DuD 2017, 663 ff.; *Weidenhammer/Gundlach* DuD 2018, 106 ff.
24   BVerfGE 49, 89 (135): herrschende Auffassung unter den technischen Praktikern.
25   BVerfGE 49, 89 (139): erforderlich ist die „bestmögliche Gefahrenabwehr und Risikovorsorge"; der EuGH ECLI:EU:C:1997:255, Rn. 26: für das Produkthaftungsrecht die der „höchste Stand".
26   So zur DS-GVO *Mantz* in HK-DS-GVO Art. 25 Rn. 38.
27   Art. 3 Nr. 10 RL 2010/75/EU; *Reinhardt* NuR 2015, 290.
28   *Hofmann/Johannes* ZD 2017, 225.

finden, die insbesondere zu den Sicherheitsanforderungen in Konkurrenz treten können. Nicht erfasst sind aber Folgekosten oder laufende Kosten einer Maßnahme. Diese dürfen nicht in die Abwägung einbezogen werden.[29] Den wirtschaftliche Aufwand einer neuen Maßnahme berücksichtigen zu können, eröffnet dem Verantwortlichen ggf. einen besonders weiten Abwägungsspielraum. Einzubeziehen ist aber, was der Verantwortliche generell zu leisten imstande ist. Die Abwägung darf nicht ausschließlich von wirtschaftlichen Erwägungen abhängig gemacht werden.[30]

In Bezug auf die Behörden, die Daten zu Zwecken des § 40 verarbeiten, **21** kann es nicht allein auf ihr tatsächliches (Jahres-)Budget ankommen. Dies griffe aufgrund der staatlichen Aufgabenzuweisung und der Pflicht, die öffentlichen Stellen mit zweckentsprechenden Mitteln auszustatten, zu kurz.[31] Entscheidend ist, ob die Implementierungskosten in einem angemessenen Verhältnis zur Wirksamkeit der Maßnahme und zu den Risiken stehen.

c) Art, Umfang, Umstände und Zwecke der Verarbeitung

Zu berücksichtigen sind im Rahmen der Abwägung auch **Art, Umfang,** **22** **Umstände und Zwecke der Verarbeitung.** Von ihnen her ist sowohl das Risiko zu bestimmen als auch die geeigneten und erforderlichen Maßnahmen zur Risikominderung abzuleiten Je mehr Daten verarbeitet werden und je sensitiver diese sind, desto mehr oder intensivere technische und organisatorische Maßnahmen sind zu ergreifen und desto zumutbarer wird der Aufwand ihrer Implementierung.[32] Wird eine Vielzahl von Daten unterschiedlicher betroffener Personen verarbeitet, zB bei **Big-Data-Analysen,** sind an die Maßnahmen strengere Anforderungen zu stellen als bei der gelegentlichen Verarbeitung nur vereinzelter Daten.[33] Bei der der **automatisierten Verarbeitung und Profiling** ist idR ein hoher Schutzstandard zu gewährleisten.[34] Bei der Verarbeitung von **besonderen Kategorien** von Daten ist auch ein hoher Schutzstandard zu gewährleisten, wie sich schon aus dem Wortlaut von Satz 1 ergibt („insbesondere"). § 43 Abs. 2 fordert ebenfalls besondere Anforderungen an die Sicherheit zu erfüllen (→ § 43 Rn. 1 ff.).

Die Erwähnung der „**Zwecke der Verarbeitung**" in Abs. 1 Satz 1 im Plural **23** lässt zu, dass die in § 40 genannten Zwecke der Datenverarbeitung in Hinblick auf die Gefährdung der Rechte der betroffenen Personen durchaus unterschiedlich bewertet werden können und müssen. Keinesfalls dürfen alle dort genannten Zwecke als gleich gewichtig verstanden werden. Dies gilt im Hinblick auf die in § 40 genannten Tätigkeiten (Verhütung, Ermittlung, Aufdeckung, Verfolgung oder Ahndung) als auch im Hinblick auf die

---

29 *Marnau* in Gola/Heckmann BDSG § 64 Rn. 24; *Hartung* in Kühling/Buchner DS-GVO Art. 25 Rn. 22; *Mantz* in HK-DS-GVO Art. 25 Rn. 45; *Martini* in Paal/Pauly DS-GVO Art. 25 Rn. 41; aA *Nolte/Werkmeister* in Gola DS-GVO Art. 25 Rn. 23; *Hansen* in NK-DatenschutzR DS-GVO Art. 32 Rn. 26.
30 ErwG 53 JI-RL.
31 *Johannes/Weinhold* in HK-BDSG § 64 Rn. 38.
32 *Borell/Schindler* DuD 2019, 770 f.
33 So zur DS-GVO *Mantz* in HK-DS-GVO Art. 25 Rn. 41.
34 Dies folgt auch aus dem systematischen Zusammenhang mit Abs. 3 und § 49.

Oberkategorien (Straftaten oder Ordnungswidrigkeiten, Schutz und Abwehr von Gefahren, Strafvollstreckung). In diesen Gruppierungen sind weitere Unterscheidungen nötig. So ist die Abwehr von Gefahren für Leib und Leben idR gewichtiger als die von Sachschäden. Die Verfolgung von besonders schweren Straftaten wiegt zB schwerer als die Ahndung von Vergehen.[35]

4. Empfehlungen

24   Zur Durchführung einer Risikoabschätzung und der Festlegung von Schutzniveaus kann auf verschiedene **Empfehlungen** und **Kataloge** zurückgegriffen werden. ZB sind das DSK Kurzpapier 18, das Standard-Datenschutz Modell (SDM) des DSK, der BSI-Standard 100–1 Version 1.5,[36] der „Security Guide" der französischen Aufsichtsbehörde CNIL von 2018 und die Übersicht der ENISA zu Angriffsszenarien beim Internet der Dinge[37] zu nennen.

25   Der Grundsatz der Datensicherheit wird in § 64 Abs. 1 Satz 2 BDSG dahin gehend ergänzt, dass der Verantwortliche die einschlägigen **Technischen Richtlinien** und **Empfehlungen des BSI** zu berücksichtigen hat. Insoweit sind über § 500 StPO auch die Behörden des Landes Hessen verpflichtet zB den IT-Grundschutz des BSI zu berücksichtigen und eine entsprechende Vorgehensweise (Methodik) zu befolgen.[38] Diese Vorgehensweise ist inhaltlich auch für Landesbehörden im Anwendungsbereich des dritten Teils dieses Gesetzes als Best-Practice heranziehbar.

II. Beispiele und Ziele (Abs. 2)

26   Abs. 2 nennt unsystematisch in Satz 1 beispielhafte **Maßnahmen** und erst in Satz 2 **Sicherheitsziele**, die durch die nach Abs. 1 zu treffenden TOM abgedeckt werden müssen.

1. Maßnahmen Pseudonymisierung und Verschlüsselung (Satz 1)

27   Als Maßnahmen zur Förderung der Datensicherheit führt Satz 1 die **Pseudonymisierung** (→ § 46 Rn. 82 ff.) und **Verschlüsselung** von Daten an.[39] Diese können zum Einsatz kommen, soweit dies in Anbetracht der Verarbeitungszwecke möglich ist. Es besteht insofern keine Pflicht zum Einsatz.[40] Sie sind aber im Rahmen der Auswahl geeigneter Maßnahmen grundsätzlich zu berücksichtigen. Pseudonymisierung und Verschlüsselung sollen gewährleisten, dass selbst bei unbefugtem Zugriff Dritter auf das System oder Daten keine Kenntnis von den personenbezogenen Daten er-

---

35   *Johannes/Weinhold* in HK-BDSG § 64 Rn. 42.
36   Nachweise bei *Schlehahn* DuD 2018, 32.
37   ENISA, Baseline Security Recommendations for IoT 2017, 36.
38   *Kramer/Meints* in Auernhammer BDSG § 64 Rn. 11; aA *Schwichtenberg* in Kühling/Buchner BDSG § 64 Rn. 3, *Bartels/Backer* DuD 2018, 216, die keine zwingende Umsetzung sehen.
39   Zur Qualität der Verschlüsselung s. BSI TR-02102 „Kryptographische Verfahren: Empfehlungen und Schlüssellängen".
40   *Bock* BeckOK DatenschutzR BDSG § 64 Rn. 40.

langt wird oder wenigstens ein Personenbezug nicht ohne Weiteres hergestellt werden kann.[41]

2. Sicherheitsziele (Satz 2)

Abs. 2 Satz 2 übernimmt die Ziele der Datensicherheit aus Art. 32 Abs. 1   28
lit. b und c DS-GVO, die durch die TOM abgedeckt werden müssen. Dies
können als **rechtlichen Kriterien** iSd der zweiten Stufe der Methode KORA
gesehen werden.[42] Sie entsprechen sowohl vom Wortlaut als auch von der
Bedeutung her bekannten Gewährleistungszielen wie denen des SDM. Weder das Gesetz noch BDSG, JI-RL oder DS-GVO definieren diese Ziele.

a) Vertraulichkeit, Integrität, Verfügbarkeit und Belastbarkeit (Nr. 1)

Nr. 1 entspricht dem Wortlaut und Regelungsinhalt von Art. 32 Abs. 1   29
lit. b DSGO. **Vertraulichkeit** ist der Schutz vor unbefugter Preisgabe von Informationen. Personenbezogene Daten, die vom Verantwortlichen verarbeitet werden, sind idR vertraulich. Diese dürfen ausschließlich Befugten in
der zulässigen Weise zugänglich sein.[43] **Verfügbarkeit** bezeichnet die Anforderung, dass personenbezogene Daten zur Verfügung stehen müssen und
ordnungsgemäß im vorgesehenen Prozess verwendet werden können. Zu
gewährleisten ist die Verfügbarkeit der Daten zu dem jeweiligen Zweck,
solange dieser noch besteht.[44] **Integrität** bezeichnet die Sicherstellung der
Korrektheit (Unversehrtheit) von Daten und der korrekten Funktionsweise
von Systemen. Der Verlust der Integrität von Informationen kann daher
bedeuten, dass diese unerlaubt verändert, Angaben zum Autor verfälscht
oder Zeitangaben zur Erstellung manipuliert wurden.[45] Unter **Belastbarkeit** versteht das SDM die Wahrung der anderen Gewährleistungsziele unter Belastung.[46] Es ist eine Anforderung, die auf die übrigen Schutzziele
ausstrahlt.[47] Sie wird auch als „Resilienz" bezeichnet und umfasst Risikovorsorge und Anpassungsfähigkeit.[48] Die vier Ziele Vertraulichkeit, Integrität, Verfügbarkeit und Belastbarkeit sind **auf Dauer** zu gewährleisten.

b) Wiederherstellung der Verfügbarkeit von Daten (Nr. 2)

Nr. 2 entspricht dem Wortlaut und Regelungsinhalt von Art. 32 Abs. 1 lit. c   30
DS-GVO. Für den Fall einer Verletzung der Daten- oder Systemsicherheit
sind TOM erforderlich, die ermöglichen, die **Verfügbarkeit** der personenbezogenen Daten und den **Zugang** zu ihnen **rasch**[49] **wiederherzustellen**. Hierfür sind idR eine **formalisierte Notfallplanung** und ein **Notfallmanage-
mentsysteme** sowie als deren Bestandteile regelmäßige Sicherungen von
Daten und Software sowie redundante Systembestandteile erforderlich.[50]

---

41 ErwG 60 JI-RL.
42 Dazu *Hammer/Pordesch/Roßnagel* in Roßnagel/Hornung/Geminn/Johannes
   S. 83 ff.
43 DSK SDM, 18 und 26.
44 DSK SDM, 22 und 27.
45 DSK SDM, 17 und 26 f.
46 DSK SDM 54.
47 Eingehend *Gonscherowski/Hansen/Rost* DuD 2018, 446.
48 *Gonscherowski/Hansen/Rost* DuD 2018, 444.
49 ErwG 85 DS-GVO; *Jandt* in Kühling/Buchner DS-GVO Art. 32 Rn. 9.
50 *Mantz* in HK-DS-GVO Art. 32 Rn. 18 f.; DSK SDM 31 f.

III. Gestaltungsziele (Abs. 3)

31   Abs. 3 detailliert vierzehn **Gestaltungsziele**, die die Sicherheitsziele des Abs. 2 konkretisieren[51] und durch TOM im Fall einer automatisierten Verarbeitung erreicht werden müssen. Die Inhalte des Kataloges entsprechen weitestgehend denen in § 10 HDSG.[52] Nach dem Wortlaut von Abs. 3 sind durch noch zu bestimmende Maßnahmen die danach genannten **Zwecke** zu erreichen. Diese Bezeichnung ist jedoch nicht eingängig. Besser ist, sich die in Abs. 3 genannten Zwecke als **technische Gestaltungsziele** iSd dritten Stufe der Methode KORA vorzustellen.[53] Dann wird deutlich, dass es sich bei dem Katalog in Abs. 3 um **Übersetzungen der juristischen Anforderungen** nach den Datenverarbeitungsgrundsätzen (§ 42) und den sonstigen rechtlichen Kriterien des dritten Teil des Gesetzes in die **Sprache der Technik** handelt, die jedoch in Abhängigkeit von der konkret zu schützenden Datenverarbeitung noch zu **konkreteren technischen Gestaltungsvorschlägen** übergeleitet werden müssen.

1. Anwendungsbereich

32   Abs. 3 stellt ausdrücklich auf „automatisierte Verarbeitungen" ab. **Automatisiert** ist die Verarbeitung, wenn sie mit technischen Datenverarbeitungsanlagen erfolgt, also durch Informationstechnik unterstützt wird und nicht vollständig händisch erfolgt.[54]

2. Risikobewertung

33   Die Vorschrift schreibt eine Risikobewertung vor. Die zu treffenden Maßnahmen iSv Abs. 1 sind in Abhängigkeit von der Risikobewertung nach Abs. 1 zu bestimmen und auszuwählen. Sie müssen geeignet, erforderlich und angemessen sein, um die Gestaltungsziele zu erreichen.

3. Gestaltungsziele

34   Die Gestaltungsziele nach Satz 1 sollen die **Auswahl** nach Abs. 1 **leiten**. Hinsichtlich der Zielverfolgung besteht **kein Auswahlermessen**. Alle Gestaltungsziele müssen verfolgt werden. Auf Basis der Risikobewertung kann der Verantwortlich oder Auftragsverarbeiter aber eine Auswahl zwischen mehreren geeigneten Maßnahmen treffen.[55] Nicht jede TOM muss jedes Ziel bedienen. Eine konkrete TOM kann mehrere Ziele verfolgen.

a) Zugangskontrolle (Nr. 1)

35   Die Zugangskontrolle entspricht der Zugangskontrolle nach § 10 Abs. 2 Satz 2 Nr. 1 HDSG. Ziel der **Zugangskontrolle** ist es, Unbefugten den **körperlichen Zugang** zu Datenverarbeitungsanlagen, mit denen personenbezogene Daten verarbeitet werden, zu verwehren. Als unbefugt werden dabei alle diejenigen verstanden, die zur Verrichtung ihrer Arbeit nicht zwingend

---

51   *Schlehahn* DuD 2018, 32 ff.
52   Ausführlich *Johannes* ZD-Aktuell, 07339.
53   Dazu   *Hammer/Pordesch/Roßnagel*   in   Roßnagel/Hornung/Geminn/Johannes S. 83 ff.
54   *Roßnagel* in NK-DatenschutzR DS-GVO Art. 2 Rn. 14.
55   BVerfGE 125, 260 (Rn. 221 ff.).

in Kontakt mit den Datenverarbeitungsanlagen kommen müssen. Dies schließt auch Behördenmitarbeiter ein. Die **Zugangskontrolle** richtet sich gegen die Benutzung der Verarbeitungssysteme durch Unbefugte.[56] Typische Maßnahmen zur Erfüllung sind ua die Sicherheitsbereiche, Eingrenzung der zulässigen Personalkräfte, Berechtigungsausweise, Abschließen von Geräten und Räumen, verschlossene Aufbewahrung der Datenträger und allgemeine Objektsicherung und Überwachungsanlagen.[57]

b) Datenträgerkontrolle (Nr. 2)

Nach Nr. 2 sind das unbefugte Lesen, Kopieren, Verändern oder Löschen 36
von Datenträgern zu verhindern. Dieses Gestaltungsziel stellt die „Datenträger" in den Mittelpunkt. Ihnen kommt im Sachzusammenhang von Beweismitteln und Tatobjekten zu den in § 40 genannten Zwecken eine besondere Bedeutung zu.[58]

c) Speicherkontrolle (Nr. 3)

Nach Nr. 3 ist die unbefugte Eingabe von personenbezogenen Daten sowie 37
die unbefugte Kenntnisnahme, Veränderung und Löschung von gespeicherten personenbezogenen Daten zu verhindern.

d) Benutzerkontrolle (Nr. 4)

Verhindert werden soll nach Nr. 4 die Nutzung automatisierter Verarbei- 38
tungssysteme mithilfe von Einrichtungen zur Datenübertragung durch Unbefugte (Benutzerkontrolle). Das Ziel überschneidet sich insbesondere mit den Zielen der Eingabekontrolle, der Zugriffskontrolle und Übertragungskontrolle. Es soll verhindert werden, dass durch Systemschnittstellen und -freigaben zur Datenübertragung, unbefugte Zugang zu Systemen erhalten können.

e) Zugriffskontrolle (Nr. 5)

Die Zugriffskontrolle soll den Zugriff auf die berechtigten Benutzer des 39
Datenverarbeitungssystems beschränken. Berechtigte Benutzer, wie zB Ermittlungsbeamte oder Sachbearbeiter, sollen nur die personenbezogenen Daten einsehen und verarbeiten dürfen, die zu ihrer konkreten Aufgabenerfüllung erforderlich sind. Denkbare Maßnahmen hierfür sind ua ein Rollen- und Rechtemanagement, Benutzerkennungen und Passwörter, die Festlegung der Befugnisse nutzbaren Endgeräte sowie die zeitliche Begrenzung der Zugriffsmöglichkeit.

f) Übertragungskontrolle (Nr. 6)

Nr. 6 soll erreichen, dass überprüft und festgestellt werden kann, an welche 40
Stellen personenbezogene Daten mithilfe von Einrichtungen zur Datenübertragung übertragen oder zur Verfügung gestellt wurden oder werden können. Maßnahmen zur Zielverfolgung sind ua die Kontrolle der Einrichtungen zur Datenübertragung und der zugehörigen Übertragungsprogram-

---

56 *Klug/Körfer* in Gola BDSG § 9 Rn. 23.
57 *Johannes/Weinhold* in HK-BDSG § 64 Rn. 64 f.
58 *Johannes/Weinhold* in HK-BDSG § 64 Rn. 67.

me, die Protokollierung von Datenübertragungen, der Erlass schriftlicher Regelungen über den Umgang mit Datenträgern, das Führen von Aufzeichnungen über den Verbleib von Datenträgern, das Einschließen der Datenträger bei Nichtgebrauch, das Verbot der Verwendung privater Datenträger am Arbeitsplatz und der Mitnahme dienstlicher Datenträger nach Hause, technische Kopierschutzmaßnahmen sowie die Einrichtung von Arbeitsplatzrechnern ohne wechselbare Datenträger oder frei nutzbare physische Schnittstellen.

g) Eingabekontrolle (Nr. 7)

41   Durch die Eingabekontrolle nach Nr. 7 soll nachträglich überprüft und festgestellt werden können, welche personenbezogenen Daten zu welcher Zeit und von wem in automatisierte Verarbeitungssysteme eingegeben oder verändert worden sind. Die Eingabekontrolle erfordert auch eine Kontrolle der näheren Umstände befugter Eingaben. Hierzu sind nicht nur maschinelle Aufzeichnungen geeignet, sondern auch sonstige Unterlagen, anhand derer sich die geforderten Feststellungen nachträglich rekonstruieren lassen. Eine ständige Protokollierung aller Eingaben ist dazu geeignet (→ § 71 Rn. 1 ff.). Zwischen den Anforderungen der IT-Sicherheit durch wirksame Eingabekontrolle einerseits und dem Datenschutz der Benutzer andererseits ist im Einzelfall ein angemessener Ausgleich zu schaffen etwa durch die Festlegung und Dokumentation der Eingabeverfahren und Eingabeberechtigungen.[59] Maßnahmen zur Zielverfolgung sind ua die programmgesteuerte Festlegung der Befugnisse zur Kenntnisnahme, Eingabe, Veränderung oder Löschung mit revisionsfähiger Dokumentation, die Verwendung von sicheren Passwortverfahren und Benutzerkennungen, die Protokollierung von Eingaben, Zugriffen und Zugriffsversuchen, die Verschlüsselung von Daten und Programmen, die Festlegung der Zuständigkeiten für einzelne Verarbeitungsschritte.

h) Transportkontrolle (Nr. 8)

42   Nach Nr. 8 muss bei der Übermittlung personenbezogener Daten sowie beim Transport von Datenträgern die Vertraulichkeit und Integrität der Daten geschützt werden. Es soll sichergestellt werden, dass Daten nicht von unbefugten Dritten abgefangen und eingesehen werden können. Maßnahmen zur Zielverfolgung sind ua die Kontrolle der Einrichtungen zur Datenübertragung und der zugehörigen Übermittlungsprogramme, die Protokollierung von Datenübertragungen (→ 71 Rn. 1 ff.), die Transportverschlüsselung, die Zentrale Ausgabe und Verwaltung von Datenträgern, der Erlass schriftlicher Regelungen über den Umgang mit Datenträgern, das Führen von Aufzeichnungen über den Verbleib von Datenträgern, das Einschließen von Datenträgern bei Nichtgebrauch, das Verbot der Verwendung privater Datenträger am Arbeitsplatz und der Mitnahme dienstlicher Datenträger nach Hause, die Einführung technischer Kopierschutzmaßnahmen, Einrichtung von Arbeitsplatzrechnern ohne wechselbare Datenträger, das physikalisches Vernichten nicht mehr benötigter Datenträger sowie die Vernichtung überflüssiger Ausdrucke und Fehldrucke.

---

59   *Müller/Wehrmann* in Schild ua HDSG § 10 Rn. 16 ff.

i) Wiederherstellbarkeit (Nr. 9)

Eingesetzte Systeme sollen im Störungsfall wiederhergestellt werden kön- 43
nen. Das Gestaltungsziel korrespondiert zu dem Sicherheitsziel nach Abs. 2
Satz 2 Nr. 2 (→ Rn. 30 ff.).

j) Zuverlässigkeit (Nr. 10)

Nach Nr. 10 sollen alle Funktionen des Systems zur Verfügung stehen und 44
auftretende Fehlfunktionen gemeldet werden. Erreicht werden kann das
Ziel durch Fehlermeldungen und Protokolle. Dies fördert das Ziel der Belastbarkeit.

k) Datenintegrität (Nr. 11)

Gespeicherte personenbezogene Daten sollen nach Nr. 11 nicht durch Fehl- 45
funktionen des Systems beschädigt werden können. Das Ziel kann zB
durch systemunabhängige, überprüfbare Sicherungsmaßnahmen erreicht
werden, wie zB die Sicherung von elektronischen Dokumenten durch elektronische Zeitstempel, Signaturen und Siegel.

l) Auftragskontrolle (Nr. 12)

Gewährleistet werden soll nach Nr. 12, dass personenbezogene Daten, die 46
im Auftrag verarbeitet werden, nur entsprechend den Weisungen des Auftraggebers verarbeitet werden können. Gemeint sind damit speziell auf die
Auftragsdatenverarbeitung ausgelegte Kontrollmaßnahme. Maßnahmen
hierfür können ua sein der Auftragsverarbeitungsvertrag iSv § 57 Abs. 5,
das entsprechende Vertragscontrolling sowie die Protokollierung einzelner
Anweisungen an den Auftragnehmer.[60] Dem Auftragnehmer erwachsen daraus komplementäre Pflichten. Er muss ua gewährleisten, dass ihm erteilte
Weisungen durch berechtigte Person erfolgen (Authentizität und Vollmacht), diese Weisungen und deren Umsetzung und Folgen zu dokumentieren und das sein Personal nur im erforderlichen Umfang Datenzugriff
hat.[61]

m) Verfügbarkeitskontrolle (Nr. 13)

Das Ziel Nr. 13 soll erreichen, dass personenbezogene Daten gegen Zerstö- 47
rung oder Verlust geschützt sind. Ziel ist der Schutz der Daten sowohl vor
zufälliger als auch mutwilliger Zerstörung. Maßnahmen müssen sich gegen
technische Defekte, Vandalismus und auch schädliche Umwelteinflüsse
richten.[62] Dies korrespondiert insb. zum Ziel der Belastbarkeit.

n) Trennbarkeit (Nr. 14)

Trennbarkeit soll nach Nr. 14 gewährleisteten, dass zu unterschiedlichen 48
Zwecken erhobene personenbezogene Daten getrennt verarbeitet werden
können. Ziel der Datentrennungskontrolle ist die technische Sicherstellung
der zweckbestimmten Verarbeitung. Das Trennungsgebot verlangt dabei
keine zwingende räumliche Trennung, sondern ist auch bei logischer Tren-

---

60 Im Einzelnen dazu *Müller/Wehrmann* in Schild ua HDSG § 10 Rn. 55.
61 Im Einzelnen dazu *Müller/Wehrmann* in Schild ua HDSG § 10 Rn. 56.
62 *Johannes/Weinhold* in HK-BDSG § 64 Rn. 82.

nung erfüllt. Die Pflichten zur Unterscheidung nach Datenkategorien (→ § 73 Rn. 1 ff.) und Personenkategorien (→ § 72 Rn. 1 ff.) gehen Hand in Hand mit diesem Ziel. Die Trennbarkeit muss insbesondere bei gemeinsamen Verfahren iSv § 58 gewährleistet werden können. Maßnahmen sind die physische und logische Datenseparierung, die Mandanten- und Kundentrennung und die Trennung über Zugriffsregelungen.[63]

4. Zielverfolgung durch Verschlüsselung (Satz 2)

49   Satz 2 stellt klar, dass die Kontrollziele nach Abs. 3 Satz 1 Nr. 2 bis 5 insbesondere durch die Verwendung von dem Stand der Technik entsprechenden **Verschlüsselungsverfahren** erreicht werden können. Diese ist als eine von vielen möglichen Maßnahmen („insbesondere") zu verstehen. In der Praxis kommt kein Datenverarbeitungssystem ohne Verschlüsselung zur IT-Sicherheit aus.

IV. Maßnahmen bei nicht-automatisierter Verarbeitung (Abs. 4)

50   Abs. 4 wurde wörtlich aus § 10 Abs. 3 HDSG übernommen:[64] Er ist gleich zu § 20 Abs. 3 (→ § 20 Rn. 31). Grundsätzlich sind Daten, die **nicht automatisiert** verarbeitet werden, zwar genauso abzusichern wie automatisiert verarbeitete Daten (→ § 1 Rn. 14). Jedoch gelten die Gestaltungsziele nach Abs. 3 nur im Fall automatisierter Verarbeitung. Abs. 4 stellt klar, dass die Schutzbedürftigkeit von personenbezogenen Daten von der Art ihrer Verarbeitung abhängt.[65] Sie spricht insbesondere die unbefugte Bearbeitung, die Aufbewahrung, den Transport sowie die Vernichtung von **Akten** an. Nach Abs. 1 ist aber bei jeder nicht-automatisierten Verarbeitung und entsprechendem Verarbeitungsvorgang für ein angemessenes Schutzniveau zu sorgen, also zB auch bei Abschriften und bei Einsichtnahmen. Die nach Abs. 4 zu treffenden Maßnahmen unterliegen den allgemeinen Anforderungen zur Schutzbedürftigkeit, Risikobewertung und Angemessenheit nach Abs. 1 und den Zielbestimmungen nach Abs. 2.

51   Zur **Umsetzung** bedarf es ua TOM, die Zugriffe auch entgegen der behördeninternen Zuständigkeitsverteilung erschweren und verhindern.[66] **Unbefugt** handelt, wer nicht im Rahmen der Aufgaben handelt, die ihm von der zuständigen Behörde als Verantwortlichem übertragen worden sind, soweit er keine besondere gesetzliche Ermächtigung für seine Tätigkeit hat.[67] Behördenmitarbeiter handeln unbefugt, wenn sie entgegen einer behördeninternen Zuständigkeitsverteilung mit personenbezogenen Daten Dritter umgehen.[68]

52   Um den Zugriff Unbefugter bei der **Aufbewahrung** und **Bearbeitung** zu verhindern, ist zB die Zugangsberechtigung zu Räumen, in denen sich beson-

---

63 DSK SDM, 33 f.
64 LT-Drs. 19/5728, 121.
65 *Schild* ua HDSG § 10 Rn. 67.
66 ZB Personalakten, auf die nur die zuständigen Mitarbeiter Zugriff haben dürfen; *Schild* ua HDSG § 10 Rn. 68.
67 *Nungesser* HDSG § 10 Rn. 32.
68 Befugnisse sind im Einzelnen an Organisationsplänen, Stellen- oder Aufgabenbeschreibungen oder spezielleren Dienstanweisungen festzulegen.

ders schutzbedürftige Daten befinden, festzulegen (Zugangskontrolle →
Rn. 35). Solche Räume bedürfen der Zutrittssicherung oder der Sicherung
entsprechender Behältnisse (zB abschließbare Aktenschränke, Tresore). Außerdem könnten Bearbeitungs- und Publikumszonen getrennt werden. Hinsichtlich des **Transports** könnte zB der Abgang von Akten kontrolliert werden und die Berechtigung und Identität von Empfängern in angemessener
Weise überprüft werden.[69] Besondere Versandformen und Transportsiche-
rungen können im Einzelfall notwendig sein.[70] Die **Vernichtung** (→ § 41
Rn. 34) ist zB durch die Kontrolle der tatsächlichen Vernichtung[71] und Ver-
nichtungsprotokolle sicherzustellen.

C. Würdigung

Die Vorschrift ist ein Mischmasch des Unionsrechts, des BDSG aF und –   53
inzident – auch des HDSG. Sie verankert die Datensicherheit als Pflicht.
Hinsichtlich der zu treffenden Risikoabschätzungen, der Festlegung des
Schutzniveaus und auch der zu treffenden Maßnahmen ist es sinnvoll sich
auf die Methodik des IT-Grundschutzes des BSI und des SDM zu stützen.
Die Umsetzung von Art. 29 Abs. 2 JI-RL in § 64 Abs. 3 BDSG und § 59
Abs. 3 BDSG ist wortgleich. Dies ist für die hessischen Behörden von Vor-
teil, müssen diese doch sowohl das BDSG als auch das Landesrecht zur
Anwendung bringen. Bei Datenverarbeitungen zu Zwecken der Strafverfol-
gung gilt über § 500 StPO in der Regel Teil 3 des BDSG, während bei Da-
tenverarbeitungen zur Gefahrenabwehr in der Regel der dritte Teil dieses
Gesetzes gilt.[72]

§ 60 Meldung von Verletzungen des Schutzes personenbezogener Daten an die Hessische Datenschutzbeauftragte oder den Hessischen Datenschutzbeauftragten

(1) [1]Der Verantwortliche hat eine Verletzung des Schutzes personenbezogener Daten unverzüglich und möglichst binnen 72 Stunden, nachdem sie
ihm bekannt geworden ist, der oder dem Hessischen Datenschutzbeauftragten zu melden, es sei denn, dass die Verletzung voraussichtlich nicht zu
einem Risiko für die Rechte und Freiheiten natürlicher Personen führt. [2]Er-
folgt die Meldung an die Hessische Datenschutzbeauftragte oder den Hessischen Datenschutzbeauftragten nicht binnen 72 Stunden, so ist ihr eine
Begründung für die Verzögerung beizufügen. [3]§ 59 Abs. 1 Satz 2 gilt entsprechend.

(2) Wird dem Auftragsverarbeiter eine Verletzung des Schutzes personenbezogener Daten bekannt, meldet er diese dem Verantwortlichen unverzüglich.

---

69 *Nungesser* HDSG § 10 Rn. 35.
70 *Schild* ua HDSG § 10 Rn. 70.
71 ZB durch Schreddern oder Verbrennen.
72 *Johannes* Die Polizei 2020, 409.

(3) Die Meldung nach Abs. 1 hat zumindest folgende Informationen zu enthalten:

1. eine Beschreibung der Art der Verletzung des Schutzes personenbezogener Daten, die, soweit möglich, Angaben zu den Kategorien und der ungefähren Anzahl der betroffenen Personen, zu den betroffenen Kategorien personenbezogener Daten und zu der ungefähren Anzahl der betroffenen personenbezogenen Datensätze zu enthalten hat,

2. den Namen und die Kontaktdaten der oder des Datenschutzbeauftragten oder einer sonstigen Anlaufstelle für weitere Informationen,

3. eine Beschreibung der wahrscheinlichen Folgen der Verletzung des Schutzes personenbezogener Daten und

4. eine Beschreibung der von dem Verantwortlichen ergriffenen oder vorgeschlagenen Maßnahmen zur Behandlung der Verletzung des Schutzes personenbezogener Daten und gegebenenfalls der Maßnahmen zur Abmilderung ihrer möglichen nachteiligen Auswirkungen.

(4) Wenn und soweit die Informationen nach Abs. 3 nicht zur gleichen Zeit bereitgestellt werden können, hat der Verantwortliche diese Informationen ohne unangemessene weitere Verzögerung schrittweise zur Verfügung stellen.

(5) [1]Der Verantwortliche hat Verletzungen des Schutzes personenbezogener Daten zu dokumentieren. [2]Die Dokumentation hat alle mit den Vorfällen zusammenhängenden Tatsachen, deren Auswirkungen und die ergriffenen Abhilfemaßnahmen zu umfassen.

(6) Soweit von einer Verletzung des Schutzes personenbezogener Daten personenbezogene Daten betroffen sind, die von einem oder an einen Verantwortlichen in einem anderen Mitgliedstaat der Europäischen Union übermittelt wurden, sind die in Abs. 3 genannten Informationen dem dortigen Verantwortlichen unverzüglich zu übermitteln.

(7) § 37 Abs. 4 findet entsprechende Anwendung.

(8) Weitere Pflichten des Verantwortlichen zu Benachrichtigungen über Verletzungen des Schutzes personenbezogener Daten bleiben unberührt.

Literatur:

Art. 29-Datenschutzgruppe, Leitlinien für die Meldung von Verletzungen des Schutzes personenbezogener Daten, WP 250, 2018; *Leibold*, Meldung von Verletzungen des Schutzes personenbezogener Daten an die Aufsichtsbehörde nach Art. 33 DS-GVO – auch bei Verschlüsselung?, ZD-Aktuell 2019, 06650; *Piltz/Pradel*, Wie lange dauern 72 Stunden?, ZD 2019, 152; *Spittka*, Nur noch 72 Stunden – Data Breach Notification nach der EU-Datenschutz-Grundverordnung, DSRITB 2016, 387.

A. Allgemeines

I. Bedeutung der Vorschrift

Die Vorschrift regelt die **Meldepflichten** des Verantwortlichen und des Auf- 1
tragsverarbeiters gegenüber der oder dem HDSB, den Inhalt der Meldung,
Dokumentationspflichten im Zusammenhang mit Datenschutzvorfällen,
Meldepflichten gegenüber verantwortlichen Stellen im Ausland und die
Möglichkeit strafrechtlicher Verwertung von Meldungen. Der oder dem
HDSB soll mit der Meldung die Möglichkeit gegeben werden, auf eine Verletzung reagieren und den Verantwortlichen im Hinblick auf den Schutz
der betroffenen Personen beraten zu können.[1] Diese sollen durch eine
Meldung gegenüber der Aufsichtsbehörde vor einem physischen, materi-
ellen oder immateriellen Schaden durch eine Schutzverletzung geschützt
werden.[2]

In Umsetzung von Art. 30 JI-RL sieht Abs. 1 vor, dass der Verantwortliche 2
eine Verletzung des Schutzes personenbezogener Daten innerhalb von **72
Stunden** nachdem diese ihm bekannt geworden ist, der oder dem HDSB zu
melden verpflichtet ist, es sei denn, dass die Verletzung voraussichtlich
nicht mit **Risiken für die Rechte und Freiheiten** natürlicher Personen verbunden ist. Die Meldepflicht des Auftragsverarbeiters wird in Abs. 2 normiert.

II. Entstehungsgeschichte

Eine mit der Meldepflicht vergleichbare Informationspflicht war im HDSG 3
nicht vorgesehen. Eine **vergleichbare Vorschrift** gab es jedoch in § 42a
BDSG aF. Danach mussten öffentliche und nicht öffentliche Stellen, wenn
sie festgestellt hatten, dass bei ihnen gespeicherte besonders schutzwürdige
Daten unrechtmäßig übermittelt oder auf sonstige Weise Dritten zur
Kenntnis gelangt sind und schwerwiegende Beeinträchtigungen für die
Rechte oder schutzwürdigen Interessen der Betroffenen drohten, die Aufsichtsbehörden informieren und die Betroffenen benachrichtigen. Wesentli-
cher Unterschied zu § 65 BDSG und der Vorschrift ist, dass die in § 42a
BDSG aF vorgesehene Differenzierung unterschiedlicher personenbezogener Daten aufgegeben wurde und sie nun für sämtliche Kategorien perso-
nenbezogener Daten gelten. Zu melden ist demnach unabhängig von der
Kategorie der betroffenen Daten.

---

1 *Wilhelm* in HK-DS-GVO Art. 33 Rn. 1.
2 ErwG 85 DS-GVO.

4   Abs. 7 übernahm – parallel zu § 61 Abs. 6 BDSG – durch den Verweis auf § 37 Abs. 4 das **verfassungsrechtliche Verbot** einer **Selbstbezichtigung**: Die Motivation zur Meldung durch den Verpflichteten soll nicht durch eine mögliche Verwertung der dadurch bekannt gewordenen Informationen in einem Strafverfahren beeinträchtigt werden.[3]

5   Die Vorschrift war bereits im Gesetzentwurf enthalten[4] und wurde im Lauf des **Gesetzgebungsverfahrens** nicht geändert.

III. Unionsrechtliche Regelungen

6   Die Vorschrift setzt Art. 30 JI-RL um und weist im Wesentlichen einen **übereinstimmenden Wortlaut** auf. Im Unterschied zu § 65 BDSG werden insbesondere die Begriffe der JI-RL, „Rechte und Freiheiten" und „Risiko", verwendet. § 65 BDSG sieht an deren Stelle die nicht mit den Begriffen der JI-RL deckungsgleichen Begriffe „Rechtsgüter" und „Gefahr" vor. Über die Richtlinie hinaus sieht die Vorschrift in Abs. 7 und 8 zwei weitere Regelung vor. Abs. 7 setzt Art. 57 JI-RL um, wonach die Mitgliedstaaten Sanktionen für Verstöße gegen die nach der Richtlinie erlassenen Vorschriften festlegen und alle zu deren Anwendung erforderlichen Maßnahmen treffen.

7   Eine mit der Vorschrift **vergleichbare Regelung** sieht **Art. 33 DS-GVO** vor. Die DS-GVO konkretisiert in ihren ErwG die möglichen Folgen einer Schutzverletzung. Nach ErwG 85 kann – wenn nicht rechtzeitig angemessen reagiert wird – ein physischer, materieller oder immaterieller Schaden für natürliche Personen entstehen, wie etwa Verlust der Kontrolle über ihre personenbezogenen Daten oder Einschränkung ihrer Rechte, Diskriminierung, Identitätsdiebstahl oder -betrug, finanzielle Verluste, unbefugte Aufhebung der Pseudonymisierung, Rufschädigung, Verlust der Vertraulichkeit von dem Berufsgeheimnis unterliegenden Daten oder andere erhebliche wirtschaftliche oder gesellschaftliche Nachteile.

IV. Verhältnis zu anderen Vorschriften

8   Die **Meldepflicht** steht in Zusammenhang mit der **Benachrichtigungspflicht** des § 61, wobei letztere nicht zwingend auf eine Meldung gegenüber der oder dem HDSB folgen muss. Der Verantwortliche hat jedoch zu prüfen und ggf. der Aufsichtsbehörde auch zu ermöglichen, dahin gehend zu beraten, ob und in welcher Form eine Benachrichtigung der betroffenen Personen erforderlich ist. Bei rechtswidriger Nichtmeldung des Verstoßes können bei dem Betroffenen Schadensersatzansprüche entstehen.

9   Nach Abs. 8 sollen **weitere Pflichten** des Verantwortlichen zu Benachrichtigungen über die Schutzverletzungen unberührt bleiben, dh weder ausschließen noch solchen Pflichten vorgehen. Weitere Pflichten ergeben sich zB aus § 4 BSIG.[5] § 15 a TMG und § 109 a TKG dürften auf Verantwortliche im Anwendungsbereich des dritten Teils idR keine Anwendung finden.

---

3 LT-Drs. 19/5728, 122.
4 LT-Drs. 19/5728, 36 f.
5 BT-Drs. 18/11325, 117.

B. Meldung von Schutzverletzungen

Die Vorschrift soll der **Aufsichtsbehörde** ermöglichen, auf eine Schutzverletzung reagieren und die Verantwortlichen im Umgang mit der Verletzung beraten zu können. Diese sollen die in ihrem Rahmen erforderlichen Vorkehrungen und Maßnahmen treffen können, um die Rechtsgüter der betroffenen Personen hinreichend zu schützen.   10

I. Meldepflicht des Verantwortlichen (Abs. 1)

Nach Abs. 1 Satz 1 hat der Verantwortliche eine Verletzung des Schutzes personenbezogener Daten **unverzüglich** und **möglichst** innerhalb von **72 Stunden**, nachdem sie ihm bekannt geworden ist, der oder dem HDSB zu melden, es sei denn, dass die Verletzung voraussichtlich nicht zu einem Risiko für die Rechte und Freiheiten natürlicher Personen führt. Wenn eine Meldung nicht innerhalb von 72 Stunden gegenüber der oder dem HDSB erfolgt, muss gemäß Abs. 1 Satz 2 der Verantwortliche der Meldung eine Begründung für die Verzögerung beifügen.   11

1. Adressat der Norm

Zur Meldung gegenüber der oder dem HDSB ist ausschließlich der **Verantwortliche** verpflichtet. Eine Pflicht zur Meldung von Verletzungen des Auftragsverarbeiters und dessen Unterauftragsverarbeiter ergibt sich aus Abs. 2. Gemeinsam für die Verarbeitung Verantwortliche können im Innenverhältnis bestimmen, wer die Meldung abgibt. Dadurch kann sich im Außenverhältnis aber kein Verantwortlicher der Verpflichtung entledigen. Ohne Regelung hat der Verantwortliche zu melden, in dessen Sphäre die Schutzverletzung aufgetreten ist.[6] Weitere gemeinsam Verantwortliche müssen melden, soweit sie von der Verletzung Kenntnis erlangt haben und noch keine Meldung erfolgt ist.   12

2. Verletzung des Schutzes personenbezogener Daten

Die Pflicht zur Benachrichtigung besteht nur bei der „Verletzung des Schutzes personenbezogener Daten". Der Begriff der „**Verletzung des Schutzes personenbezogener Daten**" ist in § 41 Nr. 11 legaldefiniert (→ § 41 Rn. 49) und ist eine Verletzung der Sicherheit, die zur Vernichtung, zum Verlust oder zur Veränderung, ob unbeabsichtigt oder unrechtmäßig, oder zur unbefugten Offenlegung von beziehungsweise zum unbefugten Zugang zu personenbezogenen Daten geführt hat, die übermittelt, gespeichert oder auf sonstige Weise verarbeitet wurden. Die Tatbestandsvarianten der Definition sind nicht abschließend. Schutzverletzung sollen auch das Vergessen einer Passphrase zu verschlüsselten Daten und die damit einhergehende **Verfügbarkeitseinbuße** und der zeitweise oder dauerhafte Ausfall von Datenverarbeitungssystemen (zB Stromausfall) sein,[7] wobei Bagatellfälle nicht umfasst sein sollen. Auch der Verlust von Datenträgern ist eine Schutzverletzung, auch wenn nicht bekannt ist, ob die Daten je-   13

---

6 *Sassenberg* in HK-DS-GVO Art. 33 Rn. 6.
7 Art. 29-Datenschutzgruppe WP 250, 2018, 8.

mandem zur Kenntnis gelangt sind.[8] Bei Verschlüsselung nach dem Stand der Technik entfällt die Benachrichtigungspflicht gegenüber den Betroffenen, nicht aber die Meldung gegenüber der Aufsicht.[9] Hinsichtlich der Verletzung muss die Aufsichtsbehörde darüber entscheiden können, ob eine noch sichere Verschlüsselung gewählt wurde.

3. Unverzügliche Meldung

14　Eine Meldung des Verantwortlichen muss unverzüglich, möglichst jedoch innerhalb von 72 Stunden erfolgen. **Unverzüglich** bedeutet in diesem Zusammenhang nach deutschem Rechtsverständnis ohne schuldhaftes Zögern des Verantwortlichen (§ 121 BGB). Die Meldung muss danach nicht sofort nach Bekanntwerden gegeben werden. Vielmehr darf das Zuwarten in dem konkreten Einzelfall nicht geboten gewesen sein. Der Verantwortliche muss vor einer Meldung zumindest die Möglichkeit haben, sich über die konkrete Rechtslage zu informieren und Rechtsrat einzuholen. Verzögerungen, die in der mangelnden Organisation des Verantwortlichen begründet liegen, werden diesem zugerechnet.[10] Es bleibt abzuwarten, ob und wie der EDSA seinen Regelungsauftrag nach Art. 51 Abs. 1 lit. d JI-RL wahrnimmt, Leitlinien, Empfehlungen oder bewährte Verfahren für die Festlegung der Unverzüglichkeit iSd Art. 30 JI-RL zu entwickeln.[11]

15　Die Frist in der eine Meldung noch als unverzüglich abgegeben gilt, wurde konkretisiert durch die Vorgabe, dass eine Meldung möglichst innerhalb von **72 Stunden** erfolgen muss. „**Möglichst**" bedeutet, dass die Frist von 72 Stunden nicht absolut ist. Bei komplexen Sachverhalten kann eine längere Frist geboten sein. Insbesondere bei einfachen Sachverhalten geht von der 72 Stundenfrist jedoch eine Vermutungswirkung zu Ungunsten des Verantwortlichen aus.

16　Insbesondere komplexe Sachverhalte können regelmäßig nicht in 72 Stunden aufgearbeitet werden. Auch birgt die **72 Stundenfrist** in praktischer Hinsicht erhebliche Herausforderungen, die erforderlichen Informationen für eine Meldung zusammenzutragen, wenn es zu einer Verletzung unmittelbar vor einem Wochenende kommt, international tätige Auftragsverarbeiter involviert sind oder erheblichen Zeitverschiebungen zwischen den Beteiligten zum Tragen kommen.[12] Die Verantwortlichen werden in solchen Fällen idR von der Möglichkeit nach Abs. 4 Gebrauch machen müssen, die Informationen erst dann zu übermitteln, sobald sie dem Verantwortlichen vorliegen. Die Stundenfrist ist nicht nach deutschen Regeln (va BGB) zu berechnen, sondern nach der VO (EWG, Euratom) 1182/71 des Rates vom 3.6.1971 zur Festlegung der Regeln für die Fristen, Daten und Termine (Fristenverordnung).[13] Auch bei der Umsetzung der Richtlinienvorgaben in nationales Recht, handelt es sich um Rechtsakte iSv Art. 1 der

---

8　*Reif* in Gola DS-GVO Art. 33 Rn. 32.
9　*Dix* in Simitis/Hornung/Spiecker gen. Döhmann DS-GVO Art. 33 Rn. 12; aA *Leibold* ZD-Aktuell 2019, 06650.
10　*Armbrüster* MüKoBGB § 121 Rn. 7 ff.
11　Art. 33 Abs. 1 und Art. 70 Abs. 1 lit. g DS-GVO; *Jandt* in Kühling/Buchner DS-GVO Art. 33 Rn. 15.
12　*Schlösser-Rost* in BeckOK DatenschutzR BDSG § 65 Rn. 17 mwN.
13　*Piltz/Pradel* ZD 2019, 152 ff.

Fristenverordnung. Sie hat Anwendungsvorrang vor nationalen Fristenregelungen.

4. Bekanntwerden

Der Verantwortliche ist zur Meldung verpflichtet, nachdem ihm die Verletzung **bekannt geworden** ist. Für den Zeitpunkt, in dem die Pflicht entsteht, kommt es auf die Erlangung positiver Kenntnis oder pflichtwidrige Verweigerung der Kenntnisnahme an. Eine fahrlässige Unkenntnis ist nicht ausreichend.[14] Eine Vermutung ist ebenfalls nicht ausreichend. Der Grad der Kenntnis muss ein Maß erreicht haben, dass es dem Verantwortlichen ermöglicht, eine sinnvolle Benachrichtigung nach den Vorschriften des Gesetzes vornehmen zu können (Art. 2 Abs. 2 Uabs. 3 VO (EU) 611/2013).

5. Ausnahme bei fehlendem Risiko für Rechtsgüter natürlicher Personen

Eine Meldepflicht besteht nicht, wenn die Verletzung voraussichtlich kein **Risiko für die Rechte und Freiheiten** natürlicher Personen mit sich gebracht hat. Für diese Bestimmung muss der Verantwortliche auf Grundlage der ihm zur Verfügung stehenden Informationen eine Prognose darüber anstellen, in welchem Umfang die Verletzung zu einer Beeinträchtigung der Rechte und Freiheiten natürlicher Personen geführt haben könnte. Im Rahmen der Prognose sind alle denkbaren Beeinträchtigungen der Rechte und Freiheiten zu berücksichtigen, insbesondere die physischen, immateriellen und materiellen Beeinträchtigungen die sich aus einer Schutzverletzung ergeben können (→ Rn. 7).[15] Im Rahmen der Prognose sind auch alle für die Verarbeitung wesentlichen Umstände zu berücksichtigen, insbesondere Art und Umfang der Verarbeitung sowie die Kategorien der betroffenen personenbezogenen Daten. Die Beweislast für das Vorliegen der Voraussetzungen für den Entfall einer Meldepflicht liegt beim Verantwortlichen.[16] Der Verantwortliche ist daher gehalten, eine etwaige Entscheidung im Rahmen der nach Abs. 5 erforderlichen Kommunikation niederzulegen.

II. Meldepflicht des Auftragsverarbeiters (Abs. 2)

Nach Abs. 2 ist ein Auftragsverarbeiter verpflichtet, eine Schutzverletzung **dem Verantwortlichen** unverzüglich zu melden. Abs. 2 setzt Art. 30 Abs. 2 JI-RL um. Eine Pflicht des Auftragsverarbeiters, einen Datenvorfall der Aufsichtsbehörde zu melden, besteht nicht.

Im Unterschied zur Meldepflicht des Verantwortlichen nach Abs. 1 kann der Auftragsverarbeiter von der Meldung gegenüber dem Verantwortlichen nicht absehen, wenn die Verletzung des Schutzes personenbezogener Daten voraussichtlich nicht zu einem Risiko für die Rechte und Freiheiten natürlicher Personen führt. Der Gesetzgeber legt die **Prognose** und Entscheidung darüber, ob eine Meldung gegenüber der oder dem HDSB vorgenommen werden muss, dem Verantwortlichen auf. Dies trägt auch seiner Rolle als

---

14 *Martini* in Paal/Pauly DS-GVO Art. 33 Rn. 18 ff.
15 ErwG 51 und 61 JI-RL.
16 *Spittka* DSRITB 2016, 392.

Verantwortlicher Rechnung. Ausschließlich er kann das Ausmaß und das Risiko einer Schutzverletzung bestimmen.

21   Die inhaltlichen Anforderungen des Abs. 3 an die Meldung gelten für den Auftragsverarbeiter nicht. Der inhaltliche Umfang der Meldepflicht wird von dem Verantwortlichen und Auftragsverarbeiter *inter partes* in dem gemäß § 57 Abs. 5 abzuschließenden Vertrag oder anderem Rechtsinstrument festgelegt. Diese müssen nach § 57 Abs. 5 Nr. 9 insbesondere vorsehen, dass der Auftragsverarbeiter den Verantwortlichen unter Berücksichtigung der Art der Verarbeitung und der dem Auftragsverarbeiter zur Verfügung stehenden Informationen bei der Einhaltung der in den §§ 59 bis 62 und § 64 genannten Pflichten unterstützt. Der Vertrag oder das Rechtsinstrument können konkret festlegen, welche Informationen der Auftragsverarbeiter dem Verantwortlichen bereitstellen muss, dürfen aber nicht über das Maß hinausgehen, was dem Auftragsverarbeiter im Rahmen des konkreten Auftragsverhältnisses tatsächlich möglich ist. Der Auftragsverarbeiter wird idR **Informationen zur Beschreibung des Datenvorfalls** und der ergriffenen Maßnahmen bereitstellen müssen, kann aber häufig über Zahl und Kategorie der betroffenen Personen oder über die möglichen Folgen für ihre Rechte und Freiheiten keine Auskunft geben.

22   Soweit der Auftragsverarbeiter weitere Auftragsverarbeiter (**Unterauftragsverarbeiter**) einsetzt, sind diese dem Auftragsverarbeiter gegenüber zur Meldung verpflichtet. Der Auftragsverarbeiter muss eine solche Meldung dem Verantwortlichen weiterleiten.

III. Mindestinhalt der Meldung (Abs. 3)

23   Abs. 3 legt den Inhalt, den die Meldung nach Abs. 1 an den oder die HDSB enthalten muss fest. Die Regelung setzt Art. 30 Abs. 3 JI-RL um. Sie bestimmt damit nicht, welche Informationen der Auftragsverarbeiter seiner Meldung an den Verantwortlichen beifügen muss.

24   Die Meldung muss nach Nr. 1 eine **Beschreibung des Datenvorfalls** enthalten, soweit möglich mit Angaben der Kategorien und ungefähren Zahl betroffener Personen, der betroffenen Kategorien personenbezogener Daten und der ungefähren Zahl der betroffenen personenbezogenen Datensätze. Anzugeben sind nur die Kategorien von betroffenen Personen und personenbezogenen Daten ohne Verweis auf konkret betroffene Personen. Die Zahl der personenbezogenen Datensätze bezieht sich auf die einer betroffenen Person zugeordneten und voneinander trennbaren Datensätze.

25   Nach Nr. 2 muss die Meldung **Name und Kontaktdaten des DSB** oder einer sonstigen Anlaufstelle für weitere Informationen enthalten. Regelmäßig werden Angaben zur Kontaktaufnahme per Fernkommunikationsmittel (Telefon und E-Mail) geboten sein, um der oder dem HDSB zu ermöglichen, kurzfristig einen sach- und fachkundigen Austausch mit dem Verantwortlichen zu führen.

26   Nach Nr. 3 muss die Meldung eine **Beschreibung der wahrscheinlichen Folgen** der Schutzverletzung enthalten. Sie bezieht sich nur auf solche Folgen, die sich für die Rechte und Freiheiten, insbesondere für die Selbstbestimmung und Persönlichkeitsentfaltung, der betroffenen Personen ergeben.

Zuletzt muss die Meldung nach Nr. 4 eine Beschreibung der von dem Ver- 27
antwortlichen ergriffenen oder vorgeschlagenen **Maßnahmen** zur Behandlung des Datenvorfalls und ggf. der Maßnahmen zur Abmilderung der
möglichen nachteiligen Auswirkungen enthalten. Auf Grundlage dieser
muss der oder die HDSB beurteilen können, ob weitere Maßnahmen zu ergreifen sind.

Abs. 3 sieht im Unterschied zu § 61 Abs. 2 keine konkreten Anforderungen 28
an die **Form** der Bereitstellung der Informationen vor. Zur Wahrung der
Regelfrist (72 Stunden) ist der Postweg regelmäßig ungeeignet und eine vor
unbefugtem Zugriff und Einsicht gesicherte elektronische Kommunikati-
onsform vorzugswürdig. Die oder der HDSB hält für diesen Zweck auf seiner Internetseite ein vom Verantwortlichen auszufüllendes Online-Formu-
lar bereit sowie die Möglichkeit zum Upload weiterer Informationen.

IV. Unverzügliche Nachreichungen (Abs. 4)

Nach Abs. 4 ist der Verantwortliche verpflichtet, wenn er die nach Abs. 3 29
erforderlichen Informationen nicht zusammen mit der Meldung übermitteln konnte, sie unverzüglich nachzureichen, sobald sie ihm vorliegen. Die
Regelung setzt Art. 30 Abs. 4 JI-RL um. Unverzüglich bedeutet, dass der
Verantwortliche die Informationen ohne schuldhaftes Zögern nachreicht.

V. Dokumentationspflicht (Abs. 5)

Nach Abs. 5 Satz 1 ist der Verantwortliche verpflichtet Schutzverletzungen 30
zu dokumentieren. Satz 2 konkretisiert den Inhalt der Dokumentationspflicht. Die Dokumentation muss alle mit den Vorfällen zusammenhängenden Tatsachen, deren Auswirkungen und die ergriffenen Abhilfemaßnahmen umfassen. Nach Art. 30 Abs. 5 Satz 2 JI-RL soll die Dokumentation
der Aufsichtsbehörde zur **Überprüfung der Einhaltung der Meldepflichten**
dienen. Ausweislich der Gesetzesbegründung muss die Dokumentation in
Qualität und Quantität so beschaffen sein, dass sie die Überprüfung der
Einhaltung der gesetzlichen Vorgaben ermöglicht.[17]

Für den konkreten **Inhalt der Dokumentation** bietet es sich an, sich an den 31
Vorgaben des Abs. 3 zu orientieren. Darüber hinaus sollten die Erwägungen dazu angeführt werden, weshalb eine Meldung erfolgt und insbesondere warum von einer solchen abgesehen wurde.[18] Um der oder dem HDSB
die Prüfung zu ermöglichen, ob die Fristen des Abs. 1 eingehalten wurden,
sind insbesondere Angaben darüber aufzunehmen, wann dem Verantwortlichen die Schutzverletzung bekannt geworden ist. Bedeutung erlangt die
Dokumentation insbesondere, wenn eine Meldung nicht vorgenommen
wird, da der oder dem HDSB im Nachhinein eine Überprüfung ermöglicht
wird. Die Dokumentationspflicht erstreckt sich daher auch auf die vorge-
nommene Risikoprognose.[19]

---

17 LT-Drs. 19/5728, 121.
18 *Schlösser-Rost* in BeckOK DatenschutzR BDSG § 65 Rn. 23.
19 *Gola* in Gola/Heckmann BDSG § 65 Rn. 26.

VI. Meldepflicht gegenüber Verantwortlichen aus dem Ausland (Abs. 6)

32 Nach Abs. 6 sind die Verantwortlichen verpflichtet, soweit personenbezogene Daten betroffen sind, die an einen oder von einem Verantwortlichen eines anderen Mitgliedstaates übermittelt wurden, die in Abs. 3 genannten Informationen an den dortigen Verantwortlichen unverzüglich zu übermitteln. Die Regelung setzt Art. 30 Abs. 6 JI-RL um.

VII. Zustimmungserfordernis des Meldenden im Strafverfahren (Abs. 7)

33 Nach Abs. 7 findet § 37 Abs. 4 entsprechende Anwendung. Nach § 37 Abs. 4 darf eine Meldung oder Benachrichtigung in einem Strafverfahren gegen die meldepflichtigen oder benachrichtigende Person oder ihrer zur Zeugnisverweigerung berechtigten Angehörigen nur dann verwendet werden, wenn die meldepflichtige oder benachrichtigende Person der Verwendung zugestimmt hat (→ § 37 Rn. 33).[20]

34 Gleichwohl können **OWiG-Verfahren** auf Grundlage der durch eine Meldung erlangten Informationen ohne die Zustimmung des Meldenden durchgeführt werden. Eine mit § 37 Abs. 4 vergleichbare Regelung für OWiG-Verfahren finden sich weder im Gesetz noch im BDSG.

VIII. Weitere Benachrichtigungspflichten (Abs. 8)

35 Nach Abs. 8 bleiben weitere Pflichten des Verantwortlichen zu Benachrichtigungen über Verletzungen des Schutzes personenbezogener Daten unberührt (→ Rn. 9).

C. Würdigung

36 Die Regelung entspricht weitgehend den Anforderungen der JI-RL. Darüber hinaus ergänzen die über die JI-RL hinausgehenden Regelungen die Vorgaben der Richtlinie in sinnvoller Weise und verweisen auf den bestehenden nationalen Rechtsrahmen.

§ 61 Benachrichtigung betroffener Personen bei Verletzungen des Schutzes personenbezogener Daten

(1) [1]Hat eine Verletzung des Schutzes personenbezogener Daten voraussichtlich ein hohes Risiko für die Rechte und Freiheiten natürlicher Personen zur Folge, so hat der Verantwortliche die betroffenen Personen unverzüglich von der Verletzung zu benachrichtigen. [2]§ 59 Abs. 1 Satz 2 gilt entsprechend.

(2) Die Benachrichtigung nach Abs. 1 hat in klarer und einfacher Sprache die Art der Verletzung des Schutzes personenbezogener Daten zu beschreiben und zumindest die in § 60 Abs. 3 Nr. 2 bis 4 genannten Informationen und Maßnahmen zu enthalten.

(3) Die Benachrichtigung der betroffenen Person nach Abs. 1 ist nicht erforderlich, wenn

---

20 LT-Drs. 19/5728, 122.

1. der Verantwortliche geeignete technische und organisatorische Sicherheitsvorkehrungen getroffen hat und diese Vorkehrungen auf die von der Verletzung des Schutzes personenbezogener Daten betroffenen Daten angewandt wurden; dies gilt insbesondere für Vorkehrungen wie Verschlüsselungen, durch die die Daten für unbefugte Personen unzugänglich gemacht werden;
2. der Verantwortliche durch im Anschluss an die Verletzung getroffene Maßnahmen sichergestellt hat, dass aller Wahrscheinlichkeit nach das hohe Risiko für die Rechte und Freiheiten der betroffenen Personen im Sinne des Abs. 1 nicht mehr besteht, oder
3. dies mit einem unverhältnismäßigen Aufwand verbunden wäre; in diesem Fall hat stattdessen eine öffentliche Bekanntmachung oder eine ähnliche Maßnahme zu erfolgen, durch die die betroffenen Personen vergleichbar wirksam informiert werden.

(4) [1]Wenn der Verantwortliche die betroffenen Personen über eine Verletzung des Schutzes personenbezogener Daten nicht benachrichtigt hat, kann die oder der Hessische Datenschutzbeauftragte verlangen, dies nachzuholen, oder verbindlich feststellen, dass bestimmte der in Abs. 3 genannten Voraussetzungen erfüllt sind. [2]Hierbei hat sie oder er die Wahrscheinlichkeit zu berücksichtigen, mit der die Verletzung des Schutzes personenbezogener Daten zu einem hohen Risiko im Sinne des Abs. 1 führt.

(5) Die Benachrichtigung der betroffenen Personen nach Abs. 1 kann unter den in § 51 Abs. 2 genannten Voraussetzungen aufgeschoben, eingeschränkt oder unterlassen werden, soweit nicht die Interessen der betroffenen Person aufgrund des von der Verletzung ausgehenden hohen Risikos im Sinne des Abs. 1 überwiegen.

(6) § 37 Abs. 4 findet entsprechende Anwendung.

A. Allgemeines

I. Bedeutung der Vorschrift

1 Die Vorschrift regelt, in Ergänzung der Meldepflichten des § 60, **Benachrichtigungspflichten** des Verantwortlichen nach einer Schutzverletzung gegenüber der betroffenen Person. Sie konkretisiert die Form und den Inhalt der Benachrichtigung, Ausnahmen von der Benachrichtigungspflicht, die Prüfungskompetenz der oder des HDSB, die vorzunehmende Interessenabwägung und die Auswirkungen der Benachrichtigung im Strafverfahren.

2 Die Benachrichtigungspflicht dient dem Schutz der betroffenen Personen. Sie sollen sich auf die Folgen der Verletzung einstellen können und es soll ihnen ermöglicht werden die erforderlichen **Vorkehrungen und Maßnahmen** zu treffen.[1] Ihnen wird durch die Benachrichtigung insbesondere ermöglicht, die ihnen aus den §§ 55 ff. zustehenden Rechte gegenüber dem Verantwortlichen wahrzunehmen und dem Eintreten der Risiken vorzubeugen.

II. Entstehungsgeschichte

3 Eine mit der Benachrichtigungspflicht vergleichbare Informationspflicht war im HDSG nicht vorgesehen. Benachrichtigungspflichten sah § 42 a **BDSG aF** vor, wenn öffentliche oder nicht öffentliche Stellen festgestellt hatten, dass bei ihnen gespeicherte besonders schutzwürdige Daten unrechtmäßig übermittelt oder auf sonstige Weise Dritten unrechtmäßig zur Kenntnis gelangt waren und schwerwiegende Beeinträchtigungen für die Rechte oder schutzwürdigen Interessen der Betroffenen drohten. Wesentlicher Unterschied zu der Vorschrift ist, dass die in § 42 a BDSG aF vorgesehene **Differenzierung** unterschiedlicher personenbezogener Daten aufgegeben wurde und nun für sämtliche Kategorien personenbezogener Daten gilt. Zu benachrichtigen ist danach unabhängig von der Kategorie der betroffenen Daten.

4 Die Vorschrift war bereits im Gesetzentwurf enthalten[2] und wurde im Lauf des **Gesetzgebungsverfahrens** nicht geändert.

III. Unionsrechtliche Regelungen

5 Die Vorschrift setzt Art. 31 JI-RL um und weist im Wesentlichen einen **übereinstimmenden Wortlaut** auf. Abs. 6 geht jedoch nicht auf die Vorgaben der JI-RL zurück, sondern knüpft, parallel zu der Regelung in § 60 Abs. 7, an den Gedanken des **verfassungsrechtlichen Verbots der Selbstbezichtigung an** und trägt diesem Rechnung (→ § 60 Rn. 4 und 6).

6 Eine mit der Vorschrift vergleichbare Regelung sieht **Art. 34 DS-GVO** vor. Die Konkretisierung möglichen **Folgen** in ErwG 85 DS-GVO gilt auch für die Vorschrift (→ § 60 Rn. 7).

---

[1] ErwG 62 JI-RL.
[2] LT-Drs. 19/5728, 37.

IV. Verhältnis zu anderen Vorschriften

Im Unterschied zu § 66 BDSG werden insbesondere die Begriffe des Art. 31   7
JI-RL, „**Rechte und Freiheiten**" und der des „**Risiko**", verwendet (→ § 60
Rn. 6). Ferner sieht § 66 Abs. 4 BDSG in Abweichung von der JI-RL nicht
vor, dass die oder der BfDI vom Verantwortlichen verlangen kann, die Benachrichtigung nachzuholen, soweit eine solche bisher nicht erfolgt ist. Der
hessische Gesetzgeber hat der oder dem HDSB entsprechende Befugnisse
eingeräumt.

Der in der Vorschrift verwendete Begriff der „**Verletzung des Schutzes per-**   8
sonenbezogener Daten" wird in § 41 Nr. 11 legaldefiniert (→ § 41 Rn. 49).
Die Benachrichtigungspflicht ergänzt die Meldepflicht des § 60. Der Zusammenhang beider Vorschriften wird durch den Verweis von Abs. 2 auf
die in § 60 Abs. 3 Nr. 2 bis 4 enthaltenen Informationspflichten deutlich.
Die Vorschrift verweist in Abs. 5 auf § 51 Abs. 2, der die Voraussetzung regelt, unter denen eine Benachrichtigung aufgeschoben, eingeschränkt oder
unterlassen werden kann. Abs. 6 verweist auf § 37 Abs. 4, wonach die Verwendung der Benachrichtigung in einem Strafverfahren von der Zustimmung des Benachrichtigenden abhängt.

B. Benachrichtigung betroffener Personen

Die Vorschrift soll die betroffenen Personen vor den Folgen einer Schutz-   9
verletzung schützen, indem ihnen durch die Benachrichtigung ermöglicht
wird, die erforderlichen Maßnahmen zu treffen und gegenüber dem Verantwortlichen Rechte aus den §§ 50 ff. wahrzunehmen.

I. Benachrichtigungspflicht (Abs. 1)

Nach Abs. 1 ist der Verantwortliche verpflichtet, die betroffene Person   10
über eine Schutzverletzung unverzüglich zu informieren, wenn ein solcher
Vorfall voraussichtlich ein hohes Risiko für die Rechte und Freiheiten natürlicher Personen zur Folge hat.

1. Adressat der Norm

Adressat in § 61 Abs. 1 ist der Verantwortliche (→ § 60 Rn. 12). Der Auf-   11
tragsverarbeiter ist nicht unmittelbar adressiert. Das den Auftragsverarbeiter eine solche Pflicht nicht trifft, folgt bereits aus der Natur der Auftragsverarbeitung. Im Rahmen des Auftragsverarbeitungsvertrages kann der
Auftragsverarbeiter jedoch zur Unterstützung im Rahmen der Benachrichtigung des Verantwortlichen verpflichtet sein (→ § 60 Rn. 19 ff.).

2. Verletzung des Schutzes personenbezogener Daten

Die Pflicht zur Benachrichtigung besteht nur bei der „**Verletzung des Schut-**   12
zes personenbezogener Daten" (→ § 60 Rn. 13).

3. Voraussichtlich hohes Risiko

Eine Benachrichtigungspflicht besteht nur dann, wenn die Verletzung des   13
Schutzes personenbezogener Daten **ein hohes Risiko** für die **Rechte und
Freiheiten** der betroffenen Person zur Folge hat. Dies ist durch eine **Pro-**

gnose zu ermitteln, bei der die Eintrittswahrscheinlichkeit für einen Schaden und dessen Gewicht abgeschätzt werden. Im Vergleich zu den Meldepflichten in § 60 ist die Schwelle der Risikoprognose eine höhere, da das Risiko hoch sein muss (→ § 60 Rn. 18 f.). Die Annahme einer Meldepflicht gegenüber der Aufsichtsbehörde muss danach nicht zwingend auch zu einer Pflicht zur Benachrichtigung der betroffenen Personen führen. Die unterschiedlichen Risikoschwellen begründen sich mit dem jeweiligen Kreis der Adressaten und dem dadurch unterschiedlichen administrativen Aufwand, der mit der Erfüllung der Pflichten einhergeht. Das **Risiko** ist als naturwissenschaftlicher Begriff unabhängig vom ordnungsrechtlichen Begriff der Gefahr zu bestimmen (→ § 59 Rn. 11).

4. Unverzüglichkeit

14 Ebenso wie die Meldung an die Aufsichtsbehörden muss die Benachrichtigung **unverzüglich** erfolgen. Eine konkrete Höchstfrist, wie im Rahmen der Meldepflichten, gibt das Gesetz nicht vor. Unverzüglich bedeutet in diesem Zusammenhang ohne schuldhaftes Zögern des Verantwortlichen. Das Fehlen einer konkreten zeitlichen Vorgabe begründet sich dadurch, dass die Benachrichtigung in enger Absprache mit der Aufsichtsbehörde und nach Maßgabe der von dieser oder von anderen zuständigen Behörden erteilten Weisungen erfolgen soll.[3] Wann die Benachrichtigung erfolgen soll, hängt von einer Beurteilung über die eingetretene Verletzung und der durchgeführten Prognose über die Risiken für die Rechtsgüter der betroffenen Personen ab. Bei unmittelbaren drohenden Risiken wird eine besonders zeitnahe Benachrichtigung erfolgen müssen, um den betroffenen Personen ausreichend Zeit einzuräumen, den Gefahren begegnen zu können. Dagegen kann eine spätere Benachrichtigung gerechtfertigt sein, wenn geeignete Maßnahmen gegen fortlaufende geringfügige Verletzungen des Schutzes von personenbezogenen Daten zu treffen sind.[4] Unter den Voraussetzungen des Abs. 5 iVm § 51 Abs. 2 kann die Benachrichtigungen aufgeschoben werden (→ Rn. 29 f.).

II. Verständlichkeit und Mindestinhalt der Benachrichtigung (Abs. 2)

15 Abs. 2 regelt die Vorgaben in Bezug auf die Verständlichkeit und den **Mindestinhalt der Benachrichtigung** in Umsetzung von Art. 31 Abs. 2 JI-RL. Danach soll die Benachrichtigung in klarer und einfacher Sprache die Art der Verletzung des Schutzes personenbezogener Daten beschreiben und zumindest die in § 60 Abs. 3 Nr. 2 bis 4 genannten Informationen und Maßnahmen enthalten.

1. Verständlichkeit

16 Die Benachrichtigung nach Abs. 1 muss in einer klaren und einfachen Sprache die Art der Verletzung beschreiben. Die Regelung über das Verfahren für die Ausübung der Rechte der betroffenen Person wird dem Verantwortlichen für die Kommunikation mit der betroffenen Person in § 54

---

3 ErwG 62 JI-RL.
4 ErwG 62 JI-RL.

Abs. 1 Satz 1 begründet ebenfalls die Pflicht, unter Verwendung einer **klaren und einfachen Sprache** zu kommunizieren. Abs. 2 hat daher nur deklaratorische Bedeutung, da diese Anforderung für jede Form der Kommunikation mit der betroffenen Person gilt.[5]

Die Benachrichtigung muss so abgefasst sein, dass die betroffenen Personen die Informationen einer Benachrichtigung ohne besondere geistige Anstrengung aufnehmen können. Sie muss für nicht Muttersprachler verständlich sein und von Personen mit schlechter Lesefähigkeit oder unterdurchschnittlichem Bildungsstand verstanden werden können. Sie darf insbesondere nicht mehrdeutig sein oder unterschiedliche Rückschlüsse in Bezug auf die Verletzung zulassen. Informationen sind ohne Rückgriff auf Fachausdrücke und komplexen Satzbau zu vermitteln. Sätze sind kurz zu fassen. Verwendete Begriffe sind, soweit dies für ein leichtes Verständnis erforderlich ist, zu erläutern.[6]   17

2. Mindestinhalt

Neben der Beschreibung der Verletzung muss die Benachrichtigung als **Mindestinhalt** die in § 60 Abs. 3 Nr. 2 bis 4 genannten Informationen enthalten (→ § 60 Rn. 24 ff.). Dass die Informationen aus § 60 Abs. 3 Nr. 1 nicht in der Benachrichtigung enthalten sein müssen, ergibt sich daraus, dass die nach § 60 Abs. 3 Nr. 1 zu erteilenden Informationen an den Informationsinteressen der **Aufsichtsbehörden** ausgerichtet sind.   18

Nicht ausdrücklich erforderlich ist es, dass der Verantwortliche über die **Rechte der betroffenen Person** auf Auskunft, Berichtigung, Löschung und Einschränkung der Verarbeitung und das Recht zur Beschwerde bei der Aufsichtsbehörde informiert. Eine allgemeine Pflicht die betroffenen Personen über diese Rechte zu informieren ergibt sich aus § 50 Nr. 2 und 4. Den betroffenen Personen soll dadurch ein Überblick über die ihnen zu Gebote stehenden Betroffenenrechte verschafft werden.[7] Allerdings ist auch im Rahmen der Benachrichtigung ein Hinweis auf die Betroffenenrechte regelmäßig geboten.[8]   19

3. Form

Anforderungen an die Form der Benachrichtigung gibt die Regelung nicht vor. Die Textform wird idR angemessen sein. Der Verantwortliche kann sich an den Anforderungen des § 50 orientieren.   20

III. Ausnahmen der Benachrichtigungspflicht (Abs. 3)

Abs. 3 regelt die **Ausnahmen**, nach denen der Verantwortliche von einer **Benachrichtigung** der betroffenen Personen nach Abs. 1 absehen kann. Er setzt Art. 31 Abs. 3 JI-RL um und entspricht Art. 34 Abs. 3 DS-GVO. Beim Vorliegen der Voraussetzungen wird eine Benachrichtigung in das Ermessen des Verantwortlichen gestellt. Er ist also nicht daran gehindert, die be-   21

5 *Schwichtenberg* in Kühling/Buchner BDSG § 66 Rn. 3.
6 *Franck* in Gola DS-GVO Art. 12 Rn. 22.
7 BT-Drs. 18/11325, 112.
8 *Grages* in Plath DS-GVO Art. 34 Rn. 7.

Weinhold

troffenen Personen dennoch über einen Datenvorfall zu unterrichten. Er wird von dieser Möglichkeit regelmäßig keinen Gebrauch machen, wenn die Benachrichtigung einen unverhältnismäßigen Aufwand bedeutet und durch eine öffentliche Benachrichtigung erfolgen kann.

1. Präventive Sicherheitsvorkehrungen (Nr. 1)

22 Eine Benachrichtigung ist entbehrlich, wenn der Verantwortliche geeignete **technische und organisatorische Sicherheitsvorkehrungen** getroffen hat und diese auf die von der Verletzung betroffen personenbezogener Daten angewandt wurden. Die gilt insbesondere für Maßnahmen wie die Verschlüsselung, durch die die Daten für unbefugte Personen unleserlich gemacht wurden. Aus dem Wortlaut der Vorschrift ergibt sich nicht ohne Weiteres, ob präventive Sicherheitsvorkehrungen, also solche die bereits vor der Verletzung ergriffen wurden, ausreichend sein können. Im Zusammenhang mit der Ausnahme in Nr. 2, die ausschließlich an Maßnahmen anknüpft, die im Anschluss an die Verletzung getroffen wurden, ergibt sich jedoch, dass insbesondere präventive Sicherheitsvorkehrungen erfasst sind.

23 Der Verantwortliche hat zwei Voraussetzungen zu erfüllen. Er muss **geeignete technische und organisatorische Sicherheitsvorkehrungen** getroffen und diese auch auf diejenigen Daten, die von der Verletzung betroffen sind, angewendet haben. Geeignete Maßnahmen sind danach insbesondere solche, die mit einer Verschlüsselung vergleichbar sind und die Daten vor unbefugtem Zugriff schützen. Insbesondere die Verschlüsselung muss am Stand der Technik gemessen noch geeignet sein, das Schutzziel der Vertraulichkeit zu erreichen. Sie muss also „stark" genug sein und darf nur unter sehr erheblichen Aufwand gebrochen werden können.[9]

2. Anschließende Maßnahmen (Nr. 2)

24 Eine Benachrichtigung ist außerdem entbehrlich, wenn der Verantwortliche durch im Anschluss an die Verletzung getroffen Maßnahmen sichergestellt hat, dass aller Wahrscheinlichkeit nach das hohe Risiko für die Rechte und Freiheiten der betroffenen Personen iSd des Abs. 1 nicht mehr besteht. „Aller Wahrscheinlichkeit nach" besteht das hohe Risiko dann nicht mehr, wenn nach menschlichem Ermessen bei normalem Lauf der Dinge nicht mehr damit zu rechnen ist, dass eine Verletzung des Schutzes personenbezogener Daten eintritt.[10] Der Verantwortliche muss erfolgreich Maßnahmen getroffen haben, die bei einer erneuten Einschätzung über das Vorliegen eines hohen Risikos zu dem Ergebnis kommt, dass eine Benachrichtigung nicht mehr erforderlich ist. Abzulehnen ist, dass bei einem bereits eingetretenen Schaden eine Benachrichtigungspflicht entfällt.[11] Die Maßnahme muss der Verantwortliche in unmittelbarem zeitlichen Zusammenhang zu der Verletzung treffen, da anschließende Maßnahmen den Verantwortli-

---

9 BSI-TR-02102–1 „Kryptographische Verfahren: Empfehlungen und Schlüssellängen" enthält entsprechende Hinweise, die über § 59 Abs. 1 Satz 2 für Verantwortliche im Anwendungsbereich von § 40 verbindlich zu berücksichtigen sind.
10 *Martini* in Paal/Pauly DS-GVO Art. 34 Rn. 39.
11 *Jandt* in Kühling/Buchner DS-GVO Art. 34 Rn. 15.

chen nicht davon entbinden, die betroffen Personen unverzüglich zu benachrichtigen.[12]

3. Unverhältnismäßiger Aufwand (Nr. 3)

Eine Benachrichtigung ist auch entbehrlich, wenn sie einen **unverhältnis-** 25
mäßigen Aufwand verursachen würde. Dies entbindet den Verantwortlichen nicht, die betroffen Personen zu informieren. Die individuelle Benachrichtigung ist in diesem Fall durch eine generelle Benachrichtigung
durch öffentliche Bekanntmachung zu ersetzen, wobei die betroffen Personen vergleichbar wirksam informiert werden müssen. Ein unverhältnismäßiger Aufwand ist insbesondere anzunehmen, wenn ein großer Kreis
von betroffen Personen zu benachrichtigen ist und Kontaktdaten nicht
vorliegen oder nur schwer zu ermitteln sind.[13] Eine öffentliche Bekanntmachung oder ähnliche Maßnahme entbindet den Verantwortlichen nicht von
den nach Abs. 2 bestehenden formellen und inhaltlichen Anforderungen an
die Benachrichtigung. Diese sind entsprechend in allgemeiner Form zusam-
menzustellen und zu verbreiten.

IV. Nachholen der Benachrichtigung (Abs. 4)

Abs. 4 regelt **Kompetenzen** der oder des **HDSB**. Die oder der HDSB kann 26
verlangen, die Benachrichtigung nachzuholen. Sie oder er kann auch verbindlich feststellen, dass bestimmte der in Abs. 3 genannten Ausnahmen erfüllt sind. Die Aufforderung oder Feststellung ist ein Verwaltungsakt. Dabei muss die oder der HDSB die Wahrscheinlichkeit berücksichtigen, mit
der die Verletzung zu einem hohen Risiko iSd Abs. 1 führt.

Ausreichend ist, dass der Verantwortliche die betroffen Personen bisher 27
nicht benachrichtigt hat, ohne bereits gegen die Pflicht zur Benachrichtigung verstoßen haben zu müssen. Die oder der HDSB kann daher proaktiv
feststellen, dass die Voraussetzungen, um von der Benachrichtigung abzusehen nicht vorliegen. Die Feststellung nach Abs. 4 ist für sich genommen
noch keine Erklärung zur Rechtswidrigkeit über die Handlung des Verantwortlichen, kann aber mit einer solchen Entscheidung verbunden werden.

In Übereinstimmung mit der JI-RL, kann die oder der HDSB vom Ver- 28
antwortlichen verlangen, die Benachrichtigung nachzuholen. Der oder die
HDSB ist dadurch mit wirksamen und geeigneten **Kompetenzen** ausgestattet, um die Vorgaben der JI-RL effektiv umzusetzen.

V. Einschränkung der Benachrichtigungspflicht (Abs. 5)

Abs. 5 verweist auf § 51 Abs. 2, der den Aufschub, die **Einschränkung oder** 29
das Unterlassen der Benachrichtigung vorsieht, wenn die Erfüllung der in
§ 40 genannten Aufgaben die öffentliche Sicherheit oder die Rechtsgüter
Dritter gefährdet und das Interesse an der Vermeidung dieser Gefahren das
Informationsinteresse der betroffen Personen überwiegt. Die Einschränkung der Rechte der betroffen Personen folgt dem Gedanken des Unionsgesetzgebers, behördliche oder gerichtliche Untersuchungen, Ermittlun-

---

12 *Jandt* in Kühling/Buchner DS-GVO Art. 34 Rn. 15.
13 *Martini* in Paal/Pauly DS-GVO Art. 34 Rn. 40.

gen und Verfahren nicht zu behindern, die Strafverfolgung und Strafvollstreckung nicht zu gefährden und die öffentliche und nationale Sicherheit oder die Rechte und Freiheiten anderer zu schützen.[14]

30   Im Rahmen der **Interessenabwägung** ist nicht auf die Informationsinteressen der betroffenen Personen aus § 51 Abs. 2 abzustellen, sondern nach Abs. 5 Hs. 2 auf die Interessen der betroffenen Person aufgrund dem von der Verletzung ausgehenden hohen Risiko. Die mit einer Verletzung des Schutzes personenbezogener Daten einhergehenden Interessen können grundsätzlich höher gewichtet werden als die Informationsinteressen nach § 51 Abs. 2. Die Regelung ist daher restriktiver als § 51 Abs. 2 auszulegen und auf die zum Schutz der genannten Rechtsgüter unbedingt erforderlichen Fälle beschränkt.

VI. Zustimmungserfordernis des Benachrichtigenden im Strafverfahren (Abs. 6)

31   Nach Abs. 6 findet § 37 Abs. 4 entsprechende Anwendung. Nach § 37 Abs. 4 darf eine Meldung oder Benachrichtigung in einem Strafverfahren gegen einen Meldepflichtigen oder Benachrichtigenden oder seiner zur Zeugnisverweigerung berechtigten Angehörigen nur dann verwendet werden, wenn der Meldepflichtige oder der Benachrichtigende der Verwendung zugestimmt hat (→ § 37 Rn. 33). Gleichwohl können OWiG-Verfahren auf Grundlage der durch eine Benachrichtigung erlangten Informationen durchgeführt werden (→ § 60 Rn. 35)

C. Würdigung

32   Die Vorschrift entspricht den Anforderungen der JI-RL und geht damit über die Umsetzung des BDSG, insbesondere mit Blick auf die Kompetenz der oder des HDSB hinaus. Sie folgt damit nicht der auf Bundesebene vorhandenen Tendenz, die Kompetenzen der oder des BfDI zu beschränken.

§ 62 Durchführung einer Datenschutz-Folgenabschätzung

(1) [1]Hat eine Form der Verarbeitung, insbesondere bei Verwendung neuer Technologien, aufgrund der Art, des Umfangs, der Umstände und der Zwecke der Verarbeitung voraussichtlich ein hohes Risiko für die Rechte und Freiheiten natürlicher Personen zur Folge, so hat der Verantwortliche vorab eine Abschätzung der Folgen der vorgesehenen Verarbeitungsvorgänge für den Schutz personenbezogener Daten durchzuführen. [2]§ 59 Abs. 1 Satz 2 gilt entsprechend.

(2) Für die Untersuchung mehrerer ähnlicher Verarbeitungsvorgänge mit ähnlich hohen Risiken kann eine gemeinsame Datenschutz-Folgenabschätzung vorgenommen werden.

(3) Der Verantwortliche hat die Datenschutzbeauftragte oder den Datenschutzbeauftragten an der Durchführung der Folgenabschätzung zu beteiligen.

---

14 ErwG 62 JI-RL.

(4) Die Folgenabschätzung hat den Rechten und den berechtigten Interessen der von der Verarbeitung betroffenen Personen und sonstiger Betroffener Rechnung zu tragen und zumindest Folgendes zu enthalten:

1. eine systematische Beschreibung der geplanten Verarbeitungsvorgänge und der Zwecke der Verarbeitung,

2. eine Bewertung der Notwendigkeit und Verhältnismäßigkeit der Verarbeitungsvorgänge in Bezug auf deren Zweck,

3. eine Bewertung der Risiken für die Rechte und Freiheiten der betroffenen Personen und

4. die zur Bewältigung der Risiken geplanten Abhilfemaßnahmen, einschließlich der Garantien, der Sicherheitsvorkehrungen und der Verfahren, durch die der Schutz personenbezogener Daten sichergestellt und die Einhaltung der gesetzlichen Vorgaben nachgewiesen werden sollen.

(5) Soweit erforderlich, hat der Verantwortliche eine Überprüfung durchzuführen, ob die Verarbeitung den Maßgaben folgt, die sich aus der Folgenabschätzung ergeben haben.

Literatur:

Art.-29-Datenschutzgruppe, Leitlinien zur Datenschutz-Folgenabschätzung (DSFA), WP 248 Rev. 01, 2017; *Bieker*, Die Risikoanalyse nach dem neuen EU-Datenschutzrecht und dem Standard-Datenschutzmodell, DuD 2018, 27; *Bieker/Bremert/Hansen*, Die Risikobeurteilung nach der DS-GVO DuD 2018, 492; *DSK*, Liste der Verarbeitungstätigkeiten für die eine DSFA durchzuführen ist, 2018; *DSK*, Datenschutz-Folgenabschätzung nach Art. 35 DS-GVO, Kurzpapier Nr. 5, 2017; *DSK*, Risiko für die Rechte und Freiheiten natürlicher Personen, Kurzpapier Nr. 18, 2018; *Friedewald ua*, Datenschutz-Folgenabschätzung – Ein Werkzeug für einen besseren Datenschutz, White Paper des Forumsprivatheit, 3. Aufl. 2017 (zitiert: *Friedewald ua*); *Johannes*, Unterschiede in der Datenschutz-Folgenabschätzung für Polizei und Strafverfolgungsbehörden nach europäischem und deutschem Recht, ZD-Aktuell 2017, 05852; *Marschall*, Datenpannen – „neue" Meldepflicht nach der europäischen DS-GVO?, DuD 2015, 183; *Ritter/Reibach/Lee*, Lösungsvorschlag für eine praxisgerechte Risikobeurteilung von Verarbeitungen, ZD 2019, 531; *Roßnagel/Gemini/Johannes*, Datenschutz-Folgenabschätzung im Zuge der Gesetzgebung, ZD 2019, 435; *Schmitz/von Dall'Armi*, Datenschutz-Folgenabschätzung – verstehen und anwenden, ZD 2017, 57.

A. Allgemeines

I. Bedeutung der Vorschrift

1   Die Datenschutz-Folgenabschätzung (DSFA)[1] ist ein Instrument, um das **Risiko** zu **erkennen und** zu **bewerten,** das für das Individuum durch den Einsatz eines technischen Systems zur Datenverarbeitung durch den Verantwortlichen entsteht. Die Pflicht zur Durchführung einer DSFA soll nach dem Willen des Gesetzgebers ein zentrales Element zur **strukturellen Stärkung des Datenschutzes** sein, das jedoch nur unvollkommen gesetzlich konkret ausgestaltet werden kann.[2] Die DSFA ist vorab vom Verantwortlichen durchzuführen, sofern mit einer geplanten Verarbeitungsart voraussichtlich ein hohes Risiko[3] für die Rechte und Freiheiten natürlicher Personen verbunden ist.[4]

2   **Ziel** einer DSFA ist, Kriterien für den Schutz der Rechte der betroffenen Personen zu definieren, die Folgen von Datenverarbeitungspraktiken möglichst umfassend zu erfassen sowie objektiv und nachvollziehbar mit Blick auf die verschiedenen Rollen und damit verbundenen Interessen so zu bewerten, dass typischem Missbrauch mit adäquaten Gegenmaßnahmen begegnet werden kann.[5] Dafür ist eine Art der Technikfolgenabschätzung notwendig, mit deren Hilfe **geeignete und wirksame Maßnahmen** zum Eindämmen des Risikos getroffen werden können. Damit schließt die DSFA an die grundsätzlichen Anforderungen an, zu gewährleisten, dass die Verarbeitung pflichtgemäß (§§ 57 ff.), sicher (§ 59) und nach dem Prinzip „Privacy by Design" (§ 66) erfolgt und dies auch nachweisen zu können (Art. 4 Abs. 4 JI-RL).[6]

II. Entstehungsgeschichte

3   Die Idee hinter der DSFA ist nicht neu. Ein mit der DSFA vergleichbares Ziel hatte die Vorabkontrolle nach § 7 Abs. 6 HDSG. Diese basierte auf Art. 20 DSRL. Die zuständige verantwortliche Stelle hatte vor dem Beginn einer automatisierten Datenverarbeitung zu untersuchen, ob damit Gefahren für die informationelle Selbstbestimmung[7] verbunden waren. Die Datenverarbeitung durfte nur durchgeführt werden, wenn sichergestellt wurde, dass diese Gefahren nicht bestehen oder durch technische und organisatorische Maßnahmen verhindert werden konnten. Die Vorabkontrolle diente zur umfassenden Bewertung der Rechtmäßigkeit der Datenverarbeitung durch eine Voruntersuchung.[8] Die Vorschrift war schon im Gesetzesentwurf enthalten[9] und wurde im **Gesetzgesetzgebungsverfahren** nicht verändert.

---

1   Im Englischen Privacy Impact Assessment (PIA).
2   LT-Drs. 19/5728, 122; BT-Drs. 18/11325, 117.
3   Zur Begriffsdeutung nach DS-GVO *Marschall* DuD 2015, 183.
4   DSK Kurzpapier Nr. 5, 2017.
5   *Friedewald ua.*
6   *Johannes/Weinhold* in HK-BDSG § 67 Rn. 2.
7   Vgl. *Nungesser* § 1 Rn. 1; *Arlt* in Schild ua § 1 Rn. 5 ff.
8   *Wellbrock* in Schild ua § 7 Rn. 57; *Nungesser* § 7 Rn. 42.
9   BT-Drs. 18/11325, 38.

III. Unionsrechtliche Regelungen

Die Vorschrift setzt **Art. 27 JI-RL** um, enthält aber auch konkretisierende 4
Regelungen, die aus Art. 35 DS-GVO übernommen wurden: Die Pflicht zur
Beteiligung des DSB in Abs. 3 und die Zusammenlegung der DSFA für ähn-
liche Verarbeitungsvorgänge mit ähnlichem Risiko in Abs. 2 sowie die Prü-
fung, ob die Verarbeitung der DSFA entspricht. Auch wurde Abs. 4 in
Wortlaut und Inhalt zum Teil Art. 35 Abs. 7 DS-GVO angeglichen und da-
mit Art. 27 Abs. 2 JI-RL konkretisiert.[10] Dadurch entspricht die DSFA im
Anwendungsbereich des dritten Teils nahezu den Anforderungen einer DS-
FA nach der DS-GVO und vereinfacht die Rechtsanwendung.[11]

Es bleiben jedoch **Unterschiede**.[12] Bei einer DSFA nach der Vorschrift müs- 5
sen im Vergleich zur DSFA nach DS-GVO folgende Maßnahmen nicht vom
Verantwortlichen getroffen werden: Es bedarf keiner systematischen Beschreibung der von dem Verantwortlichen verfolgten berechtigten Interessen. Diese lassen sich idR aus der gesetzlichen Aufgabenzuweisung der Behörde ableiten. Genehmigte Verhaltensregeln gemäß Art. 40 DS-GVO müssen nicht berücksichtigt werden. Auch muss der Standpunkt betroffener
Personen nicht eingeholt werden. Die oder der HDSB kann im Anwendungsbereich des dritten Teils weder eine Positiv-Liste noch eine Negativ-
liste von Verarbeitungsliste erstellen, für die eine DSFA erforderlich oder
nicht erforderlich ist.[13] Die Vorschrift enthält auch keine mit Art. 35 Abs. 3
DS-GVO vergleichbaren Katalog von Regelbeispielen und auch keine mit
Art. 35 Abs. 10 DS-GVO vergleichbare Möglichkeit, eine DSFA in einem
Gesetzgebungsverfahren vorwegzunehmen.[14]

IV. Verhältnis zu anderen Vorschriften

Die DSFA wird an mehreren Stellen des Gesetzes in Bezug genommen. 6
Nach § 7 Abs. 1 Nr. 3 gehört es zu den Aufgaben der oder des DSB, im Zusammenhang mit der DSFA zu beraten und ihre Durchführung zu überwachen. Darüber hinaus ist der Verantwortliche vor der Inbetriebnahme von
neu anzulegenden Dateisystemen gemäß § 64 Abs. 1 Nr. 1 verpflichtet, den
HDSB zu konsultieren, wenn aus einer DSFA hervorgeht, dass die Verarbeitung ein hohes Risiko für die Rechte und Freiheiten der betroffenen Personen zur Folge hätte, wenn der Verantwortliche keine Abhilfemaßnahmen
treffen würde. Ist die Konsultation notwendig, muss nach § 64 Abs. 2 Nr. 1
eine durchgeführte DSFA dem HDSB vorgelegt werden. Die oder der
HDSB kann nach § 64 Abs. 1 Satz 2 eine Liste mit Verarbeitungsvorgängen
erstellen, die zwingend einer Konsultation unterliegen. IdR werden die darin genannten Verarbeitungsvorgänge auch eine DSFA erforderlich machen,[15] da diese Instrumente eng verbunden sind und vergleichbaren Aus-
lösemechanismen unterliegen (→ § 64 Rn. 1 ff.).[16]

---

10 LT-Drs. 19/5728, 122.
11 *Johannes/Weinhold* Neues DatenschutzR § 1 Rn. 267 ff.
12 Dazu *Johannes* ZD-Aktuell 2017, 05852.
13 Sog. Black-List, s. DSK Liste der Verarbeitungstätigkeiten, die vom HDSB mitbe-
   schlossen wurde.
14 Zu dieser Möglichkeit *Roßnagel/Geminn/Johannes* ZD 2019, 435.
15 *Johannes/Weinhold* in HK-BDSG § 67 Rn. 18.
16 LT-Drs. 19/5728, 122; BT-Drs. 18/11325, 117.

7   Die Vorschrift hat § 67 BDSG zum **Vorbild**. Dort wurde aber die Formulie-
     rung des Art. 27 Abs. 1 JI-RL „hohes Risiko für die Rechte und Freiheiten
     natürlicher Personen" durch „erhebliche Gefahr für die Rechtsgüter be-
     troffener Personen" ersetzt.[17] Es ist iSd Rechtsklarheit zu begrüßen, dass
     der hessische Gesetzgeber hier abgewichen ist. Ein weiterer Unterschied ist
     der Verweis in Abs. 1 Satz 2 zur Risikobewertung (→ Rn. 14 ff.), mit dem
     die Vorschrift richtlinienkonform konkretisiert und anwendungsfreundli-
     cher gemacht wird. Über § 500 StPO geht § 67 BDSG bei Datenverarbei-
     tungen zu Zwecken der Strafverfolgung idR vor.

B. Datenschutz-Folgenabschätzung

I. Pflicht zur Durchführung einer DSFA (Abs. 1)

1. Adressat und Zeitpunkt (Satz 1)

8   **Regelungsadressat** ist der Verantwortliche gemäß § 41 Nr. 8, also die zu-
     ständige öffentliche Stelle iSv § 40 Abs. 1. Dieser hat vorab eine **Abschät-
     zung der Folgen** der vorgesehenen Verarbeitungsvorgänge anzustellen, so-
     weit dies nach Abs. 1 notwendig ist. Die eigentliche Durchführung der DS-
     FA kann auch eine andere Stelle oder ein Dritter durchführen
     (→ Rn. 19 ff.).[18] Bei gemeinsamen Verfahren iSv § 58 kann eine der betei-
     ligten Stellen mit der Durchführung der DSFA betraut werden. Die Aufga-
     be kann nicht dem DSB übertragen werden, da er diese dann nicht gemäß
     § 7 Nr. 3 überwachen könnte (**Interessenkonflikt**).[19]

9   Ist die DSFA notwendig, muss sie **vor der Inbetriebnahme** der Datenver-
     arbeitung abgeschlossen sein. Andernfalls könnte sie ihren Zweck nur
     unzureichend erfüllen. Die Änderung von bereits in Betrieb genommenen
     Systemen ist schwierig. Die DSFA kann damit einen wesentlichen Baustein
     zur Gewährleistung der Grundsätze des Privacy by Design beitragen.[20]

2. Prüfung der Notwendigkeit und Scope (Satz 1)

10   Ob eine DSFA notwendig ist, muss die zuständige Stelle selbst prüfen. Sie
     ist zwingend, wenn die Verarbeitungsform von Abs. 1 erfasst ist. Ob eine
     Verarbeitungsform aufgrund der Art, des Umfangs, der Umstände und der
     Zwecke der Verarbeitung voraussichtlich ein hohes Risiko für die Rechte
     und Freiheiten natürlicher Personen zur Folge hat, definiert das Gesetz
     nicht. Die Regelung ist hier wortgleich zu Art. 35 Abs. 1 DS-GVO und in
     ihrer Art wie eine **Generalklausel** formuliert. Die Voraussetzungen einer
     DSFA sind nur unvollkommen und nicht abschließend ausgestaltet. Die
     Konkretisierung der Kriterien, wann eine DSFA erforderlich ist, überlässt
     der Gesetzgeber der Praxis, wobei diese zu beachten hat, dass die entste-
     henden **Aufwände angemessen und beherrschbar** bleiben.[21] Ob eine DSFA

---

17 Dazu kritisch *Hansen* in BeckOK DatenschutzR BDSG § 67 Rn. 8.
18 *Nolte/Werkmeister* in Gola DS-GVO Art. 35 Rn. 6.
19 *Karg* in Simitis/Hornung/Spiecker gen. Döhmann DS-GVO Art. 35 Rn. 67; *Franck*
    in HK-DSG NRW § 57 Rn. 24.
20 Ausführlich *Karg* in Simitis/Hornung/Spiecker gen. Döhmann DS-GVO Art. 35
    Rn. 61 ff.
21 LT-Drs. 19/5728, 122.

durchzuführen ist, folgt aus einer Abschätzung der Risiken der Verarbeitungsvorgänge.[22]

Nach ErwG. 58 JI-RL soll eine DSFA auf maßgebliche Systeme und Verfahren im Rahmen von Verarbeitungsvorgängen abstellen, nicht jedoch auf Einzelfälle (**Scope**).[23] Danach kann es vernünftig und unter ökonomischen Gesichtspunkten zweckmäßig sein, eine **DSFA** nicht lediglich auf einen bestimmten Projektteil zu beziehen, sondern sie thematisch **breiter anzulegen**, zB wenn Behörden oder öffentliche Stellen eine gemeinsame Anwendung oder Verarbeitungsplattform schaffen möchten.[24] Die isolierte Betrachtung von Verarbeitungsschritten oder Systemen ist zu vermeiden. Vielmehr kommt es, insbesondere um die Risiken für die betroffenen Personen vollständig zu erfassen, auf eine **umfassende Betrachtung** an.[25]

Eine DSFA ist nach dem Wortlaut der Vorschrift insbesondere beim Einsatz **neuer Technologien** zur Verarbeitung durchzuführen. Der Begriff ist unbestimmt und wird auch so in Art. 35 Abs. 1 DS-GVO verwendet. Er umfasst derzeit sicherlich noch zB Methoden der künstlicher Intelligenz, Big Data-Anwendungen, Cloud-Computing[26] und mobile Videotechnik im Polizeieinsatz.[27] Für die Beurteilung, ob es sich um eine neue Technologie handelt, kommt es auch auf die Sicht des Verantwortlichen an und darauf, ob dieser in Bezug auf die neue oder neuartige Technologie bereits eine DSFA durchgeführt hat.[28] ZB kann auch eine IT-Anwendung, die anderenorts schon lange am Markt verfügbar ist oder auch von anderen Behörden eingesetzt wird, beim geplanten Einsatz durch den Verantwortlichen die Pflicht zur DSFA auslösen.

Eine DSFA sollte grundsätzlich bei **neuen Verarbeitungssystemen oder wesentlichen Veränderungen** an bestehenden Systemen durchgeführt werden, soweit die Voraussetzungen des Abs. 1 gegeben sind.[29]

3. Bestimmung des Risikos (Satz 1 und 2)

Die Vorschrift verweist zur Bestimmung des **Risikos**[30] auf § 59 Abs. 1 Satz 2, der entsprechend anzuwenden ist. Danach sind **Eintrittswahrscheinlichkeit und Schwere** der Verletzung nach der Art, dem Umfang, den Umständen und den Zwecken der Verarbeitung zu bestimmen und anhand einer **objektiven Beurteilung** festzustellen. Weder der **Begriff des Risikos**, der mehrfach in DS-GVO und JI-RL verwendet wird,[31] ist definiert, noch wann dieses hoch ist. Methodisch können dazu unterschiedliche Ansätze

11

12

13

14

---

22 DSK Kurzpapier Nr. 5, 1.
23 LT-Drs. 19/5728, 122.
24 Dies entspricht auch ErwG 92 DS-GVO.
25 *Johannes/Weinhold* in HK-BDSG § 67 Rn. 24.
26 *Nolte/Werkmeister* in Gola DS-GVO Art. 35 Rn. 7.
27 *Ruthig* GSZ 2018, 12.
28 S. auch ErwG 89 DS-GVO.
29 LT-Drs. 19/5728, 122.
30 So LT-Drs. 19/5728, 122.
31 Dazu *Bieker/Bremert/Hansen* DuD 2018, 492.

zur Bestimmung genutzt werden, wobei der der DSK vielbeachtet wird.[32] Risiken für die Rechte und Freiheiten betroffener Personen, die aus Datenverarbeitung hervorgehen, sind in ErwG 51 JI-RL skizziert (→ § 59 Rn. 11 ff.).

15　Das Risiko zu bestimmen, erfordert eine **Prognoseentscheidung**, die vollständig gerichtlich überprüfbar ist.[33] Für diese müssen zunächst die Risiken anhand der Art, Umfang, Umstände und Zwecke der Verarbeitung identifiziert werden. Sodann muss die Eintrittswahrscheinlichkeit des befürchteten Schadens abgeschätzt werden und die Schwere des Schadens im Hinblick auf das geschützte Rechtsgut prognostiziert werden.[34] Aus dem Verhältnis zwischen beiden Faktoren ist das **Gesamtrisiko**[35] zu bilden und **Risikostufen** zuzuordnen.

16　Ein Risiko iSd Vorschrift ist folglich dann **gegeben**, wenn eine Prognose ergibt, dass mit hoher Wahrscheinlichkeit eine Verletzung der Rechte und Freiheiten natürlicher Personen droht. Ein Eingriff in diese Rechte ist bei Datenverarbeitungsvorgängen von Polizei- und Strafverfolgungsbehörden zu den in § 40 genannten Zwecken regelmäßig der Fall.[36] Das sich daraus ergebende Risiko muss aber **hoch** sein, damit die Pflicht zur DSFA besteht, was nach der Art, Umfang und den Umständen der Verarbeitung zu bemessen ist.

17　**Kriterien**, ob die geplante Verarbeitung eine hohes Risiko birgt, sind zB die Gruppe der betroffenen Personen, die Art der zur Datenerhebung eingesetzten Mittel oder der Kreis der zugriffsberechtigten Personen, ebenso wie die Eingriffsintensität der mit der Verarbeitung verbundenen Maßnahmen.[37] Auch der Beispielkatalog des Art. 35 Abs. 3 DS-GVO ist in einem **Erst-Recht-Schluss** für die Prüfung des Risikos heranzuziehen. Wenn bereits nicht öffentliche Stellen verpflichtet sind, eine DSFA vorzunehmen, muss dies im Verhältnis von Staat zu Bürger und unter dem Gebot der Rechtsstaatlichkeit für Datenverarbeitungen öffentlicher Stellen zu den Zwecken nach § 40 erst recht gelten.[38] Ebenso kann die Positiv-Liste nach Art. 35 Abs. 4 DS-GVO wertvolle Hinweise zur Beurteilung geben, ob ein geplanter Datenverarbeitungsvorgang eine DSFA erfordert (→ Rn. 5).[39]

18　Die Art.-29-Datenschutzgruppe hat auf Grundlage von Art. 35 DS-GVO und Art. 27 JI-RL neun Kriterien entwickelt, die auf ein voraussichtlich hohes Risiko hindeuten.[40] Dies sind Verarbeitungsvorgänge, die

---

32　DSK Kurzpapier Nr. 18; grundlegend dazu *Friedewald ua* 2017; *Bieker* DuD 2018, 27 und *Bieker/Bremert/Hansen* DuD 2018, 492; diesen folgend *Ritter/Reibach/Lee* ZD 2019, 531; s. aber auch *Schmitz/von Dall'Armi* ZD 2017, 57.

33　*Karg* in Simits/Hornung/Spiecker Art. 35 Rn. 22.

34　ErwG 75 DS-GVO.

35　*Karg* in Simits/Hornung/Spiecker Art. 35 Rn. 23.

36　*Johannes/Weinhold* in HK-BDSG § 67 Rn. 19; *Nolte/Werkmeister* in Gola DS-GVO Art. 35 Rn. 14.

37　BT-Drs. 18/11325, 117.

38　*Johannes/Weinhold* in HK-BDSG § 67 Rn. 20; iE *Nolte/Werkmeister* in Gola DS-GVO Art. 35 Rn. 10.

39　DSK Liste der Verarbeitungstätigkeiten 2018.

40　Art.-29-Datenschutzgruppe WP 248 Rev. 01, 2017, das vom EDSA übernommen wurde.

- Verhalten bewerten oder einstufen,
- automatisiert Entscheidungen mit Rechtswirkung bedingen,
- systematischer Überwachung dienen,
- vertrauliche oder höchstpersönliche Daten betreffen,
- Daten in großem Umfang verarbeiten,
- Datensätze zusammenführen oder abgleichen,
- Daten zu schutzbedürftigen Betroffenen betreffen,
- innovative Nutzungen oder die Anwendung neuer technologischer oder organisatorischer Lösungen vorsehen oder
- Fälle betreffen, in denen die betroffenen Personen an der Ausübung eines Rechts gehindert werden.

Wenn ein Verarbeitungsvorgang zwei dieser Kriterien erfüllt, muss der Verantwortliche in den meisten Fällen zu dem Schluss kommen, dass eine DSFA durchzuführen ist. Aber auch wenn nur eines dieser Kriterien erfüllt ist, kann im Einzelfall eine DSFA erforderlich sein, insbesondere wenn die Datenverarbeitung von erheblichem Umfang ist.

II. Gemeinsame DSFA (Abs. 2)

Abs. 2 nimmt Art. 35 Abs. 1 Satz. 2 DS-GVO auf, ebenso wie den Gedan- 19
ken von ErwG 92 DS-GVO und ErwG 52 JI-RL. Die Regelung ist eine
Konkretisierung, die auch mit Blick auf ErwG 58 richtlinienkonform ist.
§ 67 Abs. 2 BDSG regelt entsprechendes, stellt aber anstatt auf das ähnliche Risiko auf ein ähnliches „Gefahrenpotential" ab.

Für die Untersuchung mehrerer ähnlicher Verarbeitungsvorgänge mit ähn- 20
lich hohen Risiken kann (Wahlrecht)[41] eine **gemeinsame DSFA** durchgeführt werden. Abs. 2 dient der effizienten und pragmatischen Umsetzung.
Primär werden zu identischen Zwecken gemeinsam genutzte IT-Infrastrukturen und -dienste erfasst.[42] Abs. 2 bezieht sich aber nur auf die Verarbeitungsvorgänge und schließt nicht aus, dass für ähnliche Verarbeitungsvorgänge die von unterschiedlichen Verantwortlichen getrennt durchgeführt
werden, gemeinsame DSFA durchgeführt werden.[43]

Die Verarbeitungsvorgänge müssen ähnlich sein und ein ähnliches hohes 21
Risiko aufweisen. Für die Durchführung einer gemeinsamen DSFA sprechen insbesondere das Vorliegen eines **gemeinsamen übergeordneten**
Zwecks der Verarbeitungsvorgänge oder die **Zusammengehörigkeit der**
Verarbeitungsvorgänge in einem übergeordneten System. Ersteres wäre zB
der Fall, wenn eine bestimmte IT-Anwendung unter gleichen Umständen in
mehreren Polizeidienststellen zum Einsatz kommen soll.[44] Letzteres ist der
Fall, wenn mehrere Verantwortliche gemeinsame Anwendungen oder Ver-
arbeitungsumgebungen betreiben wollen, zB in einem gemeinsamen Verfahren iSv § 58. Das Ziel der DSFA darf durch die gemeinsame DSFA
nicht unterminiert werden. Die einzelnen Verarbeitungsvorgänge müssen

---

41 *Nolte/Werkmeister* in Gola DS-GVO Art. 35 Rn. 17.
42 *Baumgartner* in Ehmann/Selmayr DS-GVO Art. 35 Rn. 17.
43 S. auch ErwG 92 DS-GVO.
44 Zur horizontalen Einführung einer Anwendung, könnte eine gemeinsame DSFA
von der oberen Polizeibehörde oder einem Ministerium durchgeführt oder wenigstens vorbereitet werden.

im Rahmen der gemeinsamen DSFA so berücksichtigt werden, dass ihr Risiko für die Rechte und Freiheiten der betroffenen Personen ausreichend berücksichtigt wird.

III. Beteiligung der oder des Datenschutzbeauftragten (Abs. 3)

22   Der Verantwortliche muss den oder die **behördliche DSB** an der Durchführung der DSFA beteiligen. Art. 34 lit. c JI-RL sieht lediglich vor, den DSB auf Anfrage des Verantwortlichen zu beteiligen. Die zwingende Beteiligung des DSB geht damit über die Pflichten der JI-RL hinaus. Dies ist als strengere Garantie zum Schutz der Rechte und Freiheiten der betroffenen Personen nach Art. 1 Abs. 3 JI-RL richtlinienkonform.

23   Der **Umfang** der Beteiligung ergibt sich aus § 7 Abs. 1 Ziff. 3. Danach berät der oder die DSB den Verantwortlichen und überwacht die Durchführung der DSFA. Daraus ergibt sich die Pflicht des Verantwortlichen, ihm oder ihr alle für die Erfüllung seiner Aufgaben erforderlichen Informationen und Unterlagen zur Verfügung zu stellen. Überwachung erfordert, dass der oder die Datenschutzbeauftragte von Anfang an in die DSFA eingebunden wird. Der Rat ist für den Verantwortlichen nicht bindend (→ § 7 Rn. 20).

IV. Mindestangaben der Folgenabschätzung (Abs. 4)

24   Abs. 4 legt die inhaltlichen Mindestanforderungen an die DSFA fest und setzt Art. 27 Abs. 2 JI-RL um. Er orientiert sich im Wortlaut jedoch an Art. 35 Abs. 7 DS-GVO.[45] Die DSFA hat den Rechten der von der Verarbeitung betroffenen Personen Rechnung zu tragen. Der Wortlaut bleibt damit hinter dem des Art. 27 Abs. 2 JI-RL zurück, der verlangt, dass die DSFA den Rechten und den **berechtigten Interessen** der von der Verarbeitung betroffenen Personen und auch sonstige betroffenen Personen Rechnung trägt. Dies ist bei einer richtlinienkonformen Auslegung zu berücksichtigen. Die Orientierung an den Vorgaben der DS-GVO birgt in Bezug auf die Mindestinhalte ansonsten keine wesentlichen Unterschiede, mit Ausnahme der Pflicht, auch eine **Bewertung der Notwendigkeit und Verhältnismäßigkeit** der Verarbeitungsvorgänge in Bezug auf deren Zweck vornehmen zu müssen.

25   Die Mindestinhalte beschreiben nach hM ein **Verfahren** zur Durchführung der DSFA, dass sich in Vorbereitungs-, Bewertungs-, Umsetzungs- und Berichtsphase gliedern lässt.[46] Eine DSFA muss in einem reproduzierbaren und verkehrsfähigen Format dokumentiert werden.[47]

26   Zur Vorbereitung ist nach Nr. 1 eine **systematische Beschreibung** der geplanten Verarbeitungsvorgänge und der Zwecke der Verarbeitung anzufertigen. Dies ist im Wesentlichen eine verfahrensorientierte Bestandsaufnah-

---

45   Vgl. *Hansen* in BeckOK DatenschutzR BDSG § 67 Rn. 13 ff.
46   *Hansen* DuD 2016, 590; *Friedewald ua* 2017, 19 ff.; *Baumgartner* in Ehmann/ Selmayr DS-GVO Art. 35 Rn. 30 ff.; *Karg* in Simitis/Hornung/Spiecker gen. Döhmann DS-GVO Art. 35 Rn. 75.
47   *Franck* in HK-DSG NRW § 57 Rn. 32.

me.[48] Diese muss so konkret sein, dass auf ihrer Basis eine Durchführung weiterer Schritte der DSFA vorgenommen werden kann.[49]

Die **Bewertung der Notwendigkeit** und **Verhältnismäßigkeit** der Verarbeitungsvorgänge nach ihrem Zweck iSv Nr. 2 soll vor allem dem **Grundsatz der Erforderlichkeit und Datenminimierung** nach § 42 Nr. 3 dienen. Dabei sind die jeweiligen widerstreitenden Rechtsgüter sowie die konkrete Beeinträchtigung zu skizzieren. Je umfassender und intensiver die Datenverarbeitung und damit der Eingriff in die Rechte der betroffenen Personen ist, desto höherrangiger muss der konkrete Zweck sein. 27

Die **Bewertung der Risiken** nach Nr. 3 geht damit Hand in Hand. Zusammengenommen ist dies der eigentliche **Abwägungsprozess** in der DSFA.[50] Eine Bewertung der Höhe des jeweiligen Risikos ergibt sich aus einer Zusammenschau der Schadensauswirkungen für betroffene Personen und der Eintrittswahrscheinlichkeit des Schadens.[51] Betrachtet werden müssen idR sowohl die Grundrechte nach GG und HV als auch die Grundrechte und Grundfreiheiten der GRCh.[52] 28

Nach Nr. 4 sind **Abhilfemaßnahmen** zur Minimierung der festgestellten Risiken zu benennen. Es sind die TOM, wie zB Garantien, Sicherheitsvorkehrungen und Verfahren, durch die der Schutz personenbezogener Daten sichergestellt und der Nachweis dafür erbracht wird, dass alle rechtlichen Anforderungen eingehalten werden. 29

V. Überprüfungspflicht des Verantwortlichen (Abs. 5)

Der Verantwortliche hat, soweit erforderlich, zu überprüfen, ob die Verarbeitung den Maßgaben folgt, die sich aus der durchgeführten DSFA ergeben haben. Dies folgt nicht aus der JI-RL. Der Gesetzgeber hat diese Regelung als strengere Garantie für den Schutz der Rechte und Freiheiten der betroffenen Personen iSd Art. 1 Abs. 3 JI-RL über die Vorgaben der Richtlinie hinaus aus der Regelung des Art. 35 Abs. 11 DS-GVO entlehnt. 30

Diese Pflicht sichert das Ziel der DSFA als **Präventivmaßnahme** ab, indem die Überprüfung die Erhaltung des Soll-Zustandes praktisch umsetzt.[53] Eine erneute Prüfung ist nur dann vorzunehmen, wenn diese erforderlich ist. Demnach müssen besondere Umstände für den Verantwortlichen erkennbar sein, die eine erneute Überprüfung nahelegen.[54] Eine **erneute Prüfung** ist jedenfalls erforderlich, wenn sich die einer DSFA zugrundliegenden Annahmen verändert haben und eine geänderte Risikobewertung nahelegen. Gründe, die eine Überprüfung erforderlich machen können, sind neue technische Entwicklungen, bekanntgewordene Sicherheitsrisiken, Änderungen von Rechtsvorschriften oder Gerichtsentscheidungen.[55] 31

---

48 *Karg* in Simitis/Hornung/Spiecker gen. Döhmann DS-GVO Art. 35 Rn. 76.
49 *Schwendemann* in HK-DS-GVO Art. 35 Rn. 24.
50 *Karg* in Simitis/Hornung/Spiecker gen. Döhmann DS-GVO Art. 35 Rn. 79.
51 *Schwendemann* in HK-DS-GVO Art. 35 Rn. 27.
52 S. BVerfGE 152, 152 (Recht auf Vergessen I) und 152, 216 (Recht auf Vergessen II).
53 *Jandt* in Kühling/Buchner DS-GVO Art. 35 Rn. 59.
54 *Johannes/Weinhold* in HK-BDSG § 67 Rn. 38.
55 *Jandt* in Kühling/Buchner DS-GVO Art. 35 Rn. 60.

C. Würdigung

32   Die Vorschrift setzt die Vorgaben der JI-RL weitgehend richtlinienkonform um und orientiert sich dabei aber auch an den Regelungen DS-GVO. Das ist zu begrüßen, denn zB die Überprüfungspflicht und die Pflicht zur Beteiligung des DSB können sich positiv auf den Schutz der Betroffenen auswirken. Die DSFA kann ein tragendes Element eines effektiven Datenschutz-Managements sein.[56]

33   Die DSFA hat einen deutlich weiteren Anwendungsbereich als die Vorabkontrolle. Wenig greifbar ist die Vorschrift dadurch, dass es an einer Legaldefinition des hohen Risikos für die Rechte und Freiheiten der betroffenen Person oder zumindest an messbaren Kriterien fehlt. Darüber kann der Verweis in Abs. 1 Satz 2 nur eingeschränkt hinweghelfen. Durch den Querverweis wird aber die systematisch einheitliche Auslegung der Risikobewertung im Gesetz abgesichert.

§ 63 Zusammenarbeit mit der oder dem Hessischen Datenschutzbeauftragten

Der Verantwortliche und der Auftragsverarbeiter haben mit der oder dem Hessischen Datenschutzbeauftragten bei der Erfüllung ihrer oder seiner Aufgaben zusammenzuarbeiten.

Literatur:

Fladung/Fladung, Neue Compliance-Herausforderungen durch das neue BDSG, CB 2017, 265.

A. Allgemeines

I. Bedeutung der Vorschrift

1   Die Vorschrift verpflichtet sowohl den Verantwortlichen als auch den Auftragsverarbeiter zur Zusammenarbeit mit der oder dem HDSB. Diese **Kooperationspflicht** manifestiert das allgemeine Rechtsgebot wirksamer Rechtsdurchsetzung und dient der Erfüllung der aufsichtsbehördlichen Aufgaben des HDSB.[1]

II. Entstehungsgeschichte

2   Die Vorschrift war so bereits im Gesetzentwurf enthalten. Sie führt die bisherige allgemeine Unterstützungspflicht nach § 29 Abs. 1 Satz 1 HDSG fort, wirkt aber **umfassender** als diese (→ § 14 Rn. 32 f.). Sie hat § 68 BDSG zum Vorbild, der aber den Auftragsverarbeiter nicht ausdrücklich miteinbezieht.[2]

---

56   *Franck* in HK-DSG NRW § 57 Rn. 33.
  1   *Paal* in Paal/Pauly BDSG § 68 Rn. 2.
  2   Dazu *Johannes/Weinhold* in HK-BDSG § 68 Rn. 4.

III. Unionsrechtliche Regelungen

Die Vorschrift setzt Art. 26 JI-RL um, der im Wesentlichen Art. 31 DS-GVO **entspricht**. 3

IV. Verhältnis zu anderen Vorschriften

Die Pflicht zur Zusammenarbeit fasst die sich ohnehin aus anderen Vorschriften ergebenden **Kooperationsverpflichtungen und Kooperationsbeziehungen** (zB Auskunfts- und Zutrittsrechte nach § 14 Abs. 4, Konsultation nach § 64, Vorlagepflicht nach § 65 Abs. 5, Vorlage von Protokollen nach § 71 Abs. 4) übergreifend zusammen,[3] geht aber über diese hinaus. 4

B. Proaktive Pflicht zur Zusammenarbeit

Die Vorschrift verpflichtet zu einer verstärkten Zusammenarbeit mit dem HDSB iSe aktiven Risikomanagements.[4] Es handelt sich um eine **allgemeine und objektive Pflicht zur Zusammenarbeit, die auch proaktive Handlungen** seitens der Verantwortlichen und Auftragsverarbeiter erfordern kann, soweit diese geboten sind, um die Ziele der Regelung im Rahmen eines aktiven Risikomanagements erfüllen zu können.[5] 5

Die Zusammenarbeit wird nicht von einer Anfrage des HBDS abhängig gemacht. Damit geht die Vorschrift über den Wortlaut von Art. 26 JI-Rl hinaus. Dies folgt auch aus dem Vergleich mit spezielleren Pflichten, wie zB §§ 65 Abs. 5 und 71 Abs. 4. Diese werden erst durch Anfrage des HDSB ausgelöst. Diese gegenüber der JI-RL **weitergehende Pflicht** ist unter Berücksichtigung des Gebots der Rechtsstaatlichkeit, dem öffentliche Stellen verpflichtet sind, auch konsequent.[6] Die Abweichung ist nach Art. 1 Abs. 3 JI-RL statthaft, da sie letztlich dem Schutz der Rechte und Freiheiten der betroffenen Personen dient. 6

C. Würdigung

Die Vorschrift ist nicht nur eine Auffangnorm im Verhältnis zu den speziell benannten Befugnissen des HDSB sondern ist eine **eigenständige Pflicht**. Sie erfordert keine „ständige Zusammenarbeit",[7] aber die Einrichtung eines **Compliance- und Risikomanagements**, dass ua die zügige Bearbeitung von Anfragen des HDSB aller Art gewährleistet und die Erfüllung der sich aus dem Gesetz ergebenden Unterrichtungs- und Meldepflichten sicherstellt. 7

---

3 LT-Drs. 19–5728, 122.
4 *Fladung/Fladung* CB 2017, 267.
5 Ebenso *Paal* in Paal/Pauly BDSG § 68 Rn. 4; iE *Meltzian* in BeckOK DatenschutzR BDSG § 68 Rn. 2; aA *Heckmann* in Gola/Heckmann BDSG § 68 Rn. 3; *Schwichtenberg* in Kühling/Buchner BDSG § 68 Rn. 2; *Kieck* in Auernhammer BDSG § 68 Rn. 11 ff.; *Fladung/Fladung* CB 2017, 267.
6 *Johannes/Weinhold* Neues DatenschutzR § 1 Rn. 291.
7 *Kieck* in Auernhammer BDSG § 68 Rn. 11.

§ 64   Vorherige Konsultation der oder des Hessischen Datenschutzbeauftragten

(1) [1]Der Verantwortliche hat vor der Inbetriebnahme von neu anzulegenden Dateisystemen die Hessische Datenschutzbeauftragte oder den Hessischen Datenschutzbeauftragten zu konsultieren, wenn

1. aus einer Datenschutz-Folgenabschätzung nach § 62 hervorgeht, dass die Verarbeitung ein hohes Risiko für die Rechte und Freiheiten der betroffenen Personen zur Folge hätte, sofern der Verantwortliche keine Maßnahmen zur Eindämmung des Risikos trifft, oder
2. die Form der Verarbeitung, insbesondere bei der Verwendung neuer Technologien, Mechanismen oder Verfahren, ein hohes Risiko für die Rechte und Freiheiten der betroffenen Personen zur Folge hat.

[2]Die oder der Hessische Datenschutzbeauftragte kann eine Liste der Verarbeitungsvorgänge erstellen, die der Pflicht zur vorherigen Konsultation nach Satz 1 unterliegen. [3]§ 59 Abs. 1 Satz 2 gilt entsprechend.

(2) [1]Der oder dem Hessischen Datenschutzbeauftragten sind im Fall des Abs. 1 vorzulegen:

1. die nach § 62 durchgeführte Datenschutz-Folgenabschätzung,
2. gegebenenfalls Angaben zu den jeweiligen Zuständigkeiten des Verantwortlichen, der gemeinsam Verantwortlichen und der an der Verarbeitung beteiligten Auftragsverarbeiter,
3. Angaben zu den Zwecken und Mitteln der beabsichtigten Verarbeitung,
4. Angaben zu den zum Schutz der Rechte und Freiheiten der betroffenen Personen vorgesehenen Maßnahmen und Garantien und
5. die Kontaktdaten der oder des Datenschutzbeauftragten.

[2]Auf Anfrage sind der oder dem Hessischen Datenschutzbeauftragten alle sonstigen Informationen zu übermitteln, die sie oder er benötigt, um die Rechtmäßigkeit der Verarbeitung sowie insbesondere die in Bezug auf den Schutz der personenbezogenen Daten der betroffenen Personen bestehenden Risiken und die diesbezüglichen Garantien bewerten zu können.

(3) [1]Falls die oder der Hessische Datenschutzbeauftragte der Auffassung ist, dass die geplante Verarbeitung gegen gesetzliche Vorgaben verstoßen würde, insbesondere weil der Verantwortliche das Risiko nicht ausreichend ermittelt oder nicht ausreichend eingedämmt hat, kann sie oder er dem Verantwortlichen und gegebenenfalls dem Auftragsverarbeiter innerhalb eines Zeitraums von bis zu sechs Wochen nach Erhalt des Ersuchens um Konsultation schriftliche Empfehlungen unterbreiten, welche Maßnahmen noch ergriffen werden sollten. [2]Die oder der Hessische Datenschutzbeauftragte kann diese Frist um einen Monat verlängern, wenn die geplante Verarbeitung besonders komplex ist. [3]Sie oder er hat in diesem Fall innerhalb eines Monats nach Eingang des Antrags auf Konsultation den Verantwortlichen und gegebenenfalls den Auftragsverarbeiter über die Fristverlängerung zusammen mit den Gründen für die Verzögerung zu informieren.

(4) [1]Hat die beabsichtigte Verarbeitung erhebliche Bedeutung für die Aufgabenerfüllung des Verantwortlichen und ist sie daher besonders dringlich, kann er mit der Verarbeitung nach Beginn der vorherigen Konsultation, aber vor Ablauf der in Abs. 3 genannten Frist beginnen. [2]In diesem Fall

sind die Empfehlungen der oder des Hessischen Datenschutzbeauftragten im Nachhinein zu berücksichtigen und sind die Art und Weise der Verarbeitung daraufhin gegebenenfalls anzupassen.

(5) Die oder der Hessische Datenschutzbeauftragte ist bei der Ausarbeitung eines Vorschlags für eine vom Landtag zu erlassende Gesetzgebungsmaßnahme oder von auf solchen Gesetzgebungsmaßnahmen basierenden Regelungsmaßnahmen, die die Verarbeitung personenbezogener Daten betreffen, zu konsultieren.

Literatur:

Fladung/Fladung, Neue Compliance-Herausforderungen durch das neue BDSG, CB 2017, 265; *Schulze Lohoff/Bange*, Die (fehlenden) Abhilfebefugnisse des BfDI nach § 16 Abs. 2 BDSG, ZD 2019, 199.

A. Allgemeines

I. Bedeutung der Vorschrift

Die Vorschrift bestimmt die **Pflicht** des Verantwortlichen, sich vor der Inbetriebnahme neuer Verarbeitungsvorgänge mit einem erheblichen Gefährdungspotential an den HDSB zu wenden und diesen vorab anzuhören. Dies dient der rechtlichen Absicherung in Bezug auf beabsichtigte Verarbeitungen in **neu anzulegenden Dateisystemen** sowie bei **wesentlichen Veränderungen** an bestehenden Dateisystemen.[1]   1

II. Entstehungsgeschichte

Die Konsultationspflicht führt die **Vorabkontrolle** nach § 7 Abs. 6 HDSG   2
und Art. 20 DSRL fort (→ § 62 Rn. 4).[2] Dies erhält den Grundsatz, **besonders grundrechtsintensive Verarbeitungen** der vorherigen Kontrolle zu unterziehen. Auch diese Vorschrift erfordert eine verstärkte Zusammenarbeit mit dem HDSB im Rahmen eines aktiven Risikomanagements nach § 63.[3]

---

1 LT-Drs. 19/5728, 122.
2 Ausführlich *Karg* in Simitis/Hornung/Spiecker gen. Döhmann DS-GVO Art. 36 Rn. 3 ff.
3 *Fladung/Fladung* CB 2017, 267.

3 Die Vorschrift war bereits im Gesetzentwurf enthalten und wurde in unveränderter Fassung verabschiedet.

III. Unionsrechtliche Regelungen

4 Die Vorschrift setzt Art. 28 Abs. 1 und 3 bis 5 JI-RL um. Eine **vergleichbare Regelung** ist Art. 36 DS-GVO. Zur Angleichung führte der Gesetzgeber in Abs. 2 die Vorgaben des Art. 28 Abs. 4 JI-RL und des Art. 36 Abs. 3 DS-GVO zusammen.

IV. Verhältnis zu anderen Vorschriften

5 Die Vorschrift steht im engen **Zusammenhang** mit der DSFA nach § 62 und regelt ein spezifisches Verfahren der Zusammenarbeit iSv von § 63. § 13 Abs. 2 Nr. 10 ist die zur Konsultationspflicht korrespondierende Aufgabenzuweisung an den HDSB. Die Konsultation ist in § 77 Abs. 1 als Beispiel für eine Maßnahme genannt, bei dem die Aufsichtsbehörden sich gegenseitig um Amtshilfe ersuchen können. Der behördliche DSB ist gemäß § 7 Abs. 1 Nr. 5 **Anlaufstelle** für den HDSB im Zusammenhang mit Fragen zur Konsultation. Ein Vertrag zur Auftragsverarbeitung iSv § 56 Abs. 5 hat nach Nr. 9 vorzusehen, dass ein Auftragsverarbeiter den Verantwortlichen auch bei der Erfüllung der Konsultationspflicht unterstützt. Bei Datenverarbeitungen zu Zwecken der Strafverfolgung im Anwendungsbereich der StPO kommt nach § 500 StPO der Teil 3 des BDSG zur Anwendung. Dann gilt § 69 BDSG, der sich in wenigen Details von dieser Vorschrift unterscheidet.[4] An die Stelle des BfDI tritt dann der HDSB. Mangels Verweises auf Teil 2 des BDSG in § 500 StPO, stehen ihm die **Befugnisse** nach diesem Gesetz zu.

B. Konsultation der oder des HDSB

6 Abs. 1 bestimmt, wann eine Konsultation durchzuführen ist. Abs. 2 stellt dezidierte Vorgaben an die Informationen, die dem HDSB vorzulegen sind. In Abs. 3 sind die Kompetenzen des HDSB geregelt, insbesondere die der Empfehlungen. Abs. 4 sieht eine Eilfallregelung vor, die den operativen und fachlichen Erfordernissen in Abweichung von Abs. 3 Satz 1 Rechnung tragen soll. Abs. 5 bestimmt die Pflicht des Landesgesetzgebers, den HDSB zu konsultieren.

I. Konsultation vor Inbetriebnahme neu anzulegender Dateisysteme (Abs. 1)

7 **Regelungsadressat** ist der Verantwortliche nach § 41 Nr. 8, also die zuständige öffentliche Stelle iSv § 40. Bei gemeinsamen Verfahren iSv § 58 kann eine der beteiligten Stellen mit der Durchführung betraut werden. Die Aufgabe kann dem behördlichen DSB übertragen werden, da er ohnehin Anlaufstelle für den HDSB ist (→ § 7 Rn. 1 ff.).

---

4 „Anhörung" statt „Konsultation", BfDI statt HDSB, „Gefahr für Rechtsgüter" statt „Risiko für die Rechte und Freiheiten", „Abhilfemaßnahmen" statt „Maßnahmen zur Eindämmung des Risikos", keine ausdrückliche Regelung zur Konsultation im Gesetzgebungsverfahren.

Ist die Konsultation notwendig, muss sie **vor der Inbetriebnahme** des anzulegenden Dateisystems angestoßen werden. Die Abs. 3 und 4 regeln näheres zu Vorgehen und Fristen. Für zum Inkrafttreten dieses Gesetzes schon betriebene Dateisysteme, auch solche mit hohen Risiken, besteht nach ErwG 96 JI-RL keine Pflicht zur Konsultation.[5] Sie ist jedoch durchzuführen, wenn solche Dateisysteme in Art, Umfang, Zweck oder Technologie geändert werden und damit „neu" iSd Vorschrift sind. Dies kann bei der Neuerhebung oder der Neuanlage der Fall sein, insbesondere wenn Daten unter neuer Zweckbestimmung zusammengeführt oder angereichert werden.[6]

8

Die Konsultationspflicht besteht, entsprechend Art. 28 Abs. 1 JI-RL nur für die Inbetriebnahme von neu anzulegenden **Dateisystemen** ($\rightarrow$ § 41 Rn. 40) und stellt nicht auf Verarbeitungsvorgänge ab, wie § 62. Insoweit ist der Anwendungsbereich der Vorschrift enger. Ein Dateisystem kann aber schon eine Aktensammlung sein, die gleichartig aufgebaut ist. Eine Konsultationspflicht kann daher insbesondere bei der Errichtung neuer Dateien bestehen.

9

1. Hohes Restrisiko nach DSFA (Satz 1 Nr. 1)

Der Verantwortliche hat den HDSB zu konsultieren, wenn aus einer DSFA hervorgeht, dass die Verarbeitung ein hohes Risiko Rechte und Freiheiten der betroffenen Personen zur Folge hätte, wenn der Verantwortliche keine Abhilfemaßnahmen zur Eindämmung dieser hohen Risiken trifft oder nicht im ausreichenden Maße treffen kann. **Maßgeblich für die Einschätzung**, ob eine Konsultation durchzuführen ist, ist also das Ergebnis der nach § 62 vorgenommen DSFA und der daraufhin zur Risikominimierung getroffenen Maßnahmen (**Restrisiko**).[7] Ein Konsultation ist also nur notwendig, wenn das Risiko trotz Maßnahmen zur Eindämmung des Risikos immer noch hoch wäre ($\rightarrow$ § 62 Rn. 14 ff.).[8] Dies entspricht auch der Regelung von Art. 36 Abs. 1 DS-GVO.[9]

10

2. Sonstiges hohes Risiko (Satz 1 Nr. 2)

Der Verantwortliche hat den HDSB auch zu konsultieren, wenn die Form der Verarbeitung, insbesondere bei der Verwendung neuer Technologien, Mechanismen oder Verfahren, ein hohes Risiko für die Rechte und Freiheiten zur Folge hat. Nr. 2 setzt Art. 28 Abs. 1 lit. b JI-RL wortgleich um. Dies geht über Art. 36 DS-GVO hinaus, der nur auf eine DSFA abstellt. Nr. 2 wirkt insoweit als **Auffangtatbestand** zu Nr. 1. Sie sichert ab, dass ein Konsultationsverfahren angestoßen werden muss, auch wenn der Verantwortliche ggf. pflichtwidrig keine DSFA durchgeführt hat.[10] Eigenständige Bedeutung erlangt Nr. 2 insbesondere, wenn neue Technologien, Mechanis-

11

---

5 *Meltzian* in BeckOK DatenschutzR BDSG § 69 Rn. 3 a.
6 *Franck* in HK-DSG NRW § 57 Rn. 6.
7 S. auch BT-Drs. 18/11325, 117; *Gräber/Nolden* in Paal/Pauly BDSG § 69 Rn. 4.
8 *Gräber/Nolden* in Paal/Pauly BDSG § 69 Rn. 4; missverständlich *Raum* in Auernhammer BDSG § 69 Rn. 6.
9 Ausführlich dazu, mit Vorschlag zur Prüfungsreihenfolge und mwN *Karg* in Simits/ Hornung/Spiecker Art. 36 Rn. 18 ff.; aA *Reimer* in HK-DS-GVO Art. 36 Rn. 6.
10 *Franck* in HK-DSG NRW § 57 Rn. 12 f.

men oder Verfahren zu Dateisystemen ein hohes Risiko mit sich bringen, in Bezug auf den gesamten Datenverarbeitungsvorgang aber keine Pflicht zur DSFA auslösen würden. Dies kann der Fall sein, wenn es sich nur um ein **untergeordnetes Dateisystem** in einem Dateiverarbeitungsvorgang handelt. Nach ErwG 58 JI-RL sollen DSFA auf maßgebliche Systeme und Verfahren im Rahmen von Verarbeitungsvorgängen abstellen, nicht jedoch auf Einzelfälle. Diese Einzelfälle können dann aber über Nr. 2 zum Gegenstand eines Konsultationsverfahrens werden.

3. Liste der oder des HDSB (Satz 2)

12   Nach Abs. 1 Satz 2 kann die oder der HDSB eine **Positiv-Liste** mit Verarbeitungsvorgängen erstellen, die eine Konsultation zwingend erforderlich machen. Diese Entscheidung bindet die Verantwortlichen und entlastet sie davon, eine eigene Prüfung anstellen zu müssen. Die Positiv-Liste könnte klarstellen, welche Fälle unter Satz 1 Nr. 2 fallen. Die Liste ähnelt der nach Art. 35 Abs. 5 DS-GVO. Ihre Erstellung steht jedoch im Ermessen der oder des HDSB.

4. Risikobestimmung (Satz 3)

13   Der Verweis in Satz 3 soll die Bestimmung des Risikos regeln.[11] Dies erfordert eine **Prognoseentscheidung,** in der Eintrittswahrscheinlichkeit und Schwere der Verletzung nach der Art, dem Umfang, den Umständen und den Zwecken der Verarbeitung bestimmt werden und anhand einer objektiven Beurteilung die Höhe des Risikos festgestellt wird (→ § 59 Rn. 11 ff.). Der Verweis ist gleich dem Verweis in § 62 Abs. 1 Satz 2 (→ § 62 Rn. 14), hilft also nicht bei der Identifizierung der Risiken.

II. Informationspflichten gegenüber der Aufsichtsbehörde (Abs. 2)

14   Abs. 2 enthält detaillierte Vorgaben, welche Informationen der Verantwortliche dem HDSB im Falle der Konsultationspflicht zur Verfügung zur stellen hat. Abs. 2 setzt die Vorgaben von Art. 28 Abs. 4 JI-RL um und konkretisiert sie inhaltlich durch **Zusammenführung der Regelungsinhalte** mit denen des Art. 36 Abs. 3 DS-GVO. Neben den konkret benannten Informationen nach Satz 1 Nr. 1 bis 4 sind nach Satz 2 dem HDSB auf dessen Anfrage auch **alle sonstigen Informationen** zu übermitteln, die er benötigt, um die Rechtmäßigkeit der Verarbeitung beurteilen und die getroffenen Maßnahmen bewerten zu können.

III. Empfehlungen der oder des HDSB (Abs. 3)

15   Abs. 3 bestimmt die Aufgaben und Befugnisse des HDSB (**Reaktionskompetenz**) im Rahmen der Konsultation. Sie setzt Art. 28 Abs. 5 JI-RL um. Sie ähnelt Art. 36 Abs. 2 DS-GVO, unterscheidet sich von dieser aber in Details, insbesondere den Fristen. Sie ist weitestgehend wort- und bedeutungsgleich zu § 69 Abs. 3 BDSG, wobei auch hier Unterschiede bestehen. § 69 Abs. 3 BDSG bestimmt über den Verweis des § 500 StPO die Kompetenz des HDSB hinsichtlich der Datenverarbeitung im Rahmen der Straf-

---

11 LT-Drs. 19/5728, 122.

verfolgung.[12] Die Konsultation setzt ein Tätigwerden des Verantwortlichen voraus (Ersuchen). Entsprechend ist der HDSB zum Tätigwerden verpflichtet.

Die oder der HDSB hat festzustellen, ob der Verantwortliche gegen gesetzliche Vorgaben verstoßen würde, insbesondere weil er das Risiko für die betroffenen Personen nicht ausreichend ermittelt oder eingedämmt hat (**Prüfungspflicht und Prüfungsmaßstab**). Sie oder er ist nicht darauf beschränkt und kann umfänglich das geplante Verfahren überprüfen und nach Abs. 2 Satz 2 dazu weitere Informationen anfordern und eine entsprechende Bewertung vornehmen.   16

Falls die oder der HDSB zu dem Ergebnis gelangt, dass die Verarbeitung gegen gesetzliche Vorgaben verstoßen würde, kann sie oder er dem Verantwortlichen und gegebenenfalls dem Auftragsverarbeiter innerhalb eines Zeitraums von bis zu **sechs Wochen** nach Erhalt des Ersuchens um Konsultation **schriftliche Empfehlungen** unterbreiten, welche Maßnahmen noch ergriffen werden sollten. Die Empfehlungen sollen darauf hinwirken, die Risiken für die betroffenen Personen durch konkrete Maßnahmen zu vermeiden oder wenigstens weiter zu verringern.[13] Die Unterbreitung von Empfehlungen liegt im Ermessen des HDSB („kann"). Dies betrifft nicht die Einleitung und Überprüfung der Planungen.[14] Das „kann" bezieht sich auf die tatsächliche Möglichkeit, (weitere) Abhilfemaßnahmen zu benennen. Die oder der HDSB muss solche nicht im Einzelfall erforschen. Soweit ihm aber konkrete mögliche Abhilfemaßnahmen bekannt sind, die die Risiken weiter eindämmen könnten, muss er sie unterbreiten. Untätigkeit bei Kenntnis möglicher Maßnahmen wäre ein Ermessensnichtgebrauch und unvereinbar mit der Aufgabenzuweisung nach § 13 Abs. 1 Nr. 10 und Nr. 4.   17

Die **Frist** beginnt mit einem **vollständigen Ersuchen**. Der Verantwortlich muss die initialen Informationspflichten nach Abs. 2 Satz 1 vollständig erfüllt haben. Ohne diese Informationen kann der HDSB das Verfahren nicht ordnungsgemäß einleiten.[15] Aus der Informationspflicht der oder des HDSB und dessen Frist nach Satz 3 folgt keine Einschränkung hinsichtlich der Möglichkeit der Fristverlängerung nach Satz 2. Stellt die oder der HDSB zB erst fünf Wochen nach Erhalt des Ersuchens die Komplexität des Verfahrens fest, kann er immer noch die Frist verlängern. Die Fristberechnung hat nach der **Frist-VO** 1182/71/EWG zu erfolgen (→ § 77 Rn. 17).   18

Bei **besonders komplexen Verarbeitungen** kann der HDSB nach Satz 2 die Unterbreitungsfrist um einen Monat verlängern. Soweit er davon Gebrauch macht, hat er nach Satz 3 den Verantwortlichen und gegebenenfalls dessen Auftragsverarbeiters einen Monat nach Eingang des Antrags auf Konsultation über die Fristverlängerung und muss dabei auch über die Gründe der Verzögerung unterrichten. Besonders komplex sind zB idR gemeinsame Verfahren.   19

---

12 *Johannes/Weinhold* in HK-BDSG § 69 Rn. 19.
13 *Johannes/Weinhold* Neues DatenschutzR § 1 Rn. 295.
14 Entsprechend *Thiel* in Gola/Heckmann BDSG § 69 Rn. 6.
15 *Raum* in Auernhammer BDSG § 69 Rn. 11.

20   Neben der Empfehlung kann die oder der HDSB entsprechend ihren oder seinen Aufgaben und Befugnissen auch eingreifen. Die **Eingriffsbefugnis** ist in Abs. 3 nicht ausdrücklich erwähnt, so aber in Art. 28 Abs. 5 JI-RL. Die Eingriffsbefugnis ergibt sich aber – insbesondere bei richtlinienkonformer Auslegung von Abs. 3 – aus der **Aufgabenzuweisung** des § 13 und den Befugnissen nach § 14 Abs. 2 und 3. Auch im Anwendungsbereich von § 500 StPO bleiben diese Befugnisse der oder des HDSB, die weiter sind als die des BfDI nach BDSG.

IV. Eilfallregelung (Abs. 4)

21   Das Konsultationsverfahren ist kein Genehmigungsverfahren, es entfaltet dennoch eine **Sperrwirkung für die Inbetriebnahme von neuen Dateisystemen.**[16] Abs. 4 lässt den Verarbeitungsbeginn erst zu, wenn das Konsultationsverfahren abgeschlossen ist, es sei denn die Verarbeitung hat erhebliche Bedeutung für die Aufgabenerfüllung des Verantwortlichen und ihr Beginn ist besonders dringlich.

22   Die Regelung ist restriktiv auszulegen.[17] Im Regelfall ist der **Abschluss der Konsultation abzuwarten.** Im Ausnahmefall sind jedoch Abweichungen geboten, die aber nur gerechtfertigt sind, weil nach Satz 2 die Nutzung der Eilfallregelung den Verantwortlichen nicht davon entbindet, die Empfehlungen des HDSB nach pflichtgemäßem Ermessen abzuwarten, zu prüfen und die Verarbeitung gegebenenfalls daraufhin anzupassen.[18]

23   Die Eilfallregelung soll operativen und (polizei-)fachlichen Erfordernissen Rechnung tragen, bei denen nicht auf den Abschluss der Konsultation nach Abs. 1 und der nach § 64 Abs. 3 Satz 1 genannten Frist gewartet werden kann. Dies wird damit begründet, dass Art. 28 JI-RL an die **Einleitung der Konsultation** anknüpfe, aber nicht ausdrücklich voraussetze, dass diese zwingend abgeschlossen sein muss, bevor personenbezogene Daten entsprechend verarbeitet werden können.[19] Insofern wirkt Abs. 4 lediglich klarstellend.[20]

V. Konsultation durch den Gesetzgeber (Abs. 5)

24   Nach Abs. 5 ist die oder der HDSB bei der Ausarbeitung einschlägiger Gesetzgebungs- oder regelungsmaßnahmen zu konsultieren. Abs. 5 dient der Umsetzung von Art. 28 Abs. 2 JI-RL und entspricht § 36 Abs. 4 DS-GVO. Das Ziel ist nach ErwG 96 DS-GVO die **Vereinbarkeit** zwischen dem Gesetz und solchen Regelungen zu gewährleisten, durch die eine bestimmte Art der Verarbeitung personenbezogener Daten zugelassen werden soll, und das Risiko für die betroffenen Personen einzudämmen. Die Pflicht hat ihre spiegelbildliche Entsprechung in der Aufgabenzuweisung an den HDSB nach § 13 Abs. 2 Nr. 3.[21] Die Konsultationspflicht besteht nicht nur

---

16   *Johannes/Weinhold* in HK-BDSG § 69 Rn. 23 f.
17   *Thiel* in Gola/Heckmann BDSG § 69 Rn. 8; *Schwichtenberg* in Kühling/Buchner BDSG § 69 Rn. 7; *Gräber/Nolden* in Paal/Pauly BDSG § 69 Rn. 10.
18   *Johannes/Weinhold* Neues DatenschutzR § 1 Rn. 299.
19   BT-Drs. 18/11325, 118.
20   LT-Drs. 19/5728, 123.
21   *Seckelmann* in HK-LDSG RhPf § 57 Rn. 14.

bei zu erlassenden und zu ändernden Gesetzen durch den Landtag, sondern insbesondere auch bei zu erlassenden oder zu ändernden Rechtsverordnungen und bei Satzungen.[22]

C. Würdigung

Die Vorschrift setzt die Vorgaben JI-RL zureichend um. Durch die Eilfallregelung wird der Sinn und Zweck der sich aus Art. 28 Abs. 5 JI-RL festgelegten Fristen jedoch **unterlaufen**. Ohne Not wird damit der Rechtsgüterschutz in einer nur kaum mit Art. 28 JI-RL zu vereinbarender Weise aufgeweicht. Aufgrund des regelmäßigen Planungsvorlaufs für den Einsatz neu einzusetzender Dateisysteme dürften die legitimen Anwendungsfälle für die Rückausnahme äußerst selten sein. Das Risiko oder der Unwillen, einmal laufende Systeme wieder zu ändern und die Konsultation ihrem Sinn und Zweck nach leer laufen zu lassen, dürfte demgegenüber ungleich höher sein.[23]

25

§ 65 Verzeichnis von Verarbeitungstätigkeiten

(1) [1]Der Verantwortliche hat ein Verzeichnis aller Kategorien von Verarbeitungstätigkeiten zu führen, die seiner Zuständigkeit unterliegen. [2]Dieses Verzeichnis hat die folgenden Angaben zu enthalten:

1. den Namen und die Kontaktdaten des Verantwortlichen und gegebenenfalls des gemeinsam mit ihm Verantwortlichen sowie der oder des Datenschutzbeauftragten,
2. die Zwecke der Verarbeitung,
3. die Kategorien von Empfängern, gegenüber denen die personenbezogenen Daten offengelegt worden sind oder noch offengelegt werden sollen, einschließlich Empfängern in Drittländern oder internationalen Organisationen,
4. eine Beschreibung der Kategorien betroffener Personen und der Kategorien personenbezogener Daten,
5. gegebenenfalls die Verwendung von Profiling,
6. gegebenenfalls die Kategorien von Übermittlungen personenbezogener Daten an ein Drittland oder an eine internationale Organisation,
7. Angaben über die Rechtsgrundlage der Verarbeitung, einschließlich der Übermittlungen, für die die personenbezogenen Daten bestimmt sind,
8. wenn möglich, die vorgesehenen Fristen für die Löschung oder die Überprüfung der Erforderlichkeit der Speicherung der verschiedenen Kategorien personenbezogener Daten und
9. wenn möglich, eine allgemeine Beschreibung der technischen und organisatorischen Maßnahmen nach § 59.

(2) Der Auftragsverarbeiter hat ein Verzeichnis aller Kategorien von Verarbeitungen zu führen, die er im Auftrag eines Verantwortlichen durchführt, das Folgendes zu enthalten hat:

---

22 *Franck* in HK-DSG NRW § 58 Rn. 26.
23 *Johannes/Weinhold* Neues DatenschutzR § 1 Rn. 300.

1. den Namen und die Kontaktdaten des Auftragsverarbeiters, jedes Verantwortlichen, in dessen Auftrag der Auftragsverarbeiter tätig ist, sowie gegebenenfalls die Kontaktdaten der oder des Datenschutzbeauftragten,

2. die Kategorien von Verarbeitungen, die im Auftrag jedes Verantwortlichen durchgeführt werden,

3. gegebenenfalls Übermittlungen von personenbezogenen Daten an ein Drittland oder an eine internationale Organisation, wenn vom Verantwortlichen entsprechend angewiesen, unter Angabe des betreffenden Drittlands oder der betreffenden internationalen Organisation und

4. wenn möglich, eine allgemeine Beschreibung der technischen und organisatorischen Maßnahmen nach § 59.

(3) Die in den Abs. 1 und 2 genannten Verzeichnisse sind schriftlich oder elektronisch zu führen.

(4) Verantwortliche und Auftragsverarbeiter haben auf Anfrage ihre Verzeichnisse der oder dem Hessischen Datenschutzbeauftragten zur Verfügung zu stellen.

Literatur:

DSK, Verzeichnis von Verarbeitungstätigkeiten – Art. 30 DS-GVO, Kurzpapier Nr. 1, 2018; *Gossen/Schramm*, Das Verarbeitungsverzeichnis der DS-GVO ZD 2017, 7; *Johannes*, Gegenüberstellung – Verfahrensverzeichnisse für Polizei- und Strafverfolgungsbehörden nach BDSG, DS-GVO und JI-Richtlinie, ZD-Aktuell 2018, 06100; *Müthlein*, ADV 5.0 – Neugestaltung der Auftragsdatenverarbeitung in Deutschland, RDV 2016, 74; *Volkmer/Kaiser*, Das Verzeichnis von Verarbeitungstätigkeiten und die Datenschutz-Folgenabschätzung in der Praxis, PinG 2017, 153.

A. Allgemeines

I. Bedeutung der Vorschrift

1   Zum Nachweis über ihre Verarbeitungstätigkeiten sind Behörden und ihre Auftragsverarbeiter verpflichtet, ein **Verzeichnis aller Kategorien von Verarbeitungstätigkeiten** in ihrer Zuständigkeit zu führen. Das Verzeichnis dient zum **Nachweis** einer rechtmäßigen Datenverarbeitung durch den Verantwortlichen und Auftragsverarbeiter. Es soll hauptsächlich eine wirksame Kontrolle durch den HDSB ermöglichen. Dieser soll dadurch seine Prüfungen **effizient, zielgerichtet und verhältnismäßig** ausführen können.[1] Das Verzeichnis soll auch dem Nachweis der Rechtmäßigkeit der Verarbeitung und der Eigenüberwachung dienen.[2]

---

1   LT-Drs. 19/5728, 123; BT-Drs. 18/11325, 118; ErwG 56 JI-RL.
2   ErwG 56 JI-RL.

II. Entstehungsgeschichte

Die Pflicht zur Führung von Verfahrensverzeichnissen folgt aus § 6 HDSG. 2
Öffentliche Stellen hatten ein Verzeichnis der eingesetzten Datenverarbeitungsanlagen für den behördlichen DSB zu führen. Die Vorschrift war
schon im Gesetzesentwurf enthalten[3] und wurde im Gesetzgesetzgebungsverfahren nicht verändert.

III. Unionsrechtliche Regelungen

Die Vorschrift setzt **Art. 24 JI-RL** nahezu wortgleich um. Sie und Art. 24 3
JI-RL ähneln in Aufbau und Inhalt Art. 30 DS-GVO, weisen aber Unterschiede auf. Die vom HDSB zum Verzeichnis von Verarbeitungstätigkeiten
nach Art. 30 DS-GVO veröffentlichten Hinweise und Muster,[4] sind entsprechend auch für die Vorschrift anwendbar. So enthält zB Art. 30 Abs. 5
DS-GVO eine Bagatellgrenze, bei deren Unterschreiten der Verantwortliche
von bestimmten Pflichten befreit wird. Eine solche Regelung sieht die Vorschrift nicht vor. Auch hinsichtlich des Inhalts des Verzeichnisses ist sie
strenger und umfangreicher als die DS-GVO.

IV. Verhältnis zu anderen Vorschriften

Die Pflicht, ein Verarbeitungsverzeichnis zu führen, steht im Zusammen 4
hang mit den Rechten und Pflichten das HDSB. Ergänzt wird dessen Einsichtsrecht nach Abs. 4 durch die Konsultationspflicht nach § 64 und die
Zurverfügungstellung von Protokolldaten nach § 71 Abs. 4. Dem HDSB ist
dadurch möglich, ein **„umfassendes Bild über die beim Verantwortlichen
durchgeführten Datenverarbeitungen"** zu erhalten.[5] Diese aufsichtsbehördliche Kontrolle wird ergänzt durch die Beratungs- und Kontrolltätigkeit
des oder der behördlichen DSB nach § 7.[6]

B. Verarbeitungsverzeichnis

Die Pflicht, ein Verarbeitungsverzeichnis zu führen, betrifft alle Verarbei 5
tungstätigkeiten im Anwendungsbereich von § 40. Welche Angaben der
Verantwortliche zu machen hat, wird in Abs. 1 Nr. 1 bis 9 sehr detailliert
aufgelistet. Abs. 2 verpflichtet den **Auftragsverarbeiter** dazu ein eigenes
Verfahrensverzeichnis zu führen, auch wenn er Daten im Auftrag verarbeitet.

I. Verzeichnis des Verantwortlichen (Abs. 1)

Abs. 1 verpflichtet die zuständige Behörde, ein Verzeichnis über Kategorien 6
bei ihr durchgeführter Datenverarbeitungstätigkeiten zu führen. Aufgabe
des Verzeichnisses ist die **Dokumentation** der zentralen Umstände einer
Datenverarbeitung, wie zB Zweck, Löschfristen und Empfänger. Die
Pflicht betrifft alle Verarbeitungstätigkeiten in der Zuständigkeit des Verpflichteten und im Anwendungsbereich von § 40. Dem behördlichen DSB

---

3 LT-Drs. 19/5728, 39 f.
4 ZB DSK Kurzpapier Nr. 1.
5 LT-Drs. 19/5728, 123; BT-Drs. 18/11325, 118.
6 *Paal* in Paal/Pauly BDSG § 70 Rn. 4.

kann die Führung des Verzeichnisses als zusätzliche Aufgabe übertragen werden.[7]

7   Anders als nach Art. 30 Abs. 1 DS-GVO muss sich das Verzeichnis nicht zwingend auf einzelne Datenverarbeitungsvorgänge beziehen.[8] Das Verzeichnis kann sich vielmehr auf gröbere, **sinnvoll abgrenz- und kategorisierbare Teile** der beim Verantwortlichen durchgeführten Datenverarbeitungen beziehen.[9] Die DSK versteht als Verarbeitungstätigkeit einen Geschäftsprozess auf geeignetem Abstraktionsniveau und differenziert nach der konkreten Zweckbestimmung.[10] Die erforderlichen Angaben sind in Nr. 1 bis 9 sehr detailliert aufgelistet. Dabei wurde der Wortlaut von Art. 24 Abs. 1 lit. a bis lit. i JI-RL nahezu wortgleich umgesetzt.

8   **Nr. 1** fordert Angaben von Namen und Kontaktdaten des Verantwortlichen und des DSB. Bei öffentlichen Stellen ist Verantwortlicher idR die jeweilige Behörde. Für sie ist der Behördenleiter zu nennen. Die Angabe der Kontaktdaten soll die Erreichbarkeit des Verantwortlichen durch die Aufsichtsbehörde sicherstellen und sind daher **möglichst umfassend** anzugeben. Gibt es gemeinsame Verantwortliche, so sind auch deren Namen und Kontaktdaten anzugeben.[11]

9   Nach **Nr. 2** sind die **Verarbeitungszwecke erschöpfend** in das Verzeichnis mit aufzunehmen. Es kann sich anbieten, die Angaben nach den Zwecken der Verarbeitung an den gesetzlichen Aufgabenzuschreibungen der öffentlichen Stelle auszurichten.[12] In jedem Fall müssen die Angaben detaillierter sein als ein pauschaler Hinweis auf die Aufgabenerfüllung zu den in § 40 genannten Zwecken.[13] Benannt werden müssen die konkreten Zwecke im Verarbeitungskontext in einer eindeutigen und aussagekräftigen Weise.[14]

10 Nach **Nr. 3** müssen jegliche **Kategorien** von Empfängern (→ § 41 Rn. 46), gegenüber denen die personenbezogenen Daten offengelegt worden sind oder noch offengelegt werden, im Verzeichnis angegeben werden. Ausdrücklich dazu zählen Empfänger in Drittländern oder internationale Organisationen. Einzelne Empfänger sind jedoch nicht im Verzeichnis anzugeben, sondern nur **aussagekräftige Kategorien**.[15] Behörden, gegenüber denen personenbezogene Daten aufgrund einer rechtlichen Verpflichtung für die Ausübung ihres offiziellen Auftrags offengelegt werden, wie Steuer- und Zollbehörden, Finanzermittlungsstellen oder Finanzmarktbehörden gelten nicht als Empfänger, wenn sie personenbezogene Daten erhalten, die für die Durchführung eines einzelnen Untersuchungsauftrags im Interesse

7   *Franck* in HK-DSG NRW § 53 Rn. 9; aA *Hartung* in Kühling/Buchner DS-GVO Art. 30 Rn. 13.
8   *Jungkind* in BeckOK DatenschutzR BDSG § 70 Rn. 16.
9   LT-Drs. 19/5728, 123; BT-Drs. 18/11325, 118.
10 DSK Kurzpapier Nr. 1, 1.
11 *Johannes/Weinhold* in HK-BDSG § 70 Rn. 18.
12 BT-Drs. 18/11325, 118.
13 *v. d. Bussche* in Plath BDSG § 70 Rn. 5.
14 *Jungkind* in BeckOK DatenschutzR BDSG § 70 Rn. 19 nennt als Beispiel „Videoüberwachung als Sicherheitsmaßnahme gegen Straftaten".
15 ZB Telekommunikationsunternehmen, internationale Organisationen, Ermittlungsbehörden in Drittländern, Sonstige Empfänger in Drittländern, Bundesbehörden, Landespolizeien.

der Allgemeinheit erforderlich sind.[16] Hinsichtlich einer beabsichtigten aber noch nicht erfolgten Übermittlung ist auf eine realistische Möglichkeit der Weitergabe abzustellen.[17]

Nach **Nr. 4** sind im Verzeichnis **sämtliche Kategorien** betroffener Personen und Kategorien personenbezogener Daten zu beschreiben. Bei Personenkategorien handelt es sich um (Personen-)Gruppen, die gemeinsame Merkmale teilen und sich nach Typisierungsgraden abstrakt zusammenfassen lassen.[18] Unterschieden werden sollte wenigstens nach den in § 67 genannten Personenkategorien.[19] Daneben müssen auch Kategorien personenbezogener Daten benannt werden. Als Kategorien sind zB denkbar Identitätsdaten, Kontaktdaten, Tatvorwürfe, Vorstrafen oder Standortdaten.[20]   11

Nach **Nr. 5** ist ggf. die Verwendung von **Profiling** aufzuführen. Dessen Einsatz kann schon unter Nr. 1 als Verarbeitungszweck fallen. Der eigenständigen Nennung kommt eine besondere Warnfunktion zu. Sie soll der (Selbst-)Kontrolle dienen.[21] Sie folgt auch aus dem besonderen Profilingverbot nach § 49 Abs. 3 (→ § 49 Rn. 18).   12

Nach **Nr. 6** müssen etwaige **Übermittlungen** von personenbezogenen Daten an ein Drittland oder an eine internationale Organisation als Kategorien im Verzeichnis geführt werden. Solchen Datentransfers ist ein besonderes Gefährdungspotential immanent.[22]   13

Nach **Nr. 7** sind die **Rechtsgrundlage der Verarbeitung**, einschließlich der Übermittlungen aufzuführen. Die Rechtsgrundlage ist entscheidend für die Bewertung der Rechtmäßigkeit. Die Angabe soll sowohl die externe als auch die interne Prüfung erleichtern.[23]   14

Nach **Nr. 8** sind – soweit möglich – die vorgesehenen Löschungsfristen der verschiedenen **Datenkategorien** zu dokumentieren. In Konkretisierung von Art. 24 Abs. 1 lit. h JI-RL sind auch die Fristen für die Überprüfung der Erforderlichkeit der Speicherung aufzuführen.[24]   15

Nach **Nr. 9** sind – wenn möglich – die TOM iSv § 59 allgemein zu beschreiben. Die Beschreibung muss spezifisch genug sein, so dass eine kursorische Überprüfung der getroffenen Sicherheitsmaßnahmen hinsichtlich eines angemessenen Schutzniveaus möglich ist.   16

II. Verzeichnis des Auftragsverarbeiters (Abs. 2)

Auftragsverarbeiter (→ § 41 Rn. 45) sind im Anwendungsbereich von § 40 vor allem **Rechenzentren**, die IT-Aufgaben von Polizeibehörden übernehmen. Die Pflicht des Auftragsverarbeiters zur Erstellung eines Verzeichnis-   17

---

16 ErwG 22 JI-RL.
17 *Jungkind* in BeckOK DatenschutzR BDSG § 70 Rn. 20.
18 *Jungkind* in BeckOK DatenschutzR BDSG § 70 Rn. 21.
19 Verdächtigte, Beschuldigte, Straftäter, Zeugen, Opfer, vermutliche Opfer, Hinweisgeber und sonstige Kontaktpersonen.
20 *Johannes/Weinhold* in HK-BDSG § 70 Rn. 18.
21 *Brüggemann* in Auernhammer BDSG § 70 Rn. 9.
22 *Jungkind* in BeckOK DatenschutzR BDSG § 70 Rn. 23.
23 *Johannes/Weinhold* in HK-BDSG § 70 Rn. 24.
24 *Johannes/Weinhold* in HK-BDSG § 70 Rn. 25.

ses nach Abs. 2 besteht unabhängig davon, dass er zu eigenen Verarbeitungen ein eigenes Verzeichnis nach Abs. 1 führen muss.[25]

18 Die Anforderungen an den **Mindestinhalt** sind im Vergleich zu Abs. 1 geringer. Nicht aufzuführen sind zB die Zwecke der Verarbeitung sowie die Kategorien betroffener Personen und personenbezogener Daten. Die Reduzierung liegt an der Weisungsgebundenheit des Auftragsverarbeiters. Sein Verzeichnis ist akzessorisch zu den im Auftrag genannten Kategorien der Verarbeitungstätigkeit.[26] Abs. 2 setzt Art. 24 Abs. 2 JI-RL nahezu wortgleich um.[27]

19 Anzugeben sind nach **Nr. 1** Name und Kontaktdaten des Auftragsverarbeiters und jedes Verantwortlichen, in dessen Auftrag der Auftragsverarbeiter tätig ist (→ Rn. 8).

20 Nach **Nr. 2** muss der Auftragsverarbeiter **alle Kategorien von Verarbeitungen** aufführen, die er im Auftrag jedes Verantwortlichen durchführt. Eine **klare Gruppierung nach Verantwortlichen** soll einen besseren Überblick über die Sensibilität möglichen Persönlichkeitsbeeinträchtigung beim Auftragsverarbeiter gewährleisten.[28]

21 Nach **Nr. 3** sind ggf. **Übermittlungen** von personenbezogenen Daten an Stellen in einen Drittstaat oder an eine internationale Organisation im Verzeichnis aufzuführen, wenn vom Verantwortlichen entsprechend angewiesen.[29] Dabei soll der Staat des Empfängers oder die Organisation benannt werden. Aus dem Verzeichnis muss sich ergeben, welche Kategorien von personenbezogenen Daten an welche Kategorien von Empfänger in welchen Staaten oder an welche internationale Organisation übermittelt werden oder worden sind.[30]

22 Außerdem muss nach **Nr. 4** das Verzeichnis eine allgemeine Beschreibung der **TOM** nach § 59 enthalten.

III. Form (Abs. 3)

23 Das Verzeichnis kann sowohl **schriftlich** als auch **elektronisch** geführt werden. „Elektronisch" meint nicht die elektronische Form iSv von § 126 a BGB oder § 3 a Abs. 2 Satz 1 VwVfG. Die Textform iSv § 126 b BGB reicht aus. Vertrauensdienste wie qualifizierte Signaturen, Siegel und Zeitstempel nach eIDAS-VO können jedoch helfen, die Integrität der Verzeichnisse zu schützen und das Erfüllen von Pflichten des Verarbeiters zu beweisen. Verarbeitungsverzeichnisse können auch in Form von leicht aktualisierbaren elektronischen Verzeichnissen und Aufstellungen in Tabellen und Datenbanken geführt werden. Verpflichtete müssen aber darauf achten, dass diese verkehrsfähig sind und anderen Stellen, wenigstens als Ausdruck, vorgelegt werden können.[31]

---

25 So auch *Brüggemann* in Auernhammer BDSG § 70 Rn. 12.
26 So zur DS-GVO *Martini* in Paal/Pauly DS-GVO Art. 30 Rn. 20.
27 *Johannes/Weinhold* in HK-BDSG § 70 Rn. 29.
28 *Martini* in Paal/Pauly DS-GVO Art. 30 Rn. 20.
29 § 70 Abs. 2 Nr. 2 verzichtet auf diese Einschränkung.
30 AA *Jungkind* in BeckOK DatenschutzR BDSG § 70 Rn. 30.
31 *Johannes/Weinhold* in HK-BDSG § 70 Rn. 34.

IV. Vorlagepflicht (Abs. 4)

Das Verzeichnis ist auf **Anfrage** der oder des HDSB ihr oder ihm zur 24
Verfügung zu stellen. Der Verantwortliche und der Auftragsverarbeiter
kann das Verzeichnis anderen freiwillig zur Verfügung stellen, soweit er
dadurch nicht die Rechte betroffener Personen oder Dritter ungerechtfertigt beeinträchtigt. Eine **Vorlagepflicht** kann gegenüber anderen Behörden,
insbesondere den höheren Behörden zur Fachaufsicht, bestehen.[32]

Das vertragliche Informations- und Kontrollrecht des Verantwortlichen ge- 25
währleistet diesem die **Einsichtnahme** in das Verzeichnis des Auftragsverarbeiters. Betroffene Personen und Dritte können ggf. über § 80 einen Anspruch auf Zugang zum Verzeichnis haben.[33]

C. Würdigung

Die Verzeichnisse sind eine wertvolle **Informationsquelle** für die daten- 26
schutzrechtliche Aufsicht und die Voraussetzung für die Erfüllung datenschutzrechtlicher Pflichten.[34] Die Erstellung von Verarbeitungsverzeichnis-
sen wird idR als bürokratischer Aufwand empfunden. Verkannt wird dabei
oft die Gelegenheit zur **Selbstkontrolle**. Diese ist gerade im Zusammenhang
mit der Zweckerfüllung iSv § 40 sehr wichtig, auch um (polizeiliche) Über-
wachungsauswüchse zu vermeiden. Checklisten und Expertensysteme können bei der Erstellung und Aktualisierung von Verzeichnissen helfen und
die Arbeit erleichtern.[35]

§ 66 Datenschutz durch Technikgestaltung und datenschutzfreundliche Voreinstellungen

(1) [1]Der Verantwortliche hat sowohl zum Zeitpunkt der Festlegung der
Mittel für die Verarbeitung als auch zum Zeitpunkt der Verarbeitung selbst
angemessene technische und organisatorische Maßnahmen zu treffen, die
geeignet sind, die Datenschutzgrundsätze wie etwa die Datensparsamkeit
wirksam umzusetzen, und notwendige Garantien in die Verarbeitung aufzunehmen, um den gesetzlichen Anforderungen zu genügen und die Rechte
der betroffenen Personen zu schützen. [2]Er hat hierbei den Stand der Technik, die Implementierungskosten und die Art, den Umfang, die Umstände
und die Zwecke der Verarbeitung sowie die unterschiedliche Eintrittswahrscheinlichkeit und Schwere der mit der Verarbeitung verbundenen Risiken
für die Rechte und Freiheiten natürlicher Personen zu berücksichtigen.
[3]Insbesondere sind die Verarbeitung personenbezogener Daten und die
Auswahl und Gestaltung von Datenverarbeitungssystemen an dem Ziel
auszurichten, so wenig personenbezogene Daten wie möglich zu verarbeiten. [4]Personenbezogene Daten sind zum frühestmöglichen Zeitpunkt zu
anonymisieren oder zu pseudonymisieren, soweit dies nach dem Verarbeitungszweck möglich ist.

---

32 *Johannes/Weinhold* in HK-BDSG § 70 Rn. 35.
33 Vgl. *Franck* in HK-DSG NRW § 54 Rn. 38 Rn. 38.
34 *Gossen/Schramm* ZD 2017, 10 ff.
35 *Johannes/Weinhold* in HK-BDSG § 70 Rn. 38.

(2) [1]Der Verantwortliche hat geeignete technische und organisatorische Maßnahmen zu treffen, die sicherstellen, dass durch Voreinstellungen grundsätzlich nur solche personenbezogenen Daten verarbeitet werden, deren Verarbeitung für den jeweiligen bestimmten Verarbeitungszweck erforderlich ist. [2]Dies betrifft die Menge der erhobenen personenbezogenen Daten, den Umfang ihrer Verarbeitung, ihre Speicherfrist und ihre Zugänglichkeit. [3]Die Maßnahmen müssen insbesondere sicherstellen, dass die personenbezogenen Daten durch Voreinstellungen nicht ohne Eingreifen einer Person einer unbestimmten Anzahl von natürlichen Personen zugänglich gemacht werden.

Literatur:

Art. 29-Datenschutzgruppe, Stellungnahme 5/2009 zur Nutzung sozialer Online-Netzwerke, WP 163, 2009; *Bieker/Hansen*, Normen des technischen Datenschutzes nach der europäischen Datenschutzreform, DuD 2017, 285; *DSK*, Das Standard-Datenschutzmodell – Eine Methode zur Datenschutzberatung und -prüfung auf der Basis einheitlicher Gewährleistungsziele v.2 b, 2020; *Hofmann/Johannes*, DS-GVO: Anleitung zur autonomen Auslegung des Personenbezugs, ZD 2017, 221; *Hornung*, Spektrum der Wissenschaften SPEZIAL 1.17, 62; *Hornung*, Datenschutz durch Technik in Europa – Die Reform der Richtlinie als Chance für ein modernes Datenschutzrecht, ZD 2011, 51; *Orrù*, Minimum Harm by Design: Reworking Privacy by Design to Mitigate the Risks of Surveillance, in: Leenes/van Brakel/Gutwirth/De Hert, Data Protection and Privacy: (in)visibilities and Infrastructure, 2017, S. 107; *Rath/Feuerherdt*, Datenschutz-Folgenabschätzung als Standard im Konzern, CR 2017, 500; *Robrahn/Bock*, Schutzziele als Optimierungsgebote, DuD 2018, 1; *Roßnagel/Geminn*, Datenschutz-Grundverordnung verbessern, 2020; *Roßnagel/Nebel/Richter*, Was bleibt vom Europäischen Datenschutzrecht? – Überlegungen zum Ratsentwurf der DS-GVO, ZD 2015, 455; *Schlehahn*, Die Methodik des Standard-Datenschutzmodells im Bereich der öffentlichen Sicherheit und Justiz, DuD 2018, 32; *Singelnstein*, Predictive Policing: Algorithmenbasierte Straftatprognosen zur vorausschauenden Kriminalintervention, NStZ 2018, 1; *Steinebach/Jung/Krempel/Hoffmann*, Datenschutz und Datenanalyse: Herausforderungen und Lösungsansätze, DuD 2016, 440; *Weinhold*, Richtlinie zum Datenschutz für Polizei und Justiz – Überblick und Umsetzung, ZD-Aktuell 2017, 05451.

A. Allgemeines

I. Bedeutung der Vorschrift

Die Vorschrift stellt grundsätzliche Anforderungen an die datenschutzgerechte Gestaltung von Datenverarbeitungssystemen (**Privacy by Design**) und die Implementierung datenschutzfreundlicher Voreinstellungen (**Privacy by Default**). 1

Der Vorschrift immanent ist, dass der Aufwand zur Verfolgung der gesetzlich formulierten Ziele und Anforderungen iS **effizienten Mitteleinsatzes** in einem **angemessenen Verhältnis zum angestrebten Schutzzweck** stehen sollte.[1] Sie adressiert die Verantwortlichen direkt. Sie ist zB bei der Einrichtung und Gestaltung von elektronischen Vorgangsaktensystemen[2] und der Formulierung von Errichtungsanordnungen zu Dateien zu beachten. 2

Indirekt sind auch die **Hersteller** von polizeilichen Fall-, Vorgangsverarbeitungs-, Entscheidungs- und Ermittlungsunterstützungssystemen aller Art adressiert. Verantwortlichen Stellen sind verpflichtet auf die Entwicklung und Gestaltung dieser Systeme entsprechend Einfluss zu nehmen (→ Rn. 11). Entsprechend müssen Verantwortliche durch Weisung auf die Einhaltung der Grundsätze der Vorschrift auch bei ihren Auftragsverarbeitern hinwirken.[3] 3

II. Entstehungsgeschichte

Die Vorschrift führt § 10 **Abs. 2 Satz 1 HDSG** fort, der das gesamte Gesetz beherrschende Prinzip der Datensparsamkeit und Datenvermeidung zum Ausdruck brachte.[4] Die Vorschrift war im Gesetzesentwurf enthalten[5] und wurde im **Gesetzgesetzgebungsverfahren** nicht verändert. 4

III. Unionsrechtliche Regelungen

Die Vorschrift setzt Art. 20 JI-RL um, welche Art. 25 DGSVO ähnelt. Sie verändert und erweitert dabei Abs. 1 stark, indem aus einem Satz vier werden. Aus dem Begriff „Datenminimierung" wurde in Satz 1 der Begriff „Datensparsamkeit". Zur **Konkretisierung** der Vorschriften wurden in Abs. 1 Elemente von § 3a BDSG aF aufgegriffen, insbes. in Satz 3 und 4.[6] Insgesamt ist die Vorschrift aber deutlich näher am Wortlaut von Art. 20 Abs. 1 JI-RL als § 71 BDSG.[7] Mittelbar dient die Vorschrift auch der Umsetzung von Art. 19 JI-RL. 5

IV. Verhältnis zu anderen Vorschriften

Die Vorschrift soll insbesondere die Grundsätze der Zweckfestlegung und -bindung in § 42 Nr. 2, der Datenminimierung in § 42 Nr. 3, der Speicherbegrenzung in § 42 Nr. 5 und der Vertraulichkeit in § 42 Nr. 6 konkretisie- 6

---

1 LT-Drs. 19/5728, 123; BT-Drs. 18/11325, 118.
2 *Schwichtenberg* in Kühling/Buchner BDSG § 73 Rn. 3.
3 *Schwichtenberg* in Kühling/Buchner BDSG § 73 Rn. 2.
4 *Nungesser* § 10 Rn. 12.
5 LT-Drs. 19/5728, 35 f.
6 S. BT-Drs. 18/11325 zu § 71 BDSG, den die Vorschrift zum Vorbild hatte.
7 Dazu *Johannes/Weinhold* in HK-BDSG § 71 Rn. 4.

ren und fördern. Sie steht im **Sinn- und Sachzusammenhang** mit den Datensicherheitszielen des § 59 und der DSFA nach § 62. Dabei stellt die Vorschrift allgemeine Grundsätze der datenschutzfreundlichen Technikgestaltung auf, wohingegen § 64 diese für die Datensicherheit bestehender Systeme konkretisiert.[8]

7   Privacy by Design und Privacy by Default können durch **Systemgestaltung** verwirklicht werden, die bei der Durchführung sonstiger Pflichten des Verarbeiters unterstützt. Das können insbes. TOM sein, die bei der Einhaltung von Unterscheidungspflichten nach §§ 67 f., der Protokollierungspflicht nach § 76 und den Pflichten bei Übermittlung nach § 69 helfen. Dies können auch TOM sein, durch die die Betroffenenrechte erfüllt und abgesichert werden.

8   Die Vorschrift wird bei Datenverarbeitungen zur Zwecken der Verfolgung von Straftaten und Ordnungswidrigkeiten über § 500 StPO durch § 71 BDSG **verdrängt**. Die Vorschriften sind trotz leicht unterschiedlichen Wortlauts inhaltlich bedeutungsgleich.

B. Privacy by Design und by Default

9   Privacy by Design und Privacy by Default dienen dem Schutz der in Bezug auf die Verarbeitung personenbezogener Daten bestehenden Rechte und Freiheiten natürlicher Personen. Sie werden durch Gestaltung der Architektur und der Prozesse der Datenverarbeitung und durch TOM umgesetzt. Gerade im Anwendungsbereich des dritten Teils darf diese **Gestaltungsaufgabe** nicht ausschließlich von wirtschaftlichen Erwägungen abhängig gemacht werden.[9] Ihre Erfüllung kann den freien Verkehr personenbezogener Daten im Raum der Freiheit, der Sicherheit und des Rechts erleichtern.[10]

I. Datenschutz durch Technikgestaltung (Abs. 1)

10   Die Vorschrift legt **Voraussetzungen und Ziele des Privacy by Design** fest. Dieser Grundsatz fordert, Datenschutzanforderungen bei der Entwicklung und beim Einsatz von IT-Systemen zu berücksichtigen, indem die Datenschutzrisiken durch die Gestaltung der Verarbeitungsprozesse nachhaltig reduziert werden.[11] Die Formulierung in Art. 20 Abs. 1 JI-RL unterstreicht, dass nicht allein einzelne Maßnahmen verlangt werden, sondern ein **Gesamtkonzept aus Technik und Organisation**.[12] „Garantien" in die Verarbeitung aufzunehmen meint ebenfalls TOM, welche die Umsetzung der datenschutzrechtlichen Pflichten effektiv absichern.[13] Die Forderung nach Garantien verlangt nach der selbstkritischen Prüfung, ob mit den ergriffenen Maßnahmen diese Ziele tatsächlich erreicht wurden. Die Anforderun-

---

8   *Schwichtenberg* in Kühling/Buchner BDSG § 71 Rn. 1.
9   ErwG 53 JI-RL.
10   ErwG 53 JI-RL.
11   Schon nach § 10 Abs. 1 Satz 1 HDSG hatte sich die Technik nach den rechtlichen Anforderungen zu richten und nicht umgekehrt, so *Nungesser* § 10 Rn. 12.
12   So zur DS-GVO *Mantz* in HK-DS-GVO Art. 25 Rn. 20.
13   So zur DS-GVO *Mantz* in HK-DS-GVO Art. 25 Rn. 20; *Martini* in Paal/Pauly DS-GVO Art. 25 Rn. 34; *Hansen* in Simitis/Hornung/Spiecker gen. Döhmann DS-GVO Art. 25 Rn. 31.

gen sollten auch aus diesem Grunde bereits in der Planungsphase eines Verarbeitungssystems berücksichtigt werden (→ Rn. 15).

1. Ziele

Ziel der Gestaltungsaufgabe ist die wirksame Umsetzung aller **Datenschutzgrundsätze** des § 42.[14] Außerdem sollen durch die Maßnahmen die **gesetzlichen Anforderungen an die Verarbeitung** erfüllt werden. Damit ist zwar auch die Datensicherheit nach § 59 gemeint, umfasst werden aber auch alle anderen Pflichten des Verarbeiters nach dem Gesetz fachgesetzlichen Anforderungen. Überdies sind auch die **Rechte der Betroffenen** zu schützen.   11

Zwischen Privacy by Design und den Zielen und Zwecken **staatlicher Überwachung** (auch zu den Zwecken nach § 40) besteht grundsätzlich ein nicht ganz aufzulösender Zielkonflikt. Risiken, die den betroffenen Personen durch staatliche Überwachungsmaßnahmen entstehen, können idR nur abgemildert, aber nie ausgeräumt werden.[15]   12

2. Adressat

Adressat von Abs. 1 ist nach dem Wortlaut allein der **Verantwortliche**. Nur diesen treffen die Pflichten direkt. Auftragsverarbeiter werden mittelbar über § 57 erfasst. Der Verantwortliche muss nach § 57 Abs. 5 Nr. 8 einen **Auftragsverarbeiter** auswählen, der seinerseits alle TOM nach § 59 ergreift. Ein Auftragsverarbeiter sollte also allein schon aus Gründen des wirtschaftlichen Eigeninteresses, seine Dienste so anbieten, dass ein Verarbeiter seine Verpflichtungen nach dieser Vorschrift damit erfüllen kann.   13

Dass nicht auch **Hersteller** von entsprechenden Produkten in den Adressatenkreis des Abs. 1 einbezogen wurden, ist ein Missstand.[16] Denn die Hersteller von datenverarbeitenden Systemen bestimmen regelmäßig entscheidend über die Datenschutzarchitektur. Das gilt auch im Anwendungsbereich von § 40. Die Verantwortlichen können nur versuchen, auf die Entwicklung und Gestaltung dieser Systeme entsprechend **Einfluss zu nehmen**. Das können sie vor allem durch klare Ausschreibungen und Entwicklungszuarbeit (zB in Lastenheften) sowie durch die Auswahl und den Kauf von geeigneten Anwendungen und Systemen (iSv Marktanreizen).   14

3. Zeitpunkt

Die Maßnahmen zum Datenschutz durch Technikgestaltung müssen nach Satz 1 sowohl zum **Zeitpunkt der Festlegung der Mittel für die Verarbeitung** als auch zum **Zeitpunkt der Verarbeitung** getroffen werden. Der Verantwortliche muss daher bei der Planung des Systems die geforderten Maßnahmen bestimmen und im Anschluss implementieren.[17] Je früher die entsprechenden Überlegungen in die Planung des Systems einfließen, desto po-   15

---

14 Die Datensparsamkeit wird nur beispielhaft hervorgehoben.
15 *Orrù* in Leenes/van Brakel/Gutwirth/DeHert, S. 124.
16 Entsprechend zur DS-GVO *Roßnagel/Geminn*, 91 f. mwN; s. auch Art. 29-Datenschutzgruppe WP 173, 23 f.; *Hansen* in Simitis/Hornung/Spiecker gen. Döhmann DS-GVO Art. 25 Rn. 21; *Hornung* ZD 2011, 52.
17 *Mantz* in HK-DS-GVO Art. 25 Rn. 32.

tenziell effektiver und grundrechtsverträglicher.[18] Erfolgt die Datenverarbeitung unter Nutzung der Soft- oder Hardware eines Drittanbieters, ist der relevante Zeitpunkt die Auswahlentscheidung für ein Produkt (→ Rn. 11). Besteht eine Pflicht zur Ausschreibung, sollten die Festlegung und Maßnahmen Teil der Auftragsbeschreibung sein.[19] Können diese noch nicht abschließend ausformuliert werden, etwa weil der Auftrag in der Entwicklung eines Verarbeitungssystems besteht, muss die Pflicht zur Entwicklung und Implementierung von Maßnahmen zum Datenschutz durch Technikgestaltung abstrakt beschrieben Teil des Auftrags sein. Außerdem sind die Maßnahmen mit der **Einrichtung eines Systems** zu ergreifen und dann für dessen gesamten Lebenszyklus vorzuhalten und bei Bedarf an die technologischen Entwicklungen anzupassen (dies kommt auch über die Pflicht nach § 59 zur Geltung).[20]

4. Risikoidentifikation und -bewertung

16 Ausgangspunkt der Prüfung und Auswahl entsprechender Maßnahmen ist eine **Risikoidentifikation** und eine entsprechende **Risikobewertung** (→ § 59 Rn. 11 ff.) der unterschiedlichen Eintrittswahrscheinlichkeit und Schwere der mit der Verarbeitung verbundenen Risiken für die Rechte und Freiheiten natürlicher Personen. Insoweit besteht Gleichklang mit § 59. Über Risiken von einzelnen Personengruppen hinaus, sollten auch **gesamtgesellschaftliche, soziale** und **politische Risiken** in die Abwägung einfließen.[21]

17 Die Risikobewertung im Zuge dieser Vorschrift ist aber komplex, insoweit sie sich auf ein Datenverarbeitungssystem beziehen kann, das sich noch in der Entwicklung befindet. Dadurch können sich die zu beurteilenden Variablen und Kriterien ständig **verändern.** Die Datenverarbeitung soll sich ja gerade auch aufgrund der Vorschrift verändern, um den rechtlichen Vorgaben und Grundsätzen zu genügen und die Rechte der betroffenen Personen zu wahren.

5. Abwägungskriterien zur Technikgestaltung

18 Welche Gestaltungsmaßnahmen tatsächlich und konkret zu ergreifen sind, unterliegt einer **Abwägung** („angemessene Vorkehrungen") der in Satz 2 genannten Kriterien. Zu berücksichtigen sind zunächst die gleichen Abwägungskriterien wie nach § 59: **Stand der Technik** (→ § 59 Rn. 19), **Implementierungskosten** (→ § 59 Rn. 20) sowie **Art, Umfang, Umstände und Zwecke der Verarbeitung** (→ § 59 Rn. 22). In Satz 3 und 4 konkretisiert der Gesetzgeber die Abwägung weiter, indem er bestimmte Maßnahmen favorisiert.

---

18 Für neue Technologien bietet sich ein methodengestütztes Verfahren an, zB nach der Methode KORA, s. dazu *Hammer/Pordesch/Roßnagel* in Roßnagel/Hornung/Geminn/Johannes, S. 83 ff.
19 *Marnau* in Gola/Heckmann BDSG § 71 Rn. 31.
20 *Mantz* in HK-DS-GVO Art. 25 Rn. 32.
21 *Orrù* in Leenes/van Brakel/Gutwirth/DeHert, S. 124.

a) Ausrichtung an Datenminimierung und Datensparsamkeit (Satz 3)

Nach Satz 3 sind die Verarbeitung personenbezogener Daten und die Aus- 19
wahl und Gestaltung von Datenverarbeitungssystemen an dem Ziel auszurichten, **so wenig personenbezogene Daten wie möglich zu verarbeiten.** Dies
entspricht den Grundsätzen der Datenvermeidung und Datensparsamkeit
nach § 10 Abs. 1 Satz 1 HDSG.[22] Der Verantwortliche muss dafür sorgen,
dass durch die Auswahl und Gestaltung von Datenverarbeitungssystemen so
wenig personenbezogene Daten wie möglich verarbeitet werden. Dies ist
auch als Zielbestimmung zu verstehen und ergänzt den Grundsatz der
Datenminimierung nach § 42 Nr. 3. Die Grundsätze der **Datenvermeidung
und Datensparsamkeit** sind Ausdruck des primärrechtlichen und damit
vorrangigen Grundsatzes der Verhältnismäßigkeit (→ § 42 Rn. 25 ff.).[23] Mit
Satz 3 erfolgt eine entsprechende Klarstellung.

b) Anonymisierung und Pseudonymisierung (Satz 4)

Nach Satz 4 sind personenbezogene Daten zum frühestmöglichen Zeit- 20
punkt zu anonymisieren oder zu pseudonymisieren, **soweit dies nach dem
Verarbeitungszweck möglich ist.** Pseudonymisierung (→ § 41 Rn. 37) und
Anonymisierung (→ § 2 Rn. 37) sind nur Beispiele für Datenschutzes
durch Technikgestaltung. Die Vorschrift erklärt sie zur bedingten Pflicht.
ErwG 21 JI-RL stellt, dass die Grundsätze des Datenschutzes nicht für anonyme Informationen gelten, also für Informationen, die sich nicht auf
eine identifizierte oder identifizierbare natürliche Person beziehen, oder
personenbezogene Daten, die in einer Weise anonymisiert worden sind,
dass die betroffene Person nicht mehr identifiziert werden kann.

Auch mit den rechtlichen Möglichkeiten und Ressourcen von Behörden im 21
Anwendungsbereich der JI-RL wird es Daten geben, die für diese **anonym
oder anonymisierbar** sind.[24] Dies muss von Behörde zu Behörde unterschiedlich beurteilt werden, abhängig davon mit welchen rechtlichen und
technischen Möglichkeiten die Behörde ausgestattet ist. Es kommt allerdings nicht darauf an, ob die Behörde tatsächlich plant Informationen zur
Identifizierung einzuholen oder dafür die Einholung rechtliche Anforderungen, wie zB ein richterlicher Beschluss notwendig ist. Es kommt alleine
darauf an, dass die Behörde **rechtlich und tatsächlich die Möglichkeit zur
Re-Identifizierung** hat.[25] Aufgrund der grundsätzlich weitreichenden Un-
tersuchungs- und Vorlagebefugnisse der Behörden iSv § 40, sind bei ihnen
grundsätzlich hohe Anforderungen an den Möglichkeit der Anonymisierung zu stellen. Anonymität oder Anonymisierbarkeit der Daten muss verneint werden, wenn die Re-Identifizierung möglich bleibt.[26] Bei den gemeinsam Verantwortlichen (→ § 58 Rn. 1 ff.) ist das Wissen aller Verant-

---

22 Das ist die Intention von § 71 Abs. 1 Satz 1 BDSG, siehe BT-Drs. 18/11325, 118,
   von dem der hessische Gesetzgeber dieser Vorschrift abgeschrieben hat.
23 *Roßnagel* in Simitis/Hornung/Spiecker gen. Döhmann DS-GVO Art. 5 Rn. 125.
24 ZB Kriminalstatistiken: dynamische IP-Adressen, wenn niemand, auch nicht der
   TK-Anbieter die Zuordnung mehr vorhält.
25 EuGH ECLI:EU:C:2016:779 – Breyer.
26 Daten, die eine Polizeibehörde pseudonymisiert, können für eine andere Polizeibehörde oder sonstige Dritte aber anonym sein, solange jene den Zuordnungsschlüs-
   sel nicht kennen (können).

wortlicher zu berücksichtigen, soweit dies nicht durch wirksame Maßnahmen von gegenseitigem Zugriff getrennt wird.

22 Aus dem Sinn und Zweck von Satz 3 ist ein **Rangverhältnis zwischen Pseudonymisierung und Anonymisierung** abzuleiten. Daten sind vorzugswürdig zu anonymisieren, soweit dies mit dem Zweck der Verarbeitung vereinbar und mit angemessenem Aufwand durchführbar ist. Geht dies nicht, ist zu prüfen, ob die Daten mit angemessenem Aufwand pseudonymisiert werden können, ohne die Zwecke der Verarbeitung zu gefährden.

6. Auswahlentscheidung

23 Die Vorschrift richtet sich an den Verantwortlichen, der Entscheidungen über die Gestaltung seines Systems treffen muss. Diese **Abwägungsentscheidung** ist im Rahmen der Überprüfung der Einhaltung der Voraussetzungen grundsätzlich in vollem Umfang durch die Aufsichtsbehörden oder in einem gerichtlichen Verfahren **überprüfbar**.[27] In der Praxis verbleibt dem Verantwortlichen jedoch ein weiter Spielraum sowohl im Hinblick auf die Auswahl wie auch die Gestaltung entsprechender Maßnahmen. Es empfiehlt sich für den Verantwortlichen, seine Entscheidungen nachvollziehbar vorzubereiten und zu dokumentieren.

24 Von wesentlicher Bedeutung ist nach Satz 1 immer, dass die Maßnahmen **wirksam** umgesetzt sind. Ein Verstoß ist anzunehmen, wenn zwar technische Maßnahmen umgesetzt, erforderliche organisatorische Schritte aber unterlassen werden. TOM müssen zudem regelmäßig auf ihre Wirksamkeit hin überprüft werden.[28] Nicht erforderlich ist hingegen, dass jedes Risiko vollständig vermieden wird. Geringe Risiken können im Einzelfall durchaus hingenommen werden.[29]

7. Weitere Maßnahmen

25 Abs. 1 enthält mit den Sätzen 3 und 4 konkrete Maßnahmen zum Datenschutz („Insbesondere"), die der Verantwortliche grundsätzlich zu treffen hat. Viele weitere Maßnahmen sind denkbar.[30] Eine Herangehensweise zur Entwicklung und Festlegung angemessener Maßnahmen kann die Gegenüberstellung und Kategorisierung von Verarbeitungsvorgängen und deren Funktionen zu Risiken für bestimmte Rechte und Freiheiten sein (**Mapping**).[31] Auch das Standard-Datenschutzmodell ist eine geeignete Methode.[32]

a) Aggregation

26 Der Verantwortliche sollte insbesondere prüfen, inwieweit er seine Zwecke ähnlich effektiv mit aggregierten Daten erreichen kann. Aggregation ist eine Form der Anonymisierung. Dadurch kann die **Eingriffsintensität** der

---

27 So *Mantz* in HK-DS-GVO Art. 25 Rn. 48.
28 So *Mantz* in HK-DS-GVO Art. 25 Rn. 43.
29 Nach ErwG 50 JI-RL müssen Risiken „berücksichtigt" werden. Sie müssen folglich nicht immer vermieden oder vollständig kompensiert werden.
30 Vgl. zB ENISA, Privacy and Data Protection by Design, S. 16 ff.
31 S. zB *Orrù* in Leenes/van Brakel/Gutwirth/DeHert, S. 129 f.
32 DSK SDM; dazu *Schlehan* DuD 2018, 32.

Verarbeitung und deren Risiken deutlich reduziert werden. Dabei können Daten, die zunächst vollständig erhoben und gespeichert wurden, nach Ablauf einer bestimmten Zeit aggregiert werden. Für spätere Analysen können zB für die Vergangenheit Durchschnittswerte und besondere Vorkommnisse statt des vollständigen Datensatzes gespeichert werden.[33] Dies wird insbesondere bei der Erstellung von Kriminalstatistiken, aber auch bei **Predictive Policing**[34] angewandt.

b) Datensicherheit

Datenschutz durch Technikgestaltung geht Hand in Hand mit Datensicherheit. Zu den Pflichten des Verantwortlichen nach Abs. 1 gehört, dass er sich durch TOM selbst in die Lage versetzt Sicherheitsfunktionen zu erzeugen und zu verbessern. Dies gilt insbesondere für Verschlüsselung,[35] die sowohl eine Maßnahme der Kommunikationssicherheit, des Rechtemanagements als auch der Pseudonymisierung und Anonymisierung sein kann. 27

c) Datentrennung und Zweckbindung

Maßnahmen zur Gewährleistung der Zweckbindung nach § 42 Nr. 2 zielen auf „Nichtverkettung".[36] Eine Maßnahme idS ist die strikte und konsequente Trennung von Daten anhand des Zwecks ihrer Erhebung und Verarbeitung entsprechend § 59 Abs. 3 Nr. 14.[37] Daten können **bereits bei ihrer Erhebung** mit einer den Zweck kennzeichnenden Markierung versehen werden, die bei jeder weiteren Verarbeitung der Daten Berücksichtigung finden soll. Weitere Maßnahmen sind die Schließung von Schnittstellen, die Begrenzung und ggf. Trennung der Zugriffsmöglichkeiten zwischen Organisationen oder Abteilungen oder die Einführung von Rollenkonzepten. Sollen Daten für einen neuen Zweck verwendet werden, kann die Datenmenge durch Datenminimierung und Pseudonymisierung auf den neuen Zweck angepasst und anschließend eine Trennung der Verarbeitung nach Zweck erfolgen.[38] 28

d) Löschkonzept

Zur Gestaltung und Umsetzung von Speicherfristen gemäß Abs. 2 und zum Grundsatz der Speicherbegrenzung sollte ein **Löschkonzept** erstellt und berücksichtigt werden.[39] Löschkonzepte können und sollten bereits in Softwarelösungen implementiert werden.[40] 29

e) Organisatorische Maßnahmen

Zu denken ist bei organisatorischen Maßnahmen an die klare Regelung von Verantwortlichkeiten und internen Informationsflüssen, Festlegung von **Verhaltensregeln** und entsprechende (bei Bedarf wiederholte) Schu- 30

---

33 Entsprechend *Mantz* in HK-DS-GVO Art. 25 Rn. 57.
34 Dazu *Singelnstein* NStZ 2018, 1.
35 Entsprechend *Mantz* HK-DS-GVO Art. 25 Rn. 56.
36 DSK SDM, 27; *Robrahn/Bock* DuD 2018, 3 (5); vgl. auch *Rath/Feuerherdt* CR 2017, 502.
37 *Mantz* in HK-DS-GVO Art. 25 Rn. 58.
38 DSK SDM, 33.
39 Ausführlich *Hammer* in Jandt/Steidle Datenschutz-HdB B. IV. Rn. 173 ff.
40 *Hornung* ZD 2011, 52.

lungen. So sollte auch festgelegt werden, wer in welcher Situation zu benachrichtigen ist. Ferner können stichprobenartige Überprüfungen der Verarbeitungen sowie der Einhaltung von Vorgaben durch Mitarbeiter, ggf. inklusive der Ahndung von Verstößen, angebracht sein. Bei der Verarbeitung besonderer Kategorien von Daten kann sich die Einrichtung eines Vier-Augen-Prinzips empfehlen. Auch die Einrichtung und Überwachung der organisatorischen Maßnahmen sollte dokumentiert werden.[41]

f) Sonstige Maßnahmen

31 Sonstige Maßnahmen, die Privacy by Design zugeordnet werden können, sind Methoden, die eine Veränderung von Daten in Datenbanken (zB durch Hinzufügen eines „Rauschens") in einer Art und Weise erlauben, dass bestimmte Operationen wie Suche und Analyse der Daten möglich sind, aber Rückschlüsse auf einzelne Personen nicht oder nur erschwert gezogen werden können (**„Differential Privacy"**).[42] Ferner können aus vorhandenen personenbezogenen Daten mittels **Datensynthese** neue, anonyme Daten oder ein entsprechendes Modell erstellt werden – was interessant für Methoden der Prävention, wie das Predictive Policing, ist.[43]

II. Datenschutz durch datenschutzfreundliche Voreinstellungen (Abs. 2)

32 Abs. 2 verpflichtet den Verantwortlichen zu datenschutzfreundlichen Voreinstellungen (**Privacy by Default**). Damit wird Art. 20 Abs. 2 JI-RL nahezu wortgleich umgesetzt. Dieser entspricht im Wortlaut Art. 25 Abs. 2 DS-GVO. Die Regelungsbedeutungen der Normen sind daher grundsätzlich gleich, wobei der Anwendungskontext des dritten Teils zu beachten ist.

1. Anwendungsbereich

33 Bei Privacy by Default handelt es sich im Kern um einen Unterfall von Privacy by Design. Die ausdrückliche Nennung belegt die Bedeutung, die der europäische Gesetzgeber Privacy by Default beimisst.[44] Das Ziel der DS-GVO, für den Nutzer Kontrollmöglichkeiten und Transparenz zu bewirken, gilt im Anwendungsbereich des dritten Teils nur eingeschränkt. Betroffene Personen werden nur in äußerst geringen Umfang Einfluss auf die Voreinstellungen von Systemen haben. Zu denken ist aber an Formulare zur Datenerhebung und auch an **Systeme zur Bürger-Behörden-Kommunikation**.[45] Die Vorschrift soll vor allem sicherstellen, dass standardmäßig nur solche personenbezogenen Daten verarbeitet werden, die für die **spezifischen Zwecke** der zuständigen Behörden benötigt werden, und dass vor allem nicht mehr personenbezogene Daten erhoben oder vorgehalten werden, als für diese Zwecke unbedingt nötig sind und diese Daten auch nicht länger als für diese Zwecke unbedingt erforderlich gespeichert werden.[46]

---

41 So insgesamt zur DS-GVO *Mantz* in HK-DS-GVO Art. 25 Rn. 60.
42 Dazu ENISA, Privacy and Data Protection by Design, 33 ff. mwN.
43 Dazu *Singelnstein* NStZ 2018, 1.
44 Inhaltlich ist der Gesetzgeber hier den Anregungen der Art. 29-Datenschutzgruppe WP 163 gefolgt.
45 ZB Internetseiten von Polizeien, Online-(Straf-)Anzeigen, (elektronische) Anhörungsbögen.
46 Empfehlung der Kommission 2014/724/EU, Ziff. II.2.e.

Der Grundsatz Privacy by Default ist im Anwendungsbereich von § 40 insb. auf die Behördenmitarbeiter und die von ihnen eingesetzten Verarbeitungssysteme anzuwenden.

Die Anforderung, die automatisierte umfassende Zugänglichkeit personenbezogener Daten zu verhindern, setzt zB voraus, dass eine solche Zugänglichkeit stets durch menschliches Zutun einer Prüfung unterzogen wird.[47] Darüber hinaus gebietet Privacy by Default, dass **ermittlungsunterstützende Werkzeuge**, zB solche zur **Internet- und Darknetrecherche** oder auch Werkzeuge zum Datenabgleich und zur Datenanalyse, standardmäßig mit datenschutzfreundlichen Einstellungen betrieben werden. Reichweite und Eingriffsintensität sind am Zweck auszurichten und verhältnismäßig auszugestalten. 34

2. Adressaten

Abs. 2 richtet sich allein an den **Verantwortlichen** (→ Rn. 10 ff.). Derjenige, der ein solches System erwirbt und zur Datenverarbeitung einsetzt, verletzt seine Pflicht aus Abs. 1, wenn er im Rahmen der Einrichtung nicht die Voreinstellungen überprüft und die Einstellungen anpasst.[48] 35

3. Erforderlichkeit

Abs. 2 dient der Durchsetzung des **Verhältnismäßigkeitsgrundsatzes** durch Voreinstellungen. Der Verantwortliche muss nämlich „sicherstellen", dass Voreinstellungen sich grundsätzlich streng am Grundsatz des Erforderlichen orientieren. Dabei konkretisiert Satz 2, dass nicht nur die Menge der erhobenen Daten, sondern auch der Umfang ihrer Verarbeitung, die Speicherfrist und die Zugänglichkeit der Daten erfasst sind. Privacy by Default bewirkt im Kontext des dritten Teils zB das Ermittlungspersonen auch bei nachträglichen Veränderungen der Funktionalität eines Datenanalysetools, die Kontrolle über die Datensuche behalten können sollen. 36

Die Kontrolle der **Zugänglichkeit** von Daten meint, dass nur die Behördenmitarbeiter auf bestimmte Daten in Verarbeitungssystemen zugreifen können sollen, die diese Daten zur Aufgabenerfüllung benötigen.[49] Ein organisatorisch festzulegendes **Need-to-know-Prinzip** muss idR technisch durch ein entsprechende Rollen- und Rechtemanagement durchgesetzt werden. 37

Der „Umfang" der Verarbeitung ist nach dem Wortlaut nicht mit der „Menge" der Verarbeitung zu verwechseln und betrifft die Art und **Eingriffsintensität** der Verarbeitung, zB durch die Bildung von Persönlichkeitsprofilen.[50] Unter Abs. 2 fallen auch Voreinstellungen im Hinblick auf die Dauer der Speicherung, die stets nur so lang bemessen werden darf, wie es der Zweck der Verarbeitung jeweils rechtfertigt.[51] 38

Nach Satz 3 soll durch Voreinstellung verhindert werden, dass personenbezogene Daten nicht ohne Eingreifen einer Person einer unbestimmten Zahl 39

---

47 BT-Drs. 18/11325, 118.
48 Entsprechend *Mantz* in HK-DS-GVO Art. 25 Rn. 65.
49 *Kramer/Meints* in Auernhammer BDSG § 71 Rn. 12.
50 Entsprechend *Mantz* in HK-DS-GVO Art. 25 Rn. 68.
51 S. den Grundsatz nach § 41 Nr. 5.

von natürlichen Personen zugänglich gemacht werden. Dies bedingt, dass eine solche **Zugänglichmachung** stets einer **Prüfung durch menschliches Zutun** unterzogen werden muss.[52]

C. Würdigung

40   Die Umsetzung von Art. 20 JI-RL ist durch die Ergänzung der Grundsätze der Datensparsamkeit und -vermeidung insgesamt gelungen. Die Vorschrift stellt sicher, dass Datenschutzgrundsätze bei Erstellung und Betrieb datenverarbeitender Systeme mitgedacht und insbesondere **datenschutzfreundliche Architekturentscheidungen** getroffen werden müssen. Insgesamt ist daher nicht nur die IT- oder Entwicklungsabteilung des Verantwortlichen gefragt, sondern auch die Behördenleitung und das Beschaffungswesen.[53] Ob sich die Zielvorstellungen der Norm erfüllen können, hängt davon ab, wie die dargestellten auslegungsbedürftigen Begriffe in der Praxis angewendet und Spielräume ausgenutzt werden.

§ 67   Unterscheidung zwischen verschiedenen Kategorien betroffener Personen

[1]Der Verantwortliche hat bei der Verarbeitung personenbezogener Daten so weit wie möglich zwischen den verschiedenen Kategorien betroffener Personen zu unterscheiden. [2]Dies betrifft insbesondere folgende Kategorien:
1. Personen, gegen die ein begründeter Verdacht besteht, dass sie eine Straftat begangen haben,
2. Personen, gegen die ein begründeter Verdacht besteht, dass sie in naher Zukunft eine Straftat begehen werden,
3. verurteilte Straftäter,
4. Opfer einer Straftat oder Personen, bei denen bestimmte Tatsachen darauf hindeuten, dass sie Opfer einer Straftat sein könnten, und
5. andere Personen wie insbesondere Zeuginnen und Zeugen, Hinweisgeberinnen und Hinweisgeber oder Personen, die mit den in den Nr. 1 bis 4 genannten Personen in Kontakt oder Verbindung stehen.

Literatur:

Kugelmann, Datenschutz bei Polizei und Justiz, DuD 2012, 581; *Weinhold*, RL zum Datenschutz für Polizei und Justiz – Überblick und Umsetzung, ZD-Aktuell 2017, 05451.

---

52 BT-Drs. 18/11325, 118.
53 S. zur DS-GVO *Mantz* in HK-DS-GVO Art. 25 Rn. 85.

A. Allgemeines

I. Bedeutung der Vorschrift

Die Vorschrift begründet eine **Pflicht**, verarbeitete personenbezogene Daten 1
nach Möglichkeit in verschiedenen Kategorien nach betroffenen Personen
zu unterscheiden und zu kennzeichnen.[1] Die von Polizeibehörden geführten Dateien und Datenbanken in Verarbeitungssystemen müssen es ermöglichen, diese Vorgaben umzusetzen.[2] Die Kategorisierungspflicht besteht
auch bei Verarbeitungen im Rahmen von Ordnungswidrigkeitenverfahren.

Die Unterscheidung betroffener Personen erscheint zunächst als Maßnah- 2
me zum Ehrschutz. Opfer und andere sollen nicht mit Tätern verwechselt werden können. Darüber hinaus dient die Unterscheidung aber als
unionsweit einheitlicher und **verbindlicher Anknüpfungspunkt für technische und organisatorische Sicherheitsmaßnahmen.** Dies betrifft das Rollen-
und Rechtemanagement genauso wie die Verwirklichung von Löschfristen und die Übermittlung von Daten an andere Stellen. Die konkreten
Rechtsfolgen der vorgesehenen Unterscheidung bei der Verarbeitung, etwa
der Unterscheidung entsprechende Aussonderungsprüffristen, Rechte- und
Rollenkonzepte oder besondere Maßnahmen der Datensicherheit, sollen
dem Fachrecht überlassen sein.[3] Die Anforderungen werden zum Teil bereits in **Metadatenmodellen** zum Datenaustausch für Fall- und Vorgangsbearbeitungssystemen wie **X-Polizei** umgesetzt.[4]

II. Entstehungsgeschichte

Die Unterscheidungspflicht nach § 2 ist in dieser allgemeinen Form ein No- 3
vum im deutschen Recht.[5] Jedoch unterschieden und unterscheiden diverse
Eingriffsnormen zwischen verschiedenen Kategorien betroffener Personen
(s. zB § 8 BKAG und §§ 1 ff. BKADV). Die Vorschrift ist § 72 BDSG nachgebildet und nahezu wortgleich zu dieser. Lediglich in Abs. 5 wurde die
Personenkategorien zusätzlich gegendert. Die Vorschrift war schon im Gesetzesentwurf enthalten[6] und wurde im **Gesetzgesetzgebungsverfahren**
nicht verändert.

III. Unionsrechtliche Regelungen

Die Vorschrift setzt Art. 6 JI-RL nahezu wortgleich um. Jener fordert eine 4
„klare" **Unterscheidung** der Kategorien; eine Anforderung, die zur richtlinienkonformen Auslegung und Anwendung auch an die Vorschrift zu stellen ist.

IV. Verhältnis zu anderen Vorschriften

Die Pflicht zur Unterscheidung konkretisiert den **Grundsatz der sachlichen** 5
Richtigkeit gemäß § 42 Nr. 4 und Art. 4 Abs. 1 lit. d JI-RL und den **Grund-**

---

1 *Johannes/Weinhold* Neues DatenschutzR § 1 Rn. 311 ff.
2 Zu polizeilichen Datenbanken BT-Drs. 17/7307; BT-Drs. 16/13653.
3 So BT-Drs. 18/11325, 118.
4 *Johannes/Weinhold* in HK-BDSG § 72 Rn. 2.
5 *Weinhold* ZD-Aktuell 2017, 05451.
6 LT-Drs. 19/5728, 40.

satz der Verarbeitung nach Treu und Glauben gem. § 42 Nr. 1 und Art. 4 Abs. 1 lit. a JI-RL. Sie steht im engen Sachzusammenhang mit der Unterscheidungspflicht nach § 68 und der Kennzeichnungspflicht nach § 69 Abs. 1 Satz 3. Die Kategorisierung kann als Anknüpfung für Maßnahmen der Datensicherheit nach § 59 dienen, zB hinsichtlich des Zugriffs- und Rechtemanagements.[7] Im Falle fehlerhafter Kategorisierung steht betroffenen Person ein Berichtigungsrecht und möglicherweise ein Schadenersatzanspruch zu.[8]

B. Unterscheidung nach Kategorien

6   Die Vorschrift bestimmt Anforderungen an die Strukturierung behördlicher Datensammlungen.[9] Sie hat nicht nur deklaratorische Wirkung.[10] Aus ihr sind insbesondere technische Ziele und Gestaltungsvorgaben für die Funktion und den Aufbau von Datenbanken und Verarbeitungssystemen zu den in § 40 genannten Zwecken abzuleiten. Die Vorschrift hat nicht den Zweck, dass die Rechte und Interessen der genannten Personengruppen **unterschiedlich stark geschützt werden**. Deren Rechte sind grundsätzlich alle gleich schutzwürdig.

I. Allgemeines Unterscheidungsgebot (Satz 1)

7   Nach Satz 1 wird ein allgemeines Unterscheidungsgebot auferlegt, dass durch die in Satz 2 genannten Kategorien als Beispielgruppen („insbesondere") ergänzt wird. **Regelungsadressat** der Unterscheidungspflicht sind die Verantwortlichen. Die Pflicht ist sowohl organisatorisch als auch technisch umzusetzen. Indirekt trifft die Pflicht daher auch die **Hersteller** von Vorgangsakten-, Fallakten- und anderen Verarbeitungssystemen sowie die Auftragsverarbeiter, die von den Behörden im Anwendungsbereich von § 40 genutzt werden.[11] Die Einhaltung der Unterscheidungspflicht ist Bedingung für die Rechtmäßigkeit der Datenverarbeitung in solchen Systemen.

8   Die Kategorisierung ist auch sinnvoll, da – insbesondere im Fachrecht – an die jeweilige Zuordnung **unterschiedliche Rechtsfolgen** geknüpft werden. Dies betrifft sowohl die Datenerhebung als auch die Übermittlung und Speicherdauer.[12] Eine entsprechend unterschiedliche Behandlung von Datenkategorien folgt auch aus dem Grundsatz der Verhältnismäßigkeit in Verwirklichung der Grundsätze der § 42. Auch hinsichtlich der Erteilung von Zugriffsrechten kann an die Kategorisierung angeknüpft werden.[13]

9   Die in Satz 2 genannten Kategorien sind nur Mindestvorgaben.[14] Es obliegt den Verantwortlichen weitere oder entsprechende Kategorisierungen nach Bedarf zu bilden.[15] Auch **Unterkategorien** sind möglich und deren Etablie-

---

7   *Johannes/Weinhold* in HK-BDSG § 72 Rn. 4.
8   *Scheurer* in Gola/Heckmann BDSG § 72 Rn. 16.
9   *Paal* in Paal/Pauly BDSG § 72 Rn. 1.
10 AA *Schwichtenberg* in Kühling/Buchner BDSG § 73 Rn. 5.
11 Übersicht über die bestehenden Dateien BT-Drs. 17/7307, 5 ff.
12 *Roggenkamp* in Plath BDSG § 72 Rn. 3.
13 *Golla* in BeckOK DatenschutzR BDSG § 72 Rn. 5.
14 *Roggenkamp* in Plath BDSG § 72 Rn. 4.
15 Vgl. für entsprechende Kategorien § 18 Abs. 1 BKAG.

rung nach den Bedürfnissen der Praxis geboten. Unterschieden werden könnte zB auch nach Ordnungswidrigkeit und Straftat, nach Verbrechen und Vergehen, nach Versuch und Vollendung, nach Mit- und Einzeltätern, nach gewerbs- oder bandenmäßiger Begehung, nach Alter oder nach Berufen der Personen.

Die geforderte Kategorisierung darf nicht der Anwendung des Rechts auf **die Unschuldsvermutung**, wie es in der GRCh und in der EMRK in der Auslegung durch die Rechtsprechung des EuGH und EGMR gewährleistet ist, entgegenstehen.[16] Aus der polizeilichen und sicherheitsbehördlichen Informationsordnung entstehen Risiken von Stigmatisierung und Kriminalisierung betroffener Personen, die durch die Kategorisierung zwar adressiert, aber nicht ausgeräumt werden.[17]   10

II. Regelbeispiele für Personenkategorien (Satz 2)

Satz 2 ergänzt das allgemeines Unterscheidungsgebot durch fünf **Regelbeispiele**, nach denen „insbesondere" unterschieden werden soll. Die Beispiele sind teilweise wörtlich aus Art. 6 lit. a bis d JI-RL entnommen. Lediglich lit. a wurde in Nr. 1 und Nr. 2 aufgeteilt und lit. d in Nr. 5 sprachlich gestrafft übernommen.   11

Nr. 1 meint **Verdächtige einer Straftat**, gegen die ein begründeter Verdacht besteht. Maßstab ist § 152 Abs. 2 StPO.[18] Es müssen bestimmte Tatsachen die Begehung einer konkreten Tat als wahrscheinlich erscheinen lassen. Gemeint sind insbesondere Beschuldigte iSd StPO. Das ist jede Person, die bei der Begehung einer Straftat als hinreichend verdächtig angesehen wird, auch wenn dies nicht über ein Versuchsstadium hinausgegangen ist. Differenziert werden könnte weiter nach Beschuldigten, Angeschuldigten und Angeklagten.[19]   12

Nr. 2 nennt Personen, gegen die der begründete Verdacht besteht, dass sie eine Straftat **in naher Zukunft** begehen. Dies umfasst insbesondere die vorbeugende und vorsorgende Strafvereitelung, also die Gefahrenabwehr und schließt den Gefahrenverdacht der Straftatbegehung ein.[20] Gemeint sein können also insbesondere verantwortliche Störer iSd Polizeirechts, bei denen die Gefahr einer Straftatbegehung mit hinreichender Wahrscheinlichkeit prognostiziert wurde. Die Formulierung „in naher" Zukunft ist Art. 6 lit. a JI-RL entnommen. Sie schränkt den Anwendungsbereich der Kategorie dahin gehend ein, dass die Gefahr der Straftatbegehung in einer absehbaren Zeit zu befürchten ist. Weder muss die Straftatbegehung bereits begonnen haben, noch deren Begehung unmittelbar oder in allernächster Zeit mit einer an Sicherheit grenzenden Wahrscheinlichkeit bevorstehen. Sie muss aber konkret und nicht nur abstrakt bestehen.   13

---

16 ErwG 31 JI-RL.
17 *Golla* in BeckOK DatenschutzR BDSG § 72 Rn. 2.
18 *Golla* in BeckOK DatenschutzR BDSG § 72 Rn. 8.
19 *Roggenkamp* in Plath BDSG § 72 Rn. 6.
20 Beim Gefahrenverdacht ist ein Schadenseintritt aus Sicht der Behörde möglich, wobei ein sicheres Urteil über eine für die Gefahr erforderliche hinreichende Wahrscheinlichkeit eines Schadens für die öffentliche Sicherheit oder Ordnung noch nicht getroffen werden kann, BVerwG NVwZ 2003, 96.

14   **Nr. 3** nennt **verurteilte Straftäter** als Kategorie. Deren Daten werden insbesondere zu Zwecken der Strafvollstreckung verarbeitet (→ § 40 Rn. 39). Die Verarbeitung von Daten verurteilter Straftäter kann auch unabhängig von der Möglichkeit der Begehung zukünftiger Straftaten für die Strafverfolgung relevant sein, um aus vergangenen Fällen kriminalistische Erkenntnisse zu gewinnen.[21]

15   **Nr. 4** nennt **Opfer und mutmaßliche Opfer** einer Straftat als Kategorie. Die Formulierung entstammt Art. 6 lit. c JI-RL. Lediglich „Fakten" wurde durch „Tatsachen" ersetzt, was aber bedeutungsgleich ist. Besondere Verarbeitungsregeln, insbesondere solche zum Zugriff und zur Offenlegung, können die Interessen der betroffenen Personen schützen.[22]

16   Gemäß **Nr. 5** sind auch **andere Personen**, wie Zeugen, Hinweisgeber und Personen, die mit Personen der Kategorien Nr. 1 bis 4 in Kontakt oder Verbindung stehen, zu kategorisieren. Nr. 5 geht im Wortlaut insofern über Art. 6 lit. d JI-RL hinaus, als sie auch Personen, die mit den Opfern von Straftaten in Verbindung stehen, als eigene Kategorie erfasst.[23] Dies geht aber unproblematisch im Regelungsauftrag der JI-RL auf, da diese auch andere „Parteien im Zusammenhang mit einer Straftat, wie Personen, die bei Ermittlungen in Verbindung mit der betreffenden Straftaten … kommen", erfasst. Damit sind alle Personen erfasst, deren Daten im Zuge der Strafermittlungen von den zuständigen Behörden verarbeitet werden. Art. 6 lit. d JI-RL ist als Auffangkategorie zu verstehen. Nr. 5 ist entsprechend auszulegen.

C. Würdigung

17   Dir Vorschrift setzt die Vorgaben von Art. 6 JI-RL um. Die Regelungsinhalte sind als Bausteine eines unionsweiten Sicherheits- und Übermittlungskonzept polizeilicher IT-Sicherheitsarchitektur zu verstehen.[24] Die Kategorien nach Satz 2 sollten in der Praxis bedarfsgerecht erweitert und untergliedert werden.

§ 68   Unterscheidung zwischen Tatsachen und persönlichen Einschätzungen

[1]Der Verantwortliche hat bei der Verarbeitung so weit wie möglich danach zu unterscheiden, ob personenbezogene Daten auf Tatsachen oder auf persönlichen Einschätzungen beruhen. [2]Zu diesem Zweck soll er, soweit dies im Rahmen der jeweiligen Verarbeitung möglich und angemessen ist, Bewertungen, die auf persönlichen Einschätzungen beruhen, als solche kenntlich machen. [3]Es muss außerdem feststellbar sein, welche Stelle die Unterlagen führt, die der auf einer persönlichen Einschätzung beruhenden Bewertung zugrunde liegen.

---

21   *Golla* in BeckOK DatenschutzR BDSG § 72 Rn. 11.
22   *Kugelmann* DuD 2012, 582.
23   *Golla* in BeckOK DatenschutzR BDSG § 72 Rn. 13.
24   *Johannes/Weinhold* in HK-BDSG § 72 Rn. 20.

Literatur:

Bäcker, Die Datenschutzrichtlinie für Polizei und Strafjustiz und das deutsche Eingriffsrecht, in: Hill/Kugelmann/Martini (Hrsg.), Perspektiven der digitalen Lebenswelt, 2017, 63 (zitiert: *Bäcker* in Hill/Kugelmann/Martini); *De Hert/Papakonstantinou*, The new police and criminal justice data protection directive, New Journal of European Criminal Law 2017, 7; *Kugelmann*, Datenschutz bei Polizei und Justiz – Der Richtlinienvorschlag der Kommission, DuD 2012, 581.

A. Allgemeines

I. Bedeutung der Vorschrift

Die Vorschrift dient dem Schutz betroffener Personen. Sie soll **Transparenz**[1] und **Richtigkeit** gespeicherter Daten fördern und bildet so auch die Grundlage für den sicheren Austausch von polizeilichen Informationen unter den Behörden der Mitgliedstaaten. Dies gilt gerade im Hinblick auf die Übermittlung von Daten und deren Verwendung in anderen Verfahren.[2] Die Unterscheidungspflicht ist eine organisatorische Maßnahme der **Qualitätssicherung**.[3] Sinn und Zweck der Vorschrift ist ua, dass im Zuge von in Ermittlungsverfahren aufgestellte Arbeitshypothesen zu verdächtigen und beteiligten Personen nicht von anderen Ermittlungsbeamten oder Behörden mit Tatsachen verwechselt werden. 1

II. Entstehungsgeschichte

Die Vorschrift war schon im ursprünglichen Gesetzesentwurf[4] enthalten und wurde im Gesetzgesetzgebungsverfahren nicht verändert. Eine entsprechend normierte ausdrückliche Pflicht zur Differenzierung gab es nach HDSG und auch dem HSOG nicht. Eine solche Unterscheidung wurde der Sache nach in der Praxis natürlich schon oft vorgenommen. 2

III. Unionsrechtliche Regelungen

Die Vorschrift setzt Art. 7 Abs. 1 JI-RL um. ErwG 30 JI-RL stellt klar, dass sich dieser nicht auf die Richtigkeit subjektiver Aussagen bezieht, sondern lediglich auf die Tatsache, dass eine bestimmte Aussage gemacht worden ist. 3

IV. Verhältnis zu anderen Vorschriften

Die Pflicht zur Unterscheidung konkretisiert den **Grundsatz der sachlichen Richtigkeit** gemäß § 42 Nr. 4 und Art. 4 Abs. 1 lit. d JI-RL. Sie steht im engen Sachzusammenhang mit der Kategorisierungspflicht des § 67 und der 4

---

1 *Kugelmann* DuD 2012, 582.
2 Vgl. Sachzusammenhang mit Art. 7 Abs. 2 und 3 JI-RL und §§ 69, 71.
3 *Hert/Papakonstantinou* New Journal of European Criminal Law 2017, 11.
4 LT-Drs. 19/5728, 40.

Qualitätssicherungspflicht des § 69. Die Unterscheidung ist eine TOM iSv § 59.

B. Unterscheidungspflicht

I. Unterscheidung (Satz 1)

5   Die Vorschrift legt dem Verarbeiter die Pflicht auf, bereits bei der Verarbeitung so weit wie möglich danach zu unterscheiden, ob personenbezogene Daten auf Tatsachen oder auf persönlichen Einschätzungen beruhen. Auch **Beurteilungen und (subjektive) Einschätzungen** können selbst personenbezogene Daten sein.[5]

6   Eine Unterscheidung kann zwischen rein **deskriptiven Angaben** einerseits und **Bewertungen oder Prognosen** andererseits vorgenommen werden.[6] Tatsachen sind zB die Aussagen von Zeugen nur idS, dass die die Aussage mit entsprechendem Inhalt gemacht haben. Dies sagt noch nichts über die Richtigkeit des Inhalts der Aussage aus. Einschätzungen sind zB die **Bewertungen** von Polizeibeamten, zur **Glaubhaftigkeit der Aussagen** oder Glaubwürdigkeit der Zeugen. Wird eine betroffene Person als Verantwortlicher iSv § 6 HSOG oder als Beschuldigte iSd StPO eingestuft,[7] sind dies für sich genommen Tatsachen. Die Entscheidung, jemanden als Verantwortlichen zu behandeln oder als Beschuldigten iSd StPO gelten zulassen, beruht in der Regel aber auf persönlichen Einschätzungen der zuständigen Beamten. Solche Einschätzungen sind auch **Prognoseentscheidungen**, ob jemand wahrscheinlich eine Straftat begehen wird oder ein potenzieller Gefährder ist.[8]

7   Dies gilt auch für automatisierte Einschätzungen durch Entscheidungsunterstützungs- und Bewertungssysteme, da in diese die persönlichen Einschätzungen der Systementwickler eingeflossen sind.[9] Die beim **Predictive Policing** zum Einsatz kommenden Systeme sind lediglich mit einem Anschein von Objektivität ausgestattet.[10]

8   Der Übergang zwischen Tatsachen und persönlichen Einschätzungen kann fließend sein. Im Grenzbereich ist die Unterscheidung schwierig. Der Verantwortliche muss sich stets um die **Klärung der Datenarten bemühen**, zB durch entsprechende technische und organisatorische Maßnahmen, die eine solche Unterscheidung zulassen. Die Unterscheidung muss allerdings nur getroffen werden, soweit dies möglich ist. Das kann zB bei älteren Datenbeständen nicht feststellbar oder nachvollziehbar sein.[11]

9   Problematisch sind Fälle, in denen objektive Tatsachen, zB im Rahmen einer **Gefahrenprognose**, (zwingend) subjektiv zu bewerten sind.[12] Deswe-

---

5 *Johannes/Weinhold* in HK-BDSG § 73 Rn. 8.
6 *Bäcker* in Hill/Kugelmann/Martini, S. 75.
7 Nach § 152 Abs. 2 StPO müssen konkrete tatsächliche Anhaltspunkte vorliegen, die nach kriminalistischem Erfahrungswissen die Beteiligung des Betroffenen an einer verfolgbaren Straftat als möglich erscheinen lassen.
8 Vgl. zB Gewalttäter-Verbunddateien des BKA, BT-Drs. 17/7307, 2.
9 Ebenso *Golla* in BeckOK DatenschutzR BDSG § 73 Rn. 7.
10 *Golla* in BeckOK DatenschutzR BDSG § 73 Rn. 8.
11 *Golla* in BeckOK DatenschutzR BDSG § 73 Rn. 5.
12 *Scheurer* in Gola/Heckmann BDSG § 73 Rn. 8.

gen sollten nur rein deskriptive Angaben als Tatsachen bewertet werden.[13] Aus Gründen der Praktikabilität führt daher bereits das Vorliegen irgendwelcher subjektiver Aspekte zur Kategorisierung als persönliche Einschätzung. Dies ist mit Blick auf den Schutzzweck der Norm erforderlich, damit persönliche Einschätzungen „nicht vorschnell unter dem Deckmantel objektiver Tatsachen verschwinden".[14]

Die Pflicht zur Unterscheidung gilt nicht absolut, sondern besteht nur „so   10
weit wie möglich". Der Verantwortliche muss bis zur Grenze seines Könnens alle Maßnahmen zur Ermittlung der Art ergreifen. Erwägungen hinsichtlich der Verhältnismäßigkeit des Aufwands, einschließlich der Kosten, sind nicht statthaft, da Satz 1 anders als Satz 2, lediglich auf das Kriterium der Möglichkeit, nicht aber auf die Angemessenheit abstellt.[15] Im Zweifel sind Daten eher als „persönliche Einschätzung" und nicht als Tatsachen zu kategorisieren und zu kennzeichnen.

II. Kennzeichnung (Satz 2)

Die Unterscheidungspflicht wird in Satz 2 dahin gehend konkretisiert, Be-   11
urteilungen, die auf persönlichen **Einschätzungen** beruhen, nach Möglichkeit als solche **zu kennzeichnen**. Die Unterscheidung war und ist in der Praxis üblich.[16] Gerade die Ermittlungsarbeit der Polizei lebt von ihr. Entsprechende Informationen konnten allerdings zumeist nur aus dem Kontext der gespeicherten Daten oder deren Inhalt abgeleitet werden. Die explizite Kennzeichnung und Unterscheidung von Daten in solche, die auf Tatsachen beruhen, und solchen, die auf persönlichen Einschätzungen beruhen, ist insbesondere hinsichtlich **Qualitätskontrolle** der Speicherung von Daten in (automatisierten) Verarbeitungssystemen wichtig.[17] Die Unterscheidung sollte möglichst als Metadatum zu einem Datensatz gespeichert werden, so dass sie auch maschinenauswertbar sind. Dadurch können Personen, die den Hintergrund der Datenentstehung nicht kennen, diesen besser und angemessen würdigen und Fehler bei der Übermittlung an andere Verarbeitungssysteme vermeiden.[18]

Die Kennzeichnung muss nur vorgenommen werden, soweit sie möglich   12
und angemessen ist. Die nachträgliche Kennzeichnung von alten Datenbeständen in Akten oder alten DV-System könnte einen unverhältnismäßigen und damit unangemessenen Aufwand bedeuten. Dies ist eine Frage des Einzelfalls.

Die Kennzeichnung schließt nach dem Sinn und Zweck der Vorschrift ein,   13
kenntlich zu machen, **welche Person die Einschätzung getroffen hat**. Dies folgt auch in der Zusammenschau mit der Pflicht nach Satz 3.[19]

Daraus, dass ein Datum nicht als „persönliche Einschätzung" gekennzeich-   14
net wurde, darf nicht der Schluss gezogen werden, dass es sich bei dem Da-

---

13 *Johannes/Weinhold* in HK-DSG NRW § 43 Rn. 11.
14 So *Scheurer* in Gola/Heckmann BDSG § 73 Rn. 8.
15 AA *Herbst* in Auernhammer BDSG § 73 Rn. 7.
16 *v. d. Bussche* in Plath BDSG § 73 Rn. 2.
17 *Schwichtenberg* in Kühling/Buchner BDSG § 73 Rn. 3.
18 *Johannes/Weinhold* in HK-BDSG § 73 Rn. 11.
19 *Johannes/Weinhold* in HK-BDSG § 73 Rn. 12.

tum um eine Tatsache handelt. Weder die verarbeitenden Behörden noch Empfänger der von diesen übermittelenden Daten und erst recht nicht Gerichte können dies verallgemeinernd schlussfolgern. Dagegen spricht schon der Sinn und Zweck der Unterscheidungs- und Kennzeichenpflicht. Diese soll betroffene Personen davor schützen, dass persönliche Einschätzungen **ungerechtfertigt als Tatsachen** gelten.[20]

III. Beurteilende Stelle (Satz 3)

15   Nach Satz 3 muss feststellbar sein, welche Stelle die Unterlagen führt, die der auf einer persönlichen Einschätzung beruhenden Beurteilung zugrunde liegen. Die **Organisationseinheit** der zuständigen Behörde, aus der heraus eine Beurteilung getroffen wurde oder deren Beurteilung übernommen wurde, muss kenntlich gemacht werden.[21]

C. Würdigung

16   Die normierte Unterscheidungs- und Kennzeichnungspflicht ist **Baustein** im Bemühen, polizeiliche Verarbeitungssysteme transparent und richtig zu gestalten. Dies ist als Mittel der Qualitätssicherung und -kontrolle zu verstehen. Die Pflicht dient letztlich dem Schutz der betroffenen Personen. Gerade weil an die Vorschrift und die Nichteinhaltung ihrer Vorgaben keine expliziten Rechtsfolgen geknüpft werden, ist zu hoffen, dass ihr Regelungsauftrag im Eigeninteresse der datenhaltenden und -austauschenden Behörden und durch die Kontrolle der Aufsichtsbehörden erfüllt wird.[22] **Vorgangs- und Fallbearbeitungssysteme** sind so zu gestalten, dass sie eine verkehrsfähige Kennzeichnung der personenbezogenen Daten(sätze) erlauben. Die Unterscheidung sollte auf die zulässige Nutzung kriminalbehördlicher Datensammlungen Auswirkungen haben. So können an die Nutzung einer Datensammlung desto höhere Anforderungen gestellt werden, je weitreichender das Fachrecht die Speicherung von personenbezogenen Daten bloß Verdächtiger oder gar bloßer Kontaktpersonen ermöglicht.[23]

17   Aus dem Unterscheidungsgebot resultieren noch keine konkreten Rechtsfolgen.[24] Diese sollen erst aus weiteren Regelungen des Fachrechts folgen.[25] Eine fehlerhafte Kategorisierung kann jedoch Berichtigungspflichten des Verantwortlichen auslösen sowie Berichtigungsansprüche und Schadensersatzansprüche der betroffenen Personen begründen.

§ 69 Qualitätssicherung personenbezogener Daten vor deren Übermittlung

(1) [1]Der Verantwortliche hat angemessene Maßnahmen zu ergreifen, um zu gewährleisten, dass unrichtige sowie ohne sachlichen Grund unvollständige

---

20 *Bäcker* in Hill/Kugelmann/Martini, S. 75 f.
21 *Golla* in BeckOK DatenschutzR BDSG § 73 vor Rn. 1.
22 *Johannes/Weinhold* in HK-BDSG § 73 Rn. 14.
23 *Bäcker* in Hill/Kugelmann/Martini, S. 75.
24 *Weinhold* ZD-Aktuell 2017, 5451.
25 LT-Drs. 19/5728, 123.

oder nicht mehr aktuelle personenbezogene Daten nicht übermittelt oder sonst bereitgestellt werden. [2]Zu diesem Zweck hat er, soweit dies mit angemessenem Aufwand möglich ist, die Qualität der personenbezogenen Daten vor ihrer Übermittlung oder Bereitstellung zu überprüfen. [3]Bei jeder Übermittlung personenbezogener Daten hat er, soweit dies möglich und angemessen ist, Informationen beizufügen, die es dem Empfänger gestatten, die Richtigkeit, die Vollständigkeit und die Zuverlässigkeit der Daten sowie deren Aktualität zu beurteilen.

(2) [1]Gelten für die Verarbeitung von personenbezogenen Daten besondere Bedingungen, so hat bei Datenübermittlungen die übermittelnde Stelle den Empfänger darauf hinzuweisen, dass diese Bedingungen gelten und einzuhalten sind. [2]Die Hinweispflicht kann dadurch erfüllt werden, dass die Daten entsprechend markiert werden.

(3) Die übermittelnde Stelle darf auf Empfänger in anderen Mitgliedstaaten der Europäischen Union oder auf Einrichtungen und sonstige Stellen, die nach den Kapiteln 4 und 5 des Titels V des Dritten Teils des Vertrags über die Arbeitsweise der Europäischen Union errichtet wurden, keine Bedingungen anwenden, die nicht auch für entsprechende innerstaatliche Datenübermittlungen gelten.

Literatur:

Bäcker, Die Datenschutzrichtlinie für Polizei und Strafjustiz und das deutsche Eingriffsrecht, in: Hill/Kugelmann/Martini (Hrsg.), Perspektiven der digitalen Lebenswelt, 2017, S. 63 (zitiert: *Bäcker*); *De Hert/Papakonstantinou*, The new police and criminal justice data protection directive, New Journal of European Criminal Law 2017, 7; *Greve*, Das neue Datenschutzrecht, NVwZ 2017, 737.

A. Allgemeines

I. Bedeutung der Vorschrift

Die Vorschrift soll die **Richtigkeit**, die **Vollständigkeit**, den **Aktualitätsgrad** sowie die **Zuverlässigkeit** der übermittelten oder bereitgestellten Daten sicherstellen.[1] Hinweis- und Informationspflichten sollen dies absichern.[2] Die Pflichten in Abs. 1 und 2 dienen insgesamt dem Schutz betroffener Personen.[3] Die Übermittlung der Daten soll nicht dazu führen, dass Verarbei- 1

---

1 ErwG 32 JI-RL.
2 *Johannes/Weinhold* in HK-BDSG § 74 Rn. 2.
3 *Paal* in Paal/Pauly BDSG § 74 Rn. 2.

tungsbeschränkungen beim Empfänger übersehen oder Qualitätsdefizite der Daten dort unbekannt sind. Dies könnte sich sonst zum Nachteil der betroffenen Personen auswirken.[4] Das als **Gleichbehandlungsgebot** ausgestaltete Diskriminierungsverbot in Abs. 3 zielt auf den verbesserten Datenaustausch zwischen den Behörden der Mitgliedstaaten im Anwendungsbereich von § 40 und der JI-RL ab.[5] Mit der Einführung eines umfassenden Datenschutzrechtsrahmens für die Durchführung von Übermittlungen und eines solchen Austauschs zielt die JI-RL auf die Institutionalisierung und Straffung solcher Datenflüsse.[6]

II. Entstehungsgeschichte

2   Das HDSG sah in §§ 14, 16, 17 bereits aufeinander abgestufte Regelungen zur Zulässigkeit und Durchführung von Übermittlungen vor. Das BDSG aF kannte keine solchen Regelungen ausdrücklich oder in dieser Zusammenstellung.[7]

3   Der Text der Vorschrift hat im **Gesetzgebungsverfahren** gegenüber dem Entwurf[8] keine Änderungen erfahren.

III. Unionsrechtliche Regelungen

4   Abs. 1 setzt Art. 7 Abs. 2 JI-RL um und ist nahezu wortgleich zu § 74 Abs. 1 BDSG. Im Gegensatz zu dieser Vorschrift wurde jedoch die in der JI-Richtline enthaltene Vorgabe zur Vermeidung der Übermittlung „unvollständiger" Daten übernommen und auch sonst sprachlich umgestellt.[9] Art. 7 Abs. 1 JI-RL wird durch § 68 umgesetzt, Art. 7 Abs. 3 JI-RL in § 75. Abs. 2 Satz 1 setzt Art. 9 Abs. 3 JI-RL um. Dabei wird der Wortlaut verkürzt, aber der Sinngehalt erhalten. Satz 2 ist eine Konkretisierung dieser Vorgabe[10] und wortgleich zu § 74 Abs. 2 Satz 2 BDSG. Satz 1 ist, bei leicht unterschiedlicher Wortstellung, bedeutungsgleich zu § 74 Abs. 2 Satz 1 BDSG. Abs. 3 dient der nahezu wortgleichen Umsetzung von Art. 9 Abs. 4 JI-RL.

5   Art. 9 Abs. 1 JI-RL konzipiert die **Datenübermittlung** aus dem Anwendungsbereich der Richtlinie heraus als zweiteiligen Vorgang, dessen erster Teil noch unter die Richtlinie fällt.[11] Art. 7, 8 und 9 JI-RL enthalten Vorgaben, wie Übermittlungen von Daten im Anwendungsbereich der JI-RL durch die Mitgliedstaaten zu regeln sind. Übermittlungen sind Verarbeitungen und müssen auf eine Rechtsgrundlage gestützt werden können. Jede Ermächtigungsgrundlage im Anwendungsbereich der JI-RL muss den Anforderungen von Art. 8 JI-RL genügen. Bei Zweckänderung muss weiter

---

4   *Burghardt/Reinbacher* in BeckOK DatenschutzR BDSG § 74 Rn. 1.
5   *Johannes/Weinhold* in HK-BDSG § 74 Rn. 3.
6   *De Hert/Papakonstantinou* New Journal of European Criminal Law 2017, 11.
7   *v. d. Busche* in Plath BDSG § 74 Rn. 3.
8   LT-Drs. 19/5728, 41.
9   Zur Problematik des Wegfalls des Merkmals „unvollständig" im Bundesrecht *Johannes/Weinhold* in HK-BDSG § 74 Rn. 23.
10 *Paal* in Paal/Pauly BDSG § 74 Rn. 9.
11 *Bäcker*, S. 77.

differenziert werden. Die Weiterverarbeitung im Anwendungsbereich der JI-RL ist an Art. 4 Abs. 2 JI-RL zu messen, der in § 44 umgesetzt wird.[12]

Die DS-GVO hat keine der Vorschrift entsprechende dezidierte Regelung   6
zur Übermittlung.[13] Die Vorschriften der JI-RL sollen nach ErwG 34 auf solche **Empfänger** Anwendung finden, denen personenbezogene Daten zu Zwecken der Richtlinie übermittelt werden und die nicht der Richtlinie unterliegen. Art. 3 Nr. 10 JI-RL versteht unter einem solchen Empfänger jede natürliche oder juristische Person, Behörde, Einrichtung oder jede andere Stelle, gegenüber der personenbezogene Daten von der zuständigen Behörde rechtmäßig offengelegt werden. Wenn personenbezogene Daten durch einen Empfänger verarbeitet werden, der keine zuständige Behörde iSd Richtlinie ist oder danach handelt, soll nach ErwG 34 JI-RL, wenn ihm Daten von einer zuständigen Behörde offengelegt werden, die DS-GVO gelten.[14]

IV. Verhältnis zu anderen Vorschriften

Die Übermittlung von personenbezogenen Daten ist eine Verarbeitung iSv   7
§ 41 Nr. 2 und ein **Unterfall der Offenlegung**.[15] Sie ist die Bekanntgabe von personenbezogenen Daten an Dritte als Empfänger. Der Begriff des **Empfängers** wird in § 41 Nr. 10 definiert (→ § 41 Rn. 46).

Ermächtigungen zur Übermittlung finden sich im **Fachrecht**. ZB bestimmen   8
§§ 21 bis 23 HSOG allgemeine und spezielle Vorrausetzungen für die Datenübermittlung durch, an und zwischen Polizeibehörden. Sie ermächtigen Polizeibehörden auch zum Datenaustausch zwischen Behörden unterschiedlicher Bundesländer und zwischen den Behörden des Bundes und der Länder. Eine Übermittlung muss grundsätzlich zur Erfüllung von polizeilichen Aufgaben der übermittelnden Stelle oder des Empfängers erforderlich sein. Sie hat unter besonderen Umständen zu unterbleiben. Die gilt nach § 21 Abs. 2 Satz HSOG insbesondere dann, wenn die schutzwürdigen Interessen der betroffenen Person das Allgemeininteresse an der Übermittlung überwiegen. Das Fachrecht regelt also hauptsächlich die Zulässigkeit von Übermittlungen. Die Vorschrift regelt die Ausgestaltung von Übermittlungen und daran anknüpfende Pflichten.

Die Übermittlung von personenbezogenen Daten durch Polizei- und Straf-   9
verfolgungsbehörden an **Behörden der Mitgliedstaaten** richtet sich ebenfalls nach den bestehenden Regelungen des Bundes[16] und der Länder.[17] In Hessen richtet sich die Zulässigkeit ua nach §§ 22 HSOG. All diese Vorschriften sind geprägt durch bestehende Unionsrechtsakte, die teilweise mit

---

12 *Johannes/Weinhold* in HK-DSG NRW § 44 Rn. 7.
13 *Johannes/Weinhold* in HK-BDSG § 74 Rn. 7.
14 *Johannes/Weinhold* in HK-DSG NRW § 44 Rn. 8.
15 Die anderen Untermodalitäten sind die Verbreitung und die Bereitstellung in anderer Form.
16 ZB §§ 32 Abs. 3, 32 a BPolG.
17 ZB § 28, 29 PolG NRW; § 44 Abs. 3 ASOG Bln; Art. 40 Abs. 5 PAG Bay.

Erleichterungen bei den zu erfüllenden Voraussetzungen einer Übermittlung einhergehen.[18]

10   Mit Ausnahmen des Rahmenbeschlusses 2009/977/JI bleiben die **übrigen unionsrechtlichen Regelungen** im Bereich der justiziellen Zusammenarbeit bestehen. Dazu gehört der Rahmenbeschluss 2006/960/JI, der nach Art. 1 den raschen und wirksamen Austausch bestehender Informationen und Erkenntnisse von Strafverfolgungsbehörden regelt, um strafrechtliche Ermittlungen oder polizeiliche Erkenntnisgewinnungsverfahren durchführen zu können, sowie der Rahmenbeschluss 2002/584/JI über den europäischen Haftbefehl und die Übergabeverfahren zwischen den Mitgliedstaaten.[19]

11   Die Verpflichtungen nach Abs. 1 und Abs. 2 gelten auch für Übermittlungen an **Drittstaaten und internationale Organisationen** nach §§ 73 bis 76. Dies folgt schon aus der Systematik (→ § 73 Rn. 1 ff.).[20]

12   Die Pflichten nach Abs. 1 stehen im **Zusammenhang** mit den Rechten der betroffenen Personen nach § 53 Abs. 1 und den Hinweispflichten nach § 53 Abs. 5. Eine Verletzung der Vorschrift kann eine Schadensersatzpflicht nach § 78 begründen.[21]

13   Bei Datenverarbeitungen im **Strafverfahren** auf Grundlage der StPO ist nach § 500 StPO der § 74 BDSG entsprechend anzuwenden und hat Anwendungsvorrang zu dieser Vorschrift.

B. Maßnahmen vor und nach der Übermittlung

14   Die Vorschrift fasst unterschiedliche Pflichten zusammen, die der Verantwortliche im Zuge von Übermittlungen zu beachten hat. Es sind Maßnahmen der **Qualitätssicherung**[22] vor der (Abs. 1 Satz 1 und 2) und bei der (Abs. 1 Satz 3, Abs. 2) Übermittlung. Zusätzlich legt Abs. 3 ein Gleichbehandlungsgebot fest.[23]

I. Qualitätssicherung (Abs. 1 Satz 1 und 2)

15   Durch Abs. 1 wird der Grundsatz der Richtigkeit und Aktualität nach § 42 Nr. 4 konkretisiert. In der Regel unrechtmäßig ist die Übermittlung **unrichtiger** sowie ohne sachlichen Grund unvollständige oder nicht mehr aktueller personenbezogener Daten.[24] Nach Abs. 1 muss der Verantwortliche Maßnahmen ergreifen, um zu verhindern, dass solche mangelhaften Daten nicht übermittelt oder sonst zur Verfügung gestellt werden. Der Verantwortliche hat die Pflicht die Qualität der Daten vor ihrer Übermittlung oder Bereitstellung, soweit dies mit angemessenem Aufwand möglich ist, zu überprüfen.

---

18   ZB § 32 a Abs. 3 BPolG, wonach Übermittlung auch ohne Ersuchen an Polizeibehörden der Mitgliedstaaten zulässig ist, wenn eine Straftat im Sinne des Art. 2 Abs. 2 des Rahmenbeschlusses 2002/584/JI besteht.

19   *Johannes/Weinhold* in HK-BDSG § 74 Rn. 12.

20   Für die Hinweispflicht nach Abs. 2 wird dies in Erwägungsgrund 36 JI-RL klargestellt.

21   *Marnau* in Gola/Heckmann BDSG § 74 Rn. 24.

22   *Greve* NVwZ 2017, 742.

23   *Johannes/Weinhold* Neues DatenschutzR § 1 Rn. 343 ff.

24   So auch *Burghardt/Reinbacher* in BeckOK DatenschutzR BDSG § 74 Rn. 12.

Satz 1 und 2 beziehen sich auf das **Übermitteln** oder sonstige **Bereitstellen**   16
von Daten. In der weiten Definition der „Verarbeitung" personenbezogener Daten in § 41 Nr. 2 wird die „Offenlegung durch Übermittlung" mit-
umfasst. Die Tätigkeit der Übermittlung ist die Bekanntgabe durch Weitergabe, Einsicht oder Abruf. Beteiligt ist als Übermittler der Verantwortliche
und als Adressat ein Empfänger, idR ein Dritter. Gegenstand der Übermittlung sind gespeicherte oder durch Datenverarbeitung gewonnene Daten.[25]

1. Unrichtig, unvollständig, unaktuell

Unrichtig sind personenbezogene Daten, wenn sie nicht mit der wirklichen   17
Tatsachenlage übereinstimmen. Maßgeblich für die Frage der Richtigkeit
der Daten ist der Zeitpunkt, in dem eine Übermittlung erfolgen soll. Ob
die Daten zu einem früheren Zeitpunkt richtig waren, ist insoweit ohne Belang. Ohne Belang ist auch, ob den Verantwortlichen ein Verschulden hinsichtlich der Unrichtigkeit trifft. Das Tatbestandmerkmal „unrichtig" ist
jedoch genauso wie in § 68 im Hinblick auf den Kontext und den Bezug
der personenbezogenen Daten einzuschränken. So sind zum Beispiel (Zeu-
gen-)**Aussagen**, die personenbezogene Daten enthalten, nicht ohne Weiteres
nachprüfbar. Der Grundsatz der sachlichen Richtigkeit bezieht sich dann
nicht auf die Richtigkeit einer Aussage, sondern lediglich auf die Tatsache,
dass eine bestimmte Aussage getätigt worden ist.[26]

Unvollständige Daten sind lückenhaft, verkürzt, missverständlich oder ir-   18
reführend.[27] Angesichts eines wahrscheinlich unklaren objektiven Aussage-
gehalts drohen auch in diesen Fällen Falschdarstellungen des Betroffenen
und damit die Verletzung seines Selbstbestimmungsrechts.

Außerdem ist zu beachten, dass sich die Frage nach der Aktualität und   19
der damit verbundenen Vorgabe, keine „nicht mehr aktuellen" Daten zu
übermitteln oder bereitzustellen, stets nur im konkreten Ermittlungszusam-
menhang und unter Beachtung des konkreten Verarbeitungszwecks beantworten lässt. In bestimmten Ermittlungszusammenhängen kann auch die
Übermittlung nicht (mehr) aktueller Daten, zB alte Meldeadressen, Mail-
adressen oder Geburtsnamen, bedeutsam und für die Aufgabenerfüllung
erforderlich sein.[28]

2. Angemessene Maßnahmen (Satz 1)

Der Verantwortliche hat angemessene **Maßnahmen** zur Qualitätssicherung   20
zu ergreifen. Maßnahmen iSv Abs. 1 können sowohl organisatorischer als
auch technischer Art sein. Denkbar sind zB Verfahrens- und Handlungs-
weisungen, die eine Überprüfung der zu übermittelnden Daten vor der
Übermittlung auf Aktualität vorschreiben,[29] oder automatisierte Abgleich-
routinen in Fall- und Vorgangsbearbeitungssystemen für Stammdatensätze
und aktuelle Neueintragungen.[30]

---

25 *Johannes/Weinhold* in HK-DSG NRW § 44 Rn. 19.
26 ErwG 30 JI-RL.
27 *Worms* in BeckOK DatenschutzR BDSG § 58 Rn. 39.
28 LT-Drs. 19/5728, 160.
29 *Marnau* in Gola/Heckmann BDSG § 74 Rn. 15.
30 *Burghardt/Reinbacher* in BeckOK DatenschutzR BDSG § 74 Rn. 26.

21   Maßnahmen sind angemessen, wenn sie unter Berücksichtigung des Inhalts und der Bedeutung der jeweiligen Daten, des Aufwands und der damit verbundenen Kosten objektiv vernünftig erscheinen.[31] Unbeachtlich bei der Umsetzung ist, dass die JI-RL das Treffen „aller" angemessenen Maßnahmen fordert. Durch den Wegfall des Merkmals „aller" wird nicht der **Umfang** der zu treffenden Maßnahmen reduziert.[32] Dieser Umfang steht unter dem Vorbehalt der Effektivität im Verhältnis zur Angemessenheit. Es sind alle Maßnahmen zu treffen, die benötigt werden, um die in Satz 1 genannten Ziele zu gewährleisten. Weitergehende Maßnahmen müssen nicht getroffen werden. Die getroffenen Maßnahmen dürfen dieses Niveau jedoch nicht unterschreiten. In der Praxis wird zumeist ein „**Paket" aus verschiedenartigen Maßnahmen** geschnürt werden müssen, um einen ausreichenden Qualitätsgrad zu erreichen.[33]

3. Qualitätskontrolle (Satz 2)

22   Satz 2 konkretisiert Satz 1 und nennt als Maßnahme, die Qualität der Daten vor ihrer Übermittlung oder Bereitstellung zu überprüfen. Daraus folgt eine **kontinuierliche und anlasslose Pflicht**, alle Kategorien von personenbezogenen Daten vor einer Übermittlung zu aktualisieren und qualitativ zu bewerten. **Qualität** bedeutet Richtigkeit und Aktualität, aber auch Vollständigkeit. Diese Überprüfung ist vorzunehmen, soweit dies mit angemessenem Aufwand möglich ist. Damit wird die Pflicht unter einen Vorbehalt gestellt, der auch die Berücksichtigung von Kosten und personellen Kapazitäten der betreffenden Behörde erlaubt. Insoweit besteht ein Gleichklang mit der Formulierung in Satz 1.[34]

23   Die Richtlinienkonformität der gleichlautenden Regelung im BDSG wird angezweifelt.[35] Nach Art. 7 Abs. 2 Satz 2 JI-RL kommt es nur auf die Durchführbarkeit der Überprüfung an, nicht aber auf die Angemessenheit der Maßnahme. Die vom Bundes- und Landesgesetzeber gewählte Formulierung ist jedoch richtlinienkonform,[36] denn Abs. 1 Satz 2 muss als ein Regelbeispiel für eine angemessen Maßnahme iSv Abs. 1 Satz 1 gesehen werden.[37] Eine Überprüfung ist in der Regel (technisch) durchführbar. Sie muss im **Hinblick auf den Personal- und Kosteneinsatz aber auch angemessen** sein. Kann aufgrund der konkreten Daten(art) im Einzelfall ohnehin nicht überprüft werden, stellt sich die Frage nach der Angemessenheit gar nicht. Auch in Art. 7 Abs. 2 JI-RL stehen „durchführbare" Überprüfungen iSv Satz 2 unter dem Vorbehalt, dass es „angemessene Maßnahmen" iSv Satz 1 sind. Mit Abs. 1 Satz 2 konkretisiert der Gesetzgeber also lediglich die Richtlinienvorgaben.[38]

---

31 *Burghardt/Reinbacher* in BeckOK DatenschutzR BDSG § 74 Rn. 26.
32 AA *Marnau* in Gola/Heckmann BDSG § 74 Rn. 14.
33 *Johannes/Weinhold* in HK-DSG NRW § 44 Rn. 22.
34 *Johannes/Weinhold* in HK-BDSG § 74 Rn. 21.
35 *Burghardt/Reinbacher* in BeckOK DatenschutzR BDSG § 74 Rn. 28; *Marnau* in Gola/Heckmann/ BDSG § 74 Rn. 2 und 18; *Paal* in Paal/Pauly BDSG § 74 Rn. 6.
36 Im Ergebnis so auch *v. d. Busche* in Plath BDSG § 74 Rn. 7.
37 Die Überprüfung ist „Zu diesem Zweck ..." durchzuführen.
38 Entsprechend für das Bundesrecht *Johannes/Weinhold* in HK-BDSG § 74 Rn. 21; für DSG NRW *Johannes/Weinhold* in HK-DSG NRW § 44 Rn. 24.

II. Informationspflichten (Abs. 1 Satz 3)

Nach Abs. 1 Satz 3 muss der Verantwortliche bei jeder Übermittlung diejenigen Informationen beifügen, die es dem Empfänger gestatten, die Qualität der Daten zu **beurteilen**. Ihm soll durch die Beigabe von Informationen ermöglicht werden, die Richtigkeit, Aktualität, Vollständigkeit und Zuverlässigkeit der Daten seinerseits überprüfen zu können.[39] 24

Die **Informationspflicht** besteht nur, *„soweit dies möglich und angemessen ist"*. Der Angemessenheitsvorbehalt findet sich nicht in Art. 7 Abs. 2 Satz 3 JI-RL, welcher nur die Einschränkung „nach Möglichkeit" vorsieht.[40] Die vom Landesgesetzgeber getroffene Einschränkung ist richtlinienkonform sehr eng auszulegen. Sie lässt sich noch über den generellen Angemessenheitsvorbehalt aller Maßnahmen nach Art. 7 Abs. 2 Satz 1 JI-RL rechtfertigen (→ Rn. 21). Der Vorbehalt hinsichtlich der Informationspflichten sollte als **Klarstellung hinsichtlich der Praktikabilität** im Einzelfall verstanden werden. Der Verzicht auf die Beifügung von Informationen ist idR nur dann angemessen, wenn dies unmöglich ist. Das kann in der Art und Weise der Übermittlung begründet sein, zB bei der telefonischen Mitteilung von Daten. Zweckentsprechende Informationen sind ggf. an den Empfänger nachzureichen.[41] 25

III. Hinweispflicht (Abs. 2)

Soweit für die Verarbeitung besondere Bedingungen gelten, muss der Verantwortliche den Empfänger darauf hinweisen, dass diese Bedingungen gelten und einzuhalten sind. Solche Bedingungen sind im **Fachrecht** festgelegt, insbesondere für Daten besonderer Kategorien oder aus besonderen Quellen. Vor allem bei Daten aus eingriffsintensiven Ermittlungsmaßnahmen ist es Sache des mitgliedstaatlichen Rechts, solche Bedingungen festzulegen.[42] Beispiele sind **Zweckbindungsregelungen** bei der Weiterverarbeitung durch den Empfänger, das Verbot der Weiterübermittlung ohne Genehmigung oder Konsultationserfordernisse vor der Beauskunftung betroffener Personen durch den Empfänger.[43] 26

Satz 2 konkretisiert die Vorgaben für die Erfüllung der Hinweispflicht und stellt klar, dass eine **Markierung** der Daten als Hinweis genügen kann. Sie soll den Empfänger auf besondere gesetzliche Bedingungen hinweisen, die ggf. durch einen Verweis das Gesetz oder die Beigabe weiterer Informationen noch konkretisiert werden können. 27

IV. Gleichbehandlungsgebot (Abs. 3)

Das in Abs. 3 bestimmte **Gleichbehandlungsgebot** zielt auf den verbesserten Datenaustausch zwischen den Behörden der Mitgliedstaaten im Anwendungsbereich von § 40 ab. Bedingungen meint insbesondere die iSv 28

---

39 Erwägungsgrund 30 JI-RL.
40 Bedenken zur Vereinbarkeit des Vorbehalts mit der JI-RL *Burghardt/Reinbacher* in BeckOK DatenschutzR BDSG § 74 Rn. 30; *Marnau* in Gola/Heckmann BDSG § 74 Rn. 20.
41 *Johannes/Weinhold* in HK-BDSG § 74 Rn. 27.
42 *Bäcker*, S. 78.
43 ErwG 36 JI-RL; LT-Drs. 19/5728, 124.

Abs. 2 Satz 1.[44] „**Innerstaatlich**" ist die Übermittlung von Daten eines deutschen Verantwortlichen an Empfänger in Deutschland.[45] Das Ziel der JI-RL ist, die Verarbeitung personenbezogener Daten im Rahmen der Polizei und Strafjustiz in der gesamten EU durch Regulierung zu ermöglichen und nicht zu verbieten.[46] Einrichtungen und sonstige Stellen iSv Kapitel 4 und 5 des Titels V des dritten Teils des AEUV sind insbesondere EURO-JUST nach Art. 85 AEUV, die Europäische Staatsanwaltschaft nach Art. 86 AEUV und EUROPOL nach Art. 88 AEUV.

C. Würdigung

29   Die **Zusammenfassung** verschiedener in der JI-RL verstreuter Pflichten des Verarbeiters hinsichtlich der Vorsorge bei Übermittlungen ist gelungen. Die Abweichungen von deren Formulierungsvorgaben in Abs. 1 und Abs. 2 sind richtlinienkonform eng auszulegen.

§ 70 Berichtigung und Löschung personenbezogener Daten sowie Einschränkung der Verarbeitung

(1) [1]Der Verantwortliche hat personenbezogene Daten zu berichtigen, wenn sie unrichtig sind. [2]§ 53 Abs. 1 Satz 2 und 3 ist entsprechend anzuwenden.

(2) Der Verantwortliche hat personenbezogene Daten unverzüglich zu löschen, wenn ihre Verarbeitung unzulässig ist, ihre Kenntnis für seine Aufgabenerfüllung nicht mehr erforderlich ist oder sie zur Erfüllung einer rechtlichen Verpflichtung gelöscht werden müssen.

(3) [1]§ 53 Abs. 3 bis 5 ist entsprechend anzuwenden. [2]Sind unrichtige personenbezogene Daten oder personenbezogene Daten unrechtmäßig übermittelt worden, ist auch dies dem Empfänger mitzuteilen.

(4) Unbeschadet in Rechtsvorschriften festgesetzter Höchstspeicher- oder Löschfristen hat der Verantwortliche für die Löschung von personenbezogenen Daten oder eine regelmäßige Überprüfung der Notwendigkeit ihrer Speicherung angemessene Fristen vorzusehen und durch verfahrensrechtliche Vorkehrungen sicherzustellen, dass diese Fristen eingehalten werden.

Literatur:

Hammer, DIN 66398 – Die Leitlinie Löschkonzept als Norm, DuD 2016, 528; *Hunzinger*, Löschkonzepte nach der DS-GVO am Beispiel von ERP-Systemen, CR 2018, 35.

---

44 *Herbst* in Auernhammer BDSG § 74 Rn. 14.
45 *v. d. Busche* in Plath BDSG § 74 Rn. 11.
46 *De Hert/Papakonstantinou* New Journal of European Criminal Law 2017, 11.

A. Allgemeines

I. Bedeutung der Vorschrift

Die Vorschrift verpflichtet den Verantwortlichen zu Berichtigungen, Lö- **1**
schungen und Einschränkungen, unabhängig davon, ob die betroffene Person dies verlangt.[1] Er hat außerdem Berichtungen und Löschungen Empfängern und Übermittlern anzuzeigen und unabhängig von vorgeschriebenen Höchstspeicher- und Löschfristen, **angemessene Überprüfungsfristen festzulegen** und Vorkehrungen zu treffen, damit diese Fristen eingehalten werden.

Mit der von der JI-RL abweichenden Ausformung dieser Pflichten, stellt **2**
der Gesetzgeber sie in besonderem Maße heraus und formuliert einen **Auftrag** an die Behörden. Es soll keinesfalls zu unbegrenzten Vorratsdatenhaltung in polizeilichen Verarbeitungssystemen kommen und es sollen praxistaugliche und grundrechtschonende **Lösch- und Sperrkonzepte** entwickelt und implementiert werden.[2]

II. Entstehungsgeschichte

Die Vorschrift war schon so im Gesetzentwurf enthalten.[3] Sie basiert, bei **3**
wenigen Änderungen, auf § 75 BDSG.[4] **Vorgängernorm** war § 19 HDSG, zu der sie noch einige Parallelen hat (→ § 53 Rn. 2). Auch nach § 19 HDSG war die verantwortliche Stelle zT von Amts wegen verpflichtet, Berichtigungen, Sperrungen, Benachrichtigungen und Löschungen vorzunehmen.[5]

III. Unionsrechtliche Regelungen

Die Vorschrift geht über Art. 16 JI-RL hinaus,[6] der lediglich das Recht der **4**
betroffenen Person regelt, vom Verantwortlichen unverzüglich die **Berichtigung** sie betreffender unrichtiger Daten zu verlangen.[7] Dies ist als mitgliedsstaatliche Konkretisierung unionsrechtlich zulässig, da sich die Verpflichtung zur Berichtigung ohnehin aus den Datenverarbeitungsgrundsätzen nach § 42 ergibt.[8] Die Abweichung wäre aber auch nach Art. 1 Abs. 3 JI-RL zulässig.[9]

---

1 LT-Drs. 19/5728, 124.
2 *Johannes/Weinhold* in HK-BDSG § 75 Rn. 4.
3 LT-Drs. 19/5728, 41.
4 Abs. 1 Satz 2 wurde ergänzt und Abs. 2 umgestellt.
5 *Dembowski* in Schild ua § 19 Rn. 2.
6 *Johannes/Weinhold* in HK-BDSG § 75 Rn. 6.
7 Unzutreffend daher LT-Drs. 19/5728, 124.
8 *Kamlah* in Plath BDSG § 75 Rn. 4.
9 *Burghardt/Reinbacher* in Wollff/Brink BDSG § 75 Rn. 4.

5   Abs. 2 setzt Art. 16 Abs. 2 JI-RL um, der neben dem Betroffenenrecht auf
    Löschung auch die unabhängig davon bestehende Pflicht des Verantwortli-
    chen zur Löschung vorsieht. Diese Umsetzung ist zugleich weiter und ge-
    nauer: Sie verlangt allgemein die Löschung von Daten, deren Verarbeitung
    unzulässig ist, stellt aber zugleich klar, dass Daten zu löschen sind, wenn
    ihre Kenntnis für die Aufgabenerfüllung nicht mehr erforderlich ist. Dies
    ist eine sinnvolle und richtlinienkonforme **Konkretisierung** des Grundsat-
    zes der Speicherbegrenzung nach § 42 Abs. 1 Nr. 5, der auf Art. 4 JI-RL ba-
    siert und den Art. 16 Abs. 2 JI-RL ausdrücklich benennt.

6   Abs. 3 Satz 1 dient iVm § 53 Abs. 3 der Umsetzung von Art. 16 Abs. 3 JI-
    RL. Die Möglichkeit der Einschränkung nach § 53 Abs. 3 Nr. 3 geht über
    die JI-RL hinaus (→ § 53 Rn. 3). Art. 16 Abs. 3 lit. a JI-RL wird in § 53
    Abs. 1 umgesetzt (→ § 53 Rn.). Die nach § 53 Abs. 3 Nr. 3 vorgesehene
    Möglichkeit, von der Löschung abzusehen, wenn sie wegen der besonderen
    Art der Speicherung nicht oder nur mit unverhältnismäßigem Aufwand
    möglich ist, ist eine **unionsrechtswidrige**[10] Einschränkung des Grundsatzes
    der Speicherbegrenzung, die restriktiv[11] auszulegen ist.[12] Abs. 3 Satz 2 setzt
    Art. 7 Abs. 3 Satz 1 JI-RL und Abs. 4 den Art. 5 JI-RL um.

IV. Verhältnis zu anderen Vorschriften

7   Die Vorschrift **steht in Bezug zu** den Rechten der betroffenen Person auf
    Berichtigung und Löschung personenbezogener Daten sowie auf Ein-
    schränkung der Verarbeitung nach § 53. Sie **konkretisiert** die Grundsätze
    der Datenminimierung in § 42 Nr. 3, der Richtigkeit in § 42 Nr. 4 und der
    Speicherbegrenzung in § 42 Nr. 5. Abs. 3 Satz 2 ergänzt die Qualitätssiche-
    rung personenbezogener Daten vor deren Übermittlung nach § 69 um eine
    Nachsorgepflicht. Adressat der Vorschrift ist der Verantwortliche iSv § 41
    Nr. 8. § 54 ist hinsichtlich aller Verfahrensschritte anwendbar und ver-
    pflichtet den Verantwortlichen, den Pflichten unentgeltlich nachzukommen
    und mit der betroffenen Person klar und verständlich zu kommunizieren.

8   Die Vorschrift wird durch **Fachrecht** weiter ergänzt und konkretisiert, ins-
    besondere durch § 27 HSOG und §§ 14 bis 18 HSOG-DVO.

9   Über § 500 StPO wird die Vorschrift bei Verarbeitung zu Zwecken der
    StPO zugunsten von § 75 BDSG verdrängt. Nach § 500 Abs. 1 StPO iVm
    § 75 Abs. 1 BDSG besteht ein Berichtigungsanspruch, wenn gespeicherte
    personenbezogene Daten unrichtig oder unvollständig sind. Nach § 500
    StPO iVm § 75 Abs. 2 BDSG iVm § 489 Abs. 1 Nr. 1, Abs. 2 S. 3 StPO be-
    steht ein Löschungsanspruch hinsichtlich gespeicherter personenbezogener
    Daten, wenn das Ermittlungsverfahren erledigt ist, dh bei einer Einstellung,
    die die Wiederaufnahme (wie bei § 170 Abs. 2 StPO) nicht hindert, idR
    erst mit Eintritt der Verjährung.[13]

---

10   *Johannes/Weinhold* Neues DatenschutzR § 1 Rn. 197; *Schantz* in Schantz/Wolff
     Neues DatenschutzR Rn. 1244; *Schwichtenberg* in Kühling/Buchner BDSG § 58
     Rn. 7; *Otto* in HK-BDSG § 58 Rn. 27.
11   LT-Drs. 19/5728, 119.
12   *Worms* in BeckOK DatenschutzR BDSG § 58 Rn. 48 f.
13   BayObLG Beschluss v. 27.1.2020 – 203 VAs 1846/19, ZD 2020, 359.

B. Berichtigung, Löschung, Einschränkung

Die Vorschrift entspricht spiegelbildliche den Rechten der betroffen Personen nach § 53, begründet aber davon unabhängig **Pflichten** des Verantwortlichen auf Berichtigung, Löschung und Einschränkung der Datenverarbeitung. 10

I. Berichtigung (Abs. 1)

Nach Abs. 1 Satz 1 hat der Verantwortliche personenbezogene Daten zu berichtigen, wenn sie unrichtig sind. Die Berichtigungspflicht ist unabhängig vom Zeitpunkt der erstmaligen Speicherung oder Verarbeitung und kann nicht durch Zeitablauf entfallen.[14] Die Pflicht, Daten zu überprüfen, folgt auch aus § 47 Nr. 4.[15] Mithin besteht die Pflicht, soweit wie möglich gespeicherte Daten regelmäßig auf ihre Richtigkeit hin zu **überprüfen**.[16] 11

Unrichtig sind personenbezogenen Daten, wenn sie inhaltlich unwahr sind[17] oder aktuell nicht mit der wirklichen Tatsachenlage übereinstimmen.[18] Die Pflicht zur Berichtigung betrifft insbesondere nicht mehr aktuelle Daten. Abs. 1 Satz 2 bringt § 53 Abs. 1 Satz 2 und 3 zur entsprechenden Anwendung (→ § 53 Rn. 9), welche Detailregelungen zu Aussagen und Beurteilungen und zur Nichterweislichkeit der Richtigkeit der Daten enthalten. 12

Eine Berichtigung von Daten kann auch durch deren **Vervollständigung** erfolgen.[19] Dabei kommt es auf Inhalt und Kontext des Einzelfalls an, zB wenn die personenbezogenen Daten ein unzutreffendes Bild der betroffenen Person ergeben, dass nicht der Realität entspricht.[20] 13

Eine Berichtigung muss zwar nach dem Wortlaut von Abs. 1 nicht **unverzüglich** erfolgen. Die unverzügliche Korrektur unrichtiger Daten nach Kenntnisnahme von der Unrichtigkeit, ist aber schon nach § 47 Nr. 4 geboten.[21] 14

Ein besonderes **Verfahren zur Berichtigung von Akten**, also Unterlagen, die nicht Teil der automatisierten Datenverarbeitung sind, bestimmt § 27 Abs. 3 HSOG mit dem Ziel die Aktenvollständigkeit trotz Berichtigung zu wahren.[22] Die Verfahren sind nur eingeschränkt auf elektronisch abgebildete Akten anzuwenden, da in deren automatisierter Auswertbarkeit sich die Gefahr für die Rechte und Freiheiten der betroffenen Personen, über die unrichtige Daten verarbeitet wurden, gerade besonders stark manifestiert. 15

---

14 *Burghardt/Reinbacher* in BeckOK DatenschutzR BDSG § 75 Rn. 11.
15 *Johannes/Weinhold* in HK-BDSG § 75 Rn. 19.
16 Sogar eine „kontinuierliche" Überprüfung verlangt *Schwichtenberg* in Kühling/Buchner BDSG § 75 Rn. 2.
17 *Paal* in Paal/Pauly BDSG § 75 Rn. 5.
18 *Burghardt/Reinbacher* in BeckOK DatenschutzR BDSG § 75 Rn. 13.
19 *Franck* in HK-DSG NRW § 54 Rn. 7; *Herbst* in Auernhammer BDSG § 75 Rn. 2.
20 *Nungesser* § 19 Rn. 1 ff.; *Nolte/Werkmeister* in Gola/Heckmann BDSG § 75 Rn. 4.
21 *Nolte/Werkmeister* in Gola/Heckmann BDSG § 75 Rn. 5.
22 *Bäuerle* in BeckOK PolR Hessen § 27 Rn. 53.

II. Löschung (Abs. 2)

16   Daten sind in den drei in Abs. 2 genannten Fällen vom Verantwortlichen unverzüglich zu löschen. Unverzüglich bedeutet ohne schuldhaftes Zögern.[23] Löschen ist Unkenntlichmachen gespeicherter personenbezogener Daten (→ § 41 Rn. 33).

17   Die Verarbeitung von personenbezogenen Daten ist **unzulässig, wenn sie unrechtmäßig** ist.[24] Das ist schon der Fall, wenn keine Ermächtigungsgrundlage greift. Die Verarbeitung zu anderen Zwecken ist unzulässig, soweit nicht ausnahmsweise erlaubt, zB nach § 44. Unzulässig ist eine Datenverarbeitung auch, wenn sie selbst gegen andere Rechtsvorschriften verstoßen würde.[25]

18   Daten sind außerdem zu löschen, wenn sie zur **Aufgabenerfüllung** des Verantwortlichen nicht mehr **erforderlich** sind. Dies bezieht sich auf Aufgaben zu Zwecken von § 40. Die Pflicht bringt den Grundsatz der Zweckbindung und den der Datenminimierung zum Ausdruck. Auf Grundlage von entsprechenden Ermächtigungen im Gesetz (zB §§ 44, 45) und in anderen Gesetzen (zB §§ 474, 479 StPO) können Daten auch in anderen Kontexten weiterverwendet werden.[26]

19   Eine rechtliche Verpflichtung zur Löschung kann aus § 53 Abs. 1 folgen, wenn die betroffene Person ein Recht auf Löschung hat und dieses geltend gemacht hat. Sie kann aber auch aus **Vorgaben des Fachrechts** folgen, das Höchstspeicherfristen festlegt.[27] Eine Pflicht kann auch aus entsprechenden Anweisungen der Fach- und Rechtsaufsicht sowie der Gerichte folgen.[28]

20   Aus der antragsunabhängigen Verpflichtung zur Löschung folgt, dass der Verantwortliche Löschungsverpflichtungen **selbstständig und laufend** auf ihr Bestehen zu überprüfen hat.[29]

III. Einschränkung der Verarbeitung (Abs. 3 Satz 1)

21   Abs. 3 Satz 1 bringt § 53 Abs. 3 bis 5 zur entsprechenden Anwendung. Aus § 53 Abs. 3 folgt zum einem die Möglichkeit, die Datenverarbeitung **einzuschränken** (→ § 41 Fn. 35), anstatt die Daten nach Abs. 2 zu löschen, wenn (1.) Grund zu der Annahme besteht, dass eine Löschung schutzwürdige Interessen einer betroffenen Person beeinträchtigen würde, (2.) die Daten zu **Beweiszwecken** in Verfahren, die Zwecken des § 40 dienen, aufbewahrt werden müssen oder (3.) eine Löschung wegen der besonderen Art der Speicherung nicht oder nur mit unverhältnismäßigem **Aufwand** möglich

---

23   *Franck* in HK-DSG NRW § 54 Rn. 9; *Herbst* in Auernhammer BDSG § 75 Rn. 3.
24   S. Art. 8 JI-RL zur Rechtmäßigkeit.
25   ZB bei Erkenntnissen aus dem Kernbereich privater Lebensgestaltung iSv § 100 d StPO.
26   ErwG 27 JI-RL.
27   S. zB §§ 13 b Abs. 2 Satz 5, 14 Abs. 5 Satz 2 und Abs. 6 Satz 3, 14 a Abs. 3 Satz 1, 17 Abs. 6, 20 Abs. 6 Satz 2, Abs. 10 Satz 3 und Abs. 4 Satz 4, 26 Abs. 3 Satz 1, 27, 31 a Abs. 5 Satz 6 ff. HSOG.
28   *Dix* in Simitis/Hornung/Spiecker gen. Döhmann DS-GVO Art. 17 Rn. 16.
29   *Paal* in Paal/Pauly BDSG § 75 Rn. 7.

ist. Die **Entscheidung** liegt im pflichtgemäßen **Ermessen** der Behörde;[30] die Überprüfung der Tatbestandvorrausetzungen erfolgt von Amts wegen.

Zum Verfahren ieS stellt § 53 Abs. 4 klar, dass bei **automatisierten Dateisystemen** technisch sicherzustellen ist, dass eine Einschränkung der Verarbeitung eindeutig erkennbar ist und eine Verarbeitung für andere Zwecke nicht ohne weitere Prüfung möglich ist.

IV. Mitteilungspflichten (Abs. 3 Satz 1 und 2)

Außerdem bestimmen Abs. 3 Satz 1 und 2 iVm § 53 Abs. 5 Satz 1 und 2 vier **eigenständige Mitteilungspflichten,** die nach Übermittlung von Daten, bei Löschung, Berichtigung oder Einschränkung der Ausgangsdaten greifen können. Aus der entsprechenden Anwendung von § 53 Abs. 5 Satz 1 folgt, dass der **Verantwortliche** die Berichtung von Daten der Stelle mitzuteilen hat, die ihm die zu berichtigen Daten übermittelt hatte (→ § 53 Rn. 28 ff.). In die andere Richtung hat der Verantwortliche nach § 53 Abs. 5 Satz 2 **Empfängern,** denen die Daten von ihm übermittelt wurden, **Löschungen, Berichtigungen und Einschränkungen der Verarbeitung mitzuteilen** (→ § 58 Rn. 29).

Nach § 53 Abs. 5 Satz 3 hat der **Empfänger** die Daten seinerseits zu löschen, zu berichtigen oder in der Verarbeitung einzuschränken (→ § 53 Rn. 29). Dies ist eine **Pflicht des Empfängers** von Daten, für die der Verantwortliche nicht einzustehen hat, auf die er aber gemäß § 69 Abs. 1 Satz 1 hinzuweisen hat.

Gemäß Abs. 3 Satz 2 muss der Verantwortliche sowohl nach der Übermittlung unrichtiger personenbezogener Daten und nach der unrechtmäßigen Übermittlung eine entsprechende **Mitteilung an den Empfänger** dieser Daten machen.

V. Überprüfung und Fristen (Abs. 4)

Der Verantwortliche ist nach Abs. 4 zur Festlegung von angemessenen Fristen für die Löschung von personenbezogenen Daten verpflichtet. Er muss die **regelmäßige Überprüfung** der Notwendigkeit ihrer Speicherung sicherstellen.[31] Sinnvoll ist, Maximalfristen für Aufbewahrung festzulegen und unterdessen regelmäßig zu überprüfen, ob die Daten noch erforderlich sind.[32] Dabei können (Polizei-)Behörden jedoch im Einzelfall grundsätzlich davon ausgehen, dass Speicherungen bis zum Ablauf der gesetzlich vorgesehenen Regelfristen erforderlich sind.[33]

Außerdem hat der Verantwortliche verfahrensrechtliche Vorkehrungen zu treffen, die sicherstellen, dass diese Fristen eingehalten werden. Dazu muss der Verantwortliche **Lösch- und Sperrkonzepte**[34] erstellen und durch Dienstanweisungen eingehalten wissen. Verarbeitungssysteme sollten eine

---

30 So auch *Burghardt/Reinbacher* in BeckOK DatenschutzR BDSG § 75 Rn. 20.
31 *Kamlah* in Plath BDSG § 75 Rn. 5 und 7.
32 Art. 29-Gruppe WP 258, S. 3 und 5.
33 BVerwG 22.10.2003 – 6 C 3/03, BeckRS 2004, 21308; VGH Mannheim NVwZ-RR 2000, 287 (288).
34 Dazu *Hunzinger* CR 2018, 357; zur DIN 66398 *Hammer* DuD 2016, 357.

automatisierte Überprüfung ermöglichen und fördern. Sie könnten zB Hinweise zum Ablauf von Löschfristen und Überprüfungsfristen erzeugen.[35]

28 Die Vorschrift wird im **Fachrecht** insbesondere durch § 27 Abs. 4 HSOG konkretisiert, der das Verfahren der Fristsetzung beschreibt und Höchstspeicherfristen für bestimmte Datenarten festlegt. Grundsätzlich kann danach die Ministerin oder der Minister des Inneren durch Rechtsverordnung die Überprüfungsfristen bestimmen. Die entsprechenden Fristen sind in §§ 14 bis 18 HSOG-DVO geregelt.

C. Würdigung

29 Der Gesetzgeber geht mit der Vorschrift in sinnvoller und klarstellender Weise über den Aufbau, Wortlaut und Regelungsinhalt der JI-RL hinaus. Die **Zusammenfassung** von in der JI-RL verstreuten Pflichten, sollte für die zuständigen Behörden im Anwendungsbereich von § 40 Klarstellung und **Ermahnung** zugleich sein.[36] Bedenken bestehen gegen die Ausweitung der Ausnahmen zur Löschpflicht (→ § 53 Rn. 34). Benachrichtigungspflichten als auch das Überprüfungs- und Löschkonzept werden zu Recht als tragende Säulen für ein funktionierendes Datenschutz-Management-System bezeichnet.[37]

§ 71 Protokollierung

(1) In automatisierten Verarbeitungssystemen haben Verantwortliche und Auftragsverarbeiter mindestens die folgenden Verarbeitungsvorgänge zu protokollieren:
1. Erhebung,
2. Veränderung,
3. Abfrage,
4. Offenlegung einschließlich Übermittlung,
5. Kombination und
6. Löschung.

(2) Die Protokolle über Abfragen und Offenlegungen müssen es ermöglichen, die Begründung, das Datum und die Uhrzeit dieser Vorgänge und so weit wie möglich die Identität der Person, die die personenbezogenen Daten abgefragt oder offengelegt hat, und die Identität des Empfängers der Daten festzustellen.

(3) Die Protokolle dürfen ausschließlich zur Überprüfung der Rechtmäßigkeit der Datenverarbeitung durch die Datenschutzbeauftragte oder den Datenschutzbeauftragten und die Hessische Datenschutzbeauftragte oder den Hessischen Datenschutzbeauftragten sowie zur Eigenüberwachung, der Sicherstellung der Integrität und Sicherheit der personenbezogenen Daten und für Strafverfahren verwendet werden.

---

35 *Johannes/Weinhold* in HK-BDSG § 75 Rn. 30.
36 *Johannes/Weinhold* in HK-BDSG § 75 Rn. 31.
37 *Franck* in HK-DSG NRW § 54 Rn. 18.

(4) Der Verantwortliche und der Auftragsverarbeiter haben die Protokolle der oder dem Hessischen Datenschutzbeauftragten auf Anforderung zur Verfügung zu stellen.

Literatur:

Art. 29-Datenschutzgruppe, Stellungnahme zu einigen wesentlichen Aspekten der Richtlinie zum Datenschutz bei der Strafverfolgung (EU 2016/680), WP 258, 2017; *Dieterle,* Sanktionierung von Neugierabfragen im öffentlichen Dienst, ZD 2020, 135; *Piltz,* Die neuen Protokollierungspflichten nach der Richtlinie 2016/680/EU für öffentliche Stellen, NVwZ 2018, 696.

A. Allgemeines

I. Bedeutung der Vorschrift

Die Vorschrift fordert die (automatisierte) **Protokollierung** der Verarbeitung personenbezogener Daten in automatisierten Verarbeitungssystemen zu Zwecken nach § 40. Sie legt die Zwecke fest, zu denen diese Protokolle verwendet werden dürfen. Die Protokollierungspflicht ist ein „Instrument zur Berücksichtigung des Datenschutzes"[1] und ermöglicht **Transparenz.**[2] Sie dient der Datenschutzkontrolle, Eigenüberwachung und Aufrechterhaltung der Datensicherheit.[3] Die **Protokollierungspflicht** hält den Verantwortlichen und den Auftragsverarbeiter dazu an, über die Datenverarbeitung und die Einhaltung der Verarbeitungsvoraussetzungen Rechenschaft abzulegen. Dies kann als **Disziplinierungseffekt** beschrieben werden.[4] Protokolle sollen auch zur Eigenüberwachung und insbes. für interne Disziplinarverfahren der zuständigen Behörden genutzt werden können.[5] Nach ErwG 96 JI-RL sind Protokolle wirksame Methoden zum Nachweis der Rechtmäßigkeit der Datenverarbeitung, zur Ermöglichung der Eigenüberwachung und zur Sicherstellung der Integrität und Sicherheit der Daten. Die Protokollierungspflicht ermöglicht auch die Kontrolle der Einhaltung datenschutzrechtlicher Vorgaben durch **Dritte**, insbesondere durch die oder den behördlichen DSB, die oder den HDSB oder Gerichte. Die Protokollierung ist von erheblicher praktischer Bedeutung bei der Nachvollziehbarkeit von Datenverarbeitungsvorgängen und Aufdeckung von Missbrauch.[6]

1

---

1 BT-Drs. 18/11325, 3 und 71 zur vergleichbaren Vorschrift des § 76 BDSG.
2 *Schwichtenberg* in Kühling/Buchner BDSG § 76 Rn. 2.
3 BT-Drs. 18/11325, 119.
4 *Burghardt/Reinbacher* in BeckOK DatenschutzR BDSG § 76 Rn. 1.
5 ErwG 57 JI-RL; zum Problem sog. Neugierabfragen *Dieterle,* 2020, S. 135.
6 Art. 29-Datenschutzgruppe WP 258, 26.

II. Entstehungsgeschichte

2   Vergleichbar umfassende Dokumentations- und **Protokollierungspflichten** gab es nach früherem Recht nur vereinzelt (§§ 38 Abs. 2, 4 d, 4 e BDSG aF). Nach altem Recht konnte eine entsprechende Protokollierung als TOM nach § 10 HDSG vorgesehen sein. Nach altem Bundesrecht enthielten auch die Anlage zu § 9 BDSG aF und § 10 BDSG aF Ansätze einer Protokollierungspflicht.[7]

3   Die Vorschrift war schon im ursprünglichen Gesetzesentwurf enthalten[8] und wurde im Gesetzgebungsverfahren nicht verändert.

III. Unionsrechtliche Regelungen

4   Die Vorschrift setzt Art. 25 JI-RL um. Sie konkretisiert den allgemeinen Grundsatz der Verantwortlichkeit aus Art. 4 Abs. 4 JI-R (→ § 42 Rn. 14 ff.).[9]

IV. Verhältnis zu anderen Vorschriften

5   Die Protokollierungspflicht besteht ergänzend zur Pflicht des Verarbeiters nach § 65, ein Verzeichnis aller Kategorien von Verarbeitungen zu führen. Im Gegensatz zu dieser allgemeinen Dokumentationspflicht ist die Protokollierungspflicht einzelfallbezogen.[10] Eine fehlende Protokollierung wäre jedoch lediglich ein formeller Rechtsverstoß. Schadensersatzansprüche lassen sich aus dem bloßen Fehlen nicht ableiten. Ein Verstoß gegen die Pflicht kann allerdings dazu führen, dass die ordnungsgemäße Verarbeitung nicht nachgewiesen werden kann.[11]

6   Die Protokollierungspflicht **ermächtigt** iSv § 3 Abs. 1 die zuständige Behörde zur entsprechenden Verarbeitung der Daten von Anwendern der automatisierten Systeme.[12]

7   Bei gemeinsamen Verfahren iSv § 58 kann die Pflicht zur Durchführung der Protokollierung und deren Aufbewahrung einem der gemeinsam Verantwortlichen einvernehmlich auferlegt werden.[13]

8   Die Protokollierung ist auch ein **Instrument der Datenschutzaufsicht**. Sie wird ergänzt zum einen durch die interne Beratungs- und Kontrolltätigkeit des oder der behördlichen DSB gemäß § 7 und zum anderen durch die Prüfungsmöglichkeit **des HDSB** nach Abs. 4.[14]

9   Die Vorschrift macht keine Fristangaben zur **Speicherdauer** der Protokolldaten, so dass sie wenigstens solange vorzuhalten sind, wie sie zur Überprüfung und Nachkontrolle des Verarbeitungsvorgangs erforderlich sind. Überprüft werden muss, ob ein Vorhalten der Protokolldaten iSv § 42 Nr. 5 noch erforderlich ist. Dies wird sich nur im Kontext des konkreten

---

7   *Kamlah* in Plath BDSG § 76 Rn. 1; *Ehmann* in Gola/Heckmann BDSG § 76 Rn. 3.
8   LT-Drs. 19/5728, 41 f.
9   S. auch ErwG 57 und 96 JI-RL.
10 Ebenso *Burghardt/Reinbacher* in BeckOK DatenschutzR BDSG § 76 Rn. 5.
11 *Johannes/Weinhold* in HK-BDSG § 76 Rn. 6.
12 *Franck* in HK-DSG NRW § 55 Rn. 4.
13 *Franck* in HK-DSG NRW § 55 Rn. 6.
14 *Paal* in Paal/Pauly BDSG § 76 Rn. 4.

Verarbeitungsvorgangs und des zugrundliegenden Verfahrens abschließend beurteilen lassen.

Fachgesetzliche Spezialreglungen zu Protokollierungspflichten finden sich in §§ 100 a Abs. 6, 463 a Abs. 4 Satz 6 und Satz 8, 488 Abs. 3 und 493 Abs. 3 StPO. Da diese im Regelungsinhalt hinter der Vorschrift und den europäischen Vorgaben zurückbleiben, hat § 76 BDSG über § 500 StPO Anwendungsvorrang.[15] Auch das HSOG macht Vorgaben zur Protokollierung, die im Einklang und zusammen mit dieser Vorschrift zur Anwendung kommen. § 14 a Abs. 3 Satz 2 HSOG stellt klar, dass zu löschende Kennzeichen nicht zu protokollieren sind. § 28 HSOG regelt die, ggf. auch händische Protokollierung bei verdeckten und eingriffsintensiven Maßnahmen im Einzelfall. § 31 a Abs. 5 Satz 7 bis 12 HSOG regelt die Protokollierung des Abrufs von Daten zur elektronischen Aufenthaltsüberwachung.

10

Vor dem 6.5.2016 eingerichtete automatisierte Verarbeitungssysteme erhalten nach § 90 Abs. 1 in Einklang mit Art. 63 Abs. 2 JI-RL teilweise **Bestandsschutz.** In Ausnahmefällen, in denen dies mit einem unverhältnismäßigen Aufwand verbunden ist, sind sie erst zum 6.5.2023 mit Abs. 1 und 2 der Vorschrift in Einklang zu bringen (→ § 90 Rn. 7).

11

B. Protokollierung

Die **Pflicht** des Verantwortlichen zur Protokollierung der unter seiner Verantwortung durchgeführten Datenverarbeitungen in automatisierten Verarbeitungssystemen nach Abs. 1 soll den Datenschutz beim Verantwortlichen insgesamt effektivieren.[16] Abs. 2 enthält konkrete Vorgaben an den Inhalt der Protokolle. Abs. 3 enthält Verwendungsbeschränkungen. In Abs. 4 wird festgelegt, dass die Protokolle dem Datenschutzbeauftragten und der oder dem Bundesbeauftragten zum Zweck der Datenschutzkontrolle zur Verfügung stehen müssen.

12

I. Pflicht zur Protokollierung und dessen Inhalt (Abs. 1)

Die Pflicht zur Protokollierung erstreckt sich ausschließlich auf Datenverarbeitungsvorgänge in automatisierten Verarbeitungssystemen. Das sind **Dateisysteme**, bei denen Aufgaben durch das IT-System selbstständig vorgenommen werden. Grundsätzlich fallen darunter ua alle Arten von Fall- und Vorgangsbearbeitungssystemen, elektronisch geführte Karteien, Entscheidungsunterstützungssysteme und sonstige computergeführte Register. Ausgenommen sind dagegen Datenverarbeitungsvorgänge, die nicht automatisiert sind, etwa solche in Papierakten[17] und Notizbüchern.[18]

13

Adressaten der Protokollierungspflicht sind Verarbeiter von personenbezogen Daten zu den in § 40 genannten Zwecken als Verantwortliche sowie deren Auftragsverarbeiter. Die Protokollierungspflicht gilt für den Auf-

14

---

15 Dazu *Burghardt/Reinbacher* in BeckOK DatenschutzR BDSG § 76 Rn. 6.
16 So *Burghardt/Reinbacher* in BeckOK DatenschutzR BDSG § 76 Rn. 1; *Paal* in Paal/ Pauly BDSG § 76 Rn. 2.
17 *Burghardt/Reinbacher* in BeckOK DatenschutzR BDSG § 76 Rn. 10.
18 *Kramer/Meints* in Auernhammer BDSG § 76 Rn. 5.

tragsverarbeiter direkt.[19] Auftragsverarbeiter haben gemäß § 57 Abs. 5 Satz 2 Nr. 5 die Protokolldaten dem Auftraggeber zur Verfügung zu stellen.

15   Nach den Mindestanforderungen des Abs. 1[20] sollen die Vorgänge der Erhebung (Nr. 1), der Veränderung (Nr. 2), der Abfrage (Nr. 3), der Offenlegung einschließlich Übermittlung (Nr. 4), der Kombination (Nr. 5) und der Löschung (Nr. 6) von Daten protokolliert werden. Abs. 1 übernimmt hier die Vorgaben von Art. 25 Abs. 1 JI-RL wortgleich in einer Aufzählung. Aus dem Begriff „**mindestens**" wird deutlich, dass grundsätzlich auch andere Arten von Datenverarbeitungsvorgängen protokolliert werden können. Die in Abs. 1 genannten Vorgänge sind Varianten der Verarbeitung iSv § 41 Nr. 2 und richtlinienkonform auszulegen.[21] Abs. 2 konkretisiert den Umfang der Protokollierung. Darüberhinausgehende Protokollierungen müssen datenschutzrechtlich erforderlich sein.[22]

16   Die Begriffe des Erhebens, Veränderns, Abfragens und Offenlegens entsprechen den Definitionen des § 41 Nr. 2 (→ § 41 Rn. 16, 25). Der Begriff „Kombination" findet weder § 41 Nr. 2 noch in Art. 3 Nr. 2 JI-RL oder in Art. 4 DS-GVO Erwähnung. Er ist synonym mit den Vorgängen der Verknüpfung und des Abgleichs.[23] „Abgleich oder Verknüpfung" bedeutet den Vorgang, zwei oder mehr bekannte, aber bisher separat geführte Daten einander zuzuordnen (→ § 41 Rn. 30), also zu kombinieren. Protokolliert werden sollte, wer wann welche Daten kombiniert oder zusammengeführt hat.[24]

17   „**Löschen**" bedeutet den Vorgang, ein gespeichertes Datum vom System so zu entfernen, dass es danach nicht mehr aus dem System heraus ausgelesen werden kann (→ § 41 Rn. 33). Dies kann die Vernichtung von Datenträgern als Unterfall der Löschung einschließen.[25] Protokolliert werden sollte, vom wem wann Daten aus dem System entfernt worden sind. Dabei darf der Zweck der Löschung nicht gefährdet werden. Der **Inhalt** der gelöschten Daten darf **nicht protokolliert** werden. Protokolliert werden sollte Kategorien der gelöschten Daten.

II. Protokollinhalte (Abs. 2)

18   Abs. 2 enthält Vorgaben zum Inhalt der Protokolle zu den Verarbeitungsvorgängen Abfrage (Abs. 1 Nr. 3) und Offenlegung (Abs. 1 Nr. 4). Protokolleinträge zu sonstigen in Abs. 1 genannten Verarbeitungsvorgängen (Erhebung, Veränderung, Kombination und Löschung) sind nicht von den Vorgaben des Abs. 2 betroffen. Die Art. 29-Datenschutzgruppe forderte, dass alle in Abs. 2 genannten Inhalte für alle in Abs. 1 genannten Vorgänge protokolliert werden sollten.[26] Um den mit der Protokollpflicht verfolgten

19 *Piltz* NVwZ 2018, 698.
20 S. ErwG 57 JI-RL.
21 Dazu detailliert *Piltz* NVwZ 2018, 698 f.
22 *Kramer/Meints* in Auernhammer BDSG § 76 Rn. 9.
23 *Piltz* NVwZ 2018, 698; *Franck* in HK-DSG NRW § 55 Rn. 10.
24 *Johannes/Weinhold* in HK-BDSG § 76 Rn. 23.
25 IE *Franck* in HK-DSG NRW § 55 Rn. 10; aA *Burghardt/Reinbacher* in BeckOK DatenschutzR BDSG § 76 Rn. 9.
26 Art. 29-Datenschutzgruppe WP 258, 2017, 26; aA *Piltz* NVwZ 2018, 699: contra legem.

Zweck zu erreichen, ist die Aufnahme der in Abs. 2 genannten Daten idR nötig. ZB ist ein Protokoll ohne Zeitangabe weitgehend unbrauchbar.[27]

Nach Abs. 2 müssen zu den Verarbeitungsvorgängen Offenlegung und Ab-   19
fragen die Protokolldaten mindestens ermöglichen, Datum und Uhrzeit des Vorgangs sowie dessen **Begründung festzustellen**. Dabei kann sich die Begründung im Einzelfall aus weiteren Protokolldaten ergeben, etwa aus der Angabe der Identität der datenverarbeitenden Person.[28]

So weit wie möglich ist auch die **Identität der Person** anzugeben, die den   20
Datenverarbeitungsvorgang vornimmt, sowie die **Identität der Empfänger** der Daten. Daher sollten automatisierte Verarbeitungssysteme nur **perso-nalisierte** Zugriffe gestatten. Dies ist nach § 59 idR ohnehin als angemessene Sicherungsmaßnahme geboten (Benutzer-, Rollen- und Rechtemanagement). Dabei muss eine irgendwie geartete, ggf. nachträgliche Identifizierung immer möglich bleiben, denn aus der Identifizierung sollte sich die Begründung für die Verarbeitungsvorgänge ableiten lassen.[29] Deswegen kann sich die Protokollierung aber auf systemseitig verwendete Pseudonyme, zB User-IDs oder Nutzerkennungen, beschränken, soweit die Identifizierung unter Hinzunahme weiterer Informationen möglich bleibt.[30]

Organisatorische Maßnahmen müssen verhindern, dass die Rückführbar-   21
keit von protokollierungspflichtigen Datenverarbeitungsvorgängen auf Einzelpersonen unterlaufen wird, etwa durch die verbreitete Unsitte, dass sämtliche Beamte einer Dienststelle tageweise die Zugangsdaten eines Beamten für den Zugriff auf Datenbanken nutzen.[31]

Der Vorbehalt der Möglichkeit erstreckt sich nur auf die direkte Identifi-   22
zierbarkeit durch Protokolldaten. Er ist idR auf die Fälle beschränkt, in denen identifizierende Angaben faktisch oder aus organisatorischen Gründen im Einzelfall nicht möglich sind. Nicht zulässig ist es, die Protokollierung der Identität zum Schutz höherrangiger Interessen nicht vorzunehmen.[32]

III. Zweckbindung (Abs. 3)

Abs. 3 stellt klar, dass Protokolle nur zur Überprüfung der Rechtmäßigkeit   23
der Datenverarbeitung, für die Eigenüberwachung,[33] für die Sicherstellung der Integrität und Sicherheit der personenbezogenen Daten und für Strafverfahren verwendet werden dürfen. Dies ist eine **strenge gesetzliche Zweckfestlegung**.[34] Sie ist enger als die entsprechende Regelung in § 76 Abs. 3 BDSG, die auch die betroffene Person benennt. Sie ist damit näher an der Vorlage des Art. 25 JI-RL.

Die Protokollierung ist eine **Verfahrenssicherung**, die den Grundrechtsein-   24
griff der Datenverarbeitung abmildern soll. Um eine abschreckende Wir-

---

27 *Johannes/Weinhold* in HK-BDSG § 76 Rn. 26.
28 ErwG 57 JI-RL.
29 ErwG 57 Satz 2 JI-RL; *Franck* in HK-DSG NRW § 55 Rn. 13.
30 AA *Franck* in HK-DSG NRW § 55 Rn. 13, der aber richtig darauf hinweist, dass die Identifizierung nach Art. 25 JI-RL nicht fakultativ ist.
31 So *Burghardt/Reinbacher* in BeckOK DatenschutzR BDSG § 76 Rn. 15.
32 So aber *Burghardt/Reinbacher* in BeckOK DatenschutzR BDSG § 76 Rn. 15.
33 Umfasst gemäß ErwG 57 Satz 4 JI-RL auch interne Disziplinarverfahren.
34 *Kamlah* in Plath BDSG § 76 Rn. 3.

kung zu entfalten, sind **automatisierte Log-Audits** vorzusehen.[35] Die Protokollierung darf aber nicht ihrerseits zu Grundrechtseingriffen führen.[36] Eine Verwendung des Protokolls in anderen Strafverfahren ist daher auszuschließen und auf Strafverfahren der betroffenen Personen und der Verarbeiter beim Verantwortlichen zu beschränken. Die Vorschrift ist daher entsprechend eng auszulegen.[37] Anders als zB nach § 76 BDSG oder § 62 BlnDSG dürfen die Protokolldaten nicht als Teil eines Informations- oder Auskunftsverlangens an die betroffene Person herausgegeben werden.[38]

IV. Bereitstellungspflicht (Abs. 4)

25   Abs. 4 verpflichtet den Verantwortlichen und den Auftragsverarbeiter, die Protokolle der oder dem HDSB auf Anforderung zur Verfügung zu stellen. Zweck der **Herausgabepflicht** ist die Datenschutzkontrolle.

C. Würdigung

26   Die Vorschrift regelt ein **sinnvolles Mittel**, um die Rechtmäßigkeit der Datenverarbeitung zu gewährleisten. Sie ist richtlinienkonform. Sie sollte jedoch iSv Art. 1 Abs. 3 JI-RL um die Pflicht des Verantwortlichen zur Bereitstellung der Protokolle für die oder den behördlichen DSB ergänzt werden. Nähere Bestimmungen zu den Möglichkeiten der betroffenen Personen (Mitarbeiter) zur Einsichtnahme in die Protokolldaten sollten ebenfalls getroffen werden.[39]

§ 72 Vertrauliche Meldung von Verstößen

Der Verantwortliche hat zu ermöglichen, dass ihm vertrauliche Meldungen über in seinem Verantwortungsbereich erfolgende Verstöße gegen Datenschutzvorschriften zugeleitet werden können.

Literatur:

Beukelmann, Schutz von Hinweisgebern, NJW-Spezial 2019, 312; *Dann/Markgraf*, Das neue Gesetz zum Schutz von Geschäftsgeheimnissen, NJW 2019, 1774; *Greve*, Das neue Datenschutzrecht, NVwZ 2017, 737; *Groß/Platzer*, Whistleblowing: Keine Klarheit beim Umgang mit Informationen und Daten, NZA 2017, 1097; *Groß/Platzer*, Richtlinie der EU zur Stärkung des Schutzes von Hinweisgebern ante portas, NZA 2018, 913; *Naber/Peukert/Seeger*, Arbeitsrechtliche Aspekte des Geschäftsgeheimnisgesetzes, NZA 2019, 583; *Ohly*, Das neue Geschäftsgeheimnisgesetz im Überblick, GRUR 2019, 441.

---

35 Art. 29-Datenschutzgruppe WP 258, 26.
36 *Voßhoff* BT-Ausschussdrucksache 18(4)788, 23.
37 AA *Kramer/Meints* in Auernhammer BDSG § 76 Rn. 16.
38 Vgl. zB VG Berlin ZD 2020, 268 Rn. 23.
39 *Schwichtenberg* in Kühling/Buchner BDSG § 76 Rn. 7.

A. Allgemeines

I. Bedeutung der Vorschrift

Die Vorschrift begründet die Pflicht, organisatorische und technische Maßnahmen zu ergreifen und soll das **Whistleblowing** hinsichtlich Datenschutzverstößen erleichtern.[1] Sie bezweckt, die **Selbstkontrolle** der zuständigen Behörde zu verbessern.[2] Die vertrauliche Meldung von Verstößen den Meldenden schützen. Zweck ist daher auch der **Schutz von Whistleblowern.**[3]

1

II. Entstehungsgeschichte

Die Vorschrift war schon im ursprünglichen Gesetzesentwurf enthalten[4] und wurde im **Gesetzgesetzgebungsverfahren** nicht verändert. Eine ihre entsprechende Vorschrift gab es im HDSG nicht.

2

III. Unionsrechtliche Regelungen

Die Vorschrift setz Art. 48 JI-RL um. Danach sollen die Mitgliedstaaten vorsehen, dass die zuständigen Behörden wirksame Vorkehrungen treffen, um vertrauliche Meldungen über Verstöße gegen diese Richtlinie zu fördern. Statt sie zu fördern, sollen nach der Vorschrift vertrauliche Meldungen nur ermöglicht werden. Insoweit bleibt ihr Wortlaut hinter den Vorgaben der JI-RL zurück.[5] Diese Pflicht soll die **Arbeit der Aufsichtsbehörden fördern.**[6]

3

Am 16.12.2019 ist die Whistleblower-Richtlinie (WB-RL) verabschiedet worden.[7] Sie ist nach Art. 26 bis zum 17.12.2021 von den Mitgliedsstaaten umzusetzen. Die WB-RL untersagt ua die Suspendierung, Entlassung, Herabstufung, Versagung einer Beförderung, Gehaltsminderung, negative Leistungsbeurteilung, Ausstellung eines schlechten Arbeitszeugnisses, disziplinarische Verweise, Mobbing, die ausbleibende Entfristung sowie Diskriminierung. Geschützt werden gemäß Art. 2 Abs. 1 WB-RL sämtliche Hinweisgeber im privaten oder öffentlichen Sektor. Nach Art. 8 müssen alle juristischen Personen **interne und externe Kanäle** und Verfahren für die Übermittlung von Meldungen einrichten.

4

IV. Verhältnis zu anderen Vorschriften

Die Vorschrift orientiert sich an § 77 BDSG. Sie steht im **Zusammenhang** mit den übrigen Pflichten des Verarbeiters, insbesondere denen, die die Selbstkontrolle fördern sollen. Das sind insbesondere die Pflicht zur Dokumentation in § 65, zur Protokollierung in § 71 und zur DSFA in § 62. Bestehen die zu meldenden Verstöße tatsächlich, was vom Verantwortlichen

5

---

1 *Johannes/Weinhold* in HK-BDSG § 77 Rn. 1.
2 *Burghardt/Reinbacher* in BeckOK DatenschR BDSG § 77 Rn. 1.
3 *Greve* NVwZ 2017, 742.
4 LT-Drs. 19/5728, 42.
5 Vgl. *Schwichtenberg* in Kühling/Buchner BDSG § 77 Rn. 2.
6 *Johannes/Weinhold* in HK-BDSG § 77 Rn. 3.
7 EU ABl. L 305 vom 26.11.2019, 17; s. hierzu *Groß/Platzer* NZA 2018, 913; *Schmolke* NZG 2020, 5.

überprüft werden muss, muss er idR eine Meldung an den HDSB gemäß § 60 veranlassen.

6   Die Vorschrift betrifft allein das **interne Whistleblowing** und nicht die Weitergabe von Informationen an andere Behörden (Datenschutzaufsicht, Fach-/Rechtsaufsicht, Staatsanwaltschaft) oder die Öffentlichkeit und die Presse. Überschneidungen mit dem Anwendungsbereich des Geschäftsgeheimnis-Schutzgesetz sind möglich.[8]

B. Vertrauliche Meldung von Verstößen

7   Jeder **Verantwortliche** hat im Anwendungsbereich von § 40 zu ermöglichen, dass ihm vertrauliche Meldungen über Datenschutzverstöße in seinem Verantwortungsbereich zugeleitet werden können. Diese Pflicht erfordert es, entsprechende **TOM** zu ergreifen. Ermöglicht werden müssen sowohl behördeninterne Meldungen (zB durch Mitarbeiter) als auch Hinweise von betroffenen Personen oder sonstigen Dritten.[9]

8   In Ansehung der breiteren Verpflichtung nach Art. 48 JI-RL geht mit der Vorschrift die Pflicht einher, eine **Organisationsstruktur** zu etablieren, in der Meldungen entgegengenommen und ernsthaft untersucht werden. Dazu hat jeder Verantwortliche einen oder mehrere **Kommunikationskanäle** zu **eröffnen**, die es ermöglichen, dass Whistleblower Verstöße vertraulich melden können. Das bedeutet, dass Meldungen auch anonym gemacht werden können müssen. Dabei ist sicherzustellen, dass die Meldenden geschützt und auch die Rechte der betroffenen Personen gewahrt werden. Das könnte zB dadurch erreicht werden, dass Meldungen automatisiert an den behördlichen DSB weitergeleitet werden.[10] Die Identität des Meldenden darf in der Regel nicht preisgegeben werden und sollte nur dem behördlichen DSB bekannt sein. Auch dürfen keine Umstände offengelegt werden, die Rückschlüsse auf die meldende Person zulassen. Diese Pflichten folgen für den DSB auch aus § 6 Abs. 5 Satz 2, dessen Verletzung nach § 203 Abs. 4 StGB strafbewehrt ist.

9   Wie der Verantwortliche der Pflicht nachkommt, steht in seinem Ermessen. Ein frei zugänglicher, nicht-überwachter Briefkasten ist zB dazu geeignet, einen vertraulichen Kommunikationszugang zu eröffnen. Es sind auch elektronische Kommunikationskanäle zu eröffnen, an die sowohl anonyme als auch **verschlüsselte Nachrichten** geschickt werden können.[11]

10 Die JI-RL will Meldungen von Verstößen fördern. Sekundärer Regelungsgehalt der Vorschrift ist daher, dass über die Möglichkeit des vertraulichen Meldungszugangs auch aktiv zu informieren ist. Sie sollte in den **öffentlichen Informationsangeboten** der Verantwortlichen beworben werden, zB auf ihren Webseiten.[12] Entsprechend sollten Behördenmitarbeiter

---

8 *Dann/Markgraf* NJW 2019, 1774; *Ohly* GRUR 2019, 441; *Naber/Peukert/Seeger* NZA 2019, 583.
9 BT-Drs. 18/11325, 120; LT-Drs. 19/5728, 124.
10 BT-Drs. 18/11325, 120; LT-Drs. 19/5728, 124.
11 Transportverschlüsselung und Inhaltsverschlüsselung zB durch PGP oder s./mime; die Behörde oder besser deren Datenschutzbeauftragter muss dazu seinen öffentlichen Schlüssel verbreiten.
12 *Herbst* in Auernhammer BDSG § 77 Rn. 9.

auch geschult und auf die vertrauliche Meldungsmöglichkeit hingewiesen werden.[13]

C. Würdigung

Die Unterstützung von **Whistleblowing ist ein sinnvolles Mittel,** um die Rechtmäßigkeit der Datenverarbeitung zu gewährleisten. Ein fehlendes Hinweisgebersystem ist allerdings lediglich ein formeller Rechtsverstoß. Er kann weder mit Bußgeld belegt werden noch können Einzelne Schadensersatzansprüche daraus ableiten. Im Rahmen seiner Befugnisse muss der HDSB auf die Einrichtung eines Hinweisgebersystems hinwirken.

11

Fünfter Abschnitt: Datenübermittlungen an Drittländer und an internationale Organisationen

§73 Allgemeine Voraussetzungen

(1) Die Übermittlung personenbezogener Daten an Stellen in Drittländern oder an internationale Organisationen ist bei Vorliegen der übrigen für Datenübermittlungen geltenden Voraussetzungen zulässig, wenn

1. die Stelle oder internationale Organisation für die in § 40 genannten Zwecke zuständig ist und
2. die Europäische Kommission nach Art. 36 Abs. 3 der Richtlinie (EU) Nr. 2016/680 einen Angemessenheitsbeschluss gefasst hat.

(2) [1]Die Übermittlung personenbezogener Daten hat trotz des Vorliegens eines Angemessenheitsbeschlusses im Sinne des Abs. 1 Nr. 2 und des zu berücksichtigenden öffentlichen Interesses an der Datenübermittlung zu unterbleiben, wenn im Einzelfall ein datenschutzrechtlich angemessener und die elementaren Menschenrechte wahrender Umgang mit den Daten beim Empfänger nicht hinreichend gesichert ist oder sonst überwiegende schutzwürdige Interessen einer betroffenen Person entgegenstehen. [2]Bei seiner Beurteilung hat der Verantwortliche maßgeblich zu berücksichtigen, ob der Empfänger im Einzelfall einen angemessenen Schutz der übermittelten Daten garantiert.

(3) [1]Wenn personenbezogene Daten, die aus einem anderen Mitgliedstaat der Europäischen Union übermittelt oder zur Verfügung gestellt wurden, nach Abs. 1 übermittelt werden sollen, muss diese Übermittlung zuvor von der zuständigen Stelle des anderen Mitgliedstaats genehmigt werden. [2]Übermittlungen ohne vorherige Genehmigung sind nur dann zulässig, wenn die Übermittlung erforderlich ist, um eine unmittelbare und ernsthafte Gefahr für die öffentliche Sicherheit eines Mitgliedstaats oder eines Drittlandes oder für die wesentlichen Interessen eines Mitgliedstaats abzuwehren, und die vorherige Genehmigung nicht rechtzeitig eingeholt werden kann. [3]Im Fall des Satz 2 ist die Stelle des anderen Mitgliedstaats, die für die Erteilung der Genehmigung zuständig gewesen wäre, unverzüglich über die Übermittlung zu unterrichten.

---

13 *Johannes/Weinhold* in HK-BDSG § 77 Rn. 10.

(4) [1]Der Verantwortliche, der Daten nach Abs. 1 übermittelt, hat durch geeignete Maßnahmen sicherzustellen, dass der Empfänger die übermittelten Daten nur dann an Stellen in anderen Drittländern oder andere internationale Organisationen weiterübermittelt, wenn der Verantwortliche diese Übermittlung zuvor genehmigt hat. [2]Bei der Entscheidung über die Erteilung der Genehmigung hat der Verantwortliche alle maßgeblichen Faktoren zu berücksichtigen, insbesondere die Schwere der Straftat, den Zweck der ursprünglichen Übermittlung und das in dem Drittland oder der internationalen Organisation, an das oder an die die Daten weiterübermittelt werden sollen, bestehende Schutzniveau für personenbezogene Daten. [3]Eine Genehmigung darf nur dann erfolgen, wenn auch eine direkte Übermittlung an die Stelle im anderen Drittland oder die andere internationale Organisation zulässig wäre. [4]Die Zuständigkeit für die Erteilung der Genehmigung kann auch abweichend geregelt werden.

Literatur:

De Hert/Papakonstantinou, The new police and criminal justice data protection directive, New Journal of European Criminal Law 2017, 7.

A. Allgemeines

I. Bedeutung der Vorschrift

1 Mit Art. 8 Abs. 1 GRCh und Art. 16 Abs. 1 AEUV ist der Schutz personenbezogener Daten auch bei deren Übermittlung an Drittstaaten und internationale Organisationen zu gewährleisten.[1] Datenschutzvorschriften der EU sind jedoch bei der Verarbeitung in einem Land außerhalb der EU oder des EWR, den sogenannten **Drittländern,** nicht anwendbar. Ein hinreichendes Maß an Datenschutz ist dadurch nicht gewährleistet. Damit besteht sowohl das Risiko einer uneingeschränkten Datenverwendung im Empfän-

---

1 ErwG 1 und 5 JI-RL.

gerland als auch eines unkontrollierten Rückflusses in die EU. Um den grundrechtlichen Schutzauftrag zu erfüllen, diese Risiken abzumildern und damit das **hohe Datenschutzniveau des Unionsrechts** auch bei der Verarbeitung außerhalb der Union zu gewährleisten, sieht die JI-RL umfangreiche Regelungen zur Zulässigkeit von Übermittlungen personenbezogener Daten aus der Union an Empfänger in Drittländern oder an **internationale Organisationen** vor. Mit diesem Regelungsrahmen zielt die JI-RL auf die Institutionalisierung und Straffung solcher Datenflüsse.[2]

Ziel der Vorschrift und des fünften Abschnitts ist es daher, die Übermitt- 2 lung an Drittländer und internationale Organisationen zu ermöglichen, zu erleichtern und gleichzeitig ein hohes **Schutzniveau zu gewährleisten.**[3] Daten sollen nur dann an ein Drittland oder eine internationale Organisation übermittelt werden, wenn dies für die Zwecke des § 40 notwendig ist. Das durch die JI-RL unionsweit gewährleistete Schutzniveau für natürliche Personen soll bei der Übermittlung personenbezogener Daten aus der Union an Verantwortliche, Auftragsverarbeiter oder andere Empfänger in Drittländern oder an internationale Organisationen nicht untergraben werden. Das Schutzniveau soll darüber hinaus erhalten bleiben, wenn aus dem Drittland oder von der internationalen Organisation personenbezogene Daten an Verantwortliche oder Auftragsverarbeiter in demselben oder einem anderen Drittland oder an dieselbe oder eine andere internationale Organisation weiterübermittelt werden.[4]

II. Entstehungsgeschichte

Die Grundsätze zur Übermittlung personenbezogener Daten an Drittländer 3 ist bereits aus Art. 25 DSRL und aus **§ 17 HDSG** bekannt. Die Datenverarbeitung durch Polizeibehörden wurde von der DSRL nicht erfasst. Ihr Anwendungsbereich war beschränkt auf den Geltungsbereich des EGV.

Die Vorschrift entspricht in ihrem Wortlaut weitgehend § 78 BDSG. Sie 4 war schon so im Gesetzentwurf enthalten[5] und wurde im Gesetzgebungsverfahren nicht mehr verändert. Sie berücksichtigt die Rechtsprechung des **Bundesverfassungsgerichts**[6] und sieht eine Abwägungsentscheidung vor, die gewährleisten soll, dass eine Übermittlung unterbleibt, wenn im Einzelfall Anlass zur Besorgnis besteht und diese Besorgnis auch nach einer Prüfung durch den Verantwortlichen weiter besteht, dass ein elementaren rechtsstaatlichen Grundsätzen genügender Umgang mit den übermittelten Daten nicht gewährleistet ist.[7]

III. Unionsrechtliche Regelungen

Die Vorschrift setzt Art. 35 und Art. 36 Abs. 1 JI-RL um. Sie nimmt in 5 Abs. 1 Bezug zu **Angemessenheitsbeschlüssen** nach Art. 36 Abs. 3 JI-RL. Mit einem solchen Durchführungsrechtsakt kann die Kommission mit

---

2 *De Hert/Papakonstantinou* New Journal of European Criminal Law 2017, 11.
3 ErwG 4 JI-RL.
4 ErwG 64 JI-RL.
5 LT-Drs. 19/5728, 41.
6 BVerfGE 141, 220.
7 BT-Drs. 18/11325, 120; LT-Drs. 19/5728, 125.

Wirkung für die gesamte Union beschließen, dass bestimmte Drittländer, ein Gebiet oder ein oder mehrere spezifische Sektoren in einem Drittland oder eine internationale Organisation ein **angemessenes Datenschutzniveau** bieten. Allerdings hat die Kommission bis Ende 2020 noch keine Angemessenheitsbeschlüsse im Anwendungsbereich der JI-RL gefasst. Da die DS-RL den sachlichen Anwendungsbereich der JI-RL inhaltlich durch Art. 3 Abs. 2 ausnahm, können Angemessenheitsbeschlüsse, die aufgrund von Art. 25 Abs. 6 DSRL erlassen wurden, keine Geltung iSv von Art. 36 JI-RL haben. Aufgrund der unterschiedlichen Anwendungsbereiche können auch Angemessenheitsbeschlüsse nach der DS-GVO nicht für den Anwendungsbereich des § 40 gelten.

IV. Verhältnis zu anderen Vorschriften

6   Die Regelung wird durch die §§ 74 bis 76 und Art. 36 JI-RL ergänzt. Die Vorschrift ist weitgehend wortgleich zu § 78 BDSG. Im Unterschied zum Begriff Drittstaaten in § 78 BDSG spricht die Vorschrift von Drittländern, der von der DS-GVO und JI-RL ebenfalls verwendet wird. Ein inhaltlicher Unterschied ergibt sich daraus nicht.

7   Auch bei Übermittlungen in Drittstaaten und internationale Organisationen müssen die **allgemein für Übermittlungen geltenden Pflichten** nach § 53 Abs. 5 Satz 1 und 2, nach § 59 Abs. 3 Nr. 6 und Nr. 8 beachtet und eingehalten werden. Ob Mitteilungen über Berichtigungen und Löschungen gemacht werden dürfen, ist gesondert nach den §§ 74 bis 76 am Einzelfall zu bestimmen. Insbesondere hinsichtlich Berichtigungen kann es im Einzelfall aufgrund einer Abwägung nach Abs. 2 geboten sein, keine Mitteilung zu machen, wenn dies die Rechte der betroffenen Personen mehr schont.[8]

8   Spezifische Regelungen zu internationalen Übermittlungen finden sich auch im **Fachrecht** – zB in §§ 22 bzw. 23 HSOG. Bei Datenverarbeitungen auf Grundlage der StPO sind nach § 500 StPO die §§ 78 ff. BDSG entsprechend anzuwenden und haben Anwendungsvorrang vor §§ 73 ff.

B. Allgemeine Voraussetzungen der Datenübermittlung

9   Die Vorschrift unterscheidet zwischen Vorgaben, die für sämtliche Übermittlungen gelten, und Vorgaben, die speziell auf die Übermittlung auf Grundlage eines Angemessenheitsbeschlusses Anwendung finden.[9] Die Vorschrift regelt zunächst die **allgemeinen Voraussetzungen**, die bei jeder Datenübermittlung an Stellen in Drittstaaten oder an internationale Organisationen vorliegen müssen. Die Vorschrift enthält jedoch **weitergehend zusätzliche Anforderungen** an die Datenübermittlung aufgrund von verfassungsrechtlichen Vorgaben. Geregelt wird die Datenübermittlung auf der Grundlage eines Angemessenheitsbeschlusses der Kommission in Abs. 1, die Abwägungsentscheidung im Einzelfall in Abs. 2, die Genehmigung einer Datenübermittlung in Abs. 3 sowie die Weiterleitung an andere Drittstaaten in Abs. 4.

---

8   *Johannes/Weinhold* in HK-BDSG § 78 Rn. 14.
9   *Schwichtenberg* in Kühling/Buchner BDSG § 78 Rn. 3.

Ein zentraler Begriff des fünften Abschnitts ist die „Übermittlung". Diese 10
ist eine Phase der Datenverarbeitung nach § 41 Nr. 2 als Form der Offenlegung (§ 41 Rn. 15). Übermittlung ist die Mitteilung oder Bekanntgabe von
Daten an individuell bestimmte Adressaten, sei es mündlich, schriftlich,
elektronisch oder in anderer Weise.[10] Der Begriff Drittland wird zwar nicht
in den Begriffsbestimmungen in § 41 näher definiert, aber in § 1 Abs. 6
und Abs. 7 geklärt (→ § 1 Rn. 42 ff. und 45 ff.). Der Begriff der „internationalen Organisation" wird in § 41 Nr. 17 definiert (→ § 41 Rn. 61).

I. Zulässigkeit der Datenübermittlung (Abs. 1)

Abs. 1 regelt die **Grundsätze für die Übermittlung** oder Weitergabe perso- 11
nenbezogener Daten an Drittländer oder internationale Organisationen im
Bereich der polizeilichen oder justiziellen Zusammenarbeit in Strafsachen.
Diese können in allgemeine und besondere Vorrausetzungen unterschieden
werden.[11] Übermittlungen in Drittländer sind nur zulässig, wenn sowohl
die allgemeinen als auch die besonderen Vorrausetzungen vorliegen. Mit
Abs. 1 wird Art. 35 Abs. 1 lit. b, Abs. 1 Nr. 2, Art. 35 Abs. 1 lit. d erste Variante JI-RL umgesetzt.[12]

1. Allgemeine Voraussetzungen

Datenübermittlungen sind nach Abs. 1 nur zulässig „bei Vorliegen der üb- 12
rigen für Datenübermittlungen geltenden Vorrausetzungen". Dies bedeutet,
dass die Verantwortlichen die Übermittlung auf **gesetzliche Ermächtigungsgrundlagen** stützen können müssen. Das können spezialgesetzliche und bereichsspezifische Ermächtigungen zur Übermittlung sein.[13] Ausreichen
können im Einzelfall auch zur Datenverarbeitung ermächtigende General-
normen. Entscheidend kommt es dann darauf an, dass die Übermittlung in
das Drittland oder eine internationale Organisation gemessen an dem Verarbeitungszweck und der Ermächtigungsgrundlage erforderlich und angemessen ist.[14] Auch müssen die allgemeinen Grundsätze für die Verarbeitung personenbezogener Daten nach § 42 erfüllt sein.

2. Zuständigkeit (Nr. 1)

Neben den „übrigen" Vorrausetzungen muss der Empfänger der Daten 13
nach Abs. 1 Nr. 1 für die Verhütung, Ermittlung, Aufdeckung, Verfolgung
oder Ahndung von Straftaten oder Ordnungswidrigkeiten zuständig sein.
Zur Überprüfung, ob diese Vorrausetzung vorliegt, muss die übermittelnde
Stelle in der Lage sein, die Verwaltungsorganisation des Drittlands zu beurteilen.[15] Die Zuständigkeit der empfangenden Stelle wird sich in vielen Fällen aus ihrer **Aufgabenbeschreibung** ableiten lassen. Zuständig sind idR
Polizeien, Strafgerichte und Staatsanwaltschaften. Zuständige internationale Organisationen sind zB Interpol und UNPOL.

---

10 *Reimer* in HK-DS-GVO Art. 4 Rn. 69.
11 *Frenzel* in Paal/Pauly BDSG § 78 Rn. 4.
12 LT.-Drs. 19/5728, 125.
13 *Hilgers* in BeckOK DatenschutzR BDSG § 78 Rn. 17.
14 Ebenso *Hilgers* in BeckOK DatenschutzR BDSG § 78 Rn. 15.
15 S. *Frenzel* in Paal/Pauly BDSG § 78 Rn. 6.

3. Angemessenheitsbeschluss (Nr. 2)

14   Als weitere Vorrausetzung für die Übermittlung an Drittländer oder internationale Organisationen legt Abs. 1 Nr. 2 fest, dass ein **Angemessenheitsbeschluss** vorliegt, der sich entweder auf das Drittland, ein Gebiet oder ein oder mehrere spezifische Sektoren in diesem Drittland, in dem die empfangende Stelle ihren Sitz hat, oder auf eine internationale Organisation selbst bezieht. Angemessenheitsbeschlüsse **ersetzen keine eigene Prüfung** und Entscheidung hinsichtlich der sonstigen Übermittlungsvoraussetzungen, wie Abs. 2 verdeutlicht.[16]

II. Unterbleiben der Übermittlung im Einzelfall (Abs. 2)

15   Abs. 2 bestimmt über die Vorgaben des Art. 35 Abs. 1 lit. d und Art. 36 Abs. 1 JI-RL hinaus,[17] dass eine Datenübermittlung trotz eines Angemessenheitsbeschlusses zu unterbleiben hat, wenn im Einzelfall die Besorgnis besteht, dass ein datenschutzrechtlich angemessener und die elementaren **Menschenrechte** wahrender Umgang mit den übermittelten Daten beim Empfänger nicht hinreichend gesichert ist oder sonst überwiegende schutzwürdige Interessen einer betroffenen Person entgegenstehen.

16   Die Regelung enthält zusätzliche Anforderungen an die Datenübermittlung an Stellen in Drittländern oder internationale Organisationen aufgrund der verfassungsrechtlichen Vorgaben, die sich unter anderem aus dem **BKA-Urteil**[18] des BVerfG ergeben: *„Der Gesetzgeber hat daher dafür Sorge zu tragen, dass dieser Grundrechtsschutz durch eine Übermittlung der von deutschen Behörden erhobenen Daten ins Ausland und an internationale Organisationen ebenso wenig ausgehöhlt wird wie durch eine Entgegennahme und Verwertung von durch ausländische Behörden menschenrechtswidrig erlangten Daten."*[19] Danach dürfen datenschutzrechtliche Garantien im Inland in ihrer Substanz nicht durch den Austausch von personenbezogenen Daten zwischen Sicherheitsbehörden unterlaufen werden. Zum anderen ergeben sich Grenzen der Übermittlung dort, wo mit Blick auf die Nutzung von Daten durch den Empfängerstaat Menschenrechtsverletzungen zu besorgen sind. Nach dem BVerfG ist eine Übermittlung demnach zwingend auszuschließen, wenn zu befürchten ist, dass elementare rechtsstaatliche Grundsätze verletzt werden.[20]

17   Nach Abs. 2 Satz 2 hat die übermittelnde Stelle aber maßgeblich zu berücksichtigen, ob der Empfänger im Einzelfall einen angemessenen Schutz der übermittelten Daten **garantiert**. Durch diese Garantien können Umstände, die die Sicherheit eines Angemessenheitsbeschluss erschüttern, kompensiert werden.[21]

18   Bei der Überprüfung im Einzelfall muss das öffentliche Interesse an der Übermittlung berücksichtigt werden. Eine Abwägung mit den schutzwürdigen Interessen der betroffenen Personen ist die Folge. Die Datenüber-

---

16   *Frenzel* in Paal/Pauly BDSG § 78 Rn. 8.
17   LT-Drs. 19/5728, 125.
18   BVerfGE 141, 220, BVerfG NJW 2016, 1781 (1800 ff.).
19   BVerfGE 141, 220, BVerfG NJW 2016, 1781 (1806), Rn. 327.
20   BVerfGE 141, 220, BVerfG NJW 2016, 1781 (1806), Rn. 328.
21   *Frenzel* in Paal/Pauly BDSG § 78 Rn. 11.

mittlung muss unterbleiben, wenn der **Grundrechtsschutz** der betroffenen Person die öffentlichen Interessen an der Datenübermittlung überwiegt. Dabei ist auf das Datenschutzniveau des Empfängers abzustellen.[22] Ein **schutzwürdiges Interesse** der betroffenen Person ist die ordnungsgemäße Verarbeitung der ihn betreffenden personenbezogen Daten. Es kommt nicht allein darauf an, dass ihm durch die Übermittlung ein Schaden entsteht oder entstehen könnte, obgleich dies ein starkes Indiz ist. Ob das schutzwürdige Interesse die zu berücksichtigenden öffentlichen Interessen an der Datenübermittlung überwiegen, ist eine Frage des Einzelfalles.[23]

Die in Abs. 2 geforderte Einzelfallprüfung ist mit der JI-RL vereinbar.[24] 19 Durch sie wird der Vorrang des Unionsrechts oder die Entscheidungshoheit der Kommission nicht in Frage gestellt. Eine vom Angemessenheitsbeschluss abweichende Würdigung der Lage in dem Drittstaat ist nämlich idR damit zu begründen, dass zwischen Erlass des **Angemessenheitsbeschlusses** und der Einzelfallentscheidung neue Umstände oder Tatsachen eingetreten sind.[25] Ein Angemessenheitsbeschluss darf nicht als Begründung dafür dienen, **rechtsstaatliche Versprechen** zu unterlaufen und das durch die JI-RL gewährleistete Schutzniveau zu untergraben. Abs. 2 dient als konkretisierende Umsetzung von Art. 35 Abs. 2 JI-RL.[26]

III. Weiterübermittlung von Daten (Abs. 3)

Abs. 3 setzt der **Weiterübermittlung** von Daten, die aus einem anderen 20 Mitgliedstaat der EU zur Verfügung gestellt wurden, durch hessische Behörden an Drittländer Grenzen. Satz 1 setzt Art. 35 Abs. 1 lit. c JI-RL sowie in Abs. 3 Satz 2 und 3 Art. 35 Abs. 2 der JI-RL.[27] Die Vorschrift muss in doppelter Hinsicht als institutionelle **Verfahrenssicherung** verstanden werden. Sie soll die unbedachte Weiterverbreitung von personenbezogenen Daten verhindern. Die Behörde darf nach Art. 35 Abs. 1 lit. c JI-RL die Übermittlung nur genehmigen, wenn sie im Einklang mit dem Recht ihres Mitgliedstaates steht. Dies soll sicherstellen, dass eine Übermittlung im Einklang mit dem Rechtssystem steht, dem die betroffene Person unterliegt.[28] Satz 1 anerkennt aber auch einen Kernbereich mitgliedstaatlicher Souveränität bezogen auf die zum Zweck der Strafverfolgung, -verhütung und Gefahrenabwehr erhobenen Daten. Damit soll auch der Anspruch der übermittelnden Behörde als „Herrin über das Verfahren" unterstrichen werden.[29]

1. Genehmigungsgrundsatz (Satz 1)

Satz 1 bestimmt den Grundsatz, dass eine Weiterübermittlung von Daten 21 in ein Drittland oder eine internationale Organisation nur mit der Geneh-

---

22 *Hilgers* in BeckOK DatenschutzR BDSG § 78 Rn. 34.
23 *Johannes/Weinhold* in HK-BDSG § 78 Rn. 30.
24 *Johannes/Weinhold* in HK-BDSG § 78 Rn. 31.
25 *Frenzel* in Paal/Pauly BDSG § 78 Rn. 10.
26 *Gaitzsch* in Auernhammer BDSG § 78 Rn. 11.
27 LT-Drs. 19/5728, 125.
28 *Schwichtenberg* in Kühling/Buchner BDSG § 78 Rn. 6.
29 *Johannes/Weinhold* in HK-BDSG § 78 Rn. 34.

migung der zuständigen Stelle des anderen Mitgliedstaates erfolgt. Adressat der Vorschrift sind die in § 40 **genannten Behörden.**

22   Satz 1 gilt für **alle Übermittlungen an Drittländer** oder internationale Behörden und nicht nur für solche auf Grundlage von Angemessenheitsbeschlüssen. Dies verdeutlichen sowohl Art. 35 Abs. 1 lit. c JI-RL[30] als auch die Verweise in §§ 74 Abs. 1, 75 Abs. 1 und 76 Abs. 1 auf die übrigen Vorrausetzungen für die Datenübermittlung an Drittstaaten nach § 73.

23   Satz 1 erfasst solche Daten, die durch eine Behörde eines Mitgliedstaats der Union an eine Behörde in Hessen übermittelt worden oder ihr zur Verfügung gestellt worden sind. Die kumulative Nennung von „**Übermittlung**" und „**zur Verfügung stellen**" soll verdeutlichen, dass Übermittlungen neben der elektronischen Übertragung auf nicht elektronischem Wege erfolgen können, zB durch die körperliche Übersendung von Schriftstücken oder Datenträgern.[31]

24   Mitgliedstaaten der EU iSv Satz 1 sind nur die Staaten, die Mitglied der EU sind. Anders als § 1 Abs. 7 wird nicht auf Staaten des Schengen-Besitzstandes abgestellt. Dies folgt der Vorgabe von Art. 35 Abs. 2 JI-RL, der ebenso eindeutig formuliert.[32] Gemessen am Ziel der Vorschrift ist die Beschränkung des Anwendungsbereichs auf Mitgliedsstaaten folgerichtig. Gewahrt werden soll das **Datenschutzniveau der Union** und die Interessen der Mitgliedstaaten.

25   Zuständige Stelle des Mitgliedstaates, die der Übermittlung zustimmen soll, ist die Stelle, die der Mitgliedstaat dazu ernannt hat. Dies muss nicht die Stelle sein, die die Daten ursprünglich an die Behörde in Hessen übermittelt hat.[33] Es liegt im **Interesse der Mitgliedstaaten**, die Zuständigkeit gegenüber den anderen Mitgliedstaaten transparent zu kommunizieren. Verzögerungen, die durch die Feststellung der Zuständigkeit oder Verweisungsketten entstehen, können bedingen, dass eine Genehmigung iSv Abs. 3 Satz 3 nicht rechtzeitig eingeholt werden kann.

26   Für die Genehmigung iSv Abs. 3 ist **keine besondere Form** vorgeschrieben. Sie kann schriftlich, elektronisch oder (fern-)mündlich erteilt werden. Zur Protokollierung und Rechenschaft sollte sowohl die Genehmigungsanfrage als auch die Genehmigung selbst in einer sicheren und nachprüfbaren Form dokumentiert werden. Dafür bietet sich sowohl die Schriftform als auch die durch qualifizierte elektronische Signaturen oder Siegel gesicherte elektronische Form an. Was verwaltungsintern als ausreichend und nachweissicher anzusehen ist, wird sich nach der Eilbedürftigkeit des Einzelfalls und dem konkreten **Verhältnis der Zusammenarbeit** zwischen den Behörden bestimmen lassen müssen. Insbesondere (fern-)mündliche oder per einfacher E-Mail übermittelte Anfragen oder Genehmigungen sollten gegebenenfalls nachträglich nachvollziehbar und beweissicher dokumentiert werden.

---

30   So *Schwichtenberg* in Kühling/Buchner BDSG § 78 Rn. 6.
31   *Hilgers* in BeckOK DatenschutzR BDSG § 78 Rn. 41.
32   Klärungsbedarf sieht *Hilgers* in BeckOK DatenschutzR BDSG § 78 Rn. 40.
33   Das kann auch aus Abs. 4 Satz 4 geschlossen werden.

2. Ausnahmen (Satz 2)

Nach Satz 2 ist eine Übermittlung **ohne vorherige Genehmigung** ausnahmsweise zulässig, wenn sie erforderlich ist, um eine **unmittelbare und ernsthafte Gefahr** für die öffentliche Sicherheit eines Mitgliedstaates oder eines Drittlandes oder für die wesentlichen Interessen eines Mitgliedstaats abzuwehren, und die vorherige Genehmigung nicht rechtzeitig eingeholt werden kann. Diese Ausnahmeregelung wird durch die Unterrichtungspflicht nach Satz 3 ergänzt. Die für die Erteilung der Genehmigung zuständige Behörde ist unverzüglich zu unterrichten.[34]

a) Gefahr für die öffentliche Sicherheit (Alt. 1)

Nach Alt. 1 muss eine unmittelbare und ernsthafte Gefahr für die öffentliche Sicherheit eines Mitgliedstaates oder Drittlandes bestehen. Die Begriffe sind iSd Polizeirechts aber eingedenk des unionalen Ursprungs auszulegen. Traditionell wird unter **öffentliche Sicherheit** den Bestand und die Funktionsfähigkeit des Staates und seiner Einrichtungen, Individualrechte und -rechtsgüter sowie die Gesamtheit der (objektiven) Rechtsordnung und zT kollektive Rechtsgüter (oder Gemeinschaftsrechtsgüter) verstanden.[35]

Eine **Gefahr** liegt vor, wenn eine Sachlage oder ein Verhalten bei ungehindertem Ablauf des objektiv zu erwartenden Geschehens mit hinreichender Wahrscheinlichkeit ein geschütztes Rechtsgut der öffentlichen Sicherheit schädigen wird. Die Gefahr ist „**unmittelbar**", wenn das schädigende Ereignis begonnen hat oder wenn diese Entwicklung unmittelbar oder in nächster Zeit mit an Sicherheit grenzender Wahrscheinlichkeit bevorsteht. Die Gefahr muss darüber hinaus „ernsthaft" sein. Weder das Landesrecht Hessen noch das Bundesrecht kannten bisher den Begriff der „ernsthaften Gefahr". Dieser Begriff ist mit dem bekannten Begriff der **erheblichen Gefahr** gleichzusetzen. Eine erhebliche Gefahr, wie sie in § 9 Abs. 1 Nr. 1 HSOG angesprochen ist, ist eine Gefahr für ein bedeutsames Rechtsgut, wie Bestand des Staates, Leben, Gesundheit, Freiheit, wesentliche Vermögenswerte oder andere strafrechtlich geschützte Güter von erheblicher Bedeutung für die Allgemeinheit.[36] Diese Auslegung lässt sich auch ohne Schwierigkeiten mit dem Sinn und Zweck der Norm in Einklang bringen. Ausnahmen zum Grundsatz der Genehmigungseinholung sollten restriktiv sein. Nur so lässt sich die Entscheidungshoheit der betroffenen Mitgliedstaaten erhalten.

Zu beachten ist ferner, dass Alt. 1 die **öffentliche Sicherheit eines Mitgliedstaates oder eines Drittlandes** meint und nicht ausschließlich die eines Mitgliedstaates der EU. Die Unterscheidung wird deutlich im Vergleich zu Abs. 3 Satz 2 Alt. 2, die auf den Mitgliedstaat abstellt. Die Alt. 1 ist auch nicht auf Sender und Empfänger einer Übermittlung beschränkt. Im Gegenteil gebietet es die Ausnahmeregelung, dass Übermittlungen bei erheblicher Gefahr im Verzug zum Schutz der öffentlichen Sicherheit an der Übermittlung nicht beteiligter Staaten vorgenommen werden darf. Es reicht also, dass überhaupt die öffentliche Sicherheit eines Staates unmittelbar er-

---

34 S. auch ErwG 65 JI-RL.
35 *Johannes/Weinhold* in HK-BDSG § 78 Rn. 46.
36 So auch die Definition in § 14 Abs. 2 Satz 2 BPolG.

heblich gefährdet ist. Gefährdet sein kann daher sowohl die öffentliche Sicherheit des weiterübermittelnden Mitgliedstaats, die des ursprünglich übermittelnden Mitgliedstaats, die jedes anderen Mitgliedstaats, die des empfangenden Drittstaats und die jedes anderen Drittstaats.[37]

31   Das Tatbestandmerkmal, dass die Genehmigung **nicht rechtzeitig** eingeholt werden kann, bedeutet im Zusammenhang mit Alt. 1, dass die Gefahr so unvermittelt eintritt oder bevorsteht,[38] dass es unmöglich ist, rechtzeitig eine vorherige Genehmigung einzuholen.

b) Gefahr für wesentliche Interessen eines Mitgliedstaates (Alt. 2)

32   Nach Alt. 2 sind **ungenehmigte Übermittlungen** zulässig, um eine unmittelbare und ernsthafte Gefahr (→ Rn. 29) für die wesentlichen Interessen eines Mitgliedstaates abzuwenden.

33   Im Gegensatz zu Alt. 1 wird in Alt. 2 nicht auf Mitgliedstaaten und Drittländer abgestellt, sondern nur auf „Mitgliedstaat" und niederschwelliger kommt es nur auf „wesentliche Interessen" an. Dies liegt daran, dass die Mitgliedstaaten im EU-Mehrebenensystem es in ihrer **Verbundenheit** miteinander eher hinnehmen sollen, dass im Falle einer nicht rechtzeitigen Genehmigung die von ihnen stammenden Daten weitergegeben werden, so dass dann „**wesentliche Interessen**" genügen sollen. Der Begriff „wesentliche Interessen" kann weitgehend mit dem Begriff der „öffentlichen Ordnung" in der Rechtsprechung des EuGH gleichgesetzt werden. Unter diesem versteht der EuGH die von den Mitgliedstaaten hoheitlich festgelegten Grundregeln, die die wesentlichen Interessen des Staates berühren.[39] Somit bestimmt das wesentliche Interesse eines Mitgliedstaats iSd Alt. 2 dieser selbst. Die Anwendbarkeit von Alt. 2 ist entsprechend beschränkt. **Keinesfalls** kann auf die wesentlichen Interessen eines **Drittlandes** abgestellt werden.

34   Das Tatbestandmerkmal, dass die Genehmigung **nicht rechtzeitig** eingeholt werden kann, bedeutet im Zusammenhang mit Alt. 2, dass die wesentlichen Interessen geschädigt werden, bevor eine Genehmigung eingeholt wird. Einer irreparablen Schädigung bedarf es nicht.

3. Unterrichtungspflicht (Satz 3)

35   Die Ausnahmeregelung nach Satz 2 wird durch die Unterrichtungspflicht nach Satz 3 ergänzt. Die Behörde, die für die Erteilung der vorherigen Genehmigung zuständig gewesen wäre, muss **unverzüglich unterrichtet** werden. Unverzüglich meint ohne schuldhaftes Zögern. Ist der weiterübermittelnden Stelle die zuständige Stelle bekannt, sollte die Unterrichtung bereits zeitgleich mit der Übermittlung an den Drittstaat erfolgen. Dies dient sowohl dem Schutz weiterer betroffener Personen bei laufenden Ermittlungsverfahren als auch dem Interesse des ursprünglich übermittelnden Mitgliedstaats gegen bestimmte Weiterübermittlungen. Die unverzügliche Un-

---

37 Dazu *Johannes/Weinhold* in HK-BDSG § 78 Rn. 54.
38 ErwG 65 JI-RL.
39 EuGH ECLI:EU:C:1977:172, Rn. 33 – Bouchereau.

terrichtung soll dem Mitgliedstaat insbesondere ermöglichen, weitere Weiterübermittlungen zu widersprechen.

IV. Weiterübermittlungen durch Empfänger (Abs. 4)

Abs. 4 dient der Umsetzung von Art. 35 Abs. 1 lit. e JI-RL.[40] Adressat der Vorschrift ist die deutsche Behörde, die Daten nach Abs. 1 an Drittstaaten oder internationale Organisationen übermitteln will. Werden Daten an Empfänger in einem Drittstaat oder an eine internationale Organisation weitergeleitet, dürfen diese Empfänger selbst wiederum die Daten nur mit **Genehmigung** der übermittelnden Behörde an einen anderen Drittstaat oder an eine andere internationale Organisation weiterleiten. Die übermittelnde deutsche Behörde hat diese Vorgaben durch **geeignete Maßnahmen** sicherzustellen. 36

Abs. 4 soll gewährleisten, dass das durch die JI-RL unionsweit bestehende **Schutzniveau** nicht unterlaufen wird. Der Anwendungsbereich der Norm ist allerdings nicht eröffnet, wenn eine Datenübermittlung von einer hessischen Behörde an einen Mitgliedstaat der EU erfolgt und von dort die Daten an ein Drittland oder eine internationale Organisation weitergeleitet werden.[41] 37

Abs. 4 nimmt ausdrücklich Abs. 1 in Bezug und ergänzt diesen. Abs. 4 greift also nur bei Übermittlungen an Drittländer oder internationale Organisationen, wenn ein **Angemessenheitsbeschluss** iSv Abs. 1 Nr. 2 vorliegt. Diese Beschränkung erklärt sich daraus, dass §§ 74 und 75 spezifischere Vorgaben zu den für eine Übermittlung notwendigen Garantien machen oder nach § 76 auf die besondere Eilbedürftigkeit abstellt. 38

Eine **Weiterübermittlung** liegt immer dann vor, wenn die Daten von einem Empfänger in einem Drittland oder einer internationalen Organisation an eine Stelle weitergeleitet werden, die nicht dem Drittland oder der internationalen Organisation angehört, an die der Verantwortliche die Daten übermittelt hat.[42] Dies schränkt den Anwendungsbereich von Abs. 4 scheinbar ein, da Weiterleitungen innerhalb des Drittlandes nicht erfasst sein könnten. Nach ErwG 64 JI-RL sollen diese Weiterübermittlungen aber auch erfasst sein, um nicht das Schutzniveau für Übermittlung aus der Union zu untergraben.[43] Eine zu befürchtende Weiterübermittlung von Daten innerhalb des empfangenden Drittlands an andere Stellen als die, die für Aufgaben iSv § 40 zuständig sind, können bei einer Entscheidung nach Abs. 2 berücksichtigt werden. 39

1. Geeignete Maßnahmen (Satz 1)

Nach Satz 1 hat der Verantwortliche, der personenbezogene Daten übermittelt, für den Fall einer Weiterleitung der Daten **durch geeignete Maßnahmen** sicherzustellen, wenn der Verantwortliche diese Übermittlung zuvor genehmigt hat. Geeignete Maßnahmen können organisatorischer und 40

---

40 LT-Drs. 19/5728, 125.
41 *Hilgers* in BeckOK DatenschutzR BDSG § 78 Rn. 52.
42 Ausführlich *Hilgers* in BeckOK DatenschutzR BDSG § 78 Rn. 57 ff.
43 *Hilgers* in BeckOK DatenschutzR BDSG § 78 Rn. 60.

rechtlicher Art. Sie können zB in zuverlässigen internationalen zwischenbehördlichen Kommunikationswegen, der Sicherstellung von gegenseitiger Erreichbarkeit und transparenten Zuständigkeitsregelungen bestehen. Die ursprünglich übermittelnde Stelle sollte Übermittlungen Warnhinweise beifügen, die die Weiterübermittlung von Daten ohne Genehmigung untersagen.[44] Garantien sollten beim Empfänger der personenbezogenen Daten ein bestimmtes Verhalten oder einen geeigneten und angemessenen Umgang mit den erhaltenen Daten sicherstellen. Garantien sind in zwischenstaatlichen oder zwischenbehördlichen Abkommen oder Verträgen niederzulegen. Inhalt solcher Abkommen kann insbesondere sein, ob und wie die Daten innerhalb des Drittlandes weitergeben werden.

2. Genehmigung (Satz 2)

41   Satz 2 soll sicherstellen, dass das Datenschutzniveau der EU gewahrt wird, wenn Daten an Drittländer oder an internationale Organisationen gelangen und von dort aus weiterübermittelt werden. Bei der Entscheidung hat der Verantwortliche alle maßgeblichen Faktoren zu berücksichtigen. Entscheidungsrelevant sind insbesondere die Schwere der Straftat, der Zweck der ursprünglichen Übermittlung und das Datenschutzniveau im Drittland oder in der internationalen Organisation. Satz 2 gibt **Orientierungspunkte** für die Entscheidung, ist aber nicht abschließend formuliert. Alle maßgeblichen Faktoren müssen kumulativ geprüft werden. Die Entscheidung über die Genehmigung ist von der hessischen Behörde zu dokumentieren.[45]

42   Die Genehmigungsanfrage wird idR durch die Stelle im Drittland gestellt werden, dem die Daten ursprünglich aus Hessen übermittelt worden sind. Sie kann auch von jeder anderen nach dem Recht des Drittlandes **zuständigen Stelle** gestellt werden. Die Zuständigkeit der antragstellenden Behörde muss ggf. von der Genehmigungsbehörde geprüft werden.

3. Zulässigkeitsäquivalenz (Satz 3)

43   Nach Satz 3 hängt die Genehmigung zur Weitergabe davon ab, dass die Daten auch direkt an das andere Drittland oder die andere internationale Organisation übermittelt werden dürften. Ob diese Voraussetzung vorliegen muss geprüft werden, bevor die **Einzelfallentscheidung** nach Satz 2 getroffen wird.

4. Zuständigkeitsregelungen (Satz 4)

44   Über die Genehmigung entscheidet grundsätzlich die hessische Behörde, die die personenbezogenen Daten ursprünglich übermittelt hat. Die Zuständigkeit für die Erteilung der Genehmigung kann nach Satz 4 aber auch **abweichend geregelt** werden. So kann für eine derartige Genehmigung die verwaltungsrechtliche Aufsichtsbehörde oder eine zentral bestimmte Verbindungsstelle zuständig sein.

---

44 *Frenzel* in Paal/Pauly BDSG § 78 Rn. 19.
45 *Frenzel* in Paal/Pauly BDSG § 78 Rn. 21.

C. Würdigung

Effektive Regelungen für den **Datentransfer** im Informationszeitalter auf- 45
zustellen, ist eine Herausforderung. Dies hat nicht zuletzt die Entscheidung
des EuGH zu den Standardvertragsklausel und dem Privacy-Shield gezeigt.[46] Durch die Vorschrift wird der internationale Austausch von personenbezogenen Daten zu Zwecken der Strafverfolgung, Strafverhütung und
Gefahrenabwehr über die Grenzen der Union hinaus grundlegend regu-
liert. Der Austausch von Daten mit Drittstaaten und internationalen Behörden ist zur effektiven Erfüllung rechtstaatlicher Aufgaben im Anwendungsbereich von § 40 oft erforderlich. Er muss aber reglementiert und
kontrolliert werden. Die Vorgaben der §§ 73 bis 76 sind restriktiv auszulegen, aber nicht so streng, dass der Datenaustausch an sich verhindert
wird.[47]

Die Vorschriften in fünften Abschnitt (§§ 73 bis 76) ergänzen die spezielle- 46
ren Vorschriften zur Übermittlung im internationalen Bereich, insbesondere § 23 HSOG. In dessen Abs. 1 wird klargestellt, dass die Vorschriften zusammen zur Anwendung kommen sollen. Eine Übermittlung im internationalen Bereich ist nur zulässig, soweit dies zur Erfüllung polizeilicher Aufgaben oder zur Abwehr einer erheblichen Gefahr durch die empfangende
Stelle erforderlich ist.

§ 74 Datenübermittlung bei geeigneten Garantien

(1) Liegt entgegen § 73 Abs. 1 Nr. 2 kein Beschluss nach Art. 36 Abs. 3 der
Richtlinie (EU) Nr. 2016/680 vor, ist eine Übermittlung bei Vorliegen der
übrigen Voraussetzungen des § 73 auch dann zulässig, wenn

1. in einem rechtsverbindlichen Instrument geeignete Garantien für den
   Schutz personenbezogener Daten vorgesehen sind oder
2. der Verantwortliche nach Beurteilung aller Umstände, die bei der Übermittlung eine Rolle spielen, zu der Auffassung gelangt ist, dass geeignete Garantien für den Schutz personenbezogener Daten bestehen.

(2) ¹Der Verantwortliche hat Übermittlungen nach Abs. 1 Nr. 2 zu dokumentieren. ²Die Dokumentation hat den Zeitpunkt der Übermittlung, Informationen über die empfangende zuständige Behörde, die Begründung
der Übermittlung und die übermittelten personenbezogenen Daten zu enthalten. ³Sie ist der oder dem Hessischen Datenschutzbeauftragten auf Anforderung zur Verfügung zu stellen.

(3) ¹Der Verantwortliche hat die Hessische Datenschutzbeauftragte oder
den Hessischen Datenschutzbeauftragten zumindest jährlich über Übermittlungen zu unterrichten, die aufgrund einer Beurteilung nach Abs. 1
Nr. 2 erfolgt sind. ²In der Unterrichtung kann er die Empfänger und die
Übermittlungszwecke angemessen kategorisieren.

---

46 EuGH ECLI:EU:C:2020:559.
47 *Frenzel* in Paal/Pauly BDSG § 78 Rn. 22.

A. Allgemeines

I. Bedeutung der Vorschrift

1   Die Vorschrift enthält alternative Voraussetzungen für die **Datenübermittlungen an Stellen in Drittländern** im Verhältnis zu § 73.[1] Liegt kein Angemessenheitsbeschluss der Kommission nach Art. 36 JI-RL vor, kann sich die Zulässigkeit der Übermittlung alternativ nach der Vorschrift ergeben. Dies ist Ende 2020 mangels wirksamer Angemessenheitsbeschlüsse noch der Regelfall.

II. Entstehungsgeschichte

2   Art. 26 Abs. 2 DSRL enthielt eine mit Art. 37 JI-RL vergleichbare Regelung, wonach ein Mitgliedstaat eine **Datenübermittlung an ein Drittland** genehmigen konnte, das kein angemessenes Datenschutzniveau gewährleistete. In der Umsetzung dieser Regelung bestimmte § 17 HDSG, dass eine Übermittlung zulässig war, wenn sie im Interesse des Betroffenen lag oder beim Empfänger ein angemessener Datenschutz gewährleistet wurde. Lagen diese Voraussetzungen nicht vor, sah § 17 HDSG weitere Ausnahmen vor, insbesondere die Einwilligung des Betroffenen.

3   Die Vorschrift war bereits im ursprünglichen Gesetzesentwurf enthalten[2] und wurde im **Gesetzgebungsverfahren** nicht verändert.

III. Unionsrechtliche Regelungen

4   Die Vorschrift setzt Art. 37 JI-RL um. Liegt kein **Angemessenheitsbeschluss** iSd Art. 36 Abs. 3 JI-RL vor, kann eine Übermittlung vorbehaltlich geeigneter Garantien nach Art. 37 JI-RL erfolgen. Die Vorschrift enthält im Vergleich zu Art. 37 JI-RL sprachliche und inhaltliche Abweichungen, die jedoch keine wesentlichen materiellrechtlich Abweichungen zur Folge haben.

IV. Verhältnis zu anderen Vorschriften

5   Die Vorschrift wird durch die §§ 73, 75 und 76 sowie Art. 36 JI-RL ergänzt. Auch bei Übermittlungen in **Drittländer und internationale Organisationen** müssen die allgemein für Übermittlungen geltenden Pflichten nach § 53 Abs. 5 Satz 1 und 2, nach § 59 Abs. 3 Nr. 6 und Nr. 8 beachtet und eingehalten werden. Ob Mitteilungen über Berichtigungen und Löschun-

---

[1] LT-Drs. 19/5728, 125.
[2] LT-Drs. 19/5728, 42 f.

gen gemacht werden dürfen, ist gesondert nach den §§ 74 bis 76 am Einzelfall zu bestimmen.

Bei Datenverarbeitungen auf Grundlage der StPO ist nach § 500 StPO der   6
§ 79 BDSG entsprechend anzuwenden und hat Anwendungsvorrang vor der Vorschrift.

B. Datenübermittlung bei geeigneten Garantien

Die Vorschrift ist eine **Zulässigkeitsalternative** zu § 73. Das Fehlen eines   7
Angemessenheitsbeschlusses der Kommission kann kompensiert werden durch ein rechtsverbindliches Instrument (Abs. 1 Nr. 1) oder auf der Grundlage einer Prüfung durch den Verantwortlichen (Abs. 1 Nr. 2), um das angemessene Datenschutzniveau zu gewährleisten. Zentrales Anliegen der Vorschrift sind geeignete Garantien für den Schutz personenbezogener Daten.[3] Die Prüfung nach Abs. 1 Nr. 2 ist entsprechend Abs. 2 zu dokumentieren und der oder dem HDSB nach Abs. 3 zur Verfügung zu stellen.

I. Übermittlung ohne Angemessenheitsbeschluss (Abs. 1)

Abs. 1 enthält **zwei Alternativen**, nach denen Datenübermittlungen auch   8
ohne einen Angemessenheitsbeschluss der Kommission möglich sind. Neben Abs. 1 müssen aber auch die übrigen Voraussetzungen des § 73 erfüllt sein.[4] Mit Ausnahme eines Angemessenheitsbeschlusses sind damit alle Voraussetzungen für eine Übermittlung personenbezogener Daten nach § 73 gemeint. Somit muss zur Rechtfertigung einer Übermittlung nach Abs. 1 auch nach § 73 Abs. 1 Nr. 1 die Stelle in den Drittländern oder die internationale Organisation für die in § 40 aufgeführten Zwecke **zuständig** sein. Bei einer Weiterübermittlung von Daten aus einem anderen Mitgliedstaat muss dessen Genehmigung nach § 73 Abs. 3 vorliegen. Auch § 73 Abs. 2 ist anwendbar.[5] Der dort niedergelegte Grundsatz der **Einzelfallgarantie** des Empfängerstaates bei der Prüfung, ob geeignete Garantien vorhanden sind, entfaltet bei der Entscheidung nach Abs. 1 besondere Bedeutung.

1. Geeignete Garantien

Abs. 1 fordert geeignete **Garantien** für den Schutz personenbezogener Da-   9
ten. Der Begriff „Garantien" ist legaldefiniert. Er ist ausfüllungsbedürftig. Dem Verantwortlichen wird dadurch ein **Beurteilungsspielraum** eingeräumt.[6] Die Gesetzbegründung nennt keine Beispiele für Garantien. Das Gesetz konkretisiert den Begriff „geeignete Garantien" aber bei der Verarbeitung besonderer Kategorien personenbezogener Daten exemplarisch in § 43. Geeignete Garantien können danach insbesondere in Form von **TOM** zum Schutz personenbezogener Daten bestehen (→ § 43 Rn. 28 ff.).[7] Die konkrete Ausgestaltung der Maßnahmen, die den Datenschutz garantieren können, ist am konkreten Einzelfall zu bestimmen. Nach ErwG 71

---

3 ErwG 71 JI-RL.
4 *Frenzel* in Paal/Pauly BDSG § 79 Rn. 2.
5 BT-Drs. 18/11325, 120.
6 *Hilgers* in BeckOK DatenschutzR BDSG § 79 Rn. 13.
7 *Hilgers* in BeckOK DatenschutzR BDSG § 79 Rn. 7.

JI-RL können insbesondere Geheimhaltungspflichten Garantien sein. Auch **Bestimmungen,** dass die zu übermittelnden Daten nicht zu anderen Zwecken verarbeitet werden als zu den Zwecken, zu denen sie übermittelt wurden, können Garantien sein. Garantien könnten darüber hinaus darin bestehen, dass die zu übermittelnden Daten nicht verwendet werden, um die Todesstrafe oder eine andere Form der grausamen und unmenschlichen Behandlung zu beantragen, zu verhängen oder zu vollstrecken.[8]

10   Hinweise, was geeignete Garantien sein können, können auch der Parallelvorschrift in Art. 46 DS-GVO entnommen werden. Nach Art. 46 Abs. 2 und 3 bestehen geeignete Garantien ua in:

- einem rechtlich bindenden und durchsetzbaren Dokument zwischen den Behörden oder öffentlichen Stellen,
- verbindlichen internen Datenschutzvorschriften,
- Vertragsklauseln, die zwischen dem Verantwortlichen oder dem Auftragsverarbeiter und dem Verantwortlichen, dem Auftragsverarbeiter oder dem Empfänger der personenbezogenen Daten im Drittland oder der internationalen Organisation vereinbart wurden, oder
- Bestimmungen, die in Verwaltungsvereinbarungen zwischen Behörden oder öffentlichen Stellen aufzunehmen sind und durchsetzbare und wirksame Rechte für die betroffenen Personen einschließen.

11   Außerdem ist zu beachten, dass Abs. 1 keine Ausnahme von den **allgemeinen Voraussetzungen** für eine Datenübermittlung ist und ein angemessenes Datenschutzniveau in dem Drittland oder der internationalen Organisation voraussetzt. Gerechtfertigt ist es daher, solche Maßstäbe anzulegen, die bei einem Angemessenheitsbeschluss nach Art. 35 Abs. 2 JI-RL heranzuziehen wären. Der Schutz personenbezogener Daten, der durch geeignete Garantien gewährleistet werden soll, wird daher inhaltlich mit angemessenen Datenschutzniveaus gleichgesetzt.[9] Durch das Drittland sollten deshalb Garantien für ein angemessenes Schutzniveau gewährt werden, das mit dem Schutzniveau in der EU im Wesentlichen gleichwertig ist. Nach ErwG 67 JI-RL zählen zu den dabei insbesondere zu berücksichtigenden Maßstäben eine wirksame unabhängige **Überwachung des Datenschutzes** und Mechanismen für eine Zusammenarbeit mit den Datenschutzbehörden der Mitgliedstaaten. Auch sollten den von der Datenübermittlung betroffenen Personen **wirksame und durchsetzbare Rechte** sowie effektive behördliche und gerichtliche Rechtsbehelfe eingeräumt werden.[10]

2. Rechtsverbindliche Instrumente (Nr. 1)

12   Nach Nr. 1 können geeignete Garantien durch ein verbindliches **Rechtsinstrument** geschaffen werden. Rechtsverbindliche Instrumente sind solche mit bindenden oder verbindlichen Rechtswirkungen und Verpflichtungen aus einem Vertrag oder anderen Rechtsinstituten.[11] Rechtsverbindliche Instrumente können **bilaterale Abkommen** sein, die von den Mitgliedstaaten

---

8 *Johannes/Weinhold* in HK-BDSG § 79 Rn. 16.
9 So *Hilgers* in BeckOK DatenschutzR BDSG § 79 Rn. 9.
10 *Johannes/Weinhold* in HK-BDSG § 79 Rn. 18; s. auch EuGH ECLI:EU:C: 2020:559.
11 *Johannes/Weinhold* in HK-BDSG § 79 Rn. 19.

geschlossen und in ihre Rechtsordnung übernommen wurden. Diese sollen von ihnen betroffenen Personen durchgesetzt werden können und sicherstellen, dass die Datenschutzvorschriften und die Rechte der betroffenen Personen einschließlich ihres Rechts auf wirksame verwaltungsrechtliche und gerichtliche Rechtsbehelfe beachtet werden.[12] Rechtliche Instrumente können außerdem rechtlich bindende Dokumente, (öffentlich-rechtliche) Verträge zwischen Behörden sowie Verwaltungsvereinbarungen zwischen Behörden sein.[13]

3. Beurteilung (Nr. 2)

Alternativ zur **Festlegung der Garantien** in rechtsverbindlichen Instrumenten nach Nr. 1 können zur Übermittlungsrechtfertigung ausreichende Garantien in einem Verfahren nach Nr. 2 durch die zu übermittelnde Behörde festgestellt werden. Die Tatbestandsalternative der Nr. 2 wird zur Verfahrenssicherung um Dokumentations- und Unterrichtungspflichten in den Abs. 2 und 3 ergänzt.[14] Nr. 2 ist **Auffangtatbestand** zu Nr. 1.[15] Nr. 1 und 2 schließen sich nicht gegenseitig aus, sondern können sich auch ergänzen.[16] Rechtsinstrumente, die noch nicht den Anforderungen nach Nr. 1 genügen, können bei einer Beurteilungsentscheidung nach Nr. 2 Berücksichtigung finden.[17]

Die Feststellung nach Nr. 2 setzt ein **Beurteilungsverfahren** und eine Beurteilungsentscheidung voraus.[18] Beurteilt werden müssen alle relevanten Umstände, die es rechtfertigen, von geeigneten Garantien für den Schutz personenbezogener Daten in dem Drittland oder der internationalen Organisation auszugehen, oder die dagegensprechen. Der Verantwortliche wird verpflichtet zu beurteilen, ob ohne ein rechtsverbindliches Instrument dennoch geeignete Garantien für den Schutz personenbezogener Daten bestehen. Die Beurteilung ist am **Einzelfall** auszurichten.[19] Dem Verantwortlichen wird dadurch ein Beurteilungsspielraum eingeräumt.[20]

Bei der Beurteilung soll der Verantwortliche zB **Geheimhaltungspflichten,** den **Verwendungszweck** und die **Spezialität** der Daten, ebenso wie Kooperationsvereinbarungen zwischen Europol oder Eurojust und Drittländern als „Umstand" im Zusammenhang mit der Datenübermittlung berücksichtigen.[21] Garantien sollen gewährleisten, dass die zu übermittelnden Daten nicht zu anderen Zwecken verarbeitet werden als zu den Zwecken, zu denen sie übermittelt wurden.[22] Darüber hinaus sollte der Verantwortliche berücksichtigen, dass die personenbezogenen Daten, zB nach dem Recht des Drittlands nicht verwendet werden, um die Todesstrafe oder eine ande-

13

14

15

---

12 ErwG 71 JI-RL.
13 S. auch Art. 46 Abs. 2 lit. a und Abs. 3 lit. a und b DS-GVO.
14 *Johannes/Weinhold* in HK-BDSG § 79 Rn. 21.
15 So *Hilgers* in BeckOK DatenschutzR BDSG § 79 Rn. 12.
16 ErwG 71 JI-RL.
17 *Johannes/Weinhold* in HK-BDSG § 79 Rn. 23.
18 *Johannes/Weinhold* in HK-BDSG § 79 Rn. 22.
19 *Hilgers* in BeckOK DatenschutzR BDSG § 79 Rn. 13.
20 *Hilgers* in BeckOK DatenschutzR BDSG § 79 Rn. 13.
21 ErwG 71 JI-RL.
22 ErwG 71 JI-RL.

re Form der grausamen und unmenschlichen Behandlung zu beantragen, zu verhängen oder zu vollstrecken.[23]

II. Dokumentation (Abs. 2)

16   Abs. 2 legt dem Verantwortlichem eine **Dokumentationspflicht** hinsichtlich seiner Entscheidungen nach Abs. 1 Nr. 2 auf. Er setzt damit Art. 37 Abs. 3 JI-RL um.[24] Die Dokumentationspflicht besteht also nur, wenn für die Übermittlung zwar kein Angemessenheitsbeschluss der Kommission vorliegt, der Verantwortliche aber feststellt, dass im Drittland geeignete Garantien für den Schutz personenbezogener Daten bestehen.[25]

17   Die Dokumentation hat den Zeitpunkt der Übermittlung, die Identität des Empfängers, den Grund der Übermittlung und die übermittelten personenbezogenen Daten zu enthalten. Die Dokumentationspflichten gelten dem **gesamten Beurteilungsvorgang** des Verantwortlichen und den von ihm zugrunde gelegten Kriterien und Umständen, die bei der Übermittlung der Daten eine Rolle spielen.[26] Die Dokumentation dient den Grundsätzen der Transparenz nach § 42 Nr. 1, Art. 4 Abs. 1 lit. a JI-RL und der **Rechenschaft- und Nachweispflichten** nach Art. 4 Abs. 4 JI-RL. Sie ist der oder dem HDSB auf Anforderung zur Verfügung zu stellen. Sie muss daher verkehrsfähig sein. Sie kann schriftlich oder elektronisch erfolgen und gegen Manipulationen geschützt sein.[27]

18   Die Dokumentationspflicht wird für die Polizeibehörden in **§ 22 Abs. 3 Satz 3 HSOG** konkretisiert. Bei Übermittlungen nach dieser Vorschrift hat die Polizei einen Nachweis zu führen, aus dem der Anlass, der Inhalt, die empfangende Stelle, der Tag der Übermittlung sowie die Aktenfundstelle hervorgehen. Diese **Nachweispflicht** gilt erst recht für internationale Übermittlungen.

III. Unterrichtungspflicht (Abs. 3)

19   Nach Abs. 3 hat der Verantwortliche der oder dem HDSB zumindest jährlich über Übermittlungen zu unterrichten, die aufgrund einer Beurteilung nach Abs. 1 Nr. 2 erfolgt sind. Die Berichtspflicht besteht also nur, wenn für die Übermittlung zwar kein Angemessenheitsbeschluss vorliegt, der übermittelnde Verantwortliche aber zu der Auffassung gelangt ist, dass im Drittland geeignete Garantien für den Schutz personenbezogener Daten bestehen. In der Unterrichtung kann der Verantwortliche die **Empfänger** und die **Übermittlungszwecke** angemessen kategorisieren. Die Berichtspflicht ist in Verbindung mit der Dokumentationspflicht zu sehen, die erst die Kontrolle ermöglicht.[28] Abs. 3 setzt Art. 37 Abs. 2 JI-RL um.

20   Eine **Löschung und Vernichtung** der Übermittlungsdokumentation nach § 22 Abs. 3 Satz 4 HSOG erfolgt am Ende des Kalenderjahres, das dem Jahr seiner Erstellung folgt. Eine Löschung oder Vernichtung muss nach

---

23   *Johannes/Weinhold* in HK-BDSG § 79 Rn. 23.
24   LT-Drs. 19/5728, 125.
25   *Johannes/Weinhold* in HK-BDSG § 79 Rn. 25.
26   *Hilgers* in BeckOK DatenschutzR BDSG § 79 Rn. 17.
27   *Johannes/Weinhold* in HK-BDSG § 79 Rn. 26.
28   *Johannes/Weinhold* in HK-BDSG § 79 Rn. 27.

§ 22 Abs. 3 Satz 5 HSOG unterbleiben, solange der Nachweis für Zwecke einer bereits eingeleiteten Datenschutzkontrolle oder zur Verhinderung oder Verfolgung einer Straftat mit erheblicher Bedeutung benötigt wird oder Grund zu der Annahme besteht, dass im Falle einer Löschung schutzwürdige Interessen der betroffenen Person beeinträchtigt würden. Damit soll insbesondere der oder dem HDSB genügend Zeit für eine Prüfung der Übermittlungsdokumentation eingeräumt werden.

C. Würdigung

Die Vorschrift ermöglicht es Behörden in Hessen, im Anwendungsbereich von § 40 auch ohne Angemessenheitsbeschluss Daten aus der Union heraus zu übermitteln. Die Umsetzung von Art. 37 JI-RL ist konsequent. Das Verfahren ist aufwändiger als das nach § 73, weil die Behörde eine die Übermittlung tragende Entscheidung alleine vorbereiten muss.   21

An der Umsetzung von Art. 37 JI-RL in der Vorschrift kann kritisiert werden, dass die **unbestimmten Rechtsbegriffe** der unionalen Vorgaben zwar übernommen, aber nicht ausgefüllt werden. Wie wirksame Rechtsbehelfe und durchsetzbare Rechte definiert werden und wer darüber am Ende entscheidet, hätte vom Gesetzgeber deutlicher formuliert werden können, um einerseits Fehlinterpretationen vorzubeugen und andererseits, um verbindliche Standards iSe weitreichenden und wirksamen Datenschutzes zu schaffen.   22

§ 75 Ausnahmen für eine Datenübermittlung ohne geeignete Garantien

(1) Liegt entgegen § 73 Abs. 1 Nr. 2 kein Beschluss nach Art. 36 Abs. 3 der Richtlinie (EU) Nr. 2016/680 vor und liegen auch keine geeigneten Garantien im Sinne des § 74 Abs. 1 vor, ist eine Übermittlung bei Vorliegen der übrigen Voraussetzungen des § 73 auch dann zulässig, wenn die Übermittlung erforderlich ist

1. zum Schutz lebenswichtiger Interessen einer natürlichen Person,
2. zur Wahrung berechtigter Interessen der betroffenen Person,
3. zur Abwehr einer gegenwärtigen und erheblichen Gefahr für die öffentliche Sicherheit eines Staates,
4. im Einzelfall für die in § 40 genannten Zwecke oder
5. im Einzelfall zur Geltendmachung, Ausübung oder Verteidigung von Rechtsansprüchen im Zusammenhang mit den in § 40 genannten Zwecken.

(2) Der Verantwortliche hat von einer Übermittlung nach Abs. 1 abzusehen, wenn die Grundrechte der betroffenen Person das öffentliche Interesse an der Übermittlung überwiegen.

(3) Für Übermittlungen nach Abs. 1 gilt § 74 Abs. 2 und 3 entsprechend.

Literatur:

Bäcker, Die Datenschutzrichtlinie für Polizei und Strafjustiz und das deutsche Eingriffsrecht, in: Hill/Kugelmann/Martini (Hrsg.), Perspektiven der digitalen Lebenswelt, 2017,

S. 63 (zitiert: *Bäcker* in Hill/Kugelmann/Martini); *Bäcker/Hornung*, EU-Richtlinie für die Datenverarbeitung bei Polizei und Justiz in Europa – Einfluss des Kommissionsentwurfs auf das nationale Strafprozess- und Polizeirecht, ZD 2012, 147.

A. Allgemeines

I. Bedeutung der Vorschrift

1   Die Vorschrift enthält eine **Zulässigkeitsalternative** zu §§ 73 und 74. Liegen weder ein Angemessenheitsbeschluss der Kommission nach Art. 36 JI-RL noch geeignete Garantien iSv § 74 Abs. 1 vor, kann sich die Zulässigkeit einer Übermittlung gegebenenfalls aus der Vorschrift ergeben. Voraussetzung dafür ist, dass die Übermittlung für die in der Vorschrift genannten Zwecke erforderlich ist. Die Vorschrift ist subsidiär zu §§ 73 und 74.[1]

II. Entstehungsgeschichte

2   Nach Art. 26 Abs. 1 lit. b, d, e DSRL konnten Daten auch ohne ein **angemessenes Datenschutzniveau** an ein Drittland oder eine internationale Organisation unter vergleichbaren Voraussetzungen wie nach der Vorschrift übermittelt werden. Die Regelung wurde im Wesentlichen durch § 17 HDSG umgesetzt.[2]

3   Die Vorschrift war schon im ursprünglichen Gesetzesentwurf enthalten[3] und wurde im **Gesetzgesetzgebungsverfahren** nicht verändert.

III. Unionsrechtliche Regelungen

4   Die Vorschrift setzt Art. 38 JI-RL um,[4] der ein **Auffangtatbestand** zu Art. 35 und Art. 37 ist. Liegen weder ein **Angemessenheitsbeschluss** iSd Art. 36 Abs. 3 JI-RL noch geeignete Garantien nach Art. 37 JI-RL vor, darf eine Übermittlung nur bei den in Art. 38 JI-RL genannten Ausnahmen vorgenommen werden.

---

1   Eine „strikt nachgeordnete Befugnis", so *Frenzel* in Paal/Pauly BDSG § 80 Rn. 1.
2   S. zB *Nungesser* § 17 Rn. 4 ff.
3   LT-Drs. 19/5728, 43.
4   LT-Drs. 19/5728, 125.

IV. Verhältnis zu anderen Vorschriften

Die Regelung wird durch die §§ 73, 74 und 76 sowie Art. 36 JI-RL ergänzt 5
(→ § 73 Rn. 6 ff.). Auch bei Übermittlungen in **Drittländer und internationale Organisationen** müssen die allgemein für Übermittlungen geltenden Pflichten nach § 53 Abs. 5 Satz 1 und 2, nach § 59 Abs. 3 Nr. 6 und Nr. 8 sowie die besonderen Anforderungen an eine Übermittlung in Drittländer und an internationale Organisationen in § 73 Abs. 1, 2 und 3 eingehalten werden. Im Polizeibereich ist § 23 HSOG zu beachten. Die Vorschrift ist an § 80 BDSG orientiert. Diese Regelung ist nach § 500 StPO anzuwenden, wenn die Übermittlung im Anwendungsbereich der der StPO erfolgt.

B. Ausnahmen für eine Datenübermittlung ohne geeignete Garantien

Die Vorschrift ist eine Zulässigkeitsalternative zu den §§ 73 und 74 für die 6
Übermittlung an Drittländer und internationale Organisationen. Überschrift, Systematik und Wortlaut der Vorschrift machen deutlich, dass es sich um einen Ausnahmetatbestand zu den §§ 73 und 74 handelt.[5] Die Ausnahme greift nur in den **abschließend aufgezählten Fällen.**[6] Die Erforderlichkeitsprüfung wird nach Abs. 2 ergänzt durch die Notwendigkeit einer auf den Einzelfall bezogenen Prüfung der Verhältnismäßigkeit. Abs. 3 enthält entsprechende Dokumentationspflichten.

Die Vorschrift ist als **Ausnahmeregelung restriktiv** auszulegen.[7] Mit ihr 7
dürfen keine häufigen, umfassenden und strukturellen Übermittlungen personenbezogener Daten sowie Datenübermittlungen in großem Umfang gerechtfertigt werden.[8] Übermittlungen, die auf die Vorschrift gestützt werden, müssen auf unbedingt notwendige Daten beschränkt sein.[9]

I. Einzelfallprüfung am Zweck (Abs. 1)

Die Ausnahme nach Abs. 1 setzt voraus, dass die **Übermittlung zu einem** 8
der in Abs. 1 genannten Zwecken erforderlich ist. Der Katalog ist abschließend. Er ist disparat und bedarf der kritischen Auseinandersetzung.[10]

1. Schutz lebenswichtiger Interessen einer natürlichen Person (Nr. 1)

Nr. 1 benennt als konkretes Rechtsgut „**lebenswichtige Interessen**" einer 9
natürlichen Person. Zum Schutz dieses Rechtsgut kann auf den Einzelfall bezogen unter Beachtung der Verhältnismäßigkeit eine Übermittlung gerechtfertigt sein. ISe restriktiven Auslegung muss sich „**natürliche Person**" im Einzelfall auf eine oder mehrere bestimmte natürliche Personen beziehen. Unionsrechtlich erweitert wird diese Ausnahme in Art. 39 Abs. 1 lit. a JI-RL zum Zweck des Schutzes lebenswichtiger Interessen von Dritten. Die Vorschrift meint sowohl betroffene Personen iSv § 41 Nr. 1 als auch andere Personen.

---

5 *Frenzel* in Paal/Pauly BDSG § 80 Rn. 1.
6 ErwG 72 JI-RL.
7 ErwG 71 JI-RL; s. auch *Gaitzsch* in Auernhammer BDSG § 80 Rn. 6; *Frenzel* in Paal/Pauly BDSG § 80 Rn. 2; *Schwichtenberg* in Kühling/Buchner BDSG § 80 Rn. 2.
8 ErwG 72 JI-RL.
9 *Johannes/Weinhold* in HK-BDSG § 80 Rn. 10.
10 So *Frenzel* in Paal/Pauly BDSG § 80 Rn. 2.

10   Der Begriff „lebenswichtige Interessen" wird im Gesetz nicht definiert. Er entstammt Art. 38 Abs. 1 lit. a JI-RL. Daneben verwenden ihn Art. 10 lit. b JI-RL und die ErwG 35 und 37 JI-RL. Der der Vorschrift entsprechende Art. 49 Abs. 1 lit. f DS-GVO verwendet den Begriff ebenfalls. Darüber hinaus ist er in Art. 6 Abs. 1 UAbs. 1 lit. d DS-GVO und Art. 9 Abs. 1 lit. c DS-GVO zu finden. Auch nach § 17 Abs. 2 Nr. 3 HDSG war eine Datenübermittlung zum Schutz lebenswichtiger Interessen der Betroffenen möglich. Orientiert am Verständnis dieser Vorschriften können Verarbeitungsinteressen als lebenswichtig angesehen werden, wenn es zB um die Behandlung von schweren medizinischen Fällen oder bei Maßnahmen zum Schutz vor gefährlichen Krankheiten und Infektionen geht.[11] Weitere Fälle könnten die Übermittlung der Daten von (mutmaßlich) verschleppten oder entführten Personen oder von Informationen zu Mord- oder Anschlagsdrohungen. Da Nr. 1 nicht auf die Interessen betroffener Personen beschränkt ist, können auch Daten von Verdächtigen und (mutmaßlichen) Tätern übermittelt werden. Denkbar sind auch Übermittlungen, die für humanitäre Hilfsaktionen notwendig sind.[12] Lebenswichtige Interessen sind abzugrenzen von finanziellen, eigentumsbezogenen oder familiären Interessen.[13] Nr. 1 setzt nicht voraus, dass die bedrohte Person nicht in der Lage ist, ihre Einwilligung zu erteilen.

11   Für ein lebenswichtiges Interesse muss es nicht auf „Leben und Tod" ankommen.[14] Ein systematischer Vergleich zu Nr. 2 zeigt aber auch, dass es sich bei „lebenswichtigen Interessen" um speziellere und gewichtigere Interessen als „berechtigte Interessen" handeln muss.[15] Der Begriff ist unionrechtlich einheitlich zu bestimmen. Sprachlich geht es um das zentrale lebenswichtige Interesse am Leben selbst. Vom Interesse ist alles umfasst, das für das unmittelbare Weiterleben einer natürlichen Person bedeutsam ist.

2. Wahrung berechtigter Interessen der betroffenen Person (Nr. 2)

12   Nr. 2 stellt auf die Wahrung berechtigter Interessen der betroffenen Person ab. Das ist die Person, deren Daten im Einzelfall auf Grundlage der Vorschrift übermittelt werden sollen. Der Anwendungsbereich der Vorschrift erstreckt sich nicht auch auf die Interessen anderer Personen. Zu beachten ist, dass es sich in Nr. 2 nicht – wie sonst im Datenschutzrecht – um das berechtigte Interesse des Verarbeiters an der Übermittlung handelt, sondern um das der betroffenen Person. Eine Datenübermittlung zu diesen Zwecken sollte im mutmaßlichen Willen der betroffenen Person liegen. Ob von einem solchen auszugehen ist, ist nur im Einzelfall feststellbar. Das dürfte idR der Fall sein, wenn die Übermittlung die betroffene Person be-

11   *Schantz* in Simitis/Hornung/Spiecker gen. Döhmann DS-GVO Art. 6 Abs. 1 Rn. 62 und Art. 49 Rn. 47; *Klug* in Gola DS-GVO Art. 49 Rn. 10; *Schröder* in Kühling/Buchner DS-GVO Art. 49 Rn. 35; *Johannes/Weinhold* in HK-BDSG § 80 Rn. 14 ff.
12   ErwG 46 Satz 3 DS-GVO; *Schantz* in Simitis/Hornung/Spiecker gen. Döhmann DS-GVO Art. 6 Abs. 1 Rn. 62 und Art. 49 Rn. 47.
13   *Schantz* in Simitis/Hornung/Spiecker gen. Döhmann DS-GVO Art. 49 Rn. 47.
14   *Klug* in Gola DS-GVO Art. 49 Rn. 10; *Schröder* in Kühling/Buchner DS-GVO Art. 49 Rn. 35; *Johannes/Weinhold* in HK-BDSG § 80 Rn. 14 ff.
15   S. entsprechend *Reimer* in HK-DS-GVO Art. 6 Rn. 33.

günstigt oder begünstigen soll (zB Daten eines Geschädigten, um Restitution zu ermöglichen). Eine Begünstigung ist aber nur ein Indikator. Teils wird zur Bestimmung des mutmaßlichen Willens, auf die zivilrechtlichen Kriterien für eine **Geschäftsführung ohne Auftrag** abgestellt.[16]

3. Abwehr einer Gefahr für die öffentliche Sicherheit (Nr. 3)

Nach Nr. 3 kann eine Übermittlung zur Abwehr einer gegenwärtigen und 13
erheblichen Gefahr für die **öffentliche Sicherheit** eines Staates zulässig sein. Die Begriffe „gegenwärtige und erhebliche Gefahr" aus Nr. 3 haben inhaltlich keine unterschiedliche Bedeutung zu den Begriffen „unmittelbare und ernsthafte Gefahr" aus Art. 38 Abs. 1 lit. c JI-RL.[17] Der Begriff des Staates kann sowohl Deutschland als auch jeden anderen Mitgliedstaat oder Drittstaat meinen.[18] Wie in der Parallelnorm des Art. 49 Abs. 1 lit. d DS-GVO können öffentliche Interessen wurden im Bereich der **grenzüberschreitenden Kriminalitätsbekämpfung** (wie der Geldwäsche durch internationale Finanzinstitute) relevant sein.[19] Im Vordergrund von Nr. 3 steht jedoch ein ordnungs- und polizeirechtlicher Gefahrenbegriff,[20] so dass Nr. 3 erheblich weiter verstanden werden kann. Die öffentliche Sicherheit umfasst nach allgemein anerkannter Definition die Unversehrtheit der objektiven Rechtsordnung, der subjektiven Rechte und Rechtsgüter des Einzelnen und die Funktionsfähigkeit von Einrichtungen und Veranstaltungen des Staates.[21] In dieser Variante eine auf den Einzelfall bezogene Prüfung der Verhältnismäßigkeit der Übermittlung erfolgen.[22]

4. Im Einzelfall für die in § 40 genannten Zwecke (Nr. 4)

Nach Nr. 4 ist eine Datenübermittlung „im Einzelfall für die in § 40 ge- 14
nannten Zwecke" zulässig. Die Vorschrift setzt Art. 38 Abs. 1 lit. d JI-RL wortgleich um.[23] Eine Übermittlung muss gemäß § 40 Satz 1 entweder der Verhütung, der Ermittlung, der Aufdeckung, der Verfolgung oder der Ahndung von Straftaten oder Ordnungswidrigkeiten oder der Strafvollstreckung dienen). Auch Übermittlungen, die gemäß § 40 Satz 2 Zwecken des Schutzes vor und der Abwehr von Gefahren für die öffentliche Sicherheit und Ordnung dienen, sind ebenfalls umfasst. Der Ausnahmetatbestand läuft der Regelungstechnik der §§ 73 ff. erkennbar zuwider. Er ist **potenziell uferlos**.[24] Handhabbare Kriterien zu Einschränkung und Abwägung enthält er nicht. Zur Verwirklichung der Datenschutzgrundsätze bedarf er äußerst **restriktiver Auslegung**.[25]

---

16 So *Hilgers* in BeckOK DatenschutzR BDSG § 80 Rn. 21; *Johannes/Weinhold* in HK-BDSG § 80 Rn. 19.
17 *v. d. Busche* in Plath BDSG § 80 Rn. 6.
18 *Hilgers* in BeckOK DatenschutzR BDSG § 80 Rn. 22.
19 *Towfigh/Ulrich* in HK-DS-GVO Art. 49 Rn. 8.
20 *Hilgers* in BeckOK DatenschutzR BDSG § 80 Rn. 25.
21 *Johannes/Weinhold* in HK-BDSG § 80 Rn. 21 ff.
22 *Johannes/Weinhold* in HK-BDSG § 80 Rn. 21.
23 *Bäcker/Hornung* ZD 2012, 151.
24 *Bäcker* in Hill/Kugelmann/Martini, S. 79.
25 Unionsgrundrechtswidrigkeit der Richtlinienvorgabe stellt fest *Bäcker* in Hill/Kugelmann/Martini, S. 80.

15 Die Anwendung von Nr. 4 ist schon dessen Wortlaut nach **auf bestimmte Einzelfälle beschränkt.** Zwar stellt er alle Zweckbestimmungen des § 40 frei für den Fall, dass Daten, für die keine geeigneten Garantien für ein gemessenes Datenschutzniveau vorliegen, an Drittländer oder internationale Organisationen übermittelt werden. Häufige, umfassende und strukturelle Übermittlungen personenbezogener Daten sowie Datenübermittlungen in großem Umfang können durch Nr. 4 aber nicht gerechtfertigt werden.[26] Nr. 4 muss auch entsprechend der Systematik des § 75 Abs. 1 als Auffangtatbestand gelesen werden. Nr. 4 darf nur in Ausnahmefällen zur Anwendung kommen.[27] Anderes wäre angesichts der Weite der in § 40 genannten Zwecke nicht zu rechtfertigen.[28]

5. Geltendmachung, Ausübung oder Verteidigung von Rechtsansprüchen (Nr. 5)

16 Nr. 5 sieht als Ausnahme vor, dass **im Einzelfall Rechtsansprüche** im Zusammenhang mit den Zwecken des § 40 **geltend gemacht, ausgeübt oder verteidigt** werden sollen. Voraussetzung für die Anwendbarkeit von Nr. 5 ist, dass solche Ansprüche auch geltend gemacht werden (können). Dabei ist der Anwendungsbereich der Vorschrift nicht auf gerichtliche Verfahren beschränkt, sondern erfasst auch außergerichtliche Verfahren und Verwaltungsverfahren.[29] Nr. 5 ist ebenso restriktiv auszulegen wie Nr. 4. Nach Nr. 5 hat die Übermittlung im Zusammenhang mit den Zwecken der Kriminalitätsbekämpfung zu stehen. Dies könnte theoretisch auch der Kostenanspruch einer Behörde infolge eines Einsatzes sein.[30] Ein solcher Zweck läge aber im Anwendungsbereich der DS-GVO und rechtfertigt daher keine Übermittlung.[31]

II. Abwägung (Abs. 2)

17 Für eine zulässige Übermittlung dürfen nach Abs. 2 die Grundrechte der betroffenen Person nicht das öffentliche Interesse an der Übermittlung überwiegen. Von einer Übermittlung der Daten ist daher abzusehen, wenn in der **Abwägung** die Grundrechte überwiegen. Nach Art. 38 Abs. 2 JI-RL ist diese Abwägung auf Art. 38 Abs. 1 lit. e und d JI-RL beschränkt. Eine solche Einschränkung sieht Abs. 2 nicht vor. Die hessische Umsetzung geht damit weiter als die Richtlinie. Dies ist nach Art. 1 Abs. 3 JI-RL statthaft, da es sich bei der Ausweitung um eine strengere Garantie zum Schutz der Rechte und Freiheiten der betroffenen Personen handelt.[32]

18 Abs. 2 erfordert vom Verantwortlichen für jede Übermittlung und in Bezug auf jede betroffene Person eine **Verhältnismäßigkeitsprüfung** anzustellen. Erwägungen zu den Rechten der betroffenen Person werden in der Regel schon im Rahmen der **Erforderlichkeitsprüfung** nach Abs. 1 angestellt. Die

---

26 ErwG 72 JI-RL; *Schwichtenberg* in Kühling/Buchner BDSG § 80 Rn. 7.
27 *Hilgers* in BeckOK DatenschutzR BDSG § 80 Rn. 29.
28 *Johannes/Weinhold* in HK-BDSG § 80 Rn. 24 f.
29 *Towfigh/Ulrich* in HK-DS-GVO Art. 49 Rn. 10.
30 *Schwichtenberg* in Kühling/Buchner BDSG § 80 Rn. 8.
31 *Johannes/Weinhold* in HK-BDSG § 80 Rn. 26.
32 *Johannes/Weinhold* in HK-BDSG § 80 Rn. 28.

Vorgabe des Abs. 2 kann auch als Kontrollaufgabe verstanden werden.[33] Sie ist aber keine bloße Wiederholung der Entscheidung zu Abs. 1. Im Hinblick auf die Einzelfalltatbestände nach Abs. 1 Nr. 4 und Nr. 5 bedeutet der Vorbehalt der Verhältnismäßigkeit nach Abs. 2, dass eine Übermittlung nur zulässig ist, wenn die Einzelfallprüfung ergibt, dass die Interessen an der Übermittlung diejenigen der betroffenen Personen ausnahmsweise überwiegen.[34] Dies gilt nicht für die Varianten Nr. 1 bis 3. Dort muss die Abwägung grundsätzlich am Einzelfall ausgerichtet werden und unvoreingenommen geschehen. Keinesfalls darf angenommen werden, dass die Übermittlung unter Aspekten der Verhältnismäßigkeit idR zulässig ist und nur in wenigen Ausnahmesituationen die Zulässigkeit der Übermittlung wegen eines krassen Missverhältnisses zwischen dem verfolgten Zweck und der mit der Übermittlung einhergehenden Rechtsbeeinträchtigung abzulehnen sei.[35]

III. Dokumentation (Abs. 3)

Abs. 3 legt dem Verantwortlichen dem § 74 Abs. 2 entsprechende Dokumentationspflichten auf (→ § 74 Rn. 16). Vor allem müssen alle Gesichtspunkte der Rechtfertigung einer Ausnahmesituation dokumentiert werden.[36] Die Dokumentation ist der oder dem HDSB auf Anforderung zur Verfügung zu stellen.

19

Die Dokumentationspflicht wird für die Polizeibehörden in § 22 Abs. 3 Satz 3 HSOG konkretisiert. Danach hat die Polizei einen Nachweis zu führen, aus dem der Anlass, der Inhalt, die empfangende Stelle, der Tag der Übermittlung sowie die Aktenfundstelle hervorgehen. Dieser Nachweis ist insbesondere im Bereich internationalen Übermittlungen zu führen (→ § 74 Rn. 16).

20

C. Würdigung

Die Vorschrift setzt Art. 38 JI-RL überwiegend wortgleich um. Bereits die Vorgaben der Richtlinie stellen den Datenschutz zur Disposition, ohne geeignete Kontroll- und Schutzvorkehrungen zu benennen. Auch die Umsetzung in der Vorschrift ist unzureichend bestimmt. Der hessische Gesetzgeber hätte hier auf Basis von Art. 1 Abs. 3 JI-RL restriktivere Anwendungs- und Kontrollschranken einführen können. Zu denken wäre zum Beispiel an einen **Richtervorbehalt**[37] oder die Zustimmung der zuständigen Aufsichtsbehörden.

21

§ 76 Sonstige Datenübermittlung an Empfänger in Drittländern

(1) Verantwortliche können bei Vorliegen der übrigen für die Datenübermittlung in Drittländer geltenden Voraussetzungen im besonderen Einzel-

---

33 *Frenzel* in Paal/Pauly BDSG § 80 Rn. 6.
34 *Schwichtenberg* in Kühling/Buchner BDSG § 80 Rn. 10.
35 AA *Schwichtenberg* in Kühling/Buchner BDSG § 80 Rn. 10.
36 *Frenzel* in Paal/Pauly BDSG § 80 Rn. 8.
37 *Frenzel* in Paal/Pauly BDSG § 80 Rn. 9.

fall personenbezogene Daten unmittelbar an nicht in § 73 Abs. 1 Nr. 1 genannte Stellen in Drittländern übermitteln, wenn die Übermittlung zur Erfüllung ihrer Aufgaben für die in § 40 genannten Zwecke unbedingt erforderlich ist und

1. im konkreten Fall keine Grundrechte der betroffenen Person das öffentliche Interesse an einer Übermittlung überwiegen,
2. die Übermittlung an die in § 73 Abs. 1 Nr. 1 genannten Stellen wirkungslos oder ungeeignet wäre, insbesondere weil sie nicht rechtzeitig
   durchgeführt werden kann, und
3. der Verantwortliche dem Empfänger die Zwecke der Verarbeitung mitteilt und ihn darauf hinweist, dass die übermittelten Daten nur in dem
   Umfang verarbeitet werden dürfen, in dem ihre Verarbeitung für diese
   Zwecke erforderlich ist.

(2) Im Fall des Abs. 1 hat der Verantwortliche die in § 73 Abs. 1 Nr. 1 genannten Stellen unverzüglich über die Übermittlung zu unterrichten, sofern
dies nicht wirkungslos oder ungeeignet ist.

(3) Für Übermittlungen nach Abs. 1 gilt § 74 Abs. 2 und 3 entsprechend.

(4) Bei Übermittlungen nach Abs. 1 hat der Verantwortliche den Empfänger zu verpflichten, die übermittelten personenbezogenen Daten ohne seine
Zustimmung nur für den Zweck zu verarbeiten, für den sie übermittelt
worden sind.

(5) Abkommen im Bereich der justiziellen Zusammenarbeit in Strafsachen
und der polizeilichen Zusammenarbeit bleiben unberührt.

A. Allgemeines

I. Bedeutung der Vorschrift

1 Die Vorschrift ist keine Zulässigkeitsalternative zu §§ 73, 74 und 75. Sie
ergänzt diese Übermittlungsbefugnisse um die Möglichkeit, personenbezogene Daten an **Stellen in Drittländer** zu übermitteln, die nicht für die in
§ 40 genannten Zwecke zuständig sind. Dies können nicht öffentlichen
Stellen wie zB Finanzdienstleister oder Telekommunikationsunternehmen
sein. Gemeint sind auch öffentliche Stellen, deren Aufgabe nicht die Strafverfolgung, Strafvollstreckung oder Gefahrenabwehr ist wie zB Verkehrs-
überwachungsbehörden, Meldebehörden oder Finanzämter. Solche sollen,
zB unter Bezugnahme auf betroffene Personen wie Verdächtige oder Ge-

schädigte, direkt angesprochen werden können, um für die Zwecke des § 40 Auskünfte zu erhalten.[1] § 76 ist eine Ausnahmevorschrift. Das verdeutlicht Abs. 5 der Vorschrift.[2]

II. Entstehungsgeschichte

Die Übermittlung an Empfänger außerhalb des Geltungsbereichs des GG war in § 17 HDSG geregelt. Eine besondere Ausnahme für die in der Vorschrift genannte Empfänger war dort nicht vorgesehen und wird erst durch die JI-RL erforderlich.

2

Die Vorschrift war bereits im ursprünglichen Gesetzesentwurf enthalten[3] und wurde im **Gesetzgesetzgebungsverfahren** nicht verändert.

3

III. Unionsrechtliche Regelungen

Die Vorschrift setzt Art. 39 JI-RL um. Diese Regelung enthält die in die Vorschrift übernommenen Ausnahmen für die Übermittlung an andere Stellen in Drittstaaten oder internationale Organisationen.[4]

4

IV. Verhältnis zu anderen Vorschriften

Die Vorschrift bezieht sich auf §§ 73 bis 75. Auch bei Übermittlungen in Drittländer und internationale Organisationen müssen die allgemein für Übermittlungen geltenden Pflichten nach § 73 Abs. 2 bis 4 sowie § 53 Abs. 5 Satz 1 und 2, nach § 59 Abs. 3 Nr. 6 und Nr. 8 beachtet und eingehalten werden. Ob Mitteilungen über Berichtigungen und Löschungen gemacht werden dürfen, ist gesondert am Einzelfall ausgerichtet zu bestimmen. Soweit die Übermittlung im Anwendungsbereich der StPO erfolgt, ist nach § 500 StPO statt der Vorschrift § 81 BDSG anzuwenden.

5

B. Datenübermittlung an Empfänger in Drittländern

Die Vorschrift soll ermöglichen, dass personenbezogene Daten nicht nur an die in § 73 Abs. 1 Nr. 1 genannten zuständigen Stellen, sondern auch an **andere Stellen** übermittelt werden dürfen. Dies soll vor allem für **Auskunftsersuchen** genutzt werden können.[5] Damit sollen Hoheitsträger im Drittland übersprungen werden können. Dies dient dem Zweck der Effektivitätssteigerung der Gefahrenabwehr und Strafverfolgung.[6] Eine solche Übermittlung zwischen zuständigen Behörden und in Drittländern niedergelassenen Empfängern soll nur in speziellen Einzelfällen erfolgen.[7]

6

Die Bestimmung ist keine Ausnahme von geltenden bilateralen oder multilateralen internationalen Übereinkünften auf den Gebieten der justiziellen Zusammenarbeit in Strafsachen und der polizeilichen Zusammenarbeit.[8] Entsprechend ist Abs. 5 formuliert, der Anwendung findet, wenn keine sol-

7

---

1 BT-Drs. 18/11325, 120 zu § 81 BDSG.
2 *Johannes/Weinhold* in HK-BDSG § 81 Rn. 2.
3 LT-Drs. 19/5728, 43.
4 ErwG 73.
5 LT-Drs. 17/1981, 171.
6 *Frenzel* in Paal/Pauly BDSG § 81 Rn. 1.
7 ErwG 73 JI-RL.
8 ErwG 73 JI-RL.

chen bestehen oder sie keine **konkurrierenden Regelungen** enthalten.[9] Auf den Gebieten der justiziellen Zusammenarbeit in Strafsachen und der polizeilichen Zusammenarbeit müssen von den zuständigen Behörden die zu diesen Zwecken geschlossenen geltenden **bilateralen oder multilateralen internationalen Übereinkünfte** angewendet werden. Diese Übereinkünfte sind mit dem Ziel geschlossen worden, den zuständigen Behörden ihre rechtlich zugewiesene Aufgabenerfüllung auch durch den Austausch maßgeblicher Informationen zu ermöglichen. IdR haben sich Strafverfolgungsbehörden mit einem Auskunftsersuchen zuerst an die im betreffenden Drittstaat zuständige Behörde zu wenden. Diese soll dann die Auskunft im Drittland einholen oder zumindest mit der ersuchenden Behörde zusammenarbeiten. Dieser Grundsatz gilt idR kollegialiter selbst dann, wenn keine bilaterale oder **multilaterale internationale Übereinkunft** existiert. In speziellen Einzelfällen können aber die regulären Verfahren, die eine Kontaktaufnahme mit dieser Behörde in dem betreffenden Drittstaat vorschreiben, wirkungslos oder ungeeignet sein. Das kann zB der Fall sein, wenn die Übermittlung nicht rechtzeitig durchgeführt werden konnte oder die Übermittlung geboten ist, um das Leben einer Person zu schützen, die Gefahr läuft, Opfer einer Straftat zu werden, oder um die unmittelbar bevorstehende Begehung einer Straftat, einschließlich einer terroristischen Straftat, zu verhindern.[10] Es kann auch sein, dass die zuständige Behörde im Drittstaat die Rechtsstaatlichkeit oder die internationalen Menschenrechtsbestimmungen nicht achtet, so dass die zuständige Behörde in Hessen beschließen kann, die personenbezogenen Daten direkt an in gewünschten Empfänger zu übermitteln.[11]

I. Übermittlung (Abs. 1)

8　Abs. 1 ergänzt die §§ 73 bis 75. Der Kreis der möglichen **Empfänger** (→ § 41 Rn. 46) wird mit der Vorschrift über öffentliche Stellen, die im Rahmen der Zwecke nach § 40 tätig sind, hinaus auf sonstige öffentliche und nicht öffentliche Stellen ausgeweitet.[12]

9　Nach Abs. 1 darf der Verantwortliche personenbezogene Daten unmittelbar an „andere" Empfänger übermitteln. Dazu müssen die übrigen für die Datenübermittlung in Drittstaaten geltenden Voraussetzungen vorliegen. Grundvoraussetzung für eine Übermittlung der Daten in Drittstaaten ist, dass ein angemessenes Datenschutzniveau gewährleistet ist. Denn die Vorschrift soll Übermittlungen zwar in besonderen Einzelfällen ermöglichen, sie soll sich aber grundsätzlich in die Regelungssystematik des fünften Abschnitts des dritten Teils einfügen. Die Vorschrift bildet eine **Ausnahme zu** §§ 73, 74 und 75. Bei Anwendung von der Vorschrift iVm §§ 73 bis 75 müssen also jeweils deren spezielle Vorrausetzungen vorliegen, mit Ausnahme der, dass die Übermittlung an eine nach § 40 zuständige Stelle gerichtet sein muss.

---

9 *Johannes/Weinhold* in HK-BDSG § 81 Rn. 10.
10 ErwG 73 JI-RL.
11 *Johannes/Weinhold* in HK-BDSG § 81 Rn. 11.
12 *Johannes/Weinhold* in HK-BDSG § 81 Rn. 12.

Einige Vorrausetzungen müssen bei jeder Übermittlung vorliegen: Bei einer 10 **Weiterübermittlung** von Daten aus einem anderen Mitgliedstaat muss dessen Genehmigung nach § 73 Abs. 3 vorliegen. Auch § 73 Abs. 2 ist anwendbar. Der dort niedergelegte Gesichtspunkt der Einzelfallgarantie des Empfängerstaates bei der Prüfung, ob angemessene Garantien vorhanden sind, ist bei der Entscheidung nach § 73 Abs. 1 Nr. 1 von besonderer Bedeutung.[13]

Bei einer Übermittlung auf Basis der Vorschrift iVm § 73 muss ein **Ange-** 11 **messenheitsbeschluss** nach Art. 36 JI-RL für das Drittland vorliegen, in dem der Empfänger seinen Sitz hat. Bei einer Übermittlung auf Basis der Vorschrift iVm § 74 müssen in einem **rechtsverbindlichen Instrument geeignete Garantien** für den Schutz personenbezogener Daten vorgesehen sein oder der Verantwortliche nach Beurteilung aller Umstände, die bei der Übermittlung eine Rolle spielen, zu der Auffassung gelangt sein, dass geeignete Garantien für den Schutz personenbezogener Daten bestehen.[14] Bei einer Übermittlung auf Basis der Vorschrift iVm § 75 muss diese für eine der in § 75 Abs. 1 genannten Fallgruppen erforderlich sein.

1. Einzelfall

Eine Übermittlung ist nur in besonderen **Einzelfällen** zulässig. Der beson- 12 dere Einzelfall wird durch das Vorliegen der Vorrausetzungen in Abs. 1 Nr. 1 bis 3 indiziert.[15] Ein besonderer Einzelfall liegt nur dann vor, wenn eine Häufung gleichartiger Fallkonstellationen nicht zu befürchten ist und sich entsprechende Einzelfälle nicht regelmäßig wiederholen.[16] Die Formulierung unterstreicht den Ausnahmecharakter der Vorschrift. Sie soll auch verhindern, dass die Vorschrift dazu genutzt wird, den in Abs. 5 festgelegten Grundsatz des Vorrangs spezieller Übereinkommen systematisch zu unterlaufen.[17]

2. Unbedingt erforderlich

Eine Datenübermittlung auf Basis der Vorschrift muss für die Aufgabener- 13 füllung der Behörde und die in § 40 genannten Zwecken unbedingt erforderlich sein. Die Formulierung entstammt Art. 39 Abs. 1 lit. a JI-RL. Das Adjektiv „**unbedingt**" wirkt einschränkend. Es unterstreicht den Ausnahmecharakter der Regelung. Ob eine Übermittlung unbedingt erforderlich ist, kann nur im Zusammenhang mit dem konkreten Einzelfall bestimmt werden. Eine Übermittlung ist unbedingt erforderlich, wenn sie geeignet ist, den erstrebten Zweck zu erreichen (zB eine Gefahr zur verhüten) und es dafür kein anderes Mittteln gibt. Beispiele sind schwere Straftaten für Leib und Leben oder drohende terroristische Anschläge, die auf andere Weise nicht effektiv verhindert oder verfolgt werden können.[18] Denkbar sind auch andere Gefahrenlagen, wie die Ankündigung einer der vorge-

---

13 *Johannes/Weinhold* in HK-BDSG § 81 Rn. 15.
14 *Johannes/Weinhold* in HK-BDSG § 81 Rn. 17.
15 ErwG 73 JI-RL.
16 *Hilgers* in BeckOK DatenschutzR BDSG § 81 Rn. 6.
17 *Johannes/Weinhold* in HK-BDSG § 81 Rn. 19.
18 ErwG 73 JI-RL; *Hilgers* in BeckOK DatenschutzR BDSG § 81 Rn. 8.

nannten Straftaten im Internet.[19] Zusätzlich fordert Abs. 1 dass die folgenden drei Voraussetzungen **kumulativ** vorliegen:

3. Interessenabwägung (Nr. 1)

14   Nr. 1 fordert eine **Interessenabwägung.** Diese muss ergeben, dass die Grundrechte der betroffenen Person das öffentliche Übermittlungsinteresse nicht überwiegen. In Art. 39 Abs. 1 lit. b JI-RL kommt klarer als in Nr. 1 zum Ausdruck, dass die übermittelnde Behörde die Pflicht hat, diesen Abwägungsvorgang festzustellen.[20] Bei der Abwägung der rechtlich anzuerkennenden Interessen der betroffenen Personen und des öffentlichen Interesses ist die Schwere der Rechtsgutsgefährdung oder des Tatvorwurfs zu berücksichtigen.[21] Die Beispiele in ErwG 73 JI-RL machen deutlich, dass sich das öffentliche Interesse auf den Schutz wichtiger Rechtsgüter, wie die Abwehr für Gefahren für Leib und Leben, beziehen muss. Hinsichtlich der Strafverfolgung muss es sich um Straftaten von besonderer Schwere handeln, wie zB organisierte Kriminalität in Form von Drogen- und Menschenhandel, Geldwäsche oder Schleuserkriminalität.[22]

4. Wirkungslosigkeit oder Ungeeignetheit (Nr. 2)

15   Nach Nr. 2 muss eine Übermittlung an die in § 73 Abs. 1 Nr. 1 genannten Stellen **wirkungslos oder ungeeignet** sein. Dies ist in besonderen Einzelfällen der Fall, in denen reguläre Verfahren auf der Grundlage internationaler Übereinkünfte, die eine Kontaktaufnahme mit der zuständigen Behörde in dem betreffenden Drittstaat regeln, das Ziel nicht zu spät erreichen. Rechtshilfeersuchen können viel Zeit in Anspruch nehmen.[23] Der dadurch eintretende Zeitverlust kann Ermittlungen gefährden.[24] Eine Übermittlung wäre **wirkungslos,** wenn sie ins Leere ginge. Das könnte der Fall sein, wenn der Drittstaat kein funktionierendes Behördenwesen (mehr) hat oder grundsätzlich nicht auf Ersuche reagiert.[25] Eine Datenübermittlung an die zuständige Behörde ist bereits dann als **ungeeignet** zu betrachten, wenn die Übermittlung nicht rechtzeitig durchgeführt werden könnte.[26] Der Begriff „rechtzeitig" bezieht sich auf die Zweckerfüllung, also zB die Strafverfolgung. Eine Unterrichtung wäre auch ungeeignet, wenn Anhaltspunkte bestehen, dass der Drittstaat die Unterrichtung zum Nachteil hiervon betroffener Personen rechtswidrig missbraucht. Dies ist zB dann der Fall, wenn diese Behörde die internationalen Menschenrechtsbestimmungen nicht beachtet. Sie wäre auch ungeeignet, wenn durch sie die Gefahr bestünde, dass die Strafverfolgung vereitelt würde.[27]

---

19 *Frenzel* in Paal/Pauly BDSG § 81 Rn. 3.
20 *Hilgers* in BeckOK DatenschutzR BDSG § 81 Rn. 9.
21 ErwG 73 JI-RL; *Frenzel* in Paal/Pauly BDSG § 81 Rn. 4.
22 *Hilgers* in BeckOK DatenschutzR BDSG § 81 Rn. 11.
23 *Frenzel* in Paal/Pauly BDSG § 81 Rn. 4.
24 *Johannes/Weinhold* in HK-BDSG § 81 Rn. 22 ff.
25 *Johannes/Weinhold* in HK-BDSG § 81 Rn. 23.
26 S. auch ErwG 73 JI-RL.
27 ErwG 73 JI-RL.

5. Hinweispflicht (Nr. 3)

Nr. 3 fordert einen **Hinweis** des übermittelnden Verantwortlichen an den 16
Empfänger. Er muss ihm die Verarbeitungszwecke mitteilen und ihn darauf
hinweisen, dass die übermittelten Daten nur in dem Umfang verarbeitet
werden dürfen, in dem dies für diese Zwecke erforderlich ist. Die Hinweispflicht wird durch die Verpflichtung nach Abs. 4, den Empfänger zur Einhaltung der Zweckbindung zu verpflichten, ergänzt (→ Rn. 21 ff.).

II. Unterrichtung (Abs. 2)

Der übermittelnde Verantwortliche hat nach Abs. 2 die Stelle des Drittlan- 17
des, in dem der Empfänger sitzt, und die für die in § 35 genannten Zwecke
zuständig ist, **unverzüglich über die Übermittlung zu unterrichten**, sofern
diese Unterrichtung nicht wirkungslos oder ungeeignet ist. Damit setzt
Abs. 2 Art. 39 Abs. 1 lit. d JI-RL um.[28]

Die **Unterrichtung** des anderen Hoheitsträgers soll dessen Umgehung kom- 18
pensieren.[29] Sie soll dem Empfängerstaat ermöglichen, eine mögliche Verletzung seiner Souveränität nach nationalem oder Völkerrecht zu untersuchen.[30] Eine Unterrichtung kann auch beiden Seiten helfen, die Verbe-
scheidung von Rechtshilfeersuchen besser auszuwerten.[31] Die Unterrichtung der zuständigen Stelle kann gleichzeitig mit der Übermittlung an den
Empfänger erfolgen oder ohne schuldhaftes Zögern danach.[32]

Grundsätzlich muss hinsichtlich jeder Übermittlung iSv Abs. 1 eine Unter- 19
richtung der zuständigen Stelle im Drittland erfolgen. Die Unterrichtung
kann nur in Ausnahmefällen unterlassen werden, wenn diese wirkungslos
oder ungeeignet ist. Dies könnte zB dann der Fall sein, wenn die zu unter-
richtende Behörde in dem betreffenden Drittstaat die Rechtsstaatlichkeit,
insbesondere die **internationalen Menschenrechtsbestimmungen**, nicht beachtet.[33] Ein korrumpiertes Staatswesen verweist auf diese Möglichkeit.[34]
Eine Unterrichtung wäre auch wirkungslos, wenn sie ins Leere ginge. Das
könnte der Fall sein, wenn das Drittland kein funktionierendes Behördenwesen (mehr) hat.[35] Eine Unterrichtung wäre ungeeignet, wenn Anhaltspunkte bestehen, dass der Drittstaat die Unterrichtung zum Nachteil betroffener Personen rechtswidrig missbraucht[36] oder durch sie die Gefahr
bestünde, dass die Strafverfolgung oder Gefahrenabwehr vereitelt würde.[37]
Auf die Rechtzeitigkeit der Unterrichtung kommt es nicht an, da auch diese nach einer Übermittlung in das Drittland erfolgen kann.[38]

---

28 LT-Drs. 19/5728, 125.
29 *Frenzel* in Paal/Pauly BDSG § 81 Rn. 8.
30 *Hilgers* in BeckOK DatenschutzR BDSG § 81 Rn. 18.
31 *Frenzel* in Paal/Pauly BDSG § 81 Rn. 8.
32 *Hilgers* in BeckOK DatenschutzR BDSG § 81 Rn. 17.
33 ErwG 73 JI-RL.
34 *Frenzel* in Paal/Pauly BDSG § 81 Rn. 8.
35 Sog. failed state, *Hilgers* in BeckOK DatenschutzR BDSG § 81 Rn. 19.
36 *Hilgers* in BeckOK DatenschutzR BDSG § 81 Rn. 19.
37 *Schwichtenberg* in Kühling/Buchner BDSG § 81 Rn. 2.
38 AA *Hilgers* in BeckOK DatenschutzR BDSG § 81 Rn. 18.

III. Dokumentation und Unterrichtung (Abs. 3)

20　Nach Abs. 3 hat der Verantwortliche die sonstige Übermittlung von Daten an Private oder an nicht zuständige öffentliche Stellen zu dokumentieren und die Aufsichtsbehörde zu unterrichten (→ § 74 Rn. 16 ff.).[39] Der Verantwortliche hat außerdem die oder den HDSB zu **unterrichten**.

IV. Verpflichtung zur Zweckbindung (Abs. 4)

21　Abs. 4 sieht vor, dass der Verantwortliche den Empfänger über den Hinweis nach Abs. 1 Nr. 3 hinaus verpflichtet, die übermittelten Daten nur für den Zweck zu verarbeiten, für den sie übermittelt worden sind. Der Verantwortliche kann einer Verarbeitung zu einem anderen Zweck zustimmen. Durch die Vorschrift sollen sowohl die Datenhoheit der Verarbeiter bewahrt[40] als auch die Rechte der betroffenen Personen geschützt werden. Art. 39 JI-RL enthält keine Regelung, die Abs. 4 entspricht. Abs. 4 erweitert die Anforderungen der Richtlinie, ist aber nach Art. 1 Abs. 3 JI-RL unionsrechtskonform.[41]

22　Die Vorschrift korrespondiert mit der Hinweispflicht in Abs. 1 Nr. 3 (→ Rn. 16). Abs. 4 ist aber keine Wiederholung des Regelungsinhalts von Abs. 1 Nr. 3.[42] Vielmehr soll durch Abs. 4 die **Zweckbindung** „verstärkt" werden.[43] Der Regelungsgehalt geht über den von Abs. 1 Nr. 3 hinaus, weil der Verantwortliche nicht nur Hinweise geben muss, sondern den Empfänger verpflichten muss, die Zweckbindung der Daten zu achten.

23　Die Vorschrift lässt offen, auf welche Art und Weise der Verarbeiter den Empfänger verpflichten muss. Schon aus dem Wortlaut ist zu schließen, dass es sich bei einer Verpflichtung um einen **rechtlich bindenden Akt** handeln muss. Dies folgt auch aus dem systematischen Verhältnis von Abs. 1 Nr. 3 zu Abs. 4: Eine Verpflichtung ist stärker als ein Hinweis. Insoweit besteht eine inhaltliche Übereinstimmung mit der Vorgabe nach § 74 Abs. 1 Nr. 1, wonach Übermittlungen an Drittländer oder internationale Organisationen zulässig sein können, wenn in einem rechtsverbindlichen Instrument geeignete Garantien für den Schutz personenbezogener Daten vorgesehen sind (→ § 74 Rn. 12). Eine Verpflichtung besteht idR in einem **rechtsverbindlichen Instrument**. Verwaltungsanweisungen des Verantwortlichen gegenüber dem Empfänger sind idR unzureichend, da sie ihm gegenüber mangels Zuständigkeit keine Rechtswirkung entfalten.[44] Rechtsverbindliche Instrumente im Kontext der Vorschrift können insbesondere Verträge (zB Non-Disclosure-Agreements) sein.[45]

24　Es bedarf **keiner gesonderten Verpflichtung**, wenn die Zweckbedingung bereits nach dem Recht des Drittstaats besteht und diese Regelung in ausreichender Weise durchgesetzt wird. Dies wird idR durch das Vorliegen eines

---

39　LT-Drs. 19/5728, 126.
40　*Frenzel* in Paal/Pauly BDSG § 81 Rn. 10.
41　*Johannes/Weinhold* in HK-BDSG § 81 Rn. 33.
42　So aber *v. d. Busche* in Plath BDSG § 81 Rn. 11.
43　LT-Drs. 19/5728, 126.
44　*V. d. Busche* in Plath BDSG § 81 Rn. 8.
45　*Johannes/Weinhold* in HK-BDSG § 81 Rn. 35.

Angemessenheitsbeschlusses iSv Art. 36 JI-RL indiziert. Auch Garantien im Sinne von § 74 können möglicherweise ausreichen.

V. Übereinkünfte (Abs. 5)

Nach Abs. 5 bleiben Regelungen in **bi- oder multilateralen internationalen** **Übereinkünften** mit Dritten im Bereich der justiziellen Zusammenarbeit in Strafsachen und der polizeilichen Zusammenarbeit von der Vorschrift unberührt. Solche Abkommen finden idR vorrangige Anwendbarkeit auf eine Übermittlung von Daten in Drittländer. Grundsätzlich haben sich Strafverfolgungsbehörden mit einem Auskunftsersuchen zuerst an die im Drittstaat zuständige Behörde zu wenden. Dieser Grundsatz gilt auch, wenn keine bilaterale oder multilaterale internationale Übereinkunft existiert. Eine Übermittlung an in Drittländern niedergelassene nicht zuständige Empfänger soll nur in speziellen Einzelfällen erfolgen.[46] Die Vorschrift basiert auf Art. 36 Abs. 1 JI-RL und der dazugehörigen Begriffsbestimmung in Art. 36 Abs. 2 JI-RL.   25

C. Würdigung

Die Vorschrift trägt dem Bedarf Rechnung, private Stellen und Behörden, die keine Aufgabe iSv § 40 erfüllen, in Drittländern direkt ansprechen zu können. Dies ist nicht nur angesichts multinationaler Konzerne notwendig,[47] sondern auch im Hinblick auf Drittländer und ausländische Ermittlungsbehörden, die keinen zuverlässigen Datenschutz gewährleisten. Ob die angesprochenen Stellen überhaupt anfragegemäß reagieren, wird von der Rechtslage und Rechtskultur im Drittland und von der Bereitschaft abhängen, selbst Daten zur Verfügung zu stellen.[48]   26

Sechster Abschnitt: Zusammenarbeit der Aufsichtsbehörden

§ 77 Gegenseitige Amtshilfe

(1) [1]Die oder der Hessische Datenschutzbeauftragte hat den Datenschutzaufsichtsbehörden in anderen Mitgliedstaaten der Europäischen Union Informationen zu übermitteln und Amtshilfe zu leisten, soweit dies für eine einheitliche Umsetzung und Anwendung der Richtlinie (EU) Nr. 2016/680 erforderlich ist. [2]Die Amtshilfe betrifft insbesondere Auskunftsersuchen und aufsichtsbezogene Maßnahmen, beispielsweise Ersuchen um Konsultation oder um Vornahme von Nachprüfungen und Untersuchungen.

(2) Die oder der Hessische Datenschutzbeauftragte hat alle geeigneten Maßnahmen zu ergreifen, um Amtshilfeersuchen unverzüglich und spätestens innerhalb eines Monats nach deren Eingang nachzukommen.

(3) Die oder der Hessische Datenschutzbeauftragte darf Amtshilfeersuchen nur ablehnen, wenn

---

46 ErwG 73 JI-RL.
47 *Frenzel* in Paal/Pauly BDSG § 81 Rn. 11.
48 *Johannes/Weinhold* in HK-BDSG § 81 Rn. 38.

1. sie oder er für den Gegenstand des Ersuchens oder für die Maßnahmen, die sie oder er durchführen soll, nicht zuständig ist oder

2. ein Eingehen auf das Ersuchen gegen Rechtsvorschriften verstoßen würde.

(4) [1]Die oder der Hessische Datenschutzbeauftragte hat die ersuchende Aufsichtsbehörde des anderen Staates über die Ergebnisse oder gegebenenfalls über den Fortgang der Maßnahmen zu informieren, die getroffen wurden, um dem Amtshilfeersuchen nachzukommen. [2]Sie oder er hat im Fall des Abs. 3 die Gründe für die Ablehnung des Ersuchens zu erläutern.

(5) Die oder der Hessische Datenschutzbeauftragte hat die Informationen, um die sie oder er von der Aufsichtsbehörde des anderen Staates ersucht wurde, in der Regel elektronisch und in einem standardisierten Format zu übermitteln.

(6) Die oder der Hessische Datenschutzbeauftragte hat Amtshilfeersuchen kostenfrei zu erledigen, soweit sie oder er nicht im Einzelfall mit der Aufsichtsbehörde des anderen Staates die Erstattung entstandener Ausgaben vereinbart hat.

(7) [1]Ein Amtshilfeersuchen der oder des Hessischen Datenschutzbeauftragten hat alle erforderlichen Informationen zu enthalten; hierzu gehören insbesondere der Zweck und die Begründung des Ersuchens. [2]Die auf das Ersuchen übermittelten Informationen dürfen ausschließlich zu dem Zweck verwendet werden, zu dem sie angefordert wurden.

Literatur:

Berchtold, Über einige Fragen der internationalen Amtshilfe in Verwaltungssachen, in: Adamovich (Hrsg.), Der Rechtsstaat in der Krise. Festschrift Edwin Loebenstein zum 80. Geburtstag, 1991, S. 11 (zitiert: *Berchtold*); *v. Lewinski*, Datenschutzaufsicht in Europa als Netzwerk, NVwZ 2017, 1483; *Roßnagel*, Datenschutzaufsicht nach der EU-Datenschutz-Grundverordnung, 2017; *Wettner*, Die Amtshilfe im Europäischen Verwaltungsrecht, 2005 (zitiert: *Wettner*).

A. Allgemeines

I. Bedeutung der Vorschrift

1   Die Vorschrift bestimmt Grundzüge der **Zusammenarbeit der Aufsichtsbehörden unterschiedlicher Mitgliedstaaten**. Sie legt insbesondere der oder dem HDSB Pflichten auf. Während im Anwendungsbereich der DS-GVO die grenzüberschreitende Amtshilfe unmittelbar in Art. 61 DS-GVO gere-

gelt ist, bedarf die Regelung der Amtshilfe in Art. 50 JI-RL einer eigenen Umsetzungsregelung im dritten Teil des Gesetzes. Ausdrückliches Ziel der Vorschrift ist die einheitliche Durchführung und Anwendung der JI-RL. Leitgedanke der Vorschrift ist der **kohärente Vollzug des europäischen Datenschutzrechts** bei grenzüberschreitenden Datenverarbeitungen.[1]

II. Entstehungsgeschichte

Das HDSG enthielt keine speziellen Regelungen zur internationalen Amts- 2 hilfe. Die Vorschrift war bereits so im Gesetzentwurf enthalten und erfuhr im **Gesetzgebungsverfahren** keine Änderung. Sie hat den weitestgehend wortgleichen § 82 BDSG zum Vorbild.

III. Unionsrechtliche Regelungen

Die Vorschrift setzt Art. 50 JI-RL wortnah um.[2] Bei der **Umsetzung** wurde 3 der Regelungsinhalt von Art. 50 Abs. 3 JI-RL zu Inhalt und Verwendung eines Amtshilfeersuchens an das Ende der Vorschrift genommen. Abs. 1 und Abs. 2 setzen Art. 50 Abs. 1 und Abs. 2 JI-RL um. Abs. 3 bis 6 dienen der Umsetzung von Art. 50 Abs. 4 bis 7 JI-RL. Abs. 7 setzt Art. 50 Abs. 3 JI-RL um.[3] Die Vorschrift ist im Zusammenhang mit der Verankerung der Verwaltungszusammenarbeit in Art. 197 AEUV und dem allgemeinen Grundsatz der **loyalen Zusammenarbeit** nach Art. 4 Abs. 3 AEUV zu lesen.

Die Vorschrift ähnelt in Inhalt und Wortlaut Art. 61 DS-GVO, jedoch fehlt 4 eine Befugnis zu **Dringlichkeitsmaßnahmen** iSd Art. 61 Abs. 8 DS-GVO. Damit liegt die Aufsicht und Rechtsdurchsetzung im Anwendungsbereich der JI-RL ausschließlich bei den Mitgliedstaaten und ihren Aufsichtsbehörden. Auch die Aufgabe des EDSA nach Art. 51 JI-RL ist auf eine Beratungsfunktion beschränkt, während er nach Art. 65 Abs. 1 DS-GVO auch verbindliche Beschlüsse erlassen kann.[4]

Die Befugnis der Kommission Art. 50 Abs. 8 JI-RL, **durch Durchführungs-** 5 **rechtsakte Standards** zu setzen, bedarf keiner Umsetzung. Die Kommission hat von dieser Möglichkeit noch keinen Gebrauch gemacht. Die Ermächtigungen ermöglicht ua eine Vereinheitlichung der Vorschriften der europäischen Amtshilfe insgesamt. Die Befugnis erstreckt sich insbesondere auf technische Details des elektronischen Informationsaustauschs und eröffnet die rechtsverbindliche Festlegung von Standards, die der Effizienz der Zusammenarbeit bei Prozessen und Vorgängen dienen, die sich häufig wiederholen.[5]

IV. Verhältnis zu anderen Vorschriften

Für **innerdeutsche Angelegenheiten** gilt nach Art. 35 Abs. 1 GG, dass sich 6 alle Behörden des Bundes und der Länder gegenseitig Rechts- und Amtshilfe leisten müssen. Dies wird durch §§ 4 bis 8 HVwVfG konkretisiert.[6] Die

---

1 *Peuker* in HK-BDSG § 82 Rn. 1.
2 S. hierzu auch ErwG 83 und 90 JI-RL.
3 LT-Drs. 19/5728, 126.
4 S. dazu *v. Lewinski* NVwZ 2017, 1483.
5 *Polenz* in Simitis/Hornung/Spiecker gen. Döhmann DS-GVO Art. 61 Rn. 21.
6 *v. Lewinski* in Auernhammer BDSG § 82 Rn. 5.

europäische Verwaltungszusammenarbeit iSv Art. 197 AUEV ist in §§ 8 a–e HVwVfG verankert.

7 Für die innerstaatliche Koordination und Willensbildung unter den deutschen Datenschutzaufsichtsbehörden gilt § 18 BDSG.

B. Gegenseitige Amtshilfe

8 Die Vorschrift regelt den gegenseitigen Austausch maßgeblicher Informationen mit den Aufsichtsbehörden in anderen Mitgliedstaaten und die Gewährung von Amtshilfe in Abs. 1 sowie die Pflicht zu Vorkehrungen für eine wirksame Zusammenarbeit in Abs. 2. Für die Amtshilfe enthalten die Abs. 3 bis 7 konkrete Verfahrens- und Formvorschriften. Diese konkretisieren § 8 a bis 8 e HVwVfG und gehen diesen teilweise vor.[7]

I. Grundsätze der Zusammenarbeit (Abs. 1)

9 **Adressat** der Vorschrift ist die oder der HDSB. Diese oder dieser wird gegenüber den Aufsichtsbehörden anderer EU-Mitgliedsstaaten zur Informationsübermittlung und Amtshilfe verpflichtet. Abs. 1 berechtigt nicht die Aufsichtsbehörden der anderen Bundesländer. **Berechtigt** sind solche ausländischen Aufsichtsbehörden, die nach Art. 41 JI-RL errichtet wurden, also für die Aufsicht über die Datenverarbeitung zu Zwecken der JI-RL zuständig sind. Da die Aufsichtsbereiche aber grundsätzlich nach DS-GVO und JI-RL auseinanderfallen können und Art. 50 Abs. 1 JI-RL lediglich von „Aufsichtsbehörden" spricht, können auch Aufsichtsbehörden gemeint sein, die ausschließlich nach Art. 54 DS-GVO errichtet worden sind, also für die Aufsicht nach der DS-GVO zuständig sind. Dies folgt aus Sinn und Zweck der Vorschrift sowie daraus, dass DS-GVO und JI-RL als sich gegenseitig ergänzendes Regelungspaket beschlossen wurden.

1. Amtshilfe (Satz 1 und 2)

10 Satz 1 stellt klar, dass die oder der HDSB zur Amtshilfe verpflichtet ist. Als **Hauptfälle** für Amtshilfeersuchen ieS nennt Satz 2 Auskunftsersuchen und aufsichtsbezogene Maßnahmen. Als **Beispielsfälle** werden das Ersuchen um Konsultation oder auch Nachprüfungen und Untersuchungen genannt. Die Aufzählung ist nicht abschließend.[8]

2. Informationsübermittlung (Satz 1)

11 Nach Satz 1 ist die **Informationsübermittlung** zugleich eigenständige Verpflichtung wie möglicher Gegenstand eines Amtshilfeersuchens.[9] Die Pflicht zur Informationshilfe ist zB von Auskunftsersuchen dahin gehend zu unterscheiden, dass die oder der HDSB im Rahmen der Informationshilfe auch ohne ein entsprechendes Ersuchen zur Übermittlung von Informationen verpflichtet sein kann. Die oder der HDSB ist dann auch zum proaktiven Handeln verpflichtet.[10] Informationen sind insbesondere dann zu

---

7 *Dix* in Kühling/Buchner DS-GVO Art. 61 Rn. 24.
8 *Wilhelm* in Wolff/Brink § 82 Rn. 3.
9 *Peucker* in HK-DS-GVO Art. 61 Rn. 5.
10 S. *Polenz* in Simitis/Hornung/Spiecker gen. Döhmann DS-GVO Art. 61 Rn. 8.

übermitteln, wenn sie einen Beitrag zur effektiven Bearbeitung von konkreten Angelegenheiten, mit der eine Aufsichtsbehörde bei der Umsetzung und Anwendung der JI-RL befasst ist, leisten können. Die Informationsübermittlung selbst muss aber **zulässig** und der Empfänger zur Informationsverarbeitung **legitimiert** sein. Dagegen setzt ein Auskunftsersuchen – als Amtshilfemaßnahme – stets ein vorangehendes, qualifiziertes Ersuchen der anderen Aufsichtsbehörde im konkreten Einzelfall voraus.[11]

II. Geeignete Maßnahmen und Frist (Abs. 2)

Die oder der HDSB muss alle geeigneten Maßnahmen ergreifen, um den Amtshilfeersuchen nachzukommen. Was **geeignet** ist, bestimmt sich nach dem konkreten Ersuchen. Art. 50 Abs. 2 Satz 2 JI-RL stellt klar, dass geeignete Maßnahmen auch die Übermittlung maßgeblicher Informationen über die Durchführung einer Untersuchung sein können. Bei einem noch nicht aufgeklärten Sachverhalt erfordert eigentlich jedes Ersuchen eine Untersuchung durch den HDSB, insbesondere dann, wenn es die Aufklärung eines Sachverhalts im Zuständigkeitsbereich der oder des HDSB zum Inhalt hat. Art. 50 Abs. 2 Satz 2 JI-RL regelt eine Selbstverständlichkeit und bedurfte keiner wörtlichen Umsetzung. 12

Zur Erfüllung eines Amtshilfeersuchens, muss sich die oder der HDSB auf konkrete Zuständigkeits- und Befugnisnormen stützen können. Dabei hat sie oder er einen **Beurteilungsspielraum** hinsichtlich der Eignung der Maßnahmen zur Erfüllung des Ersuchens in den Grenzen des Effektivitäts- und Äquivalenzprinzips.[12] Nach dem Äquivalenzprinzip muss die oder der HDSB das Ersuchen so erfüllen, als ob sie oder er zur Erfüllung eigener Aufgaben oder auf Ersuchen einer nationalen Behörde handeln würde. 13

Amtshilfeersuchen sind möglichst **unverzüglich** zu bearbeiten. Dabei sind Art und Umfang des konkreten Amtshilfeersuchens, nicht aber die allgemeine Arbeitsbelastung der Behörde für die Bestimmung des zeitlichen Rahmens maßgeblich.[13] Insbesondere letzteres folgt aus dem Grundsatz der praktischen Wirksamkeit iSd Art. 4 Abs. 3 EUV. Außerdem ist zur Bearbeitung des Ersuchens eine **Höchstfrist** von einem Monat bestimmt. Diese darf auch bei erhöhter Komplexität der Anfrage nicht überschritten werden. Sie darf im Einzelfall ausgeschöpft werden, sollte sie regelmäßig aber nicht, da ein Amtshilfeersuchen unverzüglich zu bearbeiten ist und von einer Kooperationspflicht der Behörden untereinander auszugehen ist.[14] Allerdings enthält weder die Vorschrift noch Art. 50 JI-RL Bestimmungen 14

---

11 *Dix* in Kühling/Bucher Art. 61 Rn. 9.
12 Nach dem Effektivitätsprinzip (Prinzip der vollen Wirksamkeit) muss das Verfahren der Rechts- und Amtshilfe so angewandt werden, dass die Ausübung der durch das Unionsrecht verliehenen Rechte nicht praktisch unmöglich gemacht oder unzumutbar erschwert wird. Gemäß dem Äquivalenzprinzip (Prinzip der Gleichwertigkeit) darf das Verfahren der Rechts- und Amtshilfe nicht ungünstiger gestaltet werden als das Verfahren der das nationale Recht betreffenden Rechts- und Amtshilfe.
13 Ebenso *Wilhelm* in BeckOK DatenschutzR BDSG § 61 Rn. 5; aA *Peucker* in HK-BDSG § 82 Rn. 11.
14 *v. Lewinski* in Auernhammer BDSG § 82 Rn. 18, der Unionstreue analog zur Bundestreue sieht.

zu Dringlichkeitsmaßnahmen bei Untätigkeit der oder des HDSB, die mit Art. 61 Abs. 8 DS-GVO vergleichbar sind.

15   Hinsichtlich der Fristen gilt nicht § 31 HVwVfG, sondern die Fristen-VO.[15] **Beginn des Fristlaufs** ist nach Art. 3 Abs. 1 UAbs. 2 Frist-VO der Tag, der auf den Tag des Eingangs des Amtshilfeersuchens mit allen erforderlichen Informationen zur Entscheidung folgt.[16] Dabei ist zusätzlich § 8 b HVwVfG zu beachten.[17] Der Frist beginnt nicht, bevor der Inhalt des Amtshilfeersuchens nicht in deutscher Sprache aktenkundig gemacht wurde. Der HDSB kann in anderen Sprachen gestellte Amtshilfeersuchen auch selbst in deutscher Sprache aktenkundig machen. Paraphrasierung genügt. Soweit erforderlich, ist bei Ersuchen in einer anderen Sprache von der ersuchenden Behörde eine Übersetzung[18] zu verlangen. Das **Fristende** ist nach Art. 3 Abs. 2 lit. b Frist-VO zu bestimmen. **Fristbeginn** ist der Tag, auf den das Ereignis fällt.[19] Über ein am 15. eines Monats eingegangenes Amtshilfeersuchen ist also bis zum Ende des 15. des darauffolgenden Monats zu entscheiden.[20]

16   Die Frist gilt sowohl für die Entscheidung über das Ersuchen und als auch für den Abschluss der ersuchten Maßnahmen. Nur bei **umfangreicheren** Amtshilfeersuchen, die auch umfangreiche Maßnahmen erfordern, insbesondere solchen, die sich nicht in der bloßen Übermittlung bereits vorhandener Informationen erschöpfen, genügt zur **Fristwahrung** die – auch nur behördeninterne – Verfügung, dem Amtshilfeersuchen zur entsprechen und unverzüglich mit entsprechenden Maßnahmen zu beginnen.

17   Von Amtshilfeersuchen sind Ersuchen nach Information (→ Rn. 11) zu unterscheiden. Sie unterliegen nicht den Regelungen nach Abs. 2, auch nicht hinsichtlich der Frist. Auch die allgemeinen Vorgaben zur europäischen Verwaltungszusammenarbeit nach §§ 8 a bis 8 e VwVfG sehen keine Frist vor. Im Sinne der **loyalen Zusammenarbeit** sind diese jedoch ebenfalls unverzüglich zu erfüllen.

III. Ablehnungsgründe (Abs. 3)

18   Amtshilfeersuchen dürfen von der oder dem HDSB nur aus den in Abs. 3 genannten Gründen abgelehnt werden. Die Ablehnungsentscheidung ist nur scheinbar eine Ermessenentscheidung („darf"), da die oder der HDSB die Amtshilfe bei Unzuständigkeit oder drohender Rechtswidrigkeit ablehnen muss. Seine Entscheidung ist aus Gründen der Rechtsstaatlichkeit **fak-**

---

15   VO (EWG) Nr. 1182/71, EU ABl. L 124 v. 8.6.1971, 1.
16   So auch *Schmid* in Gola/Heckmann BDSG § 82 Rn. 9; *v. Lewinski* in Auernhammer BDSB § 82 Rn. 19.
17   Der Inhalt des Amtshilfeersuchens muss sich in deutscher Sprache aus den Akten ergeben.
18   Entscheidend ist das Verständnis auf Seiten der oder des HDSB („soweit") zu deren oder dessen Zufriedenheit. Deswegen können auch Übersetzungen in eine andere Sprache als Deutsch ausreichen.
19   *EuGH* ECLI:EU:C:2004:714 – Nationale Verfahrensvorschriften.
20   Aus Art. 3 Abs. 2 lit. c Satz 2 Frist-VO folgt, dass die Frist bei Fristbeginn an einem 31. Januar, März, Mai, August und Oktober mit Ablauf des letzten Tages des darauffolgenden Monats endet.

tisch gebunden.[21] Abs. 4 Satz 2 verlangt eine Begründung der Ablehnungs-entscheidung (→ Rn. 29). Das Ablehnungsrecht verdeutlicht das Gleich-ordnungsverhältnis zwischen ersuchender und ersuchter Behörde.[22]

Die oder der HDSB ist nach **Nr. 1** verpflichtet, ein Amtshilfeersuchen abzu-lehnen, wenn sie oder er für den Gegenstand des Ersuchens oder die Maß-nahme, die er durchführen soll, **nicht zuständig** ist. Dies folgt der rechts-staatlichen Zuständigkeitsordnung.[23] IdR ist dann eine andere Aufsichtsbe-hörde sachlich oder örtlich für das Ersuchen zuständig. Eine Weiterlei-tungspflicht an die zuständige Behörde ist nicht ausdrücklich vorgesehen. Die Aufgabe zur Zusammenarbeit mit anderen Aufsichtsbehörden nach § 13 Nr. 7 verpflichtet die oder den HDSB, die ersuchende Behörde wenig-stens in der Begründung nach Abs. 4 Satz 2 auf die eigentlich zuständige Behörde hinzuweisen (→ Rn. 26 ff.). Die oder der HDSB darf das Ersu-chen, gerade in eindeutigen Fällen der anderen Zuständigkeit, natürlich kollegialiter auch selbst **weiterleiten**, sollte dann aber zugleich die ersu-chende Behörde darauf hinweisen. 19

Die oder der HDSB ist nach **Nr. 2** zur Ablehnung verpflichtet, wenn das Eingehen auf das Ersuchen **gegen Rechtsvorschriften verstoßen** würde. Rechtsvorschriften iSd der Vorschrift sind – in richtlinienkonformer Ausle-gung nach Art. 50 Abs. 4 lit. b JI-RL – die JI-RL, sonstiges Unionsrecht so-wie hessisches Landesrecht und anwendbares Bundesrecht.[24] Mitgliedstaat-liches Recht kann eine Ablehnung begründen, da sich die Ausübung der Befugnisse der Aufsichtsbehörden in Umsetzung von Art. 47 JI-RL nach nationalem Verfahrensrecht richtet und daher zwischen den Mitgliedstaa-ten stark variieren kann. Eine Ablehnung ist daher insbesondere dann ge-boten, wenn das Ersuchen eine Handlung verlangt, zu der die oder der HDSB nicht befugt ist.[25] Geboten ist die Ablehnung aber auch, wenn durch die Hilfeleistung dem Wohl des Bundes oder eines Landes iSv § 5 Abs. 2 Nr. 2 HVwVfG erhebliche Nachteile bereitet würden. Außerdem kommen der Verstoß gegen Geheimhaltungsvorschriften oder Vorschriften zum Schutz von Berufs- und Geschäftsgeheimnissen in Betracht. Ein Ableh-nungsgrund ist auch ein zu befürchtender Verstoß gegen verfassungsrecht-liche Grundsätze. In Betracht kommt ferner ein Verstoß gegen den Grund-satz der Verhältnismäßigkeit, der als allgemeiner Rechtsgrundsatz des Uni-onsrechts sowohl Unionsorgane als auch mitgliedstaatliche Behörden bei der Durchführung des Unionsrechts bindet.[26] 20

Die Ablehnungsgründe entsprechen regelungstechnisch § 5 Abs. 2 HV-wVfG.[27] Das innerstaatliche Recht, dass die Amtshilfepflicht begrenzt, muss seinerseits unionsrechtskonform sein.[28] Bei Rückgriff auf die **Staats-** 21

---

21 *Peuker* in HK-BDSG § 82 Rn. 12.
22 *Peuker* in HK-BDSG § 82 Rn. 12.
23 *Peuker* in HK-BDSG § 82 Rn. 13; „rein deklaratorisch" *Willhelm* in BeckOK Da-tenschutzR BDSG § 82 Rn. 8.
24 *Peuker* in HK-BDSG § 82 Rn. 14; *Schmid* in Gola/Heckmann BDSG § 82 Rn. 10.
25 *Peuker* in HK-BDSG § 82 Rn. 15.
26 *Calliess* in Calliess/Ruffert EUV Art. 5 Rn. 44.
27 S. für die hM zB *Peuker* in HK-BDSG § 82 Rn. 19; *Polenz* in Simitis/Hornung/Spiecker gen. Döhmann DS-GVO Art. 61 Rn. 16.
28 *Dix* in Kühling/Buchner DS-GVO Art. 61 Rn. 13.

wohlklausel des § 5 Abs. 2 Nr. 2 HVwVfG, muss bei der Prüfung der Erheblichkeit möglicher Nachteile eine Abwägung mit den Gründen für das Amtshilfeersuchen der ausländischen Aufsichtsbehörde im Rahmen der Verhältnismäßigkeitsprüfung angestellt werden.[29]

22   Die Anwendung von § 5 Abs. 3 HVwVfG ist weitestgehend ausgeschlossen, da diese Vorschrift fakultativ ist.[30] Einer Verweigerung steht gerade die Vorschrift und die JI-RL iSv § 8 a Abs. 3 VwVfG entgegen. **Fehlende Kapazitäten oder Ressourcen** iSv § 5 Abs. 3 VwVfG und HVwVfG sind keine genügende Ablehnungsgründe. Eine Ablehnungsmöglichkeit aus den in § 5 Abs. 3 HVwVfG genannten Gründen fügt sich systematisch nicht in den Ausstattungsauftrag nach Art. 42 Abs. 4 JI-RL[31] und wäre – auch in Ansehung von Art. 8 Abs. 2 GRCh – nicht mit Unionrecht zu vereinbaren. Eine Ablehnung wegen zu befürchtendem übermäßigen (Nr. 2) oder gefährdenden Verwaltungsaufwand (Nr. 3) kann auch nicht auf den Grundsatz der Verhältnismäßigkeit gestützt werden.[32] Dieser verpflichtet die Verwaltung, schützt sie aber nicht vor Aufwand. Außerdem können besondere Auslagen nach Abs. 6 Hs. 2 (→ Rn. 32) erstattet werden.

23   Dagegen können Ersuchen von Behörden anderer Mitgliedstaaten nach § 8 b Abs. 3 HVwVfG abgelehnt werden, wenn sie **nicht ordnungsgemäß und nicht unter Angabe des maßgeblichen Rechtsakts begründet** sind und die erforderliche Begründung nach Aufforderung nicht nachgereicht wird. Dies ist eine zulässige und sogar erforderliche Konkretisierung des unionrechtlichen Regelungsauftrags und folgt aus Art. 50 Abs. 3 JI-RL. Es ist eigentlich eine Selbstverständlichkeit, denn die ordnungsgemäße Angabe des Rechtsaktes und Begründung ist Bedingung für die Entscheidung über die Amtshilfe.[33] Nur dadurch sind für die oder den HDSB Inhalt und Grenzen des Anspruchs zweifelsfrei nachvollziehbar. Der HDSB ist nicht dazu verpflichtet, Begründungen von Amtshilfeersuchen aus dem Kontext weißzusagen. Ob sie oder er ein unzureichendes Ersuchen ablehnt, entscheidet sie oder er nach pflichtgemäßem Ermessen. Hierbei ist insbesondere der Effektivitätsgrundsatz (→ Rn. 13) zu beachten. Eine Ablehnung darf nicht allein auf geringwertigen, rein formalen Defiziten beruhen.[34]

24   Bei **tatsächlicher Unmöglichkeit** der Durchführung eines Amtshilfeersuchens besteht grundsätzlich auch keine Amtshilfeverpflichtung.[35] Es bedarf dann eigentlich keiner Ablehnungsentscheidung ieS, wohl aber einer Information und Begründung analog Abs. 4 Satz 2.

29 *Schmitz* in Stelkens/Bonk/Sachs VwVfG § 8 a Rn. 21.
30 V. *Lewinski* in Auernhammer BDSG § 82 Rn. 22; *Nguyen* in BeckOK DatenschutzR DS-GVO Art. 61 Rn. 14; *Peuker* in HK-BDSG § 82 Rn. 19; iE auch *Polenz* in Simitis/Hornung/Spiecker gen. Döhmann DS-GVO Art. 61 Rn. 16; *Dix* in Kühling/Buchner DS-GVO Art. 61 Rn. 13.
31 Wortgleich zu Art. 52 Abs. 4 DS-GVO; zum Ausstattungsauftrag *Roßnagel* Datenschutzaufsicht S. 37 f.
32 AA *Peuker* in HK-BDSG § 82 Rn. 17.
33 Dies gilt nach Abs. 7 Satz 1 umgekehrt auch für die oder den HDSB, wenn sie oder er ein Amtshilfeersuchen stellt; s. auch § 8 b Abs. 1 Satz 2 HVwVfG.
34 *Riedel* in BeckOK VwVfG § 8 b Rn. 5.
35 *Berchtold*, S. 11 (21); *Wettner*, S. 173.

Informationsersuchen (→ Rn. 11) sind von Abs. 3 nicht erfasst. Sie darf die **25** oder der HDSB aus den in der Vorschrift genannten Gründen ablehnen. Sie könnten aber auch aus anderen tatsächlichen und rechtlichen Gründen abgelehnt werden, wie zB Kapazitätsmangel oder das Fehlen einer Rechtsgrundlage zur Übermittlung personenbezogener Daten[36] im konkreten Einzelfall oder sonstigen in § 5 Abs. 3 HVwVfG genannten Gründen. Tatsächlich ist es aber bei ausreichender Ausstattung des HDSB nach Art. 42 Abs. 4 JI-RL und in Ansehung des Auftrags zur loyalen Zusammenarbeit beinahe ausgeschlossen, dass ein Informationsersuchen abgelehnt werden dürfte.

IV. Informationspflicht (Abs. 4)

Die oder der HDSB hat Informationspflichten über die gesamte Zeitdauer **26** der Amtshilfe bis hin zum Abschluss der ersuchten Maßnahme. Sie oder er muss die ersuchende Behörde über die Ergebnisse einer abgeschlossenen Maßnahme der Amtshilfe informieren (**Bericht**) oder gegebenenfalls über den Fortgang der Maßnahmen unterrichten (**Zwischenbericht**).

Der loyalen Zusammenarbeit und guten Verwaltungspraxis halber, hat die **27** oder der HDSB den **Eingang** von Amtshilfeersuchen zweckgemäß **zu bestätigen**[37] und – falls im konkreten Fall erforderlich – so zeitnah wie möglich Nachforderungen hinsichtlich Begründung oder Übersetzung nach § 8 b Abs. 2 Satz 2 HVwVfG zu stellen.

Inhaltlich hat die oder der HDSB **mitzuteilen**, welche Maßnahmen er zur **28** Umsetzung des Amtshilfeersuchens getroffen hat, wie weit diese Maßnahmen gediehen sind und welche Ergebnisse er erzielt hat.[38]

Lehnt die oder der HDSB das Amtshilfeersuchen nach Abs. 3 ab, so hat er **29** der ersuchenden Behörde die Gründe dafür zu erläutern. Für die nach Abs. 4 Satz 2 gebotene **Begründung** genügt nicht die Behauptung eines möglichen Rechtsverstoßes. Die oder der HDSB muss substantiiert darlegen, warum sie oder er dem Ersuchen nicht nachkommen kann (bei Ablehnung wegen Unzuständigkeit → Rn. 19).

Eine **Frist** ist nicht ausdrücklich vorgesehen, folgt systematisch und dem **30** Sinn und Zweck nach aber aus Abs. 2.[39] Auch Berichte sind deswegen unverzüglich nach Abschluss der jeweiligen Maßnahme durch die oder den HDSB zu erteilen. Zwischenberichte sind zweckentsprechend dann zu erteilen, wenn Maßnahmen eingeleitet wurden, sie zum eigentlich erwarteten und kommunizierten Zeitpunkt ihrer Erledigung aber noch nicht abgeschlossen worden sind.

---

36 So *Schmid* in Gola/Heckmann BDSG § 82 Rn. 11.
37 *v. Lewinski* in Auernhammer BDSG § 82 Rn. 29.
38 *Dix* in Kühling/Buchner DS-GVO Art. 61 Rn. 16.
39 *v. Lewinski* in Auernhammer BDSG § 82 Rn. 32.

V. Elektronische Kommunikation (Abs. 5)

31   Abs. 5 fordert, idR Informationen **elektronisch zu übermitteln**. Andere
      Kommunikationsformen sind jedoch nicht ausgeschlossen.[40] Für die elek-
      tronische Kommunikation sieht Abs. 5 die Verwendung eines **standardisier-
      ten Formats** vor, das die Kommission gemäß Art. 50 Abs. 8 JI-RL festlegen
      kann (→ Rn. 5). Die elektronische Kommunikation ist idR sicher zu **ver-
      schlüsseln**, um Geheimnisschutz und Datensicherheit gewährleisten zu
      können. Das Verschlüsseln von E-Mail Anhängen kann ausreichen.[41]

VI. Kosten (Abs. 6)

32   Abs. 6 bestimmt, Amtshilfeersuchen **kostenfrei** zu erledigen. Dies folgt
      Art. 197 Abs. 1 AEUV, der klarstellt, dass die ordnungsgemäße Durchfüh-
      rung des Unionsrechts eine Frage von gemeinsamem Interesse ist. Auch
      § 8 c HVwVfG sieht vor, dass Kostenersatz nur verlangt werden kann, so-
      weit dies nach Maßgabe von Rechtsakten der EG verlangt werden kann.
      Dem liegt die Annahme zugrunde, dass sich die Aufwendungen der betei-
      ligten Behörden auf längere Sicht ausgleichen.[42]

33   Die oder der HDSB kann die **Erstattung** entstandener Ausgaben für die
      Amtshilfe mit der ersuchenden Aufsichtsbehörde im Einzelfall vereinbaren
      (**Behördenübereinkunft** iSe Vertrages[43]). Der Begriff Ausgaben ist iSv tat-
      sächlich im Einzelfall entstandenen Auslagen zu verstehen, also Kosten,
      die der Behörde zusätzlich entstehen.[44] Hierunter fallen insbesondere bare
      Auslagen für Telekommunikation, Post, Transport und Reisen, aber auch
      solche für externe Sachverständige, Dolmetscher und Übersetzer. **Benut-
      zungsgebühren** können ersetzt werden, wenn die Amtshilfe die Inanspruch-
      nahme von Einrichtungen (zB Datenbanken und Register) beinhaltet, deren
      Aufwand durch Benutzungsgebühren gedeckt werden soll.[45]

34   Eine Kostenübernahme darf nur im Einzelfall erfolgen. Bi- oder multilate-
      rale **Rahmenvereinbarungen** sind deswegen aber nicht ausgeschlossen.[46]
      Dies wird aus dem Wortlaut von Art. 50 Abs. 7 Satz 2 JI-RL deutlich. Sie
      dürfen aber nur die Grundsätzlichkeit der Kostenübernahme und übliche
      Sätze einzelner Positionen (auch unter Verweis auf andere Vorschriften) re-
      geln. Lediglich die Abrechnung muss am Einzelfall aufgrund tatsächlich
      entstandener Auslagen erfolgen. Dies entspricht auch dem Sinn und Zweck
      von Art. 50 JI-RL, der eine wirksame Zusammenarbeit und die Erleichte-
      rung von Maßnahmen der Amtshilfe ermöglichen und unterstützen soll.
      Dem stünde es entgegen, bei jedem einzelnen Ersuchen neu über die grund-

---

40 Telefonische Übermittlung von Informationen kann zB in dringenden Fällen gebo-
    ten sein, die postalische Übersendung zB bei umfangreichen Informationspaketen
    oder Akten.
41 Das Passwort zur Entschlüsselung könnte zB telefonisch übermittelt werden. Kön-
    nen E-Mails oder Anhänge nicht verschlüsselt werden, ist idR die postalische Über-
    mittlung notwendig.
42 *Riedel* in BeckOK VwVfG § 8 c Rn. 1.
43 *Lachmayer* in Auernhammer DS-GVO Art. 61 Rn. 10.
44 *Polenz* in Simitis/Hornung/Spiecker gen. Döhmann DS-GVO Art. 61 Rn. 20.
45 S. entsprechend *Schmitz* in Stelkens/Bonk/Sachs VwVfG § 8 Rn. 8.
46 AA *Schmid* in Gola/Heckmann BDSG § 82 Rn. 17; *v. Lewinski* in Auernhammer
    BDSG § 82 Rn. 38; *Wilhelm* in BeckOK DatenschutzR BDSG § 82 Rn. 12.

sätzliche Abrechnung und Höhe üblicher Auslagenpositionen verhandeln zu müssen.

Die **Verwaltungskosten** des eigentlichen Amtshilfeverfahrens können von der oder dem HDSB auf den Verantwortlichen oder Auftragsverarbeiter abgewälzt werden.[47] Dabei ist nach § 13 Abs. 9 das HVwKostG iVm mit der Anlage zu diesem Gesetz maßgeblich. 35

VII. Eigene Amtshilfeersuchen der oder des HDSB (Abs. 7)

Abs. 7 enthält **Anforderungen für ein Amtshilfeersuchen** durch die oder den HDSB an die Datenschutzaufsichtsbehörden anderer Mitgliedstaaten im Anwendungsbereich von § 40. Abs. 7 konkretisiert § 8 b Abs. 1 Satz 2 HVwVfG. Die ersuchte Behörde soll in die Lage versetzt werden, das Ersuchen unter größtmöglicher Schonung ihrer Ressourcen zügig und vollständig zu bearbeiten.[48] Sie ist daher nach Satz 1 von der oder dem HDSB über den bisherigen **Sachverhaltsstand** zu unterrichten, soweit es für die Bearbeitung des Ersuchens erforderlich ist. Die ersuchte Behörde muss anhand der übermittelten Informationen das Vorliegen von Ablehnungsgründen überprüfen und ausschließen können. Die oder der HDSB muss darlegen, warum er die Aufgabe, um deren Erfüllung er ersucht, nicht selbst erfüllen kann. Nach § 8 b Abs. 1 Satz 1 HVwVfG ist das Ersuchen der oder des HDSB in **deutscher Sprache** zu stellen und soweit erforderlich eine Übersetzung beizufügen. 36

Satz 2 bestimmt eine **enge Zweckbindung** („ausschließlich") für die Verwendung der an die oder den HDSB aufgrund seines Ersuchens übermittelten Informationen.[49] Dies bezieht sich auf den konkreten Gegenstand des Amtshilfeersuchens und gilt sowohl hinsichtlich der Verarbeitung personenbezogener Daten als auch sonstiger Verwendung im Verwaltungsverfahren. Es kann nicht ohne Weiteres auf die „Aufsicht" insgesamt als Zweck abgestellt werden.[50] Dies widerspräche sowohl dem Wortlaut von Satz 2 als auch seinem Sinn und Zweck, der die loyale Zusammenarbeit der europäischen Aufsichtsbehörden fördern soll. Müsste eine Aufsichtsbehörde damit rechnen, dass die im Rahmen der Amtshilfe übermittelten Informationen zu anderen als im Ersuchen benannten Gründen verarbeitet werden, könnte sie eigentlich nicht über die Amtshilfe entscheiden oder müsste sie idR ablehnen. 37

C. Würdigung

Die Vorschrift setzt kooperationswillige Aufsichtsbehörden voraus. Mangels einer Vorgabe ähnlich Art. 61 Abs. 8 DS-GVO können **Streitfälle** zur Amtshilfe zwischen den Aufsichtsbehörden nicht durch den EDSA „judiziert" werden. Die Aufsichtsbehörden sind folglich auf vertrauensvolle Zu- 38

47 Ebenso *Peuker* in HK-BDSG § 82 Rn. 25; *v. Lewinski* in Auernhammer BDSG § 82 Rn. 39.
48 *Peuker* in HK-BDSG § 82 Rn. 26.
49 *Wilhelm* in BeckOK DatenschutzR BDSG § 82 Rn. 15; *Peuker* in HK-BDSG § 82 Rn. 27.
50 AA *Dix* in Kühling/Buchner DS-GVO Art. 61 Rn. 12; gegen eine zu „enge" Auslegung auch *v. Lewinski* in Auernhammer BDSG § 82 Rn. 43.

sammenarbeit angewiesen. Dies ist angesichts dessen, „dass insbesondere von Amtshilfeersuchen im Rahmen der Fallbearbeitung und zum Informationsaustausch reger Gebrauch gemacht wird",[51] umso wichtiger.

Siebter Abschnitt: Haftung und Sanktionen

§ 78   Schadensersatz und Entschädigung

(1) ¹Hat ein Verantwortlicher einer betroffenen Person durch eine Verarbeitung personenbezogener Daten, die nach diesem Gesetz oder nach anderen auf ihre Verarbeitung anwendbaren Vorschriften rechtswidrig war, einen Schaden zugefügt, ist er oder sein Rechtsträger der betroffenen Person zum Schadensersatz verpflichtet. ²Die Ersatzpflicht entfällt, soweit bei einer nicht automatisierten Verarbeitung der Schaden nicht auf ein Verschulden des Verantwortlichen zurückzuführen ist.

(2) Wegen eines Schadens, der nicht Vermögensschaden ist, kann die betroffene Person eine angemessene Entschädigung in Geld verlangen.

(3) Lässt sich bei einer automatisierten Verarbeitung personenbezogener Daten nicht ermitteln, welche von mehreren beteiligten Verantwortlichen den Schaden verursacht hat, so haftet jeder Verantwortliche beziehungsweise sein Rechtsträger.

(4) Bei einem Mitverschulden der betroffenen Person ist § 254 des Bürgerlichen Gesetzbuchs entsprechend anzuwenden.

(5) Auf die Verjährung finden die für unerlaubte Handlungen geltenden Verjährungsvorschriften des Bürgerlichen Gesetzbuchs entsprechende Anwendung.

(6) Weitergehende sonstige Schadensersatzansprüche bleiben unberührt.

(7) Der Rechtsweg zu den ordentlichen Gerichten steht offen.

Literatur:

Kohn, Der Schadensersatzanspruch nach Art. 82 DS-GVO, ZD 2019, 498; *Wybitul*, Immaterieller Schadensersatz wegen Datenschutzverstößen – Erste Rechtsprechung der Instanzgerichte, NJW 2019, 3265.

---

51   HBDI 48. Tätigkeitsbericht 2020, S. 10.

A. Allgemeines

I. Bedeutung der Vorschrift

Die Vorschrift regelt sowohl einen **materiellen** als auch einen **immateriellen** 1
Schadensersatzanspruch der betroffenen Personen für den Fall, dass ihnen durch eine rechtswidrige Datenverarbeitung eines Verantwortlichen iSd § 40 Abs. 1 ein Schaden entstanden ist. Die Haftung des Verantwortlichen ist als Bestandteil des Rechtsschutzregimes der europäischen Datenschutzreform aufzufassen. Da gerade die Polizei-, Strafverfolgungs- und Justizvollzugsbehörden durch ihre Datenverarbeitungen weitreichende Konsequenzen für die betroffenen Personen verursachen, ist die Vorschrift von hoher Relevanz im Kontext der polizeilichen und justiziellen Datenverarbeitung und sichert die Rechte der betroffenen Personen.

Durch den Schadensersatz wird die betroffene Person für die **rechtswidri-** 2
ge Datenverarbeitung und die daraus entstandenen Konsequenzen entschädigt. Neben dieser Kompensationsfunktion geht von dem Schadensersatz aufgrund des Abschreckungseffekts zudem eine gewisse präventive Wirkung aus, die ihn vom systematischen Verständnis her nahe der Sanktionen rückt.[1] Auch der EuGH gesteht dem Schadensersatz vor dem Hintergrund des europarechtlichen „effet utile" eine abschreckende Wirkung zu.[2]

Die Regelung ist geprägt von den Vorgaben der JI-RL, greift jedoch 3
Grundsätze auf, die bereits vorher bestanden. Schadensersatz infolge unzulässiger bzw. rechtswidriger Verarbeitungen von personenbezogenen Daten wurde schon nach der vorherigen Rechtslage in den **Datenschutzgesetzen der Länder und des Bundes** gewährt.[3] Maßgeblich geprägt ist die Vorschrift von den Grundsätzen zur (deliktischen) Haftung im BGB. Dies wird insbesondere durch die Verweisungen in Abs. 4 und Abs. 5 deutlich.

II. Entstehungsgeschichte

Bereits § 20 HDSG normierte einen Schadensersatzanspruch der betroffe- 4
nen Person gegen den Rechtsträger des Verantwortlichen. Die **Systematik** dieser Vorschrift wurde dahin gehend durch den Gesetzgeber erhalten, dass er die verschuldensabhängige Haftung bei nicht automatisierter Datenverarbeitung und die verschuldensunabhängige Haftung bei sonstiger (automatisierter) Datenverarbeitung aufrechterhält und dabei über die Vorgaben des Art. 56 JI-RL hinausgeht.[4]

Erhebliche Unterschiede betreffen die immaterielle Entschädigung, die ge- 5
mäß § 20 Abs. 1 Satz 2 HDSG nur in **schweren Fällen** gewährt wurde. Zudem war der Schadensersatz für jede betroffene Person in der Höhe auf 250.000 Euro gedeckt.

Regelungen für den Fall, dass **mehrere Beteiligte** die unzulässige Datenver- 6
arbeitung verschuldet haben, waren nicht Gegenstand der § 20 HDSG.

---

1 Vgl. *Quaas* in BeckOK DatenschutzR BDSG § 83 Rn. 7 unter Bezugnahme ua BVerfGE 125, 260 Rn. 221–223.
2 Vgl. EuGH ECLI:EU:C:2015:831 – EuZW 2016, 183 Rn. 26.
3 Nicht nur das HDSG, sondern auch das BDSG und die LDSG sahen Schadensersatzregelungen vor.
4 Gesetzesbegründung, LT-Drs. 19/5728, 126.

Durch Verweisung in das BGB wurden dagegen die Regelungen zum Mitverschulden des § 254 BGB sowie die Verjährungsvorschriften des BGB für unerlaubte Handlungen in Abs. 2 für anwendbar erklärt.

7 Mit den Regelungen in Abs. 6, dass weitergehende sonstige Schadensersatzansprüche unberührt bleiben und Abs. 7, dass der **Rechtsweg** zu den ordentlichen Gerichten offen steht, wurden die Regelungen aus § 20 Abs. 3 und 4 HDSG wortgleich übernommen.

8 Die Vorschrift wurde im **Gesetzgebungsverfahren** gegenüber dem Gesetzentwurf der Fraktion von CDU und von BÜNDNIS90/DIE GRÜNEN[5] nicht verändert.

III. Unionsrechtliche Regelungen

9 Durch die Vorschrift wird **Art. 56 JI-RL** umgesetzt. Danach wird es den Mitgliedsstaaten aufgetragen, eine Regelung zu schaffen, die jeder Person, der wegen einer rechtswidrigen Verarbeitung oder einer anderen Handlung, die gegen die nach Maßgabe der JI-RL erlassenen nationalen Vorschriften verstößt, ein materieller oder immaterieller Schaden entstanden ist, ein Recht auf Schadensersatz seitens des Verantwortlichen oder jeder sonst nach dem Recht der Mitgliedstaaten zuständigen Stelle einräumt.

10 Der Schadensbegriff wird insbesondere im Zusammenhang mit der **Verletzung des Schutzes personenbezogener Daten** im ErwG 61 JI-RL dahin gehend erläutert, dass ein durch die Datenschutzverletzung verursachter physischer, materieller oder immaterieller Schaden in dem Verlust der Kontrolle über die personenbezogenen Daten oder Einschränkung der Rechte der betroffenen Person, Diskriminierung, Identitätsdiebstahl oder -betrug, finanzielle Verluste, unbefugte Aufhebung der Pseudonymisierung, Rufschädigung, Verlust der Vertraulichkeit von dem Berufsgeheimnis unterliegenden personenbezogenen Daten oder andere erhebliche wirtschaftliche oder gesellschaftliche Nachteile für die betroffene natürliche Person gesehen werden kann.

11 In dem für den Schadensersatz maßgeblichen ErwG 88 JI-RL wird erläutert, dass der **Begriff des Schadens** weit und auf eine Art und Weise ausgelegt werden soll, die den Zielen der JI-RL (und damit auch ihrer Umsetzungsvorschriften) im vollen Umfang entspricht. Dazu wird statuiert, dass die betroffenen Personen einen vollständigen und wirksamen Schadensersatz erhalten sollen. Dadurch wird die Kompensationswirkung unterstrichen, die der Schadensersatz in Bezug auf die materiellen und immateriellen Schäden hat, welche eine betroffene Person durch Datenschutzverletzungen erleidet.

IV. Verhältnis zu anderen Vorschriften

12 Abzugrenzen ist der Anspruch auf Schadensersatz nach der Maßgabe der JI-RL zu dem nach Art. 82 **DS-GVO**. Dieser unterscheidet sich von dieser Vorschrift maßgeblich hinsichtlich des **Adressaten** der Regelung. Nach der DS-GVO kann die betroffene Person ihren Anspruch nicht nur gegen den

---

5 LT-Drs. 19/5728, 44.

Verantwortlichen, sondern auch gegen den Auftragsverarbeiter richten, die in der Folge ggf. als Gesamtschuldner gemäß Art. 82 Abs. 5 DS-GVO haften.[6] Im Anwendungsbereich der JI-RL ist dagegen nur ein Schadensersatz gegenüber dem Verantwortlichen und dessen Rechtsträger möglich.

Insbesondere bei Verantwortlichen, die sowohl im Anwendungsbereich der JI-RL als auch im Anwendungsbereich der DS-GVO personenbezogene Daten verarbeiten, kann dies zu **Wertungswidersprüchen** und Abgrenzungsbedarfen führen.[7]   13

§ 64 HSOG normiert einen eigenen Schadensersatzanspruch („**Zum Schadensausgleich verpflichtende Tatbestände**") für rechtswidrige polizeiliche Maßnahmen (→ Rn. 39).   14

B. Haftung für die rechtswidrige Verarbeitung personenbezogener Daten

Die Vorschrift regelt in Abs. 1 den materiellen Schadensersatzanspruch der betroffenen Person gegen den Verantwortlichen im Falle einer rechtswidrigen Datenverarbeitung (→ Rn. 16 ff.). Im Falle der nicht automatisierten Verarbeitung ist dieser Schadensersatz verschuldensabhängig (→ Rn. 23). In Abs. 2 wird die Ersatzpflicht auf immaterielle Schäden erweitert (→ Rn. 29). Bei einer automatisierten Datenverarbeitung ist die Haftung verschuldensunabhängig und kann sich gemäß Abs. 3 auf den Rechtsträger des Verantwortlichen verlagern (→ Rn. 32). In Abs. 4 wird in Bezug auf ein etwaiges Mitverschulden auf das BGB verwiesen (→ Rn. 34). Hinsichtlich der Verjährung sind nach Abs. 5 die Verjährungsvorschriften für unerlaubte Handlungen anwendbar (→ Rn. 36). Klarstellend regelt Abs. 6, dass andere Schadensersatzansprüche unberührt bleiben (→ Rn. 37 ff.), und Abs. 7, dass der Rechtsweg zu den ordentlichen Gerichten eröffnet ist (→ Rn. 42).   15

I. Schadensersatz wegen schuldhafter Datenschutzverletzungen (Abs. 1)

1. Anspruchsberechtigter und -gegner

Anspruchsberechtigt kann nach der Regelung nur eine **betroffene Person** sein. Damit sind die Anforderungen der JI-RL restriktiv ausgelegt und beziehen sich nur auf die von der gegenständlichen Datenverarbeitung betroffene Person, während die JI-RL „jeder Person" ein Recht auf Schadensersatz zuspricht. Die Fälle, in denen Personen, deren Daten nicht verarbeitet werden, ein Schaden durch eine rechtswidrige Verarbeitung entstehen, dürften selten sein, sind jedoch nicht undenkbar.[8]   16

Schadensersatz   17

Anspruchsgegner sind nach dem Wortlaut der Verantwortliche oder sein Rechtsträger. Im Gegensatz zur DS-GVO richtet sich der Anspruch nicht

---

6 *Johannes/Weinhold* Neues DatenschutzR § 1 Rn. 222.
7 Vgl. *Johannes/Weinhold* Neues DatenschutzR § 1 Rn. 358.
8 *Schwichtenberg* in Kühling/Buchner BDSG § 83 Rn. 3 BDSG führt das Beispiel an, dass ein Unterhaltsberechtigter keinen Unterhalt mehr bekommen kann, da der Unterhaltsverpflichtete infolge einer rechtswidrigen Beschlagnahme an seinem Arbeitsplatz seine Arbeitsstelle und damit seine Verdienstmöglichkeit verliert.

gegen den Auftragsverarbeiter. Insbesondere angesichts der im Vergleich zur vorherigen Rechtslage gesteigerten Pflichten des **Auftragsverarbeiters,** die ihm einen größeren eigenen Handlungsspielraum geben, kann dies zu Regelungslücken führen. Auflösbar ist dies durch die Exzessregelung des § 57 Abs. 7, die den Auftragsverarbeiter dann zum eigenständigen Verantwortlichen deklariert, wenn dieser die Zwecke und Mittel der Verarbeitung unter Verstoß gegen § 57 selbst bestimmt (→ § 57 Rn. 34).[9] Dies würde zumindest dann zutreffen, wenn der Auftragsverarbeiter gegen die Weisungen des Verantwortlichen handelt.[10] Jedenfalls wird durch § 57 Abs. 1. Satz 2 dahin gehend Rechtsklarheit geschaffen, dass die Schadensersatzansprüche (genauso wie die Betroffenenrechte) dem Verantwortlichen gegenüber auszuüben sind (→ § 57 Rn. 14).

18   Durch die Bezugnahme auf den **Rechtsträger** wird nicht dem Anspruchsberechtigten die Wahl überlassen, ob er den Verantwortlichen oder seinen Rechtsträger in Anspruch nimmt. Primärer Normadressat, dessen datenverarbeitende, rechtswidrige Handlung zu einem Datenschutzverstoß führt, ist der Verantwortliche iSd § 41 Nr. 8 (→ § 41 Rn. 43 ff.). Nach dem Rechtsträgerprinzip haftet dieser jedoch nur selbst, wenn er eine juristische Person des öffentlichen Rechts ist. Ist dies nicht der Fall, haftet die juristische Person des öffentlichen Rechts, die hinter dem Verantwortlichen steht, also zB das Land oder eine Gemeinde.[11]

2. Rechtswidrige Datenverarbeitung

19   Voraussetzung für den Schadensersatz ist eine rechtswidrige Verarbeitung des Verantwortlichen. Dies umfasst jede Verarbeitung iSd § 41 Nr. 2 (→ § 41 Rn. 15 ff.). Rechtswidrig ist eine Verarbeitung dann, wenn sie entgegen der Vorschriften dieses Gesetzes oder anderer auf ihre Verarbeitung anwendbare Vorschriften erfolgte.[12] Dies erfordert eine mit einer konkreten Verarbeitung einhergehende Verletzung einer **Schutznorm** des Datenschutzrechts im Anwendungsbereich der JI-RL.[13] Das stellt einen entscheidenden Unterschied zu Art. 82 Abs. 1 DS-GVO dar, der jeden Verstoß gegen die DS-GVO als anspruchsbegründendes Ereignis zugrunde legt. Problematisch sind die Normen des dritten Teils, die Anforderungen stellen, aber keine klare Rechtsfolge setzen, wie zB § 42, sowie solche, die datenschutzrechtliche Anforderungen weit in das Ermessen der Verantwortlichen stellen, wie im Falle des § 43.

20   **Verstöße gegen die DS-GVO** oder sie anpassendes Recht werden **abschließend** durch den Schadensersatzanspruch des Art. 82 DS-GVO geregelt. Der Wortlaut „nach diesem Gesetz" ist dahin gehend unpräzise, dass diese Vorschriften wegen des abschließenden Charakters des Art. 82 DS-GVO sich

---

9 Vgl. *Schwichtenberg* in Kühling/Buchner BDSG § 83 Rn. 5.
10 So einschränkend *Gola/Reif* in Gola/Heckmann BDSG § 83 Rn. 5.
11 Vgl. *Gola/Reif* in Gola/Heckmann BDSG § 83 Rn. 5.
12 Ebenfalls krit. zum gleichlautenden Wortlaut des BDSG *Frenzel* in Paal/Pauly BDSG § 83 Rn. 2.
13 Vgl. *Frenzel* in Paal/Pauly BDSG § 83 Rn. 4 ff.

nur in ersten Teil dieses Gesetzes – soweit der Anwendungsbereich der JI-RL betroffen ist – oder im dritten Teil dieses Gesetzes befinden können.[14]

Sonstige Verstöße gegen Anforderungen des dritten Teils dieses Gesetzes   21
oder des bereichsspezifischen Fachrechts, die insbesondere das allgemeine
Datenschutzmanagement betreffen, wie zB das Führen eines Verzeichnisses für Verarbeitungen, begründen keinen Schadensersatzanspruch, da sie nicht als eine rechtswidrige Verarbeitung anzusehen sind. Mittelbar kann jedoch auch fehlerhaftes Datenschutzmanagement, wie zB eine unterbliebene Datenschutz-Folgenabschätzung in einen Schadensersatz münden, wenn die unterbliebene Sicherheitsvorkehrung zur Eindämmung des Risikos für die betroffene Person zu einer rechtswidrigen Verarbeitung führt.

Ein erheblicher Unterschied zu den Schadensersatzvoraussetzungen der DS-   22
GVO besteht dagegen darin, dass nach dem Wortlaut nicht wegen unterbliebener Gewährleistung von **Betroffenenrechten** Schadensersatz zu leisten ist. Diese Wertung könnte mit den im Gegensatz zur DS-GVO weitreichenderen Einschränkungsmöglichkeiten der Betroffenenrechte in Art. 12 Abs. 3, 15 Abs. 1 und 16 Abs. 4 JI-RL zusammenhängen, die den spezifischen sicherheitsrelevanten oder justiziellen Zwecken, zu denen Daten im Kontext der JI-RL verarbeitet werden, Rechnung tragen und die Funktionsfähigkeit der Strafverfolgungs-, Justiz- und Gefahrenabwehrbehörden gewährleisten sollen. Trotzdem entstehen dadurch Wertungswidersprüche, denn insbesondere die für die betroffene Person risikobehaftete, weil mit erheblichen Konsequenzen verbundene Verarbeitung erfordert Transparenz, um individuelle Rechtsschutzmöglichkeiten zuzulassen. Ein Schadensersatz für den Fall, dass diese Rechte nicht oder fehlerhaft gewährleistet werden, würde durch die abschreckende Wirkung den Betroffenenrechten verstärkt zur Geltung und zur Beachtung durch den Verantwortlichen verhelfen.

3. Verschulden

Nach dem Wortlaut sind die Ansprüche nach Abs. 1 grundsätzlich **ver-**   23
schuldensunabhängig. Eine Ausnahme trifft dazu Abs. 1 Satz 2 in Bezug auf nicht automatisierte Verarbeitung, wonach die Ersatzpflicht dann entfällt, wenn der Schaden nicht auf ein Verschulden des Verantwortlichen zurückzuführen ist. Diese Systematik wurde bereits § 20 HDSG zugrunde gelegt.[15] Zwar entspricht diese Unterscheidung nicht der Regelung des Art. 56 JI-RL, läuft ihr jedoch auch nicht zuwider und verletzt nicht deren Vorgaben.

Die **Gefährdungshaftung** in Bezug auf automatisierte Verarbeitungen ist   24
insoweit sachgemäß, als dass die betroffene Person die Risiken, die mit einer automatisierten Verarbeitung der betreffenden Verantwortlichen zusammenhängen, schwer abschätzen und die Geschäftsprozesse, die die rechtswidrige Datenverarbeitung verursachten, nur schwer nachweisen kann. Deswegen knüpft der Schadensersatzanspruch in Bezug auf automa-

---

14 Vgl. *Frenzel* in Paal/Pauly BDSG § 83 Rn. 4 ff.
15 Gesetzesbegründung, LT-Drs. 19/5728, 126.

tisierte Datenverarbeitungen an typische Gefährdungen an, die mit ihr zusammenhängen.[16]

25   Mit der **verschuldensabhängigen Haftung** für nicht automatisierte Verarbeitung geht eine Beweislastumkehr einher. Der Verantwortliche kann im Rahmen einer Exkulpation den Entlastungsbeweis hinsichtlich seines Verschuldens erbringen, indem er darlegt, dass er nicht vorsätzlich oder fahrlässig gehandelt hat.[17]

26   Zu beachten ist im Rahmen des Verschuldens etwaig anrechenbares **Mitverschulden** der betroffenen Person (→ Rn. 34 f.).

4. Schaden und Kausalität

27   Nach ErwG 88 JI-RL ist der Schadensbegriff weit auszulegen. Davon umfasst **sind alle gegenwärtigen und zukünftigen, mittelbaren und unmittelbaren Schäden**.[18] Beispiele für materielle Schäden sind Kosten für die Rechtsverfolgung, Verlust von monetären Rechtspositionen, Verdienstausfälle zB infolge des Verlustes von Arbeitsplätzen oder Aufträgen. Auch gescheiterte Einstellungen oder Entlassungen aufgrund unrichtiger Informationen über die betroffene Person kommen als materielle Schäden in Betracht.[19] Im Anwendungsbereich der JI-RL können diese Schäden etwa aufgrund unrechtmäßiger oder fehlerhafter Zuverlässigkeitsüberprüfungen iSd §§ 13 a, 13 b HSOG verursacht werden.

28   Maßgeblich für die Bemessung des Schadensersatzes sind die allgemeinen Regelungen der §§ 249 ff. BGB. In der Folge ist Voraussetzung, dass die rechtswidrige Datenverarbeitung **adäquat kausal** für den zu ersetzenden Schaden sein muss.[20] Dies ist von der anspruchsberechtigten Person darzulegen.

II. Haftung für Nichtvermögensschäden (Abs. 2)

29   Entsprechend der Vorgaben des Art. 56 JI-RL sind neben dem Ersatz materieller Schäden in Abs. 2 Entschädigungen für immaterielle Schäden vorgesehen. Auch hinsichtlich dieses Begriffes ist von einem weiten Verständnis im Lichte der Rechtsprechung des EuGH auszugehen.[21] Immaterielle Schäden können **Diskriminierungen** umfassen, Rufschädigungen, Verlust der Vertraulichkeit personenbezogener Daten oder andere insbesondere gesellschaftliche Nachteile für die betroffene, in ihren Datenschutzrechten verletzte Person.[22] Die Höhe der Entschädigung richtet sich nach Art und Schwere der Beeinträchtigung der Rechtspositionen der betroffenen Person. So führte die Erhebung und Speicherung von personenbezogenen Da-

---

16 Vgl. zur gleichlautenden Vorschrift im LDSG RhPf *Mack* in HK-LDSG RhPf § 71 Rn. 25.
17 Vgl. *Gola/Reif* in Gola/Heckmann BDSG § 83 Rn. 8; *Frenzel* in Paal/Pauly BDSG § 83 Rn. 9.
18 Vgl. *Johannes/Weinhold* Neues DatenschutzR § 1 Rn. 360.
19 *Bergt* in Kühling/Buchner DS-GVO Art. 82 Rn. 18.
20 *Heinrichs* in Palandt BGB Vorb. § 249 Rn. 56.
21 Ausf. zur Reichweite des immateriellen Schadensersatzes *Wybitul* NJW 2019, 3265 (3266).
22 Diese und weitere Beispiele finden sich in den ErwG 51 und 61 JI-RL.

ten ohne Einwilligung oder Information der betroffenen Person durch ein Unternehmen zu einem immateriellen Schadensersatz iHv 800 EUR. Die Verarbeitung wurde als „erhebliche Verletzung der DS-GVO" qualifiziert.[23]

Bereits in § 20 Abs. 1 Satz 2 HDSG hatten betroffene Personen einen Anspruch auf eine billige Entschädigung für Schäden, die keine Vermögensschäden sind. Allerdings nur in „schweren Fällen". Diese einschränkende Wertung wird nicht weiter aufrechterhalten, was im Einklang mit den Vorgaben der Richtlinie steht, den Schadensbegriff im Einklang mit der Rechtsprechung des EuGH weit auszulegen, um den Zielen der Richtlinie in vollem Umfang zur Geltung zu verhelfen.[24]   30

Vor diesem Hintergrund und der Rechtsprechung des EuGH sollte die Entschädigung in ihrer Höhe so erheblich sein, dass eine abschreckende Wirkung entfaltet wird.[25] Aus diesem Grund dürfte zudem die Schadensgrenze von 250.000 EUR gem. § 20 Abs. 1 Satz 3 HDSG nicht weiter aufrechterhalten worden sein.   31

III. Mehrere Verantwortliche (Abs. 3)

Wenn mehrere Verantwortliche an einer automatisierten Verarbeitung beteiligt sind und sich nicht feststellen lässt, welcher Verantwortliche den Schaden verursacht hat, haften die Verantwortlichen als **Gesamtschuldner** entsprechend §§ 840, 421 BGB. Da die automatisierte Verarbeitung einer Gefährdungshaftung unterliegt, handelt es sich um eine gesamtschuldnerische Gefährdungshaftung gemäß §§ 840, 421 BGB. Entsprechend der allg. Grundsätze des § 830 Abs. 1 Satz 2 BGB können sich die Beteiligten entlasten, indem sie nachweisen, dass ihr Verhalten den Schaden nicht verursacht hat.[26] Maßgebliche Beweiskraft hat dazu ein aussagekräftiges Datenschutzmanagement des Verantwortlichen, welches ausreichend dokumentiert sein dürfte im Rahmen der Rechenschaftspflicht des Verantwortlichen.[27]   32

Im Falle der **nicht automatisierten Verarbeitung** gelten diese Grundsätze in direkter Anwendung des § 830 Abs. 1 Satz 2 BGB ebenfalls.   33

IV. Mitverschulden (Abs. 4)

Die Regelung des Abs. 4, dass in Bezug auf ein Mitverschulden der betroffenen Person § 254 BGB entsprechend zur Anwendung kommt, hat eine klarstellende Funktion. Die Anwendbarkeit des § 254 BGBG ergibt sich bereits daraus, dass der Schadensersatz nach den Grundsätzen der   34

---

23 LG Feldkirch Beschl. v. 7.8.2019 – 57 Cg 30/19 b – 15, BeckRS 2019, 18276, Rn. 80.
24 ErwG 88 JI-RL.
25 EuGH Urt. v. 17.12.2015 – C-407/14, EuZW 2016, 183 (184).
26 *Gola/Reif* in Gola/Heckmann BDSG § 83 Rn. 11.
27 Vgl. *Johannes/Weinhold* Neues DatenschutzR § 1 Rn. 139. Die Rechenschaftspflicht, die in Art. 4 Abs. 4 JI-RL geregelt wurde, hat nicht ihren Eingang in den dritten Teil des BDSG oder dieses Gesetzes gefunden. Nach Auffassung von *Johannes/Weinhold* ergibt sich diese Rechenschaftspflicht allerdings bereits aus dem Prinzip der Gesetzesmäßigkeit der Verwaltung.

§§ 249 ff. BGB bemessen wird.[28] Durch den Verweis auf § 254 BGB wird den Rechtsanwendern und Anspruchsberechtigten **Rechtssicherheit** dahin gehend gewährt, dass die Anwendbarkeit des § 254 BGB nicht durch einen etwaigen Anwendungsvorrang des Unionsrecht tangiert wird.[29]

35 Durch ein Mitverschulden der betroffenen Person verringert sich ihr Anspruch auf Schadensersatz oder Entschädigung entsprechend des **eigenen Verursachungsbeitrags**. Die Verpflichtung zum Ersatz und der Umfang des zu leistenden Ersatzes hängt von den Umständen des Einzelfalls ab und bemisst sich danach, inwieweit der Schaden vorwiegend durch den Verantwortlichen oder durch die betroffene Person verursacht worden ist.

V. Verjährung (Abs. 5)

36 Es gelten die für die Unerlaubte Handlung geltenden Verjährungsfristen des BGB. In der Folge ist § 199 Abs. 3 BGB einschlägig. Der Anspruch auf Schadensersatz verjährt nach § 199 Abs. 3 Satz 1 Nr. 1 BGB in zehn Jahren von seiner Entstehung an und nach § 199 Abs. 3 Satz 1 Nr. 2 BGB spätestens 30 Jahre von dem Schaden auslösenden Ereignis an.

VI. Sonstige Schadensersatzansprüche (Abs. 6)

37 Abgrenzungsbedarf besteht gegenüber dem Recht auf Schadensersatz wegen unerlaubter Verletzung des **Persönlichkeitsrechts gemäß § 823 Abs. 1 BGB**. Grundsätzlich würde man ein Spezialitätsverhältnis annehmen, denn während § 823 Abs. 1 BGB auf Verletzungen des allgemeinen Persönlichkeitsrechts abstellt, betrifft der datenschutzrechtliche Schadensersatzanspruch die Verletzung der Datenschutzrechte des einzelnen, wie sie sich aus dem GG (Recht auf informationelle Selbstbestimmung gemäß Art. 2 Abs. 1 iVm Art. 1 Abs. 1 GG) oder der GRCh (Recht auf Schutz personenbezogener Daten gemäß Art. 8) herleiten lassen.

38 Dass ein solches **Spezialitätsverhältnis nicht** besteht, stellt der Wortlaut des Abs. 6 klar. Danach bleiben von dem Anspruch weitergehende Ansprüche unberührt. Als solche kommen nicht nur die deliktischen Ansprüche des BGB wie § 823 Abs. 1, § 823 Abs. 2 iVm einem Schutzgesetz und Amtshaftungsansprüche gemäß Art. 34 GG iVm § 839 BGB in Betracht. Grundsätzlich können auch vertragliche, vorvertragliche oder vertragsähnliche Ansprüche von Belang sein, dürften im Kontext der Verarbeitungen des Verantwortlichen zu Zwecken des § 40 Abs. 1 jedoch sehr selten sein.

39 Abgrenzungsbedarf besteht hinsichtlich des **§ 64 Abs. 1 Satz 2 HSOG**, wonach einer Person ein angemessener Ausgleich zu gewähren ist, wenn sie durch eine rechtswidrige Maßnahme der Gefahrenabwehr- oder der Polizeibehörden einen Schaden erleidet. Genau wie Abs. 6 bleiben gemäß § 64 HSOG weitergehende Ersatzansprüche unberührt. Insofern dürften die Ansprüche nebeneinander anwendbar sein für den Fall, dass die rechtswidrige

---

28 Hinsichtlich des Schadensersatzes im Anwendungsbereich der DS-GVO wird tlw. vertreten, dass ein Mitverschulden der betroffenen Person grds. nicht zu einer Haftungsminderung des Verantwortlichen oder Auftragsverarbeiters führt – s. *Bergt* in Kühling/Buchner DS-GVO Art. 82 Rn. 59.
29 Vgl. *Frenzel* in Paal/Pauly BDSG § 83 Rn. 12.

Maßnahme der Polizei- oder Gefahrenabwehrbehörde eine Datenverarbeitungsmaßnahme darstellt.

Neben Schadensersatzansprüchen erwachsen der betroffenen Person zudem **Beseitigungs- und Unterlassungsansprüche** gemäß § 1004 BGB, bei einem Eingriff in das Persönlichkeitsrecht analog §§ 823 Abs. 2, 1004 BGB. 40

Zudem dürften die rechtswidrige Verarbeitung in der Regel Ansprüche auf **Berichtigung oder Löschung** nach § 53 Abs. 1 und Abs. 2 zur Folge haben. 41

VII. Rechtsweg (Abs. 7)

Die Regelung, dass der Rechtsweg zu den ordentlichen Gerichten offensteht, hat lediglich **klarstellenden Charakter**. Dies ergibt sich bereits aus der Rechtswegzuweisung gemäß § 40 Abs. 2 VwGO. Die Regelung wurde aus dem § 20 Abs. 4 HDSG aufrechterhalten. Diese Kontinuität schadet nicht. 42

C. Würdigung

Durch die Vorschrift werden bereits bestehende **Rechtstraditionen** beibehalten und die unionsrechtlichen Vorgaben der JI-RL implementiert. Dies führt insbesondere in Bezug auf den Ersatz immaterieller Schäden und der Höhe des Ersatzes zu einer Regelung, die im Vergleich zu der vorherigen die betroffene Person mit stärkeren Rechten ausstattet. 43

Die fehlende Schadensersatzpflicht infolge einer Verletzung bzw. **Missachtung der Betroffenenrechte** stellt die betroffene Person im Anwendungsbereich der JI-RL schlechter als im Anwendungsbereich der DS-GVO. Ob dies sachgemäß ist und im Einklang dem Ziel des Schadensersatzes im Anwendungsbereich der JI-RL steht, ihren Zielen zur Geltung zu verhelfen, ist fraglich. 44

Die Vorschrift greift auf Grundsätze der deliktischen Haftung und des Schadensrechtes im BGB zurück. Dies ist unionsrechtlich unproblematisch, da diese Grundsätze den Vorgaben des Art. 56 JI-RL nicht entgegenstehen. 45

§ 79 Strafvorschriften

Für Verarbeitungen personenbezogener Daten durch öffentliche Stellen im Rahmen von Tätigkeiten nach § 40 findet § 37 entsprechende Anwendung.

Literatur:

Hornung/Schindler/Schneider, Die Europäisierung des strafverfahrensrechtlichen Datenschutzes, ZIS 2018, 566.

A. Allgemeines

I. Bedeutung der Vorschrift

1   Die Vorschrift setzt Art. 57 JI-RL um. Für den dritten Teil des Gesetzes musste eine **eigene Strafvorschrift** erlassen werden, weil die Strafvorschrift des § 37 im zweiten Teil des Gesetzes nur für den Anwendungsbereich der DS-GVO gilt. In der Vorschrift wurde das Problem dadurch gelöst, dass sie auf die Regelung in § 37 verweist und damit einen einheitlichen Straftatbestand zur Sanktionierung von Verstößen gegen den Missbrauch von personenbezogenen Daten mit Bereicherungs- oder Schädigungsabsicht. Die Vorschrift führt keine dem deutschen Recht grundsätzlich fremde Strafbarkeit öffentlicher Stellen ein.[1]

II. Entstehungsgeschichte

2   Der hessische Gesetzgeber hat sich mit dieser Vorschrift um einen Gleichlauf der der Sanktionsmöglichkeiten gegenüber öffentlichen Stellen bzw. deren Beschäftigten unabhängig von dem mit der Verarbeitung verfolgten Zweck bemüht.[2] Die Vorschrift wurde im **Gesetzgebungsprozess** gegenüber dem Gesetzentwurf der Fraktion von CDU und von BÜNDNIS90/DIE GRÜNEN[3] nicht verändert.

III. Unionsrechtliche Regelungen

3   **Art. 57 JI-RL** überlässt es der Festlegung der Mitgliedsstaaten, welche Sanktionen bei Verstößen gegen die nach den Richtlinien erlassenen Vorschriften erfolgen sollen. Voraussetzung ist lediglich, dass diese wirksam, verhältnismäßig und abschreckend sein müssen.[4]

IV. Verhältnis zu anderen Vorschriften

4   Um einen Gleichlauf der gesetzlichen Vorgaben für die Tätigkeiten sowohl im Anwendungsbereich der DS-GVO als auch in der Umsetzung der JI-RL sicherzustellen, hat der Gesetzgeber der Einfachheit halber auf eine entsprechende Anwendung des § 37 verwiesen. Im Ergebnis erscheint dies gerechtfertigt. Denn ist kein Grund ersichtlich, strafrechtliche Sanktionen im Kontext der Zuständigkeit hessischer öffentlicher Stellen je nach anzuwendender Rechtsmaterie unterschiedlich auszugestalten.

B. Sanktionen

5   Die Vorschrift verweist auf eine entsprechende Anwendung von § 37 für Tätigkeiten im Rahmen der Datenverarbeitung nach § 40.

I. Entsprechende Anwendung des § 37

6   Um nach § 37 zu sanktionieren, müssen alle **Voraussetzungen** einer Strafbarkeit nach § 37 auch im Kontext mit der Datenverarbeitung öffentlicher Stellen zu Zwecken des § 40 erfüllt sein (→ § 37 Rn. 10 ff.).

---

1   LT-Drs. 19/5728, 126.
2   LT-Drs. 19/5728, 126.
3   LT-Drs. 19/5728, 44.
4   Dazu *Hornung/Schindler/Schneider* ZIS 2018, 569.

II. Strafen

Im Umkehrschluss bedeutet die Vorschrift auch, dass es im Anwendungs- 7
bereich des § 40 bei Verstoß gegen datenschutzrechtliche Vorschriften
durch **Behörden** keine Sanktionierung gibt.[5]

Doch gilt auch hier, dass eine Sanktionierung im Rahmen des Art. 83 DS- 8
GVO möglich ist, soweit **Mitarbeiterinnen oder Mitarbeiter** einer öffentlichen Stelle zu nicht-dienstlichen Zwecken Daten verarbeiten, und damit
gegen ihre dienstlichen Verpflichtungen verstoßen (→ § 36 Rn. 27 f.). Dieser Übergang in den Regelungsbereich der DS-GVO entspricht der Abgrenzung des Anwendungsbereichs der DS-GVO zur JI-RL. Die (weitere) Verarbeitung von Daten aus dem Bereich der JI-RL zu anderen Zwecken als denen der Richtlinie, unterfällt der DS-GVO.[6]

Das bis zum 24.5.2018 geltende HDSG kannte eine solche Regelung nicht. 9
Nunmehr ist es auch in Hessen möglich, ein Fehlverhalten einzelner Mitarbeiter zu sanktionieren, die sich über ihre Dienstpflichten hinwegsetzten
und für das die Behörde nicht verantwortlich ist.

C. Würdigung

Die gefundene Lösung **entspricht § 84 BDSG.** Dies ist im Kontext von 10
Sanktionen auch sinnvoll, da sowohl das BDSG als auch das Gesetz letztlich **gleiche Sachverhalte** regeln. Auch wenn das materielle Recht, dass zur
Umsetzung kommt – etwa HSOG und BPolG – unterschiedlich ausgestaltet
ist, erscheint es nicht gerechtfertigt, Verstöße gegen die datenschutzrechtlichen Anforderungen bei deren Anwendung unterschiedlich zu sanktionieren. Dies gilt selbstverständlich nur für die Formulierung der gesetzlichen
Tatbestände. Davon unbenommen liegt die konkrete Anwendung der Normen allein in der Entscheidungshoheit der jeweiligen unabhängigen Aufsichtsbehörde.[7]

Vierter Teil
Informationsfreiheit

§ 80 Anspruch auf Informationszugang

(1) [1]Jeder hat nach Maßgabe des Vierten Teils gegenüber öffentlichen Stellen Anspruch auf Zugang zu amtlichen Informationen (Informationszugang). [2]Abweichend von § 2 Abs. 2 Satz 1 gelten insoweit auch öffentlich-
rechtliche Unternehmen, die am Wettbewerb teilnehmen, als öffentliche
Stellen. [3]Amtliche Informationen sind alle amtlichen Zwecken dienende
Aufzeichnungen, unabhängig von der Art ihrer Speicherung. [4]Entwürfe
und Notizen, die nicht Bestandteil eines Vorgangs werden sollen, gehören
nicht dazu.

(2) Soweit besondere Rechtsvorschriften die Auskunftserteilung regeln, gehen sie den Vorschriften des Vierten Teils vor.

---

5 S. dazu LT-Drs. 19/5728, 126.
6 ErwG 11 Satz 3 JI-RL.
7 Vgl. *Dembowski* in Ronellenfitsch ua § 79 Rn. 4.

Literatur:

Bretthauer, Informationszugang im Recht der Europäischen Union, DÖV 2013, 677; *Kloepfer*, Informationszugangsfreiheit und Datenschutz: Zwei Säulen des Rechts der Informationsgesellschaft, DÖV 2003, 221; *Kloepfer*, Grundprobleme der Gesetzgebung zur Informationszugangsfreiheit, K&R 2006, 19; *Kloepfer/v. Lewinski*, Das Informationsfreiheitsgesetz des Bundes, DVBl 2005, 1277; *Kloepfer/Schärdel*, Grundrechte für die Informationsgesellschaft – Datenschutz und Informationszugangsfreiheit ins Grundgesetz?, JZ 2009, 453; *Piesker/Sicko/Ziekow*, Vom Aktengeheimnis zur Verwaltungstransparenz? – Erste Erfahrungen mit dem Landesinformationsfreiheitsgesetz Rheinland-Pfalz, LKRZ 2013, 357; *Roßnagel*, Konflikte zwischen Informationsfreiheit und Datenschutz?, MMR 2007, 16; *Schnabel*, Auskunftsansprüche für Journalisten nach Landespressegesetzen und Informationsfreiheitsgesetz, NVwZ 2012, 854; *Schnabel*, Die Konkurrenz zwischen Ansprüchen nach Umweltinformationsgesetz und Informationsfreiheitsgesetz in Hamburg und Schleswig-Holstein, NordÖR 2011, 167; *Schnabel/Freund*, Der Kernbereich exekutiver Eigenverantwortung als Schranke der Informationsfreiheit, DÖV 2012, 192; *Schuster*, Informationszugangsanspruch der Bürgerinnen und Bürger auf kommunaler Ebene am Beispiel der sächsischen Praxis, LKV 2018, 495; *Troidl*, Informationszugang und Akteneinsicht in Sachsen, SächsVBl. 2015, 233; *Will*, Kodifikation des allgemeinen Auskunftsrechts im Bayerischen Datenschutzgesetz, BayVBl. 2016, 613; *Wirtz/Brink*, Die verfassungsrechtliche Verankerung der Informationszugangsfreiheit, NVwZ 2015, 1166.

A. Allgemeines

I. Bedeutung der Vorschrift

1   Der Anspruch auf Informationszugang ist wesentliche Stütze einer transparenten Regierung und Verwaltung, deren Handeln damit nachvollziehbarer und überprüfbarer wird. Die Entwicklung hin zur **Informationsfreiheit** begann in den 1990er Jahren im Umweltrecht. Meilensteine waren hier die Richtlinie 90/313/EWG[1] sowie das Umweltinformationsgesetz.[2] Mit den Informationsfreiheitsgesetzen in Bund und Ländern hat ein Paradigmenwechsel weg vom Prinzip der beschränkten Aktenöffentlichkeit stattgefunden, das seinerseits den Grundsatz des Amtsgeheimnisses zurückdrängte. Anstelle der Notwendigkeit für den Antragsteller, ein berechtigtes Interesse am Zugang zu bestimmten Informationen geltend machen zu müssen, besteht nun ein weitestgehend voraussetzungsfreier Anspruch auf Informationszugang. Die Begründungslast wird damit vom Antragsteller auf den Antragsgegner verschoben. Das Prinzip der beschränkten Aktenöffentlichkeit, das seinen Ausdruck in § 29 HVwVfG findet, wird insofern durchbrochen, als neben dieses Prinzip der Anspruch auf Informationszugang getreten ist. Es wird ein Verhältnis von Regel/Ausnahme begründet, bei

---

1   Später ersetzt durch Richtlinie 2003/4/EG.
2   Hierzu *Erichsen* NVwZ 1992, 409; zur Abgrenzung s. *Schnabel* NordÖR 2011, 167.

dem der Informationszugang die Regel darstellt, sofern keine Ausnahmetatbestände vorliegen, die den Anspruch ausschließen.

Zielsetzung des Anspruchs ist die Transparenz und die Betonung der dienenden Funktion des Staates gegenüber dem Bürger. Staatliches Handeln soll nach modernem Verständnis gerade nicht im arkanen Raum stattfinden, zu dem nur Eingeweihte Zutritt erhalten. Die Transparenz ist letztlich eine Muss-Forderung, die aus **Rechtsstaats- und Demokratieprinzip** resultiert. Wesentlich dabei ist, dass nicht nur einzelne Bürger Zugang zu staatlichen Informationen erhalten, sondern die Kontrolle des Staates gerade auch über Verbände, Initiativen und andere Organisationen auf breitere Schultern gestellt wird, wenngleich diese keine eigenen Ansprüche geltend machen können, sondern über ihre Mitglieder oder Dritte Informationen beschaffen müssen. 2

Der Gesetzgeber in Hessen hat sich dazu entschlossen, die Regelungen zur Informationsfreiheit nicht in einem eigenen Informationsfreiheitsgesetz zu fassen, sondern eine **Integration in das HDSIG** vorzunehmen. Die Regelungen zur Informationsfreiheit bilden dort den vierten Teil des Gesetzes. Die Vorschriften im vierten Teil sind viergeteilt in Anspruchsgrundlage (§ 80) und Anwendungsbereich (§§ 80, 81), Ablehnungsgründe (§§ 82 bis 84), Verfahrensvorschriften (§§ 85 bis 88) sowie die Rolle des Hessischen Informationsfreiheitsbeauftragten (HBI) (§ 89) (→ Einl. Rn. 93). 3

Die Entscheidung des Gesetzgebers, **Datenschutz und Informationsfreiheit** gemeinsam in einem Gesetz zu regeln überzeugt vor dem Hintergrund der Verbundenheit[3] dieser beiden Bereiche, die trotz der Konflikte zwischen ihnen[4] besteht. Keinesfalls dürfen Datenschutz und Informationsfreiheit als Antagonisten verstanden werden. Dennoch setzt die Gewährleistung von Informationsfreiheit die Beachtung datenschutzrechtlicher Vorgaben voraus. Dies findet Ausdruck insbesondere in § 83, § 82 Nr. 4 und § 86. 4

Mit der Vorschrift vereint der Gesetzgeber Bestandteile von § 1 (Grundsatz) und 2 (Begriffsbestimmungen) IFG; eine eigene Vorschrift für Begriffsbestimmungen ist im vierten Teil des HDSIG nicht vorgesehen. Deutliche Parallelen bestehen zu § 2 VIG und § 3 HUIG. 5

II. Entstehungsgeschichte

Im vierten Teil regelt der Gesetzgeber **erstmals einen Anspruch** auf Informationszugang. Abs. 1 Satz 2 und 3 der Vorschrift wurden erst im Laufe des Gesetzgebungsverfahrens eingefügt.[5] 6

Mit den §§ 80 ff. hat der Gesetzgeber die Anpassung seiner Datenschutzvorschriften an die DS-GVO zum Anlass genommen, Regelungen zum Informationszugang zu erlassen. Er geht dabei den Sonderweg, kein eigenes Informationsfreiheitsgesetz im Stil des Bundes und der anderen Bundesländer zu erlassen, sondern eine **Integration in das HDSG** vorzunehmen, das mit der Reform sein „I" erhält und sich so zum HDSIG wandelt. 7

---

3 *Kloepfer* DÖV 2003, 221.
4 S. hierzu *Roßnagel* MMR 2007, 16.
5 LT-Drs. 19/6300.

8   Anläufe zur Regelung eines allgemeinen Anspruchs auf Informationszugang in den Jahren 2009 und 2010 waren gescheitert.[6] Die Haltung der schwarz-gelben Regierung zu diesem Zeitpunkt war, dass bestehende Ansprüche ausreichend seien und Aufwand und Nutzen eines Informationszugangsrechts nicht in einem adäquaten Verhältnis zueinander stünden.[7] Infolge der Landtagswahl vom 22.9.2013 wurden die Grünen neuer Koalitionspartner der Christdemokraten. Sie hatten in den Jahren zuvor noch als Oppositionspartei einen eigenen Entwurf für ein Informationsfreiheitsgesetz in den Landtag eingebracht.[8] Dem folgte ein gemeinsamer Entwurf mit der Fraktion der SPD.[9] Auch nach der Absichtserklärung im schwarz-grünen **Koalitionsvertrag** des Jahres 2013[10] gingen noch vier Jahre ins Land, bis ein entsprechender Gesetzesentwurf am 5.12.2017 in den Landtag eingebracht wurde.[11] Das Gesetz trat schließlich am 25.5.2018 in Kraft.

9   Einen umfassenden und weitestgehend voraussetzungsfreien Anspruch auf Informationszugang kannte das Verwaltungsrecht zuvor nicht. Es war jedoch trotz fehlender Verankerung im Gesetzestext als Ausfluss des Rechtsstaatsprinzips anerkannt, dass „auch wenn außerhalb eines Verwaltungsverfahrens kein unbedingtes Recht auf Akteneinsicht besteht, dennoch ein berechtigtes Interesse vorliegen kann, in verwaltungsbehördliche Akten und Unterlagen Einsicht zu nehmen".[12] Anerkannt war mithin ein **Recht auf ermessensfehlerfreie Entscheidung** über ein Akteneinsichtsgesuch, sofern der Antragsteller ein eigenes, gewichtiges und auf andere Weise nicht zu befriedigendes Informationsinteresse gegenüber der Behörde geltend machen konnte.[13] Damit bestanden Hürden für die erfolgreiche Geltendmachung eines Auskunftsanspruchs, die mit den Informationsfreiheitsgesetzen oder wie in Hessen mit entsprechenden Regelungen gefallen sind.

10   Begünstigt wird der Anspruch auf Informationszugang durch die **Digitalisierung** von Verwaltungsprozessen und hier insbesondere die elektronische Aktenführung. Dies ermöglicht eine zeitnähere und kostengünstigere Auskunftserteilung.

11   Die im Laufe des letzten Jahrhunderts stark angewachsene Informationsmacht des Staates war wesentlicher Motivator hinter dem Volkszählungsurteil des Jahres 1983.[14] Seither sind private Stellen als Informationssammler neben den Staat getreten und haben zu einer Verschiebung der Bedrohungswahrnehmung geführt. Im Datenschutzrecht wird versucht, der Asymmetrie zwischen dem für die Datenverarbeitung Verantwortlichen

---

6   LT-Drs. 18/449, 18/450, 18/1225, 18/1895.
7   S. Innenminister *Bouffier*, in den Plenarprotokollen 18/13, 823 ff. und 18/25, 1719 f.; s. auch *Greilich* (FDP), 18/25, 1718.
8   LT-Drs. 18/449. Der Entwurf LT-Drs. 18/450 entstammt der Fraktion der SPD, der Entwurf LT-Drs 18/1225 von der Fraktion Die Linke.
9   LT-Drs. 18/1895.
10 Koalitionsvertrag zwischen der CDU Hessen und Bündnis 90/Die Grünen Hessen für die 10. Wahlperiode des Hessischen Landtags 2014–2019 vom 23.12.2013, 104.
11 LT-Drs. 19/5728. Dem ging 2015 eine Initiative der SPD-Fraktion voraus: LT-Drs. 19/2341.
12 BGH NJW 2015, 3648, Rn. 15.
13 BVerwGE 30, 154, Rn. 27.
14 BVerfGE 65, 1.

und der von ihr betroffenen Person durch eine Einhegung der Verarbeitung und insbesondere durch die Etablierung von Betroffenenrechten zu begegnen, deren zentrale Basis das Recht auf Auskunft nach Art. 15 DS-GVO ist.[15] Informationsasymmetrie besteht jedoch nicht nur im Kontext der Verarbeitung personenbezogener Daten, sondern auch bezogen auf sonstige Informationen. Eine **wirksame Kontrolle und Überprüfung staatlichen Handelns** kann nur erfolgen, wenn dieses Handeln transparent ist. Das Rechtsstaatprinzip gebietet daher angesichts der heutigen technischen Möglichkeiten zur Herstellung von Transparenz, einen entsprechenden Anspruch auf Informationszugang zu schaffen. Diesem verfassungsrechtlichen Imperativ ist der Gesetzgeber des HDSIG – wenn auch spät – gefolgt.

Als Ausgangspunkt der Genese des vierten Teils darf eine Ende 2015 von Hessen beauftragte Bund-/Länderumfrage gelten.[16] Grundlage war die Absichtserklärung des Koalitionsvertrags, „die Erfahrungen anderer Länder und des Bundes mit den jeweiligen Informationsfreiheitsgesetzen auszuwerten und zur Grundlage einer eigenen Regelung zu machen".[17] Als Ergebnis wurde zunächst festgehalten, dass ein Informationsinteresse „nur bei einem relativ kleinen, aber über das gesamte Bundesgebiet betrachtet konstanten Teil der Bürgerinnen und Bürgern" bestehe. Das Antragsaufkommen liege in der Regel bei etwa einem Antrag je 10.000 Einwohner. Besondere Ereignisse können zu einer erheblichen Zunahme von Anträgen auf Informationszugang führen.[18] Hauptadressaten sind die Kommunen und dort insbesondere der Bereich des Bau- und Planungsrechts; auf Landesebene sind insbesondere die Finanz-, Umwelt- und Wirtschaftsverwaltung Antragsadressaten.[19] Im Durchschnitt erforderte der Vollzug der Informationsfreiheit keine personellen oder organisatorischen Maßnahmen, wobei in Einzelfällen Anträge jedoch erheblichen Arbeitsaufwand bedingten. Gebühren würden nur bei einem kleinen Teil der Anträge erhoben. Gerade bei aufwändigen Prüfungen wird die gesetzlich normierte Höchstgebühr dem verursachten Aufwand nicht gerecht.[20] Eine Kostendeckung sei über die zu erhebenden Gebühren und Auslagen nicht möglich. Nach den Erkenntnissen der Umfrage kommt ein erheblicher Anteil der Anträge auf Informationszugang von Personen, die von einem Verwaltungsverfahren betroffen sind und damit auch nach den Vorschriften des VwVfG hätten Einsicht nehmen können. Zudem wird eine „nicht geringe Zahl" von Anträgen konstatiert, die von Personen stammen, die aus beruflichen Gründen an den Informationen interessiert sind, oder von Unternehmen, die die Informationen im Rahmen ihrer wirtschaftlichen Tätigkeit begehren. Hier bestehen Parallelen zu den bisherigen Erfahrungen mit dem HUIG. Anträ-

12

---

15 *Geminn* DuD 2020, 307 (308 f.).
16 HMdIS, Auswertung Bund-/Länderumfrage, Informationsfreiheits- und Transparenzgesetze des Bundes und der Länder vom 5.1.2017.
17 Koalitionsvertrag zwischen der CDU Hessen und Bündnis 90/Die Grünen Hessen für die 10. Wahlperiode des Hessischen Landtags 2014–2019 v. 23.12.2013, 104.
18 HMdIS Auswertung Bund-/Länderumfrage, S. 14 f.
19 HMdIS Auswertung Bund-/Länderumfrage, S. 18.
20 HMdIS Auswertung Bund-/Länderumfrage, S. 22.

ge „aus Interesse an partizipatorischer Teilnahme an den Entscheidungen in Politik und Verwaltung" seien eher die Ausnahme.[21]

III. Unionsrechtliche Regelungen

13   Unionsrechtliche Vorgaben bestehen bezogen auf die Informationsfreiheit nur sehr dezent. Zwar bestehen auf EU-Ebene eigene **Transparenzregelungen**; diese haben jedoch keine direkte Wirkung auf die Mitgliedstaaten.[22] Wesentliche Impulse für die Entwicklung des Informationsfreiheitsrechts in Europa gingen von der Richtlinie 90/313/EWG über den freien Zugang zu Informationen über die Umwelt und der Richtlinie über Verbraucherinformationen 2011/83/EU aus. Mit Art. 42 GRCh wurde ein Recht auf Zugang zu Dokumenten der Organe, Einrichtungen und sonstigen Stellen der Union auch grundrechtlich verankert. Das Recht besteht unabhängig von der Form der für diese Dokumente verwendeten Träger und steht jedem Unionsbürger sowie jeder natürlichen oder juristischen Person mit Wohnsitz oder satzungsmäßigem Sitz in einem Mitgliedstaat zu. Art. 15 AEUV macht Offenheit zu einem Grundsatz der Union. Ein Recht auf Zugang zu Dokumenten ist in Art. 15 Abs. 3 AEUV enthalten.[23] Ein allgemeines Recht auf Informationsfreiheit enthält Art. 11 Abs. 1 GRCh unter dem Dach der Meinungsfreiheit. Informationsfreiheit wird dort beschrieben als die Freiheit, Informationen und Ideen ohne behördliche Eingriffe und ohne Rücksicht auf Staatsgrenzen zu empfangen und weiterzugeben.

14   Auf Ebene des sekundären Unionsrechts wird Informationsfreiheit insbesondere durch die Verordnung (EG) Nr. 1049/2001 über den Zugang der Öffentlichkeit zu Dokumenten des Europäischen Parlaments, des Rates und der Kommission garantiert.[24] Richtlinie 2003/98/EG enthält Vorgaben zur Weiterverwendung von Informationen des öffentlichen Sektors. Ihre Umsetzung erfolgte durch das Informationsweiterverwendungsgesetz, das die Weiterverwendung von Informationen öffentlicher Stellen des Bundes und der Länder regelt ($\rightarrow$ Rn. 18).

15   Ein grundsätzliches Spannungsfeld besteht trotz der inneren Verbundenheit der beiden Bereiche zwischen **Datenschutzrecht** und Informationsfreiheit. Die beiden Bereiche sind nach Art. 85 und 86 DS-GVO in Einklang zu bringen ($\rightarrow$ § 83 Rn. 3).

IV. Verhältnis zu anderen Vorschriften

16   Die anderen Bundesländer sowie der Bund selbst haben eigene **Informationsfreiheitsgesetze** erlassen: LIFG BW, BlnIFG, BbgAIG, BremIFG, HmbTG, IFG M-V, IFG NRW, LTranspG RP, Saarländ. IFG, IZG LSA, IZG SH, ThürIFG sowie das IFG des Bundes. Hessen gehört zu den Nachzüglern und steht mit der Integration der Regelungen zur Informationsfreiheit in das Landesdatenschutzgesetz allein.[25] Keine Informationsfreiheits-

---

21   HMdIS Auswertung Bund-/Länderumfrage, S. 25.
22   S. etwa ErwG 15 der Verordnung (EG) Nr. 1049/2001.
23   *Bretthauer* DÖV 2013, 677 (679 ff.).
24   S. hierzu umfassend *Bretthauer* DÖV 2013, 677.
25   Den umgekehrten Weg ist Ungarn gegangen. Dort wurden die wesentlichen Regelungen zum Datenschutz in das Informationsfreiheitsgesetz integriert.

gesetze existieren bislang in Bayern, Niedersachsen und Sachsen.[26] Statt-dessen wurde in Bayern die Vorschrift des Art. 39 BayDSG geschaffen, die ein allgemeines Auskunftsrecht über den Inhalt von Dateien und Akten öffentlicher Stellen enthält, jedoch nicht voraussetzungsfrei gilt, sondern nur soweit ein berechtigtes, nicht auf eine entgeltliche Weiterverwendung gerichtetes Interesse glaubhaft dargelegt wird.[27] Ältestes allgemeines Informationsfreiheitsgesetz in Deutschland ist das BbgAIG. Zu zahlreichen Informationsfreiheitsgesetzen liegen offizielle Evaluationen vor.[28]

Schwierig gestaltet sich das Verhältnis zur **Informationsfreiheit** iSv Art. 5 Abs. 1 Satz 1 Alt. 2 GG. Die vom Anspruch auf Informationszugang umfassten Informationen sind allgemein zugängliche Quellen iSv Art. 5 Abs. 1 Satz 1 GG;[29] die Informationsfreiheit ist der Meinungsfreiheit zugeordnet.[30] Die Informationszugangsfreiheit bezeichnet in Angrenzung von der Informationsfreiheit iSv Art. 5 Abs. 1 Satz 1 Alt. 2 GG die Verpflichtung öffentlicher Stellen, Zugang zu Informationen zu gewähren. Die von der Informationszugangsfreiheit erfassten Informationen geraten aber in den Schutzbereich der Informationsfreiheit. Gleichzeitig soll sich aus Art. 5 Abs. 1 Satz 1 Alt. 2 GG aber kein direkter Anspruch auf Informationszugang ableiten lassen.[31] Vielmehr obliegt es dem Gesetzgeber, zu bestimmen, was eine allgemein zugängliche Quelle ist.[32] Dies hat er in Hessen durch die §§ 80 ff. und weitere gesetzliche Regelungen getan. Eine aus dem Grundgesetz ableitbare Pflicht, einen Anspruch auf Informationszugang zu gewähren, besteht nicht.[33] Ein verfassungsunmittelbarer Informationsanspruch kann sich im Einzelfall aber aus anderen Grundrechten ergeben.[34]

17

---

26 S. hierzu *Troidl* SächsVBl. 2015, 233; *Schuster* LKV 2018, 495.
27 S. zB *Will* BayVBl 2016, 613.
28 Bund: Institut für Gesetzesfolgenabschätzung und Evaluation, Evaluation des Gesetzes zur Regelung des Zugangs zu Informationen des Bundes im Auftrag des Innenausschusses des Deutschen Bundestages v. 22.5.2012 – Deutscher Bundestag lnA Drs. 17(4)522 B; Bremen: Institut für Informationsmanagement Bremen GmbH, Evaluation des Bremer Informationsfreiheitsgesetzes, Feb. 2010; Mecklenburg-Vorpommern: Bericht der Landesregierung über die Anwendung des Gesetzes zur Regelung des Zugangs zu Informationen für das Land Mecklenburg-Vorpommern, LT-Drs. 5/2720; NRW: LT-Drs. 15/3356; RhPf: *Ziekow/Sicko/Piesker*, Institut für Gesetzesfolgenabschätzung und Evaluation, Evaluation des Landesgesetzes über die Freiheit des Zugangs zu Informationen, Juni 2012; Sachsen-Anhalt: Evaluierungsbericht zum Informationszugangsgesetz Sachsen-Anhalt, LT-Drs. 6/4288.
29 *Brink* in Brink/Polenz/Blatt IFG § 1 Rn. 19 ff.
30 Vgl. *Kloepfer/v. Lewinski* DVBl 2005, 1277. Dabei darf jedoch auch nicht vergessen werden, dass die Informationsfreiheit iSv Art. 5 Abs. 1 Satz 1 GG historisch auf Presse- und sonstige Medienerzeugnisse, mithin gerade nicht auf staatliche Informationen abzielte. S. BVerfGE 27, 72 (84), wonach die Informationsfreiheit „als Reaktion auf die nationalsozialistischen Informationsverbote und -beschränkungen verfassungsrechtlich garantiert [wurde], um die ungehinderte Unterrichtung auch aus Quellen, die außerhalb des Herrschaftsbereiches der Staatsgewalt der Bundesrepublik bestehen, zu gewährleisten". S. auch EGMR Urt. v. 25.6.2013 – 48135/06 zu Art. 10 Abs. 1 Satz 2 EMRK.
31 HM, s. *Wirtz/Brink* NVwZ 2015, 1166 (1170 f.) mwN.
32 S. aber auch BVerfGE 27, 72 (84), 103, 44 (60 f.), wonach der Einzelne bei der Auswahl des Materials keine Beeinflussung durch den Staat unterliegen soll. Die Allgemeinzugänglichkeit sei nach tatsächlichen Kriterien zu bemessen.
33 *Bethge* in Sachs GG Art. 5 Rn. 59 a.
34 *Schemmer* in BeckOK GG Art. 5 Rn. 32; *Brink* in Brink/Polenz/Blatt IFG § 1 Rn. 13.

So folgt aus dem Recht auf informationelle Selbstbestimmung ein Auskunftsrecht gegen den Staat bezüglich der Daten einer betroffenen Person.[35] Andere Ansprüche können sich aus der Pressefreiheit oder dem Prozessgrundrecht des Art. 19 Abs. 4 GG ableiten. Auch das Demokratieprinzip kommt als Quelle in Betracht.[36] Insgesamt ist zu beachten, dass die widerrechtliche Versagung eines Antrags auf Informationszugang gleichzeitig auch eine Verletzung der Informationsfreiheit nach Art. 5 Abs. 1 Satz 1 GG darstellt.

18 Abzugrenzen ist die Informationsfreiheit von der **Informationsweiterverwendung** iSd IWG. Weiterverwendung ist in § 2 Nr. 3 IWG definiert als „jede Nutzung von Informationen für kommerzielle oder nichtkommerzielle Zwecke, die über die Erfüllung einer öffentlichen Aufgabe hinausgeht". Gegenstand der Informationsfreiheit ist indes nicht die Weitergabe, sondern der Informationszugang.[37] § 1 Abs. 2 a IWG stellt dementsprechend klar, dass ein Anspruch auf Zugang zu Informationen durch das IWG nicht begründet wird.

19 Der Anwendungsbereich des IFG ist auf Behörden des Bundes beschränkt. Öffentliche Stellen der Länder fallen nicht unter das IFG – auch nicht im Falle der Auftragsverwaltung nach Art. 85 GG, der Bund-Länder-Mischverwaltung oder bei Ausführung von Bundesgesetzen.[38]

B. Informationszugang

20 Angeführt wird der vierte Teil des Gesetzes vom Anspruch auf Informationszugang. Die Vorschrift formuliert den Anspruch selbst und bietet auch entsprechende Begriffsdefinitionen. Sie steckt den grundsätzlichen Geltungsbereich des Anspruchs ab und legt sein Verhältnis zu spezialgesetzlichen Regelungen auf Auskunftserteilung fest.

I. Anspruch (Abs. 1)

21 Nach Abs. 1 Satz 1 besteht ein voraussetzungsloser Anspruch auf Informationszugang, der als Initiativrecht ausgestaltet ist. Insbesondere ist kein Nachweis erforderlich, dass ein berechtigtes Interesse an den Informationen besteht. Hierin liegt zugleich die wesentliche Innovation der **Informationszugangsfreiheit** (→ Rn. 1). Abzugrenzen ist es von Open Data, bei denen eine proaktive Bereitstellung von Informationen erfolgt.[39] Zu beachten ist auch die Zugänglichmachung bestimmter Informationen von Amts wegen, wie sie § 11 IFG vorsieht.

22 Der Anspruch aus Abs. 1 wurde im ersten Jahr der Anwendung des Gesetzes bis zum Stichtag am 1.6.2019 in 278 Fällen **wahrgenommen**. Die Auskunftsersuchen richteten sich vornehmlich gegen Ministerien und die Staatskanzlei sowie nachgeordnete Behörden, seltener an Stellen nach § 81

---

35 BVerfGE 65, 1 (70); Art. 8 Abs. 2 Satz 2 GRCh.
36 *Brink* in Brink/Polenz/Blatt IFG § 1 Rn. 10.
37 S. zur Abgrenzung auch *Debus* in BeckOK InfoMedienR IFG § 1 Rn. 199 f.
38 *Brink* in Brink/Polenz/Blatt IFG § 1 Rn. 82.
39 S. das Metadatenportal GovData mit von Bund-, Länder- und Kommunalverwaltungen bereitgestellten Daten.

Abs. 1 Satz 1. Abgelehnt wurden die Ersuchen in 95 Fällen.[40] Davon wurden 26 mit der Begründung nach § 85 Abs. 2 Satz 2 abgelehnt, dass der Informationszugang nur mit unverhältnismäßigem Verwaltungsaufwand möglich sei.[41]

Wird die Auskunft rechtswidrig verweigert, steht dem Antragsteller der 23 **Rechtsweg** offen. Der Antragsteller ist dann iSv § 42 Abs. 2 VwGO in seinen Rechten verletzt.[42]

1. Berechtigung

„Jeder" ist nach Abs. 1 Satz 1 berechtigt, den Anspruch auf Informationszugang geltend zu machen. Damit kann der Anspruch von Deutschen wie auch von Ausländern sowie von juristischen Personen des Privatrechts geltend gemacht werden. Umstritten ist, ob auch juristische Personen des öffentlichen Rechts anspruchsberechtigt sind.[43] Diese können indes auf Amtshilfevorschriften, Auskunfts-(Verschaffungs-)Rechte oder Übermittlungsbefugnisse und -pflichten zurückgreifen. Sofern dies nicht der Fall ist, ist eine Anspruchsberechtigung zu bejahen, wie etwa im Fall von Rundfunkanstalten oder Universitäten. Nicht anspruchsberechtigt sollen Bürgerinitiativen und Verbände als solche sein.[44] Die praktische Relevanz des Streits ist jedoch vor dem Hintergrund der Tatsache gering, dass jedes einzelne Mitglied einer solchen Vereinigung anspruchsberechtigt ist. Das BVerwG hat für das Umweltinformationsrecht anerkannt, dass Bürgerinitiativen anspruchsberechtigt sind, sofern sie ein Mindestmaß an innerer Organisation aufweisen.[45]

Der Anspruchsteller muss sich nicht identifizieren.[46] Damit ist eine anonyme Antragstellung möglich. Einzige implizite Antragsvoraussetzung ist die Zurverfügungstellung einer Kontaktmöglichkeit, um die begehrten Informationen auch an den Antragsteller kommunizieren zu können. Dies kann eine anonyme E-Mail-Adresse sein, ein Postfach, anonyme Abholung oder ein Rechtsanwalt als Mittelsmann. Die Erhebung von nicht freiwillig bereitgestellten personenbezogenen Daten über den Antragsteller durch die auskunftspflichtige Stelle ist rechtswidrig. Hier besteht jedoch ein Spannungsfeld zu § 82 Nr. 5 bezogen auf die Feststellung eines rein wirtschaftlichen Interesses an den Informationen (→ § 82 Rn. 31 ff.). Die geforderte Prüfung der Motivation des Antragstellers mit der potenziellen Folge der Zugangsverweigerung ist nur möglich, wenn dessen Identität bekannt ist. Damit verbunden ist die Problematik des Einsatzes von sog. „Strohmän-

---

40 LT-Drs. 20/862, Anlage 1.
41 LT-Drs. 20/862, Anlage 2.
42 Vgl. LT-Drs. 19/5728, 126.
43 Ablehnend zu § 1 IFG BT-Drs. 15/4493, 7. S. auch *Gounalakis* in BeckOK Info-MedienR HDSIG § 80 Rn. 7; *Brink* in Brink/Polenz/Blatt IFG § 1 Rn. 79 ff.
44 BT-Drs. 15/4493, 7; kritisch hierzu *Brink* in Brink/Polenz/Blatt IFG § 1 Rn. 78; *Schoch* IFG § 1 Rn. 64 ff.
45 BVerwGE 130, 223 Rn. 25.
46 *Brink* in Brink/Polenz/Blatt IFG § 1 Rn. 62; anders § 11 Abs. 2 Satz 1 LTranspG RP, wonach der Antrag auf Informationszugang die Identität des Antragstellers erkennen lassen muss. Man beachte auch den anhaltenden Streit zwischen BfDI und BMI zu dieser Frage.

nern" bei der Antragstellung.[47] Konsequenterweise wird man davon ausgehen müssen, dass – sofern konkrete Anhaltspunkte dies rechtfertigen und eine objektive Bewertung des Interesses allein anhand der Informationen selbst nicht möglich ist – eine anonyme Antragstellung in Ausnahmefällen abgelehnt werden darf.[48] Zudem ergibt sich die Notwendigkeit in gleichartigen Ausnahmefällen die Identität des Antragstellers zu überprüfen, etwa durch Vorlage des Ausweises oder über das Postident-Verfahren, um Rechtsmissbrauch zu verhindern. Mit diesen Ausnahmen ist vor dem Hintergrund der Ausgestaltung der Vorschrift als grundsätzlich anspruchsfreien Anspruch in der Praxis jedoch äußerst restriktiv umzugehen.

2. Gegenstand

26   Anspruchsgegenstand sind **amtliche Informationen.** Diese definiert Satz 3 als alle amtlichen Zwecken dienende Aufzeichnungen, unabhängig von der Art ihrer Speicherung. Der Bundesgesetzgeber nennt beispielhaft Schriften, Tabellen, Bilder, Pläne, Karten und Tonaufzeichnungen, die elektrisch (zB auf Magnetbändern, Magnetplatten, Disketten, CD-ROMs, DVDs), optisch (Filme, Fotos auf Papier), akustisch oder anderweitig gespeichert sind.[49] Nicht umfasst sind private Informationen oder solche, die nicht mit amtlicher Tätigkeit zusammenhängen. Satz 4 spezifiziert, dass Entwürfe und Notizen, die nicht Bestandteil eines Vorgangs werden sollen, nicht als amtliche Informationen gelten. Sie sind damit auch nach Abschluss des Verfahrens vom Anspruch auf Informationszugang ausgenommen. Maßgeblich sind die Regeln der ordnungsgemäßen Aktenführung.[50] Die Informationen müssen bei der öffentlichen Stelle auch tatsächlich (noch) vorhanden sein.[51] Es besteht keine Pflicht zur Beschaffung oder Wiederbeschaffung von Informationen.[52] Etwas anderes gilt nur, wenn Informationen in Kenntnis eines Antrags auf Informationszugang weggegeben werden.[53] Bestehen Hinweise, dass die Informationen bei einer anderen Stelle vorliegen, gilt § 85 Abs. 1 Satz 2 (→ § 85 Rn. 7). Satz 3 und 4 der Vorschrift sind wörtliche Übernahmen aus § 2 Nr. 2 IFG.

27   Der Begriff der „Informationen" wird im Gesetz somit mit dem der „**Aufzeichnungen**" gleichgesetzt, wobei letzterer selbst nicht definiert wird. Auch ein Blick in das Vorbild des § 2 Nr. 1 IFG hilft nicht weiter. Hier ist unter Beachtung von Satz 4 ein weites Verständnis zugrunde zu legen. Die Ausnahme von Entwürfen und Notizen, die nicht Bestandteil eines Vorgangs werden sollen, ist wiederum eng auszulegen, um die Entstehung von „Schattenakten" zu verhindern. Beispiele für Entwürfe und Notizen sind handschriftliche Aufzeichnungen oder Gliederungen,[54] aber auch Vorent-

---

47   Hierzu *Brink* in Brink/Polenz/Blatt IFG § 1 Rn. 72 f.
48   So wohl auch BT-Drs. 15/4493, 14; *Blatt* in Brink/Polenz/Blatt IFG § 7 Rn. 23.
49   BT-Drs. 15/4493, 9.
50   BT-Drs. 15/4493, 9; *Polenz* in Brink/Polenz/Blatt IFG § 2 Rn. 30 ff.
51   *Brink* in Brink/Polenz/Blatt IFG § 1 Rn. 67.
52   BVerwG NJW 2013, 2538 Rn. 10 f.; *Polenz* in Brink/Polenz/Blatt IFG § 2 Rn. 6 ff.
53   S. hierzu OVG Berlin-Brandenburg Urt. v. 18.3.2001 – 12 B 41.08, openJur 2021, 2220.
54   BT-Drs. 15/4493, 9.

würfe und Gedankenstützen.[55] Maßgeblich ist, dass Notizen und Entwürfe keinen endgültigen Behördenwillen abbilden.[56]

3. Adressaten

Der Anspruch nach Abs. 1 Satz 1 richtet sich gegen öffentliche Stellen. Der Begriff der öffentlichen Stelle soll sich dabei grundsätzlich nach § 2 Abs. 1 bis 3 bemessen.[57] Nach § 2 Abs. 1 Satz 1 sind öffentliche Stellen iSd funktionalen Behördenbegriffs die Behörden, die Organe der Rechtspflege[58] und andere öffentlich-rechtlich organisierte Einrichtungen des Landes, der Gemeinden und Landkreise oder sonstige deren Aufsicht unterstehende juristische Personen des öffentlichen Rechts sowie deren Vereinigungen ungeachtet ihrer Rechtsform. Auch öffentlich-rechtliche Unternehmen, die am Wettbewerb teilnehmen, gelten abweichend von § 2 Abs. 2 Satz 1 als öffentliche Stellen. § 2 Abs. 3 enthält Bestimmungen dazu, wann Vereinigungen des privaten Rechts von öffentlichen Stellen als öffentliche Stellen gelten (→ § 2 Rn. 31 f.). Im Gegensatz zu § 1 Abs. 1 IFG sind infolge von § 2 Abs. 1 Satz 2 neben Verwaltungshelfern auch Beliehene umfasst. Verwaltungshelfer und Beliehene sind selbst zur Bereitstellung von Informationen verpflichtet, nicht nur die hinter ihnen stehende Behörde.[59]

4. Art des Informationszugangs

Die Vorschrift kennt keine § 1 Abs. 2 Satz 2 IFG vergleichbare Regelung, wonach das Begehren des Antragstellers auf eine bestimmte Art des Informationszugangs nur aus wichtigem Grund verweigert werden und von der Behörde eine alternative Art gewählt werden darf. Generell soll es der **informationspflichtigen Stelle** obliegen zu **bestimmen**, in welcher Weise Informationszugang gewährt wird. Dennoch hat der HBDI im Fall eines in Berlin wohnhaften Beschwerdeführers darauf hingewirkt, dass die Einsichtnahme vor Ort, die eine informationspflichtige Stelle als Art des Informationszugangs gewählt hatte, durch die Übersendung einer Kopie ersetzt wurde.[60] Damit scheinen auch Ausnahmen von dem Grundsatz möglich zu sein. Es lässt sich ableiten, dass die informationspflichtige Stelle keine Art des Informationszugangs wählen darf, die für den Antragsteller mit einem unüblichen Aufwand verbunden ist und letztlich den Informationszugang in unverhältnismäßiger Weise erschwert.

Um zu verhindern, dass es überhaupt zu einer übermäßigen Belastung des Antragstellers durch die Wahl einer bestimmten Art des Informationszugangs kommt, sollte ein Ermessen der Behörde nur dann angenommen werden, wenn der Antragsteller keine Angaben macht. Die vom Antragsteller **begehrte Art des Informationszugangs** sollte jedoch abgelehnt wer-

28

29

30

---

55 *Polenz* in Brink/Polenz/Blatt IFG § 2 Rn. 29.
56 *Schoch* IFG § 2 Rn. 65.
57 LT-Drs. 19/5728, 127.
58 Dies in Abgrenzung zu § 1 Abs. 1 Satz 2 IFG, der Legislative und Judikative nur insoweit einbezieht, wie sie Verwaltungstätigkeiten durchführen. Über § 81 Abs. 1 Nr. 1 und 4 vollzieht das Gesetz dies über eine Rückausnahme nach.
59 AA *Gounalakis* in BeckOK InfoMedienR HDSIG § 80 Rn. 9.
60 HBDI, 48. Tätigkeitsbericht zum Datenschutz und 2. Bericht zur Informationsfreiheit, S. 311.

den können, wenn der Behörde dabei ein unüblicher Aufwand entsteht. Dies kann der Fall sein, wenn der Antragsteller ein unübliches Transportmedium wählt, also zB die Übersendung der Informationen auf einem heute obsoleten Datenträger wie der Diskette fordert. Bezieht sich der Anspruch auf Informationszugang etwa auf viele hundert Seiten von Dokumenten, die elektronisch vorliegen, so sollte gerade vor dem Hintergrund widerstreitender Vorgaben etwa zur Umweltfreundlichkeit des Verwaltungshandelns sowie durch die Versendung verursachten, die maximal erstattungsfähige Auslagenhöhe überschreitenden Kosten auch entgegen dem Willen des Antragstellers die Übersendung in elektronischer Form erfolgen dürfen.

II. Konkurrenzen (Abs. 2)

31   Mit Abs. 2 hat der Gesetzgeber das **Konkurrenzverhältnis** zwischen dem allgemeinen Informationszugangsanspruch nach Abs. 1 und sonstigen, bereichsspezifischen Informationszugangsansprüchen geklärt. Diese Konkurrenzenregelung steht neben der allgemeinen Regelung des § 1 Abs. 2. Bereichsspezifische Regelungen sollen den Anspruch auf Informationszugang aus Abs. 1 verdrängen, soweit sie eigenständige Voraussetzungen für die Gewährung, die Art und Weise oder den Umfang einer Auskunfts- oder sonstigen Form der Informationsgewährung enthalten.[61] Zu beachten ist, dass nur solche Gesetze als Spezialgesetze iSv Abs. 2 gelten können, die denselben Sachverhalt abschließend regeln.

32   **Bereichsspezifische Informationszugangsansprüche** finden sich im Landesrecht ua im HUIG, HPressG,[62] HSOG, HVSG, HVwVfG oder in kommunalrechtlichen Regelungen für Auskunftsrechte von Mandatsträgern. Im Bundesrecht ist etwa § 25 SGB X zu nennen.[63] Praktisch bedeutet die Regelung des Abs. 2, dass sich Verfahrensbeteiligte während eines entsprechenden Verfahrens nur auf die bereichsspezifischen Informationszugangsansprüche berufen können.[64] § 29 HVwVfG wird wiederum seinerseits bei Vorliegen speziellerer Vorschriften zur beschränkten Aktenöffentlichkeit Verfahrensbeteiligter verdrängt, wie sie etwa in § 73 Abs. 3 Satz 1 HVwVfG oder § 25 SGB X zu finden sind.[65] Weitere Ansprüche auf Akteneinsicht finden sich ua in § 12 GBO, § 110 BBG und § 89 HBG, §§ 3 Abs. 1 und 13 StUG, § 12 HArchivG und in § 72 Abs. 5 HSchulG. Diese Ansprüche verdrängen das Recht aus § 29 HVwVfG nicht, da es sich nicht um Beteiligtenrechte handelt. Sie stellen jedoch bezogen auf Abs. 1 lex specialis dar.

33   Ansprüche auf Informationszugang, die wie Abs. 1 von jedermann voraussetzungslos geltend gemacht werden können, finden sich ua in § 5 Abs. 1 Satz 1 BArchG (im Unterschied zu § 12 HArchivG), in § 2 Abs. 1 VIG und

---

61 LT-Drs. 19/5728, 126.
62 S. zur Abgrenzung von Landespressegesetzen und Informationsfreiheitsgesetz *Schnabel* NVwZ 2012, 854.
63 Auf Bundesebene hat sich der Gesetzgeber zu einer parallelen Geltung von § 1 Abs. 1 IFG und § 29 VwVfG und § 25 SGB X entschlossen – s. § 1 Abs. 3 IFG.
64 LT-Drs. 19/5728, 126.
65 *Kallerhoff/Mayen* in Stelkens/Bonk/Sachs VwVfG § 29 Rn. 19.

in § 3 Abs. 1 HUIG. Diese sind ebenfalls jeweils lex specialis zum Anspruch nach Abs. 1. Der vierte Teil ist mithin ebenso wie zB § 4 Abs. 2 IFG NRW oder § 1 Abs. 3 IZG LSA als allgemeine Auffangregelung ausgestaltet, die anders als etwa im Falle von § 1 Abs. 3 IFG nicht durch explizite Ausnahmen durchbrochen wird. Neben den Regeln zur Informationsfreiheit steht das IWG (→ Rn. 18).

Aufgrund der Beschränkung des Anspruchs auf Informationszugang zu 34 amtlichen Informationen öffentlicher Stellen verbleiben Bereiche, in denen ohnehin nur bereichsspezifische Zugangsansprüche geltend gemacht werden können. Hier sind insbesondere Ansprüche gegenüber den **Kirchen** und anderen Religionsgemeinschaften zu nennen; ein weiteres Beispiel ist der **Hessische Rundfunk**, auf den das Gesetz aufgrund von § 1 Abs. 4 nur jenseits der Verarbeitung personenbezogener Daten zu journalistischen Zwecken Anwendung findet. Für diese Bereiche kommt es dann auch nicht zu einer Konkurrenz des bereichsspezifischen Anspruchs und Abs. 1. Zudem ist die Einschränkung durch § 2 Abs. 3 Satz 2 zu beachten. Damit kann gegenüber öffentlichen Stellen, die als Unternehmen am Wettbewerb teilnehmen, kein Anspruch auf Informationszugang geltend gemacht werden.[66]

§ 3 EGovG stellt keine Regelung iSv Abs. 2 dar,[67] das nach § 1 Abs. 2 auch 35 für die öffentlich-rechtliche Verwaltungstätigkeit der Behörden der Länder, der Gemeinden und Gemeindeverbände und der sonstigen der Aufsicht des Landes unterstehenden juristischen Personen des öffentlichen Rechts gilt, wenn sie Bundesrecht ausführen. Jenseits dieses Falles gilt das HEGovG.

C. Würdigung

Die Vorschrift etabliert einen breit gefassten **Anspruch auf Informationszu-** 36 **gang.** Seine Reichweite wird indes durch die nachfolgenden Vorschriften wieder stark eingeengt. Die Einführung eines Anspruchs auf Informationszugang ist stets von dem praktischen Argument begleitet, dass durch zahlreiche Anfragen die Verwaltung lahmgelegt würde. Die Praxis gibt indes keine Anhaltspunkte für die Stichhaltigkeit dieses Arguments. Auch dem Risiko eines Missbrauchs des Anspruchs wird durch die folgenden Vorschriften begegnet. Allein durch das Recht auf Akteneinsicht durch Beteiligte kann keine umfassende Transparenz staatlichen Handeln erreicht werden, sondern allenfalls anlassbezogene und sachlich begrenzte Transparenz. Kritisch zu bewerten ist das über die Jahre gewachsene Dickicht verschiedenster Auskunfts- und Einsichtsansprüche, das für den Bürger nur schwer zu durchdringen sein dürfte. Dies wird aber dadurch abgemildert, dass der Antragsteller nicht verpflichtet ist, die Norm zu benennen, auf der sein Ersuchen basiert.

---

66 LT-Drs. 19/5728, 127.
67 *Heckmann/Albrecht* in Bauer ua EGovG § 3 Rn. 13.

§ 81 Anwendungsbereich

(1) Nach Maßgabe des § 2 Abs. 1 bis 3 gelten die Vorschriften über den Informationszugang auch für

1. den Landtag, nur soweit er öffentlich-rechtliche Verwaltungsaufgaben wahrnimmt und auszuschließen ist, dass durch die Gewährung des Informationszugangs die Freiheit des Mandats, der Bereich der Abgeordneten- und Fraktionsangelegenheiten sowie die Nichtöffentlichkeit von Landtagsberatungen beeinträchtigt wird,

2. den Hessischen Rechnungshof, die Überörtliche Prüfung kommunaler Körperschaften in Hessen, den Landesbeauftragen für Wirtschaftlichkeit in der Verwaltung, soweit sie Verwaltungsaufgaben wahrnehmen, die nicht in Zusammenhang mit ihrer Kontroll- und Prüftätigkeit stehen,

3. die Hessische Datenschutzbeauftragte oder den Hessischen Datenschutzbeauftragten, soweit sie oder er allgemeine Verwaltungsaufgaben wahrnimmt,

4. die Gerichte, Strafverfolgungs- und Strafvollstreckungsbehörden und sonstige in § 40 Abs. 2 genannten Stellen sowie Disziplinarbehörden, jedoch nur soweit sie öffentlich-rechtliche Verwaltungsaufgaben wahrnehmen und nicht, soweit sie im Rahmen ihrer justiziellen Tätigkeit handeln,

5. Finanzbehörden, nur soweit sie nicht in Verfahren nach der Abgabenordnung tätig werden,

6. Universitätskliniken, Forschungseinrichtungen, Hochschulen, Schulen sowie sonstige öffentliche Stellen, soweit sie nicht in den Bereichen Forschung und Lehre, Leistungsbeurteilungen und Prüfungen tätig werden,

7. die Behörden und sonstigen öffentlichen Stellen der Gemeinden und Landkreise sowie deren Vereinigungen ungeachtet ihrer Rechtsform, soweit die Anwendung des Vierten Teils durch Satzung ausdrücklich bestimmt wird,

8. den Hessischen Rundfunk, soweit er Aufgaben der öffentlichen Verwaltung wahrnimmt, sowie die Hessische Landesanstalt für privaten Rundfunk und neue Medien, soweit sie nicht in den Bereichen Zulassung und Aufsicht tätig wird.

(2) Die Vorschriften des Vierten Teils gelten nicht für

1. die Polizeibehörden und das Landesamt für Verfassungsschutz,

2. die Landeskartellbehörde und die Regulierungskammer Hessen,

3. die Industrie- und Handelskammern und die Handwerkskammern,

4. Notarinnen und Notare.

(3) Soweit ein Informationszugang nach Abs. 1 oder 2 ausgeschlossen ist, gilt dies auch für Datei- und Aktenbestandteile, die sich in Dateien oder Akten anderer öffentlicher Stellen befinden.

Literatur:

Bretthauer, Schutz der Forschungsfreiheit nach dem Informationsfreiheitsgesetz (IFG), NVwZ 2012, 1144; *Gärditz*, Parlamentarische Untersuchungsausschüsse als informationspflichtige Stellen?, NVwZ 2015, 1161; *Grütters*, Nochmals zur Informationsfreiheit gegenüber Industrie- und Handelskammern, GewA 2003, 271; *Herz*, Neue Rechtsprechung zum Zugang zu Informationen von Finanzaufsichtsbehörden, NJW 2018, 2601; *Lück/Penski*, Informationsfreiheit auf hessische Art, ZD 2018, 525; *Reus/Mühlhausen*, IFG-Auskunftsrechte zur Prüfungs- und Beratungstätigkeit der Rechnungshöfe?, NVwZ 2010, 617; *Rossi*, Die Stellung der Wissenschaftlichen Dienste des Deutschen Bundestages im Informationsfreiheitsrecht, DÖV 2013, 205; *Schmittmann*, Ansprüche des Insolvenzverwalters gegen die Finanzverwaltung aus dem Informationsfreiheitsrecht, NZI 2012, 633; *Schoch*, Informationszugang im parlamentarischen Bereich, NVwZ 2015, 1; *Schnabel*, Informationsfreiheitsgesetze und öffentlich-rechtliche Rundfunkanstalten, ZUM 2010, 412; *Schrader*, Kommunale Satzungen zum freien Zugang zu Informationen, BayVBl. 2012, 289; *Wagner/Brink*, Informationsfreiheit und Transparenz in der Drittmittelforschung, LKRZ 2014, 1.

A. Allgemeines

I. Bedeutung der Vorschrift

Die grundsätzliche Bestimmung des Anwendungsbereichs findet durch § 80 **1** Abs. 1 Satz 1 statt. Die Vorschrift **konkretisiert** diese Bestimmung, indem sie den **Anwendungsbereich** für bestimmte Adressaten beschränkt oder ausschließt.

II. Entstehungsgeschichte

Die Vorschrift wurde im **Gesetzgebungsverfahren** umfassend verändert.[1] **2** Neu gefasst wurde zunächst Abs. 1 Nr. 2 und gleichzeitig Abs. 1 Nr. 3 eingefügt. Der Hessische Rechnungshof und der HDSB waren hier zunächst in Nr. 2 zusammengefasst. Der HDSB wurde in die neue Nr. 3 verschoben und in Nr. 2 die Überörtliche Prüfung kommunaler Körperschaften in Hessen und der Landesbeauftragte für Wirtschaftlichkeit in der Verwaltung aufgenommen.[2] Zudem wurde bezogen auf HDSB und Rechnungshof die Formulierung „nur soweit deren Aufgabenstellung nicht beeinträchtigt

---

1 LT-Drs. 19/6300, 3.
2 LT-Drs. 19/6300, 11.

wird" aufgegeben. Überarbeitet wurde auch Nr. 4, um deutlicher zu formulieren auf welche Tätigkeiten der Justizbehörden sich der Informationszugang erstreckt. Daneben erfolgten sprachliche und redaktionelle Anpassungen, zB durch Ersetzung des bereits durch das IWG belegten Begriffs der „Informationsweitergabe" in Nr. 1.

3 Neu eingefügt wurde auch die Ausnahme für den **Hessischen Rundfunk** in Nr. 8. Dahinter steht die Wertung, dass der gesamte journalistisch-redaktionelle Bereich außerhalb des Anwendungsbereichs des vierten Teils liegen muss.[3]

III. Unionsrechtliche Regelungen

4 Eine vergleichbare Norm existiert in der Verordnung (EG) Nr. 1049/2001 nicht. Gemäß Art. 15 Abs. 3 AEUV legt jedes Organ, jede Einrichtung oder sonstige Stelle der EU in seiner oder ihrer Geschäftsordnung Sonderbestimmungen hinsichtlich des Zugangs zu Dokumenten fest.

IV. Verhältnis zu anderen Vorschriften

5 Eine der Vorschrift entsprechende Norm kennt das IFG nicht. Zahlreiche Elemente der Vorschrift finden sich jedoch in § 3 IFG wieder. Ähnliche Vorschriften finden sich in einigen Landesinformationsfreiheitsgesetzen, zB § 3 Abs. 3 IFG SH, § 2 Abs. 2 und 3 LIFG BW, § Abs. 2 BbgAIG, § 5 HmbTG.

B. Einschränkungen des Anwendungsbereichs

6 Die Vorschrift nimmt zahlreiche öffentliche Stellen teilweise (Abs. 1) oder ganz (Abs. 2) aus dem Anwendungsbereich aus. Dabei soll es sich um Stellen handeln, die in „spezifischen Bereichen öffentlicher Aufgabenerfüllung" aktiv sind, „bei denen generell vorrangige öffentliche oder private Belange einer Auskunftsgewährung entgegenstehen".[4] Nach der Gesetzesbegründung bedarf es bei Regelungen zur Informationsfreiheit „der ausdrücklichen Bestimmung der von seinen Wirkungen nicht erfassten bzw. aufgrund der Geltung höherrangigen Rechts nicht erfassbaren Stellen".[5]

I. Einschränkungen des Anwendungsbereichs (Abs. 1)

7 Abs. 1 listet öffentliche Stellen auf, für die die Vorschriften über den Informationszugang nur bis zu einem gewissen Punkt Anwendung finden. Dieser Punkt ist mit Ausnahme von Nr. 7 klar in der Vorschrift bestimmt, während in Nr. 7 die Festlegung durch die Gemeinden und Landkreise selbst per Satzung vorgenommen wird. Die in Nr. 3 bis 6 normierten Fallgruppen „betreffen öffentliches Handeln in Bereichen, die wegen der Art oder des Umfangs der dabei verarbeiteten Daten mit **spezifischen Schutzerfordernissen** verbunden sind, die der Einräumung allgemeiner Auskunfts-

---

3 LT-Drs. 19/6300, 11.
4 LT-Drs. 19/5728, 127.
5 LT-Drs. 19/5728, 127.

ansprüche entgegenstehen".[6] Hier bestehen ohnehin bereichsspezifische Regelungen.

Die vorrangige Einschränkung ist die auf **Verwaltungsaufgaben**. Sie stellen regelmäßig eine von Kernaufgaben einer Institution abgekoppelte Unterstützungsleistung dar, die es der öffentlichen Stelle ermöglicht, ihre Aufgaben überhaupt wahrzunehmen. Beispiele für der Informationsfreiheit zugängliche Verwaltungsaufgaben sind der Umgang mit Post, der Betrieb der Telefonanlage sowie die Finanz-, Anlagen- und Einkaufs- und Personalverwaltung. 8

1. Landtag (Nr. 1)

Die Vorschriften über den Informationszugang für den Landtag enthalten eine zweifache Beschränkung. Zunächst ist der Informationszugang auf erster Ebene bezogen auf den Landtag auf den Bereich der Verwaltungsaufgaben reduziert.[7] Auf einer zweiten Ebene ist dann zusätzlich zu prüfen, ob es zu einer der aufgeführten Beeinträchtigungen kommt. Bei Beratungen des Landtags kann nach § 56 Abs. 2 GO-HLT und Art. 89 Satz 2 HV die Öffentlichkeit für einzelne Gegenstände der Tagesordnung ausgeschlossen werden.[8] Sitzungen der Landtagsausschüsse sind nach § 89 Abs. 1 GO-HLT grundsätzlich nicht öffentlich. Die Freiheit des Mandats schützt Art. 76 Abs. 1 HV. Parlamentarische Untersuchungsausschüsse sind nicht vom Informationszugang umfasst.[9] 9

2. Kontrollbehörden (Nr. 2)

Für den Hessischen Rechnungshof, die Überörtliche Prüfung kommunaler Körperschaften in Hessen und den Landesbeauftragen für Wirtschaftlichkeit in der Verwaltung gilt der vierte Teil nur soweit sie Verwaltungsaufgaben wahrnehmen, die nicht in Zusammenhang mit ihrer Kontroll- und Prüftätigkeit stehen. Der Gesetzgeber möchte damit vermeiden, dass es zu einem Spannungsverhältnis zwischen dem Anspruch auf Informationszugang und der Wahrnehmung der unabhängigen Kontrollaufgaben gegenüber der Exekutive kommt.[10] 10

3. Hessischer Datenschutzbeauftragter (Nr. 3)

Auch für die oder den HDSB gelten die Vorschriften des vierten Teils nur, soweit er allgemeine Verwaltungsaufgaben wahrnimmt. Hier gilt es gleichfalls, die Entstehung eines Spannungsfelds zwischen Kontrollaufgaben und Informationszugang zu verhindern. 11

4. Justiz-, Strafvollstreckungs- und Disziplinarbehörden (Nr. 4)

Für Gerichte, Strafverfolgungs- und Strafvollstreckungsbehörden und sonstige in § 40 Abs. 2 genannte Stellen (→ § 40 Rn. 39) sowie Disziplinarbehörden gelten die Vorschriften des vierten Teils nur, soweit sie öffentlich- 12

---

6 LT-Drs. 19/5728, 127.
7 S. zB *Rossi* DÖV 2013, 205; *Schoch* NVwZ 2015, 1.
8 S. zB *Gärditz* NVwZ 2015, 1161.
9 *Gärditz* NVwZ 2015, 1161.
10 LT-Drs. 19/5728, 127; *Reus/Mühlhausen* NVwZ 2010, 617.

rechtliche Verwaltungsaufgaben wahrnehmen, und nicht, soweit sie im
Rahmen ihrer justiziellen Tätigkeit handeln. Nach der Gesetzesbegründung
stünden regelmäßig personenbezogene Daten einer Auskunftserteilung im
Wege, so dass hier typisierend von einem Überwiegen schutzwürdiger Interessen am Ausschluss der Übermittlung auszugehen sei.[11] Zudem trägt
der Gesetzgeber mit der Vorschrift der richterlichen Unabhängigkeit einerseits und dem notwendigen Schutz der Verfahrensbeteiligten andererseits
Rechnung. Der Ausschluss gilt auch für Behörden, die an sich keine Polizeibehörden sind, aber funktionell als Ordnungswidrigkeitenbehörde tätig
werden.[12]

5. Finanzbehörden (Nr. 5)

13   Für Finanzbehörden gelten die Vorschriften des vierten Teils nur soweit sie
nicht in Verfahren nach der AO tätig werden. Die Vorschrift ist Komple-
mentär zu § 32 e AO, wonach beim Bestehen von Informationszugangs-
rechten nach IFG oder entsprechenden Regelungen der Länder die Art. 12
bis 15 DS-GVO iVm §§ 32 a bis 32 d AO gelten. § 32 e AO stellt klar, dass
weitergehende Informationsansprüche über steuerliche Daten insoweit ausgeschlossen sind.[13]

6. Universitätskliniken, Forschungseinrichtungen, Hochschulen und Schulen (Nr. 6)

14   Die Regelungen des vierten Teils gelten für Universitätskliniken, Forschungseinrichtungen, Hochschulen, Schulen sowie sonstige öffentliche
Stellen nur soweit sie nicht in den Bereichen Forschung[14] und Lehre, Leistungsbeurteilung und Prüfungen tätig werden. Unter den Auffangbegriff
der sonstigen öffentlichen Stellen sollen insbesondere der Prüfungsbereich
des Landesjustizprüfungsamts fallen sowie öffentliche Krankenhäuser, die
zwar keine Universitätskliniken sind, aber gleichwohl im Bereich der Forschung tätig und insoweit genauso schutzwürdig sind.[15] Der Gesetzgeber
trägt mit der Vorschrift der Freiheit von Wissenschaft, Forschung und Lehre nach Art. 5 Abs. 3 GG Rechnung. Die Freiheit des wissenschaftlichen
Schaffens wird auch von Art. 10 HV garantiert.

7. Behörden der Gemeinden und Landkreise (Nr. 7)

15   Nach Nr. 7 gelten die Regelungen des vierten Teils für die Behörden und
sonstigen öffentlichen Stellen der Gemeinden und Landkreise sowie deren
Vereinigungen ungeachtet ihrer Rechtsform nur, soweit dies durch Satzung
ausdrücklich bestimmt wird. Damit hat der Gesetzgeber eine **Opt-in-Regelung für die Gemeinden und Landkreise** geschaffen, die selbstständig entscheiden können, ob sie sich Ansprüchen auf Informationszugang unterwerfen. Sie ist Folge der tradierten Befürchtung einer Überforderung der
Gemeinden (→ § 80 Rn. 12). Die Anwendung der Vorschriften zur Infor-

---

11 LT-Drs. 19/5728, 127.
12 HBDI, 48. TB, 314.
13 S. LT-Drs. 19/5728, 127; *Herz* NJW 2018, 2601; *Schmittmann* NZI 2012, 633.
14 S. zB *Bretthauer* NVwZ 2012, 1144; *Wagner/Brink* LKRZ 2014, 1.
15 LT-Drs. 19/5728, 127: sog. akademische Lehrkrankenhäuser.

mationsfreiheit erfolgt mithin in kommunaler Selbstverwaltung und muss durch Satzung vorgesehen werden. Die Stellen nach Nr. 7 sind insoweit nicht berichtspflichtig gegenüber der Landesregierung. Die Ausnahme der Nr. 7 ist Ausdruck des Rechts auf Selbstverwaltung der Gemeinden und Gemeindeverbände, das in Art. 137 Abs. 3 HV verankert ist. Mit ihr achtet der Gesetzgeber die kommunalen Hoheitsrechtsreche, wenn auch zulasten der Informationsfreiheit. Der HBDI hat die faktische Herausnahme der Kommunen aus dem Anwendungsbereich der §§ 80 ff. auch als einen „Ausdruck von Demokratie" bezeichnet, indem die Geltung des vierten Teils der kommunalen Volksvertretung überlassen wird.[16] Auch wenn eine Kommune sich gegen die Anwendbarkeit der §§ 80 ff. entscheidet, so kann sie Informationsbegehren im Rahmen der freien Selbstverwaltung beantworten.[17]

Ein Beispiel für eine **Satzung** ist die Informationsfreiheitssatzung der Stadt Kassel.[18] Die Satzung besteht materiellrechtlich nur aus einem Paragrafen: „Der Vierte Teil des Hessischen Datenschutz und Informationsfreiheitsgesetzes vom 3.5.2018 ist für den Zugang zu amtlichen Informationen aus dem Wirkungskreis der Stadt Kassel anwendbar." Ein anderes Beispiel ist die Satzung zur Regelung des Zugangs zu amtlichen Informationen des Landkreises Marburg-Biedenkopf (Informationsfreiheitssatzung) vom 27.2.2019. Eine Meldepflicht bei Erlass einer Satzung an den HBDI besteht nicht.[19]   16

Die Vorschrift ist auch Ausdruck der Ergebnisse der vor Erlass des Gesetzes durchgeführten Bund-/Länderumfrage (→ § 80 Rn. 12).[20] Danach lag der Anteil der bei Kommunen gestellten Anträge auf Informationszugang in der Spitze bei 77 (NRW) bis 90 % (Berlin).[21] Mit der Regelung wird die **Entscheidungshoheit** über das Ob eines Informationszugangs konsequenterweise bei den Stellen belassen, die potenziell das Gros der Anträge zu erwarten haben. Nach der amtlichen Begründung verfüge das Land nur über unzureichende Möglichkeiten zu beurteilen, ob die Kommunen in der Lage sind, die Gewährung des Informationszugangs mit den ihnen zur Verfügung stehenden Mitteln zu bewältigen. Zudem wolle der Gesetzgeber bereits bestehende Informationszugangssatzungen nicht automatisch durch Landesrecht verdrängen.[22]   17

---

16 HBDI, 47. TB, 210.
17 S. zB *Schrader* BayVBl 2012, 289.
18 Satzung zur Regelung des Zugangs zu amtlichen Informationen aus dem eigenen Wirkungskreis der Stadt Kassel v. 29.10.2018. Sie ist am 1.12.2018 in Kraft getreten und gilt für fünf Jahre.
19 Vgl. HBDI, 48. Tätigkeitsbericht zum Datenschutz und 2. Bericht zur Informationsfreiheit, 307, wonach einführende Satzungsbeschlüsse in der Regel über die Medien bekannt würden oder über Internetrecherche.
20 Zur mittlerweile zurückgenommenen Ausnahme der Umfrage vom Informationszugang auf Basis von § 84 Abs. 2 Nr. 1 s. HBDI, 48. Tätigkeitsbericht zum Datenschutz und 2. Bericht zur Informationsfreiheit, 310.
21 Hessisches Ministerium des Inneren und für Sport, Auswertung Bund-/Länderumfrage, Informationsfreiheits- und Transparenzgesetze des Bundes und der Länder, 5.1.2017, Az. 116–01a01.23 – 04–14/001, 18.
22 LT-Drs. 19/5728, 127.

18   Zur **Reichweite** des Satzungsvorbehalts hat der HBDI festgestellt, dass es
      für Fragen des Zugangs zu amtlichen Unterlagen ohne Belang ist, welcher
      kommunale Aufgabenzweig betroffen ist; auch Weisungsaufgaben und
      Auftragsangelegenheiten sind umfasst.[23] Etwas anderes soll nur gelten,
      „wenn originär kommunale Organe organisationsrechtlich ausnahmsweise
      der Landesverwaltung zugeordnet werden, in diesem Kontext dann also
      nicht als kommunale Stelle handeln und insoweit auch nicht mehr dem
      kommunale Stellen betreffenden § 81 Abs. 1 Nr. 7 HDSIG unterfallen".[24]

8. Hessischer Rundfunk, Landesanstalt für privaten Rundfunk und neue Medien (Nr. 8)

19   Nach Nr. 8 gelten die Regelungen des vierten Teils für den **HR** nur, soweit
      er Aufgaben der öffentlichen Verwaltung wahrnimmt. Hier beruft sich der
      Gesetzgeber auf das Gebot der Staatsferne des Rundfunks. Der Hessische
      Rundfunk ist Träger der Rundfunkfreiheit aus Art. 5 Abs. 1 Satz 2 GG und
      nicht in die allgemeine staatliche Aufgabenwahrnehmung eingebunden.
      Der von der Rundfunkfreiheit umfasste journalistisch-redaktionelle Teil
      der Arbeit des HR kann deshalb nicht Gegenstand von Informationszu-
      gangsansprüchen sein.[25] Hier bestehen Parallelen zu Nr. 6 und der Freiheit
      von Wissenschaft, Forschung und Lehre nach Art. 5 Abs. 3 GG. Aufgaben
      der öffentlichen Verwaltung nimmt der HR als Organ der mittelbaren
      Staatsverwaltung zB beim Einzug des Rundfunkbeitrags[26] und bei der Ver-
      gabe von Wahlsendezeiten an politische Parteien wahr.

20   Die Hessische **Landesanstalt für privaten Rundfunk und neue Medien** ist
      nur erfasst, soweit sie nicht in den Bereichen Zulassung und Aufsicht tätig
      wird. In den Tätigkeitsbereichen Zulassung und Aufsicht verarbeitet die
      Landesanstalt regelmäßig Daten mit spezifischen Schutzerfordernissen, die
      der Einräumung eines allgemeinen Auskunftsanspruch entgegenstehen.[27]

II. Vollständige Herausnahme aus dem Anwendungsbereich (Abs. 2)

21   Bei den in Abs. 2 genannten öffentlichen Stellen ist eine vollständige Her-
      ausnahme aus dem Anwendungsbereich von § 80 Abs. 1 iSe Bereichsaus-
      nahme vorgesehen.

1. Polizeibehörden, Landesamt für Verfassungsschutz (Nr. 1)

22   Die Polizeibehörden und das Landesamt für Verfassungsschutz verarbeiten
      Informationen mit einem besonderen Schutzbedarf. Ein allgemeiner Aus-
      kunftsanspruch ist in diesem Bereich deshalb nicht angezeigt.[28] Allerdings
      enthalten die Regelungen des § 29 HSOG und des § 26 HVSG daten-
      schutzrechtliche Auskunftsrechte, die freilich nur dem Betroffenen zuste-

---

23   HBDI, 48. Tätigkeitsbericht zum Datenschutz und 2. Bericht zur Informationsfrei-
     heit, S. 307 ff.
24   HBDI, 48. Tätigkeitsbericht zum Datenschutz und 2. Bericht zur Informationsfrei-
     heit, S. 309.
25   LT-Drs. 19/6300, 11; vgl. *Schnabel* ZUM 2010, 412.
26   S. hierzu die Satzung des Hessischen Rundfunks über das Verfahren zur Leistung
     der Rundfunkbeiträge.
27   LT-Drs. 19/6300, 11.
28   Vgl. LT-Drs. 19/5728, 128.

hen. Für die Informationsübermittlung durch das Landesamt an Stellen außerhalb des öffentlichen Bereichs formuliert § 22 Abs. 1 Satz 1 HVSG ein grundsätzliches Übermittlungsverbot; weitere Übermittlungsverbote und -einschränkungen enthalten §§ 23 und 24 HVSG.

2. Landeskartellbehörde, Regulierungskammer Hessen (Nr. 2)

Mit Nr. 2 sind auch die Landeskartellbehörde und die Regulierungskammer Hessen von der Geltung des vierten Teils ausgenommen. Die Landeskartellbehörde ist Teil des HMWEVW. Die RegKH ist ebenfalls beim HMWEVW angesiedelt. Beide Behörden verarbeiten in erheblichem Umfang Betriebs- und Geschäftsgeheimnisse der von ihnen kontrollierten oder regulierten Unternehmen und werden deshalb vollständig ausgenommen. Sie unterliegen Veröffentlichungspflichten aus dem Bundesrecht.[29] Der Gesetzgeber führt weiter aus, dass Auskunftsansprüche nach Maßgabe von § 82 ohnehin nur auf einen sehr kleinen Teilbereich der Arbeit der beiden Behörden bestehen würden und die Informationen aus diesen Restbereichen „nur mit erheblichem Aufwand oder überhaupt nicht von Betriebs- oder Geschäftsgeheimnissen abgegrenzt werden können".[30]

3. Industrie- und Handelskammern, Handwerkskammern (Nr. 3)

Nr. 3 nimmt die Industrie- und Handelskammern und die Handwerkskammern aus dem Geltungsbereich des Vierten Teils heraus. Gründe dafür sind ihre besondere Aufgabenstellung im Bereich der berufsständischen Selbstverwaltung sowie die Bandbreite der von ihnen wahrgenommenen Aufgaben, die laut Gesetzesbegründung eine Verwaltungsvereinfachung in Form einer Herausnahme aus den Regelungen zur Informationsfreiheit gebietet.[31] Sie stellt dabei fest, dass die §§ 82 bis 84 ohnehin die Industrie- und Handelskammern und die Handwerkskammern weitestgehend aus dem Geltungsbereich des Anspruchs auf Informationszugang herausnehmen, sieht jedoch trotzdem eine explizite und vollständige Herausnahme durch eine eigenständige Bereichsausnahme als angebracht an. Der Gesetzgeber will es den Kammern selbst überlassen, durch Satzung eigene und passgenaue Regelungen zur Informationsfreiheit zu erlassen.[32]

4. Notare (Nr. 4)

Nach Nr. 4 sind auch Notare vom Anwendungsbereich des vierten Teils ausgeschlossen. Die Notwendigkeit der Herausnahme kann vor dem Hintergrund von § 82 Nr. 3 bezweifelt werden. Laut Gesetzesbegründung dient die Herausnahme der Wahrung der Pflicht zur Verschwiegenheit nach § 18 Abs. 1 BNotO,[33] mithin der Wahrung eines Geheimnisses iSv § 203 StGB.

23

24

25

---

29 LT-Drs. 19/5728, 128.
30 LT-Drs. 19/5728, 128.
31 LT-Drs. 19/5728, 128.
32 LT-Drs. 19/5728, 128; s. auch *Grütters* GewA 2003, 271.
33 LT-Drs. 19/5728, 128.

III. Dateien oder Akten anderer öffentlicher Stellen (Abs. 3)

26   Abs. 3 stellt fest, dass ein Ausschluss des Informationszugangs nach Abs. 1 oder 2 auch für Datei- und Aktenbestandteile gilt, die sich in Dateien oder Akten anderer öffentlicher Stellen befinden. Die Vorschrift soll die Umgehung dieser Regelungen verhindern, indem sich der Antragsteller an eine Stelle wendet, die nicht Abs. 1 oder 2 unterfällt, aber über die gleichen Informationen verfügt.[34] Bezieht sich eine Antrag auf Informationszugang auf Informationen, die den Zuständigkeitsbereich mehrerer öffentlicher Stellen betreffen, diese aber nicht informationspflichtig sind, so hat die um Auskunft ersuchte Stelle nach allgemeinen Grundsätzen die mitbetroffenen Stellen vor einer Auskunftsgewährung zu beteiligen.[35]

C. Würdigung

27   Die zahlreichen Ausnahmen vom Anspruch auf Informationszugang lassen die hessischen Regelungen zur Informationsfreiheit vergleichsweise restriktiv wirken. Kritik hat vor allem die **Opt-in-Regelung auf kommunaler Ebene** provoziert, die im Vergleich mit den anderen Ländern hervorsticht. Hier müssen zur Gewährleistung eines Informationszugangs entsprechende Satzungen erlassen werden. Verständlich wird diese Regelung vor allem mit Blick auf die Entstehungsgeschichte des Gesetzes und der Diskussion zur Informationszugangsfreiheit in Hessen. Die Regelung ist deutlicher Ausdruck eines politischen Kompromisses zwischen den Vorstellungen der schwarz-grünen Koalitionspartner zum Thema Informationsfreiheit im Sinne eines „Ja, aber".

28   Mit Blick auf die Folgevorschriften der §§ 82 bis 84 sowie die bereichsspezifischen und damit vorrangig anzuwendenden Auskunftsvorschriften erscheinen zahlreiche Regelungen der Vorschrift redundant. Sie können aber durch ihre **klarstellende Wirkung** einer Erleichterung in der Verwaltungspraxis dienen, indem der Begründungsaufwand bei unzulässigen Anträgen auf Informationszugang reduziert wird. Im Ergebnis findet ein nach Antragsadressaten typisierender Ausschluss statt, bei dem zugunsten der beschriebenen Erleichterung in Kauf genommen wird, dass – wenn auch kleine – Teilbereiche, in denen ein Ausschluss nach §§ 82 bis 84 nicht möglich ist, durch die Vorschrift im Sinne eines Überschießens ausgeschlossen werden.

§ 82   Schutz besonderer öffentlicher und privater Belange

Ein Anspruch auf Informationszugang besteht nicht
1. bei Verschlusssachen nach § 2 Abs. 1 des Hessischen Sicherheitsüberprüfungsgesetzes vom 19. Dezember 2014 (GVBl. S. 364),

---

34   LT-Drs. 19/5728, 128.
35   LT-Drs. 19/5728, 128.

2. bei Informationen, deren Bekanntwerden nachteilige Auswirkungen haben kann auf
   a) die inter- und supranationalen Beziehungen, die Beziehung zum Bund oder zu einem anderen Land,
   b) Belange der äußeren oder öffentlichen Sicherheit,
   c) die Kontroll-, Vollzugs- oder Aufsichtsaufgaben der Finanz-, Regulierungs-, Sparkassen, Versicherungs- und Wettbewerbsaufsichtsbehörden oder
   d) den Erfolg eines strafrechtlichen Ermittlungs- oder Strafvollstreckungsverfahrens oder den Verfahrensablauf eines Gerichts-, Ordnungswidrigkeiten- oder Disziplinarverfahrens,
3. bei einem Berufs- oder besonderen Amtsgeheimnis unterliegenden Datei- oder Akteninhalten,
4. bei zum persönlichen Lebensbereich gehörenden Geheimnissen oder Betriebs- oder Geschäftsgeheimnissen, sofern die betroffene Person nicht eingewilligt hat oder
5. soweit ein rein wirtschaftliches Interesse an den Informationen besteht.

Literatur:

Fischer/Fluck, Informationsfreiheit versus Betriebs- und Geschäftsgeheimnisse, NVwZ 2013, 337; *Goldhammer*, Geschäftsgeheimnis-Richtlinie und Informationsfreiheit, NVwZ 2017, 1809; *Leipert*, Kein Recht auf Informationszugang zu Aufforderungsschreiben, ZUR 2017, 25; *Lück/Penski*, Informationsfreiheit auf hessische Art, ZD 2018, 525; *Roßnagel/Hentschel*, Verfassungsrechtliche Grenzen gesetzlicher Pflichten zur Offenlegung von Arbeits- und Beschäftigungsbedingungen, 2016; *Schnabel*, Ist die Informationszugangsfreiheit eine Bedrohung für Sicherheitsbelange?, GSZ 2018, 91; *Wiebe*, Der Geschäftsgeheimnisschutz im Informationsfreiheitsrecht, NVwZ 2019, 1705.

A. Allgemeines

I. Bedeutung der Vorschrift

1   Die Vorschrift regelt ebenso wie die beiden nachfolgenden Vorschriften **Ausnahmen** zum Anspruch auf Informationszugang. Dieser soll nicht bestehen, wenn der Schutz besonderer öffentlicher und privater Belange dies erfordert. Die Vorschrift ist damit zentral für das Verhältnis zwischen Informationszugang und Geheimhaltungspflichten.[1] Wie auch § 84 und §§ 3 und 4 IFG enthält die Vorschrift Ausnahmegründe, die im öffentlichen Interesse liegen, wie § 83 und §§ 5 und 6 IFG, aber auch Ausnahmegründe im privaten Interesse. Die Ausnahmen sind eng zu verstehen.[2]

2   Der Schutz **personenbezogener Daten** und **behördlicher Entscheidungsprozesse** wurde wie auch im IFG herausgelöst und ist in den beiden Folgevorschriften geregelt. Dafür hat im vierten Teil der Ausschluss aufgrund von Betriebs- oder Geschäftsgeheimnissen keine eigene Vorschrift erhalten, sondern wurde in Nr. 4 integriert.

II. Entstehungsgeschichte

3   Die Vorschrift wurde im Gesetzgebungsverfahren nur minimal sprachlich überarbeitet, um sie an die Begriffe des § 80 anzupassen.[3]

III. Unionsrechtliche Regelungen

4   Nach Art. 4 Abs. 2 der Verordnung (EG) Nr. 1049/2001 verweigern die **Organe der EU** den Zugang zu einem Dokument, durch dessen Verbreitung der Schutz der geschäftlichen Interessen einer natürlichen oder juristischen Person, einschließlich des geistigen Eigentums, beeinträchtigt würde, es sei denn, es besteht ein überwiegendes öffentliches Interesse an der Verbreitung. Art. 4 Abs. 1 der Verordnung trennt zwischen dem Schutz öffentlicher Interessen (lit. a) und dem Schutz privater Interessen (lit. b) in Form des Schutzes der Privatsphäre und Integrität des Einzelnen. Diese Verordnung gilt aber nicht für öffentliche Stellen in Hessen, sondern zeigt nur an, wie die Union mit vergleichbaren Interessenkonflikten umgeht.

5   Mit der **Richtlinie 2016/943/EU** hat der Unionsgesetzgeber einen Mindeststandard zum Schutz von **Geschäftsgeheimnissen** gesetzt, der im GeschGehG umgesetzt worden ist. Ausweislich Art. 1 Abs. 2 lit. c berührt die Richtlinie aber explizit nicht die Anwendung von Vorschriften der Union oder der Mitgliedstaaten, nach denen es den Organen und Einrichtungen der Union oder den nationalen Behörden vorgeschrieben oder gestattet ist, von Unternehmen vorgelegte Informationen offenzulegen.

IV. Verhältnis zu anderen Vorschriften

6   Die Vorschrift führt die Inhalte der §§ 3 und 6 IFG zusammen, unterscheidet sich von ihnen aber im Regelungsgehalt dahin gehend, dass das IFG keine dem Schutz öffentlicher Belange entsprechende Regelungen zum

---

1   LT-Drs. 19/5728, 128.
2   BT-Drs. 15/4493, 9.
3   LT-Drs. 19/6300, 11.

Schutz privater Belange kennt. Anders als in § 6 IFG wird im vierten Teil der Schutz des geistigen Eigentums nicht explizit erwähnt, sondern unterfällt den Belangen Dritter. Konkrete Entsprechung von § 6 IFG ist Nr. 4 Alt. 2. Die Vorschrift knüpft an § 1 Abs. 2 Satz 3 an, wonach die Verpflichtung zur Wahrung gesetzlicher Geheimhaltungspflichten oder von Berufs- oder besonderen Amtsgeheimnissen, die nicht auf gesetzlichen Vorschriften beruhen, unberührt bleibt.

Nach § 8 Abs. 1 Nr. 3 Alt. 1 HUIG sind Anträge abzulehnen, soweit durch das Bekanntgeben der Informationen Betriebs- oder Geschäftsgeheimnisse zugänglich gemacht würden. Eine ähnliche Regelung findet sich in § 2 Satz 1 Nr. 2 lit. c VIG.   7

§ 5 Nr. 1 GeschGehG bestimmt, dass die Erlangung, die Nutzung oder die Offenlegung eines Geschäftsgeheimnisses nicht unter die Handlungsverbote des § 4 GeschGehG fällt, wenn dies zum Schutz eines berechtigten Interesses erfolgt, insbesondere zur Ausübung des Rechts der freien Meinungsäußerung und der Informationsfreiheit, einschließlich der Achtung der Freiheit und der Pluralität der Medien.[4]   8

B. Ausschluss des Anspruchs

Die Vorschrift besteht aus einem **Katalog von Ausschlussgründen,** der sich in fünf Themenbereiche untergliedert. Diese beziehen sich zum einen auf nach anderen Vorschriften bestehende Geheimhaltungsvorschriften, etablieren zum anderen aber auch eigene Ausschlussgründe, die sich jedoch verfassungsrechtlich untermauern lassen.   9

I. Verschlusssachen (Nr. 1)

Kein Anspruch auf Informationszugang besteht bei Verschlusssachen iSv § 2 Abs. 1 HSÜG. Diese sind dort in Übereinstimmung mit § 4 Abs. 1 Satz 1 SÜG definiert als im öffentlichen Interesse, insbesondere zum Schutz des Wohles des Bundes oder eines Landes, geheimhaltungsbedürftige Tatsachen, Gegenstände oder Erkenntnisse unabhängig von ihrer Darstellungsform. Es erfolgt eine Einstufung als Verschlusssache und eine Einstufung in einen Geheimhaltungsgrad entsprechend der Schutzbedürftigkeit. Eine ähnliche Regelung enthält § 3 Nr. 4 Alt. 1 IFG. Zu dieser hat das BVerwG festgestellt, dass keine verfassungsrechtlich bedenkliche dynamische Verweisung auf eine Veraltungsvorschrift gegeben ist. Ein Anspruch dürfe aber nicht allein deshalb ausgeschlossen werden, weil die Information formal als Verschlusssache eingestuft ist. Vielmehr komme es auf die materiellen Gründe für eine solche Einstufung an.[5] In Streitfällen um eine Einstufung ist ein in-camera-Verfahren nach § 99 Abs. 2 VwGO vorgesehen.[6]   10

II. Nachteilige Auswirkungen (Nr. 2)

Nr. 2 ist § 3 Nr. 1 IFG nachgebildet. Allgemein besteht kein Anspruch auf Informationszugang, wenn das Bekanntwerden der fraglichen Informatio-   11

---

4 S. zB auch *Wiebe* NVwZ 2019, 1705 ff.; *Goldhammer* NVwZ 2017, 1809 ff.
5 BVerwG NVwZ 2010, 326.
6 BT-Drs. 15/4493, 16.

nen **nachteilige Auswirkungen** haben kann. Die nachteiligen Auswirkungen müssen sich jedoch auf bestimmte Bereiche oder Belange beziehen, um einen Ausschluss zu rechtfertigen. Die Aufzählung ist abschließend. Einzelne Ausschlussgründe können nebeneinander bestehen und gleichzeitig angewendet werden.[7] Die Begründung der Ablehnung soll gegenüber dem Antragsteller so erfolgen, dass aus ihr nicht auf den Inhalt der geschützten Information geschlossen werden kann.[8]

12   Der Begriff der „nachteiligen Auswirkungen" entstammt § 8 Abs. 1 Satz 1 UIG, der ähnliche, aber enger gefasste Ausschlussgründe enthält. Dabei gilt, dass der informationspflichtigen Stelle bezüglich der Feststellung, was nachteilige Auswirkungen sind, bei internationalen Beziehungen ein eigener Beurteilungsspielraum einzuräumen ist. Nachteilig ist jede Minderung des jeweiligen Schutzguts. Ob die potenziellen nachteiligen Auswirkungen infolge des Bekanntwerdens der Information eintreten können, unterliegt einer **Prognoseentscheidung** der informationspflichtigen Stelle, die nur eingeschränkt gerichtlich überprüfbar ist.[9] Die Prognoseentscheidung erfolgt durch eine qualifizierte Plausibilitätsprüfung: Die Stelle „muss anhand von Tatsachen nachvollziehbar darlegen, dass eine über bloße Bedenken hinausgehende hinreichende Besorgnis nachteiliger Auswirkungen besteht".[10] Dies lässt sich auf andere Belange nach Nr. 1 übertragen.[11] Die Prüfung muss jedoch immer am Maßstab des jeweils betroffenen Belangs erfolgen.

1. Beziehungen des Landes Hessen (lit. a)

13   Die Vorschrift soll nachteilige Auswirkungen auf internationale und supranationale sowie die **Beziehungen** zum Bund und anderen Bundesländern infolge eines Bekanntwerdens von Informationen verhindern.[12] Dabei unterscheidet sich der Regelungsgehalt von § 3 Nr. 1 lit. a IFG insoweit, als dort unter dem Begriff der „internationalen Beziehungen" zwar das diplomatische Vertrauensverhältnis zu ausländischen Staaten und zwischen- und überstaatlichen Organisationen erfasst ist,[13] jedoch nicht die Beziehungen im föderalen System der Bundesrepublik. Damit ist nicht nur die Handlungsfähigkeit des Landes Hessen auf internationalem Parkett geschützt, sondern auch auf innerdeutscher, binnenstaatlicher Ebene.

2. Äußere und öffentliche Sicherheit (lit. b)

14   Zudem sollen nachteilige Auswirkungen eines Informationszugangs auf Belange der äußeren oder öffentlichen **Sicherheit** verhindert werden.[14] Das

---

7   BT-Drs. 15/4493, 9.
8   BT-Drs. 15/4493, 9.
9   BVerwG Urt. v. 29.10.2009 – 7 C 21.08, NVwZ 2010, 326; *Schirmer* in BeckOK InfoMedienR IFG § 3 Rn. 41.
10   OVG Berlin-Brandenburg Urt. v. 1.10.2008 – 12 B 49.07, Rn. 28, openJur 2012, 9560.
11   S. etwa VG Wiesbaden Urt. v. 4.9.2015 – 6 K 687/15.WI, openJur 2019, 36792.
12   S. speziell zur Problematik eines Rechts auf Zugang zu einem Aufforderungsschreiben der Europäischen Kommission an die BRD *Leipert* ZUR 2017, 25.
13   BT-Drs. 15/4493, 9.
14   S. zB auch *Schnabel* GSZ 2018, 91.

Begriffspaar ist hier etwas unglücklich gewählt; der Bundesgesetzgeber spricht in § 3 Nr. 1 lit. c IFG von der inneren oder äußeren Sicherheit. Die sprachliche Abweichung erklärt sich einerseits durch die zentrale Verwendung des Begriffes „öffentliche Sicherheit" im Polizeirecht der Länder (§ 1 Abs. 1 Satz 1 HSOG).[15] Andererseits kennt die Vorschrift keine Entsprechung zu § 3 Nr. 2 IFG, der wiederum selbst von der öffentlichen Sicherheit spricht. Die Problematik der Abgrenzung zwischen § 3 Nr. 2 und Nr. 1 lit. c IFG stellt sich hier nicht.[16] Vielmehr gehen beide Vorschriften in lit. b auf. Dies bedingt ein weites Verständnis der öffentlichen Sicherheit, das die gesamte Rechtsordnung umfasst.

Aufgrund des zunehmenden **Zusammenwachsens von innerer und äußerer** 15 **Sicherheit** kann nicht mehr streng zwischen beiden Bereichen getrennt werden. Nach heutigem Verständnis unterfallen der äußeren Sicherheit auch Themen wie Terrorismus und Wirtschaftsspionage. Auch der in § 3 Nr. 8 IFG in einem eigenen Tatbestand gefasste Schutz von Informanten und Hinweisgebern ist hierunter zu subsumieren, sofern ein objektiv schutzwürdiges Geheimhaltungsinteresse besteht.[17]

3. Kontroll-, Vollzugs- oder Aufsichtsaufgaben (lit. c)

Lit. c schützt vor nachteiligen Auswirkungen auf die Kontroll-, Vollzugs- 16 oder Aufsichtsaufgaben der Finanz-, Regulierungs-, Sparkassen, Versicherungs- und Wettbewerbsaufsichtsbehörden als Ausschlussgrund. Die Vorschrift „dient dem Schutz der Funktionsfähigkeit öffentlicher Kontroll- und Aufsichtsverfahren, die ihrem Wesen nach als verwaltungsinterne Vorgänge zur Gewährleistung der Rechts- und ggf. Zweckmäßigkeit öffentlicher Aufgabenerfüllung durch besondere gewichtige Interessen am Ausschluss einer Informationsübermittlung geprägt sind".[18] Diese Verfahren sind idR durch eine intensive **Verarbeitung personenbezogener Daten** geprägt, deren Bekanntwerden die informationelle Selbstbestimmung berührt, und betreffen **Geschäftsgeheimnisse**, deren Bekanntwerden gegenüber Konkurrenten zu Verzerrungen des Wettbewerbs führen kann.

Die Gesetzesbegründung definiert Kontroll- und Aufsichtsaufgaben als „al- 17 le Formen staatlicher Aufsicht", worunter sowohl die klassische Kommunalaufsicht als auch Sonderbereiche wie die Sparkassenaufsicht fallen.[19] Sonstige Aufgaben sind nicht erfasst. In der praktischen Anwendung hat die vergleichbare Vorschrift des § 3 Nr. 1 lit. d IFG bereits häufig gerichtlicher Klärung bedurft.[20] Dabei wurde regelmäßig eine restriktive Anwendung der Ausnahme gefordert und die Annahme einer umfassenden Bereichsausnahme abgelehnt. Dies überzeugt vor dem Hintergrund von § 81 umso mehr, der solche Bereichsausnahmen etabliert. Bezogen auf die um-

---

15 Man beachte aber auch Art. 45 Abs. 3 AEUV, dessen Begriff der „öffentlichen Sicherheit" auch als Oberbegriff zu innerer und äußerer Sicherheit gedeutet wird.
16 S. hierzu *Schirmer* in BeckOK InfoMedienR IFG § 3 Rn. 62.
17 *Polenz* in Brink/Polenz/Blatt IFG § 3 Rn. 132 f.
18 LT-Drs. 19/5728, 129.
19 LT-Drs. 19/5728, 129.
20 S. zB VG Frankfurt a.M. Urt. v. 23.4.2013 – 7 K 129/10.F, openJur 2013, 32162; VGH Kassel Urt. v. 29.11.2013 – 6 A 1426/13, DÖV 2014, 496; BVerwG Urt. v. 24.5.2011 – 7 C 6.10, NVwZ 2011, 1012.

fassten öffentlichen Stellen ist indes eine weite Auslegung vorzunehmen. Dies wird im Vergleich zu § 3 Nr. 1 lit. d IFG insofern unterstrichen, als der Gesetzgeber zusätzlich noch Vollzugsaufgaben sowie Sparkassen und Versicherungsbehörden in die Vorschrift aufgenommen hat. Der Begriff der Finanzbehörden umfasst zB alle Behörden im Geschäftsbereich des Hessischen Finanzministeriums.[21] Für diese gilt indes ohnehin die Bereichsausnahme des § 81 Abs. 1 Nr. 5 (→ § 81 Rn. 13).

4. Strafrechtliche Verfahren (lit. d)

18   Lit. d schützt Ermittlungsverfahren, die Strafvollstreckung sowie die Verfahrensabläufe von Gerichts-, Ordnungswidrigkeiten- und Disziplinarverfahren und findet seine Entsprechung in § 3 Nr. 1 lit. g IFG. Insgesamt geht es um den **Schutz laufender Verfahren**. Angesichts der Bereichsausnahme des § 81 Abs. 1 Nr. 4 ist der Anwendungsbereich der Vorschrift äußerst gering. Eine nachteilige Auswirkung läge insbesondere bei der Verhinderung der Strafverfolgung, -verhängung oder -vollstreckung vor. Es ist aber auch an den Opferschutz zu denken. Eine erhöhte Aufmerksamkeit der Öffentlichkeit auf das Verfahren stellt dabei noch keine nachteilige Auswirkung dar.[22] Zudem darf der Ausschlussgrund nicht von der informationspflichtigen Stelle genutzt werden, um den Erfolg von gegen sie gerichteten Klagen zu behindern. Das Recht auf Informationszugang – sofern es infolge von § 81 Abs. 1 Nr. 4 überhaupt gegeben ist – besteht neben Einsichtsrechten der Beteiligten wie etwa § 100 VwGO und bezieht sich auf einen weiten Verfahrensbegriff.

III. Berufs- und besondere Amtsgeheimnisse (Nr. 3)

19   Nr. 3 schließt einen Anspruch bei einem Berufs- oder besonderen Amtsgeheimnis unterliegenden Datei- oder Akteninhalten aus. Die Vorschrift hat ihr Äquivalent in § 3 Nr. 4 Alt. 2 IFG. Umfasst sind zunächst **Berufsgeheimnisse**. Dies betrifft Geheimhaltungspflichten, die für Angehörige bestimmter Berufe gelten. Hier ist insbesondere an den Katalog des § 203 Abs. 1 StGB zu denken. Grundlagen für das Berufsgeheimnis sind bei Ärzten standesrechtliche Regelungen (§ 9 MBO); bei Anwälten sind es § 43 a Abs. 2 BRAO und § 2 Abs. 1 BORA und bei Notaren § 18 BNotG. Auch das Bankgeheimnis zählt nach Auffassung des BGH zu den Berufsgeheimnissen.[23]

20   Bei den Amtsgeheimnissen legt die Gesetzesbegründung Wert auf die Qualifikation als **„besonderes" Amtsgeheimnis** und nennt als Beispiele das Steuergeheimnis nach § 30 AO und das Sozialgeheimnis nach § 35 Abs. 1 SGB I. Besondere Amtsgeheimnisse sind in der Gesetzesbegründung definiert als Geheimnisse, die dem Inhaber eines öffentlichen Amts in dieser Eigenschaft durch Gesetz oder aufgrund Gesetzes auferlegt sind. Sie sind stets ausdrücklich geregelt. Im Dienstverhältnis entsprechen ihnen besondere Dienstgeheimnisse. Weitere Beispiele sind das Statistikgeheimnis nach § 16 HLStatG, das Beratungsgeheimnis nach § 43 DRiG und das Offenba-

---

21   *Schirmer* in BeckOK InfoMedienR IFG § 3 Rn. 71.
22   *Schirmer* in BeckOK InfoMedienR IFG § 3 Rn. 114.
23   BGH Urt. v. 27.2.2007 – XI ZR 195/05, NJW 2007, 2106.

rungs- und Beratungsverbot nach § 1758 Abs. 1 BGB, aber etwa auch eine nach § 16 Abs. 2 Satz 2 LFGB erlassene Geschäftsordnung.[24] Nicht als besondere Amtsgeheimnisse gelten allgemeine Geheimhaltungspflichten wie die allgemeine Pflicht zur Verschwiegenheit nach § 37 BeamtStG und das allgemeine Datengeheimnis nach § 48 (→ § 48 Rn. 10 ff.).[25]

IV. Persönliche Geheimnisse, Betriebs- und Geschäftsgeheimnisse (Nr. 4)

Die Beurteilung von Betriebs- und Geschäftsgeheimnissen hat der HBDI als   21
eine der heikelsten Fragestellungen im Kontext der Informationsfreiheit bezeichnet.[26] Nr. 4 steht im Einklang mit § 6 IFG und orientiert sich sprachlich an § 30 HVwVfG und § 203 Abs. 1 StGB. Die Regelung ist fast wortgleich mit Art. 39 Abs. 3 Nr. 3 BayDSG. Indem er die zum privaten Lebensbereich gehörenden Geheimnisse neben die Betriebs- und Geschäftsgeheimnisse stellt und im Unterschied zu § 83 abwägungsresistent zum Ausschlusskriterium erhebt, vermeidet der Gesetzgeber die Kritik an § 6 IFG, wonach wirtschaftlichen Interessen ein Vorrang gegenüber der informationellen Selbstbestimmung eingeräumt werde.[27]

1. Zum persönlichen Lebensbereich gehörende Geheimnisse (Alt. 1)

Ein Anspruch auf Informationszugang besteht nicht bei zum persönlichen   22
Lebensbereich gehörenden Geheimnissen, sofern die betroffene Person nicht eingewilligt hat. Die Bestimmung, ob ein solches Geheimnis vorliegt, kann am **Maßstab von § 203 StGB** erfolgen. Voraussetzung ist nach einer Auffassung, dass der Geheimnisträger an der Geheimhaltung der Tatsache ein sachlich begründetes Interesse hat oder haben würde.[28] Nach anderer Ansicht liegt ein Geheimnis vor, wenn die Tatsache nur einem beschränkten Personenkreis bekannt ist[29] und der Betroffene einen Geheimhaltungswillen hat.[30] Dies wird aber mit dem Erfordernis eines schutzwürdigen[31] Geheimhaltungsinteresses kombiniert.

Nicht jedes personenbezogene Datum ist ein Geheimnis, jedoch handelt es   23
sich bei jedem Geheimnis um ein personenbezogenes Datum.[32] Trotz deutlicher Überschneidungen unterscheiden sich das zum persönlichen Lebensbereich gehörende Geheimnis und das personenbezogene Datum sowohl

---

24 Zu letzterem s. VG Köln Urt. v. 25.2.2010 – 13 K 119/08, DVBl 2010, 529.
25 LT-Drs. 19/5728, 128.
26 HBDI, 47. TB, 209. Relativiert wird dies jedoch in HBDI, 48. TB, 316, wo die Feststellung folgt, das Thema Geschäftsgeheimnis habe „allerdings bislang noch keine größere Rolle gespielt".
27 S. zB *Kugelmann* NJW 2005, 3609 (3612); *Kloepfer/von Lewinski* DVBl 1277 (1283).
28 *Lenckner/Eisele* in Schönke/Schröder StGB § 203 Rn. 5, 7.
29 *Heger* in Lackner/Kühl StGB § 203 Rn. 14.
30 Nach aA ist ein Geheimhaltungswille nicht erforderlich; so *Weidemann* in BeckOK StGB § 203 Rn. 4 a; s. auch *Altenhain* in Matt/Renzikowski StGB § 203 Rn. 19 f., wonach der Geheimhaltungswille erst auf Ebene der Rechtfertigung relevant ist. S. auch *Cierniak/Niehaus* in MüKoStGB § 203 Rn. 12 ff.
31 ISe „objektiven Geheimhaltungswürdigkeit"; *Heger* in Lackner/Kühl StGB § 203 Rn. 14.
32 So auch *Altenhain* in Matt/Renzikowski StGB § 203 Rn. 17, der einen Personenbezug fordert und diesbezüglich auf § 3 Abs. 1 BDSG aF verweist; s. auch *Heger* in Lackner/Kühl StGB § 203 Rn. 14: „Das Geheimnis muss personenbezogen sein."

bezogen auf die Adressaten als auch bezogen auf die Schutzzwecke. Der Ansicht, dass Nr. 4 Alt. 1 keinen **eigenständigen Anwendungsbereich** habe, da die fraglichen Geheimnisse als personenbezogene Daten von § 83 erfasst werden,[33] ist nicht zu folgen. So wie auch § 203 StGB und das Datenschutzrecht nebeneinanderstehen (→ § 1 Rn. 29), so stehen auch Nr. 4 Alt. 1 und § 83 nebeneinander.[34]

24 Die Gesetzesbegründung stellt klar, dass „Dritte, deren schutzwürdige Interessen zB wegen möglicher Auswirkungen auf private Verwertungsrechte im Rahmen der nach § 83 vorzunehmenden Abwägungsentscheidung berührt werden, … nach allgemeinen verwaltungsverfahrensrechtlichen Regelungen vor der Auskunftsgewährung wie in anderen Fällen drittbelastender Verwaltungsakte anzuhören" sind. „Bleibt die Zulässigkeit der Auskunftsgewährung im Hinblick auf den Schutz privater Belange wie zB das Bestehen eines Einwilligungserfordernisses umstritten, folgt aus rechtsstaatlichen Grundsätzen außerdem, dass die Auskunftsgewährung erst erfolgen darf, wenn die Behördenentscheidung über den Anspruch auf Auskunft auch gegenüber dem betroffenen Dritten sofort vollziehbar oder unanfechtbar geworden ist."[35]

2. Betriebs- oder Geschäftsgeheimnisse (Alt. 2)

25 Ein Anspruch auf Informationszugang besteht ferner nicht bei Betriebs- oder Geschäftsgeheimnissen, sofern die betroffene Person nicht eingewilligt hat.[36] Verfassungsrechtlich geboten ist dies durch Art. 12 und 14 GG.[37] **Geschäftsgeheimnis** definiert § 2 Nr. 1 GeschGehG als eine Information, die nicht allgemein bekannt oder ohne Weiteres zugänglich ist und daher von wirtschaftlichem Wert ist, angemessenen Geheimhaltungsmaßnahmen unterliegt und bei der ein berechtigtes Interesse an der Geheimhaltung besteht.[38] Seit der Geltung des GeschGehG 2019 ersetzt der Begriff des Geschäftsgeheimnisses das bisherige Begriffspaar „Betriebs- und Geschäftsgeheimnisse".

26 Nicht vorliegen soll ein Betriebs- oder Geschäftsgeheimnis, wenn der Dritte sich nicht im Einzelnen dazu äußert und sich das Vorliegen eines Geheimnisses nicht aus der Behörde offensichtlichen **Umständen** ergibt.[39] Betriebs- oder Geschäftsgeheimnis können grundsätzlich auch in unkörperlicher Form vorliegen.[40] Privatgeheimnisse sind umfasst, sofern sie einen Unternehmensbezug aufweisen. Insofern kann ein doppelter Schutz nach beiden Alternativen gegeben sein, der bei einer Abwägung entsprechend zu berücksichtigen ist.

---

33 So *Lück/Penski* ZD 2018, 525 (528).
34 *Cierniak/Niehaus* in MüKoStGB § 203 Rn. 21; *Weidemann* in BeckOK StGB § 203 Rn. 4 a; *Kargt* in NK-StGB § 203 Rn. 6 b ff.
35 LT-Drs. 19/5728, 128.
36 S. hierzu auch zB *Fischer/Fluck* NVwZ 2013, 337; *Kloepfer/Grewe* NVwZ 2011, 577.
37 S. zB *Roßnagel/Hentschel*, Verfassungsrechtliche Grenzen, S. 22 ff.
38 S. zB *Wiebe* NVwZ 2019, 1705; *Goldhammer* NVwZ2017, 1809.
39 *Blatt* in Brink/Polenz/Blatt IFG § 6 Rn. 3.
40 *Hiéramente* in BeckOK GeschGehG § 2 Rn. 2 ff.

a) Nicht allgemein bekannt oder ohne Weiteres zugänglich

Die Information darf weder insgesamt noch in der genauen Anordnung   27
und Zusammensetzung ihrer Bestandteile den Personen in den Kreisen,
die üblicherweise mit dieser Art von Informationen umgehen, allgemein
bekannt oder ohne Weiteres zugänglich sein. Damit sind auch die häufigen Fälle erfasst, in denen nur Teile einer Information geheim sind. Auch
Datensammlungen können Schutz als Geschäftsgeheimnis genießen. Die
Voraussetzung, dass die Information nicht ohne Weiteres zugänglich sein
darf, bemisst sich am erforderlichen Zeit- und Kostenaufwand.[41] Nicht
allgemein bekannt ist eine Information, die nur einem **begrenzten Personenkreis** gegenüber offenbart wurde, der wiederum zur Verschwiegenheit
verpflichtet ist.[42]

b) Wirtschaftlicher Wert

Die Information muss aufgrund der genannten Merkmale, also aufgrund   28
ihres Geheimnischarakters von wirtschaftlichem Wert sein. Wirtschaftlich
belanglose Informationen sollen nicht geschützt werden.[43] Nach ErwG
14 der Richtlinie 2016/943/EU sollen Know-how, Geschäftsinformationen
und technologische Informationen umfasst sein, die einen realen oder potenziellen **Handelswert** verkörpern. Ein solcher Handelswert soll laut zB
vorliegen, „wenn ihr unbefugter Erwerb oder ihre unbefugte Nutzung
oder Offenlegung die Interessen der Person, die rechtmäßig die Kontrolle
über sie ausübt, aller Voraussicht nach dadurch schädigt, dass das wissenschaftliche oder technische Potenzial, die geschäftlichen oder finanziellen
Interessen, die strategische Position oder die Wettbewerbsfähigkeit dieser
Person untergraben werden". Problematisch ist die Formulierung „daher",
insoweit der wirtschaftliche Wert nicht an die Geheimhaltung geknüpft
sein muss.[44]

c) Angemessene Geheimhaltungsmaßnahmen

Die Information muss ferner Gegenstand von den Umständen nach ange-   29
messenen Geheimhaltungsmaßnahmen durch ihren rechtmäßigen Inhaber
sein. Diese Anforderung[45] ist nach Qualität und Quantität nicht abstrakt
bestimmt, sondern **vom Einzelfall abhängig**. Faktoren sollen dabei der
Wert des Geschäftsgeheimnisses und dessen Entwicklungskosten, die Natur der Informationen, die Bedeutung für das Unternehmen, die Größe
des Unternehmens, die üblichen Geheimhaltungsmaßnahmen in dem Unternehmen, die Art der Kennzeichnung der Informationen und vereinbarte
vertragliche Regelungen mit Arbeitnehmern und Geschäftspartnern sein.[46]

---

41 BGH GRUR 2012, 1048 Rn. 21.
42 S. zB *Roßnagel/Hentschel*, Verfassungsrechtliche Grenzen, S. 40.
43 BT-Drs. 19/4724, 24.
44 *Hiéramente* in BeckOK GeschGehG § 2 Rn. 17.
45 Diese entspricht dem bisherigen Merkmal des objektiv manifestierten Geheimhal-
    tungswillens – s. zB *Roßnagel/Hentschel*, Verfassungsrechtliche Grenzen, S. 41.
46 BT-Drs. 19/4724, 24.

d) Berechtigtes Interesse an der Geheimhaltung

30 Es muss ein berechtigtes Interesse an der Geheimhaltung der Information bestehen. Ein solches Interesse besteht, wenn die Offenlegung der Information geeignet ist, exklusives technisches oder kaufmännisches Wissen den Konkurrenten zugänglich zu machen und so die Wettbewerbsposition des Unternehmens nachteilig zu beeinflussen.[47] Grundlage ist auch hier eine Prognoseentscheidung. Für **Verstöße gegen rechtliche Vorgaben**, die Auswirkungen auf Dritte oder die Allgemeinheit haben können – etwa des Arbeits-, Umwelt- oder Verbraucherschutzrechts – bestehen keine berechtigten Interessen der Geheimhaltung.

V. Rein wirtschaftliches Interesse (Nr. 5)

31 Nach Nr. 5 besteht ein Anspruch auf Informationszugang ferner nicht, soweit ein rein wirtschaftliches Interesse an den Informationen besteht. Die Verwendung von „soweit" im Normtext bedeutet, dass es bei rein wirtschaftlichem Interesse an nur einem Teil der beantragten Informationen zu einer **Reduzierung der Informationen** auf ein zulässiges Maß kommen muss. Die informationspflichtige Stelle kann einen entsprechend motivierten Antrag also nicht vollständig ablehnen, sondern kann ihn nur teilweise erfüllen. Effektiv stellt die Regelung in Nr. 5 neben Anträgen, die Daten Dritter iSd §§ 82 und 83 betreffen, einen zweiten Bereich dar, in dem von dem Grundsatz der Begründungsfreiheit abgewichen wird – zumindest soweit die Feststellung, ob ein rein wirtschaftliches Interesse vorliegt, auf die Mitwirkung des Antragstellers angewiesen ist.

32 Eine nähere Bestimmung des rein wirtschaftlichen Interesses liefert der Gesetzgeber leider nicht. Nicht darunter fallen die Geltendmachung, Ausübung oder Verteidigung **rechtlicher Ansprüche**, etwa die Vorbereitung von Schadenersatzansprüchen. Klar zu beurteilen sind lediglich Fälle, in denen es nicht um die Verfolgung von Allgemeininteressen geht, sondern um die Ausspähung von Informationen über Konkurrenten.

33 Problematisch ist die Feststellung des Interesses des Antragsstellers in der Praxis.[48] Hier fehlen klare **Anhaltspunkte** für die Prüfung. Befürchtet wird dabei die Einführung einer allgemeinen Begründungspflicht von Anträgen auf Informationszugang „durch die Hintertür".[49]

34 Es wird auch argumentiert, der Ausschlusstatbestand bei rein wirtschaftlichem Interesse habe gar keinen Anwendungsbereich, da es gar kein rein wirtschaftliches Interesse gebe, wenn man davon ausgeht, dass ein Antrag auf Informationsinteresse immer dem Allgemeininteresse an transparenter Verwaltung dient.[50] Dies ist insofern zu bejahen, als etwa der Antrag auf Einsichtnahme in einen Bauantrag des konkurrierenden Bauunternehmens durch ein anderes Bauunternehmen zumindest auch dem Allgemeininteres-

---

47 BVerwGE 151, 1, Rn. 28; *Roßnagel/Hentschel*, Verfassungsrechtliche Grenzen, S. 41 f.
48 *Gounalakis* in BeckOK InfoMedienR HDSIG § 82 Rn. 9.
49 *Lück/Penski* ZD 2018, 525 (529).
50 So *Lück/Penski* ZD 2018, 525 (529 f.).

se dienen kann, wenn so ein zusätzliche Überprüfung staatlichen Handelns durch einen kritischen Blick von außen möglich wird.

C. Würdigung

Die Vorschrift stellt sicher, dass der Schutz von Belangen, die als besonders 35 schützenswert anerkannt sind, nicht über das Instrument des Informationszugangs ausgehebelt werden kann. Im Vergleich zum IFG fallen bei den öffentlichen Belangen keine tiefgreifenden hessischen Besonderheiten ins Auge. Bei den privaten Belangen sticht der Ausschlussgrund Nr. 5 bei einem rein wirtschaftlichen Interesse an den Informationen und bei Ausschlussgrund Nr. 4 der Schutz der zum persönlichen Lebensbereich gehörenden Geheimnisse hervor. Es hat eine enge Auslegung des Ausschlusses des Anspruchs auf Informationszugang zu erfolgen.

§83 Schutz personenbezogener Daten

Der Informationszugang zu personenbezogenen Daten ist nur dann und soweit zulässig, wie ihre Übermittlung an eine nicht öffentliche Stelle zulässig ist.

Literatur:

Caspar, Informationsfreiheit, Transparenz und Datenschutz, DÖV 2013, 371; *Debus*, Anspruch auf Zugang zu Telefon- und E-Mail-Verzeichnissen von Behörden und Gerichten, NJW 2015, 981; *Guckelberger*, Informationszugang zu Telefonlisten von Behörden, NJW 2017, 1210; *Kloepfer*, Informationszugangsfreiheit und Datenschutz: Zwei Säulen des Rechts der Informationsgesellschaft, DÖV 2003, 221; *Klopp*, Akteneinsicht Dritter zu Forschungszwecken, MschrKrim 2019, 119; *Lück/Penski*, Informationsfreiheit auf hessische Art, ZD 2018, 525; *Meinhold*, Informationszugangsrecht und Datenschutzgrundverordnung im Einklang, LKV 2018, 341; *Meinhold*, Praktische Konkordanz zwischen den Regelungen zur Informationszugangsfreiheit und zum Datenschutz, ThürVBl. 2019, 49; *Roßnagel*, Konflikte zwischen Informationsfreiheit und Datenschutz?, MMR 2007, 16.

A. Allgemeines

I. Bedeutung der Vorschrift

Die Vorschrift beschränkt die Zulässigkeit des Zugangs zu Informationen, 1 die gleichzeitig personenbezogene Daten darstellen und reiht sich mithin in die Liste der Ablehnungsgründe ein. Zugleich versucht die Vorschrift eine **Harmonisierung** des Anspruchs auf Informationszugang mit dem Schutz personenbezogener Daten.[1]

---

[1] S. hierzu allgemein *Kloepfer* DÖV 2003, 221; *Roßnagel* MMR 2007, 16; *Caspar* DÖV 2013, 371; *Meinhold* ThürVBl. 2019, 49.

II. Entstehungsgeschichte

2   Im Gesetzgebungsverfahren erfolgten lediglich sprachliche Klarstellungen.[2] Ersetzt wurden insbesondere die Begriffe „dann zu gewähren" durch „dann und soweit zulässig".

III. Unionsrechtliche Regelungen

3   Nach Art. 85 Abs. 1 DS-GVO ist das Recht auf Schutz personenbezogener Daten mit dem Recht auf freie Meinungsäußerung und der Informationsfreiheit in Einklang zu bringen. Um dies zu ermöglichen, können die Mitgliedstaaten nach Art. 85 Abs. 2 DS-GVO für die Verarbeitung personenbezogener Daten zu journalistischen, wissenschaftlichen, künstlerischen oder literarischen Zwecken **Abweichungen und Ausnahmen** von zahlreichen Regelungen der DS-GVO vorsehen.[3] Art. 86 DS-GVO ermöglicht die Offenlegung von personenbezogenen Daten in amtlichen Dokumenten, um diesen Einklang zu erzeugen. Informationsfreiheit ist dabei iSv Art. 11 Abs. 1 GRCh zu verstehen.[4]

IV. Verhältnis zu anderen Vorschriften

4   Die Vorschrift verweist auf die Zulässigkeitsvoraussetzungen einer Übermittlung personenbezogener Daten an eine nicht öffentliche Stelle und somit auf § 22. Damit folgt der Gesetzgeber dem Muster vieler Informationsfreiheitsregelungen im Recht anderer Länder. Im Vergleich zu § 5 IFG ist die Regelung deutlich knapper gehalten, was durch den genannten Verweis erreicht wird. Eine ähnliche Regelung hat der bayerische Gesetzgeber in Art. 39 Abs. 1 Satz 1 Nr. 1 BayDSG geschaffen. Mit der Straffung der Vorschrift hat der Gesetzgeber auch auf Kritik an § 5 IFG reagiert, wonach die Regelungen in § 5 Abs. 2 und 4 IFG überflüssig seien.[5]

B. Datenübermittlung als Maßstab

5   Die Vorschrift knüpft die **Zulässigkeit des Informationszugangs** zu personenbezogenen Daten an die Zulässigkeitsvoraussetzungen des **§ 22 Abs. 2 Satz 1.** Es gilt die Begriffsbestimmung von Art. 4 Nr. 1 DS-GVO, wonach personenbezogene Daten alle Informationen sind, die sich auf eine identifizierte oder identifizierbare natürliche Person beziehen. Handelt es sich um **besondere Kategorien** personenbezogener Daten nach Art. 9 Abs. 1 DS-GVO, so muss neben den Voraussetzungen von § 22 Abs. 2 zusätzlich noch ein Ausnahmetatbestand nach Art. 9 Abs. 2 DS-GVO oder nach § 20 Abs. 1 vorliegen. Nach § 22 Abs. 4 Satz 1 trägt die übermittelnde Stelle die Verantwortung für die Zulässigkeit der Übermittlung.

6   § 22 Abs. 2 Satz 1 Nr. 1 erlaubt die Übermittlung personenbezogener Daten an nicht öffentliche Stellen, wenn sie zur Erfüllung der in der Zuständigkeit der übermittelnden Stelle liegenden Aufgaben erforderlich ist und

---

2 LT-Drs. 19/6300, 11.
3 S. zB *Meinhold* LKV 2018, 341.
4 ErwG 153 DS-GVO.
5 S. *Brink* in Brink/Polenz/Blatt IFG § 5 Rn. 88; zu Abs. 2 auch *Schoch* IFG § 5 Rn. 120.

die Voraussetzungen vorliegen, die eine Verarbeitung nach § 21 zulassen würden (→ § 22 Rn. 12).

Einschlägig ist hier aber vor allem Nr. 2, wonach die Zulässigkeit gegeben ist, wenn der Dritte, an den die Daten übermittelt werden, ein berechtigtes Interesse an der Kenntnis der zu übermittelnden Daten glaubhaft darlegt und die betroffene Person kein schutzwürdiges Interesse an dem Ausschluss der Übermittlung hat (→ § 22 Rn. 13 ff.). Dieses Spannungsfeld zwischen Interessen besteht indes nur, wenn ein Anspruchsteller Zugang zu personenbezogenen Daten Dritter begehrt und es sich nicht lediglich um eigene personenbezogene Daten handelt. **7**

Nr. 3 erlaubt die Übermittlung, wenn sie zur Geltendmachung, Ausübung oder Verteidigung rechtlicher Ansprüche erforderlich ist (→ § 22 Rn. 16). **8**

Für alle drei Alternativen gilt die Voraussetzung des § 22 Abs. 2, dass der Antragsteller sich gegenüber der übermittelnden öffentlichen Stelle verpflichtet haben muss, die Daten nur für den Zweck zu verarbeiten, zu dessen Erfüllung sie ihm übermittelt werden. Eine Verarbeitung für andere Zwecke ist zulässig, wenn eine Übermittlung nach Satz 1 zulässig wäre und die übermittelnde Stelle zugestimmt hat. **9**

Bezogen auf die Herausgabe von **Telefonlisten** hat das BVerwG mit Blick auf § 5 Abs. 1 Satz 1 und Abs. 4[6] sowie § 3 Nr. 2 IFG in zwei Entscheidungen festgestellt, dass ein Anspruch auf Informationszugang zu dienstlichen Telefonnummern der Bediensteten von Jobcentern nicht besteht.[7] Eine § 5 Abs. 4 IFG vergleichbare Regelung kennt das Gesetz nicht. Ein direktes Äquivalent zu § 3 Nr. 2 IFG findet sich ebenfalls nicht; hier kann jedoch § 82 Nr. 2 lit. b herangezogen werden. Die öffentliche Sicherheit soll dann tangiert sein, wenn die Funktionsfähigkeit und die effektive Aufgabenerfüllung einer Behörde gefährdet werden.[8] Zudem sei der informationellen Selbstbestimmung der Bediensteten vorrangig Rechnung zu tragen.[9] Diese Wertungen sind entsprechend auf den Informationszugang nach dem vierten Teil zu übertragen. Ob sie auch auf behördliche **E-Mail-Adressen** übertragen werden können, ist indes streitig.[10] Es kann argumentiert werden, dass das Störpotenzial eines Missbrauchs der Information weniger stark ausgeprägt ist als im Falle der Telefonnummer. Die informationelle Selbstbestimmung von Bediensteten ist hier jedoch in gleichem Maße betroffen. **10**

Erfolgt der Informationszugang für Zwecke der Forschung, Zwecke des **Journalismus** oder für **künstlerische oder literarische Zwecke**, so stärkt dies die Position des Antragstellers bezogen auf die Anforderung des § 22 Abs. 2 Satz 1 Nr. 2, ein berechtigtes an der Kenntnis der zu übermittelnden Daten glaubhaft darzulegen. Diesem steht allerdings das schutzwürdige Interesse der betroffenen Person am Ausschluss der Übermittlung gegenüber. Hier verbieten sich pauschale Aussagen, sondern es muss stets eine Be- **11**

---

6 Hier wurde festgestellt, dass die in Telefonlisten gelisteten Mitarbeiter keine Bearbeiter iSv § 5 Abs. 4 IFG sind.
7 BVerwG Urt. v. 20.10.2016 – 7 C 20/15 sowie Urt. v. 20.10.2016 – 7 C 27/15. *Debus* NJW 2015, 981; *Guckelberger* NJW 2017, 1210.
8 BVerwG Urt. v. 20.10.2016 – 7 C 20/15 Rn. 13.
9 BVerwG Urt. v. 20.10.2016 – 7 C 27/15 Rn. 21.
10 *Guckelberger* NJW 2017, 1210 (1212) mwN.

trachtung des Einzelfalls erfolgen.[11] Für zulässig erachtet wurde etwa der Antrag eines Journalisten auf Zugang zu Informationen über bereits verstorbene, ehemalige Bedienstete; § 5 Abs. 1 und 2 IFG stünden dem nicht entgegen.[12]

C. Würdigung

12 Die Regelung stellt den Versuch dar, Datenschutz und Informationsfreiheit in Einklang zu bringen. Die Straffung der Norm im Vergleich zu § 5 IFG Bund ist zu begrüßen. Gleiches gilt für die Verweisung auf § 22. Ein überflüssiges Aufblähen der Norm wurde verhindert.

§ 84 Schutz behördlicher Entscheidungsprozesse

(1) [1]Der Antrag auf Informationszugang kann abgelehnt werden für Entwürfe zu Entscheidungen sowie für Arbeiten und Beschlüsse zu ihrer unmittelbaren Vorbereitung, soweit und solange durch die vorzeitige Bekanntgabe der Informationen der Erfolg der Entscheidung oder bevorstehender behördlicher Maßnahmen vereitelt würde. [2]Nicht der unmittelbaren Entscheidungsvorbereitung nach Satz 1 dienen regelmäßig Ergebnisse der Beweiserhebung und Gutachten oder Stellungnahmen Dritter.

(2) [1]Der Antrag auf Informationszugang ist abzulehnen,
1. wenn die Bekanntgabe der Information den Kernbereich der Willens- und Entscheidungsbildung der Landesregierung betrifft, oder
2. zu Protokollen vertraulicher Beratungen.
[2]In den Fällen des Satz 1 besteht nach Abschluss des Entscheidungsprozesses Anspruch auf Informationszugang zu den Ergebnisprotokollen, soweit sie nicht vertraulich sind.

Literatur:

Hong, Das Recht auf Informationszugang nach dem Informationsfreiheitsgesetz als Recht zur Mobilisierung der demokratischen Freiheit, NVwZ 2016, 953; *Zilkens*, Einschränkung des öffentlichen Zugangs zu Informationen – Eine Untersuchung am Beispiel des § 7 IFG NRW, ZD 2012, 215.

---

11 *Klopp* MschrKrim 2019, 119 (130).
12 OVG Münster Urt. v. 10.8.2015 – 8 A 2410/13, DÖV 2016, 618.

A. Allgemeines

I. Bedeutung der Vorschrift

Die Vorschrift stimmt den Informationszugang mit den **Funktionserfordernissen behördlicher Entscheidungsprozessen** ab. Ihr Ziel ist „die Normierung eines umfassend geschützten Bereichs der Entscheidungsbildung für Entscheidungsträger".[1] Die ordnungsgemäße Erfüllung der gesetzlichen Verwaltungsaufgaben erfordert den Schutz interner Verwaltungsabläufe.[2]

1

II. Entstehungsgeschichte

Die Vorschrift wurde im **Gesetzgebungsverfahren** nur redaktionell überarbeitet und sprachlich gestrafft.[3] Die ursprünglich vorgesehenen Abs. 3 und 4 wurden in Abs. 2 überführt.

2

III. Unionsrechtliche Regelungen

Eine vergleichbare Regelung findet sich in Art. 4 Abs. 3 der Verordnung (EG) Nr. 1049/2001.

3

IV. Verhältnis zu anderen Vorschriften

Die Vorschrift **entspricht § 4 IFG**. Abs. 1 entspricht fast wörtlich § 4 Abs. 1 IFG, jedoch mit einer wesentlichen Veränderung („kann abgelehnt werden" statt „soll abgelehnt werden"). Eine Entsprechung zu Abs. 2 Satz 1 Nr. 1 enthält das IFG jedoch nicht; Beratungen (Nr. 2) werden aber von § 3 Nr. 3 lit. b IFG erfasst. Die Abgrenzung zwischen § 4 Abs. 1 und § 3 Nr. 3 lit. b IFG gestaltet sich schwierig, da letzterer die Beratungen von Behörden umfasst, die eigentlich Teil des behördlichen Entscheidungsprozesses sind.[4] Weite Teile der Gesetzesbegründung zu § 4 IFG wurden wörtlich übernommen. § 7 Abs. 1 Satz 1 Nr. 2 HUIG schützt die Vertraulichkeit der Beratungen von informationspflichtigen Stellen. Für Straf- und Bußgeldverfahren gehen nach § 80 Abs. 2 die StPO und das OWiG als lex specialis vor (→ § 80 Rn. 31).[5]

4

B. Behördliche Entscheidungsprozesse

Laut Gesetzesbegründung findet das „Streben nach Offenheit und Transparenz" dort eine Einschränkung, wo dies die **Effektivität des Verwaltungshandelns** gefährdet.[6] Zweck der Vorschrift ist es, „eine vollständige und unbefangene behördliche Aktenführung zu gewährleisten, die den Gang des Entscheidungsprozesses chronologisch und vollständig nachvollziehbar dokumentiert".[7] Vor allem sollen noch nicht endgezeichnete sowie noch nicht vollständig oder ungenügend verifizierte Schriftstücke nicht an die Öffentlichkeit gelangen.[8] Daher werden „laufende Verfahren in einem wei-

5

---

1 LT-Drs. 19/5728, 129.
2 So auch BT-Drs. 15/4493, 12 für § 4 IFG.
3 LT-Drs. 19/6300, 11.
4 S. zur Problematik *Polenz* in Brink/Polenz/Blatt IFG § 4 Rn. 7.
5 BT-Drs. 15/4493, 12.
6 LT-Drs. 19/5728, 129.
7 LT-Drs. 19/5728, 129. So auch BT-Drs. 15/4493, 12.
8 LT-Drs. 19/5728, 129.

ten, über § 9 VwVfG und § 8 SGB X hinausgehenden Sinn geschützt, also auch Verfahren im schlicht-hoheitlichen oder fiskalischen Bereich sowie Gesetzgebungsverfahren".[9]

I. Entwürfe zu Entscheidungen und ihre unmittelbare Vorbereitung (Abs. 1)

6   Der Schutz behördlicher Entscheidungsprozesse bezieht sich „im Wesentlichen auf den Prozess der Entscheidungsfindung, nicht aber auf die Ergebnisse des Verwaltungshandelns,"[10] mithin auf **laufende Verfahren** („solange"). Ein Anspruch auf Zugang zu Informationen, die Verwaltungshandeln vorbereiten, ist nicht vorgesehen. Die geschützten behördlichen Maßnahmen müssen konkret bevorstehen.[11]

1. Ausnahme (Satz 1)

7   Nach Satz 1 **kann** der Antrag auf Informationszugang abgelehnt werden für Entwürfe zu Entscheidungen sowie für Arbeiten und Beschlüsse zu ihrer unmittelbaren Vorbereitung, soweit und solange durch die vorzeitige Bekanntgabe der Informationen der Erfolg der Entscheidung oder bevorstehender behördlicher Maßnahmen vereitelt würde. Die Entscheidung liegt damit im **Ermessen** der öffentlichen Stelle, die aber die Entscheidung für eine Ablehnung eines Antrags auf Informationszugang unter konkreter Darlegung der Gefahrenlage begründen muss.[12] Ein Ausschluss ist nicht mehr möglich, wenn der Erfolg der Entscheidung oder der Maßnahmen nicht mehr vereitelt werden kann. Der Erfolg der Entscheidung oder bevorstehender behördlicher Maßnahmen würde vereitelt, „wenn diese bei Offenbarung der Information voraussichtlich, überhaupt nicht mit anderem Inhalt oder wesentlich später zustande käme."[13]

8   Mit **Entwürfen** sind solche Schriftstücke gemeint, die nach den Grundsätzen ordnungsgemäßer Aktenführung Bestandteil eines Vorgangs und damit eine amtliche Information geworden sind.[14] Nicht geschützt werden sollen „in der Regel Ergebnisse von Beweisaufnahmen, Gutachten und Stellungnahmen Dritter. Es handelt sich dabei um abgrenzbare Erkenntnisse, die die Verfahrensherrschaft der Behörde typischerweise nicht beeinträchtigen."[15]

9   Die amtliche Begründung des IFG führt aus, dass es bei Gutachten in Verfahren der **Forschungs- und Kulturförderung** geboten sein kann, den Informationszugang erst nach Abschluss des Verfahrens zu eröffnen.[16] Gleiches gilt für ähnliche Verfahren in den Bereichen Subventionsvergabe und Ausschreibung.

---

9   BT-Drs. 15/4493, 12.
10   LT-Drs. 19/5728, 129.
11   LT-Drs. 19/5728, 129; s. auch BT-Drs. 15/4493, 12.
12   *Polenz* in Brink/Polenz/Blatt IFG § 4 Rn. 12.
13   LT-Drs. 19/5728, 130; vgl. BT-Drs. 15/4493, 12.
14   LT-Drs. 19/5728, 129; vgl. BT-Drs. 15/4493, 12.
15   LT-Drs. 19/5728, 130; vgl. BT-Drs. 15/4493, 12.
16   BT-Drs. 15/4493, 12.

2. Rückausnahme (Satz 2)

Nicht der unmittelbaren Entscheidungsvorbereitung nach Satz 1 und mithin nicht von der Ausnahme umfasst sind im Regelfall Ergebnisse der Beweiserhebung und Gutachten oder Stellungnahmen Dritter.[17] Es handele sich dabei um „abgrenzbare Erkenntnisse, die die Verfahrensherrschaft der Behörde typischerweise nicht beeinträchtigen".[18] Auch Meinungsäußerungen und Stellungnahmen der Beteiligten sollen nicht von der Rückausnahme erfasst werden.[19]

10

II. Kernbereich der Willens- und Entscheidungsbildung (Abs. 2)

Nach Abs. 2 ist ein Antrag auf Informationszugang abzulehnen, wenn die Bekanntgabe der Informationen den Kernbereich der Willens- und Entscheidungsbildung der Landesregierung betrifft oder der Antrag sich auf Protokolle vertraulicher Beratungen bezieht. Geschützt ist nach Satz 1 Nr. 1 jede Verschriftlichung des ansonsten ungeschriebenen verfassungsrechtlichen Ausnahmegrunds des **Kernbereichs exekutiver Eigenverantwortung**. Er ist dementsprechend im IFG nicht explizit aufgeführt.[20] Danach setzt die „Verantwortung der Regierung gegenüber Parlament und Volk" notwendigerweise einen solchen Kernbereich voraus, „der einen auch von parlamentarischen Untersuchungsausschüssen grundsätzlich nicht ausforschbaren Initiativ-, Beratungs- und Handlungsbereich einschließt".[21] Dementsprechend hat das BVerfG im Urteil zum Flick-Untersuchungsausschuss festgestellt, dass sich die Kontrollkompetenz des Bundestages im Rahmen von Art. 44 GG „grundsätzlich nur auf bereits abgeschlossene Vorgänge" erstreckt. Konsequent wurde im Beschluss „Aktenvorlage II" dann ein berechtigtes parlamentarisches Informationsinteresse an abgeschlossenen Vorgängen bejaht.[22] Nach einem Erst-recht-Schluss können Bürger nicht auf einen Bereich zugreifen, der selbst einem parlamentarischen Untersuchungsausschuss verwehrt ist. Als Beispiel für den Kernbereich exekutiver Eigenverantwortung nennt das BVerfG „die Willensbildung der Regierung selbst, sowohl hinsichtlich der Erörterungen im Kabinett als auch bei der Vorbereitung von Kabinetts- und Ressortentscheidungen, die sich vornehmlich in ressortübergreifenden und -internen Abstimmungsprozessen vollzieht".[23] Bezogen auf Termine im Terminkalender eines Regierungschefs oder Minister ist festzuhalten, dass es sich um amtliche Informationen handelt, deren Herausgabe auch § 83 nicht entgegensteht; § 82 Nr. 2 lit. b kann jedoch zum Ausschluss vom Anspruch auf Informationszugang führen.[24]

11

---

17 Nicht enthalten ist eine solche Rückausnahme etwa in § 7 IFG NRW; s. *Zilkens* ZD 2012, 215.
18 BT-Drs. 15/4493, 12.
19 BT-Drs. 15/4493, 12.
20 BT-Drs. 15/4493, 12.
21 BVerfGE 67, 100 (139).
22 BVerfGE 110, 199.
23 BVerfGE 67, 100 (139).
24 So zum Terminkalender der Bundeskanzlerin OVG Berlin-Brandenburg NVwZ 2012, 1196: s. auch *Hong* NVwZ 2016, 953.

12 Satz 1 Nr. 2 schützt **Protokolle vertraulicher Beratungen** und ist damit spezifischer als die Regelung in § 3 Nr. 3 lit. b IFG. Eine Beratung ist vertraulich, wenn sie „aus bestimmten Gründen eine gewisse Vertraulichkeit genießt",[25] und nicht erst dann, wenn die Vertraulichkeit durch ein Gesetz ausdrücklich festgelegt ist.[26] „Diese Gründe haben sich an dem Schutzzweck der Norm zu orientieren, der darin liegt, dass eine offene Meinungsbildung und ein freier Meinungsaustausch geschützt werden soll, um eine effektive, funktionsfähige und neutrale Entscheidungsfindung zu gewährleisten."[27] Zu verlangen ist dabei ein schutzwürdiges Geheimhaltungsinteresse.[28]

13 Nach Satz 2 besteht eine zeitliche Rückausnahme, um den Informationsanspruch zumindest dann zu gewähren, wenn er die Funktionsfähigkeit der Regierung oder Verwaltung nicht mehr gefährdet. In den Fällen des Satzes 1 besteht daher nach Abschluss des Entscheidungsprozesses ein Anspruch auf Informationszugang zu den **Ergebnisprotokollen**, soweit sie nicht vertraulich sind.[29] Dies dürfte im Fall der Nr. 2 selten der Fall sein, im Fall der Nr. 1 aber vielfach nachträglich eine öffentliche Kontrolle des Entscheidungshandelns ermöglichen.

C. Würdigung

14 Kritisch wird gesehen, ob der Vorschrift eine eigenständige Bedeutung zukommt, da Entwürfe bereits nach § 80 Abs. 1 Satz 4 (→ § 80 Rn. 26) ausgenommen sind. Sie soll nur für die Konstellation relevant sein, dass Entwürfe bereits Bestandteil eines Vorgangs geworden sind, woraufhin im zweiten Schritt zu prüfen sei, „ob die behördliche Entscheidung oder Maßnahme durch den Zugang vereitelt wird.[30] Hier zeigen sich ähnliche Abgrenzungsprobleme und Überschneidungen, wie sie zwischen §§ 81 und 82 bestehen.

§ 85 Antrag

(1) ¹Ein Informationszugang wird auf Antrag bei der Stelle, die über die begehrten Informationen verfügt (informationspflichtige Stelle) gewährt. ²Ist die angerufene Stelle nicht die informationspflichtige Stelle, soll sie der antragstellenden Person die informationspflichtige Stelle benennen.

(2) ¹Im Antrag sollen die begehrten Informationen möglichst genau umschrieben werden. ²Ein Antrag, der auf allgemeines Behördenhandeln gerichtet ist und sich auf Informationen bezieht, die aus einer Vielzahl von Aktenvorgängen oder Informationsträgern zusammengetragen werden müssen, kann abgelehnt werden, wenn der Informationszugang nur mit

---

25 OVG Münster Urt. v. 9.11.2006 – 8 A 1679/04, BeckRS 2006, 27604.
26 *Schwartmann* in BeckOK InfoMedienR IFG NRW § 7 Rn. 6. S. auch EuGH ECLI: EU:C:2012:71 – Flachglas Torgau.
27 OVG Münster Urt. v. 9.11.2006 – 8 A 1679/04, BeckRS 2006, 27604.
28 Hierzu *Schoch* IFG § 3 Rn. 323 ff.
29 Zur Schutzwürdigkeit von Beratungen auch nach Abschluss des Beratungsvorgangs s. *VG Köln* ZUR 2013, 559.
30 *Gounalakis* in BeckOK InfoMedienR HDSIG § 84 Rn. 2.

unverhältnismäßigem Verwaltungsaufwand möglich wäre. [3]Sofern der antragstellenden Person Angaben zur Umschreibung der begehrten Informationen fehlen, ist die angerufene informationspflichtige Stelle zur Beratung verpflichtet.

(3) Betrifft der Antrag Daten Dritter im Sinne der §§ 82 und 83, muss er begründet werden.

Literatur:

Lück/Penski, Informationsfreiheit auf hessische Art, ZD 2018, 525; *Misoch/Schmittmann*, Das Auskunftsverfahren nach dem Informationsfreiheitsgesetz des Bundes, VR 2012, 181; *Sydow*, Vorwirkungen von Ansprüchen auf datenschutzrechtliche Auskunft und Informationszugang, NVwZ 2013, 467.

A. Allgemeines

I. Bedeutung der Vorschrift

Die Vorschrift beschreibt das **Verfahren der Antragstellung** und benennt dabei den konkreten Adressaten des Anspruchs, die Anforderungen an den Antrag selbst sowie Pflichten der angerufenen und der informationspflichtigen Stelle. [1]

II. Entstehungsgeschichte

Abs. 1 wurde im **Gesetzgebungsverfahren** neu gefasst und entspricht inhaltlich nun dem ursprünglich vorgesehenen Abs. 4. Die ursprüngliche Fassung von Abs. 1 sah vor, dass der Zugang zu Informationen nur auf Antrag gewährt wird (Satz 1) und dass der Antrag schriftlich, mündlich, zur Niederschrift oder in elektronischer Form gestellt werden kann (Satz 2). Die Streichung soll der Straffung der Vorschrift dienen.[1] In Abs. 2 Satz 2 wurden die Wörter „ist unzulässig" ersetzt. Damit sollte erreicht werden, dass die öffentliche Stelle nicht zur Ablehnung des Antrags verpflichtet wird, sondern im Rahmen ihres Ermessens entscheiden kann, ob der Informationszugang trotz des damit verbundenen Verwaltungsaufwands gewährt wird.[2] [2]

---

1 LT-Drs. 19/6300, 11.
2 LT-Drs. 19/6300, 12.

III. Unionsrechtliche Regelungen

3   Art. 6 der Verordnung (EG) Nr. 1049/2001 regelt in vergleichbarer Weise die Antragstellung beim Zugang der Öffentlichkeit zu Dokumenten des Europäischen Parlaments, des Rates und der Kommission. Zu beachten ist das in der Verordnung vorgesehene zweistufige Antragverfahren. Eine anonyme Antragstellung lassen nicht alle Organe zu, sondern verlangen zum Teil den Namen und die Postanschrift des Antragstellers.[3] Diese Regelungen sind für Hessen nicht verbindlich.

IV. Verhältnis zu anderen Vorschriften

4   Die Vorschrift findet ihr Äquivalent in § 7 IFG.[4] Hier erfolgte jedoch keine Übernahme der Regelungen auf Bundesebene, sondern eine umfassende Neugestaltung. Inhaltlich bestehen dennoch deutliche Parallelen, aber eben auch Abweichungen. So ist nach § 7 Abs. 2 Satz 1 IFG einem Antrag nur in dem Umfang stattzugeben, in dem der Informationszugang ohne unverhältnismäßigen Verwaltungsaufwand möglich wäre. Abs. 2 Satz 2 enthält den unverhältnismäßigen Verwaltungsaufwand als Ablehnungsgrund, setzt dabei aber zudem noch auf andere Voraussetzungen auf (→ Rn. 14 f.). Eine Beratungspflicht iSv Abs. 2 Satz 3 kennt das IFG nicht. Das HUIG und das VIG enthalten jeweils in § 4 vergleichbare Regelungen zum Antrag.

B. Antragsstellung

5   Ähnlich wie in § 87 mit der Entscheidung verbundene Regelungen in einer Norm konzentriert wurden, ist die Vorschrift mit Fragen der Antragsstellung befasst. Mit dem Antrag wird ein Verwaltungsverfahren iSv § 9 HVwVfG angestoßen.

I. Antragsadressat (Abs. 1)

6   Die Vorschrift trennt zwischen angerufener Stelle und informationspflichtiger Stelle. Satz 1 definiert die **informationspflichtige Stelle** als diejenige Stelle, die über die begehrten Informationen verfügt. Sie ist damit korrekter Adressat eines jeden Antrags auf Informationszugang. Eine Stelle „**verfügt**" über die begehrten Informationen, wenn sie diese besitzt oder einen direkten Zugriff auf diese hat, zB über ein elektronisches Verwaltungssystem. Hier ergibt sich ein deutlicher sprachlicher Unterschied zu § 7 Abs. 1 Satz 1 IFG, der von der Behörde spricht, die zur Verfügung über die begehrten Informationen berechtigt ist. Das Element der Berechtigung ist bezogen auf die informationspflichtige Stelle nicht enthalten. Dieses Element in die Vorschrift hineinzulesen,[5] überstrapaziert ihren Wortlaut. Es ist vielmehr davon auszugehen, dass die Vorschrift anders als § 7 Abs. 1 Satz 1 IFG nicht an die Berechtigung anknüpft, sondern an das Vorhandensein einer direkten Zugriffsmöglichkeit der Stelle ohne Einschaltung einer anderen Stelle. Die Regelung der Vorschrift entspricht inhaltlich den Regelungen in ande-

---

3   S. hierzu *Blatt* in Brink/Polenz/Blatt IFG § 7 Rn. 146.
4   Hierzu umfassend *Misoch/Schmittmann* VR 2012, 181.
5   So *Gounalakis* in BeckOK InfoMedienR HDSIG § 85 Rn. 1.

ren Landesinformationsfreiheitsgesetzen.[6] Verfügt neben der angerufenen Stelle auch eine andere Stelle über die begehrten Informationen, so darf die angerufene Stelle den Antrag auf Informationszugang nicht mit Verweis auf die Möglichkeit der Erlangung über die andere Stelle ablehnen.[7]

Da dem Antragsteller nicht zugemutet werden kann, im Behördendickicht den korrekten Adressaten zuverlässig zu bestimmen, normiert Satz 2 eine **Pflicht**[8] der (fälschlicherweise) angerufenen Stelle **zur Benennung des korrekten Adressaten** gegenüber dem Antragsteller. Diese Pflicht kann sich jedoch nicht darauf erstrecken, dass die angerufene Behörde sich umfassend auf die Suche nach den begehrten Informationen begibt. Sie ist vielmehr darauf zu reduzieren, dass die angerufene Stelle diejenige Stelle benennt, die wahrscheinlich über die fraglichen Informationen verfügt. Gleichzeitig darf dem Antragsteller aber auch keine endlose Odyssee zugemutet werden, sondern die tatsächlich informationspflichtige Stelle ist von der angerufenen Stelle nach bestem Wissen und Gewissen zu benennen. **7**

II. Antragsanforderungen (Abs. 2)

Abs. 2 enthält in Satz 1 die einzige Anforderung an den Antrag selbst, nämlich die begehrten Informationen möglichst genau zu umschreiben, aber mit Satz 2 auch eine Verfahrensvorschrift und in Satz 3 eine Beratungspflicht der informationspflichtigen Stelle. **8**

1. Form und Inhalt des Antrags

Eine bestimmte **Form** des Antrags wird nicht gefordert. Der Antrag kann mithin neben dem schriftlichen Antrag etwa auch mündlich oder fernmündlich gestellt werden. Laut Gesetzesbegründung ist ein „möglichst schneller und unbürokratischer Informationszugang" gewollt.[9] Bezogen auf die Zulässigkeit einer elektronischen Antragstellung gilt § 3 a Abs. 1 HVwVfG, wonach die Übermittlung elektronischer Dokumente zulässig ist, soweit der Empfänger hierfür einen Zugang eröffnet. Hierzu sind die Behörden des Landes nach § 2 EGovG und § 3 HEGovG verpflichtet. Die Schriftform nach § 126 BGB ist nicht gefordert, womit auch die Anforderungen von § 3 a Abs. 2 HVwVfG nicht gelten.[10] Die amtliche Begründung des IFG spricht sich dafür aus, dass selbst ein Antrag durch schlüssiges Handeln genügen soll; trotzdem soll im Einzelfall auch ein schriftlicher Antrag verlangt werden können.[11] Eine Pflicht zur Verschriftlichung durch den Antragsteller könnte etwa bei sehr komplexen Anträgen indiziert sein. **9**

Die einzige (schwache) inhaltliche Anforderung an den Antrag ist, dass die begehrten **Informationen möglichst genau umschrieben** werden sollen; der **10**

---

6 S. zB § 4 Abs. 3 IZG SH: „verfügt"; § 1 Abs. 2 IFG MV: „Zugang zu den bei einer Behörde vorhandenen Informationen"; § 4 Abs. 1 IFG NRW: „Zugang zu den bei der Stelle vorhandenen amtlichen Informationen".
7 HBDI, 48. TB, S. 312.
8 Trotz des Wortlauts „soll", s. *Gounalakis* in BeckOK InfoMedienR HDSIG § 85 Rn. 1.
9 LT-Drs. 19/5728, 130.
10 *Blatt* in Brink/Polenz/Blatt IFG § 7 Rn. 9.
11 BT-Drs. 15/4493, 14.

Antrag muss „hinreichend bestimmt" sein (→ Rn. 11).[12] Der informationspflichtigen Stelle muss es möglich sein, die gewünschten Informationen zweifelsfrei zu identifizieren. Ist dies nicht möglich, so kann Klarheit möglicherweise durch eine Rückfrage beim Antragsteller erreicht werden. Dies ist Teil der in Satz 3 normierten **Beratungspflicht** der informationspflichtigen Stelle, die wiederum Ausdruck von § 25 HVwVfG ist (→ Rn. 13). In jedem Fall muss es der öffentlichen Stelle aufgrund der Angaben des Antrags möglich sein zu prüfen, ob sie über die begehrten Informationen verfügt.

11   An das Kriterium sind indes keine allzu hohen Anforderungen zu stellen.[13] **Hinreichend bestimmbar** sind die begehrten Informationen etwa auch dann, wenn sich der Antragsteller unklar ausdrückt, der informationspflichtigen Stelle aber mit verhältnismäßigem Aufwand eine Konkretisierung möglich ist. Die Konkretisierung muss notfalls aufgrund der Beratungspflicht der informationspflichtigen Stelle in Zusammenarbeit mit dem Antragsteller erfolgen. Bei sehr weit gefassten Anträgen sollte sich die informationspflichtige Stelle ebenfalls in Kooperation mit dem Antragsteller um eine Einengung bemühen. Ein nicht hinreichend bestimmter Antrag darf „nicht ohne Weiteres zurückgewiesen werden".[14]

12   In Ausnahmefällen kann die informationspflichtige Stelle auch **Angaben zur Identität** des Antragstellers verlangen (→ § 80 Rn. 25). Der Antragsteller ist nach Antragstellung hierauf hinzuweisen. Eine Begründungspflicht besteht nur im Falle von Abs. 3 (→ Rn. 18).[15]

2. Pflichten der informationspflichtigen Stelle

13   Nach Satz 3 hat die informationspflichtige Stelle den Antragsteller zur notwendigen Konkretisierung des Antrags zu beraten. Dies entspricht § 25 HVwVfG, der Behörden **Beratungs- und Auskunftspflichten** auferlegt. Sie sollen nach § 25 Abs. 1 HVwVfG die Abgabe von Erklärungen, die Stellung von Anträgen oder die Berichtigung von Erklärungen oder Anträgen anregen, wenn diese offensichtlich nur versehentlich oder aus Unkenntnis unterblieben oder unrichtig abgegeben oder gestellt worden sind. Zudem haben sie Auskünfte über Rechte und Pflichten zu erteilen. Nach § 25 Abs. 2 HVwVfG ist zur Verfahrensbeschleunigung mit dem Antragsteller zu kooperieren.

3. Unverhältnismäßiger Aufwand

14   Anträge, die sich auf das allgemeine Behördenhandeln beziehen oder auf Informationen, die aus einer Vielzahl von Aktenvorgängen oder Informationsträgern zusammengetragen werden müssen, können nach Satz 2 abgelehnt werden, wenn ihre Erfüllung einen unverhältnismäßigen Aufwand

---

12 Hier besteht ein wesentlicher Unterschied zu § 7 IFG, der die Bestimmtheit des Antrags nicht explizit fordert. Die Anforderung folge vielmehr „aus der Natur der Sache"; so *Blatt* in Brink/Polenz/Blatt IFG § 7 Rn. 12.
13 So auch *Blatt* in Brink/Polenz/Blatt IFG § 7 Rn. 13: „keine überzogenen Anforderungen".
14 LT-Drs. 19/5728, 130.
15 *Lück/Penski* ZD 2018, 525 (529).

verursachen würde.[16] Anträge beziehen sich auf das **allgemeine Behörden-handeln**, wenn zB Informationen darüber beantragt werden, welche Entscheidungsgründe die hessische Bauverwaltung in den letzten zehn Jahren zur Ablehnung von Bauanträgen veranlasst haben. Ob dieser Antrag abgelehnt werden kann, hängt davon ab, wie hoch der Aufwand zu seiner Erfüllung ist. Aufgrund des unbestimmten Rechtsbegriffs des unverhältnismäßigen Aufwands besteht ein **Entscheidungsspielraum** der informationspflichtigen Stelle. Wann im Einzelfall ein unverhältnismäßiger Aufwand vorliegt, kann nicht pauschal bestimmt werden. Es ist jedoch vor dem Hintergrund der Ziele der Regelungen im vierten Teil und der Tatsache, dass die Bearbeitung von Anträgen auf Informationszugang heute zu den originären Aufgaben öffentlicher Stellen gehört,[17] eine zurückhaltende Berufung auf diesen Ablehnungsgrund zu verlangen.[18]

Das BVerwG hat zu § 7 Abs. 2 Satz 1 Alt. 2 IFG festgestellt, dass es beim **15** Schutz vor einem **unverhältnismäßigen Aufwand** „erkennbar" nicht um eine „grundrechtlich fundierte Verhältnismäßigkeitsprüfung gehe"; die Vorschrift ziele vielmehr darauf, „die informationspflichtige Stelle vor institutioneller Überforderung und einer Beeinträchtigung ihrer Funktionsfähigkeit zu schützen".[19] Eine Ablehnung aufgrund unverhältnismäßigen Aufwandes ist damit nur möglich, wenn die Bearbeitung des Antrags „einen im Verhältnis zum Erkenntnisgewinn des Antragstellers und der Allgemeinheit unvertretbaren Aufwand an Kosten oder Personal erfordern würde oder aber auch bei zumutbarer Personal- und Sachmittelausstattung sowie unter Ausschöpfung aller organisatorischen Möglichkeiten die Wahrnehmung der vorrangigen Sachaufgaben der Behörde erheblich behindern würde".[20] Maßstab ist damit auch die individuelle Leistungsfähigkeit der adressierten informationspflichtigen Stelle. Diese hat sich indes so zu organisieren, dass durch Anträge auf Informationszugang ein möglichst geringer Verwaltungsaufwand erzeugt wird.[21] Der Antragsteller ist nicht nur über die Ablehnungsgründe in Kenntnis zu setzen, sondern auch über Möglichkeiten zur Reduzierung des Verwaltungsaufwandes mit dem Ziel der Reduzierung des Antrags auf ein zulässiges Maß.

4. Missbrauch

Der vierte Teil des Gesetzes enthält wie auch das IFG keine Missbrauchs- **16** klausel (s. aber § 7 Abs. 2 Nr. 1 HUIG). Dennoch ist ein Rechtsmissbrauch nach allgemeinen verwaltungsrechtlichen Grundsätzen möglich.[22] Ein **Rechtsmissbrauch** liegt nach der Rechtsprechung vor, wenn unter Berück-

---

16 Im Vergleich hierzu besteht nach § 7 Abs. 2 Satz 1 Alt. 2 IFG der Anspruch auf Informationszugang nur in dem Umfang, wie er ohne unverhältnismäßigen Aufwand möglich ist.
17 BVerwGE 152, 241, Rn. 41.
18 BVerwGE 154, 231 Rn. 24: „eng auszulegen"; VG Berlin Urt. v. 19.6.2014 – 2 K 212.13, openJur 2015, 2969, VG Berlin Urt. v. 1.6.2012 – 2 K 177.11, openJur 2012, 71730; VGH Kassel Urt. v. 29.11.2013 – 6 A 1293/13, ESVGH 64, 137.
19 BVerwGE 154, 231, Rn. 24.
20 BVerwGE 154, 231, Rn. 24.
21 S. hierzu *Sydow* NVwZ 2013, 467.
22 So BT-Drs. 15/4493, 16; zur Kritik s. *Blatt* in Brink/Polenz/Blatt IFG § 9 Rn. 28 ff.

sichtigung der hinter §§ 226 und 242 BGB stehenden Rechtsgedanken „der Verfolgung des Rechtsanspruchs offensichtlich keinerlei nachvollziehbare Motive zu Grunde liegen, sondern das Handeln des Anspruchsinhabers offenkundig und zweifelsfrei allein von der Absicht geprägt ist, die Behörde oder einen Drittbetroffenen zu schikanieren oder zu belästigen oder einem anderen Schaden zuzufügen".[23] Die Anspruch auf Informationszugang diene „nicht dazu, Antragstellern, die zu der von ihnen nachgesuchten Auskunft keinerlei auch nur ansatzweise nachvollziehbare Beziehung haben, die Möglichkeit zu geben, Arbeitszeit und Arbeitskraft des Verwaltungspersonals mit der Erteilung von Auskünften zu belasten, die nur um der Auskunft willen begehrt werden".[24]

5. Massenverfahren

17 Eine Regelung wie § 7 Abs. 1 Satz 4 IFG zu **gleichförmigen Anträgen** ist nicht vorhanden. Dennoch gelten die §§ 17 bis 19 HVwVfG zu gleichförmigen Eingaben unmittelbar; sie werden nicht durch § 1 Abs. 3 verdrängt. Diese sind definiert als Anträge und Eingaben, die in einem Verwaltungsverfahren von mehr als 50 Personen auf Unterschriftslisten unterzeichnet oder in Form vervielfältigter gleichlautender Texte eingereicht worden sind. Erfasst sind im Gegensatz zu § 7 Abs. 1 Satz 4 IFG nur echte Massenverfahren, nicht aber unechte, die zueinander in keiner rechtlichen Verbindung stehen.

III. Begründungsflicht des Antragstellers bei Dritten betreffenden Anträgen (Abs. 3)

18 Eine Begründungspflicht des Antragstellers besteht ausschließlich dann, wenn der Antrag Daten Dritter iSd §§ 82 und 83 betrifft. Diese Anforderung entspricht § 7 Abs. 1 Satz 3 IFG. Fehlt die Begründung, so hat die informationspflichtige Stelle darauf hinzuweisen und Gelegenheit zur Nachlieferung zu geben. Die zu liefernde Begründung ist wesentliche Grundlage der Bewertung des **berechtigten Interesses** des Antragsstellers iSv § 22 Abs. 2 Satz 1 Nr. 2, auf den § 83 verweist, und zur **Güterabwägung** im Falle kollidierender Interessen. Unklar bleibt, ob die Begründung dem betroffenen Dritten im Rahmen des Verfahrens nach § 86 zuzuleiten ist. Dies kann sich je nach Einzelfall positiv oder negativ auf die Chancen einer Einwilligung durch den Dritten auswirken und sollte deshalb der Entscheidung des Antragstellers überlassen werden; eine Pflicht besteht insoweit nicht. Für den Dritten gilt, dass er sich bei ihm nicht vorliegender Begründung im Zweifel auf eine Ablehnung zurückziehen kann. Da die Bewertung der Information am Maßstab von § 82 Nr. 4 objektiv anhand der Information selbst erfolgt, ist eine Begründung des Dritten zu seiner Entscheidung nicht erforderlich.

---

23 VGH Kassel DÖV 2010, 568, Rn. 14.
24 VG Düsseldorf Beschl. v. 28.1.2015 – 26 K 3057/14, Rn. 9, openJur 2015, 5067.

C. Würdigung

Im Vergleich zum IFG enthält die Vorschrift eine konsistentere und in der Praxis einfacher **handhabbare Regelung,** so dass bestimmte Auslegungsprobleme hier nicht bestehen. Mit der informationspflichtigen Stelle enthält sie eine hilfreiche Definition, die auch in anderen Vorschriften den entscheidenden Akteur beschreibt. 19

§ 86 Verfahren bei Beteiligung Dritter

[1]Die informationspflichtige Stelle gibt einem Dritten, dessen Belange durch den Antrag auf Informationszugang berührt sind, schriftlich Gelegenheit zur Stellungnahme innerhalb eines Monats, sofern Anhaltspunkte dafür vorliegen, dass er ein schutzwürdiges Interesse am Ausschluss des Informationszugangs haben kann. [2]Die Einwilligung des Dritten zum Informationszugang der antragstellenden Person gilt als verweigert, wenn sie nicht innerhalb eines Monats nach Anfrage durch die zuständige Stelle vorliegt.

Literatur:

Misoch/Schmittmann, Das Auskunftsverfahren nach dem Informationsfreiheitsgesetz des Bundes, VR 2012, 181.

A. Allgemeines

Die Vorschrift gibt ein Verfahren zur Beteiligung Dritter vor und etabliert dabei ein Recht auf schriftliche Anhörung des Dritten. Sie ermöglicht dadurch einen **Ausgleich von widerstreitenden Interessen** und einen Schutz von Grundrechten. 1

In ihrer ursprünglichen Fassung[1] enthielt die Vorschrift einen zweiten Absatz. Dieser wurde in § 87 verschoben und dort unter die Abs. 1 und 2 aufgeteilt (→ § 87 Rn. 6 ff.). 2

Art. 4 Abs. 4 der Verordnung (EG) Nr. 1049/2001 enthält eine Pflicht zur Konsultation Dritter, wenn Zweifel vorliegen, ob eine Ausnahmeregelung greift, die eine Verweigerung des Dokumentenzugangs begründet. Diese Regelung ist für Hessen nicht verbindlich. 3

Satz 1 ist eine fast wörtliche Übernahme von § 8 Abs. 1 IFG.[2] Eine Entsprechung zu Satz 2 findet sich im IFG jedoch nicht. Dies resultiert daraus, dass § 3 IFG als Entsprechung zu § 82 private Belange nicht umfasst (→ § 82 Rn. 22 ff.). Eine Anhörungspflicht enthält auch § 8 Abs. 1 Satz 2 HUIG. 4

---

1 LT-Drs. 19/5728, 46.
2 Zur Vorschrift s. *Misoch/Schmittmann* VR 2012, 181.

5   Die Vorschrift ist gegenüber § 28 HVwVfG als lex specialis zu verstehen.[3] § 28 HVwVfG findet somit keine Anwendung.[4] Der Antragsteller ist nach § 87 Abs. 3 Satz 1 über die Entscheidung zu informieren und hat die Möglichkeit, bis zur Bestandskraft der Entscheidung Widerspruch gegen diese einzulegen.[5]

B. Verfahren bei Beteiligung Dritter

6   Die Vorschrift stellt eine **Verfahrensvorschrift** zur Beteiligung Dritter von Amts wegen dar. Dieses Erfordernis entfällt, wenn sich der Antragsteller von vornherein oder auf Nachfrage der informationspflichtigen Stelle damit einverstanden erklärt, dass die Daten des betroffenen Dritten unkenntlich gemacht werden.[6]

I. Stellungnahme Dritter (Satz 1)

7   Die Vorschrift dient sowohl dem Schutz der Interessen des Dritten wie auch der Interessen des Antragstellers.[7] Eine Begriffsbestimmung des Dritten fehlt im Gesetz. Eine sinngemäße Anwendung der Definition des § 2 Nr. 2 IFG ist jedoch möglich. Danach ist **Dritter** jeder, über den personenbezogene Daten oder sonstige Informationen vorliegen. Dritter kann eine natürliche oder eine juristische Person des Privatrechts sein. Ist der Dritte eine öffentliche Stelle, so findet die Vorschrift keine Anwendung.[8] Eine hohe Zahl zu beteiligender Dritter und ein daraus resultierender hoher Verwaltungsaufwand stellen keine Ausschlussgründe dar.[9]

8   Problematisch kann die Bestimmung von Anhaltspunkten dafür sein, dass der Dritte ein **schutzwürdiges Interesse** am Ausschluss des Informationszugangs haben kann. Die amtliche Begründung zu § 8 Abs. 1 IFG, an der sich die Auslegung der Vorschrift orientieren kann, fordert, dass der Dritte auch dann zu beteiligen ist, „wenn die Behörde im Einzelfall der Ansicht ist, dass sein Geheimhaltungsinteresse das Informationsinteresse des Antragstellers nicht überwiegt, da es durchaus möglich ist, dass die Behörde die Interessenlage des Dritten nicht umfassend kennt oder der Dritte selbst mit der Offenbarung der ihn betreffenden Information einverstanden ist".[10] Dann müssen aber bereits Anhaltspunkte erkannt worden sein. Auch hier ist jedoch eine Falschbewertung der informationspflichtigen Stelle möglich. Eine § 5 Abs. 3 IFG entsprechende Abwägungsregel fehlt im Gesetz ebenfalls. Sollten die fraglichen Informationen bereits aus anderweitigen öffentlich zugänglichen Quellen ersichtlich sein, so ändert dies aufgrund des nun möglicherweise veränderten Kontexts nichts an der Pflicht zur Beteiligung des Dritten.[11]

---

3   S. *Polenz* in Brink/Polenz/Blatt IFG § 8 Rn. 4.
4   *Gounalakis* in BeckOK InfoMedienR HDSIG § 86 Rn. 4.
5   LT-Drs. 19/5728, 130.
6   S. BT-Drs. 15/4493, 15 zu § 8 Abs. 1 IFG.
7   *Polenz* in Brink/Polenz/Blatt IFG § 8 Rn. 5.
8   S. BT-Drs. 15/4493, 15 zu § 8 Abs. 1 IFG.
9   *Polenz* in Brink/Polenz/Blatt IFG § 8 Rn. 11.
10 BT-Drs. 15/4493, 15.
11 So das VG Frankfurt am Main Urt. v. 25.4.2008 – 7 L 635/08.F, openJur 2012, 30055.

Beispiele für **Belange Dritter**, die ein schutzwürdiges Interesse am 9
Ausschluss des Informationszugangs begründen können, sind Verwertungsrechte, der wirtschaftliche Ruf, das Recht auf informationelle Selbstbestimmung, aber auch das Bank- und Steuergeheimnis.

Eine Offenlegung der **Identität des Antragstellers** gegenüber dem Dritten 10
ist nicht erforderlich.[12] Auch die Zuleitung der vom Antragsteller bereitgestellten Begründung ist nicht erforderlich (→ § 85 Rn. 18). Dem Dritten ist
zu empfehlen, stets eine **Stellungnahme** zu einem ihn betreffenden Antrag
abzugeben, um sicherzustellen, dass der informationspflichtigen Stelle alle
relevanten Informationen zum Sachverhalt vorliegen, um diesen dann korrekt iSv § 82 bewerten zu können.

II. Opt-in (Satz 2)

Nach Satz 2 gilt die Einwilligung des Dritten zum Informationszugang als 11
verweigert,[13] wenn der Dritte seine Einwilligung nicht explizit erteilt. Die
Vorschrift dient sowohl dem Schutz der informationellen Selbstbestimmung des Dritten als auch der Beschleunigung des Verfahrens.[14] Eine vergleichbare Vorschrift findet sich in § 8 Abs. 1 Satz 2 LIFG BW.

C. Würdigung

Wesentliche Kritikpunkte an § 8 Abs. 1 IFG treffen auch hier zu. So wird 12
etwa angeführt, eine Betroffenheit des Dritten sollte zur Verfahrensbeteiligung ausreichen; zudem wird die Struktur der Norm kritisiert.[15] Zu begrüßen ist die Opt-in-Regelung in Satz 2. Sie führt dazu, dass der Dritte sich
nicht erklären muss, sondern by default von einer Ablehnung auszugehen
ist.

§ 87 Entscheidung

(1) [1]Die informationspflichtige Stelle hat unverzüglich, spätestens innerhalb eines Monats, in den Fällen des § 86 spätestens innerhalb von drei
Monaten nach Eingang des hinreichend bestimmten Antrags zu entscheiden. [2]In den Fällen des § 86 ist die Entscheidung auch dem Dritten bekannt
zu geben.

(2) [1]Soweit dem Antrag stattgegeben wird, sind die Informationen innerhalb der in Abs. 1 Satz 1 genannten Frist zugänglich zu machen. [2]In den
Fällen des § 86 darf der Informationszugang erst gewährt werden, wenn
die Entscheidung dem Dritten gegenüber bestandskräftig ist oder die sofortige Vollstreckung angeordnet wurde und seit der Bekanntgabe der Anordnung an den Dritten zwei Wochen verstrichen sind.

---

12 So auch *Blatt* in Brink/Polenz/Blatt IFG § 7 Rn. 21.
13 Im Gegensatz dazu lässt das IFG Bund auch eine erkennbare mutmaßliche Einwilligung genügen – s. *Polenz* in Brink/Polenz/Blatt IFG § 8 Rn. 21; siehe auch BT-Drs.
15/4493, 15.
14 *Gounalakis* in BeckOK InfoMedienR HDSIG § 86 Rn. 3.
15 *Schoch* IFG § 8 Rn. 79.

(3) [1]Die Ablehnung oder teilweise Ablehnung des beantragten Informationszugangs ist innerhalb der in Abs. 1 Satz 1 genannten Frist schriftlich bekannt zu geben und zu begründen. [2]Darüber hinaus ist mitzuteilen, ob und wann ein Informationszugang ganz oder teilweise zu einem späteren Zeitpunkt voraussichtlich möglich sein könnte.

(4) [1]Können die Informationen nicht oder nicht vollständig innerhalb der in Abs. 1 Satz 1 genannten Fristen zugänglich gemacht werden oder erfordern Umfang oder Komplexität eine intensive Prüfung, so kann die informationspflichtige Stelle die Frist um einen Monat verlängern. [2]Die antragstellende Person ist über die Fristverlängerung unter Angabe der maßgeblichen Gründe schriftlich zu informieren.

(5) [1]Für Streitigkeiten nach diesem Teil des Gesetzes ist der Verwaltungsrechtsweg gegeben. [2]Ein Vorverfahren nach § 68 der Verwaltungsgerichtsordnung findet nicht statt.

Literatur:

Lück/Penski, Informationsfreiheit auf hessische Art, ZD 2018, 525; *Misoch/Schmittmann*, Das Auskunftsverfahren nach dem Informationsfreiheitsgesetz des Bundes, VR 2012, 181.

A. Allgemeines

1   Die Vorschrift steckt die **formalen Rahmenbedingungen der Entscheidung** über den Informationszugang ab.[1] Kern ist dabei die grundsätzliche Fristenregelung in Abs. 1 Satz 1. Zudem wird mit Abs. 5 der Umgang mit Streitigkeiten zum Informationsvorgang im Grundsatz geregelt.

2   Die Vorschrift wurde im **Gesetzgebungsprozess** neu gefasst. Abs. 1 Satz 2 und Abs. 2 Satz 2 bildeten ursprünglich einen nun entfallenen § 86 Abs. 2.[2] Die Umstrukturierung sollte der Straffung und sprachlichen Verbesserung des Normtextes dienen.[3]

3   Vergleichbare Regelungen finden sich gemäß dem dort vorgesehen zweistufigen Verfahren in Art. 7 und 8 der Verordnung (EG) Nr. 1049/2001.

4   Die Vorschrift ist eng mit § 9 IFG verwandt,[4] hat jedoch einen höheren Regelungsgehalt und enthält in Abs. 1 Satz 1 eine § 7 Abs. 5 IFG vergleichbare Fristenregelung. Eine Verlängerungsmöglichkeit, wie sie Abs. 4 vorsieht, kennt das IFG nicht. Abs. 1 Satz 2 und Abs. 2 Satz 2 finden ihre Entspre-

---

1 Zur Dreiteilung des vierten Teils *Lück/Penski* ZD 2018, 525 (529).
2 LT-Drs. 19/5728, 46.
3 LT-Drs. 19/6300, 12.
4 Zum Verfahren des IFG Bund s. *Misoch/Schmittmann* VR 2012, 181.

chung in § 8 Abs. 2 IFG. Abs. 5 übernimmt die Regelung aus § 9 **Abs. 1 HUIG.**[5]

B. Fristenregelung und Rechtsweg

Die Vorschrift stellt eine klassische Verfahrensvorschrift dar und stellt sicher, dass durch Fristenregeln und Mitteilungspflichten ein zügiges und transparentes Verfahren stattfindet. Dies wird vom Gesetzgeber unter die Überschrift „Entscheidung" gefasst. Entsprechend sind die Regelungen der Vorschrift mit dem Zeitrahmen der Entscheidung der informationspflichtigen Stelle, der Bekanntgabe der Entscheidung, der Stattgabe der Entscheidung, der Ablehnung der Entscheidung, notwendigen Hinweisen an den Antragsteller und weiteren Notifizierungspflichten sowie Regelungen zum gerichtlichen Vorgehen gegen die Entscheidung befasst. Grob lässt sich die Vorschrift mithin in **Fristenregelungen, Informationspflichten und Verfahrensbestimmungen** aufteilen.

I. Entscheidungsfrist und Bekanntgabe der Entscheidung (Abs. 1)

Abs. 1 bindet die informationspflichtige Stelle an **Fristen** bei der Bescheidung von Anträgen. Diese Pflicht wird jedoch von Abs. 2 Satz 2 und Abs. 4 Satz 1 modifiziert. Ein Informationszugangsrecht ohne feste Fristen wäre „weitgehend wirkungslos".[6]

Im Grundsatz hat die informationspflichtige Stelle **unverzüglich** zu entscheiden. Damit ist nach dem Begriffsverständnis von § 121 Abs. 1 BGB eine Entscheidung ohne schuldhaftes Zögern gefordert. Dieser Grundsatz wird durchbrochen, wenn Dritte beteiligt sind (→ § 86 Rn. 6 ff.) oder wenn Umfang oder Komplexität dies erfordern (→ Rn. 14).

Die Frist beginnt mit dem Eingang des hinreichend bestimmten Antrags auf Informationszugang. Ist der Antrag nicht hinreichend bestimmt, beginnt die Frist erst dann zu laufen, wenn zB infolge einer Nachfrage der informationspflichtigen Stelle beim Antragsteller ein dieser Vorgabe entsprechender Antrag gestellt wird. **Hinreichend bestimmt** ist ein Antrag, wenn der Antragsteller ohne Zweifel darstellt, zu welchen Informationen er Zugang haben will. Daran sind jedoch vor dem Hintergrund, dass der Antragsteller noch keinen Informationszugang hat, sondern diesen erst erwirken will, keine allzu hohen Anforderungen zu stellen (→ § 85 Rn. 11).

II. Zugänglichmachen der Informationen (Abs. 2)

Konsequenterweise sind nach Abs. 2 Satz 1 die fraglichen Informationen innerhalb der Frist nach Abs. 1 Satz 1 zugänglich zu machen.[7] Andernfalls könnte die informationspflichtige Stelle zwar dem Antrag stattgeben, aber die **Zugänglichmachung** der Informationen verzögern. Die Bekanntgabe der Stattgabe des Antrags und die Zugänglichmachung der Informationen müssen mithin zwar nicht zusammenfallen, aber die informationspflichtige Stelle muss die Informationen spätestens innerhalb eines Monats nach Ein-

---

5 LT-Drs. 19/6300, 12.
6 LT-Drs. 19/5728, 130.
7 So auch HBDI, 47. TB, 205. Vgl. § 9 Abs. 1 IFG.

gang des Antrags oder in Fällen des § 86 innerhalb von drei Monaten zugänglich machen. Auch hier gilt, dass es sich um Höchstfristen handelt; es gilt durch den Verweis auf Abs. 1 Satz 1 auch hier der Grundsatz der Unverzüglichkeit.[8]

10   Zusätzlich modifiziert wird der Informationszugang in Fällen des § 86 durch Abs. 2 Satz 2. Zudem ist Abs. 4 zu beachten (→ Rn. 13 f.). Dritten ist die Möglichkeit zu geben, die Entscheidung der informationspflichtigen Stelle gerichtlich überprüfen zu lassen. Folglich darf Informationszugang erst dann gewährt werden, wenn entweder kein **Rechtsbehelf** eingelegt wird oder die Einlegung eines Rechtsbehelfs ultimativ erfolglos bleibt. Es gelten die Vorgaben der §§ 58, 74 VwGO.

11   Abs. 2 Satz 2 sieht im Falle der Anordnung der **sofortigen Vollstreckung** vor, den Informationszugang zwei Wochen nach der Bekanntgabe der Anordnung gegenüber dem Dritten zu gewähren. Gemeint ist die sofortige Vollziehung nach § 80 Abs. 1 Nr. 4 VwGO. Das Zeitfenster von zwei Wochen ist maßgeblich für den vorläufigen Rechtsschutz nach § 80 Abs. 5 VwGO.

III. Ablehnung des Informationszugangs (Abs. 3)

12   Abs. 3 etabliert Pflichten der informationspflichtigen Stelle im Kontext der Ablehnung. Eine Ablehnung stellt jede Entscheidung dar, die dem Antrag auf Informationszugang nicht in vollem Umfang entspricht.[9] Die Ablehnung ist schriftlich bekanntzugeben und schriftlichen zu begründen. Als dritte Pflicht bestimmt Satz 2, dass dem Antragstellen mitzuteilen ist, ob und wann ein Informationszugang ganz oder teilweise zu einem späteren Zeitpunkt voraussichtlich möglich sein könnte. Diese Regelung soll insbesondere Fälle betreffen, in denen eine Ablehnung wegen eines laufenden Verwaltungs- oder Gerichtsverfahrens erfolgt.[10]

IV. Unmöglichkeit der Fristwahrung (Abs. 4)

13   Kann die gesetzlich geforderte Frist, die Informationen zugänglich zu machen oder über den Antrag zu entscheiden, nicht gewahrt werden, so besteht die Möglichkeit einer begründungspflichtigen **Verlängerung** der Frist um einen Monat. Die Tatsache und die maßgeblichen Gründe sind dem Antragsteller in Form einer „**Zwischennachricht**"[11] schriftlich mitzuteilen. Für diese Mitteilung gelten die gleichen Voraussetzungen wie für die Entscheidung, insbesondere hat sie unverzüglich zu erfolgen. Dies ergibt sich aus Normzweck und -kontext.

14   Die Verlängerung nach Abs. 4 Satz 1 ist aus **zwei Gründen** möglich: Entweder kann die Entscheidung über den Informationszugang aufgrund von Umfang und Komplexität des Sachverhaltes nicht innerhalb der regulären Fristen getroffen werden. Oder die Informationen können nach positiver

---

8 *Gounalakis* in BeckOK InfoMedienR HDSIG § 87 Rn. 3.
9 *Blatt* in Brink/Polenz/Blatt IFG § 9 Rn. 4.
10 LT-Drs. 19/5728, 130.
11 HBDI, 47. Tätigkeitsbericht zum Datenschutz und 1. Bericht zur Informationsfreiheit, 211.

Entscheidung nicht oder nicht vollständig innerhalb der regulären Fristen zugänglich gemacht werden. Für den zweiten Fall gilt nicht die Einschränkung durch „Umfang oder Komplexität", die sich ausweislich des Wortlauts nur auf die Prüfung des Antrags bezieht, sondern es sind auch sonstige Gründe denkbar, die eine fristgerechte Zugänglichmachung unmöglich machen.[12] Ein praxisnahes Beispiel wäre hier etwa der Umzug einer Behörde oder eines Archivs. Nicht entschuldigend und eine Fristverlängerung auslösend wirken systemische Probleme bei einer informationspflichtigen Stelle, etwa schlechte Aktenführung oder Personalmangel.

V. Verwaltungsrechtsweg ohne Vorverfahren (Abs. 5)

Abs. 5 Satz 1 eröffnet für Streitigkeiten nach den §§ 80 ff. den **Verwaltungsrechtsweg**. Diese Verweisung ist nur deklaratorisch, da der Rechtsweg zu den Verwaltungsgerichten auch nach § 40 VwGO eröffnet ist. Statthafte Klageart ist die **Verpflichtungsklage**. Die Klagebefugnis ergibt sich aus § 42 Abs. 2 VwGO. Ein **Vorverfahren** nach § 68 VwGO gegen die Entscheidung der informationspflichtigen Stelle über die Informationsgewährung soll dabei **nicht** stattfinden. Rechtsschutz ist nur unmittelbar über die Verwaltungsgerichte möglich. Die Möglichkeit der Anrufung des HBDI nach § 89 bleibt unberührt.

15

C. Würdigung

In der Vorschrift werden die wesentlichen die Entscheidung der informationspflichtigen Stelle über einen Antrag nach § 80 Abs. 1 Satz 1 betreffenden Regelungen zusammengefasst. Hervorzuheben ist die Flexibilität des Entscheidungsverfahrens, das den Umständen des Einzelfalls Rechnung trägt.

16

§ 88 Kosten

(1) [1]Die Erteilung mündlicher und einfacher schriftlicher Auskünfte sowie die Einsichtnahme in Dateien und Akten vor Ort nach dem Vierten Teil dieses Gesetzes sind kostenfrei. [2]Für sonstige Amtshandlungen nach diesem Teil werden Kosten (Gebühren und Auslagen) nach Maßgabe des Hessischen Verwaltungskostengesetzes erhoben. [3]Von § 9 des Hessischen Verwaltungskostengesetzes gelten nur Abs. 1 Satz 1 Nr. 6, insoweit mit der Maßgabe, dass Auslagen für Ausfertigungen, Abschriften und Kopien 0,20 Euro je Seite nicht überschreiten dürfen, und Abs. 5. [4]Die Gebühren sind auch unter Berücksichtigung des Verwaltungsaufwandes so zu bemessen, dass die antragstellenden Personen dadurch nicht von der Geltendmachung ihres Informationsanspruchs nach § 80 Abs. 1 abgehalten werden.

(2) Im Fall des § 81 Satz 1 Nr. 6 werden Kosten nach Maßgabe der Satzung erhoben.

---

12 AA *Gounalakis* in BeckOK InfoMedienR HDSIG § 87 Rn. 7, der das „oder" in Satz 1 zu einem „und" umdeutet.

Literatur:

Debus, Gebühren für Information nach dem Informationsfreiheitsgesetz des Bundes, DVBl 2013, 9.

A. Allgemeines

I. Bedeutung der Vorschrift

1 Die Vorschrift konkretisiert den Anspruch auf Informationszugang um eine **Kostenregelung**. Dieser ist zwar im Grundsatz voraussetzungsfrei, jedoch nur dann kostenfrei zu gewährleisten, wenn mündliche oder einfache schriftliche Auskünfte erteilt werden. Die grundsätzlichen Kostenregelungen der Vorschrift werden durch das Verwaltungskostenverzeichnis in der Anlage zum Gesetz konkretisiert (→ Rn. 21 f.).

II. Entstehungsgeschichte

2 Die Vorschrift wurde im **Gesetzgebungsverfahren** verändert.[1] Angepasst wurden die Kostenrahmen für Kopien, der von 0,10 Euro auf maximal 0,20 Euro erhöht wurde. Damit sollte einer Kostenänderung in der Allgemeinen Verwaltungskostenordnung Rechnung getragen werden.[2] An der Anlage zum Gesetz wurden Klarstellungen vorgenommen.[3]

III. Unionsrechtliche Regelungen

3 Auch das Unionsrecht fordert keinen kostenfreien Informationszugang.[4] Entsprechend können nach Art. 10 Abs. 1 der Verordnung (EG) Nr. 1049/2001 Kosten in Rechnung gestellt werden. Eine Kostendeckelung besteht dergestalt, dass die tatsächlichen Kosten für Anfertigung und Übersendung der Kopien nicht überschritten werden dürfen. Gebührenfreiheit ist aber etwa bezogen auf das Umweltinformationsrecht für den Zugang zu öffentlichen Verzeichnissen oder Listen sowie die Einsichtnahme in die beantragten Informationen an Ort und Stelle gefordert (Art. 5 Abs. 1 Richtlinie 2003/4/EG). Eine Abs. 1 Satz 4 entsprechende Regelung hat der EuGH

---

1 LT-Drs. 19/6300.
2 LT-Drs. 19/6300, 12. S. Ziffer 211 der Anlage 1 AllgVwKostO.
3 LT-Drs. 19/6300, 5.
4 EuGH ECLI:EU:C:1999:395, Rn. 44; EuGH ECLI:EU:C:2006:706, Rn. 24 ff.

bezogen auf die Vorgängerrichtlinie der Richtlinie 2003/4/EG in Auslegung der Grenze der „angemessenen Höhe" etabliert.[5]

IV. Verhältnis zu anderen Vorschriften

Der Vorschrift entspricht auf Bundesebene § 10 IFG.[6] Dort findet sich 4 auch die Unterscheidung zwischen einfachen Auskünften und anderen Auskünften. Bei Abs. 1 der Vorschrift handelt es sich im Wesentlichen um eine Übernahme aus § 11 Abs. 1 HUIG.[7] Parallelen bestehen auch zu § 2 VIG sowie § 5 BArchG und § 8 HArchivG. Abs. 1 Satz 4 der Vorschrift ist zudem im Wesentlichen eine Übernahme von § 10 Abs. 2 IFG. Wesentlicher Unterschied ist das Regel-Ausnahme-Verhältnis, das § 10 Abs. 1 IFG etabliert. Danach werden im Grundsatz Gebühren und Auslagen erhoben (Satz 1), dann aber eine Ausnahme für die Erteilung einfacher Auskünfte formuliert (Satz 2). Im Vergleich dazu ist die Reihung in § 88 Abs. 1 umgekehrt.

B. Gebühren und Auslagen

Die Erhebung von Kosten ist im Kontext der Informationsfreiheit umstritten. Der Gesetzgeber hat sich im Einklang mit vergleichbaren Regelungen 5 auf Ebene des Bundes und der Länder sowie dem Umweltinformationsrecht dazu entschieden, ab einer bestimmten Schwelle Gebühren und Auslagen zu erheben. Damit etabliert er ein **Verursacherprinzip**, wonach ein zumindest anteiliger Ausgleich der durch den Anspruchsteller verursachten Aufwände zu erfolgen hat.

I. Kostenregelung (Abs. 1)

Satz 1 gewährt den Informationszugang bis zu einer bestimmten **Schwelle** 6 kostenfrei. Wird diese Schwelle überschritten, so werden nach Satz 2 Kosten nach Maßgabe des HVwKostG erhoben. Ergänzt wird dies durch zusätzliche Bemessungsregeln in Satz 3 und 4.

1. Grundsatz der Kostenfreiheit für einfache Auskünfte (Satz 1)

Nach Satz 1 sind die Erteilung mündlicher und einfacher schriftlicher Auskünfte sowie die Einsichtnahme in Dateien und Akten vor Ort nach den 7 §§ 80 ff. **kostenfrei**. Hier ist der Grundgedanke, dass sich eine geringe Belastung der auskunftspflichtigen Stelle bei der Bereitstellung des Informationszugangs nicht anders auswirken darf als andere Formen der Informationserteilung, die nicht unter §§ 80 ff. fallen und ebenfalls kostenfrei sind. Zudem würde die Erhebung von Gebühren Aufwand generieren und wäre damit auch ökonomisch widersinnig.[8]

---

5 EuGH ECLI:EU:C:1999:395.
6 Hierzu umfassend *Debus* DVBl 2013, 9.
7 LT-Drs. 19/5728, 130.
8 *Gounalakis* in BeckOK InfoMedienR HDSIG § 88 Rn. 1.

a) Mündliche Auskünfte

8   Kostenfreiheit gilt bei mündlichen und einfachen schriftlichen Auskünften.[9] Mündliche Auskünfte erfolgen grundsätzlich in deutscher Sprache und können auch fernmündlich erfolgen. Sie sollen insbesondere dann den einfachen schriftlichen Auskünften gleichstehen, wenn sie ohne Rechercheaufwand geleistet werden können.[10] Beispiele sind Fälle, in denen der Sachbearbeiter die Information im Kopf präsent hat, sie mit einem kurzen Telefonat bei Kollegen erfragen oder mit der Eingabe weniger Stichworte im Verwaltungssystem nachschlagen kann.

b) Einfache schriftliche Auskünfte

9   Zur Bestimmung, wann eine einfache Auskunft vorliegt, ist auf den jeweiligen Einzelfall abzustellen. Eine einfache Auskunft soll grundsätzlich dann vorliegen, wenn der resultierende Verwaltungsaufwand gering ist.[11] Ein nicht geringer Verwaltungsaufwand kann zB dann gegeben sein, wenn Dokumente bereits in ein Archiv eingelagert wurden.

c) Einsichtnahme vor Ort

10   Einsichtnahme ist unabhängig vom verwendeten Speichermedium möglich. Ort der Einsichtnahme ist grundsätzlich die Dienststelle der informationspflichtigen Stelle. Vor dem Hintergrund möglicher Manipulationen, Zerstörung oder Beschädigung von Originaldokumenten durch den Einsicht Nehmenden ist dabei auch eine Aufsicht durch die informationspflichtige Stelle denkbar, nicht jedoch bei der Einsichtnahme in Kopien.[12] Dem Antragsteller muss eine angemessene Zeit zur Einsichtnahme gegeben werden. Auch die Bereitstellung eines geschützten Raumes kann geboten sein. Die Einsichtnahme durch einen Stellvertreter ist nur mit Vorlage einer entsprechenden Vollmacht zulässig. Es besteht eine Pflicht zur Unterstützung des Antragstellers bei der Einsichtnahme, die auch Erläuterungen und die Möglichkeit zur Nachfrage umfasst. Die informationspflichtige Stelle kann die Zeit im Rahmen der Öffnungszeiten der Stelle und den konkreten Ort der Einsichtnahme vorgeben, nicht jedoch die Dauer der Einsichtnahme selbst.[13]

2. Kostenregelung für sonstige Auskünfte (Satz 2)

11   Für alle nicht von Satz 1 umfassten Formen der Gewährung von Informationszugang werden Kosten erhoben. Der Behörde steht bezogen auf das Ob der Kostenerhebung damit **kein Ermessen** zu. Es ist jedoch die Ausnahme des § 17 Abs. 1 HVwKostG zu beachten. Danach kann aus Billigkeitsgründen auf die Gebührenerhebung verzichtet werden. Maßgeblich ist dabei das HVwKostG, dessen Anwendbarkeit aus § 1 Abs. 3 HVwKostG folgt. Damit wird die Einheitlichkeit der Kostenerhebung sichergestellt. Zu be-

---

9   Dagegen spricht § 10 Abs. 1 Satz 2 IFG von einfachen Auskünften.
10   BT-Drs. 15/4493, 16.
11   *Sicko* in BeckOK InfoMedienR IFG § 10 Rn. 21.
12   AA *Brink* in Brink/Polenz/Blatt IFG § 1 Rn. 110, wonach die Einsichtnahme unter Aufsicht stattfinden muss.
13   *Brink* in Brink/Polenz/Blatt IFG § 1 Rn. 111.

achten ist jedoch die explizite Ausnahme nach Abs. 2 (→ Rn. 20) sowie die implizierte Ausnahme nach Satz 4 (→ Rn. 17).

Kosten definiert die Vorschrift in Einklang mit § 1 HVwKostG als Gebühren und Auslagen und nimmt somit eine Aufteilung in einen Ausgleich entstandenen Aufwands und darüberhinausgehende Forderungen vor. **Gebühren** werden anders als etwa in § 3 Abs. 4 BGebG im Hessischen Landesrecht nicht definiert, sind jedoch dem BVerfG folgend zu verstehen als „öffentlich-rechtliche Geldleistungen, die aus Anlass individuell zurechenbarer, öffentlicher Leistungen dem Gebührenschuldner durch eine öffentlich-rechtliche Norm oder sonstige hoheitliche Maßnahmen auferlegt werden und dazu bestimmt sind, in Anknüpfung an diese Leistung deren Kosten ganz oder teilweise zu decken".[14]   12

Als **Auslagen** kann nach § 9 Abs. 1 HVwKostG Geldersatz für zahlreiche Aufwendungen erhoben werden. Die Geltung dieser Regelung ist jedoch auf Nr. 6 beschränkt (→ Rn. 15). Auslagen können unter Rückgriff auf § 3 Abs. 5 BGebG definiert werden als „nicht von der Gebühr umfasste Kosten, die die Behörde für individuell zurechenbare öffentliche Leistungen im Einzelfall" erhebt.   13

Den Begriff der **Amtshandlung** definiert das Gesetz nicht; auch er entstammt dem HVwKostG. Es ist – wie schon § 1 Abs. 1 HVwKostG impliziert – weit zu verstehen und dient hier als Auffangbegriff.   14

3. Geltung des HVwKostG (Satz 3)

Die Geltung von § 9 HVwKostG wird auf Abs. 1 Nr. 6 und Abs. 5 beschränkt. § 9 Abs. 1 Nr. 6 HVwKostG ist mit Aufwendungen für Ausfertigungen, Abschriften und Kopien befasst, wird durch die Vorschrift jedoch insoweit modifiziert und gedeckelt, als Auslagen hier 0,20 Euro pro Seite nicht überschreiten dürfen. Die Regelung ist wortgleich mit § 11 Abs. 1 Satz 3 HUIG mit dem Unterschied, dass dort Kosten 0,10 Euro pro Seite nicht überschreiten dürfen. Dies folgt der Vorgabe von Art. 5 Abs. 2 RL 2003/4/EG für Umweltinformationen, die fordert, dass Gebühren eine „angemessene Höhe nicht überschreiten" dürfen.   15

Nach § 9 Abs. 5 Satz 1 HVwKostG sind Auslagen auch dann zu erheben, wenn die Amtshandlung gebührenfrei ist.   16

4. Gebührenbemessung (Satz 4)

Unter Beachtung von Satz 2 und 3 ist nach Satz 4 die Höhe der Gebühr so zu bemessen, dass die antragstellende Person nicht abgeschreckt wird. Die Entscheidung innerhalb des so gesteckten Rahmens muss sich mithin am **Grundsatz der Verhältnismäßigkeit** messen lassen. Das kann auch bedeuten, in einem konkreten Einzelfall von festgelegten Gebührensätzen abzuweichen.[15] Nach § 17 Abs. 1 HVwKostG kann von einer Kostenerhebung auch ganz abgesehen werden, „wenn dies mit Rücksicht auf die wirtschaft-   17

---

14 BVerfGE 50, 217; s. *Fabry* PdK Hessen, Bd. E 4 b He, § 1 HVwKostG Rn. 3.
15 LT-Drs. 19/5728, 130: „im Einzelfall"; s. auch *Gounalakis* in BeckOK InfoMedienR HDSIG § 88 Rn. 5.

lichen Verhältnisse des Kostenpflichtigen oder sonst aus Billigkeitsgründen geboten erscheint".

18 Zu berücksichtigen ist bei der Gebührenbemessung auch der **Verwaltungsaufwand**. Zum Vorbild des § 10 Abs. 2 IFG des Bundes, den der Gesetzgeber mit der Vorschrift mit Anpassungen im letzten Satzteil wörtlich übernommen hat, hat das BVerwG festgestellt: „Die Bemessung der Gebühren (...) hat den Verwaltungsaufwand – nur – zu berücksichtigen, die wirksame Inanspruchnahme des Informationszugangs aber in vollem Umfang zu gewährleisten."[16]

19 Die Frage einer **abschreckenden Wirkung** der Gebührenbemessung ist nach dem *BVerwG* danach zu beantworten, „ob die Gebühr ihrer Höhe nach objektiv geeignet ist, potenzielle Ast. von der Geltendmachung eines Anspruchs auf Informationszugang abzuhalten".[17] Konsequenterweise muss dabei auch der wirtschaftliche Hintergrund des Antragstellers Berücksichtigung finden. Dabei ergibt sich ein Spannungsfeld zwischen dem Anspruch und den verursachten Kosten bei der Behörde, die jenseits der in Rechnung gestellten Gebühren und Auslagen von der Allgemeinheit getragen werden. Ein wirtschaftlich schwacher Anspruchsteller könnte öffentliche Stellen mit Anträgen überziehen und sich regelmäßig auf eine Kostenreduzierung berufen, die seiner wirtschaftlichen Leistungsfähigkeit entspricht. Hier wirkt wiederum die Vorgabe der Berücksichtigung des Verwaltungsaufwandes als Korrektiv in die Gegenrichtung, die bestimmte Mindestkosten je nach Berücksichtigung des Einzelfalls erforderlich macht. Ein weiteres Problem ist bei der Berücksichtigung der wirtschaftlichen Leistungsfähigkeit des Antragstellers, dass diese eine unter Umständen aufwändige und invasive Prüfung bedingen könnte.

II. Ausnahme (Abs. 2)

20 Abs. 2 stellt fest, dass die Stellen nach § 81 Satz 1 Nr. 7 Kosten nach Maßgabe der nach der Vorschrift erlassenen Satzung erheben (→ § 81 Rn. 16). Tatsächlich verweist der Wortlaut der Vorschrift auf Nr. 6, was jedoch einen redaktionellen Fehler darstellt,[18] der aus den Veränderungen von § 81 Satz 1 im Laufe des Gesetzgebungsverfahrens resultiert. Damit erhalten die **Gemeinden und Landkreise** neben der Hoheit über die Frage, ob sie die Vorschriften der §§ 80 ff. überhaupt für sich gelten lassen wollen, auch die Hoheit über die Bemessung der Kosten. Dabei ist jedoch zu beachten, dass für Gemeinden und Landkreise als Ausfluss des Rechtsstaatsprinzips die gleichen Grundsätze für den Informationszugang gelten. Damit sind zwar Abweichungen von der durch Abs. 1 etablierten Kostenpraxis möglich, diese Abweichungen müssen aber verhältnismäßig sein.

III. Verwaltungskostenverzeichnis (Anlage)

21 Dem Gesetz ist als Anlage ein Verwaltungskostenverzeichnis beigefügt. Dieses enthält Regelungen zu Gebühren und Auslagen. Eine **Missbrauchs-**

---

16 BVerwG NJW 2017, 1259 Rn. 18.
17 BVerwG NJW 2017, 1259 Rn. 18.
18 So auch *Gounalakis* in BeckOK InfoMedienR HDSIG § 88 Rn. 6.

gebühr ist für den vierten Teil nicht vorgesehen,[19] sondern nur nach Art. 57 Abs. 4 DS-GVO oder § 13 Abs. 10. Insbesondere findet eine Deckelung der Gebühren für Auskünfte und Akteneinsicht bei 600 Euro statt. Die Mindestkosten betragen 10 Euro, sofern Gebühren anfielen. Für das Versenden von Akten oder Kopien von Akten sind Kosten iHv 12 Euro vorgesehen.

Für Auslagen werden in Übereinstimmung mit Abs. 1 Satz 3 für die Anfertigung von **Kopien** unabhängig von der Art der Herstellung bis DIN A 3, die vom Kostenschuldner besonders beantragt oder die aus vom Kostenschuldner zu vertretenden Gründen notwendig wurden, Kosten iHv 0,20 Euro je Seite vorgesehen. Damit wird der gesetzlich vorgesehene Höchstbetrag zum Standard der Auslagenberechnung erklärt. 22

C. Würdigung

Die Kostenregelung der Vorschrift entspricht im Wesentlichen dem allgemeinen Standard. Die Deckelung der Maximalkosten bei 600 Euro erscheint angemessen. Zum Vergleich liegt der Maximalbetrag nach der Anlage zu § 1 Abs. 1 IFGGebV bei 500 Euro; nach der Anlage zur IZG LSA KostVo liegt er bei 1.000 Euro. Die Kosten für Kopien sind im Bundesrecht differenzierter und liegen zwischen 0,10 Euro für eine schwarz-weiße DIN A 4-Kopie und 7,50 Euro je DIN A 3-Farbkopie. Besondere Bedeutung hat Abs. 1 Satz 4, wonach die Kosten die antragstellende Person nicht von der Geltendmachung eines Anspruchs auf Informationszugang abhalten dürfen. Diese Regelung präsentiert sich als ein sehr offen gehaltenes Korrektiv, das Abweichungen nach unten zulässt. 23

§ 89 Die oder der Hessische Informationsfreiheitsbeauftragte

(1) Jeder, der sich in seinem Recht nach dem Vierten Teil verletzt sieht, kann unbeschadet anderweitiger Rechtsbehelfe die Hessische Informationsfreiheitsbeauftragte oder den Hessischen Informationsfreiheitsbeauftragten anrufen.

(2) Die Aufgabe der oder des Hessischen Informationsfreiheitsbeauftragten wird von der oder dem Hessischen Datenschutzbeauftragten wahrgenommen.

(3) [1]Die auskunftspflichtigen Stellen sind verpflichtet, die Hessische Informationsfreiheitsbeauftragte oder den Hessischen Informationsfreiheitsbeauftragten und ihre oder seine Beauftragten in der Erfüllung ihrer Aufgaben zu unterstützen. [2]Der oder dem Hessischen Informationsfreiheitsbeauftragten ist dabei insbesondere

---

19 S. zur Frage einer rechtsmissbräuchlichen Geltendmachung des Informationszugangsanspruchs VGH Kassel DÖV 2010, 568; Urt. v. 28.4.2010 – 6 A 1767/08, openJur 2012, 32985, Rn. 32.

1. hinsichtlich des Anliegens, dessentwegen sie oder er angerufen wurde, Auskunft zu erteilen und Einsicht in betreffenden Dateien und Akten zu verschaffen und
2. Zutritt zu den Diensträumen zu gewähren.

[3]Stellt die oder der Hessische Informationsfreiheitsbeauftragte Verstöße gegen die Vorschriften des Vierten Teils fest, kann sie oder er ihre Behebung in angemessener Frist fordern. [4]Darüber ist die zuständige Aufsichtsbehörde zu unterrichten.

(4) [1]Zum 31. Dezember jedes Jahres hat die oder der Hessische Informationsfreiheitsbeauftragte dem Landtag und der Landesregierung einen Bericht über ihre oder seine Tätigkeit vorzulegen. [2]Die Landesregierung legt ihre Stellungnahme zu dem Bericht dem Landtag vor.

Literatur:

Debus, Die behördlichen Beauftragten für Datenschutz und Informationsfreiheit, DÖV 2012, 917; *Kloepfer/v. Lewinski*, Das Informationsfreiheitsgesetz des Bundes, DVBl 2005, 1277; *v. Lewinski*, Unabhängigkeit des Bundesbeauftragten für den Datenschutz und die Informationsfreiheit, ZG 2015, 228; *Meinhold*, Informationszugangsrecht und Datenschutzgrundverordnung im Einklang, LKV 2018, 341; *Roßnagel*, Unabhängigkeit der Datenschutzaufsicht, ZD 2015, 106; *Wolff*, Die überforderte Aufsichtsbehörde, PinG 2017, 109.

A. Allgemeines

I. Bedeutung der Vorschrift

1   Die Sicherung des Anspruchs auf Informationszugang erfolgt institutionell durch den oder die HBI.[1] Diese Aufgabe übernimmt nach Abs. 2 die oder der HDSB, die oder der damit zum Hessischen Beauftragten für Datenschutz und Informationsfreiheit (**HBDI**) wird. Der HBDI ist als zentrale Anlaufstelle für den Anspruchsteller eingerichtet und erhält durch die Vorschrift entsprechende Befugnisse, um berechtigten Ansprüchen zum Durchbruch zu verhelfen. Damit wird ein Beschwerdeweg geschaffen, der neben der Möglichkeit, berechtigte Ansprüche gerichtlich durchzusetzen, steht und deutlich niedrigere Hürden aufweist.

---

[1] Zur Forderung eines Korrelats in Form von behördlichen Informationsfreiheitsbeauftragten s. *Debus* DÖV 2012, 917.

II. Entstehungsgeschichte

Mit der Vorschrift erfolgt im Wesentlichen eine **Übernahme von § 12 IFG.** 2
Der hessische Gesetzgeber geht jedoch nicht den Weg des Bundesgesetzgebers bei den Befugnissen des HBDI eine entsprechende Geltung der Befugnisse des HDSB zu normieren.[2] Stattdessen formuliert die Vorschrift eigene, wenn auch inhaltsgleiche Befugnisse des HBDI sowie Pflichten der auskunftspflichtigen Stelle. Übernommen wurde damit auch die Entscheidung,
das Anrufungsrecht an erste Stelle zu setzen, die im Gesetzgebungsverfahren als Tausch der Absätze 1 und 2 des § 12 IFG erfolgte und der sprachlichen Hervorhebung dieses Rechts als „Kernaussage" dienen soll.[3]

Im **Gesetzgebungsverfahren** wurde in Abs. 3 Nr. 1 der Begriff des „Infor- 3
mationsanliegens" entfernt, der als zu eng gefasst erkannt wurde.[4] Stattdessen stellt die Norm an dieser Stelle nun auf das **Anliegen** ab, dessentwegen der HBDI angerufen wurde. Neu gefasst wurde auch Abs. 1. Dieser ge-
währte ursprünglich das Anrufungsrecht nur demjenigen, der sich in seinem Recht auf Informationszugang verletzt sieht. Diese Formulierung wurde durch „Recht nach dem Vierten Teil" ersetzt, um auch eine Anrufung
des HBDI durch Personen zu ermöglichen, die sich in ihrem Recht, den Informationszugang abzulehnen, verletzt sehen.[5]

III. Unionsrechtliche Regelungen

Die Kontrolle des Datenschutzes durch eine **unabhängige Aufsichtsbehörde** 4
wird im Primärrecht der Union ausdrücklich durch Art. 8 Abs. 1 GRCh gewährleistet.[6] Art. 52 Abs. 1 DS-GVO verlangt, dass die nach Art. 51 DS-
GVO zu errichtenden mitgliedstaatlichen Aufsichtsbehörden bei der Erfüllung ihrer Aufgaben und bei der Ausübung ihrer Befugnisse völlig unabhängig handeln. Diese Forderung bestand auch in Art. 28 Abs. 1 UAbs. 2
DSRL und wurde durch den EuGH bekräftigt und präzisiert.[7] Obwohl
eine explizite Festsetzung der Unabhängigkeit des HBDI in der Vorschrift
fehlt, ergibt sie sich implizit aus der Übertragung der Aufgabe des HBDI
auf den HDSB in Abs. 2. Der HBDI ist in gleichem Maße unabhängig,
gleich ob er als HDSB oder als HBDI handelt. An dieser Stelle strahlt das
Datenschutzrecht der EU auf das Informationsfreiheitsrecht aus.

IV. Verhältnis zu anderen Vorschriften

Die Vorschrift steht in enger Beziehung zu den §§ 8 ff. zum HDSB sowie zu 5
§ 55 Abs. 1 zur Anrufung des HDSB. Da das Amt des Informationsfreiheitsbeauftragten dem HDSB quasi angehängt wird, sind insbesondere die
Vorschriften zur Benennung des HDSB (§§ 9 und 10) sowie zur Personal-

---

2 Das IFG wurde nur behelfsmäßig an nicht an die Neufassung des BDSG angepasst,
  so dass die Verweise in § 12 Abs. 3 IFG eine Zeit lang ins Leere gingen. Mit Art. 9
  des 2. DSAnpUG-EU wurden hinter den Verweis dann die Wörter „in der am
  24. Mai 2018 geltenden Fassung" eingeführt.
3 BT-Drs. 15/5606, 6.
4 LT-Drs. 19/6300, 12.
5 LT-Drs. 19/6300, 12.
6 *Roßnagel* ZD 2015, 106.
7 EuGH ECLI:EU:C:2010:125; EuGH ECLI:EU:C:2012:631; EuGH ECLI:EU:C:
  2014:237.

und Sachausstattung (§ 18) von Bedeutung. Ihre Entsprechung auf Bundesebene ist § 12 IFG. Anders als § 12 Abs. 1 IFG, wonach ein Anrufungsrecht nur dann besteht, wenn sich der Anrufende in seinem Recht auf Informationszugang nach § 1 Abs. 1 IFG verletzt sieht, erstreckt sich das Anrufungsrecht nach § 89 Abs. 1 auf alle Rechte nach dem vierten Teil
(→ Rn. 7).

B. Anrufung und Pflichten

6   Die Vorschrift ist dem HBDI gewidmet und etabliert zunächst ein voraus-
     setzungsfreies Anrufungsrecht (→ Rn. 7 ff.). Es folgt die Übertragung der
     Aufgabe des HBDI auf den HDSB (→ Rn. 14 f.) und die Festlegung von
     Pflichten auskunftspflichtiger Stellen gegenüber dem HBDI verbunden mit
     Befugnissen des HBDI (→ Rn. 16 ff.). Die Vorschrift schließt mit der Fest-
     schreibung einer Berichtspflicht des HBDI gegenüber dem Landtag und der
     Landesregierung (→ Rn. 22 ff.).

I. Anrufung des HBDI (Abs. 1)

7   Abs. 1 etabliert ein Recht auf Anrufung des HBDI. Dieses Recht besteht
     für jeden (→ § 80 Rn. 24), der sich in seinem **Recht nach dem vierten Teil**
     verletzt sieht. Es erstreckt sich nicht nur auf das Recht nach § 80 Abs. 1
     Satz 1, sondern auch auf andere Rechte, die der vierte Teil etabliert, wie zB
     auch auf das Recht aus § 86 Satz 1.[8] Eine Verkürzung auf das Recht nach
     § 80 Abs. 1 Satz 1 würde dem Schutzauftrag gegenüber Dritten nicht ge-
     recht, denen sonst nur der Verwaltungsrechtsweg offen stünde. Der HBDI
     ist nicht nur Schiedsperson derer, die Informationszugang fordern, sondern
     auch derjenigen, die ein berechtigtes Interesse an Verweigerung des Infor-
     mationszugangs haben.

8   An Form und Frist stellt die Vorschrift **keine Anforderungen.**[9] Kosten fal-
     len nicht an. Auch sonstige Anforderungen sind nicht explizit normiert.
     Der HBDI wird mithin als eine unabhängige Prüfinstanz ausgestaltet, die
     gleichsam als Korrektiv für rechtswidrige Entscheidungen informations-
     pflichtiger Stellen dient. Gesteigert wird die Bedeutung des Rechts auf An-
     rufung des HBDI durch § 87 Abs. 5 Satz 2 iVm § 68 Abs. 1 Satz 2 VwGO,
     wonach kein Vorverfahren stattfindet.[10]

9   Umstritten ist die Zulässigkeit einer **anonymen Anrufung** des HBDI.[11] Die
     Anspruchslosigkeit des Rechts auf Anrufung, das jedem zustehen soll,
     spricht hier für die Zulässigkeit der anonymen Anrufung. Dagegen spre-
     chen vornehmlich praktische Überlegungen. De facto lässt der HBDI über
     seine Homepage eine anonyme Anrufung zu, indem als Pflichtfelder bei der
     Eingabe lediglich eine E-Mail-Adresse und die Beschreibung des Anliegens

---

8   LT-Drs. 19/6300, 12. Die Anrufungsbefugnis Dritter nach § 12 Abs. 1 IFG ist um-
    stritten, da dort ein Recht auf Anrufung nur demjenigen zustehen soll, der sein
    Recht auf Informationszugang als verletzt ansieht. S. *Schnabel* in BeckOK InfoMe-
    dienR IFG § 12 Rn. 14, 16; *Brink* in Brink/Polenz/Blatt IFG § 12 Rn. 7.
9   LT-Drs. 19/5728, 131.
10 Vgl. *Gounalakis* in BeckOK InfoMedienR HDSIG § 89 Rn. 1.
11 Zum IFG dafür: *Schnabel* in BeckOK InfoMedienR IFG § 12 Rn. 18; *Brink* in
    Brink/Polenz/Blatt IFG § 12 Rn. 12; dagegen: *Schoch* IFG § 12 Rn. 29.

gefordert werden. Sitzungsdaten in Form der personenbeziehbaren IP-Adresse dürfen dabei nicht gespeichert werden. Angaben zur Person sind optional, jedoch mit dem Hinweis versehen, dass bestimmte Daten zur Beantwortung der Anfrage erforderlich sein könnten. Im Vergleich ist eine Beschwerde nach Art. 77 DS-GVO ohne Angabe von Name, Vorname und Adresse über die Homepage des HBDI nicht möglich.

Der Anrufende muss sich in seinem Recht nach dem vierten Teil verletzt sehen. Dies muss er dem HBDI auch kommunizieren, mithin eine persönliche und konkrete **Betroffenheit** darlegen.[12] Hieran dürften vor dem Hintergrund der Möglichkeit der anonymen Anrufung keine allzu hohen Ansprüche gestellt werden. Umstritten ist, ob für die Zulässigkeit des Antrags nur die subjektive Sicht des Anrufenden entscheidend ist,[13] oder ob ein Antrag unzulässig ist, dessen Behauptungen völlig abwegig erscheinen.[14] Praktische Auswirkungen hat der Streit nur, insoweit eine gerichtliche Überprüfung der Entscheidung des HBDI möglich ist.

Das Recht auf Anrufung des HBDI besteht **unbeschadet anderweitiger Rechtsbehelfe**.[15] Es ersetzt damit klassische Rechtsbehelfe nicht, sondern tritt neben sie und eröffnet damit eine niedrigschwellige, insbesondere kostenfreie[16] Alternative, die auch parallel zu klassischen Rechtsbehelfen wahrgenommen werden kann. Damit ist auch die Möglichkeit abweichender Entscheidungen gegeben, wo etwa ein Gericht einen Sachverhalt anders beurteilt als der HBDI.

Reagiert der HBDI nicht auf eine Anrufung, so kann er durch **allgemeine Leistungsklage** zum Handeln verpflichtet werden. Eine gerichtliche Überprüfung der Entscheidung des HBDI in Reaktion auf eine Anrufung ist in der Regel mangels Klagebefugnis nur möglich, wenn dieser Entscheidung ein materieller Gehalt zukommt, was regelmäßig nicht der Fall ist.[17] Rechtsschutz kann aber über ein Vorgehen gegen die Versagung des Anspruchs auf Informationszugang selbst erreicht werden.[18] Sofern die Klagebefugnis nicht verneint wird, wird bei Klagen auf ein bestimmtes Tätigwerden des Beauftragten das Vorliegen eines tauglichen Klagegegenstands verneint.[19] Eine Klage gegen die Bescheidung einer Anrufung des HBDI ist jedenfalls nur dann möglich, wenn dieser sich mit dem Begehren nicht ordnungsgemäß befasst oder Rechtsfehler bestehen; eine inhaltliche Überprüfung per Gericht ist jedoch nicht vorgesehen.[20]

Bis zum Stichtag am 1.6.2019 haben im ersten Jahr der Anwendung des Gesetzes 41 Personen das Recht aus Abs. 1 wahrgenommen. Dabei stellte der HBDI zehn Verstöße fest und forderte in fünf Fällen deren Behebung.[21]

---

12 Zu dieser Behauptungslast s. *Brink* in Brink/Polenz/Blatt IFG § 12 Rn. 11.
13 So *Brink* in Brink/Polenz/Blatt IFG § 12 Rn. 11; *Schoch* IFG § 12 Rn. 27.
14 So *Schnabel* in BeckOK InfoMedienR IFG § 12 Rn. 14.
15 LT-Drs. 19/5728, 131.
16 *Schnabel* in BeckOK InfoMedienR IFG § 12 Rn. 25.
17 *Schnabel* in BeckOK InfoMedienR IFG § 12 Rn. 23. Ebenfalls die Klagebefugnis ablehnend *Schoch* IFG § 12 Rn. 46.
18 *Schnabel* in BeckOK InfoMedienR IFG § 12 Rn. 24.
19 So *Brink* in Brink/Polenz/Blatt IFG § 12 Rn. 16.
20 *Schoch* IFG § 12 Rn. 46.
21 LT-Drs. 20/862, 2.

II. Wahrnehmung des Amtes der oder des HBI durch den HDSB (Abs. 2)

14   Abs. 2 betraut die oder den HDSB mit der Aufgabe der oder des HBI. Damit gelten für die oder den HBI die gleichen Merkmale wie für die oder den HDSB, insbesondere die Merkmale der Unabhängigkeit und der Ausgestaltung als oberster Landesbehörde. Die Doppelfunktion der oder des HBDI ist Ausdruck der Verbundenheit der Bereiche Datenschutz und Informationsfreiheit (→ § 80 Rn. 4). Die Einführung dieser Doppelfunktion auf Bundesebene war nicht unumstritten,[22] jedoch dürften die schärfsten Bedenken nach Jahren reibungsarmer Praxis[23] als erledigt gelten. Gegenmodell ist die Ansiedelung des Amts des HBI beim Bürgerbeauftragten.[24] Eine solche Ombudsstelle soll in Hessen erst im Laufe des Jahres 2020 eingerichtet werden.

15   Bei der oder dem HBDI sind von über 50 Mitarbeitern lediglich zwei Mitarbeiter mit Fragen der Informationsfreiheit betraut (Stand März 2020). Die Informationsfreiheit ist im Referat 2.2 verortet; damit verbundene Fragen des technischen Datenschutzes im Referat 3.1. Ein Austausch mit anderen Informationsfreiheitsbeauftragten findet über die Konferenz der Informationsfreiheitsbeauftragten (IFK) statt. Die oder der HBDI gehört seit dem 25.5.2018 diesem Gremium an. Unterstützt wird die Arbeit der IFK durch den Arbeitskreis Informationsfreiheit des Bundes und der Länder (AKIF), der ua die Agenda der IFK vorbereitet. Die IFK veröffentlicht gemeinsame Positionen in Form von Entschließungen, Positionspapieren und Stellungnahmen.

III. Pflichten der auskunftspflichtigen Stelle und Befugnisse der oder des HBDI (Abs. 3)

16   Abs. 3 regelt Pflichten der pflichtigen Stelle und Befugnisse der oder des HBDI, wobei beide Themen ineinander übergehen. Aus der Pflicht etwa, Zutritt zu gewähren, resultiert gleichzeitig auch eine Befugnis der oder des HBDI, sich Zutritt zu verschaffen.

1. Pflichten der auskunftspflichtigen Stelle (Satz 1 und 2)

17   Satz 1 enthält eine allgemeine Unterstützungspflicht der **auskunftspflichtigen Stelle**[25] gegenüber der oder dem HBDI. Gemeint ist aber die „informationspflichtige" Stelle wie sie in § 85 Abs. 1 Satz 1 definiert ist (→ § 85 Rn. 6)[26] und von allen anderen Vorschriften des Vierten Teils auch so benannt wird. Diese Stelle muss die oder den HBDI und ihre oder seine Beauftragten in der Erfüllung ihrer Aufgaben unterstützen. Dies wird konkretisiert durch Satz 2, wonach im Rahmen der Unterstützungspflicht insbe-

---

22   S. zB *v. Lewinski/Kloepfer* DVBl 2005, 1277; *Meinhold* LKV 2018, 341 (345); *Wolff* PinG 2017, 109 (111); *v. Lewinski* ZG 2015, 228 (241).

23   *Schnabel* in BeckOK InfoMedienR IFG § 12 Rn. 30; BfDI, Tätigkeitsbericht 2006/2007, S. 70.

24   *Meinhold* LKV 2018, 341 (345).

25   Verwendet wurde der Begriff auch in § 87 Abs. 3 Satz 1 des Entwurfs vom 5.12.2017; s. LT-Drs. 19/5728, 47. LT-Drs. 19/6328 spricht dann aber in § 87 Abs. 4 von der informationspflichtigen Stelle.

26   Vgl. § 13 Abs. 4 Satz 1 IFG NRW. S. auch § 7 Abs. 1 Satz 1 SIFG, das durchgehend von der auskunftspflichtigen Stelle spricht.

sondere Auskunft zu erteilen, Einsicht zu verschaffen (Nr. 1) und Zutritt zu gewähren ist (Nr. 2). Durch die Verwendung des Wortes „insbesondere" wird klar, dass diese Pflichten nicht abschließend zu verstehen sind und dass die Befugnisse der oder des HBDI gerade keine ultima ratio darstellen. Sie stellen vielmehr Beispiele für die **Unterstützungspflicht** auskunftspflichtiger Stellen gegenüber der oder dem HBDI dar. Die Unterstützungspflicht ist mithin umfassend zu verstehen und darf sich nicht in den im Normtext genannten Beispielen erschöpfen.

Einsicht in betreffende Dateien und Akten meint die Zugänglichmachung   18
aller relevanten in Akten oder elektronisch vorgehaltenen Informationen, die das Anliegen betreffen, dessentwegen der HBDI angerufen wurde. **Auskunft** ist sowohl proaktiv als auch reaktiv zu verstehen und meint mithin sowohl die Beantwortung aller Fragen des HBDI und seiner Beauftragten als auch die initiative Darlegung des Sachverhalts.

Der **Zutritt** bezieht sich dabei auf Diensträume. Darunter fallen Räumlich-   19
keiten, die zur Ausübung dienstlicher Tätigkeiten genutzt werden. Hier fällt im Vergleich mit § 14 Abs. 4 Satz 2 Nr. 3 auf, dass Grundstücke nicht vom Zutrittsrecht umfasst sein sollen. Zudem wurde im Befugniskatalog der oder des HDSB in Anlehnung an § 16 Abs. 4 Nr. 1 BDSG und Art. 58 Abs. 1 lit. f DS-GVO der Begriff „Zugang" gewählt. Hier wäre mehr Konsistenz des Gesetzgebers wünschenswert gewesen. § 12 Abs. 3 IFG verweist an dieser Stelle nach wie vor auf das BDSG aF.[27] Offen bleibt, ob dem HBDI nur während der Dienstzeiten Zutritt zu gewähren ist oder auch darüber hinaus. Hier ist davon auszugehen, dass die öffentliche Stelle der oder dem HBDI die Diensträume auch außerhalb der Dienstzeiten offen zu halten sind oder ihm auf Antrag Zugang zu verschaffen ist. Die Kontrollbesuche der oder des HBDI und der Beauftragten müssen nicht angekündigt werden.

2. Befugnisse der oder des HBDI (Satz 3)

Die Vorschrift gibt der oder dem HBDI die Befugnis, von der informations-   20
pflichtigen Stelle zu fordern, **Verstöße** gegen Vorschriften des vierten Teils innerhalb einer angemessenen Frist zu **beheben.** Befolgt die informationspflichtige Stelle die Aufforderung des HBDI nicht, sind jedoch **keine Sanktionsmöglichkeiten** vorgesehen. Eine indirekte Sanktion liegt allenfalls in der Unterrichtung der zuständigen Aufsichtsbehörde (→ Rn. 21). Fehlt eine solche, zB im Falle oberster Landesbehörden als Sonderbehörden mit speziellen Aufgaben, besteht nur die Möglichkeit, den Landtag und die Landesregierung zu unterrichten und das Verhalten der informationspflichtigen Stelle im Jahresbericht zu beanstanden (→ Rn. 22). Die Angemessenheit einer Frist muss die oder der HBDI in Ansehung des konkreten Einzelfalls festlegen. Die Frist sollte jedoch zwei Monate nicht überschreiten.[28] Die Korrektur des Verstoßes muss vom Adressaten der Aufforderung selbsttätig vorgenommen werden.[29]

---

27 S. Art. 9 des 2. DSAnpUG-EU, der die Fortgeltung der alten Rechtslage fortschreibt, s. auch BT-Drs. 19/4674, 207.
28 In Anlehnung an Art. 17 des Europäischen Kodex für gute Verwaltungspraxis.
29 *Gounalakis* in BeckOK InfoMedienR HDSIG § 89 Rn. 3.

3. Unterrichtung der Aufsichtsbehörde (Satz 4)

21   Nach Satz 4 ist die zuständige **Aufsichtsbehörde** über eine Maßnahme nach Satz 3 zu unterrichten. Damit wird sichergestellt, dass Verstöße nach oben kommuniziert werden und systemische oder häufig auftretende Probleme übergreifend behoben werden können. Für die Kommunalaufsicht zB ergibt sich dabei folgendes Bild: Oberste Aufsichtsbehörde über die Gemeinden und Landkreise ist das Innenministerium. Das Innenministerium ist unmittelbare Aufsichtsbehörde der Städte Frankfurt am Main und Wiesbaden; für die übrigen zehn Städte mit mehr als 50.000 Einwohnern und die Landkreise ist es eines der drei Regierungspräsidien (Darmstadt, Gießen und Kassel). Für die restlichen Gemeinden sind die 21 unteren Behörden der Landesverwaltung unmittelbare Aufsichtsbehörden.

IV. Tätigkeitsbericht der oder des HBI (Abs. 4)

22   Die Pflicht zur Vorlage eines **Tätigkeitsberichts** entspricht weitestgehend der Pflicht nach § 15 Abs. 3 Satz 1 (→ § 15 Rn. 17 ff.). Es fehlt jedoch die Vorgabe, Verbesserungen anzuregen. Auch eine Pflicht, ihn zu veröffentlichen, wie sie § 15 Abs. 3 Satz 2 vorsieht, ist in der Vorschrift nicht enthalten. Der Bericht ist lediglich dem Landtag und der Landesregierung vorzulegen. Die Landesregierung erstellt zu dem Bericht eine Stellungnahme und legt diese dem Landtag vor. Der Bericht ist jährlich zum 31. Dezember vorzulegen und nach § 23 HVwVfG in deutscher Sprache abzufassen. Durch die Bereitstellung von Übersetzungen des Berichts könnte zwar die Transparenz noch gesteigert werden, eine Pflicht hierzu besteht jedoch nicht. Zum Inhalt des Berichts macht die Vorschrift keine Vorgaben, abgesehen von der Tatsache, dass der Bericht die Tätigkeiten der oder des HBI im Berichtszeitraum umfassen muss. Um diese Tätigkeiten adäquat darzustellen ist zumindest ein gewisser Detailgrad erforderlich.

23   Der **erste Tätigkeitsbericht** zur Informationsfreiheit wurde vom HBDI als kombinierter Bericht mit dem 47. Tätigkeitsbericht zum Datenschutz zum 31.12.2018 vorgelegt. Der Schwerpunkt der Tätigkeit als HBI lag danach auf der Abstimmung mit den Landesministerien beim Umgang mit Anträgen auf Informationszugang.[30] Bemängelt wurde, dass häufig eine Zwischennachricht iSv § 87 Abs. 4 unterblieb.[31]

24   Der **zweite Tätigkeitsbericht** zur Informationsfreiheit und 48. Tätigkeitsbericht zum Datenschutz betont die Rolle der Informationsfreiheit als Stütze der informationellen Selbstbestimmung.[32] Kritisiert werden lange Bearbeitungszeiten für Informationsanträge auf ministerieller Ebene; zudem sei das Problem unterbleibender Zwischennachrichten nicht behoben.[33]

25   Die fehlende Pflicht zur **Veröffentlichung** des Tätigkeitsberichts konterkariert die Zielsetzung des Amtes und der Informationsfreiheit an sich. Es ist deshalb zu begrüßen, dass der HBDI seinen kombinierten Bericht, dessen datenschutzrechtlicher Teil ohnehin nach § 15 Abs. 3 Satz 2 der Öffentlich-

---

30 HBDI 47. TB, S. 211.
31 HBDI 47. TB, S. 211.
32 HBDI 48. TB, S. 305.
33 HBDI 48. TB, S. 310 f.

keit zugänglich gemacht werden muss, ganz selbstverständlich veröffentlicht hat.

C. Würdigung

Die Einrichtung des Amts der oder des **HBI** mit entsprechenden Befugnissen ist zentral für eine effektive Durchsetzung von berechtigten Ansprüchen auf Informationszugang. Stünden dem Anspruchsteller im Falle einer Ablehnung seines Auskunftsersuchens allein förmliche Rechtsbehelfe offen, so würde er womöglich durch die damit verbundenen Probleme etwa in Form von Verfahrenskosten und Verfahrensdauer bei einer gerichtlichen Geltendmachung davon abgeschreckt, gegen die Entscheidung der auskunftspflichtigen Stelle vorzugehen. Das Recht auf Anrufung des HBDI stellt mithin „ein erleichtertes Druckmittel gegenüber der unter Umständen überlegenen öffentlichen Hand" dar.   26

Fünfter Teil
Übergangs- und Schlussvorschriften

§ 90 Übergangsvorschriften

(1) Vor dem 6. Mai 2016 eingerichtete automatisierte Verarbeitungssysteme sind zeitnah, in Ausnahmefällen, in denen dies mit einem unverhältnismäßigen Aufwand verbunden ist, jedoch spätestens bis zum 6. Mai 2023, mit § 71 Abs. 1 und 2 in Einklang zu bringen.

(2) Für die Person, die am 24. Mai 2018 das Amt der oder des Hessischen Datenschutzbeauftragten innehat, gilt bis zur ersten Wahl der oder des Hessischen Datenschutzbeauftragten nach dem 25. Mai 2018 § 21 Abs. 4 Satz 1 in der bis zum 24. Mai 2018 geltenden Fassung fort.

A. Allgemeines

I. Bedeutung der Vorschrift

Die Vorschrift trifft Übergangsregelungen für zwei Sachverhalte, die Einführung von **Protokollierungsfunktionen** für automatisierte Verarbeitungssysteme für Sicherheitsbehörden und ihre Auftragsverarbeiter und die Amtszeit des derzeitigen HDSB.   1

II. Entstehungsgeschichte

Der Text der Vorschrift hat im **Gesetzgebungsverfahren** gegenüber dem Entwurf der Fraktionen der CDU und BÜNDNIS 90/DIE GRÜNEN[1] keine Änderungen erfahren.   2

III. Unionsrechtliche Regelungen

Abs. 1 dient der **Umsetzung von Art. 63 Abs. 2 JI-RL.**[2] Diese Vorschrift lautet: Abweichend von Art. 63 Abs. 1 können die Mitgliedstaaten vorse-   3

---

1 LT-Drs. 19/5728, 47.
2 LT-Drs. 19/5728, 131.

hen, dass in Ausnahmefällen, in denen dies für die vor dem 6.5.2016 eingerichteten automatisierten Verarbeitungssysteme mit einem unverhältnismäßigen Aufwand verbunden ist, diese bis zum 6.5.2023 mit Art. 25 Abs. 1 in
Einklang gebracht werden müssen. Art. 25 JI-RL ist in § 71 Abs. 1 und 2
umgesetzt worden.

IV. Verhältnis zu anderen Vorschriften

4 Abs. 1 regelt die Umsetzungsfrist der Anforderungen von **§ 71 Abs. 1 und 2**
für die Protokollierung in automatisierten Verarbeitungssystemen und ermöglicht die dafür erforderliche Zeit zur Umrüstung.

5 Abs. 2 lässt die Regelung des § 21 Abs. 4 Satz 1 HDSG zur Amtszeit und
zur Fortführung des Amtes des HDSB weitergelten, weil die neuen Regelungen des **§ 11 Abs. 2 Satz 1 und 3** nicht für den noch unter der Geltung
des HDSG vom Landtag gewählten HDSB gelten.

B. Übergangsregelungen

6 Die Abs. 1 und 2 haben nur miteinander gemein, dass sie einer Übergangsregelung bedürfen. Abs. 1 betrifft eine technische Nachrüstung und Abs. 2
die Amtszeit des zum Zeitpunkt des Inkrafttretens amtierenden HDSB.

I. Anpassung automatisierter Verarbeitungssysteme (Abs. 1)

7 Nach Abs. 1 sind die vor dem 6.5.2016 eingerichteten automatisierten Verarbeitungssysteme zeitnah, in Ausnahmefällen, in denen dies mit einem unverhältnismäßigen Aufwand verbunden ist, jedoch spätestens bis zum
6.5.2023, mit § 71 Abs. 1 und 2 in Einklang zu bringen. § 71 Abs. 1 fordert von den Sicherheitsbehörden und Auftragsverarbeitern mindestens die
Erhebung, Veränderung, Abfrage, Offenlegung einschließlich Übermittlung, Kombination und Löschung personenbezogener Daten zu protokollieren (→ § 71 Rn. 13 ff.). Nach § 71 Abs. 2 müssen die Protokolle über
Abfragen und Offenlegungen es ermöglichen, die Begründung, das Datum
und die Uhrzeit dieser Vorgänge und so weit wie möglich die Identität der
Person, die die personenbezogenen Daten abgefragt oder offengelegt hat,
und die Identität des Empfängers der Daten festzustellen (→ § 71
Rn. 18 ff.). Da die geforderte **Protokollierung** aufwändige Umrüstungen
komplexer Verarbeitungssysteme erfordert und die dafür erforderliche Zeit
zwischen Verabschiedung und Inkrafttreten des Gesetzes in vielen Fällen
fehlte, nutzt die Vorschrift die Möglichkeit des Art. 63 Abs. 2 JI-RL und
räumt den Verantwortlichen und Auftragsverarbeitern die danach mögliche Fristverlängerung bis zum 6.5.2023 ein. Um sicherzustellen, dass nur
ausnahmsweise, nämlich wenn die Umrüstungen mit einem unverhältnismäßigen Aufwand verbunden sind, die großzügige Übergangsfrist von fünf
Jahren ausgenutzt wird, bestimmt Abs. 1 dass im Regelfall die Umrüstung
„zeitnah" erfolgt.[3] Dies bedeutet das die Protokollierungsmaßnahmen ohne schuldhaftes Zögern so schnell wie möglich realisiert werden müssen.

---

3 *Dembowski* in Ronellenfitsch ua § 90 Rn. 3.

II. Weitergeltung der Amtszeit der oder des Hessischen Datenschutzbeauftragten (Abs. 2)

Nach Abs. 2 gelten für den bis zum 24.5.2018 amtierenden HDSB bis zur **8** ersten Wahl einer oder eines neuen HDSB nach dem 25.5.2018 die Regelungen des § 21 Abs. 4 Satz 1 HDSG in der bis zum 24.5.2018 geltenden Fassung fort. Diese Vorschrift bestimmt, dass der HDSB für die Dauer der jeweiligen Wahlperiode des Landtags gewählt wird; nach dem Ende der Wahlperiode bleibt er **bis zur Neuwahl im Amt**. Zwar knüpft § 11 Abs. 2 Satz 1 jetzt die Amtszeit nicht mehr an die Wahlperiode des Landtags, sondern legt konform mit Art. 54 Abs. 1 lit. d DS-GVO eine fünfjährige Amtszeit fest. § 11 Abs. 2 Satz 3 bestimmt jedoch ebenso wie § 21 Abs. 4 Satz 1 HDSG, dass der HDSB nach dem Ende seiner regulären Amtszeit bis zur Neuwahl im Amt bleibt. Um eine unzulässige Rückwirkung des § 11 Abs. 2 zu vermeiden, war die Regelung zur Weitergeltung der alten Regelung des § 21 Abs. 4 Satz 1 HDSG erforderlich.

Die neue Wahlperiode des Hessischen Landtags begann am 18.1.2019. Da- **9** mit endete die reguläre Amtszeit des HDSB. Er blieb aber nach Satz 2 iVm § 21 Abs. 4 Satz 1 HDSG bis zur Wahl einer oder eines neuen HDSB im Amt. Für diesen Zeitraum gelten für ihn aber seit dem 25.5.2018 allen anderen Regelungen des Gesetzes und insbesondere **alle Rechte, Pflichten und Befugnisse** eines HDSB nach geltendem Recht, um zu gewährleisten, dass eine Datenschutzaufsicht, wie sie DS-GVO und JI-RL fordern, erfolgen kann.[4]

§ 91 Inkrafttreten

Dieses Gesetz tritt am 25. Mai 2018 in Kraft.

A. Allgemeines

I. Bedeutung der Vorschrift

Die Vorschrift regelt das Inkrafttreten des Gesetzes zum 25.5.2018 zusam- **1** men mit dem **Geltungsbeginn der DS-GVO** und setzte damit ein starkes symbolisches Zeichen für den Beginn einer neuen Epoche im Datenschutzrecht.

II. Entstehungsgeschichte

Der Text der Vorschrift hat im **Gesetzgebungsverfahren** gegenüber dem **2** Entwurf der Fraktionen der CDU und BÜNDNIS 90/DIE GRÜNEN[1] keine Änderungen erfahren.

III. Unionsrechtliche Regelungen

Die **DS-GVO** trat nach ihrem Art. 99 Abs. 1 zwar am 25 Mai 2016 in **3** Kraft, galt aber in den Mitgliedstaaten nach Art. 99 Abs. 2 erst ab dem

---

4 *Dembowski* in Ronellenfitsch ua § 90 Rn. 10.
1 LT-Drs. 19/5728, 47.

25.5.2018, um den Mitgliedstaaten ausreichend Zeit zur Vorbereitung der Umsetzung ihrer Vorschriften zu geben. Da das Gesetz das hessische Datenschutzrecht zum Geltungsbeginn der DS-GVO an diese anpasst, trat auch das Gesetz zu diesem Zeitpunkt in Kraft.

4   Die JI-RL sollte nach ihrem Art. 63 Abs. 1 bis zum 6.5.2018 in nationales Recht umgesetzt sein. Das Gesetz trat jedoch nach der Vorschrift als Einheit erst zum 25.5.2018, also 19 Tage verspätet, in Kraft. Mit der Vorschrift entschied sich der hessische Gesetzgeber jedoch, die Regelungen des Ersten und Dritten Teils des Gesetzes, die die JI-RL betreffen, nicht von den restlichen Regelungen des Gesetzes getrennt zu einem früheren Zeitpunkt in Kraft treten zu lassen.

B. Inkrafttreten des Gesetzes

5   Das Gesetz wurde am 26.4.2018 als Art. 1 des Hessischen Gesetzes zur **Anpassung des Hessischen Datenschutzrechts** an die Verordnung (EU) Nr. 2016/679 und zur Umsetzung der Richtlinie (EU) Nr. 2016/680 und zur Informationsfreiheit zusammen mit Änderungen von 29 weiteren Gesetzen im Landtag verabschiedet, am 3.5.2018 verkündet und am 9.5.2018 veröffentlicht.[2] Mit der Vorschrift bestimmte der Gesetzgeber den 25.5.2018 als Tag des Inkrafttretens des gesamten Gesetzes. Dieses Datum war für die DS-GVO identisch mit ihrem Geltungsbeginn in Deutschland. Der Gesetzgeber nahm damit aber in Kauf, dass mit diesem Datum Hessen die JI-RL um wenige Tage verspätet umsetzte. Das galt nicht nur für das Gesetz, sondern auch für die im Artikelgesetz enthaltenen anderen Fachgesetze, die die JI-RL umsetzen. Für die Regelungen des Vierten Teils zur Informationsfreiheit spielte das Datum des Inkrafttretens keine Rolle, da für diesen Teil der hessische Gesetzgeber an keine formalen Vorgaben gebunden war.[3]

---

2 GVBl. 82.
3 *Dembowski* in Ronellenfitsch ua § 91 Rn. 13.

Stichwortverzeichnis

Fette Zahlen bezeichnen die Paragrafen, magere die Randnummern.